THE THEORY

OF
BASIC
HUMAN RIGHTS

기본권론

DAIWHAN KIM

박영사

서 문

[시리즈의 구성]　현행 대한민국헌법은 전문, 본문 10개의 장(130개 조), 부칙 6개 조로 이루어져 있다. 일반적으로 헌법을 2권으로 나누어 기술할 경우에는 제2장 국민의 권리와 의무 부분(제10조~제39조)을 기본권론으로, 나머지는 국가조직론(전통적으로는 통치구조론이라고 불렀고 여기에 헌법총론이 포함되었다)으로 다루어 왔다. 그런데 1988년 헌법재판소가 출범한 이래로 발전적인 헌법판례가 비약적으로 축적됨에 따라 헌법재판론이 별도로 다루어지고 있는 추세이다.

　　이 헌법기본서 시리즈는 이러한 추세에 따라 헌법총론·국가조직 및 기능론, 기본권론, 헌법재판 및 위헌심사기준론의 3권으로 구성되어 있다. 3권의 시리즈로 발간하게 된 것은 우선, 헌법판례의 축적으로 인한 그동안의 헌법학의 발전을 한 권에 반영하기에는 분량이 매우 방대해졌다는 점과 법학과나 로스쿨의 교과과정에서는 헌법이 일반적으로 2개 학기 또는 3개 학기에 걸쳐서 편성되어 있어 헌법과목을 수강하는 학생들이 매학기 달라질 수 있다는 점 그리고 경찰공무원과 같이 일정한 국가공무원임용시험에서는 헌법의 어느 일정 부분만을 그 출제의 범위로 하고 있다는 점 등을 고려하여 학생이나 수험생들의 부담을 줄여 교재 선택의 폭을 보장하려는 의도에서 비롯되었다.

　[책의 내용과 특징]　헌법총론·국가조직 및 기능론은 전문과 제1장 총강 및 제10장 헌법개정을 중심으로 하고 제7장 선거관리, 제8장 지방자치, 제9장 경제, 부칙까지 포함하는 헌법총론 부분과 제3장 국회, 제4장 정부, 제5장 법원을 다루는 국가조직 및 기능론 부분으로 구성되어 있다. 특히 **선거관리, 지방자치, 경제의 장**은 단순히 입법·집행·사법의 한 조직으로 편성하기 어려울 뿐만 아니라, 민주적 선거제도, 지방자치제도, (사회적) 시장경제질서 등 자유민주적 기본질서 내지 사회국가원리라는 헌법원리가 구현된 중요한 구성부분이므로 **헌법총론에 포함**하였다.

　기본권론은 총론에서 기본권일반이론을 체계화하여 기술하고, 개별기본권은 해당 기본권의 주체와 보장의무자, 내용(보호영역), 제한과 제한의 한계를 **인적·물적 보장내용과 위헌심사기준의 적용문제로 단순화·체계화**하여 방대한 기본권론을 일목요연하게 이해할 수 있도록 하였다.

헌법재판 및 위헌심사기준론에는 기존 교과서들에서 다루고 있는 헌법재판소의 조직과 기능이라는 헌법재판의 하드웨어뿐만 아니라, 헌법재판의 소프트웨어로서 **위헌심사기준론이라는 별도의 장을 편성하였다**는 점이 특징이다. 기존에 산재해서 다루어지던 위헌심사기준들을 체계화하여 한 번에 조망할 수 있게 함으로써 헌법판례에 대한 독자의 이해도를 높이고자 함이다. 그동안 필자가 로스쿨에서 강의를 해오면서 느낀 바, 헌법실무의 핵심은 결국 위헌심사기준을 어떻게 선정하여 어떤 방식으로 적용할 것인가의 문제라고 본다. 변호사시험과 같은 사례문제의 해결을 준비하는 사람이라면 특히 이 부분을 필독할 것을 권한다.

[집필의 방향] 이 헌법기본서 시리즈는 로스쿨 학생으로서 변호사시험을 준비하는 사람을 비롯하여 로스쿨 진학을 염두에 두고 헌법과목을 수강하는 학부생 및 각종 공무원시험 수험생뿐만 아니라 헌법에 처음 입문하는 사람도 그 대상으로 한다. 판례를 대폭 생략한 훨씬 간략한 이론서가 필요할 경우도 없지는 않겠으나, 오늘날은 헌법재판소의 결정을 빼고는 결코 헌법을 이야기할 수 없게 되었다는 점에서 판례를 대폭 축소한 이론 중심의 교재는 그만큼 실용성이 떨어질 뿐만 아니라 이해도 어렵다는 생각이 이 헌법기본서 시리즈의 중요한 집필방향이 되었다.

[감사의 인사] 이 책은 많은 분들의 학은에서 비롯되었다. 먼저 이 시리즈의 출간을 누구보다 기뻐하셨을 은사 금랑 김철수 교수님과 권영성 교수님의 영전에 바치고 두 분의 후생선처를 기념한다. 그리고 필자를 헌법의 새로운 지평으로 인도해 주신 최대권 교수님과 안경환 교수님, 양건 교수님, 독일헌법학의 깊은 의미를 일깨워주신 허영 교수님, 지금까지도 학자로서 선배로서 격려를 아끼지 않으시는 정재황 교수님의 은혜는 결코 잊을 수 없다. 특히 김효전 교수님께서는 당신의 학문성과를 기꺼이 공유해 주시며 늘 용기를 북돋워주셨다. 또한 오래된 선배학자이신 전광석 교수님, 이명웅 변호사님께는 학문적으로나 인격적으로나 신세진 바가 적지 않다.

필자는 초학자시절부터 공법이론과판례연구회의 뜰에서 자랐는데, 연구회의 박용상 명예회장님을 비롯하여 조병윤 교수님, 홍정선 교수님, 김문현 교수님, 성낙인 교수님, 권형준 교수님, 김영천 교수님, 이헌환 교수님, 송기춘 교수님, 황도수 교수님, 김수갑 교수님 등 많은 선배교수님들과 박홍우 변호사님, 한위수 변호사님의 가르침에 깊은 감사의 마음을 전한다. 작고하신 장명봉 교수님도 나의 머리에서 늘 떠나지 않는 분이다. 그 외에도 필자에게 많은 영감과 시사를 준 사단법인 한국공법학회의 선배교수님들과 동료학자들의 성함을 일일이 열거하지 못함을 송구하게 생각하며 이 자리를 빌려 감사와 존경의 말씀을 전한다.

더불어 늘 필자의 곁에서 힘이 되어 주는 사랑하는 아내(이정희)와 두 딸, 건강하신 어머님과 장모님, 누나와 매형 그리고 조카들과 함께 출간의 기쁨을 함께하고자 한다.

끝으로 책이 출판될 수 있게 도와주신 박훈 교무처장님과 서울시립대학교출판부(출판부장 김혁)에 고마움을 표하고, 어려운 여건에서도 출판을 떠맡아 주신 박영사 안종만 회장님과 안상준 대표님, 조성호 이사님, 손준호 과장님 그리고 한여름의 폭우와 찌는 더위 속에서 편집에 노고를 아끼지 않으신 장유나 편집부차장님께 깊은 감사의 인사를 올린다.

2023. 8. 1.

김 대 환

차 례

제1장   총론

제2장 개별 기본권

제1장

총론

제1항 인권의 역사적 발전

Ⅰ. 영국

1. 대헌장(Magna Carta, 1215.6.15.)

1213년 영국에서는 존 왕(King John: 1199.5.27.−1216.10.19.)의 폭정에 대항하여 귀족들이 봉기하게 되었고 그에 따라 1215년 6월 15일 귀족들은 다시 왕에게 충성 서약을 하는 대신 존 왕은 귀족들이 제시한 요구 조항에 서명하게 되었다. 이것이 라틴어로 작성된 전문과 63개 조로 이루어진 대헌장이라는 문서다.

그러나 대헌장은 교회의 자유, 봉건적 부담의 제한, 재판 및 법률, 도시 특권의 확인, 지방 관리의 직권남용 방지, 사냥, 당면한 애로 사항의 처리 등 이전부터 내려오던 관습적인 권리들을 확인한 것이었고 새로운 사항을 내어놓거나 확인한 것은 없었다. 또한 대헌장에 규정된 특권(liberties)[2]이라는 것도 영주들이 국왕의 통제를 받지 않고 누릴 수 있는 특권일 뿐이었다. 영주들이 자신들의 요구를 관철시키기 위해서는 교회 세력이나 도시 시민들의 원조가 필요했으므로 교회의 여러 권리들과 도시 상인들의 특

---

1) 기본권의 역사에 대한 방대한 저술로는 김철수, 기본권의 발전사 − 실정권에서 자연권으로 −, 박영사, 2022 참조.
2) 복수형으로 쓰인 liberties는 왕의 특허장이나 시효 등에 의해 얻게 된 여러 특권을 말한다[나종일, 자유와 평등의 인권 선언 문서집, 한울, 2012, 20쪽. 이 번역본의 원전은 J. C. Holt, Magna Carta, Cambridge University Press, 1992, p.448−473(English Translation)].

권적 자유를 보장하는 조항들도 들어가게 되었지만, 이러한 자유는 오로지 자유민에게 만 허용되는 것이었기 때문에 다수의 농민(농노)들에게는 별 의미가 없었다.[3] 이러한 점에서 볼 때 마그나 카르타는 왕의 권한을 확인·제한하고 있지만, 이는 **귀족의 권리를 재확인한 봉건적 문서**이고 하급의 평민들이 이로 인하여 개인적 권리를 향유하게 된 것은 아닌 것으로 평가되고 있다.[4]

그러나 후대에 들어서 대헌장이 국왕도 법의 지배하에 있다는 원칙을 천명한 것으로 받아들여지게 되면서 당대보다는 오히려 더 큰 의미를 지니게 되었다.[5] 예컨대 17세기에 왕권과 의회가 대립하였을 때, ① 일반 평의회의 승인 없이 병역면제세나 보조금을 부과하지 못한다고 규정한 제12조[6]는 의회의 승인 없이 과세할 수 없다는 주장의 근거로 이용되었고, ② 자유인은 같은 신분을 가진 사람에 의한 합법적 재판이나 국법에 의하지 않으면 체포·감금할 수 없다고 규정한 제39조[7]는 보통법 재판소(common law court)에서의 재판을 요구하는 근거로 제시되는 등, 왕의 전제에 대항하고 국민의 권리를 옹호하기 위한 근거로 대헌장이 이용되었다.

2. 권리청원(Petition of Right, 1628.6.7.)

1625년에 즉위한 찰스 1세(재위 1625-1649)는 부왕인 제임스 1세의 절대 군주제를 그대로 답습하여 과중한 과세와 강제 공채(公債), 군대의 민가 강제 숙박(宿泊), 일반인

---

3) 보다 자세한 것은 나종일, 자유와 평등의 인권 선언 문서집, 한울, 2012, 4쪽 참조.

4) Encyclopedia of Human Rights, Vol. 1, p. 389 참조.

5) 나종일, 자유와 평등의 인권 선언 문서집, 한울, 2012, 4쪽 참조.

6) 12. No scutage or aid is to be levied in our realm except by common counsel of our realm, … (제12조 … 병역면제세나 보조금은 나의 왕국의 자문 회의에 의하지 않고는 나의 왕국에서 부과될 수 없다). 여기서 병역면제세란 봉신의 의무인 병역 의무를 하는 대신 주군에게 바치는 금전을 말하고, 보조금이란 적의 포로로 잡혀있는 주군을 풀려나오게 하는 몸값이나 주군의 장남의 기사 서임 때와 주군의 장녀의 초혼 때 봉신들이 바치는 보조금을 의미한다(나종일, 자유와 평등의 인권 선언 문서집, 한울, 2012, 26쪽 참조).

7) 39. No freemen shall be taken or imprisoned or disseised or outlawed or exiled or in any way ruined, nor will we go or send against him, except by the lawful judgement of his peers or by the law of the land(제39조 자유민은 자신과 같은 지위에 있는 사람에 의한 합법적 판결 또는 나라의 법에 의하지 않고는 체포되거나 투옥되거나 재산을 빼앗기거나 법의 보호를 박탈당하거나 추방당하거나 또는 그 밖의 어떤 방법으로도 해침을 당하지 않을 것이며, 그리고 나 스스로 그를 처벌하거나 사람을 시켜 처벌토록 하지 않을 것이다)(나종일, 자유와 평등의 인권 선언 문서집, 한울, 2012, 40쪽 참조).

에 대한 군법 적용 등 계속적으로 전제 정치를 행하였다. 1628년, 에스파냐 등과의 전쟁 비용을 충당하기 위해 찰스 1세가 의회를 소집하자 의회는 강제 공채와 불법 투옥 문제로 왕과 대립하게 되었다. 이러한 상황에서 하원의원이었던 **에드워드 코크 경**(Sir E. Coke: 1552−1634)[8]을 중심으로 **하원에서 기초하여 국왕에게 청원하는 형식으로** 권리 선언을 하였다.

청원이라는 형식을 취한 것은 새로운 입법의 형식으로는 국왕의 동의를 얻을 수 없을 것으로 판단하였고, 영국인이 과거부터 가지고 있던 권리를 단순히 선언한 것에 불과하고 새로운 권리의 창설이 아니라는 것을 국왕에게 이해시키려고 하였기 때문이었다고 한다.

권리청원의 주요 내용으로는 ① 의회의 동의 없이는 어떠한 과세나 공채도 강제되지 않는다. ② 법에 의하지 않고는 누구도 체포·구금되지 않는다. ③ 육군 및 해군은 인민의 의사에 반하여 민가에 숙박할 수 없다. ④ 민간인의 군법에 의한 재판은 금지한다. ⑤ 국민의 자유권을 보장한다는 것 등을 들 수 있다.

권리청원은 우선은 많은 선례를 인용하면서 전래적인 영국인의 자유와 권리를 확보하고 당면한 사태를 해결하려는 것을 목적으로 한 것이었지만, 역사적으로는 **주권이 국왕으로부터 의회로 옮겨가는 제1보**가 된 사건으로서 영국 헌법상 매우 중대한 의의를 가지는 것으로 평가된다. 그래서 후에 영국의 정치가 윌리엄 피트(William Pitt, 1759.5.28. −1806.1.23.)는 권리청원을 마그나카르타 및 권리장전과 함께 영국 헌법의 성경(聖經)으로 불렀다.

그러나 1629년 찰스 1세는 권리청원을 무시하고 의회를 해산하였고 의회의 지도자를 투옥한 뒤 이후 11년간 의회를 소집하지 않고 전제 정치를 하였다. 이는 **잉글랜드 내전**[English Civil War, 1642−1651. 청교도 혁명(Puritan Revolution)이라고도 불린다]**의 직접적인 원인**이 되었다.[9]

---

8) 에드워드 코크는 1606년 Common Pleas(보통법원)의 재판장이 되었는데, 이는 영국 법치주의의 큰 시작으로 평가된다.
9) 이에 비하여 다음에 설명하는 1689년의 권리장전(權利章典)은 명예혁명의 결과로 이루어진 인권 선언이다.

3. 인신보호법(Habeas Corpus Act, 1679.5.27.)

영국에서는 일찍이 이유 없는 구금이나 장기간의 구류를 막기 위하여 피구금자의 신병(身柄)을 재판소에 출두시켜 신속하게 재판을 받게 하는 인신보호영장(人身保護令 狀: Writ of Habeas Corpus[10]) 제도가 있었다. 이 인신보호영장은 **보통법 법정에 피구금자를 출두시키게 함으로써 왕의 전제로부터 피구금자를 구제하는 인신 보호의 역할**을 하였다.

그런데 특히 17세기에는 국왕의 특권재판소가 이 영장이 미치지 못하는 해외 지역에 구금하는 등 인권을 침해하였으므로, 그와 같은 폐단을 없애기 위하여 잉글랜드 의회가 인신보호영장에 관한 상세한 법률을 찰스 2세의 집권기(1649–1685)에 제정하게 되었는데 이것이 '신민의 **자유 보장 개선 및 해외 투옥 방지법**'(An act for the better securing the liberty of the subject and, for prevention of imprisonment beyond the seas), 즉 인신보호법이다.

인신보호영장은 수감자 또는 그 대리인의 청구에 의하여 대법관(Lord Chancellor), 국새상서(國璽尙書, Lord Keeper of the Great Seal), 판사(judges and barons)가 발부하게 된다.[11] 이에 따라 반역죄와 중죄 이외의 범죄로 투옥된 사람은 누구나 인신보호영장을 발부받을 수 있게 되었으며, 이를 거부하거나 회피 또는 지연시킨 재판관이나 관리는 처벌받게 되었고, 이유를 명시하지 않은 체포는 위법으로 간주되어 인신보호영장을 받는 동시에 피구금자는 신속히 재판을 받게 되었다.[12] 현대의 구속적부심사제도도 인신보호법의 연장선상에 있다고 할 수 있다.[13]

4. 권리장전(Bill of Rights, 1689.12.16.)

미국 등의 다른 권리장전과 구별하여 영국 권리장전(English Bill of Rights)이라고도 한다. 권리청원이 영국의 청교도혁명의 원인이 되었다면, 권리장전은 **명예혁명**(Glorious Revolution)의 결과 이루어진 인권 선언이다.

---

10) 라틴어인 Habeas Corpus는 '신체를 확보할 것을 명령한다(we command that you have the body)'라는 뜻으로 사람을 구금하는 자에게 피구금자의 신체를 법원 또는 법관 앞에 출두시킬 것을 명령하는 국왕의 대권영장(prerogative writ)의 총칭이 인신보호영장이다. 영장 중에 habeas corpus라는 말이 쓰여 있었기 때문에 그렇게 부르게 되었다고 한다.
11) 인신보호법 II.(3), III.(3)(나종일, 자유와 평등의 인권 선언 문서집, 한울, 2012, 192, 194쪽).
12) 두산백과사전, 인신보호영장 항목 참조.
13) 나종일, 자유와 평등의 인권 선언 문서집, 한울, 2012, 188쪽.

찰스 2세의 뒤를 이은 동생 제임스 2세(재위 1685–1688)는 가톨릭 신자로서 가톨릭 전파를 자신의 사명으로 여기고 실질적인 왕권의 지지자인 국교회와의 동맹을 깨트리고 말았다. 가톨릭교도의 공직 임용을 금지한 심사법(Test Act)의 폐지를 의회에 요청하여 거절당하였고,[14] 의회는 오히려 가톨릭교도의 장교 임명을 금지하는 결의안을 추진하였다. 이에 제임스 2세는 의회를 해산하고 종교위원회(Ecclesiastical Commission)라는 종교 법정을 부활시키고 가톨릭교도를 궁정의 고위 관리, 상비군의 장교, 해군 함대의 사령관, 국교회의 주교로 임명하였다. 이에 의회(의회파인 휘그당)와 종교계는 제임스 2세의 딸 메리 2세의 남편인 네덜란드의 오렌지 공 윌리엄 3세에게 도움을 요청하여 윌리엄 3세는 군대를 이끌고 잉글랜드로 들어왔다. 전세가 기울자 제임스 2세는 1688년 12월 23일 프랑스로 도망가고, 이듬해 2월 13일 공의회(Convention Parliament)[15]는 메리 2세와 함께 윌리엄 3세를 공동으로 국왕으로 추대하면서 왕관과 함께 권리 선언(Declaration of Rights)을 제출하여 승인을 받았고, 이 선언을 토대로 1689년 12월 16일 '신민(臣民)의 권리와 자유 선언 및 왕위 계승 법률(Act declaring the Rights and Liberties of the Subject and Settling the Succession of the Crown)'이라는 이름의 의회 제정법이 공포되었는데, 이것이 곧 권리장전이다.[16]

주요 내용은 제임스 2세의 불법행위를 12개 조로 열거하고, 의회의 동의 없이 왕권으로 제정된 법률의 집행 및 과세 금지, 평화 시 의회의 동의 없는 상비군의 징집 및 유지의 금지, 국민의 자유로운 청원권의 보장, 의원 선거의 자유 보장, 의회에서의 언론 자유의 보장, 지나친 보석금이나 벌금 및 형벌의 금지 등을 규정하였다.

이 권리장전은 입법권, 징세권, 군사권을 의회에 두고 국왕으로 하여금 의회에서 제정된 법의 지배를 받도록 규정함으로써 입헌군주제를 확립하여 **영국 의회 정치 확립의 기초**가 되었다는 점에서 헌정사적 의의가 있다. 또 버지니아 권리선언(1776), 미국의 독립선언(1776), 매사추세츠 권리선언(1780) 등에도 영향을 주었고, 이를 통하여 다시 1789년의 프랑스 인권 선언에도 영향을 끼친 것으로 평가된다.[17]

오늘날 권리장전이라는 말은 일반화되어 각국의 헌법전 속에 규정된 인권을 보장

---

14) 심사법은 결국 1828년에 폐지된다.
15) 국왕의 공식적 소집에 의하지 않고 열린 의회였다(나종일, 자유와 평등의 인권 선언 문서집, 한울, 2012, 220쪽).
16) 나종일, 자유와 평등의 인권 선언 문서집, 한울, 2012, 217쪽 이하; 두산백과사전 권리장전 항목 참조.
17) 두산백과사전 권리장전 항목 참조.

하는 조항을 가리키는 말로 사용되기도 한다. 그런 의미에서 대한민국헌법 '제2장 국민의 권리와 의무'는 대한민국 국민의 권리장전이라 할 수 있다.

NOTE   **존 로크**

존 로크(John Locke, 1632.8.29.–1704.10.28.)는 윌리엄 3세가 즉위하자 1689년 네덜란드에서 귀국하여 이듬해인 1690년에 통치론(Two Treaties of Government[18])을 발표하였다. 여기에서 그는 입법권과 집행권의 2권분립을 주장하였다. 또한 그는 생명, 자유 및 재산에 대한 권리를 정치사회가 생기기 이전에 존재했던 것, 즉 자연법에 의해 보장된 것으로 규정하고 정부의 목적을 엄격하게 이들 권리를 보호하는 일에 국한시켰다. 그에 따르면 이 목적은 절대군주정 아래서는 성취될 수 없고, 오직 최고의 입법권을 가진 의회와 한정된 권력을 위임받은 행정부 아래서만 가능하다. 만일 정부가 이와 같은 고유의 목적을 저버린다면, 국민은 그에게 위임했던 권한을 회수하고 그에 저항할 권리를 보유한다고 주장했다. 혁명은 로크에게는 국민이 자신의 권리를 지키는 최후의 수단이었다. 로크는 영국인이 추구해 왔던 두 가지 이상, 즉 ① 법이 보장한 개인의 자유라는 이상, ② 의회를 통해 표현된 대의 정부라는 이상을 위한 고전적 변론을 제공했다.[19]

II. 미국

1. 버지니아 권리선언(Virginia Declaration of Rights; Virginia Bill of Rights, 1776.6.12.)

가. 배경

아메리카 식민지인들의 격렬한 반대에 부딪혀 영국 정부는 동인도회사(East India Company)가 수입하는 차를 제외하고는 관세를 폐지하였으나, 여전히 식민지 상인들은 영국 정부의 특혜를 받은 동인도회사의 강력한 독점으로 자신들이 파산할 것을 두려워하여 1773년 12월 보스턴 항구에 정박 중인 동인도회사의 배에 난입하여 배에 실려 있던 차를 바다로 던져 버렸다. 이 사건을 보스턴 차 사건(Boston Tea Party)라고 한다. 이

---

18) 원명은 "Two Treatises of Government: In the Former, The False Principles, and Foundation of Sir Robert Filmer, and His Followers, Are Detected and Overthrown. The Latter Is an Essay Concerning The True Original, Extent, and End of Civil Government"이다. 이를 시민정부이론으로 번역하기도 한다.

19) 나종일·송규범, 영국의 역사(하), 한울, 2005, 482쪽에서 인용.

를 계기로 영국은 강경 정책으로 돌아섰는데, 이에 대응하여 아메리카 13개 식민지 대표들은 필라델피아에서 대륙회의(Continental Congress)를 개최하여 영국군의 공격에 준비하고 영국 상품 불매 운동을 전개했다.[20]

1775년 4월 매사추세츠(총독: 게이지 장군)의 민병대가 영국군과 충돌하면서 독립전쟁이 시작되었다. 1776.5.10. 제2차 대륙회의에서 영국으로부터의 독립 요구 결의안을 채택하였고, 같은 해 6.12.에는 버지니아 제헌 회의가 버지니아 권리선언을 채택하였다. 이를 버지니아 권리장전이라고도 부른다. 버지니아 권리선언은 조지 메이슨(George Mason, 1725-1792)[21]이 영국 권리장전과 같은 이전의 문서들에 기술된 시민의 권리들을 바탕으로 초고를 작성한 것으로서, 이후 여러 식민지들의 권리선언의 모범이 되었고 토머스 제퍼슨(Thomas Jefferson)에 의해 독립선언의 전문으로 인용되었으며 후에는 1789년 제안되고 1791년 시행된 수정 헌법 10개 조의 바탕이 되었다.[22]

나. 내용

버지니아 권리선언은 전부 16개 조로 구성되어 있고, 천부인권 사상과 자유주의 정치사상의 영향을 받아 인간의 생명권, 자유권, 재산권 그리고 특히 행복추구권을 최초로 규정하였다. 그 외에도 저항권, 신체의 자유, 언론 출판의 자유, 종교 신앙의 자유를 규정하였다.

권리선언의 주요 내용은 다음과 같다. ① 모든 사람은 태어날 때부터 자유롭고 독립적이며, 일정한 생래적 권리를 가지며, 그들이 사회에 있을 때에는 그러한 권리들을 어떠한 계약으로도 그들의 후손으로부터 빼앗거나 박탈할 수 없다; (그러한 권리란) 즉 생명과 자유를 향유하고 재산을 획득하고 소유하는 수단을 가지고 그리고 행복과 안전을 추구하고 획득하는 것이다(제1조). ② 모든 권력은 인민에게 있고 따라서 인민으로부터 유래하는 것이다. 행정관은 인민의 수탁자이고 공복이며, 항상 인민에 대하여 책임을 진다(제2조). ③ 정부는 국민과 국가나 사회의 공동 이익, 보호 그리고 안전을 위해 만들어지고 또 그러해야 한다. 모든 형태의 정부 중에 최선의 정부는 최대한의 행복과 안전을 제공하고 실정(失政)

---

20) 자세한 것은 앨런 와인스타인·데이비드 루벨 지음/이은선 옮김, 사진과 그림으로 보는 미국사 (The Story of America), 시공사, 2004, 75쪽 이하 참조.
21) 조지 메이슨은 1787년에 개최된 제헌회의에 참여한 55명의 건국의 아버지(Founding Fathers) 중의 한 명이다.
22) 나종일, 자유와 평등의 인권 선언 문서집, 한울, 2012, 247쪽.

이 초래하는 위험에 대해 가장 효과적으로 보호되는 정부다. 정부가 이러한 목적에 부적절하거나 반하는 경우에는 언제든지 다수는 공공복리에 가장 좋은 것으로 판단되는 방식으로 정부를 개혁하고 바꾸고 폐지할 수 있는 명백하고 양보할 수 없으며 파기할 수 없는 권리를 가진다(제3조).

여기에서는 최선의 정부 형태는 최대한도의 안전과 행복을 형성해 낼 능력이 있는 정부라고 하여 **국민의 '안전'과 '행복'이 국가의 목적임**을 밝히고 있다. 국가는 자기 목적적인 것이 아니라 개인들의 결합체로서 개인들에게 봉사할 뿐이라는 개인주의적 사고를 표현하고 있다.

다. 평가

이 버지니아 권리장전은 행복과 안전의 추구를 추가한 것을 제외하면 생명, 자유, 재산과 같은 **로크(Locke)가 강조한 권리들을 주장**하고 있다. 사회계약 체결의 목적이 국민의 최대한의 복지 확보에 있는 것이라면, 국민 개인에게 부여된 '행복의 추구'는 기본적으로 그 당시의 (사회계약설에 입각한) 자연법적 사고의 전통에 입각하고 있음을 알 수 있다.[23]

2. 독립선언(Declaration of Independence, 1776.7.4.)

가. 배경과 경과

1775년 영국 본국군과 아메리카 식민지군 사이에 무력 충돌이 발생하여 식민지의 반영(反英) 항쟁은 무력 항쟁 단계로 접어들었으나, 그때에도 식민지 측은 본국으로부터 독립할 것은 생각하지 않고 영제국(英帝國)의 일환으로서 머무를 생각이었다. 그러나 대외적으로는 외국 원조를 받아야 할 필요가 있었고 내부적으로는 급진파 대두인 페인(Thomas Paine, 1737.1.29.–1809.6.8.)의 공화제 독립을 호소하는 정치 팸플릿 《COMMON SENSE》 등의 영향으로 독립의 기운이 고조되면서 제2차 대륙회의는 1776년 5월 각 식민지에 대하여 새 정부의 수립을 권고하였고, 각 식민지는 새로운 헌법을 제정하고 사실상 독립 상태로 들어갔다.

대륙회의에서 버지니아 대표 리(Richard Henry Lee)가 독립 결의를 제안함에 따라

---

23) http://www.ccourt.go.kr/download/hn09.hwp 참조.

6월 7일에 토머스 제퍼슨, 밴저민 프랭클린(B. Franklin), 존 애덤스(J. Adams), 로버트 리빙스턴(Robert Livingston), 로저 셔먼(Roger Sherman) 등 5인의 기초 위원이 임명되었고, 기초 위원 중에서 제퍼슨(T. Jefferson)이 초안을 작성하고 위원인 프랭클린과 애덤스가 일부 수정 · 가필하여 대륙회의에 제출하고 7월 4일 전원일치로 가결하여 독립선언을 공포하게 되었다.24)

나. 내용

독립선언문은 간단한 전문(前文)과 독립선언을 한 결문(結文)을 제외하면 대체로 2부로 나누어져 있다. 모두가 독립의 정당성을 주장한 것이지만 전반은 일반적인 자연권 사상을 전개한 것이고, 후반은 구체적으로 영국 국왕의 압정을 열거하고 있다. 즉, 전반은 **생명 · 자유 및 행복의 추구라는 천부의 권리**가 존재함을 선언하면서 그 권리의 확보를 위하여 정부가 조직되어야 하며 정부의 정당성은 '피치자의 동의'에 유래한 것이라고 말하여 **혁명권을 주장**하였다. 후반부는 전반부보다 훨씬 길게 **영국 국왕의 악행을 매우 구체적으로 열거**하였다. 예를 들면 국왕은 '많은 사건에서 배심(陪審)에 의한 재판의 이익을 박탈하고'라는 말 등이 여기에 열거되어 있다.

다. 평가

기초자 제퍼슨은 독립선언은 독창성을 가진 것은 아니고 아메리카인의 마음을 표현한 것이라고 하였다. 따라서 로크의 사상이나 오랜 세월 동안 본국과의 항쟁을 통하여 배양해 온 이념을 정착시킨 것으로 평가된다.25)

이로부터 약 8년간의 투쟁 끝에 1783년 9월 3일 영국 및 프랑스와 체결한 파리조약으로 미국은 완전한 독립을 이루게 된다.

3. 미국 헌법의 제정과 개정

가. 미국 헌법의 제정(1787.9.17. 제정 1789.3.4. 효력 발생)

미국 최초의 헌법은 전문, 본문 7개 조, 서명 부분으로 구성되어 있다. 전문은 다

---

24) 이구한, 이야기 미국사, 청아출판사, 2006, 131 – 132쪽.
25) 이구한, 이야기 미국사, 청아출판사, 2006, 133쪽.

음과 같다.

"우리 미합중국 국민은 보다 온전한 합중국으로 만들고, 정의를 확립하고, 국내 평화를 확보하며, 공동 방위를 제공하고, 공공복리를 증진하고, 우리와 우리의 자손들에게 자유의 축복을 확고하게 하기 위해 미합중국 헌법을 제정·확립한다."

최초의 미국 헌법에서는 본격적인 권리장전을 규정하고 있지는 않았다. 본격적인 권리장전은 1789년 수정 헌법에서부터 도입되었다.

나. 미국 헌법의 개정
1) 수정 10개 조(1789.9.25. 제안, 1791.12.15. 비준 시행)

미국 헌법 수정 10개 조는 미국의 권리장전으로 불린다. 그 내용은 종교, 언론·출판·집회·결사, 신체, 적법절차, 사유재산제도 등의 보장, 주거의 안전 등이다.

2) 수정 3개 조(수정 제13조, 제14조, 제15조, 1865-1870)

남북 전쟁의 결과를 반영한 수정이다. 주요 내용은 ① 노예제도와 강제 노역의 폐지(수정 제13조), ② 주에 대한 적법절차 조항의 적용(수정 제14조), ③ 인종에 따른 참정권 차별금지(수정 제15조) 등이다.

III. 프랑스

루이(Louis) 14세에 절정에 달하였던 부르봉(Bourbon) 왕조는 루이 15세와 루이 16세에 걸쳐 점차 약화된 반면, 상업 자본주의의 발달에 따라 부르주아 계급이 새로운 세력으로 대두하였고 볼테르(Voltaire), 몽테스키외(Montesquieu), 루소(Rousseau) 및 백과전서파[26]에 의하여 확산된 계몽주의 사상의 영향으로 자유주의, 평등주의 사상이 확산되어 귀족, 성직자 등 특권층에 대한 피지배 평민 계층의 비판 의식이 높아진 데다 부패한 왕실에 대한 시민의 불만이 고조되어 대혁명이 발발하게 된다.[27]

1789.5.5. 루이 16세는 재정난 해결을 위하여 1614년 이후 열리지 않고 있던 3부회를 소집하였는바, 평민 대표들(제3신분)은 봉건 특권 폐지, 평등 과세 등 개혁을 주장하

---

26) 1751년부터 프랑스에서 출판된 백과전서(L'Encyclopédie)의 기고자들을 가리키는 말로서 가톨릭 교회와 절대 왕정에 반대하는 입장을 취하였다.
27) 윤선자, 이야기 프랑스사, 청아출판사, 2006, 269쪽 이하 참조.

다가 관철되지 않자 6.17. 평민 대표들만으로 구성된 국민의회(Assemblée nationale)를 선포하였고, 7.9. 귀족 및 성직자 계급의 참여하에 국민의회를 **헌법제정국민의회**(Assemblée nationale constituante)로 명칭을 변경하여 헌법 제정을 추진하였다. 한편, 7.14 파리 시민군이 정치범 수용소이기도 했던 바스티유(Bastille) 요새를 공격함으로써 **프랑스혁명**이 발발하였다. 7.16.에는 파리시 자치 정부(Commune de Paris)가 수립되었으며, 혁명의 성공을 위해서는 농민의 지지가 필요하다는 판단하에 국민의회는 8.4. 봉건제 폐지를 선언한 데 이어 1789.8.26. 인권선언을 선포하였는데,[28] 이것이 일명 프랑스 인권선언으로 불리는 "**인간과 시민의 권리 선언**"(Déclaration des droits de l'Homme et du citoyen; Declaration of the Rights of Man and of the Citizen)이다. 이 선언은 전문과 본문 17개 조로 구성되어 있다.

프랑스 인권선언은 ① 사람은 자유롭게 그리고 평등한 권리를 누리도록 태어났고, 그 권리는 자유, 소유권, 안전, 압제에 대한 저항이라고 천명하였으며, ② 국민주권, 법 앞에서의 평등, 영장 없는 체포나 구금의 금지, 종교의 자유, 언론의 자유, 권력의 분립 등을 규정했다. 이러한 내용들은 로크, 루소, 몽테스키외, 볼테르 등 18세기 계몽사상가들과 미국의 버지니아 권리선언, 독립선언 등의 영향을 받은 것으로 평가된다.[29]

프랑스 인권선언은 원래 제정될 헌법의 전문으로 의결된 것이었다. 따라서 1791.9. 프랑스 헌법이 제정되면서 전문으로 채용되었고, 이후 유럽 지역의 헌법에 중대한 영향을 미친 것으로 평가될 뿐만 아니라 세계 인권 역사에 중요한 이정표가 되었다. 프랑스는 1793 헌법 개정으로 헌법의 기본권 조항을 다수 보완하였다.

IV. 독일

1. 프랑크푸르트 헌법 초안(1848)

프랑스 혁명 및 나폴레옹과의 전쟁으로 말미암아 1806년 신성로마제국이 멸망하고 1815년 독일 연방(Der Deutsche Bund)이 성립되었다. 이때부터 1848년 3월 혁명이 일어나기 전까지를 복고주의(Restoration) 또는 3월 전기(前期, Vormärz)라고 한다. 이 시

---

28) 프랑스혁명 당시 시에예스(Emmanuel Joseph Sieyès, 1748.5.3. − 1836.6.20.)는 「제3신분이란 무엇인가?」(Qu'est−ce que le tiers état?, 1789)라는 소책자에서 국민을 헌법제정권력이라고 주장하였다(박인수 옮김, 제3신분이란 무엇인가, 책세상, 2003, 89쪽 이하 참조).

29) 나종일, 자유와 평등의 인권 선언 문서집, 한울, 2012, 276쪽.

기는 독일 민족의 탄생기라고 불린다.[30]

1848년 3월 혁명 이후 같은 해 5월 18일부터 프랑크푸르트 암 마인(Frankfurt am Main)의 성 파울 교회(St. Paulskirche)에서 최초의 국민의회(Frankfurter Nationalversammlung 또는 Deutsche Nationalversammlung)가 개최되었다. 의원은 약 600명으로 자유주의자가 다수를 점했다.

국민의회에서는 독일 국민의 기본권을 근간으로 하는 프랑크푸르트 헌법 초안을 제정하여, 전 독일인에게 자유롭고 평등한 시민권과 민주주의적 제반 권리를 승인했다. **국가 형태는 세습 황제제에 바탕을 둔 독일제국으로 하고 의회는 양원제를 규정했다.** 오랜 논의 끝에 오스트리아를 제외한 소독일주의에 의한 독일 통일의 방향이 제시되었으며, 1849년 3월 국민의회는 프로이센 왕 프리드리히 빌헬름 4세(1795.8.15. – 1861.1.2.)를 독일 황제로 선출했으나 그에게 거부당하였다. 그렇게 하여 프랑크푸르트 헌법은 시행에 이르지 못하게 되어 초안의 형태로 머무르게 되었다.

2. 프로이센 헌법(1850-1918)

1848년에서 1871년까지 피와 철의 시대[31]를 거쳐 1871년부터 1918년까지 독일은 독일 제국(Das Deutsche Kaiserreich)[32]으로 존속하였는데, **1850에서 1918년까지 시행된 독일의 헌법이 프로이센 헌법이다.** 프로이센 헌법은 제2장에서 방대한 권리 목록을 포함하고 있다. 그러나 개별적인 자유의 보장은 대부분 보다 자세한 법률 규정이나 법적 형성이 필요한 것으로 되어 있었기 때문에[33] 1850년 이후의 반동기의 특징은 **정치적 자유는 억압된 반면 경제적 자유는 촉진되었다**는데 있다.[34]

---

30) 이 시기에 대해서는 하겐 슐츠 지음/반성완 옮김, 새로 쓴 독일역사, 지와 사랑, 2000, 113쪽 이하 참조.

31) 이 시기에 대해서는 하겐 슐츠 지음/반성완 옮김, 새로 쓴 독일역사, 지와 사랑, 2000, 135쪽 이하 참조.

32) 1871년 베르사유에서 추대된 빌헬름 1세가 1889년까지 비스마르크와 함께 통치했고, 1889년부터는 빌헬름 2세가 통치했다(중간에 프리드리히 3세가 있었으나 즉위하자마자 사망했다). 제2국이라고 도 한다. 독일제국은 제1차 세계대전의 패배로 패망하게 된다. 제1차 대전 이후로는 Deutsches Reich라는 명칭이 공식적으로 사용되기 시작하여 바이마르공화국에서도 사용되었다.

33) G. Anschütz, Die Verfassung des deutschen Reichs vom 11. August 1919, 14. Aufl. 1933, S. 518; Ernst Rudolf Huber, Deutsche Verfassungsgeschichte seit 1789 Bd. VI: Die Weimarer Reichsverfassung, 1981, S. 99 – 100.

34) 프로이센 헌법에 대한 자세한 것은 Ernst Rudolf Huber, Deutsche Verfassungsgeschichte seit 1789, Band V: Weltkrieg, Revolution und Reichserneuerung 1914 – 1919, S. 54 ff.

1861년 프로이센 국왕 빌헬름 1세(프리드리히 빌헬름 4세의 동생)가 즉위하자마자 **육군 확장 계획을 놓고 의회와 정부 사이에 분쟁이 일어났다**. 이를 **프로이센 헌법 투쟁**(1861~1866)이라고 한다. 의회를 지배하는 자유주의자는 확장에 반대하고 예산을 삭감하였으나, 1862년에 수상이 된 비스마르크는 의회의 예산 승인 없이 군비 확장 계획을 강행하였기 때문에 분쟁은 **의회의 예산심의권을 에워싼 헌법 문제**로 발전하였다. 1866년의 프로이센-오스트리아 전쟁에서 승리한 후 다수의 자유주의자들이 태도를 바꾸어 비스마르크를 지지하는 한편, 비스마르크도 의회에 사과함으로써 헌법 투쟁은 막을 내렸다.

이 투쟁의 결과로 의심이 있는 경우에는 **왕권이 국민대표기관에 우선한다는 인식이** 자리 잡게 되었고, 특히 민족주의적인 이유로 대부분의 시민 계급은 군주에 협력하게 되면서 **19세기 후반의 독일에서는 왕권에 대항하여 정치적 자유를 누리는 것은 매우 어렵게 되었다.**

1914.6.28. 오스트리아―헝가리 제국의 왕위 계승자인 프란츠 페르디난트 황태자가 사라예보에서 암살당한 것을 직접적인 계기로 하여 이른바 1914년 정신[35]이 전 독일을 휩쓸면서 제1차 세계 대전이 발발했다. 이 전쟁은 1918.11.19. 퇴위한 빌헬름 2세(재위 1888.6.15.－1918.11.9.)가 네덜란드로 망명하고 이틀 뒤 휴전 협정이 체결될 때까지 계속되었다. 제1차 세계 대전의 종전에 즈음하여 독일에서는 민주주의 혁명이 일어났는데 이를 **독일 혁명**(Die deutsche Revolution) 또는 **11월 혁명**(Novemberrevolution)이라고 한다. 이 혁명으로 독일 제국이 붕괴되었다. 전후 독일은 절대주의적인 관료주의 국가에서 의회 민주주의 국가로 변모하게 된다.[36]

3. 바이마르 헌법(1919.8.11.－1945.6.5., 실질적으로는 1933.1.30.까지)

바이마르 헌법(Die Weimarer Verfassung, Weimarer Reichsverfassung, 공식 명칭은 Die Verfassung des Deutschen Reichs)은 **최초의 독일공화국 헌법**이다. 1919.7.31. 국민회의를 통과하고 8.11. 프리드리히 에베르트(Friedrich Ebert) 대통령이 서명·공포하여 시행에 들어가서 1945.6.5. 연합군이 정권을 인수하면서 막을 내렸다. 그러나 1933.1.30. 히틀러가 집권하면서 사실상 효력을 잃은 것으로 평가된다.

바이마르헌법은 제2장에 "독일인의 기본권과 기본 의무"(제109조에서 제165조까지)

---

35) 국내적 통일의 상실에 대한 반동으로 생겨난 독일 단합주의.
36) 하겐 슐츠 지음/반성완 옮김, 새로 쓴 독일역사, 지와 사랑, 2000, 215쪽 참조.

라고 하는 방대한 권리 규정을 두었다. 1848년 프랑크푸르트 헌법 초안의 기본권을 계승하고 새로운 사회적 문제에 대응하는 기본권을 두었기 때문에, 총체적으로는 기본권 목록을 시의 적절하게 보충·재편성한 초안으로 평가할 수 있다.

그러나 개인의 자유권적 지위를 내용으로 한 기본권 규범은 오랜 전통을 가지고 있을 뿐만 아니라 확립된 해석론이 있었기 때문에 점진적으로 인정된 사법 심사를 통하여 강화된 효력을 부여받게 된 반면에, 그렇지 않은 경제적·사회적 권리들은 단순한 프로그램 규정으로 격하되었다. 그 외에 판례와 학설도 이러한 헌법 규정을 적절히 전환하기 위해 큰 노력을 기울이지 않은 것도 주요한 이유였던 것으로 평가된다.

4. 국가사회주의(Nationalsozialismus, 1933-1945)

국가사회주의자, 일명 나치가 장악한 1933년 이후는 독일 인권사의 가장 치욕스러운 시기다. 그러나 오히려 오늘날 독일은 나치의 만행에 대한 철저한 반성 위에 서 있다는 점에서 독일적 번영의 기틀로 만들어 가고 있다.

5. 기본법(1949)

제2차 세계 대전이 끝난 1945년 이후의 독일의 새로운 출발은 잔혹한 나치의 경험으로부터 영향을 받았다. 1949년 제정된 기본법은 바이마르헌법상의 기본권을 광범위하게 계승하고 있다. 물론 사회적·경제적 권리들은 기본법상의 기본권 부분에서 의도적으로 포기되었는데, 그 이유는 이 기본권들의 바이마르 공화국에서의 부정적인 기능 때문이었다. 그리고 헌법소원제도 도입, 판결을 통한 정보에 대한 자기 결정권의 인정, 사법(私法) 영역에서의 기본권의 효력의 전개 등은 독일연방공화국이라는 국가와 사회의 자유화에 결정적으로 기여하였다.

기본법은 그동안 50여 차례에 이르는 개정이 있었지만 그 중에 기본권에 대한 개정은 얼마 되지 않는다. 주요 개정 내용으로는 군 재무장을 위한 헌법 개정(1956년 개정), 비상 헌법 개정으로 병역과 대체 역무에 있어서 기본권의 제한 도입(1968년 개정), 불가피한 헌법 수호와 정보기관의 활동을 가능하게 하기 위한 기본권 제한 도입, 정치적인 박해자에 대한 망명권의 제약(1993년 개정), 형사 소추를 위해 대규모적인 도청 활동을 가능하게 함으로써 주거의 권리 제약(1998년 개정), 유럽 및 국제 형사법상의 공조를 촉진하기 위하여 범인 인도 금지를 가중적 법률유보로 한 것(2000년 개정), 기타 기본권의 확장 등을 들 수 있다.

사회적·경제적 기본권의 도입이 1990년 독일 통일 과정에서 논의되었다. 그러나 1993년 11월 공동헌법위원회가 사회적 및 경제적 권리를 도입하지 아니하고 **국가 목표 규정으로 환경보호만을 신중한 형태로 기본법에 수용할 것을** 권고함에 따라 1994년 기본법 제20a조[37)]를 규정하게 되었다.

제2항 인권의 세계화 경향

I. 국제적 인권 선언

1. 국제연합헌장(Charter of the United Nations, 1945.6.26.)

국제연합헌장 제4조 제2항에 따라 국제연합 총회가 대한민국의 국제연합 가입 신청을 승인함으로써 1991년 9월 18일 자로 국제연합헌장이 우리나라에 발효하게 되었다.

국제연합헌장은 전문과 본문 111개 조로 구성되어 있다. 전문에서는 "우리 연합국 국민들은 … 기본적 인권, 인간의 존엄 및 가치, 남녀 및 대소 각국의 평등권에 대한 신념을 재확인하며 …"라고 규정하였고, 국제연합의 목적을 선언하고 있는 제1조에서는 제3호에 "… 인종·성별·언어 또는 종교에 따른 차별 없이 모든 사람의 인권 및 기본적 자유에 대한 존중을 촉진하고 장려함에 있어 국제적 협력을 달성한다."라고 하고 있으며, 제12조에서는 총회가 연구를 발의하고 권고하는 목적의 하나로서 "인종·성별·언어 또는 종교에 관한 차별 없이 모든 사람을 위하여 인권 및 기본적 자유를 실현하는 데 있어 원조하는 것"이라고 선언하고 있다. 제9장에서는 경제적·사회적 국제 협력을 위하여 "인종·성별·언어 또는 종교에 관한 차별이 없는 모든 사람을 위한 인권 및 기본적 자유의 보편적 존중과 준수"를 촉진할 것을 규정하고 있다.

---

37) 기본법 제20a조: "국가는 미래 세대에 대한 책임으로서도 자연적 생활 기초와 동물을 헌법 질서의 범위 내에서 입법을 통하여, 그리고 법률과 법의 기준에 따라 집행과 사법을 통하여 보호한다."

2. 인권에 관한 세계 선언(Universal Declaration of Human Rights, 1948)

인권에 관한 세계 선언, 일명 세계인권선언은 전문과 본문 30개 조로 구성되어 있다. 여기서는 망명자 비호 청구권, 국제적 평등 보장 청구권, 의사 표현의 자유(the right to freedom of opinion and expression), 정보 입수의 자유 등 새로운 유형의 기본권도 보장하고 있다.

헌법재판소는 세계인권선언이 선언적 의미를 가질 뿐이고 법적 구속력을 가지는 것은 아니라고 함으로써 국내적 효력을 부인하고 있다.[38]

3. 국제인권규약(International Covenant on Human Rights, 제정 1966, 발효 1977)

국제인권규약은 1966년 국제연합 총회에서 채택되었고, 각국의 비준을 거쳐 1977년 발효된 국제 조약이다. 국제인권규약은 **경제적, 사회적 및 문화적 권리에 관한 국제 규약**(A 규약), **시민적 및 정치적 권리에 관한 국제 규약**(B 규약) 그리고 **시민적 및 정치적 권리에 관한 국제 규약에 관한 선택 의정서**로 구성되어 있다.

대한민국은 1990.4.10. 서명·가입함에 따라 같은 해 7.10.부터 발효되었다.[39] 따라서 국제인권규약은 대한민국 국내에서도 구속력이 인정된다. 헌법재판소도 같은 입장이다.[40]

---

38) 헌재 1991.7.22. 89헌가106, 사립학교법 제55조 제58조 제1항 제4호에 관한 위헌심판(합헌, 반대의견 있음); 2005.10.27. 2003헌바50등, 지방공무원법 제58조 제1항 등 위헌소원(합헌, 반대의견 있음).

39) 1년 뒤인 1991년 9월 17일 우리와 북한은 유엔에 동시가입을 하였다.

40) 헌재 2011.8.30. 2008헌가22등, 병역법 제88조 제1항 제1호 위헌제청(합헌, 보충·별개·한정위헌 의견 있음). 이 사건은 양심적 병역거부를 처벌하고 있는 우리나라에서 이것이 시민적·정치적 권리에 관한 국제규약 제18조에 어긋나고 국제법 존중의 원칙을 선언한 헌법 제6조 제1항에도 반한다고 청구인이 주장한 사건이다. 이 사건의 결정에서 헌법재판소는, 국제인권규약에는 우리도 가입하였기 때문에 B규약 제18조에서 양심적 병역거부권을 인정하고 있다면 우리나라에 대해서 구속력이 있음을 우선 인정하면서도, 양심 및 종교의 자유를 규정하고 있는 B규약 제18조와 그 외 어느 조항에서도 양심적 병역거부권을 명시적으로 인정한 조항이 없고, 국제연합 인권이사회(Human Rights Committee)와 국제연합 인권위원회(UN Commission on Human Rights)가 해석으로 B규약 제18조에서 양심적 병역거부권을 인정하여야 한다고 권고하고 있지만 이 권고는 각국에 그야말로 권고적 효력만을 가질 뿐 양심적 병역거부권을 인정할 것인지 여부는 각국의 입법 형성권에 속하는 문제라고 하면서 헌법상의 권리로서 양심적 병역거부권을 인정하지 아니하였다.
헌재 2011.8.30. 2007헌가12등, 향토예비군설치법 제15조 제8항 위헌제청 등(합헌) 결정도 같은

II. 지역적 인권 선언

1. 유럽인권협약(Convention for Protection of Human Rights and Fundamental Freedoms, Rome, 1950)

유럽인권협약은 유럽 지역의 47개 회원 국가들에 적용되는 인권에 관한 협약이다. 전문과 본문 59개조 그리고 추가 의정서로 구성되어 있다. 제1절에서는 권리와 자유가 규정되어 있고 제2절에서는 유럽인권재판소(European Court of Human Rights, EGMR)를 제3절에서는 기타 규정들을 두고 있다. 프랑스 스트라스부르(Strasbourg)에 위치하고 있다.

2. 유럽연합기본권헌장

유럽연합기본권헌장(Charter of Fundamental Rights of the European Union; Charta der Grundrechte der Europäischen Union)은 2007.12.13. 서명되고 2009.12.1. 효력을 발휘하게 된 리스본 조약41)과 함께 시행되었다. 2000년 그리스의 테살로니키에서 초안이 발표되었으나 2004년 유럽 헌법의 좌절로 선언적으로만 존재하다가 리스본 조약의 발효로 규범적 효력을 갖게 된 것이다. 유럽연합기본권헌장은 2020년 7월 27개 회원국이

취지의 판단을 하고 있다. 시민적·정치적 권리에 관한 국제규약 제18조에서 양심 및 종교의 자유에 관하여 규정하고 있지만 양심적 병역거부권을 기본권으로 규정하고 있지는 않다고 해석하고 있다. 또 양심적 병역거부권의 보장에 관한 국제관습법이 형성된 것도 아니라고 보았다. 따라서 양심적 예비군 훈련 거부자를 형사 처벌하더라도 국제법 존중의 원칙을 선언한 헌법 제6조 제1항에 위반되는 것은 아니라고 판시하였다.

　양심적 집총거부와 관련하여서 최근에 헌법재판소는 양심적 병역거부자에 대한 대체복무제를 규정하지 아니한 병역법의 병역종류조항이 과잉금지원칙을 위반하여 양심의 자유를 침해한다는 헌법불합치결정(헌법불합치 6: 각하 3)을 하면서 2019.12.31.을 시한으로 입법자가 개정할 때까지 계속 적용된다는 결정과, 재판관 4(합헌) 대 4(일부위헌) 대 1(각하)의 의견으로, 양심적 병역거부자의 처벌 근거가 된 처벌조항(현역입영 또는 소집 통지서를 받은 사람이 정당한 사유 없이 입영일이나 소집일부터 3일이 지나도 입영하지 아니하거나 소집에 응하지 아니한 경우를 처벌하는 병역법 제88조 제1항 본문 제1호 및 제2호)이 헌법에 위반되지 아니한다는 결정을 선고하였다[헌재 2018.6.28. 2011헌바379등, 병역법 제88조 제1항 등 위헌소원 등(헌법불합치, 합헌)]. 기존에 처벌조항(「병역법」 제88조 제1항)에 대해서는 합헌 결정을 하여 왔는데 반하여 이 결정에서는 병역종류조항에 대해 위헌결정하고 처벌조항에 대해서는 종전의 합헌결정을 그대로 유지하고 있다. 처벌조항을 단순위헌 결정함으로써 발생할 수 있는 추가적인 사회혼란을 최소화하면서도 대체복무를 통해 국방의 의무를 이행할 수 있는 길을 열었다는 점에서 긍정적 평가가 되고 있다(손인혁, 2018년 분야별 중요판례분석 ① 헌법, 법률신문 2019.1.17.자 12−13면 참조).

41) 리스본 조약은 유럽연합조약(Treaty on European Union)과 유럽연합실행조약(Treaty on the Functioning of the European Union)으로 구성되어 있다.

가입해 있다.[42]

3. 기타 지역적 인권 선언

기타 지역적 인권 선언으로서는 유럽사회헌장(European Social Charter, 1961), 미주인권협약(American Convention on Human Rights, 1969), 아프리카인권헌장(African Charter on Human and People's Rights, 1987), 카이로 인권 선언(Cairo Declaration on Human Rights in Islam, 1990), 독립국가연합인권협정(Convention of the Commonwealth of Independent States on the rights and fundamental freedoms of the person, 1995), 동남아시아태평양지역인권조약(Regional human rights treaty for South−East Asia and the Pacific, 1965)[43] 등이 있다.

제3항 제3세대 인권(Third-generation human rights)

인권을 3개의 세대로 구분하는 개념은 유네스코의 법률 자문 위원이던 카렐 바삭(Karel Vasak, 1929.6.26. − 2015.5.1.)이 프랑스 혁명의 3대 이념인 자유·평등·박애를 기준으로 인권의 역사를 3세대로 구분한 데서 비롯되었다.[44]

자유권과 참정권, 권리 구제를 위한 기본권 같이 자유에 기초를 둔 인권을 제1세대 인권이라고 하고, 생존권 내지 사회권 등 평등에 기초를 둔 경제·사회·문화적 권리를 제2세대 인권이라고 하며, 각 개인이 갖는 권리이기는 하지만 국경선을 초월하여 다른 모든 사람들과 함께 협력함으로써만 그 달성을 확보할 수 있는 인권들을 지칭하여 제3세대 인권이라고 한다.[45] 제1세대 인권과 제2세대 인권은 국가에 대한 주장인데 반하여 제3세대 인권은 국제 사회에 대한 주장이라는 점에서 구분된다.

---

42) 영국이 2020.1.31. 공식적으로 유럽연합을 탈퇴하였다. 2016.6. 실시된 영국 국민투표(투표율 72.2%)에 따라 찬성 51.9%, 반대 48.1%로 영국의 EU 탈퇴가 확정되었다(찬성 17,410,742표, 반대 16,141,241표, 기권 26,033표). 이를 영국(Britain)과 탈퇴(Exit)를 합성하여 브렉시트(Brexit)라고 부른다.
43) 지역적 인권선언에 대한 자세한 설명은 김철수, 인간의 권리, 산지니, 2021, 690쪽 이하 참조.
44) K. Vasak, For the Tenth Study Session of the International Institute of Human Rights, 1979, 2−27쪽.
45) 김대순, 국제법론, 삼영사, 2004, 580쪽.

제3세대 인권은 형제애(brotherhood)와 결속(solidarity)을 그 철학적 기초로 하고 있다. 법적 근거로서는 "모든 사람은 이 선언에 제시된 권리와 자유가 완전히 실현될 수 있는 사회적 및 국제적 질서에 대한 권리를 가진다."라고 규정한 세계인권선언 제28조를 들 수 있다.

제3세대 인권으로 거론되는 권리로는 평화권(rights to peace), 경제적 사회적 발전에 대한 권리(right to economic and social development), 공해로부터 자유로운 건강한 환경에 대한 권리(right to a healthy environment free from pollution), 인류의 공동 문화유산에 대한 권리(right to common heritage of mankind), 국경을 넘는 의사소통의 권리(right to communication across borders), 인도적 지원에 관한 권리(right to humanitarian assis-tance or aid), 자기 결정권(right to self determination) 등이 있다.

제3세대의 인권은 넓은 의미에서 **국가 체제의 구속이 허물어지고 있음을 의미**하는 것으로서 미래 인류 사회의 방향성을 제시하고 있는 것으로 보인다. 그런데 국경을 초월한 인권 개념의 부상으로 제1세대 및 제2세대 인권도 국제화하고 있는 것이 작금의 현실이다.

제4항　대한민국에서의 인권의 발전

Ⅰ. 해방 전후의 인권 상황

1. 해방 전

우리나라에서는 불교와 유교적 전통하에 서구적 의미의 체계적인 인권 사상은 없었다고 할 수 있다. 그러나 그렇다고 하여 우리의 역사가 반인권적이었다는 것은 아니다.

삼국시대 이후 불교는 인간을 포함한 모든 생물과 무생물의 평등을 설하였기 때문에 일찍부터 자연 친화적 관념을 보급하였고, 고려 말 이후의 유교 사상은 인의예지를 기반으로 하는 예치를 중시하였다. 삼봉 정도전의 말에 따르면 예란 질서를 말하는 것이라고 했다.[46] 또한 군주의 가장 큰 덕목은 인(仁)이고 이를 나라의 기초로 삼으려고

---

46) 정도전(한영우 역), 조선경국전, 사단법인 올재, 2014, 98쪽.

했다는 점에서도 조선은 서구적 의미의 인간의 존엄을 다른 식으로 구현하려고 했다는 점을 알 수 있다. 그는 "인심을 얻으면 백성이 복종하지만 인심을 얻지 못하면 백성은 인군을 버린다."라고 단언하였다.[47]

동양 사상에서 특히 공자는 인이란 자기를 다스려서 예에 맞도록 하는 것이라고 하였고,[48] 맹자는 "공자께서 말씀하시기를 '나라를 다스리는 방법은 두 가지가 있으니, 어진 정치를 하는 것과 어진 정치를 하지 않는 것뿐이다.'라고 하셨다. 백성을 너무 난폭하게 대하면 자신은 시해당하고 나라는 멸망하며, 심하지 않은 경우라도 자신은 위태로워지고 나라는 영토가 줄어들어 그가 죽은 뒤에 시호를 '유'(幽)[49]나 '여'(厲)[50]라고 하는 것이니 비록 그의 후대에 효도하고 순종하는 자식과 손자가 있더라도 100세가 지나도록 나쁜 이름을 고칠 수 없다."[51]라고 하였다.

조선왕조실록에 따르면 세종대왕께서 한글을 창제한 것은 법률을 백성이 알기 쉬운 글로 펴서 백성이 알도록 하기 위한 것이었다고 하는데 이는 오늘날의 법치주의의 사고와 통하는 면이 있다. 율곡 이이는 "하늘과 땅은 만물의 부모이고, 임금이 백성의 부모"라고 하면서도,[52] 그렇기 때문에 임금이 덕을 닦는 것이 정치의 근본이라고 하였다. 그러면서 자식을 사랑하는 부모는 많지만 백성에게 인을 행하는 임금이 적음을 개탄하였다.[53]

조선 말의 실학자 다산 정약용은 "천하에서 가장 천해서 하소연할 곳이 없는 것도 소민(小民)이며, 천하에서 가장 높아 산과 같은 것도 소민이다. 요순 이래로 성현들이 서로 경계한 바가 요컨대 소민을 보호하려는 것이라서 이것이 서책마다 실려 있고 사람들의 이목에 젖어 있다. 그러므로 상사(上司)가 비록 높다고 하나 수령이 백성을 머리에 이고 싸우면 대개 굴하지 않는 자가 드물다."라고 하였다.[54]

이상에서 본 바와 같이 우리의 사상사에서도 서구적인 인권 개념은 아니더라도 인간의 존엄을 중시하여 온 것을 알 수 있다.

---

47) 정도전(한영우 역), 조선경국전, 사단법인 올재, 2014, 36쪽.
48) "克己復禮爲仁"(논어, 안연편).
49) 막혀서 통하지 않는 것을 말함. 나쁜 시호 중의 하나.
50) 무고한 사람을 살육하는 것을 말함. 나쁜 시호 중의 하나.
51) 맹자, 이루장구상(離婁章句上).
52) 이이(김태완 옮김), 성학집요, 청람미디어, 2012, 359쪽.
53) 이이(김태완 옮김), 성학집요, 청람미디어, 2012, 369쪽.
54) 정약용(김상홍 편저), 새문사, 2012, 133쪽.

이러한 우리의 역사적 전통은 1919년 3·1 독립선언[55]을 기점으로 성립한 대한민국 임시헌장(1919.4.11.)에 서구적 의미로 녹아들게 되었는데, 이 헌장은 모두 10개 조로 구성되었으며 자유·권리와 의무에 관한 주요한 내용은 다음과 같다.

> 제3조 대한민국의 인민은 남녀 귀천 급(及) 빈부의 계급이 무(無)하고 일체 평등임.
> 제4조 대한민국의 인민은 신교 언론 저작 출판 결사 집회 신서 주소 이전 신체 급 소유의
>   자유를 향유함.
> 제5조 대한민국의 인민으로 공민 자격이 유(有)한 자는 선거권 급 피선거권이 유함.
> 제6조 대한민국의 인민은 교육 납세 급 병역의 의무가 유함.

2. 해방 직후

한 사학자는 1945년 해방의 의미를 다음과 같이 서술하고 있다. "해방은 한국인이 마음껏 한국어로 말하고 한글로 의사소통을 할 수 있는 세상을 만났다는 것을 의미했다. 역사상 처음으로 언론·출판·집회·결사 등의 기본적 자유를 누릴 수 있었던 것도 해방이 가져다 준 선물이었다. 민주주의가 가장 중요한 표어가 되었고 경제의 주체도 한국인이 될 수 있었다. 거의 모든 한국인이 친일파 처단과 함께 이제는 농사짓는 사람이 땅을 갖는다는 경자유전의 원리를 실현하기 위해 토지 개혁을 하지 않으면 안 된다는 데 공감하였다. 해방은 무엇보다도 평등의 실현을 요구했다. 긴긴 고난의 항일 투쟁을 하면서 그토록 바라마지 않았던 자유와 평등이 해방과 함께 눈앞에 다가오는 듯 했다."[56]

1948년 대한민국 국회는 헌법을 제정·공포하였다. 이 헌법은 서구적 의미의 인권 개념에 기초하여 작성된 것이다. 이 제정 헌법은 현행 헌법처럼 제2장에서 국민의 권리 의무에 관하여 제8조부터 제30조까지 규정하였는데, 그 중에 기본권 보장과 관련된 조항은 모두 21개 조에 달하였다. 이로써 우리는 대한민국 역사상 최초로 실효적인 현대적 권리장전을 갖게 되었다. 대략적인 내용은 다음과 같다.

> 제8조 평등권
> 제9조 신체의 자유
> 제10조 거주와 이전의 자유 및 주거의 자유

---

55) 1944년 개정된 임시헌장에서는 3·1대혁명으로 부르고 있다.
56) 서중석, 사진과 그림으로 보는 한국현대사, 웅진지식하우스, 2005, 23쪽.

제11조 통신의 비밀

제12조 신앙과 양심의 자유

제13조 언론·출판·집회·결사의 자유

제14조 학문과 예술의 자유

제15조 재산권 보장

제16조 교육을 받을 권리

제17조 근로의 권리와 의무

제18조 노동3권, 근로자의 이익배분균점권

제19조 생활 보호를 받을 권리

제20조 혼인과 가족의 보호

제21조 청원권

제22조 재판을 받을 권리

제23조 행위시법주의와 이중처벌금지원칙

제24조 공개재판을 받을 권리, 형사보상을 받을 권리

제25조 선거권

제26조 공무담임권

제27조 공무원 파면 요구권, 국가배상청구권

제28조 열거되지 아니한 자유와 권리의 보장, 기본권 제한 입법의 한계

제29조 납세의 의무

제30조 국토 방위의 의무

II. 현대적 인권 보호 기관의 설치

크게 보면 국회나 행정부나 사법부도 모두 인권 보호 기관이지만, 그 외 특별한 인권 보호 기관으로서는 다음과 같은 기관들이 있다.

1. 국민권익위원회

가. 설치 목적

고충민원의 처리와 이에 관련된 불합리한 행정 제도를 개선하고, 부패의 발생을 예방하며 부패 행위를 효율적으로 규제하도록 하기 위하여 국무총리 소속으로 국민권익위원회를 두고 있다(부패 방지 및 국민권익위원회의 설치와 운영에 관한 법률 제11조).[57]

---

57) 지방자치단체 및 그 소속 기관에 관한 고충민원의 처리와 행정제도의 개선 등을 위하여 각 지방자치단체에 시민고충처리위원회를 둘 수 있다(법률 제32조).

나. 구성

위원회는 위원장 1명을 포함한 15명의 위원(부위원장 3명과 상임위원 3명을 포함한다)으로 구성하고, 각 부위원장은 고충민원, 부패 방지 업무 및 중앙행정심판위원회의 운영 업무로 분장하여 위원장을 보좌한다. 중앙행정심판위원회의 구성에 관한 사항은 「행정심판법」에서 정하고 있다(이상 법률 제13조).

다. 직무상 독립과 신분 보장

위원회는 그 권한에 속하는 업무를 독립하여 수행한다(법률 제3조 제2항). 위원은 ① 법 제15조 제1항 각 호의 어느 하나에 해당하는 때(대한민국 국민이 아니거나, 「국가공무원법」 제33조 각 호의 어느 하나에 해당하거나, 정당의 당원이거나, 「공직선거법」에 따라 실시하는 선거에 후보자로 등록한 경우)나, ② 심신상의 장애로 직무 수행이 현저히 곤란하게 된 때(이 경우는 전체 위원 3분의 2 이상의 찬성에 의한 의결을 거쳐 위원장의 제청으로 대통령 또는 국무총리가 면직 또는 해촉한다), 또는 ③ 법 제17조에 따른 겸직 금지 의무에 위반한 경우를 제외하고는 그 의사에 반하여 면직 또는 해촉되지 않는다(법률 제16조).

위원은 재직 중 국회의원 또는 지방의회의원, 행정기관 등과 대통령령으로 정하는 특별한 이해관계가 있는 개인이나 법인 또는 단체의 임·직원을 겸할 수 없다(법률 제17조). 위원장과 위원의 임기는 각각 3년으로 하되 1차에 한하여 연임할 수 있다(법률 제16조).

라. 업무

위원회는 다음의 업무를 수행한다(법률 제12조 각 호).

1. 국민의 권리 보호·권익 구제 및 부패 방지를 위한 정책의 수립 및 시행
2. 고충민원의 조사와 처리 및 이와 관련된 시정 권고 또는 의견 표명
3. 고충민원을 유발하는 관련 행정 제도 및 그 제도의 운영에 개선이 필요하다고 판단되는 경우 이에 대한 권고 또는 의견 표명
4. 위원회가 처리한 고충민원의 결과 및 행정 제도의 개선에 관한 실태 조사와 평가
5. 공공기관의 부패 방지를 위한 시책 및 제도 개선 사항의 수립·권고와 이를 위한 공공기관에 대한 실태조사
6. 공공기관의 부패 방지 시책 추진 상황에 대한 실태 조사·평가

7. 부패 방지 및 권익 구제 교육·홍보 계획의 수립·시행
8. 비영리 민간 단체의 부패 방지 활동 지원 등 위원회의 활동과 관련된 개인·법인 또는
   단체와의 협력 및 지원
9. 위원회의 활동과 관련된 국제 협력
10. 부패 행위 신고 안내·상담 및 접수 등
11. 신고자의 보호 및 보상
12. 법령 등에 대한 부패 유발 요인 검토
13. 부패 방지 및 권익 구제와 관련된 자료의 수집·관리 및 분석
14. 공직자 행동 강령의 시행·운영 및 그 위반 행위에 대한 신고의 접수·처리 및 신고자
    의 보호
15. 민원 사항에 관한 안내·상담 및 민원 사항 처리 실태 확인·지도
16. 온라인 국민참여포털의 통합 운영과 정부민원안내콜센터의 설치·운영
17. 시민고충처리위원회의 활동과 관련한 협력·지원 및 교육
18. 다수인 관련 갈등 사항에 대한 중재·조정 및 기업애로 해소를 위한 기업 고충민원의
    조사·처리
19. 「행정심판법」에 따른 중앙행정심판위원회의 운영에 관한 사항
20. 다른 법령에 따라 위원회의 소관으로 규정된 사항
21. 그 밖에 국민 권익 향상을 위하여 국무총리가 위원회에 부의하는 사항

마. 고충민원의 처리

위원회는 조사 중이거나 조사가 끝난 고충민원에 대한 공정한 해결을 위하여 필요한 조치를 당사자에게 제시하고 합의를 권고할 수 있다(법률 제44조). 위원회는 다수인이 관련되거나 사회적 파급 효과가 크다고 인정되는 고충민원의 신속하고 공정한 해결을 위하여 필요하다고 인정하는 경우에는 당사자의 신청 또는 직권에 의하여 조정을 할 수 있다(법률 제45조 제1항). 조정은 「민법」상 화해와 같은 효력이 있다(법률 제45조 제3항).

위원회는 고충민원에 대한 조사 결과 처분 등이 위법·부당하다고 인정할 만한 상당한 이유가 있는 경우에는 관계 행정기관 등의 장에게 적절한 시정을 권고할 수 있고(법률 제46조 제1항), 고충민원에 대한 조사결과 신청인의 주장이 상당한 이유가 있다고 인정되는 사안에 대하여는 관계 행정기관 등의 장에게 의견을 표명할 수 있다(법률 제46조 제2항). 고충민원을 조사·처리하는 과정에서 법령 그 밖의 제도나 정책 등의 개선이 필요하다고 인정되는 경우에는 관계 행정기관 등의 장에게 이에 대한 합리적인 개

선을 권고하거나 의견을 표명할 수 있다(법률 제47조).

고충민원의 조사·처리 과정에서 관계 행정기관 등의 직원이 고의 또는 중대한 과실로 위법·부당하게 업무를 처리한 사실을 발견한 경우 위원회는 감사원에, 시민고충처리위원회는 당해 지방자치단체에 감사를 의뢰할 수 있다(법률 제51조).

위원회는 법 제46조 및 법 제47조에 따른 권고 또는 의견의 이행 실태를 확인·점검할 수 있고(법률 제52조), 다른 법률의 규정에 따라 공표가 제한되거나 개인의 사생활의 비밀이 침해될 우려가 있는 경우를 제외하고는 권고 또는 의견 표명(법률 제46조 및 제47조)의 내용, 처리 결과(법률 제50조 제1항), 권고 내용의 불이행 사유(법률 제50조 제2항)를 공표할 수 있다(법률 제53조).

2. 국가인권위원회

가. 목적

「국가인권위원회법」에서 정하는 인권의 보호와 향상을 위한 업무를 수행하기 위하여 국가인권위원회를 두고 있다. 위원회는 그 권한에 속하는 업무를 독립하여 수행한다(법 제3조).

나. 구성

위원회는 위원장 1명과 상임위원 3명을 포함한 11명의 인권위원으로 구성된다. 위원은 인권 문제에 관하여 전문적인 지식과 경험이 있고 인권의 보장과 향상을 위한 업무를 공정하고 독립적으로 수행할 수 있다고 인정되는 사람 중에서 국회가 선출하는 4명(상임위원 2명을 포함한다), 대통령이 지명하는 4명, 대법원장이 지명하는 3명을 대통령이 임명한다.

위원장은 위원 중에서 대통령이 임명한다. 이 경우 위원장은 국회의 인사 청문을 거친다. 위원장과 상임위원은 정무직 공무원으로 임명하고, 위원 중 4명 이상은 여성으로 임명하도록 되어 있다. 위원의 공백을 피하기 위해 임기가 끝난 위원은 후임자가 임명될 때까지 그 직무를 수행하지만(이상 법 제5조), 대통령은 결원된 날부터 30일 이내에 후임자를 임명하여야 한다(법 제7조 제2항). 위원장과 위원의 임기는 3년이고, 한 번만 연임할 수 있다(법 제7조 제1항).

다. 위원의 신분 보장

위원은 금고 이상의 형의 선고에 의하지 아니하고는 본인의 의사에 반하여 면직되지 아니한다. 다만, 위원이 신체상 또는 정신상의 장애로 직무 수행이 극히 곤란하게 되거나 불가능하게 된 경우에는 전체 위원 3분의 2 이상의 찬성에 의한 의결로 퇴직하게 할 수 있다(법 제8조).

라. 업무

위원회는 다음의 업무를 수행한다(법 제19조 각 호).

1. 인권에 관한 법령(입법 과정 중에 있는 법령안을 포함한다)·제도·정책·관행의 조사와 연구 및 그 개선이 필요한 사항에 관한 권고 또는 의견의 표명
2. 인권 침해 행위에 대한 조사와 구제
3. 차별 행위에 대한 조사와 구제
4. 인권 상황에 대한 실태 조사
5. 인권에 관한 교육 및 홍보
6. 인권 침해의 유형, 판단 기준 및 그 예방 조치 등에 관한 지침의 제시 및 권고
7. 국제인권조약 가입 및 그 조약의 이행에 관한 연구와 권고 또는 의견의 표명
8. 인권의 옹호와 신장을 위하여 활동하는 단체 및 개인과의 협력
9. 인권과 관련된 국제기구 및 외국 인권 기구와의 교류·협력
10. 그 밖에 인권의 보장과 향상을 위하여 필요하다고 인정하는 사항

마. 위원회의 조사 대상

국가기관, 지방자치단체, 「초·중등교육법」 제2조·「고등교육법」 제2조와 그 밖의 다른 법률에 따라 설치된 각급 학교, 「공직자윤리법」 제3조의2 제1항에 따른 공직유관단체 또는 구금·보호 시설의 업무 수행(국회의 입법 및 법원·헌법재판소의 재판은 제외한다)과 관련하여 대한민국헌법 제10조부터 제22조까지의 규정[58]에서 보장된 인권을 침해당하거나 차별 행위를 당한 경우, 법인, 단체 또는 사인(私人)으로부터 차별 행위를

---

58) 따라서 국가인권위원회가 개입하는 경우는 주로 자유권의 침해나 차별에 대한 것이다. 그런데 헌법 제10조 인간의 존엄과 가치는 반드시 자유권만으로 이해되는 것은 아니기 때문에 인간의 존엄과 가치에 터 잡아 이를 생존권 등의 침해나 차별로 확대할 가능성이 있다. 이 가능성의 당부당을 떠나서 그렇게 될 경우에는 「국가인권위원회법」이 진정의 대상이 되는 침해 기본권을 자유권으로 한정한 입법목적(제정 이유 '아' 항목 참조)과 상충하게 된다.

당한 경우에는 인권 침해나 차별 행위를 당한 사람(피해자) 또는 그 사실을 알고 있는 사람이나 단체는 위원회에 그 내용을 진정할 수 있다(법 제30조).

진정이 없는 경우에도 인권 침해나 차별 행위가 있다고 믿을 만한 상당한 근거가 있고 그 내용이 중대하다고 인정할 때에는 위원회는 직권으로 조사할 수 있다(법 제30조 제3항).

시설수용자가 위원회에 진정하려고 하면 그 시설에 소속된 공무원 또는 직원은 그 사람에게 즉시 진정서 작성에 필요한 시간과 장소 및 편의를 제공하여야 하고, 시설 수용자가 위원 또는 위원회 소속 직원 앞에서 진정하기를 원하는 경우 시설의 소속 공무원 또는 직원은 즉시 그 뜻을 위원회에 통지하여야 한다(법 제31조). 시설에 수용되어 있는 진정인(진정을 하려는 사람을 포함한다)과 위원 또는 위원회 소속 직원의 면담에는 구금·보호시설의 직원이 참여하거나 그 내용을 듣거나 녹취하지 못한다. 다만, 보이는 거리에서 시설 수용자를 감시할 수 있다(법 제31조 제6항). 소속 공무원등은 시설 수용자가 위원회에 제출할 목적으로 작성한 진정서 또는 서면을 열람할 수 없다(법 제31조 제7항).

바. 국가인권위원회와 관련한 몇 가지 문제
1) 국가인권위원회의 헌법적 지위

헌법기관(Verfassungsorgane)이란 국가권력을 행사하고, 그럼으로써 국가의 의사를 형성하고 표현하는 국가기관이다.

헌법기관의 본질적인 징표는 ① 기관의 존립, 지위 그리고 기본적 권한이 직접 헌법으로부터 도출된다는 점, ② 원칙적인 자기조직권(Selbstorganisationsrecht)을 가진다는 점, ③ 원칙적으로 다른 국가기관에 종속되어 있지 않다는 점, ④ 최고의 국가 경영(Staatsleitung)에 참여한다는 점, ⑤ 기관의 존립과 존재에 의해 국가의 본질을 결정적으로 드러내게 된다는 점 등에서 찾을 수 있다.59) 이러한 의미에서 독일에서는 연방의회(Bundestag), 연방참사원(Bundesrat), 연방대통령(Bundespräsident), 연방정부(Bundesregierung), 연방헌법재판소(Bundesverfassungsgericht)는 헌법기관이다. 그러나 비록 헌법에 의해 설립된 기관이라고 하더라도 연방대법원(Bundresrechnungshof), 연방은행(Bundesbank), 연

---

59) Deutsches Rechtslexikon, C.H.Beck, 2. Aufl., 1992, Bd. 3, 928 f.

방최고법원들(die obersten Bundesgerichte)은 본질적으로 그 권한을 헌법에 의해 행사하는 것이 아니고 오히려 법률에 근거하고 있기 때문에 헌법기관이라고 하지 않는다.

이러한 요건에 비추어 보면 대한민국헌법에 등장하는 국가기관도 헌법에 명기된 헌법기관과 헌법에 의해 설립된 기관(헌법적 기관)으로 구분된다. 그러한 점에서 보면 국가인권위원회는 그 조직과 권한에 관해 확실히 어떠한 헌법적 근거도 갖고 있지 못하기 때문에 헌법기관이 아닐 뿐 아니라 헌법적 기관도 아니다. 국가인권위원회는 「국가인권위원회법」에 그 설치 근거를 갖는 법률상 기관이다.

그런데 국가인권위원회를 법률기관으로 보더라도 국가인권위원회가 헌법적으로 중요한 기능을 수행하는 것은 틀림이 없다. 즉, 국가인권위원회는 외국인을 포함한 모든 개인이 가지는 불가침의 기본적 인권을 보호하고 그 수준을 향상시킴으로써 인간으로서의 존엄과 가치를 구현하고 민주적 기본 질서의 확립에 이바지하는 것을 그 직접적인 목적으로 하여 설립되었다. 국가인권위원회의 조사 대상은 주로 국가기관 등에 의한 헌법 제10조 내지 제22조에 보장된 인권의 침해 및 차별 행위와 사인에 의한 차별 행위이다(법 제30조 제1항 제1호 제2호). 인권이라는 개념은 다의적으로 사용될 수 있으나 「국가인권위원회법」의 인권 개념은 헌법 및 법률에서 보장하거나 대한민국이 가입·비준한 국제 인권 조약 및 국제 관습법에서 인정하는 인간으로서의 존엄과 가치 및 자유와 권리를 말한다(제2조 제1호). 따라서 국가인권위원회가 수행하는 직접적인 기능의 중요성은 오히려 헌법기관이 수행하는 헌법적 기능과 비교하여 결코 뒤지지 않는다. 국가인권위원회가 수행하는 이러한 기능은 법률상으로도 나타나 있는데, 바로 「국가인권위원회법」이 제3조 제2항에서 "위원회는 그 권한에 속하는 업무를 독립하여 수행한다."라고 규정함으로써 국가인권위원회를 독립된 기관으로 규정하고 있다. 헌법재판소가 이야기하고 있는 바의 국가인권위원회의 보충적 기능성은 국가기관 간의 기능적 정합성을 의미하는 것이지 국가인권위원회가 수행하는 업무의 성격에 대한 가치 평가라고 할 수는 없다.[60]

---

60) "국가인권위원회의 설립목적은 다른 국가기관에 의하여 수행될 수 없거나 수행되고 있지 않은 업무를 수행하는 것이므로, 제대로 운영되고 있는 기존의 국가기관들과 경합하는 것이 아니라 보충하는 방법으로 설립되고 운영되는 것이 바람직하다. 국제연합의 국가인권기구설립지침서 등의 국제적인 기준에서도 국가인권기구는 사법부를 대체하는 것이 아니라 보충하며 최종관할은 법원에 속한다고 하여, 인권보장의 주된 책임이 기존의 국가기관에 있고, 국민의 인권보호의 기본적 구조는 사법제도라고 하고 있다."(헌재 2004.8.26. 2002헌마302).

그러나 국가인권위원회의 헌법기관화에 대해서는 반대의견이 유력하다. 그 논거로는 ① 우선 입법부, 행정부, 사법부 등 국가기관이 수행하는 인권 보호 기능과의 관계에서 볼 때 국가인권위원회는 그 기능이 이중적·중첩적이라는 점, ② 국가인권위원회를 감시하고 견제하며 균형을 잡아주는 헌법상 기관이나 장치가 따로 존재하지 않는다는 점, ③ 재판관은 법의 지배에 대한 신념이, 국회의원은 국민의 선출이 그 독립성을 담보하고 있지만 국가인권위원회 위원에 있어서는 정치나 이념, 외부 압력으로부터 독립하여 업무를 처리하게 하는 담보 장치가 없는 점, ④ 국가인권위원회의 헌법기관화는 성소수자에 대한 단지 사회적 승인이나 법적 승인을 뛰어넘어 곧바로 헌법적 승인(정당성)을 부여하려는 장치나 통로로 작용될 우려가 있다는 점, ⑤ 국가인권위원회가 마련한 헌법개정안을 보면 기본권 주체를 일부 기본권을 제외하고는 모든 외국인에게 확대하고 있는데, 인권을 외국인에게 무분별하게 개방하려는 프로그램을 이끌어갈 주체는 국회·행정부 등 국민의 대표기관이지 결코 국가인권위원회가 아니라는 점 등이 제시되고 있다.[61]

2) 국가인권위원회 업무의 독립성

「국가인권위원회법」 제18조는 "이 법에 규정된 사항 외에 위원회의 조직에 관하여 필요한 사항은 위원회의 독립성을 보장하고 업무를 효과적으로 수행할 수 있도록 최대한 고려하여 대통령령으로 정한다."라고 규정하고 있다. 비록 위원회의 독립성을 보장하고 업무를 효과적으로 수행할 수 있도록 최대한 고려한다고는 하고 있으나 결국 대통령령으로 국가인권위원회의 직제를 비롯한 조직에 관하여 규정할 수 있다. 이 제18조는 '위원회는 그 권한에 속하는 업무를 독립하여 수행한다.'라고 규정하고 있는 제3조 제2항과 부조화할 수 있다.

무소속의 독립형 국가기관이든 대통령과 같은 특정한 헌법기관에 소속된 국가기관이든 문제는 업무에 있어서 독립성이 보장되는가가 중요한 것이다. 예컨대 헌법상 국가기관으로서 감사원은 대통령에 소속되어 있지만 직무의 독립성은 법률로 보장되고 있다. 감사원의 직무의 독립성이 보장되는 것은 감사원이 헌법상 국가기관이라든가 「감사원법」 제2조에서 직무에 관하여 독립성을 보장하고 있기 때문만이 아니라, 감사원의 직무와 직제 등에 대해서는 감사원규칙(감사원사무처 직제)으로 정하고 있기 때문

---

61) 최대권·정영화·음선필·기현석·정상우 지음, 동성애·동성결혼과 헌법개정, CLC, 2017, 22쪽 이하.

이다(감사원법 제16조 이하 참조). 그 밖에 직제에 관하여 대법원은 대법원규칙으로 정할 수 있고(제108조, 법원조직법 제10조), 헌법재판소는 헌법재판소규칙으로 정할 수 있으며 (제113조 제2항, 헌법재판소법 제17조 제9항), 선거관리위원회에서도 선거관리위원회규칙으로 정할 수 있다(제114조 제7항, 선거관리위원회법 제15조 제13항).

국가인권위원회의 경우에도 독립성이 문제되는 것은 무소속의 독립형 국가기관이기 때문이라든가 헌법에 근거가 없기 때문이 아니라, 앞에서 언급한 바와 같이 그 조직 구성이 전적으로 대통령에 의존하도록 되어 있기 때문이다. 따라서 국가인권위원회의 조직과 운영에 관하여 대통령령으로 정하도록 하고 있는 「국가인권위원회법」 제18조는 국가인권위원회의 독립성의 관점에서 재고할 필요가 있다. 요컨대 실질적으로 직무의 독립성이 보장될 수 있는 조치를 취하는 것이 중요하다.

3. 헌법재판소

가. 관장 사항
헌법재판소는 다음의 사항을 관장한다(제111조 제1항 각 호).

1. 법원의 제청에 의한 법률의 위헌 여부 심판
2. 탄핵의 심판
3. 정당의 해산심판
4. 국가기관 상호 간, 국가기관과 지방자치단체 간 및 지방자치단체 상호 간의 권한쟁의에 관한 심판
5. 헌법소원에 관한 심판

나. 헌법재판소의 활동에 대한 평가 – 특히 신체의 자유를 중심으로
헌법재판소는 그동안 인권에 대한 많은 진전 있는 판결을 해 왔다. 헌법재판소의 출범은 진정한 의미의 인권의 규범적 실현을 의미하는 것이라고 할 수 있다. 예컨대 인권적 가치와 직결되는 신체의 자유와 관련하여 그간 헌법재판은 다음과 같은 성과를 거두었다.

① 헌법재판소는 그동안 죄형법정주의의 내용으로서 명확성의 원칙과 포괄위임금지원칙의 헌법 실천적 의미를 분명히 하고 이를 관철해 왔다. ② 영미법적 전통으로부터 도입한 적법절차의 의미를 분명히 하고, 피의자 내지 피고인의 구속 여부의 결정권

을 전적으로 법원의 권한으로 한 것은 인신 구속 단계에 있어서 큰 진전이라고 아니할 수 없다. ③ 수사 및 공소 절차에서는 법원에 의한 구속적부심을 명확히 확보하였고, 검찰의 기소편의주의, 기소독점주의에 대한 법원의 견제를 실질화하는 성과를 거두었다. ④ 처벌 절차에서 헌법상의 보안처분의 법적 요건을 법률상 관철되도록 하였고, 양심적 병역 거부자에 대한 처벌을 인정하였을 때는 보론을 통하여 이들의 양심을 보호하기 위한 입법적 대책을 촉구하는가 하면, 마침내 대체 복무를 규정하지 않은 것에 대해 헌법불합치결정을 하였고, 논란 있는 음주 운전자에 대한 처벌 정책에 헌법적 정당성을 부여하여 일반적 경각심을 불러일으켰고, 필요적 몰수형의 위헌성, 개인과 법인의 양벌 조항의 위헌성 그리고 가중 사유에 따른 가중 처벌 조항의 헌법적 논의에 대해 헌법적 해명을 함으로써 법정책의 일관성을 담보하게 되었다. ⑤ 특히 헌법재판소는 수용자의 처우에 대한 부분에서 확실한 진전을 보았다. 구금 일수의 산정 방법, 구속 기간의 연장에 있어서 논란을 없앴고, 신체 수색이나 계구 사용, 면회의 절차와 방법, 수용자의 처우에 대해 구체적인 가이드라인을 제시하여 입법적으로 반영되는 계기를 마련하였다. ⑥ 헌법재판소는 그간 헌법적으로는 보장되면서도 현실에서는 흔히 무시되었던 무죄추정의 원칙의 현실적 규범력을 확보하였다. 법관에 의한 재판을 받을 권리는 법관에 의한 사실 확정 및 법률 적용의 기회를 부여받는 권리라는 점을 분명히 하였고, 궐석재판, 제1회 공판기일 전 증인신문 절차, 변호인의 접근 방해, 검사 작성 피의자 신문조서의 증거능력 등과 관련한 위헌 판결들로 공정한 재판을 받을 권리의 헌법적 의미를 명백히 하여 재판청구권이 현실적인 권리로서 기능을 할 수 있도록 기여하였다. 그리고 이와 관련하여 무엇보다도 중대한 선언은 변호인의 조력을 받을 권리에 대한 절대적 보호를 선언한 점이다. 이러한 연장선상에서 미결 수용자의 서신검열, 서류 공개 청구 사건 등을 통해 수용자가 효율적인 공격 방어를 할 수 있도록 배려하였다.

　그러나 다음과 같은 점에서는 아쉬움이 있다. ① 생명권의 헌법적 무게를 매우 강조하고 있음에도 불구하고 사형제도를 합헌으로 보는 것은, 그것도 생명권의 본질적 내용의 침해가 아니라고 하는 논리는 설득력이 없다. 이야말로 헌법이 명시적으로 규정하고 있는 기본권의 본질적 내용 보장의 의미를 송두리째 부인하는 것이 아닐 수 없다. ② 헌법재판을 받을 권리와 관련하여서는 헌법재판소는 매우 소극적인 것으로 보인다. 다른 결정들에 비하여 이 문제는 법원이라는 국가기관과의 권한 배분의 문제가 걸려있기 때문이기도 하지만, 이를 고려하더라도 인간의 존엄과 가치 및 그를 구체화한 재판청구권의 효과적인 보호의 측면에서 볼 때 미흡한 면이 없지 않다.

그러나 그럼에도 불구하고 그동안 헌법재판소는 인신 구속에 관한 법률 또는 공권력에 대해 괄목할 만한 성과를 가져온 것으로 평가할 수 있다. 신체의 자유나 재판청구권으로 보장하려고 하는 바의 헌법적 가치 또는 법익은 어떤 기본권보다도 인간의 존엄과 가치와 직접 관련된다는 점에서 헌법재판소의 그동안의 발전은 대한민국 인권사에 있어서 가히 혁명적이라고 할 수 있다. 더구나 대한민국헌법 성립 이후 권위주의 정부로 말미암아 형사절차상의 인권 침해는 실로 심각한 것이었음을 고려할 때 불과 얼마 되지 아니한 기간 동안에 헌법재판소가 이룩한 성과는 혁혁한 것이다.

다만, 헌법재판소의 이러한 성과는 불안한 제도적 틀 내에서나마 그동안 헌법재판관을 비롯한 헌법재판 담당자들의 특별한 헌법적 사명감에 의지한 부분이 적지 않았다는 점이다. 언론을 통하여 나타난 국민의 기대와 신망에 기초한 이들의 특별한 노력이 없었다면 결코 오늘날의 성과는 이룩하지 못하였을 것이다. 그러나 헌법재판의 백년대계를 기약하는 입장에서 보면 헌법재판 기관 및 헌법재판제도의 취약한 부분을 하루속히 보완하여 강한 제도적 토대 위에서 발전시켜나가야 한다. 우선 헌법재판소의 연구 기능을 보다 활성화하기 위하여 더한층 많은 전문 인력을 확보할 필요가 있고, 소송 기간도 헌법이 요망하는 수준에 부응하지 않으면 안 될 것이다. 특히 제도로서 시급히 개선이 요망되는 것으로는 헌법재판소와 법원의 신뢰에 기초하여 재판에 대한 헌법소원의 문제가 해결되어야 하고, 헌법재판소 재판관의 자격 및 인적 구성 방식도 보다 민주적으로 변화될 필요가 있다.

Ⅲ. 국제 인권법의 국내적 효력

대한민국헌법 제6조 제1항은 "헌법에 의하여 체결, 공포된 조약과 일반적으로 승인된 국제법규는 국내법과 같은 효력을 갖는다."라고 규정하고 있다. 우리나라는 1990.4.10. 「시민적·정치적 권리에 관한 국제규약」과 「경제적·사회적 및 문화적 권리에 관한 국제규약」에 가입하였고 1990.7.10. 효력이 발생했다. 이에 따라 헌법재판소에

서도 국제 인권 규약의 국내법적 효력을 인정하고 있다.[62]

　　국제 인권 관련 조약이 단순히 법률상의 효력을 가지는 데 그치는 것인지 아니면 헌법적 효력을 가지는 것인지에 대해서는 견해가 대립한다. 국제인권조약의 국내적 효력은 원칙적으로 권한 있는 기관, 특히 헌법재판소나 법원의 태도가 중요하다. 양 기관의 인식이 국제 인권 조약의 국내적 이행에 결정적인 것으로 작용한다고 할 수 있다. 원칙적으로 국제 인권 관련 조약은 헌법적 효력을 가지는 것으로 보는 것이 타당할 것이다.

---

62) 헌재 2011.8.30. 2007헌가12등, 향토예비군설치법 제15조 제8항 위헌제청 등(합헌); 2011.8.30. 2008헌가22등, 병역법 제88조 제1항 제1호 위헌제청(합헌, 보충·별개·한정위헌의견 있음).

제2절

기본권의 보장

제1항 국가의 기본권보장의무

I. 헌법적 근거

국가의 기본권보장의무는 "국가는 개인이 가지는 불가침의 기본적 인권을 확인하고 이를 보장할 의무를 진다."라는 문언으로 헌법 제10조 제2문에 명시되어 있다.

그러나 국가의 기본권보장의무는 이러한 명시적인 규정이 존재하지 않는다고 하더라도 개별 기본권 규정 자체로부터도 도출될 수 있다. 예컨대 "모든 국민은 신체의 자유를 가진다."라고 규정하고 있는 헌법 제12조로부터 신체의 자유를 보장할 국가의 의무가 도출되는 것이다. 기본권 성립사의 관점에서 볼 때 신체의 자유는 국가에 대한 선언이기 때문에 국민의 신체의 자유를 보장할 국가의 의무가 인정되지 않는다면 헌법 제12조는 무의미한 것이 되기 때문이다. 따라서 헌법 제10조 제2문은 당연한 국가의 기본권보장의무를 다만 명확히 하고 있다는 점에서 그 의의를 찾을 수 있다.

II. '기본적 인권'의 개념

헌법 제10조 제2문의 '기본적 인권'은 자연법적 관점에서 불가침임을 확인할 대상으로서 기본권을 의미하므로 자연권적, 전국가적 성격을 갖는 국민의 자유와 권리를 가리킨다. 따라서 인권 중에서도 기본적인 것만을 의미하는 것은 아니다.

그런데 기본권이란 강학상 개념으로서 그 의미는 헌법상 보장된 개인의 권리를 말한다. 따라서 기본권 중에는 자연법적 관점에서는 도출할 수 없고 국가에 의해 비로소 창설되고 그 내용이 결정되는 권리들도 존재한다. 이렇게 보면 기본적 인권은 매우 포괄적인 내용을 가지기는 하나, 현행 헌법상으로는 기본권에 포함되는 개념이다.[1]

자연법적인 근거를 갖는 기본적 인권으로서의 기본권이나, 국가에 의해서 비로소 그 내용이 확정되는 헌법상의 권리로서 기본권이나, 모두 국가의 보장의무를 전제로 하고 있다. 다만, 보장의무의 구현과 관련하여서는 양자는 차이가 있을 수 있다.

III. 보장의무의 내용

보장 대상이 모든 기본권이냐 개별 기본권이냐에 따라 **일반적 보장의무와 개별적 보장의무**로 구분할 수 있다. 일반적 보장의무는 특정한 개별 기본권을 전제로 하지 않고 기본권 일반에 대한 국가의 보장의무를 일반적으로 선언하고 있는 경우에 도출할 수 있는 국가의 의무인데 개별적 보장의무와 효력에 있어서는 다르지 않다.

국가의 기본권보장의무라고 하더라도 보장 대상이 되는 기본권의 내용에 따라 국가의 보장의무의 내용도 달라진다. 즉, 기본권의 내용에 따라서 소극적인 보장의무에 그치는 것이 있고, 소극적인 보장의무 그 이상을 요구하는 것이 있다. 전자에는 주로 자유권이, 후자에는 주로 생존권(사회권) 등이 해당한다.

1. 소극적 보장의무

국가의 소극적 보장의무(negative obligation)는 기본권의 방어권적 기능을 국가의 의무적 관점에서 고찰한 것이다. 국가는 개인의 기본권을 존중하여야 하고 법률유보원칙에 따르지 않고는 기본권을 제한할 수 없다. 소극적 보장의무는 **국가에 대해 일정한 부작위의무를 부과하는 것**을 내용으로 한다.

2. 적극적 보장의무

적극적 보장의무(positive obligation)는 국가가 인권을 단순히 존중하고 침해하지 않

---

1) 기본권 개념에 대해서는 후술 참조.

는 데 그치는 것이 아니라 적극적으로 보호하고 보장할 의무가 있는 경우에 성립한다. 적극적 보장의무의 주요 내용은 **국가에 대해 일정한 적극적 작위를 요구할 수 있다**는데 있다.

가. 생존권(사회권), 절차권에 있어서 적극적 보장의무

국가의 적극적 보장의무는 **생존권**(사회권)이나 **절차권**(절차적 기본권) 등의 경우에 성립할 수 있다. 헌법이 사회권 또는 생존권을 보장한 경우에는 국가는 최소 보장의 원칙에 입각하여 **최소한의 보장에 대한 국가의 적극적 의무**가 도출될 수 있다.2) 또 절차적 기본권의 경우에도 국가에게는 **일정한 절차의 입법 형성의무**가 도출될 수 있다.

나. 자유권적 기본권에 있어서 적극적 보장의무의 인정 여부

국가의 적극적 보장의무와 관련하여 특히 문제가 되는 것은 자유권에 대한 국가의 적극적 보장의무가 인정될 수 있는가라는 문제다. 그러나 자유권에 대해 국가의 적극적 보장의무를 인정하는 데에는 **이론상 어려움**이 있다. 전통적으로 자유권에 대해서는 국가의 소극적 보장의무, 부작위의무를 지우는 것으로 이해되어 왔을 뿐만 아니라, 자유권에 대해 국가에게 적극적인 작위의무를 인정하게 되면 자유권은 더 이상 자유권이 아닌 것으로 될 우려가 있기 때문이다. 국가는 개인의 자유권을 실현할 의무가 없고 그것은 어디까지나 자주적인 개인의 영역에 속할 뿐이다.3)

이와 관련하여서는 특히 다음의 두 가지를 검토할 필요가 있다. 첫째, 자유권 실현을 위한 **객관적 제도**를 헌법이 보장하고 있거나 해석상 인정할 수 있는 경우에, 예컨대 방송의 자유의 활성화를 위한 국가의 적극적 의무가 인정될 수 있다. 그러나 그러한 적극적 의무는 자유권에서 나오는 것이 아니라, 헌법 제10조 제1문의 인간의 존엄과 가치 및 제2문의 기본권 보장의무 또는 방송의 자유가 갖는 제도보장적 성격에서 유래하는 것으로 보는 것이 타당할 것이다. 독일연방헌법재판소에서는 방송의 자유의 이러한 측면을 기본법 제5조 제1항 제2문에서 도출하고 있고 이를 방송의 제도적 자유(institutionelle Freiheit des Rundfunks)라고 부르고 있다.4) 둘째, **국가의 일반적 안전보장의무**를 인정하는

---

2) 헌법재판소에서는 심사기준으로 과소보호금지원칙을 거론하고 있지만 기본권의 본질적 내용 침해 금지원칙을 오히려 타당한 심사기준으로 볼 수 있다. 이에 대해서는 후술 참조.

3) Battis Gusy, Einführung in das Staatsrecht, 3. Aufl., 1991, Rn. 31.

4) BVerfGE 31, 314, 326. 이 경우 자유권의 객관적 가치질서로서의 성격으로부터도 도출할 수 있는 것이 아닌가라는 생각이 있을 수 있다. 자유권의 객관적 가치질서로서의 성격에서 나오는 내용은

경우에 그로부터 적극적 의무를 도출할 수 있다. 생명, 자유, 재산의 안전을 보장받기 위해서는 최소한의 국가의 적극적 보장조치가 필요하기 때문이다. 헌법재판소는 미국산 쇠고기 및 쇠고기 제품 수입위생조건 위헌확인 결정[5]에서 국가로서는 미국산 쇠고기의 수입과 관련하여 소해면상뇌증의 원인물질인 변형 프리온 단백질이 축적된 것이 유입되는 것을 방지하기 위하여 적절하고 효율적인 조치를 취함으로써 소비자인 국민의 생명·신체의 안전을 보호할 구체적인 의무가 있다고 판시하였다. 그러나 이는 생명·신체의 안전에 대한 제3자로부터의 위험에 대하여 국가의 보호의무를 인정한 것이고, 생명권으로부터 국가의 어떤 적극적 보장의무를 도출한 것으로는 보기 어렵다.

| NOTE | 양심의 자유에 대한 국가의 입법 형성의무 | |

자유권에 대한 국가의 적극적 보장의무는 원칙적으로 인정하기 어려움에도 불구하고 헌법재판소의 결정에서는 양심의 자유는 "가능하면 양심의 자유가 보장될 수 있도록 법질서를 형성해야 할 의무를 부과하는 기본권"이라고 설명하고 있다.[6] 여기서의 양심의 자유에 대한 입법 형성의무가 자유권에 대한 국가의 적극적 기본권보장의무를 명시적으로 인정한 것인지는 불명확하나, 이 결정에서 헌법재판소는 공익이나 법질서를 저해함이 없이 대안을 제시할 수 있음에도 불구하고 대안을 제시하지 않는다면 일방적으로 양심의 자유에 대한 희생을 강요하는 것으로 되어 위헌이 될 수 있다고 하면서, 다만 국가가 대체복무제도를 도입하더라도 이것이 국가 안보라고 하는 공익을 효율적으로 달성할 수 있는지에 관한 문제는 남는다고 한다. 헌법재판소는 이 문제를 해결함에 있어서는 대체복무제도가 낙관적 그리고 부정적 예상이 모두 가능하기 때문에 이에 대한 판단의 헌법 위반 여부는 '입법자의 판단이 현저하게 잘못되었는가.'라는 명백성 통제에 따라 판단할 때 헌법 위반이라고 할 수 없다고 결론짓고 있다.[7]

자유를 침해하지 않는 것이 객관적 가치라는 의미로 이해되므로 그로부터 국가의 적극적 보장의무를 도출하는 것은 타당하다고 보기 어렵다.

5) 헌재 2008.12.26. 2008헌마419등, 미국산 쇠고기 및 쇠고기 제품 수입위생조건 위헌확인(기각, 각하).
6) 헌재 2004.8.26. 2002헌가1, 병역법 제88조 제1항 제1호 위헌제청(합헌).
7) 헌재 2004.8.26. 2002헌가1. 이 결정의 심판대상은 「병역법」 제88조 제1항 제1호로서 현역입영 통지서를 받은 사람이 5일 내에 입영하지 않는 경우에 징역에 처하도록 한 규정[(병역법(1999.2.5. 법률 제5757호로 개정된 것) 제88조 (입영의 기피) ① 현역입영 또는 소집통지서(모집에 의한 입영통지서를 포함한다)를 받은 사람이 정당한 사유없이 입영 또는 소집기일부터 다음 각 호의 기간이 경과하여도 입영하지 아니하거나 소집에 불응한 때에는 3년 이하의 징역에 처한다. 다만, 제53조 제2항의 규정에 의하여 전시근로소집에 대비한 점검통지서를 받은 사람이 정당한 사유없이 지정된 일시의 점검에 불참한 때에는 6월 이하의 징역이나 200만원 이하의 벌금 또는 구류에 처한다. 1. 현역입영은 5일]이다. 그런데 헌재 2018.6.28. 2011헌바379등, 병역법 제88조 제1항 등 위헌소원 등(헌법불합치, 합헌) 결정에서는 판례를 변경하여 양심적 병역거부를 인정하고 있다. 이

3. 사법(私法) 영역에서 국가의 기본권보장의무

가. 의의와 종류

사법 질서에 있어서는 사인에 의한 기본권적 법익[8]의 침해가 있을 수 있다. 그런데 기본권의 의무 주체(기본권의 수범자)는 원칙적으로 국가이기 때문에, 사인 간에 기본권의 효력이 문제되는 경우에도 **사인이 국가와 같은 기본권의 의무 주체가 되는 것이 아니라**[9] 여전히 국가가 기본권 보장자로서 등장하게 된다.

국가에게는 사인에 의한 기본권적 법익의 침해가 일어나지 않도록 일반적으로 제도적 장치를 강구할 의무(일반적 적극적 보장의무)가 인정될 수 있고, 사인이 타인의 기본권 침해로부터 보호해 줄 것을 국가에게 적극적으로 요청하는 개별적·구체적인 경우에도 — 관련 기본권의 성격에 따라서 그 의미와 내용이 달라질 수는 있겠지만 — 적극적 보장의무(개별적 적극적 보장의무)가 도출될 수 있다.

사법 질서에 있어서 국가의 적극적 보장의무의 위반도 결국은 사인에 의한 기본권적 가치의 침해에 대해 국가가 효율적인 제도적 대비책을 가지지 않는 경우에 인정된다. 특히 헌법적 가치를 침해하거나 그에 부합하지 않는 재판을 하는 경우에도 국가의 기본권보장의무의 위반이 있게 된다.

결정에서 헌법불합치로 결정된 조항은 병역의 종류를 정하고 있는 「병역법」 제5조 제1항의 규정이다. 「병역법」 제88조 제1항 제1호를 포함한 처벌조항에 대해서는 4인이 합헌의견이어서 합헌으로 결정되었다.

8) 여기서 법익이란 법에 의하여 보장되는 개인이나 단체의 이익이나 가치를 말한다. 형법상 법익으로 논의되는 생명과 같은 정신물리적 대상, 명예와 같은 관념적 법익, 사생활의 평온과 같은 실제의 상태, 재산권과 같은 법률관계, 개인의 의사에 따른 자유로운 행위 등(이형국, 형법총론연구 I, 법문사, 1984, 169, 173쪽 참조)도 모두 이에 포함된다. 헌법에 의해서 보장 또는 보호되는 이익(헌재 2010.2.25. 2008헌가23(합헌, 각하) 결정의 보충의견 참조)은 헌법상 이익(Verfassungsrechtsgut)이라는 개념으로도 사용된다. 독일연방헌법재판소에서도 헌법상 보호되는 법익(verfassungsrechtlich geschützte Rechtgüter: BVerfGE 34, 269, 283)이라는 개념과 법률상으로만 보호되는 법익(nur gesetzlich geschützter Rechtsgut: BVerfGE 7, 198, 210)이라는 개념을 사용하고 있다.

9) 그러나 기본권상충의 개념을 인정하면 사인도 의무 주체가 되는 것으로 보게 된다. 헌법재판소도 이러한 입장이다: "기본권의 경합 또는 기본권의 상충의 문제를 해결하는 경우를 제외하고는, 기본권을 보장하기 위한 헌법의 명시적인 규정을 다른 사람의 기본권을 제한하는 근거로 삼을 수는 없기 때문이다."[헌재 2004.9.23. 2000헌마138, 변호인의 조력을 받을 권리 등 침해 위헌확인(인용(위헌확인))].

나. 판례

1) 유럽인권재판소

유럽인권재판소(European Court of Human Rights)에서는 유럽인권협약상의 사생활과 가족의 보호(제8조), 생명권(제2조), 고문(비인도적 처우)의 금지(제3조), 의사 표현의 자유 (제10조), 집회의 자유(제11조) 등의 경우에 사인에 의한 기본권적 가치의 침해에 대해 서 **국가의 적극적 작위의무를 인정하고 있다.**[10) 이 판결들에서 말하고 있는 작위의무는 주로 국가의 적극적이고 효율적인 조사에 대한 작위의무와 그 보장을 위한 실효성 있 는 절차적인 방안을 갖출 의무를 말한다. 따라서 자유권에 관해서도 **자유권을 효율적으 로 보장할 실질적인 장치를 갖추지 못하고 있는 것은 이러한 국가의 적극적인 보장의무를 침해 한 것이** 되어 국가의 손해배상책임을 인정하고 있다.

2) 우리나라

앞에서 언급한 바와 같이 헌법재판소는 「교통사고처리특례법」 제4조 제1항 본문 중 교통사고로 인하여 업무상과실치상죄 또는 중과실치상죄를 범한 차의 운전자에 대 하여 보험 등에 가입되어 있는 경우에는 공소를 제기할 수 없도록 한 부분이 청구인들 의 기본권을 침해하였는지 여부에 대한 헌법소원 결정에서[11) 헌법재판소는 **기본권 보호 의무라는 개념을** 인정하고 있다.

또 헌법 제124조의 **소비자 보호 운동의 보장이** 있다. 생산자와 소비자라는 사인 간의 관계에서 헌법은 소비자의 보호를 위한 운동을 보장하고 있는 것이다. 소비자 보호 운 동은 법률이 정하는 바에 의하여 보장한다는 취지이므로 소비자 보호 운동의 보장내용 은 그 본질적 내용을 제외하고는 전적으로 법률에 위임되어 있다. 따라서 국회는 광범

---

10) 김성진, 인권보호를 위한 국가의 적극적 작위의무, 법률신문 2012.5.7.자 10면 참조[여기서 소개되 고 있는 Marck v. Belgium (1979), Airey v. Ireland (1979), X and Y (1985) 사건 및 2012.4.10. 의 두 결정 등 참조].

11) 그 첫 번째 결정인 헌재 1997.1.16. 90헌마110등 결정에서 4인의 합헌의견과 3인의 위헌의견은 모 두 국가의 기본권 보호의무를 인정하고, 두 번째 결정인 헌재 2009.2.26. 2005헌마764등 결정에 서도 7인 재판관이 기본권 보호의무라는 개념을 명시적으로 인정하고 있다. 물론 나머지 재판관 2인의 반대의견도 국가의 기본권 보호의무에 대한 언급 없이 합헌의견을 제시하고 있어서 국가의 기본권 보호의무를 명시적으로 부인하고 있는 것은 아니다. 교통사고처리특례법 제4조 제1항의 위헌여부에 대해서는 1997년 결정에서는 합헌으로 결정하였다가(합헌의견 4인, 위헌의견 5인) 2009년에는 판례를 변경하여 중상해를 입은 경우에 한하여 위헌으로 결정하였다(위헌 의견 7인, 합헌의견 2인). 다만, 기본권 보호의무 위반 여부에 대해서는 1997년 결정에서는 4인의 다수 의견 이, 2009년 결정에서는 7인의 다수 의견이 기본권 보호의무를 위반하지 않았다고 판단하였다.

위한 입법 형성권을 가진다. 즉, 소비자 보호 운동의 보장내용과 효력이 법률로 위임되어 있다고 하더라도 권리의 핵심은 입법자가 침해할 수 없다. 이러한 해석의 의미는 소비자 보호 운동의 보장을 규정하는 법률의 내용이 전적으로 입법재량에 속하는 것은 아니라는 의미이며 그 부분에 관해서는 여전히 헌법적 통제하에 있다는 점이다.[12] 그런 점에서 소비자 보호 운동이 기본권인지 여부를 불문하고 여기서도 국가의 보장의무를 발견할 수 있다.

3) 결론

결론적으로 사인에 의한 기본권적 법익의 침해의 경우에 국가가 절차법적 관점에서 사실에 대한 실효적인 조사와 판단 그리고 그에 대한 대비 제도를 갖추지 않은 곳에 국가의 적극적 보장의무의 위반이 존재하는 것으로 볼 수 있다. 물론 이러한 효력은 자유권에서 유래한다기보다는 헌법 제10조의 인간의 존엄과 가치 내지 국가의 기본권 보장의무 또는 개별 기본권이 갖는 제도보장으로서의 성격에서 유래한다고 보아야 한다.

4. 소위 보장국가론

최근 독일에서는 보장국가(Gewährleistungsstaat)라는 개념이 논의되고 있다. 보장국가라는 개념은 약 2,000년경부터 학문적으로 논의되기 시작한 개념인데 이후로는 정치 분야에 영향을 미쳐 급부국가에서 보장국가로 국가가 재건되어야 한다는 정치 구호가 등장하기도 했다.[13]

보장국가란 국가가 정치적으로 요구되는 **모든 공적 과업을 스스로 하지 않고 사인에 의해서도 수행할 수 있도록 하는 국가**를 말한다.[14] 그리하여 보장국가는 국가가 사인과 함께 협력하여 이행하거나, 나아가서는 시장이나 공익적 조직이나 심지어는 개인 스스로가 국가의 과업을 수행할 수 있도록 하는 형태로 나타날 수도 있다. 어떤 형태로 국가의 과업을 이행하도록 할 것인지를 정하는 중요한 기준은 효율성(Effizienz)이다. 여기에서 다양한 사적 급부와 공적 급부의 제공은 원칙적으로 동등한 것으로 간주된다. 국가의 기본권보장의무가 보장국가론에서는 어떻게 전개될지 귀추가 주목된다.

---

12) 헌재 2011.12.29. 2010헌바54등, 형법 제314조 제1항 등 위헌소원 등(합헌, 각하) 참조.
13) 2003년 SPD의 날의 기조연설에서 등장한 내용이다.
14) 보장국가에 대한 자세한 내용은 Andreas Voßkuhle, Die Beteiligung Privater an der Erfüllung öffentlicher Aufgaben und staatlicher Verantwortung: VVDStRL 62 (2003), S. 266, 282 f. 참조.

제2항 기본권의 보장내용

기본권의 보장내용[15]은 인적 보장내용과 물적 보장내용으로 구분할 수 있다. 인적 보장내용은 관련 기본권의 이익을 향유하는 주체 및 보장의무의 주체가 누구인가를 말하는 것이고, 물적 보장내용은 기본권 규정이 보장하는 법익 또는 행위(작위 또는 부작위)를 의미한다. 결국 기본권의 보장내용이란 어떤 내용의 기본권을 누구에게 보장하고 누구에게 보장의무를 부담하게 할 것인가의 문제다.

Ⅰ. 기본권의 인적 보장내용

1. 기본권의 주체

가. 기본권능력과 기본권행사(행위)능력

1) 기본권능력(기본권향유능력, 기본권보유능력)

헌법상 보장된 권리로서 기본권을 향유하는 주체인 기본권 주체는 기본권능력(Grundrechtsfähigkeit)이 있는 자를 말한다. 기본권능력이란 헌법상 규정된 **기본권을 자신의 권리로서 주장할 수 있는 능력**으로서 기본권향유능력 또는 기본권보유능력이라고도 한

---

15) 기본권의 보장내용은 보호영역, 보장 영역, 보호 범위, 구성요건 등과 같은 의미다. 독일에서는 일반적으로 보호영역(Schutzbereich)이라는 용어가 사용되고 있다. 독일의 이론에 따르면 보호영역과 규율 영역(Regelungsbereich)은 구분된다. 예컨대 기본법 제8조 제1항(모든 독일인들은 신고나 허가 없이 평화롭고 무장하지 않은 집회를 할 권리를 가진다)의 규율 영역은 모든 집회이지만 평화롭고 무장하지 않은 집회만이 보호영역에 속한다(Pieroth/Schlink, Grundrecht. Staatsrecht II, 26. Aufl., 2010, Rn. 214).
　　대한민국헌법에서는 보장이라는 개념도 사용하고 있고(외국인의 지위 보장, 공무원의 신분과 정치적 중립성 보장, 복수정당제 보장, 기본적 인권의 보장, 신문의 기능 보장, 재산권 보장, 교육의 자주성·전문성·정치적 중립성 및 대학의 자율성 보장, 근로자의 고용 증진과 적정 임금의 보장, 근로 조건에 있어서 인간의 존엄성 보장, 혼인과 가족생활에 있어서 양성평등의 보장, 선거에 있어서 기회 균등의 보장, 농어민과 중소기업의 자율적 활동과 발전의 보장, 소비자보호운동의 보장), 보호라는 개념도 사용하고 있다(재외국민의 보호, 정당의 보호, 저작자·발명가·과학기술자·예술가의 권리의 보호, 여자·연소자의 근로에 대한 특별한 보호, 신체장애자·생활무능력자의 보호, 재해로부터의 국민의 보호, 모성의 보호, 국민보건의 보호, 국토와 자원의 보호, 농어업의 보호, 중소기업의 보호, 농어민의 이익의 보호). 보장과 보호의 엄밀한 구별은 용이하지는 않으나, 용어의 선택과 관련하여서는 기본권 일반과 관련하여서 제10조에서 기본적 인권의 보장이라는 용어를 채택하고 있다는 점을 고려할 필요가 있다. 또 재산권, 근로의 의무, 환경권에 있어서 내용이라는 용어를 사용하고 있고, 자유와 권리의 본질적 내용이라고 하고 있으므로 영역보다는 내용이라는 개념이 문언상 더 적합한 개념 사용으로 보인다. 따라서 이 책에서는 원칙적으로 기본권의 "보장내용"이라는 용어를 사용하기로 한다.

다. 이는 「민법」상 권리능력에 대응하는 개념이다. 그러나 헌법상의 기본권능력과 「민법」상의 권리능력은 반드시 일치하지는 않는다.

　기본권의 주체는 통상 개별 헌법 조항에 규정되어 있지만, 일반적, 추상적 의미의 기본권의 주체는 원칙적으로 자연인인 국민이다. 헌법 규정에 따른 기본권의 주체는 다음 표와 같다.

조항	관련 기본권	주체
제10조	인간의 존엄과 가치 및 행복추구권	모든 국민
제11조	평등권	모든 국민
제12조 제1항 제1문	신체의 자유	모든 국민
제12조 제1항 제2문	법률에 의하지 아니하고는 체포 등을 당하지 아니할 권리 법률과 적법절차에 의하지 아니하고는 처벌 등 받지 아니할 권리	누구든지
제12조 제2항	고문을 받지 않고, 불리한 진술을 강요당하지 않을 권리	모든 국민
제12조 제4항	변호인의 조력을 받을 권리	누구든지
제12조 제5항	체포 등 이유를 고지 받을 권리	누구든지
제12조 제6항	구속적부심사청구권	누구든지
제12조 제7항	자백의 증거 능력 제한	피고인
제13조	행위시법주의 일사부재리원칙 소급 입법에 의한 재산권 박탈 금지 연좌제 금지	모든 국민
제14조	거주 · 이전의 자유	모든 국민
제15조	직업의 자유	모든 국민
제16조	주거의 자유	모든 국민
제17조	사생활의 불가침	모든 국민
제18조	통신 비밀의 불가침	모든 국민

조항	관련 기본권	주체
제19조	양심의 자유	모든 국민
제20조	종교의 자유	모든 국민
제21조	언론·출판·집회·결사의 자유	모든 국민
제22조	학문과 예술의 자유	모든 국민
제23조	재산권의 보장	모든 국민
제24조	선거권	모든 국민(법률)
제25조	공무담임권	모든 국민(법률)
제26조	청원권	모든 국민(법률)
제27조 제1항 제3항	재판을 받을 권리	모든 국민
제27조 제2항	군사 재판을 받지 아니할 권리	군인 또는 군무원이 아닌 국민
제27조 제4항	무죄추정권	형사피고인
제27조 제5항	재판절차진술권	형사피해자
제28조	형사보상청구권	형사피의자 또는 형사피고인
제29조	국가배상청구권	공무원의 직무상 불법행위로 손해를 받은 국민
제30조	범죄피해자구조청구권	범죄피해자인 국민
제31조	교육을 받을 권리	모든 국민
제32조	근로의 권리	모든 국민

조항	관련 기본권	주체
제33조	노동3권	근로자
제34조	인간다운 생활을 할 권리	모든 국민
제35조	환경권	모든 국민
제36조 제3항	보건권	모든 국민
제37조 제1항	열거되지 아니한 자유와 권리	국민

기본권능력은 **출생으로부터 시작되고 사망으로 종결됨이 원칙이다.**

인간 생명의 발생에 대하여는 난자와 정자의 융합시설, 착상시설, 개체화설 (Individuation) 등이 존재한다. 태아 자체가 기본권의 주체인지, 아니면 기본권능력이 결여되어 있기 때문에 단지 헌법에 의해 보장되는 인간의 존엄과 가치가 가지는 객관적 규범으로서의 효력이 머지않아 기본권의 주체가 될 태아에게 미치는 것에 불과한 것인지에 대해서는 이견이 있을 수 있다.[16]

뇌의 모든 기관이 불가역적으로 기능 불능에 빠진 상태[17]의 사람, 즉 사자와 관련하여서는 독일 연방헌법재판소는 인간 존엄에 대한 침해에 대하여는 사망 후에도 개인을 보호할 의무가 국가에게 있다고 본다.[18] 헌법재판소도 "사자인 경우에도 인격적 가치에 대한 중대한 왜곡으로부터 보호되어야 하고"라고 판시하고 있다.[19] 그러나 이러한 인간 존엄 보호의 효력은 사후 점점 약화되어 가는 것은 사실이다.

나아가서 생존자의 장기 적출 거부가 사후에도 존중되는 것은 인간의 존엄성 존중에서 비롯된 것이라기보다는 직접적으로는 자기결정권이 존중된 결과로 보는 것이 보다 설득력이 있다.

NOTE   **「장기등 이식에 관한 법률」상 사망의 시기**

「장기등 이식에 관한 법률」에서는 "살아있는 사람"이란 사람 중에서 뇌사자를 제외한 사람을 말하고, "뇌사자"란 이 법에 따른 뇌사 판정 기준 및 뇌사 판정 절차에 따라 뇌 전체의

---

16) 이에 대해서는 제2장 제1절에서 설명하는 생명권 부분 참조.
17) 이를 사망이라고 한다(Pieroth/Schlink, 23. Aufl., Rn. 118).
18) BVerfGE 30, 173, 194 (1971) ― Mephisto.
19) 헌재 2013.5.30. 2012헌바19, 일제강점하 반민족행위 진상규명에 관한 특별법 제2조 제13호 위헌소원(합헌) ― 친일반민족행위 정의규정 사건 참조.

기능이 되살아날 수 없는 상태로 정지되었다고 판정된 사람을 말한다(법률 제4조 제5호).[20] 그런데 법률 제21조 제2항은 "뇌사자의 사망 시각은 뇌사판정위원회가 제18조 제2항에 따라 뇌사 판정을 한 시각으로 한다."라고 규정하여 뇌사를 사망으로 보고 있다. 그러나 이 조항은 다른 규정들에서는 뇌사와 사망을 구분하고 있는 것과는 모순된다. 예컨대 같은 조 제1항에서는 "뇌사자가 이 법에 따른 장기 등의 적출로 사망한 경우에는 뇌사의 원인이 된 질병 또는 행위로 인하여 사망한 것으로 본다."라고 함으로써 뇌사와 사망을 구분하고 있다. 또 본인이나 가족 등의 동의에 관한 같은 법률 제22조 제3항에서는 뇌사자의 경우에는 가족, 사망의 경우에는 유족으로 구분하고 있고,[21] 법률 제4조 제6호에서도 같다. 사망의 시기를 심폐 기능의 정지로 볼 것인가 뇌사로 볼 것인가에 대해서는 논의가 있지만, 이 법률은 사망의 시기를 혼돈하고 있다는 비판이 있다.[22]

2) 기본권행사능력(Grundrechtsmündigkeit)

기본권 규정으로 보장되는 어떤 법익을 주장하거나 행위(작위, 부작위)를 하는 것을 기본권의 행사라고 한다. 기본권행사능력 또는 기본권행위능력은 기본권능력을 전제로 한다.

기본권능력자의 경우에도 기본권행사능력이 인정되지 않는 경우도 있다. 예컨대 일정한 연령에 달하지 않은 경우에는 선거권, 피선거권이 인정되지 않는 것을 들 수 있다. 이와 같이 기본권 행사 능력의 인정 여부는 우선은 실정법의 규정에 따를 것이지만 해석상 문제가 되는 경우도 있다. 예컨대 미성년자의 거주·이전의 자유나 종교의 자유

---

20) 독일의 장기이식법(Transplantationsgesetz) 제3조 제2항 제2호에서는 "의학적 인식의 상태에 합치하는 절차에 따를 때, 장기 또는 조직의 기증자에서 장기 또는 조직을 적출하기 전에 대뇌, 소뇌 그리고 뇌간(腦幹) 전체 기능의 종국적이고 제거할 수 없는 손실이 확인될 수 없는 경우에는 장기 또는 조직의 적출은 허용되지 않는다."고 규정하여서 뇌사란 대뇌, 소뇌 그리고 뇌간 전체 기능의 종국적이고 제거할 수 없는 손실이 확인되는 경우를 의미하는 것으로 이해된다.

21) 장기등 이식에 관한 법률 제22조(장기등의 적출 요건) ③ 뇌사자와 사망한 자의 장기등은 다음 각 호의 어느 하나에 해당하는 경우에만 적출할 수 있다.
   1. 본인이 뇌사 또는 사망하기 전에 장기등의 적출에 동의한 경우. 다만, 그 가족 또는 유족이 장기등의 적출을 명시적으로 거부하는 경우는 제외한다.
   2. 본인이 뇌사 또는 사망하기 전에 장기등의 적출에 동의하거나 반대한 사실이 확인되지 아니한 경우로서 그 가족 또는 유족이 장기등의 적출에 동의한 경우. 다만, 본인이 16세 미만의 미성년자인 경우에는 그 부모(부모 중 1명이 사망·행방불명, 그 밖에 대통령령으로 정하는 부득이한 사유로 동의할 수 없으면 부모 중 나머지 1명)가 장기등의 적출에 동의한 경우로 한정한다.

22) 자세한 것은 서광민, 뇌사자의 사망시기 - 개정장기이식법 제21조 제2항의 문제점 -, 법률신문 2012.7.19.자 11면 참조.

등은 갈등 관계에 있는 기본권(예컨대 부모의 양육권)과의 조율 속에서 인정되기도 한다. 기본권 행사 능력의 제한은 기본권 제한의 문제로 되어 헌법 제37조 제2항의 일반적 법률유보의 요건을 충족하여야 한다.

나. 국민
1) 개념

앞에서 살펴본 바와 같이 개별 기본권 규정은 일반적으로 국민을 기본권 주체로 예정하고 있다. 따라서 기본권의 주체 문제를 검토함에 있어서는 우선 국민 개념에 대해 살펴볼 필요가 있다.

대한민국헌법상 기본권의 주체는 대체로 국민이다. **국민은 「국적법」상 대한민국 국적을 취득한 자연인을** 의미한다(제2조 제1항). 따라서 법인과 외국인은 헌법상 국민이 아니다. 따라서 국민 개념에 자연인뿐만 아니라 법인도 포함하여 사용하는 것23)은 주의할 필요가 있다.

법인과 외국인을 기본권의 주체로 인정할 것인가의 문제는 국민 개념의 해석 문제가 아니라, 규정이 주체를 누구든지 등으로 규정하고 있는 경우에는 법인이나 외국인이 누구든지 등에 포함될 수 있는지, 국민으로 규정하고 있는 경우에는 법인이나 외국인에게 국민과 유사한 지위를 인정할 수 있을 것인가의 문제이다. 이 주제는 법인의 기본권 주체성 또는 외국인의 기본권 주체성이라는 개념으로 논의된다.

2) 특수신분관계의 국민

특수신분관계의 국민도 원칙적으로 기본권의 주체로 인정된다. 또한 특수신분관계에 있는 국민의 기본권을 제한하는 경우에도 일반권력관계에 있는 국민과 동일하게 법치국가원리가 적용된다. 예컨대 재소자도 기본권의 주체로 인정된다.24) 따라서 기본권 제한의 일반 원칙도 적용된다. 다만, 특수한 신분관계로 인하여 **기본권 제한에 있어서 특수성은 존재하게** 된다. 군인·군무원에 대한 군사재판 관할(제27조 제2항), 국가배상에 있어서 군인·군무원·경찰공무원 기타 법률이 정하는 자에 대한 이중배상금지(제29조 제2항), 공무원인 근로자는 법률이 정하는 자에 한하여 노동3권을 가지는 것(제33조 제2항) 등이 그 예이다. 법률에서도 예컨대 「국가공무원법」 제66조 제1항에서는 "공무원은 노

---

23) 예컨대 성낙인, 판례헌법, 법문사, 2009, 346쪽.
24) 헌재 1995.7.21. 92헌마144, 서신검열 등 위헌확인[인용(위헌확인), 한정위헌, 기각, 각하].

동운동이나 그 밖에 공무 외의 일을 위한 집단행위를 하여서는 아니 된다. 다만, 사실상 노무에 종사하는 공무원은 예외로 한다."라고 규정하여 공무원의 노동3권과 집단적 표현의 자유를 제한하고 있다.[25]

예컨대 육군제3사관학교 사관생도는 특수한 신분관계에 있는 사람으로서 그 존립목적을 달성하기 위해 필요한 한도 내에서 일반 국민보다 상대적으로 기본권이 더 제한될 수 있다. 다만, 법률유보원칙, 과잉금지원칙 등 기본권 제한의 헌법상 원칙들이 준수되어야 한다.[26] 또 헌법상 법치국가원리와 적법절차 원칙 및 행정절차법 규정의 취지에 따를 때, 징계와 같은 불이익 처분 절차에서 징계 심의 대상자가 선임한 변호사가 징계 위원회에 출석하여 징계심의대상자를 위하여 필요한 의견을 진술하는 것은 방어권 행사의 본질적 내용에 해당하므로, 행정청은 특별한 사정이 없는 한 이를 거부할 수 없다.[27]

3) 북한 주민

정부와 대법원 그리고 헌법재판소는 북한에도 대한민국의 주권이 미치기 때문에 북한 주민을 대한민국 국민으로 보고 있다.[28] 따라서 북한 주민도 기본권 행사에 제약

---

25) 이 규정의 "그 밖에 공무 외의 일을 위한 집단행위" 개념이 명확성원칙과 과잉금지원칙에 위배되지 않는다는 결정으로는 헌재 2014.8.28. 2011헌바32등, 국가공무원법 제66조 제1항 등 위헌소원(합헌); 2020.4.23. 2018헌마550 국가공무원법 제66조 제1항 위헌확인(기각, 각하) － 국가공무원법상 공무원의 집단행위 금지사건 참조. 같은 취지로 대법원 2012.5.10. 2011도914 판결; 2017.4.13. 2014두8469 판결도 참조. 그 이유는 공익은 개인 또는 특정 단체나 집단의 이익이 아니라 일반 다수 국민의 이익 내지는 사회공동의 이익, 직무전념의무란 불편부당한 입장에서 자신이 맡은 업무에 성실히 임하는 것, 집단행위란 공무에 대한 국민의 신뢰에 손상을 가져올 수 있는 다수의 결집된 행위를 의미하므로 명확성원칙에 위반되지 아니하고, 공무 외의 일을 위한 집단행위라고 함은 공익에 반하는 목적을 위하여 직무전념의무를 해태하는 등의 영향을 가져오는 집단적 행위라고 한정하여 해석할 수 있고, 공무원이 집단적으로 정치적 의사표현을 하는 경우에는 정치적 중립성의 훼손으로 공무의 공정성과 객관성에 신뢰를 저하시킬 수 있으며, 공무원의 집단적인 정치적 표현행위가 공익을 표방한다고 하여도 우리나라의 정치 현실상 정치적 편향성에 대한 의심을 제거하기 어려우므로 이 규정은 표현의 자유를 침해하지 않는다는 것이다.
26) 대법원 2018.8.30. 2016두60591 판결.
27) 대법원 2018.3.13. 2016두33339 판결(이 판결에서 대법원은 육군3사관학교의 사관생도에 대한 징계절차에서 징계심의대상자가 대리인으로 선임한 변호사가 징계위원회 심의에 출석하여 진술하려고 하였음에도, 징계권자나 그 소속 직원이 변호사가 징계위원회의 심의에 출석하는 것을 막았다면 징계위원회 심의·의결의 절차적 정당성이 상실되어 그 징계의결에 따른 징계처분은 위법하여 원칙적으로 취소되어야 한다고 판시하였다).
28) 대법원 1996.11.12. 96누1221 판결; 헌재 2000.8.31. 97헌가12, 국적법 제2조제1항 제1호 위헌제청(헌법불합치, 각하).

이 따르는 것일 뿐 기본권향유능력은 인정된다.

4) 재외국민

「재외동포의 출입국과 법적 지위에 관한 법률」 제2조에서는 재외국민과 외국국적동포를 포함하여 재외동포라고 정의하고 있다. 재외국민이란 대한민국의 국민으로서 외국의 영주권을 취득한 자 또는 영주할 목적으로 외국에 거주하고 있는 자를 말하고, 외국국적동포란 대한민국의 국적을 보유하였던 자(대한민국 정부 수립 전에 국외로 이주한 동포를 포함한다) 또는 그 직계비속으로서 외국 국적을 취득한 자 중 대통령령으로 정하는 자를 말한다.

재외국민은 대한민국 국민으로서 기본권능력이 인정되고 기본권행사능력에 있어서는 합리적인 범위 내에서 일정 부분 제한이 가능하지만, 부재자 투표를 인정하지 않는 것은 헌법불합치로 선언되었다.[29] 외국국적동포에 대해서는 「재외동포의 출입국과 법적 지위에 관한 법률」 상 출입국과 취업 등에 있어서 일정한 혜택이 주어지고 있다.

다. 외국인
1) 학설

법실증주의에 따르면 대한민국헌법이 자유와 권리의 주체로서 국민을 규정하고 있을 뿐 외국인은 규정하고 있지 않기 때문에 외국인에 대해서는 기본권의 주체성을 인정할 수 없다고 한다. 외국인에게는 입법 정책적 차원에서 법률상 권리가 인정되는 것일 뿐이라고 한다.[30]

그에 반하여 자연법론자들은 자연권으로서의 기본권은 외국인에게도 적용된다고 한다.[31] 통합이론의 입장에서는 외국인은 우리 민족의 동화적 통합을 해치지 않고, 오히려 그들을 우리 사회에 동화시키는 데 필요한 범위 내에서 기본권의 주체가 될 수 있다고 한다.[32]

---

29) 헌재 2007.6.28. 2004헌마644등, 공직선거및선거부정방지법 제15조 제2항 등 위헌확인 등(헌법불합치).
30) 박일경, 신헌법학원론, 법경출판사, 1986, 200쪽 이하 참조.
31) 현재의 다수설이다.
32) 허영, 한국헌법론, 박영사, 2011, 244쪽 참조.

2) 판례

가) 헌법재판소

헌법재판소는 원칙적으로 외국인의 기본권 주체성을 인정하고 있다. 국민에게만 인정되는 기본권의 주체성을 외국인에게도 인정하는 것은 외국인은 국민과 유사한 지위에 있다고 보기 때문이다.[33] 국민과 외국인은 대한민국 국적의 보유 여부에 따라 완전히 다름에도 불구하고 국민과 유사한 지위에 있다고 하는 것은 국민도 외국인도 모두 인간이라는 점에 있다. 외국인에게도 인간의 권리는 인정된다고 보는 것이다.[34] 따라서 외국인에게 기본권 주체성을 인정할 수 있을 것인지를 판단하기 위해서는 ① 관련 기본권을 도출하고, ② 관련 기본권이 성질상 인간의 권리인지 여부를 판단하는 과정을 거치게 된다.[35]

이와 같은 논리로 헌법재판소는 평등권도 인간의 권리로서 외국인에게 인정되는 기본권이라고 한다. 외국인도 평등권의 주체가 되기 때문에 외국인은 국민과의 차별에서, 그리고 다른 외국인과의 차별에서 평등권을 주장할 수 있게 된다. 물론 외국인의 평등권도 제한이 가능한데, 주로 차별받는 내용의 성질이나 상대국과의 관계에서 상호주의 등이 그 원인이 된다.[36]

헌법재판소의 소수 의견에서는 외국인의 기본권 주체성을 전면 부인하기도 한다.[37]

나) 독일 연방헌법재판소

독일의 일반적인 견해는 인권의 핵심은 외국인도 그 주체가 된다는 견해인 것으로 보이지만, 헌법의 명시적인 결단이 우선한다. 독일 연방헌법재판소는 직업의 자유와 관련하여 이를 다음과 같이 판결하고 있다.

"본 건 금지에는 기본법 제12조 제1항(직업의 자유)의 침해가 존재하지 않는데, 왜

---

33) 헌재 2001.11.29. 99헌마494, 재외동포의출입국과법적지위에관한법률 제2조제2호 위헌확인(헌법불합치) 결정에서 "'외국인'은 '국민'과 유사한 지위에 있으므로 원칙적으로 기본권 주체성이 인정된다."고 설명하고 있다.
34) 헌재 1994.12.29. 93헌마120, 불기소처분취소(각하).
35) 헌재 2011.9.29. 2007헌마1083등, 외국인근로자의 고용 등에 관한 법률 제25조 제4항 등 위헌확인(기각, 별개의견 및 반대의견 있음).
36) 헌재 2001.11.29. 99헌마494, 재외동포의출입국과법적지위에관한법률 제2조제2호 위헌확인(헌법불합치).
37) 헌재 2011.9.29. 2007헌마1083등, 외국인근로자의 고용 등에 관한 법률 제25조 제4항 등 위헌확인(기각) 결정의 김종대 재판관의 의견 참조.

냐하면 이 기본권은 독일인에 대해서만 적용되기 때문이다. 시민권은 그 인권의 핵심에 대해서는 외국인에 대해서도 적용된다는 견해가 주장된다. 그러나 외국인들은 인권의 주체가 된다는 자명한 사실도 — 제한적일지라도 — 기본법 제12조 제1항의 이러한 인적 범위에 적용되는 것으로 귀결될 수 없고, 독일 국민에게만 직업의 자유가 인정된다는 기본법의 명시적인 결단은 경시될 수 없다."[38]

3) 소결
가) 원칙

대한민국헌법상으로 기본권의 주체는 몇몇 규정을 제외하고는 원칙적으로 국민으로 규정되어 있기 때문에 이 경우 외국인은 문언상 기본권의 주체라고는 할 수 없다. 그러나 헌법 특히 인권의 국제화 경향이 진행되고 있는 현대에 있어서 외국인의 기본권 주체성을 인정할 필요성은 점점 증가하고 있다. 다만 어느 정도까지 외국인의 기본권 주체성을 인정할 것인가라는 헌법 해석의 문제만이 남는다.

외국인의 기본권 주체성 문제는 헌법 문제이지 법률문제가 아니다. 따라서 우선은 헌법의 명문 규정에 따라야 하고, 명문이 없는 경우에는 헌법 해석에 의한다. 그런데 외국인의 기본권 주체성의 문제는 흔히 상호주의로 해결하려고 한다. 그런데 헌법상 기본권 주체의 문제를 상호주의에 입각해서 인정하거나 부인하는 것은 결국 헌법상 외국인은 원칙적으로 기본권 주체가 되지 못한다는 말과 같다.

기본권 주체로서 외국인을 이야기할 때 외국인은 두 가지로 나누어 볼 수 있다. 첫째는 국외에 거주하는 외국인이고, 둘째는 대한민국의 영역 안에 거주하는 외국인이다. 국외에 거주하는 외국인은 입국 허가를 받기 전에는 대한민국 영역 안에 들어올 수 없으므로(즉, 입국의 자유가 헌법상 허용된다고 볼 수 없기 때문에) 원칙적으로 기본권 주체성이 인정되지 않을 것으로 보이지만 반드시 그런 것은 아니다.[39] 예컨대 대한민국의 공권력에 의해 재산의 침해를 받은 외국인은 재산권 및 재판청구권의 주체가 될 수 있고, 망명권을 헌법이 규정하고 있을 경우 외국 거주 외국인도 망명권의 주체가 될 수 있다.

---

38) BVerfGE 78, 179, 196 - Heilpraktikergesetz.
39) 외국거주 외국인유족의 퇴직공제금 수급 자격을 인정하지 아니하는 구「건설근로자의 고용개선 등에 관한 법률」소정의 조항은 합리적 이유 없이 '외국거주 외국인유족'을 '대한민국 국민인 유족' 및 '국내거주 외국인유족'과 차별하는 것이므로 평등원칙에 위반된다고 본 사례[헌재 2023.3.23. 2020헌바471, 구 건설근로자의 고용개선 등에 관한 법률 제14조 제2항 위헌소원(위헌, 반대의견 없음) — 외국거주 외국인유족의 퇴직공제금 수급 자격 불인정 사건 참조].

그 외 인권적 차원에서 대한민국헌법의 기본권을 주장할 수 있는 경우들이 있을 수 있다. 그에 반하여 법 정책적 판단에 따라 입국이 허가된 외국인의 경우에는 사회 구성원으로서 기본권 주체성을 인정할 필요성이 있다. 외국인의 기본권 주체성이 문제되는 경우는 대개가 이에 해당한다.

기본권을 인간으로서의 권리와 국민이라는 자격에서 비로소 유래하는 권리로 구분한다면, 외국인의 인간으로서의 권리는 부인하기 어렵다.[40] 외국인의 기본권 주체성을 부인하는 헌법재판소의 반대의견[41]에서 지적하고 있는 것처럼, 기본권으로서 인간의 존엄과 가치 및 행복추구권과 관련되지 아니한 것은 거의 없다고 할 수 있지만, 오히려 그렇다고 한다면 외국인에 대해서도 기본권의 주체성을 인정하는 방향으로 해석하는 것이 타당할 것이다. 다만, 이는 원칙적인 측면이고 구체적인 경우 외국인의 기본권 주체성을 인정할 것인가의 문제는 관련 개별 기본권의 헌법적 의의와 성격과 및 근거 그리고 보장내용 등을 종합적으로 고려하면서 사례에 따라 구체적으로 판단하여야 할 것이다.[42]

나) 개별 기본권에 있어서 외국인의 기본권 주체성 인정 여부

(1) 인간의 존엄과 가치, 행복추구권

구체적 권리로서 헌법 제10조의 인간의 존엄과 가치 및 행복추구권은 당연히 외국인에게도 인정될 수 있다. 이 권리는 국외 거주 외국인도 향유할 수 있다. 따라서 국외 거주 외국인도 대한민국의 공권력에 의해 인간의 존엄과 가치 및 행복추구권을 침해받으면 대한민국에 대해 헌법 제10조에 따른 권리를 주장할 수 있다.

(2) 평등권

원칙적으로 국외 거주 외국인은 평등권의 주체가 될 수 없으나 국내 거주 외국인에게는 인정된다.[43] 물론 평등원칙이 적용되는 영역의 성격에 따라 다르게 판단될 수 있는 여지가 있다.[44] 예컨대 참정권에서처럼 외국인에게는 이를 부인하는 것도 허용된

---

40) 헌재 2001.11.29. 99헌마494, 재외동포의출입국과법적지위에관한법률 제2조 제2호 위헌확인(헌법불합치).
41) 헌재 2011.9.29. 2007헌마1083등, 외국인근로자의 고용 등에 관한 법률 제25조 제4항 등 위헌확인(기각) 결정의 김종대 재판관의 의견 참조.
42) 같은 취지의 결정으로는 헌재 2014.8.28. 2013헌마359, 의료법 제27조 등 위헌확인(각하, 기본권 주체성 인정하는 2인의 반대의견 있음) 참조.
43) 헌재 2001.11.29. 99헌마494, 재외동포의출입국과법적지위에관한법률 제2조 제2호 위헌확인(헌법불합치).
44) 이는 결국 외국인에 대해 평등이 문제되는 경우에는 관련 차별영역의 성격과 관련된다는 의미이기

다. 그러나 차별 내용과 영역의 성격에 따라 차별이 허용되더라도 기본적으로는 국내 거주 외국인에게는 평등권이 인정된다고 보는 것이 타당하다.[45)

그런데 기본권 주체성 인정의 문제와 기본권 제한의 문제는 구분하여야 한다. 외국인에게 평등권을 인정하는 경우에도 외국인을 자국인과 차별하거나 외국인 간에 차별을 하는 것은 기본권 제한의 문제로서 기본권 제한의 원칙을 준수하는 한 헌법상 허용된다. 외국인을 차별하는 것은 주로 상대국과의 상호주의에 입각한 것이다.

(3) 자유권

(가) 원칙

자유권은 원칙적으로 외국인에 대해서도 인정된다. 그러나 외국인의 경우에는 국민에 비하여 제한 가능성이 클 수 있다.

(나) 거주 · 이전의 자유

외국인의 기본권 주체성 인정 여부와 관련하여서는 특히 거주 · 이전의 자유가 문제된다. **외국인은 입국의 자유가 인정되지 않는다.** 따라서 외국인에게 입국을 허용할지 여부와 입국 후 국내에서의 거주 · 이전의 자유를 인정할지 여부는 법정책의 문제이다. 따라서 원칙적으로 외국인의 경우에는 기본권으로서 거주 · 이전의 자유가 인정되지 않는다고 보아야 한다. 그러나 출국은 인권적 측면에서 허용되지 않을 수 없기 때문에 **출국의 자유는 외국인에게도 인정되어야 한다.**

(다) 직업의 자유

최근에 헌법재판소의 7인의 법정 의견[46)은 직업의 자유는 원칙적으로 국민에게 인정되는 기본권이므로 **외국인에게는 인정되지 아니한다**는 입장을 피력하였다. 이 결정에서는, 이전에 외국인에게 직업의 자유의 주체성을 인정한 판례[47)가 있었으나 그것은 이

때문에 평등권 이외에 다른 기본권을 고려하여 판단한다는 의미다[헌재 2001.11.29. 99헌마494, 재외동포의출입국과법적지위에관한법률 제2조 제2호 위헌확인(헌법불합치) 결정 참조].

45) 윤영미, 2014 헌법 중요 판례, 인권과정의 448, 2015.3., 15쪽 참조.

46) 헌재 2014.8.28. 2013헌마359, 의료법 제27조 등 위헌확인(각하, 기본권 주체성 인정하는 2인의 반대의견 있음).

47) 헌재 2011.9.29. 2007헌마1083등, 외국인근로자의 고용 등에 관한 법률 제25조 제4항 등 위헌확인 등(기각). 이 결정에서 헌법재판소는 직장변경의 횟수를 제한하는 것은 근로의 권리의 제한이 아니라 직업 선택의 자유(구체적으로는 직장선택의 자유)를 제한하는 것이라고 판시하였다. 그러나 헌재 2014.8.28. 2013헌마359, 의료법 제27조 등 위헌확인(각하, 기본권 주체성 인정하는 2인의 반대의견 있음) 결정에서는 판례를 변경하여 외국인에게는 직업 선택의 자유 자체를 인정되지 않았다. 그런데 이 결정은 명시적으로 판례 변경을 선언하고 있지는 않다.

미 근로관계가 형성되어 있는 예외적인 경우에 제한적으로 인정한 것에 불과하고, 그러한 근로관계가 형성되기 전단계인 특정한 직업을 선택할 수 있는 권리는 국가 정책에 따라 법률로써 외국인에게 제한적으로 허용되는 것이지 헌법상 기본권에서 유래되는 것은 아니라는 점을 분명히 하였다.

이 결정에서 헌법재판소는 인간의 권리에 대해서는 외국인의 기본권 주체성을 인정할 수 있다는 입장을 그대로 유지하면서도, 직업의 자유에는 기본권 주체성이 인정될 수 없다고 하고 있으므로, 결국은 직업의 자유는 인간의 권리에 포함되지 않는다는 점을 전제로 하고 있는 것으로 보인다.

특정 기본권의 행사가 원칙적으로 보장되고 예외적으로 제한될 뿐이라면 당해 기본권의 주체성이 인정될 수 있지만, 그 반대인 경우에는 오히려 기본권 주체성이 부인되는 것으로 보는 것이 타당하다는 관점에서 볼 때 헌법재판소의 입장에 동의할 수 있다.

(라) 정치 활동의 자유

정치 활동의 자유는 외국인에게는 원칙적으로 허용되지 않는다.

(마) 망명권

「난민법」이 2012.2.10. 제정되어 2013.7.1.부터 적용되고 있지만,[48] 현재 법률상 외국인의 망명권이 인정되고 있지는 않다. 그러나 이것은 헌법상 망명권이 인정될 것인가의 문제와는 구별된다. **망명권은 인도주의적 차원에서 헌법상 인정되는 권리로 보아야 한다.**[49]

(바) 재산권

외국인이 재산권의 주체가 되는 것은 당연하다. 다만, 토지 재산권의 경우는 문제가 있을 수 있는데, 외국인에게는 토지 재산권이 헌법상 인정된다고 보기보다는 법률상 허용될 수 있는 것으로 보아야 한다. 현행 「부동산 거래 신고 등에 관한 법률」은 외국인의 토지에 관한 권리의 취득 및 양도는 상호주의원칙에 따라 대통령령으로 금지할 수 있도록 하고 있다(법률 제7조[50]). 외국인의 토지 취득 및 양도가 봉쇄될 수 있도록

---

48) 「난민법」 제2조 제1호에 따르면 "난민"이란 인종, 종교, 국적, 특정 사회집단의 구성원인 신분 또는 정치적 견해를 이유로 박해를 받을 수 있다고 인정할 충분한 근거가 있는 공포로 인하여 국적국의 보호를 받을 수 없거나 보호받기를 원하지 아니하는 외국인 또는 그러한 공포로 인하여 대한민국에 입국하기 전에 거주한 국가로 돌아갈 수 없거나 돌아가기를 원하지 아니하는 무국적자인 외국인을 말한다.

49) 모든 권리가 그러하듯이 현재의 법제상 인정되지 않는 권리라고 하더라도 강학상으로는 해당 권리에 헌법적 성격을 부여할 수 있는 것이다.

하는 법률이 위헌이 되지 않으려면 토지 재산권을 기본권으로 인정할 수는 없을 것이다. 이러한 법제로 미루어 볼 때 **외국인의 토지 재산권은 헌법상 기본권으로 인정되고 있지 않다고 할 수 있다.**

(사) 생존권

생존권은 원칙적으로 허용되지 않는다고 보는 것이 일반적인 견해이다. 헌법재판소도 사회적 기본권은 국민에게만 인정하고 있다.[51] 이렇게 이해하더라도 생존권으로서 보장하려는 기본권적 내용을 외국인이 혜택을 받도록 법률로 정하는 것이 불가능한 것은 아니다.

그러나 국내 거주 외국인의 경우에도 **생존권의 본질적 내용에 해당하는 부분은 헌법상 인권으로서 허용되는 것으로 보아야** 한다. 그런데 생존권을 헌법에 보장하는 의미는 그 본질적 내용, 즉 물질적 생활의 최저한의 보장에 있다고 이해하는 입장에서는 국민과 외국인은 생존권에 관한 한 동일한 보장을 받게 된다. 인간으로서 물질적 최저 생활은 보장되어야 한다는 점에서 이는 인간으로서의 권리라고 보아야 하므로, 생존권적 기본권의 헌법적 내용과 관련하여 외국인과 국민이 동등한 대우를 받는다고 하더라도 문제될 것은 없을 뿐만 아니라, 생존권 보장 차원에서 국내 거주 외국인과 내국인을 구별하는 것은 이민 국가화 경향을 띠어가는 세계적 추세에 부합하지 않는다.

생존권의 헌법적 보장내용 그 이상에 있어서는 외국인은 사회 보장 등에서 국민과 다른 처우를 받을 수 있는데 그것은 입법 정책의 문제이다. 물론 입법 정책상 재량이 허용된다고 하더라도 명백히 불합리한 재량의 행사인 경우에는 위헌이 될 수 있다.

(아) 근로의 권리

헌법재판소는 근로의 권리가 사회적 기본권의 성격과 자유권적 성격을 동시에 가지는 것으로 보고 있다. 소위 **일할 자리에 관한 권리는 사회적 기본권**에 속하는 데 반하여 **일할 환경에 대한 권리는 자유권적 기본권**에 속한다고 한다. 따라서 일할 환경에 대한 권리는 인간의 존엄성을 보장받기 위하여 최소한의 근로 조건을 요구할 수 있는 권리로서

---

50) 부동산 거래 신고 등에 관한 법률 제7조(상호주의) 국토교통부장관은 대한민국국민, 대한민국의 법령에 따라 설립된 법인 또는 단체나 대한민국정부에 대하여 자국(自國) 안의 토지의 취득 또는 양도를 금지하거나 제한하는 국가의 개인·법인·단체 또는 정부에 대하여 대통령령으로 정하는 바에 따라 대한민국 안의 토지의 취득 또는 양도를 금지하거나 제한할 수 있다. 다만, 헌법과 법률에 따라 체결된 조약의 이행에 필요한 경우에는 그러하지 아니하다.
51) 헌재 2007.8.30. 2004헌마670, 산업기술연수생 도입기준 완화결정 등 위헌확인(위헌, 각하).

외국인 근로자에게도 그 기본권 주체성을 인정함이 타당하다고 한다.[52]

그런데 근로의 자유의 주체성이 인정되는 외국인은 이미 입국 단계에서 대한민국으로부터 근로의 허가를 받은 경우들이라는 점을 유의할 필요가 있다.

(자) 절차적 기본권

절차권 또는 절차적 기본권은 외국인에게도 인정하는 것이 타당하다. 다만, 국제법과 조약이 정하는 바에 따라 호혜평등원칙 하에 제한될 수는 있다.

예컨대 **재판청구권**과 같은 기본권은 상호주의 법 정책과는 무관하게 보장될 필요가 있다. 국가배상청구권도 국가의 불법행위에 대한 책임을 묻는 것이므로 외국인에게도 인정되어야 한다. 「국가배상법」 제7조에서는 외국인에 대해서는 상호 보증이 있는 경우에 한하여 국가배상청구권을 인정하고 있다. 그러나 상호 보증이 없는 경우라고 하더라도 국가의 불법행위로 손해를 입은 외국인은 헌법상 당연히 **국가배상청구권이 인정된다**고 보는 것이 타당할 것이다.

(차) 참정권

참정권은 원칙적으로 외국인에게 인정되지 않는다. 법률로 참정권을 인정하는 것은 입법 정책의 문제다. 「공직선거법」 제15조 제2항 제3호에서는 "「출입국관리법」 제10조에 따른 영주의 체류 자격 취득일 후 3년이 경과한 외국인으로서 「출입국관리법」 제34조에 따라 해당 지방자치단체의 외국인등록대장에 올라 있는 사람"은 그 구역에서 선거하는 지방자치단체의 의회의원 및 장의 선거권이 있는 것으로 규정하고 있다.

라. 태아, 사자
1) 태아(胎兒)

「국적법」에 따르면 대한민국 국적은 일정한 자격이 있는 경우(예컨대 부모가 대한민국 국민인 경우)에 출생과 동시에 취득한다(법 제2조). 따라서 아직 출생하지 않은 태아는 국민이라고 볼 수 없다. 그런데 태아는 예외적인 경우를 제외하면 '인간'으로 출생할 것이 분명할 뿐만 아니라, 생명의 시기를 어떻게 보는가에 따라 경우에 따라서는 이미 인간일 수 있기 때문에 태아의 기본권 주체성이 문제가 되는 것이다. 태아에게 기본권 주체성을 인정한다고 모든 기본권에 대하여 인정되는 것은 아니고 **일정한 기본권에 한하여 인정**된다.

---

52) 헌재 2007.8.30. 2004헌마670, 산업기술연수생 도입기준 완화결정 등 위헌확인(위헌, 각하).

태아와 관련하여 특히 문제되는 기본권은 생명권이다. 태아가 생명권의 주체가 되는 지 여부와 관련하여서는 생명의 시기를 어떻게 보느냐에 따라 견해가 달라질 수 있다.

독일에서는 사람은 출생함으로써 권리능력이 생긴다고 보아 태아의 기본권 주체성을 부인하는 견해도 있고,[53] 생명의 시점으로는 수정된 때[54]라거나 착상 때 또는 원시선(Promitivstreifen)이 나타나는 때로 보는 등 다양한 견해가 존재한다.[55] 독일 연방헌법재판소는 생명의 시기를 수정 시로 보고 있다.[56]

헌법재판소는 초기배아(수정 후 14일이 경과하여 원시선이 나타나기 전의 수정란 상태, 즉 일반적인 임신의 경우라면 수정란이 모체에 착상되어 원시선이 나타나는 그 시점의 배아 상태에 이르지 않은 배아)의 경우에는 기본권의 주체성을 부인하고 있다.[57]

태아는 출생과 함께 기본권의 주체가 되는 것으로 보는 것이 타당하다.[58]

2) 사자(死者)

사자는 개념 내재적으로 생명을 다한 사람을 말하는 것이므로 **생명권의 주체가 될 수 없다.** 그러나 사자도 일정한 부분 인간으로서의 존엄과 가치는 인정된다. 따라서 제한적이지만 인간의 존엄과 가치와 관련되는 한 국가의 보장의무는 존재한다. 사자에 대한 명예훼손(형법 제308조) 등이 인정되는 것은 이러한 까닭이다.

마. 법인

법인이 기본권의 주체가 되는지 여부에 대해서는 헌법에 아무런 규정이 없다. 그러나 법인도 일정한 경우에는 기본권의 주체로 인정하는 것이 타당한 경우들이 존재한다. 따라서 법인의 기본권 주체성 인정 여부 문제는 학설과 판례에 일임되어 있다.

1) 학설
가) 긍정설

기본권이 그 본질에 따라서 볼 때 법인에게도 적용할 수 있는 경우에는 법인도 기본권의 주체가 된다는 견해다.

---

53) Jörn Ipsen, Staatsrecht Ⅱ Grundrechte, 2006, Rn. 233 (전면부인설).
54) 이 견해가 독일의 지배적 견해다(Jörn Ipsen, Staatsrecht Ⅱ Grundrechte, 2006, Rn. 234).
55) 자세한 주장자들에 대해서는 정문식, 독일에서의 인간의 존엄과 생명권의 관계, 공법학연구 7 − 2, 2006, 281쪽 참조.
56) 이에 대해서는 후술하는 생명권 부분 참조.
57) 헌재 2010.5.27. 2005헌마346, 생명윤리 및 안전에 관한 법률 제13조 제1항 등 위헌확인(기각, 각하).
58) 이에 대해서는 후술하는 생명권 부분 참조.

이러한 입법례는 독일 기본법에서 찾을 수 있다. 독일 기본법 제19조 제3항에는 "기본권은 그 본질에 따를 때 내국법인에게 적용될 수 있는 경우에는 내국법인에게도 효력이 있다."라고 규정하고 있다.

나) 부정설

이 학설은 기본권의 주체는 자연인에 한하기 때문에 법인은 기본권의 주체가 될 수 없다는 입장이다.

다) 결론

법인은 자연인과 법적으로는 대등한 권리주체다. 따라서 헌법이 명문으로 법인의 기본권으로 인정하고 있거나 혹은 규정 해석상 법인에게도 인정되는 것으로 보는 것이 타당한 경우에는 법인의 기본권 주체성을 인정하는 것이 바람직하다. 명문의 규정에 의하지 않는 경우에는 법인의 기본권 주체성 인정 여부는 독일 기본법에서 명시하고 있는 바와 같이 기본권의 성질에 따라야 할 것이다.

2) 판례

판례는 긍정설을 취한다. 따라서 성질상 법인이 누릴 수 있는 기본권의 경우에는 법인도 기본권의 주체가 된다.

가) 기본권 주체성이 인정되는 법인

(1) 사법인

사법상의 법인도 성질상 누릴 수 있는 기본권의 주체가 된다. 헌법재판소는 법인이 약국을 개설하지 못하게 하는 것은 영업의 자유의 침해라고 본 사례가 있다.[59]

(2) 공법인

공법상의 법인은 원칙적으로 기본권의 의무자이지 주체가 될 수 없다.[60] 그러나 **예외적으로 기본권의 주체로 인정되는 경우가 있다.** 공법인으로서 기본권으로 보장된 가치를 실현하는 것을 주된 목적으로 하는 공법인이 고유한 목적을 수행하는 행위를 하는 경우에 그러하다. 예컨대 국립 대학은 대학의 자율성과 학문의 자유의 주체가 되고,[61] 공법인인 언론기관(예: KBS)도 언론의 자유의 주체가 된다.

---

59) 헌재 2002.9.19. 2000헌바84, 약사법 제16조 제1항 등 위헌소원(헌법불합치).
60) 헌재 2006.2.23. 2004헌바50, 구농촌근대화촉진법 제16조 위헌소원(합헌).
61) 헌재 1992.10.1. 92헌마68등, 1994 신입생선발입시안에 대한 헌법소원(기각).

(3) 외국 법인

외국 법인에게 인정되는 기본권인지 여부는 개별 기본권의 성질상 외국인과 법인에게 모두 허용될 수 있는 기본권이어야 한다. 따라서 외국인에게 당연히 인정될 수 없는 권리와 자연인에게만 인정되는 기본권은 외국 법인도 그 주체가 될 수 없다.

나) 법인에게 인정되지 않는 기본권

자연인에게 전속적인 권리(생명권, 인간의 존엄과 가치, 행복추구권, 인신의 자유, 참정권 등)는 법인에게는 인정되지 않는다. 어떤 기본권이 법인에게 인정되지 않는 기본권인가는 해석을 통하여 구체화되어야 한다.

다) 법인의 권리와 개인의 권리가 충돌하는 경우

먼저 **공법인**과 개인의 관계에서 공법인은 원칙적으로 개인에 대하여 기본권을 보호할 의무자의 지위에 있으므로 **개인의 권리가 우선**하여 보호되어야 한다. 다만, 공법인의 경우에도 기본권의 주체로서 등장하는 경우가 있는데 이때에는 다음의 사법인의 경우와 유사하게 해결될 수 있다.

사법인인 경우에는 원칙적으로 사법상의 주체로서 개인과 동일한 지위로서 기본권적 이익을 누릴 수 있으므로 개인의 기본권 주장과 갈등의 관계에 놓일 수 있다(소위 기본권 충돌).

전형적으로 반복되는 갈등 상황의 경우에는 입법자는 이를 **입법으로 해결**할 필요가 있다. 판례가 학설의 논리에 따라 그때그때 해결하는 것은 일반적 예측 가능성을 담보하지 못한다는 점에서 명확성의 원칙에 부합한다고 보기 어렵다. **입법이 없는 경우에는 사법적**(司法的)**으로 해결**할 수밖에 없을 것이다. 사법상의 분쟁에서 기본권적 가치가 문제가 되는 경우에는 국가는 기본권보장의무자로서 기능을 충실히 수행할 것이 헌법상 요구되기 때문에 양자의 갈등을 조화적으로 해결할 의무가 있다(규범조화적 해결 방법). 따라서 민·형사법원은 법인의 기본권과 개인의 기본권의 적절한 양보 내지는 제3의 방법을 통하여 조화할 수 있는 해결 방법을 구체적 사건과 관련하여 도출할 의무가 있다. 물론 갈등하고 있는 두 기본권의 **우열이 분명한 경우**에는 **우월적 지위에 있는 기본권**이 **우선**하여 효력을 발휘한다.

견해에 따라서는 개인에 비해 우월적인 지위에 있는 사법인의 경우에는 당해 사안에 관한 한 기본권 보장의 의무 주체가 될 수 있다는 점을 강조하기도 한다. 그러나 이러한 견해는 현실적 필요성으로서는 몰라도 이론적으로는 타당한 것이라고 보기 어렵다. 왜냐하면 사법인이나 사인이나 모두 사법상의 주체라는 점에서 동등하기 때문이다. 타당한 헌법적 해결은 언제나 필요성 또는 당위성에 기초하면서도 이론적으로 (즉, 과학적으로) 도출될 수 있는 것이어야 한다. 다만, 이 경우 법원은 규범조화적 해석을 이행하는 가운데 그러한 현실적 힘의 불균형을 고려할 수 있을 것이다.

2. 기본권의 의무 주체

기본권의 보장의무자는 누구인가라는 것은 기본권의 효력이 전개되는 상대방, 즉 의무 주체(Pflichtssubjekte,[62] Grundrechtsverpflichtete)의 문제인데, 종종 기본권의 효력 문제로 다루어지기도 하고 그 연장선상에서 대국가적 효력과 대사인적 효력이 논의되기도 한다. 그러나 의무자의 문제는 효력의 문제와는 구별되기 때문에 이 용어들의 사용에는 주의를 요한다. 의무자의 문제는 효력 문제라기보다는 효력의 방향과 관련되는 문제다.[63]

헌법상 보장된 자유와 권리는 **원칙적으로 국가**에 대한 권리다. 그것은 무엇보다도 대한민국헌법이 헌법상 보장된 자유와 권리의 주체로서 기본적으로 '국민'을 규정하고 있고, 헌법 제10조에서 인간의 존엄과 가치 및 행복추구권을 규정하면서 동시에 국가를 보장의무자로 명기하고 있다는 점, 헌법 제37조 제2항에서는 국민의 모든 자유와 권리는 법률로써만, 즉 국가에 의해서만 제한될 수 있도록 하고 있는 점에서 볼 때 그러하다.

이와 같이 기본권을 보장할 의무의 주체는 원칙적으로 국가와 지방자치단체, 공법인 등이고, 사인은 원칙적으로 기본권이라는 권리의 주체이지 의무 주체가 아니다. 사인이 의무 주체가 아니라는 것은 사인은 기본권을 제한하는 법률을 제정할 수 없을 뿐만 아니라, 다른 사인의 헌법상의 기본권을 보장할 지위에 있지도 않다는 것을 말한다. 따라서 사법상의 기본권의 효력 문제, 즉 **기본권의 대사인적 효력 또는 제3자적 효력의 문제**는 사인이 기본권을 실현할 의무 주체의 지위에 있는지 여부를 묻는 것이 아니고, **기본권이 보장하는 바의 가치**(물적 보장내용)**가 사법 관계에서도 존중되어야 하는지**를 묻는 문제라는 점을 분명히 할 필요가 있다. 그럼에도 불구하고 학설 일반에서는 사인의 기본권 의무 주체

---

62) Ralf Poscher, Grundrechte als Abwehrrechte, S. 156.
63) Jörn Ipsen, Staatsrecht Ⅱ, Rn. 79 ff.

성 문제로 다루어지고 있다. 이에 대해서는 후술한다(후술하는 사법 영역에서의 기본권의 효력 참조).

II. 기본권의 물적 보장내용

기본권의 물적 보장내용은 기본권이 보장하고 있는 법익이나 가치 및 작위와 부작위를 포함한 일정한 행위를 말한다. 헌법이 보장하고 있는 물적 보장내용은 기본권의 성격에 따라 달리 파악된다.

우선 자유권의 물적 보장내용을 넓게 이해하느냐 좁게 이해하느냐에 따라 **광의설**과 **협의설**로 구분될 수 있다.[64] 일반적으로 말하면 자유주의자는 광의설을, 공동체주의자는 협의설을 취하게 된다. 우리나라의 학설에서는 이와 관련한 뚜렷한 대립은 없고, 헌법재판소의 입장도 어느 하나의 입장에 있는 것으로 보기에는 명확하지 않다. 구체적 사례로서는 **허위 사실의 전파 행위**도 언론·출판의 자유의 보장내용에 포함되는 것으로 본 경우가 있는데,[65] 이는 적어도 언론·출판의 자유에 관한 한 광의설을 취한 것으로 볼 수 있다.

생존권의 보장내용과 관련하여서는 헌법재판소는 헌법 제34조 제1항이 보장하는 인간다운 생활을 할 권리는 사회권적 기본권의 일종으로서, 인간의 존엄에 상응하는 최소한의 물질적인 생활의 유지에 필요한 급부를 요구할 수 있는 권리를 의미하는 것으로 본다.[66] 따라서 사회적 기본권은 법률에 의해서 구체적으로 형성되는 권리로서, 국가가 재정 부담 능력과 전체적인 사회 보장 수준 등을 고려하여 그 내용과 범위를 정하는 것이므로 폭넓은 입법 형성의 자유가 인정된다.[67] 이와 같이 사회적 기본권의 구체적 내용을 정함에 있어서 입법자는 광범위한 형성의 자유를 누리므로, 국가의 재정 능력, 국민 전체의 소득 및 생활 수준, 기타 여러 가지 사회적·경제적 여건 등을 종합하여 합리적인 수준에서 결정할 수 있고, 그 결정이 현저히 자의적이거나 국가가 인

---

64) 이에 대한 자세한 설명은 R. Alexy, Theorie der Grundrechte, Suhrkampf, 1986 참조.
65) 소위 미네르바 사건[헌재 2010.12.28. 2008헌바157, 전기통신기본법 제47조 제1항 위헌소원(위헌)]에서 모든 재판관의 일치된 의견이다. 이에 대해서는 후술하는 언론·출판의 자유 부분 참조.
66) 헌재 2000.6.1. 98헌마216, 국가유공자등예우및지원에관한법률 제20조 제2항 등 위헌확인(각하); 2018.8.30. 2017헌바197등, 기초연금법 제3조 제3항 제1호 등 위헌소원 등(합헌).
67) 헌재 2016.2.25. 2015헌바191, 기초연금법 제2조 제4호 등 위헌소원(합헌); 2018.8.30. 2017헌바197등, 기초연금법 제3조 제3항 제1호 등 위헌소원 등(합헌).

간다운 생활을 보장하기 위하여 필요한 최소한도의 내용마저 보장하지 않은 경우에 한하여 헌법에 위반된다고 한다.[68]

헌법재판소는 인간다운 생활을 보장하기 위한 객관적인 내용의 최소한을 보장하고 있는지 여부는 심판 대상 조항만을 가지고 판단하지 않고, 다른 법령에 의거하여 국가가 최저 생활 보장을 위하여 지급하는 각종 급여나 각종 부담의 감면 등도 함께 고려하여 판단하고 있다.[69]

기본권의 물적 보장내용은 소송법상으로도 의미가 있다. 어떤 법률규정이 관련 기본권의 물적 보장내용을 제약하는 것이면 관련 기본권의 침해여부가 문제가 될 수 있지만, 당해 기본권의 물적 보장내용과 관련이 없는 경우에는 기본권의 침해가능성이 없어서 부적법 각하될 것이다. 그런데 절차권이나 생존권 등의 경우에 헌법재판소는 종종 입법형성의 자유를 인정하고 있다. 여기서의 입법형성의 자유는 당해 절차권이나 생존권의 '보장내용'을 법률로 어떻게 구체화하느냐가 입법자의 재량에 달려 있다는 의미라는 점을 주의할 필요가 있다. 입법자의 재량이 합리적 범위를 벗어나거나 과잉금지원칙을 위배한 경우에는 당해 절차권이나 생존권의 침해가 된다.[70]

그런데 헌법재판소의 판례에 따르면 "재심은 확정판결에 대한 특별한 불복방법이고, 확정판결에 대한 법적 안정성의 요청은 미확정판결에 대한 그것보다 훨씬 크다고 할 것이므로 재심을 청구할 권리가 헌법 제27조에서 규정한 재판을 받을 권리에 당연히 포함된다고 할 수 없다."[71]고 판시하면서 재심의 허용 여부와 재심기간의 제한 여

---

68) 헌재 2001.4.26. 2000헌마390, 국민연금법 제6조 등 위헌확인(기각); 2012.5.31. 2009헌마553, 국민연금과 직역연금의 연계에 관한 법률 부칙 제2조 제2항 제1호 위헌확인(기각); 2018.8.30. 2017헌바197등, 기초연금법 제3조 제3항 제1호 등 위헌소원 등(합헌).

69) 헌재 2004.10.28. 2002헌마328, 2002년도 국민기초생활보장최저생계비 위헌확인(기각); 2012.2.23. 2009헌바47; 2018.8.30. 2017헌바197등, 기초연금법 제3조 제3항 제1호 등 위헌소원 등(합헌).

70) 예컨대 헌법재판소는 이미 1996년에 어떤 사유를 재심사유로 정하여 재심이나 준재심을 허용할 것인가를 입법정책의 문제로 보았다[헌재 1996.3.28. 93헌바27, 민사소송법 제431조 위헌소원(합헌)]. 또 친생자관계 존부 확인 소송에서 구「민사소송법」제426조 제1항은 재심사유를 안 날로부터 30일 내에 제기하여야 한다고 규정하고 있는데, 재심기간을 제한하고 있는 이 규정이 재판청구권을 침해하여 위헌이라고 주장하며 제기된 헌법소원심판에서 헌법재판소는, 재심에 있어서 제소기간을 둘지 여부 등은 입법자가 확정판결에 대한 법적 안정성, 재판의 신속·적정성, 법원의 업무부담 등을 고려해 결정해야 할 입법정책의 문제라고 보았다[헌재 2018.12.27. 2017헌바472, 구 민사소송법 제426조 위헌소원(합헌)].

71) 헌재 1996.3.28. 93헌바27, 민사소송법 제431조 위헌소원(합헌); 2000.6.29. 99헌바66등, 헌법재판소법 제75조 제7항 위헌소원(합헌); 2004.12.16. 2003헌바105, 상고심절차에관한특례법 제5조 등 위헌소원(합헌); 2007.11.29. 2005헌바12, 회사정리법 제240조 제2항 위헌소원 등(각하, 기각);

부 등은 모두 입법정책의 문제로 보고 입법재량권을 현저히 불합리하게 또는 자의적으로 행사하였는지 여부를 기준으로 위헌심사를 하고 재판청구권 등을 침해한 것이라고 할 수 없다는 결론에 이르고 있다.[72] 헌법재판소의 판시와 같이 재심을 청구할 권리가 헌법 제27조의 재판을 받을 권리에 포함되지 않는다고 보면 입법재량을 위배하였는지 여부를 판단하기에 앞서 이미 재판을 받을 권리의 침해가 될 수 없다는 문제점이 있다.

2021.11.25. 2020헌바401, 헌법재판소법 제75조 제7항 위헌소원(합헌).

[72] 헌재 1996.3.28. 93헌바27, 민사소송법 제431조 위헌소원(합헌). 헌재 2000.6.29. 99헌바66등, 헌법재판소법 제75조 제7항 위헌소원(합헌)에서도 입법재량의 문제는 언급 없이 재판청구권 등을 침해하지 않는다고 판시하고 있다.

제3절

기본권의 개념

Ⅰ. 개념 정의

　　기본권이라는 개념은 대한민국헌법상으로는 단순히 "권리"(제2장의 표제)라고 표현되어 있거나 "기본적 인권"(제10조 제2문)으로 기술되어 있기도 하지만, 무엇보다도 법치국가원리의 구체적인 표현인 제37조 제1항과 제2항에서는 "자유와 권리"로 표현되어 있다. 개념적 상관 관계를 볼 때 자유와 권리라는 개념이 가장 포괄적인 것으로 이해되므로 일반적으로 이야기하는 바의 기본권은 대한민국헌법상으로는 자유와 권리를 의미하는 것으로 보는 것이 가장 타당할 것이다. 그런데 다른 어떤 규정보다도 제37조 제1항은 "열거되지 아니한 자유와 권리"의 존재성을 인정하고 있으므로, 대한민국헌법상 보장되는 바의 자유와 권리는 **실정 헌법상 개념만은 아님이 분명**하다. 여기서는 우선 그러한 개념을 간명하게 기본권(Grundrechte)이라고 부르기로 한다.[1]

　　기본권이라는 용어는 비교적 최근에 정착된 용어다. 19세기 초 독일의 초기 입헌주의 헌법들(바이에른 헌법(1818), 바덴 헌법(1818), 뷔르템베르크 헌법(1819) 등)은 일반적 권리(allgemeine Rechte), 국민의 권리(staatsrechtliche Rechte), 정치적 권리(politische Rechte), 신민의 권리(Rechte der Untertanen)라고 규정하였으나, 1848년의 프랑크푸르트 헌법 초안에서는 기본권(Grundrechte)라는 용어를 사용했다. 그러나 1848년과 1850년의 프로이센 헌법은 프로이센인의 권리(Rechte der Preußen)라고 불렀다. 그러다가 19세기 중반부터 학설에서는 일반적으로 헌법에 의해 국민에 부여된 권리를 기본권이라고 불

---

1) 기본권 개념의 다양한 명명의 예에 대해서는 Merten, Begriff und Abgrenzung der Grundrechte, Handbuch der Grundrechte, C.F. Müller, 2006, Rn. 41 ff. 참조.

렀다. 제1차 세계 대전 이후에 독일 각 주의 헌법과 바이마르 헌법에서도 기본권이라
는 용어가 사용되었다. 1946년 이후에는 논쟁의 여지없이 학설과 판례 그리고 독일 각
주의 헌법과 기본법에서는 기본권이라는 개념이 사용되고 있다.[2]

　　역사적으로 이해되는 기본권은 **국가에 따라 그리고 시대의 상황에 따라 다른 내용을** 가
지고 있다.[3] 따라서 기본권을 그 실체적 내용에 따라 일의적으로 정의하는 것은 기본
권 내용의 다양성으로 말미암아 불가능하다고 할 정도다. 따라서 기본권의 개념은 **우선
은 형식적으로 정의할 필요**가 있다. 이렇게 보면 기본권 개념을 우선은 "**헌법상 보장된 개
인의 권리**"라고 정의할 수 있다.[4]

　　헌법재판소에서도 기본권 개념을 형식적으로 정의하고 있다. 즉, 헌법재판소는 기
본권을 "**헌법에 의하여 직접 보장된 개인의 주관적 공권**"이라고 정의한다.[5] 그러나 **권리는
원래 개인의 것**이기 때문에 주관적일 수밖에 없다. 따라서 개인과 주관을 함께 사용하는
것은 불필요한 중복이다.[6]

　　그런데 앞에서 언급한 바와 같이 헌법 제37조 제1항에 따라 열거되지 아니한 자유
와 권리도 기본권이라고 할 수 있으므로, 반드시 헌법이 직접 명시한 것만을 기본권이
라고 할 수는 없다. 따라서 **열거되지 아니한 기본권을 도출하기 위해서는 기본권 개념에도 일
정한 내용상의 개념 징표를 필요로 하지 않을 수 없다**(후술하는 기본권의 개념 징표 참조).

　　이러한 기본권은 국가에 대하여 의무를 부과하고, 국가가 기본권을 제한하는 경우
에는 제한의 정당성을 요구한다. 여기의 기본권에는 '국가에 선재하는 개인의 권리'와

2) K. Stern, Staatsrecht Bd. 3/1, 1988, S. 40.
3) 기본권 개념에 대한 역사적 소개에 대해서는 Ritter/Gründer/Gabriel (Hrsg.), Historisches Wörterbuch, Bd. 11, Druckspalte 922 ff. 및 Merten, Begriff und Abgrenzung der Grundrechte, Rn. 1, 3 ff. 참조.
4) 정종섭, 헌법학원론, 박영사, 264쪽은 실정 헌법이 보장하는 권리로 이해한다. 이 견해는 기본권 개념의 구성 요소를 권리적 요소와 실정적 요소 그리고 헌법적 요소로 구분하여 설명하고 있다(정종섭, 기본권의 개념, 27쪽 이하 참조).
5) 헌재 2001.3.21. 99헌마139, 대한민국과일본국간의어업에관한협정비준등 위헌확인(합헌).
6) 우리나라 행정법 교과서(예컨대 홍정선, 행정법특강, 박영사, 2009, 76쪽 이하)에서는 개인적 공권으로도 번역되는 주관적 공권이라는 개념은 subjektives öffentliches Recht라는 독일어를 직역한 용어다. 그런데 독일어에서 Recht라는 말은 권리(right)이면서 동시에 법(law)을 의미하기도 하여서 권리를 나타낼 때는 "subjektives"라는 말을 붙여서 사용한다. 그런데 우리말에서는 권리와 법이라는 용어를 구분하고 있으므로 subjektives öffentliches Recht를 번역할 때는 주관적 공권이라고 하기 보다는 오히려 단지 "공권"이라고 하는 것만으로도 충분한 것으로 보인다. 독일에서 발간된 독중법률용어사전에서도 이를 "公权(공권)"으로 번역하고 있다(Köbler, Rechtschinesisch, Verlag Vahlen, 2002, S. 166).

'국가에 의해 비로소 보장되는 개인의 권리' 모두가 포함된다. 헌법상 보장된 개인의 자유와 평등은 국가 성립의 정당화 조건이 되고, 국가에 선재하는 개인의 권리인 자유권과 평등권은 국가권력에 일정한 의무를 부과하거나 제한하고, 국가권력이 성립함으로써 비로소 창설·보장되는 권리도 제한을 위해서는 정당성이 요청된다. 영국과 프랑스에서는 이미 오래전부터 그리고 미국에서는 건국 초기부터 입법 작용을 기본권에 비추어 심사한 반면, 독일은 오랫동안 행정 작용만을 정당화 요구에 복종하게 했다. 그러나 "이하의 기본권은 직접적으로 효력이 있는 법으로서 입법, 집행 그리고 사법을 기속한다."라고 규정하고 있는 독일 기본법 제1조 제3항(1949년)에 이르러 기본권을 행정권을 포함한 모든 국가권력의 행사의 기초이자 심사기준으로 삼고 있다.

II. 인권과의 관계

인권은 인간으로서 누려야 하는 천부적인 권리로 이해되기 때문에 자연법상의 권리다. 그러나 실정권설에 따르면 인권 개념은 법적인 개념이 아니고, '헌법상 보장된 권리'만이 법적인 개념이 되고 이를 기본권이라고 한다. 그런데 위에서 언급한 바와 같이 실정권으로서 기본권은 국가의 헌법마다 그 내용이 다를 수 있다.

대한민국헌법에는 생존권, 절차권, 참정권 등 국가의 존재를 전제로 하는 기본권들이 상당 부분 존재한다. 그 외에 헌법 제10조에서는 "모든 국민은 인간으로서의 존엄과 가치를 가지며, 행복을 추구할 권리를 가진다. 국가는 개인이 가지는 불가침의 기본적 인권을 확인하고 이를 보장할 의무를 진다."라고 규정하고 있고, 제37조 제1항에서는 "국민의 자유와 권리는 헌법에 열거되지 아니한 이유로 경시되지 아니한다."라고 규정하고 있으며, 제37조 제2항에서는 자유와 권리의 본질적 내용을 불가침적인 것으로 선언하는 등 자연권으로서의 인권도 기본권으로서 인정하고 있다. 따라서 대한민국헌법상 기본권 개념은 인권 개념을 포괄하는 것으로 이해된다.

III. (실질적) 기본권의 개념 징표

앞에서 살펴본 바와 같이 기본권은 "헌법상 보장된 개인의 권리"라고 우선 할 수 있을 것이나 이러한 기본권은 헌법이 명시적으로 인정하거나 당해 기본권의 해석상 개념 내재적으로 당연히 인정되는 경우를 제외하고는 기본적으로 국가나 지방자치단체, 공법인 등에 대한 것일 뿐만 아니라, 구체적으로는 개인이라고 하더라도 기본권 주체로 인정되지 않는 경우도 있고(예: 외국인), 경우에 따라서는 법인이나 단체 등도 기본권의 주체가 될 수 있기 때문에, 어떤 자유와 권리가 헌법상 기본권인지 여부의 최종적인 판단은 이러한 제반 요소들을 모두 고려하여 구체적·개별적으로 판단할 수밖에 없을 것이다. 그러나 분명한 것은 기본권의 개념에 기본권 주체 문제나 의무 주체 문제가 포함되어야 한다는 점이다. 이러한 전제하에 이하에서는 기본권의 물적 보장내용과 관련한 개념 징표를 특히 독일의 공법학자 메르텐의 이론을 중심으로 살펴보기로 한다.

1. 실정성 인정 여부

메르텐은 기본권은 국가가 규범으로 제정하였다는 의미에서 국가에 의한 **실정성**(staatliche Positivität)을 갖는다고 본다.[7] 기본권은 국가에 의해 **실정적·법적**인 기초를 가지는 것이기 때문에 고전적인 인권과 구별된다.[8] 메르텐의 입장에서는 선국가적인 권리 내지 비국가적인 권리로서의 기본권은 도덕적인 효력을 가질 뿐이다. 그러나 이러한 메르텐의 입장은 단순히 소박한 의미의 법실증주의적 관점이라고 볼 수는 없다. 그는 기본법은 자연법적 이념과 법실증주의를 연결하고 있는 것으로 이해하기 때문이다. 즉, 기본법은 모든 인간 공동체의 기초로서 불가침이고 불가양의 인권을 제1조 제2항에 규정하고 이어서 제1조 제3항에서 독일에서 직접 효력 있는 법으로서 기본권의 실정성을 규정함으로써 자연법적 선재적인 이념을 실정법적인 헌법 규범으로 변화시키고 있을 뿐만 아니라 인권적 신념을 헌법 규범성, 즉 국가법으로 관철시키고 있다고 본다.[9]

그런데 **대한민국헌법에서는 열거되지 아니한 자유와 권리를 기본권으로 인정하고 있으므로 실정성은 기본권의 개념 징표가 될 수 없다.** 기본권의 개념에 관한 견해[10]에 따르면 헌법

---

7) Merten, Begriff und Abgrenzung der Grundrechte, Rn. 61 ff.
8) Merten, Begriff und Abgrenzung der Grundrechte, Rn. 62.
9) 이렇게 이해함으로써 국제법상의 인권은 소위 국제법적 기본권이라고 하면서 구분하고 있다 (Merten, Begriff und Abgrenzung der Grundrechte, Rn. 63). 그러나 그렇다고 하더라도 대한민국헌법 제37조 제1항의 의미는 열거되지 아니한 자유와 권리의 헌법적 효력을 보장하고 있으므로 이러한 헌법의 취지는 헌법의 문면을 초월한 어떤 자유와 권리의 헌법적 효력을 인정하고 있는 것이 분명하므로 이 점에 관한 한 메르텐의 기본권 개념의 징표는 의미가 타당하다고 할 수 없다.
10) 정종섭, 기본권의 개념, 56-57쪽 참조.

상 열거되지 아니한 권리도 헌법 제37조 제1항에 의해서 보장되는 것이므로 실정 헌법에 의해서 보장되는 권리라고 한다. 이 견해는 헌법 제37조 제1항이 존재하지 않는 경우에는 열거되지 아니한 자유와 권리는 보장되지 않는다는 결론에 도달하게 되는데, 이는 열거되지 아니한 자유와 권리 자체가 실정적인 성격을 가질 수 없다는 점을 간과한 것이다. 헌법 제37조 제1항이 열거되지 아니한 자유와 권리를 실정적으로 보장하고 있다고 하더라도 이로부터 열거되지 아니한 자유와 권리의 성격을 실정적인 것으로 규정하는 것은 개념에 대한 오해에서 비롯된 것이다. (열거된) 기본권이 실정적으로 보장된다고 하여 주요한 기본권인 자유권이 자연권으로부터 유래한 것을 부인할 수 없듯이, 비록 실정 헌법에 의해 열거되지 아니한 자유와 권리가 경시되지 않도록 보장되어 있다고 하더라도 이로부터 열거되지 아니한 자유와 권리를 실정권이라고 이해하는 것은 타당하다고 보기 어렵다. 열거되지 아니한 자유와 권리를 실정권이라고 하면 더 이상 열거되지 아니한 자유와 권리는 도출할 수 없는 모순에 봉착하고 만다. 이러한 비판은 기본권의 실정성을 "인간의 존엄은 불가침이다. 모든 국가권력은 이를 존중하고 보호하는 의무를 진다."라고 규정하고 있는 기본법 제1조 제1항과 "이하의 기본권은 직접적으로 효력이 있는 법으로서 입법, 집행 그리고 사법을 기속한다."라고 규정하고 있는 제3항에서 찾고 있는 메르텐에 있어서도 타당한데, **자연권적 성격의 권리가 실정적으로 규정된다고 하여 실정권이라고 이해하는 것은 그것이 실정적으로 보장되는 것과 혼돈한 것이라고** 할 수 있다.

2. 헌법성

모든 기본권 규정은 헌법적 성격, 즉 **헌법성**(Konstitutionalität)을 갖는다. 최초의 미국 헌법은 비록 기본권 목록을 포함하고 있지 않았지만, 18세기의 미국의 개별 주 헌법은 이미 권리 선언과 조직 규정을 헌법에 결합시키고 있었다는 점을 들고 나아가서는 현대 헌법국가에 있어서도 기본권 개념과 헌법 개념은 결합되어 있고, 이는 단순한 문면상으로만 그러한 것이 아니라 통치 질서와 자유 질서가 내용적으로도 융합하고 있다고 한다. 따라서 **개인의 권리는 그러한 기본 질서에 포섭됨으로써 헌법화되었다고** 한다.[11]

대한민국헌법상으로도 기본권은 헌법성을 갖는다. 따라서 헌법 제37조 제1항에서

---

11) Merten, Begriff und Abgrenzung der Grundrechte, Rn. 64 ff.

보장하려는 자유와 권리는 우선 헌법적 의미를 갖는 것이어야 한다. 그것이 열거되었
건 열거되지 않았건 간에 그 존재 형태를 불문하고 헌법적 성격을 갖는 것이다. 헌법은
연혁적으로는 국가 기구의 창설과 정당성 그리고 그 기능과 행동양식 및 헌법 개정의
절차에 관한 법적 구속력 있는 규범으로 이해되지만, 이러한 발생적 개념에도 불구하
고 오늘날은 기본권 목록이 헌법의 내용에 포함되는 것으로 이해된다.12) **헌법성을 갖는
다는 것은 헌법적 효력을 갖고 보장을 받는다는 의미이다.** 그 의미를 분명히 하고 있는 것이
제37조 제1항이다. 열거되지 아니하였다는 이유로 경시되어서는 안 된다는 것은 그에
상응하는 헌법적 효력이 부여되어야 함을 의미하는 것 이외에서는 그 의미를 발견할
수 없다.13)

3. 규범성

기본권 규범은 기속적인 헌법으로서 **규범성**(Normativität)을 갖는다.14) 기본권의 규
범성은 국가와 개인의 행위 준칙이고 **국가에 의한 강제 실현**으로 나타날 수 있다. 헌법에
보장된 기본권 규범은 외부적 효력을 가지고 국가와 시민의 관계, 경우에 따라서는 시
민 상호 간의 관계에서 권리를 부여하거나 의무를 부여한다.

대한민국헌법상으로도 기본권을 규정한 기본권 규범은 헌법으로서 규범성을 갖는
다. 외부적 효력을 가지므로 국가 행위는 기본권 규범에 위반되어서는 안 된다. 제37조
제1항에 따른 기본권의 경우에도 마찬가지다. 나아가서 기본권은 다수의 학설과 판례
에 따르면 원칙적으로 사인에 대하여도 간접적 효력을 갖는다(간접 적용설). **기본권은 입
법에 의해 비로소 구체화되는 프로그램이 아니다.**

4. 현실성

기본권은 **현실성**(Aktualität)을 갖는다고 한다. 기본권은 단순한 법원칙이 아니라 **현
실적인 권리로서** 성격을 갖는다. 기본권 규범이 헌법에 규정되었다고 하여 이러한 성격
을 당연히 갖는 것은 아니라고 하고 우선 입법자에게, 그리고 입법자가 적절한 기간 안
에 활동하지 않을 때에는 헌법재판소에 대하여 효력을 가지는 것이라고 한다.15) 이로

---

12) Ritter/Gründer/Gabriel (Hrsg.), Historisches Wörterbuch, Bd. 11, Druckspalte 636−637.
13) 김선택, "행복추구권"과 "헌법에 열거되지 아니한 권리"의 기본권체계적 해석, 198쪽 이하 참조.
14) Merten, Begriff und Abgrenzung der Grundrechte, Rn. 81 ff.
15) Merten, Begriff und Abgrenzung der Grundrechte, Rn. 91.

써 기본권 규범은 **헌법 지침**(Verfassungsdirektiv)과 **구분**된다.[16)]

대한민국헌법에서도 기본권은 단순한 법원칙이 아니라 현실적 적용력을 갖는다. 따라서 기본권은 입법자에게 일정한 기본권 실현의 의무를 부과하고, 입법 부작위의 경우에는 헌법재판소를 통하여 그 실현을 요구할 수 있다.

5. 주관성

기본권은 **주관성**(Subjektivität)을 갖는다. 기본권은 주관성을 가짐으로써 기본권 규정으로부터 나와서 개인에게 귀속하는 구체적으로 특정되고 구별되는 지위를 갖게 된다.[17)] 이는 곧 개인의 권리(subjektives Recht)를 의미하게 된다. 권리는 개별적 기본권 규정으로부터 나오고 법률에 의한 도움을 필요로 하지 않는다.[18)] 헌법 규정이 그로부터 개인의 기본권이 도출되는 기본권 규정인지 여부는 개별적으로 해석을 통해서만 알 수 있다. 객관적 기본권 규정의 준수가 헌법적 지위와 적법성 원칙에 의하여 확보되고 그에 대한 침해가 법치국가와 관련한 일반적 행동의 자유의 침해로서 헌법소송으로 다툴 수 있다고 하더라도 기본권이 갖는 주관성은 포기될 수 없다고 한다. 예컨대 자유로운 의사 표현이나 자유로운 출판이 보장되는 것이 아니고 의사를 표명하는 사람의 자유, 출판에 종사하는 사람의 자유가 보장되는 것이다.[19)] 그리고 어디까지나 **헌법적으로 보장되는 개인의 권리만이 전형적인 '국가와 국민의 관계'를 규율하는 기본권**으로 볼 수 있고 또 그렇게 불려야 한다고 한다.

이렇게 되면 법인은 기본권을 향유할 수 없게 되는데, 그러나 법인이라고 하더라도 기본권 특유의 위험상황에 있거나 피지배적 상황 속에 있는 개인과 마찬가지로 볼 수 있는 경우에는 법인에 대해서는 국가조직법이 적용되는 것이 아니라 시민에게 효력이 있는 공법이 적용될 수 있다.

그런데 사회적 기본권은 독자적인 전형적 헌법 규범이 아니기 때문에 제도보장, 국가목표규정 또는 입법위임 등과 같은 하나의 어떤 승인된 범주로 이해하여야 한다고 한다.[20)] 그래서 예컨대 어떠한 권리를 갖는다든가 청구권을 갖는다는 식으로 규정하고

---

16) Merten, Begriff und Abgrenzung der Grundrechte, Rn. 95 ff.
17) Merten, Begriff und Abgrenzung der Grundrechte, Rn. 106.
18) Merten, Begriff und Abgrenzung der Grundrechte, Rn. 113.
19) Merten, Begriff und Abgrenzung der Grundrechte, Rn. 115.
20) Merten, Begriff und Abgrenzung der Grundrechte, Rn. 122.

있더라도 이것은 현실적인 권리 부여가 결여된 형식상의 주관적 권리일 뿐이라고 한다.

대한민국헌법에서도 **기본권은 원칙적으로 개인에게 주어진 권리이다.** 이를 독일식으로 표현하면 주관적인 권리(subjektives Recht)라고 할 수 있다. 그러나 권리는 원래 주관적인 것이므로 권리라고 명명함으로써 족하다.[21] 그러나 메르텐과 같이 **사회적 기본권을 현실적인 권리 부여가 결여된 형식상의 권리로 보는 것은 타당하지 않다.** 이 점은 대한민국헌법이 자유권 중심으로 편제되어 있는 독일 기본법과 다른 점이다. 대한민국헌법에서는 많은 사회적 기본권이 "… 할 권리를 가진다."는 형식으로 되어 있음을 볼 때 이 많은 규정들을 모두 현실성이 결여된 형식상의 권리일 뿐이라고 할 수는 없다. 이미 1995년의 스위스 연방법원의 판결에서도 사회권을 열거되지 아니한 권리로서 도출하고 있다. 우리 헌법재판소도 급부권적 성격을 갖는 알 권리를 헌법상 열거되지 아니한 권리로서 인정하고 있다.[22] 사회적 기본권의 헌법적 내용과 관련하여서는 **"곤궁함에 처하고 스스로 돌볼 수 있는 능력이 없는 자는 조력 및 후원 청구권과 인간 존엄적 생활수준에 불가결한 재정적 수단에 대한 청구권을 가진다."**라고 규정하고 있는 2000년 전면 개정된 스위스 헌법 제12조[23]가 좋은 입법례가 될 수 있을 것이다.

6. 근본성

기본권은 **기본성 또는 근본성**(Fundamentalität)을 갖는다. 기본권은 내용상 국가와 시민의 관계에 관련되는 헌법적 권리일 뿐만 아니라 나아가서는 기본적이고 본질적인 생활 영역 또는 법익을 보호한다.[24]

대한민국헌법에서도 기본권의 근본성은 인정될 수 있다. 따라서 **기본적이고 본질적인 생활 영역에 필요한 법익**일 때에 헌법상 열거되지 아니하였더라 하더라도 헌법적 지위를 갖고 보장받는 것이다.

---

21) 이는 메르텐의 설명에서도 나타난다(Merten, Begriff und Abgrenzung der Grundrechte, Rn. 57).
22) 헌재 1989.9.4. 88헌마22, 공권력에 의한 재산권 침해에 대한 헌법소원(위헌, 기각).
23) Art. 12 (Recht auf Hilfe in Notlagen) Wer in Not gerät und nicht in der Lage ist, für sich zu sorgen, hat Anspruch auf Hilfe und Betreuung und auf die Mittel, die für ein men — schenwürdiges Dasein unerlässlich sind.
24) Merten, Begriff und Abgrenzung der Grundrechte, Rn. 125.

7. 관철 가능성

마지막으로 메르텐은 기본권의 **관철 가능성**(Durchsetzbarkeit)을 제시한다. 이는 무엇보다도 소송을 통한 관철 가능성으로 나타난다. 특히 이는 절차적 권리에 대해 타당하다. 그러나 기본권의 관철 가능성은 반드시 소송을 통한 것만은 아니라고 한다. 그는 자세한 설명은 하고 있지 않지만, 소송 가능성은 기본권의 관철 가능성의 하나의 전형에 불과하고 기본권의 본질적인 징표는 아니라고 한다. 그는 기본권 소송을 통한 관철과 동일한 효력은 아니라도 다른 어떤 관철 가능성도 염두에 두고 있다. 그렇지 않으면 기본법 제19조 제4항[25]의 소송 가능성이 주관적 권리의 존재를 전제로 하는 순환 논법에 빠지기 때문이라고 한다.[26] 그리하여 **소송 가능성과 관계없이 기본권의 존재를 파악**할 수 있고, 그렇게 하여 인정된 기본권은 헌법에 따라 소송 가능성을 명문으로 보장받게 되는 것으로 이해하는 것이다.

헌법소원의 요건에 관한 「헌법재판소법」 제68조 제1항에는 "헌법상 보장된 기본권을 침해받은 자"만이 헌법소원을 제기할 수 있다. 헌법재판소는 이 기본권은 헌법상 명문으로 규정된 기본권과 헌법 해석상 도출될 수 있는 기본권이어야 하지만, 그 의미는 '헌법에 의하여 직접 보장된 개인의 주관적 공권'이라고 파악하고 있다.[27] 열거되지 아니한 많은 자유와 권리를 인정하고 있는 헌법재판소의 판례로 볼 때 「헌법재판소법」 제68조 제1항의 기본권에는 열거되지 아니한 자유와 권리가 포함된다는 것은 명백하기 때문에, 여기서 "직접 보장된"이라는 것의 의미는 "다른 매개 법률 없이"라는 의미이지 헌법규범으로서의 실정화를 의미하는 것이 아님은 분명하다.

8. 결론

이상 메르텐의 개념 징표에 따라 보면 기본권이란 **"국가와 시민의 관계에서 효력 있는 헌법 규범의 기본권 규정으로부터 나오는 개인의 기본적 공권으로서, 개인에게 법적 효력이 있는 힘이나 청구권을 부여하는 관철 가능성을 가진 권리"**로 정의할 수 있을 것이다.[28]

---

25) 기본법 제19조 제4항 "공권력에 의하여 자신의 권리가 침해받은 자는 소송을 제기할 수 있다. 다른 관할이 존재하지 않는 경우에는 통상의 소송을 제기할 수 있다. 이 조항은 제10조 제2항 제2문에 영향을 미치지 아니한다."

26) Merten, Begriff und Abgrenzung der Grundrechte, Rn. 128.

27) 헌재 2001.3.21. 99헌마139등, 대한민국과일본국간의어업에관한협정비준 위헌확인(기각).

28) Merten, Begriff und Abgrenzung der Grundrechte, Rn. 129 참조. 국내에서 기본권에 대한 개념

을 폭넓게 다룬 저서에서는 기본권의 개념적 구성 요소로서 ① 권리적 요소, ② 실정적 요소 그리고 ③ 헌법적 요소를 들고 있다. 권리적 요소에는 이를 주장할 수 있는 주체에게 전속적으로 귀속된다고 하는 개체귀속성, 법적 권리의 주장을 의미하는 청구성, 권리의 보유자의 자유의사에 의해 이를 양도하거나 포기할 수 있고 다른 존재에 의한 처분은 허용되지 않는다는 의미의 처분성, 그리고 권리가 인정되면 이로써 권리자는 타자의 법적인 권능이나 통제로부터 자유를 확보한다는 의미의 면책성을 들고 있다. 기본권은 실정적 요소를 가지기 때문에 인권과 구별된다고 한다. 끝으로 헌법에서 보장하고 있다는 점에서 기본권은 헌법적 요소를 구성 요소로 한다고 한다(정종섭, 기본권의 개념, 금붕어, 2007, 27쪽 이하 참조).

제4절

열거되지 아니한 자유와 권리

대한민국헌법 제37조 제1항은 "국민의 자유와 권리는 헌법에 열거되지 아니한 이유로 경시되지 아니한다."고 규정하고 있다. 이러한 헌법 규정의 연원은 1791년 미국의 수정 헌법 제9조[1]로 거슬러 올라간다.

헌법 제37조 제1항의 취지에 대해서 헌법재판소는 "헌법에 명시적으로 규정되지 아니한 자유와 권리라도 헌법 제10조에서 규정한 인간의 존엄과 가치를 위하여 필요한 것일 때에는 이를 모두 보장함을 천명하는 것이다."라고 판시한 바 있다.[2] 이는 헌법 제37조 제1항이 헌법 제10조의 인간의 존엄과 가치와 밀접한 관련하에서 해석되어야 한다는 기본 입장을 밝힌 것으로 이해된다. 말하자면 열거되지 아니한 자유와 권리도 인간으로서의 존엄과 가치를 실현하기 위한 수단[3]이라고 할 수 있다.

비록 헌법재판소는 열거되지 아니한 자유와 권리를 실정헌법 규정으로부터 출발하여 도출하려고 하고 있지만, 열거되지 아니한 자유와 권리라는 개념은 필연적으로 자연법적 사고 내지는 불문헌법의 존재에 대한 인식을 기초로 하지 않으면 성립할 수 없는 것이기 때문에, 기본적으로 어떠한 기준에 따라 이러한 헌법적 지위를 갖는 자유와 권리를 도출할 수 있을지가 관건이다. 국민의 자유와 권리는 보장되는 것이 바람직하나 그것은 일정한 일관된 법적 기초 하에서 세워져야만 무분별한 권리 주장을 막을 수 있을 뿐만 아니라, 어떠한 자유와 권리가 헌법상 보장될 것인가에 대해 국민들이 확신

---

1) 미국 수정 헌법 제9조: "특정한 권리를 헌법에 열거함으로 인하여 국민이 보유한 다른 권리들이 부인되거나 제한적인 것으로 해석되어서는 안 된다."(The enumeration in the Constitution, of certain rights, shall not be construed to deny or disparage others retained by the people).
2) 헌재 2002.1.31. 2001헌바43, 독점규제및공정거래에관한법률 제27조 위헌소원(위헌).
3) 허영, 한국헌법론, 2010, 박영사, 335쪽.

을 갖는 데 기여할 수 있다.

제1항 비교법적 고찰

I. 미국[4]

1. 수정 헌법 제9조의 성립

국민주권이나 다수의 지배라고 하는 민주주의의 기본적 원칙과 개인이나 소수를 보호하는 것을 임무로 하는 인권 간에는 일정한 긴장 관계가 존재하는 것은 어쩌면 당연한 것이라고 보면,[5] 다수의 의사에 따라 국가기관을 창설하고 그 권한을 분배하는 헌법은 동시에 이러한 권력으로부터 국민의 기본권을 보장하여야 함에도 불구하고, 세계 최초의 근대적 헌법인 1787년의 미국 헌법에는 아이러니하게도 본격적인 권리장전 규정이 없었다.[6] 그 이유는 특히 연방주의자들(Federalists)을 비롯한 각 주의 많은 대표들은 의회는 헌법에 열거된 권한 중 필요한 권한만을 행사할 것이므로 불필요한 기본권 침해가 없을 것으로 믿었고, 더구나 권리장전은 이미 각 주의 헌법에서 규정하고 있었기 때문에 문제가 없을 것으로 보았던 것이다. 나아가서 그들은 이러한 권리들을 헌법에 열거하는 것은 그렇지 못한 권리들을 폐기하는 결과를 가져올 것이라고 생각해서,[7] 오히려 헌법에 권리를 목록화하지 않음으로써 그러한 위험을 회피할 수 있다고 주장하였다.[8] 그리하여 각 주에서 반연방주의자들의 반대 목소리에도 불구하고 권리장

---

4) 미국에서의 논의에 대한 것으로는 특히 권혜령, 헌법에 열거되지 아니한 권리에 관한 연구, 이화여자대학교 법학박사학위논문, 2008 및 권혜령, 미국 연방헌법상 헌법에 열거되지 아니한 권리의 분석방법, 공법학연구 10-1, 2009 참조.

5) Hay, US-Amerikanisches Recht, Rn. 64.

6) 물론 최초의 헌법이 전혀 기본권 관련 규정을 두지 않은 것은 아니었다. 제1조는 제2항에서 제4항까지 선거권을 규정하고 있고, 제9항과 제10항은 인신보호영장에 관한 특권은 반란이나 공공의 안전이 위태로운 경우가 아니면 이를 정지할 수 없도록 하고 있고, 제9항은 사법절차를 거치지 아니하고 처벌하는 공권박탈법(Bill of Attainder)과 소급법을 금지하고 있으며, 제10항은 주가 계약의 무를 침해하는 법률을 제정할 수 없도록 하고 있다. 또 제4조는 각주의 시민은 다른 주의 시민이 누리는 특권과 자유를 동등하게 누린다는 연방 차원의 평등 보장을 규정하고 있고 또 합중국의 어떠한 공직이나 위임직에도 종교가 자격요건이 될 수 없도록 규정하고 있다.

7) Richmond Newspapers, Inc. v. Virginia, 448 U.S. 555, 579 Fn. 15 (1980).

전을 헌법에 규정하는 것은 최초의 정부 수립 이후의 과제로 미뤄져 버렸던 것이다.[9]

　　정부가 수립되고 의회가 열리자 각 주 시민들의 반발로 다시 권리장전의 도입 문제가 논의되었다. 이 논의 과정에서 주요한 역할을 한 매디슨은 만일 권리장전 규정들이 헌법에 규정될 경우에는 규정되지 않은 다른 권리들은 보호되지 않을 것이라는 기존의 우려를 불식시키기 위해서 수정 헌법 제9조의 안을 제안하게 되었고,[10] 이 안은 거의 토론 없이 채택되게 되었다.[11]

2. 수정 헌법 제9조의 의의와 열거되지 아니한 자유와 권리의 도출 근거

　　그런데 수정 헌법 제9조는 1791년 제정된 이후로 오랫동안 연방대법원의 판결에서 잊혀져 있었다. 왜냐하면 수정 헌법 제14조의 적법절차 조항이 주민(州民)의 권리를 보호하는 수단으로 주로 사용되었기 때문에, 열거되지 아니한 권리 개념을 발전시킬 필요성이 없었던 것이다.[12]

　　그러던 1965년 그리스월드(Griswold v. Connecticut) 사건[13]에서 연방대법원의 다수 의견은 열거되지 아니한 자유와 권리의 하나로 혼인의 프라이버시권(marital privacy)을 보장하면서 그 논증 근거의 하나로 수정 헌법 제9조를 들고 나왔다. 그러나 그에 대한 자세한 논증은 없고 그 외 주로 수정 헌법 제1조,[14] 제3조,[15] 제4조[16] 그리고 제5조[17]

---

8) Levy/Karst, Encyclopedia of the American Constitution, vol. 1, pp. 175－177.

9) 연방주의자였던 매디슨은 권리장전을 헌법에 규정하는 것에 대해 반대하였기 때문에 자신의 출신지인 버지니아주에서 입지가 약화되었다. 버지니아주의 연방주의자들을 포함하여 뉴욕주와 노스캐롤라이나주의 연방주의자들은 결국 시민의 자유를 보장하는 수정조항을 곧 마련할 것을 약속하게 되었다.

10) Griswold v. Connecticut, 381 U.S. 479, 489－490 (1965).

11) Griswold v. Connecticut, 381 U.S. 479, 488 (1965) － 골드버그 대법관의 보충 의견에서의 기술 참조. 그 외 제임스 매디슨은 언어적 표현의 불충분성을 들어 권리장전을 정확하게 규정하지 못할 위험성에 대해 지적하였고, 알렉산더 해밀턴은 연방의 권한은 위임된 권한이므로 개인의 기본적 권리를 침해할 권한은 연방정부에 인정되지 않는다는 점을 들어 권리장전을 헌법에 규정하는 것을 반대하였다고 한다(같은 판결 489면 각주 3과 4 참조).

12) Levy/Karst, Encyclopedia of the American Constitution, vol. 4, p. 1810.

13) 381 U.S. 479 (1965). 피임도구를 사용하지 못하게 하는 코네티컷주 법률이 심판의 대상이었다.

14) 미국 헌법 제1조는 "의회는 정교를 창설하거나 자유로운 종교의 자유의 행사를 금지하는 법률과 언론의 자유나 출판의 자유, 또는 평화롭게 집회하고 정부에 청원할 인민의 권리를 침해하는 법률을 제정하여서는 아니 된다(Congress shall make no law respecting an establishment of reli－gion, or prohibiting the free exercise thereof; or abridging the freedom of speech, or of the press; or the right of the people peaceably to assemble, and to petition the Government for a redress of grievances)라고 규정하고 있어서 여기에는 결사의 자유가 명시되어 있지 않다. 그런

등 명시적인 개별 규정을 확장하여 혼인의 프라이버시권을 도출(create)해 내고 있다.

그런데 이 판결에서 골드버그 대법관이 작성한 3인의 보충 의견이 열거되지 아니한 자유와 권리에 대해서 중요한 의견을 제시하고 있다. 골드버그 대법관은 대법원의 많은 결정과 수정 헌법 제9조의 문언 및 역사에 따를 때 자유 개념은 그렇게 제한적이지도 않아서 비록 헌법에 명시적으로 언급되어 있지는 않지만 혼인상의 프라이버시권을 포함하고 있다고 보았다. 수정 헌법 제9조의 문언과 역사는 수정 헌법 제1조에서 제8조에 이르는 개별 권리 조항과 나란히 존재하고, 정부의 침해로부터 보호되는 추가적인 기본권(additional fundamental rights)이 존재한다는 사실을 헌법의 제정자들이 믿었음을 보여 주고 있다고 하였다.[18] 골드버그 대법관은 이러한 자신의 견해에 대해 자칫 법원의 권한을 확대하는 결과를 초래할 것이라는 반대 견해를 반박하면서, 자신이 하고자 하는 말은 수정 헌법 제9조가 결코 주나 연방의 침해로부터 보호되는 바의 어떤 독립적인 권원(an independent source of rights)을 구성한다고 주장하는 것이 아니고, 수정 헌법 제9조에서 볼 때 헌법 제정자들이 열거되지 아니한 기본권들(fundamental rights)이 존재한다고 믿었다는 사실과 열거되었다고 하여 그로써 완결되어 끝나는 것은 아니라고 하는 의도를 발견할 수 있다는 것이라고 강조하였다.[19] 이러한 골드버그 대법관의 논리에 따르면 이제 무엇이 기본적인 권리들인가라는 문제가 남게 된다. 골드버그 대법관은 무엇이 기본권인가를 판단함에 있어서는 법관들이 개인적이고 사적인 관념에 따라서는 안 되고 오히려 전통과 국민의 (집단적) 양심(traditions and (collective) conscience)을 고려하여야 한다고 하였다. 문제는 관련된 권리가 우리의 모든 시민적 및 정치적 제도의 기초가 되는 자유와 정의라는 기본적 원칙들(those principles of liberty and justice which lie at the

---

데 프라이버시의 한 영역으로서 결사의 자유가 수정 헌법 제1조에 명시된 다른 권리들을 의미 있게 하기 위해서는 수정 헌법 제1조의 간접적인 보호영역의 범위에 있는 것으로 볼 수 있다고 선언하고 있다[Griswold v. Connecticut, 381 U.S. 479, 483 (1965)].

15) 군은 평화 시에는 소유자의 동의 없이, 전시에는 법률에 규정된 이외의 방법으로는 어떠한 주거에도 숙영을 할 수 없도록 하고 있는 수정 헌법 제3조도 프라이버시를 보장하고 있는 것으로 보고 있다.

16) 불합리한 수색과 체포에 대하여 신체, 주거, 서류 그리고 재산을 보호받을 국민의 권리는 침해되어서는 안 되며, 정당한 이유에 근거하고, 선서와 확약에 의하여 확인되고, 그리고 수색장소와 피체포자나 압수물품이 특정된 경우 외에는 영장 발부를 금지하고 있는 수정 헌법 제4조에서는 명시적으로 신체 등의 안전을 보장하고 있다.

17) 형사상 누구에 대해서도 자신의 죄의 증인이 되도록 강요되어서는 안 된다는 점에서 수정 헌법 제5조는 프라이버시의 영역을 보호하고 있는 것으로 보고 있다.

18) Griswold v. Connecticut, 381 U.S. 479, 488 (1965).

19) Griswold v. Connecticut, 381 U.S. 479, 492-493 (1965).

base of all our civil and political institutions)을 침해하지 않고서는 부인될 수 없는 그러한 성격의 것인지 여부라고 보았다.[20] 골드버그 대법관은 물론 무엇이 기본권인가를 판단함에 있어서 법관에게 무한정한 재량이 인정되는 것은 아니기 때문에,[21] 전체 헌법 구도로부터 도출될 수 있는 것이어야 한다고 보았다.

다만, 열거되지 아니한 자유와 권리를 도출하는 근거로서 수정 헌법 제9조를 제시하는 데에는 미국 연방대법원은 전반적으로 소극적인 태도를 보이고 있다.[22] 예컨대 리치몬드 뉴스페이퍼 사건[23]에서 버거 대법원장은 공중과 언론이 형사재판을 참관할 권리의 근거로서 수정 헌법 제9조는 그저 언급하는 선에서 그치고 기본적으로 수정 헌법 제1조에서 끌어내고 있다. 1992년의 사건[24]에서는 적법절차로부터 여성의 낙태할 권리를 다시 확인하면서 오코너 대법관과 케네디 대법관 그리고 슈터 대법관만이 수정 헌법 제9조를 언급하는 정도에 그치고 있다.[25]

II. 독일

독일에서는 열거되지 아니한 기본권에 대한 논의는 흔하지 않다. 그 까닭은 기본법 제2조 제1항의 포괄적 기본권(Auffanggrundrecht)으로부터 학설과 판례에 의해서 기본법 목록에 언급되지 아니한 많은 기본권들(unbenannte Grundrechte)이 도출되고 있기 때문이다.[26] 그럼에도 불구하고 열거되지 아니한 기본권에 대한 논의는 있고,[27] 독일 연방헌법재판소의 판결에서도 이를 언급하고 있다. 독일 연방헌법재판소에서 언급하고 있는 열거되지 아니한 기본권들로는 일반적 행동자유권,[28] 일반적 인격권,[29] 임차인의

---

20) Griswold v. Connecticut, 381 U.S. 479, 493 (1965).
21) Griswold v. Connecticut, 381 U.S. 479, 494 Fn. 7 (1965).
22) 권혜령, 헌법에 열거되지 아니한 권리에 관한 연구, 199쪽.
23) Richmond Newspapers, Inc. v. Virginia, 448 U.S. 555 (1980).
24) Planned Parenthood Of Southeastern Pa. V. Casey, 505 U.S. 833 (1992).
25) 505 U.S. 833, 848 (1992): "권리장전도 주의 특별한 관행도 수정 헌법 제14조가 채택될 시점에서는 수정 헌법 제14조가 보호하는 바의 자유의 실질적 영역의 외적 한계를 제한하지 않았다. 미국 헌법 수정 제9조를 보라."
26) Rupp, Ungeschriebene Grundrechte, S. 157; Rupp, Einteilung und Gewichtung der Grundrechte, Rn. 25.
27) Rupp, Ungeschriebene Grundrechte, S. 157.
28) BVerfGE 6, 32, 36-37.
29) BVerfGE 75, 369.

점유권,[30] 공정한 재판을 받을 권리[31] 및 일반적 절차적 기본권,[32] 형벌에 있어서 책임주의 원칙[33] 등이 있다.

III. 스위스

1. 스위스 헌법의 역사

1874년의 스위스 헌법[34]은 기본권이라는 말을 알지 못하였다. 그 대신에 자유(Freiheit)라든가 헌법상의 권리(verfassungsmäßige Rechte)라는 용어를 사용하였다.[35] 이 헌법상의 권리라는 표현은 모든 자유권뿐만 아니라 법적 평등, 다양한 법치국가적 및 연방국가적 보장 및 정치적 권리와 권력분립의 원리를 포괄하는 것으로 이해되었기 때문에 일반적으로 이해되는 바의 기본권보다는 넓은 개념으로 사용되었다.[36] 물론 헌법상 권리가 되기 위해서는 주관적 권리로 해석될 수 있어야 하고 사법적 판단을 구할 수 있는 경우라야 하는 것으로 보았다.[37] 1874년 헌법에서 처음으로 상설 연방법원이 설립되었는데 이 연방법원이 개인의 헌법상 권리 침해를 구제하는 기관으로 기능하고 있다.[38]

1874년 헌법상으로 기본권은 매우 제한적으로 규정되어 있었다. 예를 들면 헌법상 명문으로 보장된 것은 평등 보호, 경제적 자유, 주거의 자유, 종교와 철학의 자유, 결혼

---

30) BVerfGE 83, 201, 209; 89, 1, 6; 91, 294, 307; 95, 267, 300.
31) BVerfGE 57, 250, 274: "연방헌법재판소는 기본법 제2조 제1항의 일반적 자유권과 함께 법치국가 원리로부터 피고의 공정하고 법치국가적인 형사절차요구권을 도출하였다."
32) BVerfGE 57, 250, 274 – 275.
33) BVerfGE 50, 125, 133; 50, 205, 214; 74, 358, 370 f.; 80, 244, 255; 86, 288, 313; 45, 187, 259.
34) 스위스 헌법은 1874년 제정된 이래로 1992년까지 100여 차례에 걸쳐 부분적인 개정을 거치면서 시행되어 오다가 1999년 전면 개정되었다.
35) 1874년 헌법 제113조 제2호에는 다음과 같이 규정하고 있다: "연방법원은 나아가서 다음에 관하여 재판한다: ··· 2. 시민의 헌법상의 권리의 침해에 관한 소원 및 ···"
36) Schäfer, Die ungeschriebenen Freiheitsrechte, S. 7.
37) Müller, § 202 Grundlagen, Zielsetzung und Funktionen der Grundrechte, Rn. 20. 스위스 헌법상으로도 기본권과 시민적 권리(Bürgerrechte) 및 정치적 권리(politische Rechte)를 구분하여 규정하고 있다(스위스 헌법 Title 2 참조).
38) 스위스에는 별도의 헌법재판소가 없고 다른 임무를 맡고 있는 연방법원이 헌법재판을 한다(스위스 헌법 제1항 제a호 및 연방법원법 제116조 참조). 신헌법에 따른 연방법원의 헌법재판에 대해서는 Häfelin/Haller/Keller, Bundesgericht und Verfassungsgerichtsbarkeit 및 Seiler/Werdt/Güngerich, Bundesgerichtsgesetz 참조.

의 자유, 출판의 자유, 결사의 자유 그리고 청원권 등에 한정되었다. 연방법원은 이러한 헌법상 명문으로 인정된 권리들에 한해서만 보호를 하거나 그 이상인 경우에는 청구인이 속한 주(칸톤)의 헌법이 명시적으로 규정하는 경우에만 보호를 인정하였다.[39]

2. 열거되지 아니한 기본권의 등장과 도출 기준

열거되지 않은 기본권은 스위스 연방법원이 1960년대 이후로 사용한 개념이다.[40] 이래로 불문 헌법으로서 자유권이 보장되고 자유권의 침해는 헌법상 소원으로 다툴 수 있다는 확고한 입장을 갖고 있다.[41]

스위스 연방법원은 불문의 연방법으로 보장되는 자유권을 인정함에 있어서는 신중할 것을 요구하면서, **다른 자유권의 전제를 형성하거나 아니면 연방의 민주적, 법치국가적 질서의 불가피한 구성 부분으로 나타나는 경우에만 열거되지 아니한 자유권으로 인정할 수 있는** 것으로 보고 있다.[42]

연방법원은 이 개념으로 재산권 보장,[43] 의사 표현의 자유,[44] 집회의 자유,[45] 신체의 자유,[46] 모국어 사용의 자유(Sprachenfreiheit),[47] 생존 배려를 받을 권리 등을 인정하여 왔다. 그런데 스위스 연방법원은 1995년에 **열거되지 아니한 권리로서 사회권도 도출**하였다. 이와 관련하여 스위스 연방법원은 다음과 같이 논거를 제시하였다. "양식, 의복

---

39) Fleiner/Misic/Töpperwien, Swiss Constitutional Law, pp. 153 – 153.
40) Merten, Begriff und Abgrenzung der Grundrechte, Rn. 44.
41) BGE 91 I 485; 96 I 107; 96 I 219 등 참조. 스위스연방법원의 판결은 다음의 사이트 참조: http://www.bger.ch/index/juridiction/jurisdiction – inherit – template/jurisdiction – recht.htm
42) BGE 89 I 92, 97 f.; 91 I 480, 485; 96 I 107; 96 I 219, 223 f.
43) BGE in ZBl 1961, 69 ff. 재산권 보장은 연방법원이 1960년 처음으로 열거되지 아니한 기본권으로서 인정한 기본권이다. 그러나 1969년 헌법 개정으로 재산권이 헌법 제22조b에 규정됨으로써 더 이상 열거되지 아니한 기본권은 아니게 되었다.
44) BGE 87 I, 114, 117. 연방법원이 두 번째로 열거되지 아니한 기본권으로 인정한 것이 의사 표현의 자유다. 자유로운 의사 표현 없이는 선거와 투표에 있어서 민주적 의사형성과 정치적 권리의 자유로운 행사는 생각할 수 없기 때문이라고 하였다.
45) BGE 96 I, 219, 224. 비교적 최근에 인정된 열거되지 아니한 자유권으로서는 집회의 자유를 들 수 있다. 1874년 헌법 제54조에서는 결사의 자유는 보장하고 있었지만 집회의 자유는 명시되지 않았다. 그러나 집회의 자유도 민주적 의사형성과 정치적 권리의 자유로운 행사를 위해서 연방의 불문의 헌법에 의해 보장된다고 보았다.
46) BGE 89 I, 92, 97 f. 연방법원은 신체의 자유는 다른 모든 자유권 행사의 전제가 되고 따라서 연방의 법치국가 질서의 불문의 구성 부분이라고 판시하였다.
47) BGE 91 I, 480, 485 f. 모국어 사용의 가유도 다른 자유권 행사의 필요적 전제로 인정하였다.

그리고 주택과 같은 기초적인 인간적 수요는 어쨌든 인간의 존재와 실현의 조건이다. 그것은 동시에 법치국가적 그리고 민주적인 공동체에 불가결한 구성 부분이다. 그러한 한 생존의 확보는 불문의 헌법적 권리로서 보장되기 위한 전제이다."[48]

3. 열거되지 아니한 자유와 권리의 헌법 수용

1874년의 스위스 헌법은 1999년 4월 18일 전면 개정되어서 2000년 1월 1일부터 시행되었다. 새롭게 전면 개정된 스위스 헌법은 모두 6부(Titel)로 구성되어 있는데 그 중 제2부 제1장(Kapitel)에서 기본권(Grundrechte)을, 제2장에서 시민의 권리(Bürgerrechte)와 정치적 권리를 그리고 제3장에서 사회 목표를 규정하고 있다.[49] 지난 40여 년간 연방 법원이 인정해 온 열거되지 아니한 자유권으로서 재산권 보장은 새로운 헌법의 제26조에, 표현의 자유는 제16조에, 언어의 자유는 제18조에, 신체의 자유는 제10조에, 집회의 자유는 제22조에, 생존 배려를 받을 권리는 제12조에 규정되었다. 이로써 그동안 판례상 인정되어 온 열거되지 아니한 권리는 모두 열거된 권리로서 보장되게 되었다.

그러나 권리의 포괄성을 전제로 하는 한 열거되지 아니한 자유와 권리는 시대의 상황에 따라 다시 나타날 수 있고, 그리고 연방법원이 제시하고 있는 근거에 따라 다른 권리의 행사의 전제가 되거나 민주적 또는 법치국가적 구성 부분이 되는 경우에는 열거되지 아니한 자유와 권리는 언제든지 모습을 드러내게 될 것으로 충분히 예상할 수 있다.

Ⅳ. 오스트리아

오스트리아의 최고법원에서는 기본권이라는 개념 대신에 **헌법상 보장된 권리**(verfassungs-gesetzlich gewährleistete Rechte)라는 개념을 사용하고 있다.[50] 법이론상 기본권이나 자유권, 인권 등의 개념이 사용되지 않는 것은 아니지만, 실무에서는 실정 헌법에 근거한 권리인 헌법상 보장된 권리 외에 **자연법에 근거하는 기본권이라는 것은 의식적으로 배제**

---

48) BGE 121 I 367, 371.
49) 스위스의 새로운 기본권 보장에 대한 간략한 설명으로는 Schünemann/Müller/Philipps, Das Menschenbild im weltweiten Wandel, S. 63 ff. 참조.
50) 연방헌법(B-VG) 제144조 제1항도 참조.

하고 있다.[51] 오스트리아 헌법법원에 따르면 이러한 헌법적으로 보장된 권리라고 하는 것은 객관적 헌법 규범의 유지를 위하여 충분히 개인화된 당사자 이익이 존재하는 경우에 성립하게 된다.[52] 규정 해석을 통하여 헌법상 권리가 도출될 수 있는지 여부는 규정이 개인을 규율 대상으로 하고 있는지 그리고 개인의 이익의 보호를 목적으로 하고 있는지 여부에 달려 있다. 그러나 객관적 헌법 규범이 그러한 권리를 부여하는지 여부를 판단하는 것은 쉬운 일은 아니다.[53] 법실증주의적 전통에 있는 오스트리아[54]에서는 열거되지 아니한 기본권이라는 개념은 잘 알지 못하고 초실정적인 권리에 기초한 판결은 회피되고 있다.

그럼에도 불구하고 개별 규정의 해석과는 다른 독자적인 권리들이 전혀 형성되지 못하고 있는 것은 아닌데, 왜냐하면 판례상 다른 기본권에 터 잡아 개념 이해를 확대하는 방법으로 이를 실현하고 있기 때문이다. 헌법법원에서는 이러한 열거되지 아니한 기본권(또는 헌법 원칙)은 헌법 질서에 내재하는 것으로 보고 있다.[55] 여기에서 중요한 기능을 하는 것이 평등원칙이고 그 외에 유럽의 인권론, 고도의 절차법적 문화 그리고 오스트리아의 행정국가적 전통 등이다.[56]

오스트리아 헌법법원이 인정하고 있는 열거되지 아니한 자유와 권리로는 신뢰 보호의 원칙,[57] 사적자치의 원칙,[58] 환매권(Rücküberreignung)[59] 등이 있고, 학설에서는 일반적 재판청구권의 보장(allgemeine Rechtsweggarantie)을 열거되지 아니한 자유와 권리로 보는 견해가 있다.[60]

---

51) 20세기 중반 이후에는 오스트리아 헌법법원에서도 헌법상 보장된 권리라는 개념 대신에 기본권을 사용하거나 병용하고 있다고 한다(Merten, Begriff und Abgrenzung der Grundrechte, Rn. 43 참조).

52) VfSlg 17507/2005.

53) Walter/Mayer/Kucsko—Stadlmayer, Bundesverfassungsrecht, Rn. 1317.

54) 특히 장영철, 오스트리아 헌법재판제도와 시사점, 221쪽 이하 참조.

55) VfSlg 10549/1985; 13587/1993.

56) Pernthaler, Ungeschriebene Grundrechte, S. 447 f.

57) VfSlg 16850/2003; Novak, Vertrauensschutz und Verfassungsrecht, S. 243 ff.; Burger, Das Verfassungsprinzip der Menschenwürde in Österreich, S. 225.

58) VfSlg 14503/1996.

59) 오스트리아 헌법법원에 따르면 수용물을 적절한 기간 내에 수용 목적에 사용하지 않는 경우에는 국가기본법 제5조로부터 직접 환매청구권이 발생한다고 한다: "이 목적이 전혀 실현되지 않거나 그것이 원래 의도된 범위 내에서 실현되지 못하기 때문에 수용물이 법률에 의해 수용근거로 언급된 공적 목적에 사용되지 않는 경우에는 수용의 해제도 국가기본법 제5조의 재산권 보장에서 도출된다."(VfSlg 8981/1980) 환매청구권을 부인하는 법률은 위헌이다(VfSlg 15768/2000).

60) Pernthaler, Ungeschriebene Grundrechte, S. 459 f.

제2항 헌법재판소 판례[61]

I. 도출 기준

열거되지 아니한 자유와 권리의 도출 기준과 관련하여서는 헌법재판소는 다음과
같이 판시하고 있다. "헌법에 열거되지 아니한 기본권을 새롭게 인정하려면, 그 필요성
이 특별히 인정되고, 그 권리 내용(보호영역)이 비교적 명확하여 구체적 기본권으로서의
실체, 즉 권리 내용을 규범 상대방에게 요구할 힘이 있고 그 실현이 방해되는 경우 재판에
의하여 그 실현을 보장받을 수 있는 구체적 권리로서의 실질에 부합하여야 할 것이다."[62]
이에 따라 평화적 생존권에 대해서는 기본권성을 부인하고 있다.[63] 이는 앞에서 살펴
본 바와 같은 기본권 개념의 중요한 징표를 드러낸 것으로 판단된다.

II. 도출 근거로서 헌법 제10조

헌법재판소는 헌법 제37조 제1항을 제10조의 인간의 존엄과 가치와 강한 관련성하에
서 이해하고 있는 것이 특징이다.

> "헌법 제10조에서 규정한 인간의 존엄과 가치는 헌법 이념의 핵심으로, 국가는 헌법에 규
> 정된 개별적 기본권을 비롯하여 헌법에 열거되지 아니한 자유와 권리까지도 이를 보장하여
> 야 하며, 이를 통하여 개별 국민이 가지는 인간으로서의 존엄과 가치를 존중하고 확보하여
> 야 한다는 헌법의 기본원리를 선언한 조항이다. 따라서 자유와 권리의 보장은 1차적으로
> 헌법상 개별적 기본권 규정을 매개로 이루어지지만, 기본권 제한에 있어서 인간의 존엄과
> 가치를 침해한다거나 기본권 형성에 있어서 최소한의 필요한 보장조차 규정하지 않음으로
> 써 결과적으로 인간으로서의 존엄과 가치를 훼손한다면, 헌법 제10조에서 규정한 인간의
> 존엄과 가치에 위반된다고 할 것이다."[64]
> "헌법 제37조 제1항은 ⋯ 헌법에 명시적으로 규정되지 아니한 자유와 권리라도 헌법 제

---

61) 헌법 제37조 제1항에 대한 자세한 내용은 김대환 외, 주요법령에 대한 주석서 발간 2, 1184–1191
   쪽 참조.
62) 헌재 2009.5.28. 2007헌마369, 2007년전시증원연습등 위헌확인(기각).
63) 헌재 2009.5.28. 2007헌마369. 이 결정의 내용에 대해서는 후술하는 행복추구권의 일반적 행동자
   유권 부분 참조.
64) 헌재 2000.6.1. 98헌마216, 국가유공자등예우및지원에관한법률 제20조 제2항 등 위헌확인(기각, 각하).

10조에서 규정한 인간의 존엄과 가치를 위하여 필요한 것일 때에는 이를 모두 보장함을 천명하는 것이다."[65]

III. 판례상 인정된 열거되지 아니한 자유와 권리

1. 생명권

헌법재판소는 생명권의 근거로서 자연법을 들고 있다.

"인간의 생명은 고귀하고, 이 세상에서 무엇과도 바꿀 수 없는 존엄한 인간 존재의 근원이다. 이러한 생명에 대한 권리는 비록 헌법에 명문의 규정이 없다 하더라도 인간의 생존 본능과 존재 목적에 바탕을 둔 선험적이고 자연법적인 권리로서 헌법에 규정된 모든 기본권의 전제로서 기능하는 기본권 중의 기본권이라 할 것이다."[66]

그러나 학설에서는 제10조에서 찾기도 한다.[67]
헌법재판소는 생명권에 대한 판결에서 기본권 보호의무를 인정하기도 한다.

"국가의 신체와 생명에 대한 보호의무는 교통 과실범의 경우 발생한 침해에 대한 사후 처벌분 아니라, 무엇보다도 우선적으로 운전면허 취득에 관한 법규 등 전반적인 교통 관련 법규의 정비, 운전자와 일반 국민에 대한 지속적인 계몽과 교육, 교통 안전에 관한 시설의 유지 및 확충, 교통사고 피해자에 대한 보상제도 등 여러 가지 사전적·사후적 조치를 함께 취함으로써 이행된다 … 국가의 기본권 보호의무의 위반 여부에 관한 심사기준인 과소보호금지의 원칙에 …."[68]

2. 일반적 인격권

헌법재판소는 제10조의 인간의 존엄성으로부터 일반적 인격권을 도출하고 있다.[69] 판례상 인정된 일반적 인격권의 내용으로는 명예권,[70] 성명권,[71] 초상권,[72] 태아의 성

---

65) 헌재 2002.1.31. 2001헌바43, 독점규제및공정거래에관한법률 제27조 위헌소원(위헌).
66) 헌재 1996.11.28. 95헌바1, 형법 제250조 등 위헌소원(합헌, 각하).
67) 양건, 헌법강의, 2020, 292쪽.
68) 헌재 2009.2.26. 2005헌마764, 이와 같은 견해로는 김철수, 헌법학신론, 박영사, 2013, 374쪽.
69) "언론·출판의 자유가 민주 사회에서 비록 중요한 기능을 수행한다고 하더라도 그것이 인간의 존엄성에서 유래하는 개인의 일반적 인격권 등의 희생을 강요할 수는 없"다(헌재 1991.9.16. 89헌마165).

별 정보에 대한 접근권,73) 배아 생성자의 배아에 대한 결정권,74) 구「정기간행물의등
록등에관한법률」상의 정정보도 청구권75) 등이 있다.76)

3. 개인의 자기운명결정권(성적자기결정권, 혼인의 자유, 혼인에 있어서 상 대방을 결정할 수 있는 자유)

  헌법재판소는 헌법 제10조는 개인의 인격권과 행복추구권을 보장하고 있는데, 이
개인의 인격권과 행복추구권은 개인의 자기운명결정권을 전제로 하고 있고, 이 자기운
명결정권에는 성적자기결정권 특히 혼인의 자유, 혼인에 있어서 상대방을 결정할 수
있는 자유 등이 포함되어 있다고 본다.77) 그러나 특히 혼인의 자유, 혼인에 있어서 상
대방을 결정할 수 있는 자유와 관련해서는 제10조와 함께 제36조 제1항의 혼인 및 가
족제도도 근거로 제시하고 있다.78)

  성적자기결정권에 근거하여 이후 헌법재판소는 동성동본 금혼 규정을 헌법불합치
로 결정하였고,79) 혼인빙자간음죄 처벌 규정,80) 간통죄 처벌 규정81)에 대해서는 위헌
으로 결정하였다.「군형법」제92조의6은 "제1조제1항부터 제3항까지에 규정된 사람(군
인을 말함: 필자 주)에 대하여 항문성교나 그 밖의 추행을 한 사람은 2년 이하의 징역에

---

70) 헌재 2002.1.31. 2001헌바43, 독점규제및공정거래에관한법률 제27조 위헌소원(위헌).
71) 헌재 2007.10.4. 2006헌마364, 공직선거법 제150조제5항 후문 위헌확인(기각).
72) 헌재 2001.8.30. 2000헌바36, 민사소송법 제714조 제2항 위헌소원(합헌).
73) 헌재 2008.7.31. 2004헌마1010, 의료법 제19조의2 제2항 위헌확인(재판관 8인의 헌법불합치).
74) 헌재 2010.5.27. 2005헌마346, 생명윤리및안전에관한법률 제13조제1항 등 위헌확인(기각, 각하).
75) 헌재 1991.9.16. 89헌마165, 정기간행물의등록등에관한법률 제16조 제3항, 제19조 제3항의 위헌여
   부에 관한 헌법소원(합헌).
76) 후술 인간의 존엄과 가치 및 행복추구권 부분 참조.
77) 헌재 1997.7.16. 95헌가6등, 민법 제809조 제1항 위헌제청(헌법불합치, 위헌의견, 반대의견 있음).
   헌재 1990.9.10. 89헌마82, 형법 제241조의 위헌여부에 관한 헌법소원(합헌)도 참조.
78) "… 헌법 제36조 제1항은 "혼인과 가족생활은 개인의 존엄과 양성의 평등을 기초로 성립되고 유지
   되어야 하며, 국가는 이를 보장한다."고 규정하고 있는바, 이는 혼인제도와 가족제도에 관한 헌법
   원리를 규정한 것으로서 혼인제도와 가족제도는 인간의 존엄성 존중과 민주주의의 원리에 따라
   규정되어야 함을 천명한 것이라 볼 수 있다. 따라서 혼인에 있어서도 개인의 존엄과 양성의 본질
   적 평등의 바탕위에서 모든 국민은 스스로 혼인을 할 것인가 하지 않을 것인가를 결정할 수 있고
   혼인을 함에 있어서도 그 시기는 물론 상대방을 자유로이 선택할 수 있는 것이며, 이러한 결정에
   따라 혼인과 가족생활을 유지할 수 있고, 국가는 이를 보장해야 하는 것이다."[헌재 1997.7.16. 95
   헌가6등, 민법 제809조 제1항 위헌제청(헌법불합치, 위헌의견, 반대의견 있음)].
79) 헌재 1997.7.16. 95헌가6등, 민법 제809조 제1항 위헌제청(헌법불합치).
80) 헌재 2009.11.26. 2008헌바58등, 형법 제304조 위헌소원(위헌).
81) 헌재 2015.2.26. 2009헌바17등, 형법 제241조 위헌소원 등(위헌).

처한다."라고 규정하고 있는데, 대법원은 이 조항을 동성인 군인 사이의 항문성교나 그 밖에 이와 유사한 행위가 사적 공간에서 자발적 의사 합치에 따라 이루어지는 등 군이라는 공동사회의 건전한 생활과 군기를 직접적·구체적으로 침해한 것으로 보기 어려운 경우에는 적용되지 않는다고 보고, 그렇지 않으면 군인이라는 이유만으로 성적자기결정권을 과도하게 제한하는 것으로서 헌법상 보장된 평등권, 인간의 존엄과 가치, 행복추구권을 침해할 우려가 있다고 판시하고 있다.[82] 최근에 점증하고 있는 성범죄와 관련하여 볼 때 성적자기결정권의 헌법적 의의는 갈수록 강화되어갈 것으로 전망된다.

헌법재판소는 이 외에도 환자가 연명 치료의 거부 또는 중단을 결정할 권리,[83] 의료행위에 관하여 스스로 결정할 권리(의료행위선택권)[84] 등을 자기결정권의 하나로 인정하고 있다.

4. 일반적 행동자유권

헌법재판소는 일반적 행동자유권을 제10조의 행복추구권으로부터 도출하고 있다.[85] 일반적 행동자유권의 근거가 되는 행복추구권에 대해서는 그 성격과 관련하여 포괄적이고 일반조항적인 자유권의 성격을 갖는 것으로 파악하고 있다.[86] 헌법재판소가 일반적 행동자유권의 보장내용에 속하는 것으로 인정하고 있는 행동으로는 예컨대 결혼식 등의 당사자가 자신을 축하하러 온 하객들에게 주류와 음식물을 접대하는 행위 등을 들 수 있다.[87]

---

82) 대법원 2022.4.21. 2019도3047 전원합의체 판결. 「군형법」 제92조의6의 "그 밖의 추행"의 개정 전 형태인 "기타 추행"은 죄형법정주의의 명확성원칙에 위배되지 않고, 과잉금지원칙 위배하여 군인들의 성적자기결정권이나 사생활의 비밀과 자유를 침해한다고 볼 수 없으며, 평등원칙에도 위반되지 않는다고 한 헌법재판소 결정[헌재 2016.7.28. 2012헌바258, 군형법 제92조의5 위헌소원(합헌)] 참조.

83) 헌재 2009.11.26. 2008헌마385, 입법부작위 위헌확인(기각).

84) 헌재 2020.4.23. 2017헌마103, 의료급여수가의 기준 및 일반기준 제7조 제1항 본문 등 위헌확인 (기각). 이 결정에서 헌법재판소는 의료행위선택권을 침해하는지 여부에 대해서는 과잉금지심사를 하고 있다.

85) "헌법 제10조 …의 행복추구권 속에 함축된 일반적인 행동자유권과 개성의 자유로운 발현권은 국가안전보장, 질서유지 또는 공공복리에 반하지 않는 한 입법 기타 국정상 최대의 존중을 필요로 하는 것이라고 볼 것이다. … 이른바 계약자유의 원칙도, 여기의 일반적 행동자유권으로부터 파생되는 것이라 할 것이다."(헌재 1991.6.3. 89헌마204).

86) 헌재 1995.7.21. 93헌가14; 1997.11.27. 97헌바10.

87) 접대 행위는 "인류의 오래된 보편적인 사회생활의 한 모습으로서 개인의 일반적인 행동의 자유 영역에 속하는 행위라 할 것이다. 그렇다면 이는 헌법 제37조 제1항에 의하여 경시되지 아니하는 기

5. 정보의 자유(알 권리)

헌법재판소는 알 권리 내지는 정보의 자유를 자유권인 헌법 제21조에서 도출하면서 그 본질은 청구권적 기본권으로 보고 있다.

"… 정보에의 접근·수집·처리의 자유, 즉 "알 권리"는 표현의 자유에 당연히 포함되는 것으로 보아야 하는 것이다. … "알 권리"는 민주국가에 있어서 국정의 공개와도 밀접한 관련이 있는데 우리 헌법에 보면 입법의 공개(제50조 제1항), 재판의 공개(제109조)에는 명문 규정을 두고 **행정의 공개에 관하여서는 명문 규정을 두고 있지 않으나,** "알 권리"의 생성 기반을 살펴볼 때 이 권리의 핵심은 정부가 보유하고 있는 정보에 대한 국민의 알 권리, 즉 국민의 정부에 대한 **일반적 정보 공개를 구할 권리(청구권적 기본권)**라고 할 것이며, 또한 자유민주적 기본질서를 천명하고 있는 헌법 전문과 제1조 및 제4조의 해석상 당연한 것이라고 봐야 할 것이다. "알 권리"의 법적 성질을 위와 같이 해석한다고 하더라도 헌법 규정만으로 이를 실현할 수 있는가 구체적인 법률의 제정이 없이는 불가능한 것인가에 대하여서는 다시 견해가 갈릴 수 있지만, 본건 서류에 대한 열람·복사 민원의 처리는 법률의 제정이 없더라도 불가능한 것이 아니라 할 것이"다.[88]

후술하는 바와 같이,[89] 헌법재판소에 따르면 알 권리는 자유권적 내용과 청구권적 내용으로 이루어져 있다. 표현의 자유의 당연한 내용은 알 권리의 자유권적 내용이다. 알 권리의 청구권적 내용은 자유권인 표현의 자유가 보장하는 내용이라고 할 수 없으므로 이 부분은 열거되지 아니한 권리에 해당한다고 할 수 있을 것이다. 이로써 헌법재판소는 **열거되지 아니한 자유와 권리는 반드시 자유권에 한하는 것이 아님을** 알 수 있다.

6. 부모의 자녀교육권

부모의 자녀교육권도 모든 인간이 국적과 관계없이 누리는 양도할 수 없는 **불가침의 기본적 인권으로서** 보장된다. 헌법재판소는 그 근거를 헌법 제36조 제1항(혼인과 가족생활), 행복추구권, 제37조 제1항에서 찾고 있다.[90]

본권이며 헌법 제10조가 정하고 있는 행복추구권에 포함되는 일반적 행동자유권으로서 보호되어야 할 기본권이라 할 것이다."(헌재 1991.6.3. 89헌마204; 1998.5.28. 96헌가5).

88) 헌재 1989.9.4. 88헌마22; 2003.3.27. 2000헌마474.

89) 후술하는 언론·출판의 자유 부분 참조.

90) 헌재 2000.4.27 98헌가16, 학원의 설립운영에 관한 법률 제22조제1항 제1호등 위헌제청(위헌). [합헌결정]: 서울 등 4개 시도의 「학원의 설립·운영 및 과외교습에 관한 조례」가 학원 교습시간을 06시부터 22시(인천의 고등학교 교과는 23시)까지로 정하고 있는데 이는 과잉금지원칙에 반하여 학

부모의 자녀교육권의 하나로 부모의 학교선택권도 인정되고 있다. 헌법재판소는 "부모의 자녀교육권은 학교 영역에서는 부모가 자녀의 개성과 능력을 고려하여 자녀의 학교교육에 관한 전반적 계획을 세운다는 것에 기초하고 있으며, 자녀의 개성의 자유로운 발현을 위하여 그에 상응한 교육 과정을 선택할 권리, 즉 자녀의 교육 진로에 관한 결정권 내지는 자녀가 다닐 학교를 선택하는 권리로 구체화"되는 것으로 본다.[91]

7. 사립학교 운영의 자유

헌법재판소는 설립자가 사립학교를 자유롭게 운영할 자유는 비록 헌법에 명문의 규정은 없으나 헌법 제10조의 일반적 행동의 자유권과 모든 국민의 능력에 따라 균등하게 교육을 받을 권리를 규정하고 있는 헌법 제31조 제1항 그리고 교육의 자주성·전문성·정치적 중립성 및 대학의 자율성을 규정하고 있는 헌법 제31조 제4항에 의하여 인정되는 기본권의 하나로 보고 있다.[92]

사립유치원의 교비회계에 속하는 예산·결산 및 회계 업무를 교육부장관이 지정하는 정보처리장치로 처리하도록 규정한 '사학기관 재무·회계 규칙' 소정의 규정에 대해서 헌법재판소는 ① 사립유치원의 재정 및 회계의 건전성과 투명성은 그 유치원에 의하여 수행되는 교육의 공공성과 직결된다는 점, ② 국가와 지방자치단체의 재정지원을 받는 사립유치원이 개인의 영리추구에 매몰되지 아니하고 교육기관으로서 양질의 유아교육을 제공하는 동시에 유아교육의 공공성을 지킬 수 있는 재정적 기초를 다지는 것은 양보할 수 없는 중요한 법익이라는 점, ③ 사립유치원의 회계업무 처리 방법을 정할 뿐, 세출 용도를 지정·제한하거나 시설물의 처분권 등에 영향을 미치지 않는다는 점 등으로 볼 때 사립학교 운영의 자유를 침해하지 않는다고 보았다.[93]

8. 생명·신체의 안전에 관한 권리

헌법재판소는 일반소비자들이 2008년 제기한 미국산 쇠고기 및 쇠고기 제품 수입

부모의 자녀 교육권을 침해하지 않는다[헌재 2016.5.26. 2014헌마374(기각, 각하)].

91) 헌재 2009.4.30. 2005헌마514, 초·중등교육법시행령 제84조 위헌확인(기각).

92) 헌재 2001.1.18. 99헌바63, 사립학교법 제28조 제1항 본문 위헌소원(합헌); 대법원 2010.4.22. 2008다38288 전원합의체 판결 - 종립 사립고교 종교교육 사건.

93) 헌재 2021.11.25. 2019헌마542등, 사학기관 재무·회계 규칙 제53조의3 위헌확인(기각) - 사립유치원 에듀파인 사건.

위생조건 위헌확인 결정에서 처음으로 "생명·신체의 안전을 보호할 국가의 기본권보호의무"라는 개념을 사용하고 있다. 이 결정에서 헌법재판소는 적법요건인 기본권 침해 가능성 충족 여부를 판단하면서 "생명·신체의 안전에 관한 권리는 인간의 존엄과 가치의 근간을 이루는 기본권"[94]이라고 하고 있다. 이렇게 보는 이유는 "생명·신체의 안전에 관한 권리는 인간의 존엄과 가치의 근간을 이루는 기본권일 뿐만 아니라, 헌법은 "모든 국민은 보건에 관하여 국가의 보호를 받는다."고 규정하여 질병으로부터 생명·신체의 보호 등 보건에 관하여 특별히 국가의 보호의무를 강조하고 있으므로(제36조 제3항), 국민의 생명·신체의 안전이 질병 등으로부터 위협받거나 받게 될 우려가 있는 경우 국가로서는 그 위험의 원인과 정도에 따라 사회·경제적인 여건 및 재정사정 등을 감안하여 국민의 생명·신체의 안전을 보호하기에 필요한 적절하고 효율적인 입법·행정상의 조치를 취하여 그 침해의 위험을 방지하고 이를 유지할 포괄적인 의무를 진다."고 보기 때문이다.

말하자면 국가의 기본권보호의무가 성립되는 경우에는 그에 상응하는 기본권의 침해가 인정될 수 있고, 이때 침해되는 기본권에는 열거되지 아니한 기본권이 포함될 수 있게 된다. 이러한 논리는 기본권보호의무에 한정되지 않고 넓은 의미의 기본권보장의무의 경우에도 마찬가지다.[95]

9. 태어난 즉시 '출생등록될 권리'

헌법재판소의 결정에 따르면 태어난 즉시 '출생등록될 권리'란 '출생 후 아동이 보호를 받을 수 있을 최대한 빠른 시점'에 아동의 출생과 관련된 기본적인 정보를 국가가 관리할 수 있도록 등록할 권리로서, 아동이 사람으로서 인격을 자유로이 발현하고, 부모와 가족 등의 보호 하에 건강한 성장과 발달을 할 수 있도록 최소한의 보호장치를 마련하도록 요구할 수 있는 권리를 말한다. 이 권리는 일반적 인격권을 실현하기 위한 기본적인 전제로서 헌법 제10조, 제34조 제1항, 제36조 제1항의 가족생활의 보장, 헌법 제34조 제4항의 국가의 청소년 복지향상을 위한 정책실시의무 등에 근거하는 권리로서 그 어느 하나에 완전히 포섭되지 않으며, 이들을 이념적 기초로 하는 헌법에 명시되지

---

94) 헌재 2008. 12. 26. 2008헌마419등.
95) 다만, 기본권보장의무를 매우 폭넓게 인정하여 노력의무를 포함하는 경우에는 반드시 상응하는 기본권이 성립한다고 볼 수 없을 경우도 있을 수 있을 것이다.

아니한 독자적 기본권으로서, 자유로운 인격실현을 보장하는 자유권적 성격과 아동의 건강한 성장과 발달을 보장하는 사회적 기본권의 성격을 함께 지닌다고 한다.96)

 다음「가족관계의 등록 등에 관한 법률」제46조 제2항(출생신고의무자조항)과 제57조 제1항·제2항(친생자출생신고조항)이 제한하는 기본권을 특정하고 위헌여부를 판단하시오.

> 가족관계의 등록 등에 관한 법률(2007.5.17. 법률 제8435호로 제정된 것) 제46조(신고의무자) ② 혼인 외 출생자의 신고는 모가 하여야 한다.
> 가족관계의 등록 등에 관한 법률(2021. 3. 16. 법률 제17928호로 개정된 것) 제57조(친생자출생의 신고에 의한 인지) ① 부가 혼인 외의 자녀에 대하여 친생자출생의 신고를 한 때에는 그 신고는 인지의 효력이 있다. 다만, 모가 특정됨에도 불구하고 부가 본문에 따른 신고를 함에 있어 모의 소재불명 또는 모가 정당한 사유 없이 출생신고에 필요한 서류 제출에 협조하지 아니하는 등의 장애가 있는 경우에는 부의 등록기준지 또는 주소지를 관할하는 가정법원의 확인을 받아 신고를 할 수 있다.
> ② 모의 성명·등록기준지 및 주민등록번호의 전부 또는 일부를 알 수 없어 모를 특정할 수 없는 경우 또는 모가 공적 서류·증명서·장부 등에 의하여 특정될 수 없는 경우에는 부의 등록기준지 또는 주소지를 관할하는 가정법원의 확인을 받아 제1항에 따른 신고를 할 수 있다.

 태어난 즉시 '출생등록될 권리'(아동)와 평등권(생부) 침해여부가 문제될 수 있다. ① 혼인 외 출생자의 생부에게 출생신고의무를 부여하지 않고, 인지의 효력이 있는 친생자출생신고만을 할 수 있도록 하는 혼인 외 출생자에 대한 현행 출생신고제도는 혼인 중 여자와 남편 아닌 남자 사이에서 출생한 자녀의 출생신고가 실효적으로 이루어질 수 있도록 보장하지 못하고 있다. 따라서 위 조항들은 입법형성권의 한계를 넘어서서 실효적으로 출생등록될 권리를 보장하고 있다고 볼 수 없으므로, 혼인 중 여자와 남편 아닌 남자 사이에서 출생한 자녀에 해당하는 혼인 외 출생자인 청구인들의 태어난 즉시 '출생등록될 권리'를 침해한다. ② 출생신고의무자조항이 혼인 외 출생자의 출생신고의무자를 모로 한정한 것은, 모는 출산으로 인하여 그 출생자와 혈연관계가 형성되는 반면에, 생부는 그 출생자와의 혈연관계에 대한 확인이 필요할 수도 있고, 그 출생자의 출생사실을 모를 수도 있다는 점에 있다. 이에 남편 아닌 남자인 생부에게 자신의 혼인 외 자녀에 대해서 출생신고를 할 수 있도록 규정하지 아니한 것은 합리적인 이유가 있어 생부인 청구인들의 평등권을 침해하지 않는다.97)

---

96) 헌재 2023.3.23. 2021헌마975, 가족관계의 등록 등에 관한 법률 제46조 제2항 등 위헌확인 (2025.5.31.까지 계속적용 헌법불합치, 기각).
97) 헌재 2023.3.23. 2021헌마975.

제3항 헌법 제37조 제1항의 해석

Ⅰ. 헌법 제37조 제1항의 헌법적 의의

헌법재판소는 헌법 제10조에서 일반적 인격권과 일반적 행동자유권을 인정하고 있다. 일반적이라는 의미를 어느 특정 영역이 아닌 포괄적 전반적으로 인정된다는 의미로 이해하면,[98] 헌법상의 개별 조항의 보호영역에 속하지 아니한 모든 자유와 권리는 원칙적으로 헌법 제10조를 근거로 하게 된다. 헌법재판소가 기본권 보장에 관한 일반 조항을 인정하는 해석 방법을 취하는 것은, 대한민국헌법이 취하고 있는 바의 자연법적 관점[99]에 입각하여 열거가 갖는 한계성에 대해 인식하고 있기 때문이라고 할 수 있다. 이를 확인한 것이 제37조 제1항이다.

그런데 제37조 제1항의 해석과 관련하여서는 그동안 다소 경시되어 온 감이 없지 않다.[100] 헌법 제37조 제1항을 단순히 선언적인 것으로 이해하거나 그 해석을 위해서는 어떤 실체적인 다른 내용의 (포괄적인) 권리의 존재에 의지하여야 하는 것으로 생각하는 경우[101]에는 포괄적 기본권 규정 같은 것을 상정하게 된다.[102] 헌법재판소도 제10조를 일반 규정으로 해석함으로써 기본권 보장의 사각지대를 없애려고 하였다. 헌법재판소가 이러한 해석을 하게 된 또 다른 이유는 독일이 그러한 해석을 취하고 있기 때문으로 보인다. 그러나 독일 기본법에는 대한민국헌법 제37조 제1항과 같은 조항이 없다는 점을 주목하여야 한다. 그렇다면 일반조항적 성격을 갖는 헌법 제10조로 말미암아 헌법 제37조 제1항의 헌법적 의의가 결코 경시되어서는 안 될 것이다. 따라서 헌법 제37조 제1항은 단순한 선언적인 것으로 볼 수만은 없고, 헌법 제37조 제1항을 규정함으로써 **독일의 그것에 비하여 기본권 보장을 보다 강화하고 있는 것이라고 보아야 한다.**

---

98) 정재황, 헌법판례와 행정실무, 법영사, 2001, 46쪽 참조.
99) 예컨대 제10조 제2문의 개인이 가지는 불가침의 기본적 인권을 확인하고 보장할 국가의 의무 규정, 제37조 제2항의 본질적 내용 침해 금지 규정에서 알 수 있다.
100) 예컨대 제37조 제1항을 단순한 선언적 성격의 규정으로 이해하는 것이다. 이에 대한 반론으로는 허영, 한국헌법론, 325 각주 3; 김선택, "행복추구권"과 "헌법에 열거되지 아니한 권리"의 기본권 체계적 해석, 184쪽 참조.
101) 권영성, 헌법학원론, 307쪽 이하.
102) 예컨대 미국의 Richmond Newspaper사건에서 수정 헌법 제9조를 강력한 논거로 제시하였음에도 불구하고 형사재판출석권을 수정 헌법 제1조에서 도출하고 있는 것(강승식, 헌법에 열거되지 아니한 권리 − 미국 수정 헌법 9조를 중심으로 −, 251−252쪽 참조)을 들 수 있다.

II. 도출 기준

열거되지 아니한 자유와 권리는 문언상 명시적으로는 인식할 수 없지만 특정한 헌법 규정 또는 헌법과 관련하여서 총체적으로 도출될 수 있는 바의 헌법상의 권리라고 말할 수 있다. 헌법상 보장되는 자유와 권리를 열거한다 하더라도 그 자체 결코 완결적인 것이 될 수 없고 따라서 국민의 다양한 생활관계를 헌법의 몇 개 조문으로는 모두 포섭할 수 없을 수가 있기 때문에 미국[103]이나 독일[104]과 같이 자연법적 전통에 입각한 국가의 헌법에서 뿐만 아니라, 오스트리아와 같이 강한 법실증주의적 전통에 입각한 국가의 헌법에서도 불문의 기본권을 보장한다는 명문의 규정이 없어도 헌법상 열거되지 아니한 자유와 권리는 인정되는 것이라고 할 수 있다. 대한민국헌법도 제10조로부터 제37조에 이르는 제2장에서 국민의 자유와 권리를 열거하고 있지만, 그 자체 완결적인 것이 아님을 제37조 제1항을 통하여 명시적으로 드러내고 있다.

그런데 헌법 조항의 해석을 통하여 각 조항의 보장내용에 속하는 법익이나 행위는 해당 조항을 통하여 보호되는 것으로 보아야 하기 때문에, 개별 기본권 조항에 포섭되는 보장내용은 원칙적으로 제37조 제1항의 열거되지 아니한 자유와 권리에 해당하지 않는다고 보아야 한다.[105] **헌법상의 모든 개별 조항은 그 자체 헌법적 의미가 있기 때문에 그 헌법적 의미를 찾아가는 작업은 거기로부터 열거되지 아니한 자유와 권리를 도출하는 것과는 개념적으로 구분되기 때문이다.**[106] 요컨대 헌법의 개별 기본권 조항에 터 잡아 도출한 어떤 내용의 권리가 해당 조항의 물적 구성요건에 포함되는 것이 아닌 헌법 제37조 제1항의 열거되지 아니한 자유와 권리로 인정되려면 헌법적 권리로서 그 자체 어느 정도의 일정한 **독자성**을 가져야 할 것이다.

---

103) 미국 수정 헌법 제9조는 열거되지 아니한 권리를 원래 국민이 보유하고 있음(retained by the people)을 규정하고 있다.

104) Walter Schätzel, Aussprache für Bericht von Ernst v. Hoppel und Mitbericht von Alfred Voigt, VVDStRL 10(1952), S. 50.

105) 이것은 많은 저서에서 헌법상의 개별 조항을 해석하면서 처음부터 제37조 제1항과의 관련성 속에서 그 의미와 내용을 찾고 있지 않은 것으로부터도 알 수 있다.

106) 개념적 구별에 대해서는 또한 Wolff, Ungeschriebenes Verfassungsrecht, S. 241 참조.

III. 열거되지 아니한 자유와 권리는 자유권에만 한정되는지 여부

열거되지 아니한 자유와 권리라는 사고방식이 자연권적 관념에서 유래된 것이라고 하더라도 그 대상이 반드시 자유권에 한정되는 것으로 볼 수는 없다. 인간의 존엄과 가치 및 행복추구권의 실현을 위해 필요한 것이라면 자유권이 아니더라도 인정될 필요가 있다. 헌법재판소 결정에서는 청구권적 내용의 알 권리를 인정하고 있는 것도 그러한 취지의 반영으로 보아야 한다.[107]

앞에서 살펴본 바와 같이 스위스 연방법원에서는 생존권을 불문의 기본권으로 인정하고 있다.[108] 또한 청구권적 기본권인 일반적 재판청구권 보장(allgemeine Rechtsweggarantie) 규정이 없는 오스트리아에서도 이를 열거되지 아니한 자유와 권리로 인정하려는 견해가 있다.[109] 이 견해에 따르면 재판청구권의 구체적인 형태는 기본적으로 입법자의 형성에 달려 있지만,[110] 헌법법원의 판결은 헌법상 보장되는 주관적 법적 지위는 심사 대상이 되는 법률에 의존하는 것이 아니라 헌법법원에 제소하는 길이 열려 있는지 여부에 달려 있음을 전제로 하고 있다고 한다.

Q 「지방자치법」 제13조의2의 주민투표권의 헌법적 근거는 무엇이며, 주민투표권은 기본권인가?

A 명문의 근거도 없고, 헌법 제37조 제1항의 열거되지 아니한 자유와 권리라고 할 수도 없어서 기본권이라고 할 수 없다. 법률상의 권리이다.[111]

Q 영토에 관한 권리, 즉 영토권은 헌법상의 기본권인가?

A 성립할 수 있다고 보는 것이 헌법재판소의 결정이다. "영토 조항만을 근거로 하여 독자적으로는 헌법소원을 청구할 수 없다할지라도, 모든 국가 권능의 정당성의 근원인 국민의 기본권 침해에 대한 권리 구제를 위하여 그 전제 조건으로서 영토에 관한 권리를, 이를테면 영토권이라 구성하여, 이를 헌법소원의 대상인 기본권의 하나로 간주하는 것은 가능한 것으

---

107) 헌재 1989.9.4. 88헌마22, 공권력에 의한 재산권침해에 대한 헌법소원[인용(위헌확인), 기각]; 1991.5.13. 90헌마133, 기록등사신청에 대한 헌법소원(인용); 2019.7.25. 2017헌마1329, 변호사시험법 제18조 제1항 본문 등 위헌확인(위헌, 각하).

108) BGE 121 I 367, 371.

109) Pernthaler, Ungeschriebene Grundrechte, S. 459 f.

110) VfSlg 14512/1996.

111) 헌재 2007.6.28. 2004헌마643, 주민투표법 제5조 위헌확인(헌법불합치, 각하); 2005.12.22. 2004헌마530.

로 판단된다."112)

판례에 따르면 영토조항만을 근거로 하여 독자적으로 헌법소원을 청구할 수는 없지만, 다른 기본권과 함께 헌법소원의 대상인 헌법상 보장된 기본권의 하나로 볼 수 있다는 취지이다. 그러나 독자적으로 헌법소원의 대상이 되지 않는 기본권이라는 개념의 실체가 무엇인지는 아직 명쾌히 해명된 것으로는 보이지 않는다.

Q **헌법에 열거되지 아니한 기본권으로서 납세자의 권리가 인정되는가?**

A 납세자의 권리라고 하는 것은 국가의 재정 지출의 합법성과 타당성을 감시하는 국민의 감시권을 의미하는 것으로 볼 수 있는데, 이러한 권리는 헌법상 보장된 기본권으로 볼 수 없다.113)

Q **대법원의 재판을 받을 권리는 헌법상의 기본권이라고 할 수 있는가?**

A 대법원의 재판을 받을 권리는 기본권이 아니고, 그 인정 여부는 입법 정책의 문제이다.114)

---

112) 헌재 2001.3.21. 99헌마139, 대한민국과일본간의어업에관한협정비준등 위헌확인(기각, 각하); 2008. 11.27. 2008헌마517, 대한민국건국60기념사업위원회 설치 및 운영에 관한 규정 위헌확인(각하).
113) 헌재 2008.11.27. 2008헌마517.
114) 헌재 1992.6.26. 90헌바25, 소액사건심판법 제3조에 대한 헌법소원(합헌, 변정수 재판관의 반대의견 있음) = 헌재1997.10.30. 97헌바37, 상고심절차에관한특례법 제4조 위헌소원(합헌).

기본권의 법적 성격과 효력

제1항 기본권의 법적 성격

Ⅰ. 자연권성

1. 자연권성과 실정권성의 대립

독일의 알투지우스(Johannes Althusius: 1577－1638.8.12.), 칸트(Immanuel Kant: 1724. 4.22.－1804.2.12.) 등은 기본권의 자연권성을 강조하였다. 그러나 게오르그 옐리네크(Georg Jellinek: 1851.6.16.－1911.12.), 한스 켈젠(Hans Kelsen: 1881.10.11.－1973.4.19.) 등 법실증주의의 영향으로 19세기와 20세기 초에는 기본권의 실정권성이 강조되었다. 오늘날은 기본권의 자연권성을 인정하는 것이 일반적인 견해다.

2. 대한민국헌법이 자연권설에 입각하고 있는 헌법적 근거

대한민국헌법은 자연권설에 입각해 있는 것으로 이해된다. 그 논거로는 ① 헌법 제10조가 불가침의 기본적 인권을 선언하고 있는 점을 들 수 있다. 제10조에서는 불가침의 기본적 인권을 확인하고 있지, 결코 제정하거나 창설한다고 하고 있지 않다. 따라서 제10조는 기본권의 포괄적 성격을 규정한 것으로 이해된다. ② 제37조 제1항이 열거되지 아니한 자유와 권리를 인정하고 있는 점이다. 자유와 권리의 포괄성은 제37조 제1항의 열거되지 아니한 자유와 권리 조항에서 더욱 명백히 나타나고 있다. 그 외 ③ 제37조 제2항이 자유와 권리의 본질적 내용 침해 금지를 규정하고 있는 점 등을 들 수 있다.

그러나 주의하여야 할 한 가지는 대한민국헌법의 기본권이 자연권설에 기초하고 있다고 하여 실정권으로서의 기본권을 전적으로 부인하는 것은 아니라는 점이다. 오히려 대한민국헌법에는 생존권을 비롯한 다수의 실정적인 기본권들이 존재한다. 그러나 기본권이 실정적 권리로 헌법에 규정될 수 있다는 사실이 대한민국헌법의 기본권이 자연권설에 입각하고 있다고 하는 철학적 기초를 부인하는 것으로는 될 수 없다.

3. 자연권설에 입각하고 있는 입법례

기본권이 자연권이라는 관점에 입각하고 있는 입법례로는 우선 미국 헌법을 들 수 있다. **미국 헌법 수정 제9조**는 "어떤 권리를 헌법에 열거하였다 하더라도 이로써 사람들이 보유한 그 밖의 권리를 부인하거나 폐기하는 것으로 해석되어서는 아니 된다."[1]라고 규정하고 있다.

또 **독일 기본법 제1조 제1항**에는 "인간의 존엄은 불가침이다. 이를 존중하고 보호하는 것은 모든 국가권력의 의무이다."라고 규정하고 있고, 제2항에서는 "따라서 독일 국민은 모든 인간 공동체와 평화 그리고 세계의 정의의 기초로서 불가침·불가양의 인권을 인정한다."라고 규정하고 있다.

II. 권리성(소위 주관적 공권성)

1. 의의

기본권은 국민이 국가권력에 대해서 가지는 일정한 '법상의 힘'을 의미한다.[2] 이러한 기본권은 20세기 초 독일 바이마르헌법 시대에는 입법 방침 규정으로 이해되었지만, 오늘날에는 기본권을 헌법상의 권리로 이해하는 것이 일반적인 견해이다. 구체적으로는 이 개념을 발전시킨 학자들에 따라서 다소 차이가 있다. ① 한스 켈젠은 자유란 국가적인 강제 질서에 의해서 규제되지 않는 범위 내에서 자유로울 수 있는 매우 소극적이고 제한적인 성질의 것이므로 주관적 공권 개념을 인정하지 않는다.[3] 따라서 **켈젠**

---

1) Amendment IX The enumeration in the Constitution, of certain rights, shall not be construed to deny or disparage others retained by the people.
2) 허영, 한국헌법론, 2010, 254쪽.
3) 허영, 한국헌법론, 2010, 254쪽.

에게 기본권이란 반사적인 이익에 불과하다. ② 게오르그 옐리네크는 주관적 공권을 인정한다. 그의 **지위 이론**(Statustheorie)에 따르면 주관적 공권은 자유권, 수익권, 참정권으로 요약될 수 있다. 즉, 옐리네크에 있어서 기본권은 국가에 대해 일정한 부작위 또는 작위를 요구하거나 직접 국정에 참여할 것을 요구할 수 있는 법상의 힘을 의미한다. ③ 칼 슈미트(Carl Schmitt, 1888.7.11.－1985.4.7.)에 있어서 **기본권의 본질은 자유권**이므로 주관적 공권은 자유의 영역에 대한 국가의 간섭을 배제할 수 있는 법상의 힘을 의미한다.[4]

2. 번역어로서 주관적 공권개념

이상에서 살펴본 바와 같이 주관적 공권 개념은 결국은 헌법상의 권리 개념을 인정할 것인가의 문제로 된다. 독일어의 subjektives öffentliches Recht라는 개념은 주관적 공권보다는 '공권'으로 번역하는 것이 타당하다.[5] 헌법재판소도 '주관적 공권'이라는 개념을 사용하고 있지만,[6] 헌법에 있어서 주관적 공권이란 결국은 헌법이라는 공법상 보장된 권리를 말하는 것이고 이는 곧 기본권을 의미한다.

Ⅲ. 기본권의 이중적 성격(양면성)

1. 개념

앞에서 설명한 바와 같이 기본권은 우선은 개인에게 보장된 헌법상의 권리다(소위 주관적 공권성). 그런데 오늘날 일반적인 견해는 그 외에 기본권은 객관적 가치질서로서의 성격도 동시에 가지는 것으로 이해하고 있다. 이를 기본권의 이중적 성격 내지 양면성(Doppelkarakter)이라고 한다.[7] 기본권을 단순한 개인의 권리로 이해하는 것을 넘어서 객관적 (가치) 질서의 일부분으로 이해하는 것은 일종의 기본권의 성격변화를 의미하는 것이므로 기본권 해석 방향에 중요한 분기점이 된다. 기본권의 이중적 성격은 독일 연방헌법재판소에 의해서 처음으로 인정되면서 논의가 본격화된 것이기 때문에 독

---

4) 허영, 한국헌법론, 2010, 255쪽.
5) 이러한 번역개념에 대해서는 Hans D. Jarass, Merten, Brugger 등의 견해 참조.
6) 헌재 2001.3.21. 99헌마139, 대한민국과일본국간의어업에관한협정비준등 위헌확인(합헌); 2007. 6.28. 2004헌마643, 주민투표법 제5조 위헌확인(헌법불합치, 각하); 2005.12.22. 2004헌마530등 참조.
7) 이에 대해서는 허영, 한국헌법론, 박영사, 2010, 256쪽 이하 참조.

일 판례상의 논의를 검토해 볼 필요가 있다.

2. 독일에서 기본권의 이중적 성격 이론의 성립

가. 실정법적 근거로서 기본법 제1조 제2항

독일에서는 기본권의 객관적 가치질서로서의 성격을 "독일 국민은 불가침·불가양의 인권을 모든 인간공동체와 평화와 세계의 정의의 기초로 인정한다."라고 한 기본법 제1조 제2항에 근거하여 인정할 수 있다고 한다.

나. 독일 연방헌법재판소의 논리

1) 뤼트 판결

독일 연방헌법재판소는 1957년 유명한 뤼트(Lüth) 판결[8]에서 처음으로 기본권의 제3자효에 대한 입장을 표명하면서 **기본권의 간접적인 효력**을 인정하였다.[9] 이 판결에서 연방헌법재판소는 기본권의 객관적 가치질서로서의 성격을 명백히 하면서 법관은 적용될 「민법」 규정이 기본권에 의해 영향을 받는지 여부를 심사하여 영향을 받는 것으로 판단되면 사법에 대한 일정한 수정을 고려하여야 한다고 하였다. 기본법 제1조 제3항에서 나타나는 법관에 대한 기본권 기속의 의미는 바로 이를 의미하는 것이라고 하였다. 판결이 민사 규범에 대한 이러한 헌법의 영향을 고려하지 않는 경우에는 민사 법관은 (객관적 규범으로서) 기본권 규범의 내용을 오해하여서 객관적 헌법을 침해하는 것일 뿐만 아니라, 공권력 담당자로서 판결을 통하여 기본권을 침해하는 것이 된다고 보았다.[10]

---

8) BVerfGE 7, 198, 205.
9) Papier, Hans-Jürgen, Drittwirkung der Grundrechte, Merten/Papier (Hrsg.), Handbuch der Grundrechte in Deutschland und Europa, Bd. II, Müller, 2006, Rn. 30; Claus Dieter Classen, Die Drittwirkung der Grundrechte in der Rechtsprechung des Bundesverfassungsgerichts, AöR 122, 1997, S. 68.
10) BVerfGE 7, 198, 206-207: [사실관계] ‒ 에리히 뤼트(Erich Lüth: 헌법소원청구인. 당시 국가공보처 함부르크 국장)는 "독일영화주간"의 개막에 즈음하여 영화배급자와 극장소유자들에게 나치시대에 알려진 페이트 할란(Veit Harlan)이라는 감독의 "불멸의 연인(Unsterbliche Geliebte)"이라는 영화를 보이콧할 것을 촉구하였다. 그는 반유대인영화인 "유트 쥐스(Jud Süß)"라는 영화의 희생자들이 다시 발생하는 것은 세계에서 독일의 도덕관을 무너뜨리는 것이 될 것이라는 점을 우려하였다. 불멸의 연인 영화제작사와 배급사는 함부르크지방법원에 우선 가처분을 신청하여 인용결정을 받았다. 이에 뤼트가 불복하였으나 이 결정은 함부르크상급법원에서도 유지되었다. 불멸의

2) 블링크퓌어 판결

　1969년의 블링크퓌어(Blinkfüer) 판결[11]은 표현의 자유의 우월적 지위를 인정하였다는 점에서 뤼트 판결과 구별되면서도,[12] 뤼트 판결의 판시를 보다 구체화한 것으로 평가된다.[13] 이 판결에서 연방헌법재판소는 연방대법원이 피청구인의 의사 표현의 자유의 범위를 오인함과 동시에 청구인의 출판의 자유라는 기본권을 고려하지 않았다는

　연인 영화제작사와 배급사는 함부르크지방법원에 본안소송을 제기하여 ① 피고 뤼트는 영화관과 영화배급업자에 대해 영원한 연인을 상영계획에 넣지 않도록 권고하지 말 것, ② 관객들에 대하여 이 영화를 보지 않도록 권고하지 말 것을 명하였다. 이를 위반할 경우에는 벌금형 또는 금고형에 처할 것을 판결하였다. 이는 독일민법 제826조에 따른 불법행위의 객관적 요건을 충족하고 있다고 인정한 것이다. 뤼트는 함부르크상소법원에 항소하는 동시에 이 판결은 기본법 제5조 제1항의 언론의 자유를 침해하는 공권력의 행사라는 이유로 독일 연방헌법재판소법 제90조 제2항 제2호에 따라 연방헌법재판소에 헌법소원을 제기하였다. 이 판결에서 연방헌법재판소는 함부르크지방법원이 청구인의 의사 표현의 자유를 침해한 것으로 판단하였다. 이 판결은 파기되어 원심으로 환송되었다.

　[판단요지] ① 기본적 인권은 우선 국가에 대한 국민의 방어권이다. 기본법의 기본권 규정에는 객관적 가치질서가 구체화되어 있다. 인간의 존엄에 대한 존중과 개성의 자유로운 발현권을 주요 내용으로 하는 이 가치질서는 헌법의 기본적 결단으로서 모든 법영역에 방사효(=파급효)를 미친다. 그로부터 어떠한 민법규정도 기본권적 가치체계에 반하여서는 안 되고 모든 민법규정은 기본권적 가치체계의 정신에 비추어 해석되어야 한다. ② 민법에는 간접적으로 기본권적 내용이 많이 포함되어 있다. 이 법 내용은 그 중에서도 특히 강행법규를 구속하고 또한 일반조항을 통하여 법관을 개별적으로 구속한다. ③ 민사 법원이 민법에 대한 기본권의 효력을 오인하면 그 판결에 의해 기본권을 침해할 수 있다. 연방헌법재판소는 민사 사건에 대한 심사를 법률상의 하자에 기하여 일반적으로 행하는 것이 아니라 언급한 바의 기본권 침해에 관해서만 행한다. ④ 사법의 규정도 기본법에서 말하는 일반법률이며 따라서 표현의 자유에 관한 기본권을 제한할 수 있다. ⑤ 자유로운 표현에 대한 기본권의 특별한 의의에 비추어 일반법률은 자유주의적 민주국가의 입장에서 해석되지 않으면 안 된다. ⑥ 보이콧선동을 내용으로 하는 표현은 독일민법 제826조에서 말하는 선량한 풍속에 반드시 위반되는 것은 아니다. 그것은 당해사건의 모든 상황을 비교형량한 위에 헌법적으로 정당화되는 경우도 있다.

11) BVerfGE 25, 256 – Blinkfüer: [사실관계] 헌법소원청구인인 주간지 블링크퓌어가 공산권지역의 TV와 라디오프로를 그의 주간지에 계속 게재하자, 피청구인인 슈프링어(Springer)사는 「세계」지를 비롯한 산하의 간행물을 통하여 그들의 신문 소매상들에게 주간지 블링크퓌어에 대한 판매거절을 호소하였다. 이에 대해 블링크퓌어사는 슈프링어사를 상대로 그의 영업에 대한 보이콧은 부당경쟁을 유발한 것이라는 이유로 손해배상청구소송을 제기하였다. 제1심(Hamburg Landgericht)과 제2심(Oberlandesgericht)에서는 블링크퓌어사의 주장을 인정하였고 연방대법원(Bundesgerichtshof)은 블링크퓌어사에 대해 패소판결을 내렸다. 이에 불복하여 블링크퓌어사는 기본법 제2조, 제3조, 제5조의 침해를 들어 연방헌법재판소에 헌법소원을 제기하였다. 이에 대하여 연방헌법재판소는 보이콧 선동이 의사 표현의 자유로서 보호될 한계를 명확히 함과 아울러 슈프링어사가 경제적 강제수단의 사용으로 블링크퓌어사의 언론의 자유를 침해했다는 사실을 인정하여 연방대법원의 판결을 파기 환송하였다.

12) BVerfGE 25, 256, 267.

13) Papier, Hans－Jürgen, Drittwirkung der Grundrechte, Rn. 32.

이유로14) 청구인의 청구를 인용하고 연방대법원의 판결을 파기 환송하였다. 연방헌법
재판소는 이 판결에서 양사의 언론의 자유를 형량하여 약자의 지위에 있는 블링크퓌어
의 기본권을 우선 시켰다. 그런데 이 판결에서는 블링크퓌어의 언론의 자유가 피청구
인인 슈프링어에 미칠 사법상의 매개물이 없다고 인정하여 연방헌법재판소는 기본권에
내재하고 있는 객관적 질서로부터 나오는 기본권의 기속 효과를 경제적·사회적으로
우월한 지위에 있는 슈프링어에게도 미치게 함으로써 — 이 점을 연방헌법재판소는 명
백하게 설시하지는 않았다 — 기본법 위반을 인정하였다.

3. 헌법재판소와 학설의 입장

가. 헌법재판소

헌법재판소는 "국민의 기본권은 국가권력에 의하여 침해되어서는 아니 된다는 의
미에서 소극적 방어권으로서의 의미를 가지고 있을 뿐만 아니라, 헌법 제10조에서 국
가는 개인이 가지는 불가침의 기본적 인권을 확인하고 이를 보장할 의무를 진다고 선
언함으로써, 국가는 나아가 적극적으로 국민의 기본권을 보호할 의무를 부담하고 있다
는 의미에서 기본권은 국가권력에 대한 객관적 규범 내지 가치질서로서의 의미를 함께
갖는다. 객관적 가치질서로서의 기본권은 입법·사법·행정의 모든 국가 기능의 방향을
제시하는 지침으로 작용하므로, 국가기관에게 기본권의 객관적 내용을 실현할 의무를
부여한다."라고 함으로써 **기본권의 양면적 성격을 인정하고 있다.**15)

나. 학설

학설에서도 일반적으로 기본권의 양면성에 대해서는 인정하고 있다. 그러나 부정
하는 입장에서는 ① 기본권의 객관적 성격을 강조하는 것은 주관적 권리로서의 성격을
약화시킬 우려가 있다는 점, ② 독일 기본법 제1조 제2항16)과 같은 규정이 없는 우리
로서는 자연권인 기본권이 헌법에 규정됨에 따라 비로소 헌법 규범으로서 국가권력을
구속하는 객관적 질서가 될 뿐이라는 견해가 있다. 이 견해는 독일에서 기본권의 객관

---

14) BVerfGE 25, 256, 263.
15) 헌재 1995.6.29. 93헌바45, 형사소송법 제312조 제1항 단서 위헌소원(합헌).
16) "따라서 독일국민은 불가침·불가양의 인권을 모든 인간공동체와 평화의 기초로 그리고 세계의 정
    의의 기초로 인정한다."

적 가치질서로서의 성격을 강조하는 것은 기본법에 사회적 기본권 등이 규정되어 있지 않은 기본권 규정의 미비에서 비롯된 것으로 본다.[17]

다. 결론

기본권이 헌법에 규정됨으로써 비로소 객관적 성격을 갖는다는 의미의 이러한 객관성은 기본권의 주관적 공권성이라는 개념보다 오래된 역사를 가지는 것으로서,[18] 기본권의 양면성에서 인정하는 객관적 가치질서로서의 성격과는 다른 개념이다. 기본권의 이중적 성격에서 말하는 객관적 성격은 20세기 들어서 비로소 주장된 개념이다. 따라서 양자는 구별할 필요가 있다.

다른 한편 기본권은 개인의 권리이므로 엄격히 말하면 그것이 객관성을 가질 수는 없고, 다만 **권리로 보호하는 법익이 객관적 가치로서의 성격을 가진다는 의미다.** 예컨대 헌법상의 개인의 권리로서 언론의 자유라는 기본권은 어디까지나 개인의 권리인 반면, 언론의 자유가 보장하는 바의 의사 표현 행위의 자유는 객관적으로 준수되어야 할 가치인 것이다. 따라서 기본권의 이중적 성격을 인정하는 경우에도 그 의미를 정확히 이해할 필요가 있다.

제2항 기본권의 효력

Ⅰ. 국가권력에 대한 직접적 기속력

1. 국민의 지위에 따른 효력의 구분

대한민국헌법상 기본권은 국가에 대해서는 단순한 입법의 방침이 아니고 직접적으로 국가를 기속하는 힘을 갖는다는 것은 명백하다. 무엇보다 이러한 것은 "국가는 개인

---

17) 김철수, 헌법학, 박영사, 2008, 366쪽.
18) Jörn Ipsen, Grundrechte, Staatsrecht II. Grundrechte, 2005, Rn. 85; 에른스트 프리젠한(Ernst Friesehnhahn)은 헌법 규정은 주로 객관적 법의 문장이라고 하였는데 이는 헌법에 포함된 기본권 규정에 대해서도 타당한 명제로서, 이러한 의미의 객관성은 오래된 이야기라는 견해로는 Klaus Stern, Staatsrecht Bd. 3/1, S. 477.

이 가지는 불가침의 기본적 인권을 확인하고 이를 보장할 의무를 진다."라고 규정한 헌법 제10조 제2문에 명백히 규정되어 있다.[19] 여기에서 국가에 부여된 보장의무는 단순한 법적 의무가 아니라 헌법적 의무이므로 법률로 기본권을 제약하는 경우에도 헌법적으로 정당화될 수 없는 한 위헌이 된다. 따라서 통치행위를 행사한 경우에도 불가침의 기본적 인권을 보장하여야 한다. 이러한 기본권의 효력은 헌법재판을 통하여 제도적으로 보장되고 있다.

기본권이 보장하는 내용은 기본권의 유형에 따라 달리 말할 수 있다. 옐리네크(G. Jellinek)의 견해[20]에 따르면 국민은 국가에 대해 소극적 지위와 적극적 지위, 능동적 지위와 수동적 지위의 네 가지 지위를 가진다. 소극적 지위(status negativus)에서 자유권이 나오는데, 자유권은 방어권(Abwehrrechte)으로서 효력을 갖는다. 방어권으로서의 효력에 따라 국가에 의한 부당한 방해나 침해가 실행된 경우는 배제청구권(Beseitigungsanspruch)을 행사할 수 있고, 방해가 임박한 경우에는 부작위청구권(Unterlassungsanspruch)을 행사할 수 있다. 적극적 지위(status positivus)에서는 생존권이 나오는데, 생존권은 급부청구권(Leistungsrechte)으로서 효력을 갖는다. **급부청구권**이란 국가에 대해 일정한 급부를 청구할 수 있는 권리이다. 이는 국가의 일정한 행위를 요구할 수 있는 것을 내용으로 한다는 점에서 방어권인 자유권과 구별된다.[21] 적극적 지위에서는 절차권, 즉 일정한 절차를 보장받을 권리도 도출된다. 절차권은 국가의 절차 형성이라는 적극적 행위가 필요하다. 능동적 지위(status activus)에서는 참정권이 도출된다. 참정권은 국가의 구성원인 국민으로서 정치에 참여할 권리를 말한다.

2. 기속력에 관한 몇 가지 문제

가. 자유권과 국가의 적극적 보장의무

자유권에 대해서는 단순한 방해배제권이나 방어권으로서의 효력을 인정하는 외에 **국가의 적극적 보장의무를 도출해 낼 수는 없다**고 보아야 한다.[22] 그러나 객관적인 위험이

---

19) 독일 기본법 제1조 제3항에서 이를 보다 명확히 규정하는 태도를 취하고 있다: "이하의 기본권은 직접적으로 효력 있는 법으로서 입법, 집행 그리고 사법을 기속한다."

20) 이에 대해서는 특히 게오르그 옐리네크, 주관적 공권의 체계, 「독일 기본권이론의 이해」(김효전 편역), 법문사, 2004, 3쪽 이하; 허영, 게오르크 옐리네크가 보는 기본권, 「독일헌법학설사」, 법문사, 1982, 69쪽 이하 참조.

21) Alexy, Grundrechte, S. 402.

나 제3자인 사인에 의한 자유권적 법익 또는 가치의 침해를 국가가 보호할 의무(기본권 보호의무)는 존재하는데, 이 경우에는 적극적 보호의무가 인정될 수 있다.[23] 왜냐하면 이 기본권 보호의무는 국가의 적극적인 개입을 통해서만 이행될 수 있기 때문이다.[24]

나. 생존권의 방어권적 성격 인정 여부

그러면 반대로 생존권적 기본권이 자유권과 같이 방해배제권 또는 방어권으로서의 성격을 갖는가. 생존권이 자유권적 내용도 갖는다는 것의 의미는, 예컨대 인간다운 생활을 할 권리를 행사하지 못하도록 국가가 방해하면 헌법상 보장된 인간다운 생활을 할 권리(정확히는 인간다운 생활을 할 권리의 자유권적 내용)가 침해된다는 것이다. 예컨대 근로의 권리에 대해 헌법재판소는 생존권적 성격과 함께 자유권적 성격도 인정하고 있다.[25] 그러나 자유권은 자유권적 효력을 갖는 권리로, 생존권은 생존권적 효력을 갖는 권리로 이해하는 것이 바람직하다. 하나의 기본권이 자유권적 성격과 생존권적 성격 등을 모두 가진다고 하는 총합적 기본권관은 기본권 체계를 논리적으로 이해하는 데 혼란을 초래할 수 있다. 물론 생존권의 행사를 방해하는 것을 배제하는 것은 필요하다. 그러나 **근로의 권리의 자유권적 내용인 '일할 환경에 대한 권리'의 헌법적 근거는 생존권인 근로의 권리가 아니라 헌법 제10조의 인간의 존엄과 가치 및 행복추구권**이라고 이해할 수 있다. 그렇게 함으로써 자유권과 생존권이라는 기본권 목록의 구분이 온전히 유지될 수 있고, 그에 따라 법적 성격에 따른 기본권이론을 타당하게 전개할 수 있게 된다.

---

22) 체첸반군에 의한 인질극에서 러시아특수부대가 진압하는 과정에서 인질이 100여명 사망하게 된 것에 대해 유럽인권재판소에서는 생명에 대한 러시아정부의 적극적 보호의무 위반을 인정한 바 있다. 그러나 이는 자유권인 생명권에서 적극적인 국가의 보호의무를 도출한 것으로 보기 보다는, 공권력행사에 따른 생명권 침해에 대해 손해배상을 명한 것으로 보는 것이 타당할 것이다[Finogenov and others v. Russia(nos. 18299/03, 27311/03), 20 December 2011; 김성진, 국가의 국민 안전보장의무: 유럽인권재판소 판례를 중심으로, 국가의 국민 안전보장의무: 세월호 참사 이후 법적 논쟁(화우공익재단 제4회 공익세미나 자료), 2017.7.11., 18쪽 이하 참조].

23) 이에 대해서는 전술한 국가의 기본권보장의무 부분 참조. 사법상의 국가의 적극적 기본권 보호의무의 인정에 있어서는 유럽인권재판소는 매우 적극적이다. 이에 대해서는 김성진, 국가의 국민 안전보장의무: 유럽인권재판소 판례를 중심으로, 국가의 국민 안전보장의무: 세월호 참사 이후 법적 논쟁(화우공익재단 제4회 공익세미나 자료), 2017.7.11., 8쪽 이하 참조.

24) 헌재 2008.12.26. 2008헌마419 등, 미국산 쇠고기 및 쇠고기 제품 수입위생조건 위헌확인(기각, 각하) 참조.

25) 헌재 2007.8.30. 2004헌마670, 산업기술연수생 도입기준 완화결정 등 위헌확인(위헌, 각하).

II. 입법 정책의 방향 제시 효력

위에서 설명한 바와 같이 기본권은 재판규범으로서의 효력을 갖는 외에, 인간으로서의 존엄과 가치 및 행복추구를 보다 용이하게 보장하는 방향으로 입법정책을 취할 것을 입법권에 대해 요구하고 있다고도 볼 수 있다. 특히 생존권과 관련하여서는 물질적 최저한도의 생활 보장을 넘어 인간으로서 존엄과 가치를 가지고 행복한 생활을 영위할 수 있는 보다 나은 조건을 조성하라는 입법정책의 방향을 제시하고 있다고 보아야 한다. 물론 이러한 기본권의 이러한 효력은 헌법재판 등 소송을 통하여 강제할 수는 없다. 그러나 이러한 기본권의 효력을 인정함으로써 기본권을 지나치게 사법(司法)관련적으로만 이해하는 소극적인 태도를 벗어날 수 있을 뿐만 아니라, 정치세력에 대해서는 일정한 정치적 부담을 지우면서 향후 경우에 따라서는 일정한 입법행위의 방식과 내용을 법적 강제의 테두리 안으로 보다 조기에 용이하게 포섭할 수 있게 될 것이다.

기본권관(Grundrechtsanschauung)이라는 개념은 헌법상 보장된 자유와 권리로서 기본권의 의의와 성격 및 내용과 효력 등에 관한 이론을 의미한다. 우리나라에서 기본권관이라는 개념이 본격적으로 논의되기 시작한 것은 허영 교수가 헌법관을 법실증주의, 결단주의, 동화적 통합 이론으로 구분하여 설명하면서부터라고 할 수 있다.[1] 이 견해에서 말하는 헌법관이란 헌법이 국가의 최고법으로서 효력을 갖는 근거에 관한 이론이라고 할 수 있다.

법실증주의는 게오르그 옐리네크나 한스 켈젠 등으로 대표된다. 옐리네크는 헌법이 국가의 법적 기본 질서라는 헌법 규범 그 자체의 내재적 논리에서 당연히 헌법의 최고법으로서의 효력이 나온다고 한다. 그는 국가 내에서 국민은 적극적 지위(status positivus), 능동적 지위(status activus), 소극적 지위(status negativus = status libertatis[2])), 수동적 지위를 갖는 것으로 본다. 적극적 지위에서 수익권, 능동적 지위에서 참정권(Wahlrecht), 소극적 지위에서 자유권을 각각 향유하고, 수동적 지위에서 국가에 대한 의무가 도출된다고 한다. 그러나 방점은 자유권에 있다. 이를 상태－지위 이론(Zustand－Statuslehre)이라고 한다. 이렇게 옐리네크는 국가에 대하여 국민이 누리는 권리를 전래와 같이 단순히 반사적 이익이라고만 보지 않고 주관적 공권이라는 개념으로 포착하고 있다는 점에서 획기적인 것으로 평가된다. 옐리네크가 자유를 권리로 파악하

---

1) 기본권관에 대해서는 특히 허영, 헌법이론과 헌법(중), 박영사, 1988, 6쪽 이하 참조. 여기서는 이 저서에 소개된 내용을 중심으로 간략히 설명한다.
2) Freiheit von gesetzwidrigem Zwang(G. Jellinek, System der subjektiven öffentlichen Rechte, 2. Aufl., 1905, S. 103).

였다고 하더라도 그에게 있어서 자유란 법에 의하여 제한 가능한 법률 안의 자유일 뿐이라는 점에서 오늘날의 관점에서 보면 한계가 있다. 또한 그는 국가를 국민과 구별되는 별개의 개념으로 설정하고 일정한 지위를 논하였다는 점에서 국민을 떠난 국가의 가능성을 전제로 하고 있다는 점에서 문제가 지적되기도 한다.

켈젠은 법규범 단계설을 주장하였는데 이 단계의 정점에 있는 것이 헌법이기 때문에 당연히 헌법이 최고법으로서의 효력을 가지게 된다고 보았다. 국민과 국가의 관계에 대해서는 관계 이론(Beziehungstheorie)을 전개하였는데 이에 따르면 국민은 국가에 대해 적극적 관계, 능동적 관계, 소극적 관계, 수동적 관계에 있다고 보고, 능동적 관계에서 참정권, 소극적 관계에서 자유권, 수동적 관계에서 의무가 나온다고 보았다. 그런데 켈젠은 적극적 관계는 처음부터 문제가 될 수 없다고 보았다. 왜냐하면 그에게 있어서 자유조차도 반사적 효과에 불과한데 국민이 국가에 대해 적극적으로 뭔가를 요구할 수 있는 관계에 선다는 것은 상상하기 어렵기 때문이다. 따라서 켈젠에 있어서 기본권은 국가권력 구조의 단순한 장식품 정도에 불과하게 된다.

대표적인 결단주의자로는 칼 슈미트를 들 수 있다. 그는 헌법이란 정치적 통일체의 종류와 형태에 관한 주권자(헌법제정권력자)의 정치적 결단으로 보았다. 그는 헌법을 헌법과 헌법률로 구별하였는데 근본 결단을 헌법으로 보았고 부차적 결단을 헌법률이라고 불렀다. 헌법이 최고 규범으로서 효력을 갖는 것은 이러한 국민의 결단에 근거한다. 그는 전국가적·초국가적 자유를 기본권이라고 불렀다. 무제한적 자유가 목적이고 국가는 자유를 보장하기 위한 수단이라고 보았다. 슈미트는 이와 같이 자유 중심의 기본권관을 가지고 있는데, 이로부터 자유와 구별되는 바의 제도적 보장을 고안해 낸 것이다. 슈미트의 탁월한 점 중의 하나는 헌법의 정치성을 설명해 내고 있다는 점이지만, 기본권에 관해서는 무제한적 자유라는 비현실적 상상에 기초해 있다는 비판이 있다.

통합 이론의 주장자는 루돌프 스멘트(Carl Friedrich Rudolf Smend: 1882.1.15.-1975. 7.5.)다. 그는 치자와 피치자의 동일성 이론에 근거하여 국가를 사회의 자기 조직이라고 보았다. 그리고 그는 국가를 정치적 일원체로서 계속하여 동화되고 통합되어 가는 과정으로 보았는데, 헌법은 그러한 통합 과정에서 물적 통합의 계기로 파악한다. 그 외 국가를 통합하는 계기로서는 영도자, 군주와 같은 인적 통합의 요소와 선거, 국민투표와 같은 기능적 통합의 요소가 있다. 그러나 실질적 통합은 가치적 통합인데 이것이 기본권으로 나타난다고 본다. 그에게 있어서 기본권은 가치적 통합의 요소이므로 기본권의 주관적 공권으로서의 성격보다 객관적 가치질서로서의 성격이 강하게 부각되는데, 이것이 후에는 콘라드 헤쎄(Konrad Hesse: 1919.1.29. – 2005.3.15.) 등에 의하여 기본권의 이중적 성격 이론으로 발전하게 된다. 스멘트에 있어서 자유란 한마디로 국가로부터의 자유(Freiheit vom Staat)가 아니라 국가를 위한 자유(Freiheit zum Staat)다. 국가란 바로 이 기본권을 실현하는 것을 목적으로 한다. 스멘트의 이론은 기본권과 국가권력의 관계에 관한 이론적 가교를 놓았다는 점에서 높이 평가되면서도 기본권의 객관적 성격을 강조함으로써 주관적 권리로서의 전통적 기본권성을 약화시켜 자유를 의무화하고 있다는 비판이 제기된다.

제7절

기본권과 제도보장

제1항 제도의 핵심 영역 보호 사상의 기본권에의 적용

칼 슈미트가 주장한 제도의 핵심 영역의 보장이라는 생각은 제도보장에 한정되지 않았다.[1] 즉, 입법자가 마음대로 처분할 수 없는 "제도"의 핵심(Kern)의 보호라는 생각이 널리 수용되었을 뿐만 아니라, 이미 바이마르 헌법 시대의 중요한 학설들은 기본권이 법률유보하에 놓여 있는 경우에도 입법자가 범할 수 없는 최후적 한계(eine äußerste Grenze)라는 것을 기본권에도 인정하였다.[2]

이러한 의미에서 **칼 슈미트**는 다음과 같이 말하였다. "모든 순수한 기본권들은 절대적 기본권(absolute Grundrechte)이다. 즉 모든 기본권은 법률에 의해서 보장되거나, 그 내용이 법률에서 나오는 것은 아니며 그 법적 제한은 예외적인 것이다. 보다 정확히 말하면 기본권의 제한은 예외적인 것으로서 원칙에 따라 행해지고 예측 가능하며 그리고 일반적으로 규율되어야 한다. 이는 개인의 자유는 선재하는 것이고 국가의 제한은 예외적인 것으로서 시민적 법치국가의 기초가 되는 **배분의 원리**(Verteilungsprinzip)에 속하는 것이다."[3]

라이스너(W. Leisner)[4]는 입법부의 형성의 자유가 인정되는 경우에도 법률이 파괴해

---

1) W. Leisner, Grundrechte und Privatrecht, 1960, S. 91.
2) W. Leisner, Grundrechte und Privatrecht, S. 91; K. Stern, Das Staatsrecht III/2, S. 845.
3) C. Schmitt, Verfassunglehre, S. 166. 이 책의 번역본으로는 김기범 역, 헌법이론, 교문사, 1975, 187쪽 이하 참조.
4) W. Leisner, Grundrechte und Privatrecht, 1960, S. 91.

서는 안 되는 어떤 규범 핵심의 보장을 그 주요 내용으로 하면서, 객관적 법의 영역에 국한되어 적용되어온 **제도설**(Institutslehre)을 기본권의 본질적 내용에 대한 현대적 학설의 출발점으로 보았다. 주관적 권리에 제도설의 핵심 영역 사상을 적용함으로써 기본법 제19조 제2항 해석에 새로움을 기할 수 있다고 보았다.

슈나이더(Ludwig Schneider)5)도 헌법에서 핵심 영역 사상은 한편으로는 현존하는 제도, 규정 혹은 법적 지위의 발전과 변화를 위한 재량 여지를 주면서 다른 한편으로는 넘을 수 없는 한계를 획정하려고 하는 곳에서 발견된다고 한다.6) 즉, 핵심 영역 사상은 국가가 현존의 법원칙들을 변경하고 발전시키는 것을 가능하게 하면서, 동시에 국가가 특정한 질서 핵심을 침해하지 않도록 하고 있는 것이라고 한다. 이렇게 이해되는 핵심 영역 사상은 기본권의 본질적 내용 보장 규정의 의도와 일치한다고 한다.

독일 연방헌법재판소도 제도보장의 핵심 영역과 기본권의 본질적 내용에 대해 판단하면서 핵심 영역(Kernbereich)이라는 개념으로 설명하고 있다. 연방헌법재판소는 **법제도의 실효성을 위해서는 어느 정도의 법적 형성**(Rechtsgestaltung)**이 필요하다고 보면서도** 구체적인 경우에는 재판을 통하여 입법자의 최후적 한계가 더 잘 드러나는 것으로 본다. 핵심 영역을 기본권에 최초로 적용한 양심적 집총 거부를 규정한 기본법 제4조 제3항과 관련하여 1978년 4월 13일의 판결7)에서 연방헌법재판소는 **평화 시기의 병역의무의 이행**이 기본법 제4조 제3항에 의하여 보호되는 **전쟁 복무 거부권의 핵심 영역**에 해당하는 것은 아니라고 하였다. 연방헌법재판소는 핵심 영역 사상은 무엇보다도 기본법 제2조 제1항에 근거하는 **자유로운 개성 신장의 권리**에 타당하다고 보았다. 아무리 중대한 공익이라 할지라도 "절대적으로 보호되는 사적 생활 형성의 핵심 영역에 대한 침해"를 정당화할 수 없고 여기에서는 비례성 원칙에 따른 형량은 일어나지 않는다고 판시하고 있다.8)

우리나라 헌법재판소도 헌법 제37조 제2항의 명시적인 언급 없이 핵심 영역이라는 용어를 사용하기도 한다. 예컨대 "지방자치제도의 헌법적 보장은 한마디로 국민주권의 기본원리에서 출발하여 주권의 지역적 주체로서의 국민에 의한 자기통치의 실현으로

---

5) L. Schneider, Der Schutz des Wesensgehalts von Grundrechten nach Art. 19 Abs. 2 GG, SöR Bd. 439, Duncker & Humblot, 1983, S. 195－197.
6) 이러한 관점은 이미 칼 슈미트의 제도보장에 대한 생각과 일치한다.
7) BVerfGE 48, 127 ff.
8) BVerfGE 34, 238, 245.

요약할 수 있고, 이러한 지방자치의 본질적 내용인 핵심 영역은 어떠한 경우라도 입법 기타 중앙정부의 침해로부터 보호되어야 한다는 것을 의미한다."9)고 판시한 바 있다. 그런데 헌법재판소는 핵심영역이라는 말을 본질적 내용과 같은 의미로 사용하고 있다.

제2항 기본권과 제도보장의 관계

I. 논의 상황

그동안 우리나라에서 제도보장과 기본권의 관계에 대한 논의는 매우 활발히 이루어져 왔다.10) 이 과정에서 권리는 최대한의 보장인데 반하여, 제도보장은 최소한의 보장이라는 공식이 받아들여졌다.11)

물론 이러한 공식을 채용하는 경우에도 제도보장과 기본권의 관계를 완전히 단절하지는 않고 일정한 관계는 인정하는 것이 대체적인 입장이다.12) 예컨대 제도보장의 내용을 제도의 본질적 내용 침해 금지로 설명하는 견해,13) 헌법 제37조 제2항의 기본권의 본질적 내용 침해 금지 규정은 칼 슈미트의 제도보장이론을 연상케 함을 지적하면서, 양자 간의 주관적 권리와 객관적 질서로서의 내용에 강약의 차이가 있을 따름이라고 하여 기본권과 제도보장을 엄격히 구분하는 것을 비판하는 견해를 들 수 있다.14) 후자의 견해는 기본권이 갖는 주관적 권리와 객관적 질서의 기능적인 보완 관계를 존중하는

---

9) 헌재 1998.4.30. 96헌바62, 지방세법 제9조 위헌소원(합헌).

10) 우리나라에서의 제도보장이론의 등장과 개괄적인 논의과정에 대하여는 정종섭, 기본권의 개념과 본질에 대한 이론적 논의의 전개, 한국에서의 기본권 이론의 형성과 발전(정천허영박사화갑기념논문집), 1997, 박영사, 6–8쪽, 28–29쪽 참조. 제도보장에 관한 우리나라 논문으로는 특히 김철수, 제도보장의 의의와 법적 성격 – 제도보장이론의 소묘 –, 고시계, 1965, 5쪽; 강창웅, 제도적 보장, 월간고시, 1975, 3쪽; 김효전, 제도적 보장, 법경시보(동아대), 1979, 4쪽; 허영, 기본권과 제도적 보장, 고시연구, 1981, 11쪽; 김효전 역, 바이마르헌법에 있어서의 자유권과 제도적 보장, 동아대 독일학연구, 1990, 12쪽; 신현직, 기본권과 제도보장, 고시계 1991, 7쪽; 김효전, 제도이론의 계보, 월간고시, 1993, 9쪽; 이발래, 제도적 보장론, 건국대대학원학술논문집, 1994, 8쪽; 정극원, 제도보장론의 성립과 현대적 전개, 헌법학연구 제4집 제3호, 1998, 10쪽 등 참조.

11) 김철수, 헌법학(상), 박영사, 2008, 375쪽.

12) 예컨대 김철수, 헌법학(상), 박영사, 2008, 374쪽; 권영성, 헌법학원론, 법문사, 2009, 184–185쪽.

13) 김철수, 헌법학(상), 박영사, 2008, 375쪽.

14) 허영, 한국헌법론, 박영사, 2009, 230쪽.

기본권의 양면성을 수용하고 있다. 그 외 기본권의 본질적 내용을 해벌레의 견해에 따라 기본권의 제도적 내용에 대한 제도적 보장이라는 견해도 있다.15) 이 견해에 따르면 기본권의 본질적 내용은 개별 기본권의 제도적 보장을 수용한 것이라고 한다. 그러므로 헌법상의 기본권의 본질적 내용은 '기본권의 객관법적 내용을 보장하는 기능을 가지는 제도적 보장'을 의미한다고 본다. 제도보장과 관련한 핵심 영역이라는 사고를 기본권의 본질적 내용 침해 금지 규정을 이해하는 한 단서로 이해하는 입장도 있다.16)

II. 학설의 검토

기본권과 제도보장의 관계는 기본권의 본질적 내용과 제도보장의 핵심 영역의 관계를 어떻게 보는가의 문제로서, 구체적으로는 제도의 핵심 영역의 보장이라는 이론이 명문의 본질적 내용 보장 규정(제37조 제2항, 독일 기본법 제19조 제2항)에 포섭될 수 있는가의 문제다. 이에는 다음과 같은 다양한 견해가 존재한다.

1. 본질적 내용 보장 규정이 제도보장 이론을 대체한다는 견해

뒤리히(G. Dürig: 1920.1.25. – 1996.11.22.)는 제도보장의 목적은 실증주의의 영향으로 전능의 권한을 행사하는 입법자가 기본권을 폐기하는 것을 방지하는 것이라고 보면서, 기본법 제19조 제2항에 기본권의 본질적 내용의 불가침성이 규정됨으로써 이제는 실정법적 근거를 갖게 되어 제도보장 이론은 불필요하다고 본다.17)

2. 제도보장 이론이 본질적 내용 보장 규정을 대체한다는 견해

아벨(G. Abel)은 제도를 헌법의 보호하에 두는 것은 바로 그 본질을 보호하고자 하는 것이기 때문에 사법 제도(私法制度)의 헌법적 보장과 관련하여 예컨대 기본법 제14조의 재산권과 상속권을 보장하는 것은 주관적 권리의 전제가 되는 제도를 보장하는

---

15) 육종수, 헌법질서와 기본권의 본질적 내용, 헌법학연구 제4집 제2호, 1998.10., 241쪽.
16) 이 견해는 원칙적으로 기본권이 공권력에 의한 제한으로 인하여 그 핵심 영역이 손상되거나 그 실체의 온전성(die vollständige Substanz des Grundrechts)을 상실하는 경우에는 그 본질적 내용에 대한 침해가 있다고 보는 핵심영역설을 기본적으로 따른다(정태호, 기본권의 본질적 내용보장에 관한 고찰, 헌법논총 제8집, 314쪽).
17) Maunz–Dürig, GG–Kommentar, Art 1 Abs. Ⅲ, Rn. 98.

것이고, 제도보장 이론에 따라 이해하는 한 기본법 제19조 제2항은 불필요하다고 한다.[18]

3. 본질적 내용 보장 규정을 제도적 보장으로 보는 견해

해벌레(P. Häberle: 1934.5.13. -)[19]는 기본법 제19조 제2항은 제도적 보장(institu-tionelle Garantie)으로서의 성격도 갖는다고 한다. 기본법 제19조 제2항은 기본권의 제도적 내용의 제도적 보장이라고 보았다. 제도적 보장은 특정한 위험에 대한 우려에서 생기는데, 이 점에서 기본법 제19조 제2항과 그 특성을 공유한다. 이미 기본권 자체에 제도적 측면이 있음에도 불구하고 개념적으로 제19조 제2항을 제도적 보장으로 정의하는 견해다.[20]

> **NOTE** **해벌레의 제도적 기본권론과 칼 슈미트의 자유주의적 기본권론**
>
> 해벌레와 칼 슈미트 모두 제도를 말하고 있지만 해벌레의 제도 개념은 칼 슈미트에 있어서의 그것과는 구별된다. 해벌레의 제도적 기본권 이론은 기본권 관련 입법을 한꺼번에 자유를 제약하는 것이라고 말할 수 없다고 본다. 그는 내용 결정적인 규범과 제한적인 규범을 구분한다. 내용을 결정하는 규범에 있어서 입법자는 더 많은 여지를 향유한다. 이렇게 하여 형성된 기본권 관련 입법상 주관적 권리는 제도적 내용의 구성 부분이고 그로써 보장되는 자유는 국가의 영향력 행사를 근거로 특정한 목적에 기여하는 것이라고 본다.[21] 물론 이러한 자유의 법화(法化)는 입법자가 내용을 스스로 결정할 위험성을 내포하고 있다.
>
> 이에 반하여 칼 슈미트의 자유주의적 기본권 이론에 따르면 기본권은 개인의 방어권이다. 자유의 본질은 특정한 목적이나 목표로부터의 완전한 독립성 속에 존재한다. 따라서 자유는 특정한 목적이나 목표하에 만들어진 제도가 아니다. 법률은 기본권의 내용을 결정하는 것이 아니고 법률의 제한적 내용과 그 보충할 부분은 기본권에 따른다. 이러한 관점에 서 있는 칼 슈미트에 있어서 제도는 헌법이 법률에 의하여 폐지를 방지하고 일정한 보호를 하

---

18) G. Abel, Die Bedeutung der Lehre von den Einrichtungsgarantien für die Auslegung des Bonner Grundgesetzes, SöR Bd. 15, Duncker & Humblot / Berlin, 1964, S. 38-39.
19) Peter Häberle, Die Wesensgehaltgarantie des Art. 19 Abs. 2 Grundgesetz, Zugleich ein Bei-trag zum institutionllen Verständnis der Grundrechte und zur Lehre vom Gesetzesvorbehalt, 3. stark erweiterte Aufl., Freiburger Rechts- und Staatswissenschaftliche Abhandlungen, Band 21, C.F.Müller, 1983, S. 236-237.
20) 기본법 제19조 제2항을 제도보장(Institutsgarantie)이라고 부르는 사람도 있다[W. Schätzel, VVDStRL 10 (1952), S. 50].
21) Böckenförde, NJW 1974, S. 1529, 1532 참조.

는 것을 의미한다.[22] 그러나 공법상 제도를 보장하는 제도적 보장은 칼 슈미트에 있어서는 그 본질상 제약되어 있다. 그것은 단지 국가 내부에서만 성립하는 것이고, 원리적으로 무제한한 자유 영역의 관념에 근거하지 않고 오히려 특정한 과제와 특정한 목적에 기여하는 법적으로 승인된 제도와 관련된다.[23] 그러므로 논리적으로나 법적으로나 슈미트에 있어서는 제도와 자유는 구별된다. 그것은 주관적 권리와 제도적 보장이 결합되어 있는 경우에도 마찬가지이다. 자유는 결코 법제도(Rechtsinstitut, Einrichtung, Anstalt)가 아니며,[24] 공법상 조직되고 형성된 제도는 더욱 아니다. 자유권의 내용은 국가에 의하여 규정되는 것이 아니고 법률에 의하여 성립하는 것도 아니다.[25] 그러나 개인이 마음대로 자유롭게 조정할 수 있는 사회적 생활 영역은 결코 존재하지 않는다는 관점에서 보면 자유주의적 기본권관은 공동체의 현실에 대한 충분한 고려를 하지 못하게 된다는 비판이 있다.[26]

한편, 슈테른(K. Stern)은 제도보장의 핵심 영역의 문제를 보호영역과 비보호영역의 구분으로 보아 핵심과 껍질로 표현한다.[27] 보호와 비보호의 영역 구분을 위한 몇 가지 구체적 획정 방안을 제시하고 있다. 우선 제도의 침해 후에 무엇이 남고 그리고 당해 제도의 원상(原狀)으로부터 본질적으로 벗어난 것인지의 여부를 제도의 구성 요소를 열거하고 이를 공제하는 방법으로 통하여 탐색하는 잔존설(Resttheorie)을 부인하면서 제도의 핵심 영역은 단지 질적으로만 결정될 수 있다고 보았다. 이를 위해서는 당해 **제도보장의 특수한 징표를 드러내는 구조 혹은 형태 결정적 구성 요소**가 도출되어야 한다고 한다. 그리고 완전한 고찰방법으로써 구조 내지 형태 결정적 구성 요소 중의 하나로서 제도의 역사적 요소를 고려하여 **특징적인 역사적 출현 형태가 핵심 영역에 포함**될 수 있을 것으로 보았다.[28] 그리고 이렇게 이해된 제도보장의 핵심 영역은 기본법 제19조 제2항의 본질적 내용 보장과 다를 바가 없다고 하였다.[29] 따라서 그는 제도보장에 있어서 핵심 영역을 본질적 내용이라고 표현하기도 한다.[30]

---

22) C. Schmitt, Verfassungslehre, S. 170.

23) C. Schmitt, Verfassungslehre, S. 170 – 171.

24) C. Schmitt, Freiheitsrechte und institutionelle Garantie, S. 160.

25) C. Schmitt, Verfassungsrechtliche Aufsätze, S. 167.

26) M. Kloepfer, Einrichtungsgarantien, Rn. 31. 그 외 자유주의적 기본권관 등에 대해서는 Thomas Wülfing, Grundrechtliche Gesetzesvorbehalte und Grundrechtsschranken, SÖR Bd. 390, Duncker & Humblot(Berlin: 1981), 65 ff. 참조.

27) K. Stern, Staatsrecht III/1, S. 868.

28) K. Stern, Staatsrecht III/1, S. 879.

29) K. Stern, Staatsrecht III/2, S. 865.

30) K. Stern, Idee und Elemente eines Systems der Grundrechte(§109,), Staatsrecht V, 1992, S. 77

4. 절충설

클뢰퍼(M. Kloepfer)는 자유주의적 기본권관이나 제도적 기본권 이론 등 기본권 이론의 엄격한 도그마에 의존하여 해석하기 보다는 개별적인 경우와 관련한 기본권 해석이 보다 타당한 것으로 보고 있다. 그렇게 함으로써 어느 하나의 이론 모델을 고집하는 것보다는 높은 유연성과 역동성을 얻어낼 수 있고, 그때그때 기본권의 개별적 요청들에 더 잘 부응할 수 있다고 한다. 모든 기본권이 법적인 형성을 요구하는 것은 아닌 반면 다수의 기본권은 국가에 대한 개인의 방어적 기능이 너무나 명백하여서 이러한 기본권 보장의 제도화는 건설적으로 작용할 수도 있다. **이론에 엄격하게 구속되는 것은 특히 기본권 규정의 규범 선언 속에 포함되지 않은 어떤 것을 기본권 규정에 복속시키게 되는 위험성이 존재한다**고 본다. 특히 제도보장은 주관적 법적 지위를 추가적으로 강화하는 것이지 제한하는 것이 아니고, 결과에 있어서 기본권내용에 반하는 것이어서는 안 된다는 제도보장의 고유한 임무를 충분히 고려하여야 한다고 하였다.[31] 그는 제도보장을 기본권과 관련성을 갖는 경우와 그렇지 않은 경우로 구분하고 양자는 헌법적인 보장내용이 차이가 있는 것은 아니지만, 기본권 관련적 제도보장은 부분적으로 자유권과 중첩할 수 있고, 그러한 한 개인의 법적 지위의 보호를 동반하게 되고, 따라서 기본권 관련적 법률을 제정하는 입법자의 기본권에의 기속이라고 하는 제도보장의 원래적 목적은 무의미하게 된다고 한다. 그러나 기본권 관련성이 없는 제도보장(nicht-grundrechtliche Einrichtungsgarantie)은 여전히 제도보장으로서 의미를 가지게 된다.[32] 제도를 헌법의 보호하에 두는 것은 바로 그 본질을 보호하고자 하는 것을 의미하기 때문에 사법제도(私法制度)의 헌법적 보장과 관련하여 기본법 제19조 제2항은 불필요한 것이라고 한다.

5. 결론

헌법 제37조 제2항은 정확히 자유와 권리의 본질적 내용은 침해할 수 없다고 규정하고 있다. 이 개념에 터 잡아 기본권의 본질적 내용 침해 금지가 논의된다. 그런데 앞에서 본 바와 같이 헌법재판소는 기본권과 구별되는 바의 제도보장이라는 개념을 인정

Rn. 54.
31) M. Kloepfer, Einrichtungsgarantien, Rn. 43.
32) M. Kloepfer, Einrichtungsgarantien, Rn. 29.

하면서도 그 핵심 영역의 보호를 헌법 제37조 제2항의 명시적인 언급 없이 본질적 내용이라는 개념을 사용하고 있는가 하면 본질적 내용과 동의어로 사용하기도 한다.

제도보장의 핵심 영역과 기본권의 본질적 내용은 구별되는 것인가. 우선 기왕에 학설과 판례에 의해 인정된 제도보장의 핵심 영역이 보장되어야 한다는 생각은 그대로 기본권에 적용될 수 있을 것이다. 이러한 생각은 자연스럽게 헌법 제37조 제2항으로 연결되어 기본권의 본질적 내용이라는 것은 기본권의 핵심 영역이라고 대신 말할 수 있을 것이다. 그러면 제도보장의 핵심 영역의 보호를 헌법 제37조 제2항을 원용하여 본질적 내용의 보호라고 할 수 있을 것인가. 이 문제는 기본권과 제도보장의 관계 문제로 귀착한다.

우선, 헌법재판소의 명시적인 결정에서 언급하고 있는 바와 같이 기본권과 구별되는 바의 제도보장이라는 독자적인 개념을 인정하는 한, 거기에 대하여는 헌법 제37조 제2항의 헌법 명문에서 유래하는 바의 (기본권의) 본질적 내용과 구분하여 (제도보장의) 핵심 영역이라는 개념을 사용하는 것이 논리적이다. 제도와 권리가 혼재하는 경우에도 개념적으로 양자는 구분된다.

둘째, 기본권의 본질적 내용 보장은 자연법사상에 근거한다. 대한민국헌법에 있어서는 기본권은 입법권뿐만 아니라 헌법제정권력까지 구속하는 것으로 해석하는 것이 타당하다. 그에 반하여 제도의 핵심 영역의 보장은 헌법상 만들어진 실정 제도를 전제로 하고 있다. 따라서 제도보장은 원칙적으로 입법권을 구속하려는 의도로 고안된 이론이다. 그러므로 기본권의 본질적 내용의 보호와 제도보장의 핵심 영역의 보호는 구분하는 것이 타당하다. 침해되어서는 안 되는 내용이라는 것을 의미한다는 점에서 형식적으로는 같은 사전적 의미를 갖는다고 하더라도 기본권과 제도를 구분하는 한 구분하여 명명하는 것이 타당하다. 특히 이러한 것은 지방자치제도나 직업공무원제도 등과 같은 공제도의 보장에 더욱 그러하다.

셋째, 사제도의 보장의 경우에는 칼 슈미트가 언급한 것처럼 기본권과 관련이 깊다. 기본권의 본질적 내용의 보장이 주로 자유권에 대한 것이라고 할 경우에, 제도보장의 핵심 영역은 자유권의 본질적 내용과 혼동될 수 있다. 또한 사법 절차적 권리의 마련이라든가 생존권적 내용을 갖는 기본권 등과 같이 적극적인 지위로부터 나오는 권리를 제도적으로 보장하는 경우에 있어서도 본질적 내용 침해금지 원칙을 기본권 내용의 최소보장(minimum guaranty)으로 이해할 수 있다. 독일 연방헌법재판소에서도 헌법의 위임을 입법자가 어떻게 실현할 것인가는 원칙적으로 형성의 자유에 속하지만, 형성의 경우에도 필연적으로 요구되는 최소한의 수준에 미달하는 것이어서는 안 된다고 한 경우[33]도 있고, 권리 보호의 보장과 관련하여 권리 보호의 효율성(Effektivität des Rechtsschutzes)이 최소한 수준의 기준이라고 한 경우도 있다. 즉, 권리보호를 받고자 하는 사람에게 흠결 없고 사실상 효과가 있는 사법적 통제가 가능한 것이어야 한다는 것이다.[34] 우리나라 헌법재판소에서도 생존권적 기본권에 대해 최소한의 물질적인 생활의 유지에 필요한 급부를 요구할 수 있는 구체적인 권리가 상황에 따라서는 직접 도출될 수 있다는 판시를 한 바 있다.[35] 이와 같이 사제도의 보장과 기본권의 본질적 내용의 보장이 사실상 같은 의미로 이해되는 경우에는 헌법 제37조 제2항에 명문을 두고 있는 본질적 내용 보장 규정이 우선하여 적용되는 것으로 볼 수 있다.

---

33) BVerfGE 89, 28, 35f.
34) BVerfGE 96, 27, 39.
35) 헌재 1995.7.21. 93헌가14, 국가유공자예우등에관한법률 제9조 본문 위헌제청(합헌).

제8절

기본권의 제한과 그 한계

제1항 기본권 제한

I. 개념

기본권의 제한은 원래 규범에 의한 것이건 개별 행위에 의한 것이건 직접적으로 효력이 있는 바의 의도적인 **법적 명령**(Rechtsbefehl)인 것이 원칙이지만, 오늘날은 의도적이거나 비의도적이거나 불문하고 집행권의 **사실행위**에 의해서도 제한될 수 있는 것으로 넓게 이해한다.[1] 이러한 제한은 통상 **직접적인** 것이지만, **간접적인 사실상의 제약이나 방해**도 여기서 말하는 제한에 해당한다.[2] 따라서 헌법상 기본권에 의해 보장 또는 보호되는 내용에 대한 **제약이나 그 행사를 방해하는 것은 모두 제한**이라고 할 수 있다.

제한의 객체인 기본권 주체에게 불리한 경우가 아니라고 하더라도 제한이 될 수 있다.[3] 제한이 위헌적인 것으로 평가되면 이때부터는 '침해'로 관념하는 것이 일반적이다. 이러한 제한은 크게 헌법 직접적 제한과 법률에 의한 제한으로 나누어 볼 수 있다.

---

1) Starck, in: v. Mangoldt/Klein/Starck (Hrsg.), GG, Art. 1 Rn. 265 참조.
2) BVerfGE 110, 177/191; Jarass, in: Jarass/Pieroth, GG, Art. 11 Rn. 8; Manssen, Staatsrecht Ⅱ, Rn. 535; Pieroth/Schlink, Grundrechte, Rn. 801; Pernice, in: Dreier (Hrsg.), GG, Art. 11 Rn. 20. 반대견해: Kunig, in: v. Münch/Kunig, GG, Art. 11 Rn. 19.
3) BVerfGE 128, 282, 300: 이 판결은 의학적 강제처치(medizinische Zwangsbehandlung)도 기본법 제2조 제2항 제1문의 신체를 훼손당하지 않을 권리에 대한 제한이라는 내용이다; BVerfGE 89, 120, 130; Beschluss der 2. Kammer des Ersten Senats vom 5. März 1997 - 1 BvR 1071/95 -, NJW 1997, S. 3085.

II. 헌법 직접적 기본권 제한

헌법 규정이 직접 기본권을 제한하고 있는 경우를 말한다. 헌법이 직접 기본권 제한을 규정하는 경우에도 모든 기본권에 대해 적용되는 일반적인 제한을 규정하는 경우가 있고, 개별적인 기본권에 대해서만 적용되는 제한을 규정하는 경우가 있다.

대한민국헌법상 헌법 직접적 기본권 제한 규정으로는 다음과 같은 것들을 들 수 있다. ① 먼저 헌법 제21조 제4항의 언론·출판의 한계 규정을 들 수 있다. 헌법 제21조 제4항은 "언론·출판은 타인의 명예나 권리 또는 공중도덕이나 사회 윤리를 침해하여서는 아니 된다. 언론·출판이 타인의 명예나 권리를 침해한 때에는 피해자는 이에 대한 피해의 배상을 청구할 수 있다."라고 규정함으로써 **언론·출판의 자유의 헌법적 한계**로서 **타인의 명예나 권리 또는 공중도덕이나 사회 윤리**를 규정하고 이에 위반한 경우에는 일정한 제한이 가해질 수 있음을 예정하고 있다. ② 다음으로는 재산권에 관한 헌법 제23조 제2항을 들 수 있다. 헌법 제23조 제2항은 "재산권의 행사는 **공공복리에 적합**하도록 하여야 한다."고 규정하고 있다. 따라서 재산권에 대한 제한이 공공복리에 적합한 한에 있어서는 이 제한에 따른 재산권의 행사는 재산권자의 헌법적 의무의 이행으로 되기 때문에, 보상이 따르지 않는 재산권 제한에 해당한다. ③ 국가배상청구권에 관한 헌법 제29조 제2항을 들 수 있다. 헌법 제29조 제2항은 "군인·군무원·경찰공무원 기타 법률이 정하는 자가 전투·훈련 등 직무 집행과 관련하여 받은 손해에 대하여는 법률이 정하는 보상 외에 국가 또는 공공단체에 공무원의 직무상 불법행위로 인한 배상은 청구할 수 없다."고 규정하여, 국가배상청구권 행사에 있어서 군인 등에 대한 이중배상을 금지하고 있다. 이것도 전형적인 헌법 직접적 기본권 제한의 예에 해당한다.

> NOTE **독일 기본법의 3한계 조항**
>
> "누구든지 타인의 권리를 침해하지 아니하고 또한 헌법적 질서 또는 도덕률에 위반하지 아니하는 한 인격의 자유로운 발현권을 가진다."라고 하여 자유로운 인격의 발현권을 규정한 독일 기본법 제2조 제1항은 자유로운 인격발현권의 헌법적 한계를 설정한 것이다(소위 3한계론). 이에 따라 일정한 경우에는 자유로운 인격발현권이 제한될 수 있다. 따라서 이 규정은 자유로운 인격발현권에 대한 개별적인 헌법 직접적 기본권 제한 규정에 해당한다. 그러나 일반적으로 동 조항으로부터 일반적 행동자유권을 도출하고 있는데, 일반적 행동자유

권의 포괄성을 고려하면 사실상으로는 일반적인 헌법 직접적 기본권 제한 규정의 효과를
가질 가능성도 있다.

III. 법률에 의한 기본권 제한

규범 내용의 구체적 형성 또는 제한 등을 법률로 정하도록 하는 것을 법률유보라
고 한다. 따라서 법률유보의 대상은 반드시 기본권에 한하지 않는다.

기본권의 법률유보란 넓은 의미로는 기본권의 제한이나 구체적 형성 등을 법률에
위임하는 것을 말하고, 좁은 의미로는 기본권의 제한을 법률에 위임하는 것을 말한다.
법률에 그 제한이 유보된 기본권이 일반적인 것인지 개별적인 것인지에 따라 일반적
법률유보와 개별적 법률유보로 구별할 수 있고, 기본권에 대한 제한을 유보한 것인지
아니면 그 구체적인 내용의 형성을 유보한 것인지에 따라 기본권 제한적 법률유보와
기본권 형성적 법률유보로 구별할 수 있다.

1. 일반적 법률유보와 개별적 법률유보

법률에 의한 기본권 제한은 헌법의 법률유보조항에 근거한다. 법률유보조항에는
일반적 법률유보조항과 개별적 법률유보조항이 있다.

독일 기본법은 일반적 법률유보조항을 두지 않고 개별적 법률유보조항만을 두고
있는 데 반하여, 대한민국헌법은 원칙적으로는 **일반적 법률유보 형식을 취하면서도 일부 개
별 기본권에 대해서는 개별적 법률유보조항도 같이 두고 있다.** 헌법 제37조 제2항은 전자의
예에 속하고,[4] 재산권 제한과 관련한 제23조 제3항, 신체의 자유에 관한 제12조, 형사
소추에 있어서 행위시법주의를 규정한 제13조, 비상계엄 시 법률이 정하는 바에 의하
여 영장 제도, 언론·출판·집회·결사의 자유, 정부나 법원의 권한에 관하여 특별한 조
치를 할 수 있도록 규정한 제77조 제3항 등은 후자의 예에 속한다.

헌법이 원칙적으로는 일반적 법률유보 형식을 취하면서도, 일정한 경우에 개별적
법률유보조항을 두는 것은 법률유보의 조건을 완화하거나(이 경우는 일반적 법률유보조항
의 적용을 배제하는 규정을 두어야 한다), 강화하는 경우에 의미가 있다. 예컨대 제23조 제
3항에서 '공공 필요'를 규정하고 있는데, 헌법재판소는 이를 제37조 제2항의 공공복리

---

4) 헌재 2003.1.30. 2002헌바5, 관광진흥개발기금법 제2조 제3항 위헌소원(합헌) 참조.

개념보다 좁게 이해하고 있다.5) 따라서 재산권도 과잉금지원칙과 본질적 내용 침해금
지원칙을 준수하는 한도 내에서 공공복리를 위해서는 법률로써 제한할 수 있지만(제37
조 제2항), 수용·사용·제한은 공공 필요에 의한 경우에 한하고 그에 대해서는 정당한
보상을 하여야 한다(제23조 제3항). 학설에서는 판례와 같은 견해도 있으나,6) 양자를 같
다고 하거나7) 오히려 공공필요를 공공복리보다 넓게 보는 학설도 있다.8)

제4공화국 헌법 제32조 제2항은 "국민의 자유와 권리를 제한하는 법률의 제정은
국가안전보장·질서유지 또는 공공복리를 위하여 필요한 경우에 한한다."고 규정하고
있었는데, 이는 일반적 법률유보조항이라기 보다는 기본권 제한 입법의 한계 조항으로
이해하는 것이 타당하다. 따라서 제4공화국 헌법은 개별적 법률유보조항만이 있었다고
할 수 있다. 기본권 제한 입법의 한계 조항이라는 점은 "국민의 자유와 권리를 제한하
는 법률의 제정은 질서유지와 공공복리를 위하여 필요한 경우에 한한다."라고 규정한
제1공화국 헌법 제28조 제2항도 같다.

2. 기본권 제한적 법률유보와 기본권 형성적 법률유보

가. 개념

법률에 의한 기본권의 제한을 목적으로 하는 자유권적 기본권에 대한 법률유보를
기본권 제한적 법률유보라고 부르는 데 반하여 기본권을 보장하고 있는 헌법 규범의 의미
와 내용을 법률로써 구체화하기 위한 법률유보를 기본권 형성적 법률유보라고 한다.9)

기본권 형성적 법률유보의 경우에는 헌법이 보장하는 기본권을 어떠한 내용으로 구
체화할 것인가에 관하여는 입법자에게 입법 형성의 자유가 부여되고 있으며, 다만 그
것이 재량의 범위를 넘어 **명백히 불합리한 경우에 위헌**이 된다.10)

---

5) 헌재 2014.10.30. 2011헌바172등, 지역균형개발 및 지방중소기업 육성에 관한 법률 제18조 제1항
　등 위헌소원 등(헌법불합치).
6) 김성수, 일반행정법, 법문사, 2015, 697쪽; 정연주, 공공침해의 허용요건으로서의 공공필요, 연세법
　학연구 창간호, 1990.2., 156쪽; 김연태, 공용수용의 요건으로서의 '공공필요', 고려법학 48, 2007.4.,
　87쪽.
7) 허영, 한국헌법론, 박영사, 2015, 519쪽.
8) 김철수, 헌법학신론, 박영사, 2013, 757-758쪽; 성낙인, 헌법학, 법문사, 2018, 983쪽; 박균성, 행
　정법론(하), 박영사, 2015, 460쪽.
9) 헌재 1993.3.11. 92헌마48, 불기소처분에 대한 헌법소원(기각); 2003.9.25. 2002헌마533, 형법 제9
　조 위헌확인 등(기각).
10) 헌재 2003.9.25. 2002헌마533, 형법 제9조 위헌확인 등(기각).

나. 헌법상의 기본권 형성적 법률유보

1) 재판절차진술권

헌법 제27조 제5항이 정한 법률유보는 기본권으로서의 재판절차진술권을 보장하고 있는 헌법 규범의 의미와 내용을 법률로써 구체화하기 위한 이른바 기본권 형성적 법률유보에 해당한다.[11] 따라서 헌법이 보장하는 형사 피해자의 재판절차진술권을 어떤 내용으로 구체화할 것인가에 관하여는 입법자에게 입법 형성의 자유가 부여되고 있고, 그것이 재량의 범위를 넘어 **명백히 불합리한 경우에 비로소** 위헌의 문제가 생길 수 있다.[12]

14세 미만의 자를 형사 미성년자로 규정하고 있는 형법 제9조로 인하여 기소할 수 없게 된 것이 피해자인 청구인의 재판절차진술권을 침해하고 있는지 여부에 대한 심판에서 헌법재판소는 **형사 책임이 면제되는 소년의 연령을 몇 세로 할 것인가의 문제**는 소년의 정신적·신체적 성숙도, 교육적·사회적·문화적 영향, 세계 각국의 추세 등 여러 가지 요소를 종합적으로 고려하여 결정되어야 할 **입법 정책의 문제**로서 현저하게 불합리하고 불공정한 것이 아닌 한 입법자의 재량에 속하는 것이고, 형사 미성년자의 연령을 너무 낮게 규정하거나 연령 한계를 없앤다면 책임의 개념은 무의미하게 될 것이며, 14세 미만이라는 연령 기준은 다른 국가들의 입법례에 비추어 보더라도 지나치게 높다고 할 수 없다는 점을 고려할 때 형사 미성년자를 14세 미만으로 정한 것은 **합리적인 재량의 범위**를 벗어난 것으로 보기 어렵고, 입법자가 형사 미성년자를 14세를 기준으로 획일적인 구분을 한 것은 실질에 부합하지 않는 경우가 있을 수 있겠지만, 법률관계의 안정과 객관성을 위한 부득이한 조치라고 보았다.[13]

2) 재산권

가) 재산권 보장의 법적 성격

헌법 제23조 제1항에서 "모든 국민의 재산권은 보장된다. 그 내용과 한계는 법률로 정한다."라고 규정하여 다른 기본권 규정과는 달리 그 내용과 한계가 법률에 의해 구체적으로 형성되는 기본권 형성적 법률유보의 형태를 띠고 있다. 따라서 헌법이 보장하는 재산권의 내용과 한계는 국회에서 제정되는 형식적 의미의 법률에 의하여 정해

---

11) 헌재 2003.9.25. 2002헌마533; 1993.3.11. 92헌마48.
12) 헌재 2003.9.25. 2002헌마533.
13) 헌재 2003.9.25. 2002헌마533.

지는 것이므로 헌법상의 재산권은 이를 통하여 실현되고 구체화하게 된다.[14]

그렇다 하더라도 입법자가 재산권의 내용을 형성함에 있어서 무제한적인 형성의 자유를 가지는 것은 아니다. 헌법재판소에 따르면 재산권은 기본권의 주체로서의 국민이 각자의 인간다운 생활을 자기 책임 하에 자주적으로 형성하는 데 필요한 경제적 조건을 보장해 주는 기능을 하기 때문에 **재산권의 보장은 곧 국민 개개인의 자유 실현의 물질적 바탕을 의미**한다고 할 수 있고, 따라서 **자유와 재산권은 상호 보완 관계이자 불가분의 관계에 있다.**[15] 이러한 점에서 재산권을 입법자가 형성한다고 하더라도 그 사적 유용성과 처분권을 본질로 하는 **재산권은 인간으로서의 존엄과 가치를 실현하고 인간의 자주적이고 주체적인 삶을 이루어나가기 위한 범위에서 헌법적으로 보장되어 있기 때문에 재산권의 내용과 한계를 법률로 정한다는 것은 헌법적으로 보장된 재산권의 내용을 구체화하면서 이를 제한하는 것**이라고 한다. 따라서 사유재산제도나 사유재산을 부인하는 것은 재산권 보장 규정의 침해를 의미하고 결코 재산권 형성적 법률유보라는 이유로 정당화될 수 없게 된다.[16]

또한 헌법 제23조는 형성적 법률유보에 붙여진 재산권이라는 기본권을 보장하는 규정이지만, 다른 한편으로는 사유재산제도라는 제도보장을 규정하고 있는 것으로도 볼 수 있다. 그런데 이미 앞의 제도보장이론에서 설명한 바와 같이 사제도의 보장은 기본권의 본질적 내용 침해 금지 규정이 헌법에 규정(제37조 제2항)되어 보장됨으로써 독자적인 의미를 갖기는 어렵게 되었다. 전통적으로 사제도의 보장으로 본 사유재산제도가 보장하는 바의 핵심 영역은 결국 재산권이 보장하는 본질적 내용이기 때문이다.

나) 심사기준

재산권 형성적 법률유보의 경우에는 입법자가 넓은 형성의 자유를 가지지만, 거기에 재산권을 제한하는 내용을 포함하는 규정에 대해서 심사할 때는 엄격한 심사기준이 동원된다. 예컨대 불법행위로 인한 손해배상청구권을 3년의 단기소멸시효로 하고 있는 민법 제766조 제1항에 대해서 피해자의 재산권을 합리적 이유 없이 지나치게 제한하는지 여부에 따라 판단하기도 하고,[17] 회원제 골프장의 재산세를 1000분의 40으로 중과하는 구 「지방세법」 조항에 대해서는 과잉금지심사를 하기도 한다.[18]

---

14) 헌재 2005.5.26. 2004헌바90; 1993.7.29. 92헌바20; 1998.6.25. 96헌바27; 2006.7.27. 2004헌바20.
15) 헌재 2005.5.26. 2004헌바90; 1998.12.24. 89헌마214.
16) 헌재 2006.2.23. 2003헌바38등; 1993.7.29. 92헌바20; 2001.4.26. 99헌바37.
17) 헌재 2005.5.26. 2004헌바90.
18) 헌재 2020.3.26. 2016헌가17등, 지방세법 제111조 제1항 제1호 다목 2) 등 위헌제청(합헌). 자세한

3) 선거권

헌법재판소는 헌법 제24조에서 정한 선거권의 구체적인 사항에 관한 법률유보의 성격은 기본권 형성적인 것으로서 선거권을 실현하고 보장하기 위한 점에 그 중심이 있는 것이지 선거권을 제한하기 위한 것은 아니라고 한다.

그러나 선거권을 제한하는 입법을 하는 경우에는 그것이 **선거 제도의 기본 원칙**(헌법 제41조 제1항, 제67조 제1항의 보통·평등·직접·비밀선거의 원칙)**을 동시에 제약하는 것인 한 엄격 심사**를 하고 있다.

> "입법 형성 권한에 의하여 선거 관계법을 제정하는 경우에 국민의 선거권이 부당하게 제한되지 않도록 하여야 함은 물론 특히 헌법에 명시된 선거 제도의 기본 원칙을 엄격하게 준수하여야 할 것이다. 우리 헌법의 제정자는 특히 위 선거 제도의 기본 원칙을 규정하면서 헌법 제24조의 선거권의 규정과는 달리 별도의 법률유보 문언을 두지 않음으로써 선거 제도의 기본 원칙의 준수 여부가 입법자의 재량 사항이 될 수 없다는 점을 명확히 하고 있다. 따라서 선거권의 제한 특히 선거 제도의 기본 원칙에 어긋나는 선거권 제한 입법을 하기 위해서는 기본권 제한 입법에 관한 헌법 제37조 제2항의 과잉금지원칙을 엄격히 준수하여야 할 것이다."[19]

3. 절대적 기본권과 내재적 한계 문제

절대적 기본권이란 두 가지 의미로 이해될 수 있다. 첫째는 법률유보가 되어 있지 않은 기본권을 의미하는 것이고, 둘째는 어떠한 경우에도 법률로써 제한할 수 없는 기본권을 의미하는 경우이다. **독일 헌법상 절대적 기본권**(absolutes Grundrecht)은 전자를 의미하고, **자연법상 절대적 기본권**(absolute rights)이라고 할 때는 후자를 의미한다. 미국법상 절대적 기본권이라고 할 때는 후자를 의미한다.

그런데 법률유보가 없는 절대적 기본권에 대해서도 내재적 한계라는 이름으로 그 한계가 논의되고 있다. 이와 관련하여 독일에서는 사회공동체 유보 조항(이른바 3한계론: 타인의 권리, 헌법 질서, 도덕률)이나 국가공동체 유보 조항(국가의 존립) 등이 거론되고 있다.[20]

내용은 후술 재산권 보장 부분 참조.

19) 헌재 2004.3.25. 2002헌마411.

20) 허영, 헌법이론과 헌법, 박영사, 1988, 211쪽 이하 참조.

헌법재판소의 결정에서는 "개인의 성적 자기결정권도 국가적·사회적·공공복리 등의 존중에 의한 내재적 한계가 있는 것이며, … "21)라고 하거나, 형법상 업무방해죄로 처벌하는 근거로서 단체행동권의 내재적 한계를 거론하기도 한다.22)

그런데 일반적 법률유보조항인 헌법 제37조 제2항에 의해 어차피 헌법상의 모든 자유와 권리는 일정한 조건하에서 법률로써 제한할 수 있기 때문에, **대한민국헌법에는 법률유보 없는 기본권이라는 의미의 절대적 기본권이 존재할 수 없다.** 따라서 어차피 법률로 제한이 가능한 자유와 권리를 또 다시 내재적 한계를 근거로 제한할 수 있게 하는 것은 자칫 기본권에 대한 지나친 제한이 될 수 있다.23)

그런데 예컨대 헌법 제8조에 따른 정당해산의 경우에는 정당의 자유의 본질적 내용의 침해일 수 있는데, 이것이 허용되는 것은 헌법이 직접 규정하였기 때문만은 아니고, 사회적 관련성을 갖는 모든 자유와 권리는 내재적 한계가 있기 때문이라는 논리가 합리적이다. 여기에서 기본권 제한이론으로서 내재적 한계이론의 의의를 발견할 수 있다.24)

4. 법률의 의미

가. 형식적 법률

헌법에 직접 정하는 경우 외에 기본권의 제한은 국회가 제정한 법률에 의하거나 혹은 간접적으로라도 법률에 근거하여야 한다.25)

예컨대 집회나 시위 해산을 위한 살수차 사용은 집회의 자유 및 신체의 자유에 대한 중대한 제한을 초래하므로 살수차 사용 요건이나 기준은 법률에 근거를 두어야 하고, 살수차와 같은 위해성 경찰 장비는 본래의 사용 방법에 따라 지정된 용도로 사용되어야 하며 다른 용도나 방법으로 사용하기 위해서는 반드시 법령에 근거가 있어야 한다. 그런데 최루액을 물에 혼합한 용액을 살수차를 이용하여 살수하는 혼합 살수 행위는 경찰청의 「살수차 운용 지침」에만 규정되어 있고 아무런 법적 근거가 없으므로 「살수차 운용 지침」과 그에 근거한 혼합 살수 행위는 법률유보원칙에 위배되어 신체의 자

21) 헌재 1990.9.10. 89헌마82, 형법 제241조의 위헌여부에 관한 헌법소원(합헌).
22) 헌재 2010.4.29. 2009헌바168, 형법 제314조 제1항 위헌소원(합헌) 참조.
23) 허영, 한국헌법론, 박영사, 2010, 275쪽 이하 참조.
24) 내재적 한계를 기본권 제한의 이론적 기초로 이해하는 견해로는 한동훈, 한국 헌법과 공화주의, 경인문화사, 2011, 279쪽 이하 참조.
25) 헌재 1999.5.27. 98헌바70, 한국방송공사법 제35조 등 위헌확인(헌법불합치, 합헌).

유와 집회의 자유를 침해한다.[26]

나. 일반적 법률

기본권을 제한하는 법률은 일반적이어야 한다. 법률이 일반적이라는 것은 특정한 개인이나 사건에 적용하기 위하여 제정되지 않아야 한다는 것을 의미한다. 일반적 법률의 대가 되는 개념이 **처분적 법률**(Einzelfallgesetz, Maßnahmegesetz)이다. 처분적 법률은 **개인대상법률**(Einzelpersonengesetz)과 **개별사건법률**(Einzelfallgesetz)로 구분할 수 있다. 처분적 법률은 법률의 일반성에 위반되는 것이므로 예외적으로만 정당화된다. 헌법재판소도 처분적 법률이라 하여 반드시 헌법에 위반되는 것은 아니고 합리적 이유가 있는 경우에는 정당화된다고 본다.[27]

다. 명확한 법률

법률은 그 의미 내용이 명확하여야 한다. 헌법재판소는 이를 법치국가의 내용으로 포섭하고 있다. 미국에서는 '불명확하기 때문에 무효'(void for vagueness)라는 개념으로 논의되고 있다.[28]

명확성의 원칙은 특히 죄형법정주의와 관련하여 중요한 의미를 가진다. 헌법재판소의 판례에 따르면 처벌 법규의 구성요건이 어느 정도 명확하여야 하는가는 일률적으로 정할 수 없고, **각 구성요건의 특수성과 그러한 법적 규제의 원인이 된 여건이나 처벌의 정도 등을 고려하여 종합적으로 판단하여야** 한다.[29]

---

26) 헌재 2018.5.31. 2015헌마476, 물포 발포행위 등 위헌확인[인용(위헌확인), 각하]. 이 결정은 국민의 기본권과 관련 있는 중요한 법규적 사항은 최소한 법률의 구체적 위임을 받은 법규명령에 규정되어야 함에도 불구하고 혼합살수행위는 「경찰관 직무집행법」이나 관련 대통령령인 「위해성 경찰장비의 사용기준 등에 관한 규정」 등 법령의 구체적 위임 없이 경찰청 지침에만 규정되어 있어서 법률유보원칙에 위배된다는 것이다. 그런데 직사살수 사건 이후인 2020.1.7. 대통령령인 「위해성 경찰장비의 사용기준 등에 관한 규정」 제13조의2를 신설하여 그 제3항에서 혼합살수의 근거를 마련하였지만 법률에는 여전히 근거가 없는 상황이다. 이 결정의 2인의 반대의견은 위 법률에서는 위해성 경찰장비와 관련하여 대통령령에 정할 기본적인 사항을 규정하고 있고, 위 대통령령에서는 최루탄과 살수차 등에 관하여 구체적 사용 요건 등을 규정하고 있으므로 법률유보원칙에 위배되지 않는다고 보았다.
27) 헌재 2005.6.30. 2003헌마841, 뉴스통신진흥에관한법률 제10조 등 위헌확인(기각).
28) 이 원칙에 대한 간단한 설명으로는 Emanuel, Steven L., Constitutional Law, 13. Ed., 1995, p. 490 참조.
29) 헌재 1997.3.27. 95헌가17, 공직선거및선거부정방지법 제230조 제1항 제3호 등 위헌제청(합헌);

5. 소급 입법에 의한 기본권 제한과 신뢰보호원칙

법률은 특별한 규정이 없는 한 공포한 날로부터 20일을 경과함으로써 효력을 발생한다(제53조 제7항). 그런데 경우에 따라서는 법률의 효력을 공포 이전의 시점으로 소급하는 경우가 있는데 이를 소급입법(遡及立法)이라고 한다. 이미 과거에 완성된 사실관계에 대해 사후에 입법하여 적용하는 법률은 전형적인 소급 법률이다. 이러한 입법을 진정소급입법이라고 부른다. 그런데 어떤 법률이 효력을 발생하기 이전에 이미 시작하였으나 아직 완성되지 아니한 사실관계에 대해서 당해 법률을 적용하는 경우도 있을 수 있는데 이는 부진정소급입법30)이라고 부른다.

헌법재판소의 판례에 따르면 "과거에 완성된 사실 또는 법률관계를 규율의 대상으로 하는 이른바 진정소급입법에 있어서는 입법권자의 입법 형성권보다도 당사자가 구법 질서에 기대하였던 신뢰 보호의 견지에서 그리고 법적 안정성을 도모하기 위하여 특단의 사정이 없는 한 구법에 의하여 이미 얻은 자격 또는 권리를 존중할 입법의무가 있다 할 것이고, 이미 과거에 시작하였으나 아직 완성되지 아니하고 진행 과정에 있는 사실 또는 법률관계를 규율의 대상으로 하는 이른바 부진정소급입법의 경우에는 구법 질서에 대하여 기대했던 당사자의 신뢰 보호보다는 광범위한 입법권자의 입법 형성권을 경시하여서는 아니 될 것이므로, 특단의 사정이 없는 한 새 입법을 하면서 구법 관계 내지 구법상의 기대 이익을 존중하여야 할 의무가 발생하지는 않는다."31)

형벌을 포함하여 불이익한 처우는 미리 예견되지 아니하고는 부과될 수 없다는 것이 법치국가원리의 핵심적 내용이다. 헌법 제13조 제1항에서 "모든 국민은 행위시의 법률에 의하여 범죄를 구성하지 아니하는 행위로 소추되지 아니하며, …"라고 규정하고 있고, 같은 조 제2항에서는 "모든 국민은 소급입법에 의하여 참정권의 제한을 받거나 재산권을 박탈당하지 아니한다."라고 규정하고 있는 것은 이와 같은 법치국가원리를 구현하기 위함이다.

1994.7.29. 93헌가4등; 1993.3.11. 92헌바33; 1992.4.28. 90헌바27등 참조.

30) 부진정소급입법의 전형적인 예로는 2015.7.31. 「형사소송법」이 개정되면서 살인죄에 대해서는 공소시효를 배제하였는데(제253조의2) 같은 법 부칙에서는 이 개정 규정을 개정 형사소송법 시행전에 범한 범죄로 아직 공소시효가 완성되지 아니한 범죄에 대하여도 적용하는 것으로 소급하고 있는 것을 들 수 있다(부칙 제2조).

31) 헌재 1989.3.17. 88헌마1(기각, 각하); 2008.7.31. 2005헌가16, 주택법 제46조 제1항 등 위헌제청(위헌, 각하).

그런데 헌법재판소의 판례에 따르면 특히 제13조 제2항에서 금지하고 있는 소급입법은 진정 소급효를 가지는 법률만을 의미하는 것이고 부진정소급입법은 이에 해당하지 않는다. 부진정소급입법에서는 소급효를 요구하는 공익상의 사유와 신뢰 보호의 요청 사이의 비교형량 과정에서 신뢰 보호의 관점이 입법자의 형성권에 제한을 가하게 된다고 한다. 말하자면 부진정소급입법은 신뢰 보호의 관점에서 형량이 요구될 뿐 원칙적으로 허용된다는 의미다.[32]

그러나 진정소급입법도 절대적으로 허용되지 않는 것은 아니다. 진정 소급효입법의 경우에도 "일반적으로 국민이 소급입법을 예상할 수 있었거나 법적 상태가 불확실하고 혼란스러워 보호할 만한 신뢰 이익이 적은 경우와 소급입법에 의한 당사자의 손실이 없거나 아주 경미한 경우 그리고 신뢰 보호의 요청에 우선하는 심히 중대한 공익상의 사유가 소급입법을 정당화하는 경우 등에는 **예외적으로 진정소급입법이 허용**된다."[33] 따라서 헌법 제13조 제2항에 위배되는 진정소급입법이라고 하더라도 신뢰보호원칙의 위반이 아닌 경우에는 예외적으로 위헌이 아니게 된다.[34]

요컨대 부진정소급입법의 경우에는 신뢰보호원칙이 심사기준으로 적용되지만, 진정소급입법의 경우에는 신뢰보호원칙을 압도하는 중대한 공익상의 사유가 존재하여야 한다는 것이다. 다만, 형벌불소급의 원칙이 적용되는 한 헌법 제13조 제1항 전단은 절대적인 효력을 가지기 때문에 예외가 없다.[35]

6. 법률의 위임에 의한 기본권 제한과 포괄위임금지원칙

법률은 기본권의 제한을 법률 하위의 규범에 위임할 수 있다. 헌법 제75조에 따르면 법률은 구체적으로 범위를 정하여 대통령령 등으로 정할 것을 위임할 수 있고, 제95조에 따르면 법률이나 대통령령은 총리령이나 부령에 위임할 수 있다. 물론 헌법이 예정하고 있는 대통령령이나 총리령, 부령 등의 형식은 예시적인 것으로서 법률에서 바

---

32) 헌재 1989.3.17. 88헌마1(기각, 각하); 1996.2.16. 96헌가2등, 5·18민주화운동등에관한특별법 제2조 위헌제청등(합헌); 1999.4.29. 94헌바37등(위헌).

33) 헌재 1996.2.16. 96헌가2등; 1999.7.22. 97헌바76등; 2011.3.31. 2008헌바141등; 헌재 2021.1.28. 2018헌바88, 재조선미국육군사령부군정청 법령 제2호 제4조 등 위헌소원(합헌).

34) 헌재 2008.7.31. 2005헌가16, 주택법 제46조 제1항 등 위헌제청(위헌, 각하).

35) 헌재 2021.6.24. 2018헌바457, 성폭력범죄의 처벌 등에 관한 특례법부칙 제3조 등 위헌소원(합헌, 각하) - 미성년자 등에 대한 성폭력범죄 공소시효 특례조항의 부진정소급 사건.

로 행정규칙이나36) 조례37) 또는 공법 단체의 정관38) 등으로 위임할 수도 있다.

헌법 제75조와 제95조를 종합하면 상위 규범이 하위 규범에 위임할 경우에는 개별적·구체적으로 범위를 정하여 위임하여야 한다.39) 그렇지 않은 위임은 일반적·포괄적 위임으로서 헌법에 위반되게 된다.40) 무엇이 포괄 위임인지는 일률적으로 말할 수는 없지만 헌법재판소의 결정에 따르면 적어도 법률의 규정에 의하여 위임될 내용 및 범위의 기본 사항이 구체적이고 명확하게 규정되어 있어 누구라도 당해 법률로부터 대통령령에 규정될 내용의 대강을 예측할 수 있으면 된다.41) 이러한 예측가능성의 유무는 당해 특정조항 하나만을 가지고 판단할 것이 아니고 관련 법조항 전체를 유기적·체계적으로 종합 판단하여야 하며, 각 대상 법률의 성질에 따라 구체적·개별적으로 검토하여야 한다.42)

---

36) 헌재 2004.10.28. 99헌바91; 2006.12.28. 2005헌바59; 2008.7.31. 2007헌가4. 이상의 판례에 따르면 행정규칙으로 위임하는 경우에도 다음의 요건은 지켜져야 한다. 즉, 「행정규제기본법」 제4조 제2항 단서에서 정한 바와 같이 법령이 전문적·기술적 사항이나 경미한 사항으로서 업무의 성질상 위임이 불가피한 사항에 한정되고, 그러한 사항이라 하더라도 법률의 위임은 반드시 구체적·개별적으로 한정된 사항에 대해서만 할 수 있으며, 그리고 당해 행정규칙은 법규적 성격을 가지고 있어야 한다.

37) 헌재 2007.12.27. 2004헌바98.

38) 법률이 정관에 자치법적 사항을 위임한 경우에는 헌법 제75조, 제95조가 정하는 포괄적인 위임입법의 금지는 원칙적으로 적용되지 않는다(헌재 2006.3.30. 2005헌바31). 그 이유에 대해서는 헌법재판소는 다음과 같이 설명한다. "헌법 제75조, 제95조의 문리해석상 및 법리해석상 포괄적인 위임입법의 금지는 법규적 효력을 가지는 행정입법의 제정을 그 주된 대상으로 하고 있다. 위임입법을 엄격한 헌법적 한계 내에 두는 이유는 무엇보다도 권력분립의 원칙에 따라 국민의 자유와 권리에 관계되는 사항은 국민의 대표기관이 정하는 것이 원칙이라는 법리에 기인한 것이다. 즉, 행정부에 의한 법규사항의 제정은 입법부의 권한 내지 의무를 침해하고 자의적인 시행령 제정으로 국민들의 자유와 권리를 침해할 수 있기 때문에 엄격한 헌법적 기속을 받게 하는 것이다. 그런데 법률이 행정부가 아니거나 행정부에 속하지 않는 공법적 기관의 정관에 특정 사항을 정할 수 있다고 위임하는 경우에는 그러한 권력분립의 원칙을 훼손할 여지가 없다. 이는 자치입법에 해당되는 영역이므로 자치적으로 정하는 것이 바람직하다. 다만 법률이 자치적인 사항을 정관에 위임할 경우 원칙적으로 헌법상의 포괄위임입법금지원칙이 적용되지 않는다 하더라도, 그 사항이 국민의 권리·의무에 관련되는 것일 경우에는, 적어도 국민의 권리와 의무의 형성에 관한 사항을 비롯하여 국가의 통치조직과 작용에 관한 기본적이고 본질적인 사항은 반드시 국회가 정하여야 한다는 법률유보 내지 의회유보의 원칙이 지켜져야 할 것이다."

39) 헌재 2007.12.27. 2004헌바98(합헌).

40) 헌재 2007.12.27. 2004헌바98(합헌).

41) 헌재 1991.7.8. 91헌가4; 2007.12.27. 2004헌바98(합헌).

42) 헌재 1994.7.29. 93헌가12; 1995.7.21. 94헌마125; 2007.12.27. 2004헌바98(합헌).

Ⅳ. 기타 예외적 제한

기본권은 헌법이 직접 제한 규정을 두기도 하지만 원칙적으로는 법률로써 제한하는 것이 일반적이다. 이 두 가지의 경우에 포함될 수 없는 경우에는 예외적인 제한이라고 할 수 있을 것인데 이에 대해서는 다음과 같은 것들이 있다.

1. 긴급명령, 긴급재정 · 경제명령

긴급명령과 긴급재정 · 경제명령은 법률의 효력을 가지는 대통령령이다. 따라서 형식적 관점에서 보면 대통령령으로 기본권 제한이 가능한 것이기 때문에 예외적 제한에 해당한다.

긴급명령은 교전 상태에서 국가를 보위하기 위한 것이고, 긴급재정 · 경제명령은 내우 · 외환 · 천재 · 지변 또는 중대한 재정 · 경제상의 위기에서 국가안전보장 또는 공공의 안녕 질서를 유지하기 위한 것이라는 점에서 목적과 내용에 있어서 일정한 한계가 있다(제76조).

2. 조약 또는 일반적으로 승인된 국제법규에 의한 제한

헌법상 국회의 동의를 얻은 조약은 법률과 같은 효력을 가진다. 따라서 국회의 동의를 얻은 조약에 따른 기본권의 제한도 가능하다. 일반적으로 승인된 국제법규도 국내법적 효력을 갖기 때문에 경우에 따라서는 이에 따른 기본권 제한도 가능할 것이다.

3. 예외적 제한인지의 여부가 문제되는 사안

가. 계엄에 의한 기본권 제한

계엄은 기본적으로 법률에 의하여 발동하고 집행한다(제77조). 따라서 계엄에 따른 기본권의 제한이 예외적인 제한이라고 할 수는 없을 것이다.

계엄은 전시 · 사변 또는 이에 준하는 국가 비상사태에 있어서 병력으로써 군사상의 필요에 응하거나 공공의 안녕 질서를 유지할 필요가 있을 때 발동하는 것이지만 이는 또한 계엄의 한계를 설정한 것이기도 하다. 계엄의 목적은 제37조 제2항의 목적에 비하면 좁고 구체적인 것이지만, 제77조 제3항이 없더라도 제37조 제2항과 체계적으로 해석하면 계엄의 목적 범위 내에서 필요한 경우에 관련되는 자유와 권리가 제한될 수 있다.

그런데 헌법은 특별히 제77조 제3항에서 비상계엄이 선포된 때에는 법률이 정하는 바에 의하여 영장제도, 언론·출판·집회·결사의 자유, 정부나 법원의 권한에 관하여 특별한 조치를 취할 수 있음을 규정하고 있다. 이 조항을 예시 조항으로 볼 것인지, 열거 조항으로 볼 것인지가 문제될 수 있다. 입장에 따라「계엄법」의 해석과 관련하여 실제에 있어서도 다른 결론에 도달할 수 있다. 그런데「계엄법」제9조는 계엄사령관의 특별조치권을 규정하면서 제1항에서 "비상계엄 지역에서 계엄사령관은 군사상 필요할 때에는 체포·구금(拘禁)·압수·수색·거주·이전·언론·출판·집회·결사 또는 단체행동에 대하여 특별한 조치를 할 수 있다. 이 경우 계엄사령관은 그 조치 내용을 미리 공고하여야 한다."라고 규정하고 있고, 제2항과 제3항에서는 법률에서 정하는 바에 따라 동원 또는 징발을 할 수 있으며, 필요한 경우에는 군수로 제공할 물품의 조사·등록과 반출 금지를 명할 수 있고, 작전상 부득이한 경우에는 국민의 재산을 파괴 또는 소각할 수 있도록 하고 있다. 여기서 보면 헌법이 열거한 것보다 넓게 체포·구금·압수·수색·거주·이전·단체행동, 재산권 등이 제한 대상으로 추가되어 있다. 그 이유는 헌법에 규정된 제한 대상만으로는 계엄의 정당한 목적을 달성하기 어려운 경우가 있기 때문이다. 따라서 **헌법 제77조 제3항의 규정을 비상계엄의 목적을 달성하기 위해 특별히 관련되는 제한 대상을 예시하고 있는 것으로 볼 수밖에 없겠지만**, 그것보다는 조속히 헌법 개정을 통하여 위헌적 사태를 해소할 필요가 있다.

나. 특수신분관계에 있어서 기본권 제한

고전적인 의미의 특별권력관계는 오늘날 인정되고 있지 않고 다만 그 기능적 관점에 착안한 특수신분관계는 인정된다. 그러나 특수신분관계에서 비롯되는 제한이라고 하더라도 법률의 근거 없이는 그 자유와 권리를 제한할 수 없다는 것이 오늘날 확립된 명제이기 때문에 **헌법과 법률에 의하지 않고 특수한 신분에만 근거한 기본권의 제한은 원칙적으로 허용되지 않는다.**

V. 기본권 제한의 대상

헌법 제37조 제2항에 따르면 국민의 모든 자유와 권리가 법률유보의 대상이 될 수 있다.[43] 그런데 이러한 헌법의 명문에도 불구하고 자유권에 한한다는 설이 있다.[44] 제 37조 제2항은 제한유보이기 때문에 성질상 자유권만이 제한의 대상이 된다. 헌법적으로 미리 내용이 확정될 수 없는 사회적 기본권 등의 경우에는 제한이라는 개념이 성립될 수 없다고 한다.

이러한 견해는 자유권 중심의 이론을 전개하고 있는 독일적인 관념에 입각해 있는 것으로 판단된다. 대한민국헌법은 명백히 각종의 사회적 기본권을 규정하고 있는데다가 사회적 기본권이 제37조 제2항에 의해 제한될 수 없다고 하면 사회적 기본권의 경우에는 법률로도 제한할 수 없다고 하는 이상한 결론에 도달하게 된다. 결국 제37조 제2항의 국민의 모든 자유와 권리는 문언 그대로 모든 헌법상의 자유와 권리를 의미하는 것으로 이해하여야 한다.[45]

VI. 기본권 제한의 목적

헌법 제37조 제2항에는 기본권 제한의 목적으로 국가안전보장, 질서유지, 공공복리가 제시되어 있다. 헌법 직접적 기본권 제한 규정에서 특별히 그 목적이 제시되어 있지 않은 경우라면 일반조항인 제37조 제2항에 따라 국가안전보장, 질서유지, 공공복리 중에 적어도 어느 하나를 충족하여야 한다.[46] 요컨대 기본권을 제한하는 목적으로서 법률이 추구하는 공익은 헌법이 별도로 규정하고 있는 경우 외에는 헌법 제37조 제2항의 목적에 포섭되지 않으면 정당한 목적이 될 수 없다. 물론 헌법의 개별 규정에 특별히 제한의 목적이 제시되어 있는 경우에도 제37조 제2항의 목적에 따른 제한도 가능하다.

개념적으로 국가안전보장·질서유지 및 공공복리를 모두 아울러 **'정당한 목적'**이라고 통칭할 수 있다. 그런 점에서 과잉금지원칙의 제1요소인 목적의 정당성에 있어서 정당한 목적이란 바로 국가안전보장·질서유지 또는 공공복리를 말하는 것이다.

국가안전보장·질서유지·공공복리를 정당한 목적으로 통칭할 수 있다고 하는 경

---

43) 김철수, 헌법학신론, 2013, 428−429쪽; 강태수, 기본권의 보호영역, 제한 및 제한의 한계, 한국에서의 기본권이론의 형성과 발전, 1997, 130쪽; 김학성, 헌법학원론, 박영사, 2012, 335쪽.

44) 한태연, 헌법학, 법문사, 1983, 905쪽; 한수웅, 근로삼권의 법적 성격과 한계, 법과 인간의 존엄(청암 정경식 박사 화갑기념논문집, 1997, 219−220쪽.

45) 김철수, 헌법학신론, 박영사, 2013, 428쪽 이하.

46) 그러나 국가안전보장·질서유지 또는 공공복리라고 하는 개념이 갖는 포괄적 성격 때문에 헌법재판 실무에 있어서는 별다른 문제가 되지 않을 것이다.

우에 국가안전보장이나 질서유지 또는 공공복리가 정당한 목적을 열거한 것인지 아니면 예시하는 것인지가 문제가 될 수 있다. 헌법상 보장된 자유와 권리의 제한 목적이라는 점에서 그리고 그러한 자유와 권리의 제한은 예외적인 것(법치국가에 있어서 원칙과 예외의 원칙[47])이라는 점에서 이론적으로는 열거라고 보는 것이 타당하다. 헌법재판소는 헌법상의 권리의 제한 목적을 예시적인 것으로 보는 것으로 보인다.[48] 그러나 열거로 보든 예시로 보든 **실제상으로는 별 차이를 가져오지 않는다.** 왜냐하면 민주적 헌법국가의 사려 깊은 입법자가 제시하는 자유와 권리의 제한의 목적은 대체로 국가안전보장·질서유지 또는 공공복리 중 적어도 어느 하나에는 해당될 것이기 때문이다. 이는 일견 입법목적이 정당하면 그 입법 목적이 헌법적으로 정당화되는 데는 별 어려움이 없다는 의미이다. 따라서 통상 정당하고 합리적인 목적을 위해 제정된 법률은 제시된 목적이 법률의 위헌 여부를 판단하는 데 주요한 쟁점으로는 되지 않는다.[49] 유력한 교과서[50]에서도 목적 개념들을 소홀히 취급하는 것은 이러한 점에서 이해된다.

이와 같이 헌법 제37조 제2항에서 제시된 자유와 권리의 제한 목적들이 매우 광범위하여 통상의 기본권 제한 입법의 목적이 정당화되지 않는 경우는 매우 이례적인 현상에 지나지 않는다. 다만, 정당한 입법 목적이 제37조 제2항에 예시된 목적들 중 어디에 해당하느냐는 여전히 문제가 될 수 있다. 제시된 입법 목적이 헌법상의 목적들 중 적어도 어느 하나에 해당한다고 하더라도 결론에 있어서 규범적 평가가 달라지는 것은 아니기 때문에 실제에 있어서는 중요한 의미를 가지는 것은 아니나, 그럼에도 불구하

---

47) 예외가 불가피한 것이 현대 사회라고 하더라도 예외라고 하는 것은 그것이 법치국가를 지배하는 이념이 되거나 원칙적인 것이 되어서는 안 된다는 의미에서 예외라는 것이다. 기본권 보장의 관점에서 보면 기본권 보장은 원칙이고 이를 제한하는 것은 예외이므로 헌법상 열거되고 있는 기본권 제한의 목적들은 예외적인 것으로 이해되어야 한다. 따라서 경제에 관한 규제와 조정의 목적으로서 헌법 제119조 제2항의 균형있는 국민 경제의 성장 및 안정, 적정한 소득의 분배 유지, 시장의 지배와 경제력의 남용 방지, 경제주체간의 조화를 통한 경제의 민주화는 예외적인 경우에 동원되는 사유이다.
48) 예컨대 헌재 1996.12.26. 96헌가18: "경제적 기본권의 제한을 정당화하는 공익이 헌법에 명시적으로 규정된 목표에만 제한되는 것은 아니고, 헌법은 단지 국가가 실현하려고 의도하는 전형적인 경제 목표를 예시적으로 구체화하고 있을 뿐이므로 기본권의 침해를 정당화할 수 있는 모든 공익을 아울러 고려하여 법률의 합헌성 여부를 심사하여야 한다."
49) 물론 드물게 목적의 정당성이 인정되지 못하여 위헌이 된 경우가 있기는 하다: 민법상의 동성동본금혼제도의 입법 목적은 사회질서나 공공복리에 해당될 수 없어 제37조 제2항에 위반된다는 취지의 판례[헌재 1997.7.16. 95헌가6등, 민법 제809조 제1항 위헌제청(헌법불합치)].
50) 예컨대 허영, 한국헌법론, 박영사, 2011, 287쪽 이하.

고 헌법 제37조 제2항에 열거된 목적 중 어느 목적에 해당하는지를 파악하는 것이 의미가 없다고 할 수 없다. 왜냐하면 그렇게 함으로써 목적 상호 간의 의미 있는 관계를 파악할 수 있게 되고, 경우에 따라서는 궁극적으로 헌법이 추구하는 정당한 목적이 무엇인가를 알 수 있기 때문이다.

헌법상 보장된 자유와 권리를 제한하는 법률의 목적의 합헌성을 심사함에 있어서는 명문으로 제시된 목적 외에 당해 법률 규정이 **사실상 의도하는 목적**도 모두 고려하여야 한다. 그리하여 헌법에 특별히 다른 규정이 존재하지 않는 한 일견 타당하거나 정당한 것으로 보이는 목적이 제37조 제2항에 설시된 목적들 중 적어도 어느 하나에 해당하는 경우에 비로소 제37조 제2항에 합치하게 된다.

그런데 특히 질서유지 또는 공공복리와 관련된 모든 이익이 기본권을 제한하는 목적으로 정당화되지는 않는다는 점을 주의할 필요가 있다. 단순한 법정책적 목적만으로 기본권을 제약하는 경우에는 과잉금지원칙 중 특히 균형성 심사에서 정당하지 못한 것으로 평가되어 위헌이 될 수 있다.[51]

1. 국가안전보장, 질서유지

가. 국가안전보장

국가안전보장의 개념과 관련하여 헌법재판소는 '국가의 존립·헌법의 기본 질서의 유지 등을 포함하는 개념으로서 결국 **국가의 독립, 영토의 보전, 헌법과 법률의 기능, 헌법에 의하여 설치된 국가기관의 유지** 등을 의미'하는 것으로 이해하고 있다.[52] 학설에 있어서도 대체로 같은 견해다.[53]

헌법상 국가안전보장이 명시적으로 언급되고 있는 경우를 보면, 국군의 사명으로서 국가의 안전보장(제5조 제1항), 국회의 회의를 공개하지 않는 이유로서 국가의 안전보장(제50조 제1항), 국회의 동의가 필요한 조약으로서 안전보장에 관한 조약(제60조 제1

---

51) 예컨대 헌법재판소는 제대군인 가산점제도를 제대군인의 사회복귀를 돕겠다는 취지하에 입법정책적으로 도입된 것에 불과하다고 본다[헌재 1999.12.23. 98헌마363, 제대군인지원에관한법률 제8조 제1항 등 위헌확인(위헌)].
52) 헌재 1992.2.25. 89헌가104.
53) 김철수, 헌법학신론, 2013, 430쪽; 권영성, 헌법학원론, 2009, 349쪽; 성낙인, 헌법학, 2013, 284쪽; 정재황, 신헌법입문, 2016, 279쪽; 전광석, 한국헌법론, 2007, 210쪽; 정종섭, 헌법학원론, 2007, 304쪽.

항), 대통령의 긴급명령의 발동 목적으로서 국가의 안전보장(제76조 제1항), 국가안전보장회의의 자문 사항으로서 국가안전보장 관련 사항(제91조 제1항), 그리고 재판에 있어서 심리의 비공개 사유로서 국가의 안전보장(제109조) 등이 있다. 이 규정들에서 사용되고 있는 용어의 의미로 볼 때 헌법재판소의 개념 정의는 타당한 것으로 보인다.

국가안전보장이라는 문언은 **1972년 헌법에서 처음으로 규정**되었다.[54] 이는 1972년 헌법 개정 당시의 특수한 정치적 상황이 반영된 것으로서, 국가안전보장이라는 목적을 특별히 강조한 것으로 볼 수 있다.[55] 1972년 헌법 이전에는 질서유지와 공공복리만이 제한의 목적으로 제시되어 있었고, 국가안전보장의 개념은 질서유지에 포함되는 것으로 이해되었다.[56] 위 헌법재판소의 판례에 따라 보더라도 국가안전보장에 대한 위협은 곧 질서유지에 대한 위협이라고 볼 수 있다. 다만, 질서유지에 대한 모든 위협이 국가안전보장에 대한 위협은 아니라는 점에서 질서유지는 국가안전보장보다 광의의 개념으로는 이해된다. 그러나 국가안전보장을 질서유지와 구분하여 규정한 헌법의 취지에 따라 **질서유지는 국가안전보장을 제외한 질서의 유지를 의미**하는 것으로 보는 것이 타당하다.[57]

나. 질서유지

질서유지의 개념에 대해서는 자유민주적 기본질서를 포함하는 헌법적 질서는 물론이고 그 밖의 사회적 안녕 질서를 말한다는 견해,[58] 사회 공공의 안녕 질서의 유지로 보는 견해,[59] 공공의 안녕 질서를 의미하고 헌법의 기본질서 이외에 타인의 권리 유지, 도덕 질서 유지, 사회의 공공 질서 유지 등이 포함되는 것으로 보는 견해,[60] 공동체가 존속하며 유지하며, 그 공동체 속에서 구성원들이 평화롭고 안전하게 살 수 있도록 하는 질서를 유지하는 것을 말한다는 견해[61] 등이 있으나 그 의미는 대동소이한 것으로

---

54) 국가안전보장은 그러나 1944년 대한민국임시헌장 제5차 개헌에서도 이미 나타난다. 헌장 제7조에는 다음과 같이 규정되어 있다: "인민의 자유와 권리를 제한 혹 박탈하는 법률은 국가의 안정을 보위하거나 사회의 질서를 유지하거나 혹은 공공이익을 보장하는데 필요한 것이 아니면 제정하지 못함.

55) 이러한 견해로는 또한 양건, 헌법강의 I, 2007, 229쪽 참조.

56) 김철수, 헌법학신론, 2013, 430쪽.

57) 또한 그렇게는 성낙인, 헌법학, 2013, 284쪽. 그러나 양건, 헌법강의 I, 2007, 229쪽에서는 국가안전보장을 대외적인 것으로, 질서유지를 대외적인 것으로 구분한다.

58) 권영성, 헌법학원론, 2009, 349쪽.

59) 성낙인, 헌법학, 2013, 284쪽.

60) 김철수, 헌법학신론, 2013, 432쪽.

61) 정종섭, 헌법학원론, 2007, 305쪽.

보인다.

질서유지는 특히 공공복리와의 구분이 문제된다. 헌법재판소는 전자를 소극적 목적으로 후자를 적극적 목적으로 이해한다.[62]

2. 공공복리

헌법의 공공복리라는 개념은 일반적으로 매우 다의적이고, 포괄적인 의미를 내포하고 있는 것으로 이해된다.[63] 의미의 포괄성에도 불구하고 공공복리 개념은 법률에서도 사용될 수 있다. 그러나 이 경우에도 언제나 법관의 보충적인 해석으로 구체화할 수 없을 정도로 애매모호한 것이어서는 안 된다(예측 가능성의 확보).[64]

공공복리와 유사한 개념으로 제23조 제3항의 공공필요라는 개념이 있다. 헌법재판소는 공공필요를 여기의 공공복리보다 좁은 개념으로 이해한다.[65]

헌법재판소는 제119조 이하의 경제에 관한 장에서 규정하고 있는 바의 '균형 있는 국민 경제의 성장과 안정, 적정한 소득의 분배, 시장의 지배와 경제력 남용의 방지, 경제 주체 간의 조화를 통한 경제의 민주화, 균형 있는 지역 경제의 육성, 중소기업의 보호 육성, 소비자 보호 등'을 **공공복리가 구체화되어 규정된** 예로 보고 있다.[66]

3. 타인의 기본권

기본권 제한의 목적 중 명시되지 않았으나 중요한 것으로 타인의 권리가 있다.[67] 타인의 권리를 보호하기 위해서 기본권이 제한될 수 있다는 의미다. 법률상 어떤 조항들은 일종의 기본권 충돌적 현상을 헌법의 통일성의 관점에서 조화적으로 해석하여 입법한 경우들이 존재하는데 이것은 타인의 권리를 고려한 입법이라고 할 수 있다. 예컨대 채권자취소권과 같은 규정은 채무자 및 수익자의 일반적 행동자유권 내지 재산권과

---

62) 대통령의 긴급재정·경제명령은 기존질서를 유지·회복하기 위하여만 행사될 수 있고, 공공복리의 증진과 같은 적극적 목적을 위하여는 발할 수 없다[헌재 1996.2.29. 93헌마186, 긴급재정명령 등 위헌확인(기각, 각하)].

63) 헌재 2000.2.24. 98헌바37.

64) 헌재 2000.2.24. 98헌바37.

65) 반대 견해로는 김철수, 헌법학신론, 2013, 362쪽 이하; 정종섭, 헌법학원론, 박영사, 2010, 359쪽 참조.

66) 헌재 2000.2.24. 98헌바37.

67) 타인의 기본권을 질서유지에 포함시키는 견해로는 김철수, 헌법학신론, 2013, 432쪽.

의 조화가 필요하고,[68] 명예훼손 처벌에 있어서는 언론의 자유 내지 알 권리와의 조화 속에서 결정되어야 하는 것이다.[69] 생명권은 원칙적으로 법률유보될 수 없는데, 그럼에도 불구하고 헌법재판소의 견해[70]와 같이 제한되어야 한다면, 그것은 타인의 생명을 보호하기 위한 경우뿐이다.[71] 헌법재판소는 타인의 기본권을 침해하면 헌법 제37조 제2항에 따라 국가안전보장, 질서유지 또는 공공복리를 위하여 법률에 의하여 제한될 수 있다고 보고 있다.[72]

4. 청소년 보호

가. 청소년 보호의 개념과 근거

기본권 제한의 근거로 흔히 동원되는 공익으로 청소년의 보호가 있다. 대한민국헌법은 제31조 제2항에서 보호자에게 그 보호하는 자녀에 대한 교육 의무를 부과하고, 제32조 제5항에서 연소자의 근로를 특별히 보호하는 외에 포괄적인 의미에서 청소년 보호를 규정하고 있지는 않다. 헌법재판소는 위 두 조항으로부터 청소년 보호를 이끌어 내고 있기는 하지만,[73] **헌법에 청소년의 보호를 명시하지 않은 것은 문제**로 보인다. 왜냐하면 사회 공동체 내에서 청소년의 책임 있는 인격으로의 발전은 청소년에 대한 유해한 환경에 의해 지속적으로 방해받을 수 있는데, 청소년은 개념 내재적으로 그 특유한 발전 단계로 말미암아 자신의 인격 성장을 해치는 영향을 스스로 극복할 능력이 부족할 수 있고 그에 대해서는 국가의 보호가 필요하기 때문이다.[74] 즉, 청소년이 사회 공동체 내에서 책임 있는 인격으로 발전하는 데 방해가 될 수 있는 영향으로부터 청소년을 보호하는 것은 중요한 헌법적 이익이라고 하지 않을 수 없다.[75]

독일 기본법에서도 청소년 보호를 일반적으로 선언한 규정은 없고, 언론·출판의 자유(제5조), 거주·이전의 자유(제11조), 주거의 자유(제13조)의 제한 근거로서 규정되어

---

68) 헌재 2007.10.25. 2005헌바96, 민법 제406조 제1항 위헌소원(합헌).
69) 헌재 2001.8.30. 2000헌바36, 민사소송법 제714조 제2항 위헌소원(합헌).
70) 헌재 2010.2.25. 2007헌바34 참조.
71) 이에 대해서는 후술하는 생명권 부분 참조.
72) 헌재 1998.7.16. 96헌바35, 구 국가보안법 제10조 위헌소원(합헌).
73) 헌재 2004.5.27. 2003헌가1, 학교보건법 제6조 제1항 제2호 위헌제청, 학교보건법 제19조 등 위헌제청(위헌, 헌법불합치).
74) BVerGE 83, 130, 140; 47, 46, 72 ff; BVerwGE 91, 223, 224 f. 이와 유사한 논거의 헌법재판소 판례: 헌재 2003.6.26. 2002헌가14; 1996.2.29. 94헌마13 등 다수의 판례.
75) Vlachopoulos, Spyridon, Kunstfreiheit und Jugendschutz, SÖR 698, S. 148.

있을 뿐이다. 독일에서는 전통적으로 청소년 보호가 경찰법의 영역에 속하는 것으로 보았고 독일 경찰권은 중앙정부가 아니라 지방정부의 권한으로 되어 왔기 때문에,[76] 일반적인 의미의 청소년 보호의 선언은 현재 대다수의 주 헌법에 규정되어 있다.[77]

일반적 포괄적 의미의 청소년 보호는 무엇보다도 헌법 제10조에서 찾을 수 있다. 왜냐하면 인간의 존엄과 행복추구권은 개인의 지적, 정신적, 신체적 특성과 자신이 처한 상황에 관계없이 인간이면 누구에게나 인정되는 것이기 때문이다.[78] 나아가서 혼인과 가족 생활을 보장한 **헌법 제35조 제1항에서도** 그 근거를 찾을 수 있다. 헌법상 가족제도의 보장은 청소년의 보호를 당연히 포함하는 것이기 때문에 청소년의 보호와는 불가분의 관계에 있다. 가족의 주요한 기능은 청소년의 양육에 있으며 나쁜 영향으로부터 청소년을 보호하는 데 있다. 이러한 의미에서 독일 연방헌법재판소도 "가족은 부모와 아동의 포괄적인 공동체로서 무엇보다 아동의 보호와 양육을 위한 권리와 의무가 부모에게 생겨난다."[79]라고 판시한 바 있다. 청소년은 가족의 중요한 구성 부분이고 청소년의 발전은 결정적으로 혼인과 가족이 어느 정도로 제 기능을 발휘하는가에 달려 있다는 점을 유의하여야 한다. 청소년이 방치되면 혼인과 가족도 혼란에 빠질 것임이 분명하다. 이런 의미에서 특히 **소극적인 의미에서 청소년 보호라는 이익은 원칙적으로 헌법 제37조 제2항의 '질서유지'에 해당하는 것으로 보아야** 한다.[80] 그런데 헌법재판소는 청소년의 성 보호를 공공복리로 보고 있다.[81] 청소년의 성을 매수하는 행위는 공공복리에 대한 침해 이전에 청소년의 성과 관련한 질서의 침해로 이해된다.

청소년 보호라는 헌법적 가치의 실현 정도는 제한되는 타인의 자유와 권리 또는 다른 헌법적 가치들과 비교·형량하여 구체적인 경우에 그 보호의 진지성에 따라 판단

---

76) 이에 대해서는 예컨대 Volkmar Götz, Allgemeines Polizei – und Ordnungsrecht, 13 Aufl., Vandenhoeck & Ruprecht(Götingen: 2001), Rn. 42 참조.

77) 예컨대 바이에른주 헌법 제126조 제3항: "어린이와 청소년은 착취 및 도덕적, 정신적 그리고 육체적 방임 그리고 학대에 대한 국가와 지방자치단체의 조치나 시설을 통하여 보호된다. 치료교육은 법률적 근거 하에 허용된다."

78) 김선택, 아동·청소년 보호의 헌법적 기초, 헌법논총 8, 1997, 87쪽; Gröschner, in: Dreier (Hrsg.), Art. 2 I Rn. 50 ff.

79) BVerfGE 10, 50, 66.

80) 같은 견해로는 강태수, 성범죄자의 신상공개제도에 관한 헌법적 고찰, 공법학연구 7-2, 2006.6., 131쪽, 145쪽.

81) 헌재 2003.6.26. 2002헌가14, 청소년의성보호에관한법률 제20조 제2항 제1호 등 위헌제청(합헌, 각하).

된다. 여기서는 헌법의 통일성의 원리가 준수되어야 한다. 헌법의 통일성의 원리란 하나의 헌법적 가치가 일방적으로 다른 헌법적 가치를 지배하거나 배제함으로써 실현될 수 있는 것이 아니고 오히려 양 가치가 상호 한계로 작용함으로써 적절한 효력을 전개하여 나갈 때 실현될 수 있는 것이다.[82]

나. 헌법 개념으로서 청소년
1) 헌법 규정

헌법적 명령으로서 청소년 보호를 이행하기 위해서는 우선 청소년의 개념에 대해 이해할 필요가 있다. 대한민국헌법상 청소년이라는 개념은 제34조 제4항에서 유일하게 발견된다. 이 조항은 "국가는 … 청소년의 복지 향상을 위한 정책을 실시할 의무를 진다."고 함으로써 청소년의 복지 향상을 위해 국가가 노력할 의무를 부과하고 있다. 그러나 이 조항으로부터는 청소년에 대한 어떤 의미 있는 개념 요소도 도출해 낼 수 없다. 따라서 **청소년 개념의 확정은 해석에 의할 수밖에 없다.** 그러나 이 규정이 청소년 개념과 관련하여 전혀 무의미하지는 않다. 왜냐하면 이 규정은 청소년이라는 개념을 헌법상 명시함으로써 그에 대한 일정한 **헌법적 지위를 설정**하고 있기 때문이다.

2) 헌법상 청소년 개념

청소년 개념은 그 내용이 – 특히 연령과 관련하여 – 확정되어 있지 않은 헌법 개념이다. 개별 법률이 청소년의 연령을 상이하게 정하고 있는 것은 입법 목적에 따라 청소년의 범위를 달리 정할 필요가 있기 때문이다. 따라서 청소년에 속하는 연령을 얼마로 할 것인지는 입법자가 판단할 수 있다. 그러나 이와 같이 법률에 따라 상이한 연령 구분을 청소년이라는 개념하에 사용할 수 있다고 하더라도, 이러한 청소년 개념에는 어떤 헌법적 공통 요소가 존재하지 않으면 안 된다. 왜냐하면 청소년을 헌법상 특별히 취

---

82) 헌법의 통일적 해석과 관련하여 헌법재판소는 다음과 같이 말하고 있다: "헌법은 전문과 단순한 개별 조항의 상호관련성이 없는 집합에 지나지 아니하는 것이 아니고 하나의 통일된 가치체계를 이루고 있으며 헌법의 제 규정 가운데는 헌법의 근본가치를 보다 추상적으로 선언한 것도 있고 이를 보다 구체적으로 표현한 것도 있으므로, 이념적·논리적으로는 헌법 규범 상호 간의 가치의 우열을 인정할 수 있을 것이다. 그러나 이때 인정되는 헌법 규범 상호 간의 우열은 추상적 가치 규범의 구체화에 따른 것으로서 헌법의 통일적 해석을 위하여 유용한 정도를 넘어 헌법의 어느 특정 규정이 다른 규정의 효력을 전면 부인할 수 있는 정도의 효력상의 차등을 의미하는 것이라고는 볼 수 없다."[헌재 1996.6.13. 94헌마118등, 헌법 제29조 제2항 등 위헌확인등(기각, 각하)]. Vlachopoulos, Spyridon, Kunstfreiheit und Jugendschutz, SÖR 698, 1996, S. 153도 참조.

급할 필요가 있는 것은 엄격히 말하면 단지 그 연령 때문이 아니라 연령으로 징표되는 바의 보호가 필요한 인격적 미성숙이라는 요소가 내포되어 있기 때문이다.

　따라서 청소년의 개념과 관련하여 분명한 것은 연령 요소를 필요로 하고 그 연령은 인격적인 성숙도를 나타내는 객관적인 징표로 사용된다는 것이다. 이 두 가지는 청소년의 주요한 개념 징표이다. 따라서 여기서는 헌법상 개념으로서 **청소년은 "연령으로 인하여 지적, 정신적, 신체적 그리고 인격적 발전 단계가 아직 장년(壯年)의 안정성(Gefestigkeit)에 이르지 못한 것으로 간주되는 사람"**[83]을 의미하는 것으로 이해할 수 있을 것이다. 이렇게 이해할 때 청소년은 헌법상 완전한 권리 주체와 구분되는 특유의 헌법적 지위를 갖게 될 뿐만 아니라, 법률상 어떠한 연령대를 청소년으로 개념할 것인가는 입법 목적에 따라 달리 정할 수 있게 된다. 그러므로 사람은 출생과 동시에 누구나 이러한 의미의 청소년이 된다.

　결국 헌법상 청소년 개념은 법률에 의해 비로소 그 내용이 확정될 것을 예정하고 있는 개념이다.[84] 어느 연령대를 해당 법률이 청소년으로 취급할 것인가는 입법 목적과 청소년 보호의 필요성에 비추어 입법자가 결정할 문제이지만, 현저하게 불합리하고 불공정한 입법자의 선택은 헌법 위반이 될 것이다. 여기에 청소년 개념에 관한 입법 형성권의 한계가 있다.[85]

3) 법률상 청소년 개념

　청소년에 대한 기본적인 법률로 1991.12.31. 청소년의 권리 및 책임과 가정·사회·국가 및 지방자치단체의 청소년에 대한 책임을 정하고 청소년 육성 정책에 관한 기본적인 사항을 규정함을 목적으로 제정된 「청소년 기본법」[86]이 있다. 이 법 제3조는 청소년을 '9세 이상 24세 이하인 사람'으로 규정하고 있다. 「청소년복지 지원법」[87]과 「청소년활동 진흥법」[88]도 이러한 연령 구분을 그대로 따르고 있다.

---

83) K. Stern, Staatsrecht Ⅳ/1, § 108 Ⅳ 4 S. 1455 참조.
84) 그러나 청소년의 연령을 18세 미만으로 정의하고자 하는 견해로는 김수갑, 청소년 보호를 이유로 한 표현의 자유의 제한에 관한 고찰, 김철수교수정년기념논문집, 박영사, 1998, 592, 599쪽.
85) 형사미성년자를 14세 미만자로 하고 있는 형법의 태도와 관련하여서는 헌재 2003.9.25, 2002헌마 533, 형법 제9조 위헌확인 등(기각) 참조.
86) 이 법의 제정으로 기존의 「청소년육성법」은 폐지되었다.
87) 「청소년복지 지원법」은 「청소년 기본법」 제49조 제4항에 따라 청소년복지 향상에 관한 사항을 정함을 목적으로 한다(법 제1조).
88) 「청소년활동 진흥법」은 「청소년 기본법」 제47조 제2항에 따라 다양한 청소년활동을 적극적으로

이와 더불어 청소년에게 유해한 매체물과 약물 등이 청소년에게 유통되는 것과 청소년이 유해한 업소에 출입하는 것 등을 규제하고, 청소년을 청소년폭력·학대 등 청소년 유해 행위를 포함한 각종 유해한 환경으로부터 보호·구제함으로써 청소년이 건전한 인격체로 성장할 수 있도록 하기 위해 1997.3.7. 「청소년 보호법」이 제정되었다. 「청소년 보호법」은 「청소년 기본법」과 함께 청소년에 관한 양대 축을 이루는 기본적인 법률이다. 이 법 제2조에서는 '만 19세 미만인 사람(단, 만 19세가 되는 해의 1월 1일을 맞이한 사람은 제외)'을 청소년으로 정의하고 있다.[89] 「청소년 보호법」의 청소년 구분을 따르는 법률로는 「아동·청소년의 성 보호에 관한 법률」이 있는데 대신 여기서는 청소년이라는 개념이 아니라 아동·청소년이라는 개념을 사용하고 있다(법률 제2조 제1호).

4) 청소년 관련 개념
가) 헌법상 청소년 관련 개념

헌법상 청소년과 관련이 있는 것으로 보이는 개념으로는 제31조 제2항의 '자녀'와 제32조 제5항의 '연소자'가 있다.

(1) 자녀

헌법 제31조 제3항에 따르면 모든 국민은 그 보호하는 **자녀**에게 적어도 초등교육과 법률이 정하는 교육을 받게 할 의무를 진다. 「초·중등교육법」 제13조에 따르면 모든 국민은 그가 보호하는 자녀 또는 아동이 6세가 된 날이 속하는 다음 해 3월 1일에 그 자녀 또는 아동을 초등학교에 입학시켜야 하고, 초등학교를 졸업할 때까지 다니게 하여야 한다(법 제13조 제1항). 초등학교를 졸업한 학년의 다음 학년 초에 그 자녀 또는 아동을 중학교에 입학시켜야 하고, 중학교를 졸업할 때까지 다니게 하여야 한다(법 제13조 제3항). 그러나 이러한 구분은 법률이 정하는 의무교육의 연한이 바뀌게 될 경우에는 변동하게 된다. 따라서 경우에 따라서는 청소년 개념과 자녀 개념이 그 대상에 있어서 사실상 동일하게 수렴될 가능성도 없지는 않지만, 자녀 개념은 개개 국민의 법률상의 직계비속이나 사실상의 보호를 받는 자로서 의무교육을 받을 주체에 한정된 개념이라는 점에서 법률의 개정 여부에 불문하고 청소년 개념과 헌법적으로 구분된다.

진흥하기 위하여 필요한 사항을 정함을 목적으로 한다(법 제1조).
89) 「청소년 보호법」이 제정되면서 「미성년자보호법」은 1999.2.5. 폐지되었다. 이때 18세 미만으로 되어 있던 것을 19세 미만으로 개정하였다.

(2) 연소자

헌법 제32조 제5항은 **연소자**의 근로를 특별히 보호하고 있다. 연소자를 근로로부터 보호하는 것은 헌법적 이익에 해당하기 때문이다. 이러한 이유에서 「근로기준법」 제64조 제1항에 의하면 15세 미만인 사람(「초·중등교육법」에 따른 중학교에 재학 중인 18세 미만인 사람을 포함한다)은 근로자로 취업할 수 없도록 하고 있다. 따라서 이들은 여기의 연소자에는 포함되지 않는다. 물론 이 경우에도 고용노동부장관이 발급한 취직 인허증을 지닌 사람은 취업이 가능하기 때문에 예외적으로 여기의 연소자에 포함된다. 또 같은 법은 18세 미만 사람의 근로에 대해 특별한 보호를 하고 있다(법 제66조). 따라서 **헌법상 연소자는 현행 법제에서는 원칙적으로 15세 이상의 자로서 아직 18세에 이르지 아니한 자를 의미하는 것으로** 이해된다. 그러나 연소자 개념도 근로라는 특유의 영역에 있어서 특별한 보호가 요구되는 자라는 점에서 일반적 보호 대상으로서의 청소년 개념과는 구분된다.

(3) 소결

결국 헌법상의 '자녀'나 '연소자'는 '청소년'과 구분되지만, 의무교육의 대상으로서 부모가 보호하는 자녀는 언제나 청소년 개념에 포함된다는 점, 연령 미달로 인하여 근로에 있어서 보호를 필요로 하는 연소자도 언제나 청소년 개념에 포함된다는 점, 그리고 청소년은 의무교육의 대상에 한하지 않을 뿐만 아니라 근로에 있어서도 특별한 보호를 필요로 할 수 있다는 점 등을 고려할 때 청소년의 연령 범위는 자녀나 연소자를 포괄하는 것으로 정의할 수 있다.

나) 법률상 청소년 관련 개념

법률상으로는 청소년의 개념 외에도 아동, 미성년자, 소년, 영유아 등의 개념이 사용되고 있다.

(1) 아동

아동이 건강하게 출생하여 행복하고 안전하게 자라나도록 그 복지를 보장함을 목적으로 제정된 「아동복지법」에서는 아동을 **18세 미만인 사람**으로 규정하고 있다(법 제3조 제1호). 「입양특례법」에서도 18세 미만인 사람을 아동으로 정의하고 있다(법 제2조 제1호). 위에서 언급한 바와 같이 「아동·청소년의 성 보호에 관한 법률」에서는 아동을 청소년과 함께 만 19세 미만의 사람으로 보고 있다.

1991.12.20. 우리나라에 대해서도 발효된 「아동의 권리에 관한 협약」[90]의 child 개념도 아동으로 번역하여 사용하고 있는데, 여기서 아동이라 함은 '아동에게 적용되는 법에 의하여 보다 조기에 성인 연령에 달하지 아니하는 한 18세 미만의 모든 사람'을 말한다. 따라서 원칙적으로 국내법상의 아동에 대한 연령 구분과 동일하다.

(2) 미성년자

헌법상 청소년 개념을 위와 같이 이해할 때 청소년의 범위는 미성년자와 일치하지 않을 수 있다. 왜냐하면 성년자는 「민법」상의 개념일 뿐만 아니라 성년자가 되었다고 하더라도 입법자의 판단으로는 일정한 연령까지는 청소년 관련 입법 목적에 따라 청소년으로 포함할 수 있기 때문이다. 「민법」상 미성년자가 혼인을 한 때에는 「민법」상 성년자로 되지만(법 제826조의2), 헌법상으로는 여전히 청소년일 수 있다. 마찬가지로 아동, 소년 등 다른 개념으로 사용되어도 이는 모두 헌법상 청소년의 개념에 포함된다.

2011.3.7. 개정되고 2013.7.1. 시행된 「민법」에서는 19세에 이르지 아니한 사람을 미성년자로 보고(법 제4조), 「민법」상 완전한 독립된 권리 주체로 취급하지 않고 있다(법 제5조).

(3) 소년

법률은 특별한 경우 소년이라는 개념도 사용하고 있다. 「소년법」에서는 19세 미만인 자를 소년으로 정의한다(소년법 제2조).

(4) 영유아

법률상으로는 영유아 개념도 사용되고 있다. 「모자보건법」에서는 출생 후 6년 미만인 사람을 영유아라 하는데 비하여(모자보건법 제2조 제3호),[91] 「영유아보육법」에서는 6세 미만의 취학 전 아동을 지칭하는 개념으로 사용한다(법 제2조 제1호).

이상을 표로 나타내보면 다음과 같다.

법률	개념	연령구분(2023.5. 현재)
아동복지법	아동	18세 미만인 사람(제3조)

---

90) 다자조약집 제10권 참조.
91) 이 법에서는 신생아라는 개념도 사용하는데 신생아란 출생 후 28일 이내의 영유아를 말한다(법 제2조 제4호).

법률	개념	연령구분(2023.5. 현재)
청소년 기본법	청소년	9세 이상 24세 이하인 사람(제3조)
청소년 보호법	청소년	만 19세 미만인 사람(제2조)
소년법	소년	19세 미만인 자(제2조)
영유아보육법	영유아	6세 미만의 취학 전 아동(제2조)
도로교통법	어린이	13세 미만인 사람(제2조 제23호)
	영유아	6세 미만인 사람(제11조 제1항)
민법	미성년자	19세에 이르지 아니한 사람(제4조)
	약혼 연령	18세가 된 사람(제801조)
	혼인 적령	18세가 된 사람(제807조)
형법	형사 미성년자	14세 되지 아니한 자(제9조)
근로기준법	연소자	18세 미만인 사람(제66조)
모자보건법	영유아	출생 후 6년 미만인 사람(제2조 제3호)
	신생아	출생 후 28일 이내의 영유아(제2조 제4호)
공직선거법	선거권자	18세 이상의 국민(제15조)

제2항 기본권 제한의 한계

　　대한민국헌법 제37조 제2항에 따르면 기본권을 제한하는 경우에는 ① 국가안전보
장이나 질서유지 또는 공공복리를 위하여 필요한 경우에 한하여야 하고, ② 법률로써
하여야 하며, ③ 그 경우에도 기본권의 본질적인 내용은 침해할 수 없도록 하고 있다.
이는 기본권 제한의 방법으로 볼 수도 있지만 제한의 한계를 규정한 것으로 볼 수도
있다.[92] 이러한 관점에서 보면 ①의 국가안전보장 등은 목적상의 한계를, 판례와 다수
의 견해에 따를 경우 ①의 '필요한 경우에 한하여'는 방법상의 한계를, ②는 형식상의

---

92) 헌재 1990.9.3. 89헌가95, 국세기본법 제35조 제1항 제3호의 위헌심판(위헌).

한계를, ③은 내용상의 한계를 규정한 것이 된다.[93]

　기본권 제한의 목적과 헌법과 법률의 형식에 의한 기본권 제한은 앞에서 이미 살펴보았으므로 이하에서는 과잉금지원칙 내지 비례성원칙과 본질적 내용 침해금지원칙을 살펴보기로 한다. 그 외에도 미국 판례 헌법상 발전한 이중기준론(double standard theory),[94] 인격적 권리가 경제적 자유권에 우선한다는 이론, 자유우선의 이론(in dubio pro liberta) 등 다수의 기본권 제한의 한계 이론들이 존재하지만, 헌법재판소는 모두 과잉금지원칙으로 포괄하여 심사하고 있다.

Ⅰ. 과잉금지원칙(비례(성)원칙)

　헌법재판소에 의해 헌법적 지위를 가지고 활성화되기 시작한 과잉금지원칙은 판례상으로는 일관되게 비례(성)원칙과 동일한 용어로 사용된다.[95] 이에 대한 반대 견해도 없지 않지만,[96] 여기서는 헌법재판소의 용례에 따라 과잉금지원칙과 동일한 의미로 사용하기로 하되, 원칙적으로는 비례성원칙을 주로 사용하고, 판례나 문헌을 인용할 경우에는 문헌에 기술된 용어를 사용하기로 한다.

　정의 관념의 표현으로서 비례성원칙이 갖는 보편 타당성을 접어두고 오늘날 헌법적 효력을 갖는 원칙으로서 비례성원칙은 독일 경찰행정법의 비례성원칙에서 유래하여[97] 독일 연방헌법재판소의 1958년의 약국 판결[98]에서 처음으로 헌법 원칙으로 성립되었다.[99]

　비례성원칙은 오스트리아를 비롯한 유럽 각국 헌법에서도 규정하고 있을 뿐만 아니라 2004년의 유럽헌법조약에서도 규정되었고, 2009년 12월부터 발효된 리스본조약

---

93) 자세한 것은 허영, 한국헌법론, 박영사, 2011, 287쪽 이하 참조.
94) United States v. Carolene Products Co., 304 U.S. 144 (1938)에서 스톤 대법관(Justice Stone)이 주장한 이론으로서 정신적 자유와 관련된 사법심사를 할 때는 엄격한 심사를 하지만, 경제적 자유와 관련된 사법심사를 할 때는 다소 완화된 심사를 한다는 이론이다. 자세한 것은 김형남, 헌법재판에 있어서 이중기준에 관한 연구(성균관대학교박사학위논문), 1997; 김형남, 기본권 이론, 신지서원, 2010, 133쪽 이하 참조.
95) 헌재 2009.2.26. 2005헌마764 결정 참조.
96) 이준일, 한국공법학회·대법원헌법연구회 공동학술대회 발표문, 25쪽, 35쪽.
97) 자세하게는 김대환, 독일 경찰행정법상 비례성의 원칙의 내용과 전개, 공법학연구 5-3, 2004, 547쪽 이하 참조.
98) BVerfGE 7, 377, 407 (1958) - Apothekenurteil.
99) 김대환, 독일에서의 과잉금지원칙의 성립과정과 내용, 세계헌법연구 11-2, 2005, 79쪽 참조.

의 유럽연합기본권헌장에도 규정되어 있을 정도로 세계 법문화에 많은 영향을 끼치고 있는 원칙이다. 우리나라 헌법재판에 있어서도 비례성원칙을 법치국가와 헌법 제37조 제2항에 근거하는 것으로 보면서 거의 모든 기본권 심사에서 비례성원칙이 심사기준으로 사용되고 있다.

그런데 비례성원칙은 국가마다 다소 상이한 형태로 사용되고 있다. 우리나라 헌법 재판소의 비례성원칙의 내용도 독일이나 오스트리아의 것과는 조금씩 다른 형태로 사용·발전되고 있다. 이것은 비례성원칙의 적용 강도를 다양하게 하여 구체적이고 개별적인 상황에 따라 그 적용을 달리 하기 때문인 것으로 보인다. 영미의 문헌에서도 독일 식의 비례성원칙에 대한 연구가 매우 활발히 진행되고 있다.

헌법재판소는 1988년 설립된 이래로 독일의 비례성원칙을 계수하여 사용하여 왔는데, 최초의 원칙의 구체적인 내용은 1990년 국세기본법 제35조 제1항 제3호의 위헌 심판결정[100])에서 찾아 볼 수 있다. 이에 따르면 과잉금지원칙은 목적의 정당성, 방법의 적절성, 피해의 최소성 그리고 법익의 균형성을 그 내용으로 하는데, ① 목적의 정당성은 국민의 기본권을 제한하려는 입법의 목적이 헌법 및 법률의 체제상 그 정당성이 인정되어야 한다는 것을 의미하고, ② 방법의 적절성은 그 목적의 달성을 위하여 그 방법이 효과적이고 적절하여야 한다는 것을 의미하며, ③ 피해의 최소성이란 입법권자가 선택한 기본권 제한의 조치가 입법 목적달성을 위하여 설사 적절하다 할지라도 보다 완화된 형태나 방법을 모색함으로써 기본권의 제한은 필요한 최소한도에 그치도록 하여야 한다는 것을, 그리고 ④ 법익의 균형성은 그 입법에 의하여 보호하려는 공익과 침해되는 사익을 비교형량할 때 보호되는 공익이 더 커야 한다는 것을 의미한다고 하였다.

위와 같은 요건이 충족될 때 국가의 입법 작용에 비로소 정당성이 인정되고 그에 따라 국민의 수인 의무가 생겨나는 것이라고 하였다.[101])

1. 내용

가. 목적의 정당성

헌법 제37조 제2항에는 국민의 자유와 권리를 제한하는 목적으로서 국가안전보장,

---

100) 헌재 1990.9.3. 89헌가95, 국세기본법 제35조 제1항 제3호의 위헌심판(위헌).
101) 헌법재판소의 확립된 판례이다. 헌재 1994.12.29. 94헌마201; 1998.5.28. 95헌바18; 2000.6.1. 99 헌가11등; 2000.6.1. 99헌마553 등 다수의 결정 참조.

질서유지, 공공복리를 들고 있다. 헌법상 보장된 국민의 자유와 권리를 제한하는 것은 헌법상 개별 조항에서 명기된 것을 제외하면 원칙적으로 여기에 설시된 목적 이외에는 불가능하다.[102]

그러나 이러한 기본권 제한의 목적은 불확정 개념이기도 할 뿐만 아니라 매우 포괄적인 내용을 담고 있어서 지나치게 확장될 가능성마저 있다.[103] 따라서 목적의 정당성은 **입법의 목적이나 취지를 구체적 개별적으로 검토하여서 결정할** 수밖에 없다.

그런데 법률 규정은 스스로 목적을 명시하고 있지 않은 경우가 많기 때문에, 규정으로부터 해석을 통하여 찾아낼 수밖에 없다. 여기서는 합헌성 추정의 원칙이 적용된다. 따라서 입법 목적을 기술한 법조문의 표현에 다소 의문이 있는 경우에도 법이 의도하는 바가 정당한 목적으로 해석될 수 있는 경우에는 목적의 정당성은 충족된 것으로 보기도 한다.[104]

이렇게 기본권 제한 규정의 구체적이고 개별적인 목적을 찾아내어서 그 목적이 헌법적 보호 가치가 있는 국가안전보장, 질서유지 또는 공공복리에 해당하는지가 검토되어야 한다.[105] 단순한 법정책적 목적만으로 기본권을 제약하는 경우에는 과잉금지원칙 중 특히 균형성 심사에서 정당하지 못한 것으로 평가되어 위헌이 될 수 있다.[106]

헌법재판소의 판례에 따르면 **국가안전보장은 "국가의 존립 · 헌법의 기본질서의 유지 등을 포함하는 개념으로서 결국 국가의 독립, 영토의 보전, 헌법과 법률의 기능, 헌법에 의하여 설치된 국가기관의 유지 등"**을 의미한다.[107] 「국가보안법」상 자진 지원 · 금품 수수, 잠입 · 탈출, 찬양 · 고무 등, 회합 · 통신 등의 구성요건에 있어서 "국가의 존립 · 안전을 위태롭게

---

102) 정종섭, 헌법학원론, 박영사, 2009, 346쪽.
103) 목적의 정당성을 위배하였기 때문에 위헌이 된 경우도 드물다(헌법재판소의 위헌 결정례에 대해서는 홍성방: 헌법학, 현암사, 2002, 332쪽의 각주 642 참조).
104) 헌재 1998.5.28. 96헌가5.
105) 그러나 많은 경우에 입법목적과 국가안전보장 · 질서유지 · 공공복리와의 관계를 논하지 않고 법률 규정의 입법 목적 자체의 정당성만이 검토되기도 한다(예컨대 헌재 2004.1.29. 2002헌마788, 국가인권위원회법 제11조 위헌확인). 구체적으로 예를 들면 정정보도청구권제도의 정당성: 헌재 1991.9.16. 89헌마165. 자치단체의 편입의 정당성: 헌재 1994.12.29. 94헌마201. 징발재산의 환매기간설정의 정당성: 헌재 1995.2.23. 92헌바12; 1995.10.26. 95헌바22; 1996.4.25. 95헌바9; 1998.12.24. 97헌마87등. 정기 간행물 등록의 정당성: 헌재 1997.8.21. 93헌바51. 동성동본금혼제도의 부당성: 헌재 1997.7.16. 95헌가6등.
106) 법률상의 이익을 목적으로 하는 법률을 위헌 선언한 예로는 헌재 1999.12.23. 98헌마363, 제대군인지원에관한법률 제8조 제1항 등 위헌확인(위헌).
107) 헌재 1992.2.25. 89헌가104, 군사기밀보호법 제6조 등에 관한 위헌심판(헌정합헌).

한다.”는 의미는 대한민국의 독립을 위협 침해하고 영토를 침략하여 헌법과 법률의 기능 및 헌법기관을 파괴 마비시키는 것으로 외형적인 적화 공작 등을 말하는 것으로 이해하고 있다.[108]

질서유지는 국가안전보장 외의 질서를 의미하는 것으로서 전형적으로는 자유민주적 기본질서를 들 수 있다. 헌법재판소는 자유민주적 기본질서에 위해를 준다 함은 모든 폭력적 지배와 자의적 지배, 즉 반국가단체의 일인 독재 내지 일당 독재를 배제하고 다수의 의사에 의한 국민의 자치, 자유·평등의 기본 원칙에 의한 법치주의적 통치 질서의 유지를 어렵게 만드는 것이고, 이를 보다 구체적으로 말하면 기본적 인권의 존중, 권력분립, 의회제도, 복수정당제도, 선거제도, 사유재산과 시장 경제를 골간으로 한 경제 질서 및 사법권의 독립 등 우리의 내부 체제를 파괴·변혁시키려는 것으로 보고 있다.[109]

헌법재판소는 헌법 제119조 이하에서 경제와 관련하여 규정하고 있는 바의 ‘균형 있는 국민 경제의 성장과 안정, 적정한 소득의 분배, 시장의 지배와 경제력 남용의 방지, 경제 주체 간의 조화를 통한 경제의 민주화, 균형 있는 지역 경제의 육성, 중소기업의 보호 육성, 소비자 보호 등’을 국가가 경제 정책을 통하여 달성하여야 할 “공익”을 구체화하고, 동시에 헌법 제37조 제2항의 기본권 제한을 위한 일반적 법률유보에서의 “공공복리”를 구체화하고 있는 것으로 본다.[110] 또한 공용수용의 요건을 규정한 헌법 제23조 제3항의 공공필요를 헌법 제37조 제2항의 공공복리보다 좁은 개념으로 이해한다.[111]

그런데 기본권을 제한하는 목적으로서의 공익이 헌법상 명시된 것에 한정되는지 아니면 그 외에도 인정될 수 있는가. 헌법재판소는 “경제적 기본권의 제한을 정당화하는 공익이 헌법에 명시적으로 규정된 목표에만 제한되는 것은 아니고, 헌법은 단지 국가가 실현하려고 의도하는 전형적인 경제 목표를 예시적으로 구체화하고 있을 뿐이므로 기본권의 침해를 정당화할 수 있는 모든 공익을 아울러 고려하여 법률의 합헌성 여

---

108) 헌재 1990.4.2. 89헌가113, 국가보안법 제7조에 대한 위헌심판(한정합헌).
109) 헌재 1990.4.2. 89헌가113.
110) 헌재 1996.12.26. 96헌가18; 2001.6.28. 2001헌마132, 여객자동차운수사업법 제73조의2 등 위헌확인(기각, 각하).
111) 헌재 2014.10.30. 2011헌바172등, 지역균형개발 및 지방중소기업 육성에 관한 법률 제18조 제1항 등 위헌소원 등(헌법불합치). 반대견해로는 김철수, 헌법학, 박영사, 2008, 884쪽; 정종섭, 헌법학원론, 박영사, 2009, 683쪽 참조.

부를 심사하여야 한다."112)고 함으로써 헌법상 규정된 기본권 제한의 목적들은 예시적 인 것으로 파악하고 있다. 그러나 기본권 보장은 원칙이고 그 제한은 예외라는 법치국 가적 관점에서 보면 예외를 일반화한다는 것은 지극히 행정중심주의적인 위험한 발상 이 될 수 있기 때문에 이러한 헌법재판소의 판단은 타당한 것으로 보기 어렵다.113)

그런데 목적 자체가 헌법이 추구하는 법익을 위한 것인지 아닌지를 심사하는 것은 헌법적 수권의 문제이지 목적과 수단 사이의 비례성 심사와는 거리가 있고, 목적 자체 의 정당성 문제를 거론하는 것은 현실적으로도 어려우며, 판례에서도 목적의 정당성이 결여되어 위헌 문제가 되었던 적은 없다는 점 등을 들어 **목적의 정당성은 비례성원칙의 내용으로 될 수 없다는 견해**가 있다.114) 그러나 자유와 권리를 제한하는 국가의 조치의 합헌성을 판단하기 위해서는 그 조치가 갖는 목적에 대한 평가를 반드시 거칠 수밖에 없다는 점, 독일에서도 비례성 심사에서는 언제나 사실상 목적에 대한 평가를 전제로 하고 있고 학설에서도 목적의 정당성을 명시적인 한 요소로 파악하는 견해도 있다는 점,115) 원래 독일에서 필요성, 비례성의 개념이 독립적으로 발전되어 왔고 20세기 중반 에 들어 비례성원칙으로 통합되었다는 점 등을 고려하면, 비록 비례성원칙을 목적과 수단의 관계로만 파악하는 것이 논리적이라고 할지라도 그것이 반드시 그렇게만 규정 되어야 할 필연적 이유가 되지 않는다는 점에서 목적의 정당성을 비례성원칙의 내용으 로 포섭하는 것은 의미가 있다.116) 특히 경찰법상의 비례성의 원칙과 비교하여 보면 경 찰법상으로 목적은 위험의 방지라고 하는 것이 명백하게 특정되어 있는데 반하여 헌법 상의 목적이라고 하는 것은 언제나 특정될 필요가 있다는 점에서 헌법상의 비례성원칙 의 요소로 목적의 정당성을 포섭하는 것이 타당한 것으로 보인다.

---

112) 헌재 2001.6.28. 2001헌마132; 1996.12.26. 96헌가18.
113) 같은 견해로는 정종섭, 헌법학원론, 박영사, 2010, 357쪽 참조.
114) 김형성, 비례성원칙과 경제정책적 조세, 343−344쪽; 황치연, 헌법재판의 심사척도로서의 과잉금 지원칙에 관한 연구, 연세대학교박사학위논문, 71쪽.
115) Jörn Ipsen, Staatsrecht II − Grundrechte, 9. Aufl., 2007, Rn. 171 ff.; Gerd Roellecke, in: Umbach/Clemens (Hrsg.), Grundgesetz Bd. I, 2002, Art. 20 Rn. 103. 판례로는 BVerfGE 81, 156, 188 ff.
116) 같은 견해로는 방승주, 헌법재판소의 입법자에 대한 통제의 범위와 강도, 공법연구 37−2, 2008.12., 128−129쪽. 반대 견해로는 이부하, 비례성원칙과 과소보호금지원칙, 헌법학연구 13−2, 2007.6., 275쪽 이하; 이준일, 헌법상 비례성원칙, 한국공법학회·대법원헌법연구회 공동 학술대회 발표문, 26−27쪽.

나. 방법(수단)의 적절성(적합성)

방법의 적절성이란 "수단이 추구하고자 하는 사안의 목적에 적합하여야 하고 필요하고 효과적이어야 한다."는 원칙을 말한다.[117] 목적 달성에 적합한 수단이 다수 존재하는 경우에는 반드시 하나의 수단만이 선택되어야 할 필요는 없다.[118]

알렉시의 이론에 따라 비례성원칙을 최적화 명령으로 이해하는 견해는 다양한 효과적인 수단 가운데 가장 효과적인 수단을 선택할 것을 요구한다.[119] 방법의 적절성은 선택된 수단의 목적 실현에의 기여라고 하는 방향성을 의미하기 때문에, 수단이 설정된 목적에 달성에 기여하기만 하면 적합한 것으로 인정될 수 있다. 그러나 우리의 언어 사용 관행상 적합하다라든가 적절하다라든가는 '꼭 어울리게 알맞다'라는 의미를 갖기 때문에,[120] 비례성원칙의 4가지 하부 원칙을 모두 충족하는 의미로 오해될 수 있어서 방법의 적합성이라는 용어보다는 오히려 방법의 유용성이라고 개념하는 것이 타당한 것으로 보인다.

기본권 제한에 동원된 수단은 헌법적으로 허용되는 수단이어야 한다.[121] 헌법이 명시적으로 배제하거나 해석상 허용될 수 없는 수단은 과잉금지심사 이전에 당해 헌법의 해석·적용과 관련하여 위헌이 된다. 예컨대 언론·출판에 대한 허가나 사전 검열, 집회·결사에 대한 허가는 헌법적으로 허용되지 않는 기본권 제한 수단이다.[122]

다. 피해의 최소성

피해의 최소성은 "입법자는 공익 실현을 위하여 기본권을 제한하는 경우에도 입법목적을 실현하기에 적합한 여러 수단 중에서 되도록 국민의 기본권을 가장 존중하고 기본권을 최소로 침해하는 수단을 선택해야 한다."는 원칙이다.[123] 따라서 피해의 최소

---

117) 헌재 1989.12.22. 88헌가13; 1990.9.3. 89헌가95 등.
118) "국가가 어떠한 목적을 달성함에 있어서는 어떠한 조치나 수단 하나만으로서 가능하다고 판단할 경우도 있고 다른 여러 가지의 조치나 수단을 병과 하여야 가능하다고 판단하는 경우도 있을 수 있으므로 과잉금지의 원칙이라는 것이 목적달성에 필요한 유일의 수단선택을 요건으로 하는 것이라고 할 수는 없는 것이다."(헌재 1989.12.29. 88헌가13).
119) 이준일, 헌법상 비례성원칙, 25, 26-27쪽.
120) 국립국어원, 표준국어대사전, 1999 참조.
121) 기본권의 본질적 내용을 해하는 수단을 선택하여 적합성의 원칙에 위반된다고 한 사례로는 헌재 1996.4.25. 92헌바47.
122) 헌재 2008.6.26. 2005헌마506, 방송법 제32조 제2항 등 위헌확인(위헌).
123) 헌재 1998.5.28. 96헌가5.

성이라는 말이 필요성의 원칙보다는 의미를 더 정확히 드러내는 개념이다.[124] 그런데 사전적 의미로 필요성의 원칙은 목적 달성에 필요한 수단이라는 의미이지 반드시 최소 침해를 의미하는 것이라고는 볼 수 없기 때문에, 오히려 '피해의 최소성'이라는 용어가 더 적확한 개념이라고 할 수 있다. 피해의 최소성의 충족 여부는 유용한 것으로 평가되는 방법들 가운데 선택의 문제이다.[125]

피해의 최소성 충족 여부의 판단 방법과 관련하여 일반적인 방법으로 제시된 것은 없지만, 헌법재판소는 특히 선거운동 규제의 피해의 최소성 충족 여부 판단과 관련하여 입법례의 비교나 관련 벌칙 조항의 법정형의 비교 외에도 국가 전체의 정치, 사회적 발전 단계와 국민 의식의 성숙도, 종래의 선거 풍토나 그 밖의 경제적, 문화적 **제반 여건을 종합하여 합리적으로 판단**하여야 한다고 판시하고 있다.[126]

일반적으로 헌법재판소는 기본권 제한의 최소성과 관련하여 **기본권의 행사 여부의 제한과 기본권의 행사의 방법의 제한을 구분**하고 후자를 보다 피해가 적은 방법으로 이해한다.[127] 또 입법 기술과 관련하여 임의적 규정은 필요적 규정보다 기본권 침해가 덜한 방법으로 본다.[128]

---

124) 일반적으로 필요성(Notwendigkeit)이라는 개념을 최소침해의 원칙의 의미로 이해하고 있다. 이는 학설과 판례에 있어서 같다. 그런데 헌법재판소는 필요성을 다른 한편으로는 좁은 의미의 비례성, 즉 법익의 균형성 개념으로 사용하기도 한다. 예컨대 헌법재판소는 헌법 제23조 제3항의 공공필요를 공익적 필요성으로 이해하고 공익성 외에 특히 필요성을 "국민의 재산을 그 의사에 반하여 강제적으로라도 취득해야할 정도의 필요성이 인정되어야 하고, 그 필요성이 인정되기 위해서는 공용수용을 통하여 달성하려는 공익과 그로 인하여 재산권을 침해당하는 사인의 이익 사이의 형량에서 사인의 재산권 침해를 정당화할 정도의 공익의 우월성이 인정되어야 한다."고 판시하고 있다[헌재 2014.10.30. 2011헌바129등, 지역균형개발 및 지방중소기업 육성에 관한 법률 제18조 제1항 등 위헌소원 등(잠정적용의 헌법불합치)]. 그리하여 이 결정에서는 고급골프장 등의 사업의 시행이 토지를 강제수용 당하는 주민들이 침해받는 기본권에 비하여 그 기본권 침해를 정당화할 정도로 우월하다고 볼 수 없어 타인의 재산을 그 의사에 반하여 강제적으로라도 취득할 수 있게 해야 할 필요성이 인정되지 않는다고 판시하고 있다.
125) Jörn Ipsen, Grundrechte, 9. Aufl., Rn. 178.
126) 헌재 1997.11.27. 96헌바60.
127) 헌재 1998.5.28. 96헌가5, 기부금품모집금지법 제3조 등 위헌제청(위헌) 결정은 법이 규정하는 목적 이외의 기부금품 모집을 일체 금지하는 것을 침해의 최소성에 위배되는 것으로 판시하고 있다. 법이 규정하는 목적 이외의 기부금품 모집을 금지하는 것은 일반적 행동자유권의 행사 여부의 제한이 되는데, 법 목적 외의 모든 모집을 금지하는 것과 같은 기본권 행사 여부를 제한하는 방법보다는 기부금품의 모집절차 및 그 방법과 모집된 기부금품의 사용에 대한 통제를 하는 기본권 행사의 방법을 규제함으로써도 충분히 입법 목적을 달성할 수 있다고 보았기 때문이다.
128) 헌재 1998.5.28. 96헌가12. 헌법재판소의 결정에 따르면 ① 검사의 보통항고로 목적을 달성할 수 있는 경우에 즉시항고하는 것(헌재 1993.12.23. 93헌가2), ② 법상의 규제조항으로서도 충분한 것

　피해의 최소성의 심사 정도에 대해서는 법률이 개인의 **핵심적 자유 영역**인 생명권, 신체의 자유, 직업 선택의 자유 등을 침해하는 경우 이러한 자유에 대한 보호는 더욱 강화되어야 하는 반면에, 개인이 기본권의 행사를 통하여 일반적으로 타인과 사회적 연관 관계에 놓이는 **경제적 활동을 규제**하는 사회·경제정책적 법률을 제정함에 있어서는 입법자에게 보다 광범위한 형성권이 인정되므로(소위 이중기준이론),[129] 이 경우 입법자의 예측 판단이나 평가가 명백히 반박될 수 있는가 또는 현저하게 잘못되었는가 하는 것만을 심사하는 것, 즉 명백성통제 머물러야 한다든가,[130] 완화된 심사기준이 적용되어야 한다는 것이 헌법재판소의 입장이다.[131]

라. 법익의 균형성

　법익의 균형성이란 입법에 의하여 보호하려는 공익과 침해되는 사익인 기본권을 비교형량할 때 보호되는 공익이 더 커야 한다는 것을 말한다.[132]

　그런데 법익의 균형성은 특히 (경찰)행정과 관련하여서는 이미 입법 단계에서 비교형량 하여 수권 규범의 법률 요건에 나타나고 있기 때문에 실제에 있어서는 거의 의미가 없다고 하는 견해가 있다.[133] 그러나 비례성원칙은 입법자를 수범자로 하는 경우에 있어서 적용과 법집행으로서의 행정이나 사법에 대한 적용은 구별될 수 있고 또 구별하여야 하므로 반드시 그렇게 말할 수는 없다. 그것은 입법자는 행정이나 사법보다 넓은 입법 여지를 가지기 때문이다. 따라서 법률이 법익의 균형성을 충족하고 있다고 하더라도 재판과 관련하여서는 언제나 구체적, 개별적으로 판단하지 않으면 안 된다. 즉, 목적의 정당성은 규정이 추구하는 목적 그 자체의 정당성 여부의 판단인데 비하여 법익의 균형성은 목적의 실현 정도와 자유와 권리의 제한 정도의 비교를 통한 합리적인

　　으로 보이는 경우에 일반국민의 선거운동을 포괄적으로 금지하는 것(헌재 1994.7.29. 93헌가4등), ③ 다른 유용한 방법이 있는 것으로 인정되는 경우에 국채증권 멸실의 경우 공시최고절차의 적용을 배제하는 것(헌재 1995.10.26. 93헌마246) 등은 피해의 최소성을 위반한 것으로 평가된다.
129) 이것은 미국 헌법상 논의되는 이준기준의 이론(double standard theory)을 채용한 것으로 보인다. 이중기준이론에 대해서는 김철수, 헌법학 상, 2009, 974쪽; 김형남, 미국 연방대법원의 사법심사기준, 미국헌법연구, 2001, 234쪽 등 참조.
130) 헌재 2002.10.31. 99헌바76등. 독일의 명백성통제의 개념과 운용에 대해서는 방승주, 독일 연방헌법재판소의 입법자에 대한 통제의 범위와 강도, 헌법논총 7, 346쪽 이하 참조.
131) 헌재 2002.10.31. 99헌바76등.
132) 헌재 1990.9.3. 89헌가95.
133) 김재광, 경찰관직무 집행법의 개선방안연구, 한국법제연구원, 2003.11., 62쪽.

조화를 구현하는 것이다.

법익의 균형성은 형량 개념을 도입한 것으로서 정의의 구체적 실현을 의미하지만, 공익과 사익은 원칙적으로 차원이 다른 것이기 때문에 이를 평등 개념으로 포섭할 수는 없다.

2. 헌법적 근거

독일과 마찬가지로 우리나라 헌법에서도 과잉금지원칙을 명문으로 규정하고 있지는 않다. 그렇지만 과잉금지원칙의 헌법적 지위와 관련하여 우리나라의 헌법재판소는 처음부터 이를 전제하고 출발하고 있다. 앞에서 언급한 바와 같이 과잉금지를 처음으로 언급한 1989년 사법서사법시행규칙에 관한 헌법소원[134]에서 '헌법상'의 비례의 원칙 내지 과잉금지의 원칙이라는 용어를 사용하고 있다. 과잉금지의 내용을 최초로 비교적 상세하게 언급하고 있는 같은 해 국토이용관리법 제21조의3 제1항, 제31조의2의 위헌심판[135]에서도 과잉금지원칙을 헌법상의 원칙이라고 하고 있다. 이러한 헌법재판소의 입장은 확고하고 학설에서도 이를 인정하고 있다.[136]

과잉금지의 헌법적 근거와 관련하여 우리나라의 학설은 대체로 헌법 제37조 제2항의 **"필요한 경우에 한하여"**라고 하는 문언의 해석을 통하여 이를 도출하고 있다.[137] 헌법 제37조 제2항의 필요한 경우란 국가안전보장, 질서유지, 공공복리를 위하여 그 제한이 불가피한 경우이어야 하며, 또 제한은 최소한으로 그쳐야 하는 것을 의미한다고 하거나,[138] 기본권 제한에 있어서 필요한 경우를 일반적으로 기본권 제한에 있어서 비례의 원칙이라고 하는 경우[139]가 그것이다.

이러한 입장을 비교적 잘 설명하고 있는 한 견해의 설명을 따르면 헌법 제37조 제2항의 '필요한'이라는 용어는 목적을 위한 수단이 그 목적 달성에 적합해야 한다는 의

---

134) 헌재 1989.3.17. 88헌마1, 사법서사법시행규칙에 관한 헌법소원(기각, 각하).

135) 헌재 1989.12.22. 88헌가13, 국토이용관리법 제21조의3 제1항, 제31조의2의 위헌심판(합헌).

136) 권영성: 헌법학원론, 법문사, 2001, 338쪽 이하; 성낙인: 헌법학, 법문사, 2005, 259쪽 이하; 장영수: 헌법총론, 홍문사, 2002, 277쪽 이하; 서정범: 행정법상의 비례의 원칙, 강원법학 제7권, 1995, 178쪽.

137) 강태수: 기본권의 보호영역, 제한 및 제한의 한계, 한국에서의 기본권 이론의 형성과 발전(허영박사화갑기념논문집), 박영사, 1997, 135쪽 및 여기에 소개된 문헌과 판례 참조.

138) 김철수, 헌법학개론, 박영사, 2005, 348쪽.

139) 성낙인, 헌법학, 법문사, 2005, 259쪽. 이 견해는 조문상의 근거 외에도 법치국가원리, 평등원칙, 기본권의 본질 등을 근거로 들고 있다.

미로 볼 수 있으며, 이는 비례성원칙의 첫 번째 부분 원칙인 합목적성 또는 적합성원칙에 해당하고, 그리고 '경우에 한하여'라고 하는 표현은 목적을 위한 수단의 기본권 제한이 최소한에 그쳐야 한다는 점뿐만 아니라 나아가서는 목적과 수단으로서의 제한 사이에 균형을 깨지 않는 비례 관계가 성립되어야 한다는 것을 간접적으로 명시하고 있는 것으로 보고 있다. 이것은 헌법 제37조 제2항이 직·간접적으로 과잉금지원칙의 내용을 적시하고 있는 것이며 따라서 완전하지는 않지만 과잉금지원칙은 헌법 제37조 제2항으로부터 도출될 수 있다고 한다.[140] 이 견해는 또한 법치국가원리도 과잉금지의 헌법적 근거가 될 수 있다고 본다. 이에 따르면 우리 헌법의 체계상 헌법의 직접적 수권에 의해 행정부가 국민의 경제적 활동의 자유를 제한할 수 있게 되어 있는 점을 고려하면 행정 작용의 헌법적 통제를 위해 법치국가의 중요한 내용으로서 비례성원칙을 포함시키는 것은 기본권 보장이라는 차원에서 충분한 이유가 있다고 한다.

헌법재판소도 헌법 제37조 제2항을 과잉금지원칙의 근거로 본다.[141] 그러나 법치국가원리에서 근거를 찾기도 한다.[142] 결국 우리 헌법재판소의 입장은 과잉금지원칙의 근거로서 헌법 제37조 제2항과 법치국가원리를 들고 있다고 할 수 있다.[143] 헌법 제37조 제2항을 드는 이유는 동 조항의 '필요한 경우에 한하여'라는 문구 때문이다.[144]

이상과 같이 학설과 판례는 과잉금지원칙의 헌법적 근거를 헌법 제37조 제2항과 법치국가원리에서 찾고 있는 것으로 보인다. 그런데 과잉금지원칙의 '헌법적 근거'를 검토함에 있어서는 우선 그것이 이 원칙의 효력이나 적용 영역과 관계된다는 점을 주의하여야 한다. 그리고 일반적으로 어떤 규범적 내용의 '헌법적 근거'라고 할 때는 우선은 헌법상의 명문의 근거가 있는가의 문제일 것이다.[145]

---

140) 김형성, 비례성원칙과 경제정책적 조세, 현대헌법학이론(우재이명구박사화갑기념논문집 [I]), 고시연구사, 1996, 344-345쪽.

141) 헌재 1989.7.14. 88헌가5등, 사회보호법 제5조의 위헌심판제청(합헌) 다수의 결정 참조.

142) 헌재 1992.4.28. 90헌바24, 특정범죄가중처벌등에관한법률 제5조의3 제2항 제1호에 대한 헌법소원(위헌); 유지태, 행정법신론, 신영사, 2004, 789쪽. 양자를 모두 근거로 제시하는 결정으로는 헌재 1992.12.24. 92헌가8, 형사소송법 제331조 단서규정에 대한 위헌심판(위헌) 등 참조. 이 결정은 과잉금지의 원칙의 헌법적 근거로서 법치국가원리와 헌법 제37조 제2항 이외에도 헌법 제37조 제1항도 근거로 들고 있다.

143) 학설로는 최영규, 경찰행정법, 법영사, 2004, 184쪽.

144) 헌재 2002.2.28. 2001헌바73, 주택건설촉진법 제32조의3 제4항 위헌소원(합헌).

145) 그런데 과잉금지원칙에 관한한 헌법에 명문의 근거가 없다고 하여 부인될 수 없다. 그것이 이미 헌법상의 원칙으로 인정되고 있다는 점은 앞에서도 언급한 바와 같다. 또한 Wolf-Rüdiger Schenke, Polizei- und Ordnungsrecht, 3. Aufl., 2004, Rn. 331도 참조. 결국 이하에서 보는 것처럼 과잉금지원칙의 헌법적 근거는 법이론적 문제, 구체적으로는 기본권 이론의 문제이다.

가. 이론적 근거 제시의 필요성

이렇게 보면 우선은 '필요한 경우에 한하여'라는 문구 때문에 헌법 제37조 제2항이 눈에 들어오는 것이 사실이다. 그런데 헌법 제37조 제2항의 문언상의 "필요한 경우에 한하여"라는 문구는 일차적으로는 국가안전보장, 질서유지, 공공복리에 대한 개념이라는 점을 주의하여야 한다. 말하자면 '국가안전보장 등 기본권 제한의 목적을 달성하기 위해서 필요한 경우에 한하여'라는 의미이다. 이것은 헌법상의 명백한 문언에 따른 해석이다. '필요'의 사전적 의미도 '꼭 요구되는 바가 있음146)' 또는 '꼭 요구되거나 갖추어져야 할 것', 그리고 '경우'의 사전적 의미는 '(어떠한 조건이 있는) 놓여 있는 조건이나 놓이게 된 형편이나 사정,147) 특별한 형편, 사정, 상황, 실례'라는 뜻이다.148) 그렇다면 '필요한 경우에 한하여'라는 의미는 우선은 '요구되는 때에 한하여'로 보이고 그것은 국가안전보장 등 목적 관련 의미로 이해된다.149)

'필요한 경우에 한하여'를 이렇게 이해하면 이는 오늘날의 피해의 최소성을 뜻하는 필요성(Erforderlichkeit)과는 구별된다. 헌법 제37조 제2항의 '필요한 경우에 한하여'라는 문언으로부터 피해의 최소성을 끌어내려면 또 다른 어떤 수식 문구가 필요하다.

독일에서 필요성의 원칙이 논의된 직접적인 계기는 사실 1794년의 프로이센 일반란트법 제2부 제17장 제10조가 "공공의 평온과 안전 그리고 질서를 유지하고, 공중 또는 그 개개 구성원이 당면하는 위험을 방지하기 위하여 필요한 조치를 취하는 것은 경찰의 임무이다."라고 규정하고 있는 데서 비롯된다. 그런데 이 규정의 '필요한 조치'(die nöthigen Anstalten)라고 하는 것도 조치 대상자를 고려하여 그에게 가장 관대한 조치만을 필요한 조치로 인정하는 것에 있었던 것이 아니고, 오히려 위험과 그 위험의 방지에 '필요한 조치'였던 것이었다.150) 그로부터 당사자와 관련한 필요성의 관점을 보완하여서 오늘날의 과잉금지원칙으로 발전시킨 것은 어디까지나 프로이센 고등행정재판소의

---

146) 국립국어원, 표준국어대사전, 1999.
147) 국립국어원, 표준국어대사전, 1999.
148) 연세한국어사전, 연세대학교언어정보개발연구원, 2000.
149) 강태수, 기본권의 보호영역, 제한 및 제한의 한계, 한국에서의 기본권 이론의 형성과 발전(정천허 영박사화갑기념논문집), 박영사, 1997, 134쪽 참조.
150) Pieroth/Schlink/Kniesel, Polizei- und Ordnungsrecht, § 1 Rn. 12, § 7 Rn. 7; Boldt, Geschichte der Polizei(A), in: HdbPolR, Rn. 50; Götz, Allgemeines Polizei- und Ordnungsrecht, Rn. 12. Haverkate도 §10 II 17 ALR을 위험방지라는 제한 「목적」을 설정한 것으로 이해한다(Görg Haverkate, Rechtsfragen des Leitungsstaates - Verhältnismäßigkeitsgebot und Freiheitsschutz im leistenden Staatshandeln, 1983, S. 16-17).

판결에 의한 것으로 평가된다. 그리고 프로이센 일반란트법에서 최소 침해의 의미의 필요성의 원칙을 도출함에 있어서는 관련 규정이 필요한 "조치"로 표현되어 있다는 점도 우리와는 다르다. 독일에서도 필요성의 원칙이라는 용어의 사용과 관련하여 이는 혼돈을 불러올 수 있다는 지적이 있다.[151] 이 견해에 따르면 넓은 의미의 비례성원칙에서 '필요성'이라는 개념과 경찰상의 일반적 수권조항 내지는 개별적 수권 조항에 나타난 '필요한'이라는 개념은 구별되는 것이라고 한다.

예를 들어 개정된 통일경찰법 모범 초안과 관련하여 그 제8조 제1항에서 "경찰은 제8a조부터 제24조까지 경찰의 권한에 대해 특별히 규정하지 아니한 경우에 개별적인 경우에 존재하는 바의 공공의 안전과 질서에 대한 위험을 방지하기 위하여 필요한 조치(notwendige Maßnahmen)를 취할 수 있다."고 규정하고 있고, 제9조 제2항에서는 "경찰은 신원의 확인을 위하여 필요한 조치(erforderliche Maßnahmen)를 취할 수 있다."고 규정하고 있는데, 이 경우의 '필요한'이라는 의미는 경찰상의 조치를 통하여 추구하는 목적의 성취와 관련된 개념인데 반해, 넓은 의미의 비례성의 원칙에 있어서 필요성이라는 개념은 경찰조치의 결과, 즉 최소한의 침해와 관련된 개념이기 때문에, 필요성이라는 개념은 법규정상의 용례에 따라 경찰 조치를 통하여 추구하는 목적의 달성과 관련하여 사용하여야 한다. 이러한 입장에 따르면 과잉금지원칙의 필요성이라는 개념을 최소 침해라는 용어로 개념하고 있다. 이러한 견해가 타당한 것으로 보인다.[152] 이러한 관점에서도 필요성의 원칙이라는 용어보다도 우리 헌법재판소가 사용하고 있는 최소침해의 원칙이라는 용어가 보다 적확하게 의미를 드러내고 있다고 할 수 있다. 비례성을 직접 규정하고 있는 독일 각주의 경찰질서법 조항에서도 필요성이라는 개념을 사용하고 있지는 않다. 우리 헌법전에서 사용되고 있는 나머지 다수의 '필요'라는 용어는 과잉금지의 의미와 관련이 없이 사용되고 있다. 그 중에서 예컨대 "국가는 국민 모두의 생산 및 생활의 기반이 되는 국토의 효율적이고 균형있는 이용·개발과 보전을 위하여 법률이 정하는 바에 의하여 그에 관한 필요한 제한과 의무를 과할 수 있다."라고 규정하고 있는 헌법 제122조가 오히려 프로이센 고등행정재판소와 같은 해석의 길을 걸을 가능성을 열어 놓고 있다고 할 수 있다. 그러나 이 규정은 그 적용 범위를 일정한 범위로

---

151) Franz−Ludwig Knemeyer, Polizei− und Ordnungsrecht, 9. Aufl. 2002, § 22 Rn. 290 ff.
152) 그러나 독일의 용례에서는 오늘날 필요성의 원칙이 완화된 수단의 원칙 또는 최소침해의 원칙을 의미하는 것으로 일반적으로 사용되고 있기 때문에 독일공법과 관련하여 사용하는 한 필요성의 원칙이라는 개념을 그대로 사용한다.

좁히고 있기 때문에 일반적 헌법 원칙으로서의 과잉금지의 헌법적 근거로서는 부족함이 있다.

그러나 그렇다고 하여 헌법 제37조 제2항과 과잉금지원칙이 전혀 관계가 없다고 하는 것은 아니다. 우선 헌법 제37조 제2항은 말하자면 국민의 모든 자유와 권리는 국가안전보장 등 일정한 목적을 위하여 필요한 경우에만 제한될 수 있기 때문에 목적을 달리하는 제한은 허용되지 않는다는 의미이고, 이는 헌법재판소가 정립한 과잉금지원칙의 한 요소인 목적의 정당성과 관련된다.153) 그리고 학설154)과 헌법재판소의 결정155)에서 나타나 있는 바와 같이, 헌법 제37조 제2항을 기본권 제한의 한계조항으로 이해하면 국민의 자유와 권리를 제한하는 경우에는 그 제한의 목적은 헌법상 정당하여야 하고, 수단은 목적달성에 적절하고 또 당사자에 대해 최소한의 피해를 야기하는 것이어야 하고, 그로써 보호되는 공익과 침해되는 사익(기본권적 가치) 간에는 일정한 비례 관계가 있어야 한다는 바의 과잉금지원칙과 자연스럽게 관련된다. 그러나 이러한 해석은 "원칙적으로 국민의 기본권은 최대한 보장되어야 하고, 국가의 제한은 최소한으로 억제되어야 한다."(원칙과 예외의 원칙)고 하는 법치국가원리156)를 고려하면 결국 헌법적 근거를 법치국가원리에서 찾는 것과 다를 바 없다. 결국 헌법 제37조 제2항은 법치국가원리를 매개로 하여 목적의 정당성, 방법의 적절성, 피해의 최소성, 법익의 균형성을 내용으로 하는 과잉금지의 원칙과 일정한 이념적 연관성을 맺지만,157) 과잉금지원칙의 핵심 요소인 최소침해의 직·간접적인 표현이라고 보기에는 어려움이 있다.158) 이렇게 보는 것이 과잉금지원칙의 심사 밀도를 헌법재판소가 결정할 가능성을

---

153) 물론 목적의 정당성을 과잉금지의 내포로 보지 않는 일반적인 독일의 견해와는 다르다. 또한 김형성, 비례성원칙과 경제정책적 조세, 현대헌법학이론(우재이명구박사화갑기념논문집 [I]), 1996, 344-345쪽)이 이를 적합성의 원칙과 결부시키고 있는 것과도 다르다. 그러나 대한민국헌법 제37조 제2항을 영어로 번역해 보면 필요라는 개념이 목적 관련성을 갖는다는 점이 분명해진다. "The freedoms and rights of citizens may be restricted by act **only when necessary for** national security, the maintenance of law and order or for public welfare. Even when such restriction is imposed, no essential aspect of the freedom or right shall be violated."

154) 예컨대 허영, 한국헌법론, 박영사, 2002, 278쪽. 비슷하게는 최대권, 헌법학강의, 박영사, 2001, 208쪽.

155) 헌재 1997.2.20. 96헌바24, 국가배상법 제8조 위헌소원(합헌).

156) 헌재 1998.4.30. 95헌가16, 출판사및인쇄소의등록에관한법률 제5조의2 제5호등 위헌제청(위헌, 합헌).

157) 예컨대 양삼승, 과잉금지의 원칙 - 특히 독일에서의 이론과 판례를 중심으로 -, 헌법논총 제1집, 1991, 155쪽 참조.

158) 비슷한 견해로는 이명웅, 비례의 원칙의 2단계 심사론, 헌법논총 제15집, 2004, 522쪽.

열어 놓는 것이기도 하다.[159] 왜냐하면 과잉금지원칙은 원래 엄격 심사기준인데 이를 헌법 제37조 제2항에 직접 근거하는 것으로 보면 이 규정에 따라 모든 자유와 권리에 대해 과잉금지원칙을 적용하지 않으면 안 되기 때문이다.

나. 법치국가원리

이제 남는 것은 법치국가원리가 이론적으로 과잉금지의 헌법적 근거가 될 수 있는 가의 문제이다. 독일[160]과는 달리 우리나라 헌법상으로는 법치국가원리를 직접적으로 선언하고 있는 문언은 없다. 과잉금지원칙의 근거를 법치국가원리에서 찾는다고 하더라도 그러면 법치국가원리는 우리 헌법상 어디에 위치하는가라는 또 다른 문제를 낳는다. 헌법재판소가 법치국가원리의 내용으로 보고 있는 것으로는 기본권의 보호,[161] 법률유보,[162] 죄형법정주의,[163] 기본권 제한 입법의 명확성원칙,[164] 권력분립 및 사법적 구제,[165] 과잉금지원칙,[166] 신뢰보호원칙[167] 등 상당히 포괄적이다. 따라서 법치국가원리에서 과잉금지원칙의 근거를 찾는 것은 실질적으로 별 의미가 없다. 오히려 과잉금지원칙의 사상적 기초가 되는 바의 어떤 합리적 결정[168](Entscheidungsrationalität)관념이 법치국가원리에 자리하고 있다고 보는 것이 타당하다. 과잉금지원칙을 법치국가에서 찾으려는 견해는 이미 법치국가의 요소로 과잉금지원칙이 내포되어 있다는 것을 전제로 하고 있기 때문에 순환 논법에 빠져 있다는 지적도 있다.[169]

다. 기본권의 특성

결국 과잉금지원칙은 엄밀하게는 헌법상 보장되는 자유와 권리의 특성(Wesen)[170]

---

159) 이명웅, 비례의 원칙의 2단계 심사론, 헌법논총 제15집, 2004, 526쪽 참조.
160) 법치국가원칙을 유럽연합을 위한 제원칙 중 하나로 선언하고 있는 기본법 제23조 제1항; 주헌법은 기본법의 법치국가원칙에 합치하여야 한다고 규정한 기본법 제28조 제1항.
161) 헌재 1992.4.28. 90헌바24; 1998.4.30. 95헌가16.
162) 헌재 1990.9.3. 89헌가95.
163) 헌재 1992.4.28. 90헌바24; 1991.7.8. 91헌가4; 1992.12.24. 92헌가8; 1995.9.28. 93헌바50.
164) 헌재 1990.4.2. 89헌가113; 1996.8.29. 94헌바15; 1996.11.28. 96헌가15; 1998.4.30. 95헌가16.
165) 헌재 1997.12.24. 96헌마172등.
166) 헌재 1992.12.24. 92헌가8.
167) 헌재 1997.7.16. 97헌마38; 1998.11.26. 97헌바58.
168) Walter Krebs, Zur verfassungsrechtlichen Verortung und Anwendung des Übermaßverbotes, JURA 2001, S. 233.
169) 이준일, 기본권 제한에 관한 결정에서 헌법재판소의 논증도구, 헌법학연구 제4집 제3호, 1998, 283쪽.
170) 기본권(자유와 권리)의 특성을 독일에서는 Wesen der Grundrechte라고 한다. 그런데 이를 기본

으로부터 나오는 헌법 원칙이라고 보는 것이 보다 타당하다. 헌법상 보장되는 자유와 권리라고 하는 것은 일정한 내용을 가지고 있음을 전제로 하는 것이고 이것이 제한되는 경우에는 최소로 제한될 것을 요구하기 때문이다.171) 이러한 생각은 과잉금지의 헌법적 근거를 자유와 권리를 제한하는 공권력의 입장에서 찾는 것이 아니고, 오히려 제한당하는 기본권 자체의 관점에서 찾는 것이라는 점에서도 타당한 것으로 보인다. 다만, 기본권의 특성에서 찾는다 하더라도 기본권의 일반원리로 볼 것인가, 개개의 기본권에 내재하는 특성으로 볼 것인가는 다툼이 있을 수 있다.

라. 소결

과잉금지원칙을 원칙적으로 엄격한 심사기준이라고 보면, 헌법 제37조 제2항의 필요한 '경우에 한하여'라고 하는 표현을 목적을 위한 기본권 제한이 최소한에 그쳐야 한다는 점뿐만 아니라 나아가서는 목적과 제한 사이에 균형을 깨지 않는 비례 관계가 성립되어야 한다는 것을 간접적으로 명시하고 있는 것으로 보는 견해172)나, '필요한 경우'라는 개념에 목적의 정당성, 방법의 적절성, 피해의 최소성, 법익의 균형성이라는 비례성원칙의 모든 내용이 포함되어 있다고 보는 견해173)는 헌법의 명문 근거가 엄격한 심사를 규정하고 있다고 하는 결론에 도달할 수밖에 없다.

그에 반하여 '필요한 경우에' 제한할 수 있다고 할 뿐, 그 제한이 반드시 '최소한'이 되어야 한다고 요청하는 것은 아니라는 점에서 '피해의 최소성' 원칙의 예외 없는 적용이 헌법 제37조 제2항의 취지라고 단언할 수 없다174)고 하는 견해도 있다.

과잉금지원칙을 엄격한 심사기준으로 이해는 경우에도 헌법재판소나 대다수의 학설과 같이 비례성원칙의 헌법적 근거를 헌법 제37조 제2항의 '필요한 경우에 한하여'라는 문구에서 찾는 한, 비례성원칙보다는 심사 강도가 약하지만 기왕에 헌법재판소가 채용하고 있는 다른 심사기준들 예컨대 자의금지원칙,175) 명백성의 원칙,176) 또는 이중

권의 본질로 번역하는 것은 헌법 제37조 제2항의 기본권의 본질적 내용과 혼동을 줄 수 있기 때문에 적절하지 못하다.
171) 비슷한 생각으로는 BVerfGE 17, 306, 314; 42, 263, 294. Robert Alexy, Theorie der Grund-rechte, Suhrkamp, 1986, S. 71 ff.의 원리로서의 기본권도 참조.
172) 김형성, 비례성원칙과 경제정책적 조세, 344-345쪽.
173) 정종섭, 헌법학원론, 박영사, 2009, 295쪽; 계희열, 헌법학(중), 134; 성낙인, 헌법학, 259쪽.
174) 이명웅, 비례의 원칙의 2단계 심사론, 522쪽.
175) 헌재 2004.12.16. 2003헌바78; 2003.12.18. 2001헌바91등; 2003.1.30. 2001헌바64; 2001.2.22.

기준의 원칙[177] 등의 헌법적 근거를 위협하는 것으로 될 수 있다.

또 과잉금지원칙의 헌법적 근거를 제37조 제2항의 필요한 경우에서 찾는 경우에는 모든 자유와 권리에 대해 적용하여야 하므로 결국은 과잉금지원칙의 심사 강도를 달리 적용할 수밖에 없을 것이다. 그러나 비례성원칙을 다양한 심사 강도의 적용이 가능한 임의적 기준으로 이해하는 것은 타당하다고 보기 어렵다. 결론적으로 과잉금지원칙은 엄격 심사기준으로 이해하되 헌법적 근거는 기본권의 특성으로부터 유래하는 것으로 보는 것이 타당하다.

| NOTE | **미국 심사기준과의 비교** | |

미국에서의 위헌심사는 기본적으로 단순 합리성 심사와 엄격 심사 그리고 중간단계 심사의 3가지 심사기준에 따르고 있다.

① 단순 합리성 심사를 충족하기 위해서는 넓은 의미의 정부행위가 정당한(legitimate) 정부의 목적을 지향하는 것이어야 하고, 그 목적을 달성하기 위해 사용하는 수단이 달성하려는 목적과 최소한의 합리적인 관계에 있으면 된다. 전적으로 자의적이고 불합리한 경우(completely arbitrary and irrational)에는 단순 합리성 심사를 통과할 수 없다. 단순 합리성 기준을 충족하는 것은 매우 용이하다. 여기에서는 정부행위의 위헌성을 입증할 책임(burden of persuasion)은 개인이 부담한다. 단순 합리성 심사에서는 거의 항상(almost always) 정부의 행위가 합헌적인 것으로 유지된다. 이 심사기준은 주로 휴면통상조항(dormant commerce clause)[178] 원칙을 침해하는 주의 행위, 기본권(fundamental rights) 침해가 없는 실체적 적법절차 위배여부,[179] 의심스러운 차별(suspect or quasi-suspect classification)이 아니거나 기본권이 침해되지 않는 차별의 경우 등에 단순 합리성 심사를 하고 있다.

② 심사기준 스펙트럼에서 단순 합리성 심사와 반대에 있는 것이 엄격 심사(strict scrutiny)다. 엄격 심사를 충족하기 위해서는 지향하는 정부의 목적이 단순히 정당한 것이어서는 안 되고 긴절한(compelling) 것이어야 하고, 투입되는 수단은 그에 필요한

2000헌마25.
176) 헌재 1990.4.2. 89헌가113.
177) 헌재 2005.2.24. 2001헌바71.
178) 미국 헌법 제1조에 따르면 주간 통상에 관한 규율권한은 연방에게 있는데, 이로부터 주는 주간 통상에 대해서 차별하거나 부적절하게 부담을 지우지 못한다는 원칙이 도출되는데 이를 소극적(negative) 통상조항 또는 휴면통상조항이라고 한다. 휴면통상조항을 충족하려면 주의 목적이 정당하여야 하고 규제가 그 목적과 합리적 관계에 있어야 하며, 주의 규제에 의해 주간 상거래에 부과되는 규제부담보다 규제시행에 의한 주의 이익이 커야 한다(이익형량원칙의 추가적 적용).
179) 다수의 경제 규제(economic regulations)에 대한 위헌심사도 이와 관련하여 이루어졌고 대체로 합헌으로 유지되었다.

(necessary) 것이어야 한다. 여기서는 목적과 수단이 단순 합리성 관계에 있어서는 안 되고 매우 엄격한 관계가 인정되어야 한다. 실무에서는 필요한 수단이라는 요건을 충족하기 위해서는 목적을 달성하기 위한 다른 어떤 덜 규제적인 수단도 존재해서는 안 되는 것(no less restrictive alternatives)으로 이해되고 있다. 엄격 심사가 적용되는 경우에는 정부가 자신의 행위가 합헌적임을 입증할 책임을 진다. 엄격 심사가 적용되면 거의 항상 (almost always) 정부의 행위는 위헌으로 선언된다. 엄격 심사는 기본권 침해가 있고 청구인이 실체적 적법절차 위배를 주장하는 경우(예컨대 혼인, 임신 · 양육 등과 관련되는 프라이버시를 침해하는 것으로 주장되는 경우), 의심스러운 차별이나 기본권과 관련되는 청구인의 평등보호를 받을 권리를 침해하는 경우, 표현의 내용을 문제 삼아 표현의 자유를 침해하는 경우, 종교의 자유를 침해하는 경우에 엄격 심사를 한다.

③ 단순 합리성 심사와 엄격 심사 사이에 존재하는 것이 중간수준 심사(middle-level review)이다. 중간수준 심사를 충족하기 위해서는 정당한 목적과 긴절한 목적의 중단수준으로 이해되는 중요한 목적(important objective)을 달성하기 위한 실질적 관련성이 있는 수단(substantially related means)이 투입되어야 한다. 실질적 관련성이 있는 수단이란 합리적 관계에 있는 수단과 필요한 수단의 중간수준의 관련성을 가진 수단을 말한다. 중간수준의 심사가 적용되는 경우에는 법원이 입증책임을 어떻게 분배할지는 명확하지 않지만, 보통은(uaually) 정부가 입증책임을 부담한다. 중간수준의 심사가 이루어지는 경우에는 합헌으로 결정될 수도 있고 위헌으로 결정될 수도 있다. 중간수준의 심사는 의심스러운 차별에 준하는(semi-suspect) 특성을 갖는 차별,[180] 표현의 자유에 대한 내용 중립적 제한 (non-content-based restrictions) 등의 경우에 중간수준의 심사를 하고 있다. 이상에서 설명한 심사기준을 표로 정리하면 다음과 같다.

심사 유형 목적/수단	엄격 심사 strict scrutiny	중간 심사 middle-level standard of review	단순 합리성 심사 mere rationality test
목적 (objective)	긴절한 국가 목적 (compelling governmental objective)	중요한 국가 목적 (important governmental objective)	정당한 국가 목적 (legitimate governmental objective)
수단 (means)	필요한 수단 (necessary means) 최소침해의 수단 (no less restrictive alternatives)	실질적 수단 (substantially related means)	합리적 수단 (rationally related means)

---

180) 주로 성(gender)이나 혼인외자(illegitimacy)에 대한 차별이 이에 속한다.

이상의 미국 헌법상 3가지 위헌심사기준을 비례성원칙과 비교하여 차이점과 공통점을 살펴보면 다음과 같다.

차이점	1. 목적의 정당성을 정도에 따라 구분하고 있다는 점 2. 수단의 적합성을 정도에 따라 구분하고 있다는 점 3. 피해의 최소성 개념을 엄격 심사에서만 도입하고 있다는 점 4. 법익의 균형성의 관점은 존재하지 않고 별도의 심사기준으로 사용하고 있는 점
공통점	목적과 수단 간의 관계를 중시하고 있다는 점

II. 본질적 내용 침해금지원칙

1. 개설

기본권의 본질적 내용 침해 금지는 기본권 제한의 최후적 한계에 해당한다. 기본권을 제한하더라도 어떠한 경우에도 그 본질적 내용을 침해할 수 없다. 그런데 이 원칙과 관련하여서는 항상 무엇이 기본권의 본질인가라는 문제에 부딪히게 된다. 따라서 우리나라의 학설은 주로 기본권의 본질적 내용이 무엇인가 라는 실체에 중점을 두고 논의를 해 와서 일찍이 절대설[181]과 상대설[182] 그리고 절충설[183]이 대립했다. 주로 인간의 존엄과 가치와 관련하여 그 침해 여부가 문제되었다.

독일에서는 우리나라에서의 논의와 같은 논의 외에도 일찍부터 본질적 내용의 보호 대상이 주관적 권리인지 아니면 객관적 규범인지 아니면 양자 모두인지에 대해서도 논의가 활발히 일어났다. 우리나라에서는 거의 논의되지 않다가 1997년에 와서야 새로운 학자들에 의하여 주관설이 주장되었다.[184]

헌법 제정 이후 오늘날까지 학설 변화를 검토해 보면 기본권의 본질적 내용 문제야말로 기본권학의 케이프혼이다. 일견 누구나 수긍할 수 있는 확실한 실체로 보이는가 하면, 또한 그 확실한 포착이 결코 용이하지 않다. 앞으로의 본질적 내용 보장은 헌법재판의 시행과 더불어 헌법 실현의 측면에서 보다 실용적인 접근이 이루어지리라 예

---

181) 김철수, 헌법학, 박영사, 2008, 462쪽 이하.
182) 계희열, 기본권의 제한, 안암법학 2, 1994, 87쪽 이하.
183) 권영성, 헌법학원론, 법문사, 2009, 354-355쪽.
184) 강태수, 기본권의 보호영역, 제한 및 제한의 한계, 한국에서의 기본권 이론의 형성과 발전(정천허영박사화갑기념논문집), 박영사, 1997, 139쪽 이하; 정태호, 기본권의 본질적 내용 보장에 관한 고찰, 헌법논총 8, 1997, 279쪽 이하.

견되지만 문제의 특성을 생각할 때 그리 쉬운 일은 아닐 것이다. 문제의 특성상 구체화에 어려움을 겪어 왔음에도 불구하고 그간의 학설의 발전을 거치면서 오늘날 헌법학계에서 기본권의 본질적 내용 보장 규정이 절대적으로 침해해서는 안 되는 기본권 제한의 한계로서 확고하게 자리 잡은 것은 큰 소득이라고 할 수 있다.[185]

헌법재판소의 태도는 절대설과 상대설 사이에서 일관성이 결여되어 있다. 본질적 내용이라는 개념을 과잉금지와는 구별하여 절대적으로 정의하면서도 그 구체적인 판단에 있어서는 대체로 비례성원칙을 활용하고 있다. 본질적 내용의 보호 대상에 관하여는 주관설의 입장이라고 할 수 있다.

2. 원칙의 내용

가. 본질적 내용의 의미

1) 논의의 기초

원칙의 의미를 이해하기 위해서는 우선 원칙의 이념적 배경으로부터 시작되어야 한다. 독일 기본법 제19조 제2항은 바이마르 시대의 법률유보를 통한 기본권의 형해화와 제3제국 시대 국가에 의한 기본권 유린의 경험이 20세기의 자연법사상과 결부되어 탄생되었다.

우리나라에서도 기본권의 본질적 내용 침해 금지는 4·19 혁명 이후 성립된 제2공화국 헌법에서 처음으로 규정되었으며 제4공화국의 유신헌법의 성립과 함께 폐지되었다가 1980년 헌법에서 다시 부활하였다는 점이 본질적 내용 침해 금지 규정을 이해함에 있어서 중요하게 고려되어야 한다.

2) 기준적 관점

기본권의 본질을 파악함에 있어서 선결되어야 하는 문제로서 기본권 일반에 대하여 적용될 수 있는 본질적 내용이 존재하는가 아니면 개별 기본권마다 달리 포착하여야 하는가 하는 것이다. 기본권 일반에 통용되는 본질적 내용을 상정하는 견해는 주로 상대설의 경우가 이에 해당한다.[186] 상대설에서는 기본권 일반에 대하여 과잉금지원칙이나 법익형량의 원칙이라는 동일한 기준을 적용하기 때문이다. 그리고 절대설의 입장

---

185) 이에 대한 자세한 논의는 김대환, 기본권 제한의 한계, 법영사, 2001, 150쪽 이하 참조.
186) Schneider, Der Schutz des Wesensgehalts, S 155.

중 인간의 존엄 내용으로서의 본질적 내용을 주장하는 뒤리히의 경우도 이러한 입장에 해당한다고 할 수 있다. 그러나 모든 기본권에 대하여 타당한 본질적 내용을 상정하는 경우에는 필연적으로 내용이 공허한 정의에로 귀착할 가능성이 많다. 이에 반하여 주관설에서도 핵심영역설은 개별적 기본권마다의 핵심을 해당 기본권의 본질적 내용으로 파악한다. 기본권 일반에 타당한 본질적 내용은 없으며 개별 기본권에 특유한 본질적 내용이 존재할 뿐이라고 하는 입장이다. 독일 연방헌법재판소의 경우 기본권의 본질적 내용을 기본권의 전체계 속에서 기본권이 갖는 특유한 의미에 따라 발견하고자 하는데,[187] 이러한 입장은 독립된 개별 기본권의 의미가 아니라 기본권 전체의 체계 속에서 당해 기본권의 특유한 의미를 파악하고자 하는 것이므로 두 견해의 중간적 입장에 해당한다고 할 수 있다.[188]

기본권의 본질적 내용이란 기본권의 내용 중에서 본질적인 내용만을 말한다. 그런데 기본권은 각각 그 기능과 효력 범위 등 그 내용이 상이하다. 따라서 그 본질적 내용도 기본권마다 각기 다르다고 할 수밖에 없다. 그러므로 기본권의 본질적 내용은 기본권마다 특유하게 결정되어야 할 문제이다.[189] 헌법재판소도 같은 입장이다.[190] 그런데 헌법의 통일성의 원리에 따라 기본권은 일련의 연관성을 가지는 것으로 해석하여야 하는 것은 당연한 전제이므로 이를 고려한다고 하여 이를 절충설이라고 굳이 명명할 필요는 없는 것으로 보인다.

3) 소결

기본권의 본질적 내용이라는 것은 입법자에 의하여 전적으로 결정되어서는 안 된다는 점[191]에서 법원에 기본권 침해의 제소 가능성이 열려 있어야 한다는 절차법설의 주장은 타당하다. 절차법설을 비판하고 있는 견해에서도 절차법설의 타당한 일면을 완전히 부인하지는 않는 것으로 보인다. 그러나 기본권의 본질적 내용은 그 기본권에 특유한 근본 요소를 내포하는 것으로 이해된다.

상대설은 기본권 제한이 비례적인 한 기본권의 어떠한 내용의 침해도 본질적 내용의 침해가 아니라고 한다. 그러나 비례성원칙은 본질적 내용 침해금지원칙과 별개로

187) BVerfGE 22, 180, 210.
188) Schneider, Der Schutz des Wesensgehalts, S 155.
189) 김철수, 헌법학, 2008, 462; 권영성, 헌법학원론, 2009, 354-355쪽.
190) 헌재 1995.4.20. 92헌바29.
191) 비슷하게는 강태수, 한국에서의 기본권 이론의 형성과 발전, 106-107쪽.

충분히 그 기능을 발휘할 수 있기 때문에 본질적 내용 침해금지원칙을 비례성원칙으로 대체하는 것은 불필요할 뿐만 아니라 "… 자유와 권리의 본질적인 내용은 침해할 수 없다."고 하고 있는 헌법 규정과도 명백히 배치된다. 따라서 절대설의 관점이 타당하다. 그러나 본질적 내용을 절대설의 입장에서 이해하더라도 그 정의는 다양하게 이루어지고 있다.[192] 그럼에도 불구하고 기본권의 본질적 내용은 기본권의 내용에 비하여 본질적 내용은 양적으로 축소되어 있지만 그 동일성은 상실되지 않아야 하기 때문에 **본질적 내용은 기본권의 특성을 유지하는 가운데 최소한의 핵심적 내용으로 이루어져 있는 것**이라고 일단 정의할 수 있다. 본질적 내용은 이를 포함한 기본권의 내용이 갖는 특성과 무관할 수는 없으며 양적으로 축소되어 본질적 내용만 남더라도 그 특성의 동일성이 유지되어야 한다.[193] 그러나 이상과 같은 논의도 어디까지나 본질적 내용이라는 것을 파악하는 한 형식일 뿐 기본권의 본질적 내용이 무엇으로 채워지는가 하는 실체적 내용이 밝혀진 것은 아니다.[194] 본질적 내용의 알맹이는 이미 언급한 바와 같이 개별 기본권마다 달리 파악하여야 할 문제다. 이것은 개별 기본권의 규범 영역 내지는 생활 영역의 분석[195]의 문제다.

---

192) 다양한 개념 정의에도 불구하고 사실상 동어반복에 불과하다.
193) Stern, Staatsrecht, Ⅲ/2, S. 876. 본질적 내용을 이와 같이 이해할 때 예컨대 노동3권의 본질적 내용은 단결권에 한정될 수만은 없다. 왜냐하면 단체교섭권과 단체행동권을 포함하는 노동3권이 단결권만으로 그 특성의 동일성이 유지된다고 할 수는 없기 때문이다(헌재 1991.7.22. 89헌가106). 대법원에서는 "노동3권은 다같이 존중 보호되어야 하고 그 사이에 비중의 차등을 둘 수 없는 권리들임에는 틀림없지만 근로 조건의 향상을 위한다는 생존권의 존재목적에 비추어 볼 때 위 노동3권 가운데에서도 단체교섭권이 가장 중핵적 권리임은 부정할 수 없다. 그 이유는 헌법 제119조 제1항의 규정에 의하여 분명한 것처럼 개인과 기업의 경제상의 자유와 창의를 존중함을 기본으로 삼고있는 우리의 경제질서 아래에서는 노사양측의 교섭을 통하지 아니한 일방적인 노동조건의 결정은 상상할 수 없는 것이기에 사용자에 비하여 열세일 수밖에 없는 근로자에게 열세성을 배제하고 사용자와의 대등성 확보를 위한 법적 수단으로 단체교섭권을 인정하는 것이야말로 근로 조건의 향상을 위한 본질적 방편이라고 아니할 수 없으며 따라서 그것을 위하여 단체형성의 수단인 단결권이 있고 또한 교섭이 난항에 빠졌을 때 그것을 타결하기 위한 권리로서의 단체행동권이 있는 것으로 보아야 하기 때문이다."(대법원 1990.5.15. 90도357 판결)라고 판시한 바 있다. 이 견해는 오히려 단체교섭권을 노동3권의 핵심적인 부분으로 인정하고, "근로자에게 단체교섭권이 정당하게 확보되어 있기만 하다면 그것을 보장하는 권리로서의 단체행동권은 그것이 제한된다 해도 필요한 최소한도내에서, 어쩔 수 없는 것으로서 사회관념상 상당한 대상조치가 마련되어 있다고 보여질 때에는 위에서 본 권리의 본질적인 내용을 침해하는 것으로 볼 수 없다."고 하였다. 이 대법원의 판결은 앞의 헌법재판소의 다수 의견이나 소수 의견에 비하여 타당한 설시를 하고 있는 것으로 판단된다.
194) Stern, Staatsrecht Ⅲ/2, 876.
195) 강태수, 기본권의 보호영역, 제한 및 제한의 한계, 한국에서의 기본권 이론의 형성과 발전(정천허

그런데 규범의 핵심영역 분석과 관련하여 초시대적인 바의 정적 본질이라는 것이 존재할 수 있는가 하는 의문이 제기될 수 있다. 불변의 실재로서의 본질이라는 것은 전통적인 철학적 논의의 바탕을 이루는 것이기는 하지만 회의론도 유력하게 주장되고 있다. 그러나 사물의 본질이란 존재하지 않는다는 명확한 입증이 이루어지기 전에는 본질 존재론적 입장을 유지하는 것이 기본권 보호에 친근하다. 나아가서 기술과 법문화가 발달함에 따라 기본권적 가치가 변한다기 보다는 보다 자연법적인 가치의 발견에로 나아가고 있다고도 볼 수 있는 것이다. 또한 헌법은 역사성을 갖는 것이기도 하지만 다른 규범에 비하여 특히 기본권 규범은 가치적으로 영속성도 갖는다. 적어도 그것이 인권과 관련되는 한에서는 더욱 그러하다. 따라서 **기본권의 내용은 시간과 함께 변화의 가능성을 가지고 있으면서도 한편으로는 당해 기본권의 규범 구조가 허용하는 한 그것이 적용되는 시대에 있어서는 핵심 영역을 가지는 것으로 파악**할 수 있다.

나. 판례
1) 대법원

대법원의 많은 판결은 기본권의 본질적 내용과 관련된 주요 쟁점들에 대하여 거의 언급하지 않은 채 기껏해야 '기본권 제한의 한계 사유'로 보거나[196] '과잉금지원칙과 구별되는 것이라는 정도만을 추론할 수 있는데 그치고 있다.[197]

이에 비해서 소수 의견에서는 좀 더 유의미한 논의가 있었는데, 여기서는 주로 기

영박사화갑기념논문집), 박영사, 1997, 102−144쪽; 강태수, 기본권의 보호영역에 대한 소고−집회의 자유를 중심으로, 청주대법학논집, 1994.12., 1−22쪽; Peter Lerche, Grundrechtlicher Schutzbereich, Grundrechtsprägung und Grundrechtseingriff(§ 123) in : J. Isensee/P. Kirchhof(Hrsg.), Handbuch des Staatsrechts der Bundesrepublik Deutschland V, 1992[박종호 역, 기본권의 보호영역, 기본권형성 그리고 기본권 침해, 허영 편역, 법치국가의 기초이론(Peter Lerche 논문선집), 박영사, 1996, 9−55쪽] 등 참조.
196) 대법원 1993.9.28. 93도1730 판결; 1994.4.12. 93도2712 판결; 1997.7.16. 97도985 판결; 1991.4.23. 90누4839 판결.
197) 대법원 1994.3.8. 92누1728 판결에 따르면 보존음료수 제조업의 허가를 제한할 수 있는 법률상의 근거가 있다고 하더라도 생수국내시판금지가 국민의 기본권을 제한하는 것으로서 국가안전보장, 질서유지 또는 공공복리를 위하여 필요한 것이 아니거나, 또는 필요한 것이라고 하더라도 국민의 자유와 권리를 덜 제한하는 다른 방법으로 그와 같은 목적을 달성할 수 있다든지, 위와 같은 제한으로 인하여 국민이 입게 되는 불이익이 그와 같은 제한에 의하여 달성할 수 있는 공익보다 클 경우에는 이와 같은 제한은 비록 자유와 권리의 본질적인 내용을 침해하는 것이 아니더라도 헌법에 위반되는 것임을 면할 수 없는 것이라고 하고 있는데 이것은 기본권의 본질적 내용 침해금지원칙을 비례성원칙과 구별하는 것을 전제로 하고 있는 것으로 보인다.

본권의 본질적 내용의 개념, 그 침해 여부의 판단, 그리고 본질적 내용 침해금지규정의 보호 대상이 논의되었다.

우선 기본권의 본질적 내용의 개념 및 침해 여부의 판단 기준과 관련하여 소수 의견에서는 기본권의 본질적 내용을 다음과 같이 정의하고 있다. "헌법이 보장한 자유 또는 권리의 본질적인 내용이라 함은 기본권의 근본 요소로서 이를 제한하게 되면 기본권이 유명무실하게 되어 버리는 그러한 권리의 실체를 가리킨다."[198] 이와 같은 정의는 학설의 대체적인 개념 정의와 일치한다.

원칙의 보호 대상, 즉 기본권의 본질적 내용의 보호 대상이 국민 일반의 추상적 권리인가, 아니면 개인의 구체적 권리인가와 관련하여 위 판결의 소수 의견은 기본권의 본질적 내용에 대한 보다 분명한 입장을 취하고 있다: "다수 의견과 보충 의견은 비상계엄 해제 후 1개월 이내의 기간 군법회의 재판권을 연기하는 것이 국민의 군법회의 재판을 받지 아니할 권리를 일시적으로 제한하는 것임은 분명하지만 그렇다고 하여 국민의 군법회의 재판을 받지 아니 할 권리 자체를 박탈하거나 그 권리의 본질적 내용을 침해하는 것은 아니라고 말하고 있다. 그러나 이러한 주장은 이 사건에서 문제된 기본권의 침해가 국민 일반의 추상적 권리를 대상으로 한 것이 아니라 개인으로서의 국민이 갖는 구체적 권리를 대상으로 한 것이라는 점을 망각한 것이다. 국민 일반의 추상적이고 분량적인 권리개념으로 본다면 1개월 이내의 군법회의 재판권 연기는 극히 적은 일부 국민의 권리를 단기간 침해하는데 지나지 아니하여 권리 자체의 박탈이나 본질의 침해가 아니라 권리의 일시적 제한이라고 볼 수 있을지 모르나, 군법회의 재판권이 연기된 1개월 사이에 군법회의 재판을 받은 개인으로서는 이미 군법회의 재판을 받지 않을 권리 자체를 박탈당하고 그 권리의 본질적인 내용을 침해당한 것이지 일시적으로 권리의 제한을 받은 것이 아니다."

2) 헌법재판소

헌법재판소의 판례에서는 절대설의 입장을 취한 것도 있고 상대설의 입장을 취한 것도 있다.

기본권의 본질적 내용의 의미를 "기본권의 실질적 요소 내지 근본 요소를 본질적 내용으로 보고 이를 침해하면 자유와 권리가 유명무실하여 형해화되는 것"[199]이라든

---

198) 대법원 1985.5.28. 81도1045 판결의 반대의견(대법관 이정우, 이회창, 오성환의 의견).
199) 헌재 1989.12.22. 88헌가13, 국토이용관리법 제21조의3 제1항, 제31조의2의 위헌심판(합헌, 위헌

가, "기본권의 본질적 내용은 만약 이를 제한하는 경우에는 기본권 그 자체가 무의미하여지는 경우에 그 본질적인 요소를 말하는 것으로서, 이는 개별 기본권마다 다를 수 있을 것이다."[200]라고 한 것은 절대적 주관설의 입장이라고 할 수 있다. 이 두 결정은 본질적 내용 침해금지원칙 위배 여부 외에 과잉금지원칙 위배 여부도 별도로 검토하고 있다.

상대설을 취한 다수의 판례 가운데 2000년대 이후의 대표적인 것으로는 생명권에 관한 판결을 들 수 있다. 헌법재판소는 이미 1996년에 생명권의 본질적 내용을 상대화하여 이해한 바 있지만, 2010년에도 생명을 박탈하는 사형제도가 생명권의 본질적 내용을 침해하는 것은 아니라고 판시하였다.[201] 그러나 1996년 결정에서는 2인의 반대의견이 있었는데 반하여, 2010년 결정에서는 7인의 재판관이 위헌론 또는 신중론을 펴고 있는 것으로 보아서 사형 폐지의 방향으로 나아가고 있는 것으로 보인다.

가) 절대설의 입장을 취한 판례

기본권의 본질적 내용에 대한 최초의 본격적인 언급은 "토지 재산권의 본질적인 내용이라는 것은 토지 재산권의 핵이 되는 실질적 요소 내지 근본 요소를 뜻하며, 따라서 재산권의 본질적인 내용을 침해하는 경우라고 하는 것은 그 침해로 사유재산권이 유명무실해지고 사유재산제도가 형해화(形骸化)되어 헌법이 재산권을 보장하는 궁극적인 목적을 달성할 수 없게 되는 지경에 이르는 경우라고 할 것이다."라고 한 1989년 결정[202]에서 발견된다. 토지 재산권의 본질적 내용을 토지 재산권의 핵이 되는 실질적 요소 내지 근본 요소라고 판단한 것은 우리나라의 다수 의견을 따르고 있는 것으로 일종의 절대설의 입장이라고 말할 수 있다. 여기에서 본질적 내용의 침해 태양으로서는 사유재산제도의 전면적인 부정, 재산권의 무상몰수, 소급입법에 의한 재산권 박탈 등이 제시되고 있다.

토지거래허가제도와 관련하여서는 ① 토지거래허가제도가 규제하려고 하는 것은 모든 사유지가 아니고 투기우심지역 또는 지가폭등지역의 토지에 한정하고 있다는 점, ② 규제 기간이 5년 이내인 점, ③ 규제되더라도 거래 목적, 거래 면적, 거래 가격 등에

불선언, 보충 의견·반대의견 있음).
200) 헌재 1995.4.20. 92헌바29, 구 지방의회의원선거법 제181조 제2호 등 위헌소원(합헌).
201) 헌재 2010.2.25. 2008헌가23, 형법 제41조 등 위헌제청(합헌, 각하).
202) 헌재 1989.12.29. 88헌가13. 이러한 개념 정의는 헌재의 다른 결정에서도 이견 없이 인용되고 있다.

있어서 기준에 위배되지 않는 한 당연히 당국의 거래 허가를 받을 수 있어 처분권이 완전히 금지되는 것은 아닌 점, ④ 당국의 거래 불허가처분에 대하여서는 불복 방법이 마련되어 있는 점 등을 들어 사유재산제도의 부정이라기보다는 그 제한의 한 형태라고 하였다. 이 결정에서는 또한 비례성원칙 위반 여부에 대해서도 검토하고 있는데, ① 토지 소유권의 상대성, ② 토지 소유권 행사의 사회적 의무성, ③ 우리나라의 토지 문제와 그와 밀접히 결부된 산업·경제상의 애로, ④ 주택 문제의 심각성, ⑤ 토지의 거래 실태, ⑥ 투기적 거래의 정도, ⑦ 현재 그것이 전혀 목적에 적합하지 아니하다거나 따로 최소침해의 요구를 충족시켜 줄 수 있는 최선의 방법이 제시되어 있다거나 아니면 쉽게 찾을 수 있다거나 함과 같은 사정이 없는 상황 등을 근거로 원칙의 위배가 아니라고 하였다. 이 결정에서 사용된 두 심사기준의 판단근거를 살펴보면 다소 다르게 언급되어 있음을 알 수 있다. 비례성원칙의 판단요소로서는 사실상 목적의 정당성, 방법의 적정성, 피해의 최소성, 법익의 균형성의 관점을 동원한데 반하여 본질적 내용 침해의 판단 근거는 직접적이든 아니면 보상을 통한 간접적이든 주로 **제한 후 당해 기본권의 행사 가능성이 남아 있는지 여부**를 고려한 것으로 보인다. 이 결정의 보충 의견은 토지거래허가제가 재산권의 본질적 내용의 침해가 아닌 이유로서 ① 토지거래허가제에 의한 소유권자 등의 임의 처분권이 제한되었지만 그것이 잠정적이라는 점, ② 불허가처분이 잘못되었을 경우에는 사법 심사 과정을 통한 취소의 가능성이 열려 있으며, ③ 불허가 처분을 받은 뒤에도 매수청구권을 행사하여 처분할 수 있는 길이 열려 있다는 점 등을 들고 있다. 다수 의견과 비슷한 논증이다. 이 결정의 위헌 의견은 본질적 내용 침해금지원칙의 위반을 논증하고 있지는 않다.

　이 결정의 다수 의견과 보충 의견은 과잉금지에서 포괄하지 못하는 요소를 본질적 내용 판단의 요소로 열거하여 본질적 내용 판단의 구체적 기준으로 원용하였다는 점에서 의미가 있다. 다만, 제시되는 요소들을 모두 충족하여야 하는지에 대해서는 이론이 있을 수 있다. 극단적인 경우 예컨대 규제 기간 5년 동안 토지 거래를 완전히 중지시키는 법률을 생각해 볼 수 있다. 이 경우 본질적 내용의 침해인가 아닌가 하는 문제는 중요한 의미를 갖는 것이다. 이러한 문제가 발생하는 것은 헌법재판소가 헌법 제37조 제2항의 기본권 제한의 본질적 내용 침해 금지 규정의 일반적 의미를 선결하지 않고, 개별적 기본권인 재산권에 대하여만 그것도 토지거래허가제도라는 특수한 상황에 대하여만 판단하고자 하였기 때문이다.

절대설에 입각하여 판시하고 있는 또 다른 1995년의 결정203)에서는 다음과 같이 판시하고 있다: "기본권의 본질적 내용은 만약 이를 제한하는 경우에는 기본권 그 자체가 무의미하여지는 경우에 그 본질적인 요소를 말하는 것으로서, 이는 개별 기본권마다 다를 수 있을 것이다.204) … 위 조항들에 의하여 제한되는 것은 의사 표현의 내용 그 자체가 아니라 표현의 특정한 수단 방법에 한정되어 있다. 즉 모든 선거운동 방법의 전반에 대한 전면적인 제한이 아니라 특히 폐해의 우려가 크다고 인정되는 인쇄물, 광고 등의 제작·배부라고 하는 특정한 선거운동 방법에만 국한되는 부분적인 제한에 불과하여 이러한 방법 이외의 방법은 자유롭게 선택될 수 있는 여지를 남겨두고 있으므로 이로써 선거운동의 자유 내지 이를 한 태양으로 하는 의사 표현의 자유가 전혀 무의미해지거나 형해화된다고 단정할 수는 없다고 판단된다." 이 결정은 간략하지만 기본권의 본질적 내용의 일반적 의미를 기술하고 있고, 개별 기본권마다 다르게 파악할 수 있다고 보고 있다는 점이 특색이다. 이 결정에서도 비례성원칙도 함께 검토되고 있다.

헌법재판소의 소수 의견에서는 기본권의 본질적 내용을 인간의 존엄과 가치로 이해하는 견해도 있다.205)

나) 상대설의 입장을 취한 판례

상대설의 입장에서 판시하고 있는 경우도 찾아 볼 수 있다. 1991년에는 정정보도 청구는 피해자의 인격권과 사생활의 비밀과 자유의 보호를 위하여 마련된 제도로서 언론기관의 언론의 자유와 서로 충돌하는 관계에 있다고 보고, 양자의 조화로운 해석이 이루어졌는지는 과잉금지의 원칙에 따라 판단하고, 과잉금지원칙의 위배가 아니므로 당연히 본질적 내용의 침해가 아니라고 하였다.206) 이러한 태도는 과잉금지원칙에 위반되지 아니하면 언제나 본질적 내용의 침해가 아니라는 전제하에서만 성립된다고 할 수 있다. 그러나 입장에 따라서는 과잉금지의 원칙에 위반되지 않으면서도 본질적 내

---

203) 헌재 1995.4.20. 92헌바29.
204) 기본권의 불가침의 본질적 내용은 모든 기본권에 대하여 기본권 전 체계에서의 그 특수한 의미로부터 도출되어야 한다고 본 독일의 연방헌법재판소의 결정과 같은 입장이다(BVerfGE 22, 180, 219).
205) 예컨대 헌재 1995.7.21. 94헌마136, 고발권불행사 위헌확인(기각) 결정에서 조승형 재판관의 별도의견(결론적으로 기각이라는 점에서 법정의견과 같음).
206) 헌재 1991.9.16. 89헌마165.

용의 침해가 될 수도 있다(예컨대 사형이 과잉금지원칙에 위반되지 않는다고 할 수 있을지라
도 생명권에 대한 본질적 내용의 침해라고 보는 경우). 따라서 헌법재판소의 이 결정은 상대
설에 입각한 판례라고 할 수 있다. 1996년의 결정207)에서는 결과적으로 기본권의 완전
한 박탈이 이루어지더라도 비례의 원칙을 지키는 한 위헌이 아니라고 하였다. 이 외에
도 상대설을 취하는 것으로 보이는 판례를 다수 찾아 볼 수 있다.

3) 소결

헌법재판소의 태도는 절대설과 상대설 사이에서 일관성이 결여되어 있다. 본질적
내용이라는 개념을 과잉금지와는 구별하여 절대적으로 정의하면서도 그 구체적인 판단
에 있어서는 대체로 비례성원칙을 활용하고 있다.

본질적 내용의 보호 대상에 관하여는 주관설의 입장이라고 할 수 있다. 명시적으
로 객관설을 취한 판결이 없을 뿐 아니라, 무엇보다도 결정들이 대부분 주관적 권리를
전제로 하고 있기 때문이다. 물론 객관적 규범인 제도적 보장에 대한 본질적 내용이 언
급되고 있기는 하지만 이것은 주관적 권리로서의 기본권에 대한 판단과 하등의 차이를
발견할 수 없다.

다. 보장 대상

원칙의 보호 대상이 무엇인가라는 문제에 관하여는 앞에서 언급한 바와 같이 주관
설(권리설)과 객관설(제도설)이 대립하여 왔다.

객관설의 주된 논거는 주관설을 취할 경우 현실적으로 발생하는 문제들을 해결할
수 없기 때문이라고 한다. 예컨대 사형은 주관적 권리로서의 생명권의 본질적 내용의
침해임이 명백함에도 현실에는 사형제도가 존재하고 있는 것은 주관설의 입장에서는
해결할 수 없는 모순되어 버린다는 것이다. 이러한 모순은 객관설에 입각할 때 비로소
해결될 수 있다고 하는데, 이에 따르면 개인의 생명권의 본질적 내용은 사형을 통해 박
탈될지라도 객관적인 제도로서 생명권은 여전히 보호되고 있기 때문에 사형제도는 생
명권의 본질적 내용의 침해가 아니게 된다.208) 헌법재판소가 최초로 본격적으로 사형
제도의 위헌성 여부에 대해 다룬 판결209)에서 일반적으로 국민 개개인의 생명권이 모

---

207) 헌재 1996.11.28. 95헌바1, 형법 제250조등 위헌소원(일부합헌, 일부각하).
208) 객관설에 대한 상세한 설명은 김대환, 기본권제한의 한계, 법영사, 2001, 61쪽 이하 참조.
209) 헌재 1996.11.28. 95헌바1 참조.

두 박탈되는 것은 아니므로 위헌이 아니라고 하는 입장을 취한 것으로 볼 경우에는 객
관설에 입각한 것으로 이해할 수 있다.

1990년 후반에 이르기까지 학설에 있어서 주관설과 객관설의 대립을 소개하는 문
헌은 거의 존재하지 않았는데, 1997년에 이르러 이를 소개하면서 주관설을 주장하는
견해들이 나타났다.[210) 2000년대에 들어서도 주관설이 대부분의 입장이고 객관설을 주
장하는 견해는 거의 존재하지 않는다.[211)

그런데 기본권의 본질적 내용의 보장이 권리보장인지 아니면 제도보장인지를 이해
하기 위해서는 우선 기본권의 성격을 살펴볼 필요가 있다. 기본권이 개인(경우에 따라서
는 단체)의 권리인가 아니면 객관적인 질서인가라는 독일에서의 오랜 논쟁은 오늘날
'기본권은 권리임과 동시에 질서'라고 하는 생각으로 자리를 잡았다.[212) 우리나라에서
는 독일처럼 기본권을 제도로만 파악하는 견해는 존재하지는 않고, 전통적으로 기본권
을 주관적 공권으로 이해하는 견해가 주류를 이루었다. 이에 따르면 ① 기본권의 객관

---

210) 강태수, 기본권의 보호영역, 제한 및 제한의 한계, 한국에서의 기본권 이론의 형성과 발전(정천허
영박사화갑기념논문집), 박영사, 1997, 139쪽 및 동태적 핵심 영역보장설을 주장한 견해로 정태
호, 기본권이 본질적 내용 보장에 관한 고찰, 헌법논총 8, 1997, 279쪽 이하 참조. 동태적 핵심
영역보장설도 원칙적으로 핵심 영역의 보장을 주장하고 있다는 점에서 기본적으로는 주관설이다.
그 외 육종수, 헌법질서와 기본권이 본질적 내용, 헌법학연구 4-2, 245쪽도 참조.
211) 주관설의 입장으로는 양건, 헌법강의, 법문사, 2011, 261쪽; 성낙인, 헌법학, 2013, 385쪽; 한수웅,
헌법학, 법문사, 2011, 482쪽 참조.
212) 특히 Konrad Hesse(계희열 역), 통일 독일헌법원론, 박영사, 2007, 179쪽 이하 및 최근의 Klaus
Stern(김대환 옮김), 최근 독일의 기본권 발전 방향(Neue Entwicklungslinien der Grundrechte
in Deutschland), 금랑 김철수 선생 팔순기념 논문집, 경인문화사, 2012, 4쪽 이하 및 17쪽 이하
참조. 독일 헌법재판의 초기인 1958년 뤼트 판결 이후 학설과 판례의 확고한 지지를 받고 있다.
기본권의 양면성을 실무적으로 확립한 뤼트 판결에서는 다음과 같이 설시하고 있다. "의심의 여
지없이 기본권은 우선 공권력의 제한에 대한 개인의 자유영역을 확보하기 위하여 설계되었다; 기
본권은 국가에 대한 시민의 방어권이다. 그것은 기본권관념의 정신사적 발전과 기본권을 헌법에
수용한 개별 국가의 역사적 과정으로부터 드러난다. 이러한 의미를 기본법의 기본권도 가지고 있
는데, 기본법은 기본권절을 맨 앞에 둠으로써 국가권력에 대한 인간과 인간의 존엄의 우위를 강
조하고자 하였다. 그에 따라 입법자는 이러한 권리들의 유지를 위하여 특별한 권리보호수단, 즉
헌법소원을 공권력의 행위에 대해서만 허용하고 있다. 그러나 마찬가지로 결코 가치중립적 질서
일 수 없는 기본법은 기본권절에서 객관적 가치질서도 확립하였다는 점, 그리고 바로 여기에 기
본권효력의 원칙적 강화가 표현되어 있다는 점이다. 사회공동체 내에서 자유롭게 신장해 가는 인
간의 인격과 존엄 속에 중심이 있는 이 가치체계는 모든 법 영역에 적용되는 헌법적 근본결단으
로서 타당한 것일 수밖에 없다. 입법, 행정, 그리고 사법은 그로부터 정책과 동기를 부여받는다.
따라서 그 가치체계는 당연히 사법(私法)에도 영향을 미친다; 어떠한 사법규정도 그 가치체계에
반해서는 안 되고, 모든 사법규정들은 그 가치체계의 정신 속에서 해석되어야만 한다."(BVerfGE
7, 198, 204ff. (1958) - Lüth).

적 성격을 강조하는 것은 주관적 권리로서의 성격을 약화시킬 우려가 있다는 점, ② 독일 기본법 제1조 제2항213)과 같은 규정이 없는 우리로서는 자연권인 기본권이 헌법에 규정됨에 따라 비로소 헌법 규범으로서 국가권력을 구속하는 객관적 질서가 될 뿐이라고 한다.214) 이 견해는 독일에서 기본권의 객관적 가치질서로서의 성격을 강조하는 것은 사회적 기본권 등이 규정되어 있지 않은 바, 기본법상 기본권 규정의 미비에서 비롯된 것이라고 한다.215) 이러한 전통적 입장을 따르는 견해에서는 기본권의 객관적 가치질서성을 부인하는 논거로서 ① 기본권은 권리이며 기본권 보장을 위한 제도, 질서는 기본권을 보장하기 위한 수단 또는 그 효과로서의 의미를 가지는 것이고, ② 헌법 제37조 제2항에 기본권 제한 사유로서 질서가 규정되어 있어서 이를 기본권 자체에서 찾을 경우에는 모순이라는 주장도 제기되고 있다.216) 그러나 이러한 입장을 따르면서도 대한민국헌법에서 국가권력을 구속하는 객관적 질서를 규정하고 있기 때문에 결과적으로 객관적 질서로서의 성격을 갖게 된다고 보는 견해도 있다.217)

그러나 현재의 다수견해는 독일과 같이 기본권의 양면성을 인정하고 있다.218) 이러한 입장의 독일의 한 견해219)에 따르면 기본권의 양면성 중 객관적 가치질서로서의 성격은 위 전통적 견해에서 이야기 하는 기본권의 객관성과는 다르다고 한다. 헌법에 규정됨으로써 비로소 객관적 성격을 갖는다는 의미의 객관성은 기본권의 소위 주관적 공권성보다 오래된 역사를 가지는 것으로서 기본권의 객관적 가치질서성과는 구분하여야 한다는 것이다.

기본권의 성격에 관한 다수의 견해는 헌법재판소의 판례에서도 그대로 나타나고 있다. 1995년 「형사소송법」 관련 판결220)에서 헌법재판소는 "국민의 기본권은 국가권

---

213) "따라서 독일 국민은 불가침·불가양의 인권을 모든 인간 공동체와 평화의 기초로 그리고 세계의 정의의 기초로 인정한다."
214) 김철수, 헌법학, 박영사, 2008, 366쪽; 성낙인, 헌법학, 2013, 332쪽; 정재황, 신헌법입문, 박영사, 2012, 201 – 202쪽. 비슷하게는 양건, 헌법강의, 법문사, 2011, 220쪽; 정종섭, 헌법학원론, 2009, 284쪽도 참조.
215) 김철수, 헌법학, 박영사, 2008, 366쪽.
216) 정재황, 신헌법입문, 박영사, 2012, 201 – 202쪽.
217) 성낙인, 헌법학, 2005, 332쪽.
218) 허영, 한국헌법론, 2002, 235쪽 이하; 계희열, 헌법학(중), 박영사, 2007, 55쪽 이하; 홍성방, 헌법학(상), 박영사, 2010, 326쪽; 전광석, 한국헌법론, 집현재, 2013, 224쪽 이하; 한수웅, 헌법학, 법문사, 2011, 402쪽; 장영수, 헌법학, 홍문사, 2008, 482쪽 이하.
219) Jörn Ipsen, Staatsrecht Ⅱ – Grundrechte, Luchterhand, 9. Aufl., 2006 참조.
220) 헌재 1995.6.29. 93헌바45, 형사소송법 제312조 제1항 단서 위헌소원(합헌).

력에 의하여 침해되어서는 아니 된다는 의미에서 소극적 방어권으로서의 의미를 가지고 있을 뿐만 아니라, 헌법 제10조에서 국가는 개인이 가지는 불가침의 기본적 인권을 확인하고 이를 보장할 의무를 진다고 선언함으로써, 국가는 나아가 적극적으로 국민의 기본권을 보호할 의무를 부담하고 있다는 의미에서 기본권은 국가권력에 대한 객관적 규범 내지 가치질서로서의 의미를 함께 갖는다. 객관적 가치질서로서의 기본권은 입법·사법·행정의 모든 국가 기능의 방향을 제시하는 지침으로서 작용하므로, 국가기관에게 기본권의 객관적 내용을 실현할 의무를 부여한다."라고 판시한 이래 계속하여 기본권의 양면성을 인정하는 판결을 내고 있다.

　이와 같이 기본권이 전통적인 의미의 권리일 뿐만 아니라 객관적 제도, 즉 가치질서로서의 성질도 가지는 것이라면 논리적으로 원칙의 보호 대상도 권리와 제도 두 가지 모두로 이해될 수 있다. 따라서 원칙이 보호하는 것은 권리로서의 기본권의 본질적 내용과 제도로서의 기본권의 본질적 내용이 된다. 이러한 관점에서 보면 주관설과 객관설은 택일적 관계가 아니라 양립할 수 있게 된다. 원칙의 보호 대상은 헌법상 보장된 개인의 자유와 권리의 본질적 내용에 그치는 것이 아니라 객관적 가치질서로서의 기본권이라는 객관적 내용도 본질적 내용이 된다. 따라서 주관설과 객관설 모두 타당한 논거를 가지게 된다. 이러한 입장은 개인의 권리로서의 기본권의 본질적 내용을 포기하지 않으면서도 기본권이라는 객관적 가치질서의 본질적 내용도 동시에 보장할 수 있게 되는 이점이 있다. 이렇게 기본권의 이중적 성격을 인정하는 오늘날의 다수설과 판례의 입장에서 보면 주관설과 객관설의 대립은 무의미하게 된다.

3. 개별적·구체적 상황에 따른 판단

　기본권의 본질적 내용 침해 여부를 개별 기본권 주체를 기준으로 파악하더라도 구체적인 경우를 떠나서 당해 기본권 주체에게 일정한 기본권이 일반적으로 제한되는 것인지의 여부를 판단의 기준으로 할 것인지 아니면 문제가 되는 구체적 사건을 기준으로 판단할 것인지가 문제된다. 예컨대 무조건적으로 특정한 집회나 시위가 금지되거나, 특정한 직업의 선택과 행사 혹은 일정한 재산권의 행사가 금지되는 경우에 그 위헌성을 면하기 위하여 특정한 집회나 시위는 금지되지만 다른 집회나 시위는 금지하는 것은 아니라든가, 다른 직업을 선택하고 영위하는 것까지 금지하는 것은 아니라든가 혹은 당해 기본권 주체의 일반적인 재산권 행사가 완전히 봉쇄되는 것이 아니라는 식으로 주장한다면 어떻게 할 것인가의 문제이다. 이 경우 기본권 주체에게 제한되는 기본권과 동일한 기본권이 다른 경우에 행사되는 것까지 막는 것이 아니라는 점에 본질적 내용 침해가 아니라는 근거가 있다면, 한 기본권 주체의 기본권을 일반적으로 완전히 폐기하지 않고서는 기본권 제한은 언제나 본질적 내용의 침해가 아니라는 것을 의미한다. 이런 식으로 기본권 제한이 정당화된다면 기본권의 본질적 내용은 빈 내용의 것으로 되어 버리고 말 것이다. 결국 기본권의 **본질적 내용은 언제나 문제가 되는 구체적 사건을 중심으로 침해 여부를 판단하여야 한다**는 결론에 도달한다. 그런데 동일한 기본권 행사에 있어서 특정한 방식으로의 기본권 행사만이 문제되고 다른 방식으로의 기본권 행사가 여전히 보장되어 있는 경우에는 본질적 내용 침해 여부는 문제가 되지 않는다.[221]

4. 다른 원칙과의 관계

가. 제도보장과의 구분

원칙을 기본권의 이중적 성격에 근거하여 파악하게 됨으로써 원칙이 권리로서 기본권의 본질적 내용뿐만 아니라 객관적 가치질서로서의 기본권의 본질적 내용의 보장도 포함하는 것이라고 한다면, 이는 필연적으로 제도의 핵심 영역을 보장하는 것을 목적으로 하는 넓은 의미의 제도보장과의 관계가 문제 된다. 넓은 의미의 제도보장은 사법(私法)상의 제도보장과 공법상의 제도적 보장을 포괄하는 개념이다. 독일 바이마르헌법에서는 ① 혼인과 가족(제119조), ② 부모의 양육권과 교육 의무(제120조), ③ 계약의 자유(제152조), ④ 재산권(제153조), ⑤ 상속권(제154조) 등이 사법상의 제도보장의 예로 제시되었고, ① 사법의 독립성(제102조 이하), ② 지방자치 행정(제127조), ③ 직업공무원제도(제128조 이하), ④ 종교 단체의 지위(제137조), ⑤ 학교제도(제144조), 신학 대학(제149조) 등이 공법상의 제도적 보장의 예로 제시되었다.[222]

---

221) 특히 폐해의 우려가 크다고 인정되는 인쇄물, 광고 등의 제작·배부라는 특정한 선거운동 방법에만 국한되는 부분적인 제한에 불과하여 본질적 내용의 침해가 아니라고 한 사례로는 헌재 1995.4.20. 92헌바29 참조.

222) Carl Schmitt, Verfassungslehre, Duncker & Humblot, 1928, 170 ff. 이 책의 번역본으로는 김기범, 헌법이론, 교문사, 1976, 192쪽 이하; Carl Schmitt, Freiheitsrechte und institutionelle Garantie der Reichsverfassung(1931), in: Verfassungsrechtliche Aufsätze aus den Jahren 1925-1954, 2. Auflage, Duncker & Humblot, 1958, 149ff.; Ernst Rudolf Huber, Deutsche Verfassungsgeschichte, Bd. VI, Kohlhammer, 1981, §10, S. 119ff. 참조. 좀 더 자세한 우리말 설

그런데 기본권과 직접적인 관련성을 가지는 것은 특히 사법상의 제도보장이다. 사법상의 제도보장은 결국은 관련 기본권의 본질적 내용의 보장을 내포하게 된다. 따라서 기본권의 본질적 내용 보장 사상과 제도보장 사상의 유사한 역사적 발생 배경[223]을 굳이 언급하지 않더라도 기본권의 본질적 내용 침해금지원칙과 제도보장이론은 이론적으로 중첩되는 부분이 있다. 이 부분에 관한 한 기본권의 본질적 내용의 보장을 규정하고 있는 헌법 제37조 제2항으로 인하여 제도보장이론은 실정 헌법상의 근거를 가지게 된다.

기본권의 본질적 내용 침해금지원칙과 사법상의 제도보장론의 이러한 관계에 대해서는 헌법재판소의 결정에서도 찾아 볼 수 있다. 헌법재판소는 국토이용관리법 관련 위헌심판결정에서 사유재산제도의 본질적 내용에 대하여 판시하면서 재산권의 본질적 내용과 동일하게 판단하고 있다. 즉, "토지 재산권의 본질적인 내용이라는 것은 토지 재산권의 핵이 되는 실질적 요소 내지 근본 요소를 뜻하며, 따라서 재산권의 본질적인 내용을 침해하는 경우라고 하는 것은 그 침해로 사유재산권이 유명무실해지고 사유재산제도가 형해화되어 헌법이 재산권을 보장하는 궁극적인 목적을 달성할 수 없게 되는 지경에 이르는 경우라고 할 것이다."[224]라고 판시하였다. 국세기본법 관련 위헌심판결정에서는 담보물권에 대한 국세의 우선은 담보물권의 본질적 내용을 침해한 것일 뿐 아니라 나아가 사유재산제도의 본질적 내용도 침해하는 것이라고 보았다.[225] 이러한 판결들은 사유재산제도하의 재산권이라는 주관적 권리로서의 기본권 침해가 제도의 침해로 이어지는 것을 확인한 것으로서 객관적 규범의 본질적 내용을 주관적 권리에서 찾고 있는 것이다.

그런데 공법상의 제도적 보장은 반드시 개인의 자유와 권리의 핵심을 보장하려고 하는 것으로 보기는 어렵다. 공법상의 제도적 보장은 직접적으로 기본권을 보장하려는 취지라기보다는, 권리와 구분되는 바의 제도의 핵심 영역을 보장하려고 하는 것이기 때문이다. 따라서 제도적 보장과 관련되는 한 기본권의 본질적 내용 침해금지원칙의

명으로는 김대환, 헌법상 제도보장에 있어서 핵심 영역의 보장(헌법실무연구회 제95회 발표문), 헌법실무연구 10, 박영사, 2009, 396쪽 이하 참조.

223) 이에 대해서는 김대환, 헌법상 제도보장에 있어서 핵심 영역의 보장(헌법실무연구회 제95회 발표문), 헌법실무연구 10, 박영사, 2009, 396쪽 이하 참조.

224) 헌재 1989.12.22. 88헌가13.

225) 헌재 1990.9.3. 89헌가95.

실정화에도 불구하고 공법상의 제도적 보장의 헌법적 의의는 여전히 존재한다고 보아
야 한다.226)

나. 비례성원칙과의 관계 – 원칙의 독자성

독일에서는 기본권의 본질적 내용 침해 금지를 필요성으로 대체하려는 견해,227)
좁은 의미의 비례성으로 대체하려는 견해,228) 본질적 내용 침해 금지로부터 그 고유한
의미 외에도 필요성을 추가적으로 발견하려고 하는 견해229) 그리고 비례성의 추가적
근거로 보려고 하는 견해230) 등이 존재한다.

기본권의 본질적 내용 침해 금지의 의미와 관련한 일련의 헌법재판소 결정들231)을
보면 이를 비례성원칙과는 구분하고 있기도 하고, 비례성원칙으로 보기도 한다.

상대설을 취하는 입장에서는 위헌 심사에서 과잉금지원칙의 적용으로 족하고 본질
적 내용 침해금지원칙을 적용할 필요가 없게 된다. 이러한 입장에서 생명권 관련 판례
를 비롯하여 다수의 판례는 본질적 내용 침해금지원칙을 과잉금지원칙의 적용으로 환
원하고 있다. 이런 경우 헌법재판소는 통상 본질적 내용 침해금지원칙 위배 여부를 검
토하지 않거나, 검토하는 경우에도 "과잉금지원칙에 위배되어 … 기본권의 본질적인
내용을 침해하는 것으로 볼 수 없다."232)와 같이 판시하고 있다. 과잉금지원칙 중에서
도 특히 침해의 최소성 위배 여부를 판단함에 있어서 본질적으로 침해하는 정도에 이
른 경우가 아니라면 기본권의 침해가 아니라고 한 판결도 있다.233)

---

226) 독일에서의 최근의 이러한 견해로는 특히 Michael Kloepfer, 「Einrichtungsgarantien」, in: Merten/
Papier(Hrsg.), Handbuch der Grundrechte in Deutschland und Europa, Bd. Ⅱ Grundrechte
in Deutschland: Allgemeine Lehren Ⅰ, 2006, Rn. 29 참조.
227) BGHSt 4, 375, 376ff. 이에 따르면 법률에 의한 제한이 제한에 이른 사실상의 동기와 근거에 따
를 때 불가피하게 요구되는 이상으로 그 본질적 효력과 전개가 제한되는 경우에는 본질적 내용이
침해가 있다고 보게 된다.
228) BVerfGE 27, 344, 352; BVerwGE 30, 313, 316. 이에 따르면 비례성원칙을 위배하면 본질적 내용
의 침해가 있다고 보게 된다. 같은 견해로 Hippel, Grenzen und Wesensgehalt der Grundrechte,
S. 50; Kaufmann, ARSP Bd. LXX, 1984, S. 397; Alexy, Theorie der Grundrechte, S. 100ff.,
103, 272.
229) von Krauss, Der Grundsatz der Verhältnismässigkeit, S. 49 ff.
230) Lerche, Übermass und Verfassungsrecht, S. 78; Dürig, in: GG, Art. 2 Abs. 1 Rdnr. 63.
231) 헌재 1989.12.29. 88헌가13; 1990.9.3. 89헌가95; 1991.11.25. 91헌가6; 1995.4.20. 92헌바29;
1999.4.29. 94헌바37등; 2000.6.1. 98헌바34; 2000.6.1. 98헌마216 등.
232) 예컨대 헌재 1998.11.26. 97헌바31; 2002.7.18. 2000헌바57 등 다수의 판례 참조. 비슷하게는 헌
재 2001.7.19. 99헌바9 등도 참조.
233) 표현의 자유 중 특히 알 권리와 관련한 판결로 헌재 2010.12.28. 2009헌마466 결정 참조. 이러한

그러나 헌법재판소의 판례에서는 위헌심사기준으로서 본질적 내용 침해금지원칙과 과잉금지원칙을 명확히 구분하여 사용하고 있는 판례들도 다수 존재한다. 전형적인 것으로는 재산권과 관련하여 판단하면서 설사 재산권의 본질적 내용의 침해가 없을지라도 비례의 원칙 내지 과잉금지의 원칙에 위배되어서는 안 된다고 선언하고 있는 다수의 판결들을 들 수 있다.[234] 그 외에도 지구당 금지가 정당의 자유를 침해하는지 여부를 판단함에 있어서 본질적 내용 침해금지원칙의 위배 여부를 검토한 후에 별도로 과잉금지원칙을 검토하는 순서를 따르고 있는 판례[235]를 들 수 있다.

그 외에 헌법재판소가 원칙의 독자성을 인정하고 있는 경우들을 개별 기본권과 관련하여 살펴보면 우선 신체의 자유를 제한함에 있어서 본질적 내용 침해금지원칙과 과잉금지원칙이 별도로 적용되어야 함을 원칙적으로 확인하기도 하였고,[236] 구속적부심사청구권을 규정한 헌법 제12조 제6항의 헌법적 의미를 그 본질적 내용의 측면에서 상세히 검토한 후 과잉금지원칙 위배 여부에 대해서는 심사하지 아니하고 헌법불합치 결정을 내리기도 하였다.[237] 수형자에 대한 접견권 제한의 정도는 그 본질적 내용을 침해하지 않는 범위 내에서 교도소장 등 관계 행정청의 재량에 속하는 것으로 봄으로써 변호인 접견권 제한 행위의 위헌성 판단 기준으로 본질적 내용 침해금지원칙을 들고 있다.[238] 직업의 자유와 관련하여도 직업 선택의 자유의 본질적 내용 침해금지원칙 위배 여부를 먼저 판단하고 그 다음에 비례의 원칙을 검토함으로써 양 원칙의 독립성을 인정하고 있다.[239] 정치적 표현의 자유와 관련하여 과잉금지원칙과는 별도로 본질적 내용 침해금지원칙 위배 여부를 심사하고 있는 사례가 있다.[240] 사립학교 운영의 자유의 위헌 여부를 판단함에 있어서 본질적 내용 침해 여부를 심사기준으로 제시하였고,[241]

결정은 원칙을 과잉금지원칙 중 피해의 최소성 원칙으로 대체하고 있는 경우에 해당한다. 이러한 판례에 대해서는 김대환, 헌법상 제도보장에 있어서 핵심 영역의 보장(헌법실무연구회 제95회 발표문), 헌법실무연구 10, 박영사, 2009, 207쪽 이하 참조.

234) 헌재 2002.8.29. 2000헌바50등 결정 외 다수의 판례 참조.
235) 헌재 2004.12.16. 2004헌마456, 정당법 제3조 등 위헌확인(기각).
236) 헌재 2004.12.16. 2002헌마478; 2004.9.23. 2002헌가17등.
237) 헌재 2004.3.25. 2002헌바104, 형사소송법 제214조의2 제1항 위헌소원(헌법불합치).
238) 헌재 2009.9.24. 2007헌마738; 2013.9.26. 2011헌마398; 2013.8.29. 2011헌마122.
239) 헌재 1999.2.25. 96헌바64; 1998.2.27. 97헌바79(이 결정은 거주·이전의 자유에 대한 것이기도 하다); 1997.11.27. 97헌바10.
240) 헌재 2004.4.29. 2002헌마467; 2001.8.30. 99헌바92등; 1999.6.24. 98헌마153; 1994.7.29. 93헌가4등; 1995.4.20. 92헌바29. 결사의 자유에 대한 것으로는 헌재 2000.6.1. 99헌마553 참조.
241) 헌재 2001.1.18. 99헌바63.

농지 개량 사업의 계속성과 연속성을 보장하기 위하여 사업 시행 도중에 그 지역 내의 토지 권리 관계에 변경이 생기더라도 당해 사업에 관한 권리 의무를 그 승계인에게 이전되도록 강제한 법률 규정의 위헌성을 판단함에 있어서 재산권의 본질적 내용 침해금지원칙을 침해한 것인지 여부를 판단한 다음에 과잉금지원칙을 다시 요소별로 검토하고 있다.242) 혹은 심사 순서를 바꾸어 과잉금지원칙 위배 여부를 먼저 검토하고 과잉금지원칙에 위배되지 않을 뿐만 아니라 재산권의 본질적 내용이 침해되는 것도 아니라고 판단한 경우243)도 있다. 강제 또는 임의 경매 절차를 형성하는 입법재량의 통제 수단으로서 본질적 내용 침해금지원칙을 들고 있다.244) 기탁 금액이 공무담임권을 침해하여 위헌인지를 판단함에 있어서는 그 금액이 현저하게 과다하거나 불합리하게 책정되어 공무담임권의 본질적 내용을 침해하는 정도에 이르지 않는 한 위헌이라고 할 수 없다고 함으로써 원칙을 위헌심사기준으로 제시하였다.245) 재판청구권과 관련하여도 출소 기간의 제한으로 인하여 사실상 재판의 거부에 해당할 정도로 재판청구권의 본질적 내용을 침해하지 않는 한 입법재량이 허용되는 것으로 보았다.246) 헌법 제31조 제4항이 대학의 자율성을 침해한 것인지 여부를 판단함에 있어서도 입법자가 헌법 제37조 제2항에 의한 합리적인 입법 한계를 벗어나 자의적으로 그 본질적 내용을 침해하였는지 여부에 따라 판단되어야 한다고 설시하고 있다.247) 헌법 제34조 인간다운 생활을 할 권리의 내포인 연금수급권의 내용에 관하여는 입법자가 인간의 존엄과 가치, 인간다운 생활을 할 권리 등 기본권의 본질적 내용을 침해하지 않는 범위 내에서 여러 여건을 종합하여 합리적인 수준에서 결정 또는 변경할 수 있다고 하였다.248) 결국 이 판결은 원칙을 하나의 위헌심사기준으로 제시하고 있는 것이다.249) 헌법 제36조 제3항의 보건권에 근거한 입법의무 위반 여부를 판단함에 있어서도 보건권의 본질적 내용 침해금지

---

242) 헌재 2005.12.22. 2003헌바88.
243) 헌재 2002.10.31. 2002헌바43; 2000.2.24. 97헌바41.
244) 헌재 1998.2.27. 95헌바32.
245) 헌재 1995.5.25. 92헌마269등; 2007.11.27. 2007헌마1204.
246) 헌재 1996.8.29. 95헌가15; 2002.5.30. 2001헌바28; 2007.12.27. 2006헌바11. 이 결정에서는 과잉금지원칙 위배 여부 심사는 별도로 하지 않았다.
247) 헌재 2010.10.28. 2009헌마442; 2008.11.27. 2005헌가21; 2008.4.24. 2005헌마857; 2006.4.27. 2005헌마1047등.
248) 헌재 2003.9.25. 2001헌마194; 2003.9.25. 2001헌마93등.
249) 이 결정에서는 과잉금지원칙 위배 여부를 심사하지 않았고, 신뢰보호원칙이나 소급입법금지원칙 등이 심사기준으로 사용되었다.

원칙의 위배 여부를 심사의 기준으로 제시하고 있다. 즉 헌법 제36조 제3항의 규정에 따라 국가는 정신 질환 수용자를 비롯하여 교정 시설에 수용된 국민에 대해서도 보건을 위하여 필요한 정책을 수립하고 시행하여야 하지만, 정신 질환 수용자를 위하여 구체적으로 어떠한 치료 체계를 갖출 것인지는 국가의 재정 부담 능력, 국민 감정 및 여러 가지 사회적, 경제적 사정 등을 참작하여 보건권의 기본적이고 본질적인 내용을 침해하지 않는 범위 내에서 입법자가 결정할 수 있다고 보았다.[250] 이는 기본권 형성 의무와 관련하여 원칙이 최소 보장을 담보하는 기능을 한다는 것을 보여 준 판결이라고 할 수 있다.

위와 같은 헌법재판소의 판례를 볼 때 상대설의 입장에서 원칙의 침해 여부를 과잉금지원칙 위배 여부를 판단함으로써 족한 것으로 판단한 경우도 있지만, 과잉금지원칙과는 구별되는 독자적인 위헌심사기준으로 인정하고 있는 예도 적지 않다는 것을 알 수 있다.

헌법재판소가 양자를 구분하는 것은 본질적 내용 침해금지원칙과는 달리 비례성원칙의 헌법적 근거를 헌법 제37조 제2항의 '필요한 경우'에서 찾고 있는 것과도 관련된다. 양 원칙은 전후 인권 보장의 장치로서 도입되었다는 점에서 사상적 연원을 같이 하지만, 그 내용은 명백히 구분되는 원칙이다. 비례성원칙에 따라 보장된 기본권은 최종적으로는 본질적 내용 침해금지원칙에 의해 그 보장 체계가 비로소 완성되게 된다.[251] 따라서 양 원칙은 적용에 있어서 **독립된 헌법적 의의를 갖는 것으로** 보아야 한다.

5. 사인 간에 있어서 원칙의 기능 — 사적자치의 한계 설정

권리의무관계에는 권리자와 의무자가 있다. 사법 관계(私法關係)에서 권리자와 의무자는 원칙적으로 사인이다. 권리자는 사법상의 권리의 주체이고 의무자는 그에 대응하여 의무를 부담하는 주체이다. 사법상의 권리의무관계에서 이러한 권리자와 의무자의 관계는 기본권관계에서는 기본권 주체와 (기본권 보장)의무 주체[252]라고 개념할 수 있다.

한편 사법 관계에서도 기본권은 적용되어야 한다는 것이 오늘날의 일반적인 견해

---

250) 헌재 2009.2.26. 2007헌마1285, 정신질환 수용자를 위한 치료감호소 미설치 위헌확인(각하).
251) Hirschberg, Der Grundsatz der Verhältnismäßigkeit, S. 11–12 참조.
252) 물론 여기서 의무 주체란 병역의무와 같은 기본적 의무의 주체와는 구분되는 개념이다.

이다. 그런데 기본권관계에서는 원칙적으로 권리자는 기본권 주체이고 의무자는 의무 주체로서 국가이다.[253] 이는 기본권의 역사로 볼 때 부인하기 어려울 뿐만 아니라,[254] 헌법 제10조의 기본권보장의무는 국가에 대한 것이며, 헌법 제37조 제2항에 따라 기본권을 제한할 수 있는 지위에 있는 것은 국가뿐이라는 점을 볼 때도 그러하다. 공법 영역에서든 사법 영역에서든 기본권관계에서 기본권 주체는 개인이고 의무 주체는 원칙적으로 국가일 뿐이다. 따라서 기본권이 사법 관계에서 효력을 전개한다고 하는 것은 사인이 기본권 주체와 의무 주체로 등장한다는 것이 아니고, 기본권적 가치가 사법 관계에서도 존중되어야 한다는 의미로 이해될 뿐이다.

그런데 사법 관계는 원칙적으로 사적자치가 지배할 뿐만 아니라 또 그러하여야 한다. 그러나 그러한 사적자치가 보장되어야 한다고 하더라도 그를 통하여 다른 기본권적 가치질서를 부당하게 위협하는 것은 허용될 수 없다. 이것은 헌법적으로도 명백한데, 헌법 제10조 제2문에서는 국가의 기본권보장의무를 규정하고 있기 때문이다. 이 규정에서는 다음의 두 가지가 분명히 드러나 있다. 하나는 기본적 인권을 확인하고 보장할 의무는 공법 영역에서만 한정되지 않는다는 점과 다른 하나는 보장의무의 주체는 어디까지나 국가라는 점이다. 사법 질서에서 기본권적 가치가 존중되어야 한다면 그것은 국가의 기본권보장의무의 실현을 통해 달성될 수 있을 뿐이다.

국가의 기본권보장의무의 실현은 필연적으로 사적자치에 대한 제한이 된다. 여기에서 사적자치의 한계를 가장 잘 드러내는 것이 기본권의 본질적 내용 침해금지원칙이다. 국가가 개인의 기본권의 본질적 내용을 침해해서는 안 되는 것은 침해자가 국가이기 때문이 아니라 그 침해가 인간의 존엄과 가치 등과 같은 기본권의 본질적인 내용적 가치를 침해하기 때문이다. 그러하다면 이러한 기본권적 가치는 사법 관계에서도 존중되어야 한다. 따라서 원칙은 사적자치의 한계에 해당한다.[255] 원칙을 위배하는 행위는 「민법」상으로는 '반사회질서의 법률행위'의 무효(제103조), '현저하게 불공정한 행위'의

---

253) 지방자치단체, 공법인 등도 의무 주체이지만 여기서는 논의의 편의상 제외한다.
254) 비록 서구의 역사이기는 하지만 우리 헌법은 서구 헌법을 모델로 하여 기획되었고, 특히 기본권 규정은 국가와 사회의 구분을 전제로 한 서구적 공법이론에 기초하고 있음을 부인할 수 없다. 독일이론과의 유기적인 관련성 하에서 우리나라에서의 논의의 전개를 검토하고 있는 정종섭, 기본권의 개념과 본질에 대한 이론적 논의의 전개, 한국에서의 기본권 이론의 형성과 발전(정천허영박사화갑기념논문집), 박영사, 1997, 1쪽 이하 참조.
255) 이를 사적자치의 한계 설정적 기능이라고 한다. 이에 대해 자세한 것은 김대환, 기본권제한의 한계, 법영사, 2011, 311쪽 이하 참조.

무효(제104조)의 헌법적 근거로 되고,256) 형법상의 피해자의 승낙(제24조)에 한계를 설정하는 기능을 한다.

그런데 평등권과 관련하여서는 다소 특이한 논증이 요구된다. 평등권은 일반적 견해에 따르면 원칙의 적용 영역이 아니다. 왜냐하면 평등권은 일정한 내용을 갖는 권리가 아니고 형식 원리에 대한 권리로 보기 때문이다. '부당하게 차별 취급을 받지 아니할 권리' 자체를 평등권이라는 기본권의 내용으로 볼 수 있을지는 모르나, 그렇게 되면 평등권은 본질로만 이루어진 기본권으로 되어 어떠한 차별도 허용되지 않게 되는 모순이 발생하게 된다. 그럼에도 헌법재판소가 평등권에도 원칙이 적용될 수 있는 것처럼 설시하고 있는 것은 고려하여야 한다.257)

평등권이 내용이 없는 기본권이라면 당연히 사법 관계에서 차별이 문제될 때는 원칙의 적용이 어렵게 된다. 그러나 국가의 기본권보장의무 규정에 비추어 볼 때 부당한 차별을 받지 아니할 권리의 보장의무는 사법 관계에서도 여전히 국가에게 주어져 있다. 따라서 국가는 본질적 내용 침해금지원칙에 따른 평등이념을 사법 영역에서도 실현할 수 있다. 또한 차별은 대부분의 경우에 어떤 다른 기본권적 가치의 침해를 수반하게 되는데, 이 경우 여전히 원칙의 적용 가능성은 존재하게 되고 이를 통하여 사법 관계에서의 차별에 대해 일정한 한계를 설정하게 된다. 다만, 사법 관계에서의 평등권의 보장과 관련하여 주의할 것은 사적 자치는 원칙적으로 '차별할 자유'를 의미한다는 점이다. 따라서 사법 관계에서의 차별에 대한 국가의 지나친 간섭은 사적자치의 왜곡을 불러올 수 있다는 것을 유의하여야 한다.

6. 원칙을 위배한 기본권 제한의 예

헌법재판소는 모든 공무원의 단체행동권을 금지하는 것,258) 신체 구속을 당한 자에게 변호인과의 자유로운 접견교통권을 제한하는 것259) 등을 본질적 내용 침해금지원칙을 위배한 것으로 보았다.260)

---

256) 따라서 「민법」상의 공백규정을 충전하는 내용으로 된다.
257) 평등권 등 기본권의 본질적 내용을 침해해서는 안 될 헌법적 한계가 있다고 한 판결로는 예컨대 헌재 1996.10.31. 93헌바25; 2009.7.30. 2008헌바162; 2013.3.21. 2010헌바132등 참조.
258) 헌재 1993.3.11. 88헌마5, 노동쟁의조정법에 관한 헌법소원(헌법불합치).
259) 헌재 1992.1.28. 91헌마111, 변호인의 조력을 받을 권리에 대한 헌법소원(인용, 위헌, 이견 없음).
260) 개별기본권의 본질적 내용에 대해서는 김대환, 헌법재판 및 위헌심사기준론, 박영사, 2023, 236쪽 이하 참조.

기본권의 침해와 구제 방법

헌법 제37조 제2항에 따르면 국가만이 기본권을 제한할 수 있고 따라서 침해자일 수 있다. 따라서 사인은 원칙적으로 기본권을 제한할 수 없기 때문에 침해할 수도 없다. 다만 사인의 기본권 행사로 말미암아 타인의 기본권적 "가치"가 사실상 침해될 수 있을 뿐이다.

국가에 의한 기본권의 침해에는 다양한 구제 방법이 마련되어 있다. 기본적으로는 모든 국민은 법률이 정하는 바에 따라 국가기관에 대해 청원할 수 있고(제26조), 공무원의 직무상 불법행위로 기본권 침해를 받아 손해가 발생한 국민은 손해배상청구권(제29조)을 행사할 수 있다. 이하에서는 (형식적 의미의) 각 국가권력에 따른 특유한 문제들만 간략히 살펴본다.

제1항 입법권에 의한 기본권 침해와 그 구제 방법

I. 적극적 입법

국회가 제정한 법률이 기본권을 침해하는 경우가 있을 수 있다. 이 경우 직접 구제 방법으로는 국회에 대해 청원을 하는 청원제도(제26조), 당해 법률이 헌법이 위배된다는 주장을 하는 위헌법률심판제도(제111조 제1항 제1호) 또는 당해 법률이 직접 기본권을 침해한다는 주장을 하는 헌법소원심판제도(제111조 제1항 제5호)가 마련되어 있다.

II. 소극적 입법

국회가 입법을 하지 않음으로써, 즉 (진정입법)부작위를 통하여 기본권을 침해하는 경우에는 "헌법에서 기본권 보장을 위해 법률에 명시적으로 입법위임을 하였음에도 불구하고 입법자가 이를 이행하지 않고 있거나 헌법 해석상 특정인의 기본권을 보호하기 위한 국가의 입법의무가 발생하였음에도 불구하고 입법자가 아무런 입법조치를 취하지 않고 있는 경우"[1]와 같이 국회의 입법의무를 인정할 수 있는 경우에는 헌법소원심판을 청구할 수 있다. 진정입법부작위로서 헌법소원심판이 인용된 경우로는 조선철도(주) 주식의 보상금 청구 사건을 들 수 있다.[2]

「헌법재판소법」 제75조 제4항에는 헌법소원이 인용될 경우에 피청구인인 국가기관은 재처분의무가 있음을 규정하고 있으므로, 부작위가 위헌이라는 결정이 나면 국회는 헌법재판소의 결정의 취지에 따른 입법을 하여야 한다.

물론 소극적 입법에 대해서도 청원을 할 수 있다(제26조). 국가는 청원에 대하여 심사할 의무를 부담하므로 청원을 심사하지 않는 것도 부작위로서 헌법소원의 대상이 된다.[3]

제2항   집행권에 의한 기본권 침해와 그 구제 방법

기본권 침해는 집행권에 의해 가장 전형적으로 발생한다. 집행 행위에는 통치행위, 행정입법, 행정계획, 행정행위, 공법상 계약, 사실행위, 행정지도, 행정조사 등 다양한 행위 형식이 존재한다.

I. 통치행위

통치행위는 고도의 정치적 행위로서 사법 심사가 적절치 않은 행위를 말한다. 학

---

1) 헌재 2003.5.15. 2000헌마192등; 2016.4.28. 2015헌마1177등(각하).
2) 헌재 1994.12.29. 89헌마2, 조선철도(주) 주식의 보상금청구에 관한 헌법소원[인용(위헌확인)].
3) 헌재 2000.6.1. 2000헌마18, 입법부작위 위헌확인(기각, 각하).

설과 판례에서는 통치행위를 인정하는 것이 일반적인데, 다만 기본권을 침해하는 경우에는 헌법재판을 포함한 사법심사의 대상이 된다는 것이 헌법재판소의 결정이다.[4]

II. 행정입법

적극적인 행정입법이 기본권을 침해하는 경우에는 원칙적으로 당해 소송에서 명령규칙위헌위법심사청구를 통하여 구제받을 수 있다. 물론 처분적 행정입법의 경우에는 헌법소원도 가능하다.[5] 법원이 당해 행정입법의 처분성을 인정하는 경우에는 행정심판과 행정소송에서도 구제를 받을 수 있다.

행정입법의 부작위와 관련하여서는 시행 명령을 제정·개정할 법적 의무가 있고, 상당한 기간이 지났음에도 불구하고 명령제정·개정권이 행사되지 않는 경우에 행정입법부작위가 존재하게 된다. 예컨대 ① 치과전문의제도를 실시하도록 법률과 대통령령이 규정하고 있음에도 불구하고 시행 절차를 마련하지 않은 보건복지부장관의 부작위행위,[6] ② 법률이 군법무관의 봉급과 그 밖의 보수를 법관 및 검사의 예에 준하여 지급하도록 하는 대통령령을 제정할 것을 규정하고 있음에도 불구하고 대통령이 해당 대통령령을 제정하지 않은 것은 헌법소원의 대상이 될 수 있는 행정입법부작위에 해당한다.[7]

III. 행정처분 등

구체적 사실에 관한 법 집행으로서 공권력의 행사인 처분의 경우에는 행정심판과 행정소송을 제기할 수 있다. 취소소송 등 행정소송은 행정심판을 거치지 아니하고도 제기할 수 있다(임의적 행정심판전치주의, 행정소송법 제18조 제1항). 행정심판의 재결도 재결 자체에 고유한 위법을 있을 때에는 행정소송의 대상이 된다(행정소송법 제19조 단서).[8]

---

4) 헌재 1996.2.29. 93헌마186, 긴급재정명령 등 위헌확인(기각, 각하) 결정 등 참조.
5) 이는 물론 헌법 제107조 제2항의 해석 문제를 제기하고 이에 대해서는 헌법재판소와 법원의 의견 대립이 있다.
6) 헌재 1998.7.16. 96헌마246, 전문의 자격시험 불실시 위헌확인 등[인용(위헌확인), 각하].
7) 헌재 2004.2.26. 2001헌마718, 입법부작위 위헌확인[인용(위헌확인)].
8) '재결 자체에 고유한 위법'이란 원처분에는 없고 재결에만 있는 재결청의 권한 또는 구성의 위법, 재결의 절차나 형식의 위법, 내용의 위법 등을 뜻하고, 그 중 내용의 위법에는 위법·부당하게 인용재결을 한 경우가 해당한다(대법원 1997.9.12. 96누14661 판결).

부작위도 행정심판과 행정소송의 대상이 된다.

처분, 신고, 확약, 위반사실 등의 공표, 행정계획, 행정상 입법예고, 행정예고 및 행정지도의 절차(이하 "행정절차")9)에 관하여 「행정절차법」이 마련되어 있어서 행정절차에 위법이 있는 경우에는 이 법에 따른 구제를 받을 수 있다.

제3항 사법권에 의한 기본권 침해와 그 구제 방법

사법권의 전형적인 행사인 재판에 대해서는 헌법소원이 불가하고 심급 제도에 따른 불복만이 있다. 재판을 제외한 법원의 처분 및 규칙에 대해서는 헌법소원을 통한 구제가 가능하다.

제4항 기타 국가기관에 의한 기본권 침해의 구제 방법

Ⅰ. 국가인권위원회에 의한 구제

인권의 보호와 향상을 위한 업무를 수행하기 위하여 국가인권위원회를 두고 있다. 위원회에는 그 권한에 속하는 업무의 수행에 관하여 독립성이 법적으로 보장되어 있다

---

9) 확약, 위반사실 등의 공표, 행정계획은 2022년 개정에서 신설된 범위다. 「행정절차법」은 다음의 사항에 대해서는 적용되지 않는다. 국회 또는 지방의회의 의결을 거치거나 동의 또는 승인을 받아 행하는 사항, 법원 또는 군사법원의 재판에 의하거나 그 집행으로 행하는 사항, 헌법재판소의 심판을 거쳐 행하는 사항, 각급 선거관리위원회의 의결을 거쳐 행하는 사항, 감사원이 감사위원회의의 결정을 거쳐 행하는 사항, 형사(刑事), 행형(行刑) 및 보안처분 관계 법령에 따라 행하는 사항, 국가안전보장·국방·외교 또는 통일에 관한 사항 중 행정절차를 거칠 경우 국가의 중대한 이익을 현저히 해칠 우려가 있는 사항, 심사청구, 해양안전심판, 조세심판, 특허심판, 행정심판, 그 밖의 불복절차에 따른 사항, 「병역법」에 따른 징집·소집, 외국인의 출입국·난민인정·귀화, 공무원 인사 관계 법령에 따른 징계와 그 밖의 처분, 이해 조정을 목적으로 하는 법령에 따른 알선·조정·중재(仲裁)·재정(裁定) 또는 그 밖의 처분 등 해당 행정작용의 성질상 행정절차를 거치기 곤란하거나 거칠 필요가 없다고 인정되는 사항과 행정절차에 준하는 절차를 거친 사항으로서 대통령령으로 정하는 사항(행정절차법 제3조 제2항 각 호).

(국가인권위원회법 제3조). 이 법은 대한민국 국민과 대한민국의 영역에 있는 외국인에 대하여도 적용한다(법 제4조).

① 국가기관, 지방자치단체 또는 구금·보호 시설의 업무 수행(국회의 입법 및 법원 ·헌법재판소의 재판은 제외한다)과 관련하여 대한민국헌법 제10조부터 제22조까지의 규정에서 보장된 인권을 침해당하거나 차별 행위를 당한 경우, 또는 ② 법인, 단체 또는 사인(私人)으로부터 차별 행위를 당한 경우에 인권 침해나 차별 행위를 당한 사람 또는 그 사실을 알고 있는 사람이나 단체는 위원회에 그 내용을 진정할 수 있다. 물론 위원회는 진정이 없는 경우에도 인권 침해나 차별 행위가 있다고 믿을 만한 상당한 근거가 있고, 그 내용이 중대하다고 인정할 때에는 직권으로 조사할 수 있다(이상 법 제30조). 위원회는 조사 후 조정, 권고, 고발 등의 조치를 취할 수 있다(법 제42조 이하).

II. 국민권익위원회에 의한 구제

「부패방지 및 국민권익위원회의 설치 및 운영에 관한 법률」은 고충민원의 처리와 이에 관련된 불합리한 행정제도를 개선하고, 부패의 발생을 예방하며 부패행위를 효율적으로 규제하도록 하기 위하여 국무총리 소속으로 국민권익위원회를 두고 있다(법률 제11조 제1항). 위원회에는 3인의 부위원장(차관급)을 두어 각각 ① 고충민원, ② 부패 방지 업무, ③ 중앙행정심판위원회의 운영 업무를 각각 분장하게 하고 있다(법률 제13조).

누구든지(국내에 거주하는 외국인을 포함한다) 국민권익위원회 또는 시민고충처리위원회[10]에 **고충민원을 신청**할 수 있다. 이 경우 어느 하나의 위원회에 대하여 고충민원을 제기한 신청인은 다른 위원회에 대하여도 고충민원을 신청할 수 있다(법률 제39조 제1항 제2문). 고충민원의 신청이 있는 경우에는 다른 법령에 특별한 규정이 있는 경우를 제외하고는 그 접수를 보류하거나 거부할 수 없으며, 접수된 고충민원 서류를 부당하게 되돌려 보내서는 아니 된다. 다만, 고충민원 서류를 보류·거부 또는 반려하는 경우에는 지체 없이 그 사유를 신청인에게 통보하여야 한다(법률 제39조 제4항).

조사 중이거나 조사가 끝난 고충민원에 대한 공정한 해결을 위하여 필요한 조치를

---

10) 지방자치단체 및 그 소속 기관(법령에 따라 지방자치단체나 그 소속 기관의 권한을 위임 또는 위탁받은 법인·단체 또는 그 기관이나 개인을 포함한다)에 대한 고충민원의 처리와 이에 관련된 제도개선을 위하여 법 제32조에 따라 설치되는 기관을 말한다(법률 제2조 제9호).

당사자에게 제시하고 **합의를 권고**할 수 있다(법률 제44조). 다수인이 관련되거나 사회적 파급 효과가 크다고 인정되는 고충민원의 신속하고 공정한 해결을 위하여 필요하다고 인정하는 경우에는 당사자의 신청 또는 직권에 의하여 「민법」상의 화해와 같은 효력이 있는 **조정**을 할 수 있다(법률 제45조 제1항·제3항). 고충민원에 대한 조사 결과 처분 등이 위법·부당하다고 인정할 만한 상당한 이유가 있는 경우에는 관계 행정기관 등의 장에게 적절한 **시정을 권고**할 수 있고(법률 제46조 제1항), 고충민원에 대한 조사 결과 신청인의 주장이 상당한 이유가 있다고 인정되는 사안에 대하여는 관계 행정기관 등의 장에게 **의견을 표명**할 수 있다(법률 제46조 제2항). 고충민원을 조사·처리하는 과정에서 법령 그 밖의 **제도나 정책 등**의 개선이 필요하다고 인정되는 경우에는 관계 행정기관 등의 장에게 이에 대한 **합리적인 개선을 권고하거나 의견을 표명**할 수 있다(법률 제47조). 위원회의 권고 또는 의견을 받은 관계 행정기관 등의 장은 이를 존중하여야 하며, 그 권고 또는 의견을 받은 날부터 30일 이내에 그 처리 결과를 권익위원회에 통보하여야 하고(법률 제50조 제1항), 그 권고내용을 이행하지 아니하는 경우에는 그 이유를 위원회에 문서로 통보하여야 한다(법률 제50조 제2항). 고충민원의 조사·처리과정에서 관계 행정기관 등의 직원이 고의 또는 중대한 과실로 위법·부당하게 업무를 처리한 사실을 발견한 경우 국민권익위원회는 감사원에, 시민고충처리위원회는 당해 지방자치단체에 **감사를 의뢰**할 수 있다(법률 제51조). 위원회는 권고 또는 의견의 **이행 실태를 확인·점검**할 수 있다(법률 제52조).

제10절

사법 영역에 있어서 기본권의 효력

19세기 후반과 20세기 초반의 일반적인 견해는 기본권을 전적으로 국가에 대한 시민의 방어권으로 이해하였다.[1] 다만, 바이마르공화국 헌법에서는 제118조 제1항[2]에서 노동 및 경제 관계에서의 의사 표현의 자유를, 제159조[3]에서는 단결의 자유를 사법(私法)상의 침해로부터도 보호하고 있었는데, 이는 기본권의 사법상의 효력을 의미하는 것이었다.

제1항 논의의 전개

그러나 이 두 조문 외에는 명시적으로 사법 질서에서의 기본권의 효력을 규정한 것은 없었기 때문에 그 외의 기본권은 공공 부문에 대해서만 적용되는 것으로 이해되었다. 따라서 기본권을 국가에 대한 시민의 방어권으로 이해한 것은 바이마르공화국에 있어서도 마찬가지였다.[4]

---

1) Hans-Jürgen Papier, "Drittwirkung der Grundrechte", Merten/Papier (Hrsg.) Handbuch der Grundrechte in Deutschland und Europa, Bd. II, 2006, Rn. 2; Wolfgang W. Rüfner, "Grundrechtsadressaten", in: Josef Isensee/Paul Kirchhof(Hrsg.), Handbuch des Staatsrechts der Bundesrepublik Deutschland, Bd. V, 1992, Rn. 55.

2) "모든 독일인은 일반적 법률의 한계 내에서 자신의 의사를 언어, 문자, 인쇄, 그림 또는 기타의 방법으로 자유롭게 표현할 권리를 가진다. 이 권리는 어떠한 노동 및 고용관계에서도 방해할 수 없고, 누구도 이 권리를 행사하는 자를 불이익하게 처우할 수 없다."

3) "노동조건 및 경제조건의 유지와 촉진을 위한 결사의 자유(Vereinigungsfreiheit)는 모든 사람과 모든 직업에 대하여 보장된다. 이 자유를 제약하거나 기속하려고 하는 모든 협정과 조치들은 위법하다."

4) Papier, "Drittwirkung der Grundrechte", Rn. 2; K. Stern, Staatsrecht III/1, 1988, S. 1517; W.

이러한 바이마르 헌법에서의 전통은 전후 서독의 기본법에서도 유지되었는데 여기서는 명시적으로는 단결의 자유(제9조 제3항[5])에서만 사인 간에도 효력을 가지는 것으로 규정하였다. 그러나 실제에 있어서는 노동법, 계약 및 경쟁법, 가족 및 상속법에서도 관련 기본권의 제3자적 효력이 논의되기도 하였다. 기본권의 제3자적 효력 (Drittwirkung der Grundrechte)[6]이라는 개념은 기본법이 시행된 이후에 비로소 본격적으로 논의되기 시작했다.

기본법 하에서 **니퍼다이**(H. C. Nipperdey)[7]는 동일한 노동이 제공되는 경우에 있어서 남녀 임금 평등과 관련하여 1949년부터 기본권의 **직접적 제3자효**를 발전시켰고,[8] 초기에는 **연방노동재판소**도 이에 따랐다.[9] 이러한 니퍼다이의 견해는 많은 반대를 불러일으켰을 뿐만 아니라, 기본권의 제3자적 효력 자체를 부인하는 견해도 많았다.

한편, **뒤리히**(G. Dürig)는 단지 **간접적인 제3자효**를 주장하였다.[10] 간접적이라는 말은 기본권의 효력이 사법상의 법률 조항을 통하여 실현된다는 의미다.[11] 뒤리히에 따르면 기본권에 내포된 가치질서는 전적으로 또는 적어도 압도적으로 사법상의 일반조

Rüfner, "Grundrechtsadressaten", Rn. 55.

5) "노동조건과 경제조건의 유지와 촉진을 위하여 결사를 형성할 권리는 모든 사람과 모든 직업에 대하여 보장된다. 이 권리를 제한하거나 방해하려고 하는 협정은 무효이며 그러한 조치는 위법하다. 노동조건과 경제조건의 유지와 촉진을 위하여 제1문의 결사가 주도하는 노동쟁의에 대하여는 제12a조, 제35조 제2항과 제3항, 제87a조 제4항과 제91조에 따른 조치를 할 수 없다."

6) 이 용어 선택의 타당성에 대한 의문을 제기하는 견해로는 W. Rüfner, "Grundrechtsadressaten", Rn. 58. 기본권의 제3자적 효력이라는 용어 외에도 기본권의 수평적 효력(Horizontalwirkung der Grundrechte), 사법에서 기본권의 효력(Geltung der Grundrechte im Privatrecht), 사법 질서에서의 기본권의 효력(Geltung der Grundrechte im Privatrechtsordnung), 사법에 대한 기본권의 영향 (Hineinwirken der Grundrechte in das Privatrecht) 등이 사용되고 있다.

7) 니퍼다이는 1954년부터 1963년까지 연방노동재판소(Bundesarbeitsgericht)의 소장으로 재직하였다.

8) Thorsten Hollstein, Die Verfassung als „Allgemeiner Teil" – Privatrechtsmethode und Privatrechtskonzeption bei Hans Carl Nipperdey (1895–1968), Mohr, 2007, S. 102. 그러나 니퍼다이의 이러한 생각은 이미 1930년부터 주장된 것이라고 하는 견해로는 Walter Leisner, Grundrechte und Privatrecht, Beck, 1960, S. 310 참조.

9) 예컨대 의사 표현의 자유에 대한 BAGE 1, 185, 193 (1954년 12월 3일) 결정. 뒤에는 평등권, 혼인과 가족의 보호 그리고 기본법 제1조와 제2조 등에 대하여 직접적 제3자효를 인정하였다. 특히 BAGE 4, 274, 276 f. 참조. 그러나 이후 연방노동재판소는 더 이상 이 견해를 따르고 있지 않다 (예컨대 BAGE 47, 362 ff. 참조).

10) Günter Dürig, "Grundrechte und Zivilrechtsprechung", in: Walter Schmitt Glaeser und Peter Häberle (Hrsg.), Günter Dürig Gesammelte Schriften 1953–1983, SÖR Bd. 463, Duncker & Humblot, 1984, S. 215 ff.

11) W. Rüfner, "Grundrechtsadressaten", Rn. 58. 그러나 이 말은 사법(私法)의 입법자는 직접적으로 기속된다는 점에서 정확한 용어의 표현이라고는 할 수 없다. 뒤의 슈테른의 견해 참조.

항의 해석에 영향을 미친다고 한다. **연방헌법재판소도** 통상 이 견해를 따르고 있다.[12]

그러는 가운데 1970년대에 들어서 **슈바베**(J. Schwabe)가 그의 박사학위 논문에서 새로운 관점을 제시하였다. 슈바베는 법치국가에 있어서 기본권 주체가 수인하게 될 자신의 기본권적 지위에 대한 사인의 간섭은 법질서에 의해서 이행됨으로써 비로소 의미를 갖게 된다고 한다. 개인에 대해 부담을 가하는 사적 권력은 국가에 의해서 정당화되거나 적어도 용인된 권력이다. 즉, 사인에 의한 기본권 제약은 모두 공권력에 의한 제약으로 이해하는 것이다.[13] 그러나 이 견해에 대해서는, 규범적으로 금지되지 아니하였다고 하여 그 모든 것이 국가로부터 수권을 받은 것이라고는 할 수 없을 뿐만 아니라, 사적자치에 근거한 행위를 공공 부문의 책임으로 하는 것은 타당하지 않다는 비판이 있다. 법질서는 사인의 법적 공동생활의 대강(Rahmen)만을 정하거나 개인의 권리에 대한 전형적인 위험 상황만을 명시할 수 있을 뿐, 생각할 수 있는 모든 사실관계가 법률로 규율될 수 없다는 점에서 보면, 사인이나 법원에 의한 사법 질서의 형성이 언제나 필요하다는 것이다.[14]

오늘날에는 사법 질서에서 기본권의 효력을 인정하는 데에는 거의 이론이 없다.[15] 그리고 견해들도 결과에 있어서 서로 매우 근접하고 있는 것으로 평가된다.[16] 그러나 그럼에도 불구하고 효력에 대한 이론구성과 그 내용 등에 대해서는 여전히 완전히 해명되었다고는 할 수 없다.[17] 이 점과 관련하여 체계적으로 연구한 **뤼프너**(Wolfgang Rüfner)의 견해를 보면 우선 해석상으로 사법상 기본권의 효력은 입법과 사법에 대한 기본권 기속의 결과로 이해되는 것이지, 시민 상호 간의 관계에 있어서 기본권 기속이 문제되는 것은 결코 아니라고 한다. 기본권 규정으로부터는 사법에 대한 효력도 나타

---

12) BVerfGE 7, 198, 205f; 7, 230, 233f; 42, 143, 148; 73, 261, 269 등 다수의 결정.

13) 슈바베의 이론은 원래 효력부인설로 분류되지만, 위 본문의 내용으로 볼 때 슈타르크는 슈바베의 견해를 직접설의 한 변이로 본다(Starck, GG, Art. 1 Rn. 305).

14) Papier, "Drittwirkung der Grundrechte", Rn. 6. 슈바베의 주장과 비판에 대한 자세한 것은 김대환, 기본권의 대사인적 효력(서울대학교대학원 법학석사학위논문), 1990 참조. 그 외 알렉시(Robert Alexy)의 3면 모델에 대한 소개는 김대환, 같은 글 및 이준일, 기본권으로서 보호권과 기본권의 제3자효, 저스티스, 제65호(2002), 80쪽 이하 참조.

15) 직접효와 간접효의 의미는 다르다고 하지만, 헌법상의 권리인 기본권이 사인에 대해 효력을 미친다는 점에서는 같다. 그러나 간접적으로라도 기본"권"이 사인에 대해 효력을 가질 수 없음을 유의할 필요가 있다.

16) Christian Starck, in: Hermann von Mangoldt/Friedrich Klein/Christian Starck (Hrsg.), Kommentar zum Grundgesetz, Bd. I, Vahlen, 2010, Art. 1 Rn. 307.

17) W. Rüfner, "Grundrechtsadressaten", Rn. 58.

나지만, 시민이 일반적으로 다른 동료 시민에 대하여 직접적으로 행위 의무를 부담하게 된다는 의미는 아니기 때문에, 결국 사법상의 기본권의 효력과 관련하여서도 기본권의 수신인은 국가, 즉 입법자와 법관이라고 한다. 이 점에서 뤼프너는 슈바베의 견해[18]를 타당한 것으로 받아들이고 있다.[19] 연방헌법재판소도 이러한 의미에서의 직접적 제3자효를 부인한 바 있다.[20] 그런 점에서 뤼프너는 제3자효라는 표현은 잘못된 표현이라고 지적한다.[21] 나아가서 뤼프너는 기본권은 국가와 시민 간의 관계에만 적용되고 시민 상호 간의 관계에는 적용되지 아니한다는 주장(즉 효력 부인설)도 잘못된 것으로 비판한다. 고전적인 자유권도 국가의 개입만으로는 실현될 수 있는 것이 아니고, 오히려 기본권이 전체 법질서에 적용되는 근본규범으로서 사법을 포함한 모든 법 영역에서 존중될 때 실현될 수 있음을 강조하고 있다. 그렇기 때문에 입법자는 사법 규정을 제정할 때 기본권에 기속되고, 따라서 헌법적으로 보호되는 시민의 권리(기본권)가 의미를 상실하지 않도록 형성하여야 하는 것이라고 한다.[22] 뤼프너의 이러한 생각은 결국은 기본권적 "가치"가 사법 관계에서도 존중되어야 한다는 것을 의미하는 것으로 이해된다.

과거 **서독의 일반적인 견해**, 특히 기본권을 객관적 가치질서[23]로 보거나 질서 원칙(Ordnungsgrundsätze) 내지 원칙규범(Grundsatznormen)[24]으로 보는 입장은 **기본권의 제3자적 효력의 논거**로서 우선은 인간의 존엄을 존중하고 보호하는 것을 모든 국가권력의 의무로 규정하고 있는 기본법 제1조 제1항 제2문을 들었다. 기본권은 헌법상 최고의 법적 가치인 인간의 존엄이라는 법원칙의 표현으로 이해될 수 있기 때문에, 국가는 사인에 대해서도 기본권이 관철될 수 있도록 하여야 한다는 결론이 나올 수 있다는 것이다.[25] 이러한 견해는 아래에서 살펴볼 기본권에 대한 국가의 보호의무론과도 연결된

---

18) Jürgen Schwabe, Die sogenannte Drittwirkung der Grundrechte. Zur Einwirkung der Grundrechte auf den Privatverkehr, Goldmann, 1971, S. 155. 슈바베의 견해에 대해서는 후술 참조.

19) W. Rüfner, "Grundrechtsadressaten", Rn. 59.

20) BVerfGE 52, 131, 173 – Arzthaftungsprozeß (1979.7.25. 결정): "여기에서 법률의 확정, 내용 그리고 해석에 대한 헌법의 영향이 문제된다; 이것은 사적 개인사이의 민법적 관계에 있어서 (예컨대 제9조 제3항 제2문, 제48조 제2항 제2문에 의한 것과 같이) 헌법 규범 자체로부터 권리, 의무 또는 독자적인 법률효과가 나타난다고 하는 의미에서의 제3자효를 뜻하는 것은 아니다."

21) W. Rüfner, "Grundrechtsadressaten", Rn. 59.

22) W. Rüfner, "Grundrechtsadressaten", Rn. 60.

23) BVerfGE 7, 198, 205 – Lüth Urteil.

24) Hans Carl Nipperdey, "Grundrechte und Privatrecht", FS Erich Molitor zum 75. Geburtstag, 1962, S. 13.

25) Albert Bleckmann, Staatsrecht II – Die Grundrechte, 4. Aufl., 1997, §10 Rn. 93.

다.[26] 다음으로는 사회적 현실의 변화를 그 논거로 들었다. 개인이 공권력 이외에도 고용주나 은행, 임대인 등과 같이 다른 사회 세력과도 대립하게 됨으로써 개인을 그들로부터 보호할 필요성이 생겼다는 것이다.[27] 사회적 세력과 관련하여 개인이 처한 상황은 국가에 대한 것과 유사한 것으로 볼 수 있기 때문에 국가에 대해서와 마찬가지로 사회적 세력으로부터도 개인은 보호받아야 한다는 것이다.[28]

제2항   전통적 견해의 검토

기본권의 제3자효와 관련하여서 전통적인 견해에서는 효력부인설을 제외하면 직접적 제3자효 이론과 간접적 제3자효 이론이 대립하고 있다. 현재 다수의 견해인 간접적 제3자효 이론은 사인에 대한 기본권의 '적용' 여부에 대하여 반드시 명쾌한 답을 제시하고 있다고 보기 어려운 측면이 있고, 직접적 제3자효 이론은 내용상으로 다소 오해의 측면이 있다.

Ⅰ. 직접적 제3자효 이론

1. 니퍼다이의 견해

가. 내용

기본권의 객관법적 내용을 출발점으로 하여 니퍼다이는 1949년부터 사법 관계에서의 기본권의 절대적 효력론(These von der absoluten Wirkung der Grundrechte im Privatrechtsverkehr)을 발전시켰다.[29] 이는 기본법 시행 이후 사법상의 기본권의 효력에 대한 논의를 불러일으키는 직접적인 계기가 되었다.[30] 때문에 (직접적) 제3자효 이론에

---

26) Papier, "Drittwirkung der Grundrechte", Rn. 21. 보호의무이론에 대해서는 후술 참조.
27) Papier, "Drittwirkung der Grundrechte", Rn. 4; Bleckmann, Staatsrecht Ⅱ − Die Grundrechte, §10 Rn. 92.
28) 그러나 사회적 세력도 기본권의 주체로 나타날 수 있음도 유의하여야 한다(K. Stern, Staatsrecht Ⅲ/1, 1988, S. 1595).
29) 니퍼다이에서 절대적이라는 의미는 직접적(unmittelbar 또는 direkt)이라는 의미로 사용된다(K. Stern, Staatsrecht Ⅲ/1, 1988, S. 1538 참조).
30) Hollstein, Die Verfassung als "Allgemeiner Teil", S. 305.

대한 올바른 이해는 니퍼다이의 견해에 대한 올바른 이해를 전제로 한다고 할 수 있다. 니퍼다이는 우선 기본권의 의미 변화[31]를 주장하였다. 그는 기본권은 더 이상 19세기의 역사적 관점에 따라 국가에 대한 순전한 방어권으로 해석되어서는 안 된다고 보았다.[32] 오히려 대중적인 산업 사회에서는 집단, 단체, 대기업 그리고 개별적인 권력에 대한 기본권적 보호가 필요하다고 보았다.[33] 그렇기 때문에 바이마르헌법에서도 이미 개별 기본권 중 일부를 명시적으로 사법 관계에서도 직접적으로 효력을 갖는 것으로 규정하였던 것이라고 한다.[34] 니퍼다이는 이러한 기본권의 보호 측면을 기본권의 절대적 효력론의 출발점으로 삼았다.[35] 전체적으로 볼 때 기본권의 기능을 변화된 역사적 상황과 부합하도록 하는 것이 그의 주요 관심사였다.[36] 그리고 이러한 사법 관계에서의 기본권의 절대적 효력은 기본법의 중요한 해석 원칙인 사회국가성(Sozialstaatlichkeit)에서 나오는 것으로 보았다.[37]

그런데 기본권이 직접적으로 사법 관계에 효력을 미친다고 하더라도 결코 모든 기본권이 그렇다는 것은 아니다.[38] 이와 관련하여 니퍼다이는 다음과 같이 설명하였다: "(기본권이 국가권력만을 기속하는가, 기속한다면 어느 정도 기속하는가, 그리고 개별적인 법동료(Rechtsgenosse)를 기속하지는 않는가라는 일반적인) 문제는 기본법상의 기본권에 관한 특정한 역사적 견해에 따라 임의적으로 결정되어서는 안 되고, 오히려 개별 기본권, 좀 더 구체적으로는 오늘날의 우리 공동체의 기본권으로부터 도출되는 개별적인 실질적 법규범(Rechtssatz)을 근거로 하여야 한다."[39] 또 그는 원칙적으로 기본권은 헌법 규범에서 아무런 제약이 없는 경우에만 시민 상호 간의 사법 관계에 적용되고, 의심이 있는

---

31) Nipperdey, "Grundrechte und Privatrecht", S. 17.
32) Nipperdey, "Grundrechte und Privatrecht", S. 17.
33) Nipperdey, "Grundrechte und Privatrecht", S. 16.
34) Nipperdey, "Grundrechte und Privatrecht", S. 17.
35) Hollstein, Die Verfassung als "Allgemeiner Teil", S. 203.
36) Nipperdey, "Grundrechte und Privatrecht", S. 17.
37) Hans Carl Nipperdey, "Die Würde des Menschen (Kommentierung des Art. 1 Abs. 2 GG)", in: Neumann – Nipperdey – Scheuner (Hrsg.), Die Grundrechte. Handbuch der Theorie und Praxis der Grundrechte, Bd. 2, Duncker & Humblot, 1954, S. 20. 그러나 이러한 논거는 기본법의 체계나 성립사를 통하여 획득된 결과를 흔들 정도로 규범적 효력을 가진 것이라고는 할 수 없다는 견해로는 Pieroth/Schlink, Grundrechte Staatsrecht II, Müller, 19. Aufl., 2003, Rn. 176 참조.
38) Hollstein, Die Verfassung als "Allgemeiner Teil", S. 306; Papier, "Drittwirkung der Grundrechte", Rn. 11.
39) Nipperdey, "Grundrechte und Privatrecht", S. 18.

경우에는 기본권을 모두에 대해 일반적으로 적용될 수 있는 법원칙(Rechtsgrundsätze)으로 보는 것이 헌법의 의도라는 데서 출발하여야 한다고 하였다.[40] 그리하여 직접 적용되는 기본권으로는 우선은 기본법 제9조 제3항의 단결의 자유를 들고 있다. 단결의 자유는 사법 관계에도 적용될 수 있음을 기본법이 명시적으로 규정하고 있기 때문이다.[41] 그 외에 인간의 존엄을 규정한 제1조, 일반적 행동자유권 및 특히 경업의 자유를 도출할 수 있는 제2조 제1항, 평등원칙을 규정한 제3조 제1항, 의사 표현의 자유를 규정한 제5조, 혼인과 가족을 규정한 제6조 제1항, 결사의 자유를 규정한 제9조 제1항, 서신 비밀을 규정한 제10조, 거주·이전의 자유를 규정한 제11조, 직업의 자유를 규정한 제12조, 주거의 불가침을 규정한 제13조, 재산권을 규정한 제14조 제2항 등이 사법 관계에서 직접적 효력을 갖는 것이라고 보았다.[42]

민법과 관련한 니퍼다이의 구체적인 설명은 불법행위와 계약으로 나누어 볼 수 있다. 우선 불법행위 영역에서의 기본권과 관련하여 니퍼다이는 이미 1952년부터 일반적 인격권을 기본법 제1조 제1항과 제2조 제1항에서 도출해 내었다. 일반적 인격권이란 헌법에서 보면 기본권이고, 민법 제823조 제1항(손해배상의무 특히 등가 보상, 중지 소송)[43]의 의미에서는 권리(subjektives Recht)라고 하였다.[44] 그는 법관은 원칙적으로 기본법의 가치 관념을 끌어들임으로써 일반적 인격권을 구별해 내고 또 구체화하여야 한다는 점을 분명히 하고 있다. 일반적 인격권이라는 민법상의 일반조항은 새로운 생각의 출현을 돕거나, 이성적 한계를 설정하고, 법질서에서 일반적 인격권의 우위를 통하여 인격을 보호할 수 있게 한다고 보았다.

계약 영역에 있어서 법률행위를 통하여 특정한 기본권을 침해하는 경우에 니퍼다이는 당해 기본권 침해적 법률행위는 무효라고 보고 있다. 법률행위를 통한 침해의 경우에 계약이 무효로 되는 기본권의 예로서는 특히 제1조 제1항(인간의 존엄), 제2조 제1항(개성 신장의 자유), 제3조 제3항(평등권), 제4조 제1항(신앙과 양심의 자유), 제5조(의사

40) Hollstein, Die Verfassung als "Allgemeiner Teil", S. 306.
41) Nipperdey, "Grundrechte und Privatrecht", S. 14.
42) Hollstein, Die Verfassung als "Allgemeiner Teil", S. 307.
43) "고의 또는 과실로 타인의 생명, 신체, 건강, 자유, 재산 또는 기타의 권리(ein sonstiges Recht)를 법률을 위반하여 침해하는 자는 그로 인한 손해를 배상할 의무가 있다."
44) Ludwig Enneccerus/Hans Carl Nipperdey, Lehrbuch des Bürgerlichen Rechts, Bd. 1: Einleitung, Allgemeiner Teil. 1. Hlbbd.: Allgemeine Lehren, Personen, Rechtsobjekte, 14. Aufl., 1952, S. 293.

표현의 자유), 제6조(혼인과 가족의 보호), 제9조(결사 및 단결의 자유), 제10조(서신·우편의 자유), 제11조(거주·이전의 자유) 그리고 제12조(직업의 자유)를 들고 있다.[45] 따라서 니퍼다이에 있어서 이러한 기본권들은 사법 관계에서 사적자치에 따른 법형성의 직접적 한계가 되고 있다. 그래서 예컨대 민법 제138조[46]의 적용 영역에 해당하는 사례들은 직접 기본법 제1조 제1항의 기본권의 문제들이 된다고 한다. 즉, 기본법 제1조 제1항의 사법에 대한 직접적 효력은 민법 제138조의 적용을 일정한 경우에는 축소하거나 관련 구성요건을 수정하기도 한다는 것이다. 다만, 기본권을 침해하는 사법상의 법률행위를 무효로 보는 경우에도 일반적으로 무효가 되는지 아니면 당해 경우에 한하여만 무효가 되는지에 대해서는 개별 사례에 따른 접근을 하는데 그치고 일반적·포괄적으로 설명하고 있지는 않다.[47]

나. 비판
1) 플루메의 비판

민법학자인 플루메(Werner Flume)는 간접적인 제3자효의 입장에서 니퍼다이를 비판하고 있다. 그는 직접설이 갖는 사적자치에 대한 위협 문제를 제기하고 니퍼다이의 이론에 반대하고 있다. 그러나 플루메는 기본권적 가치가 실현되는 것은 기본권의 효력을 기본법이 발견하였기 때문이 아니라 오래전부터 사법이 기본권의 실현에 노력하였기 때문으로 보기 때문에, 그에 있어서 사법에 대한 기본권의 의미는 처음부터 매우 상대적일 수밖에는 없었다.[48]

2) 뒤리히의 비판

사적자치를 강하게 옹호하고 있는 뒤리히의 입장[49]에서 볼 때 니퍼다이의 이론은

---

45) Enneccerus/Nipperdey, Lehrbuch des Bürgerlichen Rechts, S. 98 ff.
46) 독일 민법 제138조(도덕을 침해하는 법률행위, 폭리) (1) 선량한 도덕을 침해하는 법률행위는 무효이다. (2) 특히 타인 또는 제3자의 궁핍, 무경험, 판단능력의 부족 또는 현저한 의지박약을 이용한 착취로서, 급부에 대하여 현저히 불균형적인 재산적 이익을 약속하게 하거나 부여하도록 한 법률행위는 무효이다.
47) Hollstein, Die Verfassung als "Allgemeiner Teil", S. 309.
48) Werner Flume, "Rechtsgeschäft und Privatautonomie", in: Ernst von Caemmerer/Ernst Friesenhahn/Richard Lange (Hrsg.), Hundert Jahre Deutsches Rechtsleben: Festschrift zum hundertjährigen Bestehen des Deutschen Juristentages 1860 – 1960, Bd. 1, 1960, S. 141(Hollstein, Die Verfassung als "Allgemeiner Teil", S. 311에서 재인용).
49) Günter Dürig, in: Maunz/Dürig/Herzog/Scholz (Hrsg.), Grundgesetz Kommentar, 1994, S. 225.

사적자치를 뿌리 채 손상하게 될 것은 논의의 여지없이 분명해 보인다.[50] 뒤리히의 입장에서는 기본권의 직접 적용은 오히려 기본권 때문에 금지된다고 한다. 기본권적 자유로부터 연역해 보면 기본법은 국가의 행위에 대해서는 반드시 적용되어야 하는 기본권 규정들을 같은 법동료들 사이에서는 무시할 수 있는 자유도 부여하고 있다는 것이다. 그렇기 때문에 기본권은 니퍼다이가 주장한 것과 같이 사법에까지 미치는 절대적 효력은 갖지 않는다. 국가에게 금지되는 것은 사인에게도 허용되지 않는다는 논리는 사법상의 권리 주체는 모두 기본권 주체라는 사실을 무시한 것이라고 한다. 예컨대, 노동법에서는 종교적 평등을 규정한 기본법 제3조 제3항[51]에도 불구하고 경향기업(Tendenzbetrieb)은 허용되고, 남녀평등을 규정한 기본법 제3조 제2항[52]에도 불구하고 한 쪽 배우자에게 불리한 재산 계약의 체결도 허용되며, 대등한 법동료 간에서 계약의 당사자가 양심적 기속을 포기하는 것 등은 가능하다고 한다. 뒤리히는 이러한 취지는 이미 1957년 뤼트 판결[53]에서도 확인된 것으로 보았다.[54]

다. 니퍼다이의 반론

직접적 제3자적 효력은 사적자치를 파괴하게 될 것이라는 비판에 대하여 니퍼다이는 1960년 초부터 줄곧 사법 관계에서 기본권 규범의 적용 가능성을 발전시켜왔다. 여기에서 그는 원칙 규범(Grundsatznormen)의 보호 목적에 비추어 경제적 이유 등으로 우월한 지위에 있는 사법 주체에 대한 관계에서만 기본권 규범의 효력 발휘가 요구된다고 하였다. 기본권의 절대적 효력 이론은 이러한 힘의 불균형(Machtungleichgewicht)을 겨냥한 것이라고 하였다.[55] 가령 노동법과 같은 경우에 있어서 사인 간의 관계는 국가와 개인의 관계에 비교될 수 있는 것으로 보았다.[56] 이와 같이 하여 니퍼다이는 자신의 기본권의 절대적 효력론을 최종적으로 다음과 같이 정비하게 된다. 즉, **당사자들이 현실적으로 평등한 상태에 있는 경우에는 일방 당사자가 자신의 자유의 일부를 처분하는 의무를**

---

50) Dürig, GG, Art. 1 Rn. 129.
51) "누구도 자신의 성별, 혈통, 인종, 언어, 고향과 출신, 신앙, 종교관 또는 정치관으로 인하여 불이익을 받거나 우대받지 아니한다. 누구도 자신의 장애로 인하여 불이익을 받지 아니한다."
52) "남녀는 동등한 권리를 갖는다. 국가는 남녀동권의 사실상 이행을 촉진하고 현존하는 불이익을 제거하도록 노력한다."
53) BVerfGE 7, 198, 220.
54) Dürig, GG, Art. 1 Rn. 130.
55) Hollstein, Die Verfassung als "Allgemeiner Teil", S. 312.
56) Nipperdey, "Grundrechte und Privatrecht", S. 20 ff.

부담하는 계약은 원칙적으로 허용되지만, 일방 당사자가 자신의 기본권적 자유를 완전히 포기하거나 그 본질적인 내용이 침해될 정도로 제한되는 것은 허용되지 않는다는 것이다.[57] 개별 기본권의 본질적 내용에 대한 판단과 관련하여서는 사법부에 의한 면밀한 심사를 통하여 해결할 수 있을 것으로 보았다. 결국 니퍼다이에 있어서 개인은 사법 관계에서 자신의 자유를 완전히 포기할 수는 없다.

2. 라이스너의 견해

라이스너(Walter Leisner)는 니퍼다이의 견해에 따르면서 상이한 기본권 주체 간에 충돌하는 기본권의 관계를 분명히 하고자 하였다. 그는 계약 영역과 비계약 영역의 두 가지로 나누어 설명하고 있다.[58]

우선 계약 영역에서는 원칙적으로 계약의 자유가 적용된다. 따라서 계약 당사자가 계약을 체결함에 있어서 다른 당사자의 기본권을 고려하여야 한다면 사적자치가 침해될 것이라고 보았다. 계약에 의한 기본권의 제약은 시민이 자신의 기본권적 자유를 포기할 수 있는 경우에 한해서만 가능하다. 그 기준과 관련하여서는 법률유보의 원리를 채용하여 기본권이 법률로 제한될 수 있다면 계약에 의해서도 제약될 수 있다고 하였다.[59] 여기서 기본권 포기의 한계는 기본권의 본질적 내용이다. 계약 영역에서는 양 당사자가 대등한 경우에 한하고, 계약 체결의 일방 당사자가 집단이라든가 단체와 같은 (또는 일개인일지라도) 사적으로 우월한 지위인 경우와 같이 양 당사자가 대등하지 않은 경우에는 비계약적 법률관계로 취급되어야 한다고 하였다.[60]

비계약 영역에서는 계약에 따른 협정이 없고 오히려 사실행위에 의한 제약만이 존재하므로 기본권의 포기라고 하는 것은 있을 수 없는 것으로 보았다. 여기서 기본권 충돌이 나타나는 것으로 본다.[61] 기본권 충돌의 경우에는 충돌하는 기본권 간의 형량이 이루어져야 하는데, 예컨대 한 쪽에는 일반적 행동의 자유 이상으로 특별히 보호되는 기본권이 없는데 반하여, 다른 한 쪽에는 유보 없이 보호되는 기본권(즉, 절대적 기본권)

---

57) 이와 유사한 입장은 아래에서 설명하는 라이스너(Walter Leisner)와 람(Thilo Ramm, Die Freiheit der Willensbildung, G. Fischer, 1960, S. 389)에서도 발견된다.
58) W. Leisner, Grundrechte und Privatrecht, S. 378 ff.
59) W. Leisner, Grundrechte und Privatrecht, S. 384 ff.
60) Papier, "Drittwirkung der Grundrechte", Rn, 14.
61) W. Leisner, Grundrechte und Privatrecht, S. 391 ff.

이 존재하는 경우에는 유보 없는 기본권이 전적으로 보호되고, 개별적 기본권과 일반적 행동의 자유가 충돌하는 경우에는 개별적 기본권이 우선한다. 일반적 법률유보 하에 있는 양 기본권이 충돌하는 경우에는 내용상 보다 구체적인 기본권이 우선한다고 한다.

3. 직접설에 대한 파피어의 비판

최근에 기본권의 제3자적 효력 문제를 체계화한 파피어(Jürgen Papier)[62]에 따르면, 우선 기본법 제1조 제3항으로부터는 기본권은 입법, 집행 그리고 사법만을 직접적으로 기속한다고 하는 결론에 도달할 수 있을 뿐 기본권의 제3자적 효력을 도출할 수는 없다고 한다. 직접적 대사인효를 주장하는 견해들은 기본법 제1조 제3항이 국가권력을 기속한다고 하여 동 규정이 사인에게 의무를 부과하지 않는다는 결론이 나오는 것은 아니라고 하지만, 기본법상의 다른 개별적인 규정들을 보면 모두 국가권력에 대하여 의무를 부과하려고 하는 것으로 볼 때, 국가에 대한 시민의 방어권으로서 기본권의 역사적 의미는 바뀔 수 없다고 한다.[63] 그리고 기본권 목록의 문언으로 볼 때 '사법 질서에 대한 기본권의 **영향**'(필자 강조)이라는 문제와 '사인 간에 있어서 기본권의 직접적인 효력' 문제는 다르다는 점을 지적하고 있다.[64]

나아가서 파피어는 직접설은 계약관계에서 사적자치를 침해하게 된다는 점을 강조한다. 예컨대, 노동 계약을 근거로 고용인이 노동자가 어떤 의사를 주장하는 것을 허용하지 않으면 고용인의 계약의 자유와 노동자의 의사 표현의 자유가 대립하게 되는데, 여기서 직접설에 따라 계약의 자유와 의사 표현의 자유를 형량 하는 경우 '시민과 국가 간의 관계'와 동일한 원칙이 적용된다면 과잉금지원칙이 적용되게 된다.[65] 그런데 뒤리히가 언급한 바와 같이 기본법 제2조 제1항의 권리는 동등한 사법 관계에서 국가의 방해 없이 기본권을 회피할 자유도 보장하지 않으면 안 되기 때문에, 국가의 기본권 제한에 적용되는 원칙인 과잉금지원칙이 사법 관계에 적용된다면 사적자치가 매우 제약될 것이라고 한다.[66]

---

62) 파피어는 1998년부터 연방헌법재판소의 재판관을 지냈고, 특히 2002년부터 2010.3. 퇴임 때까지 동재판소 소장을 역임하였다.

63) 같은 견해로는 Pieroth/Schlink, Grundrechte. Staatsrecht II, 25. Aufl., 2009, Rn. 191.

64) Papier, "Drittwirkung der Grundrechte", Rn. 16–17.

65) Papier, "Drittwirkung der Grundrechte", Rn. 18.

66) Papier, "Drittwirkung der Grundrechte", Rn. 19.

또한 파피어는 사법 관계에서 기본권이 직접 효력을 가지게 되면 법적 안정성이 훼손될 우려가 있음도 지적하고 있다. 법적 안정성은 법치국가원칙의 주요한 요소로서 법규범은 내용이 명백하고 구체적으로 규정되어야 하고 어떤 행위가 자신에게 요구되는지 당사자인 시민이 인식할 수 있어야 한다는 것을 의미한다. 그런데 기본권이 사인 간에 직접 적용되는 경우에는 양 사인이 모두 기본권을 원용할 수 있어서 기본권 충돌에 이르게 될 수 있고, 이에 이익형량이 동원된다면 사인은 어떤 형량이 일어날지 예측하기가 곤란하게 된다. 즉, 형량을 통한 개별 사안의 해결은 자신에게 어떤 행위가 요구되는지를 알기 어렵게 할 수 있다는 것이다.[67]

마지막으로 파피어는 직접설은 권력분립의 원리를 훼손하는 것이라고 한다. 본질성이론(Wesentlichkeitstheorie)에 따르면 기본적인 규범 영역에 있어서 입법자는 모든 본질적인 결정을 스스로 내려야 하는데, 기본권의 제약이나 충돌하는 기본권을 상호 조율하는 결정이 바로 그런 본질적인 사항에 해당한다. 그런데 직접적인 제3자효 이론에 따르면 기본권 충돌의 경우에 법관이 필요한 형량을 하게 되는데 이것은 권력분립 원리의 관점에서 문제가 있다는 것이다.[68]

II. 간접적 제3자효 이론

간접적 제3자효 이론의 대표자는 누구보다도 뒤리히이다.[69] 뒤리히의 기본적인 관심사는 사법상의 고유한 법칙에 따라 매개하지 않은 채, 강행적인 효력을 가진 헌법 규정을 원용하고자 하는 견해에 대항하여 사법을 수호함으로써 사법의 독자성을 유지하는 것이다.[70] 뒤리히에 따르면 제3자에 의한 기본권 침해를 방어하기 위한 개별적인 민법상의 보호 규범이 없는 경우에 사법이 위임된 보호를 이행하는 방법은 바로 가치충전이 가능하거나 가치충전을 필요로 하는 사법상의 개념이나 일반조항을 통하는 것이다. 뤼트 판결도 이 방법을 취하면서 민법 제826조[71]의 일반조항과 도덕 위반의 보

---

67) Papier, "Drittwirkung der Grundrechte", Rn. 20.
68) Papier, "Drittwirkung der Grundrechte", Rn. 21.
69) 지배적인 이 견해를 따르는 학자로는 Jörn Ipsen, Albert Bleckmann, Konrad Hesse, Hartmut Maurer, Stein/Frank, Massen, Kokott, Wilfried Berg, Michael Dolderer 등이 있다.
70) Dürig, GG, S. 239.
71) "선량한 도덕을 침해하여 고의로 타인에게 손해를 가한 자는 손해를 배상할 의무가 있다."

이코트 개념을 자유로운 의사 표현이라는 기본권의 가치 내용에 비추어 평가하고 있다. 연방헌법재판소는 헌법의 사법에 대한 영향을 지침(Richtlinie), 동기 부여(Impulse), 헌법 정신에 입각한 해석(Auslegung aus dem Geist der Verfassung), 방사효(Ausstrahlungswirkung) 등과 같은 매우 신중한 용어들을 사용하고 있다.

뒤리히는 기본법 제1조 제1항 제1문의 인간의 존엄은 최고의 헌법원리로서 민법상으로도 존중되어야 한다는 것은 의심이 없다고 한다. 그리고 기본법 제1조 제1항 제2문의 국가의 인간 존엄성 보호의무도 사법에서 고려되어야 하고, 법질서의 최고의 헌법원리는 개별 기본권에 의해 구체화된다는 것도 주의하여야 한다고 한다. 이 개별 기본권에는 기본법 제2조 제1항의 '타인과의 생활관계 속에서 법률상 자율적으로 처분이 허용되는 권리'도 포함된다고 한다. 이로부터 법논리적으로 제3자에 대한 기본권의 절대적 효력은 개인의 자율과 자기책임을 위한 기본권에 의하여 상대화된다고 한다. 따라서 사인 상호 간의 법률관계는 바로 헌법으로 인하여, 개별법(여기서는 사법)과 나아가서는 타인의 권리에 대한 사인의 침해를 방어하는 법률의 지배를 받게 된다. 개별적인 민법상의 보호 규범이 없는 경우에 민법이 기본법 제1조 제1항과 제2항에서 나오는 보호 임무를 이행하도록 도우면서 제3자의 침해를 방어하는 규범적 수단은 가치충전이 가능하거나 가치충전을 필요로 하는 사법상의 일반조항이다. 일반조항의 적용이라는 방법은 한편으로는 기본권 차원에서 사적인 처분의 자유를 인정함에 따라 제3자 관계에서 법논리적·법체계적으로 필요한 사법의 독자성을 유지하는 것이고, 다른 한편으로는 마땅히 전체법상 필요한 법적 도덕(Rechtsmoral)의 통일성을 유지하는 것이다.[72] 민법 제138조, 제242조[73] 그리고 제826조 등이 이러한 일반조항에 해당한다.

뒤리히의 이러한 이론은 우선은 계약에만 적용되는 사적자치를 보호하는 것임에도 불구하고 비계약영역에서도 적용된다고 한다. 왜냐하면 여기에서도 기본권을 원용할 수 있는 기본권 주체가 대립하고 있어서, 국가와 시민간의 관계에서와는 질적으로 다른 기본권의 의미가 정당화되기 때문이라고 한다.[74]

---

72) Dürig, GG, S. 233.
73) "채무자는 거래관행을 고려하여 성실과 신의에 따라 급부를 이행할 의무가 있다."
74) Dürig, GG, Art. 3 Abs. 1 Rn. 513.

Ⅲ. 소결

기본권의 제3자적 효력 문제를 보호의무이론으로 설명하고 있는 슈타르크는 최근의 저서에서 양 이론을 다음과 같이 평가하고 있다. 우선 직접적 제3자효 이론은 일반적 평등원칙과 관련하여 딜레마에 직면하게 된다고 한다. 평등한 취급 의무는 사법의 균형을 깨뜨릴 수 있어서 통상 일반적 평등원칙은 사법에 적용되지 않는 것으로 보기 때문이다. 말하자면 사적자치를 평등원칙의 위에 두는 것이다. 그에 반하여 직접설의 강점은 입법에 있어서나 법적용에 있어서나 사법에 대한 기본권의 효력은 동일하다는 데 있다고 한다.75)

한편 간접적 제3자효 이론은 기본권이 사법의 일반조항의 해석에 영향을 미친다는 것, 즉 해석을 필요로 하는 사법 규범을 통하여서 영향을 미친다는 것이기 때문에 이러한 규범이 존재하지 않거나 기본권적 가치를 미치도록 하기에는 충분한 해석이 가능하지 않은 경우에는 헌법적 결손으로 될 수밖에 없다는 점을 지적하고 있다.76)

그런데 슈타르크는 사실 양 이론은 결론적으로 그렇게 동떨어져 있는 것이 아니라는 점을 강조한다. 니퍼다이는 현대 헌법에 있어서 기본권의 의미 변화를 이야기하였지만, 단지 다수의 기본권 규정만이 기본권으로서 독자성 외에 전체 법질서에 대해서도, 따라서 사법에 대해서도 직접적으로 적용되는 근본규범이라는 중요한 기능을 가진다고 함으로써 그 의미 변화를 명백히 한정하고 있기 때문에, 사법의 입법자와 사법상의 일반조항의 해석에 대한 기본권의 특별한 효력을 의도한 것임이 분명한 것으로 이해한다. 앞에서도 언급한 바와 같이 일찍이 니퍼다이는 기본권의 효력 문제는 특정한 역사적 관점에서 기본법상의 모든 기본권에 대해 일반적으로 판단되어서는 안 되고, 오히려 개별적 기본권, 좀 더 자세히 말하면 오늘날의 우리의 공동체에서 기본권으로부터 도출되는 개별 법규의 구체적인 내용, 본질 그리고 기능으로부터 출발하여야 한다77)고 하였는데, 슈타르크는 이로써 볼 때도 명백하다고 한다. 직접 적용설의 이러한 관점은 이론적 불명확성에도 불구하고 모든 구체적 결정의 경우에 있어서 합리적 해결에 이르게 할 수 있다고 본다.

---

75) Starck, GG, Art. 1 Rn. 305.
76) Starck, GG, Art. 1 Rn. 304.
77) Nipperdey, "Grundrechte und Privatrecht", S. 18.

슈타르크는 연방헌법재판소에 의해 수용된 방사효와 관련하여서도 니퍼다이에 있어서와 같은 평가가 가능한 것으로 보고 있다.[78] 연방노동재판소와 관련하여서도 직접적 제3자효를 형식적으로는 포기하고 있지 않지만, 그 결정에서는 사법에 대해서도 효력을 발휘하고 일반조항을 통하여 사법에 영향을 미치는 바의 기본권의 일반적 가치질서라는 표현을 발견할 수 있으며, 심사 순서에 있어서도 우선 민법에 대해 심사하고 이어서 그러한 사법적 해결이 기본권의 가치질서와 일치하는지를 심사하고 있는 점[79]을 주목하고 있다. 뒤리히는 그 자체 기본권의 결과이기도 한 사법의 독자성을 위한다는 명분하에 이러한 니퍼다이 이론의 개방성과 그로부터 나오는 차별 가능성(Differenzierungsmöglichkeit)을 면밀히 검토하지 않고 비판하고 있음을 슈타르크는 지적하고 있다.[80]

제3항 독일 판례의 경향

I. 연방대법원의 견해

연방대법원(BGH)은 일찍이 니퍼다이의 견해에 기초하였다. 1954년의 판결에서는 기본법 제1조 제1항과 제2조 제1항으로부터 일반적 인격권을 도출해 내면서 이 권리를 누구나가 존중하여야 하는 사적인 권리로 인정하였다.[81] 이는 (적어도 문언 상으로는) 일반적 인격권의 직접적 효력을 선언한 것으로 볼 수 있다.[82] 그러나 이후의 다른 결정들에서는 인격권의 침해를 언급하는 경우에도 민법 제823조 제1항[83]의 "기타의 권리(ein sonstiges Recht)"에 해당하는지 여부를 판단하는 등 전적으로 민법적 청구 근거를 제시하고 있다.[84] 이와 같은 연방대법원의 다소 불분명한 태도는 1957년 연방헌법재판

---

78) Starck, GG, Art. 1 Rn. 307.
79) BAGE 24, 438, 441.
80) Starck, GG, Art. 1 Rn. 308.
81) BGHZ 13, 334, 338 — Leserbrief. 앞에서 기술한 니퍼다이의 견해도 참조.
82) Claus Dieter Classen, Die Drittwirkung der Grundrechte in der Rechtsprechung des Bundesverfassungsgerichts, S. 68.
83) "법률을 위반하여 고의 또는 과실로 타인의 생명, 신체, 건강, 자유, 재산 또는 기타의 권리를 침해한 자는 그로 인한 손해를 배상할 의무가 있다."
84) BGHZ 30, 7, 10; 24, 72, 76 f.

소의 뤼트 판결 이후 — 적어도 1960년부터는[85) — 간접적 제3자효로 입장을 바꾼 것으로 평가된다.[86)

II. 연방노동재판소의 견해

니퍼다이가 초대 소장인 때에 연방노동재판소는 명백히 직접적인 제3자효의 입장을 취하였다. 1954년의 결정[87)에서는 기본법 제5조 제1항(의사 표현의 자유)과 제3조 제3항(성별 등 차별금지)으로부터 나오는 기본권은 사회생활의 질서 원칙(Ordnungsgrundsätze)이고, 그 자체 질서 구조(Ordnungsgefüge) 또는 구체적인 국가 및 법질서의 공적 질서(ordre public)로 부를 수 있기 때문에, 사경제상의 고용주를 기속한다고 하였다.[88) 남녀 임금 평등과 관련하여 평등원칙은 임금 계약 당사자를 직접적으로 기속하는 것으로 보면서도, 이는 이미 국가권력의 기본권 기속을 선언한 기본법 제1조 제3항에서 나온다고 보기도 했는데, 왜냐하면 임금 계약은 국가에 의한 권한의 부여로 소급될 수 있어서 법규성을 갖는 것으로 보았기 때문이다. 기본권을 침해하는 임금 계약은 민법 제134조[89)에 따라서 무효로 되었다.[90)

1984년 이후에는 직접적용설적인 견해에서 다소 물러나서 간접적 제3자효를 따르고 있다.[91) 예컨대 민법 제315조 제1항[92)에 따라 적절한 재량으로 행사될 수 있는 고용주의 지시권(Direktionsrecht)은 기본법 제4조(양심과 종교의 자유)의 관점에서 해석되어야 하기 때문에, 노동자가 양심상의 이유로 꺼리는 활동을 고용주가 강요하는 것은 허용되지 않는다고 판결하였다.[93) 다만, 임금 계약 영역에서는 여전히 직접효력설을 유

---

85) 뤼트판결을 인용하고 있는 1960년 판결로는 BGHZ 33, 145, 149f. 그 외 이러한 입장의 판결로는 BGHZ 35, 363, 367 f.; 39, 124, 131; 45, 296, 307 ff.; 65, 325, 331 등 참조.

86) Hollstein, Die Verfassung als "Allgemeiner Teil", S. 308.

87) BAGE 1, 185, 193 (1954년 12월 3일).

88) 의사 표현과 관련하여서는 그 외 BAGE 23, 371, 375; 29, 195, 199; 41, 150, 158도 참조.

89) "(법률상의 금지) 법률로 금지된 법률행위는 법률에서 달리 규정되지 않은 한 무효이다."

90) BAGE 1, 348, 353.

91) 이렇게 평가하는 견해로는 Claus Dieter Classen, Die Drittwirkung der Grundrechte in der Rechtsprechung des Bundesverfassungsgerichts, S. 66. 그러나 S. 68에서는 최근의 판결에서는 부분적으로는 의문이 남는다고 한다; Papier, "Drittwirkung der Grundrechte", Rn. 44.

92) 독일 민법 제315조 제1항: "급부가 계약 당사자 일방에 의해 지정되기로 약정한 때에는, 의심스러운 경우 지정은 공평한 재량에 따라 행해져야 한다."

93) BAGE 47, 363, 373 (1984). 그 외 BAGE 48, 122, 139; 76, 155, 175 (1994) 등 참조.

지하고 있다.[94]

III. 연방헌법재판소의 견해[95]

1. 의사 표현의 자유

연방헌법재판소는 1957년 유명한 뤼트 판결[96]에서 처음으로 기본권은 제3자에 대하여 간접적인 효력을 가지는 것으로 선언하였다.[97] 이 판결에서는 기본권의 객관적 가치질서로서의 성격을 명백히 하면서, 법관은 적용될 민법 규정이 기본권에 의해 영향을 받는지 여부를 심사하여 영향을 받는 것으로 판단되면 사법에 대한 일정한 수정을 고려하여야 한다고 하였다. 기본법 제1조 제3항에서 나타나는 법관에 대한 기본권 기속의 의미는 바로 이를 의미하는 것이라고 하였다. 판결이 민사 규범에 대한 이러한 헌법의 영향을 고려하지 않는 경우에는 민사 법관은 (객관적 규범으로서) 기본권 규범의 내용을 오해하여서 객관적 헌법을 침해하는 것일 뿐만 아니라, 공권력 담당자로서 판결을 통하여 기본권을 침해하는 것이 된다고 보았다.[98] 1969년의 블링크퓌어 판결[99]은 표현의 자유와 관련하여 우월적 지위를 이용하였다는 점에서 뤼트 판결과 구별되지만,[100] 뤼트 판결을 보다 구체화한 것으로 의미가 있다.[101] 이 판결에서 연방헌법재판소는 연방대법원이 피청구인의 의사 표현의 자유의 범위를 오인하였고 청구인의 출판의 자유라는 기본권을 고려하지 않았음을 이유로,[102] 청구인의 청구를 인용하고 연방대법원의 판결을 파기 환송하였다. 2000년과 2003년 베네통 I, II 사건[103]에서 연방헌

---

94) BAGE 48, 307, 310f.; 51, 59, 81f.; 71, 29, 35; 76, 96, 98 등 참조.

95) 이하 판결의 구체적인 내용은 김대환, 사법 질서에서의 기본권의 효력, 종교의 자유와 사학의 자유 (한국헌법학회 · 대법원헌법연구회 공동학술대회 발표문)(한국헌법학회, 2010.10.2.), 71쪽 이하 참조. 그 외 박규환, 사법 질서로의 기본권효력 확장구조와 그 한계, 공법연구 33 – 3(한국공법학회, 2005), 128쪽 이하도 참조.

96) BVerfGE 7, 198, 205. 이 판결과 기본권의 제3자적 효력에 대한 자세한 검토로는 김수철, 언론의 자유와 기본권의 제3자적 효력, 사법행정 제41권 제10호(한국사법행정학회, 2000.10.), 10 – 16쪽 참조.

97) Papier, "Drittwirkung der Grundrechte", Rn. 30; Claus Dieter Classen, Die Drittwirkung der Grundrechte in der Rechtsprechung des Bundesverfassungsgerichts, S. 68.

98) BVerfGE 7, 198, 206 – 207.

99) BVerfGE 25, 256 – Blinkfüer

100) BVerfGE 25, 256, 267.

101) Papier, "Drittwirkung der Grundrechte", Rn. 32.

102) BVerfGE 25, 256, 263.

103) BVerfGE 102, 347 – Benetton I; BVerfGE 107, 275 – Benetton II.

법재판소는 경업상의 도덕을 위반한 광고행위는 금지될 수 있다고 규정한 부당경쟁에 관한 법률(UWG: Gesetz gegen den unlauteren Wettbewerb) 제1조[104]를 해석함에 있어서 의사 표현의 자유가 고려되어야 함을 밝히고 있다. 여기에서 뤼트판결을 인용하면서 의사 표현의 자유는 민사법상의 일반조항(베네통 사건에서는 부당 경쟁에 관한 법률 제1조)을 통하여 사법에 영향을 미친다는 것을 다시 확인하고 있다.[105] 이 판결에서도 연방헌법재판소는 표현의 자유의 간접적 제3자효를 뤼트 판결에서 끌어 온 점에서 볼 때 이를 확립된 판결로 받아들이고 있는 것으로 볼 수 있다.[106]

2. 직업의 자유

1990년 상사대리인 결정[107]에서 연방헌법재판소는 기본법 제12조의 직업의 자유가 사인 간에 있어서 어느 정도 효력을 발휘하는가에 대해 처음으로 판단하였다. 이 사건은 대리상 계약을 체결하면서 대리상에 귀책사유가 있어서 계약이 종결된 경우에는 계약 종결 후 2년간 보상 없이 모든 경쟁 행위를 포기한다고 한 계약이 직업의 자유에 합치하는지 여부가 문제된 사건인데, 여기서 연방헌법재판소는 기본법 제12조는 입법자가 민법으로 계약에 의한 제한으로부터 직업의 자유를 보호하기 위한 방책을 마련할 것을 명령할 수 있음을 선언하고,[108] 입법자가 특정한 생활 영역이나 특수한 계약 형식에 대한 강행적 계약법을 제정하지 않는 경우에는 민법의 일반조항이 적용되는데, 일반조항을 구체화하고 적용함에 있어서는 기본권이 존중되어야 하고 그에 상응하는 헌법적 보호 위임은 법관에게 부여되어 있으므로 법관은 기본권의 객관적 근본 결단이 효력을 발휘하도록 하지 않으면 안 된다고 판시하고 있다.[109] 이 판결에서는 입법자와 법관에 대한 보호의무가 언급되고 있다.

---

104) "상거래에서 경업할 목적으로 선량한 도덕에 위배되는 행위를 한 자에 대하여는 중지 및 손해배상의 청구를 할 수 있다."
105) BVerfGE 102, 347, 362; 107, 275, 280 f.
106) Papier, "Drittwirkung der Grundrechte", Rn. 36.
107) BVerfGE 81, 242 — Handelsvertreterentscheidung. 이 결정에 대한 자세한 소개는 방승주, 사법 질서에 있어서 국가의 기본권 보호의무 — 최근 독일 연방헌법재판소 판례의 분석을 중심으로 —, 공법학연구 7-5(한국비교공법학회, 2006), 50쪽 이하 참조.
108) BVerfGE 81, 242, 242.
109) BVerfGE 81, 242, 255 f. 여기에서 뤼트판결을 인용하고 있다.

3. 사회국가원리

재산과 소득이 열악한 두 명의 여성이 아버지의 은행 융자에 보증을 하면서 지불 불가능한 채무를 지게 되었는데 민사 법원이 이들에 대해 보증 채무에 따른 지불을 명한 사건에서, 연방헌법재판소는 동 판결이 기본법 제2조 제1항과 제20조 제1항,[110] 제28조 제1항[111] 등 사회국가 조항을 침해한 것으로 보았다. 이 규정들은 민사 법원이 민법 제138조와 제242조와 같은 일반조항을 해석하고 적용할 때, 기본법 제2조 제1항의 사적자치에 대한 기본권적 보장을 존중하도록 요구하고, 계약상의 평등이 존재하였는지를 고려할 의무를 부과한다고 판시하였다.[112] 여기에서는 법관의 보호의무가 논의되었음을 알 수 있다.

4. 사회복지계획

사회복지계획(Sozialplan)에 대한 결정[113]에서도 연방헌법재판소는 기본권의 간접적 제3자효의 입장을 표명하였다. 이 결정에서 연방헌법재판소는 뤼트 판결을 비롯한 확립된 판결을 인용하면서 사법 규정을 해석하고 적용함에 있어서 법원이 기본권의 방사효를 충분히 고려하였는지 또는 기본권의 범위와 효력에 대한 부당한 해석에 근거하고 있지는 않은지를 심사하였다.[114]

5. 임대차법

임대인의 점유권에 관한 1993년의 결정[115]에서 연방헌법재판소는 사실심 법원은 민법 제564b조 제1항과 제2항 제2호(주택 임대차 계약의 해지)를 해석·적용함에 있어서 재산권 보호에서 도출되는 한계를 존중하여야 하고, 임대인과 임차인의 재산을 보호하고 불균형적인 재산권 제약이 되지 않도록 이익형량을 행하여야 한다고 하였다. 민사 법원의 해석이 재산권 보장의 의미, 특히 재산권의 보호영역의 범위에 대하여 해석상

---

110) "독일연방공화국은 민주적이고 사회적인 연방국가이다."
111) "지방의 헌법질서는 이 기본법의 의미에서 공화적, 민주적 그리고 사회적 법치국가의 기본 원칙에 합치하여야 한다.…"
112) BVerfGE 89, 214.
113) BVerfGE 73, 261.
114) BVerfGE 73, 261, 269.
115) BVerGE 89, 1.

오류를 범하고 구체적인 경우에 그 실질적인 의미가 중요한 비중을 차지한다면 이로써 연방헌법재판소가 수정하여야 하는 헌법 침해에 이르게 된다고 하였다.[116]

6. 평가

이상의 연방헌법재판소의 일반적인 경향은 간접적인 제3자효 이론에 입각하면서도 대리상 결정으로부터는 보호의무에 대한 논의들도 주요한 논거로 등장하고 있음을 알 수 있다. 이러한 연방헌법재판소의 태도와 관련하여 클라쎈은 노동법이나 임대차와 같은 계약법의 경우에 그리고 인격권 등과 관련된 절대적 권리의 문제에 있어서는 보호의무의 관점을 강조하는 법원의 판결과 개인의 형식적 자유를 매우 강조하는 연방대법원의 판결의 중간적 입장을 따르고 있는 것으로 평가하고 있다.[117]

제4항 국가의 기본권 보호의무론

근래에는 기본권의 사법에 대한 효력 문제를 제3자효 이론보다는 국민의 기본권 보호라는 국가의 보호의무로 눈길을 돌리는 견해들이 주장되고 있다. 국가의 기본권 보호의무는 헌법의 최고 해석 원리로서 기본법 제1조 제1항 제2문 및 제6조 제1항 등에서 도출되기도 하지만 학설과 판례는 이를 일반적 기본권기능으로 인정하고 있다.[118] 이는 모든 법영역에 대하여 적용되기 때문에 사법 주체 상호 간의 관계에 대해서도 적용된다.[119] 이에 따르면 국가는 기본권 보호의무로 인하여 사인으로부터의 부당한 간섭에 대하여도 개인인 시민을 지켜야 하고, 적절한 조치를 취함으로써 법익 침해를 회피할 수 있게 하여야 하기 때문에, 입법과 사법(司法)은 기본권을 보호하여 사

---

116) BVerGE 89, 1, 9 f.

117) Claus Dieter Classen, Die Drittwirkung der Grundrechte in der Rechtsprechung des Bundesverfassungsgerichts, S. 92. 연방헌법재판소의 보호의무 관련 판례에 대한 자세한 설명은 방승주, 앞의 글 참조.

118) 기본권 보호의무의 근거에 대해서는 이부하, 헌법영역에서 기본권 보호의무, 공법학연구 8-3(한국비교공법학회, 2007), 125쪽 이하 참조.

119) K. Stern, Staatsrecht III/1, 1988, S. 1560. 기본권의 보호의무를 사인인 제3자에 대한 보호의무만을 의미하는 것인지 아니면 국가기관에 대한 보호의무를 포함하는 것인지에 대한 논의에 대해서는 장영철, 기본권의 제3자적 효력과 기본권 보호의무, 공법연구 29-2(한국공법학회, 2001), 160쪽 이하 참조.

인이 침해하지 못하도록 하여야 한다.[120] 사법에서의 기본권의 효력 문제를 보호의무
론으로 이해하는 경우에도[121] 기본권의 간접적 제3자효라는 용어를 그대로 사용할 것
인지의 여부에 대해서는 이론이 있다.[122]

　기본권의 제3자효 문제를 국가의 기본권 보호의무론으로 이해하려는 견해는 보호
의무론을 다음과 같이 평가하고 있다. ① 우선 국가의 기본권 보호의무론에 따르면 구
체적인 경우에 기본권의 객관적－법적 효력에 근거하여 기본권의 제3자효를 실현시키
는 것은 바로 법관의 보호의무기 때문에 간접적 제3자효를 위해 개발된 원칙들과 모순
되지 않는다.[123] 그런 점에서는 간접적 제3자효라는 개념을 사용할 수도 있는데, 왜냐
하면 법관은 자신의 보호의무를 이행하면서 기본권의 객관법적 내용 및 — 연방헌법재
판소의 용어법으로는 — 기본권의 객관적 가치질서를 사법(私法) 문제에 적용하기 때문
이다. ② 나아가서 보호의무론은 일반적으로 기본권의 사법에 대한 효력을 설명할 수
있게 한다.[124] 보호의무론은 한편으로는 기본법 제1조 제3항에서 나오는 입법자의 기
본권 합치적 민법 형성 의무를 내포하고, 다른 한편으로는 법관의 기본권 합치적 사법
(私法) 해석 의무를 보호의무의 내용으로 하고 있다.[125] 법관의 이 의무는 간접적 제3
자효를 위해서 지금까지는 특히 일반조항과 관련해서만 원용되었지만, 오히려 전체 민
법을 해석하는 경우에 해석의무로 나타날 수도 있다고 한다. 이하에서는 보호의무적
관점에서 제3자효를 이해하고 있는 대표적인 견해들을 살펴본다.[126]

---

120) Claus－Wilhelm Canaris, Grundrechte und Privatrecht: eine Zwischenbilanz, de Gruyter, 1999, S. 33ff; Horst Dreier, Vorbemerkungen vor Artikel 1 GG, in: Horst Dreier (Hrsg.), Grundgesetz Kommentar, Bd. I, Mohr, 1996, Vorbemerkungen vor Artikel 1 Rn. 62; Papier, "Drittwirkung der Grundrechte", Rn. 9.

121) 기본권의 제3자적 효력논의가 기본권의 보호의무론과 어느 정도 관련성이 있는지에 대한 논의와 관련하여서는 장영철, 앞의 글, 165쪽 이하 참조.

122) 부정적 견해로는 이젠제, 라우쉬닝, 갈바스, 회의적인 견해로는 카나리스, 긍정적 견해로는 슈타르크, 노박, 야라스, 벤다가 있다. 이에 대한 자세한 소개는 K. Stern, Staatsrecht III/1, 1988, S. 1560의 각주 277에 기술된 참고문헌 참조. 슈테른은 이 용어상의 차이는 실질적으로는 아무런 의미가 없다고 한다. 중요한 것은 제3자효문제가 기본권 규범이 사법 질서에서도 적용된다고 하는 객관적 질서원리 특히 국가의 보호 내지 보장의무를 내포하고 있다고 하는 기본권의 기능을 고려함으로써만 만족스럽게 해결될 수 있다고 하는 인식이라고 강조하고 있다(K. Stern, Staatsrecht III/1, 1988, S. 1561).

123) K. Stern, Staatsrecht III/1, 1988, S. 1572 f.

124) K. Stern, Staatsrecht III/1, 1988, S. 1572 f.; Starck, GG, Art. 1 Rn. 316.

125) 이에 대한 설명으로는 방승주, 앞의 글, 70쪽 이하; 장영철, 앞의 글, 168쪽 이하; 이부하, 앞의 글, 132쪽 이하 참조.

126) 여기에서는 특히 카나리스와 슈테른 및 슈타르크의 견해를 중심으로 살펴본다. 그 외 독일에서의

I. 카나리스의 견해

민법학자인 카나리스(Claus – Wilhelm Canaris)에 따르면 사법(私法)을 제정하거나 그것을 법원이 적용할 때에는 직접적으로 기본권 규정의 적용을 받는데 반하여, 사법상의 주체는 원칙적으로 기본권에 직접적으로 기속되지 않는다. 여기에서 기본권은 보호명령으로서의 기능을 통하여 효력을 전개하게 된다고 한다.[127] 카나리스가 볼 때 기본권의 수신인은 원칙적으로 국가와 그 기관이고 사법 주체는 기본권의 수신인이 아니다. 물론 예외는 존재할 수 있는데, 이 경우에도 기본법 제9조 제3항 제2문[128]의 경우에서와 같이 기본권이 규범수신인으로서 사법 주체에 적용되고 그에 상응하는 기본권의 효력이 주장될 수 있는 경우에만 직접적 제3자효가 언급될 수 있을 뿐이다.[129] 따라서 기본권 심사의 대상은 원칙적으로 국가의 규율과 행위만이고 사법 주체의 법률행위나 불법행위와 같은 것은 기본권 심사의 대상이 되는 것이 아니라는 점을 강조한다.[130] 그럼에도 불구하고 기본권이 사법 주체나 사법 주체의 행위에 영향을 미치게 되는데 그것은 기본권의 보호명령기능으로 설명될 수 있다고 한다. 왜냐하면 사인의 기본권적 법익을 다른 사인의 침해로부터 보호할 국가의 의무는 사법의 차원에서도 충족되어야 하기 때문이다. 이렇게 관념할 때에만 기본권의 수신인은 원칙적으로 시민이 아니라 국가라는 것과 함께, 사법 주체의 행위도 기본권의 영향 하에 있다는 것(그리고 그 이유)을 이론적으로 설명할 수 있다고 한다. 따라서 카나리스는 국가귀속이론(etatistische Konvergenztheorie)을 빌어 사법 주체의 모든 행위를 국가에 귀속시키고 그에 따라 기본

논의에 대한 체계적인 소개로는 장영철 및 이부하의 앞의 글들을 비롯하여 정태호, 기본권 보호의무, 인권과 정의 제252호(97.8), 83–108쪽; 표명환, 기본권 보호의무의 이론적 기초, 헌법학연구 8–1(한국헌법학회, 2002), 132–160쪽도 참조. 특히 국가의 보호의무에 대한 비판적 시각으로는 박규환, 앞의 글, 127 및 서경석, 국가의 기본권 보호의무 비판, 헌법학연구 9–3(한국헌법학회, 2003), 393–422쪽 참조.

127) Canaris, Grundrechte und Privatrecht, S. 93.
128) 독일 기본법 제9조 ① 모든 독일인은 단체와 조합을 결성할 권리를 가진다. ② 그 목적이나 활동이 형법에 위반되거나 또는 헌법질서, 국제상호 이해에 반하는 단체는 금지된다. ③ 근로조건 및 경제조건의 보호 및 개선을 위한 단체를 결성할 권리는 모든 개인 및 모든 직업에 보장된다. 이 권리를 제한하거나 방해하는 협정은 무효이며 이를 목적으로 하는 조치는 위법이다. 제12a조, 제35조 제2항 및 제3항, 제87a조제4항과 제91조에 따른 조치는 제1문이 말하는 단체의 근로조건 및 경제조건의 유지 및 개선을 위한 노동쟁의에 대하여 반하는 경우 허용되지 아니한다.
129) Canaris, Grundrechte und Privatrecht, S. 94.
130) Canaris, Grundrechte und Privatrecht, S. 94.

권의 제한 금지 기능으로 이해하려는 시도는 실패한 것으로 본다.[131] 다만, 보호명령기능과 침해 금지 기능 간의 구별이 애매모호한 한계적 상황에 있어서는 의심이 있는 경우에는 침해금지기능이 작동한다고 한다.[132]

　기본권의 보호명령기능은 원칙적으로 계약에 의한 자기 구속에 대해서도 적용된다. 특히 기본권적으로 보호되는 이익이 계약상 그 행사가 제약되는 경우에도 고도의 인격적 특성 때문에 기본권 주체가 처분할 수 없는 경우이거나, 강한 개인적 내용으로 인하여 특별히 법적 기속에 대해 민감한 경우, 내지는 계약 당사자가 자유롭게 결정할 수 있는 사실상의 가능성이 현저하게 제약되어 있는 경우에 기본권의 보호명령기능은 특별한 의미를 가지게 된다고 한다. 그러한 문제들은 통상 사법(私法)적으로 온전히 해결될 수 있다고 하더라도 기본권의 보호의무와 무관한 것이 아니라고 한다. 이 경우에도 기본권적으로 요구되는 최소한의 보호(Schutzminimum)에 미달하는 경우에는 헌법적 문제가 될 수 있을 뿐만 아니라 특히 헌법소원의 가능성이 처음부터 차단되어서는 안된다고 한다.[133]

II. 슈테른의 견해

　슈테른은 기본권의 사법에서의 효력이 명시적으로 헌법에 규정되지 않은 경우에 기본권의 보호명령기능을 기본권의 사법 영역에 대한 효력의 좋은 단서로 이해한다. 국가권력에 대하여 보호의무를 부과함으로써 사법상의 법률관계에서 기본권에 합치하도록 특히 입법자와 법원에 대하여 영향을 미칠 수 있게 된다. 여기서 입법자에 대한 작용은 매개되는 것이 아니라 직접적인 것이다. 기본권적 보호명령기능 이론으로 제3자효 문제를 해결하는 것은 유연성을 갖기 때문에[134] 까다로운 형량 과정에서 정당한

---

131) Canaris, Grundrechte und Privatrecht, S. 94.
132) Canaris, Grundrechte und Privatrecht, S. 95.
133) Canaris, Grundrechte und Privatrecht, S. 95. 카나리스는 보호명령기능을 보완하는 것으로 과소보호금지원칙을 들면서, 보호명령기능과 과소보호금지원칙은 침해금지기능과 과잉금지원칙보다 약한 효력을 가진다고 한다. 보호명령은 국가의 부작위에 대한 것이고 따라서 특별한 논증을 필요로 하는데 반하여, 기본권의 보호명령을 이행함에 있어서 입법은 원칙적으로 광범위한 형성여지를 가지기 때문이다(Canaris, Grundrechte und Privatrecht, S. 94–95).
134) Claus Dieter Classen, Die Drittwirkung der Grundrechte in der Rechtsprechung des Bundesverfassungsgerichts, S. 103.

답을 찾을 수 있게 한다. 물론 보호의무의 내용은 그때그때 보호되는 기본권적 보호이익과 그와 대립하는 법익에 달려있고, 그렇게 하여 도출된 보호 내용은 그 자체 형량의 결과이기도 하다.[135]

기본권의 보호의무의 이론적 근거와 관련하여서 슈테른은 기본권의 보호의무 또는 보호명령기능은 일반적으로 관련 기본권 규범의 객관법적 성격에서 도출된다고 본다. 보호의무로서 기본권 효력의 수신인은 기본법에 명시적으로 나타나 있는 바와 같이 국가권력(특히 입법자)이지만 사법적인 법률관계에서도 의미를 가진다. 기본권에서 도출되는 보호의무는 국가를 통하여 제3자의 간섭으로부터 기본권적 이익을 보호한다. 국가의 보호의무가 사인인 제3자에 대해서도 관련성을 갖는다는 것은 학설[136]과 연방헌법재판소의 판결[137]에서도 확고하게 인정되고 있다고 한다.[138] 기본권의 제3자효 이론과 관련하여서도 방어권적 기능에서와 마찬가지로 인간의 존엄, 자유, 생명, 신체의 안전성 등 기본권에 의해 보호되는 법익의 보호가 중요하다. 기본법 제1조 제3항에 따르면 기본권은 사인을 수신인으로 하고 있지 않기 때문에 사인은 이러한 법익을 보호하는 기본권의 의무자가 아니지만, 이러한 객관법적 법규범으로부터 침해의 주체 또는 침해방향과 무관하게 보호법익 그 자체에 대한 보호의 필요성이 나타난다.[139]

보호의무의 구체적 실현과 관련하여 슈테른은 이는 일률적으로 말할 수는 없고 개별 기본권마다 상이하게 나타날 수 있는 다층적인 해석적 과업으로 본다.[140] 여기서도 특히 중요한 것은 기본권의 보호명령기능의 수신인은 국가라는 점인데 슈테른도 이를 매우 강조하고 있다.[141] 국가권력으로서 입법자와 민사재판이 기본권 보호의무를 실현하기 위해 동원되는데, 우선은 입법자의 역할이 중요하다고 한다. 보호의무를 이행하는

---

135) K. Stern, Staatsrecht III/1, 1988, S. 1572.
136) 헤벌레, 룹, 헤세, 슈타이거, 슈미트 아스만, 슈베르트페거, 슈타르크, 야라스, 무어스빅, 카나리스 등.
137) BVerfGE 39, 1, 41 f; 46, 160, 164 f. 등 수많은 판결 참조.
138) K. Stern, Staatsrecht III/1, 1988, S. 1572 f.
139) K. Stern, Staatsrecht III/1, 1988, S. 1576.
140) K. Stern, Staatsrecht III/1, 1988, S. 1576. 보호의무에 의해 요구되는 국가행위의 종류와 내용은 그때그때 문제되는 기본권 규범과 그 침해 상황에 달려있다. 관련 기본권적 지위의 형량이 문제되는 경우에는 실천적 조화(헤세), 사려 깊은 형량(der schonendste Ausgleich: 레르헤), 사법규범, 특히 일반조항의 기본권 합치적 해석, 민법 제823조와 제1004조의 절대적 보호권 및 그에 따른 방해 배제 및 손해배상청구의 확대 등이 사법상 적용될 수 있는 가교들이다(K. Stern, Staatsrecht III/1, 1988, S. 1577).
141) K. Stern, Staatsrecht III/1, 1988, S. 1576. 또한 W. Rüfner, "Grundrechtsadressaten", Rn. 59도 참조.

경우에는 법적으로 동등한 권리 주체 간의 이익 충돌이 해결되어야 하기 때문에 기본
권리적으로 보호되는 바의 권리 영역이 명백히 구분되어야 하는데, 법치국가적 신뢰성과
예측가능성의 측면에서 이 임무는 법원보다는 오히려 주로 입법자에 의해 이행되어야
한다고 본다. 기본법 제20조 제3항과 제97조 제1항에 따르면 이렇게 제정된 사법(私法)
은 주로 민사 법원의 주요한 결정의 근거가 된다. 따라서 기본권의 보호명령기능은 사
법에 다음과 같이 작용한다. 즉, 입법자는 직접적으로 기본권 합치적 법률을 제정하여
야 하고, 법관은 판단의 기준이 되는 사법을 기본권 합치적으로 사법 관계에 적용함으
로써 통상 단지 법률을 통하여 중재할 뿐이다. 이러한 점에서 슈테른은 기본적으로 뒤
리히의 견해는 핵심에 있어서는 타당하나 니퍼다이의 견해는 잘못된 것으로 본다.

　　민사법원의 소송에서는 사법 주체 상호 간에 기본권적 지위를 원용할 수 있는지
여부 및 어느 정도 원용할 수 있는지 여부가 문제된다. 이 문제는 입법자에 대해서는
기본법 제1조 제3항("이하에 열거하는 기본권은 직접 적용되는 법으로서 입법권, 행정권, 사법
권을 구속한다.")으로부터 직접적으로 답을 찾을 수 있는 반면에, 법관에 대해서는 반드
시 그러하지 않다. 민사재판에 있어서는 주로 법률에 기속되고 기본권이 어떤 효력을
발휘해 가는가는 우선은 관련 실체법의 문제이기 때문에, 법원이 사법 질서에서 기본
권의 보호명령기능을 실행함에 있어서도 통상 법률을 매개로 하여서만 실현한다. 이와
같이 사법 주체의 기본권적 법익이 충돌하는 경우에 기본권적 보호명령기능을 실현함
에 있어서 요구되는 기본권 합치적 형량을 하는 것은 우선은 입법자의 임무이기 때문
에, 법관은 사법 규범에 대한 입법자의 가치 평가와 법익 형량, 특히 사적자치에 대한
인식을 존중하여야 한다. 여기서 슈테른은 사법이 헌법으로 옮아가서 거기서 해소되어
서는 안 된다는 점을 강조한다. 이 문제는 이미 뤼트 판결[142]에서도 강조되었고 이후의
판결[143]에서도 확고하게 나타나 있음을 강조한다. 기본권 보호기능의 실현은 주로 사
법 입법자의 임무이지만, 그러한 한계 내에서 법관도 스스로 기본권의 보호명령기능을
사법에서 실현할 수 있다. 민사 법원이나 노동재판소의 판결 그리고 연방헌법재판소의
판결에서도 그러한 실현은 드물지 않게 이루어지고 있다. 그 대부분은 소위 일반조항
을 매개로 한 간접적 제3자효의 원칙에 따른 것이다. 그러나 연방헌법재판소의 결
정[144]에 따라서는, 기본권의 보호기능을 실현시키기 위해서 일반조항을 매개로 하는

---

142) BVerfGE 7, 198, 205.
143) BVerfGE 42, 143, 148; 65, 196, 215.
144) 예컨대 BVerfGE 42, 143, 148.

것은 매우 중요한 도구이기는 하지만 결코 유일한 도구는 아니라는 것을 알 수 있다. 원칙적으로 기본권적 보호기능의 관점에 따른 해석은 모든 사법 규범에 적합하다. 슈테른은 카나리스의 견해를 인용하면서 특정한 구성요건을 가진 규범도 기본권의 실현에 기여할 수 있고 또 언제나 적절한 일반조항이 존재하란 법도 없기 때문에, 기본권은 불특정 법개념이나 일반조항을 통해서만 사법에 영향을 미치는 것으로 이해되어서는 안 된다고 한다. 일반조항은 기본권적 가치와 법익을 실현하는 유일한 돌파구가 아니고 단지 선호되는 돌파구일 뿐이다. 여기서 법관에게 요구되는 한계는 규범의 성격에 있는 것이 아니라 오히려 규범 전체에 대한 법원의 태도, 즉 법률에 대한 존중 속에 존재한다. 나아가서는 충전을 필요로 하거나 충전할 수 있는 법규범이 결여되어 있는 경우, 즉 불충분한 규율이 존재하거나 완전히 규율이 존재하지 않는 경우에 법원은 기본권으로부터 직접적으로 도출되는 기준으로 법률 공백 상태를 채울 수도 있다. 말하자면 법관에 의한 기본권의 보호의무는 흠결 보충이나 판례법에서 사용되는 방식으로도 이행될 수 있다고 한다. 그런데 기본권 규범은 대체로 상당히 추상적 수준으로 규정되어 있는 반면,[145] 제3자효 상황이라고 하는 것은 대부분 추상적으로는 판단할 수 없다. 그것은 사법의 독자성을 유지하는 가운데 기본권의 보호기능을 소홀히 함이 없이 법관이 해결하여야 하는 특별한 경우임을 의미한다. 여기에서 슈테른은 사법 질서에서 법원이 기본권적 법익을 구체화하는 경우에 가장 기본적인 기준은 대국가성에 상응하는 **대사인성**(對私人性)이라는 것은 기본권에 존재하지 않는다는 점을 강조한다.[146] **기본권적 보호기능은 사법 질서에서는 원칙적으로 객관적 법적 원리로서만 전개될 뿐이라고 한다.**[147]

사회적, 경제적 또는 단체의 힘에 대항하기 위해서 대국가적 기본권 상황을 유추하여 적용할 수 있는가라는 문제와 관련하여 슈테른은, 기본권 규범의 객관법적 내용으로부터 나오는 기본권의 보호명령기능은 양 당사자의 힘의 불균형을 특징으로 하는 사법 관계에서도 효력을 발휘한다고 한다. 사적 세력이 개인의 자유에 대해 위해를 초래하고 경쟁을 통하여 저지될 수 없는 곳에서는 국가에 의한 보호만이 존재하게 되는데, 여기에서도 주요한 기본권 보호 수단은 일반적으로 법률이고, 법률이 불충분한 경우에는 법원이 기본권의 보호명령기능을 수행하게 된다고 한다.[148]

145) K. Stern, Staatsrecht III/1, 1988, S. 1584 f.
146) BVerfGE 66, 116, 135.
147) K. Stern, Staatsrecht III/1, 1988, S. 1586.
148) K. Stern, Staatsrecht III/1, 1988, S. 1595.

III. 슈타르크의 견해

슈타르크가 보기에는 기본권의 제3자효 검토의 출발점은 사법 주체 상호 간의 관계가 아니라 민법을 제정하는 입법자와 민사소송에서 판결을 하는 법관의 역할이다. 대체적인 제3자효 이론들은 기본권에 합치하는 사법을 입법함으로써 또는 민사재판을 통하는 것을 매개로 하여 최종적으로는 항상 사법 주체의 기본권 기속이 어느 정도인가를 확인하는 것이다.[149]

슈타르크는 기본권의 역사에 따를 때 기본권은 결코 국민 상호 간의 법률관계에 대하여 기준이나 한계를 설정하려고 한 것이 아니었음을 강조한다.[150] 이는 바이마르 공화국에서도 마찬가지였다고 한다. 바이마르 헌법 제118조 제1항 제2문[151]과 제159조 제2문[152]은 분명한 예외에 속하고, 남녀평등(바이마르 헌법 제109조 제2항)도 국가에 대한 권리로서 결코 혼인과 가족법에 영향을 미치지 않았음을 강조하고 있다. 이 두 예외 조항으로 미루어 볼 때, 기본권이 전적으로 민법에 대해 어떻게 태도를 취하고 있는지 그리고 그 우월적 지위에 근거하여 민법에 어떻게 영향을 미치고 있는지가 명백하게 나타나고 있다고 한다.[153]

민법과 관련된 헌법 규정들은 대부분의 경우에 있어서 입법자에게 어떤 보호를 요구하거나(기본법 제1조 제1항 제2문, 제6조 제1항), 평등원칙을 고려하여 규율할 것(기본법 제3조 제2항 제1문, 제4항)을 요구하고 있다.[154] 기본권 형성을 사법 영역에 대해 일괄적으로 확장 한 후 인위적으로 다시 제약되도록 하지 않고서도, 이러한 헌법 규정들을 고려하는 것만으로도 소위 제3자효 문제의 일부를 해결할 수 있다.[155]

이상과 같이 헌법이 직접 사법과 관련한 규율을 하고 있는 경우를 제외하고 헌법

---

149) Starck, GG, Art. 1 Rn. 303.
150) Starck, GG, Art. 1 Rn. 309 f.
151) 바이마르 헌법 제118조 ① 모든 독일인은 일반법률의 제한내에서 언어, 문서, 출판, 도서, 기타의 방법에 의하여 자유로이 그 의견을 발표할 수 있다. 어떠한 노동 및 고용의 관계도 이 권리를 방해하지 못한다. 그 권리의 행사에 대하여 누구든지 저해하지 못한다.
152) 바이마르 헌법 제159조 노동조건 및 거래조건의 유지 및 개선을 위한 결사의 목적은 누구에게 대하여도 또한 어떠한 직업에 대하여도 보장한다. 이 자유를 제한하고 또는 방해하는 약정 및 조치는 모두 금지한다.
153) Starck, GG, Art. 1 Rn. 311.
154) Starck, GG, Art. 1 Rn. 313.
155) Starck, GG, Art. 1 Rn. 312.

상 기본권 규정들이 사법에 어떤 효력을 전개할 것인가의 문제를 검토함에 있어서 슈타르크는, 우선은 기본법에 규정된 기본권은 통상 국가와 시민의 관계에 관한 것이라는 점을 분명히 하여야 한다고 한다.[156] **기본권은 평화의 보장과 사회적 형평에 대해 책임이 있는 공권력이 시민의 자유를 침해할 수 있다는 역사적 경험에 대한 특별한 헌법적 대답이기 때문이다.**

그러나 국가에 대한 시민의 관계에서만 자유와 평등의 문제가 존재하는 것이 아니라, 시민 상호 간의 관계에서도 특히 성차별이나 상이한 힘의 관점에서 자유와 평등의 문제가 존재하는데, 이 문제에 대해 기본법은 제3조 제2항 제1문(남녀평등)과 제9조 제3항(단결의 자유)의 예외를 제외하면 아무런 언급을 하지 않고, 오히려 전래적 민법과 장래의 민법의 입법자를 신뢰하고 있다. 이러한 기본법의 결단을 우선 진지하게 받아들여야 하고 기본권 해석의 기초로 하여야 한다고 한다.[157]

그러나 헌법과 사법은 서로 무관하게 존재하는 것이 아니다. 법동료 상호 간의 관계에서도 생명, 건강, 자유, 명예, 그리고 재산이 존중되어야 한다면 이것은 모든 국민의 직접적 기본권 기속으로부터 나오는 것이 아니고, 기본권의 기초가 되기도 하는 **인간 공동생활에 대한 민법의 규정들**로부터 나온다. 기본법에 표현된 인간상은 시민과 국가 관계에서 기본권의 기초일 뿐만 아니라 기본권의 객관적 – 법적 측면으로서 민법 형성의 기초이기도 하다. 이것은 인간 존엄성의 보장과 관련하여 법동료 상호 간의 관계에서도 인간의 존엄을 보호할 국가의 의무를 규정하고 있는 기본법 제1조에 표현되어 있다.[158]

슈타르크는 **민법과 관련 없는 기본권을 사법 관계에서 유추 적용하는 것을 배제하면서 여기서는 기본권에 표현된 인간상(Menschenbild)을 강조하고 있다.** 연방헌법재판소는 이것을 기본권의 객관적 – 법적 작용에서 보장되는 것으로 보고 있다.[159] 슈타르크는 이 견해의 장점으로 시민과 국가의 관계에 적합한 기본권을 왜곡하지 않는다는 점(법이론적 명확성)과 인간상에 대한 고려는 모든 강제적인 일괄 해결을 피할 수 있다(실용성)는 점을 들고 있다. 민법에 대한 명시적인 보호 명령과 평등 위임을 넘어 기본권은 기본권으로부터 도출된 보호의무를 통하여 민법의 입법과 사법(司法)에 영향을 미치게 된다.[160]

---

156) 판례로는 BVerfGE 52, 131, 165 f.
157) Starck, GG, Art. 1 Rn. 314.
158) Starck, GG, Art. 1 Rn. 315.
159) BVerGE 7, 198, 205.
160) Starck, GG, Art. 1 Rn. 316.

특별한 보호 명령과 평등 명령 및 기본권에 표현된 인간상과 그로부터 나오는 기본권적 보호의무를 통한 사법 질서에 대한 기본권의 효력은 입법자가 필요한 규정을 제정함으로써 입법의 방법으로 실현된다. 개방적 법개념의 충전은 법원의 임무이다. 법원은 개별 사건에 대해 판결하면서 판결에 부과된 개별적 정의를 법률의 이름으로 실현한다. 연방헌법재판소는 법원의 결정이 관련 기본권으로부터 나오고 사법(私法)과 관련하여 동원된 생각이 기본권과 일치하는지 여부에 대해서만 판단한다.161) 일방의 보호는 타방의 권리에 대한 침해를 의미하기 때문에 사법상의 법적 지위에 대한 그때그때의 침해의 진지성이 면밀하게 검토되어야 하고 대립하는 지위들이 적절히 유지하도록 하면서 균형이 이루어질 수 있도록 형량되어야 한다.162)

기본권의 충돌 문제와 관련하여 슈타르크는 기본권은 국가와 시민의 관계에서만 사용될 수 있는 개념으로 보기 때문에, 기본권 충돌이라는 용어는 사법에 대한 기본권의 효력 문제를 적절히 해결하는데 도움이 되지 못한다고 한다. 왜냐하면 민법에서는 사람들 간의 이익형량의 도출이 문제가 되는데, 이러한 이익형량을 하는 경우에 법동료는 기본권 주체로서 대립하는 것이 아니라고 보기 때문이다. 결론적으로 슈타르크에 있어서 기본권은, 헌법 규정이 입법과 사법에 특별한 보호 내지 평등 의무를 부과하지 않는 한, 기본권에 의해 보호되는 법익이나 기본권의 배후에 존재하는 가치(=인간상)가 사법의 형성에 영향을 미칠 수 있을 뿐이다.163)

제5항 요약 및 정리

이상 사법 질서에서의 기본권의 효력 문제에 관한 독일의 전통적 견해와 판례 그리고 최근의 보호의무이론에 이르기까지 살펴보았는데 이를 요약하면 다음과 같다.

① 기본권의 역사나 독일기본법의 규정에 따르면 기본권은 원칙적으로 (주관적) 공권으로서 국가를 구속한다. 이는 기본권의 대사인적 효력이라고 하는 주제와 관련한 모든 논증의 기초다. 이 기초에 입각하면 기본권 주체인 사인이 기본권의 의무자가 된

다는 것은 헌법이 명문으로 규정한 예외를 제외하면 원칙적으로는 성립할 수 없다. 따라서 기본권의 제3자적 효력이라는 의미는 사인이 기본권의 직접적 의무자가 된다는 의미가 아니라, 사법 질서(또는 사법)에 대한 기본권의 영향(또는 효력)이라는 의미이다. 이러한 의미는 직접적 제3자효 이론뿐만 아니라 간접적 제3자효 이론에 대해서도 같다.

② 이상과 같이 이해하면 슈바베의 정의가 눈에 들어오는데, 그는 기본권의 제3자적 효력이라는 것은 '공권력의 기본권 기속에 수반되는 사법 질서에서의 기본권의 효력'이라고 요약하였다. 사인에 의한 기본권 제약은 결국은 모두 공권력에 의한 제약으로 이해되기 때문에 그는 제3적 효력이라는 것을 환상(Phantom)이나 속임수(Mystifikation)와 같다고 한 것이다. 그러나 슈바베의 이론은 앞에서 이미 지적한 바와 같이 법률상의 또는 사실상의 사인의 모든 행위가 국가의 행위로 치환되는 것은 아니라는 점에서 비판이 있다.

③ 기본권 보호의무이론은 기본권의 수신인을 원칙적으로 국가로 하면서도 사법 질서에서 기본권이 존중되도록 요구한다. 이러한 점에서 보면 사법 질서에서의 기본권의 보호는 기본적으로 간접적이다. 기본권의 보호의무론은 국가를 그 의무자로 한다. 보호의무는 기본권의 객관적 가치질서로서의 성격으로부터도 나올 수 있지만, 명시적으로는 "이것(인간의 존엄)을 존중하고 보호하는 것은 모든 국가권력의 의무이다."라고 규정한 기본법 제1조 제1항 제2문에서도 나온다. 이 규정에 따르면 국가는 인간의 존엄성을 존중하고 보호하여야 한다. 이 보호의무의 적용 영역은 사인간의 관계를 배제할 수 없다. 왜냐하면 국가의 기본권 보호의무는 스스로의 침해를 자제함으로써만이 아니라, 사인에 의한 기본권적 가치(또는 법익)의 침해에 대해서도 그 보호의무를 이행할 때 비로소 완성되는 것이기 때문이다.

④ 기본권 보호의무의 보다 구체적 전개 방법과 관련하여서 보면, 우선 보호의무의 주체는 입법자라는 점이다. 경우에 따라서 입법자는 사인을 직접 기본권의 의무 주체로 규정할 수도 있다. 입법자에 의한 보호의무 이행에 대한 보완적인 방법이 법원에 의한 보호의무의 이행이다.

⑤ 기본권 보호의무의 이행과 관련하여 계약 관계와 비계약 관계를 구분할 필요가 있다. 계약 관계에서는 원칙적으로 계약이 존중되어야 한다. 물론 계약이 자유로운 체결을 보장할 수 없는 전제에서 이루어진 경우는 비계약 관계로 취급될 수 있다. 사적자

치가 적용되는 한 문제되는 것은 개인이 자신의 기본권을 어디까지 처분할 수 있을 것인가이다. 이에 대하여는 이미 니퍼다이나 라이스너가 대답한 바와 같이, 기본권적 가치의 본질적 내용 침해금지원칙이 타당한 기능을 수행할 수 있다. 비계약 관계에서는 소위 기본권의 충돌로 나타난다. 그러나 기본권이 대국가적 권리라는 점을 고려하면 기본권 충돌의 정확한 의미는 기본'**권**'의 충돌이 아니라 기본권적 '**가치**'의 충돌이다. 여기서는 헌법상의 기본권 주체들이 사법(私法)에서 기본권적 가치를 두고 갈등하고 있기 때문에 이의 적절한 조화가 국가의 중요한 보호의무 이행의 과제로 된다.

제6항 대한민국헌법상 사법 관계에서 기본권 효력의 전개

I. 논의의 상황

우리나라에서와 같이 재판에 대한 헌법소원이 인정되지 않는 상황에서 사인에 대한 기본권의 효력 문제는 헌법재판에서 큰 실천적 의미를 갖기 어려운 것이 사실이지만,[164] 지난 2010년 4월 22일 선고된 대법원의 판결[165]은 사법 영역에서의 기본권의 효력과 관련하여 그동안 논의되어 오던 중요한 문제들에 대해 언급하고 있다는 점에서 헌법적 의의가 있다. 이 판결에서 대법원은 학교의 종교 교육의 자유와 학생의 종교의 자유가 충돌하는 것으로 보고, 양자가 최대한으로 그 기능과 효력을 유지할 수 있는 조화점을 모색하고 있다.[166] 여기에서 대법원은 기본권 충돌의 전제로서 사적인 법률관

---

164) 물론 법원도 헌법에 근거해서 제판할 수 있으므로 그 범위 안에서는 법원의 재판에도 의미가 없는 것은 아니다.

165) 대법원 2010.4.22. 2008다38288 전원합의체 판결 ― 종립 사립고교 종교교육 사건: "헌법상의 기본권은 제1차적으로 개인의 자유로운 영역을 공권력의 침해로부터 보호하기 위한 방어적 권리이지만 다른 한편으로 헌법의 기본적인 결단인 객관적인 가치질서를 구체화한 것으로서, 사법(私法)을 포함한 모든 법영역에 그 영향을 미치는 것이므로 사인간의 사적인 법률관계도 헌법상의 기본권 규정에 적합하게 규율되어야 한다. 다만 기본권 규정은 그 성질상 사법 관계에 직접 적용될 수 있는 예외적인 것을 제외하고는 사법상의 일반 원칙을 규정한 민법 제2조, 제103조, 제750조, 제751조 등의 내용을 형성하고 그 해석기준이 되어 간접적으로 사법 관계에 효력을 미치게 된다. 종교의 자유라는 기본권의 침해와 관련한 불법행위의 성립 여부도 위와 같은 일반규정을 통하여 사법상으로 보호되는 종교에 관한 인격적 법익 침해 등의 형태로 구체화되어 논하여져야 한다."

계도 헌법상의 기본권 규정에 적합하게 규율되어야 한다는 점을 강조하였다. 즉, 기본
권 규정은 성질상 사법 관계에 직접 적용될 수 있는 예외적인 것을 제외하고는 사법상
의 일반 원칙을 규정한 「민법」 제2조,[167] 제103조,[168] 제750조[169] 등의 내용을 형성하
고 그 해석기준이 되어 간접적으로 사법 관계에 효력을 미치게 된다고 하였다. 이러한
대법원의 논증은 독일의 학설과 판례의 다수 입장인 간접적용설을 따른 것이다. 학설
도 대체로 대법원과 같은 입장이다.[170]

　　이와 같이 사법 질서에서의 기본권의 효력 문제는 어떤 의미에서는 이미 합의에
이른 주제라고 할 수 있지만, 그럼에도 불구하고 여전히 논의의 여지가 있다. 예컨대
다수의 견해인 간접적용설에 대해서는 무엇보다 '간접'이라는 의미가 불명확할 뿐만 아
니라 기본권의 사법에서의 효력 여부에 대한 직접적인 대답이라고 보기 어렵다는 점이
지적되고 있으며, 그리고 무엇보다도 대국가적 효력으로서 기본권의 역사적 의미와의
관계를 어떻게 이해할 것인가의 문제가 여전히 남아 있다.[171]

| NOTE | **미국의 국가행위이론(State Action Theory)[172]** | |

미국의 국가행위이론은 사인에 의한 사적 차별의 문제를 중심으로 판례상 발전된 이론이
다. 비록 사적 차별이라고 하더라도 그것이 국가의 행위로 볼 수 있는 여지가 있는 경우에
는 헌법을 적용하려는 의도다. 그런 의미에서 국가동시설(looks like government theory)

---

166) 이러한 해법은 헌법재판소도 같은 견해다[헌재 2007.10.25. 2005헌바96
, 민법 제406조 제1항 위헌소원(합헌)].
167) 민법 제2조 ① 권리의 행사와 의무의 이행은 신의에 좇아 성실히 하여야 한다. ② 권리는 남용하
지 못한다.
168) 민법 제103조 선량한 풍속 기타 사회질서에 위반한 사항을 내용으로 하는 법률행위는 무효로 한
다.
169) 민법 제750조 고의 또는 과실로 인한 위법행위로 타인에게 손해를 가한 자는 그 손해를 배상할
책임이 있다.
170) 문정일, 학생의 종교의 자유와 종립학교의 종교교육, 사법 13호(사법발전재단, 2010), 273쪽 참조.
171) 최대권, 기본권의 제3자적효력: 법사회학적접근의 시도, 공법연구 11, 1983 참조. 그 외 문제점에
대한 지적으로는 김주환, 기본권의 규범구조와 '제3자적 효력', 사법행정 42-11(한국사법행정학
회, 2001.11.), 19쪽 이하 참조.
172) 이에 대한 소개로는 무엇보다도, Leonard W. Levy/Kenneth L. Karst (Ed.), Encyclopedia of the
American Constitution, Vo. 5, Macmillan Reference USA, 2000, p. 2482 및 우리나라의 문헌으
로는 이노홍, 미국연방헌법상 국가행위(STATE ACTION) 이론에 관한 연구, 이화여자대학교 법학
박사학위논문, 2002 및 같은 사람, 미국 수정헌법 제1조 표현의 자유의 적용범위에 관한 고찰
－ State Action이론과 공적 포럼이론에 관한 2019년 Halleck 판결을 중심으로 －, 공법학연구
20－3, 2019, 239쪽 이하 참조.

이라고도 한다.

판례상 국가의 행위로 볼 수 있는 것으로 인정된 경우로는 ① 법원 판결의 집행으로 인하여 인권침해가 이루어지는 경우(사법적 집행의 이론), ② 국유재산을 임차한 사인의 인권침해 행위(국유재산의 이론), ③ 인권 침해를 하는 사인이 국가의 재정적 원조 등을 받은 경우(국가원조의 이론), ④ 국가로부터 특별한 권리를 부여받은 사인에 의한 기본권 침해의 경우(특권부여의 이론), 성질상 통치기능을 행하는 사인에 의한 인권침해 행위(통치기능의 이론), 국가의 행위와 다를 바 없다고 보는 거대 사정부(대기업, 노동조합 등)의 행위(국가유사설) 등이 있다고 한다.173)

독일의 대사인적 효력 또는 제3자적 효력이론과 미국의 국가행위이론을 비교해 보면 첫째, 독일의 대사인적 효력은 학설로 형성된 것인데 반하여 미국의 국가행위이론은 판례로 형성되었다는 점,174) 둘째로 국가행위이론은 비록 의제에 의한 것이더라도 국가행위이거나 국가기능을 수행하는 경우라고 볼 수 있는 여지가 없으면 기본권의 효력이 미친다는 것을 인정하지 않는 논리구조를 가진 점에서 독일의 효력부인설의 입장이라고 볼 수 있는가 하면 국가행위이거나 국가기능을 수행한다고 할 만한 경우에는 기본권의 효력이 사인관계에 바로 미친다고 보는 점에서 직접효력설이라고도 볼 수 있으며, 셋째 미국에서는 이미 1964년에 제정된 민권법(Civil Rights Act)175)에 의해 사실상 기본권의 대사인적효력 문제는 법률해석의 문제로 되었다는 점에서 등에서 차이가 있다.

II. 명문의 근거 조항 유무

사법상의 기본권의 효력과 관련하여서는 우선은 헌법상의 명문의 입장이 중요하다. 헌법상의 권리인 기본권이 아무런 법률 규정을 통하지 않고서도 직접 사인에 적용될 수 있도록 규정하고 있는 경우에는 기본권의 제3자적 효력 또는 기본권의 대사인적 효력이라는 개념에 적확하게 들어맞는 것이 된다. 예컨대 독일 기본법 제9조 제3항176)과 같이 직접 헌법 규정을 통해 사인에 대한 효력이 인정될 수 있어야 한다.

---

173) 보다 자세한 것은 김철수, 헌법학신론, 박영사, 2013, 356−357쪽 참조.

174) 이와 같은 이유로 미국에서의 소위 기본권의 대사인적효력이론은 독일의 「설」과는 차원을 달리해서 선례구속의 원칙과 관련하여 이해되는 것이 바람직하다고 보는 견해로는 최대권, 헌법학 − 법사회학적 접근 −, 박영사, 1989, 166쪽 참조.

175) 1972년에 개정된 바 있음.

176) 독일 기본법 제9조 제3항: "노동조건과 경제조건을 유지하고 촉진하기 위한 권리는 모든 사람에 대하여 그리고 모든 직업에 있어서 보장된다. 이 권리를 제한하거나 방해하려고 하는 협정은 무효이며, 그러한 조치는 위법하다. 제1문의 결사의 노동조건과 경제조건을 유지하고 촉진하기 위하여 기본법 제12a조, 제35조 제2항과 제3항 제87a조 제4항과 제91조에 따른 조치는 노동쟁의에 반하는 것이어서는 안 된다."

그런데 이러한 규정은 대한민국헌법에는 존재하지 않는다. 그러나 노동3권은 이러한 효력이 해석상 인정될 수 없는 것도 아니다. 왜냐하면 노동3권은 이를 행사함에 있어서 국가의 부당한 간섭을 배제하는 것이면서도, 필연적으로 사용자에 대한 권리로 인정될 수 있기 때문이다. 따라서 독일과 같은 조항이 없는 대한민국헌법에서도 노동3권의 대사인적 효력은 인정할 수 있다.

견해에 따라서는 헌법 제21조 제4항이 직접적 대사인적 효력을 규정하고 있는 것이라고 보는 입장이 있다. 헌법 제21조 제4항은 "언론·출판은 타인의 명예나 권리 또는 공중도덕이나 사회윤리를 침해해서는 안 된다."고 규정하고 있다. 그런데 이 규정은 우선은 (私法에서의 한계를 포함하여) 언론·출판의 자유의 한계를 규정한 것으로 보이고, 직접적으로 자신의 언론·출판의 자유가 타인에게 적용되어 보장받는다는 취지를 규정한 것이라고 보기 어렵다.

결국 대한민국헌법상 직접적으로 대사인적 효력을 인정하고 있는 규정은 없다고 할 수 있다.

III. 기본권 보호의무론

기본권 규정이 사법 관계에 사법 규정과 동일하게 직접 적용되면, 많은 경우에 기본권적으로 디자인된 질서가 계약 질서를 깨는 것이 되므로 사적자치를 훼손하게 될 것이다. 이것은 또 다른 헌법적 가치의 침훼이다. 그러므로 기본권 규정은 헌법에 명문의 규정이 있거나 해석상 가능한 경우를 제외하고는 사인에 대해 직접 적용되지 않는다고 보는 것이 타당하다.

사법에서의 기본권의 실현을 위한 분명한 해결 방법은 사법 관계에 대하여 기본권적 가치를 구현하는 법률을 제정하는 것이다. 예컨대, 차별금지를 규정한 「근로기준법」 제6조,[177]「남녀고용평등과 일·가정 양립 지원에 관한 법률」 제7조 이하[178]를 들 수 있다. 미국의 민권법(Civil Rights Act 1964)[179]의 경우도 그러한 전형적인 예에 속한다.

---

177) 「근로기준법」 제6조는 "사용자는 근로자에 대하여 남녀의 성(性)을 이유로 차별적 대우를 하지 못하고, 국적·신앙 또는 사회적 신분을 이유로 근로 조건에 대한 차별적 처우를 하지 못한다."고 규정하고 있다.

178) 예컨대 「남녀고용평등과 일·가정 양립 지원에 관한 법률」 제7조 제1항은 "사업주는 근로자를 모집하거나 채용할 때 남녀를 차별하여서는 아니 된다."고 규정하고 있다.

179) Encyclopedia of American Constitution, Vol. 1, 2. Ed., 2000, 405 이하 참조.

그러한 법률이 존재하지 않는 경우에는 기본권은 국가의 기본권 보호의무를 통해 기본권적 가치를 사법 관계에서도 실현하게 된다. 국가의 기본권 보호의무는 대한민국헌법상으로는 제10조 제2문에서 근거를 찾을 수 있는데 이에 따르면 정확한 개념은 국가의 기본권보장의무이다.[180) 따라서 국가는 개인이 가지는 불가침의 기본적 인권을 확인하고 이를 **보장**(!)할 의무를 진다.[181) 헌법재판소도 헌법 제10조 후문에서 보호의무의 근거를 찾고 있지만, 기본권 보호의무란 기본권적 법익을 기본권 주체인 사인에 의한 위법한 침해 또는 침해의 위험으로부터 보호하여야 하는 국가의 의무로 이해하면서 사인인 제3자에 의한 개인의 생명이나 신체의 훼손에서 문제되는 것으로 보고 있다.[182) 이 의무의 이행을 위해서는 기본권적 가치의 우열이 분명한 경우[183)에는 이익형량의 방법이 동원될 수도 있지만, 기본적으로는 실제적 조화의 원칙과 같은 기준이 중요한 의미를 획득하게 된다. 예컨대 학생의 종교의 자유가 보장하는 가치와 학교의 (종교)교육의 자유가 보장하는 가치가 충돌하는 경우에 적용해 보면 다음과 같이 설명할 수 있다. 사립학교의 경우에 학교와 학생을 기본적으로 계약 관계로 파악하면 원칙적으로는 종교의 자유의 본질적 내용을 침해하지 않는 한 계약 내용의 해석 문제로 된다. 학생의 학교 선택권이 사실상 보장되지 못하는 상태에서 이루어진 재학 관계라면 비계약 관계로 취급될 수 있는데, 여기서는 학생의 종교의 자유와 학교의 (종교)교육의 자유가 보장하는 기본권적 가치가 갈등하게 된다. 이때 양자의 조화를 도출하는 것이 국가의 기본권 보호의무의 내용이 된다.

---

180) 그러나 이 조항은 명백히 국가를 의무의 주체로 규정하고 있기 때문에, 이 조항으로부터 사인을 기본권 보호의무의 주체로 해석하는 것은 타당하지 않다.

181) 따라서 우리의 경우에 있어서는 실정 헌법상 용어는 기본권 '보장' 의무가 맞다. 사법관계에서 국가의 보장의무를 특히 보호의무라 부르는 것은 적절한 것이라고 볼 수 없는데, 왜냐하면 예컨대 헌법 제36조 제3항에서는 공법관계에서도 보호라는 용어를 사용하고 있기 때문이다. 다만, 이미 학설이나 판례에서는 제3의 위험으로부터의 '기본권 보호의무'라는 용어를 사용하고 있기 때문에 편의상 이를 혼용한다.

182) 헌재 2011.8.30. 2008헌가22등, 병역법 제88조 제1항 제1호 위헌제청 등(합헌, 보충·별개·한정 위헌의견 있음). 따라서 직접 국가에 의한 기본권 제한이 문제되는 경우에는 기본권보호의무는 적용의 여지가 없다[같은 취지로는 헌재 2018.6.28. 2016헌마1151, 주방용오물분쇄기의 판매·사용 금지 위헌확인(기각) 참조].

183) 예컨대 흡연권과 혐연권의 관계: 헌재 2004.8.26. 2003헌마457, 국민건강증진법시행규칙 제7조 위헌확인(기각).

Ⅳ. 사인에 의한 기본권 행사 방해 시 구제 방법

사인에 의하여 자신의 기본권 행사에 방해를 받은 국민은 당해 사인의 행위가 형법 등의 법률의 구성요건에 해당하거나 행정상의 법률 등을 위반한 경우에는 고소·고발할 수 있다. 특히 정당방위의 구성요건에 해당하는 경우에는 기본권 행사를 방해받지 않으려는 행위는 정당방위로서 위법성이 조각된다. 또 기본권 주체가 범죄 피해자가 된 경우에는 헌법 제30조에 따라 범죄피해자구조청구권을 행사할 수 있다. 「민법」상의 불법행위의 구성요건에 해당할 경우에는 손해배상청구 소송을 제기함으로써 구제를 받을 수 있다.

제11절

기본권의 경합과 충돌

제1항 기본권의 경합

  기본권 경합 문제는 하나의 공권력 행사에 의해서 동일한 기본권 주체의 복수의 기본권이 제한되는 경우에 발생한다. 말하자면 기본권 경합은 복수의 기본권 보장내용의 제한에 해당할 뿐만 아니라 적용에 있어서 관련된 기본권 경쟁의 해결 문제를 포함하는 개념이다.[1] 일반적 견해에 따르면 기본권 충돌은 대사인적 효력의 문제인데 반하여, 기본권 경합은 대국가적 효력의 문제가 된다.[2]

  기본권이 경합하는 경우, 헌법재판소는 원칙적으로 기본권 침해를 주장하는 청구인의 의도 및 기본권을 제한하는 입법자의 객관적 동기 등을 참작하여, 먼저 사안과 가장 밀접한 관계에 있고 또 침해의 정도가 큰 주된 기본권을 중심으로 해서 그 제한의

---

 1) 기본권의 경합을 단순히 하나의 제한행위가 복수의 기본권의 보장내용의 제한에 해당하는지 여부만을 의미하는 것으로 이해하고 적용상의 우위에 있는 기본권을 판별하는 문제는 포함하지 않는 것이라고 한다면, 개별 기본권과 행복추구권과 같이 특별법－일반법 관계에 있는 경우에는, 언제나 개별 기본권이 우선하여 적용되고 행복추구권의 적용은 배제될 것이기 때문에 적용상의 경합의 문제는 발생하지 않게 되어 기본권 경합 개념으로는 포섭할 수 없게 된다.
 2) 그런데 기본권은 국가에 대한 권리이기 때문에 헌법 규정이 사인을 당해 기본권의 의무 주체로 규정하고 있거나 해석상 명백히 사인도 의무자로 볼 수 있는 경우를 제외하고는, 개념 내재적으로 사법 관계에서 기본권은 충돌할 수가 없다. 즉, 일방 사인의 타방 사인에 대한 기본권 주장은 원칙적으로 성립할 수 없기 때문에, 사법 관계에서의 기본권의 적용에 관한 직접적용설이나 간접적용설은 성립할 수 없는 개념이다. 다만, 하나의 상황에서 상충되는 기본권 주장이 제기됨으로써 양 기본권 중 어느 기본권을 우선할 것인지, 아니면 양자를 조화시킬 경우에는 어떻게 조화시킬 것인지의 과제가 국가에게 부여되는 것이다. 이는 결국 국가의 기본권 보장의무 또는 기본권 보호의무의 문제로 된다.

한계를 검토하고 있다.[3]

> **Q** 법률 규정에 따라 출판사가 음란 도서를 출판한 이유로 등록청에 의하여 등록이 취소되는 경우에 관련되는 기본권을 모두 열거하고, 주된 심사의 대상이 되는 기본권을 밝히시오.
>
> **A** 우선 일정한 내용의 표현을 금지한다는 측면에서 언론·출판의 자유를 제약하고 있다. 둘째, 등록이 취소됨으로써 재등록을 하는 때까지는 출판업을 할 수 없게 되므로 직업 선택의 자유를 제한하는 것이 된다. 셋째, 출판사의 상호를 사용할 수 없게 함으로써 상호권이라는 재산권을 제한하는 것으로 볼 수 있다.
> 그런데 입법의 의도는 출판 내용을 규제하는 것으로 보이므로 언론·출판의 자유를 중심으로 심사하는 것이 타당한 것으로 보인다. 헌법재판소도 이 경우에 언론·출판의 자유를 중심으로 심사하고 있다.[4]

그런데 그렇게 하여 판단한 결과, 주된 기본권의 침해가 아닌 것으로 판명되더라도 다른 기본권의 침해 여부가 여전히 문제가 되는 경우라면 그 다른 기본권의 침해 여부도 검토하지 않으면 안 될 것이기 때문에, 결국은 기본권 경합에 있어서도 관련 되는 모든 기본권에 대한 침해 여부가 검토되는 것을 전제한 것이라고 할 수밖에 없다.[5]

기본권 경합의 경우에 재판 실무상 적용 기본권의 우선 순위를 판단하는 기준은 대체로 다음과 같이 말할 수 있다.

첫째, 인간의 존엄과 가치 및 행복추구권도 개별 기본권과 경합 관계에 놓일 수 있다. 판례에 따르면 인간의 존엄과 가치 및 행복추구권은 개별 기본권과의 관계에서는 보충적으로 적용되는 기본권이다.[6] 말하자면 일반법–특별법의 관계라고 할 수 있기 때문에 특별법 우선의 원칙에 따라 개별 기본권의 침해 여부를 검토하는 것으로 족하다. 행복추구권으로부터 유래하는 일반적 행동자유권도 다른 개별적 행동자유권에 비

---

3) 헌재 1998.4.30. 95헌가16; 2002.4.25. 2001헌마614, 사학기관 재무·회계 규칙 제15조의2 제1항 위헌확인 등(기각) 참조. 이 결정에서 청구인들은 직업의 자유의 침해 등을 주장하였으나, 헌법재판소는 직권으로 사학운영의 자유의 침해로 보고 이와 경합관계에 있는 직업의 자유에 대해서는 위 본문의 경합관계의 해결원칙을 적용하여 사학운영의 자유만을 제한되는 기본권으로 보았다.

4) 헌재 1998.4.30. 95헌가16, 출판사및인쇄소의등록에관한법률 제5조의2제5호 등 위헌제청(위헌, 합헌).

5) 물론 이 경우에 주된 기본권의 선정이 잘못된 것이라고 볼 수도 있다. 따라서 주된 기본권이라는 개념보다는 "보다 강한 보장을 받는 기본권"이라는 개념이 더 정확한 개념이다.

6) 헌재 2013.8.29. 2011헌바176, 형법 제243조 등 위헌소원 (합헌): "인간의 존엄과 가치 및 행복추구권은 보충적으로 적용되는 기본권이므로 직업 수행의 자유 및 사생활의 비밀과 자유를 침해하는지 여부에 대하여 판단하는 이상 이에 대하여는 따로 판단하지 않는다."

해 보충적으로 적용된다.[7] 이 경우 헌법재판소 판례의 용례에 따르면 다른 개별 기본권이 주된 기본권이 될 것이다.

개별 기본권의 보장내용은 인간의 존엄과 가치 및 행복추구권의 보장내용과 중첩되기 때문에(개별적 인격권의 보장내용은 인간의 존엄과 가치로 보장하는 내용의 부분 집합이고, 개별 자유권의 보장내용은 행복추구권에 의해 보장되는 내용의 부분 집합이라고 할 수 있다), 개별 기본권은 인간의 존엄과 가치 및 행복추구권과의 관계에서 볼 때 특별법적 지위에 있으므로 개별 기본권은 인간의 존엄과 가치 및 행복추구권을 배제하고 언제나 적용상 우위에 있게 된다. 따라서 헌법재판소 판례와 같이 인간의 존엄과 가치 및 행복추구권을 규정한 제10조가 마치 보충적으로나마 "적용"되는 기본권인 것처럼 설명하는 것은 오해의 여지가 있다. 따라서 인간의 존엄과 가치 및 행복추구권을 보충적 권리라고 하는 것은 당해 기본권 제한과 같은 상황에서 만약 개별 기본권이 없다면 인간의 존엄과 가치 및 행복추구권이 적용될 수 있다는 정도의 의미에 불과하다.

둘째, 개별 기본권은 원칙적으로 독자적인 보장내용을 가지고 있지만, 실제에 있어서는 하나의 공권력 행사가 복수의 개별 기본권에 의해 보장되는 내용을 동시에 제한하는 경우도 흔히 발생한다. 기본권 규정의 해석상 관련되는 복수의 기본권의 보장내용이 중첩되는 경우에는 여기에도 일반법–특별법 관계가 존재할 수 있고 이 경우에는 특별법적 지위를 가지는 기본권이 먼저 적용된다. 예컨대 신체의 자유를 제한하는 행위가 필연적으로 거주·이전의 자유를 제한하게 되는 경우에는 신체의 자유는 거주·이전의 자유의 특별법으로서 적용상 우위에 있게 된다.[8] 마찬가지로 공무담임권은 직업의 자유에 대하여 특별법적 지위에 있다.

셋째, 경합하는 기본권들의 보장내용이 중첩하지는 않지만 하나의 제한 행위가 복수의 기본권의 보장내용의 제한에 해당하는 경우에는, 복수의 기본권은 일반법–특별법 관계에 있지 않으므로 이 경우에는 보장의 강도가 큰 기본권이 우선 적용된다.[9] 이 기본권도 판례상의 주된 기본권이라고 할 수 있다.

넷째, 개별 기본권의 주 기본권(예컨대 주 평등권, 주 생존권 등)은 개별적 기본권에

---

7) 헌재 2003.9.25. 2002헌마519, 학원의설립·운영및과외교습에관한법률 제13조 제1항 등 위헌확인 (기각); 2008.11.27. 2005헌마161등, 게임제공업소의 경품취급기준고시 위헌확인(기각, 3인의 반대의견).
8) 이에 대해서는 후술 거주·이전의 자유 부분 참조.
9) Pieroth/Schlink, Grundrechte, 26. Aufl., 2010, Rn. 355.

대하여 보충적 지위를 갖는다.[10] 예컨대 개별적 평등권이나 개별적 생존권이 문제되는 경우는 주 평등권이나 주 생존권과 같은 기본권은 적용이 배제된다. 보다 개별적 기본권이 우선하여 적용되는 것은 기본권 주체가 이로써 보다 강화된 보장을 받게 되기 때문이므로, 예컨대 개별적 평등 조항의 충족 여부를 심사하는 경우에도 일반적 평등권 심사에 있어서 요구되는 모든 심사기준도 충족하여야 한다.

제2항 소위 기본권의 충돌

일반적 견해에 따라 기본권의 대사인적 효력이 인정되면 필연적으로 사인의 기본권 간의 충돌이 빚어질 수 있다. 그러나 원칙적으로 기본권은, 그 인적 보장내용으로서는 개인을 권리자로 하고 국가 등 공권력을 의무자로 하고 있으므로, 개념상 사인에 대해 주장할 수 있는 권리가 아니다. 따라서 여기서의 충돌은 사인 간의 기본권적 가치의 사실상의 상충을 의미하는 것일 뿐, 기본권을 서로 상대방에 대해 주장함으로써 어느 일방이 상대방의 기본권을 보장할 어떤 헌법적 의무를 지는 주체로 되는 것은 아님을 주의할 필요가 있다.[11]

소위 기본권 충돌을 해결하기 위해서는 양 당사자와 함께 국가가 개입되게 된다. 일반적으로 국가는 기본권 충돌 시 양자의 기본권을 조정하게 되는데, 이 경우 국가가 어느 한 쪽의 기본권을 기본권 제한의 일반 원칙에 위배하여 제한하게 되는 경우에는 당해 기본권 제한은 위헌이 된다. 법원의 재판이 헌법소원의 대상이 되지 않는 현 상황에서 기본권 충돌의 문제는 주로 입법차원에서 사익 간 형량이 타당한지의 문제가 된다.

소위 기본권이 충돌하는 경우에는 우선은 헌법의 통일성의 관점에서 규범조화적 해석을 하여야 하지만, 기본권 간의 위계질서가 명백한 경우에는 효력상 상위의 기본

---

10) Bumke/Voßkuhle, Casebook Verfassungsrecht, 7. Aufl., 2015, S. 73 Rn. 269.

11) Horst Dreier, Grundgesetz Kommentar, Bd. 1, 1996, Vorbemerkungen, S. 88. Rn. 98는 기본권 충돌이라는 개념은 오해라고 한다. 소위 기본권 충돌이라고 하는 것은 일반적인 규범충돌처럼 두 개의 모순된 규범적 명령으로 이해되는 것이 아니고 잠재적으로 또는 현재적으로 상이한 기본권 주체간의 상충하지만 중재가 요구되는 자유권행사로 이해되기 때문이라고 한다. 또 기본권 충돌 문제는 상충하는 기본권적 법익 영역을 계층화하는 문제이며 따라서 자유영역의 충돌(Freiheitsbereichskollisionen)이나 아니면 보다 보편적으로는 기본법상 보장되는 자유의 조화필요성(Koordinierungsbedürftigkeit)이라는 용어를 사용하는 것이 더 낫다고 한다. 거기에 소개된 문헌들도 참조.

권이 우선하게 하거나, 경우에 따라서는 충돌하는 이익간의 형량(이익형량 또는 법익형량
이라고 한다)을 해법을 모색하기도 한다. 결론적으로 충돌하는 기본권의 성격과 태양에
따라 그때그때마다 적절한 해결 방법을 선택, 종합하여 해결한다는 것이 헌법재판소의
판례이다.[12]

규범조화적 해석을 통한 해결을 도모한 예로서는 정정보도청구권과 언론의 자유의 충
돌과 「민법」상 채권자취소권과 채무자 및 수익자의 일반적 행동자유권 내지 재산권의
충돌을 들 수 있다.

「정기간행물의등록등에관한법률」 제16조 제3항 등 위헌 여부에 관한 헌법소원 사
건에서 동법 소정의 정정보도청구권(반론권)과 보도기관의 언론의 자유가 충돌하는 경
우에는 헌법의 통일성을 유지하기 위하여 상충하는 기본권 모두가 최대한으로 그 기능
과 효력을 발휘할 수 있도록 하는 조화로운 방법이 모색되어야 한다고 보고, 결국은 정
정보도청구제도가 과잉금지의 원칙에 따라 그 목적이 정당한 것인가 그러한 목적을 달
성하기 위하여 마련된 수단 또한 언론의 자유를 제한하는 정도가 인격권과의 사이에
적정한 비례를 유지하는 것인가의 관점에서 심사를 함으로써 규범조화적 해석을 꾀하
였다.[13]

채권자취소권을 규정한 법률 조항에 대해서 헌법재판소는 헌법의 통일성을 유지하
기 위하여 상충하는 기본권 모두가 최대한으로 그 기능과 효력을 발휘할 수 있도록 조
화로운 방법을 모색하되(규범조화적 해석), 법익형량의 원리, 입법에 의한 선택적 재량
등을 종합적으로 참작하여 심사하여야 한다고 전제한 후 채권자취소권제도는 채권자의
채권의 실효성 확보를 위한 것으로서 채무자와 수익자의 일반적 행동의 자유와 수익자
의 재산권을 제한하고 있는 측면이 있기는 하지만, ① 채무의 이행 책임을 지는 채무자
가 채권자를 해할 의사로 채권의 공동 담보를 감소시키는 것은 신의칙 내지 형평과 도
덕적 견지에서 허용될 수 없다는 점, ② 사해행위취소의 대상은 채무자의 책임재산에
관한 모든 법률행위가 아니라 그 중 채권자를 해하는 재산권을 목적으로 한 행위에 한
정되고, 주관적 요건으로 채무자의 사해 의사는 물론 수익자의 악의를 요구하고 있는
점, ③ 대법원 판례상 사해행위취소의 범위가 책임재산의 보전을 위하여 필요한 범위

---

12) 헌재 2005.11.24. 2002헌바95등, 노동조합및노동관계조정법 제81조 제2호 단서 위헌소원(합헌);
    2007.10.25. 2005헌바96, 민법 제406조 제1항 위헌소원(합헌).
13) 헌재 1991.9.16. 89헌마165.

로 제한되고, 그 취소의 효과도 수익자에 대한 관계에서만 상대적으로 미치도록 함으로써, 채권자취소권의 행사로 재산권을 박탈당한 수익자로서는 채무자에 대하여 여전히 부당이득반환청구권 등을 행사할 여지가 남아 있는 점, ④ 법률관계의 조속한 확정을 위하여 단기의 제척기간 규정을 따로 둔 점 등을 종합하여 보면, 전체적으로 상충되는 기본권들 사이에 합리적인 조화를 이루고 있고, 그 제한에 있어서도 적정한 비례 관계를 유지하고 있다고 보여지므로, 채무자 및 수익자의 일반적 행동의 자유권이나 수익자의 재산권을 침해하는 것으로 볼 수 없다는 입장을 취하였다.[14]

기본권간 위계질서가 명확한 경우의 예로는 흡연권과 혐연권의 충돌을 들 수 있다. 예컨대, '국민건강증진법시행규칙 제7조 위헌확인' 사건에서 흡연권과 혐연권의 관계처럼 상하의 위계질서가 있는 기본권끼리 충돌하는 경우에는 상위기본권우선의 원칙에 따라 하위기본권이 제한될 수 있다고 보아서 흡연권은 혐연권을 침해하지 않는 한에서 인정된다고 판단한 바 있다.[15] 그 이유는 흡연권은 사생활의 자유를 실질적 핵으로 하는 것이고 혐연권은 사생활의 자유뿐만 아니라 생명권에까지 연결되는 것이기 때문이라고 하였다. 이처럼 상하의 위계질서가 있는 기본권끼리 충돌하는 경우에는 상위 기본권 우선의 원칙에 따라 하위 기본권이 제한될 수 있으므로, 결국 흡연권은 혐연권을 침해하지 않는 한에서 인정되어야 한다는 것이 헌법재판소의 판단이다. 이 결정은 기본권 간에도 위계질서가 있음을 인정하고 있다는 점에서 "규범 상호 간의 우열이 헌법의 어느 특정규정이 다른 규정의 효력을 전면 부인할 수 있는 정도의 개별적 헌법 규정 상호 간에 효력 상의 차등을 의미하는 것이라고는 볼 수 없다."라고 판시한 이전의 결정[16]과 비교된다.

그런데 헌법의 통일성의 관점에서 규범조화적 해석을 모색하면서도 법익형량이라든가 입법자의 재량 여부 등을 **종합적으로 심사하고 있는 경우**도 있다. 예컨대 노동조합의 조직강제권(적극적 단결권)과 근로자의 소극적 단결권의 충돌을 들 수 있다. 소극적 단결권은 단결권의 보장내용에 속하지 않고 일반적 행동자유권의 보장내용에 속한다는 것이 헌법재판소의 입장[17]이므로 결국은 노동조합의 적극적 단결권과 근로자 개인의 일반적 행동자유권의 충돌의 문제가 된다. 심판대상인 「노동조합및노동관계조정법」 제

---

14) 헌재 2007.10.25. 2005헌바96, 민법 제406조 제1항 위헌소원(합헌).
15) 헌재 2004.8.26. 2003헌마457, 국민건강증진법시행규칙 제7조 위헌확인(기각).
16) 헌재 1995.12.28. 95헌바3, 국가배상법 제2조 제1항 등 위헌소원(합헌, 각하).
17) 헌재 1999.11.25. 98헌마141.

81조 제2호는 근로자가 어느 노동조합에 가입하지 아니할 것 또는 탈퇴할 것을 고용조건으로 하거나 특정한 노동조합의 조합원이 될 것을 고용조건으로 하는 행위를 사용자의 금지되는 부당노동행위로 규정하면서 다만, 노동조합이 당해 사업장에 종사하는 근로자의 3분의 2 이상을 대표하고 있을 때에는 근로자가 그 노동조합의 조합원이 될 것을 고용조건으로 하는 단체협약의 체결은 예외로 하고, 이 경우 사용자는 근로자가 당해 노동조합에서 제명된 것을 이유로 신분상 불이익한 행위를 할 수 없도록 하고 있었다. 이 사건에서 헌법재판소는 "기본권의 서열이론이나 법익형량의 원리에 입각하여 어느 기본권이 더 상위기본권이라고 단정할 수는 없다. 왜냐하면 개인적 단결권은 헌법상 단결권의 기초이자 집단적 단결권의 전제가 되는 반면에, 집단적 단결권은 개인적 단결권을 바탕으로 조직·강화된 단결체를 통하여 사용자와 사이에 실질적으로 대등한 관계를 유지하기 위하여 필수불가결한 것이기 때문이다. 즉 개인적 단결권이든 집단적 단결권이든 기본권의 서열이나 법익의 형량을 통하여 어느 쪽을 우선시키고 다른 쪽을 후퇴시킬 수는 없다고 할 것이다. 따라서 이러한 경우 헌법의 통일성을 유지하기 위하여 상충하는 기본권 모두가 최대한으로 그 기능과 효력을 발휘할 수 있도록 조화로운 방법을 모색하되, 법익형량의 원리, 입법에 의한 선택적 재량 등을 종합적으로 참작하여 심사하여야 한다."라고 판시하면서,[18] 조직강제조항의 목적의 정당성 여부, 상충·제한되는 두 기본권 사이에 적정한 비례관계가 유지되고 있는지 여부, 입법자에게 부여된 선택과 재량에 속하는 사항인지 여부 등을 판단하고 합헌 결정하였다.

---

18) 헌재 2005.11.24. 2002헌바95등, 노동조합및노동관계조정법 제81조 제2호 단서 위헌소원(합헌).

제2장

개별 기본권

제1절

인간의 존엄과 가치, 행복추구권

제1항 서론

Ⅰ. 제10조의 연혁

제10조가 규정하고 있는 "인간의 존엄과 가치"는 1962.12.26. 개정·공포되어 이후 국회가 처음 집회한 날인 1963.12.17.부터 시행된 제5차 개정헌법에서 신설된 제8조에 처음으로 규정되었다. 당시 제8조의 규정은 다음과 같다.

"모든 국민은 인간으로서의 존엄과 가치를 가지며, 이를 위하여 국가는 국민의 기본적 인권을 최대한으로 보장할 의무를 진다."

이후 1980년 10월 27일 개정·공포·시행된 제8차 개정헌법에서는 제9조로 변경되면서 행복을 추구할 권리가 신설되었다. 해당 조문은 다음과 같다.

"모든 국민은 인간으로서의 존엄과 가치를 가지며, 행복을 추구할 권리를 가진다. 국가는 개인이 가지는 불가침의 기본적 인권을 확인하고 이를 보장할 의무를 진다."

이래 이 제9조는 내용 변경 없이 1987년 개정·공포되고 1988.2.25.부터 시행된 현행 헌법에서 제10조로 조문 변경하여 규정되어 있다.

우리나라가 박정희 장군이 정권을 잡고 새로운 공화국의 출범에 즈음하여 헌법을 개정하면서 "인간의 존엄과 가치"를 신설하게 된 것은, 그 정치적 의도에도 불구하고,

제2차 세계대전 후 세계의 보편적 인간존엄 사상의 연장선상에서 이해할 수 있을 것이다.

Ⅱ. 의의

헌법 제10조가 보장하는 내용은 대한민국헌법의 핵심적 가치이다. 헌법 제10조는 대한민국헌법의 기본권이 기본적으로 자연권이라는 것과 개인을 존중하고 전체주의를 배격하는 것임을 선언하고 있는 것으로 볼 수 있다. 그러나 나의 존엄은 필연적으로 타인의 존엄을 인정할 때 가능한 것이므로 결과적으로 인간의 존엄과 가치는 **객관적 가치질서의 핵심**이기도 하다. 헌법재판소는 "인간의 존엄과 가치는 헌법 이념의 핵심으로, 국가는 헌법에 규정된 개별적 기본권을 비롯하여 헌법에 열거되지 아니한 자유와 권리까지도 이를 보장하여야 하며, 이를 통하여 개별 국민이 가지는 인간으로서의 존엄과 가치를 존중하고 확보하여야 한다는 헌법의 기본원리를 선언한 조항"이라고 선언하고 있다.[1]

Ⅲ. 인간의 존엄과 가치와 행복추구권의 관계

1. 학설

이와 같이 헌법 제10조에는 유럽적 가치로 대변되는 인간의 존엄과 미국 헌법에서 유래하는 행복추구권이 함께 규정되어 있다. 인간의 존엄과 행복추구권을 함께 규정하는 헌법은 세계적으로도 드문 경우에 속한다.[2]

인간의 존엄과 가치와 행복추구권의 관계에 대해서는, ① 양자를 분리하여 인간의

1) 헌재 2000.6.1. 98헌마216, 국가유공자등예우및지원에관한법률 제20조 제2항 등 위헌확인(기각, 각하).
2) 인간의 존엄과 행복추구권을 함께 규정한 헌법으로는 개인의 존중, 생명·자유·행복추구의 권리를 규정한 일본국헌법 제13조(모든 국민은 개인으로서 존중된다. 생명, 자유 및 행복추구에 대한 국민의 권리는 공공복리에 반하지 아니하는 한 입법 그 밖의 국정에 있어 최대한 존중된다)와 터키 헌법 제5조(국가의 기본목적과 의무는 터키 국민의 독립과 존엄성, 국가의 불가분성, 공화정 및 민주주의를 지키고 개인과 사회의 복지, 평화, 행복을 보장하며 법률에 의해 통치되는 정의구현 및 사회국가원칙에 반하는 방법으로 개인의 기본권과 자유를 제한하는 정치, 사회, 경제적 장애를 제거하고자 노력하고 개인의 물질적 및 정신적 존속과 발전에 필요한 여건을 제공하는 것이다)를 들 수 있다.

존엄과 가치에서 일반적 인격권을, 행복추구권에서 일반적 행동자유권, 개성의 자유발현권 등을 도출하려는 태도를 비판하면서 제10조 자체는 헌법 질서와 기본권 보장의 가치 지표라고 이해하는 것이 옳다고 보고, 행복추구권은 인간의 존엄과 가치가 갖는 윤리 규범적 성격과 실천 규범적 성격을 강조하는 것으로 이해하여 결국 행복추구권의 독자적인 기본권성을 부인하는 견해,[3] ② 양자를 하나의 포괄적 기본권으로 보는 견해,[4] ③ 양자를 구분하고 인간의 존엄과 가치에 대해서는 이념적 성격을 부여하고 행복추구권에 대해서만 포괄적 권리성을 인정하는 견해[5]가 대립하고 있다.

2. 판례

헌법재판소는 인간의 존엄과 가치에서 일반적 인격권을 도출하고 행복추구권에서 일반적 행동자유권을 도출함으로써 양자를 구분하고 있다.[6]

3. 결론

인간의 존엄과 가치는 행복추구권과 밀접한 관련성이 있다. 스스로 행복을 추구할 수 없게 된다면 우리는 그를 존엄하다고 말할 수 없을 것이다. 따라서 인간의 존엄과 가치는 행복 추구를 별도로 말하지 않더라도 그 속에 당연히 내포되어 있다고 할 수 있다. 그렇기 때문에 유럽 대륙의 헌법국가들에서는 인간의 존엄 외에 별도로 행복추구권을 규정하고 있는 경우가 거의 없는 것이다.

미국 헌법에서 유래하고 제5공화국 헌법에서 수용한 행복을 추구할 권리는 따라서 이론적으로는 불필요한 것이라고 할 수 있다. 그럼에도 불구하고 현행 헌법의 해석론으로서는 존엄한 인간이 행복을 추구할 권리를 가짐을 명백히 선언한 것이라는 점에서 의의를 찾아 볼 수 있다. 다만 양자의 관계를 이해하는 방법으로는 행복추구권에 별도의 의미를 부여하는 방법이 현재의 판례이기도 하기 때문에 아래에서는 이러한 입장에서 기술한다.

---

3) 허영, 한국헌법론, 박영사, 2010, 329쪽 이하 참조.
4) 김철수, 헌법학신론, 박영사, 2013, 428쪽; 양건, 헌법강의, 법문사, 2019, 365쪽.
5) 권영성, 헌법학원론, 법문사, 2009, 37쪽, 382쪽.
6) 일반적 인격권: 헌재 1991.9.16. 89헌마165. 일반적 행동자유권: 헌재 1992.4.14. 90헌바23.

제2항 인간의 존엄과 가치

Ⅰ. 개념 및 입법례

인간의 존엄과 가치(dignity and worth of the human person)란 모든 인간은 인간에게만 있는 보호 가치 있는 특성으로서 존엄성을 가지고, 따라서 모든 사람은 출생이나 성별 또는 나이 등에 상관없이 동일한 가치를 가진다는 것을 의미한다.[7] 일반적으로는 인간의 존엄(human dignity; Menschenwürde)이라고 한다.

그런데 인간의 존엄을 의미하는 "human dignity"라는 말은 20세기에 들어서 다수 국가의 헌법에 규정되었다. 1917년의 멕시코 헌법 제3c조, 1919년 바이마르 헌법 제151조과 핀란드 헌법 제1부 총칙규정, 1933년의 포르투갈 헌법 제45조, 1937년의 아일랜드 헌법 전문, 1940년의 쿠바 헌법 제32조, 1945년의 스페인 기본법, 그리고 제2차 세계대전 이후에는 1946년의 일본 헌법 제24조, 1948년의 이탈리아 헌법 제3조·제27조·제41조, 1949년의 서독 기본법 제1조 제1항, 1950년의 인도 헌법 전문 등이 그 예들이다.

국제적 차원에서 이미 1936년 디종 선언(Dijon Declaration)[8]과 1944년의 미국유대인위원회 인권선언,[9] 유엔헌장에 대한 우루과이 정부의 세부제안과 1946년의 쿠바 인권선언, 1946년의 사회학자 조르주 귀르비치(Georges Gurvitch)의 사회권선언, 1947년의 미국의 인권협약 제안[10]에서 사용되었고, 1946년 미국 노동 연맹(American Federation of Labor)의 국제권리장전제안서 전문[11]과 1947년의 영국의 국제권리장전 전문[12]은 인간의 존엄과 가치를 의미하는 "dignity and worth"라는 용어를 사용하고 있다.[13] 그러

---

7) https://www.grundrechteschutz.de/grundlagen/menschenwurde−247.
8) "인간의 존엄과 문명화된 행동에 대한 존중"이라는 문맥에서 사용되었다.
9) "우리가 소중히 여기는 모든 것은 인간의 존엄과 불가침성, 신의 형상대로 창조된 인간으로서 신 아래에서 삶을 영위하고 발전할 신성한 권리의 존엄과 불가침성에 기초해야 합니다."
10) "누구에게나 고문 또는 잔인하거나 비인간적인 형벌 또는 잔인하거나 비인간적인 모욕을 가하는 것은 불법이다."
11) "진정한 민주주의 사회의 역동적 동기는 개인의 가치와 존엄성(the worth and dignity of the in−dividual human being)을 육성하고 향상시키는 것입니다. …" 이어서 제1조에서는 "모든 인간은 − 인종, 피부색, 신념, 성별 또는 국적에 관계없이 − 자유롭고 존엄한 조건에서(in conditions of freedom and dignity) 자신의 일과 정신적 발전을 추구할 권리를 가진다."라고 규정하고 있다.
12) "기본적 인권과 … 인간의 존엄과 가치"
13) 이상 Christopher McCrudden, Human Dignity and Judicial Interpretation of Human Rights, in:

나 무엇보다도 인간의 존엄과 가치(dignity and worth of the human person)라는 용어는 1945년 국제연합헌장 전문과 1948년 12월 10일 유엔총회에서 의결한 세계인권선언 (Universal Declaration of Human Rights) 전문에 명시되었다. 해당 조문은 다음과 같다.

> "우리 국제연합의 모든 사람들은 우리 일생 중에 두 번이나 말할 수 없는 슬픔을 인류에 가져온 전쟁의 불행에서 다음 세대를 구하고, 기본적 인권, **인간의 존엄과 가치**, 남녀 및 대소 각국의 평등권에 대한 신념을 재확인하며, …"(국제연합헌장 전문 중에서)
> "… 국제연합의 모든 사람들은 연합 헌장에서 기본적 인권, **인간의 존엄과 가치**, 그리고 남녀의 동등한 권리에 대한 신념을 재확인하였으며, 보다 폭넓은 자유 속에서 사회적 진보와 보다 나은 생활수준을 증진하기로 다짐하였고, …"(세계인권선언 전문 중에서)

이와 같이 인간의 존엄은 20세기에 들어와서 세계적으로 승인된 개념이다. 또한 세계인권선언 제1조에서는 "모든 인간은 자유롭게 태어났고 평등하게 존엄하고 평등하게 권리를 가진다."[14]고 규정하였고, 1966년에 제정되고 우리나라에 대해서도 1990년부터 발효된 시민적 및 정치적 권리에 관한 국제규약(B규약) 전문에서는 "이 규약의 당사국은, 국제연합헌장에 선언된 원칙에 따라 인류 사회의 모든 구성원의 고유의 존엄성 및 평등하고 양도할 수 없는 권리를 인정하는 것이 세계의 자유, 정의 및 평화의 기초가 됨을 고려하고, 이러한 권리는 인간의 고유한 존엄성으로부터 유래함을 인정하며, …"라고 규정하였으며, 같은 규약 제10조 제1항에서는 "자유를 박탈당한 모든 사람은 인도적으로 또한 인간의 고유한 존엄성을 존중하여 취급된다."라고 규정하고 있다. 2007년 유럽연합 기본권헌장에서도 이러한 전통을 받아들여서 "인간의 존엄은 불가침이다. 인간의 존엄은 존중되고 보호되어야 한다."[15]라고 규정하였다.

개별 국가에서는 1949년 독일 기본법 제1조 제1항에서 "인간의 존엄은 불가침이다. 그것을 존중하고 보호하는 것은 모든 국가권력의 의무이다"라고 규정하고 있고, 스페인 헌법 제10조 제1항에서는 "개인의 존엄과 고유한 불가침의 권리들, 인격의 자유로운 발현, 법과 타인의 권리의 존중은 정치 질서와 사회 평화의 기본이다."[16]라고 규

Mark Tushnet, Comparative Constitutional Law Vol. II, Structures and Basic Rights, 2017, p. 589–590에서 인용. p. 590에서 기술된 지역 차원의 선언에 나타나는 인간의 존엄의 사례들도 참조.

14) "All human beings are born free and equal in dignity and rights. …"

15) "Human dignity is inviolable. It must be respected and protected."

16) "The dignity of the person, the inviolable rights which are inherent, the free development of the personality, the respect for the law and for the rights of others are the foundation of

정하고 있다. 그 외에도 헝가리 헌법 제1조 제1항, 남아프리카공화국 헌법 제7조·제10조, 터키 헌법 제5조, 포르투갈 헌법 제25조 등에서 인간의 존엄성 존중을 규정하고 있다.[17]

그런데 오스트리아 헌법에서는 인간의 존엄성을 선언하는 조항이 존재하지 않고, 다만 오스트리아 헌법법원이 법질서의 일반적 가치 원칙(allgemeine Wertungsgrundsatz)으로서 인정하고 있다.[18] 오스트리아 헌법법원의 개념 정의에 따르면 인간의 존엄이란 "어떠한 인간도 결코 어떤 목적을 위한 단순한 수단으로서 간주되고 취급되어서는 안 된다."는 것을 의미한다.

II. 법적 성격

1. 최고의 가치 규범

인간의 존엄과 가치는 대한민국헌법이 지향하는 가치의 지향점이다. 국가권력 구조나 기본권 보장이 모두 인간의 존엄과 가치를 보장하기 위한 것이다. 헌법은 일정한 가치의 실현을 지향하는 데 대한민국헌법은 인간의 존엄과 가치의 실현을 최고의 목표로 하고 있다. 이러한 인간의 존엄과 가치의 존중과 보장은 대한민국헌법이 지향하는 **객관적인 가치 체계**다. 이러한 점에서 인간의 존엄과 가치의 존중은 국가공권력뿐만 아니라 개인에게도 요구되는 헌법적 당위성이 도출된다. 물론 이로부터 직접적으로 개인에게 특정한 헌법적 의무가 도출되는 것은 아니지만 대한민국이라는 민주공화국의 법질서의 토대가 되는 근본적 가치이고, 국가 공권력뿐만 아니라 사인도 존중하여야 하는 객관적 가치질서로서의 성격을 갖는다. 그러나 사법 관계에서는 사적자치의 원칙이라는 또 다른 헌법적 가치가 존중되어야 하기 때문에 인간의 존엄과 가치가 객관적 가치질서적 성격을 갖는다는 명제로부터 바로 사인의 헌법적 의무가 발생하는 것으로 보기는 어렵다. 다만, 인간의 존엄과 가치가 객관적 가치질서로서의 성격을 갖기 때문에 **사법 관계에서 인간의 존엄과 가치를 실현시키기 위해 입법 조치를 할 수 있는 헌법적 근거로**

---

political order and social peace."

17) 이들 헌법에 대한 자세한 조문내용은 김철수·정재황·김대환·이효원, 세계비교헌법, 박영사, 2014, 37쪽 이하 참조.
18) VfSlg 13635/1993.

기능한다고 할 수 있을 것이다.

2. 헌법원리성

인간의 존엄과 가치는 헌법의 기본원리다. 헌법재판소는 이에 관하여 다음과 같이 선언하고 있다. "헌법 제10조에서 규정한 인간의 존엄과 가치는 헌법 이념의 핵심으로, 국가는 헌법에 규정된 개별적 기본권을 비롯하여 헌법에 열거되지 아니한 자유와 권리까지도 이를 보장하여야 하며, 이를 통하여 개별 국민이 가지는 인간으로서의 존엄과 가치를 존중하고 확보하여야 한다는 **헌법의 기본원리를 선언한 조항**이다. 따라서 자유와 권리의 보장은 1차적으로 헌법상 개별적 기본권 규정을 매개로 이루어지지만, 기본권 제한에 있어서 인간의 존엄과 가치를 침해한다거나 기본권 형성에 있어서 최소한의 필요한 보장조차 규정하지 않음으로써 결과적으로 인간으로서의 존엄과 가치를 훼손한다면, 헌법 제10조에서 규정한 인간의 존엄과 가치에 위반된다고 할 것이다."[19]

인간의 존엄과 가치가 헌법원리성을 갖는다는 것은 인간의 존엄과 가치가 **법의 정립과 해석의 기준이 되고 모든 국가기관과 국민이 존중하고 지켜야 하는 최고의 가치 규범**이라는 의미다.[20] 인간의 존엄과 가치가 공동체의 객관적 가치질서로 인식되는 한, 인간의 존엄과 가치의 존중을 위한 국가적 개입의 가능성이 정당성을 획득하게 된다.

3. 기본권성

인간의 존엄과 가치에 대해서는 이를 기본권으로 인정하는 견해와 부정하는 견해 그리고 원리적 성격과 기본권으로서의 성격 모두를 인정하는 절충적인 견해가 있다.

인간의 존엄과 가치는 대한민국헌법이 지향하는 최고의 근본가치임에는 분명하지만, 단순한 관념적, 이념적 산물이 아니라 인류의 **역사적 관점에서 해석**하지 않으면 안 된다. 이 인간의 존엄과 가치라는 보편가치의 선언은 인간은 존엄할 권리가 있음을 확인한 인류의 역사적 경험에서부터 유래한 것이기 때문이다. 예를 들면 노예제의 금지, 생체 실험의 금지, 잔혹한 형벌의 금지, 집단 학살의 금지 등이 인간의 존엄성에 대해 눈을 뜨게 하는 역사적 경험에서 비롯된 권리들이다.

---

19) 헌재 2000.6.1. 98헌마216, 국가유공자등예우및지원에관한법률 제20조 제2항 등 위헌확인(기각, 각하).
20) 헌재 1989.9.8. 88헌가6, 국회의원선거법 제33조, 제34조의 위헌심판(헌법불합치).

유럽연합기본권헌장이 인간의 존엄의 장(제1장) 아래 인간의 존엄(제1조), 생명권(제2조), 신체의 자유(제3조), 고문 및 비인간적 형벌과 처우의 금지(제4조), 노예 제도와 강제 노역의 금지(제5조) 등을 규정하고 있는 것도 이러한 맥락에서 이해할 수 있다.

헌법재판소도 앞에서 살펴본 바와 같이 인간의 존엄과 가치를 헌법의 기본원리로 받아들이면서도 이로부터 일반적 인격권이라는 권리를 도출해 내고 있다. 다만, 인간의 존엄과 가치 및 행복추구권은 보충적으로 적용되는 기본권으로 본다. 따라서 개별기본권의 제한이 문제되면 헌법 제10조의 인간의 존엄과 가치 및 행복추구권의 제한 문제는 판단하지 않고 있다.[21]

III. 보장내용

1. 기본권 주체

인간의 존엄과 가치는 인간의 권리로서 인정되는 것이기 때문에 원칙적으로 자연인만이 주체가 될 수 있다. 따라서 국민뿐만 아니라 외국인도 주체가 된다.

문제는 태아도 인간의 존엄과 가치의 주체가 되는가이다. 독일 연방헌법재판소는 "인간 생명이 존재하는 곳에 인간의 존엄은 인정된다. 주체가 이 존엄을 인식하고 있었는지 그리고 스스로 그것을 지킬 수 있는지 여부는 중요하지 않다."라고 판시한 바가 있다.[22] 이 판결은 태아에게도 인간의 존엄의 기본권 주체성이 인정한 것으로 해석된다.[23] 독일 연방헌법재판소의 견해는 생명의 시기와 인간의 존엄의 시기를 같이 보고 있다. 헌법재판소는 수정 후 14일 전까지의 초기배아 상태의 태아에게는 생명권을 인정하고 있지 않다. 따라서 기본권 주체성을 부인하고 있는 것이다. 그러나 초기배아의 국가적 보호의 필요성을 부인하고 있지도 않다.[24] 기본권 주체성을 부인하면서도 초기배아에 대한 국가적 보호의 필요성을 인정하는 근거는 무엇인가. 헌법재판소는 이에 대해 아무런 설명을 하고 있지 않다. **초기배아의 경우에 보호의 필요성이 있다는 것은 인간의 존엄과 가치가 갖는 객관적 가치질서로서의 성격에서 그 근거를 찾을 수 있다.** 초기배아도

---

21) 헌재 2013.8.29. 2011헌바176, 형법 제243조 등 위헌소원(합헌).
22) BVerfGE 39, 1, 41.
23) Ipsen, Staatsrecht II Grundrechte, 2006, Rn. 212.
24) 후술하는 생명권 부분 참조.

인간으로서 탄생할 생물학적 연속적 발전 과정 속에 있는 것이 명백하기 때문에, 이러한 '생성 중인 생명'에 대해서는 인간으로서의 존엄과 가치의 객관적 가치가 효력을 미치는 것으로 볼 수 있다. 모든 단계의 태아는 '생성 중인 생명'이라는 점에서 동등한 지위를 가지기 때문에 수정 시로부터 객관적 질서로서의 인간의 존엄과 가치의 법적 보호를 받게 되는 것으로 보아야 할 것이다.25)

　　사자(死者)도 태아와 마찬가지로 더 이상 기본권의 주체가 될 수 없다고 보아야 하지만, 한정된 범위 내에서는 보호의 필요성이 있는 것은 마찬가지로 태아와 같다. 인간의 존엄과 가치라는 기본권이 갖는 객관적 가치질서적 효력이 사자에게도 미친다고 본다.

　　법인 또한 인간의 존엄과 가치의 기본권 주체와 관련하여 문제가 된다. 인간의 존엄과 가치는 신체와 정신을 가진 자연적 인간의 존엄과 가치를 보장하는 것을 목적으로 하는 기본권이므로 원칙적으로 법인에게는 인정되기 어렵다. 그런데 헌법재판소는 인격권은 법인에게도 인정하고 있다. 우선 1991년의 사죄광고 결정을 보면 다음과 같이 법인에게 인격권을 인정하는 것처럼 설시하고 있다.

　　"사죄광고 과정에서는 자연인이든 법인이든 인격의 자유로운 발현을 위해 보호받아야 할 인격권이 무시되고 국가에 의한 인격의 외형적 변형이 초래되어 인격 형성에 분열이 필연적으로 수반되게 된다. 이러한 의미에서 사죄광고제도는 헌법에서 보장된 인격의 존엄과 가치 및 그를 바탕으로 하는 인격권에 큰 위해도 된다고 볼 것이다."26)

　　그런데 이 결정의 다른 부분에서는 다음과 같이 기술하고 있음을 볼 때, 법인 그 자체에 인격권을 인정한 것이라기보다는 법인의 대표자의 인격의 침해를 의미하는 것으로 보인다.

　　"사죄광고의 강제는 양심도 아닌 것이 양심인 것처럼 표현할 것의 강제로 인간 양심의 왜곡·굴절이고 겉과 속이 다른 이중인격 형성의 강요인 것으로서 침묵의 자유의 파생인 양심에 반하는 행위의 강제 금지에 저촉되는 것이며 따라서 우리 헌법이 보호하고자 하는 정신적 기본권의 하나인 양심의 자유의 제약(법인의 경우라면 그 대표자에게 양심 표명의 강제를 요구하는 결과가 된다)이라고 보지 않을 수 없다."27)

---

25) 이에 대해서는 또한 후술하는 생명권 부분 참조.
26) 헌재 1991.4.1. 89헌마160, 민법 제764조의 위헌여부에 관한 헌법소원(한정위헌).
27) 결론적으로 이 결정은 헌법 제19조의 양심의 자유와 헌법 제10조의 인격권 모두의 침해를 인정하

이후 헌법재판소는 「방송법」상 방송통신위원회가 방송사업자 등에게 일정한 경우 시청자에 대한 사과를 제재 조치의 하나로서 명할 수 있도록 한 규정에 대한 위헌심판에서, 법인의 대표자의 인격을 침해하게 된다는 식의 논리에 의존함이 없이 다음과 같이 **법인의 인격권을 정면으로 인정**하고, 과잉금지원칙에 위배되어 법인의 인격권을 침해한다는 결론에 이르고 있다.

 "법인도 법인의 목적과 사회적 기능에 비추어 볼 때 그 성질에 반하지 않는 범위 내에서 인격권의 한 내용인 사회적 신용이나 명예 등의 주체가 될 수 있고 법인이 이러한 사회적 신용이나 명예 유지 내지 법인격의 자유로운 발현을 위하여 의사결정이나 행동을 어떻게 할 것인지를 자율적으로 결정하는 것도 법인의 인격권의 한 내용을 이룬다고 할 것이다."[28]

헌법재판소는 인격권을 단순히 "인간의 존엄과 가치"에서 찾거나 아니면 "인간의 존엄과 가치 및 행복추구권" 전체에서 찾기도 하는데, 인간의 존엄과 가치 및 행복을 추구할 권리는 그 성격상 원칙적으로 **자연인에게 한정**되는 것으로 보아야 한다. 그러나 법인에게도 사회적 신용이나 명예 등을 인정할 필요가 있게 되는데 이 범위 내에서는 법인도 인격권의 주체가 될 수 있는 것으로 볼 수밖에 없을 것이다.[29]

2. 물적 보장내용

가. 인간의 존엄과 가치의 전제로서 보장된 자기운명결정권

헌법재판소는 제10조의 인간의 존엄과 가치 및 행복추구권은 인간의 "자기운명결정권"을 전제로 한다고 한다. 이에 따르면 자기운명결정권에는 "성적자기결정권", "혼인의 자유", "혼인에 있어서 상대방을 결정할 수 있는 자유" 등이 포함된다.[30]

고 있다(헌재 1991.4.1. 89헌마160). 이로써 양심의 자유가 법인에게 인정될 것인가의 문제도 제기된다. 이에 대해서는 후술 양심의 자유 참조.

28) 헌재 2012.8.23. 2009헌가27, 방송법 제100조 제1항 제1호 위헌제청 방송법 제100조 제1항 제1호 위헌제청(위헌). 이 결정에서는 법인에 대해서는 인격권의 주체성을 인정할 수 없다는 김종대 재판관의 반대의견이 있다.

29) 헌재 2012.8.23. 2009헌가27, 방송법 제100조 제1항 제1호 위헌제청 방송법 제100조 제1항 제1호 위헌제청(위헌) 결정에서의 김종대 재판관의 반대의견에서는 성질상 법인에게는 인격권을 인정할 수 없다고 하면서 법률상으로는 인격권유사의 권리를 인정할 수 있다고 하는 논리는 타당한 것인지 의문이 든다. 권리가 헌법상 보장되는 것과 법률상 보장되는 것은 효력 상의 차이를 의미하는 것이지 그 권리의 내용(법익 등)이 달라지는 것을 의미하는 것은 아니다.

30) 헌재 1997.7.16. 95헌가6등, 민법 제809조 제1항 위헌제청(헌법불합치, 6인 재판관의 단순위헌의견

나. 일반적 인격권

인간의 존엄과 가치에서 헌법재판소는 일반적 인격권을 도출하고 있다.[31] 일반적 인격권은 헌법 제10조로부터 도출되는 인간의 본질과 고유한 가치에 관한 기본권으로서 개별 기본권에 대하여 보충성을 가지기 때문에,[32] 개별 기본권의 침해여부가 문제되는 한 일반적 인격권의 침해여부는 별도로 심사할 필요가 없게 된다.[33]

판례상 일반적 인격권의 내용으로 거론된 권리로는 명예권, 성명권, 초상권, 태아의 성별 정보에 대한 접근권, 배아 생성자의 배아에 대한 결정권, 구「정기간행물의등록등에관한법률」상 정정보도청구권 등이 있다.

1) 명예권

'명예'는 사람이나 그 인격에 대한 '사회적 평가', 즉 객관적·외부적 가치 평가를 말하는 것이고, 단순히 주관적·내면적인 명예감정은 포함하지 않는다.[34] 예컨대 일방

및 2인 재판관의 반대의견 있음).

31) 헌재 2017.10.17. 2017헌마1124, 구 성폭력범죄의 처벌 등에 관한 특례법 제42조 제1항 위헌확인 (각하); 2005.7.21. 2003헌마282 등, 개인정보수집 등 위헌확인(기각, 각하) 등 다수의 결정. 그런데 헌법재판소는 일반적 인격권이라고 하지 않고 단순히 인격권이라고 하기도 한다[헌재 1997.7.16. 95헌가6, 민법 제809조제1항 위헌제청(헌법불합치); 1990.9.10. 89헌마82, 형법 제241조의 위헌여부에 관한 헌법소원(합헌) 등 다수의 결정 참조].

32) 헌재 2012.5.31. 2009헌마553, 국민연금과 직역연금의 연계에 관한 법률 부칙 제2조 제2항 제1호 위헌확인(기각) — 연금연계신청을 일부 대상자에 한하여 소급 허용하는 국민연금과 직역연금의 연계에 관한 법률 부칙 조항에 관한 사건; 2013.8.29. 2011헌마122, 형의 집행 및 수용자의 처우에 관한 법률 제41조 등 위헌확인(헌법불합치, 각하) — 수용자가 변호사와 접견할 때도 접촉차단시설이 설치된 장소에서 하도록 한 사건. 그런데 헌법재판소는 그 밖에 헌재 2000.6.1. 98헌마216; 2001.7.19. 2000헌마546 등도 참조 판례로 예시하고 있다. 헌재 98헌마216 결정은 인간의 존엄과 가치의 "보충적"이라는 의미를 다음과 같이 설명하고 있다: "자유와 권리의 보장은 1차적으로 헌법상 개별적 기본권규정을 매개로 이루어지지만, 기본권제한에 있어서 인간의 존엄과 가치를 침해한다거나 기본권형성에 있어서 최소한의 필요한 보장조차 규정하지 않음으로써 결과적으로 인간으로서의 존엄과 가치를 훼손한다면, 헌법 제10조에서 규정한 인간의 존엄과 가치에 위반된다고 할 것이다(헌재 2000.6.1. 98헌마216)." 헌법재판소가 인용하고 있는 헌재 2000헌마546 결정은 경찰서 유치장에 수용되어 있는 동안 차폐시설이 불충분하여 사용과정에서 신체부위가 다른 유치인들 및 경찰관들에게 관찰될 수 있고 냄새가 유출되는 실내화장실을 사용하도록 강제한 행위는 헌법 제10조의 인격권을 침해하여 위헌이라고 선언한 결정이다.

33) 그런데 개별 기본권이 적용되더라도 인격권이 그 개별 기본권에 완전히 흡수되지 않는 경우도 상정할 수 있고, 이 경우는 개별 기본권 외에도 인격에 대한 침해가 결부되는 경우에는 인격권이 중첩적으로 등장할 수 있다는 견해도 있다(K. Stern, Staatsrecht IV/1, 301 f. 참조).

34) 헌재 2005.10.27. 2002헌마425, 민주화운동관련자명예회복및보상등에관한법률 제2조 제1호 등 위헌확인(각하). 명예권이 일반적 인격권의 한 내용임을 분명히 하고 있는 결정으로는 헌재 1999.6.24. 97헌마265; 2021.5.27. 2019헌마321 등 다수의 결정 참조.

을 민주화운동 관련자로서 명예 회복을 하여 주면 이들을 대상으로 법을 집행하여 처벌한 공권력 행사자, 즉 경찰관 등의 명예가 훼손될 것이라는 주장에 대해 헌법재판소는, 경찰관 등의 주관적·내면적인 명예감정은 손상되었을지언정 헌법이 보호하는 바의 명예권이 침해되었다고 보기는 어렵다고 판시하고 있다.[35]

2) 성명권

성명권의 내용은 자신의 성명을 간섭당하거나 박탈당하지 않는 것이다. 따라서 단순히 공직후보자의 기호를 성의 가나다순으로 정하는 것은 성명권의 제한이라고 할 수 없다.[36]

3) 초상권

초상권이란 자신의 초상의 제작과 사용 등에 있어 부당하게 간섭당하지 않을 권리를 말한다. 국가나 지방자치단체가 경영하는 방송 매체에서 범죄자의 얼굴을 방송하는 것은 초상권의 침해가 될 수 있다. 초상권에 근거한 법원의 방영금지가처분은 언론의 자유를 제한하는 것이므로 과잉금지원칙을 준수하여야 한다.[37]

4) 태아의 성별 정보에 대한 접근권

헌법재판소는 낙태가 불가능한 임신 후반기에 이르러서도 태아의 성별 정보를 부모에게 알려주지 못하게 하는 것은 일반적 인격권에 대한 과잉된 제한이라고 하는 것으로 본다. 또한 의료인의 직업 수행의 자유에 대한 침해로도 보고 있다.[38]

---

35) 헌재 2005.10.27. 2002헌마425, 민주화운동관련자명예회복및보상등에관한법률 제2조 제1호 등 위헌확인(각하).
36) 헌재 2007.10.4. 2006헌마364, 공직선거법 제150조 제5항 후문 위헌확인(기각).
37) 헌재 2001.8.30. 2000헌바36, 민사소송법 제714조 제2항 위헌소원(합헌). 이 결정의 사실관계는 초상권과 언론의 자유가 일견 충돌하는 상황에 대한 것이다. 여기에서 국가(입법자)는 양 기본권을 모두 보호하여야 하는 입장에 있다(국가의 기본권보호의무). 국가는 양 기본권이 조화적으로 존립할 수 있도록 헌법의 통일성의 관점에서 해결하여야 한다. 구「민사소송법」제714조 제2항은 쟁의있는 권리관계에 대하여 임시의 지위를 정하기 위해서 가처분제도를 두고 있는데, 이에 근거하여 초상권자의 가처분신청을 받아들였고 방송국은 가처분의 근거가 된「민사소송법」제714조 제2항에 대하여 헌법소원심판을 제기한 것이다. 이와 같이 소위 기본권 충돌은 언제나 대국가적 효력이 문제가 되게 되므로 과잉금지원칙이 적용되는 것이다. 순수한 사인간의 권리분쟁에는 과잉금지원칙이 적용되지 않는다.
38) 헌재 2008.7.31. 2004헌마1010, 의료법 제19조의2 제2항 위헌확인(재판관 8인의 헌법불합치).

5) 배아 생성자의 배아에 대한 관리·처분 결정권

헌법재판소는 배아 생성자는 배아에 대해 자신의 유전자 정보가 담긴 신체의 일부를 제공하고 배아가 출생할 경우에는 생물학적 부모로서의 지위를 가지게 되기 때문에, 배아 생성자는 배아의 관리·처분에 관한 결정권을 가지게 되는데, 이는 헌법상의 일반적 인격권의 한 유형으로 보고 있다.[39)]

6) 반론권

반론권은 언론기관의 사실적 보도에 의한 피해자가 그 보도 내용에 대한 반박의 내용을 게재해 줄 것을 청구할 수 있는 권리를 말한다. 헌법재판소는 이러한 내용의 반론권은 헌법상의 인격권에 바탕을 두면서 직접적으로는 헌법 제10조와 제17조 그리고 제21조 제4항에서 나온다고 하고 있다.

구「정기간행물의등록등에관한법」의 정정보도청구권과 같이 비록 법률의 문언은 정정도보청구 등으로 되어 있더라도 실제에 있어서 반론권의 의미로 사용된 경우에도 마찬가지다. 헌법상의 기본권으로서 반론권은 현행「언론중재 및 피해구제 등에 관한 법률」제16조에서 반론보도청구권으로 법제화되어 있다.[40)]

7) 신체를 훼손당하지 않을 권리의 도출 여부

신체를 훼손당하지 않을 권리는 헌법에 명문의 근거가 없지만, 독일 기본법 제2조 제2항 제1문의 영향으로 신체를 훼손당하지 않을 권리가 우리나라에서도 인정되는 것인지 여부에 대해서 논의되고 있다.

헌법재판소는 신체의 자유를 "신체의 안전성이 외부로부터의 물리적인 힘이나 정신적인 위험으로부터 침해당하지 아니할 자유와 신체 활동을 임의적이고 자율적으로 할 수 있는 자유"로 이해하고 있는데, 신체의 안정성도 보장된다는 점에서 "신체를 훼손당하지 않을 권리"가 신체의 자유에 포함되는 것으로 볼 수 있다. 이렇게 보면 **신체를 훼손당하지 않을 권리의 헌법적 근거는 헌법 제12조 제1항**이 된다.

신체를 훼손당하지 않을 권리의 주체는 모든 사람이다. 따라서 외국인도 포함된다. 태아에게도 생명권이 인정되는 것으로 보는 입장에서는 신체를 훼손당하지 않을 권리

---

39) 헌재 2010.5.27. 2005헌마346, 생명윤리및안전에관한법률 제13조 제1항 등 위헌확인(기각, 각하).
40) 헌재 1991.9.16. 89헌마165, 정기 간행물의등록등에관한법률 제16조 제3항, 제19조 제3항의 위헌 여부에 관한 헌법소원(합헌).

가 인정될 것이다.

8) 생명권의 도출 여부

생명권은 명문의 근거가 없지만 헌법재판소는 이를 헌법 제10조에서 전적으로 근거한다기보다는 **자연법상의 권리로 인정**하고 있다. 그러나 자연법상의 권리라 하더라도 헌법상의 기본권 규정의 포괄성을 인정한다면 헌법상의 근거를 찾는 것이 타당할 것이고, 그렇다면 그 근거는 제10조의 인간의 존엄과 가치에서 찾는 것이 타당할 것이다.[41]

> **NOTE**   **인격권이 침해된 경우 구제 수단**
>
> 인격권이 침해된 경우에는 ① 「민법」 제750조 이하의 손해배상책임을 물을 수 있고, 「민사집행법」상 가처분에 의한 사전 금지 청구가 가능하다. 여기에는 언론·출판의 사전 억제 금지의 요청으로 인하여 엄격한 비례성원칙이 적용된다. ② 형법상으로는 가해자에 대한 형사 처벌(형법 제307조 및 제309조의 명예훼손죄와 제313조의 신용훼손죄)이 가능하다. ③ 특별법상으로는 「언론중재 및 피해구제 등에 관한 법률」에 따른 정정보도청구권(제14조), 반론보도청구권(제16조), 추후보도청구권(제17조) 등의 행사가 가능하다.

> **NOTE**   **독일에서의 일반적 인격권 논의**
>
> 독일 연방헌법재판소는 1980년의 에플러(Eppler) 판결[42]에서 처음으로[43] 일반적 인격권이라는 용어를 사용하였다. 이 판결에서는 개별 기본권의 침해가 문제가 되지 않는 경우에 일반적 인격권이 유일한 심사기준으로 될 수 있다고 보았다.[44] 이러한 일반적 인격권은 기본법 제1조 제1항[45]과 제2조 제1항으로부터 나온다. 이는 "열거되지 않은" 자유권(unbenanntes Freiheitsrecht)으로서 양심의 자유나 의사 표현의 자유와 마찬가지로, 인격을 구성하는 요소를 보호하는 "열거된" 개별적 자유권(spezielle benannte Freiheitsrechte)을 보완하는 것(ergänzen)이라고 한다. 일반적 인격권의 임무는 인간의 존엄이라는 최고의 헌법원리의 입장에서 전통적인 구체적 자유 보장에 의해서는 최후적으로는 포함할 수 없는 보다 협의의 인격적 생활 영역과 그 기본 조건의 유지를 보장하는 것이다.[46] 특히 현대의 발전 및

---

41) 생명권에 대해서는 후술 참조.

42) BVerfGE 54, 148.

43) Murswiek, Art. 2 Rn. 60, in: Michael Sachs(Hrsg.), Grundgesetz Kommentar, 4. Aufl., 2007.

44) 이하 BVerfGE 54, 148, 153 참조.

45) "인간의 존엄은 불가침이다. 인간의 존엄을 존중하고 보호하는 것은 모든 국가권력의 의무이다."

46) 이로부터 일반적 인격권과 일반적 행동자유권의 관계가 나온다. 이 판결의 계속된 설시에서는 "기본법 제1조 제1항과의 관련성이 나타내는 바와 같이 기본법 제2조 제1항의 일반적 인격권은 "인격의 자유로운 발현"의 요소를 내포하는데, 이 요소는 보호된 영역을 존중받을 권리로서 이러한 발현, 즉 일반적 행동자유라는 "능동적" 발현요소로부터 도출된다. 그에 따라 일반적 인격권의 구

이와 관련되는 새로운 측면으로부터의 위협에 대해서 사람의 인격 보호를 위하여 일반적
인격권의 인정 필요성이 존재한다고 한다.

독일에서는 일반적 인격권의 내용을 자기결정, 자아유지, 자아표현으로 구분하고 있다.

① 자기결정권(Recht der Selbstbestimmung)은 자신의 동일성 내지 정체성을 스스로
결정할 권리를 말한다. 따라서 자신의 고유한 동일성을 형성하고 확인하고 주장할 권리를
침해받지 않는다. 예컨대 자신의 혈통을 알 권리, 성명권 등이 이에 속한다. 특히 연방헌법
재판소가 판시한 바의 정보에 대한 자기결정권은 언제 그리고 어느 정도의 범위에서 자신
의 인격적인 생활관계가 공개될지를 원칙적으로 스스로 결정할 수 있는 권리를 의미할 뿐
만 아니라,47) 개인이 자기 부담이 되는 표현을 할 것을 강요받아서는 안 된다는 것을 의미
하는 것으로도 이해된다.48) 이 정보는 다양한 유형의 것일 수 있다. 즉, 이혼 서류, 일기
장, 사적인 녹화, 병원 서류 또는 조세 정보 등이 이에 해당한다.49)

② 자아유지권(Recht der Selbstbewahrung)은 물러나거나 관계를 끊거나 자신을 위해
혼자 머무를 수 있는 권리를 말한다. 자아유지권은 인간 간의 관계(soziale Relation)에 대한
것이지만, 장소적인 것으로도 이해될 수 있다. 그러나 주거에 관한 한 기본법 제13조가 특별
법으로서 우선한다. 여기에서 독일 연방헌법재판소는 영역이론(Sphärentheorie)를 발전시켰
다.50) 이에 따르면 개인의 인격영역은 내밀 영역(Intimsphäre), 비밀 영역(Geheimsphäre),
사적 영역(Privatsphäre), 사회적 영역(Sozialsphäre), 개방된 영역(Öffentlichkeitssphäre)
으로 구분된다. 내밀 영역은 공권력에 대하여 완전히 폐쇄된 영역이다. 연방헌법재판소는
내밀 영역은 결코 침해할 수 없는 영역이라고 하고, 이는 일반적 인격권의 본질적 내용에
해당한다고 하였다.51) 사적 영역은 개인의 사생활 영역으로서 비례성원칙을 엄격히 준수하
는 가운데에서만 제한이 허용될 뿐이다. 개인이 군중 속에 머무르거나, 경제적인 이유 등
으로 인하여 스스로 자기의 사적 영역을 공적으로 만든 경우에는 사적 영역으로서 보호할
전제가 결여되게 된다. 그리고 성적 영역이 사적 영역의 일부로서 기본법 제1조 제1항과

성요건적 전제도 일반적 행동자유에 있어서 보다 좁게 도출되어야 한다: 그것은 보다 좁은 인격영
역을 제약하는데 적합한 제한에 대해서만 적용된다."고 하고 있다. 이에 따르면 일반적 행동자유
는 일반적 자유권인데 반하여 일반적 인격권은 개별적 기본권이다. 일반적 행동자유권과 일반적
인격권은 비록 동일한 기본권 조문에 규정되어 있는 것으로 보더라도 양자를 구분하는 것은 중요
한 의미를 갖는다(이하 Murswiek, Art. 2 Rn. 60, in: Michael Sachs(Hrsg.), Grundgesetz
Kommentar, 4. Aufl., 2007 참조). 우선은 일반적 인격권이 기본법 제1조 1항과의 관련성을 갖는
다고 하는 것은 보다 강화된 보호를 하려는 의도이고, 다른 한편으로는 명명되지 아니한 ― 즉,
판례에 의해 발전된 ― 자유권을 위하여 가령 비례성원칙을 구체화함에 있어서처럼 법적용에 있
어서 보다 분명한 윤곽을 제시하고 그것을 보다 잘 예견가능하게 하는 이론적 기준이 도출될 수
있다고 하는 의미가 있다.

47) BVerfGE 65, 1, 42 f.; 78, 77, 84; 80, 367, 373; 113, 29, 47; 118, 168, 183 ff. 또한 Epping,
    Grundrechte, Rn. 612. Pieroth/Schlink, Grundrechte, Rn. 399.
48) BVerfGE 65, 1, 63; 95, 220, 241.
49) Epping, Grundrechte, Rn. 614.
50) BVerfGE 6, 32, 41; 38, 312, 320.
51) BVerfGE 80, 367, 373.

제2조 제1항에 의하여 보호된다고 한다.52) 연방헌법재판소에 따르면 성적 영역의 사사적 성격53) 및 성적자기결정권54)과 가족관계55)가 일반적 인격권으로 보장된다.56) 사회적 영역은 개인의 사회생활과 관련된 영역이지만 완전히 공개된 것은 아니어서 알 권리와는 비교형량의 관계에 놓인다. 공개 영역은 타인에 공개된 영역으로서 원칙적으로 타인의 접근이 허용되는 영역이다.57)

③ 자아표현권(Recht auf Selbstdarstellung)은 자신을 평가절하 하는 날조되고 왜곡되고, 청하지 않은 표현에 대해 방어할 수 있는 권리를 말한다.58) 인격적 명예의 보호, 초상권(Recht am eigenen Bild),59) 비밀스런 녹화로부터의 보호,60) 인격적 명예의 보호61) 등은 모두 자아표현권의 보장내용이다. 자아표현권은 정보에 대한 자기결정권과 관련된다. 자기결정권은 언제 그리고 어떤 한계 내에서 인격적 생활관계가 공개되도록 할 것인가에 대하여 기본적으로 스스로 결정하는 개인의 권리이다.

Ⅳ. 제한 및 제한의 정당화

헌법 제10조의 인간의 존엄과 가치도 제37조 제2항에 따라 제한이 가능하기 때문에, 기본권 제한의 일반원리에 따라 비례성원칙을 준수하여야 한다. 특히 생명권의 경우에는 본질적 내용 침해금지원칙이 중요한 기능을 수행한다.

그런데 기본권에 대한 제한은 우선은 개별 기본권과 관련하여 일어나지만, 헌법재판소는 기본권에 대한 제한이 인간의 존엄과 가치를 침해하거나 기본권 형성에 있어서 최소한의 필요한 보장조차 규정하지 않음으로써 결과적으로 인간으로서의 존엄과 가치를 훼손한다면 헌법 제10조에서 규정한 인간의 존엄과 가치에 위반된다고 보고 있다.62)

---

52) BVerfGE 75, 369.
53) BVerfGE 96, 56, 61.
54) BVerfGE 47, 46, 73 f.; 121, 175, 190.
55) BVerfGE 60, 329, 339.
56) 그 외 기본법 제2조 제1항으로부터 나오는 수많은 열거되지 아니한 자유권들에 대한 열거는 Schäfer, Die ungeschriebenen Freiheitsrechte, S. 114−115 참조.
57) 자세한 것은 박용상, 명예훼손법, 현암사, 2008, 444쪽 이하.
58) Pieroth/Schlink, Grundrechte, Rn. 397.
59) BVerfGE 34, 238, 246.
60) BVerfGE 34, 238, 246.
61) BVerfGE 54, 208.
62) 헌재 2000.6.1. 98헌마216, 국가유공자등예우및지원에관한법률 제20조 제2항 등 위헌확인(기각, 각하); 2016.12.29. 2013헌마142, 구치소 내 과밀수용행위 위헌확인[인용(위헌확인)].

1. 제한

가. 합헌적 제한
1) 「청소년의 성보호에 관한 법률」상 청소년 성 매수자의 신상 공개

「청소년의 성보호에 관한 법률」에서 청소년 성매수자에 대한 신상을 공개함으로써 당사자의 일반적 인격권과 사생활의 비밀의 자유를 제한하게 된다. 헌법재판소는 이 제한에 대해서 합헌으로 보았다.[63]

2) 사형제도

헌법재판소의 결정에 따르면 사형제도는 합헌이다.[64] 그러나 사형은 생명권의 본질적 내용의 침해이므로 위헌이라고 할 것이다.

나. 위헌적 제한
1) 친생부인의 소의 제척기간을 1년으로 한 것

친생부인의 소의 제척기간을 1년으로 한 것과 관련하여 헌법재판소는 자녀의 출생을 안 날로부터 1년이란 단기간의 숙려 기간은 너무 짧아서 실질적으로 제소의 기회마저 주지 아니하는 것이나 다름없는 것이므로 헌법에 부합하지 아니한다는 판시를 하였다.[65] 개정 「민법」에서는 2년으로 연장하고 있지만, 이 기간이 충분한 것인지에 대해서는 의문이 있다.

2) 유치소 내에서의 공개된 변기의 사용 강제

유치소 내에서 공개된 변기를 사용하도록 하는 것은 인격권의 침해다.[66]

3) 사죄광고

사죄광고 과정에서는 자연인이든 법인이든 인격의 자유로운 발현을 위해 보호받아야 할 인격권이 무시되고 국가에 의한 인격의 외형적 변형이 초래되어 인격 형성에 분열이 필연적으로 수반되게 되기 때문에, 사죄광고제도는 헌법에서 보장된 인격의 존엄과 가치 및 그를 바탕으로 하는 인격권에 대한 침해라고 하는 것이 헌법재판소의 판례

---

63) 헌재 2003.6.26. 2002헌가14, 청소년의성보호에관한법률 제20조 제2항 제1호 등 위헌제청(합헌, 각하).
64) 사형제도에 대해서는 이하 생명권 부분 참조.
65) 헌재 1997.3.27. 95헌가14, 민법 제847조 제1항 위헌제청(헌법불합치).
66) 헌재 2001.7.19. 2000헌마546, 유치장내 화장실 설치 및 관리행위 위헌확인(인용).

다.[67] 그러나 가해학생에 대한 조치로 피해학생에 대한 서면사과를 규정한 구「학교
폭력예방 및 대책에 관한 법률」제17조 제1항 제1호는 가해학생의 선도와 피해학생의
피해회복 및 정상적인 교육관계회복을 위한 특별한 교육적 조치로 보아 피해학생에
대한 서면사과 조치가 가해학생의 양심의 자유와 인격권을 침해하지 않는다고 판단하
였다.[68]

2. 국가형벌권의 한계로서 인간의 존엄과 가치

헌법재판소는 헌법의 인간의 존엄과 가치가 국가가 형벌권을 행사함에 있어 사람
을 국가 행위의 단순한 객체로 취급하거나 비인간적이고 잔혹한 형벌을 부과하는 것을
금지하고, 행형에 있어 인간 생존의 기본조건이 박탈된 시설에 사람을 수용하는 것을
금지하는 의미가 있다고 선언하고 있다. 따라서 국가는 인간의 존엄과 가치에서 비롯
되는 위와 같은 국가형벌권 행사의 한계를 준수하여야 하고, 어떠한 경우에도 수형자
가 인간으로서 가지는 존엄과 가치를 훼손할 수 없다.[69]

이와 같은 기본적인 입장에 따라 헌법재판소는 교정 시설 내에 수형자가 인간다운
생활을 할 수 있는 최소한의 공간을 확보하는 것은 교정의 최종 목적인 재사회화를 달
성하기 위한 가장 기본적인 조건이므로, 교정 시설의 1인당 수용 면적이 수형자의 인
간으로서의 기본 욕구에 따른 생활조차 어렵게 할 만큼 지나치게 협소하다면, 이는 그
자체로 국가형벌권 행사의 한계를 넘어 수형자의 인간의 존엄과 가치를 침해하는 것으
로 판단하고 있다.[70] 물론 헌법재판소는 그 판단을 함에 있어서는 1인당 수용 면적뿐
만 아니라 수형자 수와 수용 거실 현황 등 수용 시설 전반의 운영 실태와 수형자들의

---

67) 헌재 1991.4.1. 89헌마160, 민법 제764조의 위헌여부에 관한 헌법소원(한정위헌). 이 결정은 양심
의 자유와 인격권의 침해를 함께 들고 있고, 법인에게도 인격권의 기본권 주체성을 인정하고 있
다. 그 외 헌재 2012.8.23. 2009헌가27; 2015.7.30. 2013헌가8도 참조.
68) 헌재 2023.2.23. 2019헌바93, 학교폭력예방 및 대책에 관한 법률 제12조 제4항 등 위헌소원(합헌,
3인 재판관의 위헌의견 있음). 학교폭력과 관련한 다양한 법적 문제에 대해서는 특히 김갑석, 학
교폭력예방법과 예방프로그램의 운영과정에서 발생될 수 있는 인권침해에 관한 연구, 유럽헌법연
구 21, 2016, 433쪽 이하; 같은 사람, 소년법을 통해서 본 학교폭력예방법의 문제점과 개선방안,
교육법학연구 30-2, 1쪽 이하; 같은 사람, 학교폭력개념의 법적정립을 통한 학교폭력 대응방안,
유럽헌법연구 18, 2015, 311쪽 이하; 같은 사람, 다문화가정 학생의 학교폭력예방 및 대책에 관한
연구, 법과 정책 24, 2018, 63쪽 이하 참조.
69) 헌재 2016.12.29. 2013헌마142, 구치소 내 과밀수용행위 위헌확인[인용(위헌확인)].
70) 헌재 2016.12.29. 2013헌마142.

생활 여건, 수용 기간, 접견 및 운동 기타 편의 제공 여부, 수용에 소요되는 비용, 국가 예산의 문제 등 제반 사정을 종합적으로 고려하여야 한다고 하였다.[71]

V. 생명권

1. 내용 및 성격

생명권은 소극적 방어권으로서 자유권이다. 따라서 공권력이 생명권을 박탈하지 않음으로써 생명권은 보장된다. 그런데 자유권인 생명권으로부터 생명권을 보호할 국가의 적극적 의무를 도출할 수 있을 것인지에 대해서는 논의가 있을 수 있다.[72]

2. 생명의 시기

생명은 어느 단계에서부터 시작하는 것일까. 생명의 시작을 어디서부터 볼 것인가에 따라 생명권의 주체의 인정 여부가 달라진다. 이에는 많은 학설의 대립이 있다.

1) 수정시설(受精時說)

수정이란 정자가 나팔관에서 배란된 난자와 만나는 것을 말한다. 유전 프로그램의 확정 시점인 수정시를 생명의 시기로 보는 견해다. 독일 연방헌법재판소의 입장이다.[73]

2) 착상시설(着床時說)

자궁에 착상함으로써 인간으로서 될 가능성 생긴다고 한다. 착상이란 난자와 정자

---

71) 헌재 2016.12.29. 2013헌마142. 이 사건에서는 수용자 1인당 실제 사용 가능 면적이 1.06㎡ 또는 1.27㎡에 불과하여 이는 성인 남성의 평균 신장인 174㎝ 전후의 키를 가진 사람이 팔다리를 마음껏 펴기도 어렵고 어느 쪽으로 발을 뻗더라도 발을 다 뻗지 못하며, 다른 수형자들과 부딪히지 않기 위하여 모로 누워 칼잠을 자야 할 정도로 매우 협소한 공간이어서 인간으로서의 최소한의 품위를 유지할 수 없을 정도의 과밀한 공간에서 이루어진 수용 행위는 인간 존엄과 가치를 침해하는 것으로서 헌법에 위반된다고 판시하였다.

72) 이에 대해서는 유럽인권재판소의 다수의 판례 참조.

73) 조홍석, 생명복제와 인간의 존엄, 공법연구 30-1, 2001, 28쪽 이하; 배아를 인간으로 볼 것인가?, 법철학연구 3-2, 한국법철학회, 2000, 202쪽; 김선택, 출생전 인간생명의 헌법적 보호, 헌법논총 16, 2005.12., 145쪽; 이인영, 인간배아 보호를 위한 법정책에 관한 고찰, 형사정책연구 13-3, 2002, 65-66쪽.

가 결합된 수정란이 자궁벽에 자리 잡아 모체의 영양을 흡수할 수 있는 상태를 말한다. 통상 착상을 임신(妊娠) 또는 잉태(孕胎)라고 한다.[74]

3) 수정 후 14일설

수정 후 14일이 지나면 개체로 확정된다고 한다. 이때는 원시선(原始線, primitive streak)이 나타나는데, 원시선이 발생하면 척추 및 신체 기관이 형성되면서 하나의 개체로 발달하게 된다. 수정 후 14일까지를 초기배아(初期胚芽)라 한다.

헌법재판소는 초기배아를 인간으로 보지 않고 있고[75] 따라서 기본권 주체성을 인정하기 어렵다고 한다. 이로써 볼 때 헌법재판소는 수정 후 14일이 지나면 생명이 시작되는 것으로 보는 것 같다.

4) 9주 이후의 태아부터로 보는 설

착상 이후 8주까지는 모든 기관이 형성되는 시기로서 이때까지는 배아(embryo)[76]라고 한다. 그 후부터는 태아(胎兒, fetus)라고 하는데, 이 태아로부터 생명으로 보는 견해다.

5) 13주 이후 태아가 움직일 때부터라고 보는 설

착상 후 13주부터 태아가 움직이는데 이때부터 생명으로 보는 견해다.

6) 출생시설

출생함으로써 생명이 시작된다는 입장이다.[77]

7) 소결

생명의 발생 단계는 분명하지만 어느 시점부터 생명이 시작되는 것으로 볼 것인가는 주관적 판단이 개입될 수밖에 없다. 생명의 시기를 출생 시로 보는 견해에 따르면, 인간으로 출생하기 이전의 단계는 그 보호의 필요성과는 별도로 생명권의 주체가 될

---

74) 대법원 1985.6.11. 84도1958 판결.
75) 헌재 2010.5.27. 2005헌마346, 생명윤리 및 안전에 관한 법률 제13조 제1항 등 위헌확인(기각, 각하).
76) 독일 배아보호법(Embryonenschutzgesetz) 제8조 제1항에서는 배아란 발육능력이 있는 인간의 수정란으로서 세포핵융합의 시점부터를 말한다. 「생명윤리 및 안전에 관한 법률」 제2조 제3호에서는 ""배아"(胚芽)란 인간의 수정란 및 수정된 때부터 발생학적(發生學的)으로 모든 기관(器官)이 형성되기 전까지의 분열된 세포군(細胞群)을 말한다."라고 규정하고 있다.
77) Ipsen, Staatsrecht Ⅱ Grundrechte, 2006, Rn. 233.

수 없는 것은 명백해지기 때문에 낙태를 허용하는 데 어려움이 없게 된다. 그런데 이 견해는 출생 전 태아는 생명권의 주체가 되지 않기 때문에 출생 직전의 태아도 생명권의 주체로 보지 않게 되어서 일반적인 법 감정에 부합하기 어려운 면이 있다.

그 외의 견해는 일정한 시점에 있어서는 차이가 있을지언정 출생 전 태아를 생명으로 보기 때문에 — 물론 주장하는 견해에 따라 시기는 다르지만 — 낙태를 국가가 허용하는 것은 생명권의 본질적 내용을 침해하는 것으로 되어서 허용할 수 없게 된다. 이것은 현실적으로 필요한 낙태도 생명권의 침해로 보기 때문에 모(母)인 여성의 자기 결정권과의 관계에서 헌법적으로 풀기 어려운 과제에 직면하게 된다.

그런데 출생시설 이외의 견해들은 왜 그 이전 시점에는 생명으로 볼 수 없는지에 대해 명확히 답하고 있다고 보기 어렵다. 왜냐하면 생명은 출생 시까지 점진적인 발달 과정을 거치는 것이지 어떤 질적 양적으로 급변하는 과정을 내포하는 것이 아니기 때문이다. 헌법 이론적으로는 출생시설이 가장 명쾌하다. 출생 이전의 태아는 모두 헌법 상의 생명권의 주체가 될 수 있는 자연인이 될 수 없다. 물론 이렇게 이해하는 경우에도 태아에 대한 보호의 필요성을 부인하는 것은 아니다. 그러나 법리적으로는 **태아의 보호 필요성 문제와 생명권의 주체의 문제는 구분되는 문제**다. 태아의 보호의 필요성의 근거는 이미 언급한 바와 같이 인간의 존엄과 가치의 객관적 가치질서로서의 효력이 미치는 것으로 이해할 수 있다. 인간의 존엄과 가치의 존중 필요성의 발생 시점은 수정 시로 소급한다. 왜냐하면 이 경우 객관적 가치질서로서의 인간의 존엄과 가치가 인정되는 것은 그것이 '생성 중인 생명'이라는 데 있고 이 점에 있어서는 모든 단계의 태아는 동등한 지위를 갖기 때문이다.

3. 생명권의 헌법적 근거

헌법재판소는 생명권을 인정하는 헌법적 근거로서는 특이하게도 **자연법**을 들고 있다. 이는 생명을 인간의 존엄과 가치 등을 포함한 모든 기본권의 전제로서 두려고 하는 헌법재판소의 의도가 반영된 까닭으로 해석된다. 학설에서는 헌법 제10조의 **인간의 존엄과 가치**에서 생명권의 근거를 찾기도 한다.[78] 자연법이 생명권의 이념적·사상적 기

---

78) 김철수, 헌법학신론, 박영사, 2013, 431쪽; 양건, 헌법강의, 법문사, 2019, 388쪽; 정재황, 신헌법입문, 박영사, 2016, 315쪽.

초된다는 것을 부인하지 않더라도, 생명권의 실정법적 근거를 묻는 문제는 구분할 수 있는 문제다. 자연권은 이미 제10조의 인간의 존엄과 가치로 실정화 되어 있다는 점에서 이 견해가 타당하다.

4. 생명권의 제한

가. 생명권의 법률유보 가능성 여부

헌법재판소는 타인의 생명을 부정하거나 그에 못지않은 중대한 공공의 이익을 침해한 경우에는 생명권도 제한될 수 있는 것으로 본다.[79] 그러나 **생명권은 그 자체 본질적 내용으로 이루어져 있으므로 제한할 수 없을 뿐만 아니라 더 근원적으로는 아예 법률유보될 수 없는 기본권이다.** 이렇게 이해할 때 생명권을 침해하지 않으면서도 국가 목적을 달성하기 위한 방안을 모색할 것을 국가에 요구할 수 있게 된다.

나. 사형제도의 위헌성
1) 헌법재판소의 입장

생명은 모든 기본권의 기초요 출발이다. 따라서 생명권은 모든 기본권의 전제가 되는 기본권이다. 헌법재판소가 **다른 기본권과는 달리 생명권의 헌법적 근거를 자연법에서 직접 찾고 있는 것은** 이러한 이유 때문이라고 짐작할 수 있다.[80]

생명권 문제는 헌법재판상으로는 사형제도의 위헌성 여부 문제로 나타난다. 헌법재판소는 1993년 결정[81]과 1994년 결정[82]에서 사형 문제를 다루었으나 헌법적 판단을 회피하고 말았다. 이러한 헌법재판소의 소극적 태도에 대해서는 비판이 제기되기도 했다.[83] 1996년 결정[84]에서 비로소 본격적으로 사형 문제를 다루었으나 합헌으로 결정되었다. 이 결정에서 헌법재판소는 **사형은 생명권의 본질적 내용의 침해도 아니고 과잉금지원칙에도 위반되지 아니한다고 판시하였다.**[85] 그러나 사형을 선고함에 있어서는 매우 신중

---

79) 헌재 1996.11.28. 95헌바1, 형법 제250조등 위헌소원(합헌).
80) 헌재 1996.11.28. 95헌바1.
81) 헌재 1993.11.25. 89헌마36, 사형제도에 의한 생명권 침해에 대한 헌법소원(각하).
82) 헌재 1994.12.29. 90헌바13, 형법 제338조 등에 대한 헌법소원(심판절차종료선언).
83) 경향신문 1996.11.29.자.
84) 헌재 1996.11.28. 95헌바1, 형법 제250조 등 위헌소원(합헌).
85) 이 결정에 대하여 언론은 대체로 비판적이었다. 국제사면위원회 한국지부는 유감의 성명을 발표하였다(한겨레 1996.11.30.자). 다만, 소수 의견에 터 잡아 사형폐지론이 여전히 만만치 않아 사형존

하여야 하며 장래에는 폐지되는 것이 바람직하다는 의견도 같이 피력하였다. 그리고 약 15년이 흐른 후인 **2010년 2월 헌법재판소는** 다시 사형제도는 헌법에 위반되지 아니한다고 선언하였다.[86] 이 결정의 주요 내용은 ① **생명권은 법률유보의 대상**이 되며, ② 사형제도는 **비례원칙에 위반되지 않고**, ③ 사형제도는 인간의 존엄과 가치를 규정한 **헌법 제10조에 위반되지 않는다는** 것이다. 이에 대하여는 4인의 위헌 의견이 개진되었고, 사형을 인정하되 선고함에는 신중하여야 한다는 취지의 3인의 보충 의견이 있었다. 따라서 9인의 재판관 중 7인이 위헌 또는 신중론을 펴고 있었다는 점에서 2인의 반대의견이 제시되었던 지난 1996년의 결정에 비하여 사형폐지론 쪽으로 비중이 옮겨간 느낌이다.

2) 소결

우리나라에서는 1948년 정부 수립 이후 김영삼 정부 말기인 1997년 12월 30일 마지막으로 23명이 처형되기까지 모두 998명에 대해 사형이 집행됐다. 1998년부터 지금까지 사형 집행이 이뤄지지 않고 있다. 국제사면위원회는 10년간 사형 집행이 없으면 '사실상의 사형제 폐지 국가'(Abolitionist in Practice)로 인정하고 있다. 우리나라도 현재 **국제사면위원회가 인정하는 '사실상의 사형제 폐지 국가'**가 되어 있다.[87]

지난 2006년 한국헌법학회 헌법개정연구위원회의 최종 보고서[88]와 2009년 국회의장 헌법연구자문위원회 결과 보고서[89]는 생명권을 신설할 필요가 있다는 데에 대해서 의견이 일치하고 있다. 이러한 개정안에 대해서는 학계에서도 지지하는 입장이 다수이다.[90] 생명권 도입에 찬성하는 입장은 기본적으로는 생명권이 모든 기본권의 전제가

폐를 둘러싼 찬반 논의도 쉽게 가라앉지 않을 것으로 전망하기도 하였다(경향신문 1996.11.29.자).

86) 헌재 2010.2.25. 2008헌가23, 형법 제41조 등 위헌제청(합헌, 각하).

87) 사형의 경우 선고 후 30년 간 집행되지 않으면 시효가 완성되어 사형집행이 면제된다(형법 제77조 · 제78조).

88) 한국헌법학회 헌법개정연구위원회, 헌법개정연구(2006 헌법개정연구위원회 최종보고서), 한국헌법학회, 2006.11., 20쪽.

89) 헌법연구 자문위원회, 국회의장 자문기구 헌법연구자문위원회 결과보고서, 헌법연구자문위원회, 2009.8., 110쪽.

90) 예컨대 김승환, 「기본권 규정 및 기타 분야의 개정과제, 헌법개정, 어떻게 볼 것인가」(2005년도 한국공법학회 2005년도 정기총회 및 연차학술대회 발표문), 2005.7., 32쪽; 김선택, 제10차 헌법개정에 있어서 기본권 개정방향(전문가 초청 토론회 발제문), 헌법연구 자문위원회 참고자료[1], 헌법연구 자문위원회, 2009.8., 383쪽; 권형준, 환경변화에 따른 기본권 보장 강화방안, 제헌 62주년 기념 국제학술대회논문집(대한민국국회·한국헌법학회, 2010.7.16.), 123쪽; 박선영, 자유민주주의 실현을 위한 헌법개정의 방향 – 헌법 총강과 기본권조항을 중심으로 –, 헌법학연구 10-1(한국헌법학회, 2004), 89쪽; 윤재만, 기본권 보장제도 디자인으로서의 헌법개정, 헌법학연구 16-2(한

되는 기본권이라는 점을 인정하고 있다는 점에서 같다.[91] 그러나 반대의견도 없지 않다. 반대의견은 기본권 조항에 대한 신축적 해석을 통해 생명권에 대한 보호가 가능하고 또 생명권이 절대성을 가지려면 국회와 시민사회의 합의 형성이 우선되어야 하기 때문이라고 한다.[92] 이 견해는 생명권 규정 신설을 사형제도 폐지 근거 신설과 연계시킨 견해이다.

사형제 폐지 규정의 신설과 관련하여서는 양 보고서 모두 소극적인 입장이다. 헌법학회 보고서에서는 향후의 과제로 남겨 놓았고, 국회자문위원회 보고서에서는 검토는 한 것으로 보이지만,[93] 이에 대해 아무런 개정 의견도 내어놓고 있지 않다. 1980년 헌법연구반 보고서에서도 잔혹한 형벌 등 비인도적인 형벌의 부과 금지를 신설하자는 의견이 거론되었으나, 헌법연구반의 검토 의견으로 제시되지 않았다.[94]

헌법재판소에서는 생명권은 자연법에서 근거를 찾고, 모든 기본권의 전제로서 기능하는 기본권 중의 기본권이라고 평가하면서,[95] 타인의 생명을 부정하거나 그에 못지 않은 중대한 공공 이익을 침해하는 경우에는 제한될 수 있는 것으로 이해하고 있다.[96] 현행 헌법상으로도 제110조 제4항이 간접적으로나마 사형제도를 인정하고 있다고 해석한다.[97] 형벌은 ① 인간의 존엄에 반하는 잔혹하고 이상한 형벌이라고 평가되거나, ② 형벌의 목적 달성에 필요한 정도를 넘는 과도한 것으로 평가되는 경우에 헌법에 위반된다고 볼 수 있지만,[98] 사형제도는 이에 해당하지 않는다고 판단하고 있다.

생명권은 모든 기본권의 전제가 되는 기본권이라는 학설과 판례의 일치된 입장의 자연스러운 귀결은 생명권을 보장하는 규정을 두는 것이라고 할 수 있다.[99] 생명권을

국헌법학회, 2010), 252쪽.

91) 헌법연구 자문위원회, 국회의장 자문기구 헌법연구자문위원회 결과보고서, 헌법연구자문위원회, 2009.8., 110쪽; 김승환, 기본권 규정 및 기타 분야의 개정과제, 헌법개정, 어떻게 볼 것인가(2005년도 한국공법학회 2005년도 정기총회 및 연차학술대회 발표문), 2005.7., 32쪽.
92) 헌법연구 자문위원회, 국회의장 자문기구 헌법연구자문위원회 결과보고서, 헌법연구자문위원회, 2009.8., 110쪽 참조.
93) 장훈, 생명권 조항에 대한 검토(자문위원회 발제문), 헌법연구 자문위원회 참고자료[1], 2009.8., 47-49쪽.
94) 법제처 헌법연구반, 헌법연구반보고서(헌법심의자료), 1980.3., 97-98쪽.
95) 헌재 1996.11.28. 95헌바1; 2010.2.25. 2007헌바34.
96) 헌재 1996.11.28. 95헌바1.
97) 헌재 1996.11.28. 95헌바1; 2010.2.25. 2007헌바34.
98) 헌재 1996.11.28. 95헌바1; 2010.2.25. 2007헌바34.
99) 사형제도가 생명권의 본질적 내용의 침해라고 하는 논증에 대해서는 김대환, 기본권 제한의 한계, 법영사, 2001, 304-305쪽 참조.

명문으로 규정하고 이를 보호하는 것은 세계적인 추세이다. 헌법재판소의 논리에 따르더라도 생명권을 보장하면서도 제한하는 것은 가능하기 때문에, 생명권 규정을 두더라도 반드시 사형제도 폐지 규정을 두어야 하는 것은 아니다.

사형제도를 폐지할 것인지의 여부는 현실적으로 국민적 합의가 전제되어야 하는 문제임에는 틀림없다. 그런데 이 문제는 사형제도가 위헌인지의 여부와는 구분된다는 점이다. 사형은 국가권력이 강제로 개인의 생명을 절멸하는 행위이다. 사형제도는 생명권이 법률유보의 대상이 되는지 여부를 떠나서 우선 국가가 그러한 개인의 생명을 영원히 절멸하는 것을 제도로 두는 것이 가능하며 또 정당한가의 문제이다. 사형은 국가가 완전히 자신의 지배하에 두고, 공공위해성을 전적으로 통제할 수 있는 자에 대해 집행된다는 점에서 더욱 그렇다. 따라서 사형은 사회 방위의 관점에서 보면 생명의 중대성에 비추어 허용되기 어려운 제도임에는 분명하다. 따라서 사형제도는 폐지되는 것이 바람직하다.

생명권의 제한은 언제나 본질적 내용의 제한이 된다는 점에서 논리적으로 볼 때 제한적 법률유보의 대상이 되지 않는다고 보는 것이 맞다. 그러나 (헌법재판소의 견해처럼) 다른 정당한 경우들[100]에 있어서 생명권의 제한이 가능할 수 있어야 한다는 현실과 타협하면, 생명권의 법률유보 문제와 사형제도의 폐지문제를 해결하기 위해서는 우선 생명권의 특성에 입각한 해석이 필요하다. 생명권의 특성을 보면 ① 생명권은 제한과 관련하여 온전히 보호되든가 아니면 본질적으로 박탈되는 양자택일(all or nothing)의 기로에 선 기본권이다. 생명권의 본질 보호의 관점에서 보면 비례성원칙의 적용 대상이 되지 않기 때문에,[101] 제37조 제2항의 법률유보 규정의 완전한 규율을 받기 어려운 특성을 갖는다. 그러나 그 가운데서도 ② 생명권이 현실적으로 국가에 의해 제한될 가능성이 존재한다면, 그것은 공익과의 형량에 의해서가 아니라 타인의 생명이 개입되어 있기 때문이다. 이것이 생명권이 갖는 특

---

100) "생명에 대한 현재의 급박하고 불법적인 침해 위협으로부터 벗어나기 위한 정당방위로서 그 침해자의 생명에 제한을 가하여야 하는 경우, 모체의 생명이 상실될 우려가 있어 태아의 생명권을 제한하여야 하는 경우, 국민 전체의 생명에 대하여 위협이 되는 현재적이고 급박한 외적의 침입에 대한 방어를 위하여 부득이하게 국가가 전쟁을 수행하는 경우, 정당한 이유 없이 타인의 생명을 부정하거나 그에 못지아니한 중대한 공공이익을 침해하는 극악한 범죄의 발생을 예방하기 위하여 범죄자에 대한 극형의 부과가 불가피한 경우 등 매우 예외적인 상황 하에서 국가는 생명에 대한 법적인 평가를 통해 특정 개인의 생명권을 제한할 수 있다 할 것이다."(헌재 2010.2.25. 2007헌바34).

101) 비례성원칙은 입법이든 집행이든 재량이 인정되는 영역에서 재량통제의 기능을 한다. 그러나 기본권의 본질적 내용 침해금지원칙은 반대로 재량을 허용하지 않는다. 여기에는 준수나 위배만이 존재할 뿐이다.

성들이다.102)

생명권은 완전히 보장되든가 본질적으로 침해될 수 있을 뿐이라는 특성에 입각해서 보면, 헌법재판소 판례를 비롯하여 사형제도의 합헌성을 긍정하는 입장은 기본적으로 생명은 박탈할 수도 있다는 세계관에 서 있다고 볼 수 있다. 그러나 이러한 관점은 생명권의 제한은 곧 본질적인 침해에 이르게 되며, 한 번 침해된 생명은 회복 불가능하다는 생명권의 특성을 충분히 고려한 관점이라고 말하기 어렵고, 국가의 기본권보장의무에도 부합하지 않는다. 따라서 생명권은 원칙적으로 제37조 제2항의 제한적 법률유보의 대상이 되지 않는다고 보는 것이 타당하다. 그러나 이 경우에는 위에서 언급한 바와 같은 헌법재판소에서 제시하고 있는 '제한이 필요한 경우들'까지도 제한할 수 없게 될 수 있다는 반론이 제기될 수 있다. 이 경우는 **'타인의 생명에 대한 급박하고 현저한 위해를 제거하기 위한 경우에만 생명권을 법률로써 제한할 수 있다.**103)**'는 생명권 특유의 법률유보 규정을 둠으로써 타협이 가능할 것으로 보인다.**104)

다. 인공 임신중절
1) 외국의 예
가) 독일

독일 연방헌법재판소는 임신 12주 이내의 낙태를 허용한 형법을 위헌 선언한 바

---

102) 인간의 존엄에 대한 이러한 식의 논리는 Borowsky, Art. 1 Rn. 40, in: Jürgen Meyer(Hrsg.), Charta der Grundreche der Europäischen Union, 2. Aufl., 2006에서도 찾아 볼 수 있다. 그리고 프랑스의 인간과 시민의 권리선언 제4조는 "자유란 타인의 권리를 침해하지 않는 모든 것을 할 수 있다는 것이다. 그러므로 각 개인의 자연권 행사는 사회의 다른 구성원들도 동일한 권리를 누릴 수 있도록 보장하는 범위에 국한된다. 이러한 제한은 법률에 의해서만 정해진다."라고 규정하고 있는데 이에 비추어 보면 생명권의 특성도 일반적 자유의 제한법리의 연장선상에 있다고 할 수 있다.

103) 생명권을 박탈할 수 있는 예외적인 경우를 이렇게 이해하면 당연히 사형제도는 위헌이 된다. 다만, 이를 명백히 하기 위하여 사형제도 폐지 규정을 함께 두는 것이 필요할 것이다.

104) 생명권의 보장이 낙태를 할 수 있는 여성의 자기결정권과 충돌할 수 있음을 지적하는 견해가 있다(예컨대 윤영미, 「김대환, 기본권과 기본의무의 개정필요성과 방향」에 대한 지정토론문, 헌법개정의 필요성과 방향(제60회 한국헌법학회·법제처 공동학술대회), 2010.5.20., 85-86쪽 참조). 그런데 앞에서 설명한 바와 같이 생명은 출생과 함께 기본권의 주체가 되므로 생명권의 인정이 여성의 자기결정권과 충돌하는 것은 아니다. 다만, 낙태로 인하여 태아에게도 미치는 인간의 존엄과 가치에서 비롯되는 객관적 가치가 침해될 수는 있다. 그리고 설령 태아의 기본권 주체성을 인정하여 태아가 생명권의 주체가 되는 것으로 보더라도 위 본문에서 언급한 바와 같은 생명권 특유의 법률유보조항을 두는 경우에는 일정한 경우에는 생명권과 여성의 자기결정권 간의 보호법익 충돌문제는 회피할 수 있다.

있다.105) 이 판결 후 낙태는 긴급한 경우 엄격한 일정 기준을 갖춘 경우에만 허용하고
원칙적으로 형사 처벌하도록 규정되었다.

이 판결에 대해서는 한편으로는 의학적 중절 요건을 갖춘 경우에는 낙태를 허용하
면서도 다른 한편 태아(nasciturus)에게도 불가침의 인간의 존엄이 귀속된다고 하는 해
결할 수 없는 모순을 가지고 있다고 지적하면서, 다수의 견해에 반하여 태아는 인간의
존엄(기본법 제1조 제1항)에서 도출되는 기본권의 주체가 되지 않는다는 주장이 있
다.106)

나) 미국

미국에서 낙태할 권리는 프라이버시권의 하나로 인정된다. 프라이버시권은 헌법상
열거되지 아니한 자유와 권리의 하나로 보면서도 그 근거로는 수정 헌법 제1조, 제3조,
제4조 및 제5조를 주로 제시하고 있다.107)

그리스월드(Griswold v. Connecticut) 사건108)에서 기혼자들이 피임 도구를 사용하
지 못하게 하는 코네티컷주법률을 프라이버시권의 침해로 본 이래로, 1972년에는 미혼
자의 피임도구사용권으로 프라이버시권이 확대되었고,109) 1973년 로 앤 웨이드(Roe v.
Wade) 사건110)에는 임신 초기 26주 내에 낙태할 수 있는 헌법상의 권리를 인정하게 되
면서 절정에 이르게 된다. 이 사건에서 연방대법원은 임신을 3개월씩 구분하는 방식(삼
분기)을 취하여 규제하였다. ① 1삼분기(first trimester)는 자유로운 낙태가 가능한데, 이
때 낙태는 임산부의 사생활의 영역에 속한다. ② 2삼분기(second trimester)은 모의 건강
을 위해 합리적 규제가 가능하다고 보았다. ③ 7개월부터인 3삼분기(third trimester)는
임산부의 생명과 건강을 위해서 필요한 경우 외에는 낙태를 금지한다고 판시하였다.

1992년의 Planned Parenthood of Southeastern Pennsylvania v. Casey 사건111)에

---

105) BVerfGE 39, 1, 41 (1975); 88, 203 − Schwangerschaftsabbruch II
106) Jörn Ipsen, Staatsrecht II − Grundrechte, 6, Aufl., Luchterhand, 2004, Rn. 213.
107) 이에 대해서는 앞의 열거되지 아니한 자유와 권리 부분 참조.
108) 381 U.S. 479 (1965).
109) Eisenstadt v. Baird, 405 U.S. 438 (1972).
110) Roe v. Wade, 410 U.S. 113 (1973): 독신녀로서 강간에 의하여 임신을 하게 된 Jane Roe(원고를
　　보호하기 위해 판결문에서 사용되는 가명임. 본명은 Norma Leah Nelson McCorvey)와 산부인과
　　의사 그리고 임신을 하면 낙태를 할 예정인 Does 부부가 텍사스 델라스 카운티의 Wade 검사를
　　상대로 텍사스 형법의 낙태금지규정이 위헌임을 주장하며 제기한 소송이다. 이 소송에서 연방대
　　법원은 동 규정을 위헌 선언하고 낙태를 합법화 하였다. 그러나 후에 Roe는 자신의 임신이 성폭
　　행에 의한 것이었다는 주장이 거짓이었음을 고백하고 오히려 낙태반대 활동가로 활약하였다.
111) 505 U.S. 833 (1992).

서는 기본적으로는 Roe v. Wade 판결을 유지하지만 3개월 구분 방식을 따르지는 않고 태아가 생존력을 갖기 전후로 구분하여 낙태할 권리를 갖거나 낙태를 금지할 수 있도록 하였다.

그런데 2022.6.24. 연방대법원은 Dobbs v. Jackson Women's Health Organization 사건[112]에서 임신 15주 이후로는 응급상황이나 심각한 기형의 경우를 제외한 모든 낙태를 금지한 미시시피주법[113]에 대해서 6대 3으로 유지를 결정하였는데, 대법원판사 5인의 다수의견[114]은 헌법은 낙태할 권리를 언급하고 있지 않다고 하면서 헌법상 낙태권(constitutional right to abortion)을 인정한 Roe v. Wade 판결과 Planned Parenthood v. Casey 판결을 모두 폐기하고, 낙태 허용 여부는 주가 결정할 수 있다고 선언하였다.[115]

2) 우리나라

「모자보건법」은 낙태가 가능한 광범위한 요건을 규정하고 있다. 「모자보건법」이 허용하는 낙태 요건의 주요 내용은 의학적 요인, 범죄에 의한 경우, 혼인할 수 없는 관계에서의 임신 등이다.[116] 「모자보건법」의 요건에 해당되지 않는 낙태는 형법상 처벌

---

112) 상고인은 Dobbs(미시시피주 보건국 보건담당관) 등이고 피상고인은 잭슨여성건강협회 등이다. 연방지방법원과 연방제5항소법원이 모두 피상고인의 손을 들어주자 Dobbs 등이 상고한 사건이다. 판결주문은 다음과 같다. "헌법은 낙태권을 언급하고 있지 않다; Roe와 Casey 판결은 폐기한다; 그리고 낙태를 규율할 권한은 주민과 주민의 대표들에게로 돌아간다."

113) 태아연령법(Gestational Age Act, Miss. Code Ann. §41-41-191)을 말한다. Miss. Code Ann. §41-41-191는 미시시피주법률 Title 41, Chapter 41, § 191을 의미한다.

114) 보수성향의 Samuel Alito, Clarence Thomas, Neil Gorsuch, Brett Kavanaugh and Amy Coney Barrett 대법관이 다수의견을 내었다. 이어서 다수의견은 낙태문제는 국민들과 선출된 대표들이 결정할 문제라는 취지의 판결을 하였다. 대법원장(Chief Justice) John Roberts는 미시시피주법에 대해서는 지지하였으나 낙태할 권리를 부인하는 데까지는 동의하지 않았다. 진보성향의 Stephen Breyer, Sonia Sotomayor and Elena Kagan 대법관은 반대의견을 내었다.

115) 현재 미국은 워싱턴 D.C.와 16개 주에서 낙태할 권리를 인정하고 있다. 언론보도에 따르면 이 판결로 앞으로 약 26개의 주가 낙태를 사실상 금지하게 될 것이라고 한다.

116) 모자보건법 제14조(인공임신중절수술의 허용한계) ① 의사는 다음 각 호의 어느 하나에 해당되는 경우에만 본인과 배우자(사실상의 혼인관계에 있는 사람을 포함한다. 이하 같다)의 동의를 받아 인공임신중절수술을 할 수 있다.

   1. 본인이나 배우자가 대통령령으로 정하는 우생학적(優生學的) 또는 유전학적 정신장애나 신체질환이 있는 경우

   2. 본인이나 배우자가 대통령령으로 정하는 전염성 질환이 있는 경우

   3. 강간 또는 준강간(準強姦)에 의하여 임신된 경우

   4. 법률상 혼인할 수 없는 혈족 또는 인척 간에 임신된 경우

의 대상이 된다. 「형법」 제269조에서는 자기낙태죄를, 제270조에서는 의사 등의 낙태죄를 규정하고 있다.

한편, 헌법재판소는 2019년 「형법」 제269조와 제270조의 낙태죄 처벌 조항에 대해 헌법불합치 결정을 하였다.[117] 청구인이 의사였기 때문에 심판 대상을 의사에 한정하고 있지만, 결국은 태아가 모체를 떠난 상태에서 독자적으로 생존할 수 있는 시점인 임신 22주 내외에 도달하기 전이면서 동시에 임신 유지와 출산 여부에 관한 자기결정권을 행사하기에 충분한 시간이 보장되는 시기(결정가능기간[118])까지의 낙태에 대해서 일률적으로 처벌하는 것은 여성의 자기결정권을 침해하여 헌법에 위반된다는 취지다. 그리고 결정가능기간까지의 낙태에 대해서는 국가가 생명보호의 수단 및 정도를 달리 정할 수 있다는 것이다. 이 결정은 위헌과 합헌이 4대 4였던 지난 2012년의 합헌 결정[119]을 뒤집은 것이다.

그런데 헌법재판소는 2010년 생명윤리법 결정에서 사람은 출생 이후 기본권의 주체가 됨이 원칙이나 예외적으로 출생 전에도 기본권의 주체성을 인정할 수 있다고 하면서 태아도 생명권의 주체가 되는 것으로 보았다. 다만 언제부터 태아를 생명권의 주체로 볼 것인가와 관련하여서는 명시적인 입장은 아직 없지만 적어도 초기배아(수정 후 14일까지)의 경우에는 생명권의 주체성을 인정하고 있지 않다.[120]

위와 같은 헌법재판소의 견해를 종합해 보면, 헌법재판소는 초기배아 이후 어느

---

  5. 임신의 지속이 보건의학적 이유로 모체의 건강을 심각하게 해치고 있거나 해칠 우려가 있는 경우
  ② 제1항의 경우에 배우자의 사망·실종·행방불명, 그 밖에 부득이한 사유로 동의를 받을 수 없으면 본인의 동의만으로 그 수술을 할 수 있다. ③ 제1항의 경우 본인이나 배우자가 심신장애로 의사표시를 할 수 없을 때에는 그 친권자나 후견인의 동의로, 친권자나 후견인이 없을 때에는 부양의무자의 동의로 각각 그 동의를 갈음할 수 있다. [전문개정 2009.1.7]
117) 헌재 2019.4.11. 2017헌바127, 형법 제269조 제1항 등 위헌소원(헌법불합치). 이 결정은 4인 재판관이 헌법불합치, 3인 재판관이 단순위헌, 2인 재판관이 합헌의견을 내어 위헌의견이 7인에 이르렀다. 주된 논거는 양 조항 모두 과잉금지원칙에 위배된다는 것이다. 그러나 심판대상인 형법 조항은 2020.12.31.까지 개정이 이루어지지 않아서 위헌 무효로 되어 낙태죄 처벌은 현재 불가능하게 되었다.
118) 헌법재판소는 착상 시부터 이 시기까지를 '결정가능기간'이라고 부르고 있다.
119) 헌재 2012.8.23. 2010헌마402, 미결구금일수 불산입 위헌확인(각하). 이 결정에서 자기낙태죄 조항이 임신한 여성의 자기결정권을 침해하지 않고, 조산사 등이 부녀의 촉탁 또는 승낙을 받아 낙태하게 한 경우를 처벌하는 형법 제270조 제1항 중 '조산사'에 관한 부분이 책임과 형벌 간의 비례원칙이나 평등원칙에 위배되지 않는다는 합헌 결정을 하였다.
120) 헌재 2010.5.27. 2005헌마346, 생명윤리 및 안전에 관한 법률 제13조 제1항 등 위헌확인(기각, 각하).

시점부터 임신 22주 내외에 도달하기까지는 태아의 생명권을 인정할 수 있다고 보면서도 동시에 태아의 생명권의 박탈도 가능한 것으로 보는 것이다. 그러나 이러한 해석은 기본권의 본질적 내용의 침해를 금지한 헌법 제37조 제2항에 위배된다. 따라서 태아를 생명권의 주체로 보기보다는 생성중인 생명으로서 국가의 엄격한 보호 대상이 되는 것으로 보는 것이 타당하다.

3) 소결

태아는 생명권의 주체가 아니라 생성중인 생명으로서 인간의 존엄과 가치라는 기본권이 갖는 객관적 가치가 태아에게도 미치는 것으로 보면, **모의 자기결정권과 대립하는 것은 태아에 대한 국가의 보장의무이다.**121) 여기서는 헌법의 통일성에 입각한 규범조화적인 해석이 필요하다. 여성의 자기결정권을 태아의 생명 보호라는 국가의 의무보다 무조건 앞세우거나 또는 그 반대로 보기 보다는 **구체적, 개별적인 경우에 따라서 달리 판단할** 수 있을 것이다. 여기서 국가의 규범조화적 입법의무122)와 구체적 타당성이 있는 법집행의무가 도출된다.

라. 안락사(소극적 안락사, 적극적 안락사)

적극적 개입을 통해 생명을 단절하는 적극적 안락사는 원칙적으로 허용될 수 없고, 연명 치료의 중단에 의한 소극적 안락사의 경우에만 존엄사로서 그 인정 여부가 문제될 수 있다.123)

연명 치료 중단에 대한 자기결정권과 관련하여 대법원은 엄격한 요건하에서만 인정된다고 하였다.124) 헌법재판소에서도 환자가 연명 치료의 거부 또는 중단을 결정하는 것은 헌법상 기본권인 자기결정권의 한 내용으로서 보장되는 것으로 본다.125)

---

121) 여성의 자기결정권과 태아의 생명권이 충돌하는 것으로 보는 경우에도 서로 상충하는 자기결정권과 생명권에 대한 국가의 보장의무가 여전히 문제될 뿐이다.
122) 법의 완결성을 떠나서「모자보건법」상 낙태 요건은 이러한 입법의무의 이행으로 볼 수 있다.
123) 적극적 안락사의 경우에도 존엄사가 문제될 수 있지만, 적극적 안락사는 허용되지 않는다는 입장에서는 존엄사는 소극적 안락사의 경우에만 허용될 수 있을 뿐이다.
124) 대법원 2009.5.21. 2009다17417 전원합의체 판결.
125) 헌재 2009.11.26. 2008헌마385, 입법부작위 위헌확인(기각).

| NOTE | 헌법재판소가 자살할 권리를 인정하는지 여부 | |

환자가 연명 치료의 거부 또는 중단을 결정할 자기결정권을 가진다고 한 2009년의 헌법재판소 결정126)에 대해서 다수의 견해127)는 헌법재판소가 죽을 권리 또는 소극적 안락사를 인정한 것으로 본다.

위 결정의 내용을 분석해 보면 헌법재판소는 원칙적으로 ① 연명 치료에 대한 자기결정권과 생명권 보호의 헌법적 가치질서가 충돌되는 것으로 보고 있기 때문에 그 누구도 스스로 생명을 단축시킬 권리가 없다는 것으로서 적극적 안락사를 부인하는 입장이다. ② 그런데 헌법재판소는 결론적으로 연명 치료 중단 또는 거부를 헌법상의 기본권인 자기결정권의 한 내용으로 보고 있기 때문에 생명권과의 충돌을 일으키면서, 자살할 권리를 인정한 것으로도 볼 여지가 있다. 그러나 헌법재판소의 이러한 결정은 '죽음에 임박한 환자'에 대한 연명 치료를 의학적 의미에서 치료의 목적을 상실한 신체 침해 행위가 계속적으로 이루어지는 가운데 이미 시작된 죽음의 과정에서 생명의 종기를 인위적으로 연장하는 것으로 보는 전제하에 있음을 알 수 있다. 따라서 이러한 의미의 논리적 연관관계에서 보면 헌법재판소의 결정은 결코 자살할 권리를 인정한 것이라고 볼 수 없다.128) 그러나 헌법재판소의 이러한 결정은 현실적으로는 오용될 위험성이 매우 큰 것으로 보인다.129)

마. 생명 복제

「생명윤리 및 안전에 관한 법률」 제11조는 인간 복제를 금지하고 있다. 이 생명윤리법 제13조는 임신 외 목적의 배아의 생성을 금지하고 있다. 배아 생성자(즉 난자 및 정자 제공자)는 헌법 제10조의 일반적 인격권의 한 유형으로서 배아의 관리 및 처분에

---

126) 헌재 2009.11.26. 2008헌마385.

127) 김철수, 헌법학신론, 2010, 418; 허영, 한국헌법론2010, 334쪽; 문광삼, 한국헌법학, 삼영사, 2010, 391쪽; 정재황, 신헌법입문, 박영사, 2010, 282쪽, 284쪽; 정종섭, 헌법학원론, 2010, 243쪽, 249쪽; 장영수, 헌법학, 2010, 599쪽 각주 18; 노동일, 헌법상 연명치료중단에 관한 자기결정권 입론의 비판적 검토 ― 헌재 2009.11.26, 2008헌마385 결정에 대한 평석을 겸하여 ―, 헌법학연구 16-4, 2010.12., 282-321쪽 참조.

128) 헌법상 자살할 권리를 부인한 미국의 판결로는 Washington v. Glucksberg, 521 U.S. 702 (1997) 참조.

129) 이러한 관점에서 헌법재판소와 대법원의 견해에 대해 강하게 비판하고 있는 견해로는 허영, 한국헌법론, 박영사, 2010, 334쪽 참조("헌법재판소와 대법원은 죽음에 임박한 연명치료중인 환자는 인간의 존엄과 가치를 지키기 위해서 연명치료에 관한 자기결정권을 갖는다고 판시함으로써 인간의 삶과 연관된 인간의 존엄과 가치를 '존엄사'라는 엉뚱한 이름을 붙여 죽을 권리로 확대하는 위험한 견해를 표명하기도 한다."); 노동일, 앞의 글(이 견해는 존엄사를 의사조력자살로 한정하여 이해하면서 이에 대해서는 생명의 불포기성으로 때문에 부인된다고 한다. 또 환자의 자기결정권의 대상은 연명치료중단이지 사망은 그에 따른 우연한 결과라고 본다. 그리고 연명치료거부가 곧 죽음을 선택할 수 있는 헌법적 권리라고 보는 순간 의사조력자살 등으로 이른바 죽을 권리가 확장되어 갈 것임을 경고하고 있다).

대한 자기결정권을 가진다.[130]

바. 특수신분관계에 따른 생명권의 제한

전투나 소방 활동과 같이 특수신분관계의 직무에 따라서는 자신이나 타인의 생명에 대한 위험을 초래하는 경우가 있다. 특수신분관계에 있는 공무원에 대해서 어느 정도로 생명에 대한 위해 초래를 감내할 것을 요구할 수 있는지는 구체적이고 개별적인 경우에 따라서 합리적으로 판단하여야 한다. 관계가 설정된 목적이나 성질에 비추어 합리적으로 필요한 최소한의 예외적인 특별한 제한이 허용될 수 있다.[131] 따라서 생명의 침해가 명백한 직무의 수행을 국가가 강요하는 것은 생명권의 침해로 될 수 있다.

제3항 행복추구권

Ⅰ. 법적 성격

헌법재판소는 행복추구권을 포괄적인 의미의 자유권으로 이해하고 있다.[132] 따라서 국가에 대하여 적극적인 급부를 요구하는 내용은 행복추구권에서 도출되지 않는다.

그런데 행복추구권은 실무에 있어서는 다른 개별적 기본권이 적용되지 않는 경우에 한하여 보충적으로 적용되고 있다. 따라서 헌법재판소가 개별 기본권에 대하여 판단하는 경우에는 행복추구권의 침해 여부는 원칙적으로 판단하지 않고 있다.[133]

---

130) 헌재 2010.5.27. 2005헌마346, 생명윤리 및 안전에 관한 법률 제13조 제1항 등 위헌확인(기각, 각하).
131) 양건, 헌법학강의, 2009, 300쪽.
132) 헌재 1995.7.21. 93헌가14, 국가유공자예우등에관한법률 제9조 본문 위헌제청(합헌) 결정이래로 확립된 판결이다.
133) 헌재 2018.6.28. 2011헌바379등, 병역법 제88조 제1항 등 위헌소원 등(헌법불합치, 합헌); 2002.8.29. 2000헌가5등, 상호신용금고법 제37조의3 제1항 등 위헌제청 등(한정위헌) 결정 참조. 자세한 내용은 전술한 기본권의 경합 부분 참조.

II. 보장내용

1. 기본권 주체

행·불행을 느끼는 것은 인간만이라고 할 수 있으므로 행복추구권은 인간의 권리로 이해된다. 따라서 원칙적으로 국민과 외국인을 포함한 **자연인만이 주체**가 될 수 있다.

2. 물적 보장내용

확립된 판례에 따르면 행복추구권은 헌법상의 권리이고, 행복추구권 속에는 일반적 행동자유권, 개성(또는 인격)의 자유로운 발현권 등이 포함되어 있다.[134] 헌법재판소는 일반적 행동자유권으로부터는 계약의 자유를 파생시키고 있다.[135] 그 외 헌법재판소는 자기운명결정권도 인정하고 있다. 대법원에서는 '성전환자가 자신의 성정체성에 따른 성을 진정한 성으로 법적으로 확인받을 권리'를 인간으로서의 존엄과 가치에서 유래하는 근본적인 권리로서 행복추구권의 본질을 이루는 것이라고 선언하고 있다.[136]

---

134) 헌재 2016.11.24. 2012헌마854, 국어기본법 제3조등 위헌확인(기각, 각하).
135) 동성동본금혼규정(민법 제809조 제1항)에 대한 위헌제청 사건에서 재판관 이재화, 조승형은 반대의견에서 행복추구권의 문제점을 다음과 같이 지적하기도 하였다: "행복추구권이란 소극적으로는 고통과 불쾌감이 없는 상태를 추구할 권리, 적극적으로는 만족감을 느끼는 상태를 추구할 수 있는 권리라고 일반적으로 해석되고 있으나, 행복이라는 개념 자체가 역사적 조건이나 때와 장소에 따라 그 개념이 달라질 수 있으며, 행복을 느끼는 정신적 상태는 생활환경이나 생활조건, 인생관, 가치관에 따라 각기 다른 것이므로 일률적으로 정의하기가 어려운 개념일 수밖에 없고, 이와 같이 불확실한 개념을 헌법상의 기본권으로 규정한데 대한 비판적 논의도 없지 아니하며 우리 헌법은 인간의 기본권리로서 인간의 존엄과 가치의 존중, 사생활의 비밀의 자유, 환경권 등 구체적 기본권을 따로 규정해 놓고 있으면서 또 다시 그 개념이나 법적성격, 내용 등에 있어서 불명확한 행복추구권을 규정한 것은 추상적 권리를 중복하여 규정한 것이고 법해석의 혼란만 초래할 우려가 있다.…"[헌재 1997.7.16. 95헌가6, 민법 제809조 제1항 위헌제청(헌법불합치)].
136) 대법원 2022.11.24. 2020스616 전원합의체 결정. 이 결정은 성전환자에게 미성년 자녀가 있는 경우 성전환자의 가족관계등록부상 성별정정이 허용되지 않는다고 한 기존의 대법원 2011.9.2. 2009스117 전원합의체 결정을 변경하여, 미성년 자녀가 있는 성전환자의 성별정정 허가 여부를 판단할 때에는 성전환자의 기본권의 보호와 미성년 자녀의 보호 및 복리와의 조화를 이룰 수 있도록 법익의 균형을 위한 여러 사정들을 종합적으로 고려하여 실질적으로 판단하여야 하므로, 위와 같은 사정들을 고려하여 실질적으로 판단하지 아니한 채 단지 성전환자에게 미성년 자녀가 있다는 사정만을 이유로 성별정정을 불허하여서는 아니 된다는 이유로 원심결정을 파기환송한 사건이다.

가. 행복추구권의 전제로서 보장된 자기운명결정권

헌법재판소는 인간의 존엄과 가치 및 행복추구권은 자기운명결정권을 전제로 하고 있다고 판시하고 있다.[137] 따라서 자기운명결정권은 행복추구권의 전제로서 당연히 행복추구권에 포함되어 보장된다.

나. 개성의 자유로운 발현권

개성의 자유로운 발현권은 명문의 근거는 없지만,[138] 헌법재판소는 행복추구권으로부터 도출하고 있다.[139] 예컨대 한자를 의사소통의 수단으로 사용하는 것은 행복추구권에서 파생되는 일반적 행동의 자유 내지 개성의 자유로운 발현의 한 내용이다.[140]

다. 일반적 행동자유권

1) 의의

헌법재판소에 의하면 행복추구권으로부터 파생되는 일반적 행동자유권이란 "하고 싶은 일을 하고, 하기 싫은 일은 안하고, 먹고 싶을 때 먹고, 놀고 싶을 때 놀고, 자기 멋에 살며, 자기 멋대로 옷을 입고 몸을 단장하는 자유, 자기의 설계에 따라 인생을 살아가고 자기가 추구하는 행복 개념에 따라 생활하는 자유"를 말한다.[141] 즉 일반적 행동자유란 모든 행위를 할 자유와 행위를 하지 않을 자유를 말한다.[142]

헌법재판소의 판례에 따르면 이러한 일반적 행동자유권은 개인이 행위를 할 것인가의 여부에 대하여 자유롭게 결단하는 것을 전제로 하여 이성적이고 책임감 있는 사람이라면 자기에 관한 사항은 스스로 처리할 수 있을 것이라는 생각에서 인정되는 것이다.[143]

---

137) 헌재 1997.7.16. 95헌가6등, 민법 제809조 제1항 위헌제청(헌법불합치).
138) 독일 기본법에는 제2조 제1항에서 규정하고 있다.
139) 서울 등 4개 시도의 「학원의 설립·운영 및 과외교습에 관한 조례」가 학원 교습시간을 06시부터 22시(인천의 고등학교 교과는 23시)까지로 정함으로써 학교교과교습학원 및 교습소의 심야교습을 제한하고 있는데, 이는 과잉금지원칙에 반하지 않고 따라서 학생의 인격의 자유로운 발현권, 청구인 학부모의 자녀교육권 및 청구인 학원운영자의 직업 수행의 자유를 침해하지 않는다[헌재 2016.5.26. 2014헌마374, 학원의 설립·운영 및 과외교습에 관한 법률 제16조 제2항 등 위헌확인(기각, 각하)].
140) 헌재 2016.11.24. 2012헌마854, 국어기본법 제3조등 위헌확인(기각, 각하).
141) 헌재 1997.3.27. 96헌가11, 도로교통법 제41조 제2항 등 위헌제청(합헌).
142) 헌재 2003.10.30. 2002헌마518, 도로교통법 제118조 위헌확인(기각).
143) 헌재 2003.10.30. 2002헌마518.

| NOTE | **독일의 일반적 행동자유권** |

기본법상으로는 일반적 행동의 자유권에 관한 규정은 없다. 기본법 제2조 제1항에는 인격의 자유로운 발현이 규정되어 있을 뿐이다. 그러나 연방헌법재판소는 일찍부터 이 조항에서 일반적 행동자유권을 도출하고 있다.144) 기본법 제2조 제1항145)은 일반적 행동자유권으로서 어떤 특정한 생활 영역을 보호하는 것이 아니고 그 때마다의 인간의 행동을 보호하고, 형식적으로나 실질적으로 헌법에 합치하는 그러한 규정을 근거로 하여서만 제한될 수 있는 바의 권리이다.146) 이와 같이 기본법 제2조 제1항의 일반적 행동자유권은 적용 영역이 포괄적이기 때문에 일반 규정으로 불리고 따라서 다른 개별 자유권이 적용되는 경우에는 적용되지 않는 보충적인 권리이다.147) 그러나 하나의 완전한 권리로서 침해되는 경우에는 기본법 제93조 제1항 4a호에 따라 헌법소원이 가능하다.148)

2) 법적 성격

일반적 행동자유권은 포괄적 자유권 또는 주(主)자유권이다. 헌법재판소의 판례에 따르면 일반적 행동자유권에는 적극적으로 자유롭게 행동을 하는 것은 물론 소극적으로 행동을 하지 않을 자유, 즉 부작위의 자유도 포함되며, 포괄적인 의미의 자유권으로서 일반조항적인 성격을 가진다.149) 따라서 일반적 행동자유권은 **개별적 자유권과 경합적 관계에 있으나 적용에 있어서는 보충적 지위**로 물러나 있다. 말하자면 개별적 자유권은 일반적 행동자유권에 대하여 특별법적 관계에 있다.150)

그러나 관련 개별 자유권을 포함하여 다른 기본권 목록으로 포섭할 수 없는 내용의 자유권이 문제될 경우에는 일반적 행동자유권의 침해여부가 관련 개별 자유권과 함

144) BVerfGE 6, 32, 36-37.
145) "누구나 타인의 권리를 침해하지 않고 헌법질서나 도덕률을 침해하지 않는 한 자신의 개성을 자유롭게 신장할 권리를 가진다."
146) BVerfGE 29, 402, 408; 103, 29, 45.
147) BVerfGE 6, 32, 37; 67, 157, 171; 83, 182, 194; 89, 1, 13.
148) Pieroth/Schlink, Grundrechte, Rn. 397.
149) 헌재 1991.6.3. 89헌마204; 1995.7.21. 93헌가14; 1997.11.27. 97헌바10; 2000.6.1. 98헌마216; 2003.10.30. 2002헌마518, 도로교통법 제118조 위헌확인(기각).
150) 헌재 2005.11.24. 2002헌바95등, 노동조합및노동관계조정법 제81조 제2호 단서 위헌소원(합헌). 이에 따라 헌법재판소에서는 개별적 자유권 위배여부를 먼저 판단하고 행복추구권의 위배여부는 별도로 판단하지 않는 경우가 일반적이다. 그러나 개별적 자유권과 함께 행복추구권 침해여부도 함께 판단하는 경우도 있다. 예컨대 「국적법」상 국적회복허가취소규정이 거주·이전의 자유의 자유와 함께 행복추구권을 침해하는지 여부를 판단한 사례: 헌재 2020.2.27. 2017헌바434, 국적법 제21조 위헌소원(합헌).

께 판단되기도 한다. 예컨대 '정당한 사유 없이' 정보통신시스템, 데이터 또는 프로그램 등의 '운용을 방해할 수 있는' 프로그램의 유포행위를 금지하는 「정보통신망 이용촉진 및 정보보호 등에 관한 법률」 제48조 제2항으로 인하여 프로그램의 개발 및 판매를 업으로 하는 사람의 직업의 자유가 제한되기도 하지만, 프로그램의 개발을 취미로 하는 사람의 일반적 행동의 자유도 제한되기 때문에 이 경우에는 직업의 자유 뿐 아니라 일반적 행동의 자유의 침해여부도 함께 판단되어야 한다.[151]

헌법재판소는 행복추구권은 보충적으로 적용되는 기본권으로 보고 있으므로 구체적 기본권으로서 일반적 행동자유권이 문제되는 경우에는 행복추구권의 침해여부는 판단하지 않는다.[152]

3) 법적 근거에 대한 논쟁

가) 학설

일반적 행동자유권의 법적 근거와 관련하여서는 제10조의 행복추구권설, 제37조 제1항설(우리나라에서 포괄적 기본권이 성립할 수 있는 것은 헌법 제37조 제1항 때문이라는 견해) 그리고 제10조와 제37조 제1항 모두에 근거한다는 절충설이 있다.

나) 판례

헌법재판소는 제10조의 행복추구권에서 그 근거를 찾고 있다. 그런데 일반적 행동자유권의 도출 근거는 제10조의 행복추구권으로 보더라도, 이와 함께 헌법 제37조 제1항의 열거되지 아니한 자유와 권리의 보장규정을 함께 체계적으로 이해함으로써 도출되는 것으로 보아야 할 것이다.

4) 물적 보장내용

일반적 행동자유권은 가치 있는 **행동만** 그 보호영역으로 하는 것은 아니다. 여기에는 개인의 생활 방식과 취미에 관한 사항도 포함되며, 위험한 스포츠를 즐길 권리와 같은 위험한 생활 방식으로 살아갈 권리도 포함된다.[153]

헌법재판소의 판례에서 일반적 행동자유권의 내용으로 인정하고 있는 것은 다음과

---

151) 헌재 2021.7.15. 2018헌바428, 정보통신망 이용촉진 및 정보보호 등에 관한 법률 제48조 제2항 등 위헌소원(합헌).
152) 헌재 2002.8.29. 2000헌가5; 2021.2.25. 2018헌바223; 2022.2.24. 2020헌가5.
153) 헌재 2003.10.30. 2002헌마518, 도로교통법 제118조 위헌확인(기각); 2016.2.25. 2015헌가11, 도로교통법 제2조 제26호 위헌제청(합헌).

같은 것들이 있다.

가) 계약의 자유

사적자치의 기반이 되는 계약의 자유는 일반적 행동자유권으로부터 파생시키고 있다.[154]

나) 기타

그 외에 헌법재판소가 인정하고 있는 행복추구권의 내용으로는 청소년의 당구장 출입, 18세 미만자의 노래연습장 출입, 기부금품 모집 행위, 결혼식 하객에게 주류와 음식물을 대접하는 행위, 사립학교의 설립·운영권, 소극적 단결권 등이 있다.

| NOTE | **합헌 결정 사례(일반적 행동자유권)** | |

① 명의신탁이 증여로 의제되는 경우 명의신탁 당사자에게 증여세의 과세가액 및 과세표준을 신고할 의무를 부과하는 구 「상속세 및 증여세법」 조항(명의신탁 당사자의 일반적 행동자유권),[155] ② 자동차 운전 중 휴대용 전화를 사용하는 것을 금지하고 위반 시 처벌하는 구 「도로교통법」 제49조 제1항 제10호 본문, 구 「도로교통법」 제156조 제1호 중 제49조 제1항 제10호 본문에 관한 부분,[156] ③ 의료분쟁 조정신청의 대상인 의료사고가 사망에 해당하는 경우 한국의료분쟁조정중재원의 원장은 지체 없이 조정절차를 개시해야 한다고 규정한 「의료사고 피해구제 및 의료분쟁 조정 등에 관한 법률」 제27조 제9항 전문 중 '사망'에 관한 부분,[157] ④ 정비사업 조합 임원의 선출과 관련하여 후보자가 금품을 제공받는 행위를 금지하고 이에 위반한 경우 처벌하는 구 「도시 및 주거환경정비법」 규정,[158] ⑤ 못된 장난 등으로 다른 사람, 단체 또는 공무수행 중인 자의 업무를 방해한 사람을 처벌하

---

154) 헌재 1991.6.3. 89헌마204, 화재로인한재해보상과보험가입에관한법률 제5조 제1항의 위헌여부에 관한 헌법소원(위헌); 1998.10.29. 97헌마345. 금융위원회 위원장이 시중 은행을 상대로 투기지역·투기과열지구 내 시가 15억 원을 초과하는 초고가 아파트에 대한 주택구입용 주택담보대출을 금지한 행정지도로 이루어진 조치는 과잉금지원칙을 위배하여 청구인의 재산권 및 계약의 자유를 침해하지 않는다고 판시하였는데, 금융위원회에 적법하게 부여된 규제권한을 벗어나지 않았다는 점에서 법률유보원칙에도 반하지 않는다고 판시하였다(헌재 2023.3.23. 2019헌마1399, 기획재정부 주택시장 안정화 방안 중 일부 위헌확인(기각) ― 초고가 아파트 구입용 주택담보대출 금지 사건).
155) 헌재 2022.2.24. 2019헌바225등, 구 상속세 및 증여세법 제68조 제1항 본문 위헌소원(합헌) ― 명의신탁이 증여로 의제되는 경우 증여세 신고의무 사건.
156) 헌재 2021.6.24. 2019헌바5, 운전 중 휴대전화 사용 금지 사건(합헌, 각하).
157) 헌재 2021.5.27. 2019헌마321, 사망사고에 대한 의료분쟁 조정절차 자동개시 사건(기각).
158) 헌재 2022.10.27. 2019헌바324, 정비사업 조합 임원 선출과 관련하여 후보자가 금품을 제공받는 행위를 금지하고 이에 위반한 경우 처벌하는 구 도시 및 주거환경정비법 조항에 대한 위헌소원 사건(합헌).

는 「경범죄 처벌법」 제3조 제2항 제3호.[159] ⑥ 반송신고의무, 즉 물품을 반송하려면 해당 물품의 품명·규격·수량 및 가격과 그 밖에 대통령령으로 정하는 사항을 세관장에게 신고 하도록 한 「관세법」 제241조 제1항.[160]

Q 누구든지 금융회사등에 종사하는 자에게 타인의 금융거래의 내용에 관한 정보 또는 자료를 요구하는 것을 금지하고, 위반 시 형사처벌하는 구 「금융실명거래 및 비밀보장에 관한 법률」 제4조 제1항 본문 중 '누구든지 금융회사등에 종사하는 자에게 거래정보 등의 제공을 요구하여서는 아니 된다' 부분 및 같은 법 제6조 제1항 중 위 해당 부분, 「금융실명거래 및 비밀보장에 관한 법률」 제4조 제1항 본문 중 '누구든지 금융회사등에 종사하는 자에게 거래정보등의 제공을 요구하여서는 아니 된다' 부분 및 같은 법 제6조 제1항 중 위 해당 부분(이하 '심판대상조항')이 제한하는 기본권을 특정하고 그 침해여부를 판단하시오.

A 심판대상조항은 누구든지 금융회사등에 종사하는 자에게 타인의 금융거래 관련 정보를 요구하는 것을 금지하고, 이를 처벌조항으로 강제하고 있으므로, 헌법 제10조의 행복추구권에서 파생되는 일반적 행동자유권을 제한한다(그에 반하여 타인의 금융거래정보는 불특정 다수인에게 개방되어 일반적으로 접근할 수 있는 정보라고 보기 어렵고, 금융회사 등에 종사하는 자에 대한 정보요구가 국가기관 등에 대하여 정보의 공개를 청구할 수 있는 권리와 관련되어 있다고 보기도 어려우므로 알 권리는 제한되는 기본권에 해당하지 않는다).

심판대상조항은 금융거래정보의 유출을 막음으로써 금융거래의 비밀을 보장하는 것을 목적으로 하는 것으로서 목적의 정당성과 수단의 적합성이 인정되나, 금융회사등에 종사하는 자의 제공 또는 누설행위만을 제재하는 것으로 충분함에도 일반인의 거래정보등 제공요구행위를 제재하고 있고, 일반인의 거래정보등 제공요구행위를 제재하는 것이 필요하다고 하더라도 형사제재의 필요성이 인정되는 제공요구행위로 그 범위를 제한하는 것이 필요함에도 불구하고 일반 국민이 금융회사등에 종사하는 자에게 거래정보등의 제공을 요구하는 것을 일률적으로 금지하고 그 의무위반에 대하여 형사제재를 가하고 있어(금융거래정보의 제공요구인지 제공가능성에 대한 문의인지 구별이 어려운 경우도 있다) 피해의 최소성에 위배될 뿐만 아니라 달성하려는 공익에 비하여 지나치게 일반 국민의 일반적 행동자유권을 제한하는 것으로 법익의 균형성을 갖추지 못하였다.[161]

---

159) 헌재 2022.11.24. 2021헌마426, 못된 장난 못된 장난 등으로 업무 및 공무를 방해하는 행위를 처벌하는 경범죄 처벌법 조항에 관한 사건(기각). 위헌심사기준은 죄형법정주의의 명확성원칙과 과잉금지원칙이다.

160) 헌재 2023.6.29. 2020헌바177, 특정범죄 가중처벌 등에 관한 법률 제6조 제3항 등 위헌소원(합헌).

161) 헌재 2022.2.24. 2020헌가5, 금융실명거래 및 비밀보장에 관한 법률 제6조 제1항 등 위헌제청(위헌) - 누구든지 금융회사등에 종사하는 자에게 거래정보등의 제공을 요구하는 것을 금지하고, 위반시 형사처벌하는 금융실명법 조항에 관한 위헌제청 사건.

어린이 보호구역에서 제한속도 준수의무 또는 안전운전의무를 위반하여 어린이를 상해에 이르게 한 경우 1년 이상 15년 이하의 징역 또는 500만 원 이상 3천만 원 이하의 벌금에, 사망에 이르게 한 경우 무기 또는 3년 이상의 징역에 처하도록 규정한 「특정범죄 가중처벌 등에 관한 법률」 제5조의13이 일반적 행동자유권을 침해하는지 여부를 검토하시오.

A 운전자의 불법성 및 비난가능성에 차이가 있다고 하더라도, 이는 법관의 양형으로 충분히 극복될 수 있는 범위 내의 것이고, 주의의무를 위반한 운전자를 가중처벌하여 어린이가 교통사고의 위험으로부터 벗어나 안전하고 건강한 생활을 영위하도록 함으로써 얻게 되는 공익이 크기 때문에 과잉금지원칙에 위반되어 청구인들의 일반적 행동자유권을 침해한다고 볼 수 없다.[162]

Ⅲ. 제한 및 정당화

행복추구권도 헌법 제37조 제2항에 따라 제한이 가능하다. 따라서 기본권 제한의 일반원리에 따라 비례성원칙을 준수하여 법률로써 제한할 수 있고, 제한하는 경우에도 행복추구권의 본질적 내용을 침해 할 수는 없다.

각급선거관리위원회 위원·직원의 피조사자에 대한 자료제출요구를 규정한 「공직선거법」 소정의 규정이 일반적 행동자유권을 침해하는지 여부가 문제가 된 사건에서 헌법재판소는, 과잉금지원칙에 위배되어 피조사자의 일반적 행동자유권을 침해한다고 볼 수 없다고 판시한 바 있다.[163] 또 헌법재판소는 검사의 기소유예처분의 정당성을 심사하는 경우에 대체로 평등권과 함께 행복추구권의 침해여부를 판단하고 있다.[164]

NOTE **위헌 결정 사례(기소유예처분취소)**

① 헌법소원심판 청구인은 자신이 대표자로 있는 빌딩 관리단이 수집·관리 중인 구분소유자관리카드에서 피해자의 주민등록번호를 확인하고, 2017.7.31. 및 2017.8.21. 피해자를 고소하면서 고소장에 피해자의 주민등록번호를 기재하여, 개인정보를 수집한 목적의 범위를 초과하여 이용하였다는 범죄사실로 기소유예처분을 받았는데, 헌법재판소는 청구인이

---

162) 헌재 2023.2.23. 2020헌마460, 특정범죄 가중처벌 등에 관한 법률 제5조의13 위헌확인(기각) — 이른바 '민식이법' 사건.
163) 헌재 2019.9.26. 2016헌바281, 공직선거법 제256조 제5항 제12호 위헌소원(합헌).
164) 헌재 2021.12.23. 2020헌마1620, 기소유예처분취소[인용(취소)] — 재물손괴 사건; 2023.5.25. 2019헌마1253, 기소유예처분취소[인용(취소)] — 임대사업자의 보증가입의무에 관한 구 임대주택법 사건.

개인정보처리자가 아님에도 불구하고 개인정보처리자만 범할 수 있는 「개인정보 보호법」 위반죄의 성립을 전제로 피청구인이 청구인에 대하여 한 기소유예처분이 자의적인 검찰권 행사로서 청구인의 평등권과 행복추구권을 침해한다는 취지로 청구인의 심판청구를 인용하였다.165)

② 청구인이 카페 내 콘센트에 꽂혀 있던 피해자 소유의 휴대폰 충전기를 가져간 사건에서 헌법재판소는, 청구인에게 절도의 고의 내지 불법영득의사를 인정할 증거가 부족함에도 절도혐의가 인정됨을 전제로 청구인에게 한 기소유예처분이 자의적인 검찰권 행사로서 청구인의 평등권과 행복추구권을 침해한다고 결정하였다.166)

③ 구 「임대주택법」상 임대주택의 임대보증금에 관한 보증가입의무를 부담하는 임대사업자에 해당하는지의 여부는 각 임대주택마다 개별적으로 판단되어야 함167)에도 불구하고, 다른 임대주택에 대해 임대사업자로 등록한 사실이 있을 뿐 이 사건에서 문제된 임대주택에 대해서는 임대사업자로 등록한 사실이 기록상 확인되지 않는 이상 임대사업자임을 전제로 한 기소유예처분은 청구인의 평등권과 행복추구권을 침해한다.168)

| NOTE | **평화적 생존권의 인정 여부** | |

평화적 생존권이 기본권인지 여부에 대하여 헌법재판소는 2006년에는 관여 재판관 8인 전원의 의견으로 기본권성을 인정하였는데,169) 2009년에는 반대로 기본권이라고 할 수 없다고 판시하였다.170)

2006년 결정에 따르면 전쟁과 테러 혹은 무력행위로부터 자유로워야 하는 것은 인간의 존엄과 가치를 실현하고 행복을 추구하기 위한 기본 전제가 된다는 점에서 평화적 생존권을 인정하고 있는데, 그 기본 내용은 침략전쟁에 강제되지 않고 평화적 생존을 할 수 있도록 국가에 요청할 수 있는 권리로 개념하고 있다. 2009년 결정에서는 "침략 전쟁에 강제로 동원되지 아니할 권리", "침략 전쟁을 위한 군사 연습, 군사 기지 건설, 살상 무기의 제조 · 수입 등 전쟁 준비 행위가 국민에게 중대한 공포를 초래할 경우 관련 공권력 행사의 정지를 구할 권리" 등을 평화적 생존권의 권리 내용으로 보았다.

2009년 결정에서 평화적 생존권의 기본권성을 부인한 이유는 평화적 생존권이란 이름으로 주장하고 있는 평화란 헌법의 이념 내지 목적으로서 추상적인 개념에 지나지 아니하고, 개

---

165) 헌재 2022.9.29. 2020헌마1204, 기소유예처분취소[인용(취소)] – 빌딩 관리단 대표자의 개인정보보호법위반 사건. 따라서 피청구인은 기소유예가 아니라 혐의 없음 처분을 해야 한다.

166) 헌재 2022.9.29. 2022헌마819, 기소유예처분취소[인용(취소)].

167) 헌재 2020.5.27. 2019헌마796; 2021.11.25. 2019헌마823; 2021.11.25. 2019헌마895 등.

168) 헌재 2023.5.25. 2019헌마1253, 기소유예처분취소[인용(취소)] – 임대사업자의 보증가입의무에 관한 구 임대주택법 사건.

169) 헌재 2006.2.23. 2005헌마268, 대한민국과 미합중국간의 미합중국군대의 서울지역으로부터의 이전에 관한 협정 등 위헌확인(각하).

170) 헌재 2009.5.28. 2007헌마369, 2007년 전시증원연습 등 위헌확인(기각, 3인 재판관의 반대의견 있음). 명시적인 판례변경의 선언 없이 판례를 변경하였다.

인의 구체적 권리로서 국가에 대하여 침략전쟁에 강제되지 않고 평화적 생존을 할 수 있도록 요청할 수 있는 효력 등을 지닌 것이라고 볼 수 없다고 보았기 때문이다.

평화국가는 대한민국이 지향하는 정체성이며 평화국가원리는 대한민국헌법의 기본원리 중의 하나로서 특히 전문과 제4조와 제5조에 구체화되어 있다. 뿐만 아니라 헌법의 종국적 목적은 평화의 창출에 있으며 이는 국가의 목적이기도 하다는 점에서 평화적 생존권은 헌법상 열거되지 아니한 자유와 권리의 하나로 인정하는 방향으로 해석해 가는 것이 바람직할 것이다.

제2절

평등권

제1항 서론

Ⅰ. 의의

헌법 제11조는 "모든 국민은 법 앞에 평등하다. 누구든지 성별·종교 또는 사회적 신분에 의하여 정치적·경제적·사회적·문화적 생활의 모든 영역에 있어서 차별을 받지 아니한다."라고 규정하고 있다. 문언으로만 보면 오히려 평등원칙을 규정한 것으로 보이지만 전통적으로는 이를 평등권 규정으로도 이해해 왔다. 헌법재판소에서는 **평등원칙과 평등권 모두를 규정한 것**으로 이해한다.[1]

평등원칙은 공권력 행사의 기준 내지 준칙을 정한 것이므로 평등원칙을 준수할 의무 주체는 원칙적으로 국가다. 그러나 개인이 차별의 시정을 요구할 수 있는 지위는 평등권으로부터 나온다. 그런데 차별의 비교 집단은 기본적으로 사인 상호 간이다. **국가와 국민 간은 원칙적으로 수직적인 불평등 관계**이므로 국가와의 관계에서 사인이 평등권을 주장할 수 있는 것은 국가가 사법(私法)의 주체로 등장하는 경우에 한한다.

전통적으로 차별이란 본질적으로 같은 것을 다르게 취급하거나, 본질적으로 다른 것을 같게 취급하는 경우에 발생하는 것으로 이해되었고, 이러한 차별도 합리적 근거가 있으면 허용되었다. 그러나 오늘날 차별의 문제는 반드시 합리성의 문제에 머물지 않고 경우에 따라서는 그 이상의 정당화가 요구되기도 한다.[2]

---

1) 이에 대해서는 후술 참조.
2) 이에 대해서도 후술 참조.

II. 법 적용 평등, 법 내용 평등

평등원칙은 국가에 대한 명령이기는 하나, 역사적으로는 평등한 법의 적용을 의미하는 것으로 이해되었기 때문에 기본적으로 집행권과 사법권을 구속하는 것으로 이해되었다. 그러나 현대에 있어서는 법을 제정함에 있어서도 평등원칙이 준수되어야 하는 것으로 이해되고 있다. 따라서 법은 평등하게 적용되어야 하는 것일 뿐만 아니라 그 내용도 평등원칙을 위배하는 것이어서는 안 된다.

이러한 의미는 문언 상으로도 확인할 수 있는데 1948년 제정헌법에서부터 "법률" 앞에 평등이라고 규정하였던 것을 제5차 개정헌법에서부터는 "법" 앞에 평등이라고 규정하고 있는데, 이는 입법부를 구속하려는 취지를 분명히 한 것으로 볼 수 있다. 왜냐하면 법률은 국회가 제정한 법률(Gesetz)을 의미하는 데 반하여 법이란 제정된 법률만이 아니라 있어야 할 당위로서의 법(Recht)을 의미하는 것으로 이해할 수 있기 때문이다.

III. 상대적 평등, 절대적 평등

원칙적으로 평등은 상대적 평등을 의미한다. 따라서 평등 규정에도 불구하고 차별이 허용된다. 다만, 정당한 차별일 것을 요구하고 있을 뿐이다. "각자에게 자기의 몫을 (Suum cuique; Jedem das Seine; to each according to his merits)!"이라는 유명한 법언은 상대적 평등을 의미한다.

그러나 일정한 영역에 있어서는 **절대적 평등**이 요구되기도 한다. 예컨대 선거권의 부여와 같은 참정권영역에서 특히 그러하다. "one man one vote one value" 원칙은 절대적 평등을 의미한다.

IV. 형식적 평등, 실질적 평등

헌법이 요구하는 평등은 원칙적으로 형식적 평등인 **기회의 균등**(Chancengleichheit, equal opportunity)을 의미한다. 그러나 현대에 와서는 전래적, 역사적으로 발생한 차별을 해소하기 위한 조치로서 **적극적 차별해소조치**(affirmative action)를 요구하기도 한다. 예컨대 미국에서 전통적으로 여성이나 흑인을 차별하여 온 영역에서 이를 해소하기 위한 조치로서 여성이나 흑인 할당제를 도입하는 경우를 들 수 있다. 이는 실질적 평등을 실현시키는 수단이다. 그러나 적극적 차별해소조치도 지나친 경우에는 **역차별**(reverse discrimination)로서 평등 침해가 될 수 있다.[3]

V. 평등권, 평등원칙

평등권은 개인에게 보장된 헌법상의 기본권인데 비하여 평등원칙은 입법, 행정, 사법의 모든 공권력 작용에 있어서 준수하여야 할 헌법상의 원칙이다. 각인의 평등권으로부터 평등원칙은 당연히 도출되는 것이다. 앞에서 언급한 바와 같이 헌법재판소는 헌법 제11조 제1항을 평등권과 함께 평등원칙을 규정한 것으로 본다.[4] 헌법 **제11조 제1항**의 문언은 평등권보다는 평등원칙에 가깝게 규정되어 있으나, 이를 평등권이 아닌 **평등원칙만을 규정한 것으로 보는 경우에는 평등권 침해를 이유로 한 헌법소원을 제기하는 것을 불가능하게 되기 때문에 부당하다.** 평등원칙은 평등권이라는 기본권을 실현하기 위한 것이기 때문에 **기본권 영역에만 적용**된다.[5]

원칙적으로 평등권의 주체가 될 수 없는 국외 거주 외국인에게도 평등원칙을 적용할 수 있다.[6] 예컨대 헌법재판소는 외국거주 외국인유족의 퇴직공제금 수급 자격을 인정하지 아니하는 구「건설근로자의 고용개선 등에 관한 법률」소정의 조항은 합리적 이유 없이 '외국거주 외국인유족'을 '대한민국 국민인 유족' 및 '국내거주 외국인유족'과 차별하는 것이므로 평등원칙에 위반된다고 보았다.[7]

VI. 평등권의 침해와 다른 기본권의 침해

어떤 기본권을 행사함에 있어서 차별이 문제가 된 경우에는 통상 당해 기본권의 침해 여부의 문제는 당해 **기본권의 행사상의 차별의 문제를 검토함으로써 충분한 경우가 있**

---

3) 자세히는 후술하는 제5항 적극적 차별해소조치 참조.
4) 헌재 1989.1.25. 88헌가7, 소송촉진등에관한특례법 제6조의 위헌심판제청(위헌).
5) 헌재 2010.10.28. 2007헌라4, 강남구 등과 국회 간의 권한쟁의(기각).
6) 따라서 국외거주 외국인의 경우에도 기본권 침해를 이유로 하는 「헌법재판소법」 제68조 제1항의 헌법소원은 제기할 수 없지만, 위헌법률심판이나 제68조 제2항의 헌법소원은 제기할 수 있고 이 경우에는 평등원칙이 심사기준이 될 수 있다.
7) 헌재 2023.3.23. 2020헌바471, 구 건설근로자의 고용개선 등에 관한 법률 제14조 제2항 위헌소원 (위헌) – 외국거주 외국인유족의 퇴직공제금 수급 자격 불인정 사건.

다. 이 경우 침해되는 기본권에 대한 심사는 평등 심사로 대체된다. 예컨대 공무원 채용 자격을 정함에 있어서 자격 간에 차별을 하여 공무담임권과 평등권의 침해 여부가 문제된 사건에서 헌법재판소는 평등권에 대한 심사만을 하고 공무담임권에 대한 심사는 하지 않았다.[8] 말하자면 관련 기본권의 물적 보장내용(보호영역)의 제한이 문제되는 것이 아니라 관련 기본권과 관련한 내용의 차별이 문제가 되는 경우에는 차별문제를 검토하면 족하다는 의미다.

법률상의 권리가 불평등하게 적용되는 경우에도 헌법상의 기본권인 평등권의 침해로 될 수 있다.[9]

제2항 보장내용

I. 인적 보장내용

1. 기본권 주체

평등권의 주체도 **기본적으로 국민**이다. 헌법 제11조에 따르면 기본적으로 모든 국민은 법 앞에 평등하다. 따라서 국민은 동일한 법의 적용에 있어서 평등하게 취급받을 권리가 있다(국민 간의 관계). 헌법 제11조 제1항 제2문에서는 "누구든지… 차별을 받지 아니한다."라고 규정하고 있지만, 이 제2문은 제1문과 함께 읽어야 한다. 따라서 제2문의 의미는 "국민이라면 누구든지"라는 의미다.

그런데 국민은 국가와의 관계에서는 기본적으로 평등한 관계가 아니기 때문에 개인은 평등권을 주장할 수는 없다. 물론 국가라 하더라도 권력적 작용이 아닌 민사소송의 대상이 되는 국고작용(國庫作用)으로 인한 법률관계에 있어서는 사인과 동등하게 다루어져야 하기 때문에 이때는 사인은 국가와의 관계에서도 평등하게 취급받을 권리를 주장할 수 있다.[10]

---

8) 헌재 2003.9.25. 2003헌마30, 공무원임용및시험시행규칙 제12조의3 위헌확인(기각).
9) 헌재 2007.6.28. 2004헌마643, 주민투표법 제5조 위헌확인(헌법불합치, 각하). 이 사안은 주민투표권에 있어서 비교집단간의 차별이 문제가 된 사건이다.
10) 헌재 1989.1.25. 88헌가7, 소송촉진등에관한특례법 제6조의 위헌심판(위헌).

평등권은 원칙적으로 국민이 그 주체가 되지만, 외국인의 경우에도 차별되는 내용이 인간의 존엄성과 같이 **인간으로서의 권리와 관련된 경우에는 원칙적으로 평등권의 주체성을 인정할 수 있을 것이다.** 그러나 반대로 외국인에게 인정할 수 없는 기본권인 경우에는 이를 차별한다고 하더라도 평등권 침해를 주장할 수는 없다. 헌법재판소 판례도 같은 취지이다.[11] 외국인이라는 표지는 내국인과 비교할 때 차별의 표지도 되므로 외국인이라는 신분에 기한 차별이 모두 평등권을 침해하는 것은 아니다.

법인도 성질상 적용할 수 없는 평등권인 남녀평등과 같은 경우를 제외하고는 **평등권의 주체로** 인정된다.

2. 의무 주체

기본권으로서의 평등권은 원칙적으로 국가, 지방자치단체, 공법인 등 공권력에 대한 개인의 권리이기 때문에 의무 주체는 국가 등이라고 할 수 있다.

개인은 타인의 평등권을 실현하여야 할 의무자적 지위에 있지 않다. 사인인 타방이 일방의 기본권적 가치를 사적자치의 한계를 넘어 부당하게 침해하는 경우에는 국가가 기본권보장의무를 이행하여야 한다. 국가의 기본권보장의무의 이행의 일환으로 차별을 시정하는 입법을 한 경우에 당해 법률에 근거하여 사적 관계에도 차별금지가 적용될 수 있다. 물론 이 경우에도 당해 법률에 대한 평등권 침해의 위헌 심사 가능성은 여전히 존재한다.

국가가 아무런 조치를 하지 않고 있는 경우에도 개인은 객관적 질서의 성격을 가지는 평등권에 내포된 가치를 존중하여야 한다. 분쟁의 경우에는 법원도 평등권 보장의무의 이행 의무자로서 평등권에 내포된 가치를 존중하여 판단하여야 한다.

---

11) 헌재 2014.4.24. 2011헌마474등, 출입국관리법 시행규칙 제76조 제1항 등 위헌확인(기각, 각하): "평등권은 원칙적으로 인간의 권리에 해당되지만, 참정권과 같이 관련 기본권의 성질상 외국인에게 인정되지 아니하는 기본권에 관한 평등권 주장은 허용되지 아니하고, 상호주의에 따른 제한이 있을 수 있다. 그 이외에도 이 사건에서 청구인들이 주장하는 바는 대한민국 국민과의 관계가 아닌 외국국적동포들 사이에 '재외동포의 출입국과 법적 지위에 관한 법률'(이하 '재외동포법'이라 한다)의 수혜대상에서 차별하는 것이 평등권 침해라는 것으로서, 성질상 위와 같은 제한을 받는 것이 아니고 상호주의가 문제되는 것도 아니므로, 청구인들은 이 사건에서 기본권 주체성이 인정될 수 있다."

II. 물적 보장내용

평등권은 합리적인 근거가 없거나 비례성에 위배된 부당한 차별을 받지 아니할 권리를 의미하기 때문에 물적 보장내용이 없는 기본권이다. 따라서 평등권의 본질적 내용의 침해라는 것은 존재할 수 없어서 **평등권 심사에서는 헌법 제37조 제2항의 본질적 내용 침해금지원칙은 적용되지 아니한다.**

평등권은 부당한 차별 자체를 금지하는 것이기 때문에 차별되는 내용이 반드시 헌법이 보장하는 기본권 내지 기본권적 가치일 필요는 없다. 따라서 법률상 이익을 부당하게 차별하는 경우에도 헌법상의 평등권의 침해가 될 수 있다.

제3항 위헌심사기준

헌법재판소는 1988년 설립된 이래로 평등 침해 여부 심사기준으로 자의금지원칙 내지 합리적 차별원칙을 기준으로 적용하여 왔으나, 1999년 결정[12])에서 '법익의 균형성' 심사에까지 이르는 본격적인 비례 심사를 시작하였다.[13]) 즉, 1999년부터 헌법재판소는 평등 위반 여부의 심사기준으로 입법자의 입법 형성권이 인정되는 정도에 따라 완화된 심사척도(자의금지 심사)와 엄격한 심사척도(비례성 심사)를 모두 사용하고 있다.[14]) 엄격한 심사척도를 사용하는 경우에도 일정한 경우에는 완화하여 사용하기도 한다.[15])

헌법재판소의 판례에 나타난 평등 심사기준을 요약하면 다음과 같다.

---

12) 헌재 1999.12.23. 98헌마363, 제대군인지원에관한법률 제8조 제1항 등 위헌확인(위헌).
13) 헌법재판소의 이러한 입장 변화에 대한 요약 설명으로는 헌재 2001.2.22. 2000헌마25, 국가유공자
    등예우및지원에관한법률 제34조 제1항 위헌확인(기각) 참조.
14) 비례성 심사를 한 경우: 헌재 1999.12.23. 98헌마363, 제대군인지원에관한법률 제8조 제1항 등 위
    헌확인(위헌). 자의금지원칙을 적용한 경우: 헌재 2004.10.28. 2002헌마328, 2002년도 국민기초생
    활보장최저생계비 위헌확인(기각); 2006.2.23. 2005헌마403, 지방자치법 제87조 제1항 위헌확인
    (기각).
15) 헌재 2001.2.22. 2000헌마25, 국가유공자등예우및지원에관한법률 제34조제1항 위헌확인(기각). 이
    결정에 대한 자세한 내용은 후술 참조.

심사 기준	심사기준의 구체적 적용 방법	심사 강도	적용 요건
자의금지 =합리성	합리적 근거가 없는 자의적 차별인지 여부를 판단	완화된 심사	일반적인 평등원칙 위반 여부 심사 시 사용하 는 통상의 심사기준
완화된 비례성	과잉금지원칙의 4가지 요소 중 피해의 최소성과 법익의 균형성을 완화하여 적용	완화된 엄격 심사	엄격 심사의 요건에 해당하는 경우에도 헌법 이 차별 명령 규정을 두고 있는 경우
비례성	차별 취급의 목적과 수단 간 의 엄격한 비례 관계 심사	엄격 심사	1. 헌법에서 특별히 평등을 요구하고 있는 경우 2. 기본권에 대한 중대한 제한을 초래하는 경우

그런데 헌법재판소 판례16)에 따르면 엄격한 비례성 심사의 대상 요건에 해당하지 않는다고 하여 비례성 심사를 하지 않는다는 의미는 아니다. 즉, 기본권에 대한 중대한 제한을 초래하는 경우에는 엄격한 비례성 심사를 하여야 하나 이는 "기본권에 중대한 제한을 초래할수록 보다 엄격한 심사척도가 적용되어야 한다는 취지이며, 기본권에 대한 제한이기는 하나 중대하지 않은 경우에는 엄격한 심사척도가 적용되지 않는다는 취지는 아니"라는 것이다. 그리하여 **입법자가 설정한 차별이 국민들 간에 단순한 이해관계의 차별을 넘어서서 기본권에 관련된 차별을 가져온다면** 헌법재판소는 그러한 차별에 대해서는 자의금지 내지 합리성 심사를 넘어서 목적과 수단 간의 **엄격한 비례성이 준수되었는지를 심사하여야 한다**고 한다. 예컨대 공무원 시험에서 유사한 자격증 소지자에 대해 가산점을 부여하거나 하지 않는 차별을 하는 경우에는 공무담임권의 차별을 초래할 수 있으므로 비례성 심사를 하고 있다.

이러한 차별 심사기준은 평등권의 주체가 국민인지 외국인인지 법인인지와는 무관하게 적용된다. 예컨대 외국인과 관련한 차별의 문제라고 하여 이에 터 잡아 차별 행위의 심사기준이 달라지는 것은 아니다.

I. 엄격한 비례성 심사를 하는 경우

헌법재판소는 헌법에서 특별히 평등을 요구하고 있거나, 기본권에 중대한 제한을 초래하는 경우에는 엄격한 비례성 심사를 하여야 한다고 판시하고 있다.

---

16) 헌재 2003.9.25. 2003헌마30, 공무원임용및시험시행규칙 제12조의3 위헌확인(기각).

1. 헌법에서 특별히 평등을 요구하고 있는 경우

가. 헌법 제32조 제4항 여성 근로자의 부당한 차별금지(제대군인 가산점제 도의 위헌 여부)

헌법 제32조 제4항이 "여자의 근로는 특별한 보호를 받으며, 고용·임금 및 근로 조건에 있어서 부당한 차별을 받지 아니한다."라고 규정하여 여성 근로자의 부당한 차별을 금지하고 있는 것은 헌법이 특별히 평등을 요구하고 있는 경우에 해당하여 엄격한 비례성 심사를 하여야 한다. 제대군인 가산점제도 사건이 이러한 경우에 해당한다.[17]

| NOTE | 가산점제도의 재도입 문제

제대군인 가산점제도 사건은 제대군인 가산점제도 자체가 헌법에 위반된다는 결정이어서 이 결정 이후 제대군인 가산점제도는 폐지되었다. 제대군인 가산점의 재도입이 논의되기도 하였지만 공직 취임에 있어서 제대군인 가산점제도의 재도입은 그 자체가 위헌이라는 것이 헌법재판소의 판단이기 때문에 가산 비율을 2% 등으로 대폭 낮춘다고 하더라도 위헌으로 될 것이다.

그런데 일반적으로 비례성 심사에 있어서 입법 목적의 정당성은 헌법적 정당성을 의미하는 것이지만, – 따라서 기본권 침해 사건에서 단순한 입법정책적 목적인 경우에는 법익의 균형성으로까지 갈 필요도 없이 목적의 정당성을 위배하여 헌법에 위반하게 된다 – 차별 문제에 적용되는 경우에는 반드시 헌법적 정당성만을 의미하는 것으로 보기는 어렵다. 왜냐하면 비례적 관계에 있어서 하는 두 이익, 즉 차별로서 달성하려는 이익과 차별당하는 이익 간의 부당한 차별을 헌법이 금지하는 것이지, 차별 취급으로 얻게 되는 이익과 침해되는 이익이 반드시 헌법적 이익일 필요는 없기 때문이다. 따라서 정당한 목적이 헌법적 가치를 가지는 목적이 아니라 단순한 입법정책적 목적인데 반하여 차별로 인하여 침해되는 이익이 헌법적 이익(=기본권적 가치)일 경우에는 법익의 균형성의 단계에서 위헌으로 될 것이다. 이 결정이 바로 이러한 예를 보이고 있다(결정의 법익의 균형성 부분 참조).

또 이 결정에 따르면 가산점제도는 그 자체가 채택하여서는 안 되는 부적절하고 불합리한 수단이라는 의미이고 가산점이 어느 정도인가에 따라 위헌이 되는 것이 아니라는 것이다. 그런데 비례성원칙의 4가지 요소는 원칙적으로 논리적 순서에 따라 적용되는 심사 구조 형태를 가지고 있는 것이어서, 예컨대 수단의 적합성이 인정되지 아니하는 경우에는 위헌

---

17) 헌재 1999.12.23. 98헌마363, 제대군인지원에관한법률 제8조 제1항 등 위헌확인(위헌). 이 사건은 제대군인이 공무원채용시험 등에 응시한 때에 과목별 득점에 과목별 만점의 5% 또는 3%를 가산하는 제대군인가산점제도를 규정한 제대군인지원에관한법률 제8조 제1항 및 제3항, 동법시행령 제9조의 위헌여부가 문제된 사건이다.

으로 되고 더 이상의 심사는 불필요하다. 그런데 이 결정에서는 수단 자체가 위헌임에도 불구하고 법익의 균형성까지도 판단하고 있다. 그리하여 차별 취급으로 인하여 달성하려는 이익은 법정책적 이익에 불과한 데 반하여 그로 인하여 차별되는 이익은 기본권적 이익이므로 법익의 균형성을 위반한 것이라고 하고 있다. 그러면서 법익의 균형성 심사에서는 후술하는 바와 같이 반영 비율의 정도(3% 또는 5%)가 합격에 미치는 영향이 너무 크다고 논증하는 등, 마치 가산점제도의 구체적 운영이 법익의 균형성 위반이라는 것처럼 판시함으로써 가산점의 비율을 낮추면 합헌이 될 수 있는 것으로 오인될 수 있게 하고 있는 것은 문제다. 이러한 오해에 터 잡아 가산점제도의 재도입이 논의된다면 이는 헌법재판소의 위헌결정의 원래의 의도와는 다른 결과가 되는 것이다.

나. 헌법 제36조 제1항 혼인과 가족생활에 있어서 양성평등
1) 호주제도
헌법 제36조 제1항은 "혼인과 가족생활은 개인의 존엄과 양성의 평등을 기초로 성립되고 유지되어야 하며, 국가는 이를 보장한다."라고 규정함으로써 혼인과 가족생활의 영역에서 특별히 남녀평등을 요구하고 있기 때문에 호주제가 양성평등원칙에 위반되는지 여부는 비례성 심사를 하였다.[18]

2) 자(子)를 부(父)의 성과 본을 따르게 한 것
자는 부의 성과 본을 따르게 한 것이 양성평등원칙을 위배한 것인지에 대해서는 재판관 7인의 의견으로 잠정 적용의 헌법불합치결정이 있었다. 그 중 재판관 2인은 부성주의 자체에 대해 위헌으로 보았으나 나머지 재판관 5인은 성에 관하여 규율함에 있어서 입법자에게 광범위한 입법 형성의 자유를 인정하고 **부성주의 자체는 위헌이 아니나 부의 성을 사용할 것을 강제하는 것이 부당한 것으로 판단되는 경우에 대해서까지 아무런 예외를 규정하지 않고 있는 것은 위헌**이라고 보았다. 그런데 이 결정에서는 어떠한 심사기준을 사용하였는지에 대해서는 명시적으로 밝히지는 않고 있다.[19]

3) 국적 취득에 있어서 부계혈통주의
구「국적법」제2조 제1항 제1호에서는 **출생한 당시에 부가 대한민국 국민인 자는 대한민국의 국민으로 보고** 있었다. 이 조항이 양성평등을 침해한 것인지 여부에 대해 헌법재판소는 비례성 심사를 하고, 특정한 시점 제한 없이 입법자가 개정할 때가지 잠정

---

18) 헌재 2005.2.3. 2001헌가9등, 민법 제781조 제1항 본문 후단부분 위헌제청 등(헌법불합치).
19) 헌재 2005.12.22. 2003헌가5등, 민법 제781조 제1항 위헌제청(헌법불합치).

적용하는 헌법불합치결정을 내렸다.[20]

4) 부부 자산 소득 합산과세제도

헌법재판소는 부부의 자산 소득을 무조건 단순 합산하여 과세하도록 하는 것은 혼인한 부부를 비례의 원칙에 반하여 사실혼 관계의 부부나 독신자에 비하여 차별하는 것으로서 헌법 제36조 제1항에 위반된다는 결정을 하였다.[21]

2. 기본권에 대한 중대한 제한을 초래하고 있는 경우

앞에서 설명한 제대군인 가산점제도는 다른 지원자의 공무담임권의 행사에 중대한 제한을 초래하기 때문이라는 점에서도 비례성 심사가 적용되었다.

II. 완화된 비례성 심사를 적용한 경우

헌법재판소는 비례성 심사를 하여야 하는 경우에 해당하더라도 헌법이 차별 명령 규정을 두고 있는 경우에는 비례성 심사를 완화하여 적용한다. 완화된 기준을 적용한다는 것은 비례성 심사의 각 요소의 적용을 엄격하게 하지 않는다는 것을 의미한다. 비례성 심사에 대한 헌법재판소의 일반적인 태도를 고려하면 비례성원칙의 일부 요소를 누락하여 심사하는 것도 예견할 수 있다.

구 「국가유공자등예우및지원에관한법률」이 취업보호 대상자가 채용시험에 응시할 경우 각 과목별 10%의 가점을 주도록 하고 있었는데, 이 가점 제도의 위헌성 여부를 판단함에 있어서 헌법재판소는 완화된 비례성 심사를 적용하였다.[22] 이 사건은 차별 취급으로 인하여 기본권에 대한 중대한 제한을 초래하는 경우이지만 헌법 제32조 제6항이 근로의 기회에 있어서 국가 유공자 등을 우대할 것을 명령하고 있는 점을 고려하여 완화된 비례성 심사를 한 것이다.[23]

---

20) 헌재 2000.8.31. 97헌가12, 국적법 제2조 제1항 제1호 위헌제청(각하, 헌법불합치). 이 결정의 심판 대상은 1997년 전부개정을 통해서 「국적법」 제2조 제1항 제1호가 "출생한 당시에 부 또는 모가 대한민국의 국민인 자"로 개정되기 전의 규정이다.
21) 헌재 2005.5.26. 2004헌가6, 구 소득세법 제80조 등 위헌제청(위헌); 2002.8.29. 2001헌바82(위헌).
22) 헌재 2001.2.22. 2000헌마25, 국가유공자등예우및지원에관한법률 제34조 제1항 위헌확인(기각).
23) 헌재 2001.2.22. 2000헌마25.

| NOTE | 국가유공자법상 취업보호 대상자에 대한 판례 및 입법의 변화 |

① 위의 국가유공자법 결정은 비례성 심사의 각 요소는 모두 적용하고 있지만 침해의 최소성과 법익의 균형성을 완화하여 적용하고 있는 경우에 해당한다. 목적의 정당성, 수단의 적합성은 일반적 수준으로 적용하고, 법익의 균형성에서는 실질적으로 완화된 심사를 하고 있지만, 차별적 침해의 최소성의 요건은 언급만 하였을 뿐 실질적으로는 아무런 검토를 하고 있지 않다. 완화된 비례성 심사가 어떤 형태와 심사 강도를 가질 것인가는 아직은 열려 있었다.

② 그런데 5년 뒤 헌재 2006.2.23. 2004헌마675, 국가유공자등예우및지원에관한법률 제31조 제1항 등 위헌확인(잠정적용 헌법불합치, 2인 재판관의 반대의견 있음) 결정에서는 취업보호 대상자를 2001년 결정과 달리 국가유공자, 상이군경, 전몰군경의 유가족으로 한정하고, 국가유공자의 가족은 배제하였다. 그에 따라 국가유공자의 가족에 관한 한 채용시험에서 10%의 가산점을 주는 것은 헌법에 합치하지 않는다고 결정함으로써 국가유공자의 가족(따라서 당연히 상이군경의 가족도 마찬가지다)에 대한 10% 가산점제도를 심사함에 있어서는 엄격한 비례성 심사를 하고 있다. 따라서 판례 변경이 있었다고 하더라도 이는 국가유공자나 상이군경의 가족에 대한 것이고 국가유공자나 상이군경 자신이나 전몰군경의 유가족에 대한 10% 가산점제도를 심사함에 있어서 심사기준을 변경한 것은 아니다. 따라서 이들에 대해서는 여전히 완화된 엄격 심사기준이 적용된다. 이 2006년 결정에서 헌법불합치결정을 한 이유와 관련하여 헌법재판소는 "이 사건 조항의 위헌성은 국가유공자 등과 그 가족에 대한 가산점제도 자체가 입법정책상 전혀 허용될 수 없다는 것이 아니고, 그 차별의 효과가 지나치다는 것에 기인한다. 그렇다면 입법자는 공무원 시험에서 국가유공자의 가족에게 부여되는 가산점의 수치를 그 차별 효과가 일반 응시자의 공무담임권 행사를 지나치게 제약하지 않는 범위 내로 낮추고, 동시에 가산점 수혜 대상자의 범위를 재조정하는 등의 방법으로 그 위헌성을 치유하는 방법을 택할 수 있을 것이다. 따라서 이 사건 조항의 위헌성의 제거는 입법부가 행하여야 할 것이므로 이 사건 조항에 대하여는 헌법불합치결정을 하기로 한다. 한편 입법자가 이 사건 조항을 개정할 때까지 가산점 수혜 대상자가 겪을 법적 혼란을 방지할 필요가 있으므로, 그때까지 이 사건 조항의 잠정적용을 명한다. 입법자는 되도록 빠른 시일 내에, 늦어도 2007.6.30.까지 대체 입법을 마련함으로써 이 사건 조항의 위헌적인 상태를 제거하여야 할 것이며, 그때까지 대체 입법이 마련되지 않는다면 2007.7.1.부터 이 사건 조항은 효력을 잃는다."(판례집 18-1상, 288-289)고 하였다. 헌법재판소의 위헌 근거는 국가유공자의 가족이나 상이군경의 가족에 대한 취업보호가 헌법적으로 허용되지 않는다는 것이 아니고 가산점 10%가 지나치다는 것에 있기 때문에 국가유공자의 가족이나 상이군경의 가족을 취업보호 대상자로 하고 있는 법률 규정은 위헌으로 볼 수 없고, 10% 가산점을 규정한 조항이 헌법에 위반된다는 것이다. 이 2006년 결정의 심판 대상 조항은 다음과 같다. 제31조(채용시험의 가점 등) ① 취업보호 실시기관이 그 직원을 채용하기 위하여 채용시험을 실시하는 경우에는 당해 채용시험에 응시한

취업보호 대상자의 득점에 만점의 10퍼센트를 가점하여야 한다. ② 제1항의 채용시험이 필기·실기·면접시험 등으로 구분되어 실시되는 시험의 경우에는 각 시험마다 만점의 10퍼센트를 가점하여야 하며, 2 이상의 과목으로 실시되는 시험에 있어서는 각 과목별 득점에 각 과목별 만점의 10퍼센트를 가점하여야 한다. 다만, 점수로 환산이 불가능한 시험에는 그러하지 아니하다.
③ 국회는 2007.3.29. 법률 개정을 통해 10%의 가산점을 취업보호 대상자에 따라 다양하게 세분화하였다.

III. 완화된 심사를 하는 경우(합리성 심사=자의금지 심사)

비례성 심사를 하지 않는 일반적인 경우에는 완화된 심사를 한다. **완화된 심사를 한다는 것은 합리성 심사 또는 자의금지 심사를 하는 것을** 말한다. 합리성 심사는 차별에 합리적 이유가 있는지 여부를 조사하여 합리성이 존재하면 합헌이 된다. 자의금지 심사는 차별에 자의성이 있는지 여부를 조사하여 자의적 차별이 아닌 한 합헌이라는 의미다. 자의성이란 아무런 합리적 근거 없이 독단적으로 차별을 한 경우를 말한다. 따라서 합리성 심사와 자의금지 심사는 같은 의미이다.

전통적인 개념 정의에 따르면 본질적으로 같은 것을 다르게 취급하거나, 본질적으로 다른 것을 같게 취급하는 경우에 합리성원칙이나 자의금지원칙의 위배가 있게 된다. 다시 말하면 본질적으로 차이가 없는 것을 다르게 취급하는 것만을 금지하고, 반대로 본질적으로 존재하는 차이에 따라 다르게 취급하는 것을 금지하는 것은 아니다.[24]

합리성원칙이나 자의금지원칙을 위와 같이 이해하게 되면 원칙을 위배한 것인지 여부에 대한 판단은 다음의 2단계를 거치게 된다.

① 우선 차별적 입법이나 공권력의 행사가 본질적으로 동일한 집단을 다르게 취급하거나 본질적으로 다른 집단을 같게 취급하고 있는가라는 **차별 취급의 존재 여부**에 대한 판단을 한다. 입법의 경우에 두 개의 비교 집단이 본질적으로 동일한지 여부에 대한 판단은 일반적으로 관련 헌법 규정 및 당해 법규정의 의미와 목적의 해석에 달려 있다. 입법이 아닌 공권력 행사의 경우에도 마찬가지다.

② 다음으로는 차별 취급이 존재하는 경우에 그러한 **차별 취급이 자의적인지 여부**에 대한 판단이다. 이는 합리적인 이유가 결여된 경우에 차별취급은 자의적인 것으로

24) BVerfGE 1, 14, 52.

된다.[25]

완화된 심사를 한 사례로는 ① 시혜적 법률의 적용상의 차별,[26] ② 직업 수행의 자유를 제한함에 있어서의 비교 집단 간의 차별,[27] ③ 지방의회 의원 등 다른 선출직 공직자의 경우에는 계속 재임을 제한하지 않으면서 지방자치단체 장의 계속 재임은 3기로 제한하는 「지방자치법」 조항,[28] ④ 「공직자윤리법」상 국회의원으로 하여금 주식에 대해서는 매각이나 백지신탁 의무를 부과하면서 부동산에서는 그렇게 하지 않는 것이 주식을 가진 국회의원과 부동산을 가진 국회의원을 차별한 입법인지 여부[29] ⑤ 「형사소송법」 제260조에 따라 재정신청을 할 수 있는 고소·고발인은 재항고를 할 수 없도록 한 「검찰청법」 제10조 제3항[30], ⑥ 인구 50만 이상의 일반 시에는 자치구가 아닌 구(행정구)의 구청장이나 구의원이 주민이 선출할 수 없도록 하고 있는 「지방자치법」 조항,[31] ⑦ 회원제 골프장용 부동산의 재산세를 1천분의 40의 중과세율을 부과한 구 「지방세법」 조항[32] 등이 있다.

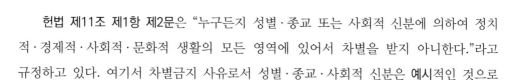

제4항 차별금지 사유

헌법 제11조 제1항 제2문은 "누구든지 성별·종교 또는 사회적 신분에 의하여 정치적·경제적·사회적·문화적 생활의 모든 영역에 있어서 차별을 받지 아니한다."라고 규정하고 있다. 여기서 차별금지 사유로서 성별·종교·사회적 신분은 **예시적인 것으로**

---

25) 헌재 2012.8.23. 2010헌가65, 공직자윤리법 제14조의4 제1항 위헌 제청(합헌); 2004.12.16. 2003헌바78 참조.

26) 헌재 1993.12.23. 89헌마189, 1980년해직공무원의보상등에관한특별조치법에 대한 헌법소원(기각).

27) 헌재 2007.2.22. 2003헌마428, 자원의절약과재활용촉진에관한법률시행령 제5조 등 위헌확인(기각, 각하); 2019.8.29. 2014헌바212등, 의료법 제87조 제1항 제2호 위헌소원 등(합헌).

28) 헌재 2006.2.23. 2005헌마403, 지방자치법 제87조 제1항 위헌확인(기각).

29) 헌재 2012.8.23. 2010헌가65, 공직자윤리법 제14조의4 제1항 위헌 제청(합헌).

30) 「형사소송법」은 재정신청을 하기 위해서는 필수적으로 검찰청법상의 항고를 거치도록 규정하고 있으므로(제260조 제2항), 재정신청의 대상이 된 범죄에 관하여 검찰 항고기각처분에 대한 불복방법을 재정신청으로 일원화한 것이다. 한편 재정신청을 할 수 없는 사람은 항고기각처분에 대해서는 검찰청법에 따라 재항고를 할 수 있다.

31) 헌재 2019.8.29. 2018헌마129, 지방자치법 제3조 제3항 등 위헌확인(기각, 각하).

32) 헌재 2020.3.26. 2016헌가17등, 지방세법 제111조 제1항 제1호 다목 2) 등 위헌제청(합헌) - 회원제 골프장 재산세 중과 사건.

이해된다. 차별금지 영역으로서는 정치적·경제적·사회적·문화적 생활의 모든 영역이라고 하고 있다. 따라서 이 조문은 **차별금지에 대한 일반적인 선언일 뿐 헌법에서 특별히 평등을 요구하고 있는 경우라고 보기 어렵다.**[33]

헌법이 특별히 평등을 요구하고 있는 경우는 헌법 제32조 제4항과 제36조 제1항을 들 수 있다. 근로 조건 등에서의 남녀차별금지를 규정한 제32조 제4항에서는 "여자의 근로는 특별히 보호를 받으며, 고용·임금 및 근로 조건에 있어서 부당한 차별을 받지 아니한다."고 함으로써 차별금지의 사유로서 성별, 차별금지 영역으로는 경제적 생활 영역을 구체적으로 적시하고 있고, 제36조 제1항에서는 혼인과 가족생활 영역에서 성차별의 금지를 구체적으로 명시하고 있다.

이러한 관점에서 보면 성별이나 연령, 사회적 신분에 의한 차별의 금지를 규정하였다는 것만으로는 이러한 사유에 근거한 차별 행위에 대하여 자의금지 심사가 적용될 것인지 엄격한 비례심사가 적용될 것인지는 아직 알 수가 없는 것이다.

Ⅰ. 성별

헌법재판소는 제대군인 가산점제도 사건에서 헌법 제32조 제4항은 여성 근로자의 특별한 보호를 명하고 있기 때문에 **비례성 심사**를 하였다. 국적법의 부계혈통주의의 위헌 여부에 대한 사건[34]에서도 비례성원칙이 언급되고 있지는 않지만 위 제대군인 가산점제도 사건의 남녀차별에 대한 심사기준과 법리가 그대로 타당하다고 하면서 제11조 제1항 위반을 선언하고 있다.

헌법이 특별히 규정하지 않은 그 외 일반적인 경우에 성별에 따른 차별에 대해서는 어떤 심사기준을 적용할 것인지는 명백하지는 않지만, **통상 성별은 원칙적으로 당사자가 임의적으로 해소할 수 없는 차별사유이므로 엄격 심사가 이루어지는 것이 바람직하다.** 이는 특히 남성에 비하여 여성을 차별하는 경우에 그러하다.

미국 연방대법원에서는 남녀차별의 문제에 대해서는 합리성 심사와 엄격 심사의 중간 단계의 심사기준을 적용한다.

---

33) 정재황, 신헌법입문, 2002, 박영사, 327쪽에서도 헌법재판소는 헌법 제11조 제1항 후문이 아닌 다른 규정에서 특별히 평등을 요구하는 경우에 엄격 심사를 하고 있다고 본다.

34) 헌재 2000.8.31. 97헌가12, 국적법 제2조제1항 제1호 위헌 제청(헌법불합치, 각하).

II. 종교

현대의 민주적 헌법국가에서 국가에 의한 종교 차별은 쉽게 상정하기 어렵다. 종교상의 차별은 주로 사법(私法) 영역에서 발생한다. 국가가 종교에 따라 차별을 하는 경우에는 역사적으로 사회 불안의 근본 요인이 되어왔다는 점에서 **원칙적으로 엄격 심사**를 하는 것이 타당할 것이다.

헌법재판소는 행정자치부장관이 제42회 사법시험 제1차 시험의 시행일자를 일요일로 정하여 공고한 2000년도 공무원임용시험시행계획 공고가 종교의 자유를 침해하는지 여부를 다룬 심판 사건에서 사법시험을 일요일 시행하는 것은 종교에 대한 불합리한 차별적 대우가 아니라고 판시하였다.[35] 즉, 종교 차별 여부 심사에서 합리성 심사를 하고 있는 것이다. 즉, 일요일은 종교적 의미가 없는 일반적인 공휴일로 보아서 이러한 정도로는 다른 종교와의 관계에서 불합리한 차별 취급이라고 볼 수 없다고 판시하였는데, 여기서 동원된 심사기준은 합리성원칙이다. 차별의 정도가 심각하지 않아서 합리성 심사를 한 것으로 볼 수 있는데 차별의 정도 문제는 심사기준 선택의 기준이 되기보다는 심사기준을 적용하였을 때 합헌으로 될 것인가 아니면 위헌으로 될 것인가의 문제다. 오히려 일요일을 일반적 공휴일로 보아서 종교적 차별이 존재하지 않는 것으로 보는 것이 타당했을 것이다.

III. 사회적 신분

사회적 신분이란 기본권 주체가 장기간 점하는 지위로서 일정한 사회적 평가를 수반하는 것을 말한다.[36]

사회적 신분에 따른 차별 행위에 대한 위헌심사기준과 관련하여 헌법재판소는 존속상해 가중 처벌 사건[37]과 흡연자 처벌 사건[38]에서 합리성 심사를 하였지만, 사회적

35) 헌재 2001.9.27. 2000헌마159, 제42회 사법시험 제1차시험 시행일자 위헌확인(기각). 사법시험을 일요일에 치르도록 한 것이 종교의 자유를 침해한 것인지 여부와 관련하여서는 종교의 자유의 제한임을 인정하고 비례성원칙과 본질적 내용 침해금지원칙을 위배하지 않는다고 판단하였다.
36) 헌재 1995.2.23. 93헌바43, 형법 제35조 등 위헌소원(합헌).
37) 헌재 2002.3.28. 2000헌바53, 형법 제259조 제2항 위헌소원(합헌).
38) 헌재 2004.8.26. 2003헌마457(기각).

신분은 차별금지 사유로서 열거된 것으로 보아서 엄격 심사를 한다는 견해도 있다. 결론적으로는 사회적 신분은 그 범주가 광범위하기 때문에 이들 가운데는 엄격 심사를 하여야 할 것이 있고, 완화된 심사를 할 것이 있을 것이다.

미국 연방대법원에서는 사회적 신분의 하나인 혼인외자의 차별에 대해 중간 심사 기준을 적용한 예가 있다.[39]

IV. 연령

연령에 따른 차별은 원칙적으로 자의금지 심사의 대상이 되는 것으로 본다.

헌법재판소에서도 ① 선거권 연령을 공무담임권의 연령인 18세가 아닌 20세로 규정한 것은 입법부에 주어진 합리적인 재량의 범위를 벗어난 것으로 볼 수 없고,[40] ② 공무원 정년 연령의 차등은 원활한 인사정책 등의 면에서 합리적이고 정당하다[41]고 보았다. ③ 초·중등교원과 대학 교원의 정년 연령에 차이를 둔「교육공무원법」소정의 규정에 대해 자의금지 심사를 하면서 합헌 결정하였고,[42] ④「독립유공자예우에 관한 법률」제12조 제2항 제1호 중 '손자녀 1명에 한정하여 보상금을 지급하는 부분' 및 같은 조 제4항 제1호 중 '나이가 많은 손자녀를 우선하는 부분'[43]이 청구인의 평등권을 침해하는지 여부와 관련하여 i) 대통령령으로 정하는 생활수준 등을 고려하여 손자녀 1명에게 보상금을 지급하도록 하여 유족의 생활 안정과 복지 향상을 도모하기 위하여

---

39) Clark v. Jeter, 486 U.S. 456 (1988). 기타 동성애행위자를 처벌하는 주법은 위헌이라는 Lawrence v. Texas, 539 U.S. 558 (2003)도 참조.

40) 헌재 1997.6.26. 96헌마89, 공직선거및선거부정방지법 제15조 위헌확인(기각).

41) 헌재 1997.3.27. 96헌바86, 국가공무원법 제74조 제1항 제1호 등 위헌소원(합헌).

42) 헌재 2000.12.14. 99헌마112등, 교육공무원법 제47조 제1항 위헌확인, 교육공무원법 제47조 제1항 본문 위헌확인(기각).

43) 이 규정은 2013년 헌법불합치 결정(헌재 2013.10.24. 2011헌마724, 독립유공자예우에 관한 법률 제12조 제2항 등 위헌확인)의 취지에 따라 개정된 조항이다. 2013년 헌법불합치 결정된 조항은 다음과 같다: "독립유공자예우에 관한 법률(2008.3.28. 법률 제9083호로 개정된 것) 제12조(보상금) ② 독립유공자와 그 유족 중 선순위자(先順位者) 1명에게는 보상금을 지급한다. 다만, 손자녀일 경우에는 1945년 8월 14일 이전에 사망한 독립유공자의 손자녀 1명에 한정하여 보상금을 지급하고, 이 보상금을 받을 권리는 다른 손자녀에게 이전되지 아니한다."와 "④ 제3항에 따라 보상금을 받을 유족 중 같은 순위자가 2명 이상이면 다음 각 호의 구분에 따라 보상금을 지급한다. 1. 나이가 많은 자를 우선하되, 손자녀일 경우에는 독립유공자의 선순위 자녀의 자녀 중 나이가 많은 자에게 지급한다(단서 생략)."

보상금이 가장 필요한 손자녀에게 보상금을 지급하여 보상금수급권의 실효성을 보장하였고, ii) 보상금을 지급받지 못하는 손자녀들에 대한 생활보호 대책을 마련하였다는 점에서 볼 때 심판 대상 조항에 나타난 입법자의 선택이 명백히 그 재량을 일탈한 것이라고 보기 어려우므로 평등권 침해가 아니라고 판시하였다.[44] ⑤ 법관의 정년 연령을 직위에 따라 차이를 둔 것에 대해서도 합리성 심사기준을 적용하여 합헌 결정하고 있다.[45] ⑥ 공무원임용시험령 제16조 [별표 4] 중 5급 공개경쟁채용시험의 응시연령 상한 '32세까지' 부분에 대해서는 헌법불합치결정을 하면서 심사기준에 대한 명시적인 언급은 없었다.[46] 다만 판시의 취지로 볼 때 합리성심사를 한 것으로 보인다. ⑦ 국민참여재판에 참여하는 배심원 자격을 만 20세 이상으로 정해 연령제한을 뒀더라도 입법형성권의 한계 내의 것으로 자의적인 차별이라고 볼 수 없는 것으로 보고 있다.[47]

제5항 적극적 차별해소조치

전래적인 차별을 해소하기 위한 국가의 조치를 적극적 차별해소조치(affirmative action)라고 한다. 적극적 차별해소조치 자체는 정당한 것이라고 하더라도 그 때문에 일종의 차별인 역차별(reverse discrimination)이 발생할 수 있다. 미국 연방대법원에서는 역차별에 대해서는 엄격 심사를 적용하기도 한다.[48]

「여성발전기본법」 제6조, 「남녀고용평등과 일·가정 양립지원에 관한 법률」 제2장 제4절, 「공직선거법」 제47조 제3항, 「공무원임용시험령」 제20조 제1항 등에서 여성에 대한 적극적 차별해소조치가 규정되어 있다.

성별에 의한 역차별에 대해 헌법재판소는 **자의금지 심사**를 하고 있다. ① 성차별의

---

44) 헌재 2018.6.28. 2015헌마304, 독립유공자예우에 관한 법률 제12조 제2항 등 위헌확인(기각).
45) 헌재 2002.10.31. 2001헌마557, 법원조직법 제45조 제4항 위헌확인(기각).
46) 헌재 2008.5.29. 2007헌마1105, 국가공무원법 제36조 등 위헌확인(헌법불합치, 각하).
47) 헌재 2021.5.27. 2019헌가19, 국민의 형사재판 참여에 관한 법률 제16조 위헌제청(합헌) - 배심원 연령 제한에 관한 사건.
48) Richmond v. Croson Co., 488 U.S. 469 (1989); Adarand Constructor v. Pena, 515 U.S. 200 (1995). 이 결정의 주요 판시 내용은 엄격 심사(strict scrutiny)는 주에 의한 모든 인종차별, 즉 백인에게 부적절하게 이익을 부여하는 행위뿐만 아니라 소수집단에게 이익을 주는 적극적 차별해소조치 프로그램(affirmative action programs)에 대해서도 적용된다는 것이다(https://supreme.justia.com/cases/federal/us/515/200/).

특이한 문제로 강간죄의 피해자를 여성으로만 한정한 「형법」 제297조[49])를 들 수 있는데 이는 합헌으로 인정된다. 이 여성에는 성전환자도 포함된다.[50]) 그러나 「형법」 제297조는 2012.12.18. 강간죄의 객체를 부녀에서 사람으로 개정되었다.[51]) ② 아동·청소년에 대한 강간·강제추행 등 죄를 규정한 구 「아동·청소년의 성보호에 관한 법률」 제7조 제5항에서는 여자 아동·청소년을 간음한 경우에 가중하여 처벌하고 있는데, 이에 대해서 헌법재판소는 "남성과 여성의 생리적·신체적 차이로 강간이 일반적으로 남성에 의해 자행되고 있는 실정 및 성관계에 대한 윤리적·사회적 인식, 그 밖에 여건의 차이로 인하여 피해의 양상이나 심각성의 정도가 다를 수 있다는 점 등을 고려한 것으로, 이러한 입법자의 결단이 위에서 본 여러 사정에 비추어 입법재량의 범위를 벗어난 자의적인 입법이라고 할 수 없다."고 판시하였다.[52])

NOTE **미국에서 소수인종 우대 대입프로그램 위헌 판결**

소수인종 우대 입학제도로 말미암아 아시아계 지원자들이 차별을 받았다며 공정입학을 위한 학생들(SFFA)이라는 단체가 하버드 대학(사립)과 노스캐롤라이나 대학(공립)에 낸 소송에서, 미국 연방대법원은 지난 2023.6.29. 두 대학이 다양성을 위해 흑인 등 소수인종을 입학에서 우대해 오던 프로그램이 미국 수정헌법 제14조의 평등보호조항에 위반된다는 결정을 하여 파문이 일고 있다[Students for fair admissions v. President and fellows of Harvard College (2023) 사건과 Students for fair admissions v. University of North Carolina, et al. (2023) 사건에서 각 6 대 3과 6 대 2(잭슨 대법관이 노스캐롤라이나대학과의 관련성을 이유로 결정에 불참)로 위헌 결정하였음]. 그동안 미국은 1960년대부터 대학입학에서 적극적 차별해소조치를 도입해 왔는데 이에 대해 백인과 아시아계가 역차별을 받고 있다는 주장이 지속적으로 주장되어 왔었다. 이 새로운 연방대법원의 판결에 따라 그동안 시행해 오던 대학입학에서의 적극적 차별해소조치를 철폐하여야 하기 때문에 앞으로 상당한 진통이 예상된다.

---

49) 구 형법 제297조(강간) 폭행 또는 협박으로 부녀를 강간한 자는 3년 이상의 유기징역에 처한다.
50) 대법원 2009.9.10. 2009도3580 판결.
51) 형법 제297조(강간) 폭행 또는 협박으로 사람을 강간한 자는 3년 이상의 유기징역에 처한다.
52) 헌재 2015.2.26. 2013헌바107, 아동·청소년의 성보호에 관한 법률 제7조 제5항 등 위헌소원(합헌, 각하). 6인 재판관의 합헌의견은 평등원칙 위반이 아니라고 보았는데 반하여, 3인 위헌의견은 「형법」 제302조의 미성년자 간음죄와 및 청소년성보호법상 강간죄와의 비교하여 형벌 체계상 평등원칙 위반을 주장하였다. 이 3인의 반대의견 중 이진성 재판관은 남녀 평등원칙 위배도 위헌인 이유로 들고 있다.

| NOTE | 위헌 결정 사례(평등권 및 평등원칙) | |

차별사유	심판대상	이유
성별	혼인한 등록의무자 모두 배우자가 아닌 본인의 직계존·비속의 재산을 등록하도록 2009.2.3. 법률 제9402호로 「공직자윤리법」 제4조 제1항 제3호가 개정되었음에도 불구하고, 개정 전 「공직자윤리법」 조항에 따라 이미 배우자의 직계존·비속의 재산을 등록한 혼인한 여성 등록의무자는 종전과 동일하게 계속해서 배우자의 직계존·비속의 재산을 등록하도록 규정한 「공직자윤리법」 부칙 제2조(헌재 2021.9.30. 2019헌가3, 공직자윤리법 부칙 제2조 위헌제청(위헌) – 혼인한 여성 등록의무자의 등록대상재산 사건.	성별에 의한 차별금지 및 혼인과 가족생활에서의 양성의 평등을 천명하고 있는 헌법에 정면으로 위배되는 것으로 그 목적의 정당성을 인정할 수 없기 때문이다.
자사고 지원자	자율형 사립고등학교(자사고)를 후기학교로 정하여 신입생을 일반고와 동시에 선발하도록 한 초·중등교육법 시행령 제80조 제1항(이 사건 동시선발조항)과 자사고를 지원한 학생에게 평준화지역 후기학교에 중복지원하는 것을 금지한 시행령 제81조 제5항 중 '제91조의3에 따른 자율형 사립고등학교는 제외한다' 부분(이 사건 중복지원금지 조항) 중 이 사건 중복지원금지 조항[헌재 2019.4.11. 2018헌마221, 자사고를 후기학교로 규정하고, 자사고 지원자에게 평준화지역 후기학교 중복지원을 금지한 초·중등교육법 시행령 사건(위헌, 기각)].	고등학교 진학기회에 있어서 평준화지역 일반고에 지원하는 학생과 달리 취급하는 자사고 지원자들에 대한 차별을 정당화할 수 있을 정도로 차별 목적과 차별 정도 간에 비례성을 갖춘 것이라고 볼 수 없기 때문(이 사건 동시선발조항은 합헌 결정되었다).
통상의 출퇴근 재해자	근로자가 사업주의 지배관리 아래 출퇴근하던 중 발생한 사고로 부상 등이 발생한 경우만 업무상 재해로 인정하는 「산업재해보상보험법」 제37조 제1항 제1호 다목으로 인해 사업장 규모나 재정여건의 부족 또는 사업주의 일방적 의사나 개인 사정 등으로 출퇴근용 차량을 제공받지 못하거나 그에 준하는 교통수단을 지원받지 못하는 비혜택 근로자는 비록 산재보험에 가입되어 있다	차별을 정당화할 수 있는 합리적 근거를 찾을 수 없기 때문이다.

	하더라도 출퇴근 재해에 대하여 보상을 받을 수 없도록 한 것(헌재 2016.9.29. 2014헌바254, 산업재해보상보험법 제37조 제1항 제1호 다목 등 위헌소원(헌법불합치, 각하) - 출퇴근 재해 사건).	
	헌재 2016.9.29. 2014헌바254 결정 이후 개정된 산업재해보상보험법이 부칙에서 업무상 재해에 통상의 출퇴근 재해를 포함시키는 개정 법률조항을 개정법 시행 후 최초로 발생하는 재해부터 적용하도록 한 것[헌재 2019.9.26. 2018헌바218, 출퇴근 재해 불소급 사건(헌법불합치)].	통상의 출퇴근 사고를 당한 비혜택근로자를 보호하기 위한 최소한의 조치도 취하지 않은 것은 산재보험의 재정상황 등 실무적 여건이나 경제상황 등을 고려한 것이라고 하더라도 차별을 정당화할 합리적인 이유가 없기 때문이다.
전몰군경자녀	6·25전몰군경자녀 중 연장자인 1명에게만 6·25전몰군경자녀수당을 지급하도록 한 「국가유공자등 예우 및 지원에 관한 법률」 조항(헌재 2021.3.25. 국가유공자등 예우 및 지원에 관한 법률 제13조 제2항 제1호 등 위헌제청(헌법불합치).	수급권자의 수를 확대할 수 있는 어떠한 예외를 두지 않은 것과 나이가 많다는 우연한 사정을 기준으로 지급순위를 정하는 것은 합리적인 이유가 없기 때문이다.
특정한 정치적 견해 표명자	대통령의 지시로 대통령 비서실장 등이 특정한 정치적 견해를 표명한 전력이 있는 문화예술인들을 예술위 등의 지원사업에서 의도적으로 배제하도록 한 지시행위(헌재 2020.12.23. 2017헌마416, 특정 문화예술인 지원사업 배제행위 등 위헌확인[인용(위헌확인), 기타].	정부정책을 반대하거나 정부에 대하여 비판적인 견해를 가진 예술인들에 대한 지원을 단절할 목적으로 지원사업 내용과 전혀 무관한 청구인들의 정치적 견해만을 기준으로 하여 그들의 공정한 심사 기회를 박탈하고 심의에서 일절 배제되도록 한 것은 정당화될 수 없는 자의적인 차별행위이다.
골프장 부가금 징수 대상 시설 이용자	국민체육진흥법상 골프장 부가금 [헌재 2019.12.27. 2017헌가21, 국민체육진흥법 제20조 제1항 제3호 위헌제청(위헌)].	수많은 체육시설 중 유독 골프장 부가금 징수 대상 시설의 이용자만을 국민체육진흥계정 조성에 관한 조세 외적 부담을 져야 할 책임이 있는 집단으로 선정한 것에는 합리성이 결여되어 있기 때문이다.

형사보상대상 제외자	원판결의 근거가 된 가중처벌규정에 대하여 헌법재판소가 위헌결정을 하였고, 이에 따라 재심절차에서 공소장의 교환적 변경을 통하여 원판결보다 가벼운 형으로 확정되었으나 이미 원판결에 따른 구금형 집행이 재심판결에서 선고된 형을 초과한 경우 이에 대한 보상요건을 규정하지 아니한 「형사보상과 명예회복에 관한 법률」 제26조 제1항(헌재 2022.2.24. 2018헌마998 등, 입법부작위 위헌확인 등(2023.12.31.까지 계속적용 헌법불합치).	형사보상법 제26조 제1항에서 규정하고 있는 보상이 필요한 경우들과 본질적으로 다르지 않음에도 불구하고 달리 취급하고 있기 때문이다.
당사자소송에서 피고에 따른 차별	당사자소송은 국가·공공단체 그 밖의 권리주체를 피고로 하는 소송인데(행정소송법 제39조), 국가를 상대로 하는 당사자소송의 경우에는 가집행을 선고할 수 없도록 하고 있는 「행정소송법」 제43조[헌재 2022.2.24. 2020헌가12, 행정소송법 제43조 위헌제청(위헌)].	국가가 아닌 공공단체 그 밖의 권리주체가 피고인 경우에 비하여 합리적인 이유 없이 차별하고 있기 때문이다(이 사건은 국가와 국가가 아닌 공공단체 그 밖의 권리주체를 차별함으로써 국가를 상대로 하는 당사자소송의 원고를 차별하는 것이다).
장애인	특별교통수단에 있어 표준휠체어만을 기준으로 휠체어 고정설비의 안전기준을 정하고 있는 「교통약자의 이동편의 증진법 시행규칙」(2021.8.27. 국토교통부령 제882호로 개정된 것) 제6조 제3항 별표 1의2(헌재 2023.5.25. 2019헌마1234, 입법부작위 위헌확인(헌법불합치) - 장애인 특별교통수단 사건.	휠체어를 이용하지 못하는 장애인을 위한 탑승설비에 관한 규정을 두지 않은 것이 평등권을 침해한다.

NOTE **합헌 결정 사례(평등권 및 평등원칙)**

① 임대의무기간이 10년인 공공건설임대주택의 분양전환가격을 임대의무기간이 5년인 공공건설임대주택의 분양전환가격과 다른 기준에 따라 산정하도록 하는 구 임대주택법 시행규칙 제14조 중 제9조 제1항 [별표 1] 제1호 가목을 준용하는 부분은 임대의무기간이 10년인 공공건설임대주택의 임차인에 비하여 임대의무기간이 10년인 공공건설임대주택의 임차인을 불리하게 차별하는 것은 아니다.[53]

---

53) 헌재 2021.4.29. 2019헌마202, 구 임대주택법 시행규칙 제3조의3 제1항 등 위헌확인(기각). 분양전환가격 산정기준에 따르면 10년 임대주택(감정평가금액을 초과할 수 없음)의 임차인이 5년 임대

② 구 「가정폭력범죄의 처벌 등에 관한 특례법」에서 피해자보호명령을 할 수 있는 경우를 규정(제55조의2)하면서 전기통신을 이용한 접근금지를 규정하고 있는 것과 달리 우편을 이용한 접근금지에 대하여 규정하지 아니하였다고 하더라도, 우편을 이용한 접근행위에 대해서는 법원의 가처분결정과 간접강제결정을 통해 비교적 신속하게 우편을 이용한 접근의 금지라는 목적을 달성할 수 있고, 그 접근행위가 「형법」상 협박죄 등에 해당할 경우 피해자는 고소 등의 조치를 취할 수도 있는 점, 피해자보호명령제도에 대해서는 진술거부권고지나 동행영장에 관한 규정이 준용되지 않고, 가정폭력행위자가 심리기일에 출석하지 않아도 되는 등 실무상 민사 또는 가사 신청사건과 유사하게 운영되고 있는 점 등을 고려할 때, 자의적인 입법으로서 평등원칙에 위반된다고 보기 어렵다.[54]

③ 공수처법의 입법목적을 달성하기 위해 고위공직자의 직무와 관련하여 가족이 고위공직자범죄를 범한 경우에 한하여 수사처의 수사 등을 받도록 한 것은 고위공직자나 그 가족에 대한 불합리한 차별에 해당한다고 볼 수 없다.[55]

④ 명예훼손 범죄를 친고죄가 아닌 반의사불벌죄로 규정함으로써 당사자가 아닌 제3자도 고발할 수 있도록 한 「정보통신망 이용 촉진 및 정보보호 등에 관한 법률」 규정. 친고죄로 할 것인가 반의사불벌죄로 할 것인가는 입법부에 광범위한 형성의 자유가 인정되는 영역으로서 평등원칙에 위배된다고 할 수 없다.[56]

⑤ 공무원이 지위를 이용하여 선거운동의 기획행위를 하는 것을 금지하고 이를 위반한 경우 형사처벌하는 한편, 공무원이 지위를 이용하여 범한 공직선거법위반죄의 경우 일반인이 범한 공직선거법위반죄와 달리 공소시효를 10년으로 정한 구 「공직선거법」 조항들. 그 이유는 공무원이 지위를 이용하여 범한 공직선거법위반죄의 경우 선거의 공정성을 중대하게 저해하고 단기 공소시효에 의할 경우 처벌규정의 실효성을 확보하지 못할 수 있다는 점 등에 비추어 합리적 이유가 인정되기 때문이다.[57]

⑥ 국공립어린이집과 사회복지법인어린이집, 법인·단체 등 어린이집 등에는 보육교직원 인건비를 지원받는 대신 영리 추구를 제한 받기 때문에, 영리 추구가 허용되는 민간어린이집·가정어린이집은 보육교직원 인건비를 지원받지 못 하더라도 차별에 합리적 이유가 없다고 할 수 없다.[58]

⑦ 근로자의 날을 관공서의 공휴일로 정하지 않은 「관공서의 공휴일에 관한 규정」(대통령

주택(건설원가와 감정평가금액을 산술 평균한 가액)의 임차인에 비하여 불리한데, 양자를 동일한 산정기준에 따르게 하면 10년 임대주택의 공급이 감소되는 결과로 이어지기 때문이다.

54) 헌재 2023.2.23. 2019헌바43, 가정폭력범죄의 처벌 등에 관한 특례법 제55조의2 제1항 위헌소원(합헌, 5인의 헌법불합치의견 있음).

55) 헌재 2021.1.28. 2020헌마264등, 고위공직자범죄수사처 설치 및 운영에 관한 법률 위헌확인(기각, 각하) — 공수처법 위헌확인 사건.

56) 헌재 2021.4.29. 2018헌바113, 정보통신망 이용촉진 및 정보보호 등에 관한 법률 제70조 제3항 위헌소원(합헌).

57) 헌재 2022.8.31. 2018헌바440, 공직선거법 제268조 제3항 등 위헌소원(합헌).

58) 헌재 2022.2.24. 2020헌마177(기각) — 국공립어린이집과 달리 민간어린이집에는 보육교직원 인건비를 지원하지 않는 보건복지부지침에 관한 위헌소원 사건.

령) 제2조 본문.[59] 공무원의 근로조건을 정할 때는 공무원의 국민전체에 대한 봉사자로서의 지위 및 직무의 공공성을 고려할 필요가 있고, 근로자의 날을 관공서의 공휴일로 정하지 않았다고 하더라도 일반근로자에 비해 현저하게 부당하거나 합리성이 결여되었다고 볼 수 없기 때문이다.

⑧ 가구 내 고용활동에 대하여 다른 사업장과 동일하게「근로자퇴직급여보장법」을 적용할 경우 이용자 및 이용자 가족의 사생활을 침해할 우려가 있음은 물론 국가의 관리 감독이 제대로 이루어지기도 어렵다는 점 등을 고려할 때, '가구 내 고용활동'에 대해서는「근로자퇴직급여 보장법」을 적용하지 않도록 규정한「근로자퇴직급여 보장법」제3조 단서 중 '가구 내 고용활동' 부분은 합리적 이유가 있는 차별로서 평등원칙에 위배되지 아니한다.[60]

⑨ 병역의무의 이행만을 응시기회제한의 예외로 인정하는「변호사시험법」제7조 제2항.[61] 인정되는 사유나 그 지속기간 등을 일률적으로 입법하기 어렵고, 예외를 인정할수록 시험기회·합격률에 관한 형평에 문제제기가 있을 수 있어 시험제도의 신뢰를 떨어뜨릴 위험이 있기 때문이다(이 결정의 4인 재판관의 반대의견은 입법자는 일정한 심사과정을 거쳐 추가적인 응시기회를 부여함으로써 변호사시험 응시기회를 어느 정도 실질적으로 보장할 수 있고 또한 변호사시험 응시한도의 예외를 어느 정도 일반적·추상적으로 규정하되 변호사시험 실시기관 등으로 하여금 그 사유가 있는지를 심사하도록 하는 절차를 마련함으로써 예외사유의 자의적 적용을 배제할 수 있다는 점에서 평등권을 침해한다고 한다).

⑩ 금융감독원 직원의 경우에도 취업제한 대상을 금융위원회와 같이 정하면서 한국은행 및 예금보험공사의 경우보다는 넓은 4급 이상 직원에 대하여 퇴직일부터 3년간 취업심사대상기관의 취업을 제한하는「공직자윤리법」소정의 조항은 금융감독원의 4급 이상 직원인 청구인들의 직업의 자유 및 평등권을 침해하지 아니한다.[62]

⑪ 영화업자가 영화근로자와 계약을 체결할 때 근로시간을 구체적으로 밝히도록 하고, 위반 시 처벌하는「영화 및 비디오물의 진흥에 관한 법률」제3조의4는 근로기준법 조항이 영화근로자와 계약을 체결하는 영화업자에게도 적용됨을 분명히 한 것으로서 영화업자의 평등권을 침해하지 않는다.[63]

⑫ 사회복무요원에게 현역병의 봉급에 해당하는 보수를 지급하도록 한 병역법 시행령 제62조 제1항 본문(현역병에게는 복무에 필요한 급식비, 피복비 등 모든 비용을 국고에서 지

---

59) 헌재 2022.8.31. 2020헌마1025, 관공서의 공휴일에 관한 규정 제2조 본문 위헌확인(기각) ─ 근로자의 날을 관공서 공휴일에 포함시키지 않은 규정에 대한 사건; 2015.5.28. 2013헌마343, 관공서의 공휴일에 관한 규정 제2조 위헌확인(기각).

60) 헌재 2022.10.27. 2019헌바454, 근로자퇴직급여 보장법 제3조 단서 위헌소원(합헌. 2인의 위헌의견 있음). 가사사용인은 기존에 퇴직급여법의 적용범위에서 배제되어 있었고, 근로기준법 및 산업재해보상보장법 등 근로 관련 법령의 적용범위에서도 배제되어 있었는데, 이 결정은 가사사용인에 대한 첫 위헌 결정이다.

61) 헌재 2020.11.26. 2018헌마733등, 변호사시험 응시한도 및 예외에 대한 헌법소원(기각).

62) 헌재 2021.11.25. 2019헌마555, 공직자윤리법 제17조 제1항 등 위헌확인(기각) ─ 금융감독원 직원 취업제한 사건.

63) 헌재 2022.11.24. 2018헌바514, 영화근로자에 대한 근로시간 명시의무 사건(합헌).

급하는 데 반하여, 사회복무요원에게는 이 조항에 따라 현역병의 봉급과 동일한 보수에 교통비, 중식비만 추가로 지급할 뿐, 그 밖에 평일 조·석식비, 휴일 조·중·석식비, 의복비, 거주지 냉·난방비, 전기요금 등 생존에 필수불가결한 비용 또는 병역의무 이행에 필수적인 비용조차 지급하지 아니하고 있어, 현역병에 비하여 사회복무요원을 자의적으로 차별하고 있다는 주장)은 해당 비용과 직무수행 간의 밀접한 관련성 유무를 고려한 것으로서 사회복무요원은 생계유지를 위하여 필요한 경우 복무기관의 장의 허가를 얻어 겸직할 수 있는 점 등을 고려하면 평등권 침해가 아니다.64) 또한 사회복무요원에게는 병역법 시행령 제62조 제1항에 따른 보수 외에 직무수행에 필요한 여비, 급식비 등 실비를 지급하도록 하고 있으나(병역법 시행령 제62조 제2항) 이로써 주거비나 조·석식비 등 생존에 필요한 최소한의 의식주 비용조차 지급하지 아니하는 것은 평등권 침해라는 주장에 대하여도 같은 이유로 기각 결정하였다.65)

⑬ 공중보건의사에 편입되어 군사교육에 소집된 사람을 「군인보수법」의 적용대상에서 제외하여 군사교육 소집기간 동안의 보수를 지급하지 않도록 한 「군인보수법」 제2조 제1항 중 '군사교육소집된 자' 가운데 '병역법 제5조 제1항 제3호 나목 4) 공중보건의사'에 관한 부분은 공중보건의사에 대한 군사교육은 복무기간 내내 비군사적인 복무에 종사하게 될 공중보건의사에게 단 1회 30일 이내의 기간에 한하여 이루어지고, 그 기간 동안 의식주에 필요한 기본물품이 제공된다는 점 등을 고려하면 공중보건의사가 받는 불이익이 심대하다고 보기도 어렵다.66)

⑭ 군사기지·군사시설에서 군인 상호간의 폭행죄에 반의사불벌에 관한 형법조항의 적용을 배제하고 있는 「군형법」 제60조의6 제1호, 제2호 중 군인이 군사기지·군사시설에서 군인을 폭행한 경우 「형법」 제260조 제3항을 적용하지 아니하도록 한 부분은 일반 폭행죄와 군사기지·군사시설에서의 군인의 군인에 대한 폭행죄의 보호법익의 차이, 군인이 수행하는 공무와 군 조직의 특수성으로 인해 불법성이 가중되는 사정, 국가형벌권의 공평하고 획일적인 행사로 얻을 수 있는 공익과 피해자의 의사를 존중함으로써 얻을 수 있는 사익, 병역의무를 이행하는 병역의무자의 신체와 안전을 국가가 보호해야 할 필요성 등을 종합적으로 형량한 결과로서, 형벌체계상 균형을 상실하였다고 보기 어렵고 따라서 평등원칙에 위반되지 아니한다.67)

⑮ 국립묘지 안장 대상자의 배우자 가운데 안장 대상자 사후에 재혼한 자를 합장 대상에서 제외하는 내용의 「국립묘지의 설치 및 운영에 관한 법률」 제5조 제3항 본문 제1호 단서의 부분에 대해서는 합리성심사를 거쳐 평등원칙에 위반되지 않는다고 판시하였다.68)

---

64) 헌재 2019.2.28. 2017헌마374등, 병역법 시행령 제62조 제1항 위헌확인(기각) — 사회복무요원 보수 사건.
65) 헌재 2019.4.11. 2018헌마262, 병역법 시행령 제62조 제2항 등 위헌확인(기각, 각하).
66) 헌재 2020.9.24. 2017헌마643, 공중보건의사의 군사교육 소집기간 보수 미지급 사건(기각). 이 사건은 보수지급을 달리할 합리적인 이유가 없다고 하는 5인 재판관의 위헌의견이 있다.
67) 헌재 2022.3.31. 2021헌바62등, 군형법 제60조의6 제1호 위헌소원 등(합헌).
68) 헌재 2022.11.24. 2020헌바463, 안장 대상자 배우자의 국립묘지 합장 사건(합헌). 이에 대해서는

⑯ 국내에 귀환하여 등록절차를 거친 국군포로에게만 보수를 지급하도록 규정한 「국군포로의 송환 및 대우 등에 관한 법률」 제9조 제1항은 귀환하지 아니한 국군포로의 경우 그간의 행적 등을 파악할 수 없는 한계 등을 이유로 억류기간 동안의 보수지급 대상에서 제외한 것은 평등원칙에 위배되지 않는다고 판단하였다.[69)]

제3절

자유권

대한민국헌법상 자유권은 신체의 자유, 거주·이전의 자유, 직업 선택의 자유, 주거의 자유, 사생활의 비밀과 자유, 통신의 비밀, 양심의 자유, 종교의 자유, 언론·출판·집회·결사의 자유, 학문과 예술의 자유, 재산권의 보장 등으로 목록화되어 있다.

이러한 자유권의 법익은 일정한 가치나 행위이고, 국가는 법치국가적 절차를 거쳐서 이를 제한할 수 있으나 제한하는 경우에도 그 본질적 내용은 침해할 수 없다.

개별적으로 목록화 되지 않은 자유권의 경우에도 헌법적 보장의 필요가 있는 경우에 헌법재판소는 행복추구권에 근거하여 도출하는 일반적 행동자유권의 보장내용 속에 포함시키고 있다.

제1항 신체의 자유

Ⅰ. 서론

1. 신체의 자유 보장 규정의 체계

신체의 자유와 관련한 헌법 조항의 체계를 살펴보면 우선 제12조에서는 신체의 자유를 일반적으로 선언한 후에, 신체의 자유가 제한될 우려가 있는 특별한 상황들을 열거하면서 그에 따른 신체의 자유의 구체적 보장 방법을 규정하고 있다. 헌법재판소는 제12조 제1항 제2문부터 제12조 제7항까지에 대해 이 조항들은 신체의 자유의 구체적 보장 방법의 속성상 형사절차에만 적용되는 것이 분명한 경우가 아니라면 형사절차에 한정되어 적용되는 것이 아니라고 판단하고 있다.[1] 이렇게 보면 논리적으로 제12조 제1항 제1문에서 선언된 신체의 자유 자체가 반드시 형사절차와만 관련된 기본권은 아니라는 의미로 이해된다.

제13조 제1항에서는 형사처벌의 대원칙으로서 행위시법주의와 일사부재리원칙을, 제2항과 제3항에서는 일반적 헌법원칙으로서 소급입법금지원칙과 연좌제금지원칙을 선언하고 있다. 그리고 제28조에서는 형사보상청구권을 제29조에서는 국가배상청구권을 규정하고 있다.

[신체의 자유 보장 체계도]

신체의 자유의 보장		
⇕	⇕	⇕
구체적 보장 방법(제12조)	**형사 처벌의 일반 원칙(제13조)**	**보상 및 배상 방법**
법률주의(제1항 제2문) 적법절차(제1항 제2문) 죄형법정주의(제1항 제2문) 고문 금지(제2항 전단) 묵비권(제2항 후단) 적법절차에 따른 영장주의(제3항) 변호인의 조력을 받을 권리(제4항) 체포 또는 구속의 이유 등을 고지받을 권리(제5항) 체포·구속적부심사제(제6항) 자백의 증거능력의 제한(제7항)	행위시법주의와 이중처벌금지원칙(제1항) 소급입법금지원칙(제2항) 연좌제금지원칙(제3항)	형사보상청구권(제28조) 국가배상청구권(제29조)

2. 신체의 자유의 의의

헌법에서는 모든 국민은 신체의 자유를 가진다고만 규정하고 있기 때문에 헌법의 문언만으로는 신체의 자유가 무엇을 말하는지는 명확하지 않다. 헌법재판소의 판례에서는 "**신체의 안전성**이 외부로부터의 물리적인 힘이나 정신적인 위험으로부터 침해당하지 아니할 자유와 **신체 활동을 임의적이고 자율적으로 할 수 있는 자유**"로 이해하고 있다.[2]

---

1) 헌재 2018.5.31. 2014헌마346, 변호인 접견 불허처분 등 위헌확인[인용(위헌확인)].
2) 헌재 1992.12.24. 92헌가8, 형사소송법 제331조 단서 규정에 대한 위헌심판(위헌).

3. 거주 · 이전의 자유와의 구별

신체의 자유는 조문 편제상 그 보장내용을 신체에 대한 사법절차상 부당한 제한으로부터의 자유를 보장하는 것으로 좁혀서 이해하는 견해(협의설)도 있지만,[3] 이러한 해석이 헌법의 명문상으로 분명한 것인지는 의문이 있다. 왜냐하면 제12조 제1항은 문언상 아무런 제한 없이 단지 "… 신체의 자유를 가진다."라고 규정하고 있기 때문이다.

그에 반하여 신체의 자유의 보장내용을 신체의 안전성과 함께 **전반적인 신체 활동의 자유**로 이해하면서도, 다만 신체의 자유는 모든 기본권의 전제가 된다는 점에서 이를 특별히 보호하여 국가는 적법절차(특히 영장)에 따라서만 '제한'할 수 있는 것으로 해석하는 것도 가능하다(광의설).[4] 이 설은 신체의 안전성 외에도 신체의 자유에 내포된 신체 활동의 자유를 넓게 이해하여서 신체의 자유를 **일반적인 신체 활동의 자유를 보장**하는 것으로 이해한다. 이렇게 이해하더라도 거주 · 이전의 자유는 거주지 또는 체류지의 선정과 이전의 보장을 의미하는 것으로 이해하여 신체의 자유의 보장내용과 구별한다.[5]

그러나 국가에 의한 사법절차상 신체 활동의 제한(예컨대 체포 또는 구속)도 동시에 거주 · 이전의 자유의 제한이 될 수도 있다. 신체 활동의 자유를 제한함으로써 나타나는 소위 '거주 · 이전의 자유의 제한'은 신체 활동의 자유의 제한에 필연적으로 수반되는 것이므로 이 경우는 인신에 관한 보다 직접적인 제한인 신체의 자유의 제한의 문제로 되고 거주 · 이전의 문제는 별도로 검토할 필요가 없다. 결국 **사법절차상 신체 구속과 관련하여 신체의 자유는 거주 · 이전의 자유에 대하여 특별법으로 기능하는 것**으로 이해할 수 있다.[6]

4. 일반적 행동자유권과의 구별

신체의 자유 중 신체 활동의 자유는 그 보장내용이 일반적 행동자유권과 일견 유

---

3) 허영, 한국헌법론, 2010, 360쪽.
4) 이렇게 이해하면 사법기관이 아닌 국 · 공립학교에서 교사의 아동에 대한 신체 활동의 제한도 신체의 자유의 제한의 문제로 될 것이다.
5) 독일에서의 신체의 자유와 거주 · 이전의 자유의 관계를 이렇게 이해하는 견해로는 Ipsen, Staatsrecht Ⅱ, Rn. 586 참조.
6) Sachs, in: Stern, Staatsrecht § 106 Ⅲ 3 S. 1159; Gusy, in: v. Mangoldt/Klein/Starck (Hrsg), GG Ⅰ, Art. 11, Rn. 65; Jarass, in: Jarass/Pieroth, GG, Art. 11 Rn. 1; Krüger/Pagenkopf, in: Sachs (Hrsg.), Art. 11 Rn. 31. Hailbronner, in: Isensee/Kirchhof (Hrsg.), HbStR Ⅵ, Rn. 37. 반대로 거주 · 이전의 자유가 신체의 자유의 특별법이라는 견해로는 송기춘, 판례헌법 Ⅰ, 박영사, 2013, 454쪽 참조.

사한 측면이 있다. 일반적 행동은 신체 활동을 통하여 통상 일어나기 때문이다. 그러나 신체의 활동에 의한 행동인 한 신체의 자유가 적용되고 일반적 행동자유권은 적용되지 않는다. 따라서 신체의 자유는 **일반적 행동자유권에 대하여 특별법의 지위**를 갖는다.

II. 보장내용

1. 인적 보장내용

가. 기본권 주체

헌법 제12조 제1항은 신체의 자유의 주체는 모든 국민으로 규정하고 있으나, 신체의 자유에 대한 침해는 인격적 가치의 침해로 직결된다는 점에서 인간의 권리로 보아야한다. 따라서 외국인도 신체의 자유의 주체가 된다. 그러나 인간의 신체의 자유를 보장하는 것이므로 법인이나 단체는 주체가 되지 않는다.

나. 의무주체

신체의 자유의 의무주체는 국가 등 공권력이다. 신체의 자유를 사법절차와 관련하여서만 이해하는 견해에서는 신체의 자유는 사법상 효력이 없다. 그러나 신체의 자유를 일반적으로 신체를 훼손당하지 않을 권리와 함께 신체활동의 자유를 보장하는 것이라고 본다면 신체의 자유가 보장하는 기본권적 가치가 사인에 의해서도 침해될 수 있는 한 사인도 의무주체가 될 수 있다(대사인적 효력의 간접적용설의 입장). 그러나 기본권 보호의무론의 입장에서는 의무주체는 기본권 보호의무를 부담하는 국가 등 공권력일 뿐이다.

2. 물적 보장내용

앞에서 살펴본 바와 같이 헌법재판소의 결정에 따르면 신체의 자유의 보장내용은 ① 신체의 안전성이 외부로부터의 물리적인 힘이나 정신적인 위험으로부터 침해당하지 아니할 자유와 ② 신체 활동을 임의적이고 자율적으로 할 수 있는 자유이다.

가. 신체의 안전성을 침해당하지 아니할 자유

신체의 안전성이 외부로부터의 물리적인 힘이나 정신적인 위험으로부터 침해당하지 아니할 자유는 생물학적·육체적 의미의 건강뿐만 아니라 심리학적·정신적 의미의 건강 모두를 포함한다. 이는 인격의 동일성과 통일성의 유지는 육체 영역에서만 제한되지 않는다고 하는 인간의 존엄을 고려하거나, 정신적 고문이나 심리적 협박과 같은 것을 경험한 인류의 역사적 관점을 고려하여 도달한 결론이다. 여기에는 고통으로부터의 자유도 포함된다.[7] 그러나 사회적 의미의 안녕이나 불쾌감의 제거 등은 신체의 안전성을 침해당하지 않을 자유에 포함되지 않는다.

그런데 신체의 자유가 단순한 신체 활동의 자유 외에 **생명권 및 위와 같은 신체를 훼손당하지 않을 권리까지를 포함하는가**에 대해서는 논의가 있다. **학설에서는** 신체의 자유를 규정한 제12조에 생명권과 신체를 훼손당하지 않을 권리까지 포함하여 이해하는 견해가 있는 반면에,[8] 신체의 자유를 신체 활동의 자유로 한정해서 이해하면서, 생명권의 근거로는 제10조를, 신체를 훼손당하지 않을 권리는 제36조 제3항 보건권에서 찾는 견해가 있다.[9] **헌법재판소는** 신체의 자유를 "신체의 안전성이 외부로부터의 물리적인 힘이나 정신적인 위험으로부터 침해당하지 아니할 자유와 신체 활동을 임의적이고 자율적으로 할 수 있는 자유"로 이해하고 있기 때문에, 제12조의 신체의 자유는 신체 활동의 자유와 신체를 훼손당하지 않을 권리를 모두 포함하는 것으로 보고 있다. 생명권에 대해는 별도로 자연법을 그 근거를 제시하고 있다.[10]

| NOTE | 독일 기본법상 생명권, 신체불훼손권, 신체의 자유의 관계 | |

독일 기본법 제2조 제2항은 "모든 사람은 생명과 신체불훼손권을 가진다. 신체의 자유는 불가침이다. 이 권리들은 법률을 근거로 하여 제한될 수 있다."고 규정함으로써 생명권, 신체불훼손권과 신체의 자유를 구분하고 있어서 신체의 자유에는 신체를 훼손당하지 않을 권리가 포함되지 않는 것으로 이해된다.

---

7) BVerfGE 56, 54, 76.
8) 권영성, 헌법학원론, 2009, 412쪽; 허영, 한국헌법론, 2010, 359 – 360쪽.
9) 김철수, 헌법학신론, 2013, 431, 576쪽.
10) 헌재 1996.11.28. 95헌바1. 다른 판례에서는 인간의 존엄과 가치에서 찾기도 한다. 이에 대해서는 앞의 생명권 부분 참조.

나. 신체 활동의 자유

신체 활동의 자유란 신체 활동을 임의적이고 자율적으로 할 수 있는 자유를 말한다. 신체 활동의 자유는 모든 신체 활동의 의무로부터의 자유를 의미하는 것은 아니다. 즉, 신체의 자유는 신체 활동의 자유 그 자체이고 신체 활동과 관련된 모든 행위 의무로부터의 자유를 의미하는 것은 아니기 때문에, 특정한 시점까지 특정한 장소에서 어떤 것을 할 의무를 부여하면서, 언제 이 의무를 이행할 것인가에 대해서는 당사자에게 자유를 부여하고 있는 경우에는 신체의 자유를 제한하는 것이라고 할 수 없다. 그러나 특정한 시점에 특정 행위를 할 의무를 부과하는 것은 신체의 자유를 제한하는 것으로 된다.[11]

III. 신체의 자유의 제한

1. 신체의 안전성을 침해당하지 않을 권리의 제한

신체에 대해 고통을 가하는 경우뿐만 아니라 건강에 대한 위협이나 침해도 신체의 안전성을 침해당하지 않을 권리의 제한이다.

환자의 동의를 얻어 시행하는 **의학적 시술**은 신체의 안전성의 제한이라고 할 수 없다는 견해가 있다.[12] 그러나 의사의 치료 행위로서 공권력 행사의 일환으로 볼 수 있는 경우(예컨대 국립의료원 소속 의사의 치료 행위)에는 정도의 차이는 있어도 언제나 신체의 안전성에 대한 위험을 수반하는 것으로 볼 수 있기 때문에, **환자의 동의를 얻은 의학적 처리라도 신체의 자유의 제한으로 보는 것이 타당하다.** 다만, 환자나 당사자의 동의는 제한의 정당성 여부 판단에서 고려할 수 있을 것이다.

신체의 안전성을 침해당하지 않을 권리에 대한 경미한 제약이라도 제한이 되지 않는 것은 아니다. 제약의 경미함 또는 진지함의 정도도 환자의 동의를 얻은 치료 행위와 마찬가지로 제한의 정당성 여부 판단에서 고려될 수 있다.

---

11) Pieroth/Schlink, 26. Aufl., Rn. 444.
12) Pieroth/Schlink, 26. Aufl., Rn. 422.

2. 신체 활동의 자유의 제한

신체 활동의 자유의 제한의 예로는 특정한 장소를 방문하거나 체류하지 못하게 하는 명령 또는 금지, 일정한 시점까지 특정한 장소를 방문하거나 체류할 것을 명하는 것, 단시간의 체포를 위한 소환으로부터 종신형에 이르기까지의 모든 신체 활동의 제약, 병역의무나 교육의무,13) 인신에 대한 직접 강제(예컨대 「감염병의 예방 및 관리에 관한 법률」 제42조 제1항의 강제처분)와 같은 집행 행위 등을 들 수 있다.

IV. 위헌심사기준으로서 과잉금지원칙

신체의 자유도 헌법 제37조 제2항 및 법치국가원리에 따른 기본권 제한의 일반 원칙이 적용된다. 따라서 본질적 내용을 침해하지 않는 범위 내에서 법률로써 제한할 수 있다. 제한의 정당성을 심사하는 기준으로서는 신체의 자유의 인격적 가치로 인하여 원칙적으로 **엄격한 과잉금지심사**를 하는 것이 타당하다.

형사절차상 신체의 자유의 구속과 관련한 경우 외에 **행정상 인신보호 조치**와 관련하여서도 여전히 **과잉금지심사**를 한다. 그러나 출입국관리 행정상 신체의 자유의 제한에 있어서는 명백성 통제를 적용한 사례도 있다. 예컨대 인신에 대한 강제적 보호조치가 아닌 단순히 **체류 자격의 심사 및 퇴거의 집행**과 같은 출입국관리 행정의 구체적 절차를 형성함에 있어서 헌법 제12조 제6항(구속적부심)의 요청을 어떠한 방식으로 구체화할 것인가는 **입법자가 광범위한 재량**을 가지고 있다고 보고, 강제퇴거명령에 대한 취소소송 제기, 보호명령 자체의 취소소송 제기, 보호명령의 집행정지신청, 법무부장관에 대한 이의신청 등이 마련되어 있는 등 그 내용이 현저하게 불합리하지 않은 경우에는 헌법에 위반된다고 할 수 없다.14)

NOTE **위헌 결정 사례(신체의 자유)**

① 형사절차상 과잉금지원칙을 위배하여 위헌으로 선언된 예로는 성폭력범죄 약물 치료 명령을 들 수 있다. 헌법재판소는 성폭력범죄를 저지른 성도착증 환자로서 재범의 위험성이 인정되는 19세 이상의 사람에 대한 검사의 약물 치료 명령의 청구가 이유 있다고 법원이

---

13) 벌로서 학생을 방과 후에 남아있게 하는 것(Pieroth/Schlink, 26. Aufl., Rn. 445; Hantel, JuS 1990, S. 865/869). 이와는 다른 견해로는 VGH Manheim NVwZ 1984, S. 808.
14) 헌재 2014.8.28. 2012헌마686, 인신보호법 제2조 제1항 위헌확인(기각, 반대의견 없음).

인정하면, 법원이 15년의 범위에서 치료 명령을 선고하여야만 하도록 규정한 「성폭력범죄자의 성충동 약물치료에 관한 법률」 제8조 제1항은 원칙적으로는 과잉금지원칙을 충족하나 다만 장기형이 선고되는 경우에는 피해의 최소성과 법익의 균형성을 인정하기 어렵다고 판시하였다. 그 이유는 판결 선고 시에 치료 명령이 이루어지지만 실제 치료의 집행은 형의 집행이 종료된 후에 이루어지므로 그 사이 치료의 필요성이 달라졌다는 주장이 있을 경우 불필요한 치료를 막을 수 있는 방안이 마련되어 있지 않아서 피해의 최소성과 법익의 균형성을 충족시키지 못하기 때문이다.[15]

② 행정절차상 인신보호 조치와 관련하여서는 헌법재판소는 판례를 변경하여 강제퇴거명령을 받은 사람을 즉시 대한민국 밖으로 송환할 수 없으면 송환할 수 있을 때까지 보호시설에 보호할 수 있도록 규정한 「출입국관리법」 제63조 제1항은 과잉금지원칙 및 적법절차원칙에 위배되어 피보호자의 신체의 자유를 침해한다.[16]

V. 신체의 자유에 특유한 헌법적 보장

신체의 자유는 생명권과 함께 모든 자유의 가장 본질적이고 직접적인 기초가 되는 자유로서 그 침해는 인간의 존엄과 가치의 침해에 직결될 수 있는 자유다. 따라서 헌법은 신체의 자유를 선언하는 외에 별도의 특별한 실체적 보장 규정과 절차적 보장 규정을 두고 있다.

1. 실체적 보장

가. 죄형법정주의

죄형법정주의는 제12조 제1항 제2문 후단에서 선언하고 있다. 죄형법정주의란 법

---

15) 헌재 2015.12.23. 2013헌가9, 성폭력범죄자의성충동약물치료에 관한 법률 제4조 제1항 등 위헌제청(헌법불합치, 합헌). 이 결정에서는 성충동 약물치료 자체는 과잉금지원칙에 위배되지 않는다고 보아 합헌으로 판단하였다. 이 합헌부분에 대해서는 헌법재판소의 다수 의견이 성충동 약물치료가 본질적으로 보안처분에 해당한다고 하더라도 이는 형벌적 성격이 강한 보안처분에 해당하고 이는 자기결정권을 침해하고 이중처벌이라고 하는 견해(성낙탁, 성범죄자에 대한 화학적 거세명령의 위헌성 고찰, 법률신문 2016.7.18., 11면)가 있다.

16) 헌재 2023.3.23. 2020헌가1등, 출입국관리법 제63조 제1항 위헌제청(2025.5.31.까지 계속적용 헌법불합치) - 강제퇴거대상자에 대한 보호기간의 상한 없는 보호 사건. 변경 전 판례는 이 규정이 보호 기간의 상한을 정하고 있지 않은 것은 입법 목적의 달성을 위해 불가피하며, 보호의 일시 해제, 이의신청, 행정소송 및 집행정지 등 강제퇴거 대상자가 보호에서 해제될 수 있는 다양한 제도가 마련되어 있다고 보았기 때문이다[헌재 2018.2.22. 2017헌가29, 출입국관리법 제63조 제1항 위헌제청(합헌, 5인 재판관의 위헌의견 있음)].

률이 없으면 범죄도 형벌도 없다(nullum crimen, nulla poena, sine lege)라는 법언으로 대변되는 신체의 자유를 보장하는 기본 원칙으로서 법치국가원리의 형법적 표현이다.

1) 죄형법정주의의 내용(=파생 원칙)

죄형법정주의는 명확성원칙, 관습형법금지원칙, 유추해석금지원칙, 소급입법금지원칙을 내용으로 한다. 이를 죄형법정주의의 파생 원칙이라고도 한다.

가) 명확성원칙(Bestimmtheitsgebot, Lex certa)

명확성원칙이란 어떠한 행위가 어떠한 형벌로 위하되어 있는가를 누구나 사전에 알 수 있도록 형법전에 명확히 기술되어야 한다는 의미이다.[17]

나) 관습형법금지원칙(Gewohnheitsrechtsverbot, Lex scripta)

관습형법금지원칙이란 형법의 법원(法源)은 성문의 법률에 한하고 관습법은 형법의 법원에서 배제됨을 의미한다. 관습형법금지원칙은 관습이 직접 형법의 법원이 될 수 없다는 것을 의미하는 것이고, 관습이 간접적으로 형법의 해석과 관련하여 범죄의 성립·불성립에 영향을 미칠 수 없음을 의미하는 것은 아니다. 또한 **관습법을 통하여 형벌을 완화하거나 제거하는 것은 배제되지 않는다.**

다) 유추해석금지원칙(Analogieverbot, Lex stricta)

유추해석금지원칙이란 형법 해석은 엄격하게 하여야 하며 법문에 명시되지 아니한 다른 사실에 해석을 유추해서는 안 된다는 원칙을 의미한다.[18]

유추해석이란 일반적으로 법문을 법에 규율되지 아니한 비슷한 경우에까지 확장하는 것을 의미하는데, 견해에 따라서는 유추해석과 확장해석을 구분하면서 확장해석은 허용된다는 견해가 있다. 양자를 구분하는 견해에 따르면 유추해석은 법률의 규정에 포함되지 아니한 유사한 사항에 당해 법문을 준용하는 것인데 반하여, 확장해석은 입법 정신에 비추어 법률의 규정 중에 포함된 사항을 탐구하는 것이라고 한다. **형을 감경하는 유추해석은 허용**된다.

---

17) 헌재 1989.12.22. 88헌가13; 2006.4.27. 2005헌바36.
18) 이형국, 형법총론, 법문사, 1984, 61쪽.

| NOTE | 법정소동죄의 "법원"에 헌법재판소가 포함되는지 여부 | |

최근 한 항소심법원에서 법정소동죄를 규정한 「형법」 제138조의 '법원'의 범위에 '헌법재판소'는 포함되지 않는다고 판시하였다. 헌법재판소의 심판기능을 보호하여야 할 필요성에도 불구하고 헌법재판소의 심판기능 보호에 법적 공백이 있다면 이는 문언의 의미를 넘는 해석이 아니라 법률 개정을 통하여 해결하여야 할 문제로 본 것이다.[19]

그러나 이에 대하여 상고심을 맡은 대법원은 「형법」 제138조의 법원의 재판에 헌법재판소의 심판이 포함된다고 보는 해석론은 문언이 가지는 가능한 의미의 범위 안에서 그 입법취지와 목적 등을 고려하여 문언의 논리적 의미를 분명히 밝히는 체계적 해석에 해당할 뿐, 피고인에게 불리한 확장해석이나 유추해석이 아니라고 보았다.[20]

라) 형벌불소급원칙(소급입법금지원칙, ex post facto-Verbot, Rückwirkungsverbot, Lex praevia, Prohibition of ex post facto law)

헌법 제13조 제1항과 제2항에서는 소급입법금지원칙을 규정하고 있다. 그 중에서도 특히 제1항은 형벌의 불소급원칙에 관하여 규정함으로써 죄형법정주의의 파생원칙으로 이론상 인정되는 외에 헌법상 명시적 규정까지 두고 있는 것이다. 형벌불소급원칙은 형벌규정의 효력은 그 형벌규정이 제정되기 이전의 행위에 소급하여 적용해서는 안 된다는 원칙이다. 그런데 진정소급입법은 예외적인 경우에는 허용되지만, 형벌불소급원칙이 적용되는 범위 내에서는 원칙의 효력은 절대적이어서 예외가 없다. 그러나 형벌이라고 하더라도 **행위자에게 유리한 경우까지 소급효를 배제하는 것은 아니다.**[21]

헌법 제13조 제1항은 '범죄를 구성하지 아니하는 행위'라고 규정하여 범죄의 구성요건만을 규정하고 있으나 범죄구성요건과 형벌은 내적 연관관계에 있기 때문에 범죄의 구성요건과 형벌을 요소로 하는 행위의 가벌성 전체를 그 적용대상으로 한다. 따라서 행위의 가벌성에 영향을 미치지 않는 공소시효에 관한 규정에는 원칙적으로 적용되지 않는다.[22] 그렇기 때문에 아직 공소시효가 완성되지 아니한 경우에는 공소시효 정

---

19) 서울중앙지방법원 2019.8.22. 2015고단1759, 2015고단4239(병합) 판결.

20) 대법원 2021.8.26. 2020도12017 판결.

21) 소급입법이 허용되지 않는 것은 신뢰보호원칙을 침해하기 때문이다. 김대환, 헌법재판 및 위헌심사기준론, 박영사, 2023, 250쪽 이하 참조.

22) 소추하기 위해서는 행위가 가벌적이어야 하지만, 행위가 가벌적인지 여부는 소추할 수 있는지 여부와는 무관하다. 헌법재판소의 표현을 빌리면 가벌성은 소추가능성의 전제조건이지만, 소추가능성은 가벌성의 조건이 아니다(헌재 2021.6.24. 2018헌바457, 성폭력범죄의 처벌 등에 관한 특례법 부칙 제3조 등 위헌소원(합헌, 각하).

지규정을 과거에 이미 행한 범죄에 대하여 적용하도록 하는 법률이라 하더라도 그것만으로는 형벌불소급원칙에 항상 위배되는 것으로 볼 수는 없다.[23]

범죄행위 당시에 부착 명령의 대상자가 아니었던 '출소 예정자'에게도 소급적으로 전자 장치 부착 명령을 적용할 수 있도록 한 것은 **비형벌적 보안처분**에 해당되므로, 이를 소급적으로 적용할 수 있도록 한 부칙 경과 조항은 소급처벌금지원칙(=형벌불소급원칙)에 위반되지 않는다.[24]

Q 친일 반민족 행위를 한 자를 조사하여 국가가 공식적으로 친일반민족행위자로 공시하는 것이 헌법상 소급입법금지원칙 및 이중처벌금지원칙에 위배되는지 여부를 검토하시오.

A 헌법재판소의 결정에 따르면 설문의 공시는 조사 대상자의 사회적 평가와 아울러 그 유족의 헌법상 보장된 인격권을 제한하는 것이기 때문에 소급입법금지원칙이나 이중처벌금지원칙의 문제가 쟁점이 된 것은 아니다. 다만, 과잉금지원칙을 준수하고 있으므로 위헌이 아니라고 한다.[25] 그러나 재판관 1인의 반대의견은 소급입법금지원칙과 이중처벌금지원칙에 위배된다고 하였다.

또 헌법재판소와 대법원은 유죄판결이 확정된 사람에게 거듭 보안처분을 부과하는 경우뿐만 아니라, 하나의 재판절차에서 동일한 범죄행위에 대하여 보안처분과 형벌을 동시에 병과 하는 것도 이중처벌금지원칙에 위반되는 것이 아니라고 본다.[26]

Q 친일재산을 소급적으로 국가에 귀속시키는 친일재산 귀속 조항의 소급입법금지원칙 위반 여부를 판단하시오.

A 헌법재판소는 친일재산 국가 귀속 조항은 소급입법금지원칙에 위반되지 아니한다고 판시하고 있다. 친일재산 취득의 경우에 내포된 민족 배반적 성격, 대한민국임시정부의 법통계승을 선언한 헌법 전문 등에 비추어 친일반민족행위자의 입장에서 볼 때 친일재산의 소급적 박탈을 충분히 예상할 수 있었고, 친일재산 국가 환수 문제는 우리나라의 역사적 과업으로서 향후 이러한 진정소급입법이 빈번히 발생할 것으로 볼 수 없기 때문이라고 한다.

---

23) 헌재 2021.6.24. 2018헌바457, 성폭력범죄의 처벌 등에 관한 특례법부칙 제3조 등 위헌소원(합헌, 각하); 1996.2.16. 96헌가2등도 참조.

24) "이 사건 부칙조항이 전자장치부착법 시행 당시 대상자에 포함되지 않았던 사람들에 대하여도 전자장치를 부착하도록 피부착대상자를 확대한 것이 침해받은 신뢰이익의 보호가치, 침해의 중한 정도 및 방법, 위 조항을 통하여 실현하고자 하는 공익적 목적을 종합적으로 비교형량할 때 과도한 것인지 여부가 문제된다."[헌재 2012.12.27. 2010헌가82등, 특정 범죄자에 대한 위치추적 전자장치 부착 등에 관한 법률 부칙 제2조 제1항 위헌제청(합헌)]; 2015.9.24. 2015헌바35, 구 특정성폭력범죄자에 대한 위치추적 전자장치 부착에 관한 법률 제5조 제1항 제3호 등 위헌소원(합헌).

25) 헌재 2010.10.28. 2007헌가23, 일제강점하 반민족행위 진상규명에 관한 특별법 제2조 제9호 위헌제청(합헌).

26) 헌재 2016.12.29. 2016헌바153; 대법원 1984.5.15. 84도529, 84감도86 판결 참조.

따라서 위 귀속 조항은 진정소급입법에 해당하지만 소급입법을 예상할 수 있었던 예외적인 사안이고, 진정소급입법을 통해 침해되는 법적 신뢰는 심각하다고 볼 수 없는 데 반해, 이를 통해 달성되는 공익적 중대성은 압도적이라고 할 수 있으므로 진정소급입법이 허용되는 경우에 해당한다고 한다.[27]

2) 형벌의 위임과 포괄위임금지원칙

헌법재판소에 따르면 법률에 의한 **처벌 법규의 위임**은 헌법이 특히 인권을 최대한 보장하기 위하여 죄형법정주의와 적법절차를 규정하고 법률에 의한 처벌을 강조하고 있는 기본권 보장 우위 사상에 비추어 바람직하지 못한 일이므로, **그 요건과 범위가 보다 엄격하게 제한적으로 적용되어야 한다.**[28] 헌법상의 죄형법정주의 원칙에 따르면 법률이 처벌하고자 하는 범죄행위가 무엇이며 그에 대한 형벌이 어떠한 것인지를 **누구나 예견할** 수 있고 그에 따라 자신의 행위를 결정할 수 있도록 범죄의 구성요건과 처벌 내용을 법률로 명확하게 규정하여야 한다.[29]

그런데 현대 국가의 기능 증대와 사회 현상의 복잡화로 인한 입법부의 전문적, 기술적 한계 등에 따라 국민의 권리의무에 관한 사항이라도 이를 법률로 다 정할 수는 없으므로, 합리적인 이유가 있으면 예외적으로 구성요건의 내용 중 일부를 법률에서 하위 규범에 위임하는 것을 허용하지 않을 수 없다는 점도 인정된다.[30] 다만, 위임하는 경우에도 포괄위임금지원칙을 준수하여야 한다.

가) 포괄위임금지원칙 위배 여부 판단 기준

위에서 언급한 바와 같이 처벌 법규의 위임은 특히 긴급한 필요가 있거나 미리 법률로써 자세히 정할 수 없는 부득이한 사정이 있는 경우에 한정되어야 하므로, 비록 위임하는 경우라도 **법률에서 범죄의 구성요건은 처벌 대상 행위가 어떠한 것일 것이라고 예측할 수 있을 정도로 구체적으로 정하고 형벌의 종류 및 그 상한과 폭을 명백히 규정하여야** 한다는 것이 헌법재판소의 판례이다.[31] 형벌 법규의 구성요건이 명확하여야 한다고 하여 입법자가 모든 구성요건을 단순한 서술적 개념에 의하여 규정할 수는 없으므로, **통상의 해석**

---

27) 헌재 2011.3.31. 2008헌바141등, 친일반민족행위자 재산의 국가귀속에 관한 특별법 제2조 등 위헌소원 등(합헌).
28) 헌재 1991.7.8. 91헌가4; 1994.6.30. 93헌가15등; 1997.5.29. 94헌바22; 2000.7.20. 99헌가15.
29) 헌재 1995.5.25. 91헌바20.
30) 헌재 1994.7.29. 93헌가12; 1995.5.25. 91헌바20.
31) 헌재 1991.7.8. 91헌가4; 1995.10.26. 93헌바62; 1997.9.25. 96헌바16; 2000.7.20. 99헌가15.

방법에 의하여 당해 형벌 법규의 보호법익과 그에 의하여 금지된 행위 및 처벌의 종류와 정도를 알 수 있다면 그 구성요건에 법관의 보충적인 해석을 필요로 하는 다소 광범위한 개념을 사용하였다고 하더라도 그 점만으로 헌법이 요구하는 형벌 법규의 명확성에 반드시 배치되는 것이라고는 볼 수 없기 때문에,[32] 형벌 법규에서 위임이 허용되는 범위나 구성요건의 명확성 정도는 일률적으로 정할 수 없고 당해 법률의 성질과 구성요건의 특수성 및 그러한 법적 규제의 원인이 된 여건이나 처벌의 정도 등을 종합하여 판단하여야 한다.[33]

Q 「군형법」 제47조에서 정당한 명령 또는 규칙을 준수할 의무가 있는 자가 이를 위반하거나 준수하지 아니한 때에는 2년 이하의 징역이나 금고에 처한다고 규정하고 있는데, 이는 결국 명령 또는 규칙으로 처벌의 구성요건을 정하는 것이므로 죄형법정주의 내지는 포괄위임입법금지원칙에 위반된다는 주장[34]의 당부를 논하시오.

A 포괄위임금지원칙에 위배되지 아니한다는 것이 헌법재판소 판례이다. 헌법재판소는 "전투에서의 승리를 주된 목표로 하는 군에서 상황에 따라 탄력적으로 행해지는 통수 작용은 광범위한 유동성, 긴급성, 기밀성 등을 요구하며 특히 6.25 이후 휴전선을 경계로 남북한의 군병력이 첨예하게 대치하고 있는 우리의 특수한 안보 상황에서 이러한 요구는 더욱 절실하다 할 것이므로 군 통수를 위하여 일정한 행위 의무를 부과하는 명령은 특정되어 존재하는 한 그 형식에 관계없이 준수되어야 하며, ① 명령의 구체적 내용이나 발령조건을 미리 법률로 정하는 것은 거의 불가능하다. 그리고 군에서의 명령은 지휘 계통에 따라 군 통수권을 담당하는 기관이 그에게 부여된 권한범위 내에서 발할 수 있는 것이므로, 명령을 제정할 수 있는 통수권 담당자는 대통령이 국군의 통수권자임을 규정한 헌법 제74조와 국군의 조직 및 편성에 관한 사항을 정한 국군조직법의 규정 등에 의하여 결정되나, ② 구체적인 명령의 제정권자를 일일이 법률로 정할 수도 없는 일이다. 또한 이 사건 법률 규정의 취지는 군 내부에서 명령의 절대성을 보호하기 위한 것으로서 명령 위반 행위에 대한 형벌의 종류와 내용이 법률에 구체적으로 정해져 있으므로 그 피적용자인 ③ 군인이 위 규정에 의하여 금지된 행위와 처벌의 정도를 예측할 수 없는 것도 아니다. 그러므로 위와 같이 명령의 구체적 내용에 관하여는 위임이 이루어질 수밖에 없고 그러한 명령에 대한 복종관계가 유지되어야 하는 군의 특수성에 비추어 볼 때, 정당한 명령에 대한 준수 의무를 과하고 그 위반에 대하여 구체적 형벌의 종류와 범위를 명시하고 있는 이 사건 법률 규정이 위임입법의 한계를 벗어난 것이라고 할 수는 없다."라고 판시하였다.[35]

---

32) 헌재 1994.7.29. 93헌가4등, 대통령선거법 제36조 제1항 등 위헌제청(위헌, 합헌).
33) 헌재 1991.7.8. 91헌가4등; 1995.5.25. 91헌바20.
34) 김철수, 헌법학, 박영사, 2008, 1835쪽.
35) 헌재 1995.5.25. 91헌바20.

나) 포괄위임금지원칙과 죄형법정주의의 명확성원칙과의 관계

헌법재판소는 헌법 제12조 제1항 후단과 제13조 제1항 전단에 규정된 죄형법정주의의 원칙의 하나인 형벌 법규의 명확성원칙과 헌법 제75조에 규정하고 있는 바의 포괄위임금지원칙에서 요구하는 명확성·구체성의 원칙을 구별하면서도, 그 의의와 판단기준에 대해서는 동일하게 이해하고 있다. 그러나 이론상으로는 죄형법정주의의 명확성은 형벌에 관한 것이므로 일반적 의미의 포괄위임금지원칙보다 더 엄격하게 해석하는 것이 타당할 것이다.

(1) 양 원칙의 헌법적 의의

죄형법정주의의 명확성의 원칙과 포괄위임금지원칙의 헌법적 의의에 대해서는 헌법재판소는 다음과 같이 설명한다. "죄형법정주의(명확성원칙) 내지 포괄위임입법금지원칙은 국민의 자유의 제한에 대한 한계를 설정하는 법원리로서, 하위 법령에 규정될 내용은 가능한 한 구체적으로 그 대강을 예측할 수 있게 모법에서 정하라는 취지이며, 이는 적어도 **국민의 자유와 권리를 제한하는 입법은 되도록 국회 스스로가 행해야 하며 행정부에 포괄적으로 위임해서는 안 된다는 것**을 요청하고 있는 것이다. 따라서 현실적인 규제의 필요성이 아무리 크다고 하더라도 그것은 헌법이 정하는 기본 원칙의 범위 내에서 이루어지지 않으면 안 되는 것이다. 역으로 헌법적인 범위 내에서라면 국민보건상 반드시 필요한 규제는 오히려 적극적으로 행하여져야 하는 것이다."[36]

(2) 양 원칙의 운용상의 관계

이러한 헌법적 의의에 기초하여 실제 운용에 있어서도 위임입법의 명확성이 문제되면서 동시에 그것이 형벌 법규에 관한 것인 때에는 양자는 경합하는 것으로 보면서, 판단 방법에 있어서는 양자를 한꺼번에 판단하거나,[37] 포괄위임금지원칙을 위배하였는지 여부를 먼저 판단하고 그 결과에 죄형법정주의의 명확성원칙의 충족 여부를 종속시키기도 한다.[38]

3) 책임과 형벌 간의 비례성

죄형법정주의에 따르면 법률 없으면 범죄도 없고 형벌도 없다. 형벌은 범죄와 상

---

36) 헌재 2000.7.20. 99헌가15, 약사법 제77조 제1호 중 제19조 제4항 부분 위헌제청(위헌).
37) 헌재 2000.7.20. 99헌가15.
38) 헌재 1994.7.29. 93헌가12, 도시계획법 제92조 제1호 등 위헌제청(합헌).

응한 것이어야 한다. 형벌은 원칙적으로 형사책임을 전제로 하고 있다. 따라서 책임이 없으면 형벌도 없다(nulla poena sine culpa). 그러나 이러한 형벌에 있어서 책임주의원 칙은 독일 기본법상으로는 명시적인 규정이 없는데, 연방헌법재판소는 그 근거를 법치 국가원리에서 찾으면서 헌법적 지위를 인정하고 있다.[39] 또한 법치국가원리와 함께 기 본법 제1조 제1항에서 찾는 판결도 있고,[40] 기본법 제1조 제1항과 제2조 제1항(인간의 존엄과 자기책임성)에서 찾는 판결도 있다.[41]

우리나라에서는 **법정형의 종류와 범위의 선택**은 그 범죄의 죄질과 보호법익에 대한 고려뿐만 아니라 우리의 역사와 문화, 입법 당시의 시대적 상황, 국민 일반의 가치관 내지 법감정 그리고 범죄 예방을 위한 형사정책적 측면 등 여러 가지 요소를 종합적으 로 고려하여 입법자가 결정할 사항으로서 **광범위한 입법재량 내지 형성의 자유가** 인정되어 야 할 분야라고 하는 것인 헌법재판소의 확립된 판례다.[42] 헌법재판소 판례에 따르면 당해 범죄의 보호법익과 죄질에 비추어 범죄와 형벌 간의 **비례의 원칙상 수긍할 수 있는 정도의 합리성**이 있다면 이러한 법률을 위헌이라고 할 수는 없다.[43] 여기서의 심사기준 은 광범위한 입법재량이라는 표현에도 불구하고 비례의 원칙상 수긍할 수 있는 정도의 합리성이라고 하고 있으므로 단순 합리성 심사가 아닌 비례성 심사다.

4) 보안처분, 강제노역
가) 보안처분
(1) 의의

보안처분이란 범죄에 대한 사회 보전의 방법으로서 형벌만으로는 불충분 혹은 부 적당한 경우에 이를 보충하고 대체하는 의미에서 범죄적 위험자 또는 범죄행위자에 대 하여 과하는 범죄 예방 처분을 말한다.[44]

---

39) " … 모든 형벌은 책임을 전제로 하고 있다는 원칙은 헌법적 지위를 갖는다. 그 원칙은 법치국가원 리에 근거한다. 법치국가원리는 기본법의 기본적 원리 중의 하나이다. 법적 안정성뿐만 아니라 실 체적 정의도 법치국가에 속한다. 정의의 관념은 행위와 그 법적결과는 합리적 비례 관계에 있을 것을 요구한다. … 행위자의 책임 없는 행위에 대한 형사법적 처벌이나 그와 유사한 처벌은 그에 따라 법치국가에 반하고 기본법 제2조 제1항에서 나오는 바의 당사자의 권리를 침해하는 것이 다."(BVerfGE 74, 358, 370 f.).
40) BVerfGE 50, 125, 133; 50, 205, 214; 80, 244, 255.
41) BVerfGE 86, 288, 313; 45, 187, 259.
42) 헌재 1992.4.28. 90헌바24; 2001.11.29. 2001헌가16; 2002.4.25. 2001헌가27 등 다수의 결정 참조.
43) 헌재 1995.4.20. 93헌바40; 2002.4.25. 2001헌가27.

보안처분은 이와 같이 형벌과는 구분되므로 형벌과 병과하여 부과할 수 있다.[44]
따라서 형벌에 대해서 적용되는 소급효금지원칙도 보안처분에 대해서는 원칙적으로 적
용되지 아니하지만, **형벌적 성격이 강한 보안처분의 경우에는 소급효금지원칙이 적용**된다.[46]
비형벌적 보안처분으로서 소급이 허용되는 경우에도 과도하게 소급범위를 넓히면 위헌
이 된다. 이 경우 과잉금지원칙에 따른 심사를 한다.[47]

(2) 종류

현행법상 보안처분으로는 「소년법」상 보호처분(제32조 이하),[48] 「형법」상 보호관찰
(제59조의2, 제62조의2, 제73조의2), 「보호관찰 등에 관한 법률」의 보호관찰(제29조 등),[49]
「보안관찰법」상 보안관찰(제1조, 제2조, 제19조),[50] 「치료감호 등에 관한 법률」상 치료감
호·치료명령(제2조, 제16조), 「전자장치 부착 등에 관한 법률」 등의 사회봉사명령과 수

---

44) 김철수, 헌법학신론, 2013, 617쪽.
45) 헌재 1997.11.27. 92헌바28, 보안관찰법 제2조 등 위헌소원(합헌, 각하).
46) 헌재 2012.12.27. 2010헌가82등, 특정 범죄자에 대한 위치추적 전자장치 부착 등에 관한 법률 부칙
   제2조 제1항 위헌제청(합헌). 이 결정에서는 위치추적 전자장치 부착명령은 비형벌적 보안처분으로
   서 이를 소급하여 적용하도록 한 부칙 경과조항은 소급처벌금지원칙에 위배되지 않는다고 하였
   다. 같은 결정으로는 헌재 2015.9.24. 2015헌바35, 구 특정성폭력범죄자에 대한 위치추적 전자장
   치 부착에 관한 법률 제5조 제1항 제3호 등 위헌소원(합헌) 참조.
   그러나 「가정폭력범죄의 처벌 등에 관한 특례법」의 사회봉사명령에는 형벌불소급의 원칙이 적용된
   다: "가정폭력처벌법이 정한 보호처분 중의 하나인 사회봉사명령은 가정폭력범죄를 범한 자에 대
   하여 환경의 조정과 성행의 교정을 목적으로 하는 것으로서 형벌 그 자체가 아니라 보안처분의
   성격을 가지는 것이 사실이나, 한편으로 이는 가정폭력범죄행위에 대하여 형사 처벌 대신 부과되는
   것으로서, 가정폭력범죄를 범한 자에게 의무적 노동을 부과하고 여가시간을 박탈하여 실질적으로
   는 신체적 자유를 제한하게 되므로, 이에 대하여는 원칙적으로 형벌불소급의 원칙에 따라 행위시
   법을 적용함이 상당하다."(대결 2008.7.24. 2008어4, 보호처분에 대한 재항고).
47) 헌재 2012.12.27. 2010헌가82등, 특정 범죄자에 대한 위치추적 전자장치 부착 등에 관한 법률 부칙
   제2조 제1항 위헌제청(합헌).
48) 헌재 2015.12.23. 2014헌마768. 소년법상의 보호처분은 소년의 인격형성에 관한 낙관적인 전망에
   기초한 것으로서 실질적 의미에서의 보안처분으로 보기 힘들다는 견해로는 신동운, 형법총론, 법문
   사, 2017, 889쪽. 또 범죄를 저지른 소년만을 대상으로 하지 않고 사회방위의 목적보다는 소년의
   건전한 성장을 돕는 것을 목적으로 하므로 본래적 의미에서의 보안처분과는 다소 거리가 있다는
   견해로는 김종현, 보안처분의 헌법적 한계에 관한 연구, 헌법재판연구원 보고서, 2018, 41쪽 참조.
49) 보호관찰은 형법, 치료감호법, 전자장치부착법, 성충동약물치료법, 성폭력처벌법, 청소년성보호법,
   소년법 등 여러 법률에 근거하여 부과될 수 있다.
50) 보안관찰처분은 특정 범죄를 저지른 자들을 대상으로 재범의 위험성을 예방하려는 목적에서 이루
   어지므로 그 법적 성격을 보안처분이라고 할 수 있다는 견해(김종현, 보안처분의 헌법적 한계에
   관한 연구, 헌법재판연구원 보고서, 2018 참조)가 있는 반면에, 처분의 결정·집행 및 취소를 행정
   기관이 담당하므로 보안처분으로 볼 수 없다는 견해(송문호, "헌법재판소와 형법상 이원주의", 형
   사법연구 제22호, 한국형사법학회, 2004, 6쪽)도 있다.

강명령·이수명령(제9조의2 제1항 제4호), 위치추적 전자장치 부착명령(제3장), 「디엔에이신원확인정보의 이용 및 보호에 관한 법률」상 디엔에이신원확인정보의 수집·이용,[51]「성폭력범죄의 처벌 등에 관한 특례법」상 신상정보 등록·공개명령·고지명령(제3장),[52]「아동·청소년의 성보호에 관한 법률」상 취업제한(제56조),[53]「성폭력범죄자의 성충동 약물치료에 관한 법률」상 성충동 약물치료(제1조, 제2조 제3호)[54] 등이 있다.

나) 강제노역

본인의 의사에 반하여 강제적으로 과하는 노역은 법률상 근거가 있어야만 가능하다. **징역형에서 노역장 유치**는 제12조 제1항의 법률과 적법한 절차에 의한 강제노역이다. **징병제도**는 강제노역이라고 할 수 없을 뿐만 아니라, 강제노역적 복무가 이루어진다고 하더라도 헌법에 규정된 바의 국민의 의무의 이행의 범주에서 이루어지는 한 헌법에 위반된다고 할 수 없다.[55]

---

51) 헌법재판소는 디엔에이신원정보의 수집·이용은 비형벌적 보안처분으로 본다[헌재 2014.8.28. 2011헌마28등, 디엔에이 신원확인정보의 이용 및 보호에 관한 법률 부칙 제2조 제1항 위헌확인(기각, 각하)]. 이에 대해서는 구속피의자나 범죄현장 등으로부터 디엔에이감식시료를 채취하는 것은 신속하고 효율적인 범죄 수사를 위한 형사소송법상의 강제처분으로 보고, 수형인으로부터 디엔에이감식시료를 채취하는 것은 재범의 위험을 방지하기 위한 것인 경우에 보안처분으로서의 성격을 가진다는 견해도 있다(김종현, 보안처분의 헌법적 한계에 관한 연구, 헌법재판연구원 보고서, 2018, 37쪽 참조).
52) 신상정보의 등록에 대해서 헌법재판소는 보안처분으로 보고 있는 것으로 보이며(헌재 2016.12.29. 2016헌바153), 신상정보 공개·고지명령은 비형벌적 보안처분으로 보고 있다[헌재 2016.12.29. 2015헌바196등, 성폭력범죄의 처벌 등에 관한 특례법 부칙 제7조 제1항 등 위헌소원 등(합헌). 이 점은 대법원도 같은 견해. 대법원 2012.5.24. 2012도2763 판결 참조].
53) 취업제한의 법적 성격을 보안처분이라고 한 헌법재판소의 판결은 아직 존재하지 않는다. 헌법재판소의 보충 의견에서는 보안처분의 성격을 가지는 것으로 본 경우가 있다(헌재 2016.10.27. 2014헌마709). 학설에서는 보안처분으로 보는 견해(양태건, "성범죄자 취업제한 법제 정비 및 개선방안 연구", 현안분석, 2017-06, 한국법제연구원 2017, 26쪽)가 있고 형벌로 보는 견해(김정환, "형사제재로서 취업제한의 법적 성격과 발전방향 – 독일의 작업금지와의 비교 –", 비교형사법연구 17-3, 한국비교형사법학회, 2015, 39쪽)가 있다(이상 김종현, 보안처분의 헌법적 한계에 관한 연구, 헌법재판연구원 보고서, 2018, 39쪽 참조).
54) 보안처분으로 보는 판례: 헌재 2015.12.23. 2013헌가9; 대법원 2015.3.12. 2014도17853, 2014감도45, 2014전도286, 2014치도6 판결. 이에 반하여 형벌적 성격을 부인할 수 없다는 견해로는 이현정, "성폭력범죄의 양형에 관한 연구", 성균관대학교 법학박사학위논문, 2010, 87쪽.
55) 사스, 메르스 같은 세계적인 감염병의 확산을 경험하면서 자원봉사 등만으로는 방역인력을 충당할 수 없게 될 것을 예상하고 의료인들에게 지정된 의료기관 등에서 방역업무에 종사하도록 국가가 명령할 수 있는 근거를 「감염병의 예방 및 관리에 관한 법률」 제60조의3로 신설하였다. 2019년 코로나바이러스 확산을 맞아 이 조항의 활용도가 증가되었다. 종사명령을 따르는 의료인들에게 수당 등을 지급하고 있다. 그러나 한시적 종사명령을 따르지 않는 의료인들에 대해서는 법적 강제가 규

나. 이중처벌금지원칙(=일사부재리원칙)

이중처벌금지원칙이란 동일한 범죄에 대하여 거듭 처벌받지 아니한다는 원칙으로서 헌법 제13조 제1항 후문에 규정되어 있다. 여기서 **처벌**이란 국가가 행하는 일체의 제재나 불이익 처분이 모두 포함되는 것이 아니고 원칙적으로 범죄에 대한 국가의 **형벌권 실행으로서의 과벌만을 의미**한다.[56] 따라서 형벌 외에 보안처분의 병과가 가능하다.

헌법재판소와 같이 이중처벌금지원칙을 한번 판결이 확정되면 동일한 사건에 대해서는 다시 심판할 수 없다는 원칙으로 이해하면, 이중처벌금지원칙과 일사부재리원칙은 같은 의미로 이해된다.[57] 말하자면 **이중처벌금지원칙은 일사부재리원칙이 국가형벌권의 기속 원리로 헌법상 선언된 것**이라고 할 수 있다.[58]

이중처벌금지원칙은 판결이 확정되면 발생하게 되는 판결의 **실체적 확정력의 문제**인 데 반하여, 미국 헌법상 이중위험금지원칙(prohibition against double jeopardy)[59]은 절차가 일정한 단계에 이르면 동일한 절차를 반복할 수 없다는 절차법상의 원칙이라는 점에서 구별된다.[60]

이중처벌금지원칙에 위배되지 않는다고 헌법재판소가 결정한 사례는 주로 과거의 불법에 대한 응보가 아닌 장래의 재범 위험성[61]을 방지하기 위한 보안처분이 이에 해당하는데, 성범죄자 등에 대한 전자장치 부착명령청구조항,[62] 보안관찰처분,[63] 성폭력 치료프로그램의 이수명령,[64] 디엔에이감식시료 채취,[65] 신상정보 공개·고지 명령,[66]

정되어 있지는 않아서 긴급한 방역사태에 효과적으로 대처할 수 있을지 의문이다. 그렇다고 법적 강제가 규정된다면 이는 헌법상 강제노역금지원칙에 위배될 가능성이 높다. 코로나사태와 같은 국민적 보건위협사태를 극복하기 위해서는 효과적인 의료인 등의 투입이 필요하다는 점, 그러나 법적 강제가 수반된 한시적 종사명령은 일종의 징집과 같은 결과를 낳는다는 점을 고려할 때 독일기본법 제12a조와 같이 의무부과의 헌법적 근거를 둘 필요가 있다.

56) 헌재 2002.7.18. 2000헌바57, 공무원연금법 제64조 제2항 위헌소원(한정위헌).
57) 헌재 1994.6.30. 92헌바38; 2005.7.21. 2003헌바98; 2009.3.26. 2008헌바52등.
58) 김종현, 보안처분의 헌법적 한계에 관한 연구, 헌법재판연구원 보고서, 2018, 54쪽 참조.
59) 미국 헌법 수정 제5조: "… 누구라도 동일한 범행으로 생명이나 신체에 대한 위협을 재차 받지 아니하며(nor shall any person be subject for the same offence to be twice put in jeopardy of life or limb), …"
60) 김종현, 보안처분의 헌법적 한계에 관한 연구, 헌법재판연구원 보고서, 2018, 55쪽 참조.
61) 재범위험성은 보안처분의 주된 정당화근거로 제시되고 있다.
62) 헌재 2015.9.24. 2015헌바35, 구 특정성폭력범죄자에 대한 위치추적 전자장치 부착에 관한 법률 제5조 제1항 제3호 등 위헌소원(합헌).
63) 헌재 2015.11.26. 2014헌바475.
64) 헌재 2016.12.29. 2016헌바153.
65) 헌재 2014.8.28. 2011헌마28등.
66) 헌재 2016.12.29. 2015헌바196등.

취업제한[67] 등이 있다. 그 외에도 지방공무원법상 징계부가금,[68] 건축법상 이행강제금[69]과 과태료[70] 등에 대해서 이중처벌금지원칙에 반하지 않는다는 결정이 있었다.

 「산림 자원의 조성 및 관리에 관한 법률」에 따라 일반 산림절도에 비해 가중 처벌되고 있는 '장물 운반을 위해 차량을 사용한 산림절도' 행위에 대해 새로운 가중처벌 사유 없이 재차 "무기 또는 5년 이상의 징역"으로 가중처벌하고 있는 구 「특정범죄가중처벌 등에 관한 법률」 제9조 제2항 (이하 이 사건 법률 조항)이 일사부재리원칙을 위배한 것인지 여부

〈참조 조문〉
구 산림자원의 조성 및 관리에 관한 법률(2007. 12. 21. 법률 제8753호로 개정된 것) 제73조(벌칙) ① 산림에서 그 산물(조림된 묘목을 포함한다. 이하 이 조에서 같다)을 절취한 자는 7년 이하의 징역 또는 2천만원 이하의 벌금에 처한다.
② 생략
③ 제1항의 죄를 범한 자가 다음 각 호의 어느 하나에 해당한 경우에는 1년 이상 10년 이하의 징역에 처한다.
 3. 장물(臟物)을 운반하기 위하여 차량이나 선박을 사용하거나 운반 · 조재(造材)의 설비를 한 경우
구 특정범죄가중처벌 등에 관한 법률(2005. 8. 4. 법률 제7678호로 개정되고 2010. 3. 31. 법률 제10210호로 개정되기 전의 것) 제9조(「산림자원의 조성 및 관리에 관한 법률」위반행위의 가중처벌) ① 생략
② 「산림자원의 조성 및 관리에 관한 법률」 제71조, 제72조 제1항 · 제2항 · 제4항 및 제73조 제3항에 규정된 죄를 범한 자는 무기 또는 5년 이상의 징역에 처한다.

 이중처벌에 해당한다고 할 수 없다. 이중처벌금지원칙은 동일한 범죄행위에 대해 거듭 처벌받는 것을 의미하는 것인데, 위 사안은 하나의 행위에 대해 별도로 가중처벌 규정을 두고 있는 것에 불과하기 때문이다.[71]

다. 연좌제 금지

모든 국민은 자기의 행위가 아닌 친족의 행위로 인하여 불이익한 처우를 받지 않는다(제13조 제3항). 여기서의 불이익은 **국가기관에 의한 모든 불이익**을 의미한다.

---

67) 헌재 2016.7.28. 2015헌마915, 장애인복지법 제59조의3 제1항 위헌확인(합헌): "취업제한은 형벌이 아니므로 이중처벌금지원칙 위반 여부는 문제되지 아니한다."
68) 헌재 2015.2.26. 2012헌바435, 지방공무원법 제69조의2 제1항 등 위헌소원(합헌).
69) 헌재 2004.2.26. 2001헌바80등(합헌).
70) 헌재 1994.6.30. 92헌바38, 구 건축법 제56조의2 제1항 위헌소원(합헌).
71) 헌재 2010.4.29. 2008헌바170, 특정범죄가중처벌 등에 관한 법률 제9조 제2항 등 위헌소원(합헌, 반대의견 있음).

Q 2인 이상이 공동으로 문서를 작성한 경우 인지세를 연대하여 납부할 의무를 부과하는 인지세법 규정이 연좌제 금지를 위반한 것인지 여부

A 연좌제 금지에 위반되지 않는다. 헌법재판소는 과세 문서의 공동 작성자에게 인지세 연대납세의무를 지우는 것이고, 자기의 행위가 아닌 행위에 대하여 납세의무를 부과하는 것이 아니므로, 헌법 제13조 제3항에 위반된다고 볼 수 없다고 한다.[72]
그런데 주의할 것은 연좌제 금지의 대상이 되는 행위는 친족의 행위다. 따라서 친족이 아닌 자의 행위에 대해 부당하게 자기에게 책임을 지게 한 경우는 헌법 제13조 제3항의 연좌제 금지의 원칙이 적용되지 않는다. 이러한 점에서 보면「인지세법」상 인지세 연대납세의무제도는 연좌제와 무관한 제도다.

Q 회계책임자가 300만 원 이상의 벌금을 선고받은 경우 후보자의 당선을 무효로 하고 있는「공직선거법」제265조 본문 중 "회계책임자" 부분이 연좌제 금지를 위반한 것인지 여부

A 헌법재판소는 회계책임자가 친족이 아닌 이상, 이 사건 법률조항은 적어도 헌법 제13조 제3항의 규범적 실질내용에 위배될 수는 없는 것으로 보고 있다.[73]

2. 절차적 보장

가. 체포 · 구속 · 압수 · 수색 · 심문의 법률주의

헌법 제12조 제1항에서는 누구든지 법률에 의하지 아니하고는 체포 · 구속 · 압수 · 수색 또는 심문을 받지 아니함을 규정하고 있다.

나. 적법절차원칙
1) 의의 및 근거

적법절차란 법에 정한 절차에 따른 법의 집행을 의미하는 것으로서 비교법적으로는 미국 헌법 수정 제5조와 수정 제14조의 due process of law에서 유래한다. 대한민국헌법에 의하면 누구든지 법률과 적법한 절차에 의하지 아니하고는 처벌 · 보안처분 또는 강제노역을 받지 아니하며(제12조 제1항), 체포 · 구속 · 압수 또는 수색을 할 때에는 적법한 절차에 따라 검사의 신청에 의하여 법관이 발부한 영장을 제시하여야 한다(제12조 제3항).

---

72) 헌재 2007.5.31. 2006헌마1169, 인지세법 제1조제2항 위헌확인(기각).
73) 헌재 2010.3.25. 2009헌마170, 공직선거법 제265조 본문 위헌확인(기각).

2) 의미 내용의 변화

오늘날 미국 헌법 수정 제5조와 수정 제14조의 due process of law는 due proc‐ess of due law로 이해된다. 이를 **실체적 적법절차**라고 한다. 실체적 적법절차가 요구되는 것은 우리의 경우에 있어서도 마찬가지다. 헌법재판소의 결정에 따르면 절차가 형식적 법률로 정하여져야 할 뿐만 아니라 적용되는 법률의 내용에 있어서도 합리성과 정당성을 갖춘 적정한 것이어야 한다.[74]

3) 적용 범위의 확대

적법절차를 규정한 헌법 제12조 제1항과 제3항을 보면 적법절차는 처벌·보안처분·강제노역의 경우(제1항)와 체포·구속·압수 또는 수색 시 영장발부(제3항)의 경우에 적용되는 것으로 기술되어 있다. 따라서 적법절차가 그 외의 영역에도 적용될 수 있는지 여부에 대해서는 이론이 있을 수 있다.

헌법재판소는 '적법한 절차'를 인신의 구속이나 처벌 등 형사절차만이 아니라 국가작용으로서의 **모든 입법작용과 행정작용에도 광범위하게 적용되는 독자적인 헌법원리**의 하나로 이해하고 있다.[75] 따라서 행정절차에도 적법절차원칙이 적용된다.[76]

그러나 **적법절차는 기본권을 보장하기 위한 것이기** 때문에 국가기관의 권한이 문제되는 탄핵소추절차에는 적용되지 않는다는 것이 헌법재판소의 결정이다.[77] 그러나 탄핵소추절차를 거쳐 파면이라는 결과에 이르면 결국은 그를 통하여 공무담임권을 제한하는 것으로도 될 수 있다는 점에서 비판의 여지가 있다.

4) 재판청구권과의 경합 문제

헌법재판소는 형사소송절차에서 적법절차원리는 재판청구권의 보호영역과 사실상 중복된다고 본다. 따라서 공정한 재판을 받을 권리의 침해 여부를 판단하게 되면 적법절차원리의 위반 여부는 별도로 검토하지 않고 있다. 왜냐하면 형사소송절차에서의 적법절차원리는 형사소송절차의 전반을 기본권 보장의 측면에서 규율하여야 한다는 기본원리를 천명하고 있는 것으로 이해하여야 하므로, 결국 포괄적, 절차적 기본권으로 파악되고 있는 재판청구권의 보호영역과 사실상 중복되는 것으로 보기 때문이다.[78]

---

74) 헌재 1997.11.27. 92헌바28, 보안관찰법 제2조 등 위헌소원(합헌, 각하).
75) 헌재 1997.11.27. 92헌바28, 보안관찰법 제2조 등 위헌소원(합헌, 각하).
76) 헌재 2007.4.26. 2006헌바10, 산업입지 및 개발에 관한 법률 제11조 제1항 등 위헌소원(합헌).
77) 헌재 2004.5.14. 2004헌나1, 대통령(노무현)탄핵(기각).

다. 영장주의
1) 의의와 근거

체포·구속·압수 또는 수색을 할 때에는 적법한 절차에 따라 검사의 신청에 의하여 법관이 발부한 영장을 제시하여야 한다(제12조 제3항).

헌법재판소에 따르면 영장주의란 **형사절차[79)]**와 관련하여 체포·구속·압수·수색 등의 강제처분을 함에 있어서는 사법권 독립에 의하여 그 신분이 보장되는 법관이 발부한 영장에 의하지 않으면 아니 된다는 원칙이고, 따라서 **영장주의의 본질은** 신체의 자유를 침해하는 강제처분을 함에 있어서는 중립적인 **법관이 구체적 판단을 거쳐 발부한 영장에 의하여야만 한다**는 데에 있다.[80)]

2) 영장주의의 적용범위

위의 헌법재판소의 판례에 따르면 영장주의는 원칙적으로 강제력이 따르는 형사절차에서 요구되는 것으로 이해된다.

그러나 반드시 형사절차가 아니더라도 예컨대 특별법상 특별검사가 참고인에게 지정된 장소까지 동행할 것을 명령할 수 있게 하고, 참고인이 정당한 이유 없이 동행명령을 거부한 경우 천만 원 이하의 벌금형에 처하도록 규정한 동행명령조항에 의한 **참고인 동행명령제도**는, 참고인의 신체의 자유를 사실상 억압하여 일정 장소로 인치하는 것과 실질적으로 같으므로, 헌법 제12조 제3항이 정한 영장주의원칙이 적용되는 것으로 보고 있다.[81)]

---

78) 헌재 2012.5.31. 2010헌바403; 2013.8.29. 2011헌바253등; 2014.8.28. 2011헌마28등, 디엔에이 신원확인정보의 이용 및 보호에 관한 법률 부칙 제2조 제1항 위헌확인(기각, 각하); 2018.8.30. 2016헌마344등, 디엔에이감식시료채취 영장 발부 위헌확인 등(헌법불합치, 기각, 각하).

79) 이에 반하여 형사절차가 아니라 하더라도 실질적으로 수사기관에 의한 인신구속과 동일한 효과를 발생시키는 인신구금은 영장주의의 본질상 그 적용대상이 되어야 한다는 견해로는 헌재 2020.9.24. 2017헌바157등, 군인사법 제57조 제2항 제2호 위헌소원 등(위헌) 결정에서 재판관 이석태, 김기영, 문형배, 이미선의 보충의견 참조.

80) 헌재 1997.3.27. 96헌바28등, 형사소송법 제70조 제1항 위헌소원 등(합헌). 그 외에도 헌재 2006.7.27. 2005헌마277, 소변강제채취 위헌확인(기각, 각하); 1997.3.27. 96헌가11; 2020.9.24. 2017헌바157등.

81) 헌재 2008.1.10. 2007헌마1468, 한나라당 대통령후보 이명박의 주가조작 등 범죄혐의의 진상규명을 위한 특별검사의 임명 등에 관한 법률 위헌확인(위헌, 기각). 재판관 7인의 위헌의견 중 5인의 위헌의견은 영장주의 위배를, 2인의 위헌의견은 과잉금지원칙 위배를 이유로 들었다. 영장주의의 적용여부와 관련하여서는 5인의 위헌의견은 영장주의의 적용대상이라고 보았고, 3인 재판관(위헌 2인, 합헌 1인)은 영장주의의 적용대상이 아닌 것으로 보았다(조대현 재판관은 동행명령제도를 합헌으로 보았고, 영장주의의 적용여부에 대해서는 언급하지 않았다).

| NOTE | 영장주의가 적용되지 않는 경우 | |

① 「공직선거법」상 각급 선거관리위원회 위원·직원의 선거 범죄 조사에 있어서 피조사자에 대한 자료 제출 요구

이는 행정조사의 성격을 가지는 것으로 수사기관의 수사와 근본적으로 그 성격을 달리하며, 청구인에 대하여 직접적으로 어떠한 물리적 강제력을 행사하는 강제처분을 수반하는 것이 아니기 때문이다.[82]

② 강제 퇴거 명령을 받은 사람을 즉시 대한민국 밖으로 송환할 수 없으면 송환할 수 있을 때까지 보호 시설에 보호할 수 있도록 규정한 「출입국관리법」 제63조 제1항

이 조항에 대해서 헌법재판소는 종전 판례에서 과잉금지원칙에 반하여 강제 퇴거 대상자의 신체의 자유를 침해하는 것으로 판단[83]하면서 영장주의 위배 여부는 검토하지 않고 있다. 따라서 행정상 인신 구속에 관하여는 영장주의를 적용하지 않는 것으로 보는 견해[84]도 있다. 변경된 판례[85]에서는 보호기간의 상한을 마련하지 않은 것이 과잉금지원칙 및 적법절차원칙을 위배하여 신체의 자유를 침해하는 것으로 보면서도 법정의견에서는 영장주의에 대해서는 언급이 없다.

③ 경찰서장이 「형사소송법」과 구 「경찰관직무 집행법」에 근거하여 국민건강보험공단에게 청구인들의 요양 급여 내역의 제공을 요청한 행위와 그에 응한 국민건강보험공단의 정보 제공 행위

사실조회조항은 수사기관이 공사단체 등에 대하여 범죄 수사에 관련된 사실을 조회할 수 있다고 규정하여 수사기관에 사실조회의 권한을 부여하고 있을 뿐이고, 이에 근거한 사실조회행위에 대하여 국민건강보험공단이 응하거나 협조하여야 할 의무를 부담하는 것이 아니기 때문에 사실조회행위는 강제력이 개입되지 아니한 임의수사에 해당하고, 따라서 이에 응하여 이루어진 정보 제공 행위에도 영장주의가 적용되지 않는다.[86] 「전기통신사업법」상 수사기관 등이 전기통신사업자에게 이용자의 성명 등 통신자료의 제공을 요청하는 것도 임의수사에 해당하여 영장주의가 적용되지 않는다.[87] 그러나 「통신비밀보호법」상 통신사실확인자료제공 요청은 강제처분으로서 영장주의가 적용되는 것으로 보고 있는 것[88]과 비교

---

82) 헌재 2019.9.26. 2016헌바381, 공직선거법 제256조 제5항 제12호 위헌소원(합헌).

83) 헌재 2018.2.22. 2017헌가29, 출입국관리법 제63조 제1항 위헌제청(합헌). 이 결정은 합헌의견과 위헌의견이 4:5였다.

84) 이상원, 2018년 분야별 중요판례분석 ⑮ 형사소송법, 법률신문 2019.5.2.자, 12면.

85) 헌재 2023.3.23. 2020헌가1등, 출입국관리법 제63조 제1항 위헌제청(2025.5.31.까지 계속적용 헌법불합치) - 강제퇴거대상자에 대한 보호기간의 상한 없는 보호 사건.

86) 헌재 2018.8.30. 2014헌마368, 건강보험 요양급여내역 제공 요청 및 제공 행위 등 위헌확인[인용(위헌확인), 각하].

87) 헌재 2022.7.21. 2016헌마388등, 통신자료 취득행위 위헌확인 등(헌법불합치, 각하) - 수사기관 등에 의한 통신자료 제공요청 사건. 이에 대해서는 비판이 있다(조동은, 전기통신사업법상 통신자료 제공요청 규정의 위헌성, 법률신문 2023.2.2. 12면).

88) 헌재 2018.6.28. 2012헌마191등, 통신비밀보호법 제2조 제11호 바목 등 위헌확인(헌법불합치, 기

할 때 문제가 있어 보인다.

④ 음주 측정[89]이나 교정 시설에서의 소변 채취[90]

이는 당사자의 자발적 협조가 있어야 하고 따라서 강제처분이라고 할 수 없어 영장주의가 적용되지 않는다.

⑤ 교도소 입소 시 마약 사범에게 항문 내 검사 등 정밀 검사를 하는 경우[91]

헌법재판소는 명시적으로 영장주의가 적용되지 않는다고 설시하고 있지는 않지만, 이미 구속영장이 집행된 자에 대한 것이라고 하면서 별도의 영장을 요구하고 있지 않다.

그런데 **행정상 즉시강제**에 있어서는 영장주의가 적용되는지 여부에 대해 논의가 있다. 행정상 즉시강제란 급박한 행정상의 장해를 제거하여야 하는 경우에, 미리 의무를 명할 시간적 여유가 없거나, 성질상 의무를 명하여서는 목적 달성이 곤란할 때, 직접 국민의 신체 또는 재산에 실력을 가하여 행정상 필요한 상태를 실현하는 작용을 말한다. 「소방기본법」상 강제처분,[92] 「도로교통법」 제72조 제2항[93] 등이 이에 속한다. 직접 의무가 부과되어 있지 않다는 점에서는 행정상 강제집행과 구분된다.[94] 행정상 즉시강제에 영장이 필요한가에 대해서는 영장불요설과 영장필요설 그리고 절충설이 대립하고 있다. 영장불요설에 따르면 헌법상 영장제도는 형사절차에서만 적용된다고 하고, 영장필요설에 따르면 형사와 행정이 목적에서 차이를 가져도 기본권 보장의 취지는 같다는 점을 강조한다. 그에 반하여 절충설은 행정 목적의 달성을 위하여 불가피하다고 인정할 만한 합리적인 이유가 있는

각, 각하) -통신비밀보호법 '위치정보 추적자료' 사건.

89) 헌재 1997.3.27. 96헌가11, 도로교통법 제41조 제2항 등 위헌제청(합헌): "도로교통법 제41조 제2항에 규정된 음주측정은 성질상 강제될 수 있는 것이 아니며 궁극적으로 당사자의 자발적 협조가 필수적인 것이므로 이를 두고 법관의 영장을 필요로 하는 강제처분이라 할 수 없다."

90) 헌재 2006.7.27. 2005헌마277, 소변강제채취 위헌확인(기각, 각하): "헌법 제12조 제3항의 영장주의는 법관이 발부한 영장에 의하지 아니하고는 수사에 필요한 강제처분을 하지 못한다는 원칙으로 소변을 받아 제출하도록 한 것은 교도소의 안전과 질서유지를 위한 것으로 수사에 필요한 처분이 아닐 뿐만 아니라 검사대상자들의 협력이 필수적이어서 강제처분이라고 할 수도 없어 영장주의의 원칙이 적용되지 않는다.

91) 헌재 2006.6.29. 2004헌마826, 항문내 검사 위헌확인(기각). 이 결정은 영장주의 위반여부를 언급하고 있지는 않고 과잉금지 심사를 하고 있을 뿐이다.

92) 소방기본법 제25조(강제처분 등) ③ 소방본부장, 소방서장 또는 소방대장은 소방활동을 위하여 긴급하게 출동할 때에는 소방자동차의 통행과 소방활동에 방해가 되는 주차 또는 정차된 차량 및 물건 등을 제거하거나 이동시킬 수 있다.

93) 도로교통법 제72조(도로의 지상 인공구조물 등에 대한 위험방지 조치) ② 경찰서장은 인공구조물 등의 소유자·점유자 또는 관리자의 성명·주소를 알지 못하여 제1항에 따른 조치를 명할 수 없을 때에는 스스로 그 인공구조물 등을 제거하는 등 조치를 한 후 보관하여야 한다. ….

94) 행정 강제 수단의 구분

특별한 경우에 한하여 영장주의는 배제될 수 있다고 한다. **절충설이 다수의 견해이고 대법원 판례**[95]**의 입장이다. 그러나 헌법재판소는 원칙적으로 영장불요설의 입장이다.** 행정상 즉시강제는 상대방의 임의 이행을 기다릴 시간적 여유가 없을 때 하명 없이 바로 실력을 행사하는 것으로서, 그 본질상 급박성을 요건으로 하고 있어 법관의 영장을 기다려서는 그 목적을 달성할 수 없기 때문에 원칙적으로 영장주의가 적용되지 않는다는 것이다.[96]

　원칙적으로 절충설이 타당하나, 어떠한 경우가 영장을 요구하지 않을 수 있는 지를 판단하는 데는 신중을 기하여야 한다. 또한 사후에라도 영장을 청구하도록 하여야 할 것이다.

3) 법률 조항이 영장주의에 위배되는지 여부의 판단 방법

　헌법재판소의 판례에 따르면 법률이 영장주의를 위배하는지 여부의 판단은 2가지 측면에서 판단된다. ① **형식적 측면**에서 영장주의에 위배되는 법률 조항은 그 자체 위헌이 된다. ② 형식적으로는 영장주의에 위배되지 않는다고 하더라도 **실질적 측면**에서 입법자가 합리적인 선택 범위를 일탈하는 등 그 입법 형성권을 남용한 경우는 위헌이 된다.[97] 이 경우 **심사기준은 자의금지원칙이다.** 입법자의 비합리적인 입법 형성권의 남용이

직접적 강제 수단 (행정 강제)	행정상 강제집행	대집행	의무 불이행
		집행벌(강제금)	
		직접강제	
		행정상 강제징수	
	행정상 즉시강제		
간접적 강제 수단	행정벌(행정형벌, 행정질서벌)		의무 위반
	기타	과징금, 가산금	새로운 의무 이행 확보 수단
		공급 거부	
		위반 사실의 공표	
		관허 사업의 제한	
자료 획득 작용	행정조사		

95) 대법원 1997.6.13. 96다56115 판결.
96) 헌재 2002.10.31. 2000헌가12, 음반·비디오물및게임물에관한법률 제24조 제3항 제4호 중 게임물에 관한 규정 부분 위헌제청(합헌).
97) [실질적으로 영장주의를 위배한 사례] 수사기관이 법관에 의하여 발부된 영장 없이 일부 범죄 혐

있는 경우에는 자의금지원칙에 위배되어 위헌이 된다.[98]

> **Q** 헌법 제77조 제3항에 따르면 비상계엄 시에 영장제도에 대한 **특별한 조치를 취할 수 있도록 하고 있다. 이에 따를 때 영장주의를 완전히 배제하는 특별한 조치는 가능한지 여부를 검토하시오.**
>
> **A** 비상계엄의 경우에도 영장주의를 완전히 배제하는 조치는 매우 한시적으로만 예외적으로 허용될 수 있고, 사후적으로 조속한 시간 내에 법관에 의한 심사가 이루어져야 한다. 일부 범죄에 국한되는 것이라도 법률로 장기간 동안 영장주의를 완전히 무시하는 것은 허용될 수 없다.[99]

4) 영장주의에 있어서 적법절차

체포·구속·압수·수색을 할 때에는 적법한 절차에 따라 검사가 신청하고 법관이 발부한 영장을 제시하여야 한다(제12조 제3항 제1문). 영장은 검사가 신청하고 법관이 발부하여야 할 뿐만 아니라 신청과 발부에 있어서도 법에 정한 절차에 의하여야 한다.

그러나 수사 단계가 아닌 공판 단계에서 법관이 직권으로 영장을 발부하여 구속하는 경우에는 검사의 신청을 필요로 하지 않는다.[100] 법관이 직권으로 발부한 영장은 명령장으로서 성격을 가지는 데 반하여, 검사의 신청에 의한 영장은 허가장으로서의 성격을 가지는 것으로 양자는 구분된다.

> **NOTE**　　**'신청'의 의미와 검사의 영장신청권과 수사권의 관계**　
>
> ① 신체의 자유와 관련한 검사의 영장신청권은 제5차 개정헌법(제10조 제3항)에서 도입된 이래 유신헌법에서 요구라는 용어를 사용(제10조 제3항)한 외에는 현행 헌법에 이르기까지 모두 신청이라는 용어를 사용하고 있다. 주거의 자유와 관련하여서는 유신헌법에서 처음으로 '검사의 요구'가 규정되었으나 제8차·제9차 개정헌법에서는 '검사의 신청'으로 용어가 변경되었다. 「형사소송법」에서는 유신헌법을 기점으로 검사의 법관과의 관계에서는 신

의자에 대하여 구속 등 강제처분을 할 수 있도록 규정하고 있을 뿐만 아니라, 그와 같이 영장 없이 이루어진 강제처분에 대하여 일정한 기간 내에 법관에 의한 사후영장을 발부받도록 하는 규정도 마련하지 아니함으로써, 수사기관이 법관에 의한 구체적 판단을 전혀 거치지 않고서도 임의로 불특정한 기간 동안 피의자에 대한 구속 등 가제처분을 할 수 있도록 하고 있는 구 「인신구속 등에 관한 임시 특례법」 제2조 제1항[헌재 2012.12.27. 2011헌가5, 구 인신구속 등에 관한 임시특례법 제2조 제1항 위헌제청(위헌)].

98) 헌재 2012.12.27. 2011헌가5(위헌).
99) 헌재 2012.12.27. 2011헌가5(위헌).
100) 헌재 1997.3.27. 96헌바28등, 형사소송법 제70조 제1항 위헌소원 등(합헌) 참조.

청에서 청구로, 사법경찰관의 검사와의 관계에서는 청구에서 신청으로 변경되었다. 견해[101]에 따르면 용어의 사전적 의미나 「민사소송법」, 「형사소송법」의 용례로 볼 때 신청보다는 청구가 청구보다는 요구가 상대방은 재량이 없게 된다고 한다. 검사가 법관에 대하여 영장을 '신청'하게 하는 것은 법관의 재량을 보다 넓게 보기 때문이라는 것이다.

② 헌법재판소의 결정에 따르면 헌법은 수사나 공소제기의 주체, 방법, 절차 등에 관하여 직접적인 규정을 두고 있지 않기 때문에,[102] 수사나 공소제기의 주체를 검찰로 할 것인가 경찰로 할 것인가, 고위공직자범죄수사처에게도 부여할 것인가의 문제는 입법정책의 문제가 된다. 그러나 수사는 공소제기를 위한 필요적, 수단적 절차이므로 공소제기권자는 당연히 수사권을 갖는다는 견해가 있다.[103] 「형사소송법」상 검사와 사법경찰관만이 수사권을 갖는 것은 그 때문이라고 한다. 이 견해는 경찰이 대부분을 수사하고 검사는 일부만 수사하더라도 공소제기권자인 검사는 모든 범죄의 수사권을 가져야 합헌이자 수사의 목적이나 본질상 당연하다고 한다. 검경수사권 조정으로 검찰의 수사개시권을 완전히 부인하고 보완수사요구권만을 인정하는 것이 가능한지 또는 효율적인 것인지는 여전히 의문이다.

5) 영장주의의 예외
가) 헌법 규정에 의한 예외[104]

헌법 제12조 제3항 단서에서는 현행범이나 장기 3년 이상의 형에 해당하는 죄를 범하고 도피 또는 증거인멸의 염려가 있을 때는 영장 없이 체포하고 사후에 영장을 청구할 수 있다고 규정하고 있다.

그런데 헌법재판소에 따르면 현행범에 대한 사후영장제도를 「형사소송법」이 규정하지 않았더라도 헌법이 사후영장의 종류나 청구 방식 또는 청구 기간에 대해 특별한 규정을 두지 않고 있기 때문에 영장주의에 반하는 것은 아니다. 즉, 헌법 제12조 제3항으로부터 사후체포영장을 반드시 청구하여야 한다는 사후영장제도의 입법의무를 도출해낼 수 없다.[105] 따라서 수사기관이 현행범인 체포를 통해 영장 없이 피의자를 체포하였다가 구속영장을 청구하지 않고 석방하는 경우, 체포 및 그에 따른 단기간의 구금의 정당성 여부에 대하여 법관의 심사와 통제가 이루어지지 못하게 되더라도 이것이 헌법에 위반되는 것이라고는 할 수 없다.[106]

---

101) 구욱서, 검사의 영장 '신청'과 '청구'의 차이, 법률신문 2022.5.23.자 12면.
102) 헌재 2021.1.28. 2020헌마264등, 고위공직자범죄수사처 설치 및 운영에 관한 법률 위헌확인(기각, 각하) ― 공수처법 위헌확인 사건.
103) 구욱서, 검사의 영장 '신청'과 '청구'의 차이, 법률신문 2022.5.23.자 12면.
104) 「형사소송법」 제200조의3, 200조의4의 긴급체포 참조.
105) 헌재 2013.7.25. 2012헌마182, 형사소송법 제211조 등 위헌확인(각하).

그러나 영장주의는 신체의 자유를 보장하기 위한 헌법의 절차적 보장수단이므로 이를 배제하려면 원칙적으로 헌법에 명기하는 것이 타당하다는 관점에서 보면, 헌법 제12조 제3항 단서의 의미는 현행범인 등의 경우 체포 등을 한 후에 영장을 청구할 수도 있고 안 할 수도 있음을 규정한 것이 아니고, 현행범인 등과 같이 **사전영장의 청구가 사실상 어려운 경우에는 '사후에'라도 청구할 수 있음을 규정**하고 있는 것으로 읽는 것이 헌법이 영장주의를 규정한 취지에 따른 해석으로 보인다. 따라서 헌법재판소의 결정은 문제가 있다. 그러므로 현행범인을 체포하여 구속하고자 하지 않을 때에는 48시간 이내에 피의자를 즉시 석방하도록 하고 있는 「형사소송법」제200조의2 제5항은 48시간의 범위 내에서 현행범인 등을 영장없이 임의로 체포할 수 있도록 하고 있기 때문에 위헌성이 있는 것으로 보인다.

비상계엄하의 특별한 조치라고 하더라도 원칙적으로 영장주의가 배제되는 것은 아니다.[107]

나) 별건체포, 별건구속

일정한 사건의 수사를 위하여 다른 사건을 이유로 피의자를 체포 또는 구속하는 것을 각각 별건체포, 별건구속이라고 한다. 이에 대해서는 합헌설과 위헌설의 대립이 있다. 별건 구속이나 별건 체포는 영장 없이 인신을 체포 또는 구속하는 것과 같은 결과를 낳는 것이므로 위헌이라고 보는 견해가 타당하다.

| NOTE | 징계로서 영창처분은 합헌적인 제도인가 |

구「군인사법」상 병에 대한 징계처분으로서 부대나 함정(艦艇) 내의 영창, 그 밖의 구금장소에 감금하는 영창을 규정(이하 심판대상조항)하고 있었는데, 이에 대해 헌법재판소는 수단의 적합성은 인정하였으나 침해의 최소성과 법익의 균형성을 충족하지 못한 것으로 판단하였다.[108] 즉, 영창처분은 그 실질이 구류형의 집행과 유사하게 운영되므로 극히 제한된 범위에서 형사상 절차에 준하는 방식으로 이루어져야 하는데, 영창처분이 가능한 징계사유는 지나치게 포괄적이고 기준이 불명확하여 영창처분의 보충성이 담보되고 있지 아니한 점, 심판대상조항은 징계위원회의 심의·의결과 인권담당 군법무관의 적법성 심사를 거치

---

106) 헌재 2012.5.31. 2010헌마672, 형사소송법 제212조 등 위헌확인(기각).
107) 제1공화국 헌법위원회 결정 및 헌재 2012.12.27. 2011헌가5, 구 인신구속 등에 관한 임시특례법 제2조 제1항 위헌제청(위헌, 전원합의).
108) 헌재 2020.9.24. 2017헌바157등, 군인사법 제57조 제2항 제2호 위헌소원 등(위헌).

지만, 모두 징계권자의 부대 또는 기관에 설치되거나 소속된 것으로 형사절차에 견줄만한 중립적이고 객관적인 절차라고 보기 어려운 점, 심판대상조항으로 달성하고자 하는 목적은 인신구금과 같이 징계를 중하게 하는 것으로 달성되는 데 한계가 있고, 병의 비위행위를 개선하고 행동을 교정할 수 있도록 적절한 교육과 훈련을 제공하는 것 등으로 가능한 점 등으로 볼 때 최소침해의 원칙에 위배되고, 군대 내 지휘명령체계를 확립하고 전투력을 제고한다는 공익은 매우 중요한 공익이나, 심판대상조항으로 과도하게 제한되는 병의 신체의 자유가 위 공익에 비하여 결코 가볍다고 볼 수 없어, 심판대상조항은 법익의 균형성 요건도 충족하지 못한다는 것이다.

이와 같은 결정의 내용으로 보면, 병에 대한 징계처분으로서 영창처분은 허용되지 않는 방법은 아니라는 의미로 이해된다(이는 2인 재판관이 반대의견도 같은 견해다). 이는 "영창처분을 할 때는 극히 제한된 범위에서 형사상 절차에 준하는 방식으로 이루어져야 할 것이다."라고 한 헌법재판소 판시109)에서도 찾아 볼 수 있다. 그런데 같은 결정에서 "징계란 공무원의 의무위반 또는 비행이 있는 경우에 공무원조직의 질서유지를 위해 임용권자에 의해 부과되는 제재로서 기본적으로 공무원의 신분적 이익의 전부 또는 일부를 박탈함을 그 내용으로 한다. 따라서 징계로서 신체의 자유를 직접적이고 전면적으로 박탈하는 구금을 행하는 것은 원칙적으로 허용되어서는 아니 된다. 그럼에도 불구하고 심판대상조항에 의한 영창처분은 병에 대한 징계의 일종으로 부과되는 것으로 영창처분이 집행되는 경우 복무기간 불산입이라는 신분상의 불이익 외에 외부로부터 고립된 장소에 감금하는 것을 통한 신체의 자유 박탈까지 그 내용으로 삼고 있다. 이는 본래 징계로서 예정하고 있는 불이익을 넘는 제재로서 징계의 한계를 초과한 것이다."110)라고 판시하고도 있다. 따라서 헌법재판소의 결정내용을 엄격히 보면, 징계로서 영창처분이 헌법상 허용되지 않는 것인지 아니면 허용은 되나 그 정도가 지나쳐서는 안 되는 것인지가 명백한 것은 아니다.

그러나 이 결정 이후 「군인사법」은 2020.2.4. 개정을 통하여 영창제도를 폐지하고, 병에 대한 징계처분을 강등, 군기교육, 감봉, 휴가단축, 근신 및 견책으로 구분하고 있다(군인사법 제57조 제2항).

라. 체포 또는 구속의 이유 등을 고지 받을 권리

헌법 제12조 제5항에는 누구든지 체포 또는 구속의 이유와 변호인의 조력을 받을 권리가 있음을 고지 받지 아니하고는 체포 또는 구속을 당하지 아니한다고 규정하고 있다. 이는 미국법상의 미란다 원칙을 의미한다. **미란다 원칙**이란 ① 자신의 어떤 진술도 자신에게 불리한 진술이 될 수 있고, ② 묵비권이 있으며, ③ 변호인의 조력을 받을 권리가 있으며, ④ 경제적으로 곤란한 경우에는 국선변호인의 조력을 받을 권리가 있

---

109) 헌재 2020.9.24. 2017헌바157등.
110) 헌재 2020.9.24. 2017헌바157등.

음을 고지하지 않으면 체포는 불법이 된다는 것이다.111) 「형사소송법」은 피의자와 피고인 관련 제72조와 제200조의5에서 미란다원칙을 규정하고 있다.

또 헌법 제12조 제5항 제2문에 따라 체포 또는 구속을 당한 자의 가족 등 법률이 정하는 자에게는 그 이유와 일시·장소가 지체 없이 통지되어야 한다. 「형사소송법」에서는 변호인이 있는 경우에는 변호인에게, 변호인이 없는 경우에는 피고인의 법정대리인, 배우자, 직계친족과 중 피고인이 지정한 자에게 피고사건명, 구속일시·장소, 범죄사실의 요지, 구속의 이유와 변호인을 선임할 수 있는 취지를 지체 없이 문서로 알리도록 하고 있고(형사소송법 제87조, 제30조 제2항), 이 규정을 피의자에 대해서 준용하고 있다(형사소송법 제200조의6).

마. 체포·구속적부심사제

헌법 제12조 제6항에서는 "누구든지 체포 또는 구속을 당한 때에는 적부의 심사를 법원에 청구할 권리를 가진다. …"라고 규정하여 체포·구속적부심사청구권을 보장하고 있다. 헌법재판소에 따르면 체포·구속적부심사청구권을 규정한 헌법 제12조 제5항은 당사자가 체포·구속된 원인 관계 등에 대한 최종적인 사법적 판단 절차와는 별도로 체포·구속 자체에 대한 적부 여부를 법원에 심사 청구할 수 있는 부수적 절차(collateral review)를 헌법적 차원에서 보장하는 규정이다. 여기서 "적부심사"란 헌법적 정당성 여부를 심사하는 것을 말한다. 적부심사를 통하여 헌법적 정당성을 인정할 수 없는 경우에는 석방되도록 하는 제도를 갖추어야만 헌법상의 체포·구속적부심사제도에 부합하는 입법 형성 의무가 이행된 것이라고 한다.112) 또 헌법이 별도로 보장하고 있는 부수적 절차이므로 입법자는 체포·구속적부심사청구권을 보장하는 구체적인 절차적 권리를 제대로 행사할 수 있는 기회를 최소한 1회 이상 제공하여야 할 의무를 진다.113)

Q **구속적부심사 청구인적격을 피의자 등으로 한정하고 있어서 구속적부심사청구권을 행사한 다음 검사가 법원의 결정이 있기 전에 기소하는 경우 (소위 전격 기소), 법원은 영장에 근거한 구속의 헌법적 정당성에 대하여 실질적인 판단을 하지 못하고 구속적부심사청구를 기각할 수밖에 없도록 하고 있는 「형사소송법」 제214조의2 제1항의 위헌 여부를 검토하시오.**

---

111) Miranda v. Arizona, 384 U.S. 436 (1966).
112) 헌재 2004.3.25. 2002헌바104, 형사소송법 제214조의2 제1항 위헌소원(헌법불합치).
113) 헌재 2004.3.25. 2002헌바104; 2014.8.28. 2012헌마686, 인신보호법 제2조 제1항 위헌확인(기각).

헌법재판소는 위헌으로 판단한 바 있다.[114] 그 이유는 헌법상 독립된 법관으로부터 구속 적부심사를 받고자 하는 청구인의 '절차적 기회'가 반대 당사자의 '전격 기소'라고 하는 일방적 행위에 의하여 제한되어야 할 합리적인 이유가 없고, 검사가 전격 기소를 한 이후 청구인에게 '구속 취소'라는 후속 절차가 보장되어 있다고 하더라도 그에 따르는 적지 않은 시간적, 정신적, 경제적인 부담을 청구인에게 지워야 할 이유도 없으며, 기소 이전단계에서 이미 행사된 적부심사청구권의 당부에 대하여 법원으로부터 실질적인 심사를 받을 수 있는 청구인의 절차적 기회를 완전히 박탈하여야 하는 합리적인 근거도 없다는 것이다.[115]

바. 고문금지와 진술거부권 = 묵비권

모든 국민은 고문을 받지 않으며, 형사상 자기에게 불리한 진술을 강요당하지 아니한다(제12조 제2항). 이와 같이 헌법이 고문금지를 별도로 규정하고 있지만, 이는 인간의 존엄과 가치에서 나오는 당연한 원칙이다.

헌법재판소의 판례에 따르면 진술거부권(Aussageverweigerungsrecht)은 비인간적인 자백의 강요와 고문을 근절하고, 피고인 또는 피의자와 검사 사이에 **무기 평등을 도모하여 공정한 재판**을 기하려는 것이다. 또한 진술거부권은 현재 피의자나 피고인으로서 수사 또는 공판절차에 계속 중인 자뿐만 아니라 장차 피의자나 피고인이 될 자에게도 보장되며, **형사절차뿐 아니라 행정절차나 국회에서의 조사 절차 등에서도 보장**된다. 또한 진술거부권은 고문 등 폭행에 의한 강요는 물론 **법률로써도 진술을 강요당하지 아니함을 의미**한다.[116] 헌법재판소의 판례에 따르면, **"진술"이라 함은 언어적 표출**, 즉 생각이나 지식, 경험 사실을 정신 작용의 일환인 언어를 통하여 표출하는 것을 의미하는 데 반하여, 호흡 측정은 신체의 물리적, 사실적 상태를 그대로 드러내는 행위에 불과하다. 또한 호흡

---

114) 헌재 2004.3.25. 2002헌바104.
115) 이 결정 이후 2004.10.16. 국회는 헌법재판소의 결정 취지에 따라 형사소송법 제214조의2 제4항을 개정하여 심사청구 후 피의자에 대하여 공소 제기가 있는 경우에도 구속적부심관할 법원이 판단을 계속할 수 있도록 하였다. 이에 따라 구속적부심 관할법원은 전격기소된 피고인에 대하여도 석방결정, 기각결정, 보증금납입조건부 석방결정 중 어느 하나를 선택하여 판단할 수 있게 되었다(형사소송법 제214조의2 제4항). 이에 따라 전격기소에 따른 구속적부심 가능여부에 대한 논의는 입법적으로 종결되었다.
116) 법률에 의한 진술 강요의 예로는 「도로교통법」이 교통사고를 일으킨 운전자에게 신고의무를 부담시키는 것을 들 수 있다. 피해자의 구호 및 교통질서의 회복을 위한 조치가 필요한 범위 내에서 교통사고의 객관적 내용만을 신고토록하고 형사책임과 관련되는 사항에는 적용되지 아니하는 것으로 해석하는 한 헌법에 위반되지 아니한다는 한정합헌 결정이 내려졌다[헌재 1990.8.27. 89헌가118, 도로교통법 제50조 제2항 등에 관한 위헌심판(한정합헌)].

측정은 진술서와 같은 진술의 등가물(等價物)로도 평가될 수 없는 것이고 신체의 상태를 객관적으로 밝히는 데 그 초점이 있을 뿐, 신체의 상태에 관한 당사자의 의식, 사고, 지식 등과는 아무런 관련이 없다. 호흡 측정에 있어 결정적인 것은 측정 결과 밝혀질 객관적인 혈중 알콜 농도로서 이는 당사자의 의식으로부터 독립되어 있고 당사자는 이에 대하여 아무런 지배력도 갖고 있지 않다. 따라서 **호흡 측정 행위는 진술이 아니므로** 호흡 측정에 응하도록 요구하고 이를 거부할 경우 처벌한다고 하여도 "진술 강요"에 해당한다고 할 수는 없다.117)

한편 교통사고를 신고하지 않은 운전자를 처벌하는 것은 자신의 범죄행위를 신고하지 않은 경우 처벌하는 것으로 되어 헌법상 진술거부권을 침해하는 것은 아닌가라는 의문이 있다. 결론적으로 말하면 **범법자에게 범죄 사실을 신고토록 하고 신고하지 않은 경우에는 처벌하도록 하는 것은 헌법 제12조 제2항의 진술거부권을 침해하여 헌법에 위반된다.** 그러나 교통사고의 경우 교통사고자의 형사책임과 관련되는 사항까지 신고토록 하는 것이 아니라, **피해자의 구호 및 교통 질서의 회복을 위한 조치가 필요한 범위 내에서 교통사고의 객관적 내용만을 신고토록 한 것으로 해석하는 한 헌법에 위반되지 않는다**는 것이 헌법재판소의 판례다.118)

또 교통사고 운전자가 피해자 구호 조치를 취하지 아니하고 도주한 때에 가중처벌하는 것은 사고 운전자에게 사고 신고나 불리한 진술 등을 강요하는 규정이 아니므로 진술거부권의 침해가 아니다.119)

사. 자백의 증거능력과 증명력의 제한

피고인의 자백이 고문·폭행·협박·구속의 부당한 장기화 또는 기망 기타의 방법에 의하여 자의적으로 진술된 것이 아닌 경우, 즉 임의성 없는 자백은 증거로서 허용되지 않는다(자백의 증거능력의 제한). 또한 자백이 피고에게 불리한 유일한 증거일 경우에는 범죄 사실을 인정할 수 없게 하고 있다(자백의 증명력 제한). 다만, 정식재판이 아닌 즉결심판 절차에서는 자백만으로 처벌이 가능하다(즉결심판에 관한 절차법 제10조 참조).

---

117) 헌재 1997.3.27. 96헌가11, 도로교통법 제41조제2항 등 위헌제청(합헌).
118) 헌재 1990.8.27. 89헌가118, 도로교통법 제50조 제2항 등에 관한 위헌심판(한정합헌).
119) 헌재 1997.7.16. 95헌바2등, 특정범죄가중처벌등에관한법률 제5조의3 제1항 제2호 위헌소원(합헌).

아. 변호인의 조력을 받을 권리
1) 의의 및 근거

헌법 제12조 제4항에서는 "누구든지 체포 또는 구속을 당한 때에는 즉시 변호인의 조력을 받을 권리를 가진다. 다만, 형사피고인이 스스로 변호인을 구할 수 없을 때에는 법률이 정하는 바에 의하여 국가가 변호인을 붙인다."라고 규정하고 있다.

무죄추정을 받고 있는 피의자·피고인에 대하여 신체구속의 상황에서 생기는 여러 가지 폐해를 제거하고 구속이 그 목적의 한도를 초과하여 이용되거나 작용하지 않게끔 보장하기 위한 것으로 여기의 "변호인의 조력"은 "변호인의 충분한 조력"을 의미하고, 변호인의 조력을 받을 권리의 필수적 내용은 신체구속을 당한 사람과 **변호인과의 접견교통권**이다.[120] 또한 피의자나 피고인이 무자력 등으로 스스로 변호인을 구할 수 없을 때에는 법률구조가 함께 이루어져야 한다.[121]

2) 보장내용
가) 인적 보장내용

(1) 기본권 주체

헌법 제12조 제4항은 "누구든지"라고 하고 있으므로 피고인뿐만 아니라 피의자도 당연히 변호인의 조력을 받을 권리를 가진다.[122] 헌법 규정은 또 "체포 또는 구속을 당한 때"라고 하고 있지만, 불구속 피의자의 경우에도 변호인의 조력을 받을 권리가 인정되는 것은 이 규정의 당연한 전제로 이해된다.[123]

(2) 의무 주체

변호인의 조력을 받을 권리를 보장할 의무를 부담하는 주체는 원칙적으로 당연히 국가이다. 구체적으로는 「형사소송법」에 따르면 구속된 피의자의 접견 신청의 허가 여부 결정권자는 교도관의 통제를 받는 공간에서는 교도소장·구치소장 또는 그 위임을 받은 교도관이 되겠지만, 피의자 신문 중에는 검사 또는 사법경찰관이 결정하도록 하고 있기 때문에(형사소송법 제243조의2 제1항),[124] 이들이 행위가 변호인의 조력을 받을

---

120) 헌재 1992.1.28. 91헌마111, 변호인의 조력을 받을 권리에 대한 헌법소원[인용-(위헌확인, 위헌)].
121) 법률구조청구권에 대한 자세한 것은 김대환, 법률구조청구권의 헌법적 의의와 가치, 공법연구 46-2, 2017, 211쪽 이하 참조.
122) 헌재 2019.2.28. 2015헌마1204, 변호인 접견불허 위헌확인 등[인용-(위헌확인), 각하].
123) 헌재 2019.2.28. 2015헌마1204; 2004.9.23. 2000헌마138등 참조.
124) 헌재 2019.2.28. 2015헌마1204.

권리의 침해여부의 심사대상이 되는 공권력이 된다.

나) 물적 보장내용

변호인의 조력을 받을 권리에서 변호인에는 피의자 등이 변호인의 조력을 받을 의사를 명시적으로 표시한 경우뿐만 아니라 단순히 스스로 변호인으로 활동하려는 자도 포함된다.[125]

헌법 제12조 제4항의 변호인의 조력을 받을 권리는 과거 형사절차에서의 변호인의 조력을 받을 권리를 말하는 것으로 이해되었고, 헌법재판소도 형사절차에서 피의자 또는 피고인의 방어권을 보장하기 위한 것으로서 「출입국관리법」상 보호 또는 강제퇴거의 절차에도 적용된다고 보기 어렵다고 판시한 바 있다.[126] 그러나 헌법재판소는 2018년 판례를 변경하여 헌법 제12조 제4항의 구속은 사법절차에서 이루어진 구속뿐 아니라, **행정절차에서 이루어진 구속까지 포함하는 개념으로 확대**하였다.[127] 그 이유에 대해서는 다음과 같이 판시하였다: "형사절차에서 구속된 사람이나 행정절차에서 구속된 사람이나 아무런 차이가 없다. 이와 같이 행정절차에서 구속된 사람에게 부여되어야 하는 변호인의 조력을 받을 권리는 형사절차에서 구속된 사람에게 부여되어야 하는 변호인의 조력을 받을 권리와 그 속성이 동일하다. 따라서 변호인의 조력을 받을 권리는 그 성질상 형사절차에서만 인정될 수 있는 기본권이 아니다."

체포나 구속이 아닌 일반적인 행정 사건에서의 변호인의 조력을 받을 권리를 포함하여 민사 사건이나 헌법소원 사건 등에서 변호인의 조력을 받을 권리에는 원칙적으로 헌법 제12조 제4항은 적용되지 아니하고 헌법 제27조의 재판청구권이 적용되는 것으로 보아야 한다.[128]

변호인의 조력을 받을 권리는 **변호인과의 자유로운 접견교통권**에 그치지 아니하고 더 나아가 변호인을 통하여 수사 서류를 포함한 소송 관계 서류를 열람·등사하고 이에 대한 검토 결과를 토대로 공격과 방어의 준비를 할 수 있는 권리도 포함된다.[129]

125) 헌재 2019.2.28. 2015헌마1204. 대법원 2017.3.9. 2013도16162 판결도 참조.
126) 헌재 2012.8.23. 2008헌마430, 긴급보호 및 보호명령 집행행위 등 위헌확인(기각).
127) 헌재 2018.5.31. 2014헌마346, 변호인접견불허처분 등 위헌확인[인용(위헌확인)]. 이에 따르면 난민인정심사 불회부결정을 받은 사람을 공항 송환대기실에 수용한 것도 헌법 제12조 제4항의 구속에 해당된다.
128) 헌재 2013.9.26. 2011헌마398, 접견교통권방해 등 위헌확인[인용(위헌확인), 각하]. 후술하는 재판청구권 부분도 참조.
129) 헌재 1997.11.27. 94헌마60, 등사신청거부처분취소[인용(위헌확인)].

변호인의 조력을 받을 권리와 관련하여 주로 문제가 되는 내용을 중심으로 살펴보면 다음과 같다.

(1) 피의자 신문 시 변호인의 조력을 받을 권리

피의자 · 피고인의 구속 여부를 불문하고 조언과 상담을 통하여 이루어지는 변호인의 조력자로서의 역할은 변호인선임권과 마찬가지로 변호인의 조력을 받을 권리의 내용 중 **가장 핵심적 권리**이다.[130]

그러나 이러한 변호인의 조력을 받을 권리는 변호인의 **'적법한'** 조력을 받을 권리를 의미하는 것이지 위법한 조력을 받을 권리까지도 보장하는 것은 아니기 때문에, 변호인의 조언과 상담 과정이 피의자신문을 방해하거나 수사 기밀을 누설하는 경우 등에까지 허용되는 것은 아니다.[131]

또 변호인의 조력을 받을 권리에서 조력은 **충분한 조력을 받을 권리**를 말한다.[132] 따라서 변호인이 피의자신문에 자유롭게 참여할 수 있는 권리는 변호인의 변호권으로서 보호된다.[133]

(2) 미결수용자의 변호인접견교통권

"미결수용자"란 형사피의자 또는 형사피고인으로서 체포되거나 구속영장의 집행을 받아 교정시설에 수용된 사람을 말한다(형의 집행 및 수용자의 처우에 관한 법률 제2조 제3호). 수용자라고 할 때는 미결수용자도 포함된다(형의 집행 및 수용자의 처우에 관한 법률 제2조 제1호). 수형자[134]도 다른 사건의 미결수용자가 될 수 있다. 이 경우 다른 사건의 재판에서는 미결수용자의 지위가 인정된다.[135]

1992년 헌법재판소는 **수형자의 접견과 서신 수발에 적용하는 교도관의 참여 또는 검열 규**

---

130) 헌재 2004.9.23. 2000헌마138, 변호인의 조력을 받을 권리 등 침해 위헌확인(위헌). 이에 따라 이 결정에서 헌법재판소는 검사가 그 사유를 밝히지도 않고, 그에 관한 자료도 제출하지도 않은 채 아무런 이유 없이 피의자 신문 시 변호인과의 조언과 상담요구를 제한한 것은 변호인의 조력을 받을 권리를 침해한 것으로서 위헌이라고 판시하고 있다.

131) 헌재 2004.9.23. 2000헌마138.

132) 헌재 1992.1.28. 91헌마111, 변호인의 조력을 받을 권리에 대한 헌법소원(위헌); 1997.11.27. 94헌마60, 9 - 2, 675, 등사신청거부처분취소[인용(위헌확인)]; 2017.11.30. 2016헌마503, 변호인 참여신청서 요구행위 등[인용(위헌확인), 각하].

133) 헌재 2017.11.30. 2016헌마503, 변호인 참여신청서 요구행위 등[인용(위헌확인), 각하].

134) "수형자"란 징역형 · 금고형 또는 구류형의 선고를 받아 그 형이 확정되어 교정시설에 수용된 사람과 벌금 또는 과료를 완납하지 아니하여 노역장 유치명령을 받아 교정시설에 수용된 사람을 말한다(형의 집행 및 수용자의 처우에 관한 법률 제2조 제2호).

135) 헌재 2021.10.28. 2019헌마973.

정[136])을 미결수용자의 경우에도 준용하는 것은 헌법 제12조 제4항에 규정된 변호인의 조력을 받을 권리를 침해하여 위헌이라고 판시하였는데,[137] 여기에서 헌법재판소는 헌법상의 변호인의 조력을 받을 권리에 관한 몇 가지 중요한 원칙들을 확인하였다. ① 우선 변호인의 조력을 받을 권리는 **변호인의 충분한 조력을 받을 권리**를 의미하고, ② **변호인의 충분한 변호를 받을 권리의 필수적인 내용은 변호인과의 접견교통권**이라는 점, 그리고 ③ **변호인과의 자유로운 접견교통권은 어떠한 경우에도 제한할 수 없는 절대적 권리**라는 점이다.[138)139]

그런데 여기서 절대적 권리라는 의미는 법률로써 제한할 수 없다는 것을 뜻하는 그런 절대적 권리는 아니다. 헌법재판소는 이 절대적 권리라는 의미에 대해서 2011년

---

136) 행형법 제18조 접견과 서신의 수발 ③ 수형자의 접견과 서신수발은 교도관의 참여 또는 검열을 요한다.

137) 헌재 1992.1.28. 91헌마111, 변호인의 조력을 받을 권리에 대한 헌법소원(위헌). 그리하여 이 결정에서는 미결수용자가 변호인과 접견할 때 수사관이 참여하여 대화내용을 듣거나 기록한 것은 헌법 제12조 제4항이 규정한 변호인의 조력을 받을 권리를 침해한 것으로서 위헌임을 확인하고 있다.

138) 이 결정 이전에 대법원 1990.9.25. 90도1586 판결(헌법 제12조 제4항은 신체자유에 관한 기본권의 하나로 누구든지 체포 또는 구속을 당한 때에는 변호인의 조력을 받을 권리가 있음을 명시하고 있고, 이에 따라 형사소송법 제30조 및 제34조는 피고인 또는 피의자는 변호인을 선임할 수 있는 권리와 신체구속을 당한 경우에 변호인 또는 변호인이 되려는 자와 접견교통할 수 있는 권리가 있음을 규정하고 있다. 이와 같은 변호인과의 접견교통권은 헌법상 보장된 변호인의 조력을 받을 권리의 중핵을 이루는 것으로서 변호인과의 접견교통이 위법하게 제한된 상태에서는 실질적인 변호인의 조력을 기대할 수 없으므로 위와 같은 변호인의 접견교통권제한은 헌법이 보장한 기본권을 침해하는 것으로서 그러한 위법한 상태에서 얻어진 피의자의 자백은 그 증거능력을 부인하여 유죄의 증거에서 배제하여야 하며, 이러한 위법증거의 배제는 실질적이고 완전하게 증거에서 제외함을 뜻하는 것이다)에서 변호인접견권을 금지한 상태에서 피의자신문조서의 증거능력을 부인하면서 수사기관의 불법적인 관행에 제동을 걸었음에도 불구하고, 변호인 접견을 둘러싼 시비가 끊이지 않았다. 구속피의자와 변호인이 접견하는 자리에 수사관이 입회하여 대화 내용을 기록하고 심지어 사진촬영까지 하는 등 자유로운 접견을 방해하는 수사관행은 사라지지 않았다.

따라서 이 같은 사실상의 변호인접견권 제한도 위헌이라고 판단한 헌법재판소의 이 결정은 헌법에 규정된 변호인의 조력을 받을 권리를 실질적으로 보장하는 진일보한 조치라고 평가되고 있다(동아일보 1992.1.28.). 학계에서도 이 결정에 대해서, 인신보호를 위한 헌법상의 기속원리에 속하는 무죄추정원칙과 인신보호를 위한 사법절차적 기본권으로서의 불리한 진술거부권 및 변호인의 도움을 받을 권리에 관해서 처음으로 그 직접적 효력과 국가작용에 대한 기속력을 명시적으로 인정한 매우 획기적인 헌법판례로서 우리 인권사에서 하나의 중요한 이정표를 제시한 것으로 평가하기도 하였다(허영, 변호인접견제한의 위헌성, 판례월보 1992년 4월호 참조).

이 결정 3년 후인 1995.1.5. 국회는「행형법」제62조의 준용규정을 삭제하고, 같은 법 제66조를 전문개정하여 "미결수용자와 변호인(변호인이 되려고 하는 자를 포함한다)과의 접견에는 교도관이 참여하거나 그 내용을 청취 또는 녹취하지 못한다. 다만, 보이는 거리에서 수용자를 감시할 수 있다."로 개정하였다. 나아가서 준용된 행형법 제18조도 다음과 같이 대폭 개정하였다.

에 "구속된 자와 변호인 간의 접견이 실제로 이루어지는 경우에 있어서의 '자유로운 접견', 즉 '대화 내용에 대하여 비밀이 완전히 보장되고 어떠한 제한, 영향, 압력 또는 부당한 간섭 없이 자유롭게 대화할 수 있는 접견'을 제한할 수 없다는 것이라는 의미지, 변호인과의 접견 자체에 대해 아무런 제한도 가할 수 없다는 것을 의미하는 것이 아니다. 변호인의 조력을 받을 권리 역시 다른 모든 헌법상 기본권과 마찬가지로 국가안전보장·질서유지 또는 공공복리를 위하여 필요한 경우에는 법률로써 제한할 수 있는 것이다(제37조 제2항). 그렇다면 변호인의 조력을 받을 권리의 내용 중 하나인 미결수용자의 변호인 접견권 역시 국가안전보장·질서유지 또는 공공복리를 위해 필요한 경우에는 법률로써 제한될 수 있음은 당연하다."라고 판시하였다.[140]

이러한 논리 하에 헌법재판소는 **구치소장이 변호인접견실에 CCTV를 설치하여 미결수용자와 변호인 간의 접견을 관찰한 행위**는 「형의 집행 및 수용자의 처우에 관한 법률」에 근거를 두고 있는 행위로서 과잉금지원칙에 위배되지 않고 따라서 미결수용인인 청구인의 변호인의 조력을 받을 권리를 침해하지 않는다고 보았다.[141] 그러나 2015년에는 「형의 집행 및 수용자의 처우에 관한 법률 시행령」 제58조 제2항과 제3항에서 수용자(수용자에는 미결수용자도 포함됨)의 접견 시간을 회당 30분 이내로 하고 수형자의 접견

개정 전	개정 후(1995.1.5.)
제18조 ① 수형자는 소장의 허가를 받아 타인과 접견하거나 서신을 수발할 수 있다. ② 친족이외의 자와의 접견과 서신수발은 필요한 용무가 있을 때에 한한다. ③ 수형자의 접견과 서신수발은 교도관의 참여 또는 검열을 요한다.	제18조 ① 수용자는 소장의 허가를 받아 타인과 접견하거나 서신을 수발할 수 있다. ② 수용자의 접견과 서신수발은 교화 또는 처우상 특히 부적당한 사유가 없는 한 이를 허가하여야 한다. ③ 수용자의 접견과 서신수발은 교도관의 참여와 검열을 요한다. 다만, 제66조의 규정에 의한 변호인접견의 경우를 제외한다. ④ 수용자가 수발하는 서신의 검열·발송 및 교부는 신속히 하여야 한다.<신설> ⑤ 소장이 교부를 불허한 서신은 이를 폐기한다. 다만, 폐기하는 것이 부적당하다고 인정될 경우에는 석방할 때 본인에게 교부할 수 있다.<신설>

139) 이 1992년 결정내용은 헌재 1995.7.21. 92헌마144 결정에서 다시 확인되었다.
140) 헌재 2011.5.26. 2009헌마341, 미결수용자 변호인 접견불허 처분 위헌확인(기각); 2016.4.28. 2015헌마243접견실내 CCTV 감시·녹화행위 등 위헌확인(기각).
141) 헌재 2016.4.28. 2015헌마243(기각). 미결수용자의 처우에 대해서는 「형의 집행 및 수용자의 처우에 관한 법률」 제84조와 같은 법 시행령 제98조 이하 참조.

횟수는 매월 4회로 한 것에 대해서, **소송대리인인 변호사와의 접견 시간 및 횟수에 대한 별도의 규정을 두지 않은 것은 위헌**이라는 판단을 하였다.[142]

그러나 교도소장이 금지물품 동봉 여부를 확인하기 위하여 미결수용자와 같은 지위에 있는 수형자의 변호인이 수형자에게 보낸 서신을 개봉한 후 교부한 행위만으로는 수형자의 변호인의 조력을 받을 권리를 침해하지 아니한다.[143] 또 미결수용자에 대한 서신의 발송 및 교부가 어느 정도 지연되었다고 하더라도(예컨대 서신익일 발송) 이는 교도소 내의 서신발송과 교부 등 업무처리과정에서 불가피하게 소요되는 정도에 불과할 뿐 교도소장이 고의로 발송이나 교부를 지연시킨 것이라거나 또는 업무를 태만히 한 것이라고 볼 수 없으면 그로 인하여 수용자의 통신비밀의 자유 및 변호인의 조력을 받을 권리가 침해되었다고 할 수 없다.[144]

미결수용자의 처우에 대해서는 「형의 집행 및 수용자의 처우에 관한 법률」 제9장(제79조 – 제87조)에서 자세히 규정하고 있다.

NOTE　**교도소장의 변호인과의 서신 개봉행위로 제한되는 기본권**

교도소장이 미결수용자와 변호인 간의 서신을 개봉하는 행위는 변호인의 조력을 받을 권리뿐만 아니라 통신비밀의 자유도 제한하게 된다. 그런데 변호인의 조력을 받을 권리는 변호인과의 교통 내용에 대한 비밀보장과 부당한 간섭을 배제하는 내용을 포함하는 것이므로(헌재 1995.7.21. 92헌마144), 이러한 경우에는 변호인의 조력을 받을 권리의 보호내용에 통신비밀의 자유가 포함된다고 보아야 한다. 따라서 양자는 특별법과 일반법의 관계로서 변호인의 조력을 받을 권리의 침해여부를 판단하게 되면 통신비밀의 자유의 침해여부는 판단하지 않는다. 헌법재판소도 같은 의견이다.[145]

---

142) 헌재 2015.11.26. 2012헌마858, 변호인접견불허 위헌확인(헌법불합치) 이 결정에 따라 2016.6.25. 대통령령 제27262호로 개정하여 동 시행령 제59조의2에 반영하였다. 이에 따르면 수용자가 변호사와 접견하는 시간은 회당 60분, 수용자가 소송사건의 대리인인 변호사와 접견하는 횟수는 월 4회로 하되 제58조 제3항, 제101조, 제109조의 접견 횟수에는 포함시키지 아니하도록 하였으며, 그럼에도 불구하고 소송사건의 수와 내용을 고려하여 소장은 접견 시간대와 접견 시간 및 횟수를 늘릴 수 있도록 하였다. 이 규정은 현재도 그대로 유지되고 있다.
143) 헌재 2021.10.28. 2019헌마973, 형의 집행 및 수용자의 처우에 관한 법률 시행령 제65조 제2항 위헌확인 등(기각, 각하) – 교도소장이 수용자의 변호인이 수용자에게 보낸 서신을 개봉한 후 교부한 행위 등에 관한 위헌소원 사건. 이 결정에는 적어도 수용자가 보고 있는 자리에서 서신을 개봉하여 금지물품이 있는지 확인하는 것이 충분히 가능하다는 점에서 이 사건 서신개봉행위는 변호인의 조력을 받을 권리를 침해한다는 1인 재판관의 반대의견이 있다.
144) 헌재 1995.7.21. 92헌마144; 2021.10.28. 2019헌마973.
145) 헌재 2021.10.28. 2019헌마973, 형의 집행 및 수용자의 처우에 관한 법률 시행령 제65조 제2항

(3) 수형자의 변호인의 조력을 받을 권리

수형자란 징역형·금고형 또는 구류형의 선고를 받아 그 형이 확정된 사람과 벌금 또는 과료를 완납하지 아니하여 노역장 유치명령을 받은 사람을 말한다.[146]

변호인의 조력을 받을 권리는 형이 확정되기 전에 보장되는 권리이기 때문에, 형사절차가 종료되어 교정시설에 수용 중인 수형자는 재심절차 등을 위해 필요한 경우가 아닌 한 원칙적으로 확정된 범죄에 대해서는 변호인의 조력을 받을 권리의 주체가 되지 아니한다.[147] 물론 민사 사건, 행정 사건, 헌법소원 사건 등에서 수형자의 변호인의 도움을 받을 권리는 헌법 제27조에 의해 보장된다.[148]

(4) 변호인의 변호권

(가) 법률상 권리에서 기본권으로

변호인의 접견교통권에 대해서는 일찍이 헌법재판소의 반대의견에서 헌법 제12조 제4항에 근거한 헌법상의 권리로 본바 있으나, 당시 다수의견은 단순히 「형사소송법」에 의하여 비로소 보장되는 권리라고 보았다.[149] 그러나 **2003년 결정에서부터 변호인의 변호권을 기본권으로 인정**하고 있다. 즉, "변호인의 '조력을 받을' 피구속자의 권리는 피구속자를 '조력할' 변호인의 권리가 보장되지 않으면 유명무실하게 된다. 그러므로 피구속자를 조력할 변호인의 권리 중 그것이 보장되지 않으면 피구속자가 변호인으로부터 조력을 받는다는 것이 유명무실하게 되는 핵심적인 부분(구속적부심사 절차에서 고소장 및 피의자신문조서를 열람·등사할 변호인의 권리)은, "조력을 받을 피구속자의 기본권"과 표리의 관계에 있기 때문에 이러한 핵심 부분에 관한 변호인의 조력할 권리 역시 헌법상의 기본권으로서 보호되어야 한다."[150]라고 판시하였다. 2017년 결정에서도 "피의자 및 피고인이 가지는 변호인의 조력을 받을 권리는 그들과 변호인 사이의 상호관계에서

위헌확인 등(기각, 각하).

146) 형의 집행 및 수용자의 처우에 관한 법률 제2조 제2호. 따라서 사형확정자는 이에 포함되지 아니한다.

147) 헌재 2013.9.26. 2011헌마398, 접견교통권방해 등 위헌확인[인용(위헌확인), 각하]; 1998.8.27. 96헌마398, 통신의 자유 침해 등 위헌확인(기각, 각하).

148) 헌재 2013.9.26. 2011헌마398, 접견교통권방해 등 위헌확인[인용(위헌확인), 각하].

149) 헌재 1991.7.8. 89헌마181, 수사기관의 기본권 침해에 대한 헌법소원(각하).

150) 헌재 2003.3.27. 2000헌마474, 정보비공개결정 위헌확인[인용(위헌확인)]. 변호인의 변호권이 헌법상 기본권이라는 법정의견에 대해서는 반대의견이 없었다(9인재판관 전원 같은 견해). 헌재 2015.7.30. 2012헌마610(각하) 결정에서는 다시 법률상 권리라고 하는 3인 재판관의 별개의견이 제시되었다.

구체적으로 실현될 수 있다. 피의자 및 피고인이 가지는 변호인의 조력을 받을 권리는 그들을 조력할 변호인의 권리가 보장됨으로써 공고해질 수 있으며, 반면에 변호인의 권리가 보장되지 않으면 유명무실하게 될 수 있다. 피의자 및 피고인을 조력할 변호인의 권리 중 그것이 보장되지 않으면 그들이 변호인의 조력을 받는다는 것이 유명무실하게 되는 핵심적인 부분은 헌법상 기본권인 피의자 및 피고인이 가지는 변호인의 조력을 받을 권리와 표리의 관계에 있다 할 수 있다. 따라서 피의자 및 피고인이 가지는 변호인의 조력을 받을 권리가 실질적으로 확보되기 위해서는, 피의자 및 피고인에 대한 **변호인의 조력할 권리의 핵심적인 부분**151)은 헌법상 기본권으로서 보호되어야 한다."152)라고 판시함으로써 같은 입장을 유지하였다. 2017년 결정에서 헌법재판소는 나아가서 변호인의 조력할 권리의 핵심적인 부분을 **변호인의 변호권**이라고 부르면서 이 변호인의 변호권이 헌법상 기본권으로 인정되어야 하는 이유는 변호인이 피의자신문에 자유롭게 참여할 수 있는 권리는 피의자가 가지는 변호인의 조력을 받을 권리를 실현하는 수단이라고 할 수 있기 때문에, 수사기관이 변호인에 대하여 피의자신문 시 후방착석을 요구하는 행위는 변호인의 피의자신문 참여를 제한함으로써 헌법상 기본권인 변호인의 변호권에 대한 제한 행위로 보았다. 헌법재판소는 이러한 후방착석 요구 행위는 기본권 제한의 일반적 법률유보조항인 헌법 제37조 제2항에 따라 국가안전보장·질서유지 또는 공공복리를 위하여 필요한 경우, 즉 수사 방해나 수사 기밀의 유출 등 관련 사건의 수사에 현저한 지장 등과 같은 폐해가 초래될 우려가 있는 때에 한하여 허용될 수 있다고 본다.153)

(나) 변호인의 권리에서 "변호인이 되려는 자"의 권리로 확대

2019년 결정154)에서 헌법재판소는 변호인의 변호권의 주체를 변호인으로 선임되어 활동하는 자에서, 아직 변호인으로 선임되지 못하고 단지 변호인이 되려는 상태에 있는 자로 확대했다. 구체적인 판시내용은 다음과 같다.

---

151) 헌법재판소는 이를 '변호인의 변호권'이라고 부르고 있다{헌재 2017.11.30. 2016헌마503, 변호인 참여신청서 요구행위 등[인용(위헌확인), 각하]}.
152) 헌재 2017.11.30. 2016헌마503. 2017년 결정에서 변호인의 변호권을 기본권으로 본 견해는 6명의 재판관이고, 법률상 권리로 본 견해는 3명의 재판관이다.
153) 헌재 2017.11.30. 2016헌마503, 변호인 참여신청서 요구행위 등[인용(위헌확인), 각하].
154) 헌재 2019.2.28. 2015헌마1204, 변호인 접견불허 위헌확인 등[인용(위헌확인), 각하]. 이 결정에는 3인 재판관의 법률상 권리라는 반대견해가 있다.

"아직 변호인을 선임하지 않은 피의자 등의 변호인 조력을 받을 권리는 변호인 선임을 통하여 구체화되는데, 피의자 등의 변호인선임권은 변호인의 조력을 받을 권리의 출발점이자 가장 기초적인 구성부분으로서 법률로써도 제한할 수 없는 권리이다. … 피의자 등이 변호인을 선임하기 위해서는 피의자 등과 '변호인이 되려는 자' 사이에 신뢰관계가 형성되어야 하고, 이를 위해서는 '변호인이 되려는 자'와의 접견교통을 통하여 충분한 상담이 이루어져야 한다. 이와 같이 '변호인이 되려는 자'의 접견교통권은 피의자 등이 변호인을 선임하여 그로부터 조력을 받을 권리를 공고히 하기 위한 것으로서, 그것이 보장되지 않으면 피의자 등이 변호인 선임을 통하여 변호인으로부터 충분한 조력을 받는다는 것이 유명무실하게 될 수밖에 없다. 따라서 '변호인이 되려는 자'의 접견교통권은 피의자 등을 조력하기 위한 핵심적인 부분으로서, 피의자 등이 가지는 헌법상의 기본권인 '변호인이 되려는 자'와의 접견교통권과 표리의 관계에 있다고 할 것이다. 따라서 '변호인이 되려는 자'의 접견교통권은 피의자 등을 조력하기 위한 핵심적인 권리로서, 피의자 등이 가지는 '변호인이 되려는 자'의 조력을 받을 권리가 실질적으로 확보되기 위하여 이 역시 헌법상 기본권으로서 보장되어야 한다."

그러나 구「형의 집행 및 수용자의 처우에 관한 법률 시행령」제58조 제4항 제2호가 접촉차단시설이 설치되지 않은 장소에서의 수용자 접견 대상을 소송사건의 대리인인 변호사로 한정하여 규정하고 있어서 변호인이 되려는 자가 교도소의 변호인 접견실을 사용할 수 없도록 하고 있는 것에 대해서 헌법재판소의 5인 재판관은 변호인의 직업의 자유를 침해하여 위헌이라는 의견을 내었으나 4인 재판관이 기각의견을 냄으로써 합헌 결정되었다.[155]

---

155) 헌재 2022.2.24. 2018헌마1010, 형의 집행 및 수용자의 처우에 관한 법률 시행령 제58조 제4항 위헌확인 등(기각, 각하) – 소송대리인이 되려는 변호사에 대한 소송대리인 접견신청 불허 사건. 4인 재판관의 기각의견의 이유는 ① 접촉차단시설이 설치된 장소에서 접견하더라도 소송대리인 선임 여부를 확정하는 것을 심각하게 저해한다고 할 수 없는 점, ② 소송제기 의사가 진지하지 않은 수용자의 악용 가능성이 있는 점, ③ 소송대리인으로 선임할 의사가 있는 경우에는 선임신고가 이루어지기까지 특별한 절차나 상당한 시간이 소요되기도 어렵다는 점, ④ 소송대리인이 되려는 변호사의 해당 범위가 상당히 넓어 접견의 수요를 예측하기 어렵다는 점, ⑤ 상소권회복 또는 재심청구 사건은 원인된 확정판결의 불복절차로서 청구요건과 절차가 까다로워 변호사 선임 전이라도 접견상의 제약을 완화하고 있고, 민사·행정 등 일반 소송사건의 경우에는 소송대리인이 되려는 변호사와의 접견 장소나 방법에 특례를 두어야 할 정도로 그 요건과 절차가 까다롭다고 볼 수 없는 점, ⑥ 소송대리인이 되려는 변호사는 소송사건의 대리인인 변호사와 비교하여 지위, 역할, 접견의 필요성 등에 차이가 있으므로 접견제도의 운영에 있어 이들과 달리 취급할 필요가 있는 점 등이다.

(5) 국선변호인의 조력을 받을 권리

변호인의 조력을 받을 권리를 헌법으로 보장하면 필연적으로 제기되는 문제가 무자력 등을 이유로 변호인을 선임할 수 없는 경우의 처리문제다. 헌법 제12조 제4항 단서에서는 형사피고인이 스스로 변호인을 구할 수 없을 때에는 국선변호인의 도움을 받을 수 있도록 규정하고 있다.

그런데 헌법의 문언에 따르면 국선변호인의 조력을 받을 권리는 형사피고인에 한하여 인정된다. 헌법재판소도 형사사건에서 변호인의 조력을 받을 권리는 피의자나 피고인을 불문하고 보장된다고 보면서도, 규정의 문언에 따라 국선변호인의 조력을 받을 권리는 피고인에게만 인정되는 것으로 해석하고 있다.[156] 그러나 형사피의자에게도 인정하는 것이 바람직하다.[157]

3) 제한과 그 한계

변호인의 수사 기록 열람·등사에 대한 지나친 제한은 피고인에게 보장된 변호인의 조력을 받을 권리를 침해할 수 있다.[158] 변호인의 조력을 받을 권리도 그 본질적 내용을 침해하지 않는 한 헌법 제37조 제2항에 따라 과잉금지원칙을 준수하는 가운데 제한이 가능하다.

제2항 주거의 자유

I. 서론

1. 의의

주거의 자유는 생활공간인 주거를 보호함으로써 넓은 의미에서 사생활을 보호하기 위한 기본권이다. 그러나 주거의 자유는 법인도 그 주체가 된다는 점에서 사생활의 비밀과 자유와는 구분된다.

---

156) 헌재 2008.9.25. 2007헌마1126, 체포처분취소(각하).
157) 김대환, 법률구조청구권의 헌법적 의의와 가치, 공법연구 46-2, 2017, 244쪽 이하 참조.
158) 헌재 1997.11.27. 94헌마60, 등사신청거부처분취소[인용(위헌확인)]; 2003.3.27. 2000헌마474, 정보비공개결정 위헌확인[인용(위헌확인)].

주거에 대한 기술적 침해가 고도로 가능한 현대에 그 헌법적 의의가 점점 커지는 기본권이다. 주거의 자유는 주거에 대한 불법적인 침해를 금지하는 것이므로 자유권이다. 따라서 주거의 자유는 소극적 의미의 방어권으로 기능한다.

2. 구분 개념

주거의 자유는 다양한 형태로 침해될 수 있고, 또 주거의 자유는 주거의 평온을 침해받지 아니할 자유라는 점에서 **주거에서의 통신의 비밀의 침해**가 주거의 침해가 되는 것은 아닌지에 대해서 문제가 될 수 있다. 우선 편지 개봉 등 또는 통신 공학적인 전송(예컨대 도청 등)을 이용한 비밀의 침해인 경우에는 통신의 비밀의 침해로 볼 수 있고, 전신 전화 설비를 이용해서 도청하지 않고 다른 기술적 수단을 동원하거나 하여 보호된 주거로 침입한 것으로 볼 수 있는 경우에는 주거의 자유에 대한 침해가 된다[159]는 점에서 양자는 구분될 수 있다.

3. 연혁

주거의 불가침은 제정헌법에서부터 규정되었다(제10조). 주거를 수색할 경우 법관의 영장 제시를 처음 규정한 것은 제5차 개정헌법(제14조)이었으나, '검사의 요구에 의한' 영장의 발부를 처음으로 규정한 것은 제7차 개정헌법이었다(제14조). 영장 신청에 대한 독점권을 검사가 갖는 것이 타당한 것인지에 대해서는 논의가 있다.

4. 비교법적 검토

독일 기본법 제13조에도 주거의 불가침이 규정되어 있는데, 기술적 개입에 의하여 장소적 평온을 해치는 것에 관한 한 기본법 제13조가 적용되고, 이는 자유로운 개성발현권에 대하여 특별법(lex specialis)으로 이해된다.[160]

독일 기본법 제13조의 주거의 불가침에서 보호하고자 하는 것은 장소적 사적 영역이다. 개인은 장소적인 생활공간을 필요로 한다.[161] 주거의 불가침이 보장됨으로써 조

---

159) Jarass, GG-Kommentar, 9. Aufl., Art. 10, Rn. 2.
160) BVerfGE 51, 97, 105.
161) BVerfGE 42, 212, 219; 51, 97, 110.

용히 머물 권리가 보장된다고 한다.[162]

II. 보장내용

1. 인적 보장내용

가. 기본권 주체

주거의 자유의 주체는 국민이다. 주거의 자유로 보호하고자 하는 바는 인격적 가치이기 때문에 외국인의 경우에도 주체성이 인정된다.

법인이나 단체의 경우도 사적인 생활공간이 있기 때문에 주거의 자유가 인정된다.

나. 의무 주체

주거의 자유의 보장의무자는 국가, 지방자치단체, 공법인 등이다. 헌법 제16조에서 주거의 자유를 규정하면서 제2문에 영장주의를 규정한 것으로 보아서도 그러하다.

일반적 견해와 판례에 의하면 사인에 대해서는 기본권은 간접적으로 적용되기 때문에 사인도 주거의 자유의 보장의무자라는 논리가 성립할 수 있다. 그러나 사인이 주거의 자유의 의무자가 된다고 하기 보다는 사인 간의 관계에서 주거에서의 사생활이 보호될 수 있도록 국가가 보호의무를 진다고 보는 것이 타당하다(국가의 기본권 보호의무). 국가는 사법 영역에서도 주거의 자유가 보장되도록 입법, 행정, 사법의 영역에서 광범위한 헌법적 보장의무를 부담하기 때문이다(국가의 기본권보장의무).

2. 물적 보장내용

가. 개념
1) 주거

현재 거주 여하를 막론하고 사람이 거주하기 위하여 점유하고 있는 일체의 건조물 및 시설이 주거에 해당한다.

---

162) BVerfGE 27, 1, 6; 103, 142, 150.

2) 침해

주거에 대한 침해는 정당한 거주자의 의사에 반하여 주거에 침입하는 일체의 행위를 말한다. 주거에 대한 침해는 「형법」상 주거침입죄를 구성하는 경우가 있다.

나. 주거의 자유에 대한 절차적 보장으로서 영장주의의 원칙
1) 원칙

주거에 대한 압수나 수색을 할 때에는 검사의 신청에 의하여 법관이 발부한 영장을 제시하여야 한다(제16조 후문).

압수란 강제적으로 물건의 점유를 취득하는 것을 말하고, **수색이란** 목적물을 발견하기 위하여 일정한 장소에서 각종의 처분을 하는 것을 말한다. **영장이란** 법집행을 허가하는 것이기 때문에 영장에는 개별적 구체적으로 영장 집행의 인적, 물적 대상이 특정되어 있어야 한다. 이를 일반영장(general warrant) 금지의 원칙이라고 한다. 일반영장이란 특정되지 않은 사람이나 장소나 물건에 대한 체포나 수색, 압수의 이유 등이 기재되지 않은 영장을 말한다.[163]

압수·수색의 경우 영장은 장소의 관리 책임자뿐만 아니라 물건 소지자에 대해서도 제시하여야 한다.[164]

NOTE	**전자 정보에 대한 압수·수색의 문제**	

전자 정보는 컴퓨터 등 전산 정보 처리 장치에 의하여 디지털 형태로 저장되거나 전송되는 정보로서 이용자의 의사에 의하여 작성되어 저장된 정보(computer stored information)뿐만 아니라 이용자의 의사와 관계없이 디지털기기에 의하여 생성된 정보(computer generated information)를 포함한다.

전자 정보는 압수수색을 통하여 범죄와 무관한 정보가 수집될 경우 새로운 법익 침해를 초래할 가능성이 크다는 점에서 문제가 있다. 특히 전자 정보에 대한 압수·수색은 주거의 자유, 사생활의 비밀과 자유, 개인정보자기결정권, 통신의 비밀 등을 침해할 가능성이 크기 때문에 이에 대한 영장 집행을 하는 방법 등에 대해서는 검토가 필요하다.[165]

---

163) Encyclopedia of the american constitution, vol. 3, 2000, p. 1185.
164) 대법원 2009.3.12. 2008도763 판결: "수사기관이 압수·수색에 착수하면서 그 장소의 관리책임자에게 영장을 제시하였다 하더라도 물건을 소지하고 있는 다른 사람으로부터 이를 압수하고자 하는 때에는 그 사람에게 따로 영장을 제시하여야 한다."
165) 자세한 것은 이숙연, 형사소송에서의 디지털증거의 취급과 증거능력, 고려대학교 정보경영공학전문대학원 박사학위논문, 2011.2., 및 전승수, 형사절차상 디지털 증거의 압수수색 및 증거능력에

2) 예외

주거에 대한 압수와 수색에 대한 영장주의를 규정한 헌법 제16조에서는 신체의 자유에 대한 제12조 제3항과는 달리 영장주의의 예외가 규정되어 있지 않다. 그러나 그동안 학설은 긴급한 경우에는 주거의 자유의 경우에도 영장 없이 압수와 수색이 가능한 것으로 보아왔다.

헌법재판소도 헌법 제12조 제3항과 헌법 제16조의 관계, 주거 공간에 대한 긴급한 압수·수색의 필요성, 주거의 자유와 관련하여 영장주의를 선언하고 있는 헌법 제16조의 취지 등을 종합적으로 고려하여, 헌법 제16조의 영장주의에 대해서도 예외를 인정하고 있다. 헌법재판소가 들고 있는 예외로는 ① 그 장소에 범죄혐의 등을 입증할 자료나 피의자가 존재할 개연성이 소명되고, ② 사전에 영장을 발부받기 어려운 긴급한 사정이 있는 경우를 말한다.[166] 이에 따라 헌법재판소에서는 체포영장을 발부받아 집행하는 경우 필요한 때에는 수색영장 없이도 타인의 주거 등에서 피의자 수사를 할 수 있도록 한 「형사소송법」 제216조 제1항 제1호 중 제200조의2에 관한 부분은 영장을 발부받기 어려운 긴급한 사정이 있는지 여부를 구별하지 아니하여 영장주의에 위반된다고 결정하였다.[167]

행정상 즉시강제에 의한 주거의 자유 제한에는 행정상 즉시강제가 헌법상 허용되는 한 즉시강제의 실효성을 확보하기 위하여 영장주의가 배제될 수 있다. 다시 말하면 행정 목적의 달성을 위하여 불가피하다고 인정할 만한 합리적인 이유가 있는 특별한 경우에 한하여 영장주의는 배제될 수 있다.[168] 다만, 합리적인 제한의 경우를 판단함에 있어서는 신중을 기하여야 한다. 또한 사후에라도 영장을 청구하게 하는 것이 타당하다.

관한 연구, 서울대학교 대학원 법학과 박사학위논문, 2011.2. 참조.

166) 헌재 2018.4.26. 2015헌바370등, 형사소송법 제216조 제1항 제1호 위헌소원 등(헌법불합치). 이에 대해서는 헌법이 정하지 않은 예외를 헌법재판소가 해석으로 인정하는 것은 타당하지 않다는 견해도 있다. 그런데 헌법재판소와 대법원은, 헌법재판소가 구법 조항의 위헌성을 확인했음에도 일정시한까지 계속 적용을 명한 것은 구법 조항에 근거해 수색영장 없이 타인의 주거 등을 수색해 피의자를 체포할 긴급한 필요가 있는 경우에는 이를 허용할 필요성이 있기 때문이어서 구법 조항 중 '수색영장 없이 타인의 주거 등을 수색하여 피의자를 체포할 긴급한 필요 없는 경우' 부분은 영장주의에 위반되는 것으로서 개선입법 시행 전까지 적용중지 상태에 있다고 본다(헌재 2016.12.29. 2015헌바208등, 구 군인연금법 제23조 제1항 등 위헌소원 등(헌법불합치); 대법원 2011.9.29. 2008두18885 판결; 2021.9.9. 2017다259445 판결).

167) 헌재 2018.4.26. 2015헌바370등, 형사소송법 제216조 제1항 제1호 위헌소원 등(헌법불합치).

168) 다수설인 절충설 내지 판례(대법원 1997.6.13. 96다56115 판결)의 입장이다.

III. 제한과 제한의 정당화

주거의 자유에도 제37조 제2항의 일반적 법률유보조항이 적용된다. 따라서 주거의 자유는 국가안전보장, 질서유지 또는 공공복리를 위해서 제한이 가능하다. 주거의 자유를 제한하는 법률로는 「경찰관 직무집행법」, 「마약류관리에 관한 법률」 등이 있다.

주거의 자유의 제한은 압수나 수색, 행정상 즉시강제 외의 공권력 행사에 의해서도 일어날 수 있다. 압수나 수색에는 원칙적으로 영장 제시라는 절차적 통제가 있다. 압수나 수색 외의 공권력의 행사의 경우에는 반드시 영장이 요구된다고 할 수는 없으나, 이 경우에도 제37조 제2항에 따른 제한 내지 제한의 한계요건이 충족되어야 한다.

압수 또는 수색 행위의 비례성원칙의 준수 여부를 판단함에 있어서는 영장주의의 준수라는 절차적 정당성의 요소가 중요하게 고려된다. 따라서 **절차적 정당성을 갖지 못한 경우에는 과잉금지원칙을 위배한 것으로 평가될** 가능성이 높다. 나아가서 주거의 자유와 관련하여서는 특히 기본권의 본질적 내용 보장과 관련한 뢸렉케(Gerd Roellecke)의 절차법설[169]의 입장에서 보면 **영장 없는 주거의 수색 등은 주거의 자유의 본질적 내용을 침해하**는 것으로 평가될 수 있다.

제3항 사생활의 비밀과 자유

I. 법적 성격 및 헌법적 근거

사생활의 비밀과 자유의 자유권적 내용은 헌법 제17조에서 근거를 찾을 수 있지만, 사생활에 대한 비밀과 자유를 보장하기 위하여 국가에 적극적으로 어떤 것을 요구하는 내용의 권리는 자유권인 헌법 제17조의 보장내용에 속하지 아니하고 제10조의 인간의 존엄성과 관련된다.

독일 기본법에는 사생활의 비밀과 자유는 규정되어 있지 않기 때문에 기본법 제1조 제1항의 인간의 존엄과 관련하여 제2조 제1항의 자유로운 개성발현권에서 사생활의

---

169) G. Roellecke, Der Begriff des positiven Gesetzes und das Grundgesetz, Mainz, 1969, S. 297.

비밀과 자유의 헌법적 근거를 찾고 있다.

미국 헌법에서도 프라이버시권(the right of privacy)을 명시적으로 규정하고 있지는 않으나 판례에서는 대체로 수정 헌법 제4조[170]와 제5조[171]를 그 근거로 제시하고 있다.[172]

II. 보장내용

1. 인적 보장내용

가. 기본권 주체

사생활의 비밀과 자유의 주체는 기본적으로 국민인 자연인이다. 그러나 이 기본권은 인간의 권리로서 성격을 갖기 때문에 외국인의 경우도 주체가 된다.

사자(死者)의 경우에는 사생활의 비밀과 자유의 주체가 되지 않고, 헌법 제10조의 일반적 인격권의 주체가 될 수 있을 뿐이라는 견해가 있다. 그러나 사자는 기본권의 주체가 될 수 없기 때문에 일반적 인격권의 주체가 된다고도 할 수 없다. 다만, 객관적 가치질서로서 일반적 인격권으로 보호하려는 가치가 사자에게도 미치는 것으로 보는 것이 타당할 것이다. 「개인정보 보호법」상 개인정보도 살아있는 개인에 관한 정보를 말한다(개인정보 보호법 제2조).

사생활의 비밀과 자유는 인격권의 일부로 사생활을 향유할 수 있는 기본권 주체에게 인정되는 권리이므로 원칙적으로 법인은 주체가 되지 아니한다.

나. 의무 주체

사생활의 비밀과 자유를 보장할 의무자는 우선은 국가와 지방자치단체, 공법인 등이다.

---

170) 미국 헌법 수정 제4조: "부당한 수색, 체포, 압수로부터 신체, 가택, 서류 및 재산의 안전을 보장받는 인민의 권리는 침해할 수 없다. 체포, 수색, 압수의 영장은 상당한 이유에 의하고, 선서 또는 확약에 의하여 뒷받침되고, 특히 수색될 장소, 체포될 사람 또는 압수될 물품을 기재하지 아니하고는 이를 발부할 수 없다."
171) 미국 헌법 수정 제5조: "… 누구든지 법률에 정한 정당한 절차에 의하지 아니하고는 생명, 자유 또는 재산을 박탈당하지 아니하며 정당한 보상 없이 사유재산을 공공의 목적을 위하여 수용당하지 아니한다."
172) Griswold et al. v. Connecticut, 381 U.S. 479 (1965).

다수설에 따르면 간접적용설에 따라 사인도 의무자가 될 수 있다. 그러나 원칙적으로 사인은 다른 사인의 사생활을 보장할 헌법적 의무가 있지 아니하고, 사인간의 관계에서 사생활의 비밀과 자유가 존중되도록 할 국가의 보장의무에 의해 보호되는 것이다. 타인의 사생활의 비밀과 자유를 침해한 경우에는 민·형사상 책임을 지게 되는 것은 국가의 기본권보장의무를 입법한 것이다.

2. 물적 보장내용

가. 사생활의 비밀과 자유

1) 의의

사생활의 비밀이란 사생활과 관련된 사사로운 자신만의 영역이 본인의 의사에 반해서 타인에게 알려지지 않도록 할 수 있는 권리를 말한다.[173]

사생활의 자유는 사회 공동체의 일반적인 생활 규범의 범위 내에서 사생활을 자유롭게 형성해 나가고 그 설계 및 내용에 대해서 외부로부터의 간섭을 받지 아니할 권리를 말한다.[174]

2) 사생활의 비밀과 자유의 구체적인 내용

판례에 따르면 이상과 같은 사생활의 비밀과 자유가 보호하는 것은 구체적으로는 ① 개인의 내밀한 내용의 비밀을 유지할 권리, ② 개인이 자신의 사생활의 불가침을 보장받을 수 있는 권리, ③ 개인의 양심 영역이나 성적 영역과 같은 내밀한 영역에 대한 보호, ④ 인격적인 감정 세계의 존중의 권리와 정신적인 내면생활을 침해받지 아니할 권리 등을 말한다.[175]

나. 개인정보자기결정권

1) 의의

헌법재판소의 판례에 따르면 개인정보자기결정권은 자신에 관한 정보가 언제 누구에게 어느 범위까지 알려지고 또 이용되도록 할 것인지를 그 정보 주체가 스스로 결정할 수 있는

---

173) 헌재 2003.10.30. 2002헌마518, 도로교통법 제118조 위헌확인(기각).
174) 헌재 2003.10.30. 2002헌마518.
175) 헌재 2008.4.24. 2006헌마402, 공직선거법 제49조 제10항 등 위헌확인 등(기각).

권리이다. 즉 **정보 주체가 개인정보의 공개와 이용에 관하여 스스로 결정할 권리**를 말한다.176)

　헌법재판소는 개인정보자기결정권을 헌법상 기본권으로 승인하는 것은 현대의 정보통신 기술의 발달에 내재된 위험성으로부터 개인정보를 보호함으로써 궁극적으로는 개인의 결정의 자유를 보호하고, 나아가 자유민주체제의 근간이 총체적으로 훼손될 가능성을 차단하기 위하여 필요한 최소한의 헌법적 보장 장치라고 본다.

2) 근거

　헌법재판소는 개인정보자기결정권의 헌법상 근거로는 헌법 제17조의 사생활의 비밀과 자유, 헌법 제10조 제1문의 인간의 존엄과 가치 및 행복추구권에 근거를 둔 일반적 인격권 또는 위 조문들과 동시에 우리 헌법의 자유민주적 기본 질서 규정 또는 국민주권원리와 민주주의원리 등을 고려할 수 있으나, 개인정보자기결정권으로 보호하려는 내용을 위 각 기본권들 및 헌법원리들 중 일부에 완전히 포섭시키는 것은 불가능하다고 할 것이므로, 그 헌법적 근거를 굳이 어느 한두 개에 국한시키는 것은 바람직하지 않은 것으로 보이고, 오히려 개인정보자기결정권은 이들을 이념적 기초로 하는 독자적 기본권으로서 헌법에 명시되지 아니한 기본권이라고 보아야 한다고 판시하였다.177) 이러한 판례의 입장에 따르면 개인정보자기결정권은 사생활의 비밀과 자유에 속하지 아니하고 별도의 보장내용을 갖는 독자적 기본권으로서 전형적인 "열거되지 아니한 자유와 권리"에 속하게 된다.178) 그러나 그 후 및 최근의 판결에서는 **헌법 제10조 제1문에서 도출되는 일반적 인격권 및 헌법 제17조의 사생활의 비밀과 자유에 의하여 보장**된다고 판시하고 있다.179)

　개인정보보호를 위해서 기존의 「공공기관의 개인정보보호에 관한 법률」 등을 통합하여 전면 개정한 「개인정보 보호법」이 2011.9.30.부터 시행되고 있다. 이 법은 "개인정보의 수집·유출·오용·남용으로부터 사생활의 비밀 등을 보호함으로써 국민의 권리와 이익을 증진하고, 나아가 개인의 존엄과 가치를 구현하기 위하여 개인정보 처리에

---

176) 헌재 2005.5.26. 99헌마513등, 주민등록법 제17조의8 등 위헌확인 등(기각).
177) 헌재 2005.5.26. 99헌마513등.
178) 이러한 판례의 경향에 대해서는 반대하는 견해도 있다(성낙인, 헌법학, 2011, 618쪽).
179) 헌재 2008.10.30. 2006헌마1401, 소득세법 제165조 제1항 등 위헌확인 등(기각); 2016.3.31. 2015헌마688, 성폭력범죄의 처벌 등에 관한 특례법 제42조 제1항 위헌확인(위헌); 2018.6.28. 2012헌마191등, 통신비밀보호법 제2조 제11호 바목 등 위헌확인 등(잠정적용 헌법불합치, 기각, 각하); 2018.8.30. 2014헌마368, 건강보험 요양급여내역 제공 요청 및 제공 행위 등 위헌확인[인용(위헌확인), 각하].

관한 사항을 규정함을 목적으로 한다."(법 제1조)

3) 보호 대상 개인정보

개인정보자기결정권의 보호 대상이 되는 개인정보는 개인의 신체, 신념, 사회적 지위, 신분 등과 같이 **개인의 인격 주체성을 특징짓는 사항으로서 그 개인의 동일성을 식별할 수 있게 하는 일체의 정보**라고 할 수 있고, 반드시 개인의 내밀한 영역이나 사사(私事)의 영역에 속하는 정보에 국한되지 않으며, **공적 생활에서 형성되었거나 이미 공개된 개인정보까지 포함**한다.[180]

4) 제한과 제한의 한계

보호 대상이 되는 개인정보를 대상으로 한 조사·수집·보관·처리·이용 등의 행위는 모두 원칙적으로 개인정보자기결정권에 대한 제한에 해당한다.[181] 개인정보자기결정권에 대한 제한도 헌법 제37조 제2항에 따른 일정한 한계가 있다.

「개인정보 보호법」 제18조 제1항에서는 개인정보 처리자는 개인정보를 제15조 제1항에 따른 범위를 초과하여 이용하거나 제17조 제1항 및 제28조의8 제1항에 따른 범위를 초과하여 제3자에게 제공하여서는 아니 되는 것으로 규정하면서도, 같은 조 제2항에서는 개인정보 처리자는 제1호부터 제10호까지의 어느 하나에 해당하는 경우에는 정보주체 또는 제3자의 이익을 부당하게 침해할 우려가 있을 때를 제외하고는 개인정보를 목적 외의 용도로 이용하거나 이를 제3자에게 제공할 수 있다(다만, 제5호부터 제9호까지의 경우는 공공기관의 경우로 한한다). 그러나 사실조회 행위에 대하여 개인정보 처리자가 응하거나 협조하여야 할 의무를 부담하는 것이 아니다.[182]

그런데 개인정보를 정보 주체의 동의 없이 목적 외의 용도로 제3자에게 제공할 경우 처리 주체의 변경과 당초 수집 목적을 벗어난 개인정보의 처리를 초래하게 되므로, 예컨대 국민건강보험공단의 개인정보의 제공은 정보 주체 스스로 개인정보의 공개와

---

180) 헌재 2016.3.31. 2015헌마688, 성폭력범죄의 처벌 등에 관한 특례법 제42조 제1항 위헌확인(위헌); 2018.8.30. 2014헌마843, 채증활동규칙 위헌확인(기각, 각하); 2020.12.23. 2017헌마416, 특정 문화예술인 지원사업 배제행위 등 위헌확인[인용(위헌확인), 기타].

181) 헌재 2005.7.21. 2003헌마282; 2012.12.27. 2010헌마153; 2016.3.31. 2015헌마688, 성폭력범죄의 처벌 등에 관한 특례법 제42조 제1항 위헌확인(위헌); 2018.8.30. 2014헌마368, 건강보험 요양급여내역 제공 요청 및 제공 행위 등 위헌확인[인용(위헌확인), 각하].

182) 헌재 2018.8.30. 2014헌마368, 건강보험 요양급여내역 제공 요청 및 제공 행위 등 위헌확인[인용(위헌확인), 각하].

이용에 관하여 결정할 권리를 핵심 내용으로 하는 개인정보자기결정권에 대한 중대한 제한에 해당한다. 특히 개인의 인격 및 사생활의 핵심에 해당하는 민감정보(사상·신념, 노동조합·정당의 가입·탈퇴, 정치적 견해, 건강, 성생활 등에 관한 정보, 그 밖에 정보 주체의 사생활을 현저히 침해할 우려가 있는 개인정보로서 대통령령으로 정하는 정보)에 대하여는 다른 일반적인 개인정보보다 더 높은 수준의 보호가 필요하다.[183] 따라서 「개인정보 보호법」 제23조 제1항에서는 정보주체에게 제15조 제2항 각 호(개인정보의 수입·이용 목적 등) 또는 제17조 제2항 각 호(개인정보를 제공받는 자 등)의 사항을 알리고 다른 개인정보의 처리에 대한 동의와 별도로 동의를 받은 경우와 법령에서 민감정보의 처리를 요구하거나 허용하는 경우 외에는 민감정보를 처리할 수 없도록 하고 있다.

NOTE   **위헌 결정 사례(개인정보자기결정권)**

① 개인별로 주민등록번호를 부여하면서 주민등록번호 변경에 관한 규정을 두고 있지 않은 「주민등록법」 제7조는 과잉금지원칙에 위배되어 개인정보자기결정권을 침해한다.[184]

② (성폭력범죄자의 신상정보 등록제도) 헌법재판소는 「성폭력범죄의 처벌 등에 관한 특례법」 제42조에서 신상정보 등록 대상자로 규정하고 있는 성폭력범죄자 중 통신매체이용음란죄를 범한 자 부분은 목적의 정당성과 수단의 적합성은 인정되지만 통신매체이용음란죄의 죄질 및 재범의 위험성에 따라 등록 대상을 축소하거나, 유죄판결 확정과 별도로 신상정보 등록 여부에 관하여 법관의 판단을 받도록 하는 절차를 두는 등 기본권 침해를 줄일 수 있는 다른 수단을 채택하지 않았다는 점에서 침해의 최소성 원칙에 위배되고, 비교적 불법성이 경미한 통신매체이용음란죄를 저지르고 재범의 위험성이 인정되지 않는 이들에 대하여는 달성되는 공익과 침해되는 사익 사이에 불균형이 발생할 수 있다는 점에서 법익의 균형성도 인정하기 어려운 것으로 보았다.[185] 그러나 강제추행죄,[186] 아동·청소년 성매수죄,[187] 카메라등이용촬영죄[188]에 있어서 신상정보 등록은 합헌이라고 판단하였다.

③ (성폭력범죄자의 등록정보의 보존·관리제도) 구 「성폭력범죄의 처벌 등에 관한 특례

---

183) 헌재 2018.8.30. 2014헌마368.

184) 헌재 2015.12.23. 2013헌바68등, 주민등록법 제7조 제3항 등 위헌소원(입법자가 개정시까지 계속 적용 헌법불합치) - 주민등록번호 변경 사건. 이에 따라 2016.5.29. 개정 「주민등록법」에서는 주민에게 개인별로 고유한 등록번호를 부여하도록 한 제7조 제3항 자체가 삭제되었다.

185) 헌재 2016.3.31. 2015헌마688, 성폭력범죄의 처벌 등에 관한 특례법 제42조 제1항 위헌확인(위헌).

186) 헌재 2016.2.25. 2015헌마846(기각, 각하); 2016.3.31. 2014헌마457(기각, 각하); 2015.10.21. 2014헌마637등(기각, 각하).

187) 헌재 2016.2.25. 2013헌마830, 아동·청소년의 성보호에 관한 법률 제10조 제1항 등 위헌확인(기각, 각하).

188) 헌재 2015.7.30. 2014헌마340등, 성폭력범죄의 처벌 등에 관한 특례법 제42조 제1항 등 위헌확인(헌법불합치, 기각).

법」 제45조 제1항은 법무부장관으로 하여금 신상정보 등록대상자의 등록정보를 최초 등록
일부터 20년간 보존·관리하도록 하고 있는데 이에 대해서 헌법재판소는 목적의 정당성,
방법의 적절성은 인정하면서도, 모든 등록 대상자에게 20년 동안 신상정보를 등록하게 하
여 등록 의무를 면하거나 등록 기간의 단축의 여지가 없어 지나치게 가혹하고, 등록 기간
동안 각종 의무를 부과하는 것은 비교적 경미한 등록 대상 성범죄를 저지르고 재범의 위험
성도 많지 않은 자들에 대해서는 달성되는 공익과 침해되는 사익 사이의 불균형이 발생할
수 있으므로 이 사건 관리 조항은 개인정보자기결정권을 침해한다고 판시하였다.[189]

④ (형제자매를 가족관계등록부 등의 기록사항 증명서 교부청구권자로 한 것 및 가정폭력
피해자의 개인정보가 가정폭력 가해자인 전 배우자 등에게 무단으로 유출될 가능성을 열어
놓고 있는 것) 구 「가족관계의 등록 등에 관한 법률」 제14조 제1항에서는 본인, 배우자,
직계혈족 외에도 형제자매도 가족관계등록부 등의 기록 사항에 대한 증명서의 교부를 청구
할 수 있는 것으로 규정하고 있는데, 이에 대하여 헌법재판소는 형제자매가 반드시 본인과
이해관계를 같이 한다고 할 수 없다는 점과 본인도 인터넷을 이용하거나 위임을 통해 형제
자매에게 증명서를 발급받게 할 수 있으며 같은 법조항의 단서에는 이미 제3자도 교부 청
구할 수 있는 경우를 정하고 있다는 점 등을 들어 형제자매에게 본인과 동일하게 교부청구
권을 부여한 것은 침해의 최소성에 위배되고, 달성하려는 공익에 비해 본인에 대한 기본권
제한의 정도가 중대하여서 법익의 균형성도 인정하기 어렵다고 보아 개인정보자기결정권을
침해하여 위헌이라고 보았다.[190] 또 위 규정에 따르면 직계혈족이기만 하면 사실상 자유롭
게 가족관계증명서와 그 기본증명서의 교부를 청구하여 가정폭력 피해자의 개인정보가 가
정폭력 가해자인 전 배우자 등에게 무단으로 유출될 가능성을 열어놓고 있는데 헌법재판소
는 이는 명백히 부진정입법부작위로서 과잉금지원칙에 위배되어 개인정보자기결정권을 침
해한다고 보았다.[191]

⑤ (「통신비밀보호법」상 범죄 수사를 위한 통신사실 확인자료 제공) 「통신비밀보호법」 제
13조 제1항에서는 검사 또는 사법경찰관은 수사 또는 형의 집행을 위하여 필요한 경우

---

189) 헌재 2015.7.30. 2014헌마340등. 현재는 선고형의 종류에 따라 신상정보 보존·관리 기간을 30년,
20년, 15년, 10년으로 구분하고 있다.

190) 헌재 2016.6.30. 2015헌마924, 가족관계의 등록 등에 관한 법률 제14조 제1항 위헌확인(위헌). 이
결정에 대해서는 법률 제14조 제1항 단서의 각 호가 예정하지 않은 경우도 발생할 수 있고, 어차
피 소송절차 등에서 발급받을 수 있다면 소송경제 및 본인의 이익 보호를 위해 이를 처음부터 허
용하는 것이 바람직하고, 형제자매 자신의 가족법상의 권리를 행사하기 위하여 간편하게 증명서
를 발급받을 수 있도록 허용한 것이므로 청구인의 개인정보자기결정권을 침해한 것이라고 볼 수
없다는 3인 재판관의 반대의견이 있다.

191) 헌재 2020.8.28. 2018헌마927, 입법부작위 위헌확인(헌법불합치). 심판대상조항은 2021.12.28. 헌
법재판소의 취지에 따라 다음과 같이 개정되었다: 「가정폭력범죄의 처벌 등에 관한 특례법」 제2
조제5호에 따른 피해자(이하 "가정폭력피해자"라 한다) 또는 그 대리인은 가정폭력피해자의 배우
자 또는 직계혈족을 지정(이하 "교부제한대상자"라 한다)하여 시·읍·면의 장에게 제1항 및 제2
항에 따른 가정폭력피해자 본인의 등록사항별 증명서의 교부를 제한하거나 그 제한을 해지하도
록 신청할 수 있다. <신설 2021. 12. 28.>

「전기통신사업법」에 의한 전기통신 사업자에게 통신사실 확인 자료의 열람이나 제출을 요청할 수 있게 함으로써 정보 주체의 위치 정보 추적 자료의 제공이 가능하도록 하고 있다. 그런데 위치 정보 추적 자료는 특정인의 위치를 파악할 수 있는 개인정보이고, 수사기관은 정보 주체의 동의 없이 제공받은 위치 정보 추적 자료를 통해 그의 활동 반경·이동 경로·현재 위치 등을 확인할 수 있으므로, 이 규정은 개인정보자기결정권 및 통신의 비밀의 제한에 해당한다.[192] 헌법재판소는 이 조항에 대해 목적의 정당성과 수단의 적합성은 인정되나, 이 요청 조항은 '수사를 위하여 필요한 경우'만을 요건으로 하면서 전기통신 사업자에게 특정한 피의자·피내사자뿐만 아니라 관련자들에 대한 위치정보 추적자료의 제공 요청도 가능하도록 규정하고 있는 점, 입법 목적 달성에 지장을 초래하지 아니하면서도 정보 주체의 기본권을 덜 침해하는 방법(수사기관이 전기통신 사업자로부터 실시간 위치정보 추적자료를 제공받는 경우 또는 불특정 다수에 대한 위치정보 추적자료를 제공받는 경우에는 수사의 필요성뿐만 아니라 보충성이 있을 때, 즉 다른 방법으로는 범죄 실행을 저지하거나 범인의 발견·확보 또는 증거의 수집·보전이 어려운 경우에 한하여, 수사기관이 위치정보 추적자료의 제공을 요청할 수 있게 하는 방법, 「통신비밀보호법」제5조 제1항에 규정된 통신제한조치가 가능한 범죄 이외의 범죄와 관련해서는 수사의 필요성뿐만 아니라 보충성이 있는 경우에 한하여 수사기관이 위치정보 추적자료의 제공을 요청할 수 있도록 하는 방법 등)이 가능한 점 등을 고려할 때 침해의 최소성원칙에 위배되고, 이 요청 조항은 공익 목적의 달성에 필요한 범위를 벗어나 정보 주체의 통신의 자유와 개인정보자기결정권을 과도하게 제한하고 있으므로, 이 사건 요청 조항으로 달성하려는 공익이 그로 인해 제한되는 정보 주체의 기본권보다 중요하다고 단정할 수 없기 때문에 법익의 균형성 요건을 충족한다고 할 수 없다고 보아 개인정보자기결정권을 침해하고 있다고 판시하였다.[193]

또 같은 법 제13조의3 제1항이 "통신사실 확인자료제공을 받은 사건에 관하여 공소를 제기하거나, 공소의 제기 또는 입건을 하지 아니하는 처분(기소중지결정을 제외한다)을 한 때에는 그 처분을 한 날부터 30일 이내에 통신사실 확인자료제공을 받은 사실과 제공 요청 기관 및 그 기간 등을 서면으로 통지하여야 한다."라고 규정한 것에 대해서 헌법재판소는, 이 규정은 수사기관이 전기통신 사업자로부터 위치정보 추적자료를 제공받은 사실에 대해,

---

192) 통신사실 확인자료 제공요청은 「통신비밀보호법」상 강제처분(헌재 2018.6.28. 2012헌마191등, 통신비밀보호법 제2조 제11호 바목 등 위헌확인 등(헌법불합치, 기각, 각하)으로 보면서, 「전기통신사업법」제83조 제3항의 통신자료 제공요청에 대해서는 임의수사로 보고 있어서 문제가 되고 있다[헌재 2022.7.21. 2016헌마388등, 통신자료 취득행위 위헌확인 등(헌법불합치, 각하) — 수사기관 등에 의한 통신자료 제공요청 사건].

193) 헌재 2018.6.28. 2012헌마191등, 통신비밀보호법 제2조 제11호 바목 등 위헌확인 등(헌법불합치, 기각, 각하) — 통신비밀보호법 '위치정보 추적자료' 사건. 2019.12.31. 개정된 현행 「통신비밀보호법」제13조는 제2항을 신설하여 수사를 위하여 필요한 통신사실확인자료를 일정한 실시간 추적자료나 특정한 기지국에 대한 통신사실확인자료로 국한하고 그것도 다른 방법으로는 범죄의 실행을 저지하기 어렵거나 범인의 발견·확보 또는 증거의 수집·보전이 어려운 경우에만 열람이나 제출을 요청할 수 있게 하고 있다.

그 제공과 관련된 사건에 대하여 수사가 계속 진행되거나 기소중지결정이 있는 경우에는 정보 주체에게 통지할 의무를 규정하지 않고, 수사기관의 통지 의무의 실효성을 확보하기 위해서는 그 의무 위반에 대한 제재 조항이 있어야 함에도 이를 마련하지 않는 등 적법절차를 위배하여 개인정보자기결정권을 침해하고 있다고 판시하였다.[194]

⑥ (국민건강보험공단이 민감정보인 요양급여 내역을 경찰서장에게 제공한 행위) 경찰서장의 사실조회에 따라 공공기관인 국민건강보험공단이 민감정보인 요양급여 내역을 경찰서장에게 제공한 행위에 대해서 헌법재판소는 「개인정보 보호법」의 목적의 정당성과 수단의 적합성을 인정하였으나, 피해의 최소성 심사와 관련하여서는 「개인정보 보호법」 제18조 제2항 제7호와 제23조 제1항 제2호 등에 따라 정보 제공 행위가 ⓐ 청구인들의 민감정보를 제공받는 것이 범죄의 수사를 위하여 불가피할 것, ⓑ '정보 주체 또는 제3자의 이익을 부당하게 침해할 우려가 없을 것'이라는 요건을 갖추어야 하나 이 사건에서는 피해의 최소성을 위배한 것으로 보았다. 나아가서 당해 경찰서장은 청구인들의 소재를 파악한 상태였거나 다른 수단으로 충분히 파악할 수 있었으므로 이 사건 정보 제공 행위로 얻을 수 있는 수사상의 이익은 거의 없거나 미약하였던 반면, 청구인들은 자신도 모르는 사이에 민감정보인 요양급여 정보가 수사기관에 제공되어 개인정보자기결정권에 대한 중대한 불이익을 받게 되었으므로 법익의 균형성도 갖추지 못한 것으로 판단함으로써[195] 개인정보에 대한 보호를 강화하고 있다.

⑦ (수사경력자료의 보존기간과 삭제를 규정한 「형의실효 등에 관한 법률」 조항이 법원에서 불처분결정된 소년부송치 사건에 대하여는 규정하지 않은 것) 「형의실효 등에 관한 법률」이 사법경찰관의 불송치결정 등 일정한 경우에 해당하는 경우에는 그에 해당하는 보존기간이 지나면 전산입력된 수사경력자료를 삭제하도록 규정하면서, 법원에서 불처분결정된 소년부송치 사건에 대하여는 수사경력자료의 보존기간 및 삭제에 관하여 규정하지 않은 것에 대하여 헌법재판소는 당사자의 사망 시까지 보존하는 것은 침해의 최소성과 법익의 균형성을 위배하여 소년부송치 후 불처분결정을 받은 자의 개인정보자기결정권을 침해한다고 결정하였다.[196]

⑧ 피청구인 대통령의 지시로 피청구인 대통령 비서실장, 정무수석비서관, 교육문화수석비서관, 문화체육관광부장관이 야당 소속 후보를 지지하였거나 정부에 비판적 활동을 한 문화예술인이나 단체를 정부의 문화예술 지원사업에서 배제할 목적으로 개인의 정치적 견해에 관한 정보를 수집·보유·이용한 행위는 법률유보원칙과 과잉금지원칙을 위반하여 청구인의 개인정보자기결정권을 침해한다.[197] 이 결정에서는 특히 과잉금지원칙심사와 관련하

194) 헌재 2018.6.28. 2012헌마191등, 통신비밀보호법 제2조 제11호 바목 등 위헌확인 등(헌법불합치, 기각, 각하) — 통신비밀보호법 '위치정보 추적자료' 사건. 이에 따라 개정된 현행 「통신비밀보호법」에서는 기소중기를 포함한 각 처분마다 30일이라는 같은 통지기한을 설정하면서도 그 기산시점을 달리하여 상세하게 규정하고 있다.

195) 헌재 2018.8.30. 2014헌마368[인용(위헌확인), 각하]. 2인 재판관의 합헌의견이 있다.

196) 헌재 2021.6.24. 2018헌가2, 형의 실효 등에 관한 법률 제8조의2 위헌제청(헌법불합치).

197) 헌재 2020.12.23. 2017헌마416, 특정 문화예술인 지원사업 배제행위 등 위헌확인[인용(위헌확인), 기타].

여 목적의 정당성만 심사하고 더 이상 심사에 나아가지 않았다.

⑨ (「전기통신사업법」상 수사기관 등의 통신자료수집 요청) 전기통신사업자가 수사기관 등으로부터 재판, 수사, 형의 집행 또는 국가안전보장에 대한 위해를 방지하기 위한 정보수집을 위하여 이용자의 성명, 주민등록번호 등의 자료의 열람이나 제출을 요청받은 때에는 이에 응할 수 있도록 하고 있는 「전기통신사업법」 제83조에 대해서도 헌법재판소는 수사기관 등에 의한 통신자료 제공요청 자체에 관하여는 그 필요성을 인정하여 과잉금지원칙에는 위배되지 않으나, 수사기관 등이 통신자료 제공요청을 함에 있어 사후통지절차를 두지 않은 것이 적법절차원칙에 위배되어 개인정보자기결정권을 침해한다고 보았다.198)

| NOTE | **합헌 결정 사례(개인정보자기결정권)** | |

① 의료기관의 장으로 하여금 보건복지부장관에게 비급여 진료비용에 관한 사항을 보고하도록 한 「의료법」 제45조의2 제1항의 보고의무조항 부분은 보고의무에 관한 기본적이고 본질적인 사항을 법률에서 직접 정하고 있어 법률유보원칙에 위배되지 아니하고, 보고대상인 '진료내역'에는 상병명, 수술·시술명 등 비급여 진료의 실태파악에 필요한 진료정보만 포함될 뿐 환자 개인의 신상정보는 포함되지 않을 것임을 예상할 수 있으므로 포괄위임금지원칙에 반하지 않으며, 급여와 달리 사회적 통제기전이 없어 그동안 시행되었던 표본조사의 방법으로는 비급여 현황을 정확히 파악하는 데 한계가 있다는 점에서 과잉금지원칙에 반하여 청구인들의 직업수행의 자유와 개인정보자기결정권을 침해하지 아니한다. 또 의원급 의료기관의 비급여 진료비용에 관한 현황조사·분석 결과를 공개하도록 한 고시조항('비급여 진료비용 등의 공개에 관한 기준' 제3조 중 「의료법」 제3조 제2항 제1호에 따른 의료기관'의 '비급여 진료비용'에 관한 부분)도 위임의 필요성과 위임내용의 예측가능성이 있어 위임입법의 한계를 준수하여 상위법령의 위임 범위 내에서 규정하고 있으므로 법률유보원칙에 위배되지 않고 과잉금지원칙에 반하여 청구인들의 직업수행의 자유를 침해하지 아니한다.199)

② 적십자사 지로통지서가 전국의 세대주에게 발송될 수 있었던 근거규정인 적십자법 및 그 시행령(대한적십자사로부터 회비모금 목적으로 자료제공을 요청받은 국가와 지방자치단체는 특별한 사유가 없으면 그 자료를 제공하도록 하고, 대한적십자사가 요청할 수 있는 자료의 범위를 대통령령에 정하도록 위임한 「대한적십자사 조직법」 제8조 제2항 및 같은 조 제3항 중 같은 조 제1항의 '회비모금'에 관한 부분, 요청할 수 있는 자료에 「주민등록법」에 따른 세대주의 성명 및 주소를 규정한 같은 법 시행령 제2조 제1호 중 같은 법 제8조 제1항의 '회비모금'에 관한 부분)은 과잉금지원칙에 반하여 개인정보자기결정권을 침해한다고 볼 수 없다.200)

---

198) 헌재 2022.7.21. 2016헌마388등, 통신자료 취득행위 위헌확인 등(헌법불합치, 각하) — 수사기관 등에 의한 통신자료 제공요청 사건.
199) 헌재 2023.2.23. 2021헌마374등, 의료법 제45조의2 제1항 등 위헌확인(기각, 각하).
200) 헌재 2023.2.23. 2019헌마1404, 대한적십자사 조직법 제8조 위헌확인 등(기각, 각하).

Ⅲ. 제한과 제한의 정당성

1. 일반론

사생활의 비밀과 자유도 국가안전보장, 질서유지 또는 공공복리를 위해서 제한이 가능하다. 사생활의 비밀이 공개되거나 사생활을 자유롭게 형성해 나가는 것을 방해하는 공권력의 행사는 모두 제한이라고 할 수 있다. 물론 제한 행위는 원칙적으로 법적인 효과를 동반하는 **법률행위**여야 하지만, **권력적 사실행위**(hoheitliche Realakte)[201]도 포함된다.

제한하는 경우에도 헌법 제37조 제2항에 따른 제한의 한계가 준수되어야 한다. 따라서 과잉금지원칙과 본질적 내용 침해금지원칙을 준수하여야 한다.

사생활의 비밀과 자유와 관련하여 독일의 인격영역론(Spährentheorie der Persönlichkeit)[202]에서 논의되는 내밀 영역, 비밀 영역, 사적 영역, 사회적 영역, 공개적 영역 중 내밀영역(Intimspähre)은 사생활의 비밀과 자유의 본질적 내용에 해당한다고 할 수 있다.[203]

2. 몇 가지 문제

가. 언론·출판의 자유(알 권리)와 사생활의 비밀과 자유의 갈등

사생활의 비밀과 자유는 언론·출판의 자유와 가장 전형적으로 긴장 관계에 놓일 수 있다. 사생활의 비밀과 자유가 언론·출판의 자유와 갈등 관계에 놓이게 되는 경우에는 국가는 양자를 조화적으로 해석할 의무를 부담한다(국가의 기본권보장의무).

대체로 사생활의 비밀과 자유를 존중하는 경향이 있는 독일에서는 인격영역론이 발전하여 언론·출판의 자유의 한계를 도출하는 데 기여하였고, 언론·출판의 자유를

---

201) 단순한 권고, 조언과 같은 비권력적인 단순 행정지도가 아닌 상대방으로 하여금 수인의무를 발생시키는 사실행위를 말한다. 예컨대 공권력에 의한 무기의 사용과 같은 경우다.

202) 이에 대해 자세한 것은 박용상, 명예훼손법, 현암사, 2008, 445쪽 이하 참조.

203) 내밀영역은 양심이나 성적인 관계에 관한 사항과 같이 인간 자유의 최종적이고 불가침적인 영역을 말하고, 비밀영역이란 비밀 기록이나 대화, 통신내용, 의사·성직자·변호사 등과의 신뢰에 기초한 교섭거래내용으로서 공공의 인지로부터 해방되어야 할 인간의 생활영역으로서 법이 비밀로서 보호하는 영역을 말하며, 사적영역은 일정한 인적 범위 내에서 또는 불특정하나 제한된 인적 범위 내에서 접근 가능한 생활정황으로서 그 이상의 범위의 사람들이나 특히 광범위한 공공에 대하여는 인지가 금지되는 영역을 말한다. 또 사회적 영역은 개인적 발현이 애초부터 주위와 접촉 하에 이루어지는 영역을 말하고, 공개적 영역은 모든 사람에 의해 인식될 수 있고 경우에 따라서는 인식되어야 할 인간생활의 영역을 말한다(박용상, 명예훼손법, 현암사, 2008, 461쪽).

존중하는 경향이 있는 미국에서는 권리 포기의 이론, 공인의 이론(public figure theory) 등이 주장되면서 언론·출판의 자유가 보장되는 경우를 확대하고 있다.

언론·출판의 자유가 사생활의 비밀과 자유를 침해하는 경우에는 통상 명예훼손이 문제가 된다. 「형법」에서는 공연히[204] 사실을 적시하거나(법 제307조 제1항)[205] 허위의 사실을 적시하여(법 제307조 제2항) 사람의 명예를 훼손한 자는 처벌하도록 하고 있다. 공연히 사실을 적시한 경우라도 행위가 진실한 사실로서 오로지 공공의 이익에 관한 때에는 처벌하지 아니한다(법 제310조). '오로지 공공의 이익에 관한 때'라 함은 적시된 사실이 객관적으로 볼 때 공공의 이익에 관한 것으로서 행위자도 주관적으로 공공의 이익을 위하여 그 사실을 적시한 것이어야 한다.[206] 판례에서는 **적시된 사실이 공공의 이익에 관한 것인지 여부를 판단하는 기준**으로서 다음을 제시하고 있다.[207] ① 당해 명예훼손적 표현으로 인한 피해자가 공무원 내지 공적 인물과 같은 **공인**(公人)**인지 아니면 사인**(私人)**에 불과한지 여부**, ② 그 표현이 객관적으로 국민이 알아야 할 공공성, 사회성을 갖춘 공적 관심 사안에 관한 것으로 사회의 여론 형성 내지 공개 토론에 기여하는 것인지 아니면 순수한 **사적인 영역**에 속하는 것인지 여부, ③ 피해자가 그와 같은 명예훼손적 표현의 위험을 **자초한 것인지 여부**, ④ 그 표현에 의하여 훼손되는 **명예의 성격과 그 침해의 정도, 그 표현의 방법과 동기 등** 제반 사정 등을 들고 있고, 그 외 ⑤ **공인의 공적 활동과 밀접한 관련이 있는 사안**에 관하여 진실을 공표한 경우에는 원칙적으로 '공공의 이익'에 관한 것이라는 증명이 있는 것으로 보고, ⑥ **행위자의 주요한 동기 내지 목적이 공공의 이익을 위한 것**인 이상 부수적으로 다른 개인적인 목적이나 동기가 내포되어 있더라도 「형법」 제310조의 적용을 배제할 수 없다고 한다.

---

204) 공연성은 개별적으로 소수의 사람에게 사실을 적시하였더라도 그 상대방이 불특정 또는 다수인에게 적시된 사실을 전파할 가능성이 있는 때에는 공연성이 인정된다(전파가능성 이론)(대법원 2020.11.19. 2020도5813 판결).
205) 공연히 사실을 적시하여 사람의 명예를 훼손한 자를 형사처벌하도록 규정한 형법 제307조 제1항은 과잉금지원칙을 위배하여 표현의 자유를 침해하지 않는다[헌재 2021.2.25. 2017헌마1113등, 형법 제307조 제1항 위헌확인 등(기각)]. 이 결정에는 "진실한 사실은 공동체의 자유로운 의사형성과 진실발견의 전제가 되므로, '적시된 사실이 진실인 경우'에는 허위 사실을 바탕으로 형성된 개인의 명예보다 표현의 자유 보장에 중점을 둘 필요성이 있다. 헌법 제17조가 선언한 사생활의 비밀의 보호 필요성을 고려할 때, '적시된 사실이 사생활의 비밀에 관한 것이 아닌 경우'에는 허위 사실을 바탕으로 형성된 개인의 명예보다 표현의 자유 보장에 중점을 둘 필요성이 있다."라는 취지의 4인 재판관의 반대의견이 있다.
206) 대법원 2005.4.29. 2003도2137 판결.
207) 대법원 2005.4.29. 2003도2137 판결.

「민법」상으로도 타인의 명예를 해하는 경우에는 손해배상책임이 발생할 수 있다 (법 제751조).

미국법상의 **의견과 사실의 구분론**(fact/opinion distinction)에 따르면 의견의 표명으로 볼 수 있는 경우에는 언론·출판의 자유로 보장되는 것으로 보아서 명예훼손의 책임을 묻지 아니한다.208)

소위 미네르바 사건209)에서 헌법재판소는 9인 재판관 전원이 **허위 사실의 전파 행위** 도 언론·출판의 자유의 보호 범위에 속한다고 판단하였다.210) 따라서 허위의 사실을 전파하여 명예를 훼손한 자를 처벌하는 것(형법 제307조 제2항)은 언론·출판의 자유의 제한이 된다.

나. 범죄 수사를 목적으로 한 사진 촬영, 전화 도청, 수색, 개인정보 제공 요구

국가가 범죄 수사를 목적으로 사진을 촬영하거나 전화를 도청하거나 수색활동 등 을 함으로써 개인의 사생활의 비밀과 자유가 제한될 수 있다.

「개인정보 보호법」 제58조 제2호에 따르면 "국가안전보장과 관련된 정보 분석을 목적으로 수집 또는 제공 요청되는 개인정보"에 대해서는 개인정보의 처리(제3장), 개인정보의 안전한 관리(제4장), 정보 주체의 권리 보장(제5장), 개인정보 분쟁조정위원회 (제6장), 개인정보 단체소송(제7장) 등 「개인정보 보호법」상의 대부분의 규정을 적용하지 아니하도록 하고 있다.

또 「개인정보 보호법」에서는 범죄의 수사와 공소의 제기 및 유지를 위하여 필요한 경우에 공공기관은 정보 주체 또는 제3자의 이익을 부당하게 침해할 우려가 있을 때

---

208) 독일에서도 의견과 사실을 구분한다. 제2차 세계대전은 독일의 적들에 의해 가해진 것으로서 독일은 책임이 없다고 한 책에 대해서 독일 연방헌법재판소는 이는 의견에 해당한다고 보고 언론의 자유의 보호영역에 속한다고 판시한 바 있다[BVerfGE 90, 1 (1994)].
209) 2008년 헌법소원청구인이 미네르바라는 필명으로 인터넷 포털사이트 다음(Daum)의 '아고라' 경제토론방에서 허위의 사실을 유포하여 리먼 브라더스 사태 등에 있어서 정부의 외환정책 및 대외지급능력에 대한 신뢰도를 떨어뜨리고 정부의 환율정책 수행을 방해하였다는 혐의로 기소된 사건을 말한다.
210) 헌재 2010.12.28. 2008헌바157, 전기통신기본법 제47조 제1항 위헌소원(위헌). 이 결정은 공익을 해할 목적으로 전기통신설비에 의하여 공연히 허위의 통신을 한 자를 형사 처벌하는 「전기통신기본법」 제47조 제1항을 죄형법정주의의 명확성원칙을 위반한 것으로 판단하고 있다.

를 제외하고는 개인정보를 목적 외의 용도로 이용하거나 이를 제3자에게 제공할 수 있도록 규정하고 있다(법 제18조 제2항 제7호). 예컨대 수사기관이 수사를 목적으로 영장 없이 국민건강보험공단에 진료 기록 등 개인정보의 제공을 요청하는 경우 제공할 수 있다는 것이다. 이에 대해서는 합헌이라는 주장과 개인정보자기결정권을 침해하는 것이라는 주장이 대립하고 있으나, 헌법재판소는 이 규정에 근거한 개인정보제공행위에 대해 합헌 결정하였다.[211]

다. 공직후보자의 전과 사실 공개

헌법재판소는 공직선거에서 공개하는 금고 이상의 형의 범죄 경력에 실효된 형, 즉 전과기록을 포함시키는 「공직선거법」 규정의 위헌심사기준에 관하여 "전과기록은 형의 선고 및 재판의 확정이 있었다는 것에 관한 개인정보로서 … 이러한 전과기록은 내밀한 사적 영역에 근접하는 민감한 개인정보에 해당한다고 할 수 있으므로 그 제한의 허용성은 엄격히 검증되어야 한다. 즉, 개인정보의 민감성과 그에 대립하는 공익 사이의 비례적 형량을 통하여 중대한 공적 이익을 달성하기 위한 불가피한 수단이라고 인정될 때에 한하여 제한이 허용되어야 한다. 따라서 … 헌법 제37조 제2항에 따라 기본권 제한의 한계 원리인 **비례의 원칙을 준수하여야** 한다."[212]라고 판시하고 있다.

이에 따라 헌법재판소는 ① 국민의 알 권리를 충족하고 공정하고 정당한 선거권 행사를 보장하고자 하는 것이기 때문에 입법 목적은 정당하고, ② 선거권자가 후보자의 모든 범죄 경력을 인지한 후 그 공직적합성을 판단하는 것이 효과적이라는 점에서 적합한 수단이며, ③ 금고 이상의 범죄 경력에 실효된 형을 포함시키는 이유는 ⓐ 선거권자가 공직후보자의 자질과 적격성을 판단할 수 있도록 하기 위한 점, ⓑ 전과기록은 통상 공개재판에서 이루어진 국가의 사법 작용의 결과라는 점, ⓒ 전과기록의 범위와 공개 시기 등이 한정되어 있는 점 등을 종합하면, 이 사건 법률 조항은 그 필요성이

211) 헌재 2018.8.30. 2016헌마483, 개인정보 제공 요청행위 위헌확인 등(기각, 각하) 결정에서는 「개인정보 보호법」 제18조 제2항 제7호는 개인정보처리자에게 개인정보의 수사기관 제공 여부를 결정할 수 있는 재량을 부여하고 있어서, '개인정보처리자의 개인정보 제공'이라는 구체적인 집행행위가 있어야 비로소 개인정보와 관련된 정보주체의 기본권이 제한되는 것이므로, 이 조항은 기본권 침해의 직접성이 인정되지 않아서 이 부분 청구에 대해서는 각하 결정하였다. 그러나 이에 근거하여 개인정보를 제공한 김포시장의 정보제공행위에 대해서는 영장주의와 과잉금지원칙에 위배되어 개인정보자기결정권을 침해하였다고 할 수 없다고 판시하였다.
212) 헌재 2008.4.24. 2006헌마402, 공직선거법 제49조 제10항 등 위헌확인 등(기각).

인정되고 달리 그 입법 목적을 달성하기 위한 덜 제약적인 입법 수단이 있다고 보기 어려우므로 피해최소성의 원칙에 반한다고 볼 수 없으며, ④ 국민의 참정권 중 가장 중요한 선거권의 적정한 행사를 위하여 선거권자에게 후보자에 관한 충분한 정보를 제공함으로써 선거권자의 알 권리 및 공정하고 정당한 선거권 행사를 보장한다는 월등한 공익을 실현하기 위한 규정으로서 이와 같은 공익적 목적을 위하여 공직선거 후보자의 사생활의 비밀과 자유를 한정적으로 제한하는 것이므로 법익의 균형성에도 부합한다고 판시하고 있다.213)

라. 국정감사 · 조사

「국정감사 및 조사에 관한 법률」 제8조에서는 "감사 또는 조사는 개인의 사생활을 침해하거나 계속 중인 재판 또는 수사 중인 사건의 소추에 관여할 목적으로 행사되어서는 아니된다."라고 규정하고 있다.

특히 개인정보를 소장하는 기관은 국정감사 및 조사에 자료를 제출하는 경우에도 개인의 사생활이 침해되지 않도록 정보를 처리하여 제출하여야 한다.

마. 청소년을 대상으로 한 성범죄자의 신상공개제도

청소년의 성을 사는 행위를 한 자에 대해서는 구「청소년의성보호에관한법률」이 범죄자의 성명, 연령, 직업 등의 신상과 범죄사실의 요지를 그 형이 확정된 후 이를 게재하여 공개할 수 있도록 하였는데, 이는 일반적 인격권과 사생활의 비밀과 자유를 제한하는 것이 된다.

이에 대해 헌법재판소는 과잉금지심사를 하면서 ① 장차 국가의 장래를 책임지게 될 우리의 청소년들을 보호하고 우리 사회의 성문화에 대한 최소한의 도덕성을 지키기 위하여 그와 같은 입법을 한 것으로서 그 정당성이 인정되고, ② 이 제도의 목적 자체가 이른바 메간법(Megan's law)214)의 경우와 같이 출소한 성범죄자로부터 잠재적인 피해자와 지역 사회를 보호하기 위해 정보 제공을 한다는 구체적이고 특정적인 것이라기보다는 청소년의 성을 매수하는 행위의 해악과 심각한 문제점을 계도함으로써 청소년

---

213) 헌재 2008.4.24. 2006헌마402.
214) 1994년에 제정된 성범죄자들의 정보를 대중이 언제든지 열람할 수 있도록 한 미국의 연방법률. 메간법은 비공식명칭이고 정식으로는 Jacob Wetterling Crimes Against Children and Sexually Violent Offender Registration Act의 한 조항으로 포함되어 있다.

의 성을 보호, 구제하여 궁극적으로 청소년의 인권을 보장하고 이들이 건전한 사회 구성원으로 성장할 수 있도록 한다는 보다 일반적 차원에서의 청소년 성매수 범죄의 방지에 있고, 신상공개제도가 일반인으로 하여금 청소년 대상 성범죄의 충동을 억제하게 하는 효과가 있다고 할 것이므로 수단의 적합성이 인정되고, ③ 신상공개제도가 달리 다른 입법수단이 있음에도 불구하고 해당 범죄인들의 기본권을 더 제한하는 것이라고 단정할 수 없고, 가능한 여러 가지 수단 가운데 무엇이 보다 덜 침해적이라고 보기 어려운 상황에서 어떠한 수단을 선택할 것인가는 입법자의 형성의 권한 내라 할 것이므로, 신상공개제도는 피해의 최소성 원칙에 어긋나지 아니하며, ④ 현행법상 유죄로 확정된 범죄인에게 선거권을 제한하는 등 다른 기본권의 제한이 일반인보다 더 넓게 가능하다면, 특정 성범죄에 있어서는 인격권과 사생활의 비밀의 자유도 그것이 본질적인 부분이 아닌 한 넓게 제한될 여지가 있다고 보아야 하고, 청소년 성매수자의 일반적 인격권과 사생활의 비밀의 자유가 제한되는 정도가 청소년 성보호라는 공익적 요청에 비해 크다고 할 수 없으므로 법익의 균형성 원칙에 어긋나지 않는다고 판시하였다.215)

현재 구 「청소년의성보호에관한법률」은 2009.6.9. 「아동·청소년의 성보호에 관한 법률」로 전부 개정되었고, 이 법 제5장에서는 성범죄로 유죄판결이 확정된 자의 신상정보 공개와 취업 제한 등을 규정하고 있다.

바. 공무원의 질병 경력 신고

헌법재판소는 4급 이상의 공무원 본인의 질병명에 대해 신고 의무를 부과하고 획득한 개인의 질병명을 관보와 인터넷에 게재하여 공개토록 하는 것에 대해서, 신고된 병역 사항의 투명한 공개 없이 신고 의무 부과나 공부에의 기재만으로는 목적을 충분히 달성하리라 기대하기 어렵다고 보아서 목적의 정당성은 인정되지만, 질병명 공개 범위와 방법에 있어서 인격 또는 사생활의 핵심에 관련되는 것까지 구분 없이 무차별적으로 공개토록 하는 것은 사생활 보호의 헌법적 요청을 거의 고려하지 않은 것이라 하지 않을 수 없으며, 더욱이 공정한 판정에 따른 정당한 병역 면제 처분을 받았던 공무원들의 질병명마저 공개하는 것으로서 해당 공직자의 사생활 보호에서 더 나아가 공직제도의 효율적 운용이라는 관점에서 보더라도 타당하다고 할 수 없고, 공개 대상 공

---

215) 헌재 2003.6.26. 2002헌가14, 청소년의성보호에관한법률 제20조 제2항 제1호 등 위헌제청(합헌, 각하).

무원의 범위와 관련하여서도 주로 과장급 또는 계장급 공무원에 해당하며, 이들이 비록 실무 책임자의 지위를 가진다 하더라도 주요 정책이나 기획의 직접적·최종적 결정권을 가진다고는 할 수 없는 4급 이상의 공무원 모두를 대상으로 삼아 내밀한 사적 영역에 근접하는 민감한 개인정보인 질병명을 공개토록 한 것은 지나치게 포괄적이고 광범위하여 공무원에 관한 한 사생활의 비밀과 자유를 기본권으로 보호하지 않겠다는 것과 다를 바 없는 결과를 초래할 수 있어서 해당 공무원들의 헌법 제17조가 보장하는 기본권인 사생활의 비밀과 자유를 침해하는 것이라고 판시하였다.216)

사. 위치정보의 제공

"위치정보의 유출·오용 및 남용으로부터 사생활의 비밀 등을 보호하고 위치정보의 안전한 이용 환경을 조성하여 위치정보의 이용을 활성화함으로써 국민 생활의 향상과 공공복리의 증진에 이바지함을 목적으로"「위치정보의 보호 및 이용 등에 관한 법률」이 제정되어 있다(법 제1조 참조).

이 법률 제15조에서는 긴급구조 기관의 긴급구조 요청 또는 경보발송 요청이 있는 경우, 경찰관서의 요청이 있는 경우 및 다른 법률에 특별한 규정이 있는 경우를 제외하고는 누구든지 개인 위치정보 주체의 동의를 받지 아니하고 해당 개인 위치정보를 수집·이용 또는 제공할 수 없도록 하고 있다(제1항). 또 누구든지 타인의 정보통신 기기를 복제하거나 정보를 도용하는 등의 방법으로 개인 위치정보 사업자 및 위치 기반 서비스 사업자를 속여 타인의 개인 위치정보를 제공받을 수 없고(제2항), 위치정보를 수집할 수 있는 장치가 부착된 물건을 판매하거나 대여·양도하는 자는 위치정보 수집 장치가 부착된 사실을 구매하거나 대여·양도받는 자에게 알리도록 되어 있다(제3항).

또 법률 제29조에서는 긴급구조 기관은 급박한 위험으로부터 생명·신체를 보호하기 위하여 개인 위치정보 주체, 개인 위치정보 주체의 배우자, 2촌 이내의 친족 또는 「민법」 제928조의 규정에 따른 배우자등의 후견인의 긴급구조 요청이 있는 경우 긴급구조 상황 여부를 판단하여 위치정보 사업자에게 개인 위치정보의 제공을 요청할 수 있도록 하고 있다. 이 경우 배우자 등은 긴급구조 외의 목적으로 긴급구조 요청을 하여서는 아니 된다.

---

216) 헌재 2007.5.31. 2005헌마1139, 공직자등의병역사항신고및공개에관한법률 제3조 등 위헌확인(헌법불합치, 각하).

아. 디엔에이신원확인정보의 수집 · 이용 및 보호

디엔에이신원확인정보의 수집 · 이용 및 보호에 필요한 사항을 정함으로써 범죄 수사 및 범죄예방에 이바지하고 국민의 권익을 보호함을 목적으로 「디엔에이신원확인정보의 이용 및 보호에 관한 법률」이 2010.1.25. 제정되어 같은 해 7.26.부터 시행되고 있다.

종전 법률 제13조 제3항에서는 "디엔에이신원확인정보담당자는 수형인등 또는 구속피의자등이 사망한 경우에는 제5조 또는 제6조에 따라 채취되어 데이터베이스에 수록된 디엔에이신원확인정보를 직권 또는 친족의 신청에 의하여 삭제하여야 한다."고 규정하여 디엔에이 감식 시료 채취 대상자가 사망할 때까지 디엔에이신원확인정보를 데이터베이스에 수록, 관리할 수 있도록 하고 있었는데(현재는 같은 조 제4항), 이 규정 중 수형인등에 적용하는 부분, 즉 수형인등에 대해 디엔에이신원확인정보를 수형인등이 사망할 때까지 수록 · 관리할 수 있도록 하고 있는 것에 대해 헌법재판소는 수형인등의 개인정보자기결정권의 침해라고 볼 수 없다고 결정하였다.[217] 또 디엔에이 신원확인 정보 담당자가 디엔에이신원확인정보를 검색하거나 그 결과를 회보할 수 있도록 규정한 법률 제11조 제1항도 개인정보자기결정권을 침해하지 않는다고 판시하였다.[218]

---

[217] "재범의 위험성이 높은 범죄를 범한 수형인 등은 생존하는 동안 재범의 가능성이 있으므로, 디엔에이신원확인정보를 수형인등이 사망할 때까지 관리하여 범죄 수사 및 예방에 이바지하고자 하는 이 사건 삭제조항은 입법 목적의 정당성과 수단의 적절성이 인정되고, 디엔에이신원확인정보는 개인식별을 위한 최소한의 정보인 단순한 숫자에 불과하여 이로부터 개인의 유전정보를 확인할 수 없는 것이어서 개인의 존엄과 인격권에 심대한 영향을 미칠 수 있는 민감한 정보라고 보기 어렵고, 디엔에이신원확인정보의 수록 후 디엔에이감식시료와 디엔에이의 즉시 폐기, 무죄 등의 판결이 확정된 경우 디엔에이신원확인정보의 삭제, 디엔에이인적관리자와 디엔에이 신원확인 정보담당자의 분리, 디엔에이신원확인정보데이터베이스관리위원회의 설치, 업무목적 외 디엔에이신원확인정보의 사용 · 제공 · 누설 금지 및 위반시 처벌, 데이터베이스 보안장치 등 개인정보보호에 관한 규정을 두고 있으므로 침해최소성 원칙에 위배되지 않고, 디엔에이신원확인정보를 범죄 수사 등에 이용함으로써 달성할 수 있는 공익의 중요성이 크다고 할 수 있으므로 법익균형성도 갖춘 것으로 볼 수 있어서 개인정보자기결정권을 침해한다고 볼 수 없다."[헌재 2014.8.28. 2011헌마28등, 디엔에이 신원확인정보의 이용 및 보호에 관한 법률 부칙 제2조 제1항 위헌확인(기각, 각하)]. 이 결정에서는 개인정보자기결정권의 침해라는 김이수 재판관의 반대의견과, 국민의 기본권 제한을 최소화하기 위해 일정 기간 재범하지 않은 적절한 범위의 대상자의 경우에는 디엔에이신원확인정보를 삭제할 수 있도록 입법을 개선할 필요가 있다는 이정미 · 이진성 · 김창종 · 서기석 4인 재판관의 보충 의견이 있었다; 2018.8.30. 2016헌마344등, 디엔에이감식시료채취 영장 발부 위헌확인 등(헌법불합치, 기각, 각하). 2018년 결정에서는 개인정보자기결정권의 침해라고 하는 이진성 · 김이수 2인 재판관의 반대의견이 있었다.

[218] 헌재 2014.8.28. 2011헌마28등(기각, 각하).

자. 국민건강보험공단의 환자 의료비 내역 제출 행위

헌법재판소에 따르면 연말 정산 간소화를 위하여 의료기관에게 환자의 의료비 내역을 국세청에 제출하게 하는 것은 근로 소득자인 청구인들의 진료 정보가 본인들의 동의 없이 국세청 등으로 제출·전송·보관되는 것으로서, 헌법 제10조 제1문에서 도출되는 일반적 인격권 및 헌법 제17조의 사생활의 비밀과 자유에 의하여 보장되는 바의 개인정보자기결정권을 제한하는 것이다. 위헌심사기준으로서는 헌법 제37조 제2항의 과잉금지원칙을 적용하여 원칙을 위배한 것으로 볼 수 없다는 결론에 이르고 있다.[219]

차. 구금된 재소자의 방에 CCTV를 설치하는 것

2008년 헌법재판소는 독거실에 수용되는 엄격격리 대상자에 대해 CCTV를 설치하여 24시간 감시하는 것에 대해 합헌 결정을 하였으나 위헌의견을 제시한 재판관이 5인에 이르렀다는 점을 주목할 필요가 있다.[220]

이 결정의 쟁점은 우선은 이와 같은 CCTV 설치 행위가 법률유보원칙에 위배되는지 여부였는데, 5인의 위헌의견은 "구금시설 내 CCTV 설치·운용에 관하여 직접적으로 규정한 법률 규정을 찾아볼 수 없다. 이 사건 CCTV 설치 행위는 법무부 훈령 및 예규인 보안장비관리규정과 법무시설기준규칙에 규정된 CCTV의 설치 기준 및 관리 요령에 의하여 실시되었다. 2005.8.17. 제정된 '특별관리대상자 관리지침' 제53조 제3항에서 엄중격리 대상자의 자해·자살 등을 방지하기 위하여 수용 거실에 CCTV를 설치할 수 있는 근거 규정을 마련했지만, 이는 법무부 예규에 불과하여 헌법 제37조 제2항이 요구하는 법률유보의 원칙을 충족시키지 못한다."는 것이었다.

그에 반하여 4인의 기각의견은 법률유보원칙에 위배되지 않는다는 것이었다. 그 이유는 "CCTV 설치 행위를 직접적으로 허용하는 법률 규정은 없지만, 행형법은 수형자를 격리하여 교정·교화하도록 규정하면서(제1조), 그러한 계호 활동을 위하여 계구 사용·무기 사용을 비롯한 강제력의 행사를 허용하고 있고(제14조 내지 제17조의2), 교도관은 수용자를 교정·교화하기 위하여 수용자의 동태를 관찰하여야 하는데(교도관 직무규칙 제42조), 이 사건 특별관리 대상자 또는 엄중격리 대상자와 같이 교정 질서를 위반

---

219) 헌재 2008.10.30. 2006헌마1401, 소득세법 제165조 제1항 등 위헌확인(기각).
220) 헌재 2008.5.29. 2005헌마137, 계구사용행위 등 위헌확인 등(기각, 각하, 5인의 위헌의견 있음).
　　그리고 4인의 기각의견은 CCTV 설치행위가 과잉금지원칙에도 반하지 않는다는 결론에 도달하고 있다.

하고 교정 사고를 일으킬 위험성이 매우 큰 수형자에 대해서는 부단히 시선계호할 필요가 있으며, 이 사건 CCTV 설치 행위는 이러한 시선계호에 필요한 인력이 부족한 문제를 해결하고 계호의 지속성과 효율성을 확보하여 교정사고를 방지하고 수용 질서를 유지하기 위한 것이다. 이 사건 CCTV 설치 행위는 교도관의 육안에 의한 시선계호를 CCTV 장비에 의한 시선계호로 대체한 것에 불과하므로, 이 사건 CCTV 설치 행위에 대한 특별한 법적 근거가 없더라도 일반적인 계호 활동을 허용하는 법률 규정에 의하여 허용된다고 보아야 한다. CCTV는 교도관의 시선에 의한 감시를 대신하는 기술적 장비에 불과하므로, 교도관의 시선에 의한 감시가 허용되는 이상 CCTV에 의한 감시 역시 가능하다"는 것이었다.

그런데 이 사건 헌법소원심판 계속 중인 2007.12.21. 「형의 집행 및 수용자의 처우에 관한 법률」이 전부개정되어 CCTV 등 전자 영상 장비를 이용하여 수용자를 계호할 수 있는 근거 규정이 마련되었다. 이후 2011년 독거실 내 CCTV의 설치가 위헌인지 여부가 문제된 사건에서 헌법재판소는 과잉금지심사를 거쳐 합헌으로 판단하였다.[221]

카. 지문날인제도

헌법재판소는 지문 정보의 수집·보관·전산화·이용을 포괄하는 의미의 지문날인제도에 의해서 제한되는 기본권으로 인간의 존엄과 가치, 행복추구권, 인격권, 사생활의 비밀과 자유 등을 들 수 있지만, 특별한 사정이 없는 이상 개인정보자기결정권에 대한 침해 여부를 판단하고 다른 관련 기본권들의 침해 여부에 대한 판단은 하고 있지 않다.

그리고 지문날인제도가 과잉금지의 원칙을 위반하여 개인정보자기결정권을 침해하는지 여부에 대해서는 ① 범죄자 등 특정인만이 아닌 17세 이상 모든 국민의 열 손가락 지문 정보를 수집하여 보관하도록 한 것은 신원확인 기능의 효율적인 수행을 도모하고, 신원확인의 정확성 내지 완벽성을 제고하기 위한 것으로서, 그 목적의 정당성이 인정되고, ② 지문날인제도는 위와 같은 목적을 달성하기 위한 효과적이고 적절한 방법의 하나가 될 수 있으며, ③ 범죄자 등 특정인의 지문 정보만 보관해서는 17세 이상 모든 국민의 지문 정보를 보관하는 경우와 같은 수준의 신원확인 기능을

---

221) 헌재 2011.9.29. 2010헌마413, 독거실내 폐쇄회로 텔레비전 설치 위헌확인(기각).

도저히 수행할 수 없는 점, 개인별로 한 손가락만의 지문 정보를 수집하는 경우 그 손가락 자체 또는 지문의 손상 등으로 인하여 신원확인이 불가능하게 되는 경우가 발생할 수 있고, 그 정확성 면에 있어서도 열 손가락 모두의 지문을 대조하는 것과 비교하기 어려운 점, 다른 여러 신원확인 수단 중에서 정확성·간편성·효율성 등의 종합적인 측면에서 현재까지 지문 정보와 비견할 만한 것은 찾아보기 어려운 점 등을 고려해 볼 때, 이 사건 지문날인제도는 피해 최소성의 원칙에 어긋나지 않고, ④ 지문날인제도로 인하여 정보 주체가 현실적으로 입게 되는 불이익에 비하여 경찰청장이 보관·전산화하고 있는 지문 정보를 범죄 수사 활동, 대형 사건사고나 변사자가 발생한 경우의 신원확인, 타인의 인적사항 도용 방지 등 각종 신원확인의 목적을 위하여 이용함으로써 달성할 수 있게 되는 공익이 더 크다고 보아야 할 것이므로 법익의 균형성의 원칙에 위배되지 아니하여 개인정보자기결정권을 침해하는 것은 아니라고 판시하고 있다.[222]

타. 전자장치 부착명령

전자장치 부착은 위치와 이동 경로를 실시간으로 파악하여 피부착자를 24시간 감시할 수 있도록 하여 피부착자가 모욕감과 수치심을 느낄 수 있게 하므로 인격권을 제한하고, 피부착자의 위치 정보를 수집·보관·이용할 수 있도록 한다는 측면에서 개인정보자기결정권도 제한하면서 동시에 피부착자의 사생활의 비밀과 자유를 제한하는 것이기도 하다.[223]

헌법재판소는 2015년 결정에서 전자장치 부착명령제도 자체의 위헌심사기준으로서는 과잉금지원칙을 적용하고, 범죄행위 당시에 부착명령의 대상자가 아니었던 '출소예정자'에게도 소급적으로 전자장치 부착명령을 적용할 수 있도록 한 구「특정 범죄자에 대한 위치추적 전자장치 부착 등에 관한 법률」부칙 제2조 제1항에 대해 과잉금지심사를 하고 합헌으로 결정하고 있다.[224] 이 결정에서는 경합하는 기본권에 대한 우선

---

222) 헌재 2005.5.26. 99헌마513, 주민등록법 제17조의8 등 위헌확인 등(기각).
223) 헌재 2015.9.24. 2015헌바35, 구 특정성폭력범죄자에 대한 위치추적 전자장치 부착에 관한 법률 제5조 제1항 제3호 등 위헌소원(합헌).
224) 헌재 2015.9.24. 2015헌바35. 이 결정에서는 소급적용하도록 하였다는 점에서 부칙경과조항이 소급처벌금지원칙에 위배되는지 여부도 문제되었는데, 전자장치 부착은 전통적 의미의 형벌이 아니며, 이를 통하여 피부착자의 위치만 국가에 노출될 뿐 그 행동 자체를 통제하지 않는다는 점에서 비형벌적 보안처분에 해당되므로 이를 소급적용하도록 한 부칙경과조항은 헌법 제13조 제1항 전

여부 검토 없이 피부착자의 인격권 등을 침해하는지 여부를 과잉금지심사를 적용하여 판단하였다.

파. 보안관찰처분대상자의 신고의무

보안관찰처분대상자[225])에게 교도소 출소 후 7일 이내에 출소사실을 신고하게 하고 이를 위반한 경우 처벌하도록 한 「보안관찰법」 조항은 과잉금지원칙에 위반되지 않는다.[226] 「보안관찰법」은 나아가서 이러한 신고사항에 변동이 있을 때에는 변동이 있는 날부터 7일 이내에 관할경찰서장에게 신고하도록 하고 있는데 이는, 피보안관찰자는 2년마다 재범의 위험성을 심사하여 갱신 여부를 결정하도록 하고 있음에 반하여, 보안관찰처분을 아직 받지 않은 보안관찰처분대상자에게는 오히려 무기한의 신고의무를 부담하게 하는 것이라는 면에서 과잉금지원칙을 위배하여 사생활의 비밀과 자유 및 개인정보자기결정권을 침해한다는 헌법불합치결정이 내려졌다.[227]

Ⅳ. 사생활의 비밀과 자유의 침해에 대한 구제

공권력에 의한 사생활의 비밀과 자유의 침해에 대한 구제 방법으로는 위헌심판청구, 헌법소원청구, 행정소송, 청원, 국가배상청구 등이 있다.

사법 관계에서의 침해에 대한 구제 방법으로는 민사소송(손해배상소송)이 있다. 이 경우 법원은 판결로써 명예회복에 적당한 처분을 판결할 수 있는데(민법 제764조) 다만, 사죄광고는 양심의 자유의 침해로 되기 때문에 허용되지 않는다.[228]

단의 소급처벌금지원칙에 위배되지 아니한다는 입장을 취하였다.

225) 보안관찰처분대상자란 "보안관찰해당범죄 또는 이와 경합된 범죄로 금고 이상의 형의 선고를 받고 그 형기합계가 3년 이상인 자로서 형의 전부 또는 일부의 집행을 받은 사실이 있는 자"를 말한다(보안관찰법 제3조).

226) 헌재 2001.7.19. 2000헌바22. 이 결정에서는 침해된 기본권을 적시하지 않고 다만 과잉금지원칙 위배 여부만을 심사하고 있다는 점에서 문제가 있다. 그러나 이 결정을 선례로 검토하고 있는 헌재 2021.6.24. 2017헌바479 결정은 과잉금지원칙을 위배하지 않는다는 결론을 유지하면서도 사생활의 비밀과 자유 및 개인정보자기결정권을 침해하지 않는다는 점을 명백히 하고 있다는 점에서 보다 타당한 결정이라고 할 수 있다. 2001년 결정에서는 9인 재판관의 전원일치 의견이었으나 2021 결정에서는 4인 재판관의 위헌의견이 있다. 추이가 주목되는 심판대상이다.

227) 헌재 2021.6.24. 2017헌바479, 보안관찰법 제2조 등 위헌소원(2023.6.30.까지 계속적용 헌법불합치, 합헌). 개인정보자기결정권이 문제되는 이유는 이와 같이 수집된 개인정보는 교도소의 장 등에 의해 관할경찰서장에게 통보되거나 향후 보안관찰처분의 청구 및 결정 시에 이용되기 때문이다.

언론보도에 의한 침해의 경우에는 「언론중재 및 피해구제 등에 관한 법률」의 정정보도청구권(법률 제14조 이하), 반론보도청구권(법률 제16조), 추후보도청구권(법률 제17조)을 행사할 수 있다.

제4항 통신의 비밀

Ⅰ. 서론

1. 개념

통신의 비밀 또는 통신의 자유란 서신이나 우편, 전신, 전화 등의 통신 수단을 매개로 개인이 정보나 의사를 표현하는 경우에 그 내용이나 송·수신인 등을 부당하게 공개당하지 않을 자유를 말한다. 즉 통신의 자유는 국가에 의한 사적 생활의 침해를 방어하기 위한 권리이다.

서신, 우편, 전신, 전화 등은 소식을 전하는 통신 수단의 역사적 변천을 의미할 뿐 통신의 자유가 반드시 이에 한정되지는 않는다.

오늘날은 SNS 각종 매체의 발달과 함께 전자기기를 통한 통신이 폭발적으로 증가하고 있으므로 통신비밀의 보장이 매우 중요한 국가적 과제로 되고 있다. 통신의 비밀을 보호하고 있는 법률로는 우선 통신 및 대화의 비밀과 자유에 대한 제한은 그 대상을 한정하고 엄격한 법적 절차를 거치도록 함으로써 통신비밀을 보호하고 통신의 자유를 신장함을 목적으로 제정된 「통신비밀보호법」이 있다. 그 외에 정보통신망의 이용을 촉진하고 정보통신 서비스를 이용하는 자의 개인정보를 보호함과 아울러 정보통신망을 건전하고 안전하게 이용할 수 있는 환경을 조성하여 국민 생활의 향상과 공공복리의 증진에 이바지함을 목적으로 제정된 「정보통신망 이용촉진 및 정보보호 등에 관한 법률」, 위치정보의 유출·오용 및 남용으로부터 사생활의 비밀 등을 보호하고 위치정보의 안전한 이용환경을 조성하여 위치정보의 이용을 활성화함으로써 국민 생활의 향상과

---

228) 헌재 1991.4.1. 89헌마160, 민법 제764조의 위헌여부에 관한 헌법소원(한정위헌).

공공복리의 증진에 이바지함을 목적으로 하는 「위치정보의 보호 및 이용 등에 관한 법률」 등이 있다.

2. 법적 성격

통신의 자유는 사적 영역의 인격권과 직접적인 관련성을 갖는 자유권이다.

3. 언론·출판의 자유와의 구별

통신의 자유와 언론·출판의 자유를 구별하는 입장에서 통신의 자유는 사회생활에서의 통신의 자유를 보장하는 것이고, 통신에 의한 표현의 자유를 보장하려는 것이 아니라는 견해가 있다.[229] 다른 한편 언론·출판의 자유는 일반적인 대외적 표현 행위를 보호하려는 것임에 반하여, 통신의 자유는 사생활 보호를 기초로 한 대내적인 의사표시의 비밀을 보호하려는 점에서 구별된다는 견해가 있다.[230]

생각건대 통신의 자유는 사적 영역의 보호를 보호법익으로 하고 있다.[231] **통신을 통한 사적 생활의 전개와 비밀을 보호**하려는 것이다. 따라서 서신·우편·전신·전화 등의 검열이나 도청 등은 통신의 비밀을 침해하는 것으로 원칙적으로 금지된다. 이에 반하여 **언론·출판의 자유는 개인의 의사 표현의 자유를 보호**하려는 것이라는 점에서 구별된다. 그러나 보호되는 통신의 내용도 언론·출판의 자유에 의해 부당한 공개로부터 보호되는데, 이 점에서 언론·출판의 자유와 보호영역이 중첩될 수 있다. 헌법재판소에서도 통신의 자유를 표현의 자유로 다룬 경우가 있다.[232] 이 결정에서는 「전기통신사업법」이 '공공의 안녕질서 또는 미풍양속을 해하는 내용의 통신'(불온통신)[233]을 규제하는 것에 대해 명확성원칙과 과잉금지원칙을 위배하여 위헌이라고 판시하였다.[234]

---

229) 김철수, 헌법학신론, 박영사, 2013, 723쪽.
230) 성낙인, 헌법학, 법문사, 2011, 631쪽.
231) BVerfGE 67, 157, 171; 85, 386, 395 f.
232) 예컨대 헌재 2002.6.27. 99헌마480, 전기통신사업법 제53조 등 위헌확인(위헌, 각하) 참조.
233) 같은 법 시행령(1991.12.31. 대통령령 제13558호로 전문개정된 것) 제16조는 구체적 내용으로 다음과 같은 세 가지 유형의 불온통신을 규정하고 있었다. "1. 범죄행위를 목적으로 하거나 범죄행위를 교사하는 내용의 전기통신, 2. 반국가적 행위의 수행을 목적으로 하는 내용의 전기통신, 3. 선량한 풍속 기타 사회질서를 해하는 내용의 전기통신"
234) 헌재 2002.6.27. 99헌마480, 전기통신사업법 제53조등 위헌확인(위헌, 각하). 이 결정은 헌법상의 명문의 조항을 명시적으로 거론하지 않고 표현의 자유만을 관련기본권으로 보고 있는데 이는 타당하다고 할 수 없다. 왜냐하면 표현의 자유는 강학상의 개념이고, 위헌여부를 판단할 경우에는 명확히 위배되는 헌법 조항을 적시하여야 하기 때문이다.

II. 보장내용

1. 인적 보장내용

가. 기본권 주체

통신의 자유는 인권으로서의 성격을 갖기 때문에 자연인인 국민뿐만 아니라 외국인도 권리 주체가 된다. 그러나 공무원의 공적인 통신은 통신의 비밀의 보호 대상이 되지 않는다.[235]

비록 법인은 인격적 주체로서의 사생활이 없다고 하더라도 법인의 통신도 사인과 마찬가지로 보호할 필요성이 있다는 점을 고려하면 사법인도 권리 주체가 된다고 보아야 한다(다수설). 그러나 공법인은 통신의 자유의 의무 주체이고 원칙적으로 통신의 자유의 주체라고 할 수는 없다.

나. 의무 주체

통신의 자유는 자유권으로서의 성격을 갖기 때문에 국가에 대한 방어권으로서 기능한다. 따라서 통신의 자유의 의무 주체는 원칙적으로 국가 등 공권력이다.

통신의 자유를 국가로부터의 자유인 동시에 제3자로부터의 자유를 의미하는 것으로 보아서 사인에 대한 직접효력설을 주장하는 견해가 있다. 인터넷 통신 등의 발전으로 통신 비밀문제가 심각하기 때문에 사인 간의 효력을 인정하는 것은 당연하다는 것을 논거로 한다. 그러나 통신의 자유가 보호하려는 내용이 사실상 사인에 의해 침해될 수 있다고 하여 직접적 제3자적 효력을 인정하는 것은 곤란하다. 사인에 대하여 헌법적 효력을 갖는 통신의 자유를 주장할 수는 없다. 원칙적으로는 법률상 규정된 통신의 자유의 내용을 주장하는 것일 뿐이다. 당해 법률 규정이 존재하지 않는 경우에는 사법관계에서 통신의 비밀이 보호하는 가치가 침해되지 않도록 국가에 대하여 기본권보장의무를 이행할 것을 요구할 수 있다. 국가는 이러한 보장의무를 「형법」 제316조의 비밀침해죄, 「통신비밀보호법」 등을 통하여 이행하고 있다. 「통신비밀보호법」은 통신 및 대화의 비밀과 자유에 대한 제한은 그 대상을 한정하고 엄격한 법적 절차를 거치도록 함으로써 통신 비밀을 보호하고 통신의 자유를 신장함을 목적으로 하고 있다(법 제1조).

---

235) Jörn Ipsen, Staatsrecht II, 6. Aufl., § 6, Rn. 279.

2. 물적 보장내용

통신의 자유는 자유권으로서 국가에 대한 방어적 효력을 가진다. 따라서 국가에 대해 일정한 통신 급부를 요구하는 급부권(Leistungsrechte)은 통신의 자유로부터 도출할 수 없다. 빠른 통신 서비스, 저렴한 통신비용 등을 요구할 권리가 현대인의 생활에 필수적인 것이라고 하더라도 이는 헌법 제18조의 통신의 자유로부터 나오는 것은 아니다.

통신이란 우선 「통신비밀보호법」에 따라 보면 "우편물 및 전기통신"을 말한다. 여기서 **우편물이라 함**은 우편법에 의한 통상 우편물과 소포 우편물을 말하고, **전기통신이라 함**은 전화·전자 우편·회원제정보서비스·모사 전송·무선 호출 등과 같이 유선·무선·광선 및 기타의 전자적 방식에 의하여 모든 종류의 음향·문언·부호 또는 영상을 송신하거나 수신하는 것을 말한다(법 제2조).

비밀 침해란 부당하게 통신 내용과 송·수신인 등을 공개하는 것을 의미한다. 통신 비밀은 특히 검열이나 감청 등을 통하여 침해된다. 불법적인 감청을 도청(盜聽, Wiretapping)이라고 한다.

Ⅲ. 제한

통신의 자유의 제한 행위의 전형은 검열과 감청이다. 이 양자를 「통신비밀보호법」에서는 **통신제한조치**라고 한다(법 제3조 제2항). 「통신비밀보호법」에는 **"검열"**이라 함은 우편물에 대하여 당사자의 동의 없이 이를 개봉하거나 기타의 방법으로 그 내용을 지득 또는 채록하거나 유치하는 것을 말하고, **"감청"**이라 함은 전기통신에 대하여 당사자의 동의 없이 전자 장치·기계 장치 등을 사용하여 통신의 음향·문언·부호·영상을 청취·공독(共讀)하여 그 내용을 지득 또는 채록하거나 전기통신의 송·수신을 방해하는 것을 말한다(법 제2조).

「통신비밀보호법」에서는 통신제한조치를 ① 범죄 수사 목적을 위한 통신제한조치(법 제5조, 제6조), ② 국가안보 목적을 위한 통신제한조치(법 제7조), ③ 긴급 통신제한조치(법 제8조)로 나누어 각각 허가 요건과 허가 절차를 달리 규율하고 있다.

그 외에도 「국가보안법」 제8조의 반국가 단체와의 통신 금지, 「형사소송법」 제107조의 피고인과 관련된 우편물의 검열·제출명령·압수처분 등, 「형의 집행 및 수용자의 처우에 관한 법률」제43조의 교도관의 예외적 서신검열,「채무자 회생 및 파산에 관한 법률」제484조 제2항의 파산자의 우편물 개피,[236]「전파법」제80조 제1항의 대한민국 헌법 또는 대한민국헌법에 따라 설치된 국가기관을 폭력으로 파괴할 것을 주장하는 통신의 규제 등이 통신의 자유의 제한에 해당하는 규정들이다.

Ⅳ. 제한의 정당성

1. 위헌심사기준

통신 비밀의 자유를 제한하는 법률이나 조치에 대해서는 제37조 제2항의 일반적 법률유보조항의 원칙들이 적용된다. 따라서 비례성원칙과 본질적 내용 침해금지원칙 등이 준수되어야 한다.

2. 「통신비밀보호법」의 통신제한조치에 있어서 비례성원칙의 구현

「통신비밀보호법」의 통신제한조치 규정에서는 이미 헌법상 비례성원칙을 구현하고 있기도 하다. 우선 ① 우편물의 검열 또는 전기통신의 감청 등 통신제한조치는 범죄수사 또는 국가안전보장을 위하여 보충적인 수단으로 이용되어야 하며, 국민의 통신 비밀에 대한 침해가 최소한에 그치도록 노력하여야 한다(법 제3조 제2항). 또 ② 검사, 사법경찰관 또는 정보수사기관의 장은 국가 안보를 위협하는 음모 행위, 직접적인 사망이나 심각한 상해의 위험을 야기할 수 있는 범죄 또는 조직 범죄 등 중대한 범죄의 계획이나 실행 등 긴박한 상황에 있고 제5조 제1항 또는 제7조 제1항 제1호의 규정에 의한 요건을 구비한 자에 대하여 제6조 또는 제7조 제1항 및 제3항의 규정에 의한 절차를 거칠 수 없는 긴급한 사유가 있는 때에는 법원의 허가 없이 통신제한조치를 할 수 있다(법 제8조 제1항). 검사, 사법경찰관 또는 정보수사기관의 장은 긴급통신제한조치의 집행 착수 후 지체 없이 법원에 허가 청구를 하여야 하며, 긴급통신제한조치에 착수한 때부터 36시간 이내에 법원의 허가를 받지 못한 경우에는 해당 조치를 즉시 중지하고 해당조치로 취득한 자료를 폐기하여야 한다(법 제8조 제2항·제5항).

물론 이러한 규정을 적용함에 있어서도 집행 행위의 비례성원칙 준수가 여전히 문

---

236) "파산관재인은 그가 수령한 제1항의 규정에 의한 우편물·전보 그 밖의 운송물을 열어 볼 수 있다."

제될 수 있다.

3. 수용자[237)의 서신검열 등

가. 수형자[238)

수형자도 통신의 자유의 주체가 된다.[239) 다만, 기본권 제한의 일반 원칙에 따라 국가안전보장·질서유지 또는 공공복리라는 정당한 목적을 달성하기 위하여 부득이할 뿐만 아니라 유효적절한 방법에 의한 최소한의 제한이면서[240) 통신의 자유의 본질적 내용을 침해하지 아니하는 범위 내에서 제한할 수 있다.[241)

헌법재판소이 결정에 따르면 수형자에 대한 서신검열은 수신인이 사인인 경우뿐만 아니라 국무총리실, 국민권익위원회, 감사원 등 국가기관인 경우에도 허용되는데, 그것은 국가기관의 명의를 빌려 편법적으로 서신검열을 회피할 가능성이 있기 때문이다.[242)

나. 미결수용자[243)

형사피의자 또는 형사피고인으로서 체포되거나 구속영장의 집행은 받았으나 아직 형이 확정되지 않지 않은 미결수용자에 대한 서신검열도 허용된다. 미결수용자라고 하더라도 외부와의 자유로운 교통은 체포·구속제도의 취지상 어느 정도 제한되는 것이 타당하기 때문이다.[244) 다만 제한하는 경우에도 헌법 제37조 제2항의 한계를 준수하여야 한다.

---

237) "수용자"란 수형자·미결수용자·사형확정자, 그 밖에 법률과 적법한 절차에 따라 교도소·구치소 및 그 지소에 수용된 사람을 말한다(형의 집행 및 수용자의 처우에 관한 법률 제2조).
238) "수형자"란 징역형·금고형 또는 구류형의 선고를 받아 그 형이 확정된 사람과 벌금 또는 과료를 완납하지 아니하여 노역장 유치명령을 받은 사람을 말한다(형의 집행 및 수용자의 처우에 관한 법률 제2조).
239) 헌재 1998.8.27. 96헌마398, 통신의 자유 침해 등 위헌확인(기각, 각하).
240) 비례성원칙의 준수를 의미하는 것으로 이해된다.
241) 헌재 1998.8.27. 96헌마398. 그럼에도 불구하고 이 판결에서 헌법재판소가 수형자의 통신의 자유를 어느 정도까지 인정할 것인가는 기본적으로 입법정책의 문제라고 진술하고 있는 것(같은 판례집 428쪽)은 부주의한 오류로 보인다.
242) 헌재 2001.11.29. 99헌마713, 행형법시행령 제62조 등 위헌확인(기각, 각하).
243) "미결수용자"란 형사피의자 또는 형사피고인으로서 체포되거나 구속영장의 집행을 받은 사람을 말한다(형의 집행 및 수용자의 처우에 관한 법률 제2조).
244) 미결수용자에 대한 서신검열이 필요한 이유들에 대해서는 헌재 1995.7.21. 92헌마144, 서신검열 등 위헌확인[인용(위헌확인), 한정위헌, 기각, 각하] 참조.

그런데 헌법재판소는 미결수용자의 변호인접견교통권은 국가안전보장·질서유지·공공복리 등 어떠한 명분으로도 제한될 수 있는 성질의 것이 아니라고 판시한 바 있는데,[245] 이러한 기본적인 취지는 서신의 경우에도 그대로 적용되는 것으로 보고 있다.[246] 다만, 미결수용자와 변호인의 서신의 비밀을 보장받기 위해서는 ① 교도소 측에서 상대방이 변호인 또는 변호인이 되려는 자라는 사실을 확인할 수 있어야 하고, ② 피고인의 범죄 혐의 내용, 신분, 평소의 생활 이력 및 구금 시설 안에서의 생활 태도 등을 고려할 때 마약 등 소지 금지품의 반입을 도모한다든가, 그 내용에 도주·증거 인멸·수용 시설의 규율과 질서의 파괴·기타 형벌 법령에 저촉되는 내용이 기재되어 있다고 의심할 만한 합리적인 이유가 있는 경우가 아니어야 한다.[247]

| NOTE | **위헌 결정 사례(통신의 비밀)** | |

「통신비밀보호법」(1993. 12. 27. 법률 제4650호로 제정된 것) 제5조에서는 범죄 수사를 위한 통신제한조치의 허가 요건을 규정하면서 제2항에서 "통신제한조치는 제1항의 요건에 해당하는 자가 발송·수취하거나 송·수신하는 특정한 우편물이나 전기통신 또는 그 해당자가 일정한 기간에 걸쳐 발송·수취하거나 송·수신하는 우편물이나 전기통신을 대상으로 허가될 수 있다."라고 규정하고 있다. 그런데 이 조항에 근거하여 통신제한조치로서 이른바 '패킷감청'이라는 것이 실무상 행하여져 왔다. 인터넷 회선을 통하여 송·수신되는 전기통신에 대한 감청은, 인터넷 회선을 통하여 흐르는 전기 신호 형태의 '패킷'을 중간에 확보하여 재조합 기술을 거쳐 그 내용을 파악하는 이른바 '패킷감청'의 방식으로 이루어진다. 여기서 '패킷'은 인터넷상 신속하고 효율적인 다량의 정보 전송을 위하여 일정한 단위로 쪼개어져 포장된 최적·최소화한 데이터 단위를 말한다. 법원은 인터넷 통신망을 통한 송·수신은 「통신비밀보호법」 제2조 제3호에서 정한 '전기통신'에 해당하므로 이른바 '패킷감청'도 통신제한조치로 허용된다고 보아왔던 것이다.[248]

이 조항이 통신의 비밀을 침해하는지 여부[249]와 관련하여 헌법재판소는 하나의 인터넷 회선은 여러 사람이 공유하는 경우가 대부분이기 때문에 감청 대상자인 피의자 내지 피내사자가 미리 특정되어 있다 하더라도 동일한 사설망을 사용하는 사람의 통신 정보가 수사기관에 모두 수집·보관될 수밖에 없고, 이렇게 수사기관에 수집·보관된 막대한 정보를 수사기관이 재조합 기술을 거쳐 직접 열람하기 전까지는 감청 대상자의 범죄 관련 정보만을 구별해 내는 것이 기술적으로 가능하지도 않아서 목적의 정당성과 방법의 적절성은 인정되지만

---

245) 헌재 1992.1.28. 91헌마111 참조.
246) 헌재 1995.7.21. 92헌마144, 서신검열 등 위헌확인[인용(위헌확인), 한정위헌, 기각, 각하].
247) 헌재 1995.7.21. 92헌마144.
248) 이상 설명은 대법원 2012.10.11. 2012도7455 판결 참조.
249) 이 사건은 통신의 비밀과 함께 사생활의 비밀과 자유가 경합하는 경우다. 이 두 기본권을 침해하는지 여부를 함께 과잉금지원칙으로 판단하고 있다.

피해의 최소성과 법익의 균형성을 충족하지 못하여 헌법에 위반된다고 판단하였다.[250] 이 헌법불합치결정에 따라 2020.3.24. 범죄수사를 위하여 인터넷 회선에 대한 통신제한조치로 취득한 자료의 관리에 관해 규정한 「통신비밀보호법」 제12조의2를 신설하였다.

제5항 양심의 자유

Ⅰ. 연혁 및 입법례

양심의 자유는 1948년 제정헌법에서부터 신앙의 자유와 같은 조항에 규정되어 있다가 1962년 제5차 개정헌법에서 양심의 자유와 종교의 자유로 분리되어 지금까지 규정되어 오고 있다.

이에 반하여 유럽연합기본권헌장과 유럽인권협약은 사상과 양심 그리고 종교의 자유를 하나의 조항에 통합하여 규정하고 있다.[251] 독일 기본법에서도 이와 유사하게 신앙과 양심 그리고 종교적 및 비종교적(세계관적) 신념을 같은 제4조에서 특히 유보 없는 기본권으로서 보장하고 있다는 점에 특징이 있다.[252]

Ⅱ. 보장내용

1. 인적 보장내용

가. 기본권 주체

양심은 자연인만 가질 수 있으므로 양심의 자유의 주체는 자연인만이다. 인간의 권리이므로 외국인도 당연히 포함된다.

---

250) 헌재 2018.8.30. 2016헌마263, 통신제한조치 허가 위헌확인 등(헌법불합치, 각하).
251) 유럽연합기본권헌장 제10조 제1항과 유럽인권협약 제9조 제1항은 규정 문언이 완전히 동일하다: "모든 사람은 사상, 양심 그리고 종교의 자유에 대한 권리를 가진다. 이 권리는 자신의 종교 또는 신념을 변경하는 자유와 단독으로 또는 다른 사람과 공동으로 공적으로 또는 사적으로 예배, 선교, 행사 그리고 의식을 통하여 자신의 종교 또는 신념을 표명하는 자유를 포함한다."
252) 독일 기본법 제4조 ① 신앙의 자유, 양심의 자유 그리고 종교적 및 세계관적 신조는 불가침이다. ② 방해받지 않는 종교 활동은 보장된다. ③ 누구도 자신의 양심에 반하여 무기를 사용하는 전쟁복무를 강요받지 아니한다. 구체적인 것은 연방법률로 정한다.

자연인만이 양심의 자유의 주체이고 사법인은 양심의 자유의 주체가 될 수 없다. 「민법」 제764조의 명예회복에 적당한 처분에 사죄광고를 포함시키는 것은 법인의 경우에는 법인의 양심의 자유를 침해하는 것이 아니고, 법인 대표자에게 양심 표명을 강요하는 것이어서 위헌이라고 판시하고 있는 것으로 볼 때 판례도 같은 입장이라고 할 수 있다.253)

나. 의무 주체

원칙적으로 국가, 지방자치단체, 공법인 등 공권력 행사의 주체만이 양심의 자유의 의무 주체이고 사인은 의무 주체라고 할 수 없다. 사인은 국가가 기본권보장의무를 이행하면서 자신에게 요청되는 제한에 구속될 뿐이다. 그러나 다수설에 따르면 간접적용설에 따라 사인에 대해서도 기본권이 적용된다.

2. 물적 보장내용

가. 양심의 의미
1) 양심의 개념

헌법재판소는 다수의 결정에서 양심의 개념에 대해서 밝혀 왔다. 그 내용을 보면 헌법 제19조에서 보장하는 양심에는 "세계관·인생관·주의·신조 등은 물론이고 나아가 널리 개인의 인격 형성에 관계되는 내심에 있어서의 가치적·윤리적 판단도 포함된다."254) 이러한 양심은 "인간의 윤리적·도덕적 내심 영역의 문제이고, 헌법이 보호하려는 양심은 어떤 일의 옳고 그름을 판단함에 있어서 그렇게 행동하지 아니하고는 자신의 인격적인 존재 가치가 허물어지고 말 것이라는 강력하고 진지한 마음의 소리이지, **막연하고 추상적인 개념으로서의 양심이 아니다.**"255) 또한 "단순한 사실관계의 확인과 같이 가치적·윤리적 판단이 개입될 여지가 없는 경우는 물론, 법률 해석에 관하여 여러 견해가 갈리는 경우처럼 다소의 가치 관련성을 가진다고 하더라도 **개인의 인격 형성과는 관계가 없는 사사로운 사유나 의견 등은 그 보호 대상이 아니**"다.256)

---

253) 헌재 1991.4.1. 89헌마160, 민법 제764조의 위헌여부에 관한 헌법소원(한정위헌).
254) 헌재 1991.4.1. 89헌마160; 2005.5.26. 99헌마513, 주민등록법 제17조의8 등 위헌확인(기각).
255) 헌재 1997.3.27. 96헌가11, 도로교통법 제41조 제2항 등 위헌제청(합헌). 비슷하게는 헌재 2001. 8.30. 99헌바92등; 2002.4.25. 98헌마425등; 2004.8.26. 2002헌가1, 병역법 제88조 제1항 제1호 위헌제청(합헌).
256) 헌재 2002.1.31. 2001헌바43, 독점규제및공정거래에관한법률 제27조 위헌소원(위헌).

또한 헌법재판소는 "'양심의 자유'가 보장하고자 하는 '양심'은 민주적 다수의 사고 나 가치관과 일치하는 것이 아니라, 개인적 현상으로서 지극히 주관적인 것이다. 양심 은 그 대상이나 내용 또는 동기에 의하여 판단될 수 없으며, 특히 양심상의 결정이 이 성적·합리적인가, 타당한가 또는 법질서나 사회 규범, 도덕률과 일치하는가 하는 관점 은 양심의 존재를 판단하는 기준이 될 수 없다. 일반적으로 민주적 다수는 법질서와 사 회질서를 그의 정치적 의사와 도덕적 기준에 따라 형성하기 때문에, 그들이 국가의 법 질서나 사회의 도덕률과 양심상의 갈등을 일으키는 것은 예외에 속한다. 양심의 자유 에서 현실적으로 문제가 되는 것은 사회적 다수의 양심이 아니라, 국가의 법질서나 사 회의 도덕률에서 벗어나려는 소수의 양심이다. 따라서 양심상의 결정이 어떠한 종교관 ·세계관 또는 그 외의 가치 체계에 기초하고 있는가와 관계없이, **모든 내용의 양심상의 결정이 양심의 자유에 의하여 보장된다.**"257)라고도 판시하고 있다.

2) 사상의 자유와의 관계

사상의 자유는 생각의 자유(freedom of thought)를 말한다. 사상의 자유와 양심의 자유를 구분할 수 있는지에 대해서는 확립된 견해가 없다. 일본에서 양심을 사상의 내 면화라고 보는 견해는 양자를 구분하는 견해라고 할 수 있다. 그러나 일본에서도 구별 하지 않는 것이 다수의 견해이고 판례의 입장이라고 한다.258)

양심과 사상을 구분할 수 있다는 전제에서 보면, 양심의 자유를 넓게 이해하는 경 우에는 거기에 사상의 자유를 포함시킬 수 있다.259) 양심의 자유를 좁게 보면 사상의

---

257) 헌재 2004.8.26. 2002헌가1, 병역법 제88조 제1항 제1호 위헌제청(합헌).

258) 자세한 것은 이혜진, 일본의 양심의 자유법리, 헌법재판연구원, 2018, 12-13쪽 참조.

259) 양심의 자유를 넓게 이해하는 경우의 예로서는 헌재 1991.4.1. 89헌마160, 민법 제764조의 위헌 여부에 관한 헌법소원(한정위헌): "헌법 제19조는 "모든 국민은 양심의 자유를 가진다."라고 하여 양심의 자유를 기본권의 하나로 보장하고 있는바, 여기의 양심이란 세계관·인생관·주의·신조 등은 물론, 이에 이르지 아니하여도 보다 널리 개인의 인격형성에 관계되는 내심에 있어서의 가 치적·윤리적 판단도 포함된다고 볼 것이다. 그러므로 양심의 자유에는 널리 사물의 시시비비나 선악과 같은 윤리적 판단에 국가가 개입해서는 안되는 내심적 자유는 물론, 이와 같은 윤리적 판 단을 국가권력에 의하여 외부에 표명하도록 강제받지 않는 자유, 즉 윤리적 판단사항에 관한 침 묵의 자유까지 포괄한다고 할 것이다. 이와 같이 해석하는 것이 다른 나라의 헌법과 달리 양심의 자유를 신앙의 자유와도 구별하고 사상의 자유에 포함시키지 않은 채 별개의 조항으로 독립시킨 우리헌법의 취지에 부합할 것이며, 이는 개인의 내심의 자유, 가치판단에는 간섭하지 않겠다는 원리의 명확한 확인인 동시에 민주주의의 정신적 기초가 되고 인간의 내심의 영역에 국가권력의 불가침으로 인류의 진보와 발전에 불가결한 것이 되어 왔던 정신활동의 자유를 보다 완전히 보장 하려는 취의라고 할 것이다."

자유를 배제할 수도 있다.[260] 현재로서는 사상의 자유를 별도로 규정하고 있지 않으므로 양심의 자유에서 보장하는 것으로 해석하면 양심의 자유를 넓게 이해하는 것이 바람직할 것이다.

3) 종교의 자유와의 경합

양심을 종교적 관점에서 보면 종교적 양심과 비종교적 양심이 있을 수 있다. 그러나 전자의 양심은 종교의 자유로서 보다 강화된 보장을 받는 것으로 이해하여야 한다. 따라서 양심상의 결정으로 인하여 종교의 자유와 양심의 자유가 함께 문제가 될 경우에는 침해의 진지성이 큰 종교의 자유가 적용되어야 할 것이다. 그러나 헌법재판소는 개별적·구체적인 경우의 특성을 구별하지 아니하고 양심의 자유를 중심으로 심사하고 있다.[261]

나. 양심의 자유의 내용

헌법재판소의 결정에 따르면 양심의 자유는 ① 양심 형성의 자유와 양심 실현의 자유로 구분된다. 양심의 자유는 순수하게 내면의 자유만으로 볼 수 없는 것은 내면에

---

260) 양심의 자유를 좁게 이해하는 예로서는 헌재 2002.4.25. 98헌마425, 준법서약제 등 위헌확인, 가석방심사등에관한규칙 제14조 제2항 위헌확인(기각, 각하): "우리 헌법 제19조는 모든 국민은 양심의 자유를 가진다고 하여 명문으로 양심의 자유를 보장하고 있다. 여기서 헌법이 보호하고자 하는 양심은 어떤 일의 옳고 그름을 판단함에 있어서 그렇게 행동하지 않고는 자신의 인격적 존재가치가 파멸되고 말 것이라는 강력하고 진지한 마음의 소리로서의 절박하고 구체적인 양심을 말한다. 따라서 막연하고 추상적인 개념으로서의 양심이 아니다. 이른바 개인적 자유의 시초라고 일컬어지는 이러한 양심의 자유는 인간으로서의 존엄성 유지와 개인의 자유로운 인격발현을 위해 개인의 윤리적 정체성을 보장하는 기능을 담당한다. 그러나 내심의 결정에 근거한 인간의 모든 행위가 헌법상 양심의 자유라는 보호영역에 당연히 포괄되는 것은 아니다. 따라서 양심의 자유가 침해되었는지의 여부를 판단하기 위하여는 먼저 양심의 자유의 헌법적 보호범위를 명확히 하여야 하는바, 이를 위해서는 양심에 따른 어느 행위(또는 불행위)가 실정법의 요구와 서로 충돌할 때 과연 어떤 요건하에 어느 정도 보호하여야 하는가의 측면에서 고찰되어야 할 것이다. 이렇게 볼 때 헌법상 그 침해로부터 보호되는 양심은 첫째 문제된 당해 실정법의 내용이 양심의 영역과 관련되는 사항을 규율하는 것이어야 하고, 둘째 이에 위반하는 경우 이행강제, 처벌 또는 법적 불이익의 부과 등 법적 강제가 따라야 하며, 셋째 그 위반이 양심상의 명령에 따른 것이어야 한다."

261) 헌재 2004.8.26. 2002헌가1, 병역법 제88조 제1항 제1호 위헌제청(합헌): "헌법 제20조 제1항은 종교의 자유를 따로 보장하고 있으므로 양심적 병역거부가 종교의 교리나 종교적 신념에 따라 이루어진 것이라면, 이 사건 법률 조항에 의하여 양심적 병역거부자의 종교의 자유도 함께 제한된다. 그러나 양심의 자유는 종교적 신념에 기초한 양심뿐만 아니라 비종교적인 양심도 포함하는 포괄적인 기본권이므로 이하에서는 양심의 자유를 중심으로 살펴보기로 한다."

만 머무는 자유만으로는 기본적으로 타인과 갈등 상황이 초래될 수 없기 때문이다. 양심의 자유가 헌법적으로 의미를 갖는 것은 양심의 실현과 관련된다. 양심 실현의 자유는 ② 양심 표명의 자유, ③ 부작위에 의한 양심 실현의 자유 그리고 ④ 작위에 의한 양심 실현의 자유로 구분된다.[262]

1) 양심 형성의 자유

양심 형성의 자유는 기본권 주체가 자신의 양심을 만들어가는 내적 자유에 속한다. 국가는 개인의 양심 형성에 영향을 미칠 수 있다. 다만 이 경우에도 법치국가원리, 특히 적법절차를 준수하는 것이 중요하고, 강요된 양심의 형성은 허용되지 아니한다. 또한 정당한 양심의 형성을 방해해서도 안 된다.

양심상의 결정[263]은 양심 형성의 자유에 속하는 데 반하여, 그 결정을 외부에 표현하는 것은 양심 실현의 자유에 속한다.

2) 양심 실현의 자유
가) 양심 표명의 자유

양심 표명의 자유는 양심을 표명하거나 표명을 강요당하지 않을 자유를 말한다. 양심을 표명할 자유는 양심을 밖으로 드러내는 것을 의미하는 것이기 때문에 그것의 표현 형태는 문제가 되지 않는다. 다만 표현 형태에 따라서는 다른 기본권이 경합적으로 관련될 수 있다. 예컨대 전형적으로 언론·출판으로 나타날 경우에는 언론·출판의 자유와 경합할 수 있다. 헌법재판소는 "언론·출판의 자유는 종교의 자유, 양심의 자유, 학문과 예술의 자유와 표리 관계에 있다고 할 수 있는데 그러한 정신적인 자유를 외부적으로 표현하는 자유가 언론·출판의 자유라고 할 수 있다."라고 판시한 바 있다.[264] 양심을 표명할 권리가 양심의 자유에 속하지 않고 언론의 자유에 속한다는 판시이므로 타당하다고 보기 어렵다.

양심 표명의 자유는 양심의 표현이라는 점에서 양심에 따른 행동을 할 자유인 작위에 의한 양심 실현의 자유와는 구분된다.

---

262) 헌재 2004.8.26. 2002헌가1, 병역법 제88조 제1항 제1호 위헌제청(합헌).
263) 헌재 2004.8.26. 2002헌가1(합헌): "'양심상의 결정'이란 선과 악의 기준에 따른 모든 진지한 윤리적 결정으로서 구체적인 상황에서 개인이 이러한 결정을 자신을 구속하고 무조건적으로 따라야 하는 것으로 받아들이기 때문에 양심상의 심각한 갈등이 없이는 그에 반하여 행동할 수 없는 것을 말한다."
264) 헌재 1992.11.12. 89헌마88, 교육법 제157조에 관한 헌법소원(기각).

양심 표명을 강요당하지 않을 자유는 **침묵의 자유**라고도 할 수 있다. 침묵의 자유는 제12조 제2항의 진술거부권(Aussageverweigerungsrecht)과는 구분된다. 사실에 대한 단순한 진술의 거부는 양심의 자유로 보장되는 것이 아니다.

나) 부작위에 의한 양심 실현의 자유

부작위에 의한 양심 실현의 자유는 양심에 반하는 행동을 강요당하지 않을 자유를 말한다. 양심을 추지하기 위한 외부적 표현 행위의 강요(충성 선서,[265] 십자가 밟기[266]) 금지는 부작위에 의한 양심 실현의 자유로서 보장된다.

다) 작위에 의한 양심 실현의 자유

작위에 의한 양심 실현의 자유는 양심에 따른 행동을 할 자유를 의미한다.

| NOTE | **독일에서의 양심의 자유** | |

독일 연방헌법재판소는 그 보장 정도에 있어서 종교 및 세계관의 자유와 양심의 자유를 구별하지 않는다. 그리고 생각(Denken) - 표현(Äußern) - 행위(Handeln) 모두가 포함되어 보장된다. 양심의 자유를 내적 영역(forum internum)에 한정하지 않고 오히려 양심에서 비롯되고 양심의 자유에 의해 결정된 행위(forum externum)를 포함하는 것은 양심상의 결정(Gewissensentscheidung)은 행위를 통하여 비로소 그 보장 여부가 문제되기 때문이고, 이때 이를 규율하는 규정이 바로 기본법 제4조의 양심의 자유이다. 사회적인 영향이 없는 양심상의 결정은 양심의 자유에 있어서는 실제로는 불필요하다(지배적 견해).[267]

III. 제한과 정당화

1. 제한 여부의 판단 방법

준법서약제 결정에서 헌법재판소는 양심의 자유의 제한 여부의 판단 방법을 다음과 같이 제시하였다.[268]

---

265) 권혜령, 민주주의 체제에서 '충성선서'(loyalty oaths)제도의 본질과 헌법적 문제 - 미국의 사례를 중심으로 -, 헌법학연구 25-1, 2019, 235-283쪽 참조.
266) 17세기 초 일본 에도시대부터 기독교 신자를 색출하려 사용했던 방법으로 일본에서는 후미에(踏み絵)라고 한다. 예수 또는 마리아가 새겨진 동판을 밟고 지나가도록 강요해서 신자를 색출했다고 한다.
267) 자세한 것은 Pieroth/Schlink, Grundrechte - Staatsrecht II, 25. Aufl. 2009, Rn. 566 참조.
268) 헌재 2002.4.25. 98헌마425, 준법서약제 등 위헌확인(기각).

① 문제된 당해 실정법의 내용이 **양심의 영역과 관련되는 사항을 규율**하는 것일 것

② 당해 실정법의 내용을 위반하는 경우 **법적 강제**가 따를 것. 법적 강제 수단에는 직접적인 수단뿐만 아니라 간접적인 강제 수단도 포함한다.[269]

③ 그 위반이 양심상의 명령에 따른 것일 것

2. 제한이 아닌 예

양심상의 결정에 따른 강요라고 할 수 없는 경우는 양심의 자유의 제한이라고 할 수 없다. ① 헌법재판소는 음주측정에 응할 것인가 거부할 것인가는 양심에 기한 진지한 윤리적 결정을 위한 고민이라고 할 수 없다고 보았다. 이에 따르면 **음주측정 요구**는 양심의 자유의 보장내용을 제약하는 것이라고 할 수 없다.[270] ② 「**주민등록법**」상 지문날인 여부의 결정도 개인의 진지한 윤리적 결정에 해당한다고 볼 수 없고,[271] ③ **법 위반 사실의 공표**도 법 위반 사실 자체를 공표하라는 것일 뿐 사죄 내지 사과하라는 의미 요소를 가지고 있지 않다는 것이 헌법재판소의 판례다.[272] ④ 또 헌법재판소는 「가석방심사등에관한규칙」의 **준법서약**[273]은 어떤 구체적이거나 적극적인 내용을 담지 않은 채 단순한 헌법적 의무의 확인·서약에 불과한 경우는 양심의 영역을 건드리는 것이 아니라고 판단하였다. 즉, 이러한 준법서약은 양심의 자유의 제한이 아니라는 것이다.[274]

---

269) "비록 법적 강제수단이 없더라도 사실상 내지 간접적인 강제 수단에 의하여 인간 내심과 다른 내용의 실현을 강요하고 인간의 정신활동의 자유를 제한하며 인격의 자유로운 형성과 발현을 방해한다면, 이 또한 양심의 자유를 제한하는 것이라고 보아야 한다."[헌재 2008.10.30. 2006헌마1401, 소득세법 제165조 제1항 등 위헌확인(기각)]. 이 결정에서는 "소득공제증빙서류 제출의무자들인 의료기관 등으로서는 과세자료를 제출하지 않을 경우 국세청으로부터 행정지도와 함께 세무조사와 같은 불이익을 받을 수 있다는 심리적 강박감을 가지게 되는바, 결국 이 사건 법령조항에 대하여는 의무불이행에 대하여 간접적이고 사실적인 강제수단이 존재하므로 법적 강제수단의 존부와 관계없이 청구인들의 양심의 자유를 제한한다."고 하고 있다.

270) 헌재 1997.3.27. 96헌가11, 도로교통법 제41조 제2항 등 위헌제청(합헌).

271) 헌재 2005.5.26. 99헌마513, 주민등록법 제17조의8 등 위헌확인(기각).

272) 헌재 2002.1.31. 2001헌바43, 독점규제및공정거래에관한법률 제27조 위헌소원(위헌).

273) 가석방심사등에관한규칙(1998.10.10. 법무부령 제467호로 개정된 것) 제14조(심사상의 주의) ② 국가보안법위반, 집회및시위에관한법률위반 등의 수형자에 대하여는 가석방 결정 전에 출소 후 대한민국의 국법질서를 준수하겠다는 준법서약서를 제출하게 하여 준법의지가 있는지 여부를 확인하여야 한다.

274) 헌재 2002.4.25. 98헌마425, 준법서약제 등 위헌확인(기각). 물론 이 결정에서는 준법서약서의 제출이 법적으로 강제되어 있는 것이 아니기 때문에 양심의 자유를 침해하는 것도 아니라고 판시하였다. 논리적으로 보면 준법서약제가 양심의 자유의 보장내용과 관계가 없다면 당연히 침해도 아니게 되므로 침해 여부를 판단할 필요도 없었다고 볼 수 있으나 헌법재판소는 그 침해 여부도 판

⑤ 전투경찰 순경으로서 대간첩 작전을 수행하는 것은 넓은 의미의 국방의 의무를 수행하는 것으로 볼 수 있고, 국방의 의무의 이행을 위하여 현역병으로 입영한 사람을 어디에 배치하여 어떠한 임무를 부여할 것인가의 문제나 대간첩 작전을 수행하는 자의 소속이나 신분을 국방부 소속의 군인으로 할 것인가, 내무부 소속의 경찰로 할 것인가의 문제는 입법자가 국가의 안보 상황 및 재정, 대간첩 작전의 효율성 등 여러 가지 사정을 고려하여 합목적적으로 정할 사항이기 때문에 **현역병에서 전투경찰 순경으로 전임시킬 수 있도록 한 법률 규정**으로 양심의 자유가 제약되는 것으로 볼 수 없다는 것이 헌법재판소의 판례다.[275]

3. 제한의 정당화

가. 양심의 자유의 내용 구분에 따른 보장의 정도

양심 형성의 자유는 절대적 기본권인데 반하여 양심 실현의 자유는 상대적 자유이다. 따라서 양심 형성의 자유는 법률로도 제한할 수 없는 데 반하여 양심 실현의 자유는 법률로 제한할 수 있다.[276] 부작위에 의한 양심 실현의 자유, 즉 양심에 반하는 행동을 강요당하지 않을 자유도 법률로 제한될 수 있다(예: 양심적 집총거부 사건).

양심 표명의 자유는 언론의 자유와 중첩적으로 보장되고, 헌법재판소에 따르면 그 보장 수준은 언론의 자유의 보장 수준으로 되는 것으로 보인다.[277]

양심에 따른 행동을 할 자유인 작위에 의한 양심 실현의 자유는 당해 행위와 관련된 기본권과 중첩적으로 보장되고 그 보장 수준은 양심의 자유와 함께 관련 기본권의 보장 수준을 고려하여 판단하여야 한다.

나. 양심 실현의 자유에 있어서 비례성원칙의 적용 여부

양심적 병역거부자를 처벌하는 조항이 부작위에 의한 양심 실현의 자유를 제한하는 것으로 보고, 양심의 자유를 침해하는지 여부를 심사한 2004년의 「병역법」 판결에

단하고 있다.

275) 헌재 1995.12.28. 91헌마80, 전투경찰대설치법등에 대한 헌법소원(기각, 각하).

276) 헌재 2004.8.26. 2002헌가1, 병역법 제88조 제1항 제1호 위헌제청(합헌).

277) 헌재 1992.11.12. 89헌마88, 교육법 제157조에 관한 헌법소원(기각)결정에서는 양심의 자유 등 정신적 자유를 외부적으로 표현하는 자유를 언론·출판이라고 하고 있다. 학설에서도 이렇게 보는 견해가 있다(김철수, 헌법학신론, 2013, 793쪽 이하 참조).

따르면 비례성원칙은 그대로 적용되지 않고 법익형량을 통한 양자택일만이 문제된다고 한 바 있다.[278] 이 결정에서 헌법재판소는 양심적 병역거부자를 처벌하는 법률 조항의 형성에 대한 입법형성권을 광범위하게 인정하면서 그에 대해서 명백성 통제에 그치고 있다.[279] 그러나 2011년에는 동일한 규정에 대하여 다시 판결하면서 완전한 비례성 심사를 하고 있다.[280] 비록 명시적인 언급을 하고 있지는 않으나 비례성 심사의 적용 여부와 관련하여 입장을 변경한 것으로 보인다. 2018년에는 병역법상 병역의 종류 조항에 대체복무를 규정하지 아니한 병역법 규정에 대해서 헌법불합치결정이 내려졌는데 이 때 헌법재판소는 과잉금지원칙을 심사기준으로 사용하였다.[281]

2008년 의사의 환자 의료비 내역 제출 의무와 관련하여서는 "의사들로 하여금 환자의 비밀인 의료비 내역에 관한 서류를 국세청에 제출하도록 함으로써 의사로서의 소극적 양심 실현의 자유를 제한하고 있는바, 이러한 제한이 헌법상 비례의 원칙에 반하는 과도한 제한인지 여부를 살핀다."라고 판시[282]하여 완전한 비례성원칙에 따른 심사를 하였다.

결론적으로 양심 실현의 자유를 제한하는 경우의 정당성 심사기준은 비례성원칙이라고 할 수 있다.

| NOTE | 위헌 결정 사례(양심의 자유) | |

① 대체복무의 불인정

양심적 병역거부자에 대한 세계적인 경향은 대체복무를 부과하면서 양심적 반전주의자를 보호하고 있다. 유럽연합기본권헌장 제10조 제2항에서는 "양심적 전쟁 복무 거부권은 이 권리의 행사를 규율하는 개별 국가의 법률에 따라 인정된다."라고 규정하고 있고, 독일 기본법 제4조 제3항에는 "누구도 양심에 반하여 무기를 수반한 전쟁 복무를 강요받지 아니한다. 상세한 것은 연방 법률로 정한다."라고 규정하고 있다.

양심적 병역거부자를 처벌하는 조항에 대해서 이전의 합헌 결정[283]을 2018년에 변경하여 대체복무를 병역의 종류로 규정하지 아니한 「병역법」 조항에 대해서 헌법불합치결정을 하

---

278) 헌재 2004.8.26. 2002헌가1, 병역법 제88조 제1항 제1호 위헌제청(합헌).
279) 헌재 2004.8.26. 2002헌가1.
280) 헌재 2011.8.30. 2008헌가22, 병역법 제88조 제1항 제1호 위헌제청 등(합헌).
281) 헌재 2018.6.28. 2011헌바379등, 병역법 제88조 제1항 등 위헌소원 등[헌법불합치(계속 적용), 3인의 각하의견, 합헌(합헌 4인, 일부위헌 4인 각하 1인)].
282) 헌재 2008.10.30. 2006헌마1401, 소득세법 제165조 제1항 등 위헌확인(기각).
283) 헌재 2004.8.26. 2002헌가1(합헌); 2011.8.30. 2008헌가22(합헌).

였다.284) 이에 따라 「병역법」을 개정하여 대체역이라는 이름으로 대체복무를 인정하고 있다(병역법 제5조 제1항 제6호).285) 이 결정에 대해서는 병역 종류 조항을 위헌으로 판단하고 그 조항에 대체복무를 병역의 종류 중 하나로 규정하라고 명한 것은 병역의무는 대체 불가능한 의무임을 미처 이해하지 못한 결정이라는 비판이 있다.286) 이 2018년 결정에서 헌법재판소는 입법자가 기존에 유죄판결을 받은 양심적 병역거부자에 대해 전과기록 말소 등의 구제 조치를 할 것인지에 대하여는 입법자에게 광범위한 입법재량이 부여되어 있는 것으로 보았다.

② 사죄광고의 강제

헌법재판소는 사죄광고의 강제는 인간 양심의 왜곡·굴절이고 겉과 속이 다른 이중인격 형성을 강요하는 것으로서, 침묵의 자유의 파생인 양심에 반하는 행위를 강제하는 것으로서 양심의 자유의 제약으로 본다. 법인에 대해 사죄광고를 강제하는 것은 그 대표자에게 양심 표명의 강제를 요구하는 결과가 된다고 한다.287) 그리하여 명예훼손에 적당한 처분에 사죄 광고제도를 포함하는 취지라면 「민법」 제764조는 비례성원칙에 위반되는 것으로 보아서 한정위헌결정을 내리고 있다. 이 결정에서는 목적의 정당성, 수단의 적절성, 피해의 최소성에 대해서는 본격적으로 검토하면서도 법익의 균형성에 대해서는 명시적인 검토를 거치지 않고 있다.288)

| NOTE | 합헌 결정 사례(양심의 자유) | |

① 보안관찰처분

「보안관찰법」상 보안관찰처분(소위 일반적인 동태관찰)은 보안관찰처분대상자 중에서 보안 관찰 해당 범죄를 다시 범할 위험성이 있다고 인정할 충분한 이유가 있어 재범의 방지를 위한 관찰이 필요한 자에 대하여 내려지는 처분이다(법 제4조). 헌법재판소는 「보안관찰 법」상 보안관찰처분은 보안관찰처분대상자의 내심의 작용을 문제 삼는 것이 아니라, 보안 관찰처분대상자가 보안관찰 해당 범죄를 다시 저지를 위험성이 내심의 영역을 벗어나 외부에 표출되는 경우에 재범의 방지를 위하여 내려지는 특별예방적 목적의 처분이므로, 양심

---

284) 헌재 2018.6.28. 2011헌바379등, 병역법 제88조 제1항 등 위헌소원 등[헌법불합치, 3인의 각하의견), 합헌(합헌 4인, 일부위헌 4인 각하 1인)].

285) 이에 따르면 대체역이란 병역의무자 중 대한민국헌법이 보장하는 양심의 자유를 이유로 현역, 보충역 또는 예비역의 복무를 대신하여 병역을 이행하고 있거나 이행할 의무가 있는 사람으로서 「대체역의 편입 및 복무 등에 관한 법률」에 따라 대체역에 편입된 사람을 말한다.

286) 김교창, 양심적 병역거부에 관한 헌법불합치결정 비판, 법률신문 2018.10.1., 12면 참조. 이 견해는 대체복무제란 병역의 면제에 해당되므로 병역법에 대체복무제를 도입하여 병역 면제의 길을 열어줄지 여부는 입법정책의 문제이지 위헌여부의 문제가 아니라고 한다. 그런데 이 견해는 입법정책의 문제도 입법정책에 있어서 재량의 범위를 벗어나면 헌법적 통제의 대상이 된다는 점을 간과하고 있다.

287) 헌재 1991.4.1. 89헌마160, 민법 제764조의 위헌여부에 관한 헌법소원(한정위헌).

288) 헌재 1991.4.1. 89헌마160.

의 자유를 보장한 헌법 규정에 위반된다고 할 수 없다고 판단하고 있다.[289]

② 의사의 환자 의료비 내역 제출 의무

헌법재판소는 의사에게 환자의 비밀을 국가기관에 통보하도록 강제하는 것은 환자에 대하여 비밀 유지 의무가 있는 의사들에게 '직업적 신념 내지 가치관에 반하는 비윤리적 행위 의무'를 부과하는 것으로 본다. 따라서 법령으로 의사에게 부과된 환자와 관련된 증빙 서류 제출 의무는, 환자와 특별한 관계에 있는 의사의 진지한 윤리적 결정에 반하는 행동을 강제하는 것으로서 헌법 제19조가 보장하는 양심의 자유의 보호 범위에 대한 제한이 된다.[290] 의사들로 하여금 환자의 비밀인 의료비 내역에 관한 서류를 국세청에 제출하도록 함으로써 의사로서의 소극적 양심 실현의 자유를 제한하고 있는 법률 규정에 대해서는 비례성 심사를 거쳐서 합헌의 결론에 이르고 있다.[291]

③ 시위 진압 명령

전투경찰 순경에 대한 시위 진압 명령과 관련하여, 시위 진압 방식이 공격적인 양상을 취함으로써 청구인의 개인적 경험이나 윤리관, 도덕관과 어긋난다고 하여 그것만으로 양심의 자유를 침해한 것이라고는 볼 수 없다.[292]

제6항 종교의 자유

I. 서론

1. 중세의 종교의 자유와 거주·이전의 자유[293]

교황의 면죄부(indulgences)의 판매에 대항하여 마르틴 루터(Martin Luther, 1483.11. 10.–1546.2.18.)가 95개조 반박문을 발표함으로써(1517년) 가톨릭과 프로테스탄트의 대립이 시작되었고 이어서 유럽 전역에 농민 전쟁으로 번졌다. 1555년의 아우구스부르크 종교화의(Peace of Augsburg)에서는 가톨릭과 루터파가 확보한 기존의 지위를 동결시키기로 하고, "한 지역을 지배하는 자가 그 지역의 종교를 정한다(cuius regio, eius religio)."는 원칙이 확립되었다. 따라서 영주가 결정한 종교와 다른 신앙을 하는 사람은 그곳을 떠나야 했고, 종교적 소수집단은 도시에만 허용되었다. 이로써 거주·이전의 자유

---

289) 헌재 1997.11.27. 92헌바28, 보안관찰법 제2조등 위헌소원(합헌, 각하).
290) 헌재 2008.10.30. 2006헌마1401, 소득세법 제165조 제1항 등 위헌확인(기각).
291) 헌재 2008.10.30. 2006헌마1401.
292) 헌재 1995.12.28. 91헌마80, 전투경찰대설치법등에 대한 헌법소원(기각, 각하).
293) 메리 풀브룩/김학이 역, 분열과 통일의 독일사, 개마고원, 2000, 78쪽 이하 참조.

가 인정되기 시작하였다. 그러므로 중세의 종교의 자유는 개인의 자유가 아니고 제후
국인 영방(領邦, Territorialstaat)의 자유였다.

2. 입법례

이미 1776년의 미국 버지니아권리선언 제16조, 1791년의 미국 헌법 수정 제1조,
1789년의 프랑스 인간과 시민의 권리선언 제10조 등에서 종교의 자유를 보장하였고,
독일 기본법 제4조, 2009년 리스본조약의 유럽연합기본권헌장 제10조에서도 보장하고
있는 보편적인 인권의 하나로 되었다.

3. 양심의 자유와의 구분

헌법재판소가 양심의 자유를 종교적 신념에 기초한 양심뿐만 아니라 비종교적 양
심도 포함하는 포괄적인 기본권으로 이해하여서 양심의 자유와 종교의 자유가 경합할
경우에는 양심의 자유를 중심으로 살펴보는 것이라고 한다면,[294] 이는 타당하다고 보
기 어렵다. 왜냐하면 종교의 자유는 양심의 자유에 비하여 강화된 보장을 받는 기본권
으로 이해하여야 하기 때문이다. 따라서 종교의 자유와 양심의 자유가 경합하는 경우
에는 종교의 자유의 관점에서 침해 여부를 검토하는 것이 타당하다.

II. 보장내용

1. 인적 보장내용

가. 기본권 주체

종교의 자유의 주체는 우선은 자연인인 국민이다. 원칙적으로 비정치적인 인간의
권리이므로 외국인도 주체가 된다. 종교의 자유는 성질상 법인에게도 적용될 수 있는
기본권이므로 종교 법인도 종교의 자유의 주체가 된다고 보아야 한다.

나. 의무 주체

종교의 자유를 보장할 의무 주체는 국가이다. 사인인 제3자는 종교의 자유를 보장

---

294) 이에 대해서는 헌재 2004.8.26. 2002헌가1 참조.

해야 할 헌법적 의무를 부담하는 것은 아니다. 그러나 종교의 자유가 보호하는 가치는 객관적 가치로서 사인인 제3자도 존중하여야 한다. 또한 국가는 개인의 종교의 자유를 보장할 의무를 지고 있는데 이러한 국가의 기본권보장의무의 이행의 결과 사인은 그렇게 제정된 법률에 의해서 종교의 자유가 제한될 수 있다. 그러나 다수의 견해에 따르면 간접적용설에 따라 대사인적 효력이 인정된다.

2. 물적 보장내용

가. 종교의 개념

종교를 정확히 개념 정의하기란 쉽지 않다. 우선은 종교란 신앙 체계를 의미하는 것으로 이해할 수 있다. 신앙이란 죽음과 피안에 대한 어떤 사상의 체계라고 할 수 있다. 종교는 내심에 머무는 한 어떠한 형태로든지 인정될 수 있으며 헌법 질서에 위배되지 않는 한 그에 따른 외부 행위도 종교적 행위로서 인정될 수 있다.

소위 사이비 종교 또는 이단으로 불리는 경우라도 그것은 기성 종교의 입장에서의 종교적 견해이며 헌법적으로는 개인의 내심의 의사를 존중할 필요가 있다. 따라서 당해 종교상의 행위가 헌법 질서에 위배되지 않는 한 종교의 자유에 의해 보장된다고 보아야 할 것이다.

나. 종교의 자유의 내용

헌법재판소는 종교의 자유를 신앙의 자유, 종교적 행위의 자유, 종교적 집회·결사의 자유로 구분한다.[295] 이는 주류적인 학설[296]에 따른 결과로 보인다.

그런데 다른 한편 헌법재판소는 양심의 자유에 대해서는 양심 형성의 자유와 양심 실현의 자유로 구분하고 있는데, 종교의 자유도 양심의 자유와 유사한 구조로 분석해 볼 수 있을 것이다. 이렇게 보면 우선 종교의 자유는 ① 신앙 형성의 자유와 ② 신앙 실현의 자유로 구분할 수 있고, 신앙 실현의 자유는 ⓐ 신앙 표명의 자유, ⓑ 부작위에

---

295) 헌재 2001.9.27. 2000헌마159, 제42회 사법시험 제1차시험 시행일자 위헌확인(기각): "종교의 자유의 구체적 내용에 관하여는 일반적으로 신앙의 자유, 종교적 행위의 자유 및 종교적 집회·결사의 자유의 3요소를 내용으로 한다고 설명되고 있다. … (2) 사법시험 제1차 시험 시행일을 일요일로 정하여 공고한 이 사건 공고와 관련하여 문제되는 종교의 자유는 위 3요소 중 종교적 행위의 자유와 관련이 된다."
296) 예컨대 김철수, 헌법학신론, 박영사, 2013, 809쪽 이하 참조.

의한 신앙 실현의 자유와 ⓒ 작위에 의한 신앙 실현의 자유로 구분할 수 있다. 헌법재판소가 설시하고 있는 종교의 자유의 보장내용을 이와 같은 기준에 따라 구분하여 보면 다음 표와 같다.

구분		내용
신앙 형성의 자유		신앙의 창조와 선택, 포기, 변경의 자유, 신앙으로 인하여 불이익을 받지 않을 자유
신앙 실현의 자유	신앙 표명의 자유	자신의 신앙을 표명하거나[297] 표명을 강요당하지 않을 권리
	부작위에 의한 신앙 실현의 자유	신앙에 반하는 행동을 강요당하지 않을 자유, 신앙을 추지하기 위한 외부적 표현 행위의 강요(십자가 밟기) 금지
	작위에 의한 신앙 실현의 자유	신앙에 따른 행동을 할 자유, 즉 선교·포교 등 종교적 행위의 자유[298]와 종교적 집회·결사의 자유, 종교 교육의 자유[299]

III. 제한과 제한의 정당화

1. 제한

개인의 자유로운 신앙의 형성과 실현을 방해하거나 저해하는 공권력 담당자의 모든 행위를 제한으로 파악할 수 있다. 제한에는 직접적인 제한과 간접적인 제한이 있을 수 있다.

헌법재판소는 여권 사용 제한에 따른 선교 행위의 부수적 제약은 종교의 자유의 제한에 해당하지 않는다고 본다.[300]

---

297) 크리스트교에서는 이를 신앙고백(confession of faith: 예수가 이 세상을 구원하고자 인간으로 태어났다는 사실과 그를 통해 구원받는다는 사실을 인정하는 것)이라고 한다.
298) 종교적 행위란 종교의식을 진행하는 것을 말한다.
299) "헌법상 보호되는 종교의 자유에는 특정 종교단체가 그 종교의 지도자와 교리자를 자체적으로 교육시킬 수 있는 종교교육의 자유가 포함된다고 볼 것이다."[헌재 2000.3.30. 99헌바14, 구 교육법 제85조 제1항 등 위헌소원(합헌, 일부각하)].
300) 헌재 2008.6.26. 2007헌마1366, 여권의 사용제한 등에 관한 고시 위헌확인(기각).

2. 제한의 정당화

가. 종교의 자유의 내용 구분에 따른 보장의 정도

기본권은 그 보장내용의 구분에 따라서 보장의 정도가 다를 수 있다. 전형적인 경우가 바로 직업 선택과 직업 수행을 구분하는 직업의 자유이다.

종교의 자유도 이러한 기본권에 속하는데 종교의 자유 중 신앙 형성의 자유는 절대적 자유이기 때문에 법률로 제한할 수 없는 기본권으로서 법률유보의 대상이 아니다. 부작위에 의한 신앙 실현의 자유, 다시 말하면 신앙에 반하는 행위를 강요당하지 않을 자유도 절대적 자유에 해당한다.

그러나 신앙 표명의 자유와 작위에 의한 신앙 실현의 자유는 법률로 제한이 가능한 기본권이다. 그러나 종교의 자유는 고도의 정신적인 자유에 해당하기 때문에 이를 최대한 보장하는 것이 타당하다. 따라서 신앙 표명의 자유는 양심 표명의 자유나 언론의 자유보다 강화되어 보장되고, 작위에 의한 신앙 실현의 자유도 당해 실현 행위와 관련된 다른 기본권보다 강화되어 보장되어야 한다. 예컨대 종교적 집회·결사의 자유는 일반적 집회·결사의 자유보다 강화되어 보장된다. 따라서 종교적 집회·결사의 자유는 일반 집회·결사의 자유와 경합하는 경우에는 특별법적 지위를 갖는다. 종립학교를 세워 교육을 할 경우에 교육에 관한 한 교육의 일반원리가 적용되지만,[301] 이 경우에도 특정 종교 이념의 교육이 가능한 것은 그 때문이다.[302] 그러나 국공립학교에서는 특정 종교의 교육은 종교에 대한 차별에 해당하기 때문에 허용되지 않는다.

나. 위헌심사기준

종교의 자유는 헌법 제37조 제2항에 따라 법률로써만 제한이 가능하고 제한하는 경우에도 비례성원칙을 준수하여야 하며 종교의 자유의 본질적 내용을 침해해서는 안 된다. 과잉금지심사를 함에 있어서는 과잉금지원칙의 원래적 의미에 맞게 엄격한 심사를 하여야 한다.

---

301) 종교단체가 운영하는 학교 혹은 학원형태의 교육기관도 예외 없이 학교설립인가 혹은 학원설립 등록을 하게 한 것은 종교의 자유를 침해했다고 볼 수 없다. 이에 대해서는 헌재 2000.3.30. 99헌바14, 구 교육법 제85조 제1항 등 위헌소원(합헌, 일부각하) 참조.
302) 사립대학에서 채플수업을 졸업요건으로 하는 것은 헌법에 위반되지 않는다(대법원 1998.11.10. 96다37268 판결).

> **NOTE** **위헌 결정 사례(종교의 자유)**
>
> ① 미결수용자 및 미지정 수형자(추가 사건이 진행 중인 자)의 신분으로 수용되어 있던 기간 동안 교정 시설 안에서 매주 화요일 실시하는 종교 집회 참석을 제한한 구치소장의 행위는 과잉금지원칙을 위배하여 종교의 자유를 침해한다.[303]
>
> ② 육군훈련소장이 훈련병들에게 훈련소내 종교행사에 참석하도록 한 조치는 군에서 필요한 정신전력을 강화하는 데 기여하기보다 오히려 해당 종교와 군 생활에 대한 반감이나 불쾌감을 유발하여 역효과를 일으킬 소지가 크고, 훈련병들의 정신전력을 강화할 수 있는 방법으로 종교적 수단 이외에 일반적인 윤리교육 등 다른 대안도 택할 수 있으며, 종교는 개인의 인격을 형성하는 가장 핵심적인 신념일 수 있는 만큼 종교에 대한 국가의 강제는 심각한 기본권 침해에 해당하는 점을 고려할 때, 과잉금지원칙을 위반하여 훈련병들의 종교의 자유를 침해한다.[304]

> **NOTE** **합헌 결정 사례(종교의 자유)**
>
> ① 학교설립인가제도 및 학원등록제도: 헌법재판소는 종교 교육이 학교나 학원 형태로 시행될 때 필요한 시설 기준과 교육 과정 등에 대한 최소한의 기준을 국가가 마련하여 학교설립인가 등을 받게 하는 것은 헌법 제31조 제6항의 입법자의 입법재량의 범위 안에 포함된다고 보고, 따라서 종교 교육이라 하더라도 그것이 학교나 학원이라는 교육기관의 형태를 취할 경우에는 교육법이나 학원법상의 규정에 의한 규제를 받게 된다고 보아야 할 것이고, 종교 교육이라고 해서 예외가 될 수 없다고 하였다.[305]
>
> 학교 설립의 인가나 학원의 등록 제도는 과잉금지원칙에 위배되지 않는다고 판시하였다. 학교 설립의 인가나 학원의 등록 제도는 국민의 학습권을 효율적으로 그리고 능력에 따라 균등하게 보장하기 위하여 학교 교육을 포함한 교육제도와 그 시설을 일정한 수준에 유지시키고 이를 위하여 국가가 적절한 지도, 감독을 하기 위한 목적을 지닌 제도이고(목적의 정당성), 국가가 그러한 인가나 등록 제도를 통하여 각급학교나 학원의 설비, 편제 기타 설립에 필요한 일정한 기준을 마련하고 학교나 학원의 설립과 운영의 건전한 발전을 도모하고자 하는 것은 입법 목적을 달성하기 위한 효과적인 방법이라고 할 수 있으며(방법의 적절성), 종교 교육을 위한 학교나 학원의 설립 요건이 지나치게 엄격하다고 볼 만한 자료가 없으며, 달리 학교의 인가 제도나 학원의 등록 제도가 종교 교육의 자유를 지나치게 제한하고 있다거나, 혹은 보다 그 자유를 덜 제한하면서 헌법상의 교육제도에 관한 목적을 달성할 수 있는 다른 방법이 있다고 하기도 어렵고(피해의 최소성), 비록 이로 인하여 그 설립 요건을 구비할 능력이 없는 종교 단체의 경우 학교나 학원 형태를 취한 종교 교육의 자

---

303) 헌재 2014.6.26. 2012헌마782, 미결수용자 등 종교집회 참석 불허 위헌확인[인용(위헌확인)].
304) 헌재 2022.11.24. 2019헌마941, 육군훈련소 내 종교행사 참석 강제 위헌확인[인용(위헌확인), 3인의 반대의견 있음].
305) 헌재 2000.3.30. 99헌바14, 구 교육법 제85조 제1항 등 위헌소원(합헌, 일부각하).

유를 제한받게 된다고 하더라도 이는 보다 중요한 공익을 보호하기 위한 사익의 제한이라
고(법익의 균형성) 본 것이다. 나아가서 종교 내부의 목회자 양성 기관을 금지하는 것은 아
니며 학교나 학원 형태의 종교 교육도 인가나 등록제로 운영함에 그치고 있는 것이므로 종
교의 자유의 본질적 내용을 침해하는 것도 아니라고 판단하였다.[306]
② 향토예비군 훈련에 따른 종교 활동의 제약: 헌법재판소는 예비군 훈련을 받음으로 인하
여 훈련이 없었다면 그 훈련 기간 동안 할 수 있었던 종교적 활동을 하지 못하게 되었다면
이는 종교의 자유의 제한이지만,[307]「향토예비군설치법」이 정하는 바와 같은 훈련의 정도
와 방법은 국가의 안전 보장을 도모하기 위하여 훈련 대상자의 종교 활동의 자유등 제반
행동의 자유에 대하여 부득이하게 필요한 최소한도의 제한을 가하는 것으로서 헌법상의 비
례의 원칙에 적합하다고 판단하였다.[308]

Ⅳ. 종교의 자유와 다른 기본권의 관계(소위 기본권 충돌)

1. 종교의 자유와 생명권

부모가 종교적인 이유로 그 보호하는 자녀의 수혈을 거부하게 되면 종교의 자유와
생명권이 보호하는 법익이 충돌하게 된다. 형량하기 어려운 기본권적 보호법익의 충돌
의 경우에는[309] 일반적으로는 규범조화적 해석을 통해 해결하는 것이 원칙이나, 종교
의 자유와 생명권이 충돌하는 경우에는 이익형량의 원칙을 적용하여 생명권이 우선하
는 것으로 보는 것이 생명우선의 원칙에 부합하는 것으로 판단된다.

그런데 대법원은 종교상의 이유로 인한 수혈 거부 사건에서 환자의 종교의 자유와
생명권 간의 긴장 관계로 보지 않고 **환자의 자기결정권과 생명권**간의 긴장 관계로 보면
서, 이에 관한 의사의 판단에 대해 다음과 같이 판시하고 있다. "환자의 명시적인 수혈
거부 의사가 존재하여 수혈하지 아니함을 전제로 환자의 승낙(동의)을 받아 수술하였는
데 수술 과정에서 수혈을 하지 않으면 생명에 위험이 발생할 수 있는 응급상태에 이른
경우에, 환자의 생명을 보존하기 위해 불가피한 수혈 방법의 선택을 고려함이 원칙이라
할 수 있지만, 한편으로 **환자의 생명 보호에 못지않게 환자의 자기결정권을 존중하여야 할**

---

306) 헌재 2000.3.30. 99헌바14.
307) 헌재 2003.3.27. 2002헌바35, 향토예비군설치법 제3조 제1항 등 위헌소원(합헌, 각하).
308) 헌재 2003.3.27. 2002헌바35.
309) 그런데 기본권보장의무이론 내지 기본권 보호의무이론에 따르면 두 기본권이 실제로 충돌하는
   것이 아니라 부모의 종교의 자유와 자녀의 생명권을 모두 보호하여야할 헌법적 의무를 부담하는
   국가의 기본권보호의 이행의 문제다.

의무가 대등한 가치를 가지는 것으로 평가되는 때에는 이를 고려하여 진료 행위를 하여야 한다. 어느 경우에 수혈을 거부하는 환자의 자기결정권이 생명과 대등한 가치가 있다고 평가될 것인지는 환자의 나이, 지적 능력, 가족관계, 수혈 거부라는 자기결정권을 행사하게 된 배경과 경위 및 목적, 수혈 거부 의사가 일시적인 것인지 아니면 상당한 기간 동안 지속되어 온 확고한 종교적 또는 양심적 신념에 기초한 것인지, 환자가 수혈을 거부하는 것이 실질적으로 자살을 목적으로 하는 것으로 평가될 수 있는지 및 수혈을 거부하는 것이 다른 제3자의 이익을 침해할 여지는 없는 것인지 등 제반 사정을 종합적으로 고려하여 판단하여야 할 것이다. 다만 환자의 생명과 자기결정권을 비교형량하기 어려운 특별한 사정이 있다고 인정되는 경우에 의사가 자신의 직업적 양심에 따라 환자의 양립할 수 없는 두 개의 가치 중 어느 하나를 존중하는 방향으로 행위하였다면, 이러한 행위는 처벌할 수 없다고 할 것이다."310) 이 판결은 생명우선의 원칙에 반하는 문제가 있다. 환자의 명시적인 수혈거부의사가 있었다고 하더라도 수술과정에서 수혈하지 아니하면 생명에 위험이 발생할 수 있는 응급상황의 경우에는 생명을 보호하는 조치를 취하여야 할 것이다.

2. 종교의 자유와 사립학교의 종교 교육의 권리

학생의 종교의 자유와 사립학교의 종교교육의 권리가 이른바 충돌하는 경우도 상정할 수 있다. 이에 대해 대법원은 종립 학교가 특정 종교의 교리를 전파하는 종파적인 종교 행사와 종교 과목 수업을 실시하면서 참가 거부가 사실상 불가능한 분위기를 조성하는 등 신앙을 갖지 않거나 학교와 다른 신앙을 가진 학생들의 기본권을 고려하지 않은 것은, 학생의 종교에 관한 인격적 법익을 침해하는 위법한 행위이고, 그로 인하여 인격적 법익을 침해받는 학생이 있을 것임이 충분히 예견 가능하고 그 침해가 회피 가능하므로 과실 역시 인정된다고 판시한 바 있다.311) 이 판결은 기본권의 대사인적 효력(간접적용설)을 인정한 전제에서 내려진 판결이지만, 그러한 개념적 전제 없이도 원·피고의 기본권을 보호할 국가의 기본권보장의무를 국가(대법원)가 이행한 판결로 이해하는 것이 타당하다. 학교 측의 손해배상의무는 그러한 기본권보장의무를 이행한 결과일 뿐, 학교 측이 기본권보장의무자로서 지는 책임이라고 할 수는 없다.

---

310) 대법원 2014.6.26. 2009도14407 판결.
311) 대법원 2010.4.22. 2008다38288 전원합의체 판결 - 종립 사립고교 종교교육 사건.

V. 정교분리 원칙

1. 정교분리 원칙의 의의

정교분리 원칙은 종교의 자유가 실현되는 현대에 와서는 크게 의미가 쇠퇴하였다고 볼 수 있으나, 서구의 역사적 경험, 그리고 고려와 조선을 거치면서 불교와 유교가 국교처럼 우대되면서 발생한 폐해 등을 미연에 방지하기 위하여 주의적으로 규정한 것이라고 한다.[312]

2. 종교의 자유와의 관계

종교의 자유는 자유권인데 반하여 국교의 금지를 포함한 정교분리 원칙은 제도보장이다. 따라서 종교의 자유는 반드시 정교분리 원칙을 내포하는 것은 아니라고 하는 것이 일반적인 견해이다.[313] 국교의 지정이나 정교일치가 종교의 자유를 침해하는지 여부를 판단함에 있어서는 당해 국민의 일반적인 종교관이나 역사적 경험 등에 따라 달리 평가될 수 있다. 예컨대 아이슬란드 헌법 제63조는 종교의 자유를 보장하면서도 제62조에서는 복음주의 루터교를 국교로 선언하고 있다.

3. 내용

정교분리 원칙은 ① 국교의 부인, ② 국가에 의한 특정 종교의 우대와 차별금지, ③ 국가의 특정 종교 활동 금지, ④ 종교의 정치 개입 제한 등을 그 내용으로 한다.

> | NOTE | **위헌 결정 사례(정교분리 원칙)** | |
> | --- | --- | --- |
>
> 육군훈련소에서 개신교, 천주교, 불교, 원불교 4개 종교의 종교행사 중 하나에 참석하도록 한 것은 그 자체로 종교적 행위의 외적 강제에 해당한다. 이는 육군훈련소장이 위 4개 종교를 승인하고 장려한 것이자, 여타 종교 또는 무종교보다 이러한 4개 종교 중 하나를 가지는 것을 선호한다는 점을 표현한 것이라고 보여질 수 있으므로 국가의 종교에 대한 중립성을 위반하여 특정 종교를 우대하는 것이다. 또한, 육군훈련소장의 종교행사 참석조치는 국가가 종교를, 군사력 강화라는 목적을 달성하기 위한 수단으로 전락시키거나, 반대로 종교단체가 군대라는 국가권력에 개입하여 선교행위를 하는 등 영향력을 행사할 수 있는 기회를 제공하

---

312) 유진오, 헌법해의, 명세당, 1956, 41쪽 참조.
313) 그에 반하여는 허영, 한국헌법론, 2010, 423쪽 참조.

므로, 국가와 종교의 밀접한 결합을 초래한다는 점에서 정교분리원칙에 위배된다.314)

| NOTE | **합헌 결정 사례(정교분리 원칙)** | |

학원의 설립 인가 제도 및 등록 제도를 시행한다고 하여 종립 학교의 경우에 정부가 성직자 양성을 직접 관장하는 것이 아니므로 정교분리 원칙에 위반된다고 할 수 없다.315)

제7항 학문의 자유

Ⅰ. 서론

1. 연혁

대한민국헌법 제22조는 "모든 국민은 학문과 예술의 자유를 가진다."라고 하여 학문의 자유를 보장하고 있다. 학문의 자유에 대한 규정은 18세기의 최초의 근대 헌법에서는 찾을 수 없다. 학문의 자유는 독일 헌법학의 발견으로 보는 것이 일반적이다. 따라서 세계 각국의 헌법상 학문의 자유는 독일에서의 대학의 자유에서 유래한다고 할 수 있다.

1848년 독일제국 헌법(일명 프랑크푸르트 헌법 또는 파울교회 헌법) 제152조에서는 처음으로 다음과 같이 규정하였다: "학문과 교육은 자유이다." 1919년 바이마르 헌법 제142조에서는 "예술, 학문 그리고 그 교육은 자유이다. 국가는 그를 보호하고 그 보존에 참여한다."라고 규정하였고, 1949년 독일 기본법 제5조 제3항에서는 "예술과 학문, 연구 그리고 교육은 자유이다. 교육의 자유는 헌법에 대한 충성으로부터 제외되지 아니한다." 독일에서는 법률유보 없는 절대적 기본권으로서 보장받고 있다.

오늘날은 대학뿐만 아니라 모든 사람의 기본권으로 발전하였으며, 대부분의 헌법에서 보장하고 있다. 스위스 헌법 제20조는 "학문 교육과 연구의 자유는 보장된다."라고 규정하고 있고, 유럽연합기본권헌장 제13조는 "예술과 연구는 자유이다. 학문의 자유는 존중된다."라고 규정하고 있다.

---

314) 헌재 2022.11.24. 2019헌마941, 육군훈련소 내 종교행사 참석 강제 위헌확인[인용(위헌확인)].
315) 헌재 2000.3.30. 99헌바14, 구 교육법 제85조제1항 등 위헌소원(합헌, 일부각하).

2. 법적 성격

기본권의 양면적 성격 이론에 의하면 기본권은 우선은 권리이면서 동시에 객관적 가치질서이다. 우선 학문의 자유는 권리적 측면에서 보면 자유권이다. 따라서 국가에 대한 방어권적 성격을 갖는다. 이로부터 학문적 지식을 획득하고 전달하는 과정에 대한 국가의 간섭을 배제할 수 있는 힘이 나온다. 객관적 가치질서로서 학문의 자유는 대학 제도 등을 포함하여 국가가 책임지는 학문 영역을 형성할 의무를 도출할 수 있다. 학문의 자유가 보장하는 가치는 객관적 질서이기도하기 때문에 사인에 의한 객관적 가치의 침해에 대해 국가의 보호의무가 도출된다.[316]

헌법재판소는 헌법 제31조 제4항의 대학의 자율성은 대학이 누리는 기본권으로 본다.[317]

II. 보장내용

1. 인적 보장내용

가. 기본권 주체

학문의 자유의 권리 주체와 관련하여 특히 다음의 경우들이 문제된다.

1) 학자, 일반인

학문의 자유의 주체는 우선 학문 영역에서 활동하는 학자들이 이에 해당한다. 학자들이 학문의 자유의 주요한 주체에 해당하지만, 그러나 학문의 자유의 주체가 이들에게만 한정되지는 않는다. 따라서 자연인인 일반인도 학문의 자유의 주체가 된다.

2) 법인

학문의 자유는 성질상 자연인에게만 허용되어야 할 이유가 없으므로 법인도 사법

---

316) 기본권 보호의무는 국가의 보호의무 특히 재판과정에서의 사법부의 보호의무가 문제된다. 따라서 재판과정에서 기본권적 요청이 충분히 고려되지 아니하거나 잘못 고려되는 경우에는 헌법위반의 가능성이 존재하게 된다. 그러나 우리나라의 경우는 재판에 관한 헌법소원이 허용되지 않으므로 기본권의 대사인적 효력에 따른 국가의 준수의무에 대한 통제는 실천적 의미가 상당부분 상실되어 있다.
317) 헌재 2006.4.27. 2005헌마1119, 대학 교원 기간임용제 탈락자 구제를 위한 특별법 위헌확인(위헌, 기각).

인과 공법인을 불문하고 학문을 연구하는 기관이거나 학문을 진흥하는 기관인 경우에
는 학문의 자유의 주체가 된다. 이에는 특히 대학이 속한다.[318]

나. 의무 주체

학문의 자유의 의무 주체는 원칙적으로 국가, 지방자치단체 및 공법인 등이다.

2. 물적 보장내용

가. 학문의 개념

견해에 따르면 학문이란 진리를 추구하는 것을 목적으로 하면서 검증 가능한 방법으
로 자연과 사회의 실상을 분석하고 그 원인과 근거 및 법칙성을 탐구하는 것을 말한
다. 이 견해에 따르면 학문에는 어떤 윤리적 측면이 있고 이 학문의 윤리적 측면이
학문의 고유 법칙성을 드러낸다고 한다.[319] 독일 연방헌법재판소는 학문 연구의 대
상으로서 학문이란 지식의 추구, 해석 그리고 전달에 있어서 학문적 고유 법칙성에
근거한 과정, 태도 그리고 결정을 말한다고 보았다.[320]

헌법재판소에서는 '학문'이란 일정한 지식수준을 기반으로 방법론적으로 정돈된 비판
적인 성찰을 함으로써 진리를 탐구하는 활동으로 정의하고 있다. 학문의 자유는 곧
진리 탐구의 자유라 할 수 있고, 나아가 그렇게 탐구한 결과를 발표하거나 강의할
자유 등도 학문의 자유의 내용으로서 보장된다.[321] 그러나 이러한 진리 탐구의 과정
과는 무관하게 단순히 기존의 지식을 전달하거나 인격을 형성하는 것을 목적으로 하
는 '교육'은 학문의 자유의 보호영역이 아니라 교육에 관한 기본권(헌법 제31조)의 보
호영역에 속한다고 한다.[322]

---

318) 헌재 2006.4.27. 2005헌마1119: "헌법 제22조 제1항에서 규정한 학문의 자유 등의 보호는 개인의
　　 인권으로서의 학문의 자유 뿐만 아니라 특히 대학에서 학문 연구의 자유·연구 활동의 자유·교
　　 수의 자유 등도 보장하는 취지이다."
319) 크리스티안 슈타르크의 견해. 이에 대해서는 김대환, 민주적 헌법국가(슈타르크 헌법논집), 시와
　　 진실, 2015, 402쪽 참조.
320) BVerfGE 90, 1, 11 - Kriegsschuld-Buch.
321) 헌재 1992.11.12. 89헌마88, 교육법 제157조에 관한 헌법소원(기각); 2003.9.25. 2001헌마814등,
　　 편입생특별전형대상자선발시험시행계획 및 공개경쟁시험공고취소(각하).
322) 헌재 2003.9.25. 2001헌마814등, 편입생특별전형대상자선발시험시행계획 및 공개경쟁시험공고취
　　 소(각하).

판례에 따르면 학문의 자유는 학문 연구의 자유, 연구 활동의 자유, 교수의 자유 등을 그 내용으로 한다.[323)]

나. 학문 연구의 자유

학문 연구의 자유는 학문의 자유의 가장 본질적인 내용이다. 내심(사상)의 자유, 신앙의 자유와 함께 **절대적 자유**라고 하는 견해가 일반적이다.[324)] 그러나 학문의 자유의 성격상 학문 연구 자체가 직접적으로 사회적 위험을 초래할 가능성이 있는 예외적인 경우에는 제한될 수 있다고 보아야 하기 때문에 절대적 권리라고는 보기 어려운 측면이 있다. 특히 오늘날 학문 연구의 대상이나 과정 또는 결과 그 자체가 사회적 영향이 큰 경우들에 있어서는 국가의 간섭이 커지고 있다. 학문 연구의 자유의 제한으로는 「생명윤리 및 안전에 관한 법률」상 생명 과학 기술의 연구 개발의 제한을 들 수 있다.[325)]

---

323) 헌재 2006.4.27. 2005헌마1119, 대학 교원 기간임용제 탈락자 구제를 위한 특별법 위헌확인(위헌, 기각).

324) 헌재 1992.11.12. 89헌마88, 교육법 제157조에 관한 헌법소원(기각) 결정에서도 절대적 자유로 기술하고 있다: "학문의 자유라 함은 진리를 탐구하는 자유를 의미하는데, 그것은 단순히 진리탐구의 자유에 그치지 않고 탐구한 결과에 대한 발표의 자유 내지 가르치는 자유(편의상 대학의 교수의 자유와 구분하여 수업(授業)의 자유로 한다) 등을 포함하는 것이라 할 수 있다. 다만, 진리탐구의 자유와 결과발표 내지 수업의 자유는 같은 차원에서 거론하기가 어려우며, 전자는 신앙의 자유·양심의 자유처럼 절대적인 자유라고 할 수 있으나, 후자는 표현의 자유와도 밀접한 관련이 있는 것으로서 경우에 따라 헌법 제21조 제4항은 물론 제37조 제2항에 따른 제약이 있을 수 있는 것이다."

325) 「생명윤리 및 안전에 관한 법률」에서는 인간복제와 이종 간의 착상 등을 금지하고 있고 위반한 경우에는 벌칙을 부과하고 있다. 제20조(인간복제의 금지) ① 누구든지 체세포복제배아 및 단성생식배아(이하 "체세포복제배아등"이라 한다)를 인간 또는 동물의 자궁에 착상시켜서는 아니 되며, 착상된 상태를 유지하거나 출산하여서는 아니 된다. ② 누구든지 제1항에 따른 행위를 유인하거나 알선하여서는 아니 된다. 제21조(이종 간의 착상 등의 금지) ① 누구든지 인간의 배아를 동물의 자궁에 착상시키거나 동물의 배아를 인간의 자궁에 착상시키는 행위를 하여서는 아니 된다. ② 누구든지 다음 각 호의 행위를 하여서는 아니 된다. 1. 인간의 난자를 동물의 정자로 수정시키거나 동물의 난자를 인간의 정자로 수정시키는 행위. 다만, 의학적으로 인간의 정자의 활동성을 시험하기 위한 경우는 제외한다. 2. 핵이 제거된 인간의 난자에 동물의 체세포 핵을 이식하거나 핵이 제거된 동물의 난자에 인간의 체세포 핵을 이식하는 행위 3. 인간의 배아와 동물의 배아를 융합하는 행위 4. 다른 유전정보를 가진 인간의 배아를 융합하는 행위 ③ 누구든지 제2항 각 호의 어느 하나에 해당하는 행위로부터 생성된 것을 인간 또는 동물의 자궁에 착상시키는 행위를 하여서는 아니 된다.

다. 연구 활동의 자유

연구 활동의 자유는 학문 연구의 결과를 발표하는 자유이다. 학문 연구의 결과를 발표하는 행위는 언론·출판의 자유와 중첩될 수 있지만, 일반적인 언론·출판의 자유보다 강화된 보장을 받는 것으로 보아야 한다.

라. 교수의 자유와 교수의 신분 보장

대학에서의 교수의 자유도 학문의 자유의 한 내용으로서 헌법상 권리로 인정된다. 그러나 초·중등학교에서의 교사의 교육의 자유(수업의 자유, 교육권, 수업권)326)에 대해서 헌법재판소는 헌법상의 기본권으로 보는데 회의적이다.327) 설령 기본권으로 보는 견해에 따르더라도 학부모의 교육권과 학생의 학습권의 조화가 요청되기 때문에 교수의 자유에 비하여 보다 많은 제한이 따르는 것으로 본다.328)

「사립학교법」과 「교육공무원법」에 따르면 사립학교 교원이나 교육 공무원이 「국가공무원법」의 임용 결격 사유(제33조)에 해당하는 경우에는 당연퇴직 되도록 규정하고 있는데, 이 규정으로 인하여 학문의 자유로 보장되고 있는 사립학교 교원 등의 교수의 자유가 침해되는 것인지가 문제된 사안에서, 헌법재판소는 **당연퇴직규정**은 일정한 신분상의 불이익을 가하는 규정일 뿐 이 규정 자체가 교수의 자유를 직접적으로 제한하는 것은 아니기 때문에 당연퇴직규정과 교수의 자유는 직접적으로 관련성이 없고,329) 당연퇴직규정으로 인하여 교수의 직을 박탈당함으로써 사실상 교수 행위의 기회를 상실하게 되는 것은 교수 직위 박탈로 인한 사실상의 결과일 뿐이라고 한다.330)

헌법재판소의 판례에 따르면 **교수재임용제도**는 헌법에 위반되지 않는다. 교수재임용제도는 연임이 보장되어 자동적으로 재임용되어 임기가 계속되도록 되어 있는 것이라든가, 당연히 재임용하지 아니하면 안 되는 연임 보장 규정이라고 해석할 수 없다는 것이다.331)

---

326) 교사의 교육의 자유는 후술 참조.
327) 헌재 1992.11.12. 89헌마88, 교육법 제157조에 관한 헌법소원(기각); 2001.11.29. 2000헌마278(기각, 각하); 2013.11.28. 2007헌마1189등(기각, 각하): 이 결정에서는 명시적으로 기본권이 아니라고 하고 있다.
328) 헌재 1992.11.12. 89헌마88, 교육법 제157조에 관한 헌법소원(기각).
329) 헌재 2010.10.28. 2009헌마442, 사립학교법 제57조 위헌확인(기각); 2008.4.24. 2005헌마857 참조.
330) 헌재 2010.10.28. 2009헌마442.
331) 헌재 1993.5.13. 91헌마190, 교수재임용추천거부 등에 대한 헌법소원(기각).

국정교과서제도는 헌법에 합치하는 제도인가?

대통령령인 「교과용도서에 관한 규정」에 따르면 국정도서란 교육부가 저작권을 가진 교과용 도서를 말하는데, 국정교과서제도에 대해서 헌법재판소는 헌법 제22조 제1항의 학문의 자유·제21조 제1항의 출판의 자유 및 제31조 제4항과 관련된 교사의 자유와 권리 등의 위배 여부를 검토하고 헌법에 위반되지 아니한다고 판시하였다.332) 그러나 2010년부터는 초등학교를 제외하고는 국정교과서제도가 폐지되었다.

3. 대학의 자율성

헌법 제31조 제4항에서는 대학의 자율성은 법률이 정하는 바에 의하여 보장된다고 규정하고 있다.

가. 법적 성격

대학의 자치는 대학에게 부여된 헌법상 기본권이라고 하는 것이 헌법재판소의 입장이다.333) 즉, 대학의 자율성은 "대학에 대한 공권력 등 외부세력의 간섭을 배제하고 대학구성원 자신이 대학을 자주적으로 운영할 수 있도록 함으로써 대학인으로 하여금 연구와 교육을 자유롭게 하여 진리탐구와 지도적 인격의 도야라는 대학의 기능을 충분히 발휘할 수 있도록 하기 위한 것이며, 교육의 자주성이나 대학의 자율성은 헌법 제22조 제1항이 보장하고 있는 학문의 자유의 확실한 보장수단으로 꼭 필요한 것으로서 이는 대학에게 부여된 헌법상의 기본권이다."334)

그러나 제도보장으로 보는 견해도 있다.335)

나. 대학의 자율성의 권리 주체

대학의 자율성의 권리 주체는 기본적으로 대학 자체이지만, 대학의 장에 의한 침해에 대해서는 교수 또는 교수회도 주체가 되고, 국가에 의한 침해에 있어서는 대학 자체 외에도 대학 전 구성원이 자율성을 갖는 경우도 있다. 이들은 단독으로 주체가 될

---

332) 헌재 1992.11.12. 89헌마88, 교육법 제157조에 관한 헌법소원(기각).
333) 헌재 1998.7.16. 96헌바33, 사립학교법 제53조의2제2항 등 위헌소원(합헌, 각하).
334) 헌재 2022.3.31. 2021헌마1230, 2022학년도 대학 신입학생 정시모집 안내 위헌확인(기각) — 서울대학교 정시모집 교과이수 가산점 사건.
335) 성낙인, 헌법학, 법문사, 2011, 523쪽 참조.

뿐만 아니라 중첩적으로도 주체가 될 수 있다는 것이 헌법재판소의 결정이다.[336]

그런데 대학의 직원과 학생도 대학의 자율성의 주체가 된다고 보아야 한다. 「고등 교육법」에서는 교직원과 학생 등으로 구성하는 대학평의원회를 설치하게 하고 있는데 여기서는 대학 발전 계획에 관한 사항, 학칙의 제정 또는 개정에 관한 사항, 사립학교 의 경우에는 다른 법률에 따른 학교 법인 임원 또는 개방이사추천위원회 위원 추천에 관한 사항을 심의하고, 교육 과정의 운영에 관한 사항과 대학 헌장의 제정 또는 개정에 관한 사항에 대해서는 자문한다(법 제19조의2 제1항). 그런데 대학평의원회는 교원, 직 원, 조교 및 학생 중에서 어느 하나의 구성단위에 속하는 평의원의 수가 전체 평의원 정수의 2분의 1을 초과할 수 없도록 하고 있다(고등교육법 제19조의2 제2항).

다. 대학의 자율성의 보장내용

헌법재판소에 따르면 "대학의 자율은 대학시설의 관리·운영만이 아니라 학사관리 등 전반적인 것이라야 하므로 연구와 교육의 내용, 그 방법과 대상, 교과과정의 편성, 학생의 선발, 학생의 전형도 자율의 범위에 속해야 하고 따라서 입학시험제도도 자 주적으로 마련될 수 있어야 한다.[337] 대학의 자율성으로서 대학의 자치는 교수회의 자치, 설립자·이사회의 자치, 학생회의 자치로 나누어 볼 수 있다.

1) 교수회의 자치(대학의 인사 및 대학의 시설 및 학생의 관리)

헌법재판소는 교수(또는 교수협의회)의 총장 후보자 선출에 참여할 권리가 대학 자치의 본질적인 내용으로서 인정된다고 보고 있다.[338]

교수의 기간제임용제도가 교원지위 법정주의나 교육의 자주성, 전문성, 정치적 중립 성 내지 대학의 자율성을 침해하는 것인지 여부와 관련하여 헌법재판소는 1998년 결정 에서는 침해하지 않는다고 판시하였으나,[339] 2003년 결정에서는 판례를 변경하여 헌법 불합치결정을 하였다.[340] 그러나 헌법에 위반된다는 판례의 취지는 교수의 기간제임용

---

336) 헌재 2006.4.27. 2005헌마1047, 교육공무원법 제24조제4항 등 위헌확인(기각).
337) 헌재 1992.10.1. 92헌마68등; 2022.3.31. 2021헌마1230.
338) 헌재 2006.4.27. 2005헌마1047, 교육공무원법 제24조제4항 등 위헌확인(기각). 대학총장 선출에 관한 법적 쟁점들에 대해서는 김갑석, 국립대 총장 선출의 쟁점과 과제, 교육법학연구 29-2, 2017.6., 31쪽 이하 참조.
339) 헌재 1998.7.16. 96헌바33, 사립학교법 제53조의2 제2항 등 위헌소원(합헌, 각하). 이 결정에서도 이미 4인의 반대의견이 존재했다.
340) 헌재 2003.2.27. 2000헌바26, 구 사립학교법 제53조의2 제3항 위헌소원(헌법불합치-7인 의견).

제도 자체가 위헌이라는데 있지 않고, 기간제임용제도에 의해 재임용이 거부되는 사람에 대한 절차적 권리의 보장이 이루어지지 않은 점에 있었다.

2) 설립자·이사회의 자치

설립자가 사립학교를 자유롭게 운영할 자유는 비록 헌법에 명문의 규정은 없으나, 일반적 행동의 자유권과 모든 국민의 능력에 따라 균등하게 교육을 받을 권리를 규정하고 있는 헌법 제31조 제1항 그리고 교육의 자주성·전문성·정치적 중립성 및 대학의 자율성을 규정하고 있는 헌법 제31조 제4항에 의하여 인정되는 기본권의 하나다.[341]

 사립학교 운영의 자유에 대한 국가의 감독권 행사의 위헌심사기준에 대해 설명하시오.

 헌법재판소는 사립학교의 운영을 어느 정도로 국가가 감독할 것인가는 광범위한 입법 형성권의 범위에 속하는 문제이기 때문에 **사립학교 운영의 자유의 본질적 내용을 자의적으로 침해하지 않은 한 위헌이라고 할 수 없다**고 하고 있다.[342] 원래 본질적 내용의 침해이면 자의성 여부를 떠나서 그 자체가 헌법에 위반된다. 그런데 본질적 내용을 자의적으로 침해하지 않는다는 의미는 자의금지원칙이라는 심사기준을 적용한다는 내용의 부적절한 표현으로 보인다.

3) 학생회의 자치

학생회의 자치도 대학의 자율성에 의해서 보장된다. 학생회의 자치는 학생회의 운영, 과외 활동의 자치적 운영 등을 말한다.

라. 제한과 위헌심사기준

대학의 자율성은 대학에 인정되는 기본권이라고 하다라도 국민의 교육을 받을 권리의 보장이라는 관점에서 일정 부분 제약을 받을 수 있다.[343] 이는 국가의 기본권보장

이 헌법불합치결정과 관련하여, ○○○대학교 수학과 김○○ 교수가 대입문제의 오류를 지적하고 이어서 재임용에도 탈락한 다음 미국에서 연구원으로 일하다가 2003년 자신의 재임용탈락의 근거가 된 이 사립학교법 조항이 헌법불합치 결정된 것을 계기로 다시 귀국하여 교수지위확인소송을 벌이게 되면서 소위 "석궁테러"사건으로까지 발전하게 된다.

341) 헌재 2003.2.27. 2000헌바26.
342) 헌재 2009.4.30. 2005헌바101, 사립학교법 제25조 제3항 위헌소원(합헌).
343) 헌재 2017.12.28. 2016헌마649; 2022.3.31. 2021헌마1230.

의무로 볼 때 당연한 귀결이다. 그렇게 하여 대학의 자율성이 제한되는 경우에 그 제한의 위헌심사기준은 본질적 내용 침해금지원칙이 적용된다는 것이 헌법재판소의 입장이다.[344] 따라서 대학의 자율성을 본질적으로 침해하지 않는 한 헌법에 위반된다고 할 수 없다. 그런데 다른 한편 대학의 자율성을 제한하는 입법의 위헌성을 심사하는 경우에 입법자가 입법 형성의 한계를 넘는 자의적인 입법을 하였는지 여부를 판단하고 있는 경우도 있다.[345] 그러나 대학의 자율성을 기본권으로 본다면 본질적 내용 침해금지원칙 이외에도 과잉금지원칙이 심사기준으로 적용되어야 할 것이다.

Q 학교법인의 이사회 등에 외부 인사를 참여시키는 것이 대학의 자율을 침해하는지 여부

A 학교법인의 이사회 등에 외부 인사를 참여시키는 것은 다양한 이해관계자의 참여를 통해 개방적인 의사결정을 보장하고, 외부의 환경 변화에 민감하게 반응함과 동시에 외부의 감시와 견제를 통해 대학의 투명한 운영을 보장하기 위한 것이며, 대학 운영의 투명성과 공공성을 높이기 위해 정부도 의사 형성에 참여하도록 할 필요가 있는 점, 사립학교의 경우 이사와 감사의 취임 시 관할청의 승인을 받도록 하고, 관련 법령을 위반하는 경우 관할청이 취임 승인을 취소할 수 있도록 하고 있는 점 등을 고려하면, 외부 인사 참여 조항은 대학의 자율의 본질적인 부분을 침해하였다고 볼 수 없다.[346]

Q 사학분쟁조정위원회의 설치·기능을 규정한 「사립학교법」 제24조의2와 위원회의 구성을 규정한 제24조의3 제1항, 학교 법인의 정상화에 관한 제25조의3 제1항이 헌법에 위반되는지 여부를 검토하시오.

A 위 사안에 관한 헌법재판소 결정례[347]를 보면, 청구인들은 대법원장이 조정위원회 위원 중 5인을 추천하고, 위원장은 대법원장이 추천하는 인사 중에서 호선하며, 조정위원회는 심의 기구임에도 불구하고 관할청은 그 심의 결과를 따르도록 규정하고 있다는 점에서, 설치·기능 및 구성 조항에 대해서는 행정 각부에 관한 체계정당성 원리, 법치주의, 직업공무원제도, 권력분립의 원칙에 위반되고, 공정한 재판을 받을 권리를 침해한다고 주장하고 있지만, 결국 사법부가 행정기관을 구성하고 그 권한까지 통제하여 행사하는 것이 부당하다는 취지이므로, 이 사안과 가장 밀접한 관련이 있는 헌법 원칙 내지 기본권은 권력분립의 원칙으로 보고 나머지 쟁점들에 대해서는 판단하지 않고 권력분립원칙 위배 여부만을 검토하여 합헌 결정하였다.

---

344) 헌재 2006.4.27. 2005헌마1047, 교육공무원법 제24조 제4항 등 위헌확인(기각); 2014.4.24. 2011헌마612, 국립대학법인 서울대학교 설립·운영에 관한 법률 위헌확인(기각, 각하).
345) 헌재 2014.4.24. 2011헌마612.
346) 헌재 2014.4.24. 2011헌마612.
347) 헌재 2015.11.26. 2012헌바300, 구 사립학교법 제24조의2 제1항 등 위헌소원(합헌, 각하).

또 청구인들은 <u>설치·기능 조항에 대하여는</u> 학교 구성원에게 조정위원회의 심의 결과나 심의 과정 중 절차상 하자에 대하여 다툴 수 있는 이의 제기 절차를 마련하고 있지 않고, 정상화 조항에 대하여는 임시 이사가 선임된 학교 법인의 정상화에 관하여 조정위원회에 주도적인 역할을 부여하면서, 학교 구성원들이 정상화 과정에 참여할 수 있는 절차를 마련하고 있지 않다는 점에서, 대학의 자율성 침해 및 교육제도 법정주의, 법률유보원칙, 적법절차 원칙 위반을 주장하고 있지만, 교육제도 법정주의, 법률유보원칙, 적법절차 원칙의 위반 여부는 판단하지 않고 가장 밀접한 관련이 있는 대학의 자율성이 침해되는지 여부만을 검토하여 합헌으로 판단하였다.

NOTE　　**합헌 결정 사례(대학의 자율성)**

○○대학교 총장의 '2022학년도 대학 신입학생 정시모집('나'군) 안내' 중 수능 성적에 최대 2점의 교과이수 가산점을 부여하고, 2020년 2월 이전 고등학교 졸업자에게 모집단위별 지원자의 가산점 분포를 고려하여 모집단위 내 수능점수 순위에 상응하는 가산점을 부여하도록 한 부분은, 「고등교육법」 및 동법 시행령이 대학의 장이 입학전형에 의하여 학생을 선발하고 이를 위하여 고등학교 학교생활기록부의 기록, 수능 성적 등을 입학전형자료로 활용할 수 있다고 규정하고 있으므로 법률유보원칙에 위배되지 않고, 2015 개정 교육과정을 따를 수 없는 2020년 2월 이전 고등학교 졸업자 등은 '모집단위별 지원자의 가산점 분포를 고려하여 모집단위 내 수능점수 순위에 상응하는 가산점'을 부여하도록 하여 서로 다른 지원자 집단 사이의 편차와 동일한 지원자 집단 내부의 편차를 동시에 고려하면서도 양 집단에게 부여하는 혜택의 크기를 비례적으로 유지할 수 있는 방법으로 이해된다. 그렇다면 정시모집 수능위주전형에서 교과이수 가산점의 실질적인 영향력은 크다고 보기 어렵다. 결국 이 사건 가산점 사항은 청구인을 불합리하게 차별하여 균등하게 교육받을 권리를 침해하는 것이라고 볼 수 없다.[348]

Ⅲ. 제한과 제한의 정당화

「교육기본법」을 비롯한 교육 관련 각종 법률에 의한 국가의 규제와 간섭은 학문의 자유의 제한에 해당한다. 학문의 자유를 제한하는 경우에도 비례성원칙과 본질적 내용 침해금지원칙에 위배되지 않아야 한다.

헌법재판소는 「교원지위향상을위한특별법」 제10조가 교원의 징계 처분과 관련하여 교원에 대해서만 재심위원회의 결정에 대하여 그 결정서의 송달을 받은 날부터 60

---

[348] 헌재 2022.3.31. 2021헌마1230, 2022학년도 대학 신입학생 정시모집 안내 위헌확인(기각) — 서울대학교 정시모집 교과이수 가산점 사건.

일 이내에 행정소송법이 정하는 바에 의하여 소송을 제기할 수 있도록 하고 사립학교에 대해서는 소송을 할 수 없도록 하고 있었던 것과 관련하여, 국공립대학의 교원 해직 처분은 행정처분이므로 교육인적자원부 산하의 재심위원회의 결정은 재결로서의 성격을 갖고 따라서 해당 대학을 구속하는데 반하여, 사립대학에서의 그것은 계약 관계에 의한 사법상의 행위이므로 재심위원회의 결정은 재결이 아니어서 당해 사립학교를 구속하지 않는다고 보고, 따라서 사립학교의 경우에는 재심위원회의 재심 결정에 불복하여 행정소송을 제기할 수 없게 한 것은 헌법에 위반된다고 하였다.[349] 이러한 헌법재판소의 태도는 교육의 공적 기능보다는 사립학교와 교원은 기본적으로 사적인 계약 관계라는 점을 강조한 것으로 보이는데, 이것이 타당한 것인지에 대해서는 의문이 있다. 그런데 최근 헌법재판소는 위 결정과는 달리, 교원의 신분보장을 둘러싼 재판상 권리구제절차가 반드시 근로관계의 법적 성격에 의해서만 좌우되는 것은 아니며, 당해 학교의 설립목적과 공공적 성격의 정도, 국가의 감독 수준 등을 두루 고려하여 정할 수 있는 입법정책의 문제에 해당한다고 보면서, 공법인 형태로 국가의 출연으로 설립된 한국과학기술원이나 광주과학기술원의 경우, 한국과학기술원 총장이나 광주과학기술원에 교원소청심사결정에 대해 행정소송을 제기하지 못하도록 하더라도 재판청구권을 침해하는 것이 아니라고 판시하고 있어 유의할 필요가 있다.[350]

　또 앞에서 살펴본 바와 같이 헌법재판소는 교수들이 총장 후보자의 선출에 참여할 권리를 대학의 자치의 본질적인 내용으로 보고 있다.[351] 총장 후보자의 선출에 참여할 권리라고 하였으므로 반드시 직접선거권이 보장되는 것으로 본 것은 아니다.

---

349) 헌재 2006.2.23. 2005헌가7등, 교원지위향상을위한특별법 제10조 제3항 위헌제청 등(위헌).
350) 헌재 2022.10.27. 2019헌바117, 교원소청심사결정에 대한 공공단체(총장)의 행정소송 제소권한 부인 사건(합헌, 3인 재판관의 반대의견 있음).
351) 헌재 2006.4.27. 2005헌마1047, 교육공무원법 제24조 제4항 등 위헌확인(기각).

제8항 예술의 자유

I. 서론

1. 연혁

예술의 자유는 1919년의 독일 바이마르 헌법에서 처음으로 규정되었다. 여기서는 "예술, 학문 그리고 교수는 자유다."라고 규정하였다. 현재 독일 기본법 제5조 제3항에서는 여전히 이러한 전통에 따라 "예술과 학문, 연구와 교수는 자유다."라고 규정하고 있다. 예술의 자유를 표현의 자유와 구분하여 규정하고 있는 것이다.

유럽인권협약에서는 예술의 자유가 별도로 규정되어 있지 않지만, 유럽연합기본권헌장 제13조에서 "예술과 연구는 자유다. 학문의 자유는 존중된다."라고 규정하고 있다.

대한민국헌법 제22조 제1항에서는 "모든 국민은 학문과 예술의 자유를 가진다."라고 규정하고 있다. 제정헌법 제14조에서 규정한 이래 역대 개정헌법에서 그대로 유지되고 있다. 대한민국헌법 제22조 제2항에서는 예술가의 권리를 법률로써 보호하도록 하고 있다. 이 조항은 현행 헌법에서 과학기술자의 권리 보호를 추가한 것을 제외하고는 제정헌법 이래로 그대로 유지되고 있다.

예술의 자유를 일반적인 표현의 자유와 구분하여 별도로 규정한 것은 예술의 자유를 특별히 보장하려는 헌법제정권자의 의도가 있었던 것으로 볼 수 있다.[352]

예술의 자유는 문화국가원리의 실현에 가장 적합한 기본권 중의 하나이다.

2. 법적 성격

예술의 자유는 개인에게 이를 향유할 수 있는 권리를 부여할 뿐만 아니라, 예술의 자유가 보장하는 가치는 대한민국헌법의 객관적 가치 규범으로서의 성격도 갖는다. 독일의 메피스토 판결도 이러한 입장이다.[353]

---

352) 명재진, 예술의 자유, 헌법주석[I], 2013, 801쪽.
353) BVerfGE 30, 173 - Mephisto 판결: [결정요지] 1. 기본법 제5조 제3항은 국가에 대한 예술 영역의 관계에 대해 가치결정을 하는 근본규범이다. 그것은 동시에 개인의 자유권을 부여한다. 2. 예술의 자유의 보장은 예술활동에 적용될 뿐만 아니라 예술 작품의 공연과 보급에도 적용된다. 3. 도서출판사도 예술의 자유의 향유할 수 있다. 4. 예술의 자유에는 기본법 제5조 제2항의 한계와 제2조 제1항 제2문의 한계는 적용되지 않는다. 5. 예술의 자유의 보장과 헌법상 보장되는 인격영

II. 보장내용

1. 인적 보장내용

가. 기본권 주체

예술의 자유는 기본적으로 인간으로서 누리는 자유로 파악되므로 자연인인 국민뿐만 아니라 외국인도 그 주체가 된다. 그러나 예술의 자유는 누구보다도 우선은 예술가에게 중요한 의미를 갖게 될 것이다. 나아가서는 예술의 중개자(Mittler)도 그 활동이 예술이 펼쳐지는 전제가 되는 경우에는 예술의 자유의 주체가 된다. 예술의 중개자는 반드시 자연인에 한하지 않는다. 예술 작품의 탄생에 기여하는 한 법인이나 단체도 예술의 자유의 주체가 될 수 있다.354)

나. 의무 주체

헌법상 보장된 권리로서 예술의 자유의 의무 주체는 원칙적으로 국가 등 공권력이다. 그러나 객관적 가치질서로서의 성격으로부터 국가의 예술 보장의 의무, 사인의 질서 존중 의무가 발생한다. 이러한 논리에 근거하여 다수의 견해는 예술의 자유는 간접적 대사인 효력을 갖는다고 한다.

그런데 예술의 자유가 사법상에 효력을 전개하는 것은 직접적으로는 국가가 기본권보장의무를 이행한 결과라고 할 수 있다. 헌법 제10조 제2문에 따라 국가는 개인이 가지는 불가침의 기본적 인권을 확인하고 이를 보장할 의무를 진다. 국회는 개인의 예술의 자유를 법률로써 보장하여야 하고, 정부는 그렇게 하여 제정된 법률을 입법의 취지에 부합하게 집행하여야 하고 재량을 행사함에는 헌법상 예술의 자유를 존중하는 방향으로 행사하여야 한다. 법관은 재판을 함에 있어서 헌법의 예술의 자유의 정신에 입각하여 법을 해석하고 적용하여야 한다.

국가의 예술의 자유 보장의무는 국가의 존립의 목적이 개인의 자유와 권리를 보장하기 위한 것이라는 점에서 볼 때도 자명한 것으로 이해될 수 있다.

역간의 충돌은 기본법상의 가치질서를 기준에 따라 해결되어야 한다; 이 경우에 특히 기본법 제1
조 제1항에서 보장하고 있는 인간의 존엄이 존중되어야 한다.
354) 같은 견해로는 성낙인, 헌법학, 2020, 1240쪽 이하 참조. 반대 견해로는 권영성, 헌법학원론,
2009, 545쪽; 허영, 한국헌법론, 박영사, 2010, 440쪽 참조.

2. 물적 보장내용

가. 예술의 개념

독일연방헌법재판소의 **메피스토 결정**에서는 예술 개념을 **실질적으로 정의한** 바 있다. 즉, ""예술"의 생활 영역은 예술의 본질에 의해 표현되는바 예술의 유일하게 독특한 구조적 특징에 의해 결정될 수 있다. 그로부터 볼 때 예술 개념의 해석은 헌법으로부터 출발하여야 한다. 예술 활동에 있어서 본질적인 것은 자유로운 창조적 형성이며 거기에는 예술가의 인상, 경험, 체험이 특정한 형식의 언어를 매개로 직접적인 통찰로 나타나 있다. 모든 예술적 활동은 이성적으로는 풀 수 없는 의식적, 무의식적 과정의 상호 혼합이다. 예술적 창작에 있어서는 영감, 환상 그리고 예술적 오감이 함께 작용하는 것이다; 예술은 전달을 주로 하는 것이 아니라 예술가의 개인적 인격의 표현 나아가서는 가장 직접적인 표현이다."355)

그러나 예술 개념은 정의한다는 것이 쉽지는 않다. 최근에는 예술 개념은 정의할 수 없다는 입장들이 점점 늘어나고 있는 것도 사실이다.356) 그런데 예술 개념을 정의할 수 없다고 하여 예술의 자유를 보호할 헌법적 의무가 없어지는 것은 아니기 때문에,357) 독일 연방헌법재판소에서는 실질적 개념 외에도 다양한 예술 개념을 사용하고 있다. **형식적 개념**(formaler Kunstbegriff)에 따르면 예술 작품의 본질은 그림, 조각, 시, 연극 등 일정한 작품 유형에 속하는 작품 형식을 가지면 인정될 수 있다고 한다.358) **개방적 예술 개념**은 예술적 표현 내용의 다양성 때문에 계속적인 해석의 과정에서 표현으로부터 계속적으로 풍부한 의미를 도출해 내는 것이 가능하여서 실제에 있어서 무궁한 다층적인 정보 전달이 나타나는 것에서 예술적 표현의 특징적 징표를 찾는다.359) 독일 연방헌법재판소는 이 세 가지 예술 개념을 번갈아 가면서 사용하고 있는데 그 이유는 어느 하나의 개념만으로는 완전하지 않기 때문이라고 한다.360)

예술은 창조적 활동이므로 무엇이 예술인가를 내용적으로 판단하는 것은 어리석은 것이며, 단지 **당해 예술에 대한 예술가의 태도가** 전적으로 고려되어야 할 것이다. 또한 예

---

355) BVerfGE 30, 173, 189f. (1971) - Mephisto.
356) Pieroth/Schlink, Grundrechte, Aufl. 25, 2009, Rn. 659.
357) BVerfGE 67, 213, 225 - Anachronistischer Zug(시대착오적 행진 사건).
358) Pieroth/Schlink, Grundrechte, Aufl. 25, 2009, Rn. 660.
359) BVerfGE 67, 213, 227.
360) 이석민, 예술의 자유에 대한 헌법적 검토, 헌법재판연구원, 2018, 23쪽 참조.

술은 창조적 활동이므로 인류 정신사 발전의 견인 역할을 하였다는 점에서 함부로 평균인의 시각에서 재단하려고 하여서는 안 될 것이다.

나. 예술의 자유의 내용

예술의 자유는 자유권이기 때문에 국가에 대하여 소극적인 방어권으로서 기능한다. 따라서 예술 진흥을 위한 어떤 적극적 급부권도 이로부터 나오는 것은 아니다.

예술의 자유는 헌법재판소에 의하면 ① 예술 창작의 자유, ② 예술 표현의 자유, ③ 예술적 집회·결사의 자유로 구성된다. **예술 창작의 자유**는 예술 창작 활동을 할 수 있는 자유로서 창작 소재, 창작 형태 및 창작 과정 등에 대한 임의로운 결정권을 포함한 모든 예술 창작 활동의 자유를 그 내용으로 한다. 따라서 음반 및 비디오물로써 예술 창작 활동을 하는 자유도 이 예술의 자유에 포함된다. **예술 표현의 자유**는 창작한 예술품을 일반 대중에게 전시·공연·보급할 수 있는 자유이다. 예술품 보급의 자유와 관련해서 예술품 보급을 목적으로 하는 예술 출판자 등도 이러한 의미에서의 예술의 자유의 보호를 받는다.[361]

예술적 집회·결사의 자유는 제21조 제2항의 일반적 집회·결사의 자유보다도 강하게 보호를 받는 것으로 보아야 하기 때문에 일반적 집회·결사의 자유가 경합할 경우에는 예술의 자유에 따라서 심사되어야 한다.

다. 음란한 표현
1) 음란의 개념

헌법재판소의 결정에 따르면 '음란'이란 인간 존엄 내지 인간성을 왜곡하는 노골적이고 적나라한 성 표현으로서 오로지 성적 흥미에만 호소할 뿐 전체적으로 보아 하등의 문학적, 예술적, 과학적 또는 정치적 가치를 지니지 않은 것으로 이해된다.[362] 이러한 음란 개념은 대법원의 그것과 크게 다르지 않다.[363]

대법원은 음란을 "사회 통념상 일반 보통인의 성욕을 자극하여 성적 흥분을 유발하고 정상적인 성적 수치심을 해하여 성적 도의 관념에 반하는 것으로서, 표현물을 전

---

361) 헌재 1993.5.13. 91헌바17, 음반에관한법률 제3조등에 대한 헌법소원(한정위헌).
362) 헌재 1998.4.30. 95헌가16, 출판사및인쇄소의등록에관한법률 제5조의2제5호등 위헌제청(위헌, 합헌).
363) 헌법재판소의 음란개념은 대법원의 음란개념보다 좁게 보고 있다는 견해도 있다.

체적으로 관찰·평가해 볼 때 단순히 저속하다거나 문란한 느낌을 준다는 정도를 넘어서서 존중·보호되어야 할 인격을 갖춘 존재인 사람의 존엄성과 가치를 심각하게 훼손·왜곡하였다고 평가할 수 있을 정도로 노골적인 방법에 의하여 성적 부위나 행위를 적나라하게 표현 또는 묘사한 것으로서, 사회 통념에 비추어 전적으로 또는 지배적으로 성적 흥미에만 호소하고 하등의 문학적·예술적·사상적·과학적·의학적·교육적 가치를 지니지 아니하는 것을 뜻한다."고 하였다.[364]

2) 예술의 자유의 보장내용에 포함되는지 여부

음란한 표현이 예술의 자유에 속하는지 여부에 대해서는 논란이 있어 왔다. 이는 특히 음란이 언론·출판의 자유의 보호영역에 속하는지 여부와 관련하여 논의되었는데, 음란이 언론·출판의 자유의 보호영역에 속하는지 여부는 음란이 예술의 자유의 보호영역에 속하는지 여부의 문제와 같다. 왜냐하면 아래의 헌법재판소의 결정에서 알 수 있는 바와 같이 보호영역에 속하는지의 문제의 핵심은 언론이냐 예술이냐에 있는 것이 아니고 음란물인지의 여부에 달려있는 것이기 때문이다. 음란이 언론·출판의 자유의 보호영역에 포함되는지 여부에 대해서는 그동안 판례가 변경되었다. 전환점이 된 결정은 2009년 결정이다.

헌법재판소는 2009년 결정에서 비로소 **명시적으로 판례를 변경하여 음란물도 언론·출판의 자유의 보호영역에 속하는 것**이라고 하였다.[365] 음란물을 언론·출판의 자유의 보호영역에 속하는 것이라고 보게 되는 경우에는 음란물에 대해서도 최소한의 헌법적 보장들, 예컨대 법률유보의 원칙이라든가 과잉금지원칙 및 본질적 내용 침해금지원칙 등의 헌법 원칙들이 적용될 수 있다는 것을 의미한다.

NOTE   **음란표현에 관한 명시적 판례 변경 전 결정**

1998년 결정에서는 음란한 표현은 사회의 건전한 성도덕을 크게 해칠 뿐만 아니라 사상의 경쟁 메커니즘에 의해서도 그 해악이 해소되기 어렵다고 보았다. 따라서 이러한 엄격한 의미의 음란 표현은 언론·출판의 자유의 보호영역에 속하지 않는다고 하였다. 이에 반하여

---

364) 대법원 2008.3.13. 2006도3558 판결; 2008.3.27. 2006도6317 판결; 2008.5.8. 2007도47129 판결; 2008.7.10. 2008도244 판결 등 참조.
365) 헌재 2009.5.28. 2006헌바109, 정보통신망 이용촉진 및 정보보호 등에 관한 법률 제65조 제1항 제2호 위헌소원(합헌, 각하).

저속이란 음란에 이르지 않은 성적 표현으로서 언론 · 출판의 자유의 보호 대상이 되는 표현이라고 하였다.[366]

그러나 2002년 결정에서는 음란한 표현물도 언론 · 출판의 자유의 보호영역에 속한다고 하는 결정을 하였다.[367] 그러나 명시적으로 판례변경을 선언하지는 않았다.

3) 명확성원칙 위배 여부

헌법재판소는 1998년 결정에서 법률 조항이 "음란"에 대해서 개념 규정을 하고 있지 않더라도 음란한 간행물의 출판 자체를 금지시키는 규율 내용을 담고 있는 점에 비추어 여기서의 "음란"이란 곧 헌법상 보호되지 않는 성적 표현을 가리키는 것임을 알 수 있고, 헌법상 보호되지 않는 성적 표현이란 앞에서 제시한 바와 같이 '인간 존엄 내지 인간성을 왜곡하는 노골적이고 적나라한 성 표현으로서 오로지 성적 흥미에만 호소할 뿐 전체적으로 보아 하등의 문학적, 예술적, 과학적 또는 정치적 가치를 지니지 않은 것'을 의미한다고 할 수 있기 때문에 **음란 개념은 헌법상의 명확성의 원칙에 위배되지 아니한다고** 판단하였다. 이래 이러한 입장은 계속적으로 유지되고 있다.[368]

그러나 **"저속"**이란 그 외설성이 음란에는 달하지 않는 성적 표현뿐만 아니라 폭력

---

366) 헌재 1998.4.30. 95헌가16, 출판사및인쇄소의등록에관한법률 제5조의2 제5호 등 위헌제청(위헌, 합헌).

367) 헌재 2002.4.25. 2001헌가27, 청소년의성보호에관한법률 제2조 제3호 등 위헌제청(합헌). 재판관 8인의 다수의견은 재판관 윤영철(재판장), 한대현, 하경철(주심), 김영일, 김효종, 김경일, 송인준, 주선회이다. 유일한 반대의견인 권성 재판관의 의견도 음란물이 보호 대상이 되지 않는다는 것이 아니고, 단지 "청소년이 등장하여"라는 부분의 해석을 둘러싼 의견이었다.

368) 헌재 2002.4.25. 2001헌가27, 청소년의성보호에관한법률 제2조 제3호 등 위헌제청(합헌). 다만 이 결정의 특유한 문제로 청소년이용음란물의 하나로 규정하고 있는 "청소년의 수치심을 야기 시키는 신체의 전부 또는 일부 등을 노골적으로 노출하여 음란한 내용을 표현한 것으로서, 필름 · 비디오물 · 게임물 또는 컴퓨터 기타 통신매체를 통한 영상 등의 형태로 된 것"이라는 부분에서 "신체의 전부 또는 일부"가 과연 청소년의 신체를 의미하는 것인지 등에 대해서 명확성의 논란이 있음을 인정하면서도 규정에 표현상 약간의 의문점이 있는 것은 사실이지만 건전한 상식과 통상적인 법감정을 가지고 있는 사람이라면 위에서 살펴 본 바와 같은 이 사건 법률의 입법경과와 입법 목적, 같은 법률의 다른 규정들과의 체계조화적 해석, 관계부처의 법률해석, 다른 처벌 법규와의 비교 등을 고려하여 목적론적으로 해석할 때, 이 사건 법률의 '청소년이용음란물'에는 실제인물인 청소년이 등장하여야 한다고 보아야 함이 명백하고, 따라서 법률적용단계에서 다의적으로 해석될 우려가 없이 건전한 법관의 양식이나 조리에 따른 보충적인 해석에 의하여 그 의미가 구체화되어 해결될 수 있는 이상 죄형법정주의에 있어서의 명확성의 원칙을 위반하였다고 볼 수 없다는 결정을 하고 있다. 또한 헌재 2009.5.28. 2006헌바109, 정보통신망 이용촉진 및 정보보호 등에 관한 법률 제65조제1항 제2호 위헌소원(합헌, 각하)도 참조.

적이고 잔인한 표현 및 욕설 등 상스럽고 천한 내용 등의 표현을 가리키는 것이라고
파악할 수 있어서 매우 광범위하기 때문에 **명확성의 원칙에 위배된다**는 것이 헌법재판소
의 입장이다.[369]

4) 음란 출판물로 인한 등록 취소의 위헌심사기준

음란 출판물을 간행한 이유로 출판사의 등록을 취소시키는 것이 헌법에 위반되는
지 여부는 과잉금지원칙에 비추어 판단하고 합헌 결정하였다.[370]

Q 정기 간행물에 대해서는 법원에 등록 심사 청구를 하고 그에 따라 취소하는 것과 비교하여 볼 때, 음란물을 출판한 출판사를 행정청이 직접 등록 취소를 하는 것은 평등원칙 위반이라는 주장에 대해 검토하시오.

A 정기 간행물은 일반 간행물에 비하여 국민 생활에 더욱 밀착해 있다는 실질적인 차이를 고려할 때 자의적 차별이라고 할 수 없다는 것이 헌법재판소의 결정이다.[371]

III. 제한(사전검열)

1. 사전검열의 개념

헌법에 명문의 규정은 없지만 헌법 제21조의 언론·출판의 자유와의 관계에서 볼
때 예술의 자유의 제한에서 일반적으로 문제되는 것은 **사전검열**이다. 예술 활동에 대한
사전검열은 원칙적으로 금지된다. 다만 **자율적인 사전심의제도**는 위헌으로 볼 수 없다.
헌법재판소도 모든 형태의 사전적 규제가 금지되는 것은 아니라고 한다.[372]

판례에 따를 때 **금지되는 사전검열**은 의사 표현의 발표 여부가 오로지 행정권의 허
가에 좌우되게 하는 사전 심사를 의미한다. 행정권의 허가에 좌우되는 사전 심사인지
여부를 판단하는 기준으로 헌법재판소가 제시하고 있는 것은 ① 허가를 받기 위한 표
현물의 제출 의무, ② 행정권이 주체가 된 사전 심사 절차, ③ 허가를 받지 아니한 의

---

369) 헌재 1998.4.30. 95헌가16, 출판사및인쇄소의등록에관한법률 제5조의2 제5호등 위헌제청(위헌, 합헌).
370) 헌재 1998.4.30. 95헌가16; 2002.4.25. 2001헌가27, 청소년의성보호에관한법률 제2조 제3호 등 위헌제청(합헌); 2009.5.28. 2006헌바109, 정보통신망 이용촉진 및 정보보호 등에 관한 법률 제65조 제1항 제2호 위헌소원(합헌, 각하).
371) 헌재 1998.4.30. 95헌가16.
372) 헌재 1996.10.31. 94헌가6, 음반및비디오물에관한법률 제16조 제1항 등 위헌제청(위헌).

사 표현의 금지, ④ 심사 절차를 관철할 수 있는 강제 수단 등이다.[373]

헌법재판소의 결정에 따를 때, 예술에 대한 검열의 위헌여부 판단 심사의 강도는 언론·출판의 자유와 동일하다.[374] 그러나 예술에 대한 검열의 위헌심사강도는 언론·출판의 자유에 있어서보다 강화하는 것이 바람직하다.

2. 사전심의제도의 변천

예술의 자유의 제한에 해당하는 사전심의제도의 변천을 보면 다음 표와 같다.

법률	헌법재판소 결정 내용
구 음반에 관한 법률(1967)	
구 음반 및 비디오물에 관한 법률(1991) - 비디오물에 관한 사항을 전면적으로 보완함.	- 공연윤리위원회의 사전심의제도 위헌결정(94헌가6; 97헌가1, 96헌가23; 99헌가1)
구 음반·비디오물 및 게임물에 관한 법률(1999) - 사전심의제도를 등급 분류 제도로 전환	- 영상물등급위원회에 의한 외국 음반 국내 제작 추천 제도(2004헌가8; 2005헌가14)와 비디오물 등급 분류 보류 제도(2004헌가18)는 사전검열로서 위헌결정됨. - 게임물 판매업자의 등록제는 사전검열에 해당하지 않음(99헌바117).
구 영화법(1962)	- 공연윤리위원회의 사전심의제도 위헌결정(93헌가13등)
구 영화진흥법(1995) - 영상물등급위원회의 상영등급분류제 채택	- 상영등급분류보류제도는 실질적으로 사전검열에 해당하여 위헌결정됨(2000헌가9)

3. 관련 법률

예술의 자유와 관련된 현행 법률과 관련 규율 제도를 보면 다음과 같다.

현행 법률	
법률명	입법취지 규율 제도
영화 및 비디오물의 진흥에 관한 법률(2006년 제정)	- 구 음반·비디오물 및 게임물에 관한 법률 + 구 영화진흥법 - 등급분류제도(제50조 이하)

---

373) 헌재 1996.10.31. 94헌가6.
374) 헌재 1996.10.31. 94헌가6.

게임산업진흥에 관한 법률(2006년 제정)	– 게임 산업의 기반을 조성하고 게임물의 이용에 관한 사항을 정하여 게임 산업의 진흥 및 국민의 건전한 게임 문화를 확립함으로써 국민 경제의 발전과 국민의 문화적 삶의 질 향상에 이바지함을 목적으로 제정 – 등급분류제도(제16조 이하)
음악산업진흥에 관한 법률(2006년 제정)	– 음악 산업의 진흥에 필요한 사항을 정하여 관련 산업의 발전을 촉진함으로써 국민의 문화적 삶의 질을 높이고 국민 경제의 발전에 이바지함을 목적으로 제정 – 음반·음악영상물제작업 등의 신고(제16조), 음악 영상물 등의 등급분류제도(제17조), 노래연습장의 등록(제18조) 등

Ⅳ. 제한의 정당화

예술의 자유도 기본권 제한의 일반 원칙에 따라 제37조 제2항의 한계를 준수하여야 한다. 따라서 과잉금지원칙과 본질적 내용 침해금지원칙을 준수하여야 한다.

Q 구 「음반에관한법률」상 음반 및 비디오물의 제작·판매를 위한 등록 사항인 소정의 시설을 자기 소유이어야 하는 것으로 해석하는 것이 헌법에 합치하는지 여부를 검토하시오.

A 자기 소유이어야 하는 것으로 해석하는 한 헌법에 위반된다는 것이 헌법재판소의 결정이다.375)

제9항 저작자 · 발명가 · 과학기술자 · 예술가의 권리

Ⅰ. 서론

1. 의의

헌법 제22조 제2항은 "저작자 · 발명가 · 과학기술자와 예술가의 권리는 법률로써 보호한다."고 규정하고 있다. 이 조항은 1948년 제정헌법에서부터 존재했으나 현행헌

---

375) 헌재 1993.5.13. 91헌바17, 음반에관한법률 제3조 등에 대한 헌법소원(한정위헌).

법에서 과학기술자가 추가되었다. 헌법재판소에 따르면 헌법이 저작자 등의 권리를 보호하는 것은 학문과 예술을 발전·진흥시키고 문화국가를 실현하기 위하여 불가결할 뿐 아니라, 이들 저작자 등의 산업재산권을 보호한다는 의미도 함께 가지고 있다.[376] 이에 따라「특허법」,「실용신안법」,「의장법」등 산업재산권을 보호하기 위한 개별 법률들이 제정되어 있다.

2. 법적 성격

저작자 등의 권리는 헌법상의 기본권이다. 따라서 이는 위헌 심사의 준거가 된다. 법률로써 보호한다는 의미는 법률에 형성유보 되어 있다는 의미와 같은 것으로 이해된다.

3. 다른 기본권과의 관계

저작자 등의 권리는 직업의 자유나 재산권과 경합할 수 있다. 그러나 직업의 자유나 재산권 등은 자유권인데 반하여 저작자 등의 권리는 법률로 구체화되는 권리이므로 원칙적으로 보장의 정도가 강한 직업의 자유나 재산권을 중심으로 위헌 심사를 하는 것이 타당할 것이다. 이렇게 보면 제22조 제2항은 재산권 등으로 보호되는 바의 저작권 등에 대한 국가의 보호를 명시하여 천명한 것으로 이해된다.

II. 보장내용

1. 인적 보장내용

가. 기본권 주체

헌법 제22조 제2항이 보장하는 권리의 주체는 저작자, 발명가, 과학기술자, 예술가이다. 기술사는 국가기술자격법에 의한 기술자격 검정을 거친 국가최고의 기술자격 면허를 받은 자이므로 헌법의 보호 대상인 과학기술자에 속한다.[377]

---

376) 헌재 2002.4.25. 2001헌마200, 실용신안법 제34조 등 위헌확인(기각); 2011.2.24. 2009헌바13등, 저작권법 제104조 등 위헌소원(합헌).
377) 헌재 1997.3.27. 93헌마159, 엔지니어링기술진흥법시행규칙 제3조 제1항 제2호 위헌확인(기각).

나. 의무 주체

저작자 등의 권리를 보호할 의무자는 국가 등이다. 이 보호의무를 이행한 결과, 사인은 법률이 정한 저작권 등을 침해하지 않을 법적 의무가 발생하게 된다.

2. 물적 보장내용

헌법 제22조 제2항에 의해 보장되는 내용은 저작권, 발명특허 등이다. 그 구체적인 내용은 법률로 정해진다. 다만 이렇게 정해진 법률상의 내용은 법률적 효력을 가지는 것이며 헌법적 효력을 가지는 것은 아니다. 저작권 등의 본질적 내용마저 법률상 보호되지 않을 때 당해 법률은 위헌이 될 수 있다.

특히 헌법재판소는 특허권의 내용과 관련하여 "특허권자가 특허발명의 방법으로 생산한 물건을 판매하는 것은 특허권의 본질적 내용의 하나이며, 특허발명의 방법에 의하여 생산한 물건에 발명의 명칭과 내용을 표시하는 것은 특허실시권에 내재된 요소다."라고 판시하고 있다.[378] 특허제도는 산업 발전에 이바지함을 목적으로 인간의 정신적 창작의 결과물인 발명을 보호하기 위해 출원인에게 일정 기간 독점·배타적인 특허권을 부여하는 제도로서, 발명이 특허를 받기 위해서는 그 발명이 산업상 이용할 수 있는 것이어야 하고(산업상 이용 가능성), 기존에 존재하지 아니한 새로운 것이어야 하며(신규성), 종래의 기술보다 개량 진보된 것(진보성)이어야 한다(「특허법」 제29조).[379]

「특허법」에 의하여 식품을 특허발명한 경우 이를 제조·판매하는 것과 영업적으로 사용하는 행위 등이 권리로서 보호되므로, 그러한 권리의 실현 방법으로서 당연히 그 효능·효과에 대하여 광고를 할 수 있는지 여부에 대하여 헌법재판소는 의약 발명의 방법에 의하여 생산한 의약품에는 약리 효과를 표시할 수 있지만, 일반적인 식품의 발명인 경우에는 식품에 함유된 성분이 일정한 약리적 효능을 가진다고 하더라도 이는 공인된 사실인 경우가 거의 대부분이므로 그러한 약리적 효능을 표시하는 것은 허용되지 않고, 따라서 **식품의 발명에 있어서 그 구성 성분의 약리적 효능을 표시하는 것이 특허권에 의하여 보호된다고 보기 어려우므로** 이를 금지하는 법률 조항은 발명가의 권리를 보호하는 헌법 제22조 제2항에 위반되지 않는다고 판시하고 있다.[380]

---

378) 헌재 2000.3.30. 99헌마143; 2004.11.25. 2003헌바104, 약사법 제55조 제2항 등 위헌소원(합헌).
379) 헌재 2019.7.25. 2017헌바513, 식품위생법 제13조 제1항 제1호 등 위헌소원(합헌).
380) 헌재 2004.11.25. 2003헌바104, 약사법 제55조 제2항 등 위헌소원(합헌).

또 헌법재판소는 과학기술자를 보호하는 것은 과학·기술의 자유롭고 창조적인 연구 개발을 촉진하여 이론과 실제 양면에 있어서 그 연구와 소산(所産)을 보호함으로써 문화 창달을 제고하려는 데 그 목적이 있으므로, 의료법에 의하여 보호되는 의료인의 보호와는 차원이 다른 문제라고 본다.381) 안경사도 안과 의사도 모두 과학기술자로 될 수 있기 때문에 과학기술자의 권리 보호 규정인 헌법 제22조 제2항을 들어서 안경사가 안과 의사의 권리를 침해한다고 하는 것은 타당하지 않다.382)

III. 제한과 그 한계

저작자 등의 권리를 어느 정도, 어떤 방법을 통하여 보호할 것인가는 광범위한 입법 형성의 자유에 속한다.383) 따라서 법률로 저작권 등을 보호하면서도 그 제한을 규정할 수도 있다. 이 경우 제한의 위헌성 여부를 판단함에 있어서는 법률상 인정된 저작권의 내용에 대한 침해여부가 아니라 헌법해석상 보장되는 저작권의 헌법적 내용에 대한 침해인지 여부가 문제된다.

헌법 제22조 제2항은 입법자에게 일정한 보호의무를 부과한 것이므로 저작자 등의 권리의 본질적 내용을 침해하는 것은 입법 형성권의 한계가 되므로 허용되지 않는다. 또 법률이 저작자 등의 권리의 본질적 내용을 침해하지 않는다 하더라도 입법 형성권에는 일정한 한계가 있다고 보아야 한다. 예컨대 저작권 등의 침해는 통상 재산권의 침해가 되므로 비례성 심사를 하게 된다.384)

| NOTE | 위헌 결정 사례(저작자·발명가·과학기술자·예술가의 권리) | |

식품이나 식품의 용기·포장에 "음주 전후" 또는 "숙취 해소"라는 표시를 금지하고 있는 식

---

381) 헌재 1993.11.25. 92헌마87, 의료기사법시행령 제2조에 대한 헌법소원(기각).
382) 헌재 1993.11.25. 92헌마87.
383) 헌재 2018.8.30. 2016헌가12.
384) "헌법 제22조 제2항에 근거하여 마련된 실용신안제도는 새로운 고안을 창안하여 이를 법이 정한 절차에 따라 등록한 사람에게 실용신안권이라는 독점권을 부여하는 것을 그 핵심적인 내용으로 한다. 실용신안권은 고안의 경제적 가치를 보호하여 권리자의 재산적 이익을 만족시키는 것으로 헌법 제23조에 의하여 보장되는 재산적 가치가 있는 권리라고 할 것이므로 그 내용과 한계를 정함에 있어 원칙적으로 입법자가 광범위한 입법 형성권을 가진다고 할 것이지만, 실용신안권이 재산권으로서 충실히 기능하고 보호될 수 있도록 법치국가원리에 따른 비례의 원칙을 준수하여야 한다."[헌재 2002.4.25. 2001헌마200, 실용신안법 제34조 등 위헌확인(기각)].

품 등의 표시기준으로 인하여 특허 등록한 발명의 명칭이 "숙취 해소용 천연차 및 그 제조 방법"임에도 불구하고 특허권자가 그 특허발명 제품에 "숙취 해소용 천연차"라는 표시를 하지 못하고 "천연차"라는 표시만 할 수밖에 없게 된 사건에서, 이는 특허권자인 청구인들이 업으로서 특허발명을 실시할 권리, 구체적으로는 특허제품 판매권을 제한하는 것으로서 과잉금지원칙에 따라 볼 때 재산권인 특허권을 침해하여 위헌이다.[385)

| NOTE | **합헌 결정 사례(저작자·발명가·과학기술자·예술가의 권리)** |

① 「석유사업법」상 유사석유제품의 생산·판매의 일반적·전면적 금지를 규정한 조항: 유사석유제품의 생산·판매를 일반적·전면적으로 금지하는 법률 조항은 유사석유제품의 품질적 우수성에도 불구하고 그 제조·판매 등을 금지하는 것이 아니라, 유사석유제품의 연료로서의 적합성, 인체와 환경에 대한 유해성, 탈세 문제 등을 합리적으로 해결하기 위하여 그 제조 및 판매를 금지하는 것이고, 나아가 구 석유사업법 시행령 제30조 단서는 '대체에너지개발 및 이용·보급촉진법' 제2조의 규정에 의한 대체에너지와 산업자원부장관이 에너지 이용 효율의 향상을 위하여 이용 보급을 확대할 필요가 있다고 인정하여 고시한 에너지는 유사석유제품으로 보지 아니한다고 규정함으로써 발명가 등의 권리 보호를 위한 장치를 마련하고 있으므로, 이 사건 법률 조항이 헌법상의 발명가, 과학기술자의 권리 보호 규정에 위반된다고 보기 어려우며, 나아가 개인과 기업의 경제상의 자유와 창의 존중을 기본으로 하는 경제 질서 조항(제119조 제1항)에 어긋난다고 보기도 어렵다.[386)
② 법인 등의 업무에 종사하는 자가 업무상 작성하는 컴퓨터프로그램저작물의 저작자를 법인 등으로 한 「저작권법」 조항: 법인·단체 그 밖의 사용자(이하 '법인 등'이라 한다)의 기획 하에 법인 등의 업무에 종사하는 자가 업무상 작성하는 컴퓨터 프로그램 저작물의 저작자는 계약 또는 근무 규칙 등에 다른 정함이 없는 때에는 그 법인 등이 된다고 규정한 「저작권법」(2009.4.22. 법률 제9625호로 개정된 것) 제9조는 프로그램의 활발한 유통과 안정적 창작을 위하여 법인 등의 기획 하에 피용자가 통상적인 업무의 일환으로 보수를 지급받고 프로그램을 작성한 경우 프로그램의 저작자를 법인 등으로 정하도록 하되, 계약 또는 근무규칙으로 저작자를 달리 정할 수 있도록 한 입법자의 판단은 합리적인 이유가 있으므로, 입법 형성권의 한계를 일탈하였다고 보기는 어렵다.[387)
③ 「디자인보호법」은 디자인등록의 요건으로 신규성과 창작비용이성(創作非容易性) 등을 규정하고 있다. 그런데 이러한 요건을 엄격히 관철하면 디자인을 창작한 자에게 지나치게 가혹하여 형평성을 잃게 되거나 산업의 발전을 도모하는 「디자인보호법」의 취지에 맞지 않는 경우가 생길 수 있다. 이에 「디자인보호법」은 제3자의 권익을 해치지 않는 범위 내에서 일정한 경우에는 디자인이 출원 전에 공개되었다고 하더라도 그 디자인은 신규성·창작비

---

385) 헌재 2000.3.30. 99헌마143, 식품등의표시기준 제7조 『별지1』 식품등의 세부표시기준 1. 가. 10) 카) 위헌확인(위헌).
386) 헌재 2009.5.28. 2006헌바24, 구 석유사업법 제26조 등 위헌소원(합헌).
387) 헌재 2018.8.30. 2016헌가12, 저작권법 제9조 위헌제청(합헌).

용이성을 상실하지 않는 것으로 취급하는 신규성 상실의 예외를 규정하고 있다(제36조 제 1항 본문). 그런데 「디자인보호법」 제36조 제1항 단서는 신규성 상실의 예외가 인정되지 않는 경우로서 '디자인이 법률에 따라 국내에서 출원공개된 경우'를 규정하고 있다. 단서조항의 이 부분에 대하여 헌법재판소는 디자인 개발 후 사업준비 등으로 미처 출원하지 못한 디자인에 대하여 출원의 기회를 부여하는 신규성 상실 예외 제도의 취지를 고려할 때, 이미 출원되어 공개된 디자인은 재출원의 기회를 부여하지 않아도 출원인에게 불이익이 없고 재출원의 기회를 부여할 필요도 없고, 특히 일반에 공개된 디자인은 공공의 영역에 놓인 것으로서 원칙적으로 누구나 자유롭게 이용할 수 있어야 한다는 점을 고려하면, 이미 출원 공개된 디자인에 대하여 신규성 상실의 예외를 인정하지 않는 것에 합리적 이유가 없다고 볼 수 없으며, 또한 「디자인보호법」상 디자인권의 효력, 관련디자인제도 등을 고려할 때 법률에 따라 국내에서 출원공개된 경우 신규성 상실의 예외를 인정하지 않는다고 하더라도 디자인 등록 출원인에게 가혹한 결과를 초래한다고 볼 수 없기 때문에 입법형성권의 한계를 일탈하였다고 보기 어렵다고 판단하였다.[388]

제10항 언론 · 출판의 자유

Ⅰ. 서론

1. 개념

헌법 제21조에는 언론 · 출판의 자유를 규정하고 있다. 언론의 자유는 미국 헌법상의 Freedom of Speech로, 출판의 자유는 Freedom of Press로 이해할 수 있지만, 오늘날 다양한 매체들이 등장하고 있고 이를 통한 의사 표현의 자유도 이 제21조에 의해 보장되는 것으로 보아야 하기 때문에, 헌법 제21조의 언론 · 출판은 의사 표현의 한 방법을 예시적으로 규정한 것으로 보아야 한다.

우리나라의 일반적 저술과 헌법재판소의 결정은 언론 · 출판의 자유를 표현의 자유와 같은 개념으로 사용하고 있다.[389] 2009년의 국회의장헌법개정자문위원회 연구 결과 보고서에서는 방송의 자유를 포함하면서도 언론 · 출판만으로 한정하지 않기 위해서 언

---

388) 헌재 2023.7.20. 2020헌바497, 디자인보호법 제36조 제1항 단서 위헌소원(합헌) — 신규성 상실의 예외를 제한하는 디자인보호법 조항에 관한 사건.
389) 헌재 1991.5.13. 90헌마133, 기록등사신청에 대한 헌법소원(인용): "헌법 제21조는 언론 · 출판의 자유, 즉 표현의 자유를 규정하고 있는데 …"

론·출판의 자유를 표현의 자유로 표기하는 방안이 제시되기도 했다.[390] 2014년 국회 의장 헌법개정자문위원회 활동결과보고서에서는 "모든 사람은 자유롭게 자신의 의사를 표현할 권리를 가지며, …"(개정안 제30조 제1항 전문)라고 규정하였고, 2018년 문재인정부의 헌법개정안에서는 "언론·출판 등 표현의 자유는 보장되며, …"(제20조 제1항 전문)라고 규정하고 있다.

2. 헌법적 의의

언론·출판·집회·결사의 자유는 민주주의를 지탱하는 기본권이다. 민주주의에 있어서 언론·출판의 자유는 생명에 있어서 공기와 같다고 한다.[391] 미국 수정 헌법 제1조에서도 종교의 자유와 함께 언론·출판의 자유를 규정하여 언론·출판의 자유의 중요성을 드러내고 있다.

헌법재판소는 일찍이 언론·출판의 자유 영역에 있어서는 국가의 개입이 더욱 제한적으로 이루어져야 하는 이유로 ① 언론·출판의 자유가 지니는 헌법적 가치는 입헌민주 체제에서 반드시 확보되어야 할 중요한 가치이고, ② 어떤 사상이나 견해가 옳고 가치 있는 것인지를 판단하는 절대적인 잣대가 자유 민주 체제에서는 존재할 수 없다는 사실, ③ 사상의 경쟁 메커니즘이 시민사회 내부에 존재하기 때문에 시민 사회 내부에서 서로 대립되는 다양한 사상과 의견들의 경쟁을 통하여 유해한 언론·출판의 해악이 자체적으로 해소될 수 있다면 국가의 개입은 최소한도에 그쳐야 한다는 점을 들고 있다.[392]

3. 법적 성격

언론·출판의 자유에 내포된 가치는 민주적 헌법국가의 전제 조건이라는 점에서

---

390) 그러나 표현행위의 광범위함을 고려하면 반드시 헌법 제21조의 언론·출판의 자유를 표현의 자유라고 할 수는 없다. 예술적 표현, 종교적 표현 등 다양한 형태의 표현이 존재하기 때문에 표현의 자유는 이러한 모든 것을 내포한 광의로 이해하고, 헌법 제21조에서 보장하고 있는 자유는 언론·출판의 자유 그리고 집회·결사의 자유로 명명하는 것이 혼란을 덜 초래하고 헌법의 문언에도 합치하는 개념의 사용이 된다. 내용상으로도 미국법상 표현의 자유가 단순히 우리의 언론·출판의 자유만을 의미하는 것이라고 볼 수 없다는 것이 일반적인 견해다.

391) 허영, 헌법이론과 헌법(중), 박영사, 1988, 374쪽 참조.

392) 헌재 1998.4.30. 95헌가16, 출판사및인쇄소의등록에관한법률 제5조의2 제5호 등 위헌제청(위헌, 합헌).

단순한 개인의 권리차원을 넘어서 객관적 가치질서로서의 성격을 강하게 갖는 기본권이다. 제21조 제3항이 통신·방송의 시설기준과 신문의 기능 보장을 위한 법정주의를 규정한 것이나, 같은 조 제4항이 언론·출판의 한계를 규정한 것은 언론·출판의 자유 규정이 갖는 이러한 객관적 가치로서의 성격 때문이다.

언론·출판의 자유는 제도보장으로서의 성격도 갖는다. 언론·출판의 자유가 보장됨으로써 그 본질적 내용이 침해될 수 없다는 점에서는 제도보장으로서의 언론·출판의 자유의 내용과 중복되지만, 제도보장으로서의 언론·출판의 자유는 거기서 멈추지 않고 언론·출판의 자유를 실효성 있게 보장하는 신문제도, 방송제도 등을 형성할 국가의 헌법적 의무를 발생시킨다. 블렉만393)이 제도보장을 통하여 자유권이 입법자에게 특정한 법질서를 발전시킬 의무를 입법자에게 부과할 수 있다고 본 것은 바로 이러한 의미다.394) 헌법재판소가 제도가 보장되면 입법자는 그 제도를 설정하고 유지할 입법의무를 지게 된다395)고 한 것도 같은 의미다.

언론·출판의 자유는 원칙적으로 소극적 지위에서 비롯되는 권리이다. 따라서 의사를 전달하기 위해 미디어를 이용할 수 있도록 청구할 수 있는 권리를 부여하는 것은 아니다. 공법인인 미디어를 이용하는 경우에도 급부 청구권이 되는 것은 아니다.

4. 헌정사적 의미

우리나라는 해방 후 비로소 서구적 의미의 언론·출판의 자유가 인정되게 되었다. 해방이 가지는 역사적 의미를 한 문헌에서는 다음과 같이 기술하고 있다: "해방은 한국인이 마음껏 한국어로 말하고 한글로 의사소통을 할 수 있는 세상을 만났다는 것을 의미했다. 역사상 처음으로 언론·출판·집회·결사 등의 기본적 자유를 누릴 수 있었던 것도 해방이 가져다 준 선물이었다."396) 이를 뒤집어 보면 해방이 우리에게 우리말로 자유롭게 말할 자유를 가져다주었기 때문에 해방은 언론의 자유에 의해 비로소 완성되어 갔다고 할 수 있을 것이다.

---

393) Bleckmann, Staatsrecht Ⅱ, S. 277.
394) 전술한 제도보장 부분 참조.
395) 헌재 1997.4.24. 95헌바48, 구 지방공무원법 제2조 제3항 제2호 나목 등 위헌소원; 1994.4.28. 91헌바15등, 국가안전기획부직원법 제22조 등에 대한 헌법소원(합헌, 각하); 2006.2.23. 2005헌마403, 지방자치법 제87조 제1항 위헌확인(기각).
396) 서중석, 사진과 그림으로 보는 한국현대사, 웅진지식하우스, 2005, 23쪽 참조.

5. 입법례

버지니아 권리선언에서는 제12조에 출판의 자유가 규정되어 있다. 미국 헌법 수정 제1조(1791)에서도 언론·출판의 자유가 선언되어 있다. 프랑스 인권선언 제11조에서도 "사상과 의견의 자유로운 소통은 사람의 가장 귀중한 권리의 하나이다. 따라서 모든 시민은 자유롭게 말하고, 쓰고, 출판할 수 있다. 다만 법으로 규정된 경우에는 이 자유의 남용에 대해서 책임을 져야 한다."라고 규정하고 있다. 독일 기본법(1949) 제5조 제1항 에서는 "누구나 자신의 의견을 말, 문자 그리고 그림으로 자유롭게 표현하고 전파할 자유를 가지며, 일반적으로 접근 가능한 정보원에서 방해받지 않고 정보를 취득할 권리를 가진다. 출판의 자유와 방송과 영화를 통한 보도의 자유는 보장된다. 검열은 존재하지 않는다."라고 규정하고 있다.

6. 종교의 자유, 양심의 자유, 학문과 예술의 자유와의 관계

헌법재판소는 종교, 양심, 학문 그리고 예술의 자유 등과 같은 정신적 자유를 외부적으로 표현하는 자유는 언론·출판의 자유라고 하고 있다.[397] 이는 의사의 외부적 표현에 관한 한 모두 언론·출판의 자유가 적용된다고 볼 수 있다는 것으로 이해된다.

그런데 대법원[398]은 헌법재판소와는 다른 판단을 하고 있다. 대법원은 종교상의 외부적 표현은 헌법 제21조 제1항의 언론·출판의 자유에 대하여 특별법적 지위를 갖고 있다고 본다. 특별법적 지위를 가지고 있다는 것은 종교적인 언론·출판은 제21조와 관련성을 갖지만 적용에 있어서는 제21조가 아닌 제20조가 적용된다는 의미로 이해된다.

---

397) 헌재 1992.11.12. 89헌마88, 교육법 제157조에 관한 헌법소원(기각): "헌법 제21조의 규정에 의하여 모든 국민은 언론·출판의 자유 내지 표현의 자유가 보장되며 언론·출판에 대한 허가나 검열은 인정되지 않는다. 언론·출판의 자유는 종교의 자유, 양심의 자유, 학문과 예술의 자유와 표리관계에 있다고 할 수 있는데 그러한 정신적인 자유를 외부적으로 표현하는 자유가 언론·출판의 자유라고 할 수 있다." 그 외에도 다수의 유사한 결정이 존재한다.

398) "우리 헌법 제20조 제1항은 "모든 국민은 종교의 자유를 가진다."라고 규정하고 있는데, 종교의 자유에는 자기가 신봉하는 종교를 선전하고 새로운 신자를 규합하기 위한 선교의 자유가 포함되고 선교의 자유에는 다른 종교를 비판하거나 다른 종교의 신자에 대하여 개종을 권고하는 자유도 포함되는바, 종교적 선전, 타 종교에 대한 비판 등은 동시에 표현의 자유의 보호 대상이 되는 것이나, 그 경우 종교의 자유에 관한 헌법 제20조 제1항은 표현의 자유에 관한 헌법 제21조 제1항에 대하여 특별 규정의 성격을 갖는다 할 것이므로 종교적 목적을 위한 언론·출판의 경우에는 그 밖의 일반적인 언론·출판에 비하여 보다 고도의 보장을 받게 된다고 할 것이다."[대법원 1996.9.6. 96다19246, 19253 판결 — 대법관 이용훈(재판장)·박만호·박준서(주심)·김형선].

정신적 자유의 외부적 표현이 헌법 제21조의 보장내용에 속하는 것인지, 아니면 당해 개별적 정신적 자유의 보장내용에 이미 속하기 때문에 일반조항인 제21조는 적용되지 않는 것인지가 실질적으로 의미를 가지려면, 당해 정신적 자유의 보장내용에 속한다고 함으로써 단순한 제21조 제1항의 언론·출판의 자유로서 보장받는 것보다도 강화된 보장이 가능한 경우여야 한다. 이 점과 관련하여 종교적 언론·출판의 경우에는 일반 언론·출판에 비하여 강화된 보장을 받는다고 하는 대법원의 판결은 의미가 있다. 정신적 자유의 외부적 표현에는 모두 제21조 제1항의 언론·출판의 자유가 적용된다고 보는 것은 타당한 것으로 보기 어렵다. 왜냐하면 그렇게 되면 사실상 당해 정신적 기본권은 내심의 보장으로만 머물러 있게 되어 공허한 것이 되어 버리기 때문이다. 헌법상 기본권이 보장되어야 하는 이유는 정도의 차이는 있어도 당해 기본권이 사회 관련성을 갖기 때문이다.399) 따라서 정신적 기본권의 외부적 표현은 원칙적으로 당해 정신적 기본권의 보장내용에 속한다고 보는 것이 타당하다.

II. 보장내용

1. 인적 보장내용

가. 기본권 주체
1) 자연인

자연인은 당연히 언론·출판의 자유의 주체가 된다. 따라서 사람은 출생과 함께 언론·출판의 자유를 향유한다. 그런데 언론·출판의 자유에 기본권 행사능력이 요구되는가. 언론·출판의 자유의 보장의 전제로서 기본권 행사능력을 요구할 어떤 근거도 발견하기 어렵다. 따라서 의사소통 능력을 갖고 있지 못하거나 미흡한 경우라도 언론·출판의 자유의 행사능력은 가지고 있다고 보아야 한다. 외국인도 언론·출판의 자유의 기본권 주체가 된다.

군인이나 군무원, 공무원과 같이 특수한 신분관계에 있는 자도 언론·출판의 자유의 주체가 된다. 다만, 그 특수한 지위로 인하여 공무원은 헌법 제7조에 따라 정치적 중립

---

399) 순전히 100% 내심에 머물러있기만 하는 그러한 자유로운 상태의 보호는 법의 진정한 관심의 대상이라고 보기 어렵다.

성을 준수하여야 하고, 군인 등은 국군의 구성원으로서 헌법 제5조 제2항에 따라 그 정치적 중립성이 더욱 엄격히 요구되므로, 특히 정치적 표현의 자유에 대해 일반 국민보다 엄격한 제한을 받게 된다는 것이 헌법재판소의 판례다.[400] 따라서 '공무 외의 일을 위한 집단행위'를 금지하고 있는 「국가공무원법」 제66조 제1항은 헌법에 위반되지 않는다.[401]

이에 따라 헌법재판소는 군인이나 군무원은 정치적 표현의 자유와 관련하여 일반 국민이나 일반 공무원과는 동등한 지위에 있다고 볼 수 없어서 평등원칙이 적용되는 비교 대상이 되지 않는다고 하면서, 공무원 관련 법률(국가공무원법 제65조 제2항, 구 국가정보원법 제9조 제2항, 구 경찰공무원법 제31조 제3항, 지방공무원법 제57조 제2항)에서는 금지되는 정치적 표현 행위의 행위 태양을 구체적으로 제한하고 있는 반면, 구 「군형법」 제94조에서는 "정치 단체에 가입하거나 연설, 문서 또는 그 밖의 방법으로 정치적 의견을 공표하거나 그 밖의 정치 운동을 한 사람은 2년 이하의 금고에 처한다."라고만 규정하여 군인·군무원이 정치적 의견을 공표하는 것을 금지하면서 어떠한 제한도 두지 않고 있더라도 이것이 다른 공무원들과 비교하여 합리적 이유 없이 차별하여 평등원칙에 위반되는 것은 아니라고 하면서 청구인의 주장을 배척하고 있다.[402] 나아가서 이 규정에 대해서 헌법재판소는 죄형법정주의의 명확성의 원칙에도 위배되지 않을 뿐만 아니라, 과잉금지원칙을 위배하여 군무원의 정치적 표현의 자유를 침해하는 것도 아니라고 판시하였다.[403]

또한 「정당법」 제22조에서는 일정한 공무원[404]을 제외한 국가공무원과 지방공무원 그리고 '법령의 규정에 의하여 공무원의 신분을 가진 자'는 정당의 발기인 및 당원

---

400) 헌재 2018.7.26. 2016헌바139, 구 군형법 제94조 위헌소원(합헌); 2018.4.26. 2016헌마611, 국가 공무원법 제65조 등 위헌확인(기각).

401) 헌재 2014.8.28. 2011헌바32등, 국가공무원법 제66조 제1항 등 위헌소원(합헌); 2020.4.23. 2018 헌마550, 국가공무원법 제66조 제1항 위헌확인(기각, 각하).

402) 헌재 2018.7.26. 2016헌바139, 구 군형법 제94조 위헌소원(합헌). 이 결정은 군무원이 청구인이어 서 군무원에 한정해서 해석하고 있지만 군인에 대해서도 군무원과 마찬가지로 해석된다. 같은 결 정으로는 헌재 2018.4.26. 2016헌마611, 국가공무원법 제65조 등 위헌확인(기각) 참조.

403) 헌재 2018.7.26. 2016헌바139, 구 군형법 제94조 위헌소원(합헌).

404) "대통령, 국무총리, 국무위원, 국회의원, 지방의회의원, 선거에 의하여 취임하는 지방자치단체의 장, 국회 부의장의 수석비서관·비서관·비서·행정보조요원, 국회 상임위원회·예산결산특별위원 회·윤리특별위원회 위원장의 행정보조요원, 국회의원의 보좌관·비서관·비서, 국회 교섭단체대 표의원의 행정비서관, 국회 교섭단체의 정책연구위원·행정보조요원과 「고등교육법」 제14조 제1 항·제2항에 따른 교원"을 말한다.

이 될 수 없도록 제한하고 있고, 「국가공무원법」과 「지방공무원법」은 공무원이 정당이
나 그 밖의 정치단체의 결성에 관여하거나 가입할 수 없도록 하고 있다. 이 조항들과
관련하여 공무원인 초·중등학교 교원이 청구한 위헌심판에서 헌법재판소는 교육의 정
치적 중립성과 학생의 교육기본권 보장의 관점에서 **정당** 부분에 대해서는 결성 관여나
가입 등을 제한한 「정당법」과 「국가공무원법」 조항들에 대해서 합헌으로 결정하였
다.[405] 다만, "그 밖의 **정치단체**"에 관한 부분에 대해서는 명확성원칙에 위배되어 청구인
들의 표현의 자유 및 결사의 자유를 침해한다고 판시하였다.[406]

「정당법」 제22조 제1항 제2호에서는 교육의 정치적 중립성 확보를 위하여 사립 초
·중등학교의 교원에 대해서도 정당의 발기인 및 당원이 될 수 없도록 하고 있다.[407]

Q 육군 대위 갑이 트위터에서 현직 대통령에 대해 "가카 이 새끼 기어코 인
천공항 팔아먹으려고 발악을 하는구나!"라고 하는 등 약 15회에 걸쳐 대
통령에 대해 발언한 것에 대해 군검찰이 군통수권자인 상관을 모욕한 것
으로 판단하고 상관모욕죄로 기소하였다. 모욕죄로 처벌하는 것이 헌법상
의 언론·출판의 자유의 관점에서 타당한지 여부를 판단하시오.

A 이러한 사건에 대해서는 아직 선례가 없다. 사안과 관련하여서는 우선 갑도 언론·출판의
자유의 주체라는 점을 인정하는 것이 필요하다. 나아가서 갑이 군인의 신분을 숨기고 트위
터에서 대통령을 비판한 것은 - 그것이 다소의 모욕적인 언사를 포함한다고 하더라도 -일
반적인 언론·출판의 자유의 보장내용에 속한다고 보아야 한다. 왜냐하면 인터넷상의 의사
표현에는 익명성이 보장되어야 하기 때문이다.
대통령의 다양한 헌법적 지위 가운데 특히 군통수권자로서의 지위에 설 때에는 군인과 일
반 국민의 지위는 달라진다. 따라서 갑이 공공연히 군인의 신분을 밝히고 대통령을 모욕한
경우에는 상관 모욕이 성립될 수 있다. 그런데 군형법 제2조 제1호에서는 상관이란 "명령
복종 관계에서 명령권을 가진 사람을 말한다. 명령 복종 관계가 없는 경우의 상위 계급자

---

405) 헌재 2020.4.23. 2018헌마551, 정당법 제22조 제1항 단서 제1호 등 위헌확인(위헌, 기각, 각하)
－ 교원의 정당 및 정치단체 결성·가입 사건. 같은 취지의 결정으로는 헌재 2004.3.25. 2001헌마
710; 2014.3.27. 2011헌바42 등 참조. 2020년 결정에서 정당 부분에 대해서는 3인의 위헌의견(재
판관 이석태, 김기영, 이미선)이 있다.
406) "그 밖의 정치단체"에 관한 부분에 대한 재판관 6인의 위헌의견 중 3인은 명확성원칙에 위배되므
로 나아가서 과잉금지원칙 위배여부를 판단할 필요가 없다고 보았고, 나머지 3인은 과잉금지원칙
에도 위배된다고 판단하고 있다.
407) 2020년의 교원의 정당 및 정치단체 결성·가입 사건에서 사립학교의 초·중등교원의 심판청구도
있었으나 청구기간 도과로 각하되었다. 이 사건에서 공무원인 초·중등교원의 정당 결성 관여나
가입을 금지한 부분의 합헌 판시는 공무원과 함께 교육의 정치적 중립성에 대해서도 중요한 요인
으로 보기 때문에 사립 초·중등교원의 정당 결성 관여나 가입에 대해서도 합헌으로 판단될 가능
성이 높았던 것으로 보인다.

와 상위 서열자는 상관에 준한다."라고 규정하고 있다. 이에 따르면 대통령을 군통수권자라고 할 경우에는 명령 체계의 연속성의 원칙에 입각할 때 대통령은 군 계급상의 상관이라고 볼 수 있을 것이다.

2) 법인·단체

법인의 경우에도 그 자체로서 의사를 표현하고 전파할 수 있기 때문에 언론·출판의 자유의 주체가 된다고 보아야 한다.

이와 관련하여 정당의 정치적 표현의 자유가 특히 문제된다. 정당은 민주주의의 전제 요건이면서 정치 과정과 정치 활동의 필수불가결한 요소이므로, 정당의 정치적 표현에 대해서는 함부로 명예훼손 등을 인정하기에는 어려움이 있다. 이는 정당 활동의 자유의 보장적 측면에서도 이해할 수 있다. 이러한 관점에서 대법원은 "정당은 정책을 제시·추진하고 공직선거의 후보자를 추천 또는 지지함으로써 정권을 획득하거나 정치적 영향력을 행사하며 국민의 정치적 의사의 형성에 직접 참여함을 목적으로 하는 정치적 결사로서, 오늘날의 의회민주주의 하에서 민주주의의 전제 요건인 동시에 정치 과정과 정치 활동의 필수불가결한 요소로 기능하고 있으므로, 정당 활동의 자유도 이를 보장함에 있어 소홀함이 있어서는 아니 된다. … 정당의 간부나 대변인으로서의 정치적 주장이나 정치적 논평에는 국민의 지지를 얻기 위하여 어느 정도의 단정적인 어법도 종종 사용되고, 이는 수사적인 과장 표현으로서 용인될 수도 있으며, 국민들도 정당의 정치적 주장 등에 구체적인 사실의 적시가 수반되지 아니하면 비록 단정적인 어법으로 공격하는 경우에도 대부분 이를 정치 공세로 치부할 뿐 그 주장을 그대로 객관적인 진실로 믿거나 받아들이지는 않는 것이 보통이므로, 정당의 정치적 주장이나 논평의 명예훼손과 관련한 위법성을 판단함에 있어서는 이러한 특수성이 충분히 고려되어야 할 것이다. 따라서 공공의 이해에 관련된 사항에서 정당 상호 간의 정책, 정견, 다른 정당 및 그 소속 정치인들의 행태 등에 대한 비판, 이와 직접적으로 관련된 각종 정치적 쟁점이나 관여 인물, 단체 등에 대한 문제의 제기 등 정당의 정치적 주장에 관하여는 그것이 어느 정도의 단정적인 어법 사용에 의해 수사적으로 과장 표현된 경우라고 하더라도 구체적 정황의 뒷받침 없이 악의적이거나 현저히 상당성을 잃은 공격이 아닌 한 쉽게 그 책임을 추궁하여서는 아니 된다고 할 것이다."고 판시한 바 있다.[408)]

---

408) 대법원 2007.11.30. 2005다40907 판결.

나. 의무 주체

언론·출판의 자유는 국가에 대한 권리이므로 사인에 대해서는 직접 적용되는 것은 아니다. 통상 사인 간의 관계에 있어서는 원칙적으로 관련 법률 규정의 적용이 문제될 뿐이다. 다수의 견해에 의하면 사법상의 규정을 해석함에는 가치 관련적인 원칙규범으로서 언론·출판의 자유가 방사 효과를 가져서 사법상의 일반조항을 통하여 간접적으로 적용된다(간접적용설). 그러나 사인은 언론·출판의 자유가 가지는 객관적 가치질서를 존중하여야 하지만 그것으로 언론·출판의 자유의 의무 주체가 되는 것은 아니다. 사인의 언론·출판의 자유가 가지는 객관적 가치질서를 존중할 의무와 함께 국가의 기본권보장의무의 이행의 결과 제정된 법률에 따라 제한을 받는 것으로 이해되어야 한다. 예컨대 언론·출판의 자유와 사생활의 비밀이 충돌할 경우에는 국가는 양 당사자의 헌법적 이익을 충분히 고려하여 규범 조화적으로 입법하여야 하고, 그렇게 하여 제정된 법률의 내용이 사인 관계에 적용되는 것이다.

그런데 기본권이 사인에 직접 적용되는 경우가 없지는 않은데 그것은 헌법이 명시적으로 직접 적용을 규정하고 있는 경우에 그러하다. 이와 관련하여 보면 헌법 제21조 제4항에는 "언론·출판은 타인의 명예나 권리 또는 공중도덕이나 사회 윤리를 침해하여서는 아니 된다. 언론·출판이 타인의 명예나 권리를 침해한 때에는 피해자는 이에 대한 피해의 배상을 청구할 수 있다."고 하고 있는 규정의 의미가 문제된다. 그러나 이 규정은 언론·출판의 자유의 한계를 정한 것으로 보이고, 언론·출판의 직접적인 대사인효를 규정한 것으로는 보이지 않는다. 이 규정의 의미는 국가의 기본권보장의무와 관련하여 이해하면 정확하게 드러난다. 국가는 원칙적으로 개인의 언론·출판의 자유를 자신과의 관계에서 뿐만 아니라 제3자인 사인과의 관계에서도 보장할 의무가 있다(헌법 제10조 제2문의 국가의 기본권보장의무). 따라서 언론·출판으로 인하여 사인의 명예나 권리가 침해될 경우에 국가는 침해된 개인의 명예나 권리를 보호할 의무가 국가의 기본권보장의무로부터 나온다. 왜냐하면 국가는 개인의 명예권이나 헌법상 보장된 권리를 제3자(여기서는 언론·출판의 자유의 행사자)에 의해 침해되지 않도록 보호할 의무가 있기 때문이다. 여기서 입법자는 언론·출판의 자유와 명예권을 조화될 수 있도록 입법하여야 하고, 법관은 재판 과정에서 법률의 취지에 따라 판결할 의무를 부담하게 된다. 관련 규정이 없는 경우에는 법관은 사법의 일반조항을 해석·적용함에 있어서 관련 양 당사자가 향유하는 기본권의 헌법적 의미를 충분히 고려하여 판단하여야 한다.

2. 물적 보장내용

가. 언론 · 출판의 개념

언론의 사전적 개념[409]은 ① 개인이 말이나 글로 자기의 생각을 발표하는 일 또는 그 말이나 글을 의미하기도 하고 ② 매체를 통하여 어떤 사실을 밝혀 알리거나 어떤 문제에 대하여 여론을 형성하는 활동을 의미하기도 한다. 전자의 개념으로 사용하더라도 반드시 '말(구두)'에 의한 표현에 한정되는 것은 아니고 글에 의한 표현도 언론에 포함된다.

출판의 사전적 개념은 서적이나 회화 따위를 인쇄하여 세상에 내놓는 것을 말하고 출간과 같은 개념이다. 앞서 언론이 인쇄된 형태로 나타나면 이는 출판의 범주에 속한다고 할 수 있다.

언론 · 출판의 자유는 의사의 표현뿐만 아니라 이를 전파하는 자유도 포함한다.[410] 그런데 현대 사회에서는 언론 · 출판은 전통적인 출판물과 방송 외에도 인터넷, SNS 등 다양한 표현 매체들이 존재한다. 이러한 표현 매체들은 현재에도 새롭게 생성되기도 한다. 따라서 헌법 제21조 제1항에서 보장하고 있는 언론 · 출판의 자유의 매개체는 어떠한 형태이건 가능하며 그 제한이 없다. 즉 담화 · 연설 · 토론 · 연극 · 방송 · 음악 · 영화 · 가요 등과 문서 · 소설 · 시가 · 도화 · 사진 · 조각 · 서화 등 모든 형상의 의사 표현 또는 의사 전파의 매개체를 포함한다. 따라서 음반 및 비디오물의 제작 등은 언론 · 출판의 자유에 의해서도 보장된다.[411]

나. 신문의 자유

신문은 전통적인 의사 표현의 중요 매체이기 때문에 언론 · 출판의 자유는 당연히 신문의 자유를 포함한다.[412] 신문의 자유의 특별한 보호는 신문의 공적 기능의 행사라는 측면에서 신문업계에 종사하는 사람들에 대한 보장과 자유로운 신문 제도의 조성이라는 제도보장이 중요한 의미를 갖는다.[413]

---

409) 국립국어원, 표준국어대사전 참조.
410) 헌재 1993.5.13. 91헌바17, 음반에관한법률 제3조 등에 대한 헌법소원(한정위헌).
411) 헌재 1993.5.13. 91헌바17.
412) 헌재 2006.6.29. 2005헌마165등, 신문등의자유와기능보장에관한법률 제16조 등 위헌확인 등(위헌, 헌법불합치, 합헌, 기각, 각하, 각 반대의견 있음).
413) 헌재 2006.6.29. 2005헌마165등 참조.

헌법 제21조 제3항에서는 "신문의 기능을 보장하기 위하여"라고 규정하고 있는데, 헌법재판소는 신문의 기능이란 주로 민주적 의사 형성에 있고, 그것은 다원주의를 본질로 하는 민주주의 사회에서 언론의 다양성 보장을 불가결의 전제로 하는 것이므로, "신문의 기능을 보장하기 위하여"란 결국 '신문의 다양성을 유지하기 위하여'란 의미도 포함하고 있다고 본다. 그 결과 신문에 대한 필요한 입법적 규율은 허용되는 것으로 본다.[414]

"신문의 자유에 의하여 보호되는 것은 정보의 획득에서부터 뉴스와 의견의 전파에 이르기까지, 언론으로서의 신문의 기능과 본질적으로 관련되는 모든 활동"이다.[415]

다. 방송의 자유

헌법에는 방송의 자유는 규정되어 있지 않다. 그러나 해석상 방송의 자유는 언론·출판의 자유에 포함되는 것으로 본다. 헌법재판소 판례도 같다.[416]

헌법재판소는 방송의 자유의 의의에 대해 "방송의 자유는 주관적인 자유권으로서의 특성을 가질 뿐 아니라 다양한 정보와 견해의 교환을 가능하게 함으로써 민주주의의 존립·발전을 위한 기초가 되는 언론의 자유의 실질적 보장에 기여한다는 특성을 가지고 있다."고 평가하고, "방송 매체에 대한 규제의 필요성과 정당성을 논의함에 있어서 방송 사업자의 자유와 권리뿐만 아니라 수신자의 이익과 권리도 고려되어야 하는 것은 방송의 이와 같은 공적 기능 때문"이라고 보고 있다.[417]

1) 기본권 주체

방송의 자유의 주체는 우선은 방송국이다. 공법인인 방송국은 원칙적으로 기본권의 주체가 될 수 없지만, 공법인이 헌법상 보호되는 생활 영역에 직접 참여하는 경우에는 개인에 대하여는 방송의 자유를 보장할 의무자의 지위를 가지면서 동시에 국가로부터 방송의 자유를 향유하는 주체가 될 수 있다.

개인도 방송의 자유의 주체가 된다. 따라서 방송은 그 공법상 또는 사법상 방송 형태, 상업적 혹은 비상업적 활동과 관계없이 방송을 행하거나 방송을 행하고자 필요한

---

414) 헌재 2006.6.29. 2005헌마165등.
415) 헌재 2006.6.29. 2005헌마165등.
416) 헌재 1993.5.13. 91헌바17; 2001.5.31. 2000헌바43등, 구 유선방송관리법 제22조 제2항 제6호 중 제15조 제1항 제1호 부분 위헌소원, 구 유선방송관리법 제22조 제2항 제8호 중 제17조 제4호 부분 위헌소원(합헌).
417) 헌재 2001.5.31. 2000헌바43등.

방송 허가를 얻으려고 노력하는 모든 사람이 방송의 자유의 주체가 된다.[418]

그러나 단순한 방송 참여자는 방송의 자유의 주체가 아니다.

2) 물적 보장내용

방송이란 물리적인 주파수를 통한 불특정 다수인을 향한 무선 또는 유선의 모든 사상 내용의 전달을 의미한다. 따라서 지상의 무선국을 통해 전파를 송출하는 지상파 방송으로서 라디오 방송과 TV방송 외에 케이블 방송 등을 포함한다. 따라서 불특정 다수인을 대상으로 하지 않는 사적인 통화나 팩스는 방송이 아니다.

「방송법」제2조에서는 방송이라 함은 방송 프로그램을 기획·편성 또는 제작하여 이를 공중에게 전기통신 설비에 의하여 송신하는 것으로서 텔레비전 방송,[419] 라디오 방송,[420] 데이터 방송,[421] 이동멀티미디어 방송[422]을 말한다고 규정하고 있다.

오늘날은 방송과 통신이 융합함으로써 방송과 통신의 구별이 곤란해지고 있다. 방송의 특징으로는 편집활동의 존재를 들 수 있다.

3) 방송의 자유의 특성

방송의 특성은 무엇보다도 주파수가 희소하다는 데 있다. 따라서 국가는 희소한 주파수를 이용하여 다양한 의견이 방송될 수 있도록 할 필요가 있다. 그런 의미에서 방송의 자유는 법적 실현이 중요하다. 이를 두고 독일 연방헌법재판소는 방송의 자유를 규범 구체화적 기본권이라고 하였다. 헌법 제21조 제3항에서 "통신·방송의 시설 기준과 신문의 기능을 보장하기 위하여 필요한 사항은 법률로 정한다."라고 한 것도 규범 구체화적 법률유보(형성적 법률유보)에 해당한다.

헌법재판소에 따르면 지상파 방송 사업을 하기 위해서는 전파법 제34조에 따라 방송통신위원회의 허가를 받아야 하므로 희소성이 있고 공공재적 성격을 가지며, 용이한 접근성으로 인한 사회 문화적 영향력이 크기 때문에 지상파 방송은 다양성과 독립성을

---

418) BVerfGE 95, 220, 234; 97, 298, 311.
419) 정지 또는 이동하는 사물의 순간적 영상과 이에 따르는 음성·음향 등으로 이루어진 방송프로그램을 송신하는 방송.
420) 음성·음향 등으로 이루어진 방송프로그램을 송신하는 방송.
421) 방송사업자의 채널을 이용하여 데이터(문자·숫자·도형·도표·이미지 그 밖의 정보체계를 말한다)를 위주로 하여 이에 따르는 영상·음성·음향 및 이들의 조합으로 이루어진 방송프로그램을 송신하는 방송(인터넷 등 통신망을 통하여 제공하거나 매개하는 경우를 제외한다).
422) 이동중 수신을 주목적으로 다채널을 이용하여 텔레비전방송·라디오방송 및 데이터방송을 복합적으로 송신하는 방송.

확보하는 것이 중요한데, 이를 위해서는 특정 사업자가 방송 영역을 지배하여 여론을 독과점하는 것을 막고 다양한 매체의 균형 있는 발전을 도모해야 하므로, 방송 산업의 독점을 사전에 방지하는 차원에서 방송 산업의 소유와 겸영에 대한 규제가 필요하다고 본다.[423]

　방송을 통하여 다양한 의견이 표현될 수 있으려면 방송국의 재정의 독립이 필요하기 때문에 헌법재판소는 공영 방송이 시청료를 징수하는 것은 타당한 재정 유형으로서 허용되는 것으로 보고 있다.[424]

라. 보도의 자유

　라디오나 TV 등의 방송 매체로 소식이나 정치적 해설을 하는 보도의 자유가 인정된다. 방송도 보도를 할 수 있지만 방송의 자유는 보도의 자유 그 이상을 의미한다. 보도의 자유는 취재의 자유를 전제로 하고 있다. 그러나 취재원비익권(取材源秘匿權)[425]은 인정되지 않는다는 것이 일반적인 견해이다.

마. 익명표현의 자유

　헌법재판소의 판례에 따르면 헌법 제21조 제1항에서 보장하고 있는 표현의 자유는 사상 또는 의견의 자유로운 표명(발표의 자유)과 그것을 전파할 자유(전달의 자유)가 보장되고, 이 전파할 자유에는 자신의 신원을 누구에게도 밝히지 아니한 채 익명 또는 가명으로 자신의 사상이나 견해를 표명하고 전파할 익명표현의 자유(freedom of anony-mous speech)도 포함된다.

| NOTE | 위헌 결정 사례(익명표현의 자유) | |

① 정보통신 서비스 제공자로서 제공하는 정보통신 서비스의 유형별 일일 평균 이용자 수가 10만 명 이상이면서 대통령령으로 정하는 기준에 해당되는 자로서 인터넷 게시판을 설치·운영하는 자에게 본인 확인 의무를 부과하는 것(인터넷 실명제)은 게시판이용자의 익명표현의 자유(그 외 정보통신서비스 제공자의 언론의 자유, 게시판 이용자의 개인정보 자

---

423) 헌재 2015.4.30. 2012헌바358, 방송법 제8조 제8항 위헌소원(합헌).
424) 헌재 2015.4.30. 2012헌바358.
425) 미국에서는 reporter's privilege, journalist's privilege, newsman's privilege, press privilege 등으로 불린다.

기결정권)를 과도하게 제한하는 것으로서 과잉금지원칙에 위배되어 헌법에 위반된다.[426]
그러나 공공기관등이 설치·운영하는 게시판에 대해서는 합헌 결정되었음을 주의할 필요가
있다. 즉, 공공기관등이 설치·운영하는 게시판은 공동체 구성원으로서의 책임이 더욱 강하
게 요구되는 곳임을 전제로, 공공기관등이 정보통신망 상에 게시판을 설치·운영하려면 게
시판 이용자의 본인 확인을 위한 방법 및 절차의 마련 등 대통령령으로 정하는 필요한 조
치를 하도록 규정한 「정보통신망 이용촉진 및 정보보호 등에 관한 법률」 제44조의5 제1항
제1호는 과잉금지원칙을 준수하고 있으므로 청구인의 익명표현의 자유를 침해하지 않는다
고 본 것이다.[427]
② 인터넷언론사는 선거운동기간 중 당해 홈페이지 게시판 등에 정당·후보자에 대한 지지
·반대 등의 정보를 게시하는 경우 실명을 확인받는 기술적 조치를 하도록 정한 「공직선거
법」의 **실명확인조항**과 행정안전부장관 및 신용정보업자는 실명인증자료를 관리하고 중앙선
거관리위원회가 요구하는 경우 지체 없이 그 자료를 제출해야 하며, 실명확인을 위한 기술
적 조치를 하지 아니하거나 실명인증의 표시가 없는 정보를 삭제하지 않는 경우 과태료를
부과하도록 정한 「공직선거법」 조항은, 목적의 정당성과 수단의 적합성은 인정되나 침해의
최소성과 법익의 균형성을 갖추지 못하여 익명표현의 자유(그 외 인터넷언론사의 언론의
자유, 게시판 등 이용자의 개인정보자기결정권)를 침해한다.[428]

NOTE	**합헌 결정 사례(익명표현의 자유)**	

이동통신 서비스 가입 시 본인 확인 절차를 거치도록 하는 「전기통신사업법」 및 같은 법
시행령 규정은 과잉금지원칙을 위반하여 익명으로 이동통신 서비스에 가입하여 자신의 인
적사항을 밝히지 않은 채 통신하고자 하는 자들의 개인정보자기결정권과 통신의 자유를 침
해하는 것은 아니다.[429]

---

426) 헌재 2012.8.23. 2010헌마47등, 정보통신망 이용촉진 및 정보보호 등에 관한 법률 제44조의5 제1
   항 제2호 등 위헌확인(위헌); 2015.7.30. 2012헌마734등, 공직선거법 제82조의6 제1항 등 위헌확
   인 등(기각). 정보통신망법 제44조의5 제1항 제2호는 2014.5.28. 삭제되었다.
427) 헌재 2022.12.22. 2019헌마654, 정보통신망 이용촉진 및 정보보호 등에 관한 법률 제44조의5 제1
   항 제1호 위헌확인(기각, 4인 재판관의 반대의견 있음) - 공공기관등 게시판 본인확인제 사건.
   반대의견은 심판대상조항이 규율하고 있는 공적 영역은 그렇지 않은 영역에 비하여 오히려 익명
   표현의 자유가 더욱 강하게 보장될 필요가 있는 곳임을 전제로 하고 있다.
428) 헌재 2021.1.28. 2018헌마456등, 공직선거법 제82조의6 제1항 등 위헌확인(위헌) - 선거운동기
   간 중 인터넷게시판 실명확인 사건. 이 사건에는 3인 재판관의 반대의견이 있다. 비판적 평석으
   로는 장영수, 판례평석 선거운동기간 중 인터넷게시판 실명제의 의미와 기능, 법률신문
   2021.8.26.자 13면 참조.
429) 헌재 2019.9.26. 2017헌마1209, 전기통신사업법 제32조의4 제2항 등 위헌확인(기각).

바. 인터넷언론사의 표현의 자유

「공직선거법」제8조의5는 인터넷선거보도심의위원회에 관하여 규정하면서 제1항에서는 인터넷언론사의 개념을 정의하고 있다. 이에 따르면 인터넷 언론사는 「신문 등의 진흥에 관한 법률」제2조(정의) 제4호에 따른 인터넷 신문사업자 그 밖에 정치·경제·사회·문화·시사 등에 관한 보도·논평·여론 및 정보 등을 전파할 목적으로 취재·편집·집필한 기사를 인터넷을 통하여 보도·제공하거나 매개하는 인터넷 홈페이지를 경영·관리하는 자와 이와 유사한 언론의 기능을 행하는 인터넷 홈페이지를 경영·관리하는 자를 말한다. 「공직선거법」상 이러한 인터넷언론사는 인터넷 선거 보도 심의의 대상이 되고 있다.

그런데 헌법재판소는 위 규정에서 보듯이 인터넷언론사의 개념은 매우 광범위할 뿐만 아니라, 인터넷 언론의 특성과 그에 따른 언론 시장에서의 영향력 확대에 비추어 볼 때, 인터넷 언론에 대하여는 자율성을 최대한 보장하고 언론의 자유에 대한 제한을 최소화하는 것이 바람직한 것으로 보고 있다.[430]

사. 물적 보장내용과 관련한 몇 가지 문제
1) 알 권리의 포함 여부
가) 개념

헌법재판소는 알 권리(right to know)는 정보에의 접근·수집·처리의 자유, 즉 일반적으로 접근 가능한 정보원으로부터 정보를 취득할 수 있는 자유로서,[431] 표현의 자유의 당연한 내포라고 판단하고 있다.[432] 일반인이 정보를 수집할 수 있을 정도로 적합하고 특정되어 있는 경우에는 일반적으로 접근 가능한 정보원이라고 할 수 있다. 접근 가능성의 판단은 규범적 판단에 의하는 것이 아니고, 사실상 그리고 기술적으로 볼 때 가능한 것이면 된다. 그렇지 않으면 부당한 접근 통제를 국가가 남용할 가능성이 있기 때문이다.[433] 위성 방송과 같이 일정한 시설이 필요한 경우에 자신이 이를 갖추려고 하는 적극적인 노력도 알 권리에 속한다.[434] 그러나 무엇보다도 정보에의 자유로운 접근을

---

430) 헌재 2019.11.28. 2016헌마90, 공직선거법 제8조의5 제6항 등 위헌확인[위헌(3인의 반대의견), 각하].
431) "정보에의 접근·수집·처리의 자유, 즉 "알 권리"는 …{헌재 1991.5.13. 90헌마133, 기록등사신청에 대한 헌법소원[인용(취소)]}.
432) 헌재 1989.9.4. 88헌마22; 2009.9.24. 2007헌바107(합헌).
433) Pieroth/Schlink, Grundrechte — Staatsrecht II, 25. Aufl., 2009, Rn. 608 참조.
434) 헌재 2005.5.26. 2002헌마356등(각하).

국가로부터 방해받지 아니할 자유가 이에 속한다. 알 권리의 구체적인 내용은 알 권리의 개념 내지 법적 성격과 관련되는 문제이기도 하므로 아래에서 상술한다.

알 권리의 개념과 관련해서는 특히 정보의 자유(Informationsfreiheit)와의 개념적 관계가 문제된다. 헌법재판소는 정보의 자유라는 개념은 적극적으로 채용하고 있지 않다. 학설에서는 ① 정보의 자유를 알 권리와 자기정보관리·통제권[435]의 상위 개념으로 이해하는 견해,[436] ② 정보의 자유를 알 권리로 이해하는 견해[437] 등이 있다.

정보 관련 기본권은 정보화 시대에 주요한 특징적 기본권으로서 그 기능이 점점 확대되어 가고 있는 추세이다. 단순한 자유권만으로는 정보 사회에 대응하는 것은 역부족이며 따라서 급부권적 내용이 인정되지 않으면 안 될 것이다. 나아가서는 헌법재판소는 개인정보자기결정권이라는 내용의 권리를 별도로 인정하고 있다. 이러한 점에서 볼 때 **정보의 자유는 자유권을 포함한 그 이상으로 보아야 하므로 알 권리와 같은 의미로** 파악할 수 있을 것이다.

나) 법적 성격 및 내용

학설에서는 알 권리를 자유권만으로 이해하는 견해가 있다.[438] 헌법재판소는 알 권리를 자유권적 성격과 청구권적 성격 그리고 생활권적 성격 모두를 가진 것으로 이해한다.[439] 다만, 생활권이 어떤 내용을 의미하는지는 아직 불분명하다.

알 권리의 법적 성격은 알 권리의 개념을 어떻게 이해하느냐의 문제이다. 따라서 쟁점은 자유권 이외의 내용도 알 권리로서 인정할 것인가에 있다.

① 자유권적 내용

알 권리의 자유권적 성질은 일반적으로 정보에 접근하고 수집·처리함에 있어서 국가권력의 방해를 받지 아니한다는 것을 말한다.[440] 자유권적 내용의 주요 기능은 방어권이다.

---

435) 개인정보자기결정권을 이렇게 사용하고 있는 것으로 보인다. 정종섭, 헌법학원론, 2010, 638쪽 참조.
436) 정종섭, 헌법학원론, 2010, 638쪽 참조.
437) 김철수, 헌법학(상), 2008, 981쪽 참조.
438) 김일환, 헌법 기본권편 개정의 쟁점과 대안, 헌법개정의 쟁점과 대안, 2009년 한국공법학회 국제학술대회발표문, 1, 30쪽 참조.
439) 헌재 1989.9.4. 88헌마22, 공권력에 의한 재산권침해에 대한 헌법소원[인용(위헌확인), 기각]; 1991.5.13. 90헌마133, 기록등사신청에 대한 헌법소원(인용); 2019.7.25. 2017헌마1329, 변호사시험법 제18조 제1항 본문 등 위헌확인(위헌, 각하).
440) 헌재 1991.5.13. 90헌마133; 2019.7.25. 2017헌마1329, 변호사시험법 제18조 제1항 본문 등 위헌확인(위헌, 각하).

② 청구권적 내용

알 권리의 청구권적 내용은 의사 형성이나 여론 형성에 필요한 정보를 적극적으로 수집할 권리로서으로서 정보수집권 또는 정보공개청구권을 의미한다.441) 정보공개청구권은 알 권리의 당연한 내용으로서 알 권리의 청구권적 성질과 밀접하게 관련되고, 정부나 공공기관이 보유하고 있는 정보에 대하여 정당한 이해관계가 있는 자가 그 공개를 요구할 수 있는 권리로서 헌법 제21조에 의하여 직접 보장된다는 것이 헌법재판소의 입장이다.442)

정보공개청구권은 개별적 정보공개청구권과 일반적 정보공개청구권으로 구별할 수 있다. 일반적 정보공개청구권443)과 개별적 정보공개청구권444)은 정보공개대상 정보와 신청인의 개별적 관련성의 존부를 기준으로 한 구분이다. 그러나 어느 경우나 개인의 권리이다.

③ 생활권적 내용

헌법재판소가 판시하는 바의 생활권적 내용이 어떤 의미인지는 불분명하지만, 적어도 알 권리가 현대 정보 생활에 불가결하다는 의미를 강조한 것으로 보인다.445)

다) 법적 근거

알 권리를 기본권으로 인정하는 경우에 그 근거는 ① 언론·출판의 자유에서 주로 찾는 견해가 있고, ② 자유권적 측면은 언론·출판의 자유에서 찾고, 급부권적 측면은

---

441) 헌재 2019.7.25. 2017헌마1329, 변호사시험법 제18조 제1항 본문 등 위헌확인(위헌, 각하).

442) 헌재 2019.7.25. 2017헌마1329; 2015.6.25. 2011헌마769등 참조. 헌법재판소는 알 권리는 헌법 제21조에 의해 직접 보장되는 외에 국민주권주의(제1조), 인간의 존엄과 가치(제10조), 인간다운 생활을 할 권리(제34조 제1항) 등과도 관련이 있다고 보고 있다[헌재 2010.12.28. 2009헌마466, 정치자금법 제42조 제2항 본문 등 위헌확인(기각, 각하)].

443) [일반적 정보공개청구권을 인정한 사례] 헌재 1989.9.4. 88헌마22, 공권력에 의한 재산권침해에 대한 헌법소원[인용(위헌확인), 기각]: "이 권리의 핵심은 정부가 보유하고 있는 정보에 대한 국민의 알 권리, 즉 국민의 정부에 대한 일반적 정보공개를 구할 권리(청구권적 기본권)라고 할 것이며, 또한 자유민주적 기본질서를 천명하고 있는 헌법 전문과 제1조 및 제4조의 해석상 당연한 것이라고 봐야 할 것이다."

444) [개별적 정보공개청구권을 인정한 사례] 헌재 1989.9.4. 88헌마22: "알 권리에 대한 제한의 정도는 청구인에게 이해관계가 있고 공익에 장해가 되지 않는다면 널리 인정해야 할 것으로 생각하며, 적어도 직접의 이해관계가 있는 자에 대하여서는 의무적으로 공개하여야 한다는 점에 대하여서는 이론의 여지가 없을 것으로 사료된다."

445) 알 권리의 생활권적 성격을 긍정한 사례로는 헌재 1991.5.13. 90헌마133, 기록등사신청에 대한 헌법소원(인용) 참조.

제10조에서 찾는 견해가 있다. 우선 방어권으로서의 알 권리는 인정된다고 본다. 이는 헌법 이론으로나 사실상으로나 인정하는 데에는 아무런 어려움이 없다. 급부권적 내용을 갖는 알 권리로서 정보의 자유(예컨대, 정보 제공 요구)에 대해서도 독일 연방헌법재판소446)와 헌법재판소는 정보공개청구권을 인정하고 있다.447) 헌법재판소는 통상 알 권리의 헌법적 근거를 언론·출판의 자유에서 찾고 있지만, 알 권리를 복합적으로 이해하면 헌법적 근거를 단순히 언론·출판의 자유에서만 찾을 수는 없을 것이다.

그런데 헌법재판소는 '태아의 성별을 알 권리'에 대해서는 일반적 인격권에서 그 근거를 찾고 있다.448) 이는 알 권리가 청구권이어서 자유권인 언론·출판의 자유에서 찾을 수 없기 때문에 인격권에서 찾은 것으로 보이기보다는, 알 권리의 대상이 생명과 관련된 인격적인 문제이기 때문인 것으로 보인다. 따라서 여기서 알 권리는 여전히 자유권으로서 국가에 대한 방어권으로서 기능하고 있다. 이는 단순히 자유권이냐 청구권이냐에 따라 획일적으로 헌법적 근거를 달리 할 수 없음을 보여 주는 것이다. 물론 자유권이면 제21조, 청구권이면 제10조를 헌법적 근거로 드는 것은 타당한 결론이다. 그러나 헌법재판소가 알 권리의 헌법적 근거를 제21조에서 찾았던 것과는 달리 위 사안과 같이 여전히 자유권적인 알 권리의 헌법적 근거를 일반적 인격권에서 찾고 있다는 것은 그동안의 입장에서 볼 때 다소 예외적인 것이다. 생각해 보면 이 결정은 다음과 같은 비판이 가능하다. ① 제21조의 언론·출판의 자유는 인간의 존엄과 무관하지 않기 때문에 여기서 자유권으로서 알 권리가 문제된다면 여전히 제21조를 근거로 들었어야 했다. 그것이 일관된 입장일 것이다. ② 그럼에도 불구하고 인격 관련성을 강조하기 위해서 제21조로 부족하다고 느낀 경우에는 자녀의 성별을 알 부모의 권리는 단순한 알 권리를 넘어 인간의 존엄과 가치와 직결되는 인격적 문제로 파악하여 일반적 인격권의 한 내용으로 보았어야 했을 것이다.

정보공개청구권의 실현을 위해서 「공공기관의 정보공개에 관한 법률」이 1996.12. 31. 제정되어 1998.1.1.부터 시행되고 있다. 공공기관이 보유·관리하는 정보는 국민의 알 권리 보장 등을 위하여 이 법에서 정하는 바에 따라 적극적으로 공개하도록 하고 있다(법 제3조). 모든 국민은 정보의 공개를 청구할 권리를 가지고 있고 외국인의 정보

446) BVerfGE 90, 27, 36.
447) 헌재 2003.3.27. 2000헌마474, 정보비공개결정 위헌확인[인용(위헌확인)]; 2003.3.27. 2000헌마474; 2003.5.15. 2003헌가9등.
448) 헌재 2008.7.31. 2004헌마1010, 의료법 제19조의2 제2항 위헌확인 등(헌법불합치).

공개 청구에 관하여는 대통령령으로 정하도록 하고 있다(법 제5조). 이 법률상의 정보공개청구권과 관련하여 현재 특히 문제가 되는 것은 전자적으로 관리하고 있는 정보로서 정보 공개 청구 내용과 동일한 상태로 관리하고 있지 않아서 어느 정도 생산이 필요한 경우의 정보도 공개 대상의 정보에 속하는지가 문제된다. 대법원은 청구인이 구하는 대로 편집할 수 있고 기관의 컴퓨터 시스템 운용에 별다른 지장을 초래하지 않는다면 기초 자료를 검색·편집하는 것은 새로운 정보의 생산 또는 가공에 해당한다고 볼 수 없다고 한다.[449]

라) 알 권리의 제한

알 권리도 헌법 제21조 제4항[450]과 제37조 제2항에 의하여 제한될 수 있다. 헌법재판소는 알 권리는 청구인에게 이해관계가 있고 공익에 장해가 되지 않는다면 널리 인정하여야 한다고 하고 있으며, 적어도 직접의 이해관계가 있는 자에 대해서는 의무적으로 공개하여야 한다고 판시하고 있다.[451]

알 권리와 표현의 자유(언론·출판의 자유를 말하는 것으로 이해됨)의 관계에 대해서 헌법재판소는 알 권리는 표현의 자유에 당연히 포함되는 것으로 기술하거나,[452] 알 권리와 표현의 자유는 표리 일체의 관계에 있다고 기술하기도 한다.[453] 따라서 알 권리의 침해가 문제된 경우에는 알 권리의 침해 여부를 판단하는 것으로써 충분하다고 한다.[454]

---

449) 대법원 2010.2.11. 2009두6001 판결: "공공기관의 정보공개에 관한 법률(이하 '정보공개법'이라 한다)에 의한 정보공개제도는 공공기관이 보유·관리하는 정보를 그 상태대로 공개하는 제도이지만, 전자적 형태로 보유·관리되는 정보의 경우에는, 그 정보가 청구인이 구하는 대로는 되어 있지 않다고 하더라도, 공개청구를 받은 공공기관이 공개청구대상정보의 기초자료를 전자적 형태로 보유·관리하고 있고, 당해 기관에서 통상 사용되는 컴퓨터 하드웨어 및 소프트웨어와 기술적 전문지식을 사용하여 그 기초자료를 검색하여 청구인이 구하는 대로 편집할 수 있으며, 그러한 작업이 당해 기관의 컴퓨터 시스템 운용에 별다른 지장을 초래하지 아니한다면, 그 공공기관이 공개청구대상정보를 보유·관리하고 있는 것으로 볼 수 있고, 이러한 경우에 기초자료를 검색·편집하는 것은 새로운 정보의 생산 또는 가공에 해당한다고 할 수 없다."
450) 헌법재판소는 이를 헌법유보로 보고 있다.
451) 헌재 1989.9.4. 88헌마22, 공권력에 의한 재산권침해에 대한 헌법소원[인용(위헌확인), 기각].
452) 헌재 1989.9.4. 88헌마22; 2010.12.28. 2009헌마466, 정치자금법 제42조 제2항 본문 등 위헌확인(기각, 각하).
453) 헌재 2010.12.28. 2009헌마466.
454) 헌재 2019.7.25. 2017헌마1329, 변호사시험법 제18조 제1항 본문 등 위헌확인(위헌, 각하).

> **NOTE** **위헌 결정 사례(알 권리)**
>
> ① 「변호사시험법」 개정법률 시행 전에 시험에 합격한 사람은 법 시행일부터 6개월 내에 법무부장관에게 본인의 성적 공개를 청구할 수 있다고 규정하고 있는 변호사시험법 부칙 제2조는 목적의 정당성과 수단의 적합성은 인정할 수 있으나 침해의 최소성과 법익의 균형성 원칙에 위배되어 청구인의 정보공개청구권을 침해한다.455)
> ② 「정치자금법」에 따라 회계보고된 자료의 열람기간을 3월간으로 제한한 정치자금법 제42조 제2항 본문 중 '3월간' 부분은 선거관리위원회의 업무부담을 줄이기 위한 것으로서 목적의 정당성과 수단의 적합성은 인정되나, 그 기간이 지나치게 짧아서 피해의 최소성과 법익의 균형성에 위반되어 청구인의 알 권리를 침해한다.456)
> ③ 헌법재판소는 국회 정보위원회 회의는 공개하지 아니한다고 정하고 있는 「국회법」 제54조의2 제1항 본문은 헌법 제50조 제1항의 의사공개원칙에 위배된다고 판시하면서, 과잉금지원칙 위배 여부에 대해서는 더 나아가 판단할 필요 없이 청구인들의 알 권리를 침해한다고 판시하였다.457)

> **NOTE** **합헌 결정 사례(알 권리)**
>
> 신문의 편집인·발행인 또는 그 종사자, 방송사의 편집책임자, 그 기관장 또는 종사자, 그 밖의 출판물의 저작자와 발행인으로 하여금 아동보호사건에 관련된 '아동학대행위자'를 특정하여 파악할 수 있는 인적 사항이나 사진 등을 신문 등 출판물에 싣거나 방송매체를 통하여 방송할 수 없게 금지하는 「아동학대범죄의 처벌 등에 관한 특례법」 조항458)은 과잉금지원칙에 반하여 언론·출판의 자유와 국민의 알 권리를 침해하지 않는다.

2) 단순한 사실 전달의 포함 여부

독일 연방헌법재판소의 판례에 따르면 사실의 전파가 의사 형성의 전제가 되는 경우에 의사 표현으로서 보장된다고 한다. 그러나 가치판단과 결부되어 있지 않고, 의사 형성에 관련되어 있지도 않은 단순한 사실의 주장은 의사 표현의 자유의 보장 범위에서 제외된다.459)

---

455) 헌재 2019.7.25. 2017헌마1329.
456) 헌재 2021.5.27. 2018헌마1168, 정치자금법 제27조 제1항 등 위헌확인(위헌, 각하).
457) 헌재 2022.1.27. 2018헌마1162등, 국회법제54조의2 제1항 본문위헌확인 등 - 정보위원회 회의를 비공개하도록 규정한 국회법 조항에 관한 사건. 이 결정에는 의사공개원칙과 알 권리를 침해하지 않는다는 취지의 2인 재판관의 반대의견이 있다.
458) 헌재 2022.10.27. 2021헌가4, 아동학대행위자의 식별정보 보도금지 사건(합헌).
459) BVerfGE 65, 1, 41 - Volkszählung.

미국의 의견과 사실의 이분론(二分論, the dichotomy of opinion and fact)에 따르면, 의사 표현의 행위를 의견의 표명과 사실의 진술로 구분하여 의견 표명에 해당하는 경우에는 명예훼손의 책임을 지지 않게 함으로써 의견 표명의 자유를 두텁게 보호하고 있다.

우리나라에서도 단순한 사실의 전달은 언론·출판의 자유가 보호하려는 바의 의사의 표현 및 전달이라고 볼 수 없으므로 언론·출판의 자유에 포함된다고 보기 어렵다는 견해가 있다. 그러나 단순한 사실의 전달이라고 할지라도 전적으로 언론·출판의 자유의 보장 범위에 속하지 않는다고 할 수는 없다. 단순한 사실과 의사는 명확히 구분할 수 없는 점이 있고, 전달할 사실의 선택이 이미 의사적 요소를 내포하고 있다고 볼 수 있기 때문이다. 적어도 암묵적으로 이미 주장자의 가치 판단과 무관하다고하기 어려운 경우가 있는데, 단순한 사실을 언제, 어디서, 어떻게 전달할 것인가를 판단하는 과정 속에 이미 가치판단이라고 하는 전달자의 의사가 내포되고 있는 경우도 존재한다.

3) 허위 사실의 전파행위 포함 여부

소위 미네르바 사건[460]에서 헌법재판관 9인 전원은 허위 사실이라고 하더라도 반드시 타인의 명예나 권리 또는 공중도덕이나 사회 윤리를 침해하는 것은 아니기 때문에 허위 사실의 전파 행위도 언론·출판의 자유의 보장내용에 포함된다고 판단하였다.[461] 이 결정에 대해서는 거짓말을 하지 말라는 명령은 인류의 보편적 도덕률이며 법

---

460) 헌재 2010.12.28. 2008헌바157, 전기통신기본법 제47조 제1항 위헌소원(위헌).
461) 헌법재판소의 법정의견은 공익을 해할 목적이라는 초과주관적 구성요건이 명확성원칙을 위반한 것임을 밝히는 가운데 "이 사건 법률 조항은 … 일반적으로 허용되는 '허위의 통신' 가운데 어떤 목적의 통신이 금지되는 것인지 고지하여 주지 못한다. 어렴풋한 추측마저 불가능하다고는 할 수 없더라도, 그것은 대단히 주관적인 것일 수밖에 없다."라고 판시함으로써 허위의 통신은 일반적으로는 허용되지만 일정한 경우에는 금지되는 것이라는 인식을 가지고 있다(판례집 22−2하, 695쪽). 조대현·김희옥·김종대·송두환 재판관의 보충 의견에서도 명의가 허위인 경우를 넘어서 내용적으로 허위인 경우까지 형사 처벌하는 것으로 해석하는 것은 법체계와 부합하기 어렵다는 입장을 피력하였고(판례집 22−2하, 697쪽), 이강국·이공현·조대현·김종대·송두환의 보충 의견에서는 그 이유까지 명백히 설시하여 "객관적으로 명백한 허위사실의 표현임이 인정되는 때에도, 그와 같은 표현이 언제나 타인의 명예·권리를 침해하는 결과를 가져온다거나, 공중도덕·사회윤리를 침해한다고 볼 수는 없으며, 행위자의 인격의 발현이나, 행복추구, 국민주권의 실현에 전혀 도움이 되지 않는 것이라 단언하기도 어렵다(판례집 22−2하, 699쪽)."고 하고 있다. 허위사실이 언론·출판의 자유의 보장내용에 속한다는 것은 이 결정에 대해 합헌의견을 낸 이동흡·목영준 재판관의 반대의견에서도 나타난다. 즉, "허위사실이라고 하여 반드시 타인의 명예나 권리 또는 공중도덕이나 사회윤리를 침해하는 것은 아니므로 허위사실의 표현도 표현의 자유의 보

이 거짓말을 보호한다는 법리는 어느 나라에서도 찾아볼 수 없다는 강력한 비판의견이 제기되었다.[462]

독일 연방헌법재판소에서는 진실이 아닌 것으로 입증된 사실을 주장하거나 혹은 의도적으로 진실이 아닌 사실을 주장하는 것은 의사 표현의 자유에 의해 보호되지 않는다고 한 바 있다.[463]

4) 차별적 언사, 혐오적 표현의 포함 여부

헌법재판소는 학교의 설립자·경영자, 학교의 장과 교직원, 그리고 학생은 성별, 종교, 나이, 사회적 신분, 출신 지역, 출신 국가, 출신 민족, 언어, 장애, 용모 등 신체 조건, 임신 또는 출산, 가족 형태 또는 가족 상황, 인종, 경제적 지위, 피부색, 사상 또는 정치적 의견, 성적 지향, 성별 정체성, 병력, 징계, 성적 등의 사유를 이유로 차별적 언사나 행동, 혐오적 표현 등을 통해 다른 사람의 인권을 침해하여서는 아니 된다고 규정하고 있는 서울시 학생인권조례 제5조 제3항의 위헌확인을 구하는 심판에서 '차별·혐오 표현'이라는 것이 언제나 명백한 관념이 아니고 헌법상 표현의 자유에 의하여 보호되지 않는 표현에 해당하는지 여부는 표현의 자유라는 헌법상 기본권을 떠나 규명될 수 없다는 점에서 차별적 언사나 행동, 혐오적 표현도 헌법 제21조가 규정하는 표현의 자유의 보호영역에 해당하는 것으로 보고, 다만 헌법 제37조 제2항에 따라 제한할 수 있는 것으로 이해한다.[464]

5) 광고의 포함 여부

헌법재판소의 결정에 따르면 광고도 언론·출판의 자유의 보장 대상에 해당한다.[465] 다만, 상업 광고(commercial speech)와 같은 경우에는 정치적, 시민적 표현 행위와는 구분하여 비례성 심사의 강도를 완화하고 있다. 완화한다는 것은 피해의 최소성의 심사에서 심사 강도를 "입법 목적을 달성하기 위하여 필요한 범위 내의 것인지를 심사"하는 정도로 완화한다는 의미이다. 그 이유는 상업 광고는 표현의 자유의 보호영

호영역에서 배제되는 것은 아니지만,…"(판례집 22-2하, 705쪽)이라는 의견을 내고 있다.

[462] 박용상, 헌재의 전기통신기본법 위헌결정(미네르바 사건) 비판, 2011.3.10.자 법률신문 참조.
[463] BVerfGE 85, 1, 15 - Bayer-Aktionäre; 99, 185, 187 - Scientology.
[464] 헌재 2012.11.29. 2011헌바137, 농업협동조합법 제172조제3항 등 위헌소원(합헌); 2013.6.27. 2012헌바37, 형법 제311조 위헌소원(합헌); 2019.11.28. 2017헌마1356, 서울시 학생인권조례 제3조 제1항 등 위헌확인(기각, 각하).
[465] 헌재 2008.6.26. 2005헌마506, 방송법 제32조 제2항 등 위헌확인(위헌).

역에 속하지만 사상이나 지식에 관한 정치적, 시민적 표현 행위와는 차이가 있고, 한편 직업 수행의 자유의 보호영역에 속하지만 인격 발현과 개성 신장에 미치는 효과가 중대한 것은 아니기 때문이라고 한다.[466]

| NOTE | **위헌 결정 사례(광고금지 관련)** | |

대한변호사협회의 유권해석을 위반하는 광고를 금지하는 대한변호사협회의 규정은 규율의 예측가능성이 현저히 떨어지고 법집행기관의 자의적인 해석을 배제할 수 없어 법률유보원칙에 위반되어 청구인들의 표현의 자유, 직업의 자유를 침해하고, 변호사 또는 소비자로부터 금전·기타 경제적 대가를 받고 법률상담 또는 사건 등을 소개·알선·유인하기 위하여 변호사 등과 소비자를 연결하거나 변호사 등을 광고·홍보·소개하는 행위를 금지하는 규정(이하 "대가수수 광고금지규정")은 "광고표현이 지닌 기본권적 성질을 고려할 때 광고의 내용이나 방법적 측면에서 꼭 필요한 한계 외에는 폭넓게 광고를 허용하는 것이 바람직하다. 각종 매체를 통한 변호사 광고를 원칙적으로 허용하는 변호사법 제23조 제1항의 취지에 비추어 볼 때, 변호사 등이 다양한 매체의 광고업자에게 광고비를 지급하고 광고하는 것은 허용된다고 할 것인데, 이러한 행위를 일률적으로 금지하는 위 규정은 수단의 적합성을 인정하기 어렵다. 대가수수 광고금지규정이 아니더라도 변호사법이나 다른 규정들에 의하여 입법목적을 달성할 수 있고, 공정한 수임질서를 해치거나 소비자에게 피해를 줄 수 있는 내용의 광고를 특정하여 제한하는 등 완화된 수단에 의해서도 입법목적을 같은 정도로 달성할 수 있다. 나아가, 위 규정으로 입법목적이 달성될 수 있을지 불분명한 반면, 변호사들이 광고업자에게 유상으로 광고를 의뢰하는 것이 사실상 금지되어 청구인들의 표현의 자유, 직업의 자유에 중대한 제한을 받게 되므로, 위 규정은 침해의 최소성 및 법익의 균형성도 갖추지 못하였다. 따라서 대가수수 광고금지규정은 과잉금지원칙에 위반되어 청구인들의 표현의 자유와 직업의 자유를 침해한다."[467]

---

466) 헌재 2005.10.27. 2003헌가3, 의료법 제69조 등 위헌제청(위헌).
467) 헌재 2022.5.26. 2021헌마619, 변호사 광고에 관한 규정 제3조 제2항 등 위헌확인(위헌, 기각). 이 사건은 변호사 소개 법률 플랫폼 '로톡'의 합법성과 관련되어 크게 문제가 된 사건이다. 이 결정에는 다음과 같은 3인 재판관의 반대의견이 있다. "대가수수 광고금지규정은 변호사등의 광고행위 일반을 금지하는 것이 아니라, 특정한 변호사에게 사건 등을 소개·알선·유인할 목적으로 이에 결부된 경제적 대가를 지급받고 광고행위를 하는 자에 대한 광고의뢰에 한정하여 금지하는 것으로 해석함이 타당하고, 이것이 변호사법 제23조 제2항 제7호의 위임의 취지에도 부합한다. 변호사 광고가 형식적으로는 광고의 형태를 띠고 있으나 실질적으로는 경제적 대가가 결부된 사건의 알선 등에 해당하는 경우 규제의 필요성이 있음에도 기존의 변호사법의 규제만으로는 공백이 있을 수 있는 점, 기술의 발달로 광고의 방법·형태가 다양해지면서 단지 서비스를 알리는 전통적인 방식의 광고에서 나아가 광고 자체가 소개·알선·유인의 효과를 가지는 경우도 있을 수 있는 점, 사건 등의 소개·알선·유인의 목적이 없는 광고 등의 의뢰는 허용되는 점, 변협은 변호사법의 위임에 따라 금지되는 광고의 방법 등을 정함에 있어 광범위한 재량을 가지는 점 등을 종합

아. 언론 · 출판의 자유의 한계

1) 헌법적 근거

이미 언급한 바와 같이 '타인의 명예나 권리 또는 공중도덕이나 사회윤리를 침해해서는 아니 된다.'라고 규정하고 있는 헌법 제21조 제4항은 언론 · 출판의 자유의 한계를 규정한 조항이다.

2) 언론 · 출판의 자유와 명예훼손

가) 침해 여부의 판단 기준

언론 · 출판의 자유의 행사가 명예훼손적 행위가 될 수 있다. 이때 그 행사가 명예훼손에 해당하는지 여부를 판단함에 있어서 헌법재판소는 양자의 조화를 중시하고 언론 · 출판의 자유와 명예의 보호 간의 조화를 위해서는 ① 피해자가 공적 인물인지 여부, ② 표현 내용이 공적 사안인지 여부 내지는 알 권리의 객체로서 공공성과 사회성을 갖춘 것인지의 여부, ③ 피해자가 명예훼손적 표현의 위험을 자초한 것인지의 여부 등을 고려하여서 결정하여야 한다고 판시하고 있다.[468]

나) 법률 규정

헌법재판소는 언론 · 출판의 자유가 명예훼손을 초래할 수 있다고 하더라도 명예훼손을 방지하기 위해 일방적으로 언론 · 출판의 자유를 제한하지는 않는다. 양자의 조화를 도모하는 것이 언론 · 출판의 자유를 보장하면서 동시에 인격권의 내용으로서 명예를 보호하려고 하는 헌법의 정신에 부합하기 때문이다. 「형법」 제310조에 따르면 「형법」 제307조 제1항에 따른 명예훼손적 행위(공연히 사실을 적시하여 사람의 명예를 훼손하는 행위)가 진실한 사실로서 오로지 공공의 이익에 관한 것인 때에는 처벌하지 아니 하는데, 이는 이러한 헌법 정신을 구현하고 있는 입법이라고 할 수 있다. 여기서 "**진실한 사실**"이란 대법원이 판례에 따르면 "그 내용 전체의 취지를 살펴볼 때 중요한 부분이 객관적 사실과 합치되는 사실이라는 의미로서 일부 자세한 부분이 진실과 약간 차이가

하여 보면, 대가수수 광고금지규정은 침해의 최소성 요건을 충족하고, 이로 인하여 제한되는 사익보다 공정한 수임질서 등의 공익이 더 크므로 법익의 균형성도 충족한다. 따라서 대가수수 광고금지규정은 과잉금지원칙에 위반되어 청구인들의 표현의 자유와 직업의 자유를 침해하지 않는다." 이 결정의 실무적 의미에 대해서는 법률신문 2022.6.2.자 5면 참조.

468) 헌재 1999.6.24. 97헌마265, 불기소처분취소(기각). 같은 내용의 대법원 판결로는 앞의 사생활의 비밀과 자유의 제한과 제한의 정당성 부분에서 설명한 대법원 2005.4.29. 2003도2137 판결 참조.

나거나 다소 과장된 표현이 있다고 하더라도 무방하고, '**공공의 이익**'이라 함은 널리 국가·사회 기타 일반 다수인의 이익에 관한 것뿐만 아니라 특정한 사회 집단이나 그 구성원의 관심과 이익에 관한 것도 포함한다."[469]

3) 언론·출판의 자유와 타인의 명예·권리·공중도덕·사회 윤리의 침해

언론·출판의 자유는 타인의 명예, 권리, 공중도덕, 사회 윤리를 침해하여서는 아니 된다. 여기서의 타인의 '권리'는 헌법적 가치가 인정될 수 있는 권리여야 한다. 그러나 언론·출판의 자유와 명예훼손과의 관계에 있어서와 마찬가지로 언제나 타인의 권리를 침해해서는 안 되는 것은 아니고 **타인의 권리 침해에 대한 정당성만이 문제될 뿐이다.** 이것을 구체화하여 「형법」 제20조는 '법령에 의한 행위 또는 업무로 인한 행위가 기타 사회상규에 위배되지 아니하는 행위는 벌하지 아니한다.'라고 하고 있다. 여기서 법령에 의한 행위나 업무로 인한 행위는 사회상규에 위배되지 아니하는 행위의 예시로 보이고, 사회상규에 위배되지 아니하는 행위는 일반적으로 정당행위로 불린다. 그러므로 형법과 관련하여 보면 언론·출판의 자유의 행사가 정당행위에 포섭될 수 있는지가 문제다.

그런데 헌법재판소는 타인의 명예·권리·공중도덕·사회 윤리의 침해의 금지를 규정한 헌법 제21조 제4항은 헌법상 표현의 자유의 보호영역의 한계를 설정한 것은 아니고 표현의 자유에 따르는 책임과 의무를 강조하는 동시에 표현의 자유에 대한 제한의 요건을 명시한 규정으로 이해한다.[470]

4) 언론의 취재 활동과 정당행위

대법원 판결[471]에 따르면 신문은 헌법상 보장되는 언론 자유의 하나로서 정보원에 대하여 자유로이 접근할 권리와 취재한 정보를 자유로이 공표할 자유를 가지므로(신문 등의 진흥에 관한 법률 제3조 제2항), 신문 기자가 기사 작성을 위한 자료를 수집하기 위해 취재 활동을 하면서 취재원에게 취재에 응해 줄 것을 요청하고 취재한 내용을 관계 법령에 저촉되지 않는 범위 내에서 보도하는 것은 신문 기자의 일상적 업무 범위에 속

---

469) 대법원 2001.10.9. 2001도3594 판결.
470) 헌재 2009.5.28. 2006헌바109등, 정보통신망 이용촉진 및 정보보호 등에 관한 법률 제65조 제1항 제2호 위헌소원(합헌, 각하); 2019.11.28. 2017헌마1356, 서울시 학생인권조례 제3조 제1항 등 위헌확인(기각, 각하).
471) 대법원 2011.7.14. 2011도639 판결.

하는 것으로서, **특별한 사정이 없는 한 사회 통념상 용인되는 행위**, 즉 정당행위에 속한다고 한다.

이러한 입장에서 대법원은 신문 기자인 피고인이 고소인에게 2회에 걸쳐 증여세 포탈에 대한 취재를 요구하면서 이에 응하지 않으면 자신이 취재한 내용대로 보도하겠다고 말하여 협박하였다는 취지로 기소된 사안에서, 이 행위가 설령 협박죄에서 말하는 해악의 고지에 해당하더라도 특별한 사정이 없는 한 기사 작성을 위한 자료를 수집하고 보도하기 위한 것으로서 신문 기자의 일상적 업무 범위에 속하여 사회상규에 반하지 아니한다고 판시하였다.472) 이 판결에서 특별한 사정의 존재 여부를 확인하기 위해서 고려된 사안으로는 ① 피고인이 취재와 보도를 빙자하여 고소인에게 부당한 요구를 하기 위한 취지는 아니었던 점, ② 당시 피고인이 고소인에게 취재를 요구하였다가 거절당하자 인터뷰 협조 요청서와 서면 질의 내용을 그 자리에 두고 나왔을 뿐 폭언을 하거나 보도하지 않는 데 대한 대가를 요구하지 않은 점, ③ 관할 세무서가 피고인의 제보에 따라 탈세 여부를 조사한 후 증여세를 추징하였다고 피고인에게 통지한 점, ④ 고소인에게 불리한 사실을 보도하는 경우 기자로서 보도에 앞서 정확한 사실 확인과 보도 여부 등을 결정하기 위해 취재 요청이 필요했으리라고 보이는 점 등이다.

5) 통신 비밀의 보호와 언론 기관의 보도

대법원의 판례에 따르면 언론 기관의 보도가 통신의 비밀이 가지는 헌법적 가치와 이익을 능가하는 우월적인 가치를 지님으로써 법질서 전체의 정신이나 사회 윤리 내지 사회 통념에 비추어 용인될 수 있다면 그 행위는 형법상의 사회상규에 위배되지 아니하는 행위로 위법성이 조각된다고 한다. 판례는 언론 기관의 언론·출판의 자유와 통신 비밀의 자유가 보호하는 법익이 충돌하는 경우의 사례에서 그 판단 척도로서 ① 목적의 정당성, ② 수단의 상당성, ③ 침해의 최소성, ④ 이익형량의 우월성이라는 네 가지를 제시하고 있다.473) 이는 결국 언론 기관을 국가와 유사하게 보고 언론 기관의 행위가 과잉금지원칙을 위배하는지 여부를 판단하는 것과 같다는 점에서 흥미롭다.

---

472) 대법원 2011.7.14. 2011도639 판결.
473) 신동운, 법률신문 2012.5.10. 12면.

III. 언론 · 출판의 자유의 제한

1. 제한의 근거와 한계

언론 · 출판의 자유에는 헌법 제21조 제4항에서 명시되어 있는 "타인의 명예나 권리 또는 공중도덕이나 사회 윤리를 침해하여서는 아니 된다."는 헌법적 한계 외에 헌법 제37조 제2항에 따른 제한도 가능하다.[474]

헌법재판소의 판례에 따르면 "언론 · 출판의 자유는 자유로운 인격 발현의 수단임과 동시에 합리적이고 건설적인 의사 형성 및 진리 발견의 수단이며, 민주주의 국가의 존립과 발전에 필수불가결한 기본권이고, 정치적 표현의 자유는 국민이 선거 과정에서 정치적 의견을 자유로이 발표 · 교환함으로써 비로소 그 기능을 다하게 된다 할 것이므로, 정치적 표현 및 선거운동에 대하여는 '자유를 원칙으로, 금지를 예외로' 하여야 하고, '금지를 원칙으로, 허용을 예외로' 해서는 안 된다."고 한다.[475]

2. 허용되지 않는 제한 수단

언론 · 출판의 자유의 제한의 전형적인 형태는 허가나 검열이다. 헌법 제21조에서는 언론 · 출판에 대한 허가나 검열은 금지하고 있다. 언론 · 출판의 자유의 보호를 받는 표현 중에서 사전검열금지원칙이 배제되는 영역은 그 기준 설정의 객관성을 담보할 수 없기 때문에 존재하지 않는다는 것이 헌법재판소의 판례다.[476] 따라서 사전검열은 표현의 자유의 영역에서는 예외 없이 금지된다.[477]

헌법이 금지하는 사전검열의 요건으로는 ① 일반적으로 허가를 받기 위한 표현물의 제출 의무가 존재할 것, ② 행정권이 주체가 된 사전 심사 절차가 존재할 것, ③ 허가를 받지 아니한 의사 표현을 금지할 것, ④ 심사 절차를 관철할 수 있는 강제 수단이 존재할 것 등이다.[478] 이 요건에 해당되는 허가 · 검열은 헌법적으로 허용될 수 없다.[479]

---

474) 헌재 2001.8.30. 2000헌바36, 민사소송법 제714조 제2항 위헌소원(합헌).
475) 헌재 2011.12.29. 2007헌마1001, 공직선거법 제93조 제1항 등 위헌확인(한정위헌).
476) 헌재 2015.12.23. 2015헌바75, 의료법 제56조 제1항 등 위헌소원(위헌).
477) 헌재 2020.8.28. 2017헌가35등, 의료기기법 제24조 제2항 제6호 등 위헌제청(위헌).
478) 헌재 2008.6.26. 2005헌마506, 방송법 제32조 제2항 등 위헌확인(위헌).
479) 헌재 2001.5.31. 2000헌바43등, 구 유선방송관리법 제22조 제2항 제6호 중 제15조 제1항 제1호 부분 위헌소원, 구 유선방송관리법 제22조 제2항 제8호 중 제17조 제4호 부분 위헌소원(합헌).

심의 기관이 행정기관인지 여부를 판단함에 있어서는 당해 기관의 형식보다는 실질에 따라 판단하여야 한다. 따라서 행정기관이 심의 기구를 민간에 위탁하여 사실상 사전검열을 시행한 경우에도, 위탁이라는 방법에 의해 행정기관이 그 업무의 범위를 확장한 것에 지나지 않는 것으로 볼 수 있다면 이 민간심의기구를 행정기관으로 볼 수 있고,[480] 행정기관의 자의로 민간심의기구의 심의업무에 개입할 가능성이 열려 있는 경우에도 개입 가능성의 존재 자체로 헌법이 금지하는 사전검열에 해당하는 것으로 볼 수 있다.[481]

| NOTE | **민간 심의 기구를 행정기관으로 보고 사전 검열로 판단한 사례** | |

① 방송위원회로부터 위탁을 받아 텔레비전 방송 광고 사전 심의를 담당하는 한국광고자율심의기구는 민간이 주도하여 설립한 기구이기는 하나 그 구성에 행정권이 개입하고 있고, 행정법상 공무수탁사인으로서 그 위탁받은 업무에 관하여 국가의 지휘·감독을 받고 있으며, 방송위원회는 텔레비전 방송 광고의 심의 기준이 되는 방송광고 심의규정을 제정, 개정할 권한을 가지고 있고, 자율 심의 기구의 운영비나 사무실 유지비, 인건비 등을 지급하고 있는 점을 들어 행정기관에 의한 사전검열로 보았다.[482]

② 의료 광고의 사전 심의는 보건복지부장관으로부터 위탁을 받은 각 의사협회가 행하고 있으나, 사전 심의의 주체인 보건복지부장관은 언제든지 위탁을 철회하고 직접 의료 광고 심의 업무를 담당할 수 있는 점, 의료법 시행령이 심의위원회의 구성에 관하여 직접 규율하고 있는 점, 심의 기관의 장은 심의 및 재심의 결과를 보건복지부장관에게 보고하여야 하는 점, 보건복지부장관은 의료인 단체에 대해 재정 지원을 할 수 있는 점, 심의 기준·절차 등에 관한 사항을 대통령령으로 정하도록 하고 있는 점 등을 종합하여 보면, 각 의사협회는 행정권의 영향력에서 벗어나 독립적이고 자율적으로 사전 심의 업무를 수행하고 있다고 보기 어려워 위헌으로 보았다.[483]

③ 의료기기법상 의료기기 광고의 심의는 식약처장으로부터 위탁받은 한국의료기기산업협회가 수행하고 있지만, 법상 심의주체는 행정기관인 식약처장이고, 식약처장이 언제든지 그 위탁을 철회할 수 있으며, 심의위원회의 구성에 관하여도 식약처고시를 통해 행정권이 개입하고 지속적으로 영향을 미칠 가능성이 존재하는 이상 그 구성에 자율성이 보장되어 있다고 보기 어렵고, 식약처장이 심의기준 등의 개정을 통해 심의 내용 및 절차에 영향을 줄 수 있고, 심의기관의 장이 매 심의결과를 식약처장에게 보고하여야 하며, 식약처장이 재심의를 요청하면 심의기관은 특별한 사정이 없는 한 이에 따라야 한다는 점에서도 그 심

---

480) 헌재 2008.6.26. 2005헌마506.
481) 헌재 2020.8.28. 2017헌가35등.
482) 헌재 2008.6.26. 2005헌마506, 방송법 제32조 제2항 등 위헌확인(위헌).
483) 헌재 2015.12.23. 2015헌바75, 의료법 제56조 제1항 등 위헌소원(위헌).

의업무 처리에 있어 독립성 및 자율성이 보장되어 있다고 보기 어렵기 때문에 의료기기법
상 의료기기 광고 사전심의는 행정권이 주체가 된 사전심사로서 헌법이 금지하는 사전검열
에 해당한다고 보았다.[484]

헌법재판소의 판례에 따르면, "언론·출판에 대한 허가·검열 금지의 취지는 정부
가 표현의 내용에 관한 가치 판단에 입각해서 특정 표현의 자유로운 공개와 유통을 사
전 봉쇄하는 것을 금지하는 데 있으므로, 내용 규제 그 자체가 아니거나 내용 규제의
효과를 초래하는 것이 아니라면 금지된 "허가"에는 해당되지 않는다."[485]

또 언론 매체의 소유 및 운영, 매체 시장 내에서의 질서, 타 매체나 서비스와의 관
계에 관한 규제 등은 대체로 내용 중립적인 구조적 규제의 형태를 가지고 있으나, 이러
한 규제가 금지되는 허가에 해당되는지 여부는 그 규제 내용의 실질에 따라 판단되어
야 한다는 것이 헌법재판소 판례의 입장이다.[486]

3. 위헌심사기준

가. 과잉금지원칙과 본질적 내용 침해금지원칙

언론·출판의 자유도 기본권 제한의 일반 원칙에 따라 과잉금지원칙을 준수하고
제한되는 기본권의 본질적 내용을 침해하지 않는 범위 내에서 제한할 수 있다. 필요 최
소 한도의 규제 수단에 관한 원칙(LRA)이 적용되어야 하므로 엄격한 과잉금지심사를
한다.[487] 이와 관련하여 헌법재판소는 다음과 같이 판시하고 있다.

"헌법 제21조 제1항에서 규정하고 있는 언론·출판의 자유는 자유로운 인격 발현
의 수단임과 동시에 합리적이고 건설적인 의사 형성 및 진리 발견의 수단이며, 민주주
의 국가의 존립과 발전에 필수불가결한 기본권이다. 또한, 대의민주주의를 원칙으로 하
는 오늘날 민주 정치 아래에서의 선거는 국민의 참여가 필수적이고, 정치적 표현의 자

---

484) 헌재 2020.8.28. 2017헌가35등, 의료기기법 제24조 제2항 제6호 등 위헌제청(위헌. 1인 재판관의
반대의견 있음).

485) 헌재 1992.6.26. 90헌가23; 1993.5.13. 91헌바17; 2001.5.31. 2000헌바43등, 구 유선방송관리법 제
22조 제2항 제6호 중 제15조 제1항 제1호 부분 위헌소원, 구 유선방송관리법 제22조 제2항 제8
호 중 제17조 제4호 부분 위헌소원(합헌).

486) 헌재 2001.5.31. 2000헌바43등.

487) 헌재 2004.1.29. 2001헌마894, 정보통신망이용촉진및정보보호등에관한법률 제42조 등 위헌확인
(기각, 각하).

유는 국민이 선거 과정에서 정치적 의견을 자유로이 발표·교환함으로써 비로소 그 기능을 다하게 된다 할 것이므로, 선거운동의 자유는 헌법에 정한 언론·출판·집회·결사의 자유 보장 규정에 의한 보호를 받는다. 이와 같은 정치적 표현의 자유의 헌법상 지위, 선거운동의 자유의 성격과 중요성에 비추어 볼 때, 정치적 표현 및 선거운동에 대하여는 '자유를 원칙으로, 금지를 예외로' 하여야 하고, '금지를 원칙으로, 허용을 예외로' 해서는 안 된다는 점은 자명하다. 따라서, 입법자는 선거의 공정성을 보장하고 탈법·금권적 혼탁 선거를 방지하기 위하여 부득이하게 선거 국면에서의 정치적 표현 자유와 선거운동의 자유를 제한하는 경우에도, 입법 목적 달성과의 관련성이 구체적이고 명백한 범위 내에서 가장 최소한의 제한에 그치는 수단을 선택하지 않으면 안 된다 할 것이다."488) 그리하여 "오늘날 정치적 표현의 자유는 자유민주적 기본 질서의 구성 요소로서 다른 기본권에 비하여 우월한 효력을 가진다고 볼 수 있고, 정치적 표현의 자유가 억압당하는 경우에는 국민주권과 민주주의 정치 원리는 공허한 메아리에 지나지 않게 될 것"이라고 하였다.489) 이 결정에 따르면 정치적 표현의 자유를 제한하는 입법에 대하여는 엄격한 심사기준이 적용되어야 한다.490)

| NOTE | 위헌 결정 사례(언론·출판의 자유) | |

① 인터넷언론사에 대한 후보자 칼럼 등 게재 금지: "인터넷언론사는 선거일 전 90일부터 선거일까지 후보자 명의의 칼럼이나 저술을 게재하는 보도를 하여서는 아니 된다."라고 규정하고 있는 '인터넷선거보도 심의기준 등에 관한 규정'(인터넷선거보도심의위원회 훈령)은 인터넷선거보도와 선거의 공정성을 확보하려는 것으로서 그 목적의 정당성과 수단의 적합성은 인정되지만, 해당 선거보도가 불공정하다고 볼 수 있는지에 대해 구체적으로 판단하지 않고 이를 불공정한 선거보도로 간주하는 것으로서 선거의 공정성을 해치지 않는 보도까지 광범위하게 제한될 수 있다. 결국 입법 목적을 달성할 수 있는 덜 제약적인 다른 방법들이 충분히 존재함에도 불구하고 일정한 시기를 기준으로 일률적으로 게재를 금지하는 것은 피해의 최소성에 위배되고, 법익의 균형성원칙에도 반한다.491)

② 언론인에 대한 선거운동의 금지: 구 「공직선거법」492)은 대통령령으로 정하는 언론

---

488) 헌재 2011.12.29. 2007헌마1001등, 공직선거법 제93조 제1항 등 위헌확인(한정위헌, 2인의 위헌 의견 있음).
489) 헌재 2011.12.29. 2007헌마1001등.
490) 헌재 2011.12.29. 2007헌마1001등.
491) 헌재 2019.11.28. 2016헌마90, 공직선거법 제8조의5 제6항 등 위헌확인[위헌(3인의 반대의견), 각하].
492) 구 「공직선거법」(2010.1.25. 법률 제9974호로 개정되고, 2015.12.24. 법률 제 13617호로 개정되기

인493)의 선거운동을 금지하고 위반 시 처벌하도록 규정하고 있었다. 이에 대해 헌법재판소는 대통령령으로 정할 언론인의 범위가 지나치게 넓고 애매하여 예측하기 어려워서 포괄위임금지원칙에 위배될 뿐만 아니라, 선거의 공정성·형평성을 확보한다는 관점에서 목적의 정당성과 방법의 적절성은 인정할 수 있으나 언론인의 범위가 지나치게 광범위하고, 「공직선거법」은 언론기관에 공정보도의무를 부과하고 있고 언론의 불공정행위에 대해서도 언론매체를 이용한 보도·논평, 언론 내부 구성원에 대한 행위, 외부의 특정 후보자에 대한 행위 등 다양한 관점에서 이미 언론인에 대해 충분히 규제하고 있는 것으로 보아서 선거운동의 자유를 침해하는 것으로 판시하였다.494)

③「공직선거법」제57조의6, 제60조 제1항 제5호, 제53조 제1항 제6호를 순차적으로 읽으면 결국「지방공기업법」제2조(적용범위)에 규정된 지방공사와 지방공단의 상근 임원은 당내경선에서 경선운동을 할 수 없다. 그 중에서 헌법재판소는 광주광역시 광산구시설관리공단의 상근직원에 관한 부분495)과「지방공기업법」제2조에 규정된 지방공사인 서울교통공사의 상근직원에 관한 부분496) 및 같은 조에 규정된 지방공단인 안성시시설관리공단의 상근직원에 관한 부분497)은 목적의 정당성과 수단의 적합성은 인정되나, 침해의 최소성과 법익의 균형성을 갖추지 못하여 과잉금지원칙에 반하여 정치적 표현의 자유를 침해하여 헌법에 위반된다고 보았다. 이 결정들에서 헌법재판소는 당내경선은「공직선거법」상 선거운

전의 것) 제60조(선거운동을 할 수 없는 자) ① 다음 각 호의 어느 하나에 해당하는 사람은 선거운동을 할 수 없다. 다만, 제1호에 해당하는 사람이 예비후보자·후보자의 배우자인 경우와 제4호부터 제8호까지의 규정에 해당하는 사람이 예비후보자·후보자의 배우자이거나 후보자의 직계존비속인 경우에는 그러하지 아니하다. … 5. 제53조(공무원 등의 입후보) 제1항 제2호 내지 제8호에 해당하는 자(제4 호 내지 제6호의 경우에는 그 상근직원을 포함한다)

제53조(공무원 등의 입후보) ① 다음 각 호의 어느 하나에 해당하는 사람으로서 후보자가 되려는 사람은 선거일 전 90일까지 그 직을 그만두어야 한다. 다만, 대통령선거와 국회의원선거에 있어서 국회의원이 그 직을 가지고 입후보하는 경우와 지방의회의원선거와 지방자치단체의 장의 선거에 있어서 당해 지방자치단체의 의회의원이나 장이 그 직을 가지고 입후보하는 경우에는 그러하지 아니하다. … 8. **대통령령으로 정하는 언론인.**

493) 2015.12.24. 개정되어 현재는 중앙선거관리위원회규칙으로 정하는 언론인으로 개정된 상태다. 따라서 헌법재판소의 결정의 내용을 현행 규정에 적용하면 현행 규정도 같은 결론에 도달할 수 있다.

494) 헌재 2016.6.30. 2013헌가1, 공직선거법 제60조 제1항 제5호 위헌제청(위헌). 이 결정에는 2인의 반대의견이 있다. 반대의견의 주요 내용은 언론관련 기술의 발전으로 위임의 필요성이 있고, 관련 조항 및 법의 목적을 종합하면 언론인의 범위의 구체화가 충분히 예측되어 포괄위임금지원칙에 위반되지 않을 뿐만 아니라, 목적의 정당성과 수단의 적합성은 인정할 수 있다고 하더라도 기존의 법적 장치만으로는 – 특히 인터넷 언론매체를 통한 언론인의 불공정한 활동에 있어서 – 그 목적을 달성하기에 충분하다고 볼 수 없으므로 심판대상조항들은 선거운동의 자유도 침해하지 않는다는 것이다.

495) 헌재 2021.4.29. 2019헌가11, 공직선거법 제57조의6 제1항 등 위헌제청(위헌).

496) 헌재 2022.6.30. 2021헌가24, 공직선거법 제57조의6 제1항 본문 등 위헌제청(위헌) – 지방공사 상근직원의 경선운동 금지 사건.

497) 헌재 2022.12.22. 2021헌가36, 공직선거법 제57조의6 제1항 본문 등 위헌제청(위헌) – 지방공단 상근직원의 경선운동 금지 사건.

동이 아니므로 국가가 개입하여야 하는 정도가 공직선거와 동등하다고 보기 어려워 이에 대한 국가의 개입에 대해서는 엄격한 과잉금지원칙을 적용되어야 한다고 판시함으로써 심사강도를 명백히 하고 있다.

④ 피청구인 대통령의 지시로 피청구인 대통령 비서실장, 정무수석비서관, 교육문화수석비서관, 문화체육관광부장관이 야당 소속 후보를 지지하였거나 정부에 비판적 활동을 한 문화예술인이나 단체를 정부의 문화예술 지원사업에서 배제할 목적으로, 한국문화예술위원회, 영화진흥위원회, 한국출판문화산업진흥원 소속 직원들로 하여금 특정 개인이나 단체를 문화예술인 지원사업에서 배제하도록 한 일련의 지시 행위는 법률유보원칙 및 과잉금지원칙을 위반하여 청구인들의 표현의 자유를 침해한다.[498] 이 결정에서는 과잉금지원칙 위배여부 심사와 관련하여서는 목적의 정당성만 심사하고 더 이상 심사에 나아갈 필요가 없다고 보았다.

⑤ 구「공직선거법」제59조 중 선거운동기간 전에 개별적으로 대면하여 말로 하는 선거운동에 관한 부분 및 「공직선거법」제254조 제2항 중 '그 밖의 방법'에 관한 부분 가운데 개별적으로 대면하여 말로 하는 선거운동을 한 자에 관한 부분은 돈이 들지 않는 방법으로서 '후보자 간 경제력 차이에 따른 불균형 문제'나 '사회·경제적 손실을 초래할 위험성'이 낮은, 개별적으로 대면하여 말로 지지를 호소하는 선거운동까지 금지하고 처벌함으로써, 과잉금지원칙에 반하여 선거운동 등 정치적 표현의 자유를 과도하게 제한하고 있다.[499]

⑥「공직선거법」제68조 제1항이 정하는 바에 따라 후보자와 그 관계자가 일정한 소품을 붙이거나 입거나 지니고 선거운동을 할 수 있는 외에는 누구든지 선거운동기간 중 어깨띠 등 표시물을 사용한 선거운동을 할 수 없도록 하는 것은 선거에서의 기회 균등 및 선거의 공정성에 구체적인 해악을 발생시키는 것이 명백하다고 볼 수 없는 정치적 표현까지 금지하는 것으로서 과도하게 정치적 표현의 자유를 침해한다. 위헌성은 표시물을 사용한 선거운동을 제한하는 것 자체에 있는 것이 아니라, 후보자나 일반 유권자가 사회통념상 적은 비용으로 손쉽게 제작할 수 있거나, 일상생활에서 사용하는 표시물을 통상적인 방법으로 붙이거나 입거나 지니는 등의 방법을 사용하여 선거운동을 하는 것과 같이, 선거에서의 기회 균등 및 선거의 공정성을 해치는 것이 명백하다고 볼 수 없는 정치적 표현까지 모두 금지·처벌하는 것에 있다.[500]

⑦ "누구든지 선거일 전 180일(보궐선거등에서는 그 선거의 실시사유가 확정된 때)부터 선거일까지 선거에 영향을 미치게 하기 위하여 이 법의 규정에 의한 것을 제외하고는 다음 각 호의 어느 하나에 해당하는 행위를 할 수 없다. … 1. 화환·풍선·간판·현수막·애드

---

498) 헌재 2020.12.23. 2017헌마416, 특정 문화예술인 지원사업 배제행위 등 위헌확인[인용(위헌확인), 기타].

499) 헌재 2022.2.24. 2018헌바146, 공직선거법 제59조 본문 등 위헌소원(위헌) − 공직선거법상 선거운동기간 제한 및 처벌조항 사건.

500) 헌재 2022.7.21. 2017헌가4, 공직선거법 제255조 제1항 제5호 위헌제청(2023.7.31.까지 계속적용 헌법불합치). 이 결정은 「공직선거법」제68조가 규정하는 어깨띠 등 표시물을 사용한 선거운동의 금지와 관련한 최초의 결정이다.

벌룬 · 기구류 또는 선전탑, 그 밖의 광고물이나 광고시설을 설치 · 진열 · 게시 · 배부하는 행위, 2. 표찰이나 그 밖의 표시물을 착용 또는 배부하는 행위, 3. 〈생략〉"라고 규정하고 있는 「공직선거법」 제90조 제1항 제1호 중 화환 설치,501) 현수막, 그 밖의 광고물 설치 · 진열 · 게시502)와 제2호 중 그 밖의 표시물 착용503) 부분 및 이에 위반한 경우 처벌하는 같은 법 제256조 제3항 제1호 아목 중 각 해당부분은 헌법에 합치하지 아니한다. 위헌성은 제한 그 자체에 있는 것이 아니라 선거에서의 기회균등이나 공정성을 해치는 것이 명백하다고 볼 수 없는 정치적 표현까지 모두 금지 · 처벌함으로써 목적 달성에 필요한 범위를 넘어 광고물의 설치 · 진열 · 게시 및 표시물의 착용을 통한 정치적 표현을 장기간 동안 포괄적으로 금지 · 처벌하는 것에 있다. 이는 종전의 합헌 판례504)를 변경한 결정이다.

⑧ 「공직선거법」 제93조 제1항 중 선거일 전 180일부터 선거일까지 벽보 게시, 인쇄물의 인쇄물 배부 · 게시를 금지하는 부분도 그 자체는 위헌은 아니지만 이를 장기간 동안 포괄적으로 규제하고 있다는 점에서 헌법불합치 결정을 하였다.505) 헌법재판소는 과거 실질적으로 동일한 내용을 규정하고 있던 개정 전 조항들이 정치적 표현의 자유를 침해하지 않는다고 판단한 바 있으나,506) 이 사건에서는 판례를 변경하여 정치적 표현의 자유를 침해한다고 판단한 것이다. 「공직선거법」 제93조 제1항에서는 인쇄물의 살포 금지,507) 광고, 문서 · 도화 첩부 · 게시 금지508)도 규정하고 있는데, 이에 대해서도 과잉금지원칙에 위배하여 정치적 표현의 자유를 침해한다고 판시하였다.

⑨ 「공직선거법」 제103조 제3항은 "누구든지 선거기간 중 선거에 영향을 미치게 하기 위하여 향우회 · 종친회 · 동창회 · 단합대회 또는 야유회, 그 밖의 집회나 모임을 개최할 수

---

501) 헌재 2023.6.29. 2023헌가12, 공직선거법 제90조 제1항 제1호 등 위헌제청(2024.5.31.까지 계속적용 헌법불합치). 다만, 정치적 표현행위의 방법을 구체적으로 어느 정도로 허용할 것인가는 입법자가 논의를 거쳐 결정해야 할 사항이라고 보았다.

502) 헌재 2022.7.21. 2017헌가1등, 공직선거법 제256조 제3항 제1호 아목 등 위헌제청(2023.7.31.까지 계속적용 헌법불합치). 설치 · 게시에 관한 같은 결정으로는 헌재 2022.7.21. 2017헌바100등, 공직선거법 제255조 제2항 제4호 위헌소원(2023.7.31.까지 계속적용 헌법불합치, 합헌), 게시에 관한 같은 결정으로는 헌재 2022.11.24. 2021헌바301, 선거에 영향을 미치게 하기 위한 광고물게시 등 금지 사건(헌법불합치, 합헌)과 헌재 2022.7.21. 2018헌바357등, 공직선거법 제90조 제1항 위헌소원(위헌, 2023.7.31.까지 계속적용 헌법불합치, 합헌) 참조.

503) 헌재 2022.7.21. 2017헌가1등; 2022.7.21. 2017헌바100등.

504) 헌재 2001.12.20. 2000헌바96등; 2015.4.30. 2011헌바163.

505) 헌재 2022.7.21. 2017헌바100등, 공직선거법 제255조 제2항 제4호 위헌소원(2023.7.31.까지 계속적용 헌법불합치, 합헌)

506) 헌재 2001.8.30. 99헌바92등; 2001.10.25. 2000헌마193; 2001.12.20. 2000헌바96등; 2006.5.25. 2005헌바15; 2006.7.27. 2004헌마217; 2007.1.17. 2004헌바82; 2009.2.26. 2006헌마626; 2014.4.24. 2011헌바17등; 2015.4.30. 2011헌바163; 2016.6.30. 2014헌바253; 2018.4.26. 2017헌가2 등.

507) 헌재 2023.3.23. 2023헌가4, 공직선거법 제93조 제1항 본문 등 위헌제청(2024.5.31.까지 계속적용 헌법불합치).

508) 헌재 2022.7.21. 2018헌바357등, 공직선거법 제90조 제1항 위헌소원(위헌, 2023.7.31.까지 계속적용 헌법불합치, 합헌).

없다."고 규정하고 있는데, 이에 대하여 헌법재판소는 선거기간 중 선거에 영향을 미치게 하기 위한 집회나 모임이라고 하더라도, 선거에서의 기회 균등 및 선거의 공정성에 구체적인 해악을 발생시키는 것이 명백하다고 볼 수 없는 집회나 모임의 개최, 정치적 표현까지 금지·처벌하는 것은 과도하게 집회의 자유, 정치적 표현의 자유를 침해한다고 판단하였다.509) 이 위헌 결정의 대상은 향우회·종친회·동창회·단합대회 또는 야유회가 아닌 "그밖의 집회나 모임"의 개최 금지에 한정된다는 점을 주의할 필요가 있다. 따라서 선거기간 중 선거에 영향을 미치게 하기 위한 향우회·종친회·동창회·단합대회 또는 야유회의 개최까지 허용되어야 한다고 판단한 것은 아니다.510)

| NOTE | **합헌 결정 사례(언론·출판의 자유)** | |

① 학생인권조례의 차별적 언사, 혐오적 표현의 금지 규정: 헌법재판소는 학교 구성원으로 하여금 성별 등의 사유를 이유로 한 차별적 언사나 행동, 혐오적 표현 등을 통해 타인의 인권을 침해하는 것을 금지하고 있는 서울시 학생인권조례 제5조 제3항의 표현은 의견의 자유로운 교환 범위에서 발생하는 다소 과장되고, 부분적으로 잘못된 표현으로 자유로운 토론과 성숙한 민주주의를 위하여 허용되는 의사 표현이 아니고, 그 경계를 넘어 '타인의 인권을 침해'할 것을 인식하였거나 최소한 인식할 가능성이 있고, 또한 결과적으로 그러한 인권 침해의 결과가 발생하는 표현으로, 이는 민주주의의 장에서 허용되는 한계를 넘는 것이므로 민주주의 의사 형성의 보호를 위해서도 제한되는 것이 불가피하고, 특히 그것이 육체적·정신적으로 미성숙한 학생들이 구성원으로 있는 공간에서의 문제라면 표현의 자유로 얻어지는 가치와 인격권의 보호에 의하여 달성되는 가치를 비교형량할 때에도 사상의 자유 시장에서 통용되는 기준을 그대로 적용하기는 어렵다고 보아 청구인들의 표현의 자유를 침해하는 것은 아니라고 판시하였다.511)
② 사회복무요원이 정당 가입을 할 수 없도록 규정한 「병역법」 제33조 제2항 본문 제2호 중 '정당'에 관한 부분이 사회복무요원인 청구인의 정치적 표현의 자유 및 결사의 자유를 침해하지 않는다.512) 그러나 사회복무요원의 정치적 행위를 금지하는 「병역법」 제33조 제

---

509) 헌재 2022.7.21. 2018헌바164, 공직선거법 제103조 제3항 위헌소원(위헌) − 선거기간 중 선거에 영향을 미치게 하기 위한 집회나 모임(향우회·종친회·동창회·단합대회·야유회가 아닌 것에 한정) 개최 금지 사건. 이 결정에는 '선거에 영향을 미치게 하기 위한 목적'이 있는 집회나 모임의 개최에 한정하여 집회의 자유, 정치적 표현의 자유 등을 제한할 뿐, 그러한 목적이 없는 집회나 모임의 개최는 선거운동 기간에도 얼마든지 가능하다는 3인 재판관의 반대의견이 있다. 동일한 판시의 내용을 포함하는 결정으로는 헌재 2022.7.21. 2018헌바357등, 공직선거법 제90조 제1항 위헌소원(위헌, 계속적용 헌법불합치, 합헌) 참조.
510) 헌법재판소의 결정의 의의에 대한 설명(헌법재판소 홈페이지) 참조.
511) 헌재 2019.11.28. 2017헌마1356, 서울시 학생인권조례 제3조 제1항 등 위헌확인(기각, 각하).
512) 헌재 2021.11.25. 2019헌마534, 사회복무요원 복무관리 규정 제27조 등 위헌확인(위헌, 기각, 각하) − 사회복무요원의 정치적 행위 금지사건. 이 부분에 대해서는 3인 재판관의 정당가입의 자유를 침해한다는 반대의견이 있다.

2항 본문 제2호 중 '그 밖의 정치단체에 가입하는 등 정치적 목적을 지닌 행위'에 관한 부분은 명확성원칙을 위반하여 청구인의 정치적 표현의 자유 및 결사의 자유를 침해한다.[513]

③ 사람을 비방할 목적으로 인터넷 등 정보통신망에 허위사실을 지개해 다른 사람의 명예를 훼손할 경우 처벌하도록 한 정보통신망법 조항은 일단 훼손되면 다른 구제수단을 통해 완전한 회복이 어렵다는 '외적 명예'라는 보호법익의 특성과 익명성·비대면성·전파성이 크다는 '정보통신망'이란 매체의 특성을 고려하여, '비방할 목적'이란 초과주관적 구성요건과 '공공연한 거짓 사실의 적시'라는 행위태양이 충족되는 범위에서 명예훼손적 표현행위를 한정적으로 규제하고 있으므로, 과잉금지원칙에 반하여 표현의 자유를 침해하지 아니한다.[514]

④ 정보통신망을 통해 일반에게 공개된 정보로 사생활 침해, 명예훼손 등 타인의 권리가 침해된 경우 그 침해를 받은 자가 삭제요청을 하면 정보통신서비스 제공자는 권리의 침해 여부를 판단하기 어렵거나 이해당사자 간에 다툼이 예상되는 경우에는 30일 이내에서 해당 정보에 대한 접근을 임시적으로 차단하는 조치를 하여야 한다고 규정한 「정보통신망 이용촉진 및 정보보호 등에 관한 법률」 제44조의2 제2항 중 '임시조치'에 관한 부분 및 같은 조 제4항은 구체적으로 어떠한 경우가 이에 해당하는지 여부는 통상적인 법감정을 가진 일반인이라면 예측할 수 있어서 명확성 원칙에 위반되지 않을 뿐만 아니라, 과잉금지원칙에 위반되어 청구인들의 표현의 자유를 침해한다고도 할 수 없다.[515]

⑤ 방송편성에 관하여 간섭을 금지하는 「방송법」 제4조 제2항의 '간섭'에 관한 부분 및 위반 행위자를 처벌하는 구 방송법 제105조 제1호 중 제4조 제2항의 '간섭'에 관한 부분[516]

⑥ 공무원이 선거에서 특정정당 또는 특정인을 지지하기 위하여 타인에게 정당에 가입하도록 권유 운동을 한 경우 형사처벌하는 「국가공무원법」 제65조 제2항 제5호 중 정당 가입 권유에 관한 부분, 제84조 제1항 중 제65조 제2항 제5호의 정당 가입 권유에 관한 부분 (명확성원칙과 평등원칙에도 반하지 않음)[517]

⑦ 「공직선거법」 제91조에서는 공개장소에서의 연설·대담장소 또는 대담·토론회장에서

---

513) 헌재 2021.11.25. 2019헌마534, 사회복무요원 복무관리 규정 제27조 등 위헌확인(위헌, 기각, 각하) – 사회복무요원의 정치적 행위 금지사건. 이는 6인 재판관의 의견이다. 3인 재판관은 반대의견에서 명확성원칙과 과잉금지원칙에 위반되지 않는다는 견해를 피력하였다.

514) 헌재 2021.3.25. 2015헌바438등, 정보통신망 이용촉진 및 정보보호 등에 관한 법률 제70조 제2항 위헌소원 – 정보통신망 이용 거짓 사실 적시 명예훼손죄 사건.

515) 헌재 2020.11.26. 2016헌마275등.

516) 헌재 2021.8.31. 2019헌바439, 방송법 제4조 제2항 위헌소원(합헌) – 방송편성 간섭 금지 및 처벌 사건.

517) 헌재 2021.8.31. 2018헌바149, 국가공무원법 제65조 제2항 제5호 등 위헌소원(합헌). 이 결정에는 일체의 정당가입권유를 금지하여 정치적 표현의 자유를 침해한다는 3인 재판관의 반대의견이 있다. 그리고 이 결정의 법정의견에서는 공무원의 경선운동금지조항, 경선운동방법조항, 기부행위 금지조항, 분리선고조항에 대해서 명확성원칙에 위반되지 않는다고도 판시하고 있다. 이 중에서 기부행위금지조항은 선거운동의 자유를 침해하지 않고, 분리선고조항은 평등원칙에 반하지 않는 다고도 함께 판시하고 있다.

연설·대담·토론용으로 사용하는 경우를 제외하고는 선거운동을 위하여 확성장치를 사용할 수 없도록 하고, 이를 위반할 경우 처벌하도록 하고 있는데 같은 법 제90조 제1항이나 제93조 제1항과는 달리 헌법재판소는 이에 대해서는 과잉금지원칙에 반하여 정치적 표현의 자유를 침해하지 않는다고 판시하고 있다.[518]

나. 명확성의 원칙

위헌심사기준으로서 명확성의 원칙이 언론·출판의 자유에서는 중요한 기능을 수행한다.[519] 언론·출판의 자유를 규율하는 규정의 개념은 그 의미와 한계가 특히 명확하지 않으면 안 된다.

명확성원칙 위배여부 판단기준으로 헌법재판소는 "법규범이 명확한지 여부는 그 법규범이 수범자에게 법규의 의미내용을 알 수 있도록 공정한 고지를 하여 **예측가능성을 주고 있는지 여부** 및 그 법규범이 법을 해석·집행하는 기관에게 충분한 의미내용을 규율하여 **자의적인 법해석이나 법집행이 배제되는지 여부**"를 제시하고, 법규범의 문언뿐만 아니라 입법목적이나 입법취지, 입법연혁, 그리고 법규범의 체계적 구조 등을 종합적으로 고려하는 해석방법에 의하여 법규범의 의미내용을 합리적으로 파악할 수 있는 해석기준을 얻을 수 있다면 명확성원칙에 반하지 않는 것으로 본다.[520]

헌법재판소가 명확성원칙에 위배된다고 한 것으로는 "저속" 개념,[521] 「전기통신기본법」의 "공익" 개념[522] 등이 있다. 그에 반하여 명확성원칙에 위배되지 아니한다고 판시한 예로는 "음란" 개념,[523] 「공직선거법」상 인터넷언론사의 실명확인조항[524] 중 "인

---

518) 헌재 2022.7.21. 2017헌바100등, 공직선거법 제255조 제2항 제4호 등 위헌소원(헌법불합치, 합헌) - 현수막, 그 밖의 광고물 설치·게시, 그 밖의 표시물 착용, 벽보 게시, 인쇄물 배부·게시, 확성장치사용을 금지하는 공직선거법 조항 사건. 이 결정의 헌법불합치 내용에 대해서는 앞의 위헌 결정 사례 참조.
519) 헌재 2021.1.28. 2018헌마456등, 공직선거법 제82조의6 제1항 등 위헌확인(위헌).
520) 헌재 2021.1.28. 2018헌마456등; 2005.6.30. 2002헌바83; 2010.11.25. 2009헌바27등 참조.
521) 헌재 1998.4.30. 95헌가16, 출판사및인쇄소의등록에관한법률 제5조의2 제5호 등 위헌제청(위헌, 합헌).
522) 헌재 2010.12.28. 2008헌바157등, 전기통신기본법 제47조 제1항 위헌소원(위헌, 2인의 반대의견).
523) 헌재 2009.5.28. 2006헌바109, 정보통신망 이용촉진 및 정보보호 등에 관한 법률 제65조 제1항 제2호 위헌소원(합헌, 각하); 1998.4.30. 95헌가16, 출판사및인쇄소의등록에관한법률 제5조의2 제5호등 위헌제청(위헌, 합헌).
524) 인터넷언론사는 선거운동기간 중 당해 홈페이지 게시판 등에 정당·후보자에 대한 지지·반대 등의 정보를 게시하는 경우 실명을 확인받는 기술적 조치를 하도록 정한 공직선거법 조항을 말한다(헌재 2021.1. 28. 2018헌마456등).

터넷언론사", "지지·반대" 개념이 있다.

다. 명백하고 현존하는 위험의 원칙(clear and present danger test)

언론·출판의 자유와 관련하여서는 특히 명백하고 현존하는 위험이 있는 경우에 한하여 제한이 가능하다는 미국 판례법상 성립된 원칙이 있다.[525] 명백하고 현존하는 위험이 존재하는지 여부에 따른 평가는, 과잉금지원칙을 적용함에 있어서 특히 목적의 정당성, 피해의 최소성, 법익의 균형성 심사 단계 등에서 고려될 수 있을 것이다.

IV. 피해 구제 제도

「언론중재 및 피해 구제 등에 관한 법률」에서는 언론으로 인한 침해에 대한 구제 제도로서 정정보도청구권, 반론보도청구권, 추후보도청구권을 규정하고 있다.

1. 정정보도청구권

사실적 주장에 관한 언론보도등이 진실하지 아니함으로 인하여 피해를 입은 자(피해자)는 해당 언론 보도등이 있음을 안 날부터 3개월 이내에 언론사, 인터넷뉴스서비스사업자 및 인터넷 멀티미디어 방송사업자(이하 "언론사등"이라 한다)에게 그 언론보도등의 내용에 관한 정정보도를 청구할 수 있다. 안 날부터 3개월 이내이기 때문에 보도가 있은 날부터 3개월이 지나도 청구가 가능하나 해당 언론보도등이 있은 후 6개월이 지났을 때에는 청구할 수 없도록 하고 있다(법 제14조 제2항).

2. 반론보도청구권

사실적 주장에 관한 언론보도등으로 인하여 피해를 입은 자는 그 보도 내용에 관한 반론보도를 언론사등에 청구할 수 있다(법 제16조). 반론권은 헌법 제10조의 인격권과 제17조의 사생활의 비밀과 자유 그리고 제21조 제4항 등에 근거한 것이다.[526]

---

525) Schenck v. United States, 249 U.S. 47 (1919).
526) 헌재 1991.9.16. 89헌마165, 정기간행물의등록등에관한법률 제16조 제3항, 제19조 제3항의 위헌 여부에 관한 헌법소원(합헌).

3. 추후보도청구권

언론등에 의하여 범죄혐의가 있거나 형사상의 조치를 받았다고 보도 또는 공표된 자는 그에 대한 형사절차가 무죄판결 또는 이와 동등한 형태로 종결되었을 때에는 그 사실을 안 날부터 3개월 이내에 언론사등에 이 사실에 관한 추후보도의 게재를 청구할 수 있다(법 제17조).

NOTE	인터넷에 의한 피해의 구제 제도[527)

인터넷 신문도 2005년 「언론중재 및 피해구제 등에 관한 법률」이 제정되면서 중재의 대상이 되었다. 인터넷 뉴스 서비스는 2009년부터 대상 매체에 포함되었다. 조정·중재 신청된 사건 중 인터넷 신문과 관련되는 것과 그 중에서도 인터넷 뉴스 서비스의 보도와 관련되는 것이 상당부분을 차지하고 있다.

인터넷에 의한 피해 구제 제도로 대체적 분쟁 해결(Alternative Dispute Resolution: ADR)이라는 제도가 있다. 이는 법원의 소송 이외의 방식으로 이루어지는 분쟁 해결 방식으로서 화해, 조정, 중재 등으로 이루어진다. ADR은 신속하고 유연한 피해 구제를 가능하게 하는 장점이 있다. 특별한 일이 없는 한 접수일로부터 14일 이내에 조정을 한다. ADR의 예로서는 조정 대상 기사에 정정이나 반론 보도문을 이어서 게재하고 검색 시 함께 검색되도록 하는 방법이나, 홈페이지에 게시된 조정 대상 보도 및 포털 등에 매개된 기사 전부를 삭제하는 방법 등이 있다.

제11항 집회·결사의 자유

Ⅰ. 집회·결사의 자유의 헌법적 의의

집회·결사의 자유는 언론·출판의 자유와 마찬가지로 개인 간 및 사회에 있어서 의사소통을 위한 기본권이다. 언론·출판의 자유를 개인적 의사 표현의 자유라고 할 수 있다면, 집회·결사의 자유는 **집단적 의사의 표현을 보장하는 기본권**이라고 할 수 있다. 그런 의미에서 집회·결사의 자유는 기본권의 양면성 또는 이중적 성격이 잘 드러나는 기본권이다. 그러나 집회·결사의 자유의 주체는 원칙적으로 어디까지나 개인이다.

---

527) 이하 노정희, 법률신문 2012.4.23.자 11면 참조.

오늘날 집회·결사의 자유는 제도권 정치를 통한 민주주의 실현에 대한 보완적 기능 수행이라는 **중요한 정치적 기능**을 하는 기본권으로 이해된다.528)

II. 집회의 자유

1. 법적 성격

집회의 자유는 헌법상 보장된 개인의 권리이다. 일반적 견해인 기본권의 이중적 성격에 따르면 집회의 자유는 다른 한편으로는 객관적 가치질서로서의 성격도 갖는다.

기본권의 객관적 성격을 제도보장과 구별하는 입장에서 보면, 집회의 자유가 제도보장인지가 문제될 수 있다. 이에 대해서는 견해가 대립하나 자유권은 전국가적인 것인데 반하여 제도보장은 헌법에 의해서 비로소 보장되는 것이기 때문에 집회의 자유를 제도보장이라고 보기에는 어려운 면이 있다.

2. 다른 기본권과의 관계

집회는 다양한 목적에 따라 성립할 수 있다. 종교적 집회, 학술적 집회, 예술 활동으로서의 집회 등 다양하게 존재한다. 이 경우 집회의 자유는 각 종교의 자유, 학문의 자유, 예술의 자유 등과 그 보장내용이 경합하게 되는데, 이때는 기본권 경합의 해결방법에 따라 각 개별 기본권이 집회의 자유에 우선하여 적용된다.529)

집회에서 의사 표현이 이루어지면 언론·출판의 자유와도 경합하게 되는데, 이 경우 집회의 자유로 볼 것인가 언론·출판의 자유로 볼 것인가가 문제가 된다. 이와 관련하여서는 집회에서의 표현은 표현의 자유의 일환으로 보장된다는 견해530)도 있고, 집회의 자유의 일환으로 보장된다는 견해531)도 있다. 의사 표현이 수반되지 않는 집회도 가능하나, 의사 표현은 집회의 주요한 목적이므로 집회에서의 의사 표현은 집회가 적용된다고 보는 것이 논리적으로는 타당하다. 또한 현실적으로 집회의 자유는 다중의

---

528) 비슷하게는 헌재 2009.9.24. 2008헌가25, 집회 및 시위에 관한 법률 제10조 등 위헌제청(헌법불합치) 참조.
529) 비슷하게는 허영, 한국헌법론, 2011, 590쪽 이하 참조.
530) 김철수, 헌법학신론, 2013, 890쪽.
531) 권영성, 헌법학원론, 2009, 533쪽; 허영, 한국헌법론, 2011, 591쪽 이하.

집결을 의미하므로 규제의 가능성이 언론·출판의 자유보다 더 높다고 보면, 집회에서의 의사 표현은 집회의 자유로 보장된다고 보는 것이 타당하다.

3. 보장내용

가. 인적 보장내용

1) 기본권 주체

원칙적으로 집회의 자유는 국민의 권리이다. 따라서 외국인의 주체성 인정 여부가 문제가 된다. 집회의 자유가 헌법상의 권리로 인정된다는 것은 원칙적으로 집회는 허용되어야 하고 다만 예외적인 경우에 법률로 제한할 수 있을 뿐이라는 의미인데, 집회는 정치적 표현의 자유의 성격이 강하다는 점, 집회는 질서를 침해할 개연성이 큰 기본권이라는 점에서 원칙적으로 외국인은 집회의 자유의 주체로 볼 수 없다는 견해가 타당하다. 이렇게 보면 외국인에게 집회를 어느 정도로 허용할 것인가는 국내외의 정치적 상황을 고려한 입법 정책의 문제가 된다.

집회를 하는 경우에도 자연인이 모이는 것이고 법인 그 자체는 모일 수 없다는 점에서 법인이나 단체가 집회의 자유의 주체가 되는지가 문제될 수 있지만, 법인이나 단체도 집회를 주최할 수는 있기 때문에 집회의 자유의 주체로 볼 수 있다.

2) 의무 주체

집회의 자유는 국가에 대한 개인의 권리이기 때문에 집회의 자유의 의무 주체는 원칙적으로 국가, 지방자치단체, 공법인 등이다.

그러나 집회의 자유가 보호하려는 가치 또는 법익인 자유로운 집회는 제3자인 사인에 의해 사실상 침해될 수 있다. 따라서 다수의 견해인 간접적용설에 의하면 집회의 자유와 관련하여서 사인에게도 간접적으로 적용된다고 한다. 그러나 사인은 직접적이든 간접적이든 소극적이든 적극적이든 타인의 기본권을 보장할 헌법적 지위에 있지 않기 때문에 집회의 자유의 의무 주체가 될 수 없다고 보아야 하므로, 간접적용설이 사인을 집회의 자유의 의무 주체로 보는 것이라면 타당한 것으로 보기는 어렵다. 사인에 대해 집회의 자유가 사실상 효력을 가지는 것은 집회의 자유의 객관적 가치질서로서의 성격과 집회의 자유에 대한 국가의 보장의무의 실현을 통해서이다. 즉, 집회의 자유를 보장할 국가의 의무가 법률로 구체화되면서 그에 따라 사인이 법률상 일정한 의무를 부담하게 되는 것이다. 예컨대 「집회 및 시위에 관한 법률」 제3조는 사인에 대해 집회 및 시위에 대하여 방해하지 말 것을 명령하고 있는데, 이는 국가가 집회의 자유에 대한 기본권보장의무를 입법적으로 이행하면서 **사인에게 부과한 법률상 의무**가 되는 것이다.

나. 물적 보장내용
1) 집회의 개념[532]

집회란 비교적 일시적이고 일정한 장소를 전제로 하여 공공적인 사건에 대한 공공적인 토의나 사실 고지를 위한 목적으로 하는 불특정 다수인의 회합을 의미한다. 불특정 다수인이기 때문에 1인으로는 집회가 성립되지 않는다. 집회 성립 최저 인원과 관련하여서는 2인설, 3인설[533]이 있다. 대법원은 2인설에 입각해서 2인 이상이면 집회가 성립할 수 있다고 한다.[534]

집회 참가자는 일정한 목적으로 서로 연결되어 있다는 점에서 그렇지 않은 단순한 모임과는 구분된다. 그러나 우발적 집회도 보장되어야 하므로 이러한 목적의 존재는 지나치게 엄격하게 요구되어서는 안 된다.[535]

집회는 비교적 일시적이라는 점에서 결사의 자유와 구분된다.

독일 기본법 제8조 제1항에는 **평화롭고 비무장인 집회**만을 보호하고 있다. 이러한 규정이 없는 대한민국헌법의 해석에 있어서도 원칙적으로 타당한 요건으로 보인다. 다만, 이를 너무 엄격하게 해석한다면 정치적 자유로서의 집회의 자유의 의미는 반감될 우려가 있음을 유의하여야 한다. 이와 관련하여 헌법재판소는 민주 체제의 전복을 시도하거나 공공의 질서에 관한 법익을 침해할 명백한 위험이 있는 집회는 집회의 자유의 보호영역에 속하지 않는다고 보고 있다.[536]

---

532) 이하에서는 특히 헌재 2003.10.30. 2000헌바67등, 집회및시위에관한법률 제11조 제1호 중 국내주재 외국의 외교기관 부분 위헌소원, 집회및시위에관한법률 제11조 위헌소원(위헌) 결정을 참조하여 설명한다.

533) 성낙인, 헌법학, 2014, 1180쪽.

534) 대법원 2012.5.24. 2010도11381 판결: "구 집시법에 의하여 보장 및 규제의 대상이 되는 집회란 '특정 또는 불특정 다수인이 공동의 의견을 형성하여 이를 대외적으로 표명할 목적 아래 일시적으로 일정한 장소에 모이는 것'을 말하고, 그 모이는 장소나 사람의 다과에 제한이 있을 수 없으므로(대법원 1983.11.22. 83도2528 판결; 2008.6.26. 2008도3014 판결 등 참조), 2인이 모인 집회도 위 법의 규제 대상이 된다고 보아야 한다."

535) 허영, 한국헌법론, 2011, 590쪽 참조.

536) 헌재 1992.1.28. 89헌가8, 국가보안법 제7조 등에 관한 헌법소원(한정합헌).

시위는 「집회 및 시위에 관한 법률」 제2조 제2호에 따르면 "다수인이 공동 목적을 가지고 도로·광장·공원등 공중이 자유로이 통행할 수 있는 장소를 진행하거나 위력 또는 기세를 보여 불특정 다수인의 의견에 영향을 주거나 제압을 가하는 행위"를 말한다. 대법원에 따르면 시위에 해당하는지 여부는 "여러 사람이 일정한 장소에 모여 행한 특정 행위가 공동의 목적을 가진 집단적 의사 표현의 일환으로 이루어진 것으로서 시위에 해당하는지는, 행위의 태양 및 참가 인원 등 객관적 측면과 아울러 그들 사이의 내적인 유대 관계 등 주관적 측면을 종합하여 전체적으로 그 행위를 여러 사람이 위력 또는 기세를 보여 불특정한 여러 사람의 의견에 영향을 주거나 제압을 가하는 행위로 볼 수 있는지에 따라 평가"한다.[537]

시위가 집회의 개념에 포함될 것인가가 문제된다. 시위를 장소 이동적인 집회로 보는 견해가 있다.[538] 헌법재판소도 시위의 자유를 집회를 통하여 형성된 의사를 집단적으로 표현하고 이를 통해 불특정 다수인의 의사에 영향을 줄 자유로 이해하고 집회의 개념에 속하는 것으로 본다.[539] 정치적 의사를 표현하기 위한 수단으로서 집회의 효과는 시위를 통하여 극대화될 수 있기 때문에 이를 포함하는 것으로 이해하는 것이 타당하다.

2) 집회의 종류

집회의 종류는 장소에 따라서 옥내집회와 옥외집회로, 공개 여부에 따라서 공개집회와 비공개집회로, 계획 여부에 따라 계획된 집회와 우발적 집회로, 집회 시간에 따라서 주간집회와 야간집회 등으로 나눌 수 있다.[540]

그런데 구 「집회 및 시위에 관한 법률」 제10조는 옥외집회와 시위의 금지 시간을 규정하면서 "누구든지 해가 뜨기 전이나 해가 진 후에는 옥외집회 또는 시위를 하여서는 아니 된다. 다만, 집회의 성격상 부득이하여 주최자가 질서유지인을 두고 미리 신고한 경우에는 관할경찰관서장은 질서유지를 위한 조건을 붙여 해가 뜨기 전이나 해가 진 후에도 옥외집회를 허용할 수 있다."라고 규정하고 있었다. 이 규정 중 야간 옥외집

---

537) 대법원 2011.9.29. 2009도2821 판결; 2014.11.13. 2011도2871 판결 등 참조.
538) 김철수, 헌법학신론, 2013, 889쪽 이하.
539) 헌재 2018.8.30. 2014헌마843, 채증활동규칙 위헌확인(기각, 각하).
540) 무장집회와 비무장집회, 평화적 집회와 비평화적 집회로 구분하는 것은 무장집회, 비평화적 집회는 집회의 자유에 의해 보호되지 않는다고 보는 입장에서는 의미가 없다.

회 규제에 대해서는 2009년에 잠정 적용의 헌법불합치결정이 있었고,[541] 시위 부분에
대해서는 2014년에 한정위헌결정이 있었다.[542]

그런데 위 규정 중 야간 옥외집회 부분은 잠정 적용 시한인 2010.6.30.까지 후속
개정이 없어서 효력을 상실하게 되었다.[543] 이 상황에서 개정된 집시법이 야간 옥외집
회 및 시위에 대해서는 사실상 동일한 조항을 유지하고 있었는데, 이에 대한 위헌법률
심판에서 헌법재판소는 "'일몰 시간 후부터 같은 날 24시까지의 옥외집회 또는 시위'에

---

541) 헌재 2009.9.24. 2008헌가25, 집회 및 시위에 관한 법률 제10조 등 위헌제청(잠정적용 헌법불합
치, 재판관 2인의 반대의견 있음). 이 결정은 단순 위헌의견이 5인, 헌법불합치의견이 2인, 합헌
의견이 2인이었기 때문에 헌법불합치 결정을 내고 있다. 이 결정의 주문은 "집회 및 시위에 관한
법률(2007.5.11. 법률 제8424호로 전부개정된 것) 제10조 중 '옥외집회' 부분 및 제23조 제1호 중
'제10조 본문의 옥외집회' 부분은 헌법에 합치되지 아니한다. 위 조항들은 2010.6.30.을 시한으로
입법자가 개정할 때까지 계속 적용된다."는 것이었다.

542) 헌재 2014.3.27. 2010헌가2등, 집회 및 시위에 관한 법률 제10조 등 위헌제청결정(한정위헌). 이
결정의 주문은 "집회 및 시위에 관한 법률(2007.5.11. 법률 제8424호로 개정된 것) 제10조 본문
중 '시위'에 관한 부분 및 제23조 제3호 중 '제10조 본문' 가운데 '시위'에 관한 부분은 각 '해가
진후부터 같은 날 24시까지의 시위'에 적용하는 한 헌법에 위반된다."는 것이었다.

543) 이에 따라 대법원은 심판대상규정이 소급적 무효가 된다고 보아서 이에 따라 공소 제기된 사건에
서 무죄판결을 하였다(대법원 2011.6.23. 2008도7562 전원합의체 판결: "헌법재판소의 헌법불합
치결정은 헌법과 헌법재판소법이 규정하고 있지 않은 변형된 형태이지만 법률 조항에 대한 위헌
결정에 해당하고[대법원 2009.1.15. 선고 2004도7111 판결, 헌법재판소 2004.5.27. 선고 2003헌가
1, 2004헌가4(병합) 전원재판부 결정 등 참조], 집시법 제23조 제1호는 집회 주최자가 집시법 제
10조 본문을 위반할 것을 구성요건으로 삼고 있어 집시법 제10조 본문은 집시법 제23조 제1호와
결합하여 형벌에 관한 법률 조항을 이루게 되므로, 집시법의 위 조항들(이하 '이 사건 법률 조항'
이라 한다)에 대하여 선고된 이 사건 헌법불합치결정은 형벌에 관한 법률 조항에 대한 위헌결정
이라 할 것이다. 그리고 헌법재판소법 제47조 제2항 단서는 형벌에 관한 법률 조항에 대하여 위
헌결정이 선고된 경우 그 조항이 소급하여 효력을 상실한다고 규정하고 있으므로, 형벌에 관한
법률 조항이 소급하여 효력을 상실한 경우에 당해 조항을 적용하여 공소가 제기된 피고사건은 범
죄로 되지 아니한 때에 해당한다 할 것이고, 법원은 그 피고사건에 대하여 형사소송법 제325조
전단에 따라 무죄를 선고하여야 한다(대법원 1992.5.8. 91도2825 판결, 대법원 2010.12.16. 2010
도5986 전원합의체 판결 등 참조). 또한 헌법 제111조 제1항과 헌법재판소법 제45조 본문에 의하
면 헌법재판소는 법률 또는 법률 조항의 위헌 여부만을 심판·결정할 수 있으므로, 형벌에 관한
법률 조항이 위헌으로 결정된 이상 그 조항은 헌법재판소법 제47조 제2항 단서에 정해진 대로 효
력이 상실된다 할 것이다. 그러므로 헌법재판소가 이 사건 헌법불합치결정의 주문에서 이 사건
법률 조항이 개정될 때까지 계속 적용되고, 이유 중 결론에서 개정시한까지 개선입법이 이루어지
지 않는 경우 그 다음날부터 이 사건 법률 조항이 효력을 상실하도록 하였더라도, 이 사건 헌법
불합치결정을 위헌결정으로 보는 이상 이와 달리 해석할 여지가 없다. 따라서 이 사건 헌법불합
치결정에 의하여 헌법에 합치되지 아니한다고 선언되고 그 결정에서 정한 개정시한까지 법률 개
정이 이루어지지 않은 이 사건 법률 조항은 소급하여 그 효력을 상실한다 할 것이므로 이 사건
법률 조항을 적용하여 공소가 제기된 야간옥외집회 주최의 피고사건에 대하여 형사소송법 제325
조 전단에 따라 무죄가 선고되어야 할 것이다.").

적용하는 한 헌법에 위반된다."는 주문의 한정위헌결정을 내렸다. 이러한 주문을 낸 것은 야간 옥외집회와 시위에 대한 규율 자체가 헌법에 위반된다는 것은 아니고, 다만 일몰 후 일출 전 모든 야간 옥외집회와 시위를 금지한 것에 위헌성이 있다는 것을 여전히 전제로 하기 때문이다.[544] 이로써 야간 옥외집회나 야간시위에 대해서 모두 한정위헌결정이 내려지게 되었다.

[집시법 관련 주요 결정내용 비교]

심판대상조항	2009년 결정 (2008헌가25)	2014.3.27. 결정 (2010헌가2등)	2014.4.24. 결정 (2011헌가29)
「집회 및 시위에 관한 법률」 제10조(누구든지 해가 뜨기 전이나 해가 진 후에는 옥외집회 또는 시위를 하여서는 아니 된다. 다만, 집회의 성격상 부득이하여 주최자가 질서유지인을 두고 미리 신고한 경우에는 관할경찰관서장은 질서유지를 위한 조건을 붙여 해가 뜨기 전이나 해가 진 후에도 옥외집회를 허용할 수 있다).	- 야간 옥외집회를 일반적으로 금지하고 예외적으로 허가를 하는 것으로서 헌법에 위반된다(5인의 위헌의견) - 옥외집회가 금지되는 야간 시간대가 너무 광범위하여 과잉금지원칙 위배(2인의 헌법불합치의견)	- 시위 부분은 해가 진후부터 같은 날 24시까지의 시위에 적용하는 한 헌법에 위반된다(6인의 한정위헌의견). - 위헌적인 부분을 일정한 시간대로 구분해 낼 수 없다(3인의 전부위헌의견)	- 2010헌가2등 결정과 같은 취지에서 '일몰시간 후부터 같은 날 24시까지의 옥외집회 또는 시위'에 적용되는 한 헌법에 위반된다(6인의 한정위헌의견). - 위헌적인 부분을 일정한 시간대로 구분해 내는 것은 바람직하지 않다(3인의 전부위헌의견)

3) 보장내용의 구분

집회의 자유의 보장내용으로는 집회에 참여할 권리, 집회에 참여하지 아니할 권리, 집회에서의 표현의 자유 등을 들 수 있다.

4. 제한 및 제한의 정당화

자유로운 집회를 방해하는 모든 법적 행위나 직접·간접적인 사실상의 공권력의 행위들은 모두 집회의 자유에 대한 제한 행위가 될 수 있다. 예컨대 집회·시위 등 현장에서 집회·시위 참가자에 대한 사진이나 영상 촬영 등의 행위는 집회·시위 참가자들에게 심리적 부담으로 작용하여 여론 형성 및 민주적 토론 절차에 영향을 주고 집회의 자유를 전체적으로 위축시키는 결과를 가져올 수 있으므로 집회의 자유를 제한하는

---

544) 헌재 2014.4.24. 2011헌가29, 구 집회 및 시위에 관한 법률 제10조 등 위헌제청(한정위헌).

행위다.545)

그런데 기본권의 제한 방법 내지 수단은 헌법이 예정하고 있는 것이거나 허용하는 것이어야 한다. 특정한 기본권의 제한 방법을 헌법이 명백히 금지하고 있는 이유는 그것이 기본권의 본질적 내용을 침해하는 것이거나 그로 인한 폐해가 명백하게 큰 것이어서 본질적 내용의 침해의 정도에 이르는 것이라고 헌법제(개)정권자가 판단하였기 때문이다.

집회의 자유의 제한으로서 헌법이 명백히 금지하고 있는 것은 **허가제**다. 집회의 허가가 허용되지 않는 것은, 자유는 자연적인 것이므로 이를 제한하는 것은 예외에 해당하는데 허가는 집회를 처음부터 금지하는 것이기 때문이다.

"누구든지 해가 뜨기 전이나 해가 진 후에는 옥외집회 또는 시위를 하여서는 아니 된다. 다만, 집회의 성격상 부득이하여 주최자가 질서유지인을 두고 미리 신고한 경우에는 관할경찰관서장은 질서유지를 위한 조건을 붙여 해가 뜨기 전이나 해가 진 후에도 옥외집회를 허용할 수 있다."고 규정하고 있는 현행 「집회 및 시위에 관한 법률」 제10조의 단서 조항이 야간 옥외집회의 경우 사전 허가를 규정한 것인가가 논쟁이 된 바 있다. 헌법재판소의 법정 의견은 **단서 조항은 "본문에 의한 제한을 완화시키려는 것이므로,** 본문에 의한 시간적 제한이 집회의 자유를 과도하게 제한하는지 여부는 **별론으로** 하고, 단서의 **'관할 경찰관서장의 허용'이 '옥외집회에 대한 일반적인 사전 허가'라고는 볼 수 없"**다고 판시하였다.546) 이 결정에서는 또한 집시법상 옥외집회와 시위는 엄격히 구분하고 있으므로 단서는 옥외집회에만 적용되는 것이고, **야간시위의 금지**는 단서가 적용되지 않아서 해가 뜨기 전이나 해가 진 후의 시위를 예외 없이 절대적으로 금지하는 것이므로, 헌법 제21조 제2항이 정하고 있는 '집회에 대한 허가제 금지' 위반 여부는 문제되지 않는다고 보았다.

집시법에서는 사전신고제를 채택하고 있다. **사전신고제**는 사전허가에 해당하지 않는다는 것이 헌법재판소의 결정이다.547) 그러나 미신고집회라도 허용되지 않는 집회라고 단정할 수 없고, 타인의 법익이나 공공의 안녕질서에 대한 직접적인 위험이 명백하게 초래된 경우에 한하여 해산될 수 있을 뿐이다.548)

---

545) 헌재 2018.8.30. 2014헌마843, 채증활동규칙 위헌확인(기각, 각하).
546) 헌재 2014.4.24. 2011헌가29, 구 집회 및 시위에 관한 법률 제10조 등 위헌제청(한정위헌).
547) 헌재 2010.4.29. 2008헌바118, 구 집회 및 시위에 관한 법률 제5조 제1항 제2호 등 위헌소원(합헌); 2021.6.24. 2018헌마663, 미신고 옥외집회 사건(기각).

헌법재판소의 판례에 따르면 집시법 규정에 따라 **현저히 사회적 불안을 야기할 우려가 있는 집회 또는 시위**를 금지하는 경우에도 공공의 안녕과 질서유지에 직접적인 위협을 가할 것이 명백한 경우에 한정하여 금지하는 경우에는 헌법에 위반되지 않고,[549] 같은 장소와 일시에 집회를 신청한 두 단체에 대해 충돌을 우려하여 모두 집회 신고서를 반려하는 행위는「집회 및 시위에 관한 법률」에 근거가 없는 행위로서 헌법상 법률유보원칙에 위반된다.[550]

집회의 자유를 제한할 때에는 기본권 제한의 일반 원칙에 따라 과잉금지원칙과 본질적 내용 침해금지원칙을 준수하여야 한다. 국내 주재 **외국의 외교기관 청사 또는 저택**의 경계 지점으로부터 1백 미터 이내의 장소에서의 옥외집회를 전면적으로 금지하고 있는 구「집회및시위에관한법률」의 규정은 최소침해의 원칙에 위반하여 위헌으로 선언되었다.[551] **국회의사당과 각급 법원**의 경계지점으로부터 100미터 이내의 장소에서 옥외 집회 또는 시위 금지에 대해서도 기존의 합헌결정[552]을 변경하여 헌법불합치결정[553]을 하였다. **국무총리 공관**의 경계지점으로부터 100미터 이내의 장소에서 옥외집회 또는 시위를 금지한 것에 대해서도 헌법불합치결정이 있었다.[554] 이러한 헌법재판소의 결정에 따라「집회 및 시위에 관한 법률」제11조가 2020.6.9. 대폭 개정되었다.

NOTE　　**100미터 이내에서 집회 및 시위가 허용되는 경우**

헌법재판소의 결정의 취지에 따라 2020.6.9. 개정된「집회 및 시위에 관한 법률」제11조에서는 국회의사당(제1호), 각급 법원, 헌법재판소(제2호), 대통령 관저, 국회의장 공관, 대법원장 공관, 헌법재판소장 공관(제3호), 국무총리 공관(제4호), 국내 주재 외국의 외교기관이나 외교사절의 숙소(제5호)는 그 청사 또는 저택의 경계 지점으로부터 100 미터 이내

---

548) 대법원 2012.4.19. 2010도6388 판결.
549) 헌재 1992.1.28. 89헌가8, 국가보안법 제7조 등에 관한 헌법소원(한정합헌).
550) 헌재 2008.5.29. 2007헌마712, 민원서류 반려 위헌확인[인용-(위헌확인), 각하].
551) 헌재 2003.10.30. 2000헌바67등, 집회및시위에관한법률 제11조 제1호 중 국내주재 외국의 외교기관 부분 위헌소원(위헌).
552) 국회의사당: 헌재 2009.12.29. 2006헌바20등(합헌). 각급법원: 헌재 2005.11.24. 2004헌가17(합헌); 2009.12.29. 2006헌바13(합헌).
553) 국회의사당: 헌재 2018.5.31. 2013헌바322등(헌법불합치). 각급 법원: 헌재 2018.7.26. 2018헌바137(헌법불합치). 입법개선시점까지 입법개선이 이루어지지 않아서 해당 조항은 2020.1.1.부터 효력을 상실하게 되었다.
554) 헌재 2018.6.28. 2015헌가28등, 집회 및 시위에 관한 법률 제23조 제1호 위헌제청(헌법불합치). 이 조항도 2020.1.1.부터 효력을 상실하였다.

의 장소에서는 옥외집회 또는 시위를 금지하면서도, 국회의사당의 경우에는 국회의 활동을 방해할 우려가 없는 경우 또는 대규모 집회 또는 시위로 확산될 우려가 없는 경우로서 국회의 기능이나 안녕을 침해할 우려가 없다고 인정되는 때(제1호 단서), 각급 법원, 헌법재판소의 경우에는 법관이나 재판관의 직무상 독립이나 구체적 사건의 재판에 영향을 미칠 우려가 없는 경우 또는 대규모 집회 또는 시위로 확산될 우려가 없는 경우로서 각급 법원, 헌법재판소의 기능이나 안녕을 침해할 우려가 없다고 인정되는 때(제2호 단서), 국무총리 공관의 경우에는 국무총리를 대상으로 하지 아니하는 경우 또는 대규모 집회 또는 시위로 확산될 우려가 없는 경우로서 국무총리 공관의 기능이나 안녕을 침해할 우려가 없다고 인정되는 때(제4호 단서), 국내 주재 외국의 외교기관이나 외교사절의 숙소의 경우에는 해당 외교기관 또는 외교사절의 숙소를 대상으로 하지 아니하는 경우, 대규모 집회 또는 시위로 확산될 우려가 없는 경우, 외교기관의 업무가 없는 휴일에 개최하는 경우 중 어느 하나에 해당하는 경우로서 외교기관 또는 외교사절 숙소의 기능이나 안녕을 침해할 우려가 없다고 인정되는 때(제5호 단서)에는 예외로서 각 청사 또는 저택의 경계 지점으로부터 100 미터 이내의 장소에서는 옥외집회 또는 시위를 허용하고 있다. 그런데 대통령 관저, 국회의장 공관, 대법원장 공관, 헌법재판소장 공관은 예외가 규정되어 있지 않다(제3호). 이 제3호에 대해서도 최근에 2024.5.31.까지 계속적용의 헌법불합치 결정이 선고되었다.[555]

그런데 집회 · 시위에서 **채증활동으로서 경찰의 촬영행위**에 대해서는 비록 합헌으로 결정되었으나 재판관 5명은 위헌의견을 내었다.[556] 합헌의견은 촬영 기술의 발달로 조망 촬영과 근접 촬영 사이에 기본권 침해라는 결과에 있어서 차이가 있다고 보기 어렵다고 보았으나, 위헌의견은 과잉금지원칙의 위배 이유 중의 하나로 집회 주최자의 불법행위를 입증하기 위한 증거 확보 차원에서 전반적인 집회 상황을 촬영할 필요가 있었다 하더라도, 그것은 조망 촬영으로 충분한데 집회 참가자들에게 심리적 부담을 가하여 집회의 자유를 전체적으로 위축시키는 결과를 초래한 점을 들고 있다.

경찰은 시위를 진압하기 위해서 다양한 직접적 방법을 사용하고 있으나 그 중에서도 특히 문제된 것이 **직사살수**에 의한 진압방법이 있다. 헌법재판소는 직사살수 그 자체에 대해서는 인정하면서도 그 사용이 과잉금지원칙을 위배하는 경우에는 헌법에 위

---

555) 헌재 2022.12.22. 2018헌바48등, 집회 및 시위에 관한 법률 제11조 제2호 위헌소원(헌법불합치) – 대통령 관저 인근 집회금지 사건; 2022.12.22. 2021헌가1, 구 집회 및 시위에 관한 법률 제11조 제2호 등 위헌제청(헌법불합치) – 국회의장 공관 인근 집회금지 사건.

556) 헌재 2018.8.30. 2014헌마843, 채증활동규칙 위헌확인(기각, 각하). 그런데 4인의 합헌의견이 관련 기본권으로 제시한 것은 초상권 등을 포함하는 일반적 인격권, 개인정보자기결정권, 집회의 자유였는데 반하여, 5인의 위헌의견은 개인정보자기결정권을 뺀 일반적 인격권과 집회의 자유였다. 결정문에서는 이에 대해서 특별한 설명이 없다.

반된다고 본다. 헌법재판소 ① 타인의 법익이나 공공의 안녕질서에 대한 직접적인 위험이 초래되었을 것, ② 다른 방법으로는 그 위험을 제거할 수 없을 것, ③ 부득이 직사살수를 하는 경우에도 구체적인 현장 상황을 면밀히 살펴보아 거리, 수압 및 물줄기의 방향 등을 필요한 최소한의 범위 내로 조절할 것 등을 직사살수의 합헌조건으로 제시하고 있다.[557] 직사살수 사건 이후 헌법재판소 결정의 취지에 따라 살수차의 사용기준이 강화되었다[위해성 경찰장비의 사용기준 등에 관한 규정(대통령령) 제13조의2 참조].

최근에는 **복면 금지법**의 위헌성이 문제된 바 있다. 2006년, 2009년, 2015년에 집회에서의 복면 금지와 관련된 법안이 제출된 바 있으나 입법으로까지 이어지지는 못했다. 따라서 이 문제가 직접적으로 헌법재판소의 결정을 구할 기회는 얻지는 못하였다. 그러나 헌법재판소는 지난 2003년에 집회의 주최자는 집회의 대상, 목적, 장소 및 시간에 관하여 자유롭게 결정할 수 있고, 참가자는 형태와 정도, 복장을 자유로이 결정할 수 있다는 취지의 결정을 한 바가 있다.[558] 이 결정에서 추론할 때 — 복면이 복장에 포함되는 것으로 보는 한 — 헌법재판소는 복면 착용 금지법을 위헌으로 볼 가능성이 크다.

Ⅲ. 결사의 자유

1. 서론

가. 의의

결사의 자유란 다수의 자연인 또는 법인이 공동의 목적을 위하여 단체를 결성할 수 있는 자유를 말한다.[559]

나. 법적 성격

결사의 자유는 헌법상 보장된 개인의 권리이다. 기본권의 양면성을 인정하는 다수의 견해와 판례에 따르면 객관적 가치질서로서의 성격도 가진다.

---

557) 직사살수 사건{헌재 2020.4.23. 2015헌마1149 직사살수행위 위헌확인 등[인용(위헌확인), 각하]} 참조.
558) 헌재 2003.10.30. 2000헌바67등(위헌).
559) 헌재 2010.7.29. 2008헌마664등, 의료법 제82조 제1항 위헌확인 등(기각, 각하).

제도보장은 국가에 의해 비로소 보장되는 것이기 때문에 결사의 자유를 제도보장으로 보는 것은 타당하지 않다.

다. 행복추구권과의 관계

결사의 자유는 개별적 자유권으로서 원칙적으로 일반적 행동자유권을 내포한 행복추구권의 보장내용과 중첩되고 따라서 경합이 일어나게 된다. 그에 따라 결사의 자유는 일반적 행동자유권에 대해 특별법적 지위를 가지고 일반적 행동자유권은 보충적 권리로서 머무르게 되어 양자가 경합할 때에는 결사의 자유가 적용된다.

그러나 일정한 기본권의 제한이 결사의 자유와 관련성을 가져서 당해 기본권의 의미가 결사의 자유를 제한하는 효과를 초래한다고 하더라도 당해 사안의 기본권 관련성으로 볼 때 결사의 자유에 대한 영향은 간접적인데 반하여 직접적으로는 오히려 행복추구권과 더 관련성을 가지게 되는 경우도 있을 수 있다. 이 경우에는 행복추구권이 우선하여 적용되게 된다. 주의할 것은 당해 사안과 행복추구권이 더 직접적이고 밀접한 관련성을 갖기 때문에 우선 적용되는 것이라는 점이다. 이에 따라 헌법재판소는 국민이 기부금품을 모집할 수 있는 자유를 제한하는 것은 단체의 재정 확보를 위한 모금 행위가 단체의 결성이나 결성된 단체의 활동과 유지에 있어서 중요한 의미를 가질 수 있기 때문에 결사의 자유에 영향을 미칠 수 있지만, 기부금품을 모집할 자유를 제한하는 것이 결사의 자유를 제한하는 효과를 가져 온다고 하더라도 그것은 간접적이고 부수적인 효과일 뿐이고, 기부금품의 모집 행위를 보호하는 행복추구권이 우선 적용된다고 판단하였다.[560]

2. 보장내용

가. 인적 보장내용

1) 기본권 주체

결사의 자유의 주체는 국민이다. 결사의 자유는 강한 정치적 표현의 자유로서 외국인의 경우에는 원칙적으로 결사의 자유가 인정되지 않는 것으로 보는 것이 타당하다. 외국인에게도 인정될 필요성이 있는 경우에는 입법 정책적 판단에 따른다.

---

560) 헌재 1998.5.28. 96헌가5, 기부금품모집금지법 제3조 등 위헌제청(위헌).

법인도 조직을 결성할 수 있으므로 결사의 자유의 주체가 된다.

공법인성과 사법인성을 동시에 갖춘 법인도 결사의 주체가 될 수 있는가.

공법인성과 사법인성을 겸유한 특수한 법인(예: 축협중앙회)도 결사의 자유의 주체가 된다. 다만, 공법인성이 기본권의 제약요소로 작용할 수 있다.561)

2) 의무 주체

결사의 자유의 의무 주체는 국가, 지방자치단체, 공법인 등이다. 다수설에 따르면 간접적용설에 따라 결사의 자유는 제3자에 대해서도 효력을 발휘한다. 그러나 사법상의 결사의 자유의 효력은 국가에게 부여된 결사의 자유의 보장의무의 이행 결과로 보아야 한다.

나. 물적 보장내용
1) 결사의 개념

헌법재판소는 결사란 자연인 또는 법인의 다수가 상당한 기간 동안 공동 목적을 위하여 자유의사에 기하여 결합하고 조직화된 의사 형성이 가능한 단체562) 또는 다수인이 일정한 공통된 목적을 위하여 형성된 계속적인 단체563)를 말하는 것으로 정의한다. 그러나 공법상의 결사는 이에 포함되지 않는다.564) 법이 강제 결사로 하고 있는 공법적 단체에 대해서는 결사의 정당한 입법 목적 달성을 위한 범위 내에는 헌법에 위반된다고 볼 수 없다.

헌법질서(민주적 기본질서)를 파괴하는 단체는 헌법상 결사의 자유에서 보장하는 결사에 속하지 않으므로 금지하더라도 결사의 자유의 본질적 내용의 침해가 아니다. 개별 법률에서는 이러한 결사를 금지하고 있다. 예를 들면 반국가단체·범죄단체의 결사 금지(국가보안법 제3조, 형법 제114조), 위헌으로 해산된 정당의 대체 정당의 금지(정당법 제40조) 등이다.

---

561) 헌재 2000.6.1. 99헌마553, 농업협동조합법 위헌확인(기각).
562) 헌재 1996.4.25. 92헌바47, 축산업협동조합법 제99조 제2항 위헌소원(위헌).
563) 헌재 2010.12.28. 2008헌바89, 구 정치자금에 관한 법률 제12조 제2항 등 위헌소원(합헌).
564) 헌재 1996.4.25. 92헌바47.

2) 구체적 보장내용

결사의 자유의 보장내용은 적극적으로는 단체 결성의 자유, 단체 존속의 자유, 단체 활동의 자유, 단체 가입·잔류의 자유를 들 수 있고, 소극적으로는 단체에 가입하지 아니할 자유, 단체로부터 탈퇴할 자유를 들 수 있다.[565]

3. 제한과 제한의 한계

가. 일반적 규율 법률의 부존재

구 「사회단체등록에관한법률」에서는 결사를 등록제로 하였다가 1994년 구 「사회단체신고에관한법률」로 개정되면서 신고제로 전환되었다. 이 법률도 1997년 폐지되고 현재 사회단체의 결사를 규율하는 법률은 존재하지 않는다.

나. 결사의 자유에 대한 제한이 아닌 경우

① 헌법재판소는 「장애인복지법」에 따른 시각장애인 중 일정한 사람만 안마사 자격인정을 받을 수 있게 하고 시각장애인이 아닌 일반인은 안마사 자격인정을 받을 수 없도록 규정한 「의료법」 제82조 제1항에 대해서는, 헌법상 결사의 자유는 다수의 자연인 또는 법인이 공동의 목적을 위하여 단체를 결성할 수 있는 자유를 말하기 때문에, 이 규정이 비시각장애인 안마사들로 구성된 단체를 결성하지 못하게 한다고 볼 수 없다고 판시한 바 있다.[566]

② 주식회사 이사의 회사에 대한 손해배상책임을 과실 책임으로 규정하고, 고의 또는 과실의 입증책임을 이사의 책임을 주장하는 자에게 부담시키는 형식으로 규정된 「상법」 제399조 제1항은, 회사의 이사에 대한 손해배상청구권을 규정함에 있어 '선관의무를 부담하는 수임인을 둘 권리'를 침해하여 청구인의 재산권, 인간의 존엄과 가치, 행복추구권 등과 함께 결사의 자유 등을 침해한다는 주장에 대하여 헌법재판소는, 이사의 회사에 대한 손해배상책임을 규정하고 있을 뿐 '선관의무를 부담하는 수임인'을 둘 회사의 권리를 제한하는 것은 아니고, 회사와 이사 사이의 위임 관계가 헌법상의 결사의 자유와 관련되는 것도 아니라고 보았다.[567]

---

565) 헌재 1996.4.25. 92헌바47.
566) 헌재 2010.7.29. 2008헌마664등, 의료법 제82조 제1항 위헌확인 등(기각, 각하).
567) 헌재 2015.3.26. 2014헌바202, 상법 제399조 위헌소원 등(합헌, 각하); 2016.4.28. 2015헌바230,

다. 결사의 자유의 제한과 그 한계

결사의 자유도 헌법 제37조 제2항의 기본권 제한의 일반 원칙에 따라 제한이 가능하다. 따라서 헌법이나 법률에 의해서 제한될 수 있다. 결사의 자유에 대한 국가의 제한은 국가 행위는 과잉금지원칙, 본질적 내용 침해금지원칙 등을 위배하여서는 안 된다.

헌법재판소는 공무원인 초·중등교원이 정당 외의 정치단체의 결성에 관여하거나 가입하는 것을 금지하는 「국가공무원법」 조항은 정치단체와 비정치단체를 구별할 기준이 존재하지 않는다는 점에서 명확성의 원칙을 위배하여 정치적 표현의 자유와 함께 결사의 자유를 침해한다고 보았다.[568] 그러나 정당의 발기인 및 당원이 될 수 없도록 규정한 조항과 정당의 결성에 관여하거나 가입하는 행위를 금지하는 조항에 대해서는 과잉금지원칙에 위배되지 않는다고 보았다.[569]

헌법 제37조 제2항에 의한 제한 외에도 긴급명령(제76조), 계엄선포(제77조)에 의하여 결사의 자유는 제한될 수 있다.

제12항 거주·이전의 자유

I. 서론

민주적 헌법국가에서 거주·이전의 자유가 보장되지 않는다는 것은 상상하기 힘들다.[570] 특히 오늘날과 같이 교통수단의 발달로 이동성이 보편화되어 있는 사회에서 거주·이전의 자유는 특별한 의미를 갖는다. 그렇기 때문에 대한민국헌법은 제정 시부터 거주·이전의 자유를 보장하고 있는 것이다.[571]

상법 제399조 제1항 위헌소원(합헌).

568) 헌재 2020.4.23. 2018헌마551, 정당법 제22조 제1항 단서 제1호 등 위헌확인(위헌, 기각, 각하) — 교원의 정당 및 정치단체 결성·가입 사건.

569) 재판관 3인의 위헌의견이 있다.

570) Murswiek, in: Merten/Papier (Hrsg.), HGR Ⅱ, § 28 Rn. 114는 거주·이전의 자유의 폐기는 인격존엄성보장에 대한 침해라고 하고 있다.

571) 대한민국 임시헌장(1919.4.11.) 제4조에서는 주소 이전의 자유로, 제1차 개정헌법(1919.9.11.) 제8조 제5호에서는 거주이전의 자유로, 제5차 개정헌법(1944.4.22.) 제5조 제1호에서는 거주 여행의 자유의 자유로 규정되었다. 1948년 대한민국헌법 제정 시에는 주거의 자유와 함께 규정되었으나(제10조), 1962년 개정헌법에서부터 주거의 자유와 분리하여 별개의 독립된 조문으로 규정

그럼에도 불구하고 그동안 거주·이전의 자유는 큰 관심을 받지 못하였는데, 그것은 지금까지 거주·이전의 자유가 현실적으로 문제가 된 경우가 별로 없었을 뿐만 아니라, 너무나 당연히 보장되는 것으로 보아 왔기 때문이다.

그러나 연혁으로 볼 때 거주·이전의 자유는 종교의 자유와 결부되어 인정되었고,572) 오늘날에는 경제활동의 자유(따라서 재산권의 보장)의 필수적인 전제가 되는 중요한 헌법적 의미를 갖고 있다.573)

1. 연혁

1948년에 제정된 헌법 제10조에서는 거주·이전의 자유를 주거의 자유와 함께 규정하면서574) 개별적 법률유보를 취하고 있었다.575) 1962년 제5차 개정헌법에서는 주거의 자유와 분리하여 개별적 법률유보를 삭제하였다.576) 1972년 제7차 개정헌법에서는 개별적 법률유보로 돌아갔다.577) 1980년 헌법에서는 다시 거주·이전의 자유의 문구를 수정하여 개별적 법률유보를 없앴는데 이것이 현행 헌법에 이르고 있다.578)

제·개정헌법	거주·이전의 자유의 법률유보 형식	기본권 제한 관련 일반조항의 형식
1948년 헌법	개별적 법률유보	입법권의 일반적 한계조항
1962년 헌법(5차개정)	개별적 법률유보 없음	일반적 법률유보 및 그 한계 조항
1972년 헌법(7차개정)	개별적 법률유보	입법권의 일반적 한계조항
1980년 헌법(8차개정)	개별적 법률유보 없음	일반적 법률유보 및 그 한계 조항

하고 있다.
572) 예컨대 Pagenkopf, Art. 11, in: Sachs (Hrsg.), GG(2007), Rn. 1 ff,
573) 예컨대 양건, 헌법강의Ⅰ, 법문사, 2007, 540쪽 참조.
574) 이에 반하여 독일의 프랑크푸르트 헌법 제133조나 바이마르 헌법 제111조에서는 경제적 자유(Gewerbefreiheit)와 함께 규정되었다.
575) 이때 같은 헌법 제28조 제2항은 입법권의 일반적 한계조항이었다(유진오, 신고 헌법해의, 100쪽 참조).
576) 이때 같은 헌법 제32조 제2항은 일반적 법률유보조항임과 동시에 그 한계를 정한 조항이었다.
577) 이때 같은 헌법 제32조 제2항을 다시 입법권의 일반적 한계조항으로 문언 수정하였다.
578) 1980년 헌법 제35조 제2항과 현행 헌법 제37조 제2항은 일반적 법률유보조항이면서 그 한계를 정한 조항이다.

결론적으로 거주·이전의 자유는 개별적 법률유보와 일반적 법률유보 형식의 규정 변화를 반복하여 왔다고 할 수 있는데, 그러나 거주·이전의 자유에 대한 특별한 가중적 유보의 취지는 규정한 전례가 없고, 언제나 일반적 법률에 의한 제한의 법리에 따라 보장되어 왔다.

거주·이전의 자유의 규정 변천					
현행	제8차 개정	제7차 개정	제5·6차 개정	제3·4차 개정	제2차 개정까지
제14조 모든 국민은 거주·이전의 자유를 가진다.	제13조 모든 국민은 거주·이전의 자유를 가진다.	제12조 모든 국민은 법률에 의하지 아니하고는 거주·이전의 자유를 제한받지 아니한다.	제12조 모든 국민은 거주·이전의 자유를 가진다.	제10조 모든 국민은 법률에 의하지 아니하고는 거주와 이전의 자유를 제한받지 아니하며 주거의 침입 또는 수색을 받지 아니한다.	제10조 모든 국민은 법률에 의하지 아니하고는 거주와 이전의 자유를 제한받지 아니하며 주거의 침입 또는 수색을 받지 아니한다.

2. 개념

헌법재판소에 따르면 거주·이전의 자유란 "국민이 자기가 원하는 곳에 체류지와 거주지를 결정하고, 일단 정한 체류지와 거주지를 그의 의사에 반하여 옮기지 아니할 자유"를 말한다.[579] **체류지**란 일시적으로 머무는 장소를 의미하고 **거주지**는 생활의 근거가 되는 장소를 의미한다.[580] 이러한 개념 정의는 독일 연방헌법재판소에서도 마찬가지다.[581] 그런데 그 뒤 헌법재판소는 체류지나 체류지나 거주지를 **생활의 근거지, 생활형성의 중심지, 생활과 밀접한 연관을 갖는 장소**라고 부르기도 한다.[582]

한편 거주·이전의 자유는 거주의 자유와 이전의 자유로 구분할 수 있다.[583] 헌법

---

579) 헌재 2003.11.27. 2003헌바2. 헌재 2004.10.28. 2003헌가18도 참조. 학자들의 견해도 대동소이하다: 김철수, 헌법학개론, 2007, 685쪽; 허영, 한국헌법론, 2010, 468쪽; 권영성, 헌법학원론, 2009, 460쪽; 계희열, 헌법학(중), 2000, 444쪽; 성낙인, 헌법학, 2007, 512쪽; 정종섭, 헌법학원론, 550쪽; 홍성방, 헌법학, 현암사, 2002, 429쪽 등 참조.
580) 헌재 1996.6.26. 96헌마200 참조.
581) BVerfGE 2, 266/273; 43, 203/211; 80, 137, 150; 110, 177, 190.
582) 헌재 2011.6.30. 2009헌마406, 서울특별시 서울광장통행저지행위 위헌확인[인용(위헌확인)].
583) 이것은 헌법 제21조의 언론·출판의 자유와 집회·결사의 자유가 언론의 자유, 출판의 자유, 집회

재판소의 거주지 개념에 따르면 **거주의 자유**는 자기가 선택한 체류지나 생활의 근거가 되는 거주지에 머물 수 있는 자유를 말한다. 따라서 모든 국민은 적극적으로 거주지를 선택할 수 있는 자유뿐만 아니라 부당하게 퇴거당하지 않을 자유를 가진다.[584] **이전의 자유**는 거주의 자유와 불가분의 관계에 있다. 즉, 모든 국민에게는 거주지를 임의로 이전할 수 있는 자유가 보장되기 때문에 부당하게 거주지의 이전을 강요당하지 않을 권리가 있다. 이전의 자유에는 체류지를 이전하는 것도 포함된다.[585] 체류지를 이전할 자유는 당연히 체류지를 선택할 자유를 내포한다. 결국 헌법 제14조의 거주·이전의 자유는 **장소의 변경과 관련된 자유**를 보장하면서도 특히 거주지의 변경의 자유를 강조하고 있는 것으로 이해된다.[586] 거주·이전의 자유에 일시적인 체류의 자유를 포함함으로써 견해에 따라서는 **신체의 자유 내지는 일반적 행동의 자유와의 구분**이 문제되게 된다.

3. 구별하여야 할 개념

가. 신체의 자유

헌법재판소는 신체의 자유를 "신체의 안전성이 외부로부터의 물리적인 힘이나 정신적인 위험으로부터 침해당하지 아니할 자유와 신체 활동을 임의적이고 자율적으로 할 수 있는 자유"라고 하였다.[587] 여기서 신체 활동의 임의성 보장과 관련하여 거주·

의 자유, 결사의 자유로 구분될 수 있는 것과 같은 이치다. 따라서 거주·이전의 자유를 거주지의 이전만을 의미하는 것으로 사용하지 않는 한 '거주이전'의 자유라고 하는 것은 부정확한 표현이다 (예컨대 헌재 1993.12.23. 89헌마189). 헌법의 문언상으로도 1962년 개정헌법 전까지는 '거주와 이전의 자유'로 표기되어 있었다.

584) Merten, in: Merten/Papier (Hrsg.), HGR Ⅱ, § 42 Rn. 162.

585) 같은 견해로는 유진오, 신고 헌법해의, 1954, 71–72쪽.

586) 장소변경의 이유는 원칙적으로 중요하지 않다[Hailbronner, in: Isensee/Kirchhof (Hrsg.), HbStR Ⅵ, S. 154 f.; Manssen, Staatsrecht Ⅱ, Rn. 533]. 그러나 다만 경제상의 이유로 인한 장소변경은 직업의 자유에 속한다(이에 대해서는 후술 참조).

587) 헌재 1992.12.24. 92헌가8; 2003.12.18. 2001헌마163; 2002.7.18. 2000헌마327. 이 개념 정의는 신체의 자유를 넓게 보는 입장이다(성낙인, 헌법학, 2007, 362쪽). 학설에서는 헌법재판소와 같은 견해(권영성, 헌법학원론, 2007, 413쪽)가 있는 반면에, 신체의 자유를 단순히 신체 활동의 자유만을 의미하는 것으로 보는 견해(김철수, 헌법학개론, 2007, 627쪽)도 있다. 이 문제는 독일 기본법상 신체의 자유(Freiheit der Person)와 별개의 규정에 의해 보장되는 생명권과 신체를 훼손당하지 않을 권리를 대한민국헌법해석상 어떻게 처리하는가와 관련되어 있다. 대한민국헌법상으로는 신체의 자유를 규정한 헌법 제12조가 생명권과 신체를 훼손당하지 않을 권리의 근거로 된다고 하는 견해가 있고(권영성, 헌법학원론, 2007, 407, 412쪽: 그 외 헌법 제10조와 제37조 제1항도 근거로 제시; 성낙인, 헌법학, 2007, 362, 370쪽: 그 외 헌법 제10조도 제시), 생명권은 헌법 제10조에서, 신체를 훼손당하지 않을 권리는 제36조 제3항에서 찾는 견해(김철수, 헌법학개론, 2007,

이전의 자유와의 구별이 문제된다. 왜냐하면 거주·이전의 자유라고 하더라도 임의적인 신체 활동의 자유를 전제로 하는 것이기 때문이다.[588] 물론 신체의 자유를 국가의 부당한 수사권 발동에 대한 신체의 임의성을 보장하는 것으로 좁게 이해하는 견해에 의하면 신체의 자유와 거주·이전의 자유는 기능이나 보호법익이 다르기 때문에 서로 구별되게 된다.[589]

독일의 학설에 있어서는 거주·이전의 자유로 보장되기 위해서는 일정한 체류 기간이 필요하다고 보는 견해가 있는가 하면, 거주·이전의 자유로 보장되는 체류에는 어떤 특별한 의미가 있어서 신체의 자유와는 구분된다는 견해가 있다. 일정한 기간을 요구하는 경우에도 일시적이거나 스쳐 지나가는 정도는 넘어야 한다는 견해,[590] 몇 분 정도의 체류는 너무 짧아서 신체의 자유에 의해 보장된다는 견해,[591] 1박이 필요하다는 견해[592] 등이 존재한다. 거주·이전의 자유의 체류에는 특별한 의미가 있어야 한다는 견해도 거주·이전은 인격적 관련성(Persönlichkeitsrelevanz)이 있어야 한다는 견해[593]와 거주·이전의 체류는 생활권역(Lebenskreis)을 떠난다는 의미에서 장소의 변경(Ortsveränderung)을 의미한다는 점에서 구별된다는 견해,[594] 그리고 이동을 위한 체류는 신체의 자유에 의해서 보장되고 체류를 위한 이동은 거주·이전의 자유에 의해 보장된다고 하는 견해[595] 등이 있다. 독일에서 이 구별은 거주·이전의 자유와 신체의 자유는 우리와는 달리 서로 다른 법률유보 규정이 적용되기 때문에 특히 중요한 의미를 갖는다.[596]

학설에서는 신체 활동으로 인하여 장소의 임의적인 변경이 수반되는 경우에는 그

626-627쪽)도 있다. 위의 헌법재판소의 개념 정의에 따르면 신체를 훼손당하지 않을 권리는 신체의 자유에 포함된다. 헌법재판소는 생명권은 명문보다는 자연법적 근거를 제시하고 있다(헌재 1996.11.28. 95헌바1).

588) Starck, in: v. Mangoldt/Klein/Starck (Hrsg.), GG, Art. 2 Rn. 253.
589) 그렇게는 허영, 한국헌법론, 2010, 468쪽; 홍성방, 헌법학, 현암사, 2002, 429쪽. 독일의 견해: Volkmann, Staatsrecht Ⅱ, § 6 Rn. 18. 그 외 Kunig, in: v. Münch/Kunig, GG, Art. 2 Rn. 76; Pernice, in: Dreier (Hrsg.), GG, Art. 11 Rn. 14. 그러나 문언과 성립사 그리고 체계적 해석의 관점에서의 반론은 Pieroth/Schlink, Grundrechte, Rn. 791.
590) Rittstieg, in: Denninger u.a. (Hrsg.), AK, Art. 11 Rn. 33.
591) Manssen, Staatsrecht Ⅱ, Rn. 532.
592) Merten, Der Inhalt des Freizügigkeitsrechts, S. 43 f.
593) Kunig, in: v. Münch/Kunig, GG, Art. 11 Rn. 13.
594) Randelzhofer, in: Dolzer/Vogel (Hrsg.), BK, Art. 11 Rn. 13; Epping, Grundrechte, Rn. 630.
595) Pieroth/Schlink, Grundrechte, Rn. 791-792.
596) 이 점에서 한국헌법의 경우도 신체의 자유는 일반적 법률유보 외에 제12조 이하에서 개별규정에 의한 규율을 동시에 받는다는 점에서 구별의 의미가 있다.

장소가 거주·이전의 개념에 해당하면 거주·이전의 자유에 의해 보장된다고 하는 견해,597) 거주·이전의 자유는 적어도 체류의 의사와 일시적이지만 체류의 기간이 요구된다는 점에서 신체의 자유와 구분하는 견해598) 등이 있다. **헌법재판소의 명시적인 판단은 아직 없다.**

신체의 자유는 조문 편제상 그 보장내용을 사법절차상의 부당한 제한으로부터의 보장을 의미하는 것으로 좁혀서 이해(협의설)할 여지가 없는 것은 아니지만, 이러한 해석이 헌법의 명문상으로 분명한 것이라고 할 수는 없다. 오히려 신체의 자유의 보장내용을 신체의 안전성과 함께 전반적인 신체 활동의 자유로 이해하면서도, 다만 신체의 자유는 이를 특별히 보호하여 적법절차(특히 영장)에 의해서만 '제한'될 수 있는 것으로 해석하는 것도 가능하다(광의설). 이렇게 신체의 자유에 내포된 신체 활동의 자유를 넓게 이해하는 경우, 국가에 의한 신체 활동의 제한은 동시에 거주·이전의 자유의 제한이 될 가능성이 나타난다. 물론 신체의 자유는 신체 활동의 자유를 보호하는 것을 그 내용으로 하고, 거주·이전의 자유는 거주지 또는 체류지의 선정과 이전의 보장을 의미한다는 점에서, 양자는 그 보장내용을 달리하지만,599) **신체 활동의 자유를 제한함으로써 나타나는 소위 '거주·이전의 자유의 제한'은 신체 활동의 자유의 제한에 필연적으로 수반되는 것이므로 이 경우는 신체의 자유의 제한의 문제로 되고 거주·이전의 문제는 발생하지 않는 것으로 본다. 결국 신체의 자유는 거주·이전의 자유에 대하여 특별법으로 기능한다.**600)

나. 일반적 행동자유권

거주·이전의 자유도 행동의 자유를 전제로 하기 때문에 그 보장내용에 있어서 헌법 제10조에 근거하는 일반적 행동의 자유권이 보호하는 내용과 중첩된다. 그러나 **거주·이전에 관련되는 한 일반적 행동자유권에 대하여 거주·이전의 자유가 우선하여 적용**된다.601) 이것은 일반적 행동자유권이 갖는 적용상의 **보충적 성격** 때문이다.

---

597) 정종섭, 헌법학원론, 2007, 550–551쪽.
598) 이준일, 헌법학강의, 홍문사, 2002, 603쪽.
599) Ipsen, Staatsrecht Ⅱ, Rn. 586.
600) Sachs, in: Stern, Staatsrecht § 106 Ⅲ 3 S. 1159; Gusy, in: v. Mangoldt/Klein/Starck (Hrsg), GG Ⅰ, Art. 11, Rn. 65; Jarass, in: Jarass/Pieroth, GG, Art. 11 Rn. 1; Krüger/Pagenkopf, in: Sachs (Hrsg.), GG(2003), Art. 11 Rn. 31. Hailbronner, in: Isensee/Kirchhof (Hrsg.), HbStR Ⅵ, Rn. 37.
601) Ipsen, Staatsrecht Ⅱ, Rn. 586.

헌법재판소는 '운전면허를 받은 사람이 자동차등을 이용하여 범죄 행위를 한 때'를 필요적 운전면허 취소 사유로 하고 있는 「도로교통법」 규정이 운전을 직업으로 하지 않는 일반인에게는 일반적 행동의 자유를 제한하는 것[602]이라고 한 바 있다. 그 외에도 긴급자동차를 제외한 이륜자동차와 원동기장치 자전거에 대하여 고속도로 또는 자동차 전용도로의 통행을 금지하고 있는 「도로교통법」 규정,[603] 경찰 버스로 서울광장을 둘러싸서 노무현 대통령의 분향소 참배를 위한 통행을 제지한 행위(차벽설치 행위)[604]도 거주·이전의 자유의 문제가 아니라 일반적 행동자유권의 문제로 보았다.

다. 직업의 자유

직업의 효율적인 수행을 위해서는 직업상의 거주·이전의 자유가 보장되지 않으면 안 된다.

헌법재판소는 법인 사무소의 설치·이전의 자유는 곧 직업의 자유로서도 보장된다고 한다.[605] 이것은 법인의 거주·이전의 자유와 직업의 자유의 양립 가능성을 인정하고 있는 것이다.

학설에서는 거주나 체류가 어떤 특정한 목적과 결부된 것만을 뜻하는 것은 아니라는 점에서 직업 내지 영업상의 이유로 인한 거주와 체류도 거주·이전의 자유에 의해 보호된다는 견해가 있고,[606] 장소적 이동의 자유가 관련되는 한, 경제적, 직업적 정주도 거주·이전의 자유에 속한다는 견해도 있다.[607]

그러나 **직업의 자유는 거기에 거주·이전이 관련되는 경우 거주·이전의 자유에 대해 특별 법적 지위를 갖는다고 보아야 한다. 직업적 거주·이전은 당연히 직업의 자유가 내포하는 보장 내용**이기 때문이다. 따라서 경제상, 직업상의 거주·이전에 대한 헌법상의 보호는 헌법 제14조에 의해서가 아니라 제15조에 의해서 이루어진다.[608] 물론 직업적인 정주

---

602) 헌재 2005.11.24. 2004헌가28, 도로교통법 제78조 제1항 단서 제5호 위헌제청(위헌).
603) 헌재 2007.1.17. 2005헌마1111등, 도로교통법 제58조 위헌확인(기각).
604) 헌재 2011.6.30. 2009헌마406, 서울특별시 서울광장통행저지행위 위헌확인[인용(위헌확인)].
605) 헌재 2000.12.14. 98헌바104, 지방세법 제112조 제3항 위헌소원(합헌).
606) 허영, 한국헌법론, 2010, 469쪽.
607) Pernice, in: Dreier (Hrsg.), GG, Art. 11 Rn. 32.
608) 이것이 독일의 지배적인 견해이다: Manssen, Staatsrecht Ⅱ, Rn. 533. 그 외 BVerfGE 41, 378–389 ff.; BVerwGE 2, 151–152; 12, 140/162; Breuer, HbStR Ⅵ, 1989, S. 928; Scholz in: Manuz/Dürig (Hrsg.), Art. 12, Rn. 191; Hofmann, in: Umbach/Clemens (Hrsg.), GG, Rn. 16; Jarass, in: Jarass/Pieroth, GG, Art. 11 Rn. 4 und Art. 12 Rn. 9; Merten, Der Inhalt des

(berufliche Niederlassung) 외에 사적인 거주나 체류가 동시에 이루어지는 경우에는 거주·이전의 자유도 고려될 수 있다.[609]

라. 재산권

독일에서는 전통적으로 장소의 변경(Ortswechsel)은 어느 정도의 재산의 소지를 동반하는 것으로 이해되어 왔다. 다만, 개인적 소지품 정도 이외의 물건을 소지하는 것은 기본법 제14조의 재산권 보호의 문제가 되고, 직업적 정주는 거주·이전의 자유에 포함되지 않기 때문에 영업과 경영에 필요한 재산을 소지하는 것은 거주·이전의 자유에 포함되지 않는다.[610]

이러한 생각은 우리에게 있어서도 여전히 타당한 것으로 볼 수 있는데, 거주·이전에 필요한 범위 내의 재산적 가치 있는 물건을 소지하는 것은 재산권 보호보다 강화되어 보장되는[611] 거주·이전의 자유의 보호를 받게 하는 것이 타당한 것으로 보인다. 그러한 한 거주·이전의 자유는 재산권 보장에 대하여 **특별법적 관계**에 있다.

4. 법적 기능 및 국제적 보장

헌법재판소에 따르면 거주·이전의 자유는 정치·경제·사회·문화 등 모든 생활영역에서 개성 신장을 촉진함으로써 헌법상 보장되고 있는 **다른 기본권들의 실효성을 증대시켜 주는 기능**을 수행한다.[612] 이러한 거주·이전의 자유가 지닌 기능에 힘입어 오늘날 거주·이전의 자유는 국제적 차원에서도 보장되는 추세에 있다. 예컨대 세계인권선언 제13조와 국제인권규약(B규약) 제12조, 유럽연합기본권헌장 제45조에서 거주·이전의 자유를 보장하고 있다.

Frezügigkeitsrechts, S. 68 ff.; Randelzhofer, in: Dolzer/Vogel (Hrsg.), BK, Art. 11 Rn. 45.
609) Jarass, in: Jarass/Pieroth, GG, Art. 11 Rn. 4.
610) Pieroth/Schlink, Grundrechte, Rn. 799; Gusy, in: v. Mangoldt/Klein/Starck (Hrsg.), GG, Art. 11 Rn. 31; Jarass, in: Jarass/Pieroth, GG, Art. 11 Rn. 5; Manssen, Staatsrecht Ⅱ, Rn. 533. 반대 견해: Pernice, in: Dreier (Hrsg.), GG, Art. 11 Rn. 16; Ziekow, in: Friauf/Höfling (Hrsg.), BK, Art. 11 Rn. 55 f.; Krüger/Pagenkopf, in: Sachs (Hrsg.), GG(2003), Rn. 19.
611) 거주·이전의 자유가 재산권보다 더 인격발현에 가깝다고 보는 관점이다.
612) 헌재 2004.10.28. 2003헌가18.

II. 보장내용

1. 인적 보장내용

가. 기본권 주체

헌법 제14조는 거주·이전의 자유의 주체를 "모든 국민"으로 규정하고 있다. 헌법상 "모든 국민"에는 우선 대한민국 국적을 가진 모든 자연인이 포함된다. 여기서 특히 문제가 되는 경우는 다음과 같다.

1) 미성년자

미성년자도 자연인에 포함되기 때문에 당연히 주체가 된다.[613] 「민법」 제914조에 따르면 미성년자는 친권자가 지정한 장소에 거주하여야 하는데, 이것은 미성년자의 거주·이전의 자유의 「민법」상 제한이다.[614] 다만, 기본권의 대사인적 효력을 긍정하는 입장에서 보면, 미성년자가 누리는 거주·이전의 자유를 직접 제한하는 것은 친권자이기 때문에, 「민법」상 제한은 '미성년자의 거주·이전의 자유의 대사인적 효력'의 제한이라는 점이 특징이다.[615] 그러나 기본권 보호의무의 입장에서 보면, 입법자가 부모의 친권과 미성년인 자녀의 거주·이전의 자유에 대한 보호의무 이행의 결과가 된다.

2) 병역의무자

병역의무자도 거주·이전의 자유의 주체가 된다. 거주·이전의 자유에 국외 여행의 자유가 포함되는 것으로 이해하는 한 병역의무자도 국외 여행의 자유의 주체가 된다. 병역법 제70조에 의한 국외 여행 허가[616]는 병역의무자의 거주·이전의 자유의 제한에 해당한다.[617] 병역 기피를 위한 출국을 금지하는 것은 정당한 제한에 해당한다.[618]

---

613) 계희열, 헌법학(중), 2000, 449쪽.
614) 그러나 부모의 거소지정권을 법률상 인정하고 있다고 하여 자녀에 대한 거주·이전의 자유의 침해가능성이 완전히 배제되는 것은 아니다(Ipsen, Staatsrecht II, Rn. 573).
615) 같은 의미로 Jarass, in: Jarass/Pieroth, GG, Art. 11 Rn. 10.
616) 귀국보증인제도는 폐지되었다(2005.3.31.).
617) 이에 대해서는 합헌설이 일반적인 견해다[권영성, 헌법학원론, 2007, 462쪽; 계희열, 헌법학(중), 2000, 446쪽; 이준일, 헌법학강의, 홍문사, 2002, 605쪽].
618) 허영, 한국헌법론, 2010, 472쪽; 정종섭, 헌법학원론, 2007, 555쪽.

3) 북한 주민

조선인을 부친으로 하여 출생한 자 등은 「국적에관한임시조례」(1948.5.11. 제정 군정법률 11호) 제2조에 따라 조선 국적을 취득하였다가 1948년 헌법의 제정과 동시에 대한민국 국적을 취득하였다(동 헌법 부칙 제100조 참조).[619] 나아가 현행 헌법상 북한은 대한민국의 영토이고, 또 대법원이나 헌법재판소의 판례에서는 북한을 국가로 인정하고 있지 않는 한, 북한 주민도 대한민국 국민으로서 거주·이전의 자유의 주체가 된다고 볼 수밖에 없다.[620] 문헌에서는 북한 주민이 대한민국의 영역으로 들어오는 것을 국외로의 거주·이전의 자유의 한 내용인 입국의 자유로 설명하고 있는 것이 일반적이다.[621] 이에 반하여 북한을 우리 영토로 보지 않고 북한 주민을 우리 국민으로 보지 않는 결과 입국의 자유로 설명할 수 없게 되고 결국 정치적 망명권의 행사로 이해하는 견해도 있다.[622]

북한을 대한민국의 영토로, 북한 주민을 대한민국의 국민으로 보면서도 이를 국외로의 거주·이전의 자유의 한 내용인 입국의 자유로 설명하는 것은 논리적으로 맞지 않다. **북한 지역으로의 거주·이전 및 북한 지역으로부터의 거주·이전의 자유는** 국내에서의 거주·이전의 자유로 보고 이에 대한 제약은 **거주·이전의 자유의 제한의 문제로** 보는 것이 타당하다. 따라서 「북한이탈주민의 보호 및 정착지원에 관한 법률」 제19조가 남한에 본적을 갖지 않은 "북한 이탈 주민"은 본인의 의사에 따라 남한에서 본적을 정할 수 있도록 하고 있는 것은 당연한 논리적 귀결이다.

4) 외국인

외국인의 거주·이전의 자유의 주체성에 대해서는 견해가 대립한다. 부정설[623] 중에서는 외국인은 헌법 제10조의 행복추구권을 주장함으로써 간접적으로 거주·이전의

---

619) 대법원 1996.11.12. 96누1221 판결.

620) 대법원 1996.11.12. 96누1221 판결; 헌재 2000.8.31. 97헌가12, 국적법 제2조 제1항 제1호 위헌제청(헌법불합치, 일부각하) 및 김철수, 헌법학개론, 2007, 160쪽; 권영성, 헌법학원론, 2007, 462쪽; 허영, 한국헌법론, 2010, 193쪽 이하; 계희열, 헌법학(중), 447쪽; 전광석, 한국헌법론, 법문사, 2007, 311쪽; 정종섭, 헌법학원론, 2007, 552쪽.

621) 권영성, 헌법학원론, 2007, 462쪽; 허영, 한국헌법론, 2010, 471쪽; 정종섭, 헌법학원론, 2007, 552쪽. 같은 견해로 볼 수 있는 것은 김철수, 헌법학개론, 2007, 686−687쪽: 여기서는 국내 거주·이전의 자유에 북한 지역으로의 여행은 포함되지 않는다고 한다.

622) 홍성방, 헌법학, 현암사, 2002, 428−429쪽.

623) 김철수, 헌법학개론, 2007, 686쪽; 권영성, 헌법학원론, 2007, 461쪽; 계희열, 헌법학(중), 2000, 449쪽; 정종섭, 헌법학원론, 2007, 551쪽.

자유를 향유할 수 있다고 하는 견해도 있다.[624] 긍정설의 입장에서도 입국의 자유는 일반적으로 부인된다.[625] 독일 기본법상으로는 외국인은 거주·이전의 자유의 주체가 될 수 없고, 다만 제2조 제1항의 자유로운 개성발현권에 의해 보호된다고 한다.[626] 독일 기본법 규정이 그 주체를 독일인에 한정하고 있기 때문이다.[627]

외국인에 대한 사실상의 거주·이전의 제약 문제는 외국인이 헌법상 보장되는 거주·이전의 자유의 주체가 될 수 있는가의 문제와 구별된다. 외국인이 대한민국헌법상 거주·이전의 자유의 완전한 주체가 되기 위해서는 우선 임의로 입국할 수 있는 권리가 헌법상 인정되지 않으면 안 된다. 그러나 외국인에 대해서는 입국의 자유가 헌법에 의해 보장된다고 보기 어렵기 때문에 **원칙적으로 거주·이전의 자유의 주체가 될 수 없다고 보는 것이 타당**하다. 따라서 입국이 허가된 외국인의 국내에서의 거주·이전의 자유는 헌법상 자유로서 누리는 것이 아니라, 대한민국에 의해 입국이 허가된 전제하에서 누리는 법률상의 자유에 불과하다. 그러므로 외국인에 대한 거주·이전의 제한은 기본권으로서의 거주·이전의 자유의 제한이라고 볼 수 없다. 그렇게 보면 **외국인에 대한 거주·이전의 제한은 입법 정책의 문제**이다. 북한은 대한민국의 영토이기 때문에 외국인이 북한의 지령을 받아 북한에 들어간 것은 국가보안법상 지령탈출죄에 해당한다고 한 대법원의 판시도 이와 같은 선상에서 이해할 수 있다.[628]

외국 국적 동포는 「재외동포의 출입국과 법적 지위에 관한 법률」 제10조에 따라 재외동포 체류 자격으로 상한 3년까지 체류할 수 있으며, 연장 허가를 할 수 있고, 허가된 기간의 범위 내에서는 재입국의 허가 없이 자유롭게 출입국이 가능하며, 거소나 거소 이전 신고를 한 경우에는 「출입국관리법」상 체류지 변경 신고를 한 것으로 보고, 재외동포 체류 자격을 부여받은 외국 국적 동포의 취업이나 그 밖의 경제활동은 사회질서 또는 경제 안정을 해치지 아니하는 범위에서 자유롭게 허용된다. 그러나 ① 현역·상근예비역 또는 보충역으로 복무를 마치거나 마친 것으로 볼 수 없거나, 전시근로역에 편입되지 않거나, 병역 면제 처분을 받지 않은 상태에서 대한민국 국적을 이탈하거

---

624) 계희열, 헌법학(중), 2000, 449쪽 참조.
625) 전광석, 한국헌법론, 법문사, 2007, 311쪽; 홍성방, 헌법학, 현암사, 2002, 428쪽.
626) Hailbronner, in: Isensee/Kirchhof (Hrsg.), HbStR Ⅵ, S. 166; Gusy, in: v. Mangoldt/Klein/Starck (Hrsg.), GG, Rn. 45; Manssen, Staatsrecht Ⅱ, Rn. 534.
627) 독일 기본법상의 기본권은 인간의 권리와 독일인의 권리로 구분되어 있다.
628) 대법원 1997.11.20. 97도2021 판결.

나 상실하여 외국인이 된 남성의 경우,[629] ② 대한민국의 안전보장, 질서유지, 공공복리, 외교 관계 등 대한민국의 이익을 해칠 우려가 있는 경우에는 재외동포 체류 자격을 부여하지 않는다. 다만, 위 ①에 해당하는 사람으로서 법무부장관이 필요하다고 인정하는 경우에는 41세가 되는 해 1월 1일부터 재외동포 체류 자격을 부여할 수 있다(재외동포의 출입국과 법적 지위에 관한 법률 제5조).

5) 법인

헌법재판소는 법인도 거주·이전의 자유의 주체가 된다고 한다.[630] 학설에서도 헌법재판소의 입장과 동일한 견해가 있다.[631] 그러나 이를 세분하여 내국 사법인은 그 주체가 될 수 있지만 외국 법인이나 공법인은 주체가 될 수 없다고 하는 견해도 있다.[632] 이 견해는 권리능력 없는 사단도 주체가 된다고 한다.[633]

독일의 경우에도 거주·이전의 자유는 내국 법인과 단체에 대해서도 적용된다는 것이 지배적 견해이다.[634] 거주·이전의 자유의 인격적 내용과 경제상의 정주의 자유가 거주·이전의 자유에는 포함되지 않기 때문에 법인이나 단체에 대해 거주·이전의 자유를 인정하는 것에 대해 회의적인 견해도 있다.[635]

법인도 거주·이전의 자유를 향유할 수 있다고 보는 것이 타당하다. 법인의 경우에는 특히 직업의 자유와의 관련성이 문제된다. 앞에서 살펴본 바와 같이 직업의 자유가 관련되는 한 거주·이전의 자유의 적용은 배제된다.

나. 의무 주체
1) 국가 등 공권력

거주·이전의 자유는 원칙적으로 국가 등 공권력 담당자에 대해서 다음과 같은 효

---

629) 이준일, 헌법학강의, 홍문사, 2002, 602쪽은 이 경우 재외동포체류자격을 제한하는 것은 합헌으로 본다.
630) 헌재 2000.12.14. 98헌바104; 1996.3.28. 94헌바42.
631) 김철수, 헌법학개론, 2007, 390쪽; 성낙인, 헌법학, 2007, 513쪽; 양건, 헌법강의 I , 법문사, 2007, 541쪽.
632) 계희열, 헌법학(중), 2000, 450쪽.
633) 계희열, 헌법학(중), 2000, 450쪽.
634) Pernice, in: Dreier (Hrsg.), GG, Art. 11 Rn. 18; Ziekow, in: Friauf/Höfling (Hrsg.), BK, Art. 11 Rn. 86 f.; Hailbronner, in: Isensee/Kirchhof (Hrsg.), HbStR Ⅵ, S. 166.
635) Jarass, in: Jarass/Pieroth, GG, Art. 11 Rn. 6; Gusy, in: v. Mangoldt/Klein/Starck (Hrsg.), GG, Rn. 44.

력을 전개한다.

가) 방어권

거주·이전의 자유는 우선 국가에 대해 **방어권**(Abwehrrechte)으로서 기능한다. 거주·이전의 자유의 이 방어권적 기능에서 국가에 의한 부당한 방해가 실행되었으면 **배제청구권**(Beseitigungsanspruch)이, 방해가 임박했으면 **부작위청구권**(Unterlassungsanspruch)이 성립한다.[636] 따라서 모든 국민은 거주지나 체류지를 선택할 자유, 선택한 거주지나 체류지에서 부당하게 퇴거당하지 않을 자유, 그리고 거주지나 체류지를 자유롭게 이동할 수 있는 자유를 제한받으면 배제청구권이나 부작위청구권을 행사함으로써 거주·이전의 자유를 보호받을 수 있다.[637]

나) 급부청구권의 도출 가능성 여부

거주·이전의 자유는 방어권으로만 이해되기 때문에, 예컨대 거주지 이전 비용의 청구를 내용으로 하는 권리와 같은 급부청구권은 나올 수 없다.[638] 또 주거 공간이 없는 경우에 주거 공간을 만들어 줄 것을 요구할 수 있는 권리도 아니다.[639] 사회부조가 특정한 지역에서의 체류를 방해하는 것을 목적으로 하고 있는 경우에는[640] 거주·이전의 자유의 제한이 된다.[641]

2) 사인(사법 질서에서의 효력 문제)

헌법상 보장된 자유와 권리의 대사인적 효력의 인정하는 판례와 다수의 견해에 따르면 거주·이전의 자유의 대사인적 효력도 일반적으로 인정된다.[642] 이 경우 대사인효에 대한 일반적인 견해는 간접적용설이지만,[643] 거주·이전의 자유는 구체적 상황에 따

---

636) Sachs, Verfassungsrecht Ⅱ, A4 Rn. 14; Pieroth/Schlink, Grundrechte, Rn. 58.

637) 배제청구권이나 부작위청구권은 현실적으로 취소소송이나 헌법소원의 형태로 나타난다. 부작위청구와 관련하여 현재 행정소송상으로 예방적 부작위소송은 인정되지 않지만(대법원 1987.3.24. 86누182 판결; 2006.5.25. 2003두11988 판결), 헌법소원의 기본권 침해의 현재성 요건은 완화되어 있다(이에 대해서는 허영, 헌법소송법론, 2007, 380쪽 및 거기 인용된 판례 참조).

638) Jarass, in: Jarass/Pieroth, GG, Art. 11 Rn. 9; Kunig, in: v. Münch/Kunig, GG, Art. 11 Rn. 19; Ipsen, Staatsrecht Ⅱ, Rn. 578.

639) Gusy, in: v. Mangoldt/Klein/Starck (Hrsg.), GG, Art. 11 Rn. 56.

640) 예컨대 독일에서 동유럽으로부터의 이주민들이 지정된 지역에 거주하지 않을 경우에는 보조금수령자격을 박탈하는 것과 같은 경우.

641) Jarass, in: Jarass/Pieroth, GG, Art. 11 Rn. 9; Kunig, in: v. Münch/Kunig, GG, Art. 11 Rn. 19. 반대 견해: Ziekow, in: Friauf/Höfling (Hrsg.), BK, Art. 11 Rn. 97.

642) 긍정설: 김철수, 헌법학개론, 2007, 686쪽; 정종섭, 헌법학원론, 2007, 554쪽.

라 직접 또는 간접 효력의 여부를 판단하여야 한다고 함으로써 직접 적용의 가능성을 주장하는 견해도 있다.[644]

독일에 있어서도 거주·이전의 자유의 방사효가 사인 간에도 미친다는 간접 적용의 견해가 일반적이다.[645] 어린이의 경우에 부모에 대한 방사효는 기본법 제6조 제2항의 부모의 양육권에 의해 제한받는다고 한다.[646]

거주·이전의 자유가 대사인적 효력을 갖는 것으로 보는 경우에도 그 효력은 어디까지나 방어권으로서의 기능에 한정된다. 따라서 거주·이전의 자유는 임차권, 재산권 등 타인에 대하여 어떠한 청구권도 발생시키지 않는다.[647]

그러나 **국가의 기본권보장의무론**의 관점에서 보면 거주·이전의 자유로서 보호하려는 헌법적 가치가 사법 질서에서도 존중될 수 있도록 국가는 이를 보호할 의무가 있기 때문에, 그 범위 내에서 거주·이전의 자유도 사법 질서에서 효력을 전개할 수 있을 뿐이고, 직접이든 간접이든 사인을 의무 주체로 하여 거주·이전의 자유를 주장할 수는 없다. 이 견해가 타당하다.

2. 물적 보장내용

가. 구분

헌법재판소의 결정에 따르면 거주·이전의 자유는 국내에서의 거주·이전의 자유와 해외 여행 및 해외 이주의 자유, 그리고 국적 변경의 자유로 구성된다. 해외 여행 및 해외 이주의 자유는 필연적으로 출국의 자유와 입국의 자유를 포함하게 된다고 한다.[648] 헌법재판소는 거주지나 체류지, 즉 생활의 근거지에 이르지 못하는 일시적인 이동을 위한 장소의 선택과 변경은 보호영역에 포함되지 않는다고 한다.[649]

학설에 있어서는 구분이 분분하다. 국내 거주·이전의 자유와 국외 거주·이전의

643) 예컨대 허영, 한국헌법론, 2010, 264쪽; 성낙인, 헌법학, 2007, 513쪽.
644) 계희열, 헌법학(중), 2000, 450쪽.
645) Ipsen, Staatsrecht II, Rn. 578; Hofmann, in: Umbach/Clemens (Hrsg.), GG, Rn. 15; Randelzhofer, in: Dolzer/Vogel (Hrsg.), BK, Art. 11 Rn. 69; Kunig, in: v. Münch/Kunig, GG, Art. 11 Rn. 5.
646) Jarass, in: Jarass/Pieroth, GG, Art. 11 Rn. 10.
647) Pieroth/Schlink, Grundrechte, Rn. 800; Jarass, in: Jarass/Pieroth, GG, Art. 11 Rn. 10; Randelzhofer, in: Dolzer/Vogel (Hrsg.), BK, Art. 11 Rn. 54.
648) 헌재 2004.10.28. 2003헌가18.
649) 헌재 2011.6.30. 2009헌마406, 서울특별시 서울광장통행저지행위 위헌확인[인용(위헌확인)].

자유(국외 영주, 장기간의 해외 거주, 해외 여행의 자유, 귀국의 자유 포함), 국적 이탈의 자유로 구분하는 견해,650) 국내에서의 거주·이전의 자유, 국외 이주와 해외 여행의 자유(국외 이주의 자유, 해외 여행(출국)의 자유, 귀국의 자유 포함), 국적 이탈의 자유로 구분하는 견해,651) 국내에서의 거주·이전의 자유, 해외 여행 및 해외 이주의 자유(출국의 자유, 입국의 자유 포함), 국적 변경의 자유로 구분하는 견해,652) 국내 거주·이전의 자유, 국외 거주·이전의 자유(출국의 자유, 해외 여행의 자유, 국외 이주의 자유, 입국(귀국)의 자유 포함), 국적 변경의 자유, 소극적 거주·이전의 자유로 구분하는 견해,653) 국내 거주·이전의 자유, 국외 거주·이전의 자유(국외 이주·해외 여행·귀국의 자유, 국적 변경의 자유 포함)로 구분하는 견해,654) 국내 거주·이전의 자유, 국외 거주·이전의 자유(국외 이주의 자유, 해외 여행의 자유, 입국의 자유 포함)로 구분하면서 국적 이탈의 자유는 거주·이전의 자유가 아니라 헌법 제10조에서 보장된다는 견해,655) 국내 거주·이전의 자유, 국외거주·이전의 자유(해외 이주·해외 여행·귀국의 자유 포함), 국적 이탈·변경의 자유로 구분하는 견해,656) 국내에서의 거주·이전의 자유, 국외로의 거주·이전의 자유(국외 이주의 자유, 해외 여행의 자유 및 출국의 자유, 입국의 자유 포함), 국적 변경(국적 이탈)의 자유로 구분하는 견해657) 등이 있다.

이러한 견해를 분석해 보면 용어상의 표현의 차이에도 불구하고 그 의미에 있어서는 크게 **국내에서의 거주·이전의 자유와 국외로의 거주·이전의 자유**로 구분하는 것에는 일치하면서도, 국외로의 거주·이전의 자유의 내용과 **국적 이탈 또는 변경의 자유가 포함되는지에 대해서는 이견**이 있음을 알 수 있다.

국외로의 거주·이전은 국외로 이민을 하는 경우와 그 보다는 짧은 기간 동안 거주 또는 체류하는 경우로 나누어 볼 수 있다. 전자를 국외 이주(Auswanderung)라고 할 수 있다면 후자는 해외 여행658)이라고 할 수 있다. 또한 대한민국 국민은 국외 이주를

---

650) 김철수, 헌법학개론, 2007, 686–689쪽.
651) 권영성, 헌법학원론, 2007, 461–463쪽.
652) 허영, 한국헌법론, 2010, 469쪽 이하.
653) 계희열, 헌법학(중), 2000, 445–448쪽.
654) 성낙인, 헌법학, 2007, 514쪽.
655) 정종섭, 헌법학원론, 2007, 554쪽.
656) 홍성방, 헌법학, 현암사, 2002, 429쪽.
657) 이준일, 헌법학강의, 홍문사, 2002, 604쪽.
658) 헌법재판소의 결정에서는 개념적으로는 해외 여행의 자유와 출국의 자유를 구분하고 있다. 그러나 대한민국을 떠난다는 의미의 출국개념은 거주지를 해외로 이전하는 국외 이주를 위해 대한민

하였던 해외 여행을 하였던 귀국할 권리가 보장되어야 한다. 귀국은 일시 귀국이든 영구 귀국이든 거주·이전의 자유가 관련되는 한 구분할 필요가 없다. 결국 **국외로의 거주·이전의 자유는 국외 이주의 자유와 해외 여행의 자유, 그리고 귀국의 자유로 구성된다고 볼** 수 있다. 국내에서의 거주·이전의 자유나 국외로의 거주·이전의 자유 모두 자신의 자유로운 의사에 따라 거주하고 이전할 자유를 보장하고, 또 국가의 부당한 퇴거·거주 명령에 대해 거주·이전의 자유를 주장할 수 있다는 것이기 때문에 별도로 소극적 거주·이전의 자유는 구분할 필요가 없다.

따라서 거주·이전의 자유의 보장내용으로는 국내에서의 거주·이전의 자유, 국외로의 거주·이전의 자유가 이에 해당하고, 국적 변경의 자유가 그에 포함되는지 여부가 문제된다.

나. 국내에서의 거주 · 이전의 자유

국내에서의 거주·이전의 자유는 대한민국의 영역 안에서는 자신의 뜻에 따라 임의의 장소에 거주하고 체류할 수 있는 자유를 보장한다. 따라서 「민법」상의 주소 및 거소 등을 설정하는 것은 이 자유의 범위에 속한다. 중요한 것은 **대한민국의 영역 개념**이다. 대한민국의 영역은 헌법상의 개념(헌법 제3조)이기 때문에 거주·이전이 보장되는 **영역은 북한을 포함**하는 것이 헌법에 합치한다.659) 북한으로의 이전과 거주를 법률로 제한하는 것은 별개의 문제이다.660)

독일에서 이론상 주장되고 있는 '고향에의 권리'(Recht auf Heimat)를 여기에 포함시키는 견해가 있다.661) 그러나 이 개념은 자기가 거주하는 곳을 고향으로 할 권리를 내

국을 떠나는 경우도 포함하는 개념이 되기 때문에(헌법재판소 스스로도 출국의 자유는 외국에서 체류 또는 거주하기 위해서 대한민국을 떠날 수 있는 자유라고 설명한다: 헌재 2004.10.28. 2003 헌가18), 해외여행의 자유와 국외 이주의 자유를 인정하면서 별도로 또 출국의 자유라는 개념을 사용하는 것은 법적으로는 불필요한 중복이다. 따라서 국외 이주가 아닌 비교적 짧은 기간의 해외거주 또는 체류를 의미하는 것으로는 출국의 자유보다는 해외여행의 자유로 개념하는 것이 적확한 용어법으로 보인다. 한편, 강학상 사용되는 출국 또는 해외여행이라고 하는 것도 독일 기본법상으로는 모두 Ausreise를 의미한다. 결국 해외여행의 자유나 출국의 자유는 용어선택의 문제일 뿐 서로 다른 의미를 내포하는 것이 아니다. 다만, 위와 같이 거주·이전의 자유의 보호범위를 확정하기 위한 그 내용구분으로서가 아닌 경우에는, 외국에서 체재하기 위해서든 거주하기 위해서든 출국이라는 사실만을 강조하기 위해 출국의 자유라는 용어를 사용할 수는 있을 것이다.

659) 같은 견해: 정종섭, 헌법학원론, 2007, 553쪽. 반대 견해: 김철수, 헌법학개론, 2007, 686-687쪽; 권영성, 헌법학원론, 2007, 461쪽; 계희열, 헌법학(중), 2000, 445-446쪽.

660) 정종섭, 헌법학원론, 2007, 553쪽.

포하는 것으로 오해를 불러일으킬 여지가 있고,[662] 이 권리가 사회적 기본권의 내용을 포함하는 한 자유권으로서의 거주·이전의 자유로서는 포섭할 수 없고,[663] 고향에의 권리에 포함된 것으로 주장되는 자유권적 측면은 거주·이전의 자유가 이미 실현하고 있으므로 고향에의 권리는 불필요한 개념이다.[664]

다. 국외로의 거주 · 이전의 자유

1) 국외 이주의 자유

국외 이주의 자유는 대한민국의 영역 밖으로 이주할 자유를 말한다. 여기서 이주란 국외에서 거주하기 위해 대한민국을 떠나는 것을 말한다.[665] 북한 지역에는 대한민국의 통치권이 미치지 않는다고 하면서,[666] 국외 이주의 자유를 대한민국의 통치권이 미치지 않는 지역으로 이주하는 것으로 개념하는 것[667]은 이 견해가 북한 지역을 국내에서의 거주·이전의 자유가 미치는 지역으로 보는 것[668]과 모순된다.

해외 이주에 대해서는 현재 「해외이주법」이 규율하고 있다. 같은 법 제4조에서는 해외 이주는 연고이주,[669] 무연고 이주,[670] 현지 이주[671]로 구분하고 있지만, 헌법상의 자유로서 국외 이주의 자유가 문제되는 한 이 구분은 별의미가 없다. 「해외이주법」 제3조에서 ① 병역을 기피하고 있거나, ② 금고 이상의 형의 선고를 받고 그 집행이 종료되지 아니하거나 그 집행을 받지 아니하기로 확정되지 아니한 자는 해외 이주를 할 수 없도록 하고 있다. 또 같은 법 제6조에 의하면 연고이주 또는 무연고 이주를 하려는 사람, 현지 이주를 한 사람은 대통령령이 정하는 바에 의하여 외교부장관에게 신고하도

---

661) 허영, 헌법이론과 헌법(중), 박영사, 1988, 294쪽; 이준일, 헌법학강의, 홍문사, 2002, 605쪽.
662) 이 비판은 Gusy, in: v. Mangoldt/Klein/Starck (Hrsg.), GG, Art. 11 Rn. 30.
663) 이 비판은 Pieroth/Schlink, Grundrechte, Rn. 800.
664) 독일연방헌법재판소도 부정적이다(BVerfGE 134, 242). 고향에의 권리에 대해서는 Gilbert H. Gorning/Dietrich Murswiek(Hrsg.), Das Recht auf die Heimat, 2019 참조.
665) Pieroth/Schlink, Grundrechte, Rn. 797 참조.
666) 정종섭, 헌법학원론, 2007, 106쪽.
667) 정종섭, 헌법학원론, 2007, 535쪽.
668) 정종섭, 헌법학원론, 2007, 535쪽.
669) 혼인·약혼 또는 친족 관계를 기초로 하여 이주하는 것을 말한다.
670) 외국기업과의 고용계약에 따른 취업이주, 해외 이주알선업자가 이주대상국의 정부기관·이주알선기관 또는 사업주와의 계약에 따르거나 이주대상국 정부기관의 허가를 받아 행하는 사업이주 등의 사유로 이주하는 것을 말한다.
671) 해외 이주 외의 목적으로 출국하여 영주권 또는 그에 준하는 장기체류 자격을 취득한 사람의 이주를 말한다.

록 하고 있다. 이러한 것들은 국외 이주의 자유에 대한 법률적 제한에 해당한다.

독일에서 국외 이주의 자유는 다음에서 살펴볼 해외 여행의 자유와 함께 거주·이전의 자유에 의해 보장되지 않고 일반적 행동의 자유(기본법 제2조 제1항)에 의해 보장된다는 것이 일반적인 견해이다.[672] 그러나 시민이 국가를 기본적으로 용납할 수 없는 경우에는 시민은 자신이 속해있는 정치 제도를 이탈할 가능성을 가져야 하는데, 이것이 거주·이전의 자유의 국가 철학적 뿌리이기 때문에, 거주·이전의 자유에는 국외 이주의 자유를 그 내용으로 포함하여야 한다는 강력한 반대 견해도 있다.[673] 자국민을 강제로 외국에 인도하는 것은 거주·이전의 자유의 침해가 될 수 있다.[674]

2) 해외여행의 자유

해외여행의 자유는 외국에서 체류하기 위해 대한민국을 떠날 자유를 말한다.[675] 따라서 해외 여행의 자유는 '국외 이주를 위한 출국을 제외한 출국의 자유'와 같은 의미이다.[676] 해외 여행지는 기본적으로 제한이 없지만 전쟁 지역과 같은 위험 지역으로의 여행은 국민의 생명과 안전을 확보하기 위해 헌법 제37조 제2항에 따라 제한이 가능하다.[677] 마찬가지로 전쟁 지역에서 이탈할 것을 정부가 명령하는 것도 제한의 한계를 준수하는 한 정당화될 수 있다. 그러나 이 문제는 전쟁 지역에서의 선교를 목적으로

---

672) BVerfGE 2, 266; 6, 32/34 f.; 8, 95/97; 72, 200, 245; BVerwG, NJW 1971, 820; Rittstieg, in: Denninger u.a. (Hrsg.), AK, Art. 11 Rn. 39; Ipsen, Staatsrecht Ⅱ, Rn. 576, 586; Manssen, Staatsrecht Ⅱ, Rn. 531; Pieroth/Schlink, Grundrechte, Rn. 798; Hailbronner, in: Isensee/Kirchhof (Hrsg.), HbStR Ⅵ, S. 176; Hofmann, in: Umbach/Clemens (Hrsg.), GG, Rn. 27. 이미 19세기의 헌법들에서도 국외 이주의 자유는 거주·이전의 자유와는 독립되어 규정되어 있었고(예컨대 프랑크푸르트 헌법 제136조, 바이마르 헌법 제112조 제1항), 헌법제정회의에서도 전후 독일에서 국외 이주의 러쉬가 이뤄질 위험성을 방지하기 위해서 국외 이주의 자유를 거주·이전의 자유로 포함하는 것을 꺼려하였다고 한다(특히 Pieroth/Schlink, Grundrechte, Rn. 798; Merten, Der Inhalt des Freizügigkeitsrechts, S. 109 ff.; Ipsen, Staatsrecht Ⅱ, Rn. 576 참조).

673) Zippelius, Allgemeine Staatslehre, S. 109. 그 외 반대 견해로는 Hesse, Grundzüge des Verfassungsrechts der Bundesrepublik Deutschland, Rn. 371(이 책의 번역서인 계희열, 통일 독일헌법원론의 방주 371); Krüger/Pagenkopf, in: Sachs (Hrsg.), GG(2003), Rn. 29; Pernice, in: Dreier (Hrsg.), GG, Art. 11 Rn. 15; Dürig, in: Maunz/Dürig (Hrsg.), GG, Art. 11 Rn. 105 f.

674) 그러나 합헌적 법률에 의하여 자국민을 외국에 인도하는 것이 불가능한 것은 아니다(예컨대 유럽연합의 회원국에 독일인을 인도하거나 국제법원에 독일인을 인도할 수 있음을 규정한 독일 기본법 제16조 제2항 제2문).

675) Pieroth/Schlink, Grundrechte, Rn. 797 참조.

676) 이러한 견해는 해외 여행의 자유와 출국의 자유가 다른 개념임을 전제로 해외 여행의 자유에 출국의 자유가 포함된다는 견해들과 구별된다.

677) 헌재 2004.10.28. 2003헌가18 결정의 반대의견 참조.

한 종교활동과 결부되는 경우에는 종교의 자유의 제한으로도 될 수 있기 때문에 신중하게 판단하여야 한다.

3) 귀국의 자유

귀국의 자유는 국외 이주 또는 해외 여행을 하였던 국민이 대한민국의 영역으로 일시적으로 또는 장기적으로나 영구적으로 들어오는 자유를 말한다. 헌법재판소는 귀국의 자유를 입국의 자유라는 개념으로 외국체류 또는 거주를 중단하고 다시 대한민국으로 돌아올 수 있는 자유로 이해한다.[678] 그런데 여기서의 입국은 단순히 대한민국으로의 입경을 의미하는 것이 아니라 곧 귀국을 의미하는 것이기 때문에 입국의 자유보다는 귀국의 자유로 개념하는 것이 의미를 보다 적확하게 드러내는 것으로 보인다.

한편 귀국의 자유가 국외 이주의 자유 또는 해외여행의 자유의 보장내용에 포함된다고 할 수는 없다. 귀국이라는 행위 태양은 국외 이주나 해외 여행이라는 행위 태양과 구별되는 것이기 때문이다. 그러나 **국외 이주의 자유나 해외 여행의 자유는 귀국의 자유가 보장되지 않고서는 그 본래의 의미가 본질적으로 훼손될 것이기** 때문에 귀국의 자유는 당연히 그 전제로서 보장된다. 특히 **모든 국가는 자국 내에 거주하거나 체류하는 외국인을 추방할 권한이 있는 것에 대응하여 귀국의 자유는 인정되지 않으면 안 된다.**[679] 이와 같이 귀국의 자유는 거주·이전의 자유의 본질적 내용에 해당하므로 이를 제한하는 공권력의 행사는 위헌이다.

견해[680]에 따라서는 해외여행의 자유의 내용을 출국의 자유와 입국의 자유로 보면서 입국의 자유와는 별도로 또 귀국의 자유를 설명하기도 하는데 타당한 것이라고 보기 어렵다. 또 북한 지역에서 대한민국의 통치 지역으로 들어오는 것을 입국의 자유의 개념에 포섭하는 견해도 있는데,[681] 북한 지역을 대한민국의 영역으로 보는 입장에서는 국내에서의 거주·이전의 자유로 포섭하는 것이 타당한 것으로 보인다.

라. 국적 이탈의 자유

국적 이탈의 자유는 대한민국 국적 소유자가 임의로 대한민국의 국적을 포기하고

---

678) 헌재 2004.10.28. 2003헌가18.
679) Becker, in: v. Mangoldt/Klein/Starck (Hrsg.), GG, Art. 16 Rn. 14.
680) 권영성, 헌법학원론, 2007, 462쪽.
681) 권영성, 헌법학원론, 2007, 462쪽; 허영, 한국헌법론, 2010, 471쪽.

외국의 국적을 취득할 수 있는 자유를 말한다. 국적 이탈의 자유는 **국적 변경의 자유라고**
도 한다.[682] 무국적의 자유를 보장하는 것은 아니기 때문에[683] 국적이 하나뿐인 경우에
국적의 박탈은 허용되지 아니한다.[684]

「국적법」이「병역법」에 따라 제1국민역에 편입된 자는 편입후 3월이 경과하면 국
적을 이탈할 수 없게 하는 것은 국적 이탈의 자유의 제한이다.[685] 이에 대해서는 합헌
의 결정[686]이 있었으나, 2020년에 판례변경을 하여 헌법불합치결정이 내려졌다.[687]

그런데 **국적 이탈의 자유의 헌법적 근거와** 관련하여서는 견해가 대립한다. 판례[688]와
대부분의 학설은 헌법 제14조의 거주·이전의 자유에서 국적 이탈의 자유의 헌법적 근
거를 찾는다. 그러나 이를 거주·이전의 자유에서 찾지 않고 인간의 존엄과 가치 및 행
복 추구의 원리를 정하고 있는 헌법 제10조에서 찾는 견해도 있다.[689] 국적 이탈의 자
유가 인간의 권리로서의 성격을 가지는 것은 부인할 수 없으나, 거주·이전의 자유도
인간의 권리로서의 성격을 갖는다는 점과 국외로의 거주·이전은 국적 변경으로 완결
된다는 점을 고려할 때, 국적 이탈의 자유의 헌법적 근거는 거주·이전의 자유에서 찾

---

682) 권영성, 헌법학원론, 2007, 463쪽; 정종섭, 헌법학원론, 2007, 554쪽.
683) 김철수, 헌법학개론, 2007, 689쪽; 권영성, 헌법학원론, 2007, 463쪽; 허영, 한국헌법론, 2010, 472
　　쪽; 계희열, 헌법학(중), 2000, 448쪽; 홍성방, 헌법학, 현암사, 2002, 430쪽.
684) 세계인권선언 제15조, 독일 기본법 제16조 제1항 및 홍성방, 헌법학, 현암사, 2002, 430쪽 참조.
685) 「국적법」제12조 제1항에 따를 때도 만 20세가 되기 전에 복수국적자가 된 자는 만 22세가 되기
　　전까지, 만 20세가 된 후에 복수국적자가 된 자는 그 때부터 2년 내에 제13조와 제14조에 따라
　　하나의 국적을 선택하여야 하는 것이 원칙이지만(다만, 제10조제2항에 따라 법무부장관에게 대한
　　민국에서 외국 국적을 행사하지 아니하겠다는 뜻을 서약한 복수국적자는 제외한다), 「병역법」제
　　8조에 따라 병역준비역에 편입된 자는 편입된 때부터 3개월 이내에 하나의 국적을 선택하거나
　　제3항 각 호(1. 현역·상근예비역 또는 보충역으로 복무를 마치거나 마친 것으로 보게 되는 경우,
　　2. 전시근로역에 편입된 경우, 3. 병역면제처분을 받은 경우)의 어느 하나에 해당하는 때부터 2년
　　이내에 하나의 국적을 선택하여야 한다.
686) 헌재 2006.11.30. 2005헌마739, 국적법 제12조 제1항 등 위헌확인(기각, 각하).
687) 자세한 내용은 후술하는 제한의 정당성 부분 참조.
688) "(국적)법 제12조 제1항 단서 및 그에 관한 제14조 제1항 단서는 결국 청구인과 같은 이중국적자
　　인 남자로 하여금 ① 제1국민역에 편입되기 이전, 그리고 제1국민역에 편입되었다 하더라도 그
　　때부터 3월 이내까지는 자유롭게 국적선택을 할 수 있으나, ② 그 이후부터는 병역문제를 해소하
　　지 않는 한 국적선택을 할 수 없게끔 하고 있으며, 36세가 되어 징병검사 등이 면제될 때까지(병
　　역법 제71조 제1항 제7호 등) 이러한 상태는 계속된다. 국적을 이탈하거나 변경하는 것은 헌법
　　제14조가 보장하는 거주·이전의 자유에 포함되므로 법 제12조 제1항 단서 및 그에 관한 제14조
　　제1항 단서는 이중국적자의 국적선택(국적 이탈)의 자유를 제한하는 것이라 할 것이고, 그것이
　　병역의무이행의 확보라는 공익을 위하여 정당화될 수 있는 것인지가 문제된다."(헌재 2006.11.30.
　　2005헌마739)
689) 정재황, 헌법학, 박영사, 2021, 1122쪽; 정종섭, 헌법학원론, 2007, 554쪽.

는 것이 타당한 것으로 보인다. 판례도 같은 입장이다.[690]

III. 제한

헌법상 거주·이전의 자유에 의해 보호되는 내용에 대한 **제약**이나 그 행사를 **방해**하는 것은 모두 제한이다. 따라서 거주·이전의 자유로 보호되는 내용에 대한 제약이나 방해로 볼 수 없는 공권력의 행사는 여기서 말하는 제한이 아니다. 예컨대 변호사가 특정 지역에서만 소송을 제기할 수 있도록 하는 것과 같이 직업 활동을 특정 지역에 제한하는 **개업지 제한(Lokalisationsgebot)**은 거주·이전의 자유의 제한이 아니라 전적으로 직업의 자유의 제한 문제이다.[691] 또 「도로교통법」상의 제한도 통상 제한이라고 할 수 없다.[692] 왜냐하면 거주·이전의 자유는 일정한 노선에 대한 자유로운 선택을 보장하는 것이 아니기 때문이다.[693] 또 **자유형**의 집행은 신체의 자유와 관련되고 거주·이전의 자유의 문제는 아니다.[694]

대한민국헌법이 **직접 거주·이전의 자유를 제한하는 경우는 없다.** 물론 해석상으로는 다른 헌법 규정이나 타인의 자유 또는 권리와 갈등하는 가운데 제한되는 경우가 있다. 예컨대 부모의 양육권과 양육 의무, 혼인과 가족생활의 보장(제36조 제1항)으로부터 미성년자인 자녀는 거주·이전의 제한을 받을 수 있고(민법 제914조), 부부 간의 동거 의무(민법 제826조)의 헌법적 근거가 이로부터 도출될 수 있다. 그 외 거주·이전의 자유는 제37조 제2항에 따라 법률로써 제한될 수 있을 뿐이다.

대한민국헌법의 해석에 있어서도 자유와 권리의 제한은 직접적인 제한뿐만 아니라 **간접적인 제한**도 포함되는 것으로 보아야 한다. 왜냐하면 간접적인 제한도 '사실상' 자유와 권리의 제한이기 때문이다.[695] 그러나 직접 법적으로 제약되는 경우에 제한이 발생

---

690) 헌재 2006.11.30. 2005헌마739, 국적법 제12조 제1항 등 위헌확인(기각, 각하). 헌재 2020.9.24. 2016헌마889, 국적법제12조 제2항 본문 등 위헌확인(헌법불합치, 기각) 결정에서는 국적이탈의 자유와 거주·이전의 자유와의 관계에 대해서는 언급이 없고 다만, 참조조문 열거에서는 헌법 제10조와 함께 제14조가 열거되어 있다.

691) BVerfGE 93, 362, 369.

692) Jarass, in: Jarass/Pieroth, GG, Art. 11 Rn. 8; Gusy, in: v. Mangoldt/Klein/Starck (Hrsg.), GG, Art. 11 Rn. 32.

693) Gusy, in: v. Mangoldt/Klein/Starck (Hrsg.), GG, Art. 11 Rn. 32.

694) Randelzhofer, in: Dolzer/Vogel (Hrsg.), BK, Art. 11 Rn. 166; Ziekow, in: Friauf/Höfling (Hrsg.), BK, Art. 11 Rn. 116 f.; Jarass, in: Jarass/Pieroth, GG, Art. 11 Rn. 12. 전술한 신체의 자유와의 구별 참조.

하고 보호영역에 대한 간접적 효과는 침해라고 할 수 없다는 견해696)도 있다. 직접적으로 또는 간접적으로 제한되는 거주·이전의 자유의 내용은 **단순한 반사적 이익의 성격을 갖는 것이어서는 안 된다.**697)

헌법재판소가 거주·이전의 자유에 대한 **직접적 제한이라고 본 예로는** ① 추징금 미납자에 대한 출국 금지를 규정하고 있는「출입국관리법」제4조,698) ② 대한민국의 이익이나 공공의 안전을 현저히 해할 상당한 이유가 있다고 인정되는 자에 대해서는 여권 발급을 거부할 수 있도록 하고 있는 구「여권법」(2007.4.20. 시행 법률 제8242호) 제8조 제1항 제5호,699) ③ 최근에 신설된 천재지변·전쟁·내란·폭동·테러 등 해외 위난 상황으로 인한 특정 해외 국가 또는 지역을 방문 및 체류를 금지할 수 있도록 한「여권법」제17조 제1항 등이 있다.

그에 반하여 **간접적 제한의 예로는** ① 8년 이상 농지를 자경한 농민이 농지 소재지에 거주하는 경우 양도소득세를 면제하는 구「조세특례제한법」제69조,700) ② 수도권 내의 과밀 억제 권역 안에서 본점 또는 주 사무소의 사업용 부동산을 취득할 경우 취득세를 중과세 하는 것701) 등이 있다.

---

695) 전광석, 한국헌법론, 법문사, 2007, 311쪽: 오히려 간접적 제한이 대부분이라고 한다.
696) 계희열, 헌법학(중), 2000, 448쪽.
697) 헌재 1999.4.29. 94헌바37등 참조.
698) "심판대상 법조항은 일정금액 이상의 추징금을 납부하지 아니한 자에게 법무부장관이 출국을 금지할 수 있도록 함으로써 헌법 제14조상의 거주·이전의 자유 중 출국의 자유를 제한하고 있다." [헌재 2004.10.28. 2003헌가18, 출입국관리법 제4조 제1항 제4호 위헌제청(합헌)].
699) 헌재 2002.3.28. 2000헌바90, 구 여권법 제8조 제1항 제5호 위헌소원(각하).
700) "이 사건 법률 조항은 자경농민이 농지소재지로부터 거주를 이전하는 것을 직접적으로 제한하는 내용의 규정이라고 볼 수 없고, 다만 8년 이상 농지를 자경한 농민이 농지소재지에 거주하는 경우 양도소득세를 면제함으로써 농지소재지 거주자가 농지에서 이탈되는 것이 억제될 것을 기대하는 범위 내에서 간접적으로 제한되는 측면이 있을 뿐이며, 따라서 양도세의 부담을 감수하기만 한다면 자유롭게 거주를 이전할 수 있는 것이므로 거주·이전의 자유를 형해화할 정도로 침해하는 것은 아니라 할 것이다."(헌재 1996.3.28. 94헌바42; 1995.2.23. 91헌마204 참조).[헌재 2003.11.27. 2003헌바2, 구 조세특례제한법 제69조 제1항 위헌소원(합헌)].
701) "법인 등의 경제주체는 헌법 제14조에 의하여 보장되는 거주·이전의 자유의 주체로서 기업활동의 근거지인 본점이나 사무소를 어디에 둘 것인지, 어디로 이전할 것인지 자유로이 결정할 수 있고, 한편 본점이나 사무소의 설치·이전은 통상적인 영업활동에 필수적으로 수반되는 것이므로 그 설치·이전의 자유는 헌법 제15조에 의하여 보장되는 직업의 자유의 내용에 포함되기도 한다. 이 법률 조항은 수도권내의 과밀억제권역안에서 본점이나 주된 사무소로 사용하기 위하여 취득하는 부동산에 대하여 중과세하는 것이므로 이로 인하여 거주·이전의 자유와 직업의 자유(기업의 자유, 영업의 자유)가 일정하게 제약을 받게 된다. … 이 법률 조항은 대도시내에서의 공장 신설·증설에 대한 중과세제도와 함께 수도권의 인구 및 경제력 집중을 억제하고 간접적으로 기업의 지방이전을 촉진하기 위하여 정책적으로 마련된 것으로서, 수도권에 인구 및 경제·산업시설

헌법이 보장하는 자유와 권리의 제한이지만 거주·이전의 자유의 보장내용에 해당하지 않는 경우나 제한되고 있는 이익이 단순한 반사적 이익에 불과한 경우에는 여기서 말하는 **제한에 해당하지 않는 경우**다. 헌법재판소의 결정에 따르면 ① 해직 공무원 보상에서 이민자를 제외한 것,702) ② 거주지를 기준으로 중·고등학교 입학을 제한하는 것,703) ③ 공직 취임 자격에 당해 지역에서 일정한 기간 동안 주민등록이 되어있을 것을 요구하는 「공직선거및선거부정방지법」 제16조 제3항,704) ④ 택지에 대하여 소유 상한을 설정하고 처분 또는 이용·개발 의무를 부과한 후 그 불이행시 부담금을 부과하는 것,705) ⑤ 한약업사의 허가 및 영업 행위에 대하여 지역적 제한을 가하고 있는 「약사법」 제37조 제2항,706) ⑥ 주민등록을 하게 하는 것707) 등이 이에 해당한다.

이 과도하게 밀집되어 교통난, 주택난, 공해, 범죄 등의 여러 사회문제가 발생하고 지역간의 격차가 발생함에 따라 국가적 차원에서 인구 및 산업을 적정하게 재배치함으로써 이러한 문제를 해결하고 국토의 균형있는 발전을 도모한다는데 그 목적이 있다 할 것인데, 이러한 입법 목적은 정당하다."[헌재 2000.12.14. 98헌바104, 지방세법 제112조 제3항 위헌소원(합헌)].
702) 헌재 1993.12.23. 89헌마189.
703) 헌재 1995.2.23. 91헌마204.
704) 거주·이전의 자유가 국민에게 그가 선택한 직업 내지 그가 취임할 공직을 그가 선택하는 임의의 장소에서 자유롭게 행사할 수 있는 권리까지 보장하는 것은 아니기 때문이다(헌재 1996.6.26. 96헌마200).
705) 사실상 그 처분을 강요하여 거주·이전의 자유를 제한할 여지는 있으나 그것은 토지 재산권에 대한 제한이 수반하는 반사적 불이익에 불과하기 때문이다(헌재 1999.4.29. 94헌바37등).
706) 헌재 1991.9.16. 89헌마231: 처음부터 지역적 제한과 인원제한을 전제로 시험에 응시하고 영업허가를 받는 점, 약사가 없는 제한된 지역에서 약사업무의 일부를 수행하는 보충적 직종인 점, 한약업사에게 한약의 조제·판매에 대한 전속적·배타적 규정이 없는 점 등을 근거로 한다.
707) 주민등록 여부와 관계없이 거주지를 자유롭게 옮길 수 있기 때문이다: "주민등록법은 거주지의 이동이 있는 경우 주민에게 '전입신고'를 하도록 의무를 부과하고 주민의 전입신고가 있는 경우 이를 기초로 하여 신거주지의 구청장 등이 신거주지에 주민등록을 하도록 하고 있는바, 주민등록은 주민의 거주관계 등 인구의 동태를 항상 명확하게 파악하여 주민생활의 편익을 증진시키고 행정사무를 적정하게 처리하기 위한 목적에서 만들어진 행정법상의 제도로서 주민의 협조(신고의무의 이행)에 기초하여 지방자치단체의 장이 행하는 행정 업무일 뿐 주민등록을 하는 것 자체를 거주하는 사람의 권리로 인정할 수 없고, 한편 누구든지 주민등록 여부와 무관하게 거주지를 자유롭게 이전할 수 있으므로 주민등록 여부가 거주·이전의 자유와 직접적인 관계가 있다고 보기도 어렵다. 더욱이 영내 기거 현역병은 병역법으로 인해 거주·이전의 자유를 제한받게 되므로, 영내로의 주민등록 가능 여부가 해당 현역병의 거주·이전의 자유에 영향을 미친다고 보기 어렵다. 따라서 이 사건 법률 조항은 영내 기거하는 현역병의 거주·이전의 자유를 제한하지 않는다 할 것이다."[헌재 2011.6.30. 2009헌마59, 주민등록법 제6조 제2항 위헌확인(기각)].

| NOTE | **독일 헌법상 제한의 개념** |

거주·이전에 조건, 허가, 증명서 등을 요구하는 경우,[708] 배당된 정착지와는 다른 곳에 정착하는 전후이주민(Spätaussiedler)[709]은 사회부조를 받을 수 없게 하는 것,[710] 추방[711] 등은 직접적인 거주·이전의 제한의 예로 거론된다. 직장 소재지에 거주지를 정하도록 하는 직업상의 거주 의무는 직업의 자유와만 관련된다는 견해[712]가 있는 반면에, 직업의 자유뿐만 아니라 거주·이전의 자유의 제한으로도 보는 견해가 있다.[713] 특정한 장소에 대하여 모든 사람에게 체류나 거주가 금지되는 경우에는 제한이라고 보는 견해[714]와 제한이 아니라고 보는 견해[715]가 대립한다. 거주나 체류지와 결부된 세금은 그것이 엄격한 금지 효과를 갖지 않는 한 제한이 아니라는 것이 일반적인 견해이다.[716] 그러나 거주나 체류의 변경과 직접 관련된 세금의 부과는 제한에 해당한다.[717]

이러한 제한은 통상 직접적인 것이지만, 체류나 거주를 위한 장소의 변경이 문제되는 한 간접적인 사실상의 제약이나 방해도 여기서 말하는 제한에 해당한다.[718] 예컨대 공증인에 대한 관할구역 내 주거 의무(Residenzpflicht)가 그 가족들에 대하여는 거주·이전의 자유를 간접적·사실적으로 제한하게 된다.[719] 그러나 모든 간접적인 사실상의 제약이나 방해가 제한이 되는 것은 아니고, 거주·이전의 자유의 권리 주체의 의사 형성에 중대한 영향을 미치는 경우에만 그러하다.[720]

---

708) BVerfGE 2, 266, 274; 8, 95, 97 f.
709) 1993년 1월 1일 이후 모든 독일혈통의 이민희망자들을 독일국적을 취득하기 전까지 통칭하는 개념. 이들은 독일 기본법상 독일인에 속한다.
710) BVerfGE 110, 177/191.
711) Jarass, in: Jarass/Pieroth, GG, Art. 11 Rn. 7; Randelzhofer, in: Dolzer/Vogel (Hrsg.), BK, Art. 11 Rn. 89.
712) Sachs, in: Stern, Staatsrecht Ⅳ/1, § 106 Ⅲ 3 S. 1158; Hailbronner, in: Isensee/Kirchhof (Hrsg.), HbStR Ⅵ, S. 161; Kunig, in: v. Münch/Kunig, GG, Art. 11 Rn. 20.
713) BVerfGE 65, 116/125; BVerfGE, NJW 1992, 1093; Jarass, in: Jarass/Pieroth, GG, Art. 11 Rn. 4; Grete, Die Verfassungmäßigkeit, S. 117 ff.
714) Ziekow, in: Friauf/Höfling (Hrsg.), BK, Art. 11 Rn. 89 f.; Kunig, in: v. Münch/Kunig, GG, Art. 11 Rn. 13.
715) Jarass, in: Jarass/Pieroth, GG, Art. 11 Rn. 7; Pernice, in: Dreier (Hrsg.), GG, Art. 11 Rn. 22; Gusy, in: von Mangoldt/Klein/Starck, Art. 11 Rn. 49.
716) Kunig, in: v. Münch/Kunig, GG, Art. 11 Rn., 20; Ziekow, in: Friauf/Höfling (Hrsg.), BK, Art. 11 Rn. 95 f.; Jarass, in: Jarass/Pieroth, GG, Art. 11 Rn. 8. 결론에 있어서 같은 견해: Hail－bronner, HbStR Ⅵ, S. 162 Rn. 42.
717) Jarass, in: Jarass/Pieroth, GG, Art. 11 Rn. 8; 계희열, 헌법학(중), 448.
718) BVerfGE 110, 177/191; Jarass, in: Jarass/Pieroth, GG, Art. 11 Rn. 8; Manssen, Staatsrecht Ⅱ, Rn. 535; Pieroth/Schlink, Grundrechte, Rn. 801; Pernice, in: Dreier (Hrsg.), GG, Art. 11 Rn. 20. 반대 견해: Kunig, in: v. Münch/Kunig, GG, Art. 11 Rn. 19.
719) 연방헌법재판소는 이를 비의도적 부작용(unbeabsichtigte Nebenfolge)이라고 한다(BVerfG 1991.12.3. 결정, NJW 1992, S. 1093). 그러나 위헌적인 제한이라는 견해도 있다(Ipsen, Staatsrecht Ⅱ, Rn. 585).
720) BVerwG, NVwZ－RR 2000, 645; Ziekow, in: Friauf/Höfling (Hrsg.), BK, Art. 11 Rn. 93 f.;

Ⅳ. 제한의 정당성

앞에서 설명한 바와 같이 거주·이전의 자유는 해석상 타인의 자유와 권리 또는 다른 헌법 규정과의 조화를 위하여 제한이 될 수 있는데, 이 경우 정당성 여부는 이익형량[721] 내지는 규범조화적 해석을 통한 구체적 타당성 실현 여부에 달려있다. 그 외 거주·이전의 자유를 제한하는 행위가 그 한계를 준수하였는지의 여부, 즉 제한 행위의 정당성 여부는 제37조 제2항의 일반적 법률유보 및 그 한계에 따른다.[722] 동 조항에 대한 일반적인 해석과 판례에 의하면 거주·이전의 자유의 제한은 법률로써 하여야 하고 그 제한은 과잉금지원칙과 본질적 내용 침해금지원칙을 준수하여야 한다.[723]

그 외 해석상 거주·이전의 자유는 다른 기본권적 가치와 충돌하는 경우에 타인의 자유와 권리 또는 다른 헌법 규정과의 조화를 위해서도 제한될 수 있다. 이 경우 정당성 여부는 이익형량[724] 내지는 규범조화적 해석을 통한 구체적 타당성 실현 여부에 달려있다.

1. '법률'에 의한 제한

거주·이전의 자유의 제한은 반드시 법률로써 하여야 한다. 법률로써 한다는 것은 거주·이전의 자유를 제한하는 행위는 어떠한 것이든 **직접 법률에 근거를 가지거나, 간접적으로라도 법률에 근거한 것이어야 한다**는 의미다. 법률에 근거한다는 것은 직접적 근거는 법률 하위 규범이지만 위임입법의 한계를 준수하는 등 정당한 위임을 받은 하위 규범이어야 한다는 것을 의미한다.

이 법률은 국회 제정의 형식적 의미의 법률뿐만 아니라 대통령의 긴급명령이나 긴급재정·경제명령도 포함하는 개념이다(제76조 참조).

Kunig, in: v. Münch/Kunig, GG, Art. 11 Rn. 13; Gusy, in: v. Mangoldt/Klein/Starck (Hrsg.), GG, Art. 11 Rn. 49.

721) 과잉금지원칙 속에도 이미 형량개념이 전제되어 있다(Häberle, Wesensgehaltgarantie, S. 67). 그 외 형량개념과 과잉금지원칙의 관계에 대해서는 또한 Schlink, Abwägung, S. 48도 참조.

722) 헌재 1989.12.22. 88헌가13: 제37조 제2항은 기본권 제한 입법의 수권규정이면서 한계규정이라고 한다(판례집 1권, 374쪽).

723) 헌재 1990.9.3. 89헌가95등 확립된 판례.

724) 과잉금지원칙 속에도 이미 형량개념이 전제되어 있다(Häberle, Wesensgehaltgarantie, S. 67). 그 외 형량개념과 과잉금지원칙의 관계에 대해서는 또한 Schlink, Abwägung, S. 48도 참조.

2. 과잉금지원칙의 준수

거주·이전의 자유의 제한은 그 목적이 정당하여야 한다. 거주·이전의 자유의 제한에 있어서 정당한 목적은 국가안전보장·질서유지 또는 공공복리이다. 이 외의 목적의 제한은 헌법상 허용되지 않는다는 견해가 있다.[725] 그러나 헌법에 열거된 이 목적들에 의해 정당화 되지 않는 제한은 거의 없을 것이기 때문에 사실상 별 의미가 없다. 다음으로 목적 달성을 위해 동원되는 수단 또는 방법은 목적 달성에 기여 하는 것이어야 한다. 나아가서 목적 달성에 기여하는 수단이 수 개 존재할 경우에는 거주·이전의 자유의 권리 주체에게 가장 피해를 작게 주는 방법을 선택하여야 하며, 이 모든 요건을 갖춘 수단이라고 하더라도 이로써 달성되는 공익이 제한되는 사익보다 더 크지 않으면 안 된다.[726] 여기서는 거주·이전의 자유의 권리 주체의 수인의 기대 가능성이 주요한 판단기능으로 작용한다.[727]

거주·이전의 자유와 관련하여 종종 문제가 되는 것은 「여권법」에 따른 여권의 사용 제한 또는 방문·체류 금지다. 국제 구호 개발 비정부 기구에서 근무하던 청구인은 이라크 시리아 난민 긴급 구호 인도적 지원 활동 수행을 위한 예외적 여권 사용 허가 신청을 하였는데, 외교부는 A 씨가 속한 비정부 기구가 여권법 시행령에서 정한 국제 기구에 해당하지 않는다며 거부하자, 청구인은 여권의 사용 제한 또는 방문·체류가 금지된 국가나 지역으로 고시된 사정을 알면서도 외교부 허가 없이 해당 국가나 지역에서 여권 등을 사용하거나 방문·체류한 사람을 1년 이하의 징역 또는 1000만 원 이하의 벌금에 처하도록 하고 있는 「여권법」 제26조 제3호 등이 청구인의 직업의 자유, 평등권, 행복추구권을 침해한다며 헌법소원을 내었다. 이 결정에서 헌법재판소는 국외 위난 상황으로 인해 발생한 개인의 피해와 국가·사회에 미친 영향을 고려해 보면 소수의 일탈이나 다른 국민들의 모방을 방지할 수 있는 수준의 수단이 필요하고, 처벌 수준도 비교적 경미해 침해의 최소성원칙에 반하지 않고, 국외 위난 상황이 우리나라 국민 개인이나 국가·사회에 미칠 수 있는 피해는 매우 중대한 반면, 처벌조항으로 인한 불이익은 완화돼 있으므로 법익의 균형성 원칙에 반하지 않는다고 판시하였다.[728]

---

725) 홍성방, 헌법학, 현암사, 2002, 357쪽, 374쪽.
726) 헌재 1990.9.3. 89헌가95.
727) 그 외 자세한 것은 김대환, 독일에서 과잉금지원칙의 성립과정과 내용, 69-86쪽; 김대환, 헌법재판의 심사기준의 다양화 가능성과 과잉금지원칙의 헌법적 근거, 25-46쪽.
728) 헌재 2020.2.27. 2016헌마945, 여권법 제26조 제3호 등 위헌확인(합헌). 법률신문 20203.2.자 5면

앞에서 언급한 바와 같이 헌법재판소는 「국적법」이 **이중국적자**로서 구체적인 병역
의무 발생(제1국민역 편입) 시부터 일정 기간(3월) 내에 한국 국적을 이탈함으로써 한국
의 병역 의무를 면하는 것은 허용하되, 위 기간 내에 국적 이탈을 하지 않은 이중국적
자는 병역 문제를 해소하지 않는 한 한국 국적을 이탈하지 못하게 하는 것은, 18세가
되어 제1국민역에 편입된 때부터 3월이 지나기 전에는 자유롭게 국적을 이탈할 수 있
고, 또 36세까지만 국적 이탈이 금지될 뿐만 아니라, 해외 거주 이중국적자는 징병검사
나 징집·소집의 연기를 통하여 궁극적으로는 병역을 면할 수도 있기 때문에 과잉금지
원칙에 위배되지 않는다고 한 바 있으나,[729] 2020년에는 판례를 변경하여 헌법불합치
결정을 하였는데, 이 결정에서 헌법재판소는 목적의 정당성과 수단의 적합성은 인정하
였으나, 병역준비역에 편입된 복수국적자의 국적선택 기간이 지났다고 하더라도, 그 기
간 내에 국적이탈 신고를 하지 못한 데 대하여 사회통념상 그에게 책임을 묻기 어려운
사정, 즉 정당한 사유가 존재하고, 또한 병역의무 이행의 공평성 확보라는 입법목적을
훼손하지 않음이 객관적으로 인정되는 경우라면, 병역준비역에 편입된 복수국적자에게
국적선택 기간이 경과하였다고 하여 일률적으로 국적이탈을 할 수 없다고 할 것이 아
니라, 예외적으로 국적이탈을 허가하는 방안을 마련할 여지가 있다는 점에서 피해의
최소성원칙에 위배되고, 국가에 따라서는 복수국적자가 공직 또는 국가안보와 직결되
는 업무나 다른 국적국과 이익충돌 여지가 있는 업무를 담당하는 것이 제한될 가능성
이 있고, 현실적으로 이러한 제한이 존재하는 경우 특정 직업의 선택이나 업무 담당이
제한되는 데 따르는 사익 침해를 가볍게 볼 수 없다는 점에서 법익의 균형성에도 위배
된다고 판시하였다.[730]

　　대도시의 인구집중을 막기 위한 법률상의 제한에 대해서는 인간의 존엄권, 평등권 등에
비추어 합리적인 범위 내의 것이면 허용된다는 견해[731]가 있는 반면에, 경우에 따라서
는 과잉금지원칙의 위배가 될 수도 있기 때문에 거주·이전의 제한 입법보다는 정책적
인 수단이 먼저 동원되어야 한다고 하는 견해도 있다.[732]

　　특히 문제가 되는 것은 「**계엄법**」 제9조 제1항이다. 이에 따르면 비상계엄 시 거주·

참조.

729) 헌재 2006.11.30. 2005헌마739, 국적법 제12조 제1항 등 위헌확인(기각, 각하).
730) 헌재 2020.9.24. 2016헌마889, 국적법 제12조 제2항 본문 등 위헌확인(헌법불합치, 기각).
731) 김철수, 헌법학개론, 2007, 690쪽.
732) 허영, 한국헌법론, 2010, 474쪽.

이전의 자유에 대해 특별한 조치를 취할 수 있도록 하고 있는데, 헌법상 그 수권 규정인 헌법 제77조 제3항의 제한 가능한 권리에는 거주·이전의 자유가 포함되어 있지 않다. 이 문제의 쟁점은 형식적으로는 이 헌법 규정이 열거규정이냐 예시규정이냐는 것에 있지만, 열거규정이라고 할 경우에도 실제로 비상계엄 지역 안에서 거주·이전의 자유는 제한할 수 없을 것인가가 문제의 핵심이다. 결론적으로 거주·이전의 자유야말로 비상계엄 시 제한될 수 있는 주요한 권리일 수밖에 없다. 이러한 결론은 이론상으로도 가능한데 (비상계엄 시에 거주·이전의 자유의 제한이 헌법상 열거되어 있지 않은 경우라 하더라도) 국민의 모든 자유와 권리는 제37조 제2항의 일반적 법률유보 규정에 의해 제한될 수 있기 때문이다.733) 물론 「계엄법」에 따른 계엄사령관의 거주·이전의 자유의 제한도 당연히 과잉금지원칙이나 본질적 내용 침해금지원칙을 준수하여야 최종적으로 정당화될 수 있다. 또 구 「여권법」 제8조 제1항 제5호에서 대한민국의 이익이나 공공의 안전을 현저히 해할 상당한 이유가 있다고 인정되는 자에 대해 여권 발급을 거부할 수 있도록 한 것은 내용이 지나치게 불명확하여 위헌이라는 견해가 압도적이었다.734)

3. 본질적 내용 침해금지원칙의 준수

거주·이전의 자유의 본질적인 내용을 제한하는 것은 위헌이다. 본질 개념의 불명확성에도 불구하고 동 원칙은 국가권력에 대해 행위 규범으로서 기능할 수 있어야 한다는 점에서 '규범'적으로 정의되지 않으면 안 된다.

헌법재판소는 기본권의 실질적 요소 내지 근본 요소를 본질적 내용으로 보고 이를 침해하면 자유와 권리가 유명무실하여 형해화되는 것으로 보기도 하고,735) 만약 이를 제한하는 경우에는 기본권 그 자체가 무의미하여 지는 경우에 그 본질적인 요소를 본질적 내용으로 이해하기도 한다.736) 따라서 거주·이전의 자유를 영구적으로 박탈하는 입법은 본질적 내용을 침해하는 것이다.737) 그러나 이 정도에 이르지 않는 경우, 예컨

---

733) 김철수, 헌법학개론, 2007, 447쪽. 그 외 위헌·합헌의 각 근거에 대한 자세한 것은 김문현, 사례 연구 헌법, 379쪽 이하.
734) 김철수, 헌법학개론, 2007, 691-692쪽; 정종섭, 헌법학원론, 2007, 555쪽; 계희열 헌법학(중), 2000, 447쪽. 문제성 지적에 그치는 정도로는 권영성, 헌법학원론, 2007, 462쪽.
735) 헌재 1989.12.22. 88헌가13.
736) 헌재 1995.4.20. 92헌바29.
737) 계희열, 헌법학(중), 2000, 451쪽.

대 법인의 대도시 내 부동산등기에 대하여 통상 세율의 5배를 부과하는 것[738]은 법인
이 감당할 수 있다는 점에서 본질적 내용의 침해가 아니라고 한다.[739]

원론적으로 거주·이전의 자유의 제한으로 인하여 더 이상 동 자유의 행사 가능성
이 존재하지 않게 되거나, 제한에 대한 법적 통제 가능성이 존재하지 않게 되는 경우,
또는 제한으로 인하여 부과된 요건을 권리 주체가 극복하는 것이 객관적으로 불가능하
게 되는 경우는 본질적 내용 침해가 있는 것으로 볼 수 있을 것이다.[740] 견해에 따라서
는 거주·이전에 대한 허가제는 인정될 수 없다고 하나,[741] 모든 국민에 대하여 일반적
으로 거주·이전의 자유를 원칙적으로 금지하고 예외적으로 자유를 회복시켜 주는 허
가가 아닌 한, 예컨대 북한 지역으로의 여행 허가와 같은 것은 가능한 것이다. 그리고
무엇보다 **귀국의 자유**는 거주·이전의 자유의 본질적인 내용을 구성하는 것으로 보인
다.[742] 유럽인권협약에서도 이러한 의미를 확인하고 있다.[743]

제13항 직업의 자유

Ⅰ. 서론

1. 직업 선택의 자유의 개념

헌법재판소는 헌법 제15조의 직업 선택의 자유는 직업 선택뿐만 아니라 직업 수행
(행사)도 포함하는 넓은 의미의 직업의 자유로 이해한다.[744] 헌법 제15조는 1962년 제5

---

738) 헌재 1996.3.28. 94헌바42, 지방세법 제138조 제1항 제3호 위헌소원(합헌): 그러나 현행 지방세법
      제138조는 세율을 5배에서 3배로 낮추었다.
739) 그러나 재건축참가자에게 재건축불참자의 구분소유권에 대한 매도청구권을 인정하는 것에 대해
      서는 근거를 밝히지 않고 본질적 내용의 침해가 아니라고 하고 있다(헌재 1999.9.16. 97헌바73등
).
740) 자세한 것은 김대환, 기본권 제한의 한계, 법영사, 2001, 304쪽 이하 참조.
741) 김철수, 헌법학개론, 2007, 692쪽; 홍성방, 헌법학, 현암사, 2002, 432쪽.
742) 이에 대해서는 전술한 귀국의 자유 참조.
743) 유럽인권협약 제4부속의정서 제3조 제2항: "누구도 자국의 영역으로 입국할 권리를 박탈당하지
      아니한다."
744) 헌재 2008.11.27. 2006헌마688, 여객자동차 운수사업법 시행규칙 제17조 위헌확인(기각).

차 개정헌법에서 처음으로 도입되었다. 헌법 규정이 직업 선택이라고 한 것은 독일 기본법의 영향을 받은 것으로 보인다. 독일 기본법에서도 직업 선택의 자유로 규정하고 있는데 여기서도 직업 선택의 자유는 직업의 자유로 이해된다.

2. 직업의 자유의 헌법적 의의

직업의 자유는 대한민국헌법이 지향하는 자유주의적 경제·사회 질서의 본질적 요소가 되는 기본적 인권의 하나로서,[745] 민주주의·자본주의 사회에서는 매우 중요한 기본권이다.[746]

3. 법적 성격

직업의 자유에서는 기본권의 이중적 성격이 잘 드러난다. (주관적) 공권성은 직업의 선택 혹은 수행의 자유는 각자의 생활의 기본적 수요를 충족시키는 방편이 되고, 또한 개성 신장의 바탕이 된다는 점에서, 객관적 질서로서의 성격은 국민 개개인이 선택한 직업의 수행에 의하여 국가의 사회 질서와 경제 질서가 형성된다는 점에서 사회적 시장 경제 질서라고 하는 객관적 법질서의 구성 요소가 된다.[747]

II. 보장내용

1. 인적 보장내용

가. 기본권 주체

직업의 자유의 주체는 국민이다. 외국인은 직업의 자유의 주체가 되지 아니한다는 것이 헌법재판소의 입장이다.[748] 이 결정에서 헌법재판소는 이전에 외국인의 직장 선택의 자유가 문제된 사건[749]에서 5인 재판관이 직장 선택의 자유는 인간의 권리로 보아야하

---

745) 헌재 2002.4.25. 2001헌마614, 경비업법 제7조 제8항 등 위헌확인(위헌).
746) 헌재 1993.5.13. 92헌마80, 체육시설의설치이용에관한법률시행규칙 제5조에 대한 헌법소원(위헌).
747) 헌재 2002.4.25. 2001헌마614, 경비업법 제7조 제8항등 위헌확인(위헌); 1997.4.24. 95헌마273.
748) 헌재 2014.8.28. 2013헌마359, 의료법 제27조 등 위헌확인(각하, 기본권 주체성 인정하는 2인의 반대의견 있음).
749) 헌재 2011.9.29. 2007헌마1083등, 외국인근로자의 고용 등에 관한 법률 제25조 제4항 등 위헌확인(기각, 별개의견 반대의견 있음). 이 결정에서 김종대 재판관은 이미 외국인 기본권 주체성을

기 때문에 외국인도 제한적으로나마 직장 선택의 자유를 가진다고 한 바 있으나, 이 결정의 의미는 이미 근로관계가 형성되어 있는 예외적인 경우에 제한적으로 인정한 것에 불과하고, 그러한 근로관계가 형성되기 전단계인 특정한 직업을 선택할 수 있는 권리는 국가 정책에 따라 법률로써 외국인에게 제한적으로 허용되는 것이지 헌법상 기본권에서 유래되는 것은 아니라고 함으로써 직업의 자유는 원칙적으로 국민에게 인정되는 기본권일 뿐 외국인에게는 인정되지 않는다는 입장을 명확히 하고 있다.[750]

헌법 이론적으로도 직업의 자유 자체에 대해 외국인의 기본권 주체성을 부인하는 것이 타당하다. 따라서 외국인에 대한 자유로운 직업의 선택과 행사가 보장되는 것은 입법 정책의 결과이지 헌법 해석의 결과로 보기는 어렵다. 직업의 자유와 관련하여 외국인에게 어떤 경우에는 허용하고 어떤 경우에는 허용하지 않는 것은 전적으로 입법 형성의 범위 내에 있다. 법률상 허용되는 범위에 한하여 외국인은 법률상의 권리를 향유하게 될 뿐이다. 독일 기본법 제12조에서도 직업의 자유는 독일인의 권리로 보장하고 있다.

법인의 경우에도 그 성질상 허용 가능한 경우에는 직업의 자유의 기본권 주체성이 인정된다.[751]

나. 의무 주체

직업의 자유를 보장할 의무를 지는 주체는 어디까지나 국가 등이다.

다수설과 판례가 따르고 있는 간접적용설에 의하면 직업의 자유는 사인에 대해서도 간접적으로 효력을 미치게 된다. 그러나 사인은 다른 사인의 기본권을 실현할 헌법적 의무가 없기 때문에 헌법에 명시적인 규정이 있거나 해석상 명백하지 않은 한, 원칙적으로 기본권의 의무 주체가 아니다. 따라서 사인 간에 직업의 자유가 존중되어야 하더라도 그것은 국가의 기본권보장의무의 이행 결과에 따른 것으로 보는 것이 타당하다.

2. 물적 보장내용

직업의 자유에는 직업 선택의 자유, 직업 수행의 자유, 전직의 자유 등이 포함된

전면 부인하고 있다.
750) 헌재 2014.8.28. 2013헌마359, 의료법 제27조 등 위헌확인(각하, 기본권 주체성 인정하는 2인의 반대의견 있음).
751) 헌재 2002.9.19. 2000헌바84, 약사법 제16조 제1항등 위헌소원(헌법불합치).

다.752)

가. 직업의 개념

헌법재판소는 '직업'이란 생활의 기본적 수요를 충족시키기 위해서 행하는 계속적인 소득 활동을 의미하며, 이러한 내용의 활동인 한 그 종류나 성질을 묻지 않고 있다.753) 이 결정에 따르면 직업의 자유의 보호 대상으로서 "직업"을 이해함에 있어서 직업 활동의 내용을 묻지 아니하므로 **공공무해성은 직업의 개념 요소가 아니다.** 따라서 직업의 개념요소로서는 **생활수단성, 계속성**을 들 수 있다. 공공무해성을 적법성이라고 파악하는 경우에는 헌법 개념으로서의 직업 개념을 법률에 의해 충전하게 되는 모순이 있게 된다. 공공무해성은 직업의 자유의 제한과 그 한계에 대한 논의에서 문제될 수 있다. 대학생의 방학 중 학원 강사 활동도 여기의 직업에 해당한다.754)

나. 직업 선택의 자유

직업 선택의 자유는 자유롭게 자신이 종사할 직업을 선택할 자유를 말한다. 이에는 직장 선택의 자유, 직업 교육장 선택의 자유 등이 포함된다.

1) 직장 선택의 자유

직장 선택의 자유란 개인이 그 선택한 직업 분야에서 구체적인 취업의 기회를 가지거나, 이미 형성된 근로관계를 계속 유지하거나 포기하는 데 있어 국가의 방해를 받지 않는 자유로운 선택·결정을 보호하는 것을 내용으로 한다.755)

2) 직업 교육장 선택의 자유

직업 교육장 선택의 자유란 자신이 원하는 직업 내지 직종에 종사하는 데 필요한

---

752) 헌재 1993.5.13. 92헌마80, 체육시설의설치이용에관한법률시행규칙 제5조에 대한 헌법소원(위헌).
753) 헌재 2008.11.27. 2006헌마688, 여객자동차 운수사업법 시행규칙 제17조 위헌확인(기각); 1993. 5.13. 92헌마80.
754) 헌재 2003.9.25. 2002헌마519, 학원의설립·운영및과외교습에관한법률 제13조 제1항 등 위헌확인(기각).
755) 헌재 2011.9.29. 2007헌마1083등, 외국인근로자의 고용 등에 관한 법률 제25조 제4항 등 위헌확인(기각); 2002.11.28. 2001헌바50. 이에 반하여 직장 선택의 자유는 선택한 직업을 행사함에 있어서 자유이므로 직업 행사(수행)의 자유에 포함된다는 견해가 있다(한수웅, 헌법학, 법문사, 2011, 641쪽; 정종섭, 헌법학원론, 박영사, 2010, 662쪽).

전문 지식을 습득하기 위한 직업 교육장(예컨대 변호사가 되기 위하여 필요한 전문지식을 습득할 수 있는 로스쿨)을 임의로 선택할 수 있는 자유를 말한다.[756]

다. 직업 수행의 자유

직업 수행의 자유는 **영업의 자유**를 포함하고 기업의 경우에는 **기업의 자유**를 포함한다. 또한 직업의 자유는 **경쟁의 자유**도 포함하고 있다. 헌법재판소의 판례에 따르면 경쟁의 자유는 기본권의 주체가 직업의 자유를 실제로 행사하는 데에서 나오는 결과이므로 당연히 직업의 자유에 의하여 보장되고, 다른 기업과의 경쟁에서 국가의 간섭이나 방해를 받지 않고 기업 활동을 할 수 있는 자유를 의미한다.[757]

라. 근로관계 존속 보호의 포함 여부

직업의 자유는 직장을 제공하여 줄 것을 청구하거나 한번 선택한 직장에서 **계속 근무할 수 있도록 보호를 청구할 권리를 보장하는 것은 아니다.** 헌법재판소의 결정에 따르면 직업의 자유의 객관적 질서적 측면에서 볼 때 국가는 사용자에 의한 부당한 해고로부터 근로자를 보호할 의무를 질 뿐이다. 또 이러한 국가의 객관적 의무의 위반 여부 판단 기준으로서는 합리적 형량이라고 도저히 볼 수 없을 정도로 근로자나 사용자 중 어느 일방의 기본권 지위가 다른 상대방에 비하여 현저히 낮게 평가된 것인지 여부가 된다(합리성 심사=자의금지 심사=명백성 통제).[758]

III. 제한

직업의 자유의 제한에는 **단계이론**(Stufentheorie)이 적용된다. 단계이론이란 직업의 자유를 제한함에 있어서는 우선은 직업 수행의 자유를 제한함으로써 목적을 달성할 수 없는 경우에 한하여 주관적 사유에 의한 직업 선택의 자유를 제한하고, 이로써도 제한 목적을 달성할 수 없는 경우에는 객관적 사유에 의한 직업 선택의 자유를 제한할 수 있다고 하는 이론이다. 이와 같이 직업의 자유의 제한 원리인 단계이론은 그 자체가 비

---

756) 헌재 2009.2.26. 2007헌마1262, 법학전문대학원 설치·운영에 관한 법률 제1조 등 위헌확인(기각, 각하).
757) 헌재 1996.12.26. 96헌가18, 주세법 제38조의7 등 위헌제청(위헌).
758) 헌재 2002.11.28. 2001헌바50, 한국보건산업진흥원법 부칙 제3조 위헌소원(합헌).

례성원칙(구체적으로는 피해의 최소성 원칙)이 반영된 것이기 때문에, 직업 수행의 자유의 제한으로 충분한 경우에 직업 선택의 자유를 제한하는 행위는 피해의 최소성을 위배한 것으로서 과잉금지원칙에 반한다. 따라서 직업 행사를 제한하는 것이든 직업 선택을 제한하는 것이든 과잉금지심사를 하는 경우에 선택 또는 행사의 제한 중 어느 것이 적절한지는 피해의 최소성 심사 단계에서 검토하게 된다. 결론적으로 직업의 자유를 제한하는 행위는 우선 과잉금지심사를 하게 되고,759) 특히 '행사'가 아닌 '선택'의 자유를 제한하는 경우에는 피해의 최소성의 관점에서 그 합헌성을 한층 강화하여 심사하게 된다.760)

외국인이라는 신분은 기본권을 제한하는 경우에 그 계기로도 될 수 있는데 이는 외국인에게 당해 기본권의 주체성이 인정되는 것을 전제로 하는 것이다. 따라서 외국인이 직업의 자유의 주체가 될 수 없다면 직업의 자유의 제한의 문제는 발생하지 않는다. 외국인의 직장 선택의 자유라고 하더라도 헌법재판소와 같이 법률에 따른 정부의 허가에 의하여 비로소 발생하는 권리라고 보면 법률상의 재량의 일탈 내지 남용의 문제만이 남게 된다.

앞에서 살펴본 것처럼, 2014년 헌법재판소가 외국인의 직업의 자유의 주체성을 부인하기 전인 2011년 결정에서 제한적으로나마 외국인의 직업의 자유의 주체성을 인정한 바 있는데, 직장 선택의 자유는 원칙적으로 직업 선택의 자유이기 때문에 엄격한 비례성 심사를 하여야 함에도 불구하고, 이 결정에서 **외국인의 직장 선택의 자유에 대해서 헌법재판소는 합리성 통제**를 한 바 있다.761)

IV. 제한의 한계 및 위헌심사기준

1. 과잉금지원칙

직업의 자유의 제한은 비례성원칙을 준수하여야 한다. 심사 밀도와 관련하여서는

---

759) 예컨대 주관적 사유에 의한 직업 선택의 자유를 제한하고 있는 경우에 위헌심사기준으로 여전히 비례성원칙이 적용된다.

760) 기부금품의 모집을 법적의 목적 외에는 금지하는 것은 일반적 행동자유권의 행사 여부에 대한 제한으로써 그 행사방법에 대한 제한(모집절차·모집방법, 모집된 기부금품의 사용에 대한 통제)를 통하여 충분히 입법 목적을 달성할 수 있어서 침해의 최소성에 위배되는 것이라고 한 바 있다[헌재 1998.5.28. 96헌가5, 기부금품모집금지법 제3조 등 위헌제청(위헌)].

761) 헌재 2011.9.29. 2007헌마1083등, 외국인근로자의 고용 등에 관한 법률 제25조 제4항 등 위헌확인(기각).

직업 행사의 자유에 비해서는 직업 선택의 자유가, 직업 선택의 자유 중에서도 주관적 사유에 의한 직업 선택의 자유보다는 객관적 사유에 의한 직업 선택의 자유가 상대적으로 엄격한 심사를 받게 된다.

가. 직업 행사의 자유의 제한과 위헌심사기준

직업 행사의 자유는 직업 선택의 자유를 제한할 때 보다 비교적 넓은 법률상의 규제가 가능하나 직업 수행의 자유를 제한하는 경우에도 원칙적으로 비례성 심사를 한다.[762] 그런데 직업 행사의 자유에 대한 심사는 일반적으로 피해의 최소성 심사를 완화하여 명백성 통제에 그치고 있다.[763] 직업 행사의 자유를 제한하는 법률의 통제 밀도를 달리하게 되는 이유는 '직업 활동이 사회 전반에 대하여 가지는 의미' 때문이라고 한다. 즉, 직업 선택의 자유는 개인의 인격 발현과 개성 신장의 불가결한 요소이므로, 그 제한은 개인의 개성 신장의 길을 처음부터 막는 것을 의미하고, 이로써 개인의 핵심적 자유 영역에 대한 침해를 의미하지만, 일단 선택한 직업의 행사 방법을 제한하는 경우에는 개성 신장에 대한 침해의 정도가 상대적으로 적어 핵심적 자유 영역에 대한 침해로 볼 것은 아니고, **직업 활동이 사회 전반에 대하여 가지는 의미에 따라 직업의 자유에 대한 제한이 허용되는 정도가 달라진다는 것이다.** 개인의 직업 활동 또는 사회적·경제적 활동 등이 타인의 자유 영역과 접촉하고 충돌할수록 입법자가 타인과 공동체의 이익을 위하여 개인의 자유를 제한하는 것을 보다 수인해야 하고, 이럴 때에는 최소침해의 원칙 위배 여부를 판단함에 있어서 입법자의 판단이 현저하게 잘못되었는지 여부만을 묻게 된다는 의미다.

개업지 설정(또는 한정)이 영업 허가의 하나의 요건으로 되어 있는 경우에는 개업지를 한정하였다고 하여 (좁은 의미의 - 필자 주) 직업 선택의 자유를 제한한 것으로 볼 수 없다고 설시하고 있는 헌법재판소의 결정은 개업지 한정이 **직업 수행의 자유가 아니라 직업 선택과 관련되는 것임을** 전제로 한 것이다.[764]

---

762) 헌재 2004.5.27. 2003헌가1, 학교보건법 제6조 제1항 제2호 위헌제청(위헌, 헌법불합치).
763) 피해의 최소성심사를 명백성 통제로 한 결정례: 헌재 2002.10.31. 99헌바76, 구 의료보험법 제32 조 제1항 등 위헌소원(합헌); 2019.8.29. 2014헌바212등, 의료법 제87조 제1항 제2호 위헌소원 등 (합헌).
764) 헌재 1991.9.16. 89헌마231, 약사법 제37조제2항의 위헌여부에 관한 헌법소원(합헌). 헌법재판소 의 판례에서 직업 선택의 자유의 제한이라고 하고 있더라도 이것이 좁은 의미의 직업 선택의 자유의 제한을 의미하는지, 직업 행사의 자유를 내포하는 넓은 의미의 직업 선택의 자유를 의미하

NOTE **위헌 결정 사례(직업 수행의 자유)**

① 18세 미만자에 대해서는 당구장 출입을 금지한다는 안내 문구의 게시를 요구하는 것,765) ② 자연인인 약사에게만 약국의 개설을 허용하여 약사들만으로 구성된 법인의 약국 개설을 금지하는 것(구성원 전원이 약사인 법인 및 그러한 법인을 구성하여 약국업을 운영하려고 하는 약사 개인들의 직업 수행의 자유를 침해), ③ 학교 부근이라는 한정된 지역에서의 극장 시설 및 운영 행위의 제한766)), ④ 변호사의 개업지 제한,767) 소송사건의 대리인인 변호사가 수형자를 접견하고자 하는 경우 소송계속 사실을 소명할 수 있는 자료를 제출하도록 규정하고 있는 '형의 집행 및 수용자의 처우에 관한 법률(이하 '형집행법'이라 한다) 시행규칙' 제29조의2 제1항 제2호 중 '수형자 접견'에 관한 부분768) 등.
대법원이 위헌을 결정한 사례로는 열람실의 남녀 좌석을 구분하여 배열하도록 하고 위반 시 교습정지처분을 할 수 있도록 규정한 조례는 과잉금지의 원칙에 반하여 독서실 운영자의 직업수행의 자유와 독서실 이용자의 일반적 행동자유권 내지 자기결정권을 침해하는 것으로 헌법에 위반된다고 한 사례가 있다.769)

NOTE **합헌 결정 사례(직업 수행의 자유)**

① 일정 지역에서의 영업을 금지하는 영업지 제한(녹지 구역 내에서의 LPG 충전소 영업의 제한,770) ② 학원의 심야 교습 금지,771) ③ 정보원, 탐정, 그 밖에 이와 비슷한 명칭의 사

는 것인지 불분명한 경우가 종종 있으므로 주의를 요한다. 예컨대 헌재 1989.11.20. 89헌가102, 변호사법 제10조 제2항에 관한 위헌심판(위헌)에서는 직업 선택의 자유를 넓은 의미의 직업 선택의 자유의 의미로 사용하고 있다.

765) 헌재 1993.5.13. 92헌마80, 체육시설의설치이용에관한법률시행규칙 제5조에 대한 헌법소원(위헌).
766) 헌재 2004.5.27. 2003헌가1, 학교보건법 제6조 제1항 제2호 위헌제청(위헌, 헌법불합치).
767) 헌재 1989.11.20. 89헌가102, 변호사법 제10조 제2항에 관한 위헌심판(위헌).
768) 심판대상조항은 소송사건의 대리인인 변호사라 하더라도 변호사접견을 하기 위해서는 소송계속 사실 소명자료를 제출하도록 규정함으로써 이를 제출하지 못하는 변호사는 일반접견을 이용할 수밖에 없는데, 일반접견은 접촉차단시설이 설치된 일반접견실에서 10분 내외 짧게 이루어지므로 그 시간은 변호사접견의 1/6 수준에 그친다. 또한 그 대화 내용은 청취·기록·녹음·녹화의 대상이 되므로 교정시설에서 부당한 처우를 당했다는 등의 사정이 있는 수형자는 위축된 나머지 법적 구제를 단념할 가능성마저 배제할 수 없다. 심판대상조항은 소 제기 전 단계에서 충실한 소송준비를 하기 어렵게 하여 변호사의 직무수행에 큰 장애를 초래하고, 변호사의 도움이 가장 필요한 시기에 접견에 대한 제한의 정도가 위와 같이 크다는 점에서 수형자의 재판청구권 역시 심각하게 제한될 수밖에 없고, 이로 인해 법치국가원리로 추구되는 정의에 반하는 결과를 낳을 수도 있다(헌재 2021.10.28. 2018헌마60, 형의 집행 및 수용자의 처우에 관한 법률 시행규칙 제29조의2 제1항 제2호 위헌확인 – 소송사건의 대리인인 변호사와 수형자의 접견 제한 사건.
769) 대법원 2022.1.27. 2019두59851 판결. 이 사건에서 대법원은 온전한 과잉금지심사를 하고 있다.
770) 헌재 2004.7.15. 2001헌마646, 대덕연구단지관리법시행령 제8조제1항 제5호 [별표5] 제1의 파 위헌확인(기각).
771) 서울 등 4개 시도의 「학원의 설립·운영 및 과외교습에 관한 조례」가 학원 교습시간을 06시부터

용을 금지하는 것,[772] ④ 의료인의 의료 기관 중복 개설 금지,[773] ⑤ 만성신부전증환자가 외래 혈액투석시 의료급여기관종별에 불구하고 1회당 146,120원의 정액수가로 산정하고 (제1항 본문), 외래 1회당 혈액투석 정액수가에는 진찰료, 혈액투석수기료 등 투석당일 투여된 약제 및 검사료 등을 (모두) 포함하도록 한(제2항 본문) 의료급여수가의 기준 및 일반기준'(보건복지부고시) 제7조 제1항 본문 및 같은 조 제2항 본문,[774] ⑥ 약국개설자로 하여금 약국 이외의 장소에서 의약품을 판매할 수 없도록 하고 있는 약사법 조항,[775] ⑦ 접촉차단시설이 설치되지 않은 장소에서의 수용자 접견 대상을 소송사건의 대리인 변호사로 한정한 구 '형의 집행 및 수용자의 처우에 관한 법률 시행령' 제58조 제4항 제2호(소송대리인이 되려는 변호사의 직업의 자유의 침해라는 의견이 5인에 이르렀으나 기각의견이 4인이어서 합헌 결정됨),[776] ⑧ 선불식 할부거래업자로 하여금 소비자피해보상보험계약 등을 통해 소비자로부터 미리 수령한 선수금을 그 합계액의 100분의 50을 초과하지 아니하는 범위에서 보전하도록 규정한 「할부거래에 관한 법률」 제27조 제2항 및 선불식 할부거래업자가 보전하여야 할 금액을 보전하지 아니하고 영업을 할 경우 시정조치를 명할 수 있도록 규정한 같은 법 제39조 제1항 제2호 중 제34조 제9호에 관한 부분,[777] ⑨ 업무상 재해로 휴업하여 당해 연도에 출근의무가 없는 근로자에게도 유급휴가를 주도록 되어 있는 구 「근로기준법」 제60조 제1항, 「근로기준법」 제60조 제4항. 연차 유급휴가 규정은 당해 연도가 아닌 전년도 80%의 출근율을 기준으로 함으로써 근로 보상적 시각에서 제도화되었고, 연차 유급휴가는 근로자의 정신적·육체적 휴양의 필요성에 기초한 것으로 기본적으로는 상당기간 계속되는 근로의무의 이행과 불가분의 관계에 있고, 직전 연도의 근속과 출근에 대한 근로 보상적인 성격을 가지고 있음을 부인하기 어렵기 때문이다.[778] ⑩ 정부광고 업무를 「신문 등의 진흥에 관한 법률」 제29조에 따른 한국언론진흥재단에 위탁하여 일원화하고 있는 정부기관 및 공공법인 등의 광고시행에 관한 법률 시행령 제6조 제1항은 과잉금지원칙에 위배되지 않는다.[779] 등

22시(인천의 고등학교 교과는 23시)까지로 정하고 있는데, 이는 과잉금지원칙에 반하지 않아 학원운영자의 직업 수행의 자유를 제한하지 않는다[헌재 2016.5.26. 2014헌마374(기각, 각하)].
772) 헌재 2018.6.28. 2016헌마473, 신용정보의 이용 및 보호에 관한 법률 제40조 제4호 등 위헌소원 (기각, 각하).
773) 헌재 2019.8.29. 2014헌바212등, 의료법 제87조 제1항 제2호 위헌소원 등(합헌).
774) 헌재 2020.4.23. 2017헌마103, 의료급여수가의 기준 및 일반기준 제7조 제1항 본문 등 위헌확인 (기각). 이 결정에서 법정의견은 9인 재판관의 전원일치 의견이었다. 법정의견은 수급권자인 청구인의 인간다운 생활을 할 권리 내지 보건권(최소보장의 원칙을 적용)과, 자기결정권의 하나인 의료행위선택권(과잉금지원칙을 적용)을 침해하지 않는다고도 결정하였다. 그러나 의료행위선택권에 대해서는 3인의 반대의견이 있다.
775) 헌재 2021.12.23. 2019헌바87등, 구 약사법 제50조 제1항 본문 위헌소원 등(합헌).
776) 헌재 2022.2.24. 2018헌마1010, 형의 집행 및 수용자의 처우에 관한 법률 시행령 제58조 제4항 위헌확인 등(기각, 각하) – 소송대리인이 되려는 변호사에 대한 소송대리인 접견신청 불허 사건.
777) 헌재 2020.12.23. 2018헌바382, 상조회사에 선수금 보전의무를 부여하고 이를 보전하지 않고 영업할 경우 시정조치를 명할 수 있도록 규정한 할부거래법조항에 관한 사건(합헌, 각하).
778) 헌재 2020.9.24. 2017헌바433, 연차 유급휴가 미사용 수당 사건(합헌).

나. 주관적 사유에 의한 직업 선택의 자유의 제한과 위헌심사기준

주관적 사유에 의한 직업 선택의 자유의 제한은 직업 선택의 가능성 여부를 개인의 주관적인 자질과 능력에 따르게 하는 제한을 의미한다. 주관적 사유에 의한 직업 선택의 자유의 제한의 경우에도 비례성 심사를 한다.[780]

주관적 사유에 의한 평가를 **상대 평가**(정원제)로 할 것인지 절대 평가로 할 것인지는 주관적인 사유에 의한 평가의 기술적 측면에 불과한 것이지 상대 평가에 의한다고 하여 객관적 사유에 의한 직업 선택의 자유의 제한이라고 할 수 없다. 따라서 시험 합격자를 정원제로 하더라도 이는 주관적 사유에 의한 직업 선택의 자유의 제한에 해당한다.[781]

직업으로 함에 있어서 자격 요건을 요구하는 것은 주관적 사유에 의한 직업 선택의 자유의 제한이다. 그런데 헌법재판소는 자격 요건 등 **자격 제도의 구체적인 내용을 어떻게 형성할 것인가는** 기본적으로 입법 정책의 문제로 보고 있다. 그러면서 자격 제도를 직업의 자유와 관련하여 심사함에 있어서는 과잉금지심사를 하고, 평등원칙 위반과 관련하여 심사함에 있어서는 자의금지심사를 하고 있다.[782]

다. 객관적 사유에 의한 직업 선택의 자유의 제한과 위헌심사기준

객관적 사유에 의한 직업 선택의 자유의 제한은 엄격한 비례성 심사를 한다.[783] 객관적 사유에 의한 직업 선택의 자유의 제한은 가장 침해의 진지성이 크므로 월등하게 중요한 공익을 위하여 명백하고 확실한 위험을 방지하기 위한 경우에만 정당화될 수 있다.

안마사의 자격 인정에 있어서 「안마사에 관한 규칙」(보건복지부령)의 비맹제외기준은 시각

---

779) 헌재 2023.6.29. 2019헌마227, 정부기관 및 공공법인 등의 광고시행에 관한 법률 제10조 등 위헌확인(기각, 각하). 이 사건은 광고의 '구매대행'과 관련된 사안이다. 광고의 '판매대행'과 관련하여서는 한국방송광고공사와 이로부터 출자를 받은 회사가 아니면 지상파방송사업자에 대해 방송광고 판매대행을 할 수 없도록 규정하고 있던 구 「방송법」 제73조 제5항 및 구 방송법시행령 제59조 제3항이 방송광고판매 대행업자인 해당 사건 청구인의 직업수행의 자유와 평등권을 침해한다는 이유로 헌법불합치 결정(헌재 2008.11.27. 2006헌마352)된 후, 개선입법으로 제정된 「방송광고판매대행 등에 관한 법률」 제5조 제2항이 방송문화진흥회가 최다출자자인 방송사업자 등의 경우 한국방송광고진흥공사가 위탁하는 방송광고에 한하여 방송광고를 할 수 있도록 한 것에 대해서는 합헌결정을 한 바 있다(헌재 2013.9.26. 2012헌마271).
780) 헌재 2008.11.27. 2006헌마688, 여객자동차 운수사업법 시행규칙 제17조 위헌확인(기각).
781) 헌재 2010.5.27. 2008헌바110, 사법시험법 제4조 등 위헌소원(합헌, 각하).
782) 헌재 2000.4.27. 98헌바95등, 변호사법 제90조 제2호 위헌소원(합헌).
783) 헌재 2002.4.25. 2001헌마614, 경비업법 제7조 제8항 등 위헌확인(위헌).

장애인이 아닌 사람에 대한 객관적 사유에 의한 직업 선택의 자유의 제한으로서 과잉금지원칙에 위반이라고 한 재판관 5인[784]의 의견이 2006년에 있었다.[785] 이 결정은 위헌으로 선언되었으나 7인의 위헌의견 중 법률유보원칙과 과잉금지원칙 위배의견이 각각 5인이었다(3인은 중복). 그러나 2008년에는 재판관 6인의 의견으로 비맹제외기준을 설정한 구「의료법」등의 규정에 대해 과잉금지원칙을 위배하지 않는다는 결정을 내렸다.[786] 그러나 이 결정에서는 이제 법률유보원칙 위배 문제가 없다고 보면 2006년 결정에서 위헌결정의 근거가 된 과잉금지원칙 위배는 재판관 5인 의견에 불과하여 입법부를 구속하는 의견이라고 볼 수 없다고 하였다. 따라서 보건복지부령과 본질적으로 같은 내용의 규정을 「의료법」에 다시 두는 것이 헌법재판소의 결정에 위반되는 것은 아니라는 입장을 표방하였다. 이 2008년 결정은 이후 2010년 결정에서도 그대로 따르고 있다.[787]

NOTE　　**위헌 결정 사례**　　

1. 직업선택의 자유

① 아동학대관련범죄로 형을 선고받아 확정된 자로 하여금 그 형이 확정된 때부터 형의 집행이 종료되거나 집행을 받지 아니하기로 확정된 후 10년 동안 체육시설 및 「초·중등교육법」 제2조 각 호의 학교를 운영하거나 이에 취업 또는 사실상 노무를 제공할 수 없도록 한 「아동복지법」 제29조의3 제1항 제17호 등 조항은 입법목적이 정당하고 수단의 적합성은 인정되나 아동학대관련범죄전력만으로 그가 장래에 동일한 유형의 범죄를 다시 저지를 것을 당연시하고, 형의 집행이 종료된 때부터 10년이 경과하기 전에는 결코 재범의 위험성이 소멸하지 않는다고 보며, 각 행위의 죄질에 따른 상이한 제재의 필요성을 간과함으로써, 아동학대관련범죄전력자 중 재범의 위험성이 없는 자, 아동학대관련범죄전력이 있지만 10년의 기간 안에 재범의 위험성이 해소될 수 있는 자, 범행의 정도가 가볍고 재범의 위험성이 상대적으로 크지 않은 자에게까지 10년 동안 일률적인 취업제한을 부과하고 있는데, 이는 침해의 최소성 원칙과 법익의 균형성 원칙에 위배되어 직업선택의 자유를 침해한다.[788]

② 아동학대관련범죄로 벌금형이 확정된 날부터 10년이 지나지 아니한 사람은 어린이집을

---

784) 전효숙, 이공현, 조대현 재판관이 의견을 쓰고, 주선회, 송인준 재판관이 그에 동참하였다.
785) 헌재 2006.5.25. 2003헌마715등, 안마사에관한규칙 제3조 제1항 제1호 등 위헌확인(위헌, 각하).
786) 헌재 2008.10.30. 2006헌마1098등, 의료법 제61조 제1항 중 「장애인복지법」에 따른 시각장애인 중 부분 위헌확인(기각, 3인의 반대의견).
787) 헌재 2010.7.29. 2008헌마664, 의료법 제82조 제1항 위헌확인 등(기각, 반대의견 있음).
788) 헌재 2018.6.28. 2017헌마130등, 아동복지법 제29조의3 제1항 위헌확인(위헌. 전원일치의견) － 아동학대관련범죄자 취업제한 사건.

설치·운영하거나 어린이집에 근무할 수 없고, 같은 이유로 보육교사 자격이 취소되면 그 취소된 날부터 10년간 자격을 재교부받지 못하도록 한 「영유아보육법」 제16조 제8호 등 소정의 조항도 위 ①의 결정과 같은 이유로 위헌으로 결정되었다.789)

③ 2021년 시행 예정이었던 제10회 변호사시험에서 코로나19 확진환자의 응시를 금지하고, 자가격리자 및 고위험자의 응시를 제한한 것은 과잉금지원칙을 위배하여 직업선택의 자유를 침해한다.790)

2. 직업의 자유(직업선택과 직업수행)

① 개정 법률이 경비업자에게 경비업 이외의 영업을 금지하고, 이를 위반할 경우 경비업 허가를 취소하도록 하면서, 다만 기존에 경비업 허가를 받은 자에 대하여는 위 법 시행일 (부칙 제1조에 의하여 공포 후 3월이 경과한 날)부터 1년까지만 종전의 규정에 의하여 다른 영업을 겸영할 수 있도록 한 것791)

② 특정한 운전면허를 거짓이나 그 밖의 부정한 수단으로 받으면, '거짓이나 그 밖의 부정한 수단으로 받은 운전면허' 뿐만 아니라, 적법하게 취득하여 보유하고 있는 다른 운전면허까지 필요적으로 취소하도록 하고 있는 구 「도로교통법」 조항792)

③ 대한변호사협회의 유권해석을 위반하는 광고를 금지하는 대한변호사협회의 규정과 대가 수수 광고를 금지하는 대한변호사협회의 규정793) 등,

---

789) 헌재 2022.9.29. 2019헌마813, 영유아보육법 제16조 제8호 등 위헌확인(위헌, 각하) – 아동학대 관련범죄전력자 어린이집 취업제한 사건. 이 사건에서는 3인 재판관의 반대의견(합헌)이 있었다.

790) 헌재 2023.2.23. 2020헌마1736, 법무부공고 제2020–360호 등 위헌확인[인용(위헌확인)]. 이 결정의 가처분결정의 취지에 따라 자가격리자와 접촉자의 응시를 허용한 다른 사안(중등교사 임용시험에서 코로나19 확진자의 응시를 금지하고, 자가격리자 및 접촉자의 응시를 제한한 강원도교육청 공고에 관한 사건)은 부적법 각하되었다[헌재 2023.2.23. 2021헌마48, 강원도교육청 공고 제2020–163호 위헌확인(각하)].

791) 헌재 2002.4.25. 2001헌마614, 경비업법 제7조 제8항 등 위헌확인(위헌). 이 결정 후 경비업법 제7조 제8항은 다음과 같이 개정되었다. 제7조 (경비업자의 의무) ⑧ 특수경비업자는 이 법에 의한 경비업과 경비장비의 제조·설비·판매업, 네트워크를 활용한 정보산업, 시설물 유지관리업 및 경비원 교육업 등 대통령령이 정하는 경비관련업외의 영업을 하여서는 아니된다. <개정 2002.12.18.> 법률개정이유를 보면 "경비업자의 대부분이 경비업외에 다른 업무를 겸업하고 있는 경비업계의 현실정에 맞추어 이 법에 의한 경비업외의 영업을 할 수 없도록 하는 경비업자의 겸업금지의무를 특수경비업자로 한정함으로써 경비업자의 영업에 대한 규제를 완화하고 민간경비분야의 성장과 발전에 이바지하려는 것"이라고 하고 있다. 특수경비업자란 특수경비업무를 수행하는 경비업자를 말하는데 특수경비업무란 공항(항공기를 포함한다) 등 대통령령이 정하는 국가중요시설(이하 "국가중요시설"이라 한다)의 경비 및 도난·화재 그 밖의 위험발생을 방지하는 업무(제2조 제1호 마목)를 말한다.

792) 헌재 2020.6.25. 2019헌가9등, 구 도로교통법 제93조 제1항 제8호 위헌제청(위헌). 운전면허를 직업상 필요로 하지 않는 운전자인 청구인의 경우에는 일반적 행동자유권의 침해로 판단했다.

793) 헌재 2022.5.26. 2021헌마619, 변호사 광고에 관한 규정 제3조 제2항 등 위헌확인(위헌, 기각). 대한변호사협회의 유권해석을 위반하는 광고를 금지하는 대한변호사협회의 규정에 대해서 법정의견은 법률유보원칙 위배로 인한 것이었으나 4인 재판관은 보충의견에서 과잉금지원칙의 위배로도 보았다. 대가수수 광고금지규정에 대해서 법정의견은 과잉금지원칙 위배로 보았다.

④ 시설경비업을 허가받은 경비업자로 하여금 허가받은 경비업무 외의 업무에 경비원을 종사하게 하는 것을 금지하고, 이를 위반한 경비업자에 대한 허가를 취소하도록 정하고 있는 「경비업법」 제7조 제5항 등은 경비업무의 전념성을 직접적으로 훼손하지 아니하는 경우가 있음에도 불구하고 이러한 사정을 고려하지 아니한 채 경비업자가 경비원으로 하여금 비경비업무에 종사하도록 하는 것을 일률적·전면적으로 금지하고 이를 위반한 경우 허가받은 경비업 전체를 필요적으로 취소하도록 한 것794)

NOTE 합헌 결정 사례

1. 직업선택의 자유
① 금고 이상의 형의 집행유예를 선고받고 그 유예기간이 지난 후 2년이 지나지 아니한 사람에 대하여 변호사시험에 응시할 수 없도록 규정한 「변호사시험법」 조항,795)
② 「의료법」 또는 「형법」 제347조를 위반하여 금고 이상의 형을 선고받은 경우 의료인의 면허를 필요적으로 취소하도록 규정한 「의료법」 제65조 제1항 단서 제1호 해당 부분796)
③ 변호사시험의 응시기간과 응시횟수를 법학전문대학원의 석사학위를 취득한 달의 말일 또는 취득예정기간 내 시행된 시험일부터 5년 내에 5회로 제한한 「변호사시험법」 제7조 제1항797)
④ 의료인이 아닌 자의 문신시술업을 금지하고 처벌하는 「의료법」 제27조 제1항 본문 전단과 「보건범죄 단속에 관한 특별조치법」 제5조 제1호 중 「의료법」 제27조 제1항 본문 전단에 관한 부분798)
⑤ 아동학대관련범죄로 처벌을 받은 어린이집 원장 또는 보육교사의 자격을 행정청이 재량으로 취소할 수 있도록 한 「영유아보육법」 제48조 제1항 제3호 중 해당 부분799)

794) 헌재 2023.3.23. 2020헌가19, 경비업법 제7조 제5항 등 위헌제청(헌법불합치) - 경비원의 비경비업무 수행 금지 및 위반시 경비업 허가 취소 사건.
795) 헌재 2013.9.26. 2012헌마365, 변호사법 제5조 제2호 등 위헌확인(기각, 각하).
796) 헌재 2020.4.23. 2019헌바118등(이 심판대상조항이 명확성원칙에 위반된다고 할 수는 없으나 집행유예 선고 시에도 적용된다는 점을 보다 알기 쉽도록 형의 선고에 집행유예의 선고도 포함된다는 취지의 입법보완이 필요하다는 4인 재판관의 보충의견이 있다); 2017.6.29. 2016헌바394; 2017.6.29. 2017헌바164.
797) 헌재 2020.11.26. 2018헌마733등; 2016.9.29. 2016헌마47; 2018.3.29. 2017헌마387등; 2020.9.24. 2018헌마739등.
798) 헌재 2022.3.31. 2017헌마1343등, 의료법 제27조 제1항 본문 전단 위헌확인 등(기각, 각하, 4인 재판관의 반대의견 있음) - 비의료인 문신시술 금지 사건. 이 사건에서 헌법재판소는 '의료행위'의 개념이 명확성원칙에 위배되지 않는다고도 결정하였다.
799) 헌재 2023.5.25. 2021헌바234, 영유아보육법 제16조 제6호 등 위헌소원(합헌, 전원일치) - 어린이집 원장 및 보육교사 자격취소 사건. 헌법재판소는 영유아를 보호·양육하는 어린이집 원장 또는 보육교사의 역할에 비추어 그에 부합하는 자질을 갖추지 못한 사람을 보육현장에서 배제할 필요가 크다는 점, 아동학대관련범죄를 저지른 어린이집 원장 또는 보육교사에 대한 형사처벌만으로는 어린이집의 윤리성과 신뢰성을 높여 영유아를 안전한 환경에서 건강하게 보육한다는 입법목적을 달성하지 못하는 경우가 있다는 점, 법원에서 「아동복지법」에 따른 아동관련기관에 대한

2. 직업의 자유(직업선택과 직업수행)

① 법학전문대학원 입학자 중 법학 외의 분야 및 당해 법학전문대학원이 설치된 대학 외의 대학에서 학사학위를 취득한 자가 차지하는 비율이 입학자의 3분의 1이상이 되도록 규정한 법률 규정800)

② 법학전문대학원의 설치 · 운영에 있어서 인가주의와 총정원주의801)

③ 외국인 근로자에게는 원칙적으로 사업장 변경을 최대 3회로 제한하는 것802)

④ 특정인의 사생활 등을 조사하는 일을 업으로 하는 행위를 금지하는 것803)

⑤ 주방에서 발생하는 음식물 찌꺼기 등을 분쇄하여 오수와 함께 배출하는 주방용 오물분쇄기의 판매와 사용을 금지하는 환경부고시(주방용오물분쇄기의 판매 · 사용 금지) 제1조804)

⑥ 안경사 면허를 가진 자연인에게만 안경업소의 개설 등을 할 수 있도록 한 구「의료기사 등에 관한 법률」제12조 제1항 및「의료기사 등에 관한 법률」제12조 제1항과, 그 위반 시 처벌하도록 정한 구「의료기사 등에 관한 법률」제30조 제1항 제6호 등(안경사와 법인의 직업의 자유)805)

⑦ 사회복무요원이 복무기관의 장의 허가 없이 다른 직무를 겸하는 것을 제한하는「병역법」제33조 제2항 본문 제4호 후단806)

⑧ 허가된 어업의 어획효과를 높이기 위하여 다른 어업의 도움을 받아 조업활동을 하는 행위(공조조업)를 금지한「수산자원관리법」제22조 제2호(수산자원의 남획을 방지하여 수산자원을 보존하기 위한 것)807)

⑨ 간행물 판매자에게 정가 판매 의무를 부과하고 가격할인의 범위를 가격할인과 경제상의 이익을 합하여 정가의 15퍼센트 이하로 제한하는「출판문화산업 진흥법」제22조 제4항 ·

취업제한명령을 면제한 경우에도 영유아를 직접 대면하여 보육하는 어린이집 원장 또는 보육교사 자격을 취소할 필요는 여전히 존재할 수 있다는 점 등을 고려한 것이라고 한다.

800) 헌재 2009.2.26. 2007헌마1262, 법학전문대학원 설치 · 운영에 관한 법률 제1조 등 위헌확인(기각, 각하).

801) 헌재 2009.2.26. 2008헌마370, 법학전문대학원 설치 예비인가 배제결정 취소 등(합헌, 기각, 각하).

802) 헌재 2011.9.29. 2007헌마1083등, 외국인근로자의 고용 등에 관한 법률 제25조 제4항 등 위헌확인(기각).

803) 헌재 2018.6.28. 2016헌마473, 신용정보의 이용 및 보호에 관한 법률 제40조 제4호 등 위헌소원(기각, 각하).

804) 헌재 2018.6.28. 2016헌마1151, 주방용오물분쇄기의 판매 · 사용금지 위헌확인(기각).

805) 헌재 2021.6.24. 2017헌가31, 안경사가 아닌 자의 안경업소 개설 등 금지 사건(합헌). 그러나 5인 재판관이 헌법불합치 반대의견을 제시하였다.

806) 헌재 2022.9.29. 2019헌마938, 병역법 제33조 제2항 본문 등 위헌확인(기각) − 사회복무요원의 겸직 제한 사건. 이 결정은 직업의 자유와 함께 일반적 행동의 자유를 침해하는 것도 아니라고 판시하고 있다. 사회복무요원의 보수 및 실비에 대해서는 평등권 부분 참조.

807) 헌재 2023.5.25. 2020헌바604, 수산자원관리법 제22조 제2호 위헌소원(합헌). 청구인들은 근해채낚기어선이 집어등을 비추어 선박 인근으로 오징어를 모으면 동해구중형트롤어선이 이를 포획하는 방식의 공조조업을 하여 기소된 사건이다.

제5항[808]

| NOTE | 변호사에게 세무사 자격을 인정하는 문제 |

국회는 2017.12.26. 「세무사법」을 개정하여 기존에 변호사에게 세무사 자격을 부여하던 근거조항을 삭제하였다(구 「세무사법」 제3조). 이 개정 법률은 2018.1.1.부터 시행되었고 (부칙 제1조), 종전에 세무사의 자격이 있던 사람은 개정규정에도 불구하고 세무사 자격을 유지하는 것으로 보는 경과조치조항이 부칙 제2조로 시행되었다.

이에 대하여 헌법재판소는 ⓐ 변호사에 대하여 세무사 자격을 부여할 것인지 여부는 국가가 입법 정책적으로 결정할 사안이라는 점을 강조하며 구 「세무사법」 제3조는 과잉금지원칙에 위배되지 않아서 청구인들의 (좁은 의미의) 직업선택의 자유를 침해하지 않는다고 판시하였다. ⓑ 구 「세무사법」 부칙 제1조(제3조에 관한 부분) 및 제2조에 대해서도 신뢰보호원칙을 위배하여 청구인들의 직업선택의 자유를 침해한다고 볼 수 없다고 판시하였다. ⓒ 부칙조항이 2018.1.1.을 기준으로 이미 변호사 자격을 취득한 사람과 그렇지 않은 사람을 부당하게 차별하는 것도 아니라고 보았다. ⓐ에 대해서는 4인 재판관의 위헌의견(과잉금지원칙 위배하여 직업선택의 자유 침해)이 있고, ⓑ에 대해서는 5인 재판관(위 4인 재판관에 1인 재판관이 가담)의 신뢰보호원칙에 반하여 직업선택의 자유를 침해한다는 헌법불합치 견해가 있다. 5인 재판관이 헌법불합치 견해이므로 위헌의견이 다수였으나 정족수 부족으로 위헌선언이 되지 않았다. 이 헌법불합치 의견은 향후 국회가 부칙조항을 개정하는 경우에, '2018.1.1. 이전에 사법시험에 합격한 사람 또는 2018.1.1. 이전에 공고된 법학전문대학원 입학전형에 지원하여 입학자로 선발된 사람으로서, 각 2018.1.1. 후에 변호사 자격을 취득하는 사람'에 대하여 세무사 자격이 부여될 수 있도록 규정함으로써 그들의 신뢰이익을 보호하는 입법적 배려를 해야 함을 함께 밝히고 있다.

그런데 헌법재판소의 법정의견에서와 같이, 변호사의 자격에 세무사의 자격이 당연히 포함되는 것이 아니라 단순한 입법정책의 문제라면, 이 사안에서는 평등권 침해 문제 외에 신뢰보호원칙위배 여부만이 문제가 되고, 과잉금지원칙 위배여부는 문제가 되지 않는다고 보아야 한다. 과잉금지원칙을 심사하는 것은 직업선택의 자유의 보호내용에 대한 제한이 헌법에 위반되는지 여부를 검토하는 것이기 때문이다.[809]

---

808) 헌재 2023.7.20. 2020헌마104, 출판문화산업 진흥법 제22조 제4항 등 위헌확인(기각) ─ 도서정가제 사건.

809) 헌재 2021.7.15. 2018헌마279등, 세무사법 제3조 등 위헌확인(기각). 이 점에서 보면 과잉금지원칙을 위배하여 직업선택의 자유를 침해한다고 보는 4인 재판관의 다음과 같은 반대의견이 오히려 타당성을 갖는다. 왜냐하면 반대의견의 논증은 변호사의 자격에 세무사 자격이 포함되어 있음을 주장하는 것으로 볼 수 있기 때문이다. "자격이란 직무수행에 필요한 지식·기술·소양 등의 습득정도가 일정한 기준과 절차에 따라 평가 또는 인정된 것으로서(자격기본법 제2조 제1호 참조), 어떤 직무를 수행할 수 있다고 인정된 '능력'을 의미한다. 하나의 자격제도에 하나의 직업만이 대응되는 것은 아니며, 시험 또는 검정만이 이러한 능력의 구비를 평가·인정할 수 있는 유일

2. 본질적 내용 침해금지원칙

직업의 자유를 제한함에 있어서도 직업의 자유의 본질적 내용을 침해하는 것이어서는 안 된다. 객관적 사유에 의한 직업 선택의 자유의 제한의 경우에도 그러한 직업이 객관적으로 존재하는 경우에는 새로운 직업 선택자의 진입이 전혀 불가능한 것은 아니어서 당해 직업의 선택이 본질적으로 침해당하고 있다고 단정할 수는 없다. 말하자면 그러한 직업이 존재한다는 것은 객관적 사유의 극복이 전혀 불가능한 것은 아니라는 의미다.

헌법재판소에서는 **법인에게 약국 개설을 금지하는 것**은 구성원 전원이 약사인 법인 및 그러한 법인을 구성하여 약국업을 운영하려고 하는 약사 개인들의 직업 수행의 자유를 제한함에 있어 입법 형성권의 재량의 범위를 명백히 넘어 제한의 방법이 부적절하고 제한의 정도가 과도한 경우로서 헌법 제37조 제2항 소정의 과잉금지의 원칙에 위배되어 헌법 제15조에서 보장하고 있는 직업 선택의 자유의 본질적 내용을 침해한 것으로 보았다.[810]

제14항　재산권 보장

I. 서론

1. 근거

헌법 제23조는 재산권 보장을 규정하고 있다. 제1항에서는 모든 국민의 재산권을

한 방법이 되는 것도 아니다(헌재 2001.1.18. 2000헌마364 참조). 자격제도의 속성상, 입법자로서는 이미 해당 업무에 관한 전문성을 갖추고 있는 사람뿐만 아니라 어느 정도의 교육만 받으면 실제 업무수행이 가능하다고 판단되는 사람을 포함하여, 실질적으로 당해 직업의 업무를 원활히 수행하는 데 충분한 능력과 지식 등을 갖춘 것으로 인정되는 사람이면 모두에게 자격을 부여하여야 하는 것이 원칙이라 하겠다(헌재 2000.4.27. 97헌바88; 2012.4.24. 2010헌마649 참조)."

810) 헌재 2002.9.19. 2000헌바84, 약사법 제16조제1항등 위헌소원(헌법불합치). 헌법재판소가 직업 수행의 자유로 본 것은 법인의 설립은 그 자체가 간접적인 직업 선택의 한 방법으로서 직업 수행의 자유의 본질적 부분의 하나라고 보기 때문이다.

보장한다고 선언하면서 그 내용과 한계는 법률로 정하도록 하고 있다. 제2항에서는 헌법은 다른 기본권과 비교할 때 특히 재산권의 행사는 공공복리에 적합하여야 한다는 의무를 부과하고 있다. 제3항에서는 재산권의 제한 형태로서 공용수용, 공용사용, 공용제한을 규정하고 있고 그에 따른 재산권의 제한에는 정당한 보상을 하도록 하고 있다.

2. 법적 성격

재산권의 성격이 자유권인지 제도보장인지에 대해서는 학설이 대립한다. 다수설인 절충설은 재산권 보장은 그 내용과 한계가 법률로써 정해지는 제도보장이기는 하나, 일단 사유재산제도가 보장된 뒤의 재산권은 사유재산으로 보장되는 자유권적 성격을 가진다고 한다. 이 견해는 헌법에 사유재산제도가 보장되면 그 때부터 재산권은 헌법적 권리, 즉 자유권으로서 효력을 갖게 된다는 취지로 이해된다.

헌법재판소는 "재산권 보장은 개인이 현재 누리고 있는 재산권을 개인의 기본권으로 보장한다는 의미와 개인이 재산권을 향유할 수 있는 법제도로서의 사유재산제도를 보장한다는 **이중적 의미**를 가지고 있다."[811]고 판시하고 있다.

재산권은 기본적으로 자유권적 성격을 가지는 것으로 보아야 한다. "모든 국민의 재산권은 보장된다."라는 헌법 제23조 제1항 제1문의 규정은 이를 선언한 것으로 본다. 이를 헌법에서는 사유재산제도라는 제도보장을 통하여 보장하는 것이다. 제23조 제1항 제2문에서 "그 내용과 한계는 법률로 정한다."라고 한 것은 이러한 사유재산제도를 보장하고 있는 것이다. 이렇게 법률로 형성된 재산권은 자유권인 재산권이 법률로 구체화된 것으로 보아야 한다. 그런데 법률에 의해 보장되는 바의 권리는 법률상의 권리로서 어디까지나 헌법상의 재산권과는 구별되는 것이다. 엄격히 말하면 법률로 형성되지 않은 재산권도 존재할 수 있는 것이다. 이렇게 이해하여야 재산권은 보장된다는 헌법의 취지에 부합하게 된다.[812]

3. 재산권 형성적 법률유보와 재산권 보장

재산권의 내용과 한계를 법률로 정하도록 한 규정형식을 재산권 형성적 법률유보

---

811) 헌재 1993.7.29. 92헌바20, 민법 제245조 제1항에 대한 헌법소원(합헌).
812) Friedhelm Hufen, Staatsrecht II, Grundrechte, 4. Aufl., Beck, 2004 §38 Rn. 8 참조. 우리나라에서 자연권설을 취하고 있는 견해로는 정재황, 신헌법입문, 박영사, 2016, 451쪽 참조.

라고 한다. 이 법률유보는 재산권을 제한하는 것보다는 형성한다는 의미가 강하다. 그러나 비록 재산권에 관한 법률유보를 형성유보로 이해한다고 하더라도 사유재산제도나 사유재산을 부인하는 것은 재산권 보장규정의 침해를 의미하고, 결코 재산권 형성적 법률유보라는 이유로 정당화될 수 없다는 것이 헌법재판소의 판단이다.813) 재산권의 내용과 한계를 법률로 정한다는 것은 결국 재산권의 내용은 법률로 정한다는 의미인데, 여기서 과연 재산권의 헌법적 내용은 무엇인가라는 의문이 든다. 이에 답한 것이 위 헌법재판소의 결정이라고 할 수 있다. 즉, 헌법이 재산권의 내용을 법률로 형성하도록 하였더라도 사유재산제도나 사유재산을 부인할 수는 없다는 것이다. 이를 제도보장의 관점이 아닌 기본권으로서 재산권이라는 관점에서 보면 재산권의 본질적 내용은 법률상 반드시 보장되어야 한다는 의미가 된다.

그런데 법률이 재산권의 본질적 내용을 침해하지 않고 사유재산제도를 부인하지 않으면 입법자는 재산권의 내용을 법률로 형성함에 있어서 완전한 재량권을 가지는가가 문제다. 입법자가 완전한 재량권을 가진다면 재산권 침해 여부 판단의 심사기준은 기본권의 본질적 내용 침해금지원칙과 제도보장이 될 것이다. 그러나 재량이 있는 곳에 통제가 있다. 기본권의 내용을 법률로 구체화하도록 입법자에게 헌법이 위임하고 있다고 하더라도 입법재량에는 일정한 한계가 있다고 보아야 한다. 비록 기본권 형성적 법률유보의 경우에는 폭넓은 입법재량이 인정되는 것이 원칙이지만, 재량 인정의 정도는 개별 기본권의 성격과 기능에 따라 달리 평가할 수 있다.

재산권 형성에 관한 입법재량의 통제는 기본적으로 과잉금지원칙이라고 보는 것이 타당하다. 왜냐하면 재산권은 반드시 제도보장으로만 볼 수 없고 자유권적 특성을 존중할 필요가 있기 때문이다. 이와 같은 재산권의 자유권적 성격은 기본권 역사에서 살펴볼 때 명확하다. 무엇보다 1776년의 버지니아권리선언 제1조에서는 사람은 모두 태어날 때부터 똑같이 자유롭고 독립적이며, 몇 가지 타고난 권리를 가지고 있는데, 이 같은 권리는 사람들이 하나의 사회 조직 안에 들어가 있는 경우 그 어떤 계약에 의해서도 그들의 후손에게서 이를 빼앗거나 빼돌릴 수 없는 것들로서 행복과 안전의 추구와 확보(pursuing and obtaining happiness and safety)를 위한 여러 수단, 생명(life)과 자유(liberty)를 누리는 권리들과 더불어 바로 재산의 획득과 소유(acquiring and possessing property)를 들고 있다.814) 또 1789년의 인간과 시민의 권리선언 제2조에서는 모든 정

---

813) 헌재 1993.7.29. 92헌바20, 민법 제245조 제1항에 대한 헌법소원(합헌).
814) 번역은 나종일, 자유와 평등의 인권 선언 문서집, 2012, 249쪽 참조.

치적 결합의 목적은 사람의 자연적이고 소멸될 수 없는 권리를 유지하는 데 있는데 그 권리는 자유, 안전, 압제에 대한 저항과 더불어 바로 재산(la propriété)이라고 선언하고 있다. 혁명 후 제정된 1791년 프랑스헌법 제1편에서 재산권의 불가침(l'inviolabilité des propriétés)을 보장하고 있다. 또 1791년 비준된 미국수정 헌법 제5조에서는 법의 정당한 절차에 의하지 않고 생명, 자유 또는 재산을 빼앗겨서는 안 되며, 또한 정당한 보장 없이 사유재산이 공적 사용을 위해 징발당해서는 안 된다고 명확히 선언하고 있다.[815]

이와 같은 재산권의 성격을 고려하여 입법자는 재산권의 내용을 구체적으로 형성함에 있어서 헌법의 재산권 보장(제23조 제1항 제1문)과 재산권의 제한을 요청하는 공익 등 재산권의 사회적 기속성(헌법 제23조 제2항)을 함께 고려하고 조정하여 양 법익이 조화와 균형을 이루도록 하여야 한다.[816]

II. 보장내용

1. 기본권 주체

재산권은 국민의 권리이므로 국가나 지방자치단체는 재산권의 주체가 되지 못하고, 보장할 의무 주체일 뿐이다.[817] 외국인의 경우에는 원칙적으로 재산권의 주체가 되지 못한다고 보아야 한다. 외국인이 재산권을 향유하는 것은 입법정책상 인정되는 법률상의 권리에 불과하다.

2. 물적 보장내용

가. 재산권의 개념

기본권으로서 재산권이란 경제적 가치가 있는 모든 공법상·사법상의 권리를 의미한다.[818] 이 재산권은 사적 유용성 및 그에 대한 원칙적 처분권을 내포하는 재산가치 있는 구체

---

815) 번역은 나종일, 자유와 평등의 인권 선언 문서집, 2012, 307쪽 참조.
816) 헌재 1998.12.24. 89헌마214등; 2008.4.24. 2005헌바43, 국토의 계획 및 이용에 관한 법률 제77조 제1항 제3호 등 위헌소원(합헌)
817) 헌재 2006.2.23. 2004헌바50 결정 및 여기에 인용된 다수의 결정들 참조.
818) 헌재 1992.6.26. 90헌바26: "헌법이 보장하고 있는 재산권은 경제적 가치가 있는 모든 공법상·사법상의 권리를 뜻하고, 그 재산가액의 다과를 불문한다. 또 이 재산권의 보장은 재산권의 자유로운 처분의 보장까지 포함한 것이다."

적 권리이므로 구체적인 권리가 아닌, 단순한 이익이나 재화의 획득에 관한 기회 등은 재산권 보장의 대상이 아니다.[819] 예컨대 보건복지부 지침이 만성신부전증환자에 대한 외래 혈액투석 의료급여수가의 기준을 1회당 146,129원의 정액수가로 규정함으로써 진료행위에 소요되는 원가에도 미치지 못할 정도로 낮아서 의사의 재산권이 침해된다는 주장에 대해서 헌법재판소는 이는 단순한 이익이나 재화의 획득에 관한 기회에 불과하여 재산권의 보장 대상이 아니라고 판시한 바 있다.[820] 헌법재판소의 결정에 따르면 재산권의 징표에는 양도·양수 가능성, 상속 가능성, 침해 시 방해배제청구권·원상회복청구권·손해배상청구권 등이 포함된다.[821]

환매권(수용된 토지 등이 공공사업에 필요 없게 된 경우 피수용자가 그 토지 등의 소유권을 회복할 수 있는 권리)도 재산권에 포함된다.[822] 수용 후 공공사업이 필요 없게 되면 공공필요에 의한 재산권 취득의 근거가 장래를 향하여 소멸하므로 토지 등의 소유권을 회복할 수 있는 권리인 환매권이 헌법상 재산권으로부터 도출되기 때문이다.[823] 헌법재판소는 환매권의 발생기간을 토지의 협의취득일 또는 수용의 개시일부터 10년으로 한 것은 목적의 정당성과 방법의 적절성은 인정할 수 있으나 피해의 최소성 및 법익의 균형성을 충족하지 못하여 재산권을 침해한다고 보고 있다.[824]

---

819) 헌재 1996.8.29. 95헌바36, 구 산업재해보상보험법 제4조 단서 위헌소원(합헌).
820) 헌재 2020.4.23. 2017헌마103, 의료급여수가의 기준 및 일반기준 제7조 제1항 본문 등 위헌확인 (기각).
821) "헌법 제23조 제1항 및 제13조 제2항에 의하여 보호되는 재산권은 사적유용성 및 그에 대한 원칙적 처분권을 내포하는 재산가치 있는 구체적 권리이므로 구체적인 권리가 아닌 단순한 이익이나 재화의 획득에 관한 기회 등은 재산권 보장의 대상이 아니라 할 것인바, 약사는 단순히 의약품의 판매뿐만 아니라 의약품의 분석, 관리 등의 업무를 다루며, 약사면허 그 자체는 양도·양수할 수 없고 상속의 대상도 되지 아니하며, 또한 약사의 한약조제권이란 그것이 타인에 의하여 침해되었을 때 방해를 배제하거나 원상회복 내지 손해배상을 청구할 수 있는 권리가 아니라 법률에 의하여 약사의 지위에서 인정되는 하나의 권능에 불과하고, 더욱이 의약품을 판매하여 얻게 되는 이익 역시 장래의 불확실한 기대이익에 불과한 것이므로, 구 약사법상 약사에게 인정된 한약조제권은 위 헌법 조항들이 말하는 재산권의 범위에 속하지 아니한다."[헌재 1997.11.27. 97헌바10, 약사법 부칙 제4조 제2항 위헌소원(합헌)].
822) 헌재 1994.2.24. 92헌가15등(합헌); 1998.12.24. 97헌마87등(기각, 각하); 2020.11.26. 2019헌바131(헌법불합치). 이하 설명도 참조.
823) 헌재 1994.2.24. 92헌가15등(합헌); 1998.12.24. 97헌마87등(기각, 각하).
824) 헌재 2020.11.26. 2019헌바131, 공익사업을 위한 토지 등의 취득 및 보상에 관한 법률 제91조 제1항 위헌소원(입법자가 개정할 때까지 적용중지의 헌법불합치, 3인 재판관의 반대의견 있음). 3인 재판관의 반대의견은 환매권을 행사하는 주된 동기가 상승한 부동산의 가치회수인 경우가 많고, 5년 이내 토지 전부를 공익사업에 이용하지 않으면 환매권을 인정하여 환매권 제한을 상당부분 완화하고 있으며, 여러 공익사업이 함께 진행되는 경우가 많은데 10년 보다 장기간으로 정하

Q 구 「감염병의 예방 및 관리에 관한 법률」에 따른 코로나19의 예방을 위한 집합제한 조치로 인하여 음식점을 영업하는 청구인들의 영업이익이 감소하였음에도 불구하고 그 손실을 보상하지 않는 것이 청구인들의 재산권을 침해하는지 여부를 판단하시오.

A ① 재산권은 사적 유용성 및 그에 대한 원칙적 처분권을 내포하는 재산가치 있는 구체적 권리이므로, 구체적인 권리가 아닌 단순한 이익이나 재화의 획득에 관한 기회 또는 기업활동의 사실적·법적 여건 등은 재산권보장의 대상에 포함되지 않는다. 다만, 영업손실이 발생할 뿐이다. ② 영업이익이 감소되었다 하더라도, 청구인들이 소유하는 영업 시설·장비 등에 대한 구체적인 사용·수익 및 처분권한을 제한받는 것은 아니므로, 보상규정의 부재가 청구인들의 재산권을 제한한다고 볼 수 없다.825)

나. 공법상의 권리가 재산권으로 보호받기 위한 요건

공법상의 권리가 재산권 보장의 보호를 받기 위해서는 '개인의 노력과 금전적 기여를 통하여 취득되고 자신과 그의 가족의 생활비를 충당하기 위한 경제적 가치가 있는 권리'여야 한다는 것이 헌법재판소의 판례이다.826) 구체적으로 보면 공법상의 권리가 헌법상의 재산권 보장의 보호를 받기 위해서는 다음과 같은 요건을 갖추어야 한다. 첫째, 공법상의 권리가 권리 주체에게 귀속되어 개인의 이익을 위하여 이용 가능해야 하며(사적 유용성), 둘째, 국가의 일방적인 급부에 의한 것이 아니라 권리 주체의 노동이나 투자, 특별한 희생에 의하여 획득되어 자신이 행한 급부의 등가물에 해당하는 것이어야 하며(수급자의 상당한 자기 기여), 셋째, **수급자의 생존의 확보에 기여해야** 한다. 이러한 요건을 통하여 사회부조와 같이 국가의 일방적인 급부에 대한 권리는 재산권의 보호 대상에서 제외되고, 단지 사회법상의 지위가 자신의 급부에 대한 등가물에 해당하는 경우에 한하여 사법상의 재산권과 유사한 정도로 보호받아야 할 공법상의 권리가 인정된다. 즉, 공법상의 법적 지위가 사법상의 재산권과 비교될 정도로 강력하여 그에 대한 박탈이 법치국가원리에 반하는 경우에 한하여, 그러한 성격의 공법상의 권리가 재산권의 보호 대상에 포함된다는 것이다.

헌법재판소의 판례에서 재산권으로 인정한 공법상의 권리로서는 ① 「군인연금법」

게 되면 지가 상승의 이익이 사회일반으로 돌아가지 않고 원소유자에게 귀속되는 불합리한 결과가 발생할 수 있기 때문이라고 한다.

825) 헌재 2023.6.29. 2020헌마1669, 입법부작위 위헌확인(기각).

826) 헌재 1995.7.21. 94헌바27등; 2000.6.29. 99헌마289, 국민건강보험법 제33조 제2항 등 위헌확인(기각).

상의 연금수급권,[827] ② 「공무원연금법」상의 연금수급권,[828] ③ 국가유공자의 보상수급권,[829] ④ 「의료보험법」상 의료보험수급권[830] 등이 있다.

다. 재산권으로 볼 수 없는 경우

헌법재판소의 판례에 따르면 다음과 같은 경우는 재산권으로 보장되지 않는다. ① 보험자의 급여 능력을 보장하고자 일정 금액에 이를 때까지 **매년 적립한 의료보험조합의 적립금**[831]은 법률이 조합의 해산이나 합병 시 적립금을 청구할 수 있는 조합원의 권리를 규정하고 있지 않을 뿐만 아니라, 공법상의 권리인 사회보험법상의 권리가 재산권 보장의 보호를 받기 위해서는, 법적 지위가 사적 이익을 위하여 유용한 것으로서 권리주체에게 귀속될 수 있는 성질의 것이어야 하는데, 적립금에는 사법상의 재산권과 비교될 만한 최소한의 재산권적 특성이 결여되어 있다는 점에서 재산권이라고 할 수 없고,[832] ② **기초연금 수급권**도 순수하게 사회 정책적 목적에서 주어지는 권리로서, 개인의 노력과 금전적 기여를 통하여 취득되는 재산권의 보호 대상에 포함된다고 보기 어렵다.[833]

III. 제한

1. 재산권의 제한과 사회 구속성 - 공공복리적합의무

헌법 제23조 제1항 제2문에 따르면 재산권의 내용과 한계는 법률로 정한다. 그리고 제2항에 따르면 재산권의 행사는 공공복리에 적합하도록 하여야 한다. 그런데 문제

---

827) 헌재 1994.6.30. 92헌가9, 군인연금법 제21조 제5항 위헌제청(한정위헌).
828) 헌재 1995.7.21. 94헌바27등, 공무원연금법 제64조 제1항 위헌소원(합헌); 1996.10.4. 96헌가6, (합헌, 각하); 1999.4.29. 97헌마333(기각).
829) 헌재 1995.7.21. 93헌가14, 국가유공자예우등에관한법률 제9조 본문 위헌제청(합헌).
830) 헌재 2000.6.29. 99헌마289(기각).
831) 기존의 국민의료보험법 시행령에서 규정되었던 적립금의 주된 목적은 보험자의 의료급여능력이 예기치 못한 갑작스런 급여의 증가로 인하여 위협받을 수 있기 때문에, 적정한 수준의 적립금의 조성을 통하여 보험자의 급여능력을 보장하고자 하는 것이다. 국민의료보험법을 폐지된 후 이를 계승한 현행 「국민건강보험법」 제38조에서 준비금이라는 이름으로 규정되어 있다.
832) 헌재 2000.6.29. 99헌마289, 국민건강보험법 제33조 제2항 등 위헌확인(기각).
833) 헌재 2009.9.24. 2007헌마1092(기각, 각하); 2012.2.23. 2009헌바47(합헌); 2018.8.30. 2017헌바197등, 기초연금법 제3조 제3항 제1호 등 위헌소원 등(합헌).

는 재산권의 내용과 한계 그리고 공공복리적합의무는 구별하기 곤란하다는 점에 있다. 제3항에 따르면 재산권에 대해서는 공용수용, 공용사용, 공용제한이 가능한데 이 경우에는 보상이 따라야 한다. 이는 앞의 재산권의 내용 및 한계, 그리고 공공복리적합의무와 구분된다. 다시 말하면 재산권의 내용·한계·사회구속성과 공용수용은 구분된다. 재산권의 내용과 한계 그리고 사회구속성은 재산권의 내용을 확정하는 것인데 반하여, 공용수용 등은 확정된 재산권의 내용을 전부 또는 부분적으로 박탈하는 것을 내용으로 하는 것이기 때문이다. 따라서 공용수용 등의 경우에는 보상이 따라야 하고 보상이 따르지 않는 경우는 위헌의 문제가 남는다. 이는 기본적으로 재산권의 존속을 보장하려는 관점이다(분리이론, Trennungstheorie).[834]

그러나 이러한 견해에 반하여 재산권의 내용·한계·사회구속성과 공용수용은 양적인 차이에 불과하므로 내용상의 경계를 벗어나면 보상이 따르는 공용수용으로 전환되게 된다는 이론이 있다(경계이론, Schwellentheorie). 따라서 이 견해에서는 경계를 벗어난 제한은 수용 유사 침해행위[835]로 본다.[836] 이는 기본적으로 재산권의 가치를 보장하려는 관점이다.

경자유전의 원칙, 소작 제도 금지, 농지의 임대차와 위탁 경영은 법률이 정하는 바에 한하여 인정된다고 규정한 헌법 제121조, 국토의 효율적이고 균형있는 이용·개발과 보전을 위한 제한과 의무 부과의 근거 규정인 제122조 등은 사회구속성을 구체화하고 있는 조항들이라고 할 수 있다. 헌법재판소는 재산권 행사의 사회적 의무성을 헌법에 명문화한 것은, 사유재산제도의 보장이 타인과 더불어 살아가야 하는 공동체 생활과의 조화와 균형을 흐트러뜨리지 않는 범위 내에서의 보장임을 천명한 것이라고 한다.[837]

헌법재판소의 결정에 따르면 법률에 의한 재산권의 제한이 헌법 제23조 제1항 및

---

834) 독일 연방헌법재판소(BVerfGE 58, 300 - 자갈채취판결)와 우리나라의 헌법재판소[예컨대 헌재 1998.12.24. 89헌마214등, 도시계획법 제21조에 대한 위헌소원(헌법불합치)]가 취하고 있는 이론이다.
835) 수용 유사 침해행위란 재산권 내지는 재산적 가치 있는 권리의 위법한 침해행위로서, 만일 적법했더라면 그 내용 및 효과에 있어 수용에 해당했을 것이고, 그것이 사실상 관계인에 특별한 희생을 부과하는 행위를 말한다.
836) 독일연방사법재판소와 우리나라의 대법원이 취하고 있는 이론이다.
837) 헌재 1993.7.29. 92헌바20, 민법 제245조 제1항에 대한 헌법소원(합헌); 1989.12.12. 88헌가13, 국토이용관리법 제31조의2 제1호 및 제21조의3의 위헌심판제청(합헌).

제2항에 근거한 재산권의 내용과 한계를 정한 것인지, 아니면 헌법 제23조 제3항에 근거한 재산권의 수용을 정한 것인지를 판단함에 있어서는 그 대상이 된 재산권 하나하나에 대한 제한의 효과를 개별적으로 분석할 것이 아니라, **전체적인 재산권 제한의 효과를 종합적이고 유기적으로 파악하여 그 제한의 성격을 이해하여야** 한다고 한다.[838]

이러한 기준에 따라서 "청중이나 관중으로부터 당해 공연에 대한 반대급부를 받지 아니하는 경우에는 상업용 음반 또는 상업적 목적으로 공표된 영상 저작물을 재생하여 공중에게 공연할 수 있다."고 규정하고 있는 「저작권법」 제29조 제2항에 대해, "이미 구체적으로 형성된 재산권을 공익을 위하여 개별적·구체적으로 박탈하거나 제한하는 것으로서 헌법 제23조 제3항의 수용·사용 또는 제한을 규정한 것임에도 정당한 보상에 관한 규정을 두지 아니하여 헌법 제23조 제3항에 위반된다."는 청구인들의 주장에 대해 헌법재판소는, 그 규율 목적에서 보면 저작재산권자 등의 재산권을 박탈·제한함에 본질이 있는 것이 아니라, 상업용 음반 등을 재생하는 공연에 관한 저작재산권자 등의 법적 지위를 장래를 향하여 형성하려는 것이고, 규율형식의 측면에서도, 저작재산권자 등의 특정한 재산권을 개별·구체적으로 박탈하거나 제한하려는 데 그 본질이 있는 것이 아니라, 일반·추상적으로 상업용 음반 등을 재생하는 공연에 관한 저작재산권자 등의 권리의 범위를 정하고 있는 것이라고 판시하고 있다.[839]

2. 제한의 허용 정도의 판단 기준

헌법재판소의 판례에 따르면 재산권의 제한의 허용 정도는 재산권 행사의 대상이 되는 객체가 기본권의 주체인 국민 개개인에 대하여 가지는 의미와, 다른 한편으로는 그것이 사회 전반에 대하여 가지는 의미가 어떠한가에 달려 있다. 즉, **재산권 행사의 대상이 되는 객체가 지닌 사회적인 연관성과 사회적 기능이 크면 클수록 입법자에 의한 보다 광범위한 제한이 정당화된다.** 다시 말하면, 특정 재산권의 이용이나 처분이 그 소유자 개인의 생활 영역에 머무르지 아니하고 일반국민 다수의 일상생활에 큰 영향을 미치는 경우에는 입법자가 공동체의 이익을 위하여 개인의 재산권을 규제하는 권한을 더욱 폭넓게 가진다는 것이다.[840]

---

838) 헌재 2003.8.21. 2000헌가11등; 2019.11.28. 2016헌마1115등, 저작권법 제29조 제2항 위헌확인 등 (기각).
839) 헌재 2019.11.28. 2016헌마1115등.

3. 토지 재산권의 특성과 제한

토지 재산권의 특징은 ① 토지는 연속된 공간이므로 이웃한 다른 토지의 이용과 서로 조화되어야 하는 제약이 따를 수밖에 없는 점, ② 토지는 생산이나 대체가 불가능하여 공급이 제한되어 있기 때문에 다른 재산권과는 달리 공동체의 이익이 강하게 관철되어야 한다는 점, ③ 따라서 토지 재산권에는 광범위한 입법 형성권이 인정된다는데 있다.[841]

토지 재산권에 광범위한 입법 형성권이 인정된다고 하더라도 토지 재산권에 대한 제한 입법의 위헌심사기준은 여전히 과잉금지원칙(비례의 원칙)이고, 제한 법률은 재산권의 본질적 내용인 사용·수익권과 처분권을 부인해서는 안 된다는 것이 헌법재판소의 입장이다.[842]

특히 최근에는 집값을 잡기 위한 정책으로 2018년부터 표준지공시지가와 표준주택가격, 개별주택가격 및 공동주택가격을 대폭 올리는 등 부동산 정책이 강화되고 있다. 표준지공시지가는 토지 시장에 지가 정보를 제공하고 일반적인 토지 거래의 지표가 되며, 국가·지방자치단체 등이 그 업무와 관련하여 지가를 산정하거나 감정평가업자가 개별적으로 토지를 감정평가하는 경우에 기준이 되고(부동산 가격 공시에 관한 법률 제9조), 표준주택가격은 국가·지방자치단체 등이 그 업무와 관련하여 개별주택가격을 산정하는 경우에 그 기준이 되며(부동산 가격공시에 관한 법률 제19조 제1항), 개별주택가격 및 공동주택가격은 국가·지방자치단체 등이 과세 등의 업무와 관련하여 주택의 가격을 산정하는 경우에 그 기준으로 활용될 수 있다(부동산 가격공시에 관한 법률 제19조 제2항). 따라서 부동산공시가격의 급격한 상승은 세 부담의 급격한 증가로 될 수 있으므로 비례성원칙을 위반하는 경우에는 재산권에 대한 위헌적 제한이 될 수 있음을 유의할 필요가 있다.

4. 공용수용

재산권의 제약 방법은 일반적으로 공용수용·공용사용·공용제한으로 구분할 수

---

840) 헌재 1998.12.24. 89헌마214등, 도시계획법 제21조에 대한 위헌소원(헌법불합치).
841) 헌재 1998.12.24. 89헌마214등.
842) 헌재 1998.12.24. 89헌마214등.

있다. 수용이란 소유권을 박탈하는 것이고, 사용은 소유권은 인정하고 사용권을 박탈하는 것이며, 제한은 소유권과 사용권 모두를 인정하되 일정한 사용을 제한하는 것을 말한다. 그 외 국·공유화도 재산권 제한의 한 유형으로 헌법은 예정하고 있다(제126조).

헌법 제23조와 헌법재판소의 결정에 따를 때 **공용수용의 요건**은 ① 국민의 재산권을 그 의사에 반하여 강제적으로라도 취득해야할 공익적 필요성이 있어야 하고, ② 법률에 의한 수용이어야 하며, ③ 정당한 보상을 지급하여야 한다는 것이다.[843] 여기서 흔히 논쟁이 되는 것이 공익적 필요성인데, 헌법재판소는 이를 공익성과 필요성으로 구분하여 다음과 같이 확인하고 있다.[844]

가. 공익성

① 공공의 이익에 도움이 되는 사업이라도 공익사업으로 실정법(예: 「공익사업을 위한 토지 등의 취득 및 보상에 관한 법률」)에 열거되어 있지 않은 사업은 공용수용이 허용될 수 없다. ② 공익사업의 범위는 국가의 목표 및 시대적 상황에 따라 달라질 수 있으며 입법 정책으로 결정될 문제다. ③ 공익사업으로 개별법이 규정하고 있더라도 공공성 판단은 사업 인정 단계에서 개별적·구체적으로 이루어져야 한다. ④ 공익성은 추상적인 공익 일반 또는 국가의 이익 이상의 중대한 공익을 요구하므로 기본권 일반의 제한 사유인 '공공복리'보다 좁게 보아야 한다. ⑤ 개별법의 입법 목적, 사업 내용, 사업이 입법 목적에 이바지하는 정도, 대중을 대상으로 하는 사업의 경우는 대중의 이용·접근가능성을 함께 고려하여 판단한다.

나. 필요성

① 의사에 반하여 강제적으로라도 취득해야 할 정도의 필요성이 인정되어야 한다. 필요성이 인정되기 위해서는 공용수용을 통하여 달성하려는 공익과 그로 인하여 재산권을 침해당하는 사인의 이익 사이의 형량에서 사인의 재산권 침해를 정당화할 정도의 공익의 우월성이 인정되어야 한다.[845] ② 사업 시행자가 사인인 경우에는 특히 사업

---

843) 확립된 판례: 헌재 1995.2.23. 92헌바14(합헌); 2000.4.27. 99헌바58(합헌); 2011.4.28. 2010헌바114등(합헌) 참조.
844) 헌재 2014.10.30. 2011헌바172등, 지역균형개발 및 지방중소기업 육성에 관한 법률 제18조 제1항 등 위헌소원(헌법불합치).
845) 이는 과잉금지원칙의 좁은 의미의 비례성(법익의 균형성)과 혼동하고 있는 것으로 보인다.

시행으로 획득될 수 있는 공익이 현저히 해태되지 않도록 보장하는 제도적 규율도 갖추어져 있어야 한다.

다. 정당한 보상

공공필요에 의한 재산권의 수용·사용 또는 제한에 따른 보상은 법률로써 하되 정당한 보상을 지급하는 내용을 규정하여야 한다(제23조 제3항). 독일 기본법 제14조 제3항 제2문은 "보상의 종류와 범위를 규정하는 법률 또는 법률에 근거하여서만 수용이 허용된다."고 규정하고 있는데 이때의 보상조항을 부대조항 또는 연계조항(Junktim Klausel)이라고 한다. 이하의 손실보상 규정은 바로 부대조항을 의미한다.

1) 손실보상 규정이 없는 경우

헌법 제23조 제3항의 명시적인 규정에도 불구하고 공용수용 등을 하면서도 재산권의 손실을 보상하는 규정이 없는 경우가 있을 수 있다. 이 경우 그 법적 평가에 대해서는 다양한 학설이 대립하고 있다. 그로 인한 손실은 수인하여야 한다는 견해(방침규정설)가 있는 반면에, 제23조 제3항에 의거 직접 보상을 청구할 수 있다는 견해(직접효력설),[846] 당해 법률은 위헌·무효이고 법률상 근거 없는 재산권침해로서 손해배상청구가 가능하다는 견해가 있다(위헌무효설).[847] 그러나 보상 규정이 없는 규정을 적용한 공무원의 위법성은 인정될 수 있지만 그 과실 인정에 있어서는 인정하기가 어려운 점이 있다. 왜냐하면 공무원은 성실하게 법률을 집행하였을 것이지만 법률의 규정의 미비로 발생된 위법 상태이기 때문이다. 그 외 헌법 제23조 제1항(재산권 보장), 제11조, 제23조 제3항 및 관계 규정의 유추적용을 통하여 보상을 청구할 수 있다는 견해(유추적용설 또는 수용유사침해설)[848]가 있다. 법률에 대한 위헌심판제도가 갖추어져 있는 우리로서는 위헌무효설의 입장이 타당한 것으로 보인다.

헌법재판소는 손실보상 규정을 두지 않은 것이 입법의무 위반으로 판단될 경우에 위헌으로 판단하고 있다. 그리하여 ① 군정 법령이 폐지됨으로써 군정 법령에 근거한 수용에 대하여 보상에 관한 법률을 제정하여야 하는 입법자의 헌법상 명시된 입법의무가 발생하였음에도 불구하고 군정 법령이 폐지된 지 30년이 지나도록 입법자가 전혀

---

846) 김철수, 헌법학신론, 2013, 759쪽; 김동희, 행정법 I, 박영사, 1994, 429쪽 이하.
847) 전광석, 한국헌법론, 2019, 428쪽.
848) 홍정선, 행정법특강, 2009, 546쪽.

아무런 입법 조치를 취하지 않고 있는 것은 입법 재량의 한계를 넘는 입법의무 불이행으로서 보상청구권이 확정된 자의 헌법상 보장된 재산권을 침해하여 위헌이라고 하였고,[849] ② 종래의 지목과 토지 현황에 의한 이용 방법에 따라 토지를 사용할 수 없거나 실질적으로 사용·수익을 전혀 할 수 없는 예외적인 경우에도 아무런 보상 없이 이를 감수하도록 하고 있는 한, 비례의 원칙에 위반되어 당해 토지 소유자의 재산권을 과도하게 침해하는 것으로서 헌법에 위반된다고 판시한 바 있다.[850]

2) 보상액의 기준

헌법 제23조 제3항에는 손실보상액의 기준을 정당한 보상이라고 하고 있다. 정당한 보상의 의미가 무엇인가에 관해서는 완전 보상설과 상당 보상설이 대립한다. 완전보상설은 시가·거래가에 의한 객관적 가치의 보상을 말하는 것으로서 발생한 손실 전부를 보상하여야 한다는 것을 의미한다. 상당보상설[851]은 사회 통념상 객관적으로 공정·타당하면 된다는 견해다. 상당보상설에 따르면 완전보상이 원칙이나 그 이하의 보상도 가능하게 된다. 이에도 작은 재산은 완전 보상, 큰 재산은 그 이하 보상도 가능하다는 설(큰 또는 작은이라는 기준이 불명하다는 비판이 있음)과 일정 재산권에 대한 사회적 평가가 변화되어 그 권리 관계의 변혁을 목적으로 하는 재산권의 침해에 대하여는 상당 보상으로 충분하다는 설이 있다. 헌법재판소는 **완전보상설**에 입각해 있다.[852]

토지의 수용과 관련하여 「토지수용법」과 「공공용지의취득및손실보상에관한특례법」이 2002.2.4. 폐지되고, 같은 날 「공익사업을 위한 토지 등의 취득 및 보상에 관한 법률」이 제정되어 2003.1.1.부터 시행되고 있다.

Ⅳ. 제한의 정당화

1. 위헌심사기준과 입법 재량

헌법재판소의 판례에 따르면 재산권의 행사가 사회적 연관성과 사회적 기능을 가지면 가질수록 입법자는 보다 광범위한 제한을 가할 수 있고 그러한 조치가 정당화된

---

849) 헌재 1994.12.29. 89헌마2, 조선철도(주)주식의 보상금 청구에 관한 헌법소원[인용-(위헌확인)].
850) 헌재 1998.12.24. 89헌마214, 도시계획법 제21조의 위헌여부에 관한 헌법소원(헌법불합치).
851) 김철수, 헌법학신론, 2013, 763쪽; 홍정선, 행정법특강, 2009, 547쪽.
852) 헌재 1993.7.29. 92헌바20, 민법 제245조 제1항에 대한 헌법소원(합헌).

다. 즉, 재산권의 이용과 처분이 소유자의 개인적 영역에 머무르지 아니하고 국민 일반의 자유 행사에 큰 영향을 미치거나 문제되는 재산권에 의존하는 경우에는 입법자가 공동체의 이익을 위하여 개인의 재산권을 제한하는 규율 권한은 더욱 넓어진다.[853]

2. 합리성 심사

기본권 형성적 법률유보의 경우에 어떠한 내용으로 구체화할 것인가는 입법자에게 입법 형성의 자유가 부여되어 있고, 다만 그것이 재량의 범위를 넘어 명백히 불합리한 경우에는 위헌이 된다고 하는 것이 헌법재판소의 결정이다.[854] 따라서 예컨대 ① 상속세 및 증여세의 부과와 관련하여 재산의 가액을 어떻게 평가할 것인가에 관한 문제는 입법자의 입법 형성 재량에 기초한 정책적 판단에 맡겨져 있기 때문에 기본 원칙, 기본권 제한의 입법 한계, 그리고 당해 법률의 입법 목적 등에 비추어 자의적이거나 임의적이 아닌 합리적 범위 내의 것이라면 이를 위헌이라고 할 수 없다고 한다.[855] 또한 ② 부당이득반환청구권 등 채권은 이를 행사할 수 있는 때로부터 10년간 행사하지 않으면 소멸시효가 완성된다고 규정한 「민법」 제162조 제1항, 제166조 제1항이 재산권을 침해하는지 여부를 검토함에 있어서도 「민법」상 소멸시효 조항의 위헌 판단은 그것이 현저히 자의적이어서 입법형성의 한계를 벗어난 것인지 여부에 따라 판단하고 있다.[856] ③ 집합건물 구분소유자의 하자담보청구권 행사기간을 제척기간으로 할 것인지, 소멸시효로 할 것인지, 행사기간의 기산점과 그 기간을 어느 정도로 할 것인지의 문제는 원칙적으로 입법자의 재량사항에 속한다. 그러나 이도 완전한 재량은 아니고 행사기간의 기산점을 불합리하게 정하였다거나 행사기간이 지나치게 단기간이어서 그 권리행사를 현저히 곤란하게 하거나 사실상 불가능하게 하면 재산권의 본질을 침해하는 것으로 허용될 수 없다.[857]

---

853) 헌재 2008.4.24. 2005헌바43, 국토의계획및이용에관한법률 제77조 제1항 제3호 등 위헌소원(제78조 제1항 제3호, 부칙 제19조)(합헌).

854) 헌재 2003.9.25. 2002헌마533, 형법 제9조 위헌확인 등(기각).

855) 헌재 2016.2.25. 2014헌바363, 상속세 및 증여세법 제63조 제1항 제1호 가목 및 나목 위헌소원(합헌); 2010.10.28. 2008헌바140.

856) 헌재 2020.12.23. 2019헌바129, 민법 제162조 제1항 등 위헌소원(합헌, 각하) – 부당이득반환청구권 등 채권 소멸시효 사건. 헌재 2005.5.26. 2004헌바90, 민법 제766조 제1항 위헌소원(합헌)도 참조.

857) 헌재 2022.10.27. 2020헌바368, 집합건물 하자담보청구권 제척기간 사건(합헌). 이 결정에서는 집

3. 과잉금지원칙

합리성 심사를 하는 예외적인 경우를 제외하면 일반적으로는 재산권 제한이 위헌
인지 여부를 판단함에 있어서 헌법재판소는 비례성 심사를 한다. 재산권에 대한 제한
이 사회구속성의 범위를 넘어 특별한 희생으로 볼 수 있는 경우에는 정당한 보상 등
과잉금지원칙에 부합하는 요건을 갖추지 않으면 위헌이 된다.[858]

> **NOTE** **위헌 결정 사례(재산권, 과잉금지심사)**
>
> 선출직 공무원으로서 받게 되는 보수가 기존의 연금에 미치지 못하는 경우에도 연금 전액
> 의 지급을 정지하도록 정한 구 「공무원연금법」 조항[859]

> **NOTE** **합헌 결정 사례(재산권, 과잉금지심사)**
>
> ① 범인이 아닌 사람이 불법인 사정을 알면서도 취득한 불법 재산을 추징할 수 있도록 규
> 정한 「공무원 범죄에 관한 몰수특례법」 제9조의2가 재산권을 침해하는지 여부[860]에 대해
> 헌법재판소는 특정 공무원 범죄로 얻은 불법 재산의 철저한 환수를 통해 국가 형벌권 실현
> 을 보장하고 공직 사회의 부정부패 요인을 근원적으로 제거하고자 하는 해당 조항의 입법
> 목적은 우리 사회에서 매우 중대한 의미를 가진다고 보면서 이 조항으로 제3자는 그 정황
> 을 알고 취득한 불법 재산 등에 대해 집행을 받게 되는데, 그 범위는 범죄와 연관된 부분
> 으로 한정되고, 사후적으로 집행과 관련해 법원 판단도 받을 수 있으며, 이 조항으로 인하
> 여 제3자가 받는 불이익이 공익보다 중대하다고 볼 수 없으므로 재산권을 침해하는 것은
> 아니라고 판단하였다.[861]

합건물 공용부분에 발생한 일부 하자에 대하여 구분소유자의 하자담보청구권 제척기간을 사용검
사일 등부터 5년 이하로 제한한 「집합건물의 소유 및 관리에 관한 법률」 제9조의2 제1항 제2호
에 대해 합헌 결정을 하고 있다.

858) 헌재 2015.11.26. 2013헌바415, 도시 및 주거환경정비법 제49조 제6항 위헌소원(합헌); 2019.
11.28. 2016헌마1115등, 저작권법 제29조 제2항 위헌확인 등(기각). 이 결정에서는 따라서 심판
대상조항이 상업용 음반 등을 재생하는 공연에 관한 저작재산권자 등의 재산권을 제한하는 것이
사회적 제약의 한도를 넘는 것인지, 수인의 한계를 넘는 가혹한 부담이 발생하는 경우라면 이를
조정·완화하기 위한 보상규정을 두고 있어 비례의 원칙에 부합한 제한이 되는 것인지 문제된다
고 한다.

859) 헌재 2022.1.27. 2019헌바161, 구 공무원연금법 제47조 제1항 제2호 등 위헌소원(구법 조항 적용
중지, 현행법 조항 2023.6.30.까지 계속적용 헌법불합치).

860) 전두환 추징법이라고 불리는 조항으로서 전 전대통령의 추징금환수를 위해 2013년 7월 신설된
조항이다.

861) 헌재 2020.2.27. 2015헌가4, 공무원범죄에 관한 몰수 특례법 제9조의2 위헌제청(합헌, 3인의 반대
의견 있음). 반대의견의 논지는 범죄의 정황을 모르는 제3자는 추징을 당할 경우가 아닌데도 검

② 상속순위를 정하고 있는 민법 제1000조 제1항은 피상속인의 직계비속, 직계존속, 형제자매, 4촌이내 방계혈족 순으로 하고 있다. 그런데 피상속인에 대한 구상금 청구 소송에서 상속 순위 3순위까지가 상속을 포기하거나 사망했다. 이에 원고는 법원에 후순위 상속인인 4촌 형제 등 9명을 채무 상속자로 변경해 달라고 신청했다. 이에 대해 법원은 「민법」 제1000조 제1항 제4호 등은 사실상 피상속인의 재산보다 빚이 많은 경우에만 상속인이 되도록 강제하므로 평등원칙에 위배되고, 일률적으로 4촌 이내의 방계혈족을 상속인에 포함시키는 것은 재산권 등을 침해한다고 보아 위헌제청신청을 한 사건에서 헌법재판소는 상속인이 없는 재산은 국가에 귀속되므로 4촌 이내의 혈족을 상속인에 포함시키는 것은 상속에 대한 국가의 개입을 최소화하기 위한 것이고, 「민법」 제1019조 내지 제1021조에서 상속인의 구체적 상황에 따라 상속 포기 등 고려 기간을 달리하거나 특별한정승인을 할 수 있도록 규정함으로써 상속인의 선택권을 보장하고 불측의 부담이 부과되는 것을 막는 법적 장치도 마련하고 있으므로 이 규정은 피상속인의 4촌 이내의 방계혈족의 재산권 및 사적 자치권을 침해하지 않는다고 결정하였다.[862]

③ 회원제 골프장의 재산세를 1000분의 40으로 중과하는 구 「지방세법」 조항[863]

④ 공무원이 감봉처분을 받은 경우 12월간 승급을 제한하는 「국가공무원법」 제80조 제6항 중 '승급'에 관한 부분 및 공무원보수규정 제14조 제1항 제2호 나목, 정근수당을 지급하지 않는 '공무원수당 등에 관한 규정' 제7조 제2항 중 '감봉처분을 받은 공무원'에 관한 부분[864]

⑤ 「민법」에 따라 등기를 하지 아니한 경우라도 부동산을 사실상 취득한 경우 그 취득물건의 소유자 또는 양수인을 취득자로 보도록 한 구 「지방세법」 제7조 제2항 본문 중 '부동산의 사실상 취득'에 관한 부분은, 양수인이 등기를 마치지 아니한 모든 경우가 아니라 사회통념상 대금의 거의 전부가 지급되었다고 볼 수 있는 경우에만 취득세를 부과하므로, 과잉금지원칙에 반하여 재산권을 침해한다고 볼 수 없다.[865]

⑥ 면세유류 관리기관인 수산업협동조합(이하 '수협'이라 한다)이 관리 부실로 인하여 면세유류 구입카드 또는 출고지시서를 잘못 교부·발급한 경우 해당 석유류에 대한 부가가치세 등 감면세액의 100분의 20에 해당하는 금액을 가산세로 징수하도록 규정한 구 「조세특례제한법」 제106조의2 제11항 제2호 중 각 '면세유류 관리기관인 조합' 가운데 '수산업협동조합법에 따른 조합'에 관한 부분이 과잉금지원칙에 반하여 면세유류 관리기관인 수협의 재산권을 침해하는 것은 아니다.[866]

사가 요건을 갖췄다고 자의적으로 판단해 추징집행을 한 경우에는 예측할 수 없는 피해를 입는 선의의 제3자가 생길 수 있기 때문에 적법절차에 위배된다는 것이었다.

862) 헌재 2020.2.27. 2018헌가11, 민법 제1000조 제1항 제4호 위헌제청(합헌).
863) 헌재 2020.3.26. 2016헌가17등, 지방세법 제111조 제1항 제1호 다목 2) 등 위헌제청(합헌).
864) 헌재 2022.3.31. 2020헌마211, 국가공무원법 제80조 제6항 등 위헌확인(기각, 각하).
865) 헌재 2022.3.31. 2019헌바107, 지방세법 제7조 제2항 위헌소원(합헌).
866) 헌재 2021.7.5. 2018헌바338등, 조세특례제한법 제106조의2 제11항 제2호 위헌소원(합헌). 의무위반의 경중을 고려하지 아니하여 과잉금지원칙을 위반하여 재산권을 침해한다는 1인 재판관의

⑦ 전자세금계산서를 발급하여야 할 의무가 있는 자가 전자세금계산서를 발급하지 아니하고 세금계산서의 발급시기에 전자세금계산서 외의 세금계산서를 발급한 경우에는 그 공급가액의 1퍼센트를 곱한 금액을 납부세액에 더하거나 환급세액에서 빼도록 한 구 부가가치세법 제60조 제2항 제2호 단서는 과잉금지원칙을 위배하여 재산권을 침해한다고 할 수 없다.[867]

⑧ 부당이득반환청구권 등 채권은 이를 행사할 수 있는 때로부터 10년간 행사하지 않으면 소멸시효가 완성된다고 규정한 「민법」 제162조 제1항, 제166조 제1항[868]

⑨ 공유물을 현물로 분할할 수 없거나 분할로 인하여 현저히 가액이 감손될 염려가 있는 때에는 법원은 물건의 경매를 명할 수 있다고 규정하고 있는 「민법」 조항[869]

⑩ 임차인이 3기의 차임액에 해당하는 금액에 이르도록 차임을 연체한 사실이 있는 경우 임대인의 권리금 회수기회 보호의무가 발생하지 않는 것으로 규정한 「상가건물 임대차보호법」 제10조의4 제1항 단서 중 제10조 제1항 단서 제1호에 관한 부분[870]

4. 본질적 내용 침해금지원칙

제한으로 인하여 사유재산권이 유명무실해지고 사유재산제도가 형해화되어 헌법이 재산권을 보장하는 궁극적인 목적을 달성할 수 없게 되는 지경에 이른 경우는 본질적 내용의 침해로 본다.[871]

공용수용을 통하여 재산권자는 소유권의 포기를 강요당하게 된다. 이것이 재산권의 본질적 내용 침해금지원칙에 위배되는 것은 아닌지가 문제될 수 있다. 헌법 제37조 제2항의 기본권의 본질적 내용 침해금지 조항은 법률로 기본권을 제한하는 경우의 한계 조항이다. 그런데 공용수용에 의한 소유권의 포기 강요는 헌법에 의해서 규정된 것이므로 규범조화적으로 해석하면 본질적 내용 침해금지원칙의 위배로 볼 수는 없다.

5. 재산권 보장과 소급입법금지 및 신뢰보호의 원칙

재산권은 소급입법에 의하여 박탈당하지 아니한다(제13조 제2항). 이 규정의 의의에

반대의견이 있다.

867) 헌재 2020.12.23. 2018헌바439, 부가가치세법 제60조 제2항 제2호 단서 위헌소원(합헌) - 전자세금계산서 발급 관련 가산세 사건.
868) 헌재 2020.12.23. 2019헌바129, 민법 제162조 제1항 등 위헌소원(합헌, 각하) - 부당이득반환청구권 등 채권 소멸시효 사건.
869) 헌재 2022.7.21. 2020헌바205, 민법 제269조 제2항 위헌소원(합헌) - 공유물분할청구사건.
870) 헌재 2023.6.29. 2021헌바264, 상가건물 임대차보호법 제10조의4 제1항 단서 등 위헌소원(합헌).
871) 헌재 1989.12.22. 88헌가13, 국토이용관리법 제31조의2 제1호 및 제21조의3의 위헌심판(합헌).

대해서 헌법재판소는 "만일 소급입법에 의하여 사유재산권이 부인된다거나 이미 형성된 재산권이 상실된다면 헌법상의 자유민주주의적 경제 질서에 반하게 되고 사소유권을 근간으로 한 재산권의 본질이 근본적으로 훼손될 소지가 있으므로, 우리 헌법은 소급입법에 의한 재산권박탈을 명시적으로 금지하고 있는 것"이라고 하였다.[872]

그런데 소급입법에는 진정소급입법과 부진정소급입법이 있다. 제13조 제2항의 소급입법은 진정소급입법을 의미한다. 따라서 부진정소급입법은 헌법 제13조 제2항의 소급입법이 아니다.[873] 부진정소급입법의 경우에는 신뢰보호원칙의 준수가 문제될 뿐이다.

예컨대 임차인의 계약갱신요구권 행사 기간을 10년으로 규정한 「상가건물 임대차보호법」의 개정법조항을 개정법 시행 후 '갱신'되는 임대차에 대하여도 적용하도록 규정한 같은 법 부칙이 소급입법금지원칙에 위배되어 임대인의 재산권을 침해한다고 주장된 사건에서, 개정법조항은 기간만료 등으로 종료되는 경우에는 제외하고 '갱신'될 수 있는 경우에만 적용되므로 이 부칙조항은 진행과정에 있는 사안을 규율대상으로 하는 부진정소급입법에 해당한다. 따라서 소급입법에 의한 재산권침해가 문제될 여지는 없고, 신뢰보호원칙의 위배여부만이 문제가 된다. 헌법재판소는 이 사건에서 「상가건물 임대차보호법」 규정을 살펴보면 임대인에게만 일방적으로 가혹한 부담을 준다고 보기 어렵다는 점에서 임대인의 신뢰가 침해되는 정도가 중대하다고 보기 어렵고, 임차인의 안정적인 영업을 보호하고 임차인이 투입한 비용을 회수할 수 있는 기회를 부여한다는 공익은 앞서 살펴본 임대인들의 기대 내지 신뢰에 비하여 더 긴급하고도 중대한 공익에 해당한다는 점에서 신회보호원칙에 위배되어 청구인들의 재산권을 침해한다고 볼 수 없다고 하였다.[874]

진정소급입법이라고 하더라도 허용이 불가능한 것은 아니다. 진정소급입법이라도 "일반적으로 국민이 소급입법을 예상할 수 있었거나 법적 상태가 불확실하고 혼란스러워 보호할 만한 신뢰 이익이 적은 경우와 소급입법에 의한 당사자의 손실이 없거나 아주 경미한 경우 그리고 신뢰 보호의 요청에 우선하는 심히 중대한 공익상의 사유가 소

---

872) 헌재 2001.5.31. 99헌가18등, 부동산실권리자명의등기에관한법률 제10조 제1항 위헌제청 등(헌법불합치).
873) 헌재 1999.4.29. 94헌바37등, 택지소유상한에관한법률 제2조 제1호 나목 등 위헌소원(위헌).
874) 헌재 2021.10.28. 2019헌마106등, 상가건물 임대차보호법부칙 제2조 위헌확인(기각) – 상가임대차 계약갱신요구권 행사기간 연장 사건. 이 결정에는 신뢰보호원칙을 위배한다는 1인 재판관의 반대의견이 있다.

급입법을 정당화하는 경우 등에는 예외적으로 허용된다."875)

 Q 1945.8.9.을 기준으로 하여 일본인 소유의 재산에 대한 거래를 전부 무효로 하고 있는 재조선미육군사령부군정청 법령 제2호(1945.9.25. 공포) 제4조 본문과 이 무효조항의 적용대상이 되는 일본인 재산을 1945.9.25.로 소급하여 미군정청의 소유가 되도록 하고 있는 같은 법령 제33호(1945.12.6. 공포) 제2조 전단 중 '일본 국민'에 관한 부분은 진정소급입법으로서의 성격을 가진다. 이 조항들이 헌법 제13조 제2항에 위반되는지 여부를 검토하시오.

A 이에 대하여 헌법재판소는 1945.8.9.은 나가사키에 제2차 원자폭탄을 투하하여 일본의 패망이 기정사실화된 시점으로, 그 이후 남한 내에 미군정이 수립되고 일본인의 사유재산에 대한 동결 및 귀속조치가 이루어지기까지 법적 상태는 매우 불확실하고 혼란스러웠으므로 1945.8.9. 이후 조선에 남아 있던 일본인들이 일본의 패망과 미군정의 수립에도 불구하고 그들이 한반도 내에서 소유하거나 관리하던 재산을 자유롭게 거래하거나 처분할 수 있다고 신뢰하였다 하더라도 그러한 신뢰가 헌법적으로 보호할 만한 가치가 있는 신뢰라고 보기 어려운 반면, 일본인들이 불법적인 한일병합조약을 통하여 조선 내에서 축적한 재산을 1945.8.9. 상태 그대로 일괄 동결시키고 그 산일과 훼손을 방지하여 향후 수립될 대한민국에 이양한다는 공익은, 한반도 내의 사유재산을 자유롭게 처분하고 일본 본토로 철수하고자 하였던 일본인이나, 일본의 패망 직후 일본인으로부터 재산을 매수한 한국인들에 대한 신뢰보호의 요청보다 훨씬 더 중대하다고 보아서 이는 소급입법금지원칙에 대한 예외로서 헌법 제13조 제2항에 위반되지 아니하는 것으로 보았다.876)

---

875) 헌재 1999.7.22. 97헌바76등, 구 수산업법 제2조 제7호 등 위헌소원, 공유수면매립법 제6조 제2호 등 위헌소원(합헌, 각하); 2021.1.28. 2018헌바88, 재조선미국육군사령부군정청 법령 제2호 제4조 등 위헌소원(합헌).
876) 헌재 2021.1.28. 2018헌바88.

제4절

생존권

생존권은 사회적 기본권이라고도 한다. 고전적인 기본권은 대부분 자유권 중심이었는데, 최저 생활조차 영위할 수 없는 경제적 약자에 있어서는 생존을 위협받는 가운데 자유권의 보장이란 것은 공허한 것이라는 인식하에 20세기에 들어서 생존권이 헌법에 규정되게 되었다. 대한민국헌법에서도 제34조 제1항에서 인간다운 생활을 할 권리를 보장하는 등 다양한 생존권을 보장하고 있다.

그런데 자유권은 방어권으로서의 효력을 가지는 것이고 자유권에 근거하여 급부를 요구할 수 있는 효력이 나오지는 않는다. 그러나 예외적으로 기본권에 따라서는 양 성격을 동시에 가지는 것으로 볼 수밖에 없는 경우들이 존재할 수 있다. 우선은 헌법의 명문 규정이 그렇게 정하는 경우에 그러하고, 그렇지 않은 경우라도 합리적으로 볼 때 해석상 그렇게 보는 것이 타당한 경우들도 존재할 수 있다. 예컨대 헌법재판소는 근로의 권리는 사회적 기본권과 자유권적 기본권의 성격을 동시에 갖는 것으로 보고 있는 것을 예로 들 수 있다.[1]

생존권이 현실적으로 보장되기 위해서는 국가의 재정적 뒷받침이 없으면 안 된다. 그래서 생존권이 단순한 방침규정에 불과한 것인지 아니면 권리로서 성격을 갖는 것인지에 대하여 논쟁이 있다.

헌법재판소는 생존권적 기본권에서는 **최소한의 물질적인 생활의 유지에 필요한 급부를 요구할 수 있는 구체적인 권리가 상황에 따라서는 직접 도출될 수 있다고 할 수는 있어도, 그 이상의 급부를 내용으로 하는 구체적인 권리를 발생케 한다고는 볼 수 없다**는 판시를 한 바 있

---

1) 헌재 2007.8.30. 2004헌마670, 산업기술연수생 도입기준 완화결정 등 위헌확인(위헌, 각하). 이러한 기본권을 총합적 기본권이라고 부르는 견해도 있다(권영성, 헌법학원론, 2009, 311-312쪽 참조).

다. 그 이상의 급부를 내용으로 하는 권리는 국가가 재정 형편 등 여러 가지 상황들을
종합적으로 감안하여 법률을 통하여 구체화할 때에 비로소 인정되는 법률적 차원의 권
리라고 한다.[2] 이 판결은 매우 양보적으로 기술되어 있지만 물질적 최저한도에 대해서
는 생존권도 권리로서의 성격을 가질 수 있음을 인정한 것으로 보인다.[3] 그러나 그 후
의 결정에서는 "생존권적 기본권과 관련된 입법을 하는 경우에는 국가의 재정부담능
력, 전체적인 사회보장수준과 국민감정 등 사회정책적인 고려, 제도의 장기적인 지속을
전제로 하는 데서 오는 제도의 비탄력성과 같은 사회보장제도의 특성 등 여러 가지 요
소를 감안하여야 하므로 **입법자에게 광범위한 형성의 자유가 인정**되고, 따라서 헌법상의
사회보장권은 그에 관한 수급요건, 수급자의 범위, 수급액 등 구체적인 사항이 **법률에
규정됨으로써 비로소 구체적인 법적 권리로** 형성된다고 보아야 한다고 판시하였다."라고
확인함으로써 생존권의 법적 성격을 보다 명확히 하고 있다.[4]

　　이러한 판례로 볼 때 헌법재판소는 생존권은 헌법규정 자체로는 기본권으로 인정
하기 어렵다는 입장인 것으로 보인다. 또 헌법재판소는 생존권은 국민에 대해서만 인
정되는 것으로 보고 있다.[5]

---

2) 헌재 1995.7.21. 93헌가14, 국가유공자예우등에관한법률 제9조 본문 위헌제청(합헌).
3) 기본권을 구체적 권리와 추상적 권리 그리고 프로그램으로 분류하는 기존의 학설에 따르면 이를
　구체적 권리라고 할 수 있을 것이다. 그러나 기본권은 헌법상 보장된 권리이기 때문에 기본권으로
　서 인정되면 모두 구체적 권리라고 보아야지 이를 추상적 기본권 또는 프로그램적 기본권으로 보
　는 것은 곤란하다. 독일 연방헌법재판소의 판결도 같은 견해다. "존엄한 인간으로서 존재하기 위
　한 최소한의 보장이라는 기본권은 기본법 제20조 제1항과 관련하여 기본법 제1조 제1항으로부터
　나온다. 기본법 제1조 제1항은 이 청구권의 근거이다. 기본법 제20조 제1항의 사회국가원칙은 모
　든 사람에게 존엄한 인간으로서 존재하기 위한 최소한을 보장해줄 것을 입법자에게 임무를 부여
　하고 있다."(BVerfGE 125, 175, 222).
4) 헌재 2005.7.21. 2004헌바2, 구 산업재해보상보험법 제10조 제2호 위헌소원(합헌). 이 결정에서는
　이러한 취지의 선례들(헌재 1995.7.21. 93헌가14; 1999.12.23. 98헌바33; 2000.6.1. 98헌마216)을
　인용하고 있다.
5) 헌재 2007.8.30. 2004헌마670, 산업기술연수생 도입기준 완화결정 등 위헌확인(위헌, 각하) 등 다
　수의 결정 참조.

제1항 인간다운 생활을 할 권리

Ⅰ. 서론

인간다운 생활을 할 권리는 1919년 독일 바이마르헌법에서 최초로 보장되기 시작하였다. 대한민국헌법은 제34조에서 인간다운 생활을 할 권리를 보장하고 있다.

헌법이 인간다운 생활을 할 권리를 기본권으로 보장하는 한 인간다운 생활을 할 권리는 단순한 방침규정으로만 보아서는 안 되고 구체적인 권리라고 보아야 한다. 기본권이론의 사명은 헌법이 보장하는 인간다운 생활을 할 권리의 내용을 천착하는 것이다. 인간다운 생활을 할 권리도 기본권으로서 보장하고 있는 한 그 본질적 내용은 입법으로 구현되어야 하고 그러한 범위 안에서는 인간다운 생활을 할 권리를 실현하는 입법이 갖추어져 있지 않을 경우에는 그러한 입법부작위는 위헌이 된다. 이는 위헌 여부를 따지는 헌법재판의 경우에 의미를 가진다.

헌법 제34조는 기본권인 생존권으로서 인간다운 생활을 권리의 보장내용을 넘어서는 부분에 대해서도 적지 않은 헌법적 의미를 가진다. 즉, 그에 관해서도 헌법의 기본원리인 사회국가원리의 구체화로서 여전히 의미를 가지면서 입법의 방향성을 제시하고 있는 것이다. 이러한 내용의 인간다운 생활을 할 권리는 각종 사회국가적 정책을 수립하고 입안하는 집행권을 포함하여 특히 입법자인 국회에 대하여 의미를 가진다.

Ⅱ. 보장내용

1. 인적 보장내용

가. 기본권 주체

헌법 규정에 따르면 인간다운 생활을 할 권리의 주체는 원칙적으로 국민이다.[6] 헌법재판소의 판례도 이와 같다.[7] 그러나 생존권을 물질적 최저한도의 보장으로 보는 입장에서는 외국인도 주체가 된다고 본다.

---

6) 성낙인, 헌법학, 법문사, 2019, 1340쪽 참조.
7) 헌재 2007.8.30. 2004헌마670.

나. 의무 주체

기본권으로서 인간다운 생활을 할 권리의 의무 주체는 기본적으로 국가다. 지방자치단체, 공법인 등은 법률의 위임에 의해 인간다운 생활을 할 권리의 이행 주체가 될 수는 있으나 이를 헌법상의 의무 주체라고 할 수는 없다.

2. 물적 보장내용

헌법 제34조는 인간다운 생활을 할 권리와 더불어 국가의 사회보장·사회복지 증진 의무, 여자의 복지와 권익 향상, 노인과 청소년 복지 향상, 생활 무능력자의 보호, 국가의 재해 예방 의무 등을 규정하고 있다.

인간다운 생활을 할 권리의 내용으로는 ① 사회보장을 받을 권리, ② 생활보호를 받을 권리, ③ 재해와 위험으로부터 보호받을 권리 등이 있다. 이러한 내용의 권리는 헌법상 권리인 생존권이고 재산권이 아니라는 점을 주의하여야 한다.

가. 사회보장을 받을 권리

생존권으로서 사회보장을 받을 권리(사회보장수급권)에는 의료보험, 실업보험 등 사회보험제도와 사회구호 시설의 혜택을 받을 권리가 포함된다.[8]

그런데 사회보험연금을 획득하게 되는 사회보험연금수급권과 관련하여서는 특히 그 법적 성격이 문제된다. 헌법재판소는 **사회보험연금수급권은 사회적 기본권인 사회보장수급권과 재산권의 성격을 동시에 가지고 있는 것으로** 보고 있다. 예컨대 산업재해로 인한 장애급여제도는 본질적으로 소득재분배제도가 아니고 손해배상 내지 손실보상적 급부인 점에 본질이 있으므로, 사회보장적 급부로서의 성격은 상대적으로 약하고 재산권적인 보호의 필요성은 보다 강하다고 볼 수 있어 다른 사회보험수급권보다 엄격한 보호가 필요하다고 헌법재판소는 보고 있다.[9] 그리고 사회보험연금수급권에 사회적 기본권(생존권)으로서의 성격 외에도 재산권으로서의 성격을 인정할 것인지, 인정할 경우에는 어

---

8) 「사회보장기본법」에 따르면 사회보장이란 출산, 양육, 실업, 노령, 장애, 질병, 빈곤, 사망 등의 사회적 위험으로부터 모든 국민을 보호하고 국민 삶의 질을 향상시키는 데 필요한 소득·서비스를 보장하는 사회보험, 공공부조, 사회서비스를 말하고(사회보장기본법 제3조 제1호), 그 중에 사회보험이란 "국민에게 발생하는 사회적 위험을 보험의 방식으로 대처함으로써 국민의 건강과 소득을 보장하는 제도"라고 정의하고 있다(사회보험법 제3조 제2호). 국민연금, 국민건강보험, 산업재해보상보험, 고용보험, 노인장기요양보험을 5대 사회보험이라고 한다.
9) 헌재 2009.5.28. 2005헌바20등, 산업재해보상보험법 제38조 제6항 위헌소원(위헌).

느 정도로 인정할 것인지가 사회보험 분야에서의 입법자의 입법 형성권의 범위와 한계로 작용하게 된다고 한다.[10]

예컨대 헌법재판소는 보험가입자(사업주)가 납부하는 보험료와 국고부담을 재원으로 하여 근로자에게 발생하는 업무상 재해라는 사회적 위험을 보험방식에 의하여 대처하는 사회보험제도인 산재보험제도에 따른 **산재보험수급권**은 사회적 기본권인 사회보장수급권로서 헌법의 규정만으로는 실현이 곤란하고 수급 요건·수급권자의 범위·급여 금액 등은 법률에 의해 비로소 확정되는므로[11] 법률에 의해 구체적으로 형성되고 인정되는 권리이지만,[12] 법정 요건을 갖춘 후 발생하는 보상금수급권은 구체적인 법적 권리로 보장되고, 그 성질상 경제적·재산적 가치가 있는 공법상의 권리로 본다.[13] 그러나 이러한 공법상의 재산적 가치 있는 지위가 헌법상 재산권의 보호를 받기 위해서는 우선 입법자에 의하여 수급 요건, 수급자의 범위, 수급액 등 구체적인 사항이 법률에 규정됨으로써 구체적인 법적 권리로 형성되어 개인의 주관적 공권의 형태를 갖추어야 한다고 판시하고 있다.[14] 공법상의 권리인 사회보험수급권이 재산권적인 성질을 가지기 위해서는, ① 공법상의 권리가 권리 주체에게 귀속되어 개인의 이익을 위해 이용 가능해야 하고(사적유용성), ② 국가의 일방적인 급부에 의한 것이 아니라 권리 주체의 노동이나 투자, 특별한 희생에 의하여 획득되어 자신이 행한 급부의 등가물에 해당하는 것이어야 하며(수급자의 상당한 자기 기여), ③ 수급자의 생존의 확보에 기여해야 한다(생존 보장에 기여).[15] 이러한 기준에 따를 때 산재보험수급권은 헌법상 보장되는 재산권적 성격도 갖고 있다고 보고 있다.[16]

이상과 같은 논리에서, **수용자**의 경우에는 무상 의료 급여를 받고 있으므로 합리적 의료 보장 제도의 운영을 위해 **건강보험 급여를 받을 권리**(의료보장수급권 또는 건강보험수급권)**를 제한**하더라도 수용 기간 동안에는 건강보험료의 납부 의무도 면제되므로 수급자의 자기 기여가 없어서 사회보장수급권(인간다운 생활을 할 권리)으로 다툴 수 있음은

---

10) 헌재 2009.5.28. 2005헌바20등.
11) 헌재 1999.4.29. 97헌마333; 2009.5.28. 2005헌바20등.
12) 헌재 2004.11.25. 2002헌바52; 2009.5.28. 2005헌바20등.
13) 헌재 2006.11.30. 2005헌바25. 공법상의 권리에 불과할 뿐 헌법상의 권리라는 의미를 명확히 하고 있는 것은 아니다.
14) 헌재 2000.6.29. 99헌마289; 2005.7.21. 2004헌바2, 구 산업재해보상보험법 제10조 제2호 위헌소원 (합헌).
15) 헌재 2009.5.28. 2005헌바20등, 산업재해보상보험법 제38조 제6항 위헌소원(위헌).
16) 헌재 2009.5.28. 2005헌바20등.

별론으로 하고 재산권 침해로 다툴 수는 없다고 한다.[17)

건강보험수급권도 인간다운 생활을 할 권리이면서 재산권의 성격을 동시에 가지고 있다.[18)] 헌법재판소는 건강보험수급권의 구체적인 내용을 법률로 형성함에 있어서는 입법자는 광범위한 형성의 자유를 가지는 것으로 보고 법률상의 건강보험수급권이 인간다운 생활을 할 권리와 재산권을 침해하는지 여부에 대해서는 그 내용이 현저히 불합리하여 입법형성권의 범위를 벗어난 경우에 한하여 위헌이 된다는 입장이다. 이에 따라 헌법재판소는 직장가입자의 보수외 연간 소득이 대통령령으로 정하는 일정한 수준을 넘는 경우에는 보수월액보험료 외에 소득월액보험료를 추가로 내게 하고 체납한 보험료를 완납할 때까지 보험급여를 실시하지 않을 수 있도록 규정한 구「국민건강보험법」제53조 제1항에 대해 합헌 결정하였다.[19)] 또 소득월액을 대통령령으로 정하는 금액을 기준으로 정하고, 소득월액 산정의 기준, 방법 등 소득월액 산정에 필요한 사항을 대통령령에 위임한 것에 대해서는 포괄위임금지원칙에 위배되지 않는다고 판시하였다.[20)]

「국민연금법」상 노령연금은 기본적으로 10년 이상 국민연금 가입자가 60세가 된 때부터 수령할 수 있는데, **노령연금 수급권**은 혼인생활 중에 협력하여 이룬 부부의 공동재산이므로 이혼 후에는 그 기여분에 해당하는 몫을 분할할 수 있고, 여기서 노령연금 수급권 형성에 대한 기여란 부부 공동생활 중에 역할 분담의 차원에서 이루어지는 가사·육아 등을 의미하므로, 분할연금은 국민연금 가입 기간 중 실질적인 혼인 기간을 고려하여 산정하여야 하는데, 법률혼 관계를 유지하고 있었다고 하더라도 실질적인 혼인관계가 해소되어 노령연금 수급권의 형성에 아무런 기여가 없었다면 그 기간에 대하여는 노령연금의 분할을 청구할 전제를 갖추었다고 볼 수 없다는 것이 헌법재판소의 판단이다. 이에 따라 헌법재판소는 구「국민연금법」제64조 제1항이 별거나 가출 등으로 실질적으로는 혼인관계가 해소되었음에도 불구하고 단순히 법률혼 기간이 일정기간(해당 규정에서는 5년) 이상이면 분할연금을 받을 수 있도록 한 것은 헌법에 위반된다는 헌법불합치결정을 하였다.[21)] 이에 따라 현행「국민연금법」제64조 제1항은 혼인 기간

---

17) 헌재 2000.6.29. 99헌마289; 2005.2.24. 2003헌마31등, 국민건강보험법 제49조 제4호 위헌확인(기각).

18) 헌법재판소의 확립된 결정이다. 최근 결정으로는 헌재 2020.4.23. 2017헌바244, 국민건강보험법 제53조 제3항 제1호 위헌소원(합헌) 결정 참조.

19) 헌재 2020.4.23. 2017헌바244 - 소득월액보험료 체납자에 대한 건강보험급여 제한 사건.

20) 헌재 2019.2.28. 2017헌바245, 국민건강보험법 제71조 위헌소원(합헌).

21) 헌재 2016.12.29. 2015헌바182, 국민연금법 제64조 위헌소원(헌법불합치).

을 "배우자의 가입 기간 중의 혼인 기간으로서 별거, 가출 등의 사유로 인하여 실질적인 혼인관계가 존재하지 아니하였던 기간을 제외한 기간이라고 개정·보완하였다.

그런데 노령연금을 분할함에 있어서는 기본적으로는 혼인 기간에 해당하는 연금액을 균등하게 나눈 금액으로 하고 있지만(국민연금법 제64조 제2항), 이에 불구하고 「민법」상 재산분할청구권(민법 제839조의2) 등에 따라 달리 결정할 수 있도록 하고 있다(국민연금법 제64조의2 제1항). 그렇다면 **노령연금에 대한 분할연금 수급권**이 「민법」상의 재산분할청구권과는 전적으로 동일한 것인지가 문제된다. 재산분할청구권과 동일하게 이해하면 일방의 배우자는 분할연금 수급권을 전혀 갖지 못하는 합의도 성립할 수 있게 된다. 그러나 이는 부당하다. 헌법재판소가 판시한 바와 같이 노령연금의 분할연금 수급권은 재산권이라는 사법적 성격과 함께 사회보장이라는 공법적 성격을 함께 가지고 있기 때문이다.[22] 따라서 배우자 일방에게 적어도 최소한의 일정액의 연금분할청구는 보장하도록 개정하는 것이 분할연금 수급권의 헌법적 성격에 부합하는 것이다. 대법원에서는 이 분할연금 수급권은 「민법」상 재산분할청구권과는 구별되는 것으로 「국민연금법」에 따라 이혼 배우자가 국민연금공단으로부터 직접 수령할 수 있는 이혼 배우자의 고유한 권리로 선언하고, 「국민연금법」 제64조의2 제1항의 분할연금 지급의 특례로서 연금의 분할에 관하여 별도로 결정된 경우가 존재하는지 여부에 대해서는 매우 신중하게 판단하고 있다. 즉, "협의상 또는 재판상 이혼에 따른 재산분할 절차에서 이혼 당사자 사이에 연금의 분할 비율 등을 달리 정하기로 하는 명시적인 합의가 있었거나 법원이 이를 달리 결정하였음이 분명히 드러나야 한다. 이와 달리 이혼 당사자 사이의 협의서나 조정조서 등을 포함한 재판서에 연금의 분할 비율 등이 명시되지 아니한 경우에는, 재산분할절차에서 이혼배우자가 자신의 분할연금 수급권을 포기하거나 자신에게 불리한 분할 비율 설정에 동의하는 합의가 있었다거나 그러한 내용의 법원 심판이 있었다고 쉽게 단정해서는 아니 된다."는 것이다. 이러한 대법원의 태도는 분할연금 수급권의 법적 성격을 충분히 고려한 판결로 보이기는 하나, 일방 배우자가 분할연금 수급권을 전혀 행사할 수 없는 경우도 있게 된다는 점에서는 근본적인 해결책이라고는 할 수 없다.[23]

헌법재판소의 결정에 따르면 「고용보험법」상 **고용보험수급권**도 사회적 기본권의 성

---

22) 헌재 2016.12.29. 2015헌바182.
23) 이 문제와 관련하여서 자세하게는 김린, 법률신문 2019.12.23. 자 13면 판례평석 참조.

격을 가진 사회보장수급권에 해당되는바, 국가에 대하여 적극적으로 급부를 요구하는 것이므로 헌법 규정만으로 이를 실현할 수 없고, 법률에 의한 형성을 필요로 한다. 즉, 고용보험수급권의 구체적 내용인 수급요건·수급권자의 범위·급여금액 등은 법률에 의하여 비로소 확정된다.24) 나아가 「고용보험법」상 구직급여의 구체적인 수준이나 구직급여의 지급 여부 및 시기를 결정하는 것은 입법부 또는 입법에 의하여 다시 위임을 받은 행정부 등 해당기관의 광범위한 재량에 맡겨져 있다고 보아야 할 것이므로, 입법자가 「고용보험법」상의 구직급여제도에 관한 입법권을 행사함에 있어 인간다운 생활을 보장하기 위한 헌법적인 의무를 다하였는지 여부가 사법적 심사의 대상이 된 경우에는 국가가 실업을 한 근로자에 대한 구직급여에 관한 입법을 함에 있어 그 내용이 현저히 불합리하여 헌법상 용인될 수 있는 재량의 범위를 명백히 일탈한 경우에 한하여 인간다운 생활을 할 권리를 보장한 헌법에 위반된다고 할 수 있다고 보았다.25)

  사회보장 관련 입법으로는 「사회복지사업법」, 「국민건강보험법」, 「직업안정법」, 「고용보험법」, 「산업재해보상보험법」 등이 있다.

| NOTE | 합헌 결정 사례(사회보장을 받을 권리) | |

구 「공무원연금법」(2012.10.22. 법률 제11488호로 개정되고, 2016.1.27. 법률 제13927호로 개정되기 전의 것)에 따르면 공무원이거나 공무원이었던 자로서 퇴직연금 또는 조기퇴직연금을 받을 권리가 있는 자가 사망한 경우에 유족연금을 지급하도록 하면서(법 제56조), 유족연금을 받을 권리가 있는 자가 재혼한 때에는 유족연금수급권을 상실하도록 규정하고 있다(법 제59조 제1항 제2호). 이에 대해서 헌법재판소는 5대 4의 결정으로 한정된 재원의 범위 내에서 부양의 필요성과 중요성 등을 고려하여 유족들을 보다 효과적으로 보호하기 위한 것이므로, 입법재량의 한계를 벗어나 인간다운 생활을 할 권리와 재산권을 침해하였다고 볼 수 없다고 하였다.26) 이에 대해서 4인의 반대의견은 심판대상규정의 위헌성은 재혼을 유족연금수급권 상실사유로 규정하였다는 것 자체에 있는 것이 아니라 구체적인 사정을 전혀 고려하지 않고 일률적으로 영구히 유족연금수급권 전부를 박탈하도록 하는 것에 있으므로 헌법불합치결정이 타당하다고 주장하였다.

---

24) 헌재 1999.4.29. 97헌마333; 2013.7.9. 2013헌마440.
25) 헌재 2004.10.28. 2002헌마328; 2013.7.9. 2013헌마440.
26) 헌재 2022.8.31. 2019헌가31, 구 공무원연금법 제59조 제1항 제2호 위헌제청(합헌).

나. 생활보호를 받을 권리

신체장애자 및 질병·노령 기타의 사유로 생활능력이 없는 국민은 국가의의 보호를 받는다(제34조 제5항). 생활보호 관련 입법으로는 「국민기초생활 보장법」, 「장애인복지법」, 「노인복지법」 등이 있다.

NOTE	**위헌 결정 사례(장애인의 권리)**

장애인은 국가·사회의 구성원으로서 모든 분야의 활동에 참여할 권리를 가지고(장애인복지법 제4조 제2항), 인간으로서의 존엄과 가치 및 행복을 추구할 권리를 보장받기 위하여 장애인이 아닌 사람들이 이용하는 시설과 설비를 동등하게 이용하고 정보에 자유롭게 접근할 수 있는 권리를 가진다(장애인·노인·임산부 등의 편의증진 보장에 관한 법률 제4조). 특별교통수단에 있어 표준휠체어만을 기준으로 휠체어 고정설비의 안전기준을 정하고 있는 「교통약자의 이동편의 증진법 시행규칙」 소정의 조항은 휠체어를 이용하지 못하는 장애인을 위한 탑승설비에 관한 규정을 두지 않아서 평등권을 침해한다.[27] 이 결정에서 헌법재판소는 국가의 재정부담능력을 고려하면서도 국가에 감당할 수 없을 정도의 부담을 지우는 것으로 보기는 어렵다고 보아 헌법불합치결정을 내리고 있다.

다. 재해와 위험으로부터 보호받을 권리

국가는 재해를 예방하고 위험으로부터 국민을 보호하기 위하여 노력하여야 한다(제34조 제6항). 이를 위해 「재해구호법」과 「재난 및 안전관리 기본법」 등이 제정되어 있다.

Ⅲ. 인간다운 생활을 할 권리를 위한 제도보장

인간다운 생활을 할 권리를 보장하기 위하여 헌법 제34조에 기본권으로 보장된 내용 외에 다음과 같은 몇 가지 제도도 함께 보장하고 있다.

우선 국가는 사회보장·사회복지의 증진(제34조 제2항)과 여자의 복지와 권익의 향상(제34조 제3항)을 위하여 노력할 의무가 있다. 노력할 의무는 과정과 방법상의 책임을 이야기 하는 것이기는 하지만, 국가가 모든 결과책임을 지는 것은 아닐지라도 완전히 자유로울 수는 없다. 그런 점에서 헌법상 국가의 노력의무는 일종의 제도보장으로 이해

---

27) 헌재 2023.5.25. 2019헌마1234, 입법부작위 위헌확인(헌법불합치) – 장애인 특별교통수단 사건.

할 수 있을 것이다. 그렇다면 사회보장·사회복지의 증진과 여자의 복지와 권익의 향상
이라는 정책을 폐기해서는 안 되며, 물질적·정신적 최소한의 보장은 이루어져야 한다.

또한 국가는 노인과 청소년의 복지향상을 위한 정책을 실시할 의무를 진다(제34조
제4항). 노인과 청소년의 복지향상을 위한 정책실시의무도 어떤 정책을 어느 정도로 실
시할 것인가는 헌법적으로 열린 문제이므로 헌법상 국가의 노력의무를 규정한 것으로
본다. 따라서 노인과 청소년의 복지향상을 위한 최소한의 핵심적 내용은 정책으로 집
행되어야 한다.

Ⅳ. 제한과 위헌심사기준

인간다운 생활을 할 권리에 위배된 것인지 여부를 판단하는 기준과 관련하여 헌법
재판소는 생계보호의 구체적 수준을 결정하는 것은 입법부 또는 입법에 의하여 다시
위임을 받은 행정부 등 해당 기관의 광범위한 재량에 맡겨져 있다고 보고, 국가가 생계
보호에 관한 입법을 전혀 하지 아니하였다든가 그 내용이 현저히 불합리하여 헌법상
용인될 수 있는 재량의 범위를 명백히 일탈한 경우에 한하여 헌법에 위반된다는 입장
이다.[28] 이러한 위헌심사기준을 **과소보호금지원칙**이라고 부른다. 과소보호금지원칙은 방
법의 적절성, 피해의 최소성, 법익의 균형성이라는 요소를 모두 검토한다는 측면에서는
비례성 심사와 동일하다고 주장되기도 한다.[29]

공무원 연금수급권이나 건강보험수급권은 재산권적 성격을 가진다고 하더라도 사
회보장수급권의 성격과 불가분적으로 혼재되어 있어 사회보장법리의 강한 영향을 받는
것으로 보고 인간다운 생활을 할 권리의 위헌심사기준을 적용하고 있다.[30]

그런데 국가의 기본권보호의무와 관련된 사건에서 헌법재판소는 과소보호금지원
칙은 국가가 국민의 법익 보호를 위하여 적어도 적절하고 효율적인 최소한의 보호 조
치를 취했는가를 기준으로 심사하는 원칙으로서, 입법부작위나 불완전한 입법에 의한
기본권의 침해는 입법자의 보호의무에 대한 명백한 위반이 있는 경우에만 인정될 수
있다고 본다. 즉, 국가가 국민의 법익을 보호하기 위하여 전혀 아무런 보호 조치를 취

---

28) 헌재 1997.5.29. 94헌마33, 1994년 생계보호기준 위헌확인(기각).
29) 이준일, "헌법상 비례성원칙", 공법연구 37-4, 2009, 36-37쪽 참조.
30) 헌재 2009.5.28. 2008헌바107, 공무원연금법 제81조 제1항 위헌소원(합헌); 2020.4.23. 2017헌바
244, 국민건강보험법 제53조 제3항 제1호 위헌소원(합헌).

하지 않았든지 아니면 취한 조치가 법익을 보호하기에 명백하게 전적으로 부적합하거나 불충분한 경우에 한하여 헌법재판소는 국가의 보호의무의 위반을 확인할 수 있을 뿐이라는 것이다.[31] 과소보호금지원칙을 이렇게 이해하면 비례성원칙과는 구분된다. 그렇다고 한다면 이러한 의미의 내용은 최소보장의 원칙을 의미하는 것이어서 결국 본질적 내용 침해금지원칙으로 이해할 수 있다.

NOTE **합헌 결정 사례(인간다운 생활을 할 권리)**

요양급여를 받은 자가 치유 후 요양의 대상이 되었던 업무상의 부상 또는 질병이 재발하거나 치유 당시보다 상태가 악화되어 이를 치유하기 위한 적극적인 치료가 필요하다는 의학적 소견이 있어야 재요양을 받을 수 있도록 한 「산업재해보상보험법」 조항은 헌법에 위반되지 않는다.[32]

제2항 교육을 받을 권리(수학권)

I. 서론

1. 연혁 및 입법례

1919년 독일의 바이마르 헌법은 제120조에서 교육을 부모의 최상의 의무이자 자연적 권리임을 선언하고 그에 대해서는 국가가 감시한다고 규정하였고, 제144조에서는 학교 제도에 대한 국가의 감독권을 규정하였으며, 제145조에서는 18세까지의 무상 의무교육을 규정하였다. 이후 전후에 거의 모든 국가에서 교육을 받을 권리를 헌법에 규정하였다. 세계인권선언 제26조에서는 교육을 받을 권리와 함께 초등 단계에서의 의무교육, 고등교육은 실력에 근거하여 동등하게 접근 가능할 것, 제공되는 교육의 종류에 대한 부모의 선택권을 규정하였다. 경제적·사회적 및 문화적 권리에 관한 국제규약 제13조에서도 교육을 받을 권리를 규정하면서 초등 무상 교육을 규정하고 있다. 유엔아

---

31) 헌재 1997.1.16. 90헌마110등, 교통사고처리특례법 제4조 등에 대한 헌법소원 등(기각, 각하).
32) 헌재 2018.12.27. 2017헌바231, 산업재해보상보험법제51조 제1항 등 위헌소원(합헌) - 재요양에 관하여 규정한 산업재해보상보험법 조항 위헌소원 사건.

동권리협약(Convention on the Rights of the Child) 제28조와 제29조에서는 아동의 교육에 대한 권리를 인정하고 의무 초등교육에 대해 규정하고 있다.

1919년 대한민국임시헌장 제6조에서는 대한민국 인민의 교육의 의무를 규정하였고, 1944년 4월 22일에 개정된 대한민국임시헌장(제5차 개헌) 제5조 제3호에서는 취학을 요구할 권리를 규정하였다. 1948년 제정헌법 제16조에서는 "모든 국민은 균등하게 교육을 받을 권리가 있다. 적어도 초등교육은 의무적이며 무상으로 한다(제1항). 모든 교육 기관은 국가의 감독을 받으며 교육제도는 법률로써 정한다(제2항)."라고 규정하여 교육을 받을 권리를 수용하였다.

2. 헌법적 의의

교육을 받을 권리란 교육을 받을 수 있도록 국가의 적극적인 배려를 요구할 수 있는 권리를 말한다. 오늘날과 같은 지식 사회에서는 이수한 교육수준이 곧 개인의 삶의 질을 결정하게 된다. 따라서 교육을 받을 권리는 인간다운 생활을 할 권리의 실현을 위해 매우 중요한 권리이다. 그런 의미에서 헌법은 제31조에서 교육을 받을 권리를 규정하고 있을 뿐만 아니라, 의무교육, 교육의 자주성·전문성·정치적 중립성 및 대학의 자율성, 국가의 평생교육의 진흥 의무, 교육법정주의 등을 규정하고 있다.

II. 보장내용

1. 인적 보장내용

가. 기본권 주체

교육을 받을 권리의 주체는 모든 국민이다. 국내에 거주하는 외국인도 인간다운 생활을 할 권리의 실현을 위해 필요한 범위 내에서는 수학권의 주체가 된다고 보아야 한다. 그렇게 해석하는 것이 대한민국헌법이 지향하는 문화국가원리의 실현에도 부합하기 때문이다.

나. 의무 주체

교육을 받을 권리의 의무 주체는 국가이다. 교육을 받을 권리는 생존권이므로 사인은 의무 주체가 될 수 없다. 왜냐하면 개인은 타인의 생존을 보장할 헌법적 의무가 없기 때문이다.

2. 물적 보장내용

교육을 받을 권리의 구체적인 내용으로는 **능력에 따라 균등하게 교육을 받을 권리**를 말한다. 교육을 받을 권리에 차별이 있을 수 있다면 그것은 어디까지나 능력에 따른 것이어야 하고 재산이나 성별 등에 의한 차별이어서는 안 된다.

그러나 균등한 교육 기회를 위해서는 특히 경제적으로 어려운 국민들에게 균등하게 교육의 기회가 주어지도록 국가는 특별한 배려를 하여야 한다. 교육을 받을 권리의 대상이 되는 교육으로는 학교교육, 가정교육, 사회교육 등 다양하게 있으나 이 중에서도 가장 중요한 것은 학교교육이다. 따라서 유아교육, 초·중·고등교육에서 각인의 기회를 균등히 하고 경제적 약자에게 교육의 기회가 부여될 수 있도록 배려해 나가는 것이 필요하다.

또한 헌법 제31조는 **교육의 자주성·전문성·정치적 중립성**도 보장하고 있다. 헌법이 교육의 자주정·전문성·정치적 중립성을 보장하고 있는 이유에 대해서 국정교과서 결정에서 "교육이 국가의 백년대계의 기초인 만큼 국가의 안정적인 성장 발전을 도모하기 위해서는 교육이 외부 세력의 부당한 간섭에 영향 받지 않도록 교육자 내지 교육전문가에 의하여 주도되고 관할되어야 할 필요가 있다는 데서 비롯된 것이라고 할 것이다. 그러기 위해서는 교육에 관한 제반 정책의 수립 및 시행이 교육자에 의하여 전담되거나 적어도 그의 적극적인 참여하에 이루어져야 함은 물론 교육 방법이나 교육 내용이 종교적, 정치적 편향성에 의하여 부당하게 침해 또는 간섭당하지 않고 가치중립적인 진리 교육이 보장되어야 할 것이다. 특히 교육의 자주성이 보장되기 위하여서는 교육행정기관에 의한 교육 내용에 대한 부당한 권력적 개입이 배제되어야 할 이치인데, 그것은 대의정치(代議政治), 정당정치 하에서 다수결의 원리가 지배하는 국정상의 의사 결정 방법은 당파적인 정치적 관념이나 이해관계라든가 특수한 사회적 요인에 의하여 좌우되는 경우가 많기 때문이다. 인간의 내면적 가치 증진에 관련되는 교육 문화 관련 분야에 있어서는 다수결의 원리가 그대로 적용되는 것이 바람직하지 않다는 의미에서 국가의 교육 내용에 대한 권력적 개입은 가급적 억제되는 것이 온당하다."고 판시하고 있다.[33]

---

33) 헌재 1992.11.12. 89헌마88, 교육법 제157조에 관한 헌법소원(기각).

| NOTE | 합헌 결정 사례(교육을 받을 권리) | |

서울대학교가 저소득학생(「국민기초생활 보장법」에 따른 수급권자, 「한부모가족지원법」에 따른 지원대상자 등) 특별전형에서 학생부종합전형을 실시하다가 2023학년도부터 모집인원을 모두 수능위주전형으로 선발하는 것으로 변경하였는데, 헌법재판소는 위 전형방법의 변경이 2023학년도 수능이 실시되기 2년 전에 예고되었고, 교육부장관이 2018년경부터 수능위주전형 비율을 높이는 대입정책을 발표해 왔다는 점 등을 고려하여 신뢰보호원칙에 위배되지 않는다고 결정하였고, '저소득학생 특별전형'에서는 모두 수능위주전형으로 실시하는 내용의 입시계획에 대해서도 이 입시계획은 「고등교육법」에 규정된 것보다 6개월 빠른 2020.10.28. 예고되었는바, 청구인은 2023학년도 수능이 실시되는 2022.11.17.까지 2년 넘게 수능을 준비할 수 있는 시간이 있었고, 청구인이 서울대 학생부종합전형에 응시하고자 한다면 수시모집 일반전형 등에 응시할 수 있고, 만약 수시모집에 불합격하는 경우에는 이 사건 입시계획에 따라 저소득학생 특별전형인 정시모집 기회균형특별전형Ⅱ 수능위주전형에도 응시할 수 있으므로, 이 사건 입시계획으로 서울대 입학 기회 자체가 박탈되는 것은 아니므로 균등하게 교육을 받을 기회를 침해한 것이라고 할 수 없고, '저소득학생 특별전형'과 달리 '농어촌학생 특별전형'에서는 학생부종합전형으로 모집인원 모두를 선발하도록 정한 것에 대해서도 헌법재판소는 두 전형의 목적, 지원자의 특성이 동일하지 아니하여 전형방법을 같게 정하여야 하는 것은 아니고, 수능 성적이 사회통념적 가치기준에 적합한 합리적인 입학전형자료인 이상, 이는 대학의 자율성의 범위 내에 있는 것으로서 저소득학생의 응시기회를 불합리하게 박탈하고 있다고 보기 어렵다고 판단하였다.34)

Ⅲ. 4가지 측면의 이해관계자

교육을 받을 권리와 관련하여서 그 주체가 보호의 대상이 되는 자녀인 경우 자녀의 교육을 받을 권리는 ① 학생, ② 학부모, ③ 교원 또는 학교, ④ 국가라고 하는 4가지 측면의 이해관계자의 입장이 고려되어야 한다.

1. 학생(수학권)

학부모의 보호 하에 있는 학생이라도 자신의 성향이나 능력을 자유롭게 발현할 수 있는 권리가 있다. 학생이 부모의 교육권의 범주 내에서 자신의 학교를 자유롭게 선택할 권리가 있는 것도 그 때문이다.35)

---

34) 헌재 2022.9.29. 2021헌마929, 2023학년도 대학 신입학생 입학전형 시행계획 위헌확인(기각) − 서울대학교 저소득학생 특별전형에 관한 사건.

헌법재판소는 수학권이 헌법상 보장된 기본권의 하나로서 보다 존중되어야 하더라도 수학권이 왜곡되지 않고 올바르게 행사될 수 있게 하기 위한 범위 내에서는 교사의 수업권도 어느 정도의 범위 내에서 제약을 받지 않으면 안 된다고 보고 있다.[36]

2. 학부모(교육의 의무, 교육권)

가. 교육의 의무

교육을 받을 권리를 실효성 있게 보장하기 위하여 취학아동의 친권자나 후견인에 대하여는 **교육의 의무**가 부과된다(제31조 제2항). 이들은 보호하는 자녀를 일정한 학교에 취학시킬 의무가 있다.

나. 교육권

보호자에게는 교육의 의무와 함께 자녀를 교육할 권리가 있다. 부모의 자녀교육권은 자신의 가치관·세계관에 따라 자녀의 교육을 자유롭게 형성할 권리를 의미한다.[37]

헌법재판소 판례에 따르면 이는 불문의 기본권으로서 혼인과 가족생활을 보장하는 헌법 제36조 제1항, 행복추구권을 보장하는 헌법 제10조, "국민의 자유와 권리는 헌법에 열거되지 아니한 이유로 경시되지 아니한다."라고 규정하는 헌법 제37조 제1항에서 나온다고 한다. 그리고 이에 따라 부모는 자녀의 교육에 관하여 전반적인 계획을 세우고 자신의 인생관·사회관·교육관에 따라 자녀의 교육을 자유롭게 형성할 권리를 가지며, 부모의 교육권은 다른 교육의 주체와의 관계에서 원칙적인 우위를 가진다고 한다.[38] 부모는 자신의 가치관에 부합하는 교육 가능성이 국가에 의하여 제공되지 않는 경우 사립학교를 설립하거나 선택하여 자녀 교육에서 자신의 종교관과 세계관을 실현할 자유를 가지므로 부모의 자녀 교육권은 사립학교의 자유와 밀접한 관련성이 있다.[39] 따라서 학교 설립에 관한 국가의 독점권은 인정되지 않는다.[40] 또 국가에게는 사

---

35) 헌재 2012.11.29. 2011헌마827, 초·중등교육법 제47조 제2항 등 위헌확인(기각).
36) 헌재 1992.11.12. 89헌마88, 교육법 제157조에 관한 헌법소원(기각).
37) 헌재 2019.2.28. 2017헌마460, 기소유예처분취소(기각).
38) 헌재 2000.4.27. 98헌가16등, 학원의설립·운영에관한법률 제22조 제1항 제1호 등 위헌제청, 학원의설립·운영에관한법률 제3조 등 위헌 확인(위헌).
39) 헌재 2019.2.28. 2017헌마460, 기소유예처분취소(기각).
40) 헌재 2019.2.28. 2017헌마460.

립학교와 관련해서도 교육이 이루어지는 전반적인 기본 틀을 형성해야 할 의무가 부과된다.[41]

다. 보호자의 교육권과 학교교육의 관계

헌법재판소는 보호자와 학교의 관계에 대해서 "자녀의 양육과 교육에 있어서 부모의 교육권은 교육의 모든 영역에서 존중되어야 하며, 다만, 학교교육에 관한 한, 국가는 헌법 제31조에 의하여 부모의 교육권으로부터 원칙적으로 **독립된 독자적인 교육 권한을** 부여받음으로써 부모의 교육권과 함께 자녀의 교육을 담당하지만, 학교 밖의 교육 영역에서는 원칙적으로 부모의 교육권이 우위를 차지한다."고 판시한 바 있다.[42]

3. 교사의 수업권(교육권)과 사립학교 설립 · 운영자의 사립학교 운영의 자유

가. 교사의 수업권

학생의 수학권은 특히 교사의 수업권(교육권)과 관련되어 있다. 교원의 수업권이 헌법상 교사에게 부여된 기본권인지에 대해서 헌법재판소는 회의적이다. 나아가서는 기본권으로 본다고 하더라도 교사의 수업권을 내세워 국민의 수학권을 침해할 수는 없으며, 국민의 수학권의 보장을 위하여 교사의 수업권은 일정범위 내에서 제약을 받을 수밖에 없는 것으로 본다. 왜냐하면 초 · 중 · 고교의 학생은 대학생이나 사회의 일반 성인과는 달리 다양한 가치와 지식에 대하여 비판적으로 취사선택할 수 있는 독자적 능력이 부족하므로 지식과 사상 · 가치의 자유 시장에서 주체적인 판단에 따라 스스로 책임지고 이를 선택하도록 만연히 방치해 둘 수가 없기 때문이라고 한다.[43]

 사립학교 교원의 헌법적 지위에 대해 설명하고, 학교 법인이 소속 교원에 대한 징계에 대해 교육부 재심위원회의 재심 결정이 있은 경우 이 재심 결정에 대해서는 학교 법인이 소송으로 다툴 수 없도록 한 것이 헌법에 위반되는지 여부를 검토하시오.

---

41) 헌재 2019.2.28. 2017헌마460.
42) 헌재 2000.4.27. 98헌가16등.
43) 헌재 1992.11.12. 89헌마88, 교육법 제157조에 관한 헌법소원(기각).

헌법재판소는 사립학교 교원과 학교 법인 간의 관계를 기본적으로 계약 관계로 본다. 따라서 학교 법인의 사립학교 교원에 대한 인사권의 행사로서 징계 등 불리한 처분 또한 사법적 법률행위로서의 성격을 가진다. 그렇기 때문에 재심위원회를 교육인적자원부 산하의 행정기관으로 설치하는 등의 교원지위법 규정에도 불구하고 여전히 재심 절차는 학교 법인과 그 교원 사이의 사법적 분쟁을 해결하기 위한 간이 분쟁해결 절차로서의 성격을 갖는다고 할 것이므로, 재심 결정은 특정한 법률관계에 대하여 의문이 있거나 다툼이 있는 경우에 행정청이 공적 권위를 가지고 판단·확정하는 행정처분에 해당한다고 본다. 이와 같이 사립학교 법인은 그 소속 교원과 사법상의 고용 계약 관계에 있고 재심 절차에서 그 결정의 효력을 받는 일방 당사자의 지위에 있음에도 불구하고, 교육부의 재심 결정에 대해 행정소송을 제기할 수 없도록 한 것은 합리적인 이유 없이 학교 법인의 제소 권한을 부인함으로써 학교 법인의 재판청구권을 침해할 뿐만 아니라 헌법 제11조의 평등원칙에 위배되고, 사립학교 교원에 대한 징계 등 불리한 처분의 적법 여부에 관하여 재심위원회의 재심 결정이 최종적인 것이 되는 결과 일체의 법률적 쟁송에 대한 재판 권능을 법원에 부여한 헌법 제101조 제1항에도 위배되며, 행정처분인 재심 결정의 적법 여부에 관하여 대법원을 최종심으로 하는 법원의 심사를 박탈함으로써 헌법 제107조 제2항에도 아울러 위배된다.[44)]

NOTE   의무교육 대상 학생의 징계와 교원의 재량권

대법원은 "의무교육대상자인 초등학교·중학교 학생의 신분적 특성과 학교교육의 목적에 비추어 교육의 담당자인 교원의 학교교육에 관한 폭넓은 재량권을 존중하더라도, 법령상 명문의 규정이 없는 징계처분의 효력을 긍정함에 있어서는 그 처분 내용의 자발적 수용성, 교육적·인격적 측면의 유익성, 헌법적 가치와의 정합성 등을 종합하여 엄격히 해석하여야 할 필요가 있다."고 판시하면서, 해당 징계사유에 관하여 '학교 내 봉사'의 징계를 명한 것은 적법하나, '학교 내 봉사'의 하나로 '사과편지작성'까지 명할 수 있다고 본 원심을 파기환송하였다.[45)]

나. 사립학교 설립·운영자의 사학(운영)의 자유

헌법재판소는 비록 헌법에 명문의 규정은 없지만 학교 법인을 설립하고 이를 통하여 사립학교를 설립·경영하는 것을 내용으로 하는 **사학의 자유**가 헌법 제10조, 제31조 제1항·제4항에서 도출되는 기본권임을 확인하고 있다.[46)] 개인의 설립·경영이 허용되는 유치원의 설립·경영자인 개인에게도 사립학교 운영의 자유가 인정된다.[47)]

---

44) 헌재 2006.2.23. 2005헌가7등, 교원지위향상을위한특별법 제10조 제3항 위헌제청 등(위헌).
45) 대법원 2022.12.1. 2022두39185 판결.
46) 헌재 2019.7.25. 2017헌마1038등, 사학기관 재무·회계 규칙 제15조의2 제1항 위헌확인 등(기각);
   2001.1.18. 99헌바63(합헌); 2016.2.25. 2013헌마692(기각, 각하) 참조.
47) 헌재 2019.7.25. 2017헌마1038등.

이러한 사립학교를 설립·운영할 자유의 제한과 관련하여서는, "사립학교도 공교육의 일익을 담당한다는 점에서 국·공립학교와 본질적인 차이가 있을 수 없기 때문에 공적인 학교 제도를 보장하여야 할 책무를 진 국가가 일정한 범위 안에서 사립학교의 운영을 관리·감독할 권한과 책임을 지는 것 또한 당연하다 할 것이고, 그 규율의 정도는 그 시대의 사정과 각 급 학교의 형편에 따라 다를 수밖에 없"기 때문에, **교육의 본질을 침해하지 않는 한 궁극적으로는 입법자의 형성의 자유에 속한다고 한다**.[48]

| NOTE | **자사고와 일반고 동시 선발 조항의 위헌성** | |

원래 전기 학교였던 자율형 사립고등학교를 후기 학교로 정하여 신입생을 일반고와 동시에 선발하도록 한 초·중등교육법 시행령 제80조 제1항은 사립학교 교육에 대한 국가의 간섭은 필요한 한도에 그쳐야 한다는 점에서, 그 입법 목적의 정당성과 수단의 적합성은 인정할 수 있으나, 덜 규제적인 수단을 통해 입법 목적을 달성할 수 있다는 점에서 침해의 최소성에 위배되고, 달성하려는 공익보다 청구인 학교 법인이 침해받는 사익이 훨씬 커 법익의 균형성도 인정하기 어려워 과잉금지원칙을 위반하여 학교 법인의 사학 운영의 자유를 침해한다는 위헌의견이 다수의견을 이루었으나 재판관 5인의 의견에 그쳐 심판청구를 기각하였다.[49]

---

4. 국가

가. 교육제도 법정주의
1) 헌법적 근거와 의의

교육제도 법정주의의 헌법적 근거는 "학교교육 및 평생교육을 포함한 교육제도와 그 운영, 교육재정 및 교원의 지위에 관한 기본적인 사항은 법률로 정한다."고 규정하고 있는 헌법 제31조 제6항에서 찾을 수 있다.

헌법재판소는 이러한 교육제도 법정주의의 의의를 "학교교육의 중요성에 비추어 교육에 관한 기본정책 또는 기본방침 등 교육에 관한 기본적 사항을 국민의 대표기관

---

48) 헌재 2019.7.25. 2017헌마1038등; 2009.4.30. 2005헌바101(합헌); 2012.2.23. 2011헌바14, 사립학교법 제28조 제1항 위헌소원(합헌); 2019.4.11. 2018헌마221, 초·중등교육법 시행령 제80조 제1항 등 위헌확인(위헌, 기각) 결정 등 참조.

49) 헌재 2019.4.11. 2018헌마221, 초·중등교육법 시행령 제80조 제1항 등 위헌확인(위헌, 기각). 이 결정에서 자사고를 지원한 학생에게 평준화지역 후기학교에 중복지원하는 것을 금지하는 조항(초·중등교육법 시행령 제81조 제5항 중 '제91조의3에 따른 자율형 사립고등학교는 제외한다' 부분)에 대해서는 비례원칙을 위반하여 평등권 침해라는 위헌결정이 있었다.

인 국회가 직접 입법절차를 거쳐 제정한 형식적 의미의 법률로 규정하게 함으로써 국민의 교육을 받을 권리가 행정기관에 의하여 자의적으로 무시되거나 침해당하지 않도록 하고, 교육의 자주성과 중립성을 유지하고자 하는 데" 있는 것으로 보고 있다.[50]

2) 내용

헌법재판소는 "교육제도 법정주의는 소극적으로는 교육의 영역에서 본질적이고 중요한 결정은 입법자에게 유보되어야 한다는 의회유보의 원칙을 규정한 것이지만, 한편 적극적으로는 헌법이 국가에 학교제도를 통한 교육을 시행하도록 위임하고 있다는 점에서 학교제도에 관한 포괄적인 국가의 규율 권한을 부여한 것"이라고 한다.[51] 따라서 "교육제도 등에 관한 기본적인 사항을 법률로 정함에 있어 국가가 그 종류와 설립 기준 등을 정하고 이에 대하여 어느 정도 감독할 것인지 등의 문제는 교육의 본질을 침해하지 아니하는 한 궁극적으로는 입법권자의 입법 형성의 자유에 속한다."[52]는 것이 헌법재판소의 일관된 입장이다. 그에 따라 국가에게는 사립학교와 관련해서도 교육이 이루어지는 전반적인 기본 틀을 형성해야 할 의무가 부과되어 있고, 국가는 사립학교법의 제정과 사립학교의 허가 및 지도·감독 등을 통하여 학교제도에 관한 책임을 이행하고 있다.[53] 따라서 「초·중등교육법」상 학교 설립 인가나 분교 설치인가를 받지 아니하고 학교의 명칭을 사용하거나 학생을 모집하여 시설을 사실상 학교의 형태로 운영한 자를 처벌하는 「초·중등교육법」 규정은 헌법에 위반되지 않는다고 한다.[54]

또 교육제도 법정주의는 교육제도에 관한 기본방침을 제외한 나머지 세부적인 사항까지 반드시 형식적 의미의 법률만으로 정하여야 한다는 것은 아니기 때문에, 입법자가 정한 기본방침을 구체화하거나 이를 집행하기 위한 세부시행 사항은 하위법령에 위임하는 것도 가능하다.[55] 따라서 자사고를 후기학교로 정하여 신입생을 일반고와 동

---

50) 헌재 2001.4.26. 2000헌가4, 교육기본법 제8조 제1항 단서 위헌제청(각하); 2013.11.28. 2011헌마 282등 결정; 2019.4.11. 2018헌마221, 초·중등교육법 시행령 제80조 제1항 등 위헌확인(위헌, 기각). 헌재 1998.7.16. 96헌바33, 사립학교법 제53조의2 제2항 등 위헌소원(합헌, 각하)도 참조.
51) 헌재 2012.11.29. 2011헌마827, 초·중등교육법 제47조 제2항 등 위헌확인(기각).
52) 헌재 1991.7.22. 89헌가106; 1998.7.16. 95헌바19등; 2019.2.28. 2017헌마460, 기소유예처분취소(기각).
53) 헌재 2019.2.28. 2017헌마460.
54) 헌재 2019.2.28. 2017헌마460.
55) 헌재 1991.2.11. 90헌가27; 2016.2.25. 2013헌마838; 2019.4.11. 2018헌마221, 초·중등교육법 시행령 제80조 제1항 등 위헌확인(위헌, 기각).

시에 선발하도록 한 초·중등교육법 시행령의 동시선발조항과 자사고를 지원한 학생에게 평준화지역 후기학교에 중복지원하는 것을 금지한 시행령의 중복지원금지조항은 교육제도 법정주의에 위반되지 않는다.[56]

나. 국가의 학교교육의 책임

헌법재판소는 '교육을 받을 권리'란, 모든 국민에게 저마다의 능력에 따른 교육이 가능하도록 그에 필요한 설비와 제도를 마련해야 할 국가의 과제와 아울러 이를 넘어 사회적·경제적 약자도 능력에 따른 실질적 평등교육을 받을 수 있도록 적극적인 정책을 실현해야 할 국가의 의무를 뜻하는 것으로 이해하고, 헌법 제31조 제6항에서 "학교교육 및 평생교육을 포함한 교육제도와 그 운영, 교육재정 및 교원의 지위에 관한 기본적인 사항은 법률로 정한다."라고 규정하여 국가에게 학교제도를 통한 교육을 시행하도록 위임함으로써 **국가는 학교제도에 관한 포괄적인 규율권한과 자녀에 대한 학교교육의 책임을 부여받은 것으로 본다.**[57]

다. 국가의 의무교육의 책임
1) 중등 의무교육

헌법재판소는 헌법상 규정된 초등 의무교육과는 달리 중등 의무교육의 범위와 절차, 시점 등은 입법자의 형성의 자유에 속하는 사항으로서 국회가 입법 정책적으로 판단하여 법률로 구체적으로 규정할 때에 비로소 헌법상의 권리로서 구체화되는 것이라고 한다.[58] 따라서 중등 의무교육을 전면적으로 일시에 실시하지 않고 단계적으로 확대 실시하도록 하는 것은 전면 실시에 따르는 국가의 재정적 부담을 고려한 것으로 실질적 평등의 원칙에 부합된다고 한다.[59]

2) 의무교육의 법제도

현재의 「초·중등교육법」은 만 6세 취학아동의 입학을 원칙으로 하면서 만 5세 이

---

56) 헌재 2019.4.11. 2018헌마221.
57) 헌재 2000.4.27. 98헌가16등, 학원의설립·운영에관한법률 제22조 제1항 제1호 등 위헌제청 등(위헌).
58) 헌법상 권리로 구체화된다는 의미는 여전히 불확실하다. 초·중등교육법상의 중등의무교육규정의 내용이 헌법상의 기본권으로 된다는 것은 논리적으로도 타당하지 않다.
59) 헌재 1991.2.11. 90헌가27, 교육법 제8조의2에 관한 위헌심판(합헌).

하의 취학아동의 입학도 예외적으로 허용하고 있다(법 제13조).「교육기본법」은 3년의 중등교육까지 의무교육으로 할 것을 규정하고 있다.[60]

의무교육은 무상으로 실시된다. 무상의 범위는 기본적으로 수업료의 무상에서 학용품 등의 무상을 포함하는 것으로 이해하여야 한다. 무상의 범위와 관련하여 헌법재판소는 다음과 같은 원칙을 확립하였다: "원칙적으로 헌법상 교육의 기회 균등을 실현하기 위해 필수불가결한 비용, 즉 모든 학생이 의무교육을 받음에 있어서 경제적인 차별 없이 수학하는 데 반드시 필요한 비용에 한한다. 따라서 의무교육에 있어서 무상의 범위에는 의무교육이 실질적이고 균등하게 이루어지기 위한 본질적 항목으로, **수업료나 입학금의 면제, 학교와 교사 등 인적·물적 시설 및 그 시설을 유지하기 위한 인건비와 시설 유지비 등의 부담 제외가 포함되고, 그 외에도 의무교육을 받는 과정에 수반하는 비용으로서 의무교육의 실질적인 균등 보장을 위해 필수불가결한 비용은 무상의 범위에 포함된다.** 이러한 비용 이외의 비용을 무상의 범위에 포함시킬 것인지는 국가의 재정 상황과 국민의 소득수준, 학부모들의 경제적 수준 및 사회적 합의 등을 고려하여 입법자가 입법 정책적으로 해결해야 할 문제이다."[61] 그런데 헌법재판소는 학교 급식의 경우는 의무교육의 실질적인 균등 보장을 위한 본질적이고 핵심적인 부분이라고까지는 할 수 없다고 보고, 중학생의 학부모들에게 급식관련 비용의 일부를 부담하도록 하는 것은 헌법상 의무교육의 무상원칙에 반하는 것은 아니라고 한다.[62]

3) 의무교육 경비 부담의 주체

헌법 제31조 제2항은 "모든 국민은 그 보호하는 자녀에게 적어도 초등교육과 법률이 정하는 교육을 받게 할 의무를 진다."고 규정하고 있고, 같은 조 제3항은 "의무교육은 무상으로 한다."고 규정하고 있고, 의무교육의 경비를 중앙정부가 부담할지 지방 정부가 부담할지에 대해서는 아무런 언급이 없다. 헌법재판소에 따르면 의무교육의 성질로 볼 때도 중앙정부가 모든 비용을 부담하여야 하는 것도 아니라고 한다. 의무교육 무상에 관한 헌법 규정은 의무교육의 비용에 관하여 학부모의 직접적 부담으로부터 전체 공동

---

60) 「교육기본법」에 관해서는 정필운, 헌법이론의 관점에서 본 기본법의 정당성과 기능: 교육기본법의 정당성과 기능에 대한 평가, 교육법학연구, 33-1, 2021, 63쪽 이하; 김갑석, 교육법 체계에서의 「교육기본법」의 역할과 위상, 교육법학연구 31-2, 2019, 1쪽 이하 참조.
61) 헌재 2012.4.24. 2010헌바164, 학교급식법 제8조 제2항 등 위헌소원(합헌).
62) 헌재 2012.4.24. 2010헌바164.

체의 부담으로 이전하라는 명령일 뿐, 그 공적 부담을 어떻게 구성할 것인지에 관하여
는 중립적이라고 보는 것이다. 그렇기 때문에 입법자는 중앙정부와 지방정부의 재정
상황, 의무교육의 수준 등의 여러 가지 요소와 사정을 감안하여 교육 및 교육 재정의
충실을 위한 여러 정책적 방안들을 구상하고 그 중의 하나를 선택할 수 있으며, 이에
관한 **입법자의 정책적 판단·선택권은 넓게 인정된다**고 한다.[63]

그런데 헌법재판소는 의무교육은 무상이므로 의무교육에 있어서 학교 용지 부담금
을 신축 아파트를 분양받은 사람들(=수분양자)에게 부과하는 것은 의무교육의 대상인
학령 아동의 보호자(친권자 또는 후견인)로부터 징수하는 것을 뜻하므로 의무교육의 무
상성에 반한다고 보았다.[64] 이 위헌결정 직전에 '공동 주택을 분양하는 자'가 부담하는
것으로 법이 개정되어 현재에 이르고 있는데 이에 대해서 헌법재판소는 합헌으로 판단
하였다.[65]

라. 의무교육 이외의 교육제도

헌법이 보장하고 있는바 의무교육 이외의 교육제도는, ① 우선 **교육의 자주성·전문
성·정치적 중립성**을 보장하고 있다. 이를 위해서는 부당한 정치적 간섭이 교육에 개입
하는 일은 없어야 할 것이며, 교육 관리 기구 등의 선임에 있어서도 객관성이 보장되도
록 하여야 한다. ② 다음으로 **평생교육**을 보장하고 있다. 이를 위해 「평생교육법」이 제
정되어 있다. 같은 법 제2조 제1호에 따르면 평생교육이란 학교의 정규 교육과정을 제
외한 학력보완 교육, 성인기초·문자해독교육, 직업능력향상교육, 인문교양교육, 문화
예술교육, 시민참여교육 등을 포함하는 모든 형태의 조직적인 교육 활동을 말한다. ③
마지막으로 교육제도의 보장을 위해 **교육제도 법률주의**를 규정하고 있다. 여기서의 법률
은 국회가 제정하는 형식적 의미의 법률을 말한다.[66] 교육제도의 법률주의란 학교교육
및 평생교육을 포함한 교육제도와 그 운영, 교육재정 및 교원의 지위에 관한 기본적인
사항은 법률로 정하는 것을 말한다.[67] 이에 따라 「교육기본법」, 「초·중등교육법」, 「고

---

63) 헌재 2005.12.22. 2004헌라3, 서울특별시와 정부간의 권한쟁의(기각, 각하).
64) 헌재 2005.3.31. 2003헌가20, 구 학교용지확보에관한특례법 제2조 제2호 등 위헌제청(위헌).
65) 헌재 2008.9.25. 2007헌가1, 학교용지 확보 등에 관한 특례법 제2조 제2호 등 위헌제청(합헌).
66) 헌재 2003.2.27. 2000헌바26, 구 사립학교법 제53조의2 제3항 위헌소원(헌법불합치).
67) 「초중등교육법」에서는 교원의 자격을 정하고 있는데 반하여 「고등교육법」에서는 교수의 자격을
대통령령으로 정하도록 백지위임하고 있어 교육제도 법률주의에 위배하고 있다. 교육제도 법률주
의에 대해서는 정필운, 헌법 제31조 제6항에 관한 소고, 교육법학연구 28-4, 2016, 169쪽 이하

등교육법」, 「교육공무원법」, 「교원의 지위 향상 및 교육활동 보호를 위한 특별법」, 「지방교육재정교부금법」 등이 제정되어 있다.

Ⅳ. 교육을 받을 권리의 제한과 그 한계

교육을 받을 권리도 헌법 제37조 제2항에 따라 국가안전보장·질서유지, 공공복리를 위해서 법률로써 필요한 경우에 한하여 그 본질적 내용을 침해하지 않는 범위 내에서 제한할 수 있다. 교육을 받을 권리의 침해 여부와 관련하여서는 특히 관련 당사자들의 헌법상 기본권들과의 조화를 고려하여야 한다.

 과외교습을 금지하는 다음 심판 대상 조항이 헌법상 교육을 받을 권리를 침해하는지 여부를 검토하시오.

> 학원의설립·운영에관한법률(1995.8.4. 법률 제4964호로 전문 개정된 이후의 것) 제3조(과외교습) 누구든지 과외교습을 하여서는 아니 된다. 다만, 다음 각호의 1에 해당하는 경우에는 그러하지 아니하다.
> 1. 학원 또는 교습소에서 기술·예능 또는 대통령령이 정하는 과목에 관한 지식을 교습하는 경우
> 2. 학원에서 고등학교·대학 또는 이에 준하는 학교에의 입학이나 이를 위한 학력 인정에 관한 검정을 받을 목적으로 학습하는 수험 준비생에게 교습하는 경우
> 3. 대학·교육대학·사범대학·전문대학·방송통신대학·개방대학·기술대학 또는 개별 법률에 의하여 설립된 대학 및 이에 준하는 학교에 재적 중인 학생(대학원생을 포함한다)이 교습하는 경우

 헌법재판소의 판례에 의하면 이 사례에서 제한되는 기본권은, 배우고자 하는 아동과 청소년의 인격의 자유로운 발현권, 자녀를 가르치고자 하는 부모의 교육권, 과외교습을 하고자 하는 개인의 직업 선택의 자유 및 행복추구권이다. 이러한 관점에서 헌법재판소는 과잉금지원칙 위배 여부를 판단하고 있다(기본권 경합의 문제는 다루지 않고 있다).
판례에 따르면 심판 대상 조항은 목적의 정당성과 수단의 적합성은 충족하고 있으나 피해의 최소성과 법익의 균형성은 충족하지 못하고 있어서 헌법에 위반된다. 피해의 최소성의 측면에서는 ① 원칙적으로 허용되고 기본권적으로 보장되는 행위에 대하여 원칙적으로 금지하고 예외적으로 허용하는 방식의 '원칙과 예외'가 전도된 규율 형식을 취하고 있는 점, ② 그 내용상으로도 규제의 편의성만을 강조하여 입법 목적 달성의 측면에서 보더라도 금지 범위에 포함시킬 불가피성이 없는 행위의 유형을 광범위하게 포함시키고 있다는 점에서, 입법자가 선택한 규제 수단은 입법 목적의 달성을 위한 최소한의 불가피한 수단이라고

참조.

볼 수 없고, 법익의 균형성 측면에서는 ① 사적인 교육의 영역에서 부모와 자녀의 기본권에 대한 중대한 침해라는 개인적인 차원을 넘어서 국가를 문화적으로 빈곤하게 만들며, ② 국가 간의 경쟁에서 살아남기 힘든 오늘날의 무한 경쟁 시대에서 문화의 빈곤은 궁극적으로는 사회적·경제적인 후진성으로 이어질 수밖에 없다는 점 등에서 입법 목적의 실현 효과에 대하여 의문의 여지가 있고, 반면에 법 제3조에 의하여 발생하는 기본권 제한의 효과 및 문화국가 실현에 대한 불리한 효과가 현저하므로, 법 제3조는 제한을 통하여 얻는 공익적 성과와 제한이 초래하는 효과가 합리적인 비례 관계를 현저하게 일탈하여 법익의 균형성을 갖추지 못하고 있다.[68]

Q 초등학교 교사의 부족을 충족시키기 위해 초등 교사의 양성은 초등 교사 전문 양성 기관인 교육대학교에서 이루어져야 한다는 교육대학교 교수 및 학생들의 건의를 수용하여, 중등 교사 자격자들 중 교육대학교 3학년에 특별 편입학시킬 대상자를 선발하기 위한 시험을 공고한 경우 이로 인해 당해 교육대학교 재학생들이 직접 기본권을 침해당할 가능성이 존재하는가.

A 관련되는 기본권으로서 직업의 자유, 교육을 받을 권리, 행복추구권 등의 침해가 주장될 수는 있으나, 그 위반 여부에 대해서 교육대학교 재학생들은 사실적·반사적 이익을 가지는 데 그치므로 재학생들이 직접 자신들의 기본권을 침해당할 가능성은 존재하지 않는다.[69]

Q 국정교과서제도는 헌법에 위반되는가.

A 국정교과서제도는 헌법에 위반되지 않는다. 국민의 수학권(헌법 제31조 제1항의 교육을 받을 권리)과 교사의 수업의 자유(수업권) 중에서는 국민의 수학권이 더 우선적으로 보호되어야 하므로 국정교과서제도는 교과서라는 형태의 도서에 대하여 국가가 이를 독점하는 것이지만, 국민의 수학권의 보호라는 차원에서 학년과 학과에 따라 어떤 교과용 도서에 대하여 이를 자유 발행제로 하는 것이 온당하지 못한 경우가 있을 수 있고 그러한 경우 국가가 관여할 수밖에 없다는 것과 관여할 수 있는 헌법적 근거가 있다는 것을 인정한다면 그 인정의 범위 내에서 국가가 이를 검·인정제로 할 것인가 또는 국정제로 할 것인가에 대하여 재량권을 갖는다고 할 것이므로 중학교의 국어교과서에 관한 한, 교과용 도서의 국정제는 학문의 자유나 언론·출판의 자유를 침해하는 제도가 아님은 물론 교육의 자주성·전문성·정치적 중립성과도 무조건 양립되지 않는 것으로 보기 어렵다는 것이 헌법재판소 판례이다.[70]

68) 헌재 2000.4.27. 98헌가16등, 학원의설립·운영에관한법률 제22조 제1항 제1호 등 위헌제청, 학원의설립·운영에관한법률 제3조 등 위헌 확인(위헌).
69) 헌재 2003.9.25. 2001헌마814, 편입생특별전형대상자선발시험시행계획 및 공개경쟁시험공고취소(각하).

Q 서울대학교 총장의 '2022학년도 대학 신입학생 정시모집('나'군) 안내' 중 수능 성적에 최대 2점의 교과이수 가산점을 부여하고, 2020년 2월 이전 고등학교 졸업자에게 모집단위별 지원자의 가산점 분포를 고려하여 모집단위 내 수능점수 순위에 상응하는 가산점을 부여하도록 한 부분이 균등하게 교육을 받을 권리를 침해하는지 여부를 검토하시오.

A 이 사건 가산점 사항은, 2015 개정 교육과정의 내실 있는 운영이라는 공익을 추구하면서도, 위 교육과정을 따를 수 없는 지원자에게 동등한 기회를 제공하고 있다. 이는 2015 개정 교육과정을 이수한 사람들이 대부분 가산점 2점을 받는다면 해당 모집단위에 지원한 다른 교육과정 지원자들도 대부분 가산점 2점을 받게 되는 구조이므로, 청구인을 불합리하게 차별하여 균등하게 교육받을 권리를 침해하는 것이라고 볼 수 없다.[71]

제3항 근로의 권리

Ⅰ. 서론

1. 의의

헌법 제32조 제1항에서는 "모든 국민은 근로의 권리를 가진다. 국가는 사회적 · 경제적 방법으로 근로자의 고용의 증진과 적정 임금의 보장에 노력하여야 하며, 법률이 정하는 바에 의하여 최저임금제를 시행하여야 한다."라고 규정하여 근로의 권리를 보장하고 있다.[72]

근로의 권리라는 것은 국민이 근로를 할 수 있는 자유뿐만 아니라 국가가 근로의 자유를 실현시키기 위해 각종의 조치를 취할 것을 요구할 수 있는 것으로 보아야 한다. 헌법재판소에서도 "인간이 자신의 의사와 능력에 따라 근로관계를 형성하고, 타인의 방해를 받음이 없이 근로관계를 계속 유지하며, 근로의 기회를 얻지 못한 경우에는 국가에

---

71) 헌재 2022.3.31. 2021헌마1230, 2022학년도 대학 신입학생 정시모집 안내 위헌확인(기각) - 서울대학교 정시모집 교과이수 가산점 사건.

72) 택시운전근로자의 최저임금에 산입되는 범위에서 생산고에 따른 임금을 제외한 「최저임금법」 제6조 제5항("… 일반택시운송사업에서 운전업무에 종사하는 근로자의 최저임금에 산입되는 임금의 범위는 생산고에 따른 임금을 제외한 대통령령으로 정하는 임금으로 한다.")은 일반택시운송사업자들의 계약의 자유와 직업의 자유 및 평등권을 침해하지 아니한다(헌재 2011.8.30. 2008헌마477; 2016.12.29. 2015헌바327등; 2023.2.23. 2020헌바11, 최저임금법 제6조 제5항 위헌소원).

대하여 근로의 기회를 제공하여 줄 것을 요구할 수 있는 권리"라고 판시하고 있다.[73]

따라서 국가는 국민의 고용 상태의 향상을 위하여 최선을 다하여야 하고 더불어 사회보장제도, 실업보험제도, 연금제도 등을 강구하여야 한다. 이를 위하여 「근로복지 기본법」, 「직업안정법」, 「최저임금법」, 「고용보험법」 등이 제정되어 있다.

2. 법적 성격

헌법재판소는 근로의 권리는 생활의 기본적인 수요를 충족시킬 수 있는 생활 수단을 확보해 주고 나아가 인격의 자유로운 발현과 인간의 존엄성을 보장해 주는 것으로서 사회권의 성격이 강한 것으로 이해하면서도,[74] 근로의 권리의 보장내용을 일할 자리에 관한 권리와 일할 환경에 관한 권리로 구분하고, **일할 자리에 관한 권리는 사회적 기본권**에 속하는데 반하여 **일할 환경에 관한 권리는 자유권적 기본권**에 속한다고 한다.[75]

만약 헌법 제32조의 근로의 권리를 사회적 기본권(＝생존권)으로만 보면 근로의 권리는 일할 자리에 대한 권리만이고 일할 환경에 대한 권리는 제32조의 근로의 권리의 보장내용에 속하지 않게 된다. 이 경우 자유권으로서 일할 환경에 대한 권리는 헌법에 명문의 규정이 없는 것이 되어 열거되지 아니한 자유와 권리의 일환으로 제10조의 행복추구권에서 보장되는 것으로 해석할 수 있다. 그런데 헌법재판소는 이렇게 보지 않고 근로의 권리를 사회적 기본권과 자유권의 내용을 모두 갖는 기본권으로 이해하고 있는 것이다.

II. 보장내용

1. 인적 보장내용

가. 기본권 주체
1) 국민
생존권으로서 근로의 권리는 모든 국민이 향유하는 기본권이다. 자연인인 국민에

---

73) 헌재 2007.8.30. 2004헌마670, 산업기술연수생 도입기준 완화결정 등 위헌확인(위헌, 각하).
74) 헌재 1991.7.22. 89헌가106; 2002.11.28. 2001헌바50; 2007.8.30. 2004헌마670.
75) 헌재 2007.8.30. 2004헌마670. 일할 환경에 관한 권리의 개념에 대해서는 후술하는 근로의 자유의 물적 보장내용 부분 참조.

한하고 법인 등은 포함되지 않는다.

2) 외국인

헌법재판소는 이에 따라 외국인은 원칙적으로 생존권의 주체가 되지 않는 것으로 보면서도, 근로의 권리에 포함된 자유권적 내용에 대해서는 외국인의 경우에도 기본권 주체성을 인정한다.

> "근로의 권리가 "일할 자리에 관한 권리"만이 아니라 "일할 환경에 관한 권리"도 함께 내포하고 있는바, 후자는 인간의 존엄성에 대한 침해를 방어하기 위한 자유권적 기본권의 성격도 갖고 있어 건강한 작업 환경, 일에 대한 정당한 보수, 합리적인 근로 조건의 보장 등을 요구할 수 있는 권리 등을 포함한다고 할 것이므로 외국인 근로자라고 하여 이 부분에까지 기본권 주체성을 부인할 수는 없다. 즉 근로의 권리의 구체적인 내용에 따라, 국가에 대하여 고용증진을 위한 사회적 · 경제적 정책을 요구할 수 있는 권리는 사회권적 기본권으로서 국민에 대하여만 인정해야 하지만, 자본주의 경제 질서하에서 근로자가 기본적 생활 수단을 확보하고 인간의 존엄성을 보장받기 위하여 최소한의 근로 조건을 요구할 수 있는 권리는 자유권적 기본권의 성격도 아울러 가지므로 이러한 경우 외국인 근로자에게도 그 기본권 주체성을 인정함이 타당하다."[76]

나. 의무 주체

근로의 권리의 내용을 자유권적 내용과 생존권적 내용으로 구분할 수 있다면, 자유권적 내용의 근로의 권리에 대해서는 원칙적으로 국가나 지방자치단체, 공법인 등 모든 공권력의 주체가 의무 주체가 된다. 생존권적 내용의 근로의 권리에 대응하여서는 그 중에서도 우선은 국가나 지방자치단체가 의무 주체가 된다고 보아야 한다. 공법인 등은 국가의 근로의 의무의 집행자로서 역할을 하게 되므로 생존권적 내용의 근로의 의무의 헌법적 의무를 부담한다고 보기는 어려울 것이다.

2. 물적 보장내용

헌법재판소의 판례에 따르면 근로의 권리는 사회권적 내용과 자유권적 내용으로 구성되어 있다.

사회권적 내용으로는 국가에 대하여 고용 증진을 위한 사회적 · 경제적 정책을 요구

---

76) 헌재 2007.8.30. 2004헌마670, 산업기술연수생 도입기준 완화결정 등 위헌확인(위헌, 각하).

할 수 있는 권리를 말하고, **자유권적 내용**으로는 자본주의 경제 질서하에서 근로자가 기본적 생활 수단을 확보하고 인간의 존엄성을 보장받기 위하여 최소한의 근로 조건을 요구할 수 있는 권리를 말한다.[77] 전자는 "일할 자리에 관한 권리"를 말하고, 후자는 "일할 환경에 관한 권리"를 말한다. 따라서 외국인 근로자가 직장 변경의 횟수를 제한받지 않을 권리는 근로의 권리의 보장내용에 속하지 않고,[78] 오히려 직업의 자유의 보장내용에 속한다.

헌법재판소는 근로의 권리가 국가에 대하여 직접 일자리(직장)를 청구하거나 일자리에 갈음하는 생계비의 지급청구권을 의미하지도 않는다. 근로의 권리는 사회적 기본권으로서, 국가에 대하여 직접 일자리(직장)를 청구하거나 일자리에 갈음하는 생계비의 지급청구권을 의미하는 것이 아니라, 고용 증진을 위한 사회적·경제적 정책을 요구할 수 있는 권리에 그치는 것으로 보고 있다.[79]

Q 근로의 권리로부터 일자리청구권이나 직접적인 직장존속청구권을 도출할 수 있는가?

A 도출할 수 없다. 다만, 사용자의 처분에 따른 직장 상실에 대하여 최소한의 보호를 제공하여야 할 의무를 국가에 지우는 것으로 볼 수는 있지만, 이 경우에도 입법자가 그 보호의무를 전혀 이행하지 않거나 사용자와 근로자의 상충하는 기본권적 지위나 이익을 현저히 부적절하게 형량한 경우에만 위헌 여부의 문제가 생긴다는 것이 헌법재판소의 입장이다.[80]

Ⅲ. 제한 및 제한의 정당성

근로조건의 기준을 법률로 정함에는 **인간의 존엄성**이 보장되도록 정하여야 하고, 사회적·경제적 방법으로 적정 임금이 보장되도록 국가는 노력하여야 한다(제32조 제3항). 대법원은 종전의 판례를 변경하여 「근로기준법」 제4조가 명시한 근로조건의 노사대등 결정 원칙을 실현하는 중요한 절차적 권리인 취업규칙의 불이익변경에 대한 근로자의

---

77) 헌재 2007.8.30. 2004헌마670.
78) 따라서 「외국인근로자의 고용 등에 관한 법률」 제25조 제4항은 외국인 근로자의 사업 또는 사업장 변경을 변경가능 횟수를 설정하여 이를 최대 3회로 제한하는 것은 외국인의 근로의 권리를 제한하는 것이 아니라 직업의 자유(직장선택의 자유)를 제한하는 것이다[헌재 2011.9.29. 2007헌마1083등, 외국인근로자의 고용 등에 관한 법률 제25조 제4항 등 위헌확인(기각)].
79) 헌재 2002.11.28. 2001헌바50, 한국보건산업진흥원법 부칙 제3조 위헌소원(합헌).
80) 헌재 2002.11.28. 2001헌바50.

집단적 동의권은 헌법 제32조 제3항에 근거하는 것으로서, 위 동의권을 받지 못한 경우에는 노동조합이나 근로자들이 집단적 동의권을 남용했다고 볼만한 특별한 사정[81]이 없는 한 해당 취업규칙의 작성 또는 변경에 사회통념상 합리성이 있다는 이유만으로 그 유효성을 인정할 수는 없다고 보고 원칙적 무효로 판시하고 있다.[82]

특히 여자의 근로에 대하여는 특별한 보호를 하여야 하고, 고용·임금 및 근로 조건에 있어서 부당한 차별을 받지 않도록 하여야 한다. 이를 위하여 「근로기준법」, 「남녀고용평등과 일·가정 양립 지원에 관한 법률」, 「양성평등기본법」 등이 마련되어 있다.

15세 미만인 사람(「초·중등교육법」에 따른 중학교에 재학 중인 18세 미만인 사람 포함)는 원칙적으로 근로자로 사용하지 못하고(근로기준법 제64조), 원칙적으로 15세 이상 18세 미만인 사람의 근로 시간은 1일에 7시간, 1주에 35시간을 초과하지 못하고(근로기준법 제69조), 사용자는 원칙적으로 임산부와 18세 미만자를 오후 10시부터 오전 6시까지의 시간 및 휴일에 근로시키지 못한다(근로기준법 제70조 제2항).

국가유공자·상이군경 및 전몰군경의 유가족에 대하여는 「국가유공자등 예우 및 지원에 관한 법률」이 우선적인 근로의 기회를 보장하고 있다. 국가유공자란 국가를 위하여 공헌한 사람으로서 이 법률에서는 18가지의 국가유공자를 규정하고 있다(법률 제4조). 이에 따르면 상이군경 및 전몰군경은 국가유공자로서 전상군경(戰傷軍警), 공상군경(公傷軍警)에 포함될 것이다.

NOTE   **위헌불선언의 합헌 결정 사례(근로의 자유)**

동물의 사육 사업 근로자에 대하여 「근로기준법」 제4장에서 정한 근로시간 및 휴일 규정의 적용을 제외하도록 한 구 「근로기준법」 제63조 제2호 중 '동물의 사육' 가운데 '제4장에서 정한 근로시간, 휴일에 관한 규정'에 관한 부분(평등권을 침해하는 것도 아니라고 결정)[83]은 산업 근로자들에게 육체적·정신적 휴식을 보장하고 장시간 노동에 대한 경제적

---

81) 이때는 취업규칙의 불이익변경도 유효한데, 판례에 의하면 관계 법령이나 근로관계를 둘러싼 사회환경의 변화로 취업규칙을 변경할 필요성이 객관적으로 명백히 인정되고, 근로자의 집단적 동의를 구하고자 하는 사용자의 진지한 설득과 노력이 있음에도 불구하고 근로자 측이 합리적 근거나 이유 제시 없이 취업규칙의 변경에 반대했다는 등의 사정을 말한다(대법원 2023.5.11. 2017다35588 전원합의체 판결).

82) 대법원 2023.5.11. 2017다35588 전원합의체 판결. 종전 판례는 근로자의 집단적 동의가 없더라도 사회통념상 합리적이라면 예외적으로 유효한 것으로 보았다.

83) 헌재 2021.8.31. 2018헌마563, 근로기준법 제63조 제2호 위헌확인(기각) – 축산업 근로자에 대하여 근로기준법상 근로시간, 휴일 조항의 적용을 제외하는 구 근로기준법 조항에 대한 헌법소원 사건.

보상을 해야 할 필요성이 요청됨에도 불구하고, 축산 사업장을 「근로기준법」 적용 제한의 기준으로 삼고 있어 축산업 근로자들의 근로 환경 개선과 산업의 발전을 저해하여 근로의 권리 및 평등권 침해라는 헌법불합치의견을 내고 있다. 나머지 1인 재판관은 기각의견, 3 인 재판관은 각하의견이다.

Q 제32조 제6항에서는 "국가유공자·상이군경 및 전몰군경의 유가족은 법률이 정하는 바에 의하여 우선적으로 근로의 기회를 부여받는다."라고 규정하고 있다. 이 조항의 우선적 근로 기회의 부여 대상으로 국가유공자의 유가족이 포함되는지 여부를 검토하시오.

A 헌법재판소의 결정에 따르면 문리해석대로 "① 국가유공자, ② 상이군경, ③ 전몰군경의 유가족"을 의미한다. 따라서 국가유공자의 유가족이나 상이군경의 유가족은 포함되지 않는다(물론 이러한 해석이 국가유공자의 유가족이나 상이군경의 유가족이 법률상 보호의 대상이 될 수 있는 것을 부인하는 것은 아니다).[84]

Q "상시 4명 이하의 근로자를 사용하는 사업 또는 사업장에 대하여는 대통령령으로 정하는 바에 따라 이 법의 일부 규정을 적용할 수 있다."고 규정하고 있는 근로기준법 제11조 제2항이 헌법 제37조 제2항의 법률유보원칙과 제75조의 포괄위임금지원칙에 위배되는지 여부를 판단하시오(근로기준법 제11조(적용 범위) ① 이 법은 상시 5명 이상의 근로자를 사용하는 모든 사업 또는 사업장에 적용한다. 다만, 동거하는 친족만을 사용하는 사업 또는 사업장과 가사(家事) 사용인에 대하여는 적용하지 아니한다).

A 이 사례에 대해 헌법재판소는 다음과 같이 판시하고 있다. ① 법률유보원칙 위배 여부: 헌법 제37조 제2항에서 규정하는 기본권 제한에 관한 법률유보원칙은 법률에 근거한 규율을 요청하는 것이므로, 그 형식이 반드시 법률일 필요는 없다 하더라도 법률상의 근거는 있어야 한다. 그런데 오늘날의 법률유보원칙은 단순히 행정 작용이 법률에 근거를 두기만 하면 충분한 것이 아니라, 국가 공동체와 그 구성원에게 기본적이고도 중요한 의미를 갖는 영역, 특히 국민의 기본권 실현에 관련된 영역에 있어서는 행정에 맡길 것이 아니라 국민의 대표자인 입법자 스스로 그 본질적 사항에 대하여 결정하여야 한다는 요구, 즉 의회유보원칙까지 내포하는 것으로 이해되고 있다. 따라서 적어도 헌법상 보장된 국민의 자유나 권리를 제한한 때에는 그 제한의 본질적인 사항에 관한 한 입법자가 형식적인 의미의 법률로써 스스로 규율하여야 할 것이다. 근로기준법 제11조 제2항은 4인 이하 사업장에 근로기준법을 일부만 적용할 수 있도록 한 것이 심판 대상 조항에 의하여 법률로 명시적으로 규정되어 있는 이상, 구체적인 개별 근로기준법 조항의 적용 여부까지 입법자가 반드시 법률로써 규율하여야 하는 사항이라고 볼 수 없다. 헌법 제75조에서 금지하는 포괄위임의 한계를 준수하는 한, 법률유보원칙에 위배되지는 아니한다.[85]
② 포괄위임금지원칙 위배 여부: 근로 조건의 기준을 정하는 것은 경제 변화나 새로운 고용형태의 등장과 같은 현실의 변화에 따라 신속하고 탄력적인 대응이 필요한 분야로서 4인 이하 사업장에 어느 「근로기준법」 조항을 적용할지의 문제를 대통령령에 위임할 필요

---

84) 헌재 2006.2.23. 2004헌마675, 국가유공자등예우및지원에관한법률(헌법불합치).

성은 인정되고(위임의 필요성), 「근로기준법」 제11조 제2항은 제11조 제1항에 의하여 그 적용이 제외되어 있던 4인 이하 사업장에 적용할 근로기준법 조항을 형성하는 규정이므로, 위임의 구체성·명확성이라는 요구가 상당 부분 완화되는데(헌재 2016. 2. 25. 2015헌바 191), 「근로기준법」 제11조 제2항은 사용자의 부담이 그다지 문제되지 않으면서 동시에 근로자의 보호 필요성의 측면에서 우선적으로 적용될 수 있는 「근로기준법」의 범위를 선별하여 적용할 것을 대통령령에 위임한 것으로 볼 수 있고, 그러한 「근로기준법」 조항들이 일부적용 대상 사업장에 적용되리라 예측할 수 있으므로(예측 가능성) 포괄위임금지원칙위반하지 아니한다.[86)]

제4항 노동3권

Ⅰ. 서론

1. 헌법상 노동3권 규정의 변천

헌법 제33조에 규정된 노동3권 규정의 헌법적 연원[87)]은 제정헌법(1948.7.17.)으로 거슬러 올라간다. 1948년 헌법에서는 제18조에 「① 근로자의 단결, 단체교섭과 단체행동의 자유는 법률의 범위 내에서 보장된다. ② 영리를 목적으로 하는 사기업체에 있어서는 근로자는 법률의 정하는 바에 의하여 이익의 분배에 균점할 권리가 있다.」라고 규정하고 있었다. 1954년과 1960년의 제2차, 제3차, 제4차 개정에서는 변화가 없이 유지되다가 제5차 개정헌법(1962.12.26.)에서 제29조로 조문 위치를 변경하여 다음과 같이 규정하였다. 「① 근로자는 근로 조건의 향상을 위하여 자주적인 단결권·단체교섭권 및 단체행동권을 가진다. ② 공무원인 근로자는 법률로 인정된 자를 제외하고는 단결권·단체교섭권 및 단체행동권을 가질 수 없다.」 제1항에서는 근로 조건의 향상이라는 노동3권의 목적이 명시되었고, 자유라는 표현에서 권리라는 표현으로 수정되었다. 자연법적 관점에서 보면 헌법상 자유를 갖는다고 할 경우와 권리를 갖는다고 할 경우에는 크게 다르지 않다. 다만 이 항의 경우 건국헌법에서는 법률의 범위 내에서 보장된다

---

85) 헌재 2019.4.11. 2013헌바112, 근로기준법 제11조 제2항 위헌소원(합헌).
86) 헌재 2019.4.11. 2013헌바112.
87) 헌법제정 이전의 노동3권의 자세한 연혁에 대하여는 신인령, 노동기본권연구: 한국 근로자의 노동 삼권보장의 이론과 실제, 이화여자대학교 박사학위논문, 57-62쪽 참조.

고 했던 것을 제5차 개정헌법에서는 삭제하고 있는데 이는 노동3권에 대한 인식의 진일보라고 할 수 있다. 이 개정에서 보다 큰 변화는 제2항에서 발견된다. 1948년 헌법에서는 사법 관계에 있어서 노동3권의 효력의 법률적 근거를 마련한 규정이던 것을 삭제하고, 대신 공무원의 노동3권을 규정하면서 법률로 인정된 경우에 한하여서만 노동3권을 인정한다는 뜻을 밝히고 있다. 대통령의 중임조항 등을 개정한 제6차 개정헌법도 제5차 개정헌법의 내용이 그대로 시행되었다. 그러나 제7차 개정헌법(1972.12.27.)에 와서는 노동3권에 대한 보다 많은 제한이 가해지게 된다. 제7차 개정헌법은 조문의 위치 변경은 없이 「① 근로자의 단결권·단체교섭권 및 단체행동권은 법률이 정하는 범위 안에서 보장된다. ② 공무원인 근로자는 법률로 인정된 자를 제외하고는 단결권·단체교섭권 및 단체행동권을 가질 수 없다. ③ 공무원과 국가·지방자치단체·국영기업체·공익사업체 또는 국민 경제에 중대한 영향을 미치는 사업체에 종사하는 근로자의 단체행동권은 법률이 정하는 바에 의하여 이를 제한하거나 인정하지 아니할 수 있다.」라고 규정하였다. 제1항에서는 1948년 헌법으로 회귀하여 노동3권을 법률상 인정되는 권리로 전락시켰다. 제2항은 그대로였지만 제3항은 신설하여 동조 제2항에 의하여 노동3권이 공무원에게 법률상 인정되는 경우에도 이들의 단체행동권을 제한하거나 인정하지 않을 수 있다는 취지와 단체행동권이 제한되거나 인정되지 아니하는 범위를 공무원 이외의 자들에게로 확대하였다. 이로써 노동3권 특히 단체행동권에 대하여 보다 광범위한 제한이 가능하게 되었다.

제8차 개정헌법(1980.10.27.)에서는 노동3권의 보장을 제7차 개정헌법에 비하여 다소 강화하고 있다. 제8차 개정헌법은 조문의 위치를 변경하여 제31조에 노동3권을 다음과 같이 규정하였다. 「① 근로자는 근로 조건의 향상을 위하여 자주적인 단결권·단체교섭권 및 단체행동권을 가진다. 다만, 단체행동권의 행사는 법률이 정하는 바에 의한다. ② 공무원인 근로자는 법률로 인정된 자를 제외하고는 단결권·단체교섭권 및 단체행동권을 가질 수 없다. ③ 국가·지방자치단체·국공영기업체·방위산업체·공익사업체 또는 국민 경제에 중대한 영향을 미치는 사업체에 종사하는 근로자의 단체행동권은 법률이 정하는 바에 의하여 이를 제한하거나 인정하지 아니할 수 있다.」 제1항에서는 유신헌법이 취하였던 법률상의 권리로서의 노동3권을 제5차 개정헌법과 동일하게 헌법에 의하여 직접 보장되는 권리로 복귀시키고 있다. 이 점에 대하여는 타당하나 단서를 붙여 단체행동권에 대하여는 법률상 이를 형성할 수 있도록 하고 있었다. 따라서 이 점에 관한 한 완전한 제5차 개정헌법에로의 회귀라고는 할 수 없다. 제2항의 공무원의 노동3권에 대하여는 제5차 개정헌법 이래의 것을 그대로 따르고 있다. 그러나 단체행동권에 대한 규제를 규정한 제3항은 오히려 그 적용범위를 확대하여 공영기업체 및 방위산업체에 종사하는 근로자를 포함하고 있다.

현행 헌법은 제1항에서 단체행동권의 유보 조항을 삭제하여 완전히 제5차 개정헌법으로 복귀하여 기본권 보장을 강화하고 있다. 제2항은 제5차 개정헌법 이래로 계속되어 오던 내용과 변화가 없는데, 다만 그 법률 문언의 사용을 부정문에서 긍정문으로 바꾸었을 뿐이다. 단체행동권을 규제한 제3항도 그 범위를 축소하여 법률이 정하는 주요방위산업체만을 두고 나머지 「국가·지방자치단체·국공영기업체·공익사업체 또는 국민경제에 중대한 영향을 미치는 사업체」를 그 적용 대상에서 제외하고 있다. 타당한 개정이라고 하지 않을 수 없다.[88] 다만 그러한 가운데에서도 제3항이 주요방위산업체 종사자들에 대하여는 법률이 정하는 경우에는 제한할 수 있을 뿐만 아니라 인정하지 않을 수도 있다고 규정하고 있는 것은 문제라고 할 것이다.

이러한 노동3권에 대한 그동안의 헌법 규정의 변천을 보면 몇 가지 주요한 내용의 변화를 볼 수 있는데 우선, 노동3권이 법률로 정하는 바에 따라 보장되는가 하면 헌법에 의해 직접 보장되기도 하였고, 공무원의 경우에는 법률로 인정되는 자에 한하여 노동3권이 인정되어 왔으며, 그리고 특히 단체행동권에 대하여는 – 그 적용 대상의 변화에도 불구하고 – 일정한 경우에는 제한하거나 인정하지 않을 수 있다는 것이다.

NOTE	**노동3권 규정의 개정 연혁**			
1948년 제정 헌법	제18조 ① 근로자의 단결, 단체교섭과 단체행동의 자유는 법률의 범위내에서 보장된다.	제18조 ② 영리를 목적으로 하는 사기업에 있어서는 근로자는 법률의 정하는 바에 의하여 이익의 분배에 균점할 권리가 있다.		
제1차 개정	제18조 ① 근로자의 단결, 단체교	제18조 ② 영리를 목적으로 하는 사기업		

88) 헌재 1998.2.27. 95헌바10, 노동쟁의조정법 제12조 제2항 등 위헌소원(합헌) 참조.

헌법	섭과 단체항동의 자유는 법률의 범위내에서 보장된다.	에 있어서는 근로자는 법률의 정하는 바에 의하여 이익의 분배에 균점할 권리가 있다.	
제2차 개정 헌법	제18조 ① 근로자의 단결, 단체교섭과 단체행동의 자유는 법률의 범위내에서 보장된다.	제18조 ② 영리를 목적으로 하는 사기업에 있어서는 근로자는 법률의 정하는 바에 의하여 이익의 분배에 균점할 권리가 있다.	
제3차 개정 헌법	제18조 ① 근로자의 단결, 단체교섭과 단체행동의 자유는 법률의 범위내에서 보장된다.	제18조 ② 영리를 목적으로 하는 사기업에 있어서는 근로자는 법률의 정하는 바에 의하여 이익의 분배에 균점할 권리가 있다.	
제4차 개정 헌법	제18조 ① 근로자의 단결, 단체교섭과 단체행동의 자유는 법률의 범위내에서 보장된다.	제18조 ② 영리를 목적으로 하는 사기업에 있어서는 근로자는 법률의 정하는 바에 의하여 이익의 분배에 균점할 권리가 있다.	
제5차 개정 헌법	제29조 ① 근로자는 근로조건의 향상을 위하여 자주적인 단결권·단체교섭권 및 단체행동권을 가진다.		제29조 ② 공무원인 근로자는 법률로 인정된 자를 제외하고는 단결권·단체교섭권 및 단체행동권을 가질 수 없다.
제6차 개정 헌법	제29조 ① 근로자는 근로조건의 향상을 위하여 자주적인 단결권·단체교섭권 및 단체		제29조 ② 공무원인 근로자는 법률로 인정된 자를 제외하고는 단결권·

	행동권을 가진다.		단체교섭권 및 단체행동권을 가질 수 없다.	
제7차 개정 헌법	제29조 ① 근로자의 단결권·단체교섭권 및 단체행동권은 법률이 정하는 범위 안에서 보장된다.		제29조 ② 공무원인 근로자는 법률로 인정된 자를 제외하고는 단결권·단체교섭권 또는 단체행동권을 가질 수 없다.	제29조 ③ 공무원과 국가·지방자치단체·국영기업체·공익사업체 또는 국민경제에 중대한 영향을 미치는 사업체에 종사하는 근로자의 단체행동권은 법률이 정하는 바에 의하여 이를 제한하거나 인정하지 아니할 수 있다.
제8차 개정 헌법	제31조 ① 근로자는 근로조건의 향상을 위하여 자주적인 단결권·단체교섭권 및 단체행동권을 가진다. 다만, 단체행동권의 행사는 법률이 정하는 바에 의한다.		제31조 ② 공무원인 근로자는 법률로 인정된 자를 제외하고는 단결권·단체교섭권 및 단체행동권을 가질 수 없다.	제31조 ③ 국가·지방자치단체·국공영기업체·방위산업체·공익사업체 또는 국민경제에 중대한 영향을 미치는 사업체에 종사하는 근로자의 단체행동권은 법률이 정하는 바에 의하여 이를 제한하거나 인정하지 아니할 수 있다.
제9차 개정 헌법	제33조 ① 근로자는 근로조건의 향상을 위하여 자주적인 단결권·단체교섭권 및 단체행동권을 가진다.		제33조 ② 공무원인 근로자는 법률이 정하는 자에 한하여 단결권·단체교섭권 및 단체행동권을 가진다.	제33조 ③ 법률이 정하는 주요방위산업체에 종사하는 근로자의 단체행동권은 법률이 정하는 바에 의하여 이를 제한하거나 인정하지 아니할 수 있다.

2. 개념

가. 정의

노동3권이라 함은 헌법 제33조 제1항에 규정된 단결권, 단체교섭권, 단체행동권을 포괄하는 개념으로서 노동기본권 혹은 근로기본권, 혹은 노동3권 등으로 불리기도 한다. 즉, 노동3권은 근로자들이 근로 조건의 향상을 위하여 자주적 결사체를 조직하고, 결사체의 이름으로 사용자와 교섭하며, 이 과정에서 단체교섭의 실효성을 담보하기 위한 실력 행사를 할 권리로서 헌법적으로 보장된 것을 말한다.

나. 개념적 한계

노동3권의 범주에 포함되려면 **근로 조건의 향상**이라는 목적상의 한계가 있다. 따라서 순수한 정치 활동은 노동3권의 범주에 포함되지 않는다. 또한 **단결은 자주적인 것이**어야 한다는 조직과 활동상의 한계가 있다. 단결을 통하여 사용자와 대등한 위치에 도달하는 것이 목적이다. 따라서 단결권은 당연히 노동조합의 조직과 운영에 있어서 **자주성**이 핵심적인 과제로 등장하게 되고, 단결체가 단결체로서 존재하고 특정한 조직형태를 가지고 일정한 방침 아래 그 조직의 유지·확대를 위하여 노력하는 것은 전적으로 단결체 자신의 의사에 의하여 이루어져야 하며 국가는 이에 어떠한 간섭도 할 수 없다.

3. 목적

이와 같이 헌법상 보장된 노동3권은 "원칙적으로 개인과 기업의 경제상의 자유와 창의를 존중함을 기본으로 하는 시장 경제의 원리를 경제의 기본 질서로 채택하면서, 노동관계 당사자가 상반된 이해관계로 말미암아 계급적 대립·적대의 관계로 나아가지 않고 활동 과정에서 서로 기능을 나누어 가진 **대등한 교섭 주체**의 관계로 발전하게 하여 그들로 하여금 때로는 대립·항쟁하고, 때로는 교섭·타협의 조정 과정을 거쳐 분쟁을 평화적으로 해결하게 함으로써, 결국에 있어서 근로자의 이익과 지위의 향상을 도모하는 사회 복지 국가 건설의 과제를 달성"하는 데 목적이 있다고 할 수 있다.[89]

4. 법적 성격

헌법재판소는 처음에는 생존권적 기본권으로 보았지만,[90] 후에는 자유권을 강조하

---

89) 헌재 1993.3.11. 92헌바33, 노동조합법 제45조의2 등 위헌소원(합헌).
90) 헌재 1991.7.22. 89헌가106, 사립학교법 제55조, 제58조 제1항 제4호에 관한 위헌심판(합헌).

여 '사회적 보호기능을 담당하는 자유권' 또는 '사회권적 성격을 띤 자유권'이라고 하였다.[91] 노동3권에는 생존권의 측면이 보다 강하게 드러나 있다고 할 수 있지만, 단결하고 교섭하며 단체행동으로 이행할 권리라고 하는 방어권적 성격도 결코 경시될 수는 없다. 결론적으로는 자유권적 측면과 생존권적 측면을 동시에 가지는 권리라고 보아야 한다.[92]

II. 보장내용

1. 인적 보장내용

가. 기본권 주체

노동3권의 주체는 노동자 또는 근로자이다. 「노동조합 및 노동관계조정법」에 따르면 근로자는 직업의 종류를 불문하고 임금·급료 기타 이에 준하는 수입에 의하여 생활하는 자를 말한다(법 제2조 제1호).

대법원의 판례에 따르면 일시적으로 실업 상태에 있거나 **구직 중인 자**도 노동3권의 주체가 되고,[93] **해고된 노동자**도 노동위원회에 부당노동행위 구제신청을 한 경우에 중앙노동위원회의 재심판정이 있을 때까지는 노동3권의 주체가 된다.[94]

외국인도 고용되어 근로자로 근무하는 한 노동3권의 주체가 된다고 보아야 한다. 노동조합과 같은 단체도 노동3권의 주체가 된다.

대학 교원이 노동자성을 가지는가에 대해서는 논쟁이 있다. 헌법재판소는 "교원도 학생들에 대한 지도·교육이라는 노무에 종사하고 그 대가로 받는 임금·급료 그 밖에 이에 준하는 수입으로 생활하는 사람이므로 근로자에 해당한다."고 판시하고 있다.[95] 이 2015년 결정은 전교조가 법외노조 통보를 받은 것과 관련한 결정으로서 여기에서의 교원이 대학 교원을 포함하는 것인지에 대해서는 명확하지는 않았다고 할 수 있으나, 후에 대학 교원의 노동3권 침해 여부에 대해 판단한 2018년 결정에서 이 2015년 결정

---

91) 헌재 1998.2.27. 94헌바13등, 노동조합법 제33조 제1항 위헌소원(합헌).
92) 성낙인, 헌법학, 법문사, 2014, 1348쪽.
93) 대법원 2004.2.27. 2001두8568 판결.
94) 대법원 1992.3.31. 91다14413 판결.
95) 헌재 2015.5.28. 2013헌마671등, 교원의 노동조합 설립 및 운영 등에 관한 법률 제2조 위헌확인 등 (기각, 각하).

을 인용함으로써 대학 교원도 노동자임이 명확하게 되었다.[96]

공무원도 근로를 하여 봉급으로 생활을 하므로 당연히 노동3권을 누릴 수 있어야 하는 것이 원칙이다. 그러한 대한민국헌법은 공무원에 대해서는 법률이 정하는 자에 한하여 노동3권의 주체가 된다고 규정하고 있다(제33조 제2항). 이는 공무원의 노동3권 주체성에 대한 헌법 직접적인 제한에 해당한다. 그런데 공무원이라고 하더라도 헌법 이론적으로는 당연히 노동3권의 주체가 된다고 보아야 하므로, 법률이 정하는 공무원에 한하여서만 노동3권을 가지는 것으로 하여 원칙적으로 모든 공무원은 노동3권을 가질 수 없음을 전제로 하고 있는 것이 옳은 것인지는 의문이다. 공무원의 노동3권에 대해서는 「공무원의 노동조합 설립 및 운영 등에 관한 법률」이 규율하고 있다. 그런데 이 법률의 적용을 받는 공무원은 「국가공무원법」과 「지방공무원법」 각 제2조에서 규정하고 있는 공무원을 말한다. 다만 이 법률 제2조의 단서에 의해서 「국가공무원법」 제66조 제1항 단서 및 「지방공무원법」 제58조 제1항 단서에 따른 사실상 노무에 종사하는 공무원[97]과 「교원의 노동조합 설립 및 운영 등에 관한 법률」의 적용을 받는 교원인 공무원은 제외되어 있다. 그런데 이 법률의 규율을 받는 공무원도 같은 법 제11조에서 노동조합과 그 조합원은 파업, 태업 또는 그 밖에 업무의 정상적인 운영을 방해하는 일체의 행위를 할 수 없도록 규정하고 있어서 단체행동권을 가지지 못하고 있다.

나. 의무 주체

노동3권은 가장 전형적으로 사인인 제3자를 의무 주체로 상정한 개념이다. 헌법 제33조 제1항은 근로자의 노동3권을 규정하고 있고 제2항에서는 공무원인 근로자의 노동3권을 규정하고 있다. 따라서 제1항은 공무원이 아닌 자의 노동3권을 규정한 것이라고 보면 이를 헌법에 규정한 취지는 당연히 사용자와의 관계를 전제로 한 것이라고 볼 수 있다. 따라서 노동3권의 의무 주체는 우선적으로는 **사인인 사용자**이다. 따라서 노동3권은 사용자에 대해 직접 효력 있는 법으로서 기능한다. 헌법상의 노동3권의 의미와 상충하는 사용자와 노동자 사이의 계약은 그 범위 내에서 무효가 된다.

그러나 **국가도 여전히 의무 주체**가 된다. 따라서 국가는 노동자가 국가에 대하여 노동3권을 행사하는 것을 부당하게 방해해서는 안 될 뿐만 아니라, 나아가서는 사용자에

---

96) 헌재 2018.8.30. 2015헌가38, 노동조합 및 노동관계조정법 제5조 단서 등 위헌제청(헌법불합치).
97) 사실상 노무에 종사하는 공무원은 「노동조합 및 노동관계조정법」에 따라 노동3권을 향유한다.

대해 노동3권이 효력을 가질 수 있도록 이를 보장할 의무를 진다(제10조 제2문의 기본권 보장의무).

2. 물적 보장내용

근로조건의 향상을 위하여 노동3권이 보장된다(제33조 제1항). 이는 노동3권의 막연한 목적을 제시하고 있는 것이 아니라 노동3권이 성립하게 되는 요건을 제시한 것으로 보아야 한다. 명백히 근로조건의 향상을 위한 것이라고 볼 수 없는 경우에는 헌법상 기본권으로서 노동3권은 성립하지 않는다.

가. 단결권
1) 적극적 단결권

근로 조건의 유지·개선을 목적으로 사용자와 대등한 교섭력을 가지기 위한 단체를 구성할 권리를 말한다. 「노동조합 및 노동관계조정법」 제2조 제4호[98]에서는 이렇게 구성된 단체를 노동조합이라고 하고 있다.

2) 소극적 단결권

소극적 단결권, 즉 단결하지 아니할 자유는 단결권에 포함되지 않는다.[99] 헌법재판소는 소극적 단결권의 헌법적 근거는 헌법 제10조의 행복추구권에서 파생되는 일반적 행동의 자유 또는 제21조 제1항의 결사의 자유라고 하고 있지만,[100] 일반적 행동자유권의 보충적 권리로서의 성격을 고려하면 결사의 자유에 근거를 갖는다고 보는 것이 타당하다.

조직강제의 일종으로서 유니언 숍 협정(Union Shop)[101]이 헌법에 부합하는지에 대해서는 반대의견이 있으나, 헌법에 합치한다는 것이 헌법재판소의 입장이다. 헌법재판소는 조직강제권은 근로자의 단결하지 아니할 자유와 충돌하게 되지만, 적극적 단결권

---

98) "노동조합"이라 함은 근로자가 주체가 되어 자주적으로 단결하여 근로 조건의 유지·개선 기타 근로자의 경제적·사회적 지위의 향상을 도모함을 목적으로 조직하는 단체 또는 그 연합단체를 말한다. 다만, 다음 각목의 1에 해당하는 경우에는 노동조합으로 보지 아니한다. <각 호 생략>
99) 헌재 1999.11.25. 98헌마141; 2005.11.24. 2002헌바95등.
100) 헌재 2005.11.24. 2002헌바95등, 노동조합및노동관계조정법 제81조 제2호 단서 위헌소원(합헌).
101) 고용시 노동조합원만을 고용하거나 비조합원을 채용하는 경우에도 일정한 기간 이후에는 조합원이 되는 것을 조건으로 하는 사용자와 노동조합의 협정을 말한다.

은 소극적 단결권보다 특별한 의미가 있고, 조직강제권은 자유권을 수정하는 의미의 생존권적 성격을 함께 가지는 만큼 조직강제권을 인정한다고 하여 근로자의 단결하지 아니할 자유의 본질적인 내용이 침해된다고 할 수 없고, 또 조직 강제를 적법·유효하게 할 수 있는 노동조합의 범위를 엄격하게 제한하는 등 적정한 비례 관계를 유지하고 있으므로 헌법에 위반된다고 할 수 없다고 판시하고 있다.102) 또 노동조합 설립의 신고 제도 헌법에 위반되지 않는다고 한다.

나. 단체교섭권

단체교섭권은 근로자의 단체가 사용자와 근로 조건에 관하여 교섭할 수 있는 권리라고 할 수 있다. 근로자들의 단결은 단체교섭을 통해 단체협약에서 결실을 맺게 되는 것이다. 헌법재판소도 단체교섭권은 **단체교섭을 할 수 있는 권한**만이 아니라 단체교섭의 결과로 타결된 내용을 단체협약으로써 체결할 수 있는 권한, 즉 **단체협약체결권을 포함**하는 것이라고 하였다.103)

단체교섭과 관련하여서는 과거 「노동조합법」상 제3자 개입 금지 규정104)이 있었는데 이의 위헌 여부가 문제가 된 적이 있다. 제3자 개입 금지는 헌법이 인정하는 노동3권이나 그 밖에 표현의 자유 또는 행동의 자유 등 기본권의 내재적 한계를 넘어선 행위를 규제하기 위한 입법일 뿐, 근로자가 단순한 상담이나 조력을 받는 것을 금지하고자 하는 것은 아니므로, 근로자 등의 기본권을 제한하는 것이라고는 볼 수 없다는 것이 헌법재판소의 판례다.105) 그러나 제3자 개입 금지 조항은 현재 폐지되었다.

한편, 헌법재판소는 매월 1회 이상 정기적으로 지급하는 임금에 산입하기 위하여 1개월을 초과하는 주기로 지급하는 임금을 총액의 변동 없이 매월 지급하는 것으로 취업규칙을 변경하는 경우 근로자의 과반수로 조직된 노동조합이 있는 경우에는 노동조

---

102) 헌재 2005.11.24. 2002헌바95등.
103) 헌재 1998.2.27. 94헌바13등, 노동조합법 제33조 제1항 위헌소원(합헌).
104) 구 「노동조합법」 제12조의2: "직접 노동관계를 맺고 있는 노동자나 당해 노동조합 또는 법령에 의하여 정당한 권한을 가진 자를 제외하고는 누구든지 노동조합의 설립과 해산, 노동조합에의 가입·탈퇴 및 사용자와의 단체교섭에 관하여 관계 당사자를 조종·선동·방해하거나 기타 이에 영향을 미칠 목적으로 개입하는 행위를 하여서는 아니된다. 다만, 총연합단체인 노동조합 또는 당해 노동조합이 가입한 산업별 연합단체인 노동조합의 경우에는 제3자개입으로 보지 아니한다." 구 「노동조합법」 제45조의2(벌칙): "제12조 또는 제12조의 2의 규정에 위반한 자는 3년 이하의 징역 또는 500만원 이하의 벌금에 처한다."
105) 헌재 1993.3.11. 92헌바33, 노동조합법 제45조의2 등 위헌소원(합헌).

합, 없는 경우에는 근로자의 과반수의 의견을 듣도록 함으로써 노동조합 또는 근로자 과반수의 동의를 받을 필요 없도록 규정한 「최저임금법」 제6조의2 중 '제6조 제4항 제 2호 및 제3호 나목에 따라 산입되는 임금'에 관한 부분은 사용자가 일방적으로 상여금 등의 지급주기를 변경할 수 있도록 함으로써 단체교섭권을 제한하는 것이기는 하나 근로자의 생활안정을 꾀하고자 하는 조항으로서 과잉금지원칙을 위배하여 청구인들의 단체교섭권을 침해한다고 볼 수 없다고 보았다.[106]

다. 단체행동권

1) 개념

단체행동권이란 쟁의권(근로자가 그의 주장을 관철하기 위하여 업무의 정상적인 운영을 저해하는 행위를 할 수 있는 권리)을 의미한다. 단체행동권은 최후 수단적 성질의 근로자의 기본권이다.

2) 쟁의행위의 효과

쟁의행위로 인한 결과에 대하여 헌법 이론상 민·형사상 면책은 당연하다. 이에 따라 「노동조합 및 노동관계조정법」 제4조에서는 "형법 제20조의 정당행위 규정은 노동조합이 단체교섭·쟁의행위 기타의 행위로서 제1조의 목적을 달성하기 위하여 한 정당한 행위에 대하여 적용되는 것으로 규정하면서, 다만, 어떠한 경우에도 폭력이나 파괴행위는 정당한 행위로 해석되어서는 아니된다."고 하고 있다. 또 같은 법 제3조에서는 "사용자는 이 법에 의한 단체교섭 또는 쟁의행위로 인하여 손해를 입은 경우에 노동조합 또는 근로자에 대하여 그 배상을 청구할 수 없다."고 규정하고 있다.

「형법」 제314조에서는 "제313조(신용훼손)의 방법 또는 위력으로써 사람의 업무를

---

106) 헌재 2021.12.23. 2018헌마629등, 최저임금법 제6조 제4항 등 위헌확인(기각) - 최저임금 산입범위 및 취업규칙 변경 특례절차 사건. 이 사건에서는 지급주기의 변경은 사용자가 일방적으로 하는 것이므로 단체교섭권의 문제가 아니라 근로의 권리의 제한 문제이나, 그 제한의 정도가 크지 않으므로 근로의 권리를 침해한다고 할 수 없다는 4인 재판관의 반대의견 및 일부 별개의견이 있다. 이 사건에서는 또한 매월 1회 이상 정기적으로 지급하는 상여금 등 및 복리후생비의 일부를 최저임금에 산입하도록 한 「최저임금법」 제6조 제4항 제2호, 제3호 나목과 「최저임금법」 부칙 제2조는 적법절차원칙, 명확성원칙 및 포괄위임금지원칙에 위배되지 않고, 근로자 간 소득격차 해소에 기여하고 최저임금으로 인한 사용자의 부담을 완화하고자 하는 것으로서 최저임금에 산입하는 합리성을 인정할 수 있고 임금총액이 줄어들지 않기 때문에 근로자들의 근로의 권리도 침해한다고 할 수 없다고 판시하고 있다.

방해한 자는 5년 이하의 징역 또는 1천500만원 이하의 벌금에 처한다.”고 규정하고 있는데, 헌법재판소는 이 조항이 단체행동권을 침해하는 것이 아니라고 판시한 바 있다. 「형법」상 업무방해죄는 모든 쟁의행위에 대하여 무조건 적용되는 것이 아니라, 단체행동권의 내재적 한계를 넘어 정당성이 없다고 판단되는 쟁의행위에 대하여만 적용되는 조항임이 명백하기 때문에, 그 목적이나 방법 및 절차상 한계를 넘어 업무 방해의 결과를 야기하는 쟁의행위에 대하여만 형법 제314조를 적용하여 형사 처벌하는 것은 헌법상 단체행동권을 침해하였다고 볼 수 없다는 것이다.[107]

사용자에 의한 직장폐쇄는 「노동조합 및 노동관계조정법」 제46조[108]에 따라 허용되고 있고, 대법원[109]에서도 인정하고 있다. 이러한 태도에 대해서는 노동법 학자들은 대체로 긍정한다. 그러나 헌법 제33조의 주체는 노동자이기 때문에 기업의 자유의 일환으로 직장을 폐쇄하는 것은 별론으로 하고 사용자의 쟁의행위로서의 직장폐쇄는 근거 없다고 하는 견해도 있다.[110] 이 견해가 타당하다.

III. 노동3권의 제한과 제한의 한계

노동3권은 헌법상 그리고 법률에 의한 제한이 있다. 어느 경우에라도 과잉금지의 원칙을 지켜야 하고 또한 본질적 내용을 침해해서는 안 된다.

1. 헌법에 의한 제한

공무원인 근로자는 법률이 정하는 자에 한하여 단결권·단체교섭권 및 단체행동권을

---

107) 헌재 2010.4.29. 2009헌바168, 형법 제314조 제1항 위헌소원(합헌). 이 결정은 관여재판관(8인) 전원일치의견이다. 이에 따라 대법원에서는 단순파업의 위력 해당 여부에 대한 판단기준으로 전격성과 결과의 중대성을 들어 위력의 포섭 범위를 제한하였다(대판 2007도482 전원합의체 판결). 그러나 헌재 2022.5.26. 2012헌바66, 형법 제314조 제1항 위헌소원(합헌) 결정에서는 5인 재판관이 단순파업의 정당성 여하는 쟁의행위의 전후 사정과 경위 등을 종합하여 사후적으로 결정되는 것이므로, 사전에 노동조합법상의 정당성 문제를 명확하게 판단한다는 것을 기대하기는 어렵기 때문에 형법 제314조 제1항 중 단순파업에 관한 부분은 헌법에 위반된다는 일부위헌의견을 주장하였다.
108) 노동조합 및 노동관계조정법 제46조(직장폐쇄의 요건) ① 사용자는 노동조합이 쟁의행위를 개시한 이후에만 직장폐쇄를 할 수 있다. ② 사용자는 제1항의 규정에 의한 직장폐쇄를 할 경우에는 미리 행정관청 및 노동위원회에 각각 신고하여야 한다. <개정 1998.2.20>
109) 대법원 2003.6.13. 2003두1097 판결.
110) 김철수, 헌법학신론, 박영사, 2013, 1033-1034쪽 참조.

가진다(제33조 제2항). 그러나 모든 공무원에 대하여 단체행동권을 전면적으로 금지하는 것은 헌법에 위반된다.[111]

　　그런데 공무원인 근로자에게 노동3권이 적용되는지 여부 및 노동3권을 어느 정도 인정할 것인지의 심사기준과 관련하여 헌법재판소는 헌법 제33조 제2항은 법률로 정하는 자에 한하여 노동3권을 향유할 수 있도록 하고 있으므로, 이에는 입법자의 광범위한 입법 형성 여지가 인정되고 과잉금지원칙은 적용되지 않는다고 한다. 다만, 이 광범위한 입법 형성 여지를 일탈하는 경우에만 통제된다고 한다.[112] 그런데 이는 문제가 있다. 노동3권은 '노동자'라는 신분에 따라 보장되는 기본권이므로 공무원인 노동자라고 하더라도 원칙적으로 향유할 수 있는 것으로 보고, 다만 제33조 제2항의 법률로 정하는 공무원을 어디까지 어떻게 정할 것인가를 심사하여야 할 것이기 때문에 노동3권을 인정하는 공무원을 법률로 정함에 있어서는 과잉금지원칙에 입각한 통제가 따라야 할 것이다.

　　법률이 정하는 주요방위산업체에 종사하는 근로자의 단체행동권은 법률이 정하는 바에 의하여 이를 제한하거나 인정하지 아니할 수 있다(제33조 제3항). 여기서의 근로자는 방산 물자의 생산이라는 실질적인 기준에 따라 주요 방산 물자를 직접 생산하거나 생산 과정상 그와 긴밀한 연계성이 인정되는 공장에 속하는 근로자에 한정된다.[113]

　　헌법 제31조 제6항 교원지위 법률주의에 따라 사립학교교원의 노동3권도 제한될 수 있다. 구「사립학교법」상 교원은 노동조합 결성 등 집단 행동이 금지되었는데 헌법재판소는 이에 대해 합헌 결정하였다.[114] 이 사건에서 헌법재판소는 **헌법 제31조 제6항**은 교원의 보수 및 근무 조건 등을 포함하는 개념인 교원의 지위에 관한 기본적인 사항을 법률로 정하도록 한 것으로서 교원의 지위에 관련된 사항에 관한한 노동3권에 관한 **헌법 제33조 제1항에 우선하여 적용**된다고 판시하였다. 교원지위 법률주의를 규정한 헌법 제31조 제6항에 근거하여 교원의 노동3권의 제한이 가능하다는 논리이다. 그러나 사립학교'교원'의 노동3권을 전면 부인하는 것은 위헌이라고 보아야 한다.[115]

---

111) 헌재 1993.3.11. 88헌마5, 노동쟁의조정법에 관한 헌법소원(헌법불합치 － 재판관 8인의 의견).
112) 헌재 2008.12.26. 2005헌마971등, 공무원의 노동조합 설립 및 운영 등에 관한 법률 위헌확인 등 (각하, 기각).
113) 헌재 1998.2.27. 95헌바10, 노동쟁의조정법 제12조 제2항 등 위헌소원(합헌).
114) 헌재 1991.7.22. 89헌가106, 사립학교법 제55조 등에 관한 위헌심판(합헌).
115) 1999년부터 시행된 「교원의 노동조합 설립 및 운영 등에 관한 법률」은 국공립 및 사립을 불문하고 초·중등교원의 단결권, 단체교섭권을 인정하고 있다.

2. 법률에 의한 제한

가. 강제중재제도

구「노동조합및노동관계조정법」제62조 제3호는 노동위원회의 강제중재제도를 규정하고 있었고, 이 경우 15일간 쟁의행위가 금지된다고 규정하였다. 헌법재판소는 이를 합헌으로 보았으나 2006.12.30. 법률 개정으로 삭제되었다.

나. 제3자 개입 금지

구「노동조합및노동관계조정법」제40조에서는 노동조합이나 사용자 이외의 제3자는 단체교섭 또는 쟁의행위에 개입해서는 안 된다고 규정하고 있었다. 이 규정의 정당성에 대해서는 헌법재판소의 결정에서도 논쟁이 있었다. 헌법재판소의 법정의견은 이를 합헌으로 결정하였지만, 이 조항은 2006.12.30. 법률 개정으로 삭제되었다.

다. 교원노조의 설립 주체인 교원의 범위를 초ㆍ중등학교에 재직 중인 교원으로 한정한 「교원의 노동조합 설립 및 운영 등에 관한 법률」 제2조

구「교원의 노동조합 설립 및 운영 등에 관한 법률」제2조는 "이 법에서 "교원"이란 「초ㆍ중등교육법」제19조 제1항에서 규정하고 있는 교원을 말한다. 다만, 해고된 사람으로서「노동조합 및 노동관계조정법」제82조 제1항에 따라 노동위원회에 부당노동행위의 구제신청을 한 사람은「노동위원회법」제2조에 따른 중앙노동위원회의 재심판정이 있을 때까지 교원으로 본다."라고 규정하여 **현직**의 초ㆍ중등교원만 교원노조의 설립 주체로 하고 있다. 이에 대해 헌법재판소는 이 법률 조항은 해직 교원이나 실업ㆍ구직 중에 있는 교원 및 이들을 조합원으로 하여 교원노조를 조직ㆍ구성하려고 하는 교원노조의 단결권을 제한하는 것으로 보고 과잉금지심사를 거쳐 합헌 결정을 하였다.[116]

그런데 이 조항이 그 적용대상을 초ㆍ중등 교원에 한정하고 「고등교육법」의 대학 교원에는 적용하지 않도록 하고 있는 것에 대해서는 후에 헌법불합치결정이 내려졌다.[117]

---

116) 헌재 2015.5.28. 2013헌바671등, 교원의 노동조합 설립 및 운영 등에 관한 법률 제2조 위헌확인 등(기각, 각하).
117) 헌재 2018.8.30. 2015헌가38, 노동조합 및 노동관계조정법 제5조 단서 등 위헌제청(헌법불합치) – 전국교수노동조합 사건. 이에 대한 자세한 설명은 후술하는 NOTE 위헌 결정 사례(노동3권)

3. 제한의 한계

노동3권을 제한하는 경우에도 헌법 제37조 제2항에 따라 과잉금지원칙을 준수하여야 하며 노동3권의 본질적 내용은 침해해서는 안 된다.

헌법재판소는 모든 국가 및 지방공무원에 대하여 쟁의행위를 할 수 없게 한 구 「노동쟁의조정법」 제12조 제2항에 대해서 기본권의 본질적 내용을 침해할 수 없도록 규정하고 있는 헌법 제37조 제2항을 위반한 것으로 판단하였다.[118]

그런데 단체행동권을 모든 공무원에 대해 부인하고 있는 법률이 본질적 내용 침해 금지원칙을 위반한 것인지 여부를 판단하기 위해서는 다음의 2가지 검토를 선행하여야 한다. ① 모든 공무원의 단체행동권을 부인하는 것은 노동3권의 본질적 내용을 침해하는 것이라는 논리는 우선은 객관설(＝제도설)의 입장을 떠올리게 한다는 점이고, ② 두 번째는 단체행동권이 노동3권의 본질적 내용에 해당하는지 여부이다.

우선 ①과 관련하여서는 본질적 내용 침해금지원칙이 보호하려고 하는 것은 어디까지나 개인(또는 법인)의 헌법적 권리로서 기본권이다. 본질적 내용 침해금지원칙은 객관적 규범의 존속을 보장하는 데 그치는 것이 아니고, 구체적인 당해 규범의 적용에 있어서 개인의 기본권의 본질적 내용을 보호하려는 것이다. 예컨대 사형제도가 존재하여서 개인의 생명권이 박탈되는 경우가 있더라도 일반적으로 객관적 규범상 일반인의 생명권은 보호되고 있기 때문에 사형제도는 생명권의 본질적 내용의 침해가 아니라는 주장은 받아들이기 어렵다. 다만, 위 판례와 같이 단체행동권이 전혀 보장되지 않음으로써 구체적인 개인으로서 공무원의 단체행동권도 행사될 수 있는 여지가 전무한 경우에는 주관설의 입장에서도 본질적 내용의 침해라고 볼 수 있다. 이러한 점에서 위 판결의 내용이 본질적 내용의 침해라고 보는 것은 타당한 것으로 받아들여질 수 있다.

다음으로 ②와 관련하여서는 한편으로는 노동3권 각각을 별개의 권리로 보고 각각 본질적 내용의 존속을 요구하는 것으로 이해할 수 있고, 다른 한편으로는 노동3권의

참조. 2020년 개정된 교원노조법에서는 「유아교육법」과 「고등교육법」상 교원을 포함시켰고, 2021년 개정에서는 제2조 단서를 삭제하였다. 이는 정부가 국제노동기구의 핵심협약인 「결사의 자유에 관한 협약」의 비준을 추진하면서 해당 협약에 부합하는 내용으로 법률을 개정하기 위하여, 교원으로 임용되어 근무하였던 사람으로서 노동조합 규약으로 정하는 사람도 교원 노동조합에 가입할 수 있도록 하는 등 현행 제도의 운영상 나타난 일부 미비점을 개선·보완하기 위한 것이다(법제처 법안 개정이유 참조).

118) 헌재 1993.3.11. 88헌마5, 노동쟁의조정법에 관한 헌법소원(헌법불합치 – 재판관 8인의 의견).

상호 연관성을 고려하여 하나의 권리로 보고 전체로서의 노동3권의 본질적 내용의 존속을 보장하는 방법이 있을 수 있다. 적어도 전자로 이해할 경우에는 단체행동권을 완전히 부정하는 것은 본질적 내용 침해금지원칙을 위배하는 것임에는 명백하다. 후자의 경우로 이해할 경우에는 다툼이 있을 수 있다. 단체행동권이 없는 단결권이나 단체교섭권은 노동자의 입장에서는 별 의미가 없다는 점에서 노동3권의 각각의 특성을 인정하여서 단결권, 단체교섭권, 단체행동권의 각각의 본질적 내용을 침해하지 않도록 이해하는 것이 타당한 것으로 보인다. 따라서 헌법이 일정한 공무원의 경우에는 단체행동권을 포함하여 노동3권을 인정하고 있음에도 불구하고 법률로 단체행동권에 관하여는 모든 공무원에 대해 인정하지 않는 것은 본질적 내용 침해금지원칙을 위배한 것으로 판단된다. 결론적으로 헌법재판소가 모든 공무원에 대해 단체행동권을 부인하는 법률은 헌법 제33조 제2항의 노동3권의 본질적 내용의 침해라고 본 것은 타당한 것이라고 할 수 있다.

NOTE **위헌 결정 사례(노동3권)**

① 청원경찰의 노동쟁의행위 금지
구 「청원경찰법」에서는 「국가공무원법」 제66조 제1항을 준용하여 노동 운동을 못하도록 하고 있었는데, 이에 대해 헌법재판소는 종래 합헌 결정을 하였으나,[119] 2017년 판례를 변경하여 헌법불합치결정을 하였다.[120] 판결의 취지는 국가기관이나 지방자치단체에 근무하는 청원경찰과 그 이외의 곳에서 근무하는 청원경찰을 구분하지 아니하고 모든 청원경찰에 대해 노동3권을 전부 제한하고 있다는 점에 위헌이 있다는 것이다. 국회는 지난 2018.9.18. 준용 조항에서 「국가공무원법」 제66조 제1항을 삭제함으로써 청원경찰은 구분 없이 모두 노동쟁의를 할 수 있게 되었다.
② 「교원의 노동조합 설립 및 운영 등에 관한 법률」의 적용 교원을 초·중등 교원에 한정하고 「고등교육법」의 대학 교원에는 적용하지 않도록 한 같은 법 제2조
헌법재판소는 2015년 결정에서 이미 같은 「교원의 노동조합 설립 및 운영 등에 관한 법률」 제2조에 대해 합헌 결정을 한 바 있으나, 2015년 결정은 교원노조의 주체를 <u>현직 초·중등교원에 한정</u>하는 것을 합헌으로 본 것이고, 2018년 결정은 교원노조의 주체를 초·중등교원에 한정한 것을 헌법에 위반된다고 본 것이라는 점에서 구별된다.[121]

---

119) 헌재 2008.7.31. 2004헌바9, 노동조합 및 노동관계조정법 제7조 제3항 등 위헌소원(합헌).
120) 헌재 2017.9.28. 2015헌마653, 청원경찰법 제5조 제4항 등 위헌확인(헌법불합치, 각하).
121) 2015년 결정에서는 "'교원의 노동조합 설립 및 운영 등에 관한 법률' 제2조는 헌법에 위반되지 아니한다."는 주문을 내고 있고, 2018년 결정에서는 "교원의 노동조합 설립 및 운영 등에 관한 법률(2010. 3. 17. 법률 제10132호로 개정된 것) 제2조 본문은 헌법에 합치되지 아니한다. 위 법률 조

「사립학교법」 제55조에 따르면 교원의 복무에 관하여는 국·공립학교의 교원에 관한 규정을 준용하고, 「국가공무원법」 제66조 제1항에 따르면 공무원은 노동 운동이나 그 밖에 공무 외의 일을 위한 집단 행위를 하여서는 안 된다. 그런데 「노동조합 및 노동관계조정법」 제5조에는 근로자에 대해서는 노동조합을 자유로이 조직하고 가입할 수 있게 하면서, 단서에서는 공무원과 교원에 대하여는 따로 법률로 정하도록 하고 있고, 이를 정하는 법률인 「교원의 노동조합 설립 및 운영 등에 관한 법률」 제2조에서는 이 법률을 「초·중등교육법」의 교원에 대해서만 적용하도록 하고 있기 때문에 결국 국·공·사립의 대학 교원의 단결권은 인정하지 않는 결과가 되어 있었다. 이에 따라 대학 교원으로 구성된 전국 단위의 노동조합이 노동조합 설립 신고서를 제출하자 고용노동부장관이 이를 반려하였는데 반려된 노동조합이 제기한 위헌법률심판에서 헌법재판소는 「교원의 노동조합 설립 및 운영 등에 관한 법률」(2010.3.17. 법률 제10132호로 개정된 것) 제2조는 "이 법에서 "교원"이란 「초·중등교육법」 제19조 제1항에서 규정하고 있는 교원을 말한다."라고 규정함으로써 대학 교원에 대해서는 단결권조차 인정하지 않고 있는 것은 헌법에 위반된다고 판단하였다. 교육 공무원이 아닌 대학 교원에 대해서는 과잉금지원칙을 적용하여 단결권을 행사하지 못하게 하는 것은 헌법에 위반되고, 교육 공무원인 대학 교원에 대해서는 입법 형성의 범위를 일탈하였는지 여부를 기준으로 판단하여 공무원인 대학 교원의 단결권을 전면적으로 부정하는 것은 입법 형성의 범위를 벗어난 입법으로 판단하여 심판 대상조항에 대하여 잠정 적용의 헌법불합치결정을 한 것이다.[122]

헌법 제33조 제1항은 근로자는 단결권, 단체교섭권, 단체행동권의 노동3권을 가진다고만 되어 있을 뿐 그 내용의 형성이 법률에 유보되어 있지 않다. 따라서 교육 공무원이 아닌 대학 교원의 경우에 이를 제한하는 법률의 위헌심사기준은 마땅히 과잉금지원칙이 되어야 한다는 점에서 위 결정은 타당하다.

그런데 위 결정에서 교육 공무원인 대학 교원에 대해서는 입법 형성의 범위를 일탈하였는지 여부를 기준으로 심사하고 있다. 공무원은 헌법 제33조 제2항에 의하여 법률이 정하는 자에 한하여 노동3권을 가지고 있기 때문에 입법자는 그에 관하여 광범위한 입법 형성권이 있기 때문이라는 것이다. 다만, 이 입법 재량도 무제한적인 것은 아니어서 노동3권을 보장하고 있는 헌법의 정신의 존중, 국제 사회에 있어서의 노동 관계 법규 등 고려, 근로자인 공무원의 직위·직급·직무 성질, 그 시대의 국가·사회적 상황 등을 함께 고려하여 합리적으로 결정하여야 한다고 판시하였다.[123] 결국 이 쟁점과 관련하여서 헌법재판소가 택한 심사기준은 합리성 심사다. 이는 광범위한 입법 재량의 행사에 대한 헌법적 통제다. 이에 더하여 내용 통제로서 본질적 내용 침해금지원칙이 경우에 따라서 효력을 발휘할 경우도 존재하게 된다. 그러므로 공무원인 대학교원의 노동3권이 본질적으로 침해되는 경우

항은 2020. 3. 31.을 시한으로 개정될 때까지 계속 적용한다."라는 주문을 내고 있어 판단의 취지가 구분된다.

122) 헌재 2018.8.30. 2015헌가38, 노동조합 및 노동관계조정법 제5조 단서 등 위헌제청(헌법불합치).
123) 이 부분 헌재 1992.4.28. 90헌바27, 국가공무원법 제66조에 대한 헌법소원(합헌) 결정 참조.

에는 위헌이 될 수 있다.

> **NOTE** **합헌 결정 사례(노동3권)**
>
> 헌법재판소는 특수경비원의 '파업·태업 그 밖에 경비업무의 정상적인 운영을 저해하는 일체의 쟁의행위'를 금지하는 「경비업법」 제15조 제3항에 대한 심판청구를 기각하였다. 그런데 이 결정에서는 5인 재판관의 위헌의견이 있다는 점을 유의할 필요가 있다. 동일한 규정에 대해 마찬가지로 합헌 선언을 한 종전 결정에서는 위헌의견이 3인이다.[124]

제5항 환경권

Ⅰ. 의의

헌법 제35조에서는 환경권을 기본권으로서 규정하고 있다. 환경권은 인간다운 환경 속에서 생활할 수 있는 권리를 의미한다. 이 환경은 좁게는 자연환경, 생활환경 등을 말하지만, 넓게 보아서 문화적·사회적 환경권을 포함하는 견해도 있다. 국가가 이러한 인간 환경을 보장하여 주기 위해서는 많은 경우에 재정적 보조가 있어야 한다.

그 외에도 국가가 환경권을 침해하는 경우에는 국가를 상대로 하는 손해배상소송, 행정소송 등을 제기함으로써 구제될 수 있다. 국가가 환경권으로 보장하려는 기본권적 가치는 무엇보다 사인에 의한 침해의 가능성이 높다. 환경 소송에 있어서는 원고의 확정 및 피해와의 인과관계를 입증하는 것이 어려운 문제이다. 환경범죄에 대처하기 위하여 「환경범죄의 단속 및 가중처벌에 관한 법률」이 있다.

Ⅱ. 법적 성격

환경권은 자유권적 성격과 생존권적 성격을 동시에 가진다.[125] 국가나 공권력에 의한 환경 침해에 대하여는 그 침해를 배제할 수 있는 자유권적 권리가 도출되고, 공해

---

124) 헌재 2023.3.23. 2019헌마937, 경비업법 제15조 제3항 위헌확인(기각, 각하).
125) 김철수, 헌법학신론, 2013, 1066쪽.

나 오염 등으로 환경이 침해된 경우에는 건강하고 쾌적한 환경의 유지·보존을 위하여 국가에 대해 일정한 요구를 할 수 있는 생존권으로서의 청구권이 나온다.

그런데 환경권은 헌법 제35조 제1항 후문에서 "국가와 국민은 환경보전을 위하여 노력하여야 한다."라고 규정함으로써 환경권 주체인 국민에게 의무가 동시에 부과되어 있는 기본권이라고 할 수 있다.

III. 보장내용

1. 인적 보장내용

가. 기본권 주체

환경권의 주체는 원칙적으로 자연인인 국민이다. 이와 관련하여 **미래 세대의 기본권** 주체성을 인정하는 견해가 있다.[126] 이 견해는 매우 웅변적이기는 하나 미래 세대가 환경에 대해 중요한 이해관계를 가진다고 해도 그로부터 아직 출생하지 않은 미래세대에게 헌법상 기본권의 주체성이 인정된다고는 말하기 어렵다.

법인 및 단체는 환경권의 주체로 인정되지 않는다. 그러나 환경 파괴를 고발하고 제소하는 것만을 목적으로 하는 독립된 환경 보호 단체를 인정하여야 한다는 견해가 있다.

나. 의무 주체

환경권의 의무 주체는 원칙적으로 국가, 지방자치단체, 공법인 등이다. 따라서 환경권의 주체는 국가의 환경 침해에 대해 중지를 청구할 수 있다. 공권력에 의한 환경권 침해에 대해서는 헌법소원을 제기할 수 있다. 환경권은 당연히 입법부를 구속하기 때문에 특정한 경우에 환경권을 구체화하는 입법이 없는 경우에는 입법부작위로서 헌법소원의 대상이 될 수 있다.

환경권의 대사인적 효력에 대해서는 다툼이 있을 수 있다. 대법원은 헌법상 환경권의 권리성을 부인하는 입장이다: "환경권은 명문의 법률 규정이나 관계 법령의 규정 취지 및 조리에 비추어 권리의 주체, 대상, 내용, 행사 방법 등이 구체적으로 정립될 수

---

126) 고문현, 미래세대의 환경권, 공법연구 31-4, 2003, 173쪽 이하 참조.

있어야만 인정되는 것이므로, **사법상의 권리로서 환경권**을 인정하는 명문의 규정이 없는 데도 환경권에 기하여 직접 방해배제청구권을 인정할 수는 없다."[127] 환경권은 직접적 대사인효를 규정하고 있지 않기 때문에 헌법상의 환경권 규정은 사인에게 적용되지 않는다. 따라서 판례가 헌법에서 직접 사법상의 어떤 권리가 나오는 것은 아니라고 한 것은 타당하다. 그러나 그렇다고 하여 환경권이 사법상 효력을 전개할 수 없다는 것을 선언한 것은 아니라는 점을 주의하여야 한다. 즉, 국가는 환경권으로 보장하고자 하는 법익이나 가치가 사법상으로도 부당하게 침해되지 않도록 보호할 의무를 진다. 이 경우 국가는 환경권의 보호법익과 상충하는 타인의 헌법적 이익의 실천적 조화의 방법을 모색할 수 있다.

2. 물적 보장내용

가. 환경의 의미

환경은 자연환경(지하·지표·해양을 포함한다) 및 지상의 모든 생물과 이들을 둘러싸고 있는 비생물적인 것을 포함한 자연의 상태(생태계 및 자연 경관을 포함한다: 환경정책기본법 제3조), 생활환경(대기, 물, 폐기물, 소음·진동, 악취, 일조 등 사람의 일상생활과 관계되는 환경: 환경정책기본법 제3조), 문화환경(역사적 문화적 유산), 사회환경(도로, 공원, 교량 등 사회적 시설)으로 구분할 수 있다.

학설에서는 환경권에서 말하는 환경은 자연환경뿐만 아니라 생활환경, 문화환경, 사회환경 등 모든 환경을 포함하는 넓은 의미의 환경권을 주장하는 견해가 있고, 자연환경과 생활환경만을 환경권의 내용으로 이해하는 견해가 있다. 결론적으로 환경권에서 말하는 환경은 자연환경과 생활환경만을 의미하는 것으로 보는 것이 타당할 것이다. 환경권을 지나치게 확대하여 문화적·사회적 환경까지 포괄하게 되는 것은 오히려 환경권의 의미를 약화시킬 수 있을 뿐만 아니라, 그러한 환경은 인간의 존엄과 가치나 생존권 등 헌법상 규정된 다른 기본권의 보장영역에 속한다고 보는 것이 더 자연스러운 것으로 보이기 때문이다.

환경권의 내용과 행사에 관하여는 법률로 정한다(제35조 제2항). 이를 환경권 법률주의라고 한다. 환경권을 보장하기 위하여 「환경정책기본법」, 「대기환경보전법」, 「소

---

127) 대법원 1997.7.22. 96다56153 판결.

음·진동관리법」, 「물환경보전법」, 「환경분쟁 조정법」 등이 제정되어 있다.

나. 건강하고 쾌적한 환경에서 생활할 권리

모든 국민은 건강하고 쾌적한 환경에서 생활할 권리를 가진다. 건강하고 쾌적한 환경은 그 자체로서도 중요하지만, 환경이 훼손될 경우에는 건강과 생명에까지 위협이 초래될 수 있기 때문에 다른 중요한 자유권과도 밀접한 관련성을 가진다.

다. 쾌적한 주거생활을 할 수 있는 권리

모든 국민은 쾌적한 주거생활을 할 권리가 있다. 현대인의 생활에서 주거가 차지하는 비중이 점점 커지고 있기 때문에 쾌적한 주거에서 생활하는 것은 육체적·정신적 건강을 위해서도 매우 중요한 의미를 갖는다. 쾌적하고 살기 좋은 주거환경 조성에 필요한 주택의 건설·공급 및 주택시장의 관리 등에 관한 사항을 정함으로써 국민의 주거안정과 주거수준의 향상에 이바지함을 목적으로 「주택법」이 제정되어 있다. 현행 「주택법」에서는 거짓이나 그 밖의 부정한 방법으로 「주택법」에 따라 건설·공급되는 증서나 지위 또는 주택을 공급받거나 공급받게 하는 행위 등을 공급질서 교란 행위로 보고 이를 금지하고 있다(주택법 제65조 제1항). 또 국토교통부장관 또는 사업주체는 이를 위반하는 자에 대해서는 그 주택 공급을 신청할 수 있는 지위를 무효로 하거나 이미 체결된 주택의 공급계약을 취소하여야 한다(주택법 제65조 제2항).[128] 이 규정에 따라 사업주체(예컨대 서울주택도시공사)가 공급질서 교란행위를 이유로 주택공급계약을 취소하면 불이익을 받는 선의의 제3자가 있을 수 있다. 「주택법」은 선의의 제3자를 보호하는 규정을 두고 있다(주택법 제65조 제6항).[129]

---

[128] 구법에서는 취소할 수 있다고 한 것을 2021.3.9. 법 개정을 통하여 강행규정으로 개정하였다.

[129] 주택법 제65조 제6항 "국토교통부장관 또는 사업주체는 제2항에도 불구하고 제1항을 위반한 공급질서 교란 행위가 있었다는 사실을 알지 못하고 주택 또는 주택의 입주자로 선정된 지위를 취득한 매수인이 해당 공급질서 교란 행위와 관련이 없음을 대통령령으로 정하는 바에 따라 소명하는 경우에는 이미 체결된 주택의 공급계약을 취소하여서는 아니 된다." 그러나 헌법재판소는 선의의 제3자 보호규정을 두지 않은 구 「주택법」 제39조 제2항(국토교통부장관 또는 사업주체는 다음 각 호의 어느 하나에 해당하는 자에 대하여는 그 주택 공급을 신청할 수 있는 지위를 무효로 하거나 이미 체결된 주택의 공급계약을 취소할 수 있다. 1. 제1항을 위반하여 증서 또는 지위를 양도하거나 양수한 자, 2. 제1항을 위반하여 거짓이나 그 밖의 부정한 방법으로 증서나 지위 또는 주택을 공급받은 자)에 대해 재산권을 침해하지 않는다는 합헌 결정을 하였다[헌재 2022. 3.31. 2019헌가26, 구 주택법 제39조 제2항 위헌제청(합헌)]. 이 결정의 법정의견(8인 재판관)은

Ⅳ. 제한과 정당화

환경권도 법률로써 제한할 수 있다. 그러나 제한하는 경우에도 헌법 제37조 제2항에서 규정하고 있는 과잉금지원칙이나 본질적 내용 침해금지 원칙 등 기본권제한의 한계를 준수하여야 한다. 환경권을 침해하는 경우에는 헌법소송이 가능하지만, 이 경우 자유권적 내용의 환경권이 침해되는 경우와 생존권적 내용의 환경권이 침해되는 경우에 심사기준이나 강도가 달라질 수 있을 것이다. 입법부작위에 대해서도 헌법소원이 가능하지만, 그 전제로서 입법의무가 인정되기란 쉽지 않을 것이다. 헌법재판소의 판례에 따르면 국가의 환경권보장의무가 헌법에 위반되는지 여부를 판단함에 있어서는 과소보호금지원칙이 심사기준으로 적용된다.[130]

사인에 의한 환경권의 침해에 대해서는 국가의 환경권보장의무(제10조 제2문)가 인정된다. 이 경우는 그 행사가 환경권 침해를 불러온 사인의 기본권과 환경권을 규범 조화적으로 해석·적용할 의무가 발생한다.

NOTE	**위헌 결정 사례(환경권)**	

「공직선거법」에서 확성장치의 사용수량에 대해서는 규정하면서 확성장치의 소음 규제기준은 마련하고 있지 않은데 대하여 헌법재판소는 "선거운동의 자유를 감안하여 선거운동을 위한 확성장치를 허용할 공익적 필요성이 인정된다고 하더라도 정온한 생활환경이 보장되어야 할 주거지역에서 출근 또는 등교 이전 및 퇴근 또는 하교 이후 시간대에 확성장치의 최고출력 내지 소음을 제한하는 등 사용시간과 사용지역에 따른 수인한도 내에서 확성장치의 최고출력 내지 소음 규제기준에 관한 규정을 두지 아니한 것은, 국민이 건강하고 쾌적하게 생활할 수 있는 양호한 주거환경을 위하여 노력하여야 할 국가의 의무를 부과한 헌법 제35조 제3항에 비추어 보면, 적절하고 효율적인 최소한의 보호조치를 취하지 아니하여 국가의 기본권 보호의무를 과소하게 이행한 것으로서, 청구인의 건강하고 쾌적한 환경에서 생활할 권리를 침해하므로 헌법에 위반된다."고 판시하고 있다.[131]

심판대상조항이 "취소할 수 있다."로 규정하여 사업주체가 제3자 보호의 필요성 등을 고려하여 주택공급계약의 효력을 유지할 수 있는 가능성을 열어두고 있다는 점도 고려한 판단이었다.

130) 헌재 2019.12.27. 2018헌마730, 공직선거법제79조 제3항 등 위헌확인(헌법불합치).

131) 헌재 2019.12.27. 2018헌마730. 선례를 변경한 결정이다. 과거 헌법재판소는 헌재 2008.7.31. 2006헌마711 결정에서 실질적으로 내용이 동일한 구 공직선거법(2005.8.4. 법률 제7681호로 개정되고, 2010.1.25. 법률 제9974호로 개정되기 전의 것) 제79조 제3항이 청구인의 기본권을 침해한 것이 아니므로 헌법에 위반되지 않는다는 취지로 청구인의 심판청구를 기각하였었다. 2008년 결정에서는 과소보호금지원칙을 적용하면서도 명백성통제를 하였는데, 2019년 결정에서는 이를

V. 환경권 보장을 위한 방안으로서 국가와 국민의 헌법적 의무

1. 국가와 국민의 환경보전노력의무

헌법은 국가와 국민에 대하여 환경보전을 위하여 노력할 의무를 부여하고 있다(제 35조 제1항 후문).

앞에서 살펴본 바와 같이 국가는 기본권인 환경권의 보장의무자이면서 특별히 환경 보전을 위해 노력할 의무가 별도로 명시되어 있는 것이다. 이는 단순히 환경권이라는 기본권과 구체적·개별적으로 관련이 되지 않는 경우에도 국가 스스로가 환경을 유지·보전하기 위한 일반적 정책을 수립하고 시행할 의무를 부과하고 있는 것이다. 노력의무이므로 환경보전을 위한 과정상의 책임을 원칙으로 하지만 결과책임으로부터 전적으로 자유로운 것은 아니다. 인간다운 생활을 하기 위한 최소한의 환경보전정책마저 실패한다면 그것은 국가의 노력의무의 위반이라고 할 수 있다. 그런 점에서 제도보장의 하나로 볼 수 있을 것이다.

헌법 제35조 제1항에 따라 국민에게 부과된 환경보전을 위한 노력의무는 국민의 헌법상 의무의 하나로서 환경보전의무를 말하는 것이고, 국민이 환경권의 의무 주체가 되는 것을 의미하는 것은 아니다. 국민에게 헌법상 부여된 환경보전의무는 구체적인 입법을 통한 규율로 구체화되고 경우에 따라서는 다양한 기본권의 제한이 될 수 있는데 이때 국민에게 부과된 환경보전노력의무는 그 헌법적 정당성의 근거가 될 수 있다.

2. 주택개발정책을 통하여 국민이 쾌적한 주거생활을 할 수 있도록 노력할 국가의 의무

국민이 가지는 쾌적한 주거생활을 할 권리의 실현을 위해 국가에게는 주택개발정책을 통하여 국민이 쾌적한 주거생활을 할 수 있도록 노력할 의무를 부과하고 있다. 따라서 쾌적한 주거생활이 가능한 양질의 주택을 공급하는 것은 국가의 헌법적 의무가 된다.

포기하고 상대적으로 엄격한 심사밀도를 적용한 것으로 보는 견해(공진성)도 있다(이재희, "기후 변화와 인권"에 대한 토론문, 한국헌법학자대회, 2022.9.2. 참조).

제6항 혼인 · 가족에 관한 권리와 모성의 보호

I. 혼인과 가족에 관한 권리

1. 법적 성격

헌법 제36조 제1항은 "혼인과 가족생활은 개인의 존엄과 양성의 평등을 기초로 성립되고 유지되어야 하며, 국가는 이를 보장한다."고 규정하여 혼인제도와 가족제도를 보장하고 있다. 헌법재판소는 이는 **제도보장**일 뿐만 아니라 이를 근거로 국가에 대하여 개인의 존엄과 남녀평등에 기초한 혼인제도 및 가족제도의 보호를 요구할 수 있는 **권리**라고 보고 있다.[132] 또한 헌법재판소는 이는 공 · 사법 영역 공히 영향을 미치는 **헌법원리 내지 원칙 규범**으로서의 성격도 갖는 것으로 본다.[133]

2. 보장내용

가. 인적 보장내용
1) 기본권 주체

혼인과 가족에 관한 권리는 자연인인 국민이 주체가 된다. 인간의 권리로서 외국인에게도 인정된다.[134]

2) 의무 주체

혼인과 가족에 관한 권리의 의무 주체는 국가, 지방자치단체, 공법인 등이다.

나. 물적 보장내용

앞에서 살펴본 바와 같이 법적 성격에 따라서 보면 혼인과 가족에 관한 권리는 기본권과 제도보장, 그리고 헌법원리 내지 원칙 규범으로서의 보장내용으로 구분할 수 있다. 법적으로 승인되지 아니한 사실혼은 헌법 제36조 제1항의 보장내용에 포함되지

---

132) 헌재 2002.3.28. 2000헌바53, 형법 제259조 제2항 위헌소원(합헌).
133) 헌재 2002.8.29. 2001헌바82, 소득세법 제61조 위헌소원(위헌).
134) Jarass, GG-Kommentar, 8. Aufl., Art. 6 Rn. 6.

않는다.135)

1) 기본권과 제도보장으로서의 보장내용

기본권과 제도보장으로서의 보장내용은 인간다운 생활을 보장하는 것이다. 혼인은 개인의 존엄과 양성의 평등을 기초로 성립한다. 헌법의 남녀의 평등 이념을 실현하기 위해 「양성평등기본법」이 제정되어 있다.

여기에 속하는 구체적인 권리로는 ① 혼인을 할 것인가 하지 않을 것인가를 스스로 결정할 수 있는 권리, ② 혼인의 시기와 상대방에 대한 자유로운 선택, ③ 그렇게 하여 선택한 혼인과 가족생활을 유지할 권리 ④ 이상에 대한 국가의 보장의무 등이 있다.136) ①과 ②를 함께 **결혼의 자유**137) 또는 **혼인의 자유**138)라고 한다.139)

최근 대법원은 종전 판례를 변경하여 「민법」상 제사주재자는 「민법」상 공동상속인 간 협의에 의해 정하지만 협의가 이루어지지 않는 경우에는 남녀를 불문하고 피상속인의 가장 가까운 직계비속 중 최연장자가 맡는 것이 성별에 의한 차별을 금지한 헌법 제11조와 개인의 존엄과 양성의 평등에 기초한 혼인과 가족생활을 보장하는 헌법 제36조 정신에 부합한다고 판시하였다.140)

2) 헌법원리 내지 원칙 규범으로서의 보장내용

이는 적극적 내용과 소극적 내용으로 나눌 수 있다.141) 적극적 내용으로는 국가의 과제로서 적절한 조치를 통해서 혼인과 가족을 지원하고 제3자에 의한 침해에 대하여 혼인과 가족을 보호할 것을 의미하고, 소극적 내용으로는 국가의 의무로서 불이익을

---

135) 헌재 2014.8.28. 2013헌바119, 민법 제1003조 제1항 위헌소원(합헌).
136) 헌재 1997.7.16. 95헌가6등, 민법 제809조 제1항 위헌제청(헌법불합치).
137) 김철수, 헌법학(상), 2008, 1212쪽.
138) 헌재 2011.11.24. 2009헌바146, 구 소득세법 제89조 제3호 등 위헌소원(헌법불합치).
139) 부모의 자녀에 대한 보호와 양육권도 헌법 제36조 제1항에서 나온다는 견해도 있다. 이 견해는 의료인의 태아 성별 고지 행위를 금지하여 태아의 부모가 태아의 건강상태와 함께 태아의 성별을 정확히 알 권리를 제한하는 것은 헌법 제36조 제1항에서 나오는 부모의 태아에 대한 보호양육권을 제한하는 것이라고 한다[헌재 2008.7.31. 2004헌마1010, 의료법 제19조의2 제2항 위헌확인 등 (헌법불합치) 결정에서 재판관 이공현, 조대현, 김종대의 단순위헌 의견 참조].
140) 대법원 2023.5.11. 2018다248626 전원합의체 판결. 종전 판결은 제사주재자는 우선적으로 공동상속인들 사이의 합의에 의해 정하되, 협의가 이루어지지 않는 경우에는 제사주재자의 지위를 유지할 수 없는 특별한 사정이 있지 않는 한 망인의 장남 또는 장손자가 제사주재자가 되고 아들이 없는 경우에는 망인의 장녀가 제사주재자가 된다고 판시한 바 있다(대법원 2008.11.20. 2007다27670 전원합의체 판결).
141) 헌재 2002.8.29. 2001헌바82, 소득세법 제61조 위헌소원(위헌).

야기하는 제한 조치를 통해서 혼인과 가족을 차별하지 않을 것을 요구한다. 헌법재판소의 이 논리는 결국 헌법 제10조 제2문의 국가의 기본권보장의무로도 일반적으로 설명할 수 있다.[142]

3. 제한과 제한의 정당화

혼인의 자유의 제한으로는 「민법」 제810조의 중혼의 금지를 들 수 있다. 혼인의 자유라고 하더라도 중혼은 허용되지 않는 것으로 보기 때문에 혼인의 자유에 대한 제한이 된다. **결혼퇴직제도**(독신조항)도 혼인의 자유에 대한 제한이다. 그러나 헌법적 정당성이 없는 것으로 평가되어 법률상 금지되고 있다.[143] 혼인의 자유에 대한 제한도 헌법 제37조 제2항의 기본권제한입법의 원칙을 준수하여야 한다.

NOTE **위헌 결정 사례(혼인의 자유)**

① 「형법」이 간통죄를 처벌하는 것은 성적자기결정권 및 사생활의 비밀과 자유를 침해로서 헌법에 위반된다. 위헌의견 7인 중 5인의 다수 의견은 혼인제도를 보호하고 부부 간 정조 의무를 지키게 하기 위한 것으로 그 입법 목적의 정당성은 인정되나, 일부일처제의 혼인제도와 가정 질서를 보호한다는 목적을 달성하는 데 적절하고 실효성 있는 수단이라고 할 수 없으며 간통 행위를 형벌로 처벌하는 것은 침해 최소성도 법익 균형성도 갖추지 못한 것이라고 보았다.[144]
② 1세대 3주택 이상에 해당하는 주택에 대하여 양도소득세 중과세를 규정하고 있는 구 「소득세법」 소정의 규정은 혼인으로 새로이 1세대를 이루는 자를 위하여 상당한 기간 내에 보유 주택 수를 줄일 수 있도록 하고 그러한 경과 규정이 정하는 기간 내에 양도하는 주택에 대해서는 혼인 전의 보유 주택 수에 따라 양도소득세를 정하는 등의 완화 규정을 두는 것과 같은 손쉬운 방법이 있음에도 이러한 완화 규정을 두지 않았으므로 과잉금지원칙에 반하여 헌법 제36조 제1항을 침해하는 것이다.[145]

---

142) 국가의 기본권보장의무에는 적극적 의무와 소극적 의무가 있다. 이에 대해서는 전술한 해당부분 참조.
143) 남녀고용평등과 일·가정 양립 지원에 관한 법률 제11조(정년·퇴직 및 해고) ① 사업주는 근로자의 정년·퇴직 및 해고에서 남녀를 차별하여서는 아니 된다. ② 사업주는 여성 근로자의 혼인, 임신 또는 출산을 퇴직 사유로 예정하는 근로계약을 체결하여서는 아니 된다.
144) 헌재 2015.2.26. 2009헌바17등, 형법 제241조 위헌소원 등(위헌). 간통죄에 대해서는 그동안 다수의 합헌결정이 있어왔다. 예컨대 헌재 1990.9.10. 89헌마82, 형법 제241조의 위헌여부에 관한 헌법소원; 1993.3.11. 90헌가70, 형법 제241조 위헌소원; 2001.10.25. 2000헌바60, 형법 제241조 위헌소원; 2008.10.30. 2007헌가17등, 형법 제241조 위헌제청 등 참조.
145) 헌재 2011.11.24. 2009헌바146, 구 소득세법 제89조 제3호 등 위헌소원(헌법불합치).

③ 그 외 위헌결정으로는 호주제,[146] 동성동본 혼인 금지,[147] 친자부인의 소의 제기 기간을 출생을 안 날로부터 1년 내로 짧게 정한 「민법」 제847조 제1항,[148] 부부 합산 과세를 규정한 구 「소득세법」 규정[149] 등을 들 수 있다. 부부 합산 과세는 사실혼 관계의 부부나 독신자에 비하여 차별적 취급이라는 것이 그 이유였다.[150]

④ 8촌 이내의 혈족 사이에서는 혼인할 수 없도록 하는 「민법」 제809조 제1항('금혼조항')은 과잉금지원칙에 위배되지 아니하나, 이를 위반한 경우 혼인을 무효로 하는 「민법」 제815조 제2호('무효조항')는 목적의 정당성과 수단의 적합성은 인정되나 이미 근친혼이 이루어져 있는 경우에는 이를 일률적으로 소급하여 그 효력을 상실시키는 것은 침해의 최소성과 법익의 균형성을 충족하지 못한다고 보았다.[151]

> **NOTE** **합헌 결정 사례(혼인의 자유)**
>
> 위에서 언급한 바와 같이 헌법재판소는 8촌 이내의 혈족 사이에서는 혼인할 수 없도록 하는 「민법」 제809조 제1항(이하 '금혼조항')은 과잉금지원칙에 위배되지 아니한다고 보았다.[152] 그러나 이에 대해서는 금지의 범위가 지나치게 광범위하여 헌법에 합치되지 아니한다는 4인 재판관의 반대의견이 있다.

> **NOTE** **합헌 결정 사례(가족생활의 자유)**
>
> 입양신고 시 신고사건 본인이 시·읍·면에 출석하지 아니하는 경우에는 신고사건 본인의 주민등록증·운전면허증·여권, 그 밖에 대법원규칙으로 정하는 신분증명서를 제시하도록 한 「가족관계의 등록 등에 관한 법률」 제23조 제2항의 합헌성과 관련하여 헌법재판소는 이에 대해서는 넓은 입법형성의 자유가 인정되는 분야이고, 출석하지 아니한 당사자의 신분증명서를 요구하는 것이 허위의 입양을 방지하기 위한 완벽한 조치는 아니라고 하더라도 입양의 당사자가 출석하지 않아도 입양신고를 하여 가족관계를 형성할 수 있는 자유를 보

---

146) 헌재 2005.2.3. 2001헌가9등, 민법 제781조 제1항 본문 후단부분 위헌제청 등(헌법불합치).
147) 헌재 1997.7.16. 95헌가6등, 민법 제809조 제1항 위헌제청(헌법불합치).
148) 헌재 1997.3.27. 95헌가14, 민법 제847조 제1항 위헌제청(헌법불합치).
149) 헌재 2005.5.26. 2004헌가6, 구 소득세법 제80조 등 위헌제청(위헌).
150) 헌재 2005.5.26. 2004헌가6.
151) 헌재 2022.10.27. 2018헌바115, 민법 제809조 제1항 등 위헌소원(2024.12.31.까지 계속적용 헌법불합치) - 8촌 이내 혈족 사이의 혼인 금지 및 무효 사건. 무효조항에 대해서는 전원일치 헌법불합치의견이다. 개정의 방향에 대한 의견으로는 ① 방계혈족 사이의 금혼 범위를 4촌 이내로 축소, ② 4촌 이내의 방계혈족 사이에 혼인이 이루어진 경우에 2촌까지는 무효, 그 외는 취소사유로 하고, ③ 혈족뿐만 아니라 인척 사이의 금혼규정 및 입양으로 인한 법정혈족 또는 인척이었던 자 사이의 금혼규정도 조정할 필요가 있다는 견해(윤진수, 민법 제815조 제2호에 대한 헌법불합치결정, 법률신문 2022.11.10. 11면) 참조.
152) 헌재 2022.10.27. 2018헌바115. 금혼조항에 대해서는 5(합헌):4(위헌)의 의견이다.

장할 필요성을 고려하여 이 사건 법률조항이 원하지 않는 가족관계의 형성을 방지하기에 전적으로 부적합하거나 매우 부족한 수단은 아니어서 입법형성권의 한계를 벗어났다고 보기 어렵다고 보아 가족생활의 자유를 침해하지 않는다고 판시하였다.[153]

II. 국가의 모성 보호의무

헌법 제36조 제2항에서는 모성의 보호를 규정하고 있다. 「모자보건법」에 따르면 모성은 임산부와 가임기(可姙期) 여성을 말한다(법 제2조 제2호).

독신주의도 하나의 라이프 스타일로서 개성 신장을 위한 개인의 인격권으로 인정되는 것이기는 하지만, 역사란 어쨌든 자녀의 출산을 통하여 명맥을 유지하여 왔기 때문에 헌법은 특히 국가의 모성 보호의무를 강조하고 있는 것이다. 이를 위하여 「모자보건법」, 「한부모가족지원법」 등이 마련되어 있다. 청소년을 보호하기 위해서는 「아동복지법」, 「청소년 기본법」 등이 마련되어 있다.

제7항 보건권

I. 의의

국민은 건강을 지키고 유지하는 것, 즉 보건에 관하여 국가로부터 보호를 받을 권리가 있다(제36조 제3항). 보건의 사전적 의미는 "건강을 온전하게 잘 지킴. 병의 예방, 치료 따위로 사람의 건강과 생명을 보호하고 증진하는 일을 이른다."고 되어 있다.[154] 따라서 보건권을 건강권이라고도 한다.

헌법적 의미의 보건권은 국가에 대하여 건강한 생활을 침해하지 않도록 요구할 수

---

153) 헌재 2022.11.24. 2019헌바108, 입양신고 시 불출석 당사자의 신분증명서 제시 사건(합헌). 이 결정의 법정의견에 대해서는 당사자 사이에 진정한 입양의 합의가 존재한다는 점을 담보하기에 부족하고, 이 사건 법률조항을 포함한 가족관계등록법은 허위의 입양신고를 조기에 바로잡을 수 있는 실효적 조치조차 규정하고 있지 아니하므로, 입법형성권의 한계를 넘어서서 입양당사자의 가족생활의 자유를 침해한다고 한 2인 재판관의 반대의견이 있다.
154) 국립국어원 표준국어대사전 "보건" 항목 참조.

있을 뿐만 아니라, 보건을 유지하도록 국가에 대하여 적극적으로 요구할 수 있는 권리이다.155) 이를 위해서 의료보험제도가 마련되어 있고「의료법」,「국민건강보험법」,「감염병의 예방 및 관리에 관한 법률」등이 제정되어 있다.

II. 물적 보장내용

보건권의 내용으로는 의료 보건에 관한 권리와 의료보험수급권을 들 수 있다.

의료 보건에 관한 권리와 관련하여서는 의료인 면허 제도와 무면허 의료 행위의 금지,156) 의약 분업157) 등에 대하여 헌법재판소는 합헌 결정을 한 바 있다.

의료보험수급권의 구체적인 내용은 법률에 의해 비로소 확정된다. 예컨대 분만급여청구권158)을 들 수 있다. 특히 보건권(건강권)의 생존권적 측면과 관련하여 보면, 경제적 여건에 따라 개인의 건강에도 격차를 초래한다는 사실은 익히 잘 알려져 있다. 국가의 국민 건강증진 노력의 일환으로 일종의 건강세159)를 도입하자는 견해도 있다.

III. 제한과 제한의 정당성

국가의 사회보장·사회복지의 증진 의무(제34조 제2항)라는 목적 달성을 위해 국민은 보건·의료에 대해서 일정한 법적 의무를 부담할 수 있다. 예컨대「국민건강보험법」상 의료보험에 가입할 의무가 있는데 이에 대하여는 합헌결정이 있었다.160)

---

155) 헌재 1998.7.16. 96헌마246, 전문의자격시험불실시 위헌확인 등[인용(위헌확인), 각하].
156) 헌재 2005.3.31. 2001헌바87, 구 의료법 제25조 제1항 등 위헌소원(합헌).
157) 헌재 2005.9.29. 2005헌바29등, 의료법 제25조 제1항 위헌소원 등(합헌).
158) 헌재 1997.12.24. 95헌마390, 의료보험법 제31조 제2항 위헌확인(기각). 이 결정에서 헌법재판소는 구「의료보험법」제31조 제1항이 규정하는 이른바 분만급여청구권은 사회보장제도 중 사회보험으로서의 의료보험급여의 일종으로「의료보험법」이라는 입법에 의하여 구체적으로 형성된 권리라고 하였다.
159) 건강세란 설탕세, 비만세, 게임세 등 건강에 특히 유해한 것으로 알려진 물품에 대해서 부과하는 세를 말한다.
160) 헌재 2001.8.30. 2000헌마668, 국민건강보험법 제5조 등 위헌확인(기각, 각하).

제5절

참정권

제1항 의의와 연혁

대한민국헌법은 우리나라는 국민주권을 기반으로 하고 모든 권력은 국민으로부터 나온다고 선언하고 있다. 그런데 대한민국을 비롯한 현대의 민주적 헌법국가는 기본적으로 대의민주주의를 기반으로 하고 있다. 이와 같이 국민주권주의와 대의민주주의를 동시에 충족시키는 방법으로 헌법은 선거권, 피선거권, 공무담임권, 국민투표권 등을 규정하고 있다. 이를 통틀어 참정권이라고도 하고 정치권이라고도 한다. 자유권으로서 정당의 자유, 공직선거 입후보 및 선거운동의 자유는 참정권과 밀접한 관련성이 있다.

그런데 우리의 헌정사에서는 「반민족행위자처벌법」,[1] 「반민주행위자공민권제한법」,[2] 「정치 활동정화법」[3] 등을 제정하여 참정권 등을 소급하여 제한한 바가 있다. 소급입법에 의한 참정권 제한을 금지하는 헌법 제13조 제2항의 내용은 1962.12.26. 개정된 제5차 개정헌법에서 처음으로 도입되었다. 이는 참정권의 소급 제한이라는 정치 폐단을 단절하려는 것이었다. 그러나 이러한 소급적 참정권 제한은 제8차 개정헌법 부칙 제6조 제4항[4]에 근거한 1980년 「정치풍토쇄신을위한특별조치법」[5] 등에 의하여 다시

---

1) 1948.9.22. 법률 제3호로 제정되어 1948.9.22. 시행되었다.
2) 1960.12.31. 법률 제587호로 제정되어 1960.12.31. 시행되었다.
3) 1962.3.16. 법률 제1032호로 제정되어 1962.3.16. 시행되었다.
4) "국가보위입법회의는 정치풍토의 쇄신과 도의정치의 구현을 위하여 이 헌법 시행일 이전의 정치적 또는 사회적 부패나 혼란에 현저한 책임이 있는 자에 대한 정치 활동을 규제하는 법률을 제정할 수 있다."
5) 1980.11.5. 법률 제3261호로 제정되어 1980.11.5. 시행되었다.

반복된 바 있다.

제2항   선거권

　　선거는 민주주의를 형성하고 유지하는 핵심적인 권리이다. 선거에 있어서는 절대적 평등이 적용된다. 따라서 일인 일표(one man one vote)의 원칙이 지켜져야 할 뿐만 아니라 무엇보다 투표 가치의 평등이 지켜져야 한다. 따라서 선거구 인구 불균형은 심각한 정치 문제가 된다.

　　1948년 시행된 「국회의원선거법」에서는 "인구 15만 내지 25만 미만의 부, 군 급 서울시의 구는 비등한 인구의 2개 구역으로 분함. 인구 25만 내지 35만 미만의 부는 비등한 인구의 3개 구역으로 분함. 인구 35만 내지 45만 미만의 부는 비등한 인구의 4개 구역으로 분함."(같은 법 제10조)이라고 규정하였었고, 1972년 개정 전까지도 「국회의원선거법」에서는 "지역구는 인구 20만 인을 기준으로 하고 행정 구역 · 지세 · 교통 기타의 조건을 고려하여 각 지역구의 인구가 비등하도록 이를 획정하여야 한다."(같은 법 제14조 제1항)고 규정하였으나, 1972년 「국회의원선거법」 개정에서 이를 삭제하고 말았다. 이래 선거구 인구 불평등 문제는 지속적으로 문제가 되었으나 입법화되지 못하였다. 이와 같이 정치적으로 해결되지 못한 선거구 인구 불평등 문제는 1995년에 이르러 4:1의 편차를 넘는 것은 헌법에 위반된다는 결정에 이르게 된다.[6]

　　헌법상 기본권인 선거권은 대통령선거권, 국회의원선거권 및 지방자치단체의 장 및 지방의회 의원 선거권이 있다. 그런데 헌법 제118조 제2항에서 지방의회 의원 선거라고 명기되어 있는 반면에, 지방자치단체의 장에 대해서는 "선임" 방법이 법률로 위임되어 있어서 이것이 반드시 선거를 염두에 둔 것이 아니라는 점에서 헌법재판소는 지방자치단체의 장 선거권이 기본권이라는 점에 대해서는 회의적이었으나,[7] 2016년 결정에서는 헌법상 기본권임을 분명히 하였다.[8] 그런데 헌법 제118조 제2항의 문언상 법

---

6) 헌재 1995.12.27. 95헌마224등, 공직선거및선거부정방지법 [별표1]의 「국회의원지역선거구구역표」 위헌확인(기각). 이후 선거구인구 불균형에 대해서는 김대환, 헌법총론 · 국가조직 및 기능론, 박영사, 2023, 190쪽 이하 참조.
7) 헌재 2007.6.28. 2004헌마644등, 공직선거및선거부정방지법 제15조 제2항 등 위헌확인 등(헌법불합치).
8) 헌재 2016.10.27. 2014헌마797, 공직선거법 제191조 제3항 등 위헌확인(기각).

률로 위임된 것은 "지방자치단체의 장의 선임 방법"이므로 헌법의 의도는 지방자치단체의 장은 반드시 선거로 선임하는 것을 예상하고 있는 것이 아님이 명백하다. 지방자치단체의 장 선거권을 기본권으로 이론 구성한 헌법재판소의 논거로 볼 때 일종의 헌법 변천으로 볼 수 있을 것이다.

18세 이상의 국민은 대통령 및 국회의원의 선거권이 있고, 18세 이상으로서 선거인명부 작성 기준일 현재 ① 해당 지방자치단체의 관할 구역에 주민등록이 되어 있는 사람이나, ②「재외동포의 출입국과 법적 지위에 관한 법률」제6조 제1항에 따라 해당 지방자치단체의 국내거소신고인명부에 올라 있는 국민, 또는 ③「출입국관리법」제10조에 따른 영주의 체류 자격 취득일 후 3년이 경과한 외국인으로서 같은 법 제34조에 따라 해당 지방자치단체의 외국인등록대장에 올라 있는 사람은 그 구역에서 선거하는 지방자치단체의 의회의원 및 장의 선거권이 있다(「공직선거법」제15조 제2항).9)

그러나 선거일 현재 ① 금치산선고를 받은 자(제1호), ② 1년 이상의 징역 또는 금고의 형의 선고를 받고 그 집행이 종료되지 아니하거나 그 집행을 받지 아니하기로 확정되지 아니한 사람(다만, 그 형의 집행유예를 선고받고 유예 기간 중에 있는 사람은 제외)(제2호),10) ③ 선거범, 정치자금법상 정치자금부정수수죄나 선거비용 관련 위반 행위에 관한 죄를 범한 자, 재임 중 직무와 관련하여「형법」(「특정범죄가중처벌 등에 관한 법률」제2조에 의하여 가중처벌되는 경우를 포함)상 수뢰죄, 사전수뢰죄, 알선수뢰죄,「특정범죄가중처벌 등에 관한 법률」상 알선수재죄를 범한 대통령·국회의원·지방의회 의원·지방자치단체의 장으로서 100만원 이상의 벌금형의 선고를 받고 그 형이 확정된 후 5년 또는 형의 집행유예의 선고를 받고 그 형이 확정된 후 10년을 경과하지 아니하거나 징역형의 선고를 받고 그 집행을 받지 아니하기로 확정된 후 또는 그 형의 집행이 종료되거나 면제된 후 10년을 경과하지 아니한 자(형이 실효된 자도 포함)(제3호),11) ④ 법원의

---

9) 외국인에게는「주민투표법」제5조 제1항 제2호와「주민소환에 관한 법률」제3조 제1항 제2호에 따르면 일정한 요건을 갖춘 경우에 주민투표권과 주민소환권도 인정된다. 주민투표권과 주민소환권은 법률상의 권리로 머물러 있다. 이에 대해서는 헌법상 권리로 보아야 한다는 주장이 있다.

10) 이 제2호는 선거범이 아닌 일반범죄에 대한 것이다. 개정 전 조문은 "금고 이상의 형의 선고를 받고 그 집행이 종료되지 아니하거나 그 집행을 받지 아니하기로 확정되지 아니한 자"였으나 헌재 2014.1.28. 2012헌마409등, 공직선거법 제18조 제1항 제2호 위헌확인(위헌, 헌법불합치) - 집행유예자 수형자 선거권제한 사건의 결정에 따라 개정된 것이다.

11) 이 중 '선거범으로서 100만 원 이상의 벌금형의 선고를 받고 그 형이 확정된 후 5년을 경과하지 아니한 자' 부분에 대해서는 헌재 2011.12.29. 2009헌마476, 공직선거법 제250조 등 위헌확인(기각, 각하) 결정에서 합헌결정된 바 있고, 다시 헌재 2018.1.25. 2015헌마821등, 공직선거법 제18조

판결 또는 다른 법률에 의하여 선거권이 정지 또는 상실된 자(제4호)는 선거권이 없다
(법 제18조 제1항 각 호).

　　재외국민의 선거권과 관련하여서는 「공직선거법」 제37조 제1항[12]에서 주민등록을
요건으로 재외국민의 국정 선거권을 제한하는 것이 재외국민의 선거권, 평등권을 침해
하고 보통선거원칙을 위반하는지 여부를 판단한 결정에서 "단지 주민등록이 되어 있는
지 여부에 따라 선거인명부에 오를 자격을 결정하여 그에 따라 선거권 행사 여부가 결
정되도록 함으로써 엄연히 대한민국의 국민임에도 불구하고 주민등록법상 주민등록을
할 수 없는 재외국민의 선거권 행사를 전면적으로 부정하고 있는 법 제37조 제1항은
어떠한 정당한 목적도 찾기 어려우므로 헌법 제37조 제2항에 위반하여 재외국민의 선
거권과 평등권을 침해하고 보통선거원칙에도 위반된다." 판시하면서 이 법률 조항에
대해 잠정 적용을 명하는 헌법불합치결정을 하였다.[13] 이에 따라 2009년과 2011년 「공
직선거법」 개정을 통하여 지역구 국회의원의 경우에는 주민등록이 되어 있는 사람 외
에도 「재외동포의 출입국과 법적 지위에 관한 법률」 제6조 제1항에 따라 해당 국회의
원 지역 선거구의 선거 구역 안에 거소를 두고 그 국내거소신고인명부에 3개월 이상
계속하여 올라 있는 재외국민도 지역구 국회의원 선거권을 갖게 되었다(「공직선거법」
제15조 제1항). 또 「재외동포의 출입국과 법적 지위에 관한 법률」 제6조 제1항에 따라

제1항 제3호 등 위헌확인[기각(4인의 합헌의견, 5인의 위헌의견)] 결정에서 이 부분을 포함하여
형의 집행유예의 선고를 받고 그 형이 확정된 후 10년을 경과하지 아니한 자'에 관한 부분에 대해
서 합헌결정이 되었다. 2015헌마821등 결정에서는 선거범에 대해서 이 선거권 제한 규정과 함께
피선거권을 제한하고(제19조 제1호 중 선거권제한조항에 관한 부분), 선거운동도 제한(제60조 제
1항 제3호 중 선거권제한조항에 관한 부분)하고 또 반환받은 기탁금과 보전받은 선거비용을 반환
하도록 하는 「공직선거법」의 조항들에 대해서 모두 기각하여 합헌 결정하고 있다. 5인이 위헌의
견을 내었다는 점에서 앞으로의 추이를 살펴볼 필요가 있다.

12) 공직선거법(2005.8.4. 법률 제7681호로 개정된 것) 제37조(명부작성) ① 선거를 실시하는 때에는
그때마다 구청장(자치구의 구청장을 포함하며, 도농복합형태의 시에 있어서는 동지역에 한한다)·
시장(구가 설치되지 아니한 시의 시장을 말하며, 도농복합형태의 시에 있어서는 동지역에 한한
다)·읍장·면장(이하 "구·시·읍·면의 장"이라 한다)은 대통령선거에 있어서는 선거일 전 28일,
국회의원선거와 지방자치단체의 의회의원 및 장의 선거에 있어서는 선거일 전 19일(이하 "선거인
명부작성기준일"이라 한다) 현재로 그 관할구역 안에 주민등록이 되어 있는 선거권자[지방자치단
체의 의회의원 및 장의 선거의 경우 제15조(선거권) 제2항 제2호의 규정에 따른 외국인을 포함한
다]를 투표구별로 조사하여 선거인명부작성기준일부터 5일 이내(이하 "선거인명부작성기간"이라
한다)에 선거인명부를 작성하여야 한다.

13) 헌재 2007.6.28. 2004헌마644등, 공직선거및선거부정방지법 제15조 제2항 등 위헌확인 등(헌법불
합치).

해당 지방자치단체의 국내거소인명부에 3개월 이상 올라 있는 재외국민은 해당 지방자치단체의 의회의원 및 장의 선거권을 가질 수 있도록 하였다(법 제15조 제2항). 현재는 「주민등록법」의 개정으로 재외국민도 주민등록을 할 수 있어서 「재외동포의 출입국과 법적 지위에 관한 법률」에 따른 국내거소신고가 주민등록신고로 바뀌었을 뿐이다.

헌법 제24조는 "모든 국민은 법률이 정하는 바에 의하여 선거권을 가진다."라고 규정하고 있는데 이는 기본권 형성적 법률유보라고 할 수 있다.[14] 기본권 형성적 법률유보의 경우에는 입법자에게 광범위한 입법 형성의 자유가 부여되어 있기 때문에 명백히 불합리한 경우가 아닌 한 위헌이라고 할 수 없다는 것이 헌법재판소 판례이다.[15] 선거권도 법률이 정하는 바에 의하여 보장되는 것이므로 입법 형성권을 갖고 있는 입법자가 선거법을 제정하는 경우에 헌법에 명시된 선거제도의 원칙을 존중하는 가운데 구체적으로 어떠한 입법 목적의 달성을 위하여 어떠한 방법을 선택할 것인가는 그것이 현저하게 불합리하고 불공정한 것이 아닌 한 입법자의 재량 영역에 속한다고 보면서도, 수형자에게 구금기간 동안 선거권 행사를 정지시키는 법률의 위헌 여부에 대해서는 과잉금지심사를 하고 있다.[16] 민주주의 국가에서 국민주권과 대의제 민주주의의 실현수단으로서 선거권이 중요한 의미를 갖기 때문에 입법자는 선거권을 최대한 보장하는 방향으로 입법하여야 하기 때문이다.[17]

 신체의 장애로 인하여 자신이 기표할 수 없는 선거인에 대해 투표보조인이 가족이 아닌 경우 반드시 2인을 동반하여서만 투표를 보조하게 할 수 있도록 규정하고 있는 「공직선거법」 조항이 신체장애인의 선거권을 침해하는지 여부

---

14) 헌법재판소도 이 조항의 의미는 선거권을 제한하기 위한 것이라기보다 이를 실현하고 보장하기 위한 것으로 본다[헌재 2020.5.27. 2017헌마867, 공직선거법 제157조 제6항 후단 위헌확인 등(기각, 각하)].

15) 헌재 2003.9.25. 2002헌마533, 형법 제9조 위헌확인 등(기각): "헌법 제27조 제5항이 정한 법률유보는 법률에 의한 기본권의 제한을 목적으로 하는 자유권적 기본권에 대한 법률유보의 경우와는 달리 기본권으로서의 재판절차진술권을 보장하고 있는 헌법 규범의 의미와 내용을 법률로써 구체화하기 위한 이른바 기본권형성적 법률유보에 해당한다(헌재 1993.3.11. 92헌마48). 따라서 헌법이 보장하는 형사피해자의 재판절차진술권을 어떠한 내용으로 구체화할 것인가에 관하여는 입법자에게 입법 형성의 자유가 부여되고 있으며, 다만 그것이 재량의 범위를 넘어 명백히 불합리한 경우에 비로소 위헌의 문제가 생길 수 있다."

16) 이는 형벌의 관점에서 판단하고 있기 때문으로 보인다[헌재 2004.3.25. 2002헌마411, 공직선거및 선거부정방지법 제18조 위헌확인(기각)]. 헌재 2014.1.28. 2012헌마409등 결정도 참조.

17) 헌재 2020.5.27. 2017헌마867, 공직선거법 제157조 제6항 후단 위헌확인 등(기각, 각하).

가족이 아닌 투표보조인의 경우 2인으로 한 것은 투표보조인이 상호견제하게 함으로써 투표의 공정성을 확보하기 위한 것으로 과잉금지원칙을 위배하지 않는다.[18] 「공직선거법」은 투표보조인이 2인이 안되는 경우 투표사무원 중에서 추가로 투표보조인으로 선정하여 투표를 보조할 수 있도록 하고 있고, 처벌규정을 통해 투표보조인의 비밀유지를 준수하도록 강제하고 있다.

제3항 공무담임권

I. 의의

헌법 제25조는 "모든 국민은 법률이 정하는 바에 의하여 공무담임권을 가진다."라고 규정하여 공무담임권을 헌법상 권리로 규정하고 있다. 공무담임권은 여러 가지 선거에 입후보하여 당선될 수 있는 피선거권과 모든 공직에 임명될 수 있는 공직취임권을 포괄하는 개념이다.[19]

II. 인적 보장내용

1. 기본권 주체

공무담임권은 모든 국민의 권리이다. 공직취임에 일정한 연령이나 자격을 요구하는 것은 공무담임권에 대한 제한이 된다.

외국인은 원칙적으로 공무담임권의 주체가 될 수 없다. 일정한 공직에 대하여 이를 법률상 허용하는 것은 기본권으로서의 공무담임권의 문제가 아니다.

2. 의무 주체

공무담임권의 의무 주체는 국가나 지방자치단체 및 공법인 등이다. 국가 등은 공무담임권의 물적 보장내용이 충실히 보장될 수 있도록 하여야 한다.

---

18) 헌재 2020.5.27. 2017헌마867.
19) 헌재 1996.6.26. 96헌마200, 공직선거및선거부정방지법 제16조 제3항 위헌확인(기각).

III. 물적 보장내용

1. 보장내용 일반

공무담임권은 ① 공직 취임 기회를 자의적으로 배제 당하지 않을 권리와 ② 공무원 신분의 부당한 박탈을 당하지 않을 권리를 그 내용으로 한다.[20] 공무담임권은 직업의 자유와의 관계에서 보면 특별법적 지위에 있다. 여기서 ①의 권리와 관련하여 특히 문제가 되는 것이 피선거권이다.

2. 공직취임권

모든 국민은 일정한 자격이 인정되는 경우 공직에 취임할 수 있다. 이러한 공무담임권 중 가장 주요한 것이 피선거권이다. 선거일 현재 5년 이상 국내에 거주하고 있는 40세 이상의 국민은 대통령의 피선거권이 있다. 이 경우 공무로 외국에 파견된 기간과 국내에 주소를 두고 일정 기간 외국에 체류한 기간은 국내 거주 기간으로 본다. 25세 이상의 국민은 국회의원의 피선거권이 있다. 선거일 현재 계속하여 60일 이상(공무로 외국에 파견되어 선거일 전 60일 후에 귀국한 자는 선거인명부 작성 기준일부터 계속하여 선거일까지) 당해 지방자치단체의 관할 구역 안에 주민등록(국내거소신고인명부에 올라 있는 경우를 포함한다. 이하 이 조에서 같다)이 되어 있는 주민으로서 25세 이상의 국민은 그 지방의회 의원 및 지방자치단체의 장의 피선거권이 있다.[21] 이 경우 60일의 기간은 그 지방자치단체의 설치·폐지·분할·합병 또는 구역 변경(제28조 각 호의 어느 하나에 따른 구역 변경을 포함한다)에 의하여 중단되지 아니한다.

선거일 현재 ①「공직선거법」제18조 선거권이 없는 자 중에서 제1항 제1호·제3호 또는 제4호에 해당하는 자[22], ② 금고 이상의 형의 선고를 받고 그 형이 실효되지 아니한 자, ③ 법원의 판결 또는 다른 법률에 의하여 피선거권이 정지되거나 상실된 자는 피선거권이 없다(공직선거법 제19조).

---

20) 헌재 2002.8.29. 2001헌마788등, 지방공무원법 제31조 제5호 등 위헌확인(위헌).
21) 이 경우에 지방자치단체의 사무소 소재지가 다른 지방자치단체의 관할 구역에 있어 해당 지방자치단체의 장의 주민등록이 다른 지방자치단체의 관할 구역에 있게 된 때에는 해당 지방자치단체의 관할 구역에 주민등록이 되어 있는 것으로 본다. <개정 2009.2.12>
22) 위의 제2항 선거권에서 설명한 선거권이 없는 자 중 ①, ③, ④의 요건에 해당하는 자를 말한다.

또 「공직선거법」에서는 각종 선거범죄로 인하여 일정한 직에 취임하거나 임용될 수 없도록 하고 있고, 이미 취임 또는 임용된 경우에는 그 직에서 퇴직되도록 규정하고 있다(공직선거법 제266조 참조).

피선거권을 제한하는 기탁금제도에 대하여 헌법재판소는 기탁금제도 자체는 합헌이라고 보면서도 과도한 기탁금은 위헌이라고 선언한 바 있다.[23]

NOTE   위헌 결정 사례(공직취임권)

① 헌법재판소는 지방선거 피선거권의 부여에 있어 주민등록만을 기준으로 함으로써 주민등록이 불가능한 재외국민인 주민의 지방선거 피선거권을 부인하는 구 「공직선거및선거부정방지법」 제16조 제3항은 헌법 제37조 제2항에 위반하여 국내 거주 재외국민의 공무담임권을 침해한다고 판시하였다.[24] 이 결정에서는 위헌 여부 심사의 근거로서 헌법 제37조 제2항을 언급하고 있을 뿐 과잉금지원칙 등 심사기준의 선택에 대해서는 특별한 언급이 없다. 이 결정의 심판대상조항은 국내거소신고명부에 올라있는 경우를 포함하는 것으로 2009.2.12. 개정되어 현재는 「공직선거법」 제16조 제3항으로 규정되어 있다.

② 아동 성학대 전과자는 국가공무원이나 부사관으로 임용될 수 없도록 한 「국가공무원법」 제33조 제6호의4 나목 및 「군인사법」 제10조 제2항 제6호의4 나목 부분은 모든 일반직공무원 및 부사관에 임용될 수 없도록 하고 또 영구적으로 임용을 제한하고 있어 결격사유가 해소될 수 있는 어떠한 가능성도 인정하지 않고 있고, 개별 범죄의 비난가능성 및 재범 위험성 등을 고려하여 상당한 기간 동안 임용을 제한하는 덜 침해적인 방법으로도 입법목적을 충분히 달성할 수 있으므로 과잉금지원칙에 위배되어 청구인의 공무담임권을 침해한다.[25]

NOTE   합헌 결정 사례(공직취임권)

① 10년 미만의 법조 경력을 가진 사람의 판사 임용을 위한 최소 법조 경력 요건을 단계적으로 2013년부터 2017년까지는 3년, 2018년부터 2021년까지는 5년, 2022년부터

---

23) 대통령선거에 대해서는 헌재 2008.11.27. 2007헌마1024, 공직선거법 제56조 제1항 제1호 위헌확인 (헌법불합치), 국회의원선거에 대해서는 헌재 2001.7.19. 2000헌마91등, 공직선거및선거부정방지법 제146조 제2항 위헌확인, 공직선거및선거부정방지법 제56조 등 위헌확인, 공직선거및선거부정방지법 제189조 위헌확인(위헌, 한정위헌), 비례대표국회의원에 대해서는 헌재 2016.12.29. 2015헌마509등, 공직선거법 제56조 제1항 제2호 등 위헌확인(헌법불합치, 기각); 2016.12.29. 2015헌마1160등, 공직선거법 제56조 제1항 제2호 등 위헌확인(헌법불합치, 기각) 결정 등 참조.
24) 헌재 2007.6.28. 2004헌마644등, 공직선거및선거부정방지법 제15조 제2항 등 위헌확인 등(헌법불합치).
25) 헌재 2022.11.24. 2020헌마1181, 국가공무원법 제33조 제6의4호 등 위헌확인(헌법불합치). 아동·청소년이용음란물소지죄로 형이 확정된 자에 대한 공무원 결격사유와 관련한 같은 취지의 판결로는 헌재 2023.6.29. 2020헌마1605, 기본권 침해 위헌확인(헌법불합치, 2인 재판관의 반대의견 있음).

2025년까지는 7년으로 정한 「법원조직법」 부칙 제2조가 과잉금지원칙에 위배되지 않아 합헌이라고 판시한 바가 있다.[26] 특히 이 결정에서는 침해의 최소성 침해 여부를 판단함에 있어서 판사 임용 자격과 같은 전문 분야에 관한 자격제도의 형성에 관해서는 입법자가 광범위한 형성의 자유를 가지기 때문에 침해의 최소성의 원칙에 반한다고 보기 어렵다고 판단하고 있다.

② 공무원이 감봉처분을 받은 경우 12월간 승진임용을 제한하는 「국가공무원법」 제80조 제6항 중 '승진임용'에 관한 부분 및 공무원임용령 제32조 제1항 제2호 나목[27]

③ 헌법재판소는 회계책임자가 300만 원 이상의 벌금을 선고받은 경우 후보자의 당선을 무효로 하고 있는 구 「공직선거법」 제265조 본문 중 "회계책임자" 부분이 감독상의 주의의무 이행이라는 면책사유를 인정하지 않고 후보자에게 법정 연대책임을 지우고 있다고 하더라도 회계책임자의 행위를 곧 후보자의 행위로 의제함으로써 선거부정 방지를 도모하고자 한 입법적 결단이 현저히 잘못되었거나 부당하다고 보기 어려운 이상 반드시 필요 이상의 지나친 규제를 가하여 가혹한 연대책임을 부과함으로써 후보자의 공무담임권을 침해한다고 볼 수 없다고 하여 과잉금지원칙에 위배되지 않는다고 보았다.[28]

3. 공무원 신분유지권

공무원 신분의 부당한 박탈을 당하지 않을 권리를 공무원 신분유지권이라고 할 수 있다. 공무원 신분유지권과 관련하여서는 당연퇴직규정의 합헌성이 문제되는 경우가 많다.

NOTE　　**위헌 결정 사례(공무원 신분유지권)**

① 「지방공무원법」상 금고 이상의 형의 선고유예를 받은 경우에 그 선고유예 기간 중에 있는 자는 당연히 퇴직하도록 한 규정에 대해서 헌법재판소는 판례를 변경하여 위헌 선언[29]하였다. 범죄의 종류와 내용을 가리지 않고 모두 당연퇴직 사유로 규정한 것은 과잉된 공무담임권의 제한으로 본 것이다. 그러나 선고유예가 아닌 집행유예의 경우에는 당연 퇴직을 합헌으로 보았다.[30] 이는 금고 이상의 형에 대한 집행유예 판결에 내포된 사회적 비난 가능성을 고려한 것이다.

위 지방공무원 결정 외에도 직업군인,[31] 국가공무원,[32] 경찰공무원,[33] 향토예비군 지휘

---

26) 헌재 2016.5.26. 2014헌마427, 법원조직법 부칙 제2조 위헌확인(기각); 2014.5.29. 2013헌마127등, 법원조직법 부칙 제1조 단서 등 위헌확인 등(기각).

27) 헌재 2022.3.31. 2020헌마211, 국가공무원법 제80조 제6항 등 위헌확인(기각, 각하).

28) 헌재 2010.3.25. 2009헌마170, 공직선거법 제265조 본문 위헌확인(기각).

29) 헌재 2002.8.29. 2001헌마788등, 지방공무원법 제31조 제5호 등 위헌확인(위헌).

30) 헌재 2011.6.30. 2010헌바478, 구 지방공무원법 제61조 위헌소원(합헌). 종전 합헌결정은 헌재 1990.6.25. 89헌마220, 지방공무원 제31조, 제61조에 대한 헌법소원(기각) 참조.

관,[34] 군무원,[35] 청원경찰[36] 등이 선고유예를 받은 경우 당연히 그 직을 상실하도록 규정한 조항들에 대해서도 과잉금지원칙에 반하여 공무담임권을 침해하는 것으로 판시하였다.

② 피성년후견인 공무원은 당연퇴직한다고 정한 「국가공무원법」 제69조 제1호 중 제33조 제1호에 관한 부분에 대해서도 위헌결정이 선고되었다.[37] 결정 이유에서는 입법목적의 정당성과 수단의 적합성은 인정되지만, ⓐ 정신상의 장애로 직무를 감당할 수 없는 국가공무원에 대하여 임용권자가 최대 2년(공무상 질병 또는 부상은 최대 3년)의 범위 내에서 휴직을 명하도록 하고, 휴직 기간이 끝났음에도 직무에 복귀하지 못하거나 직무를 감당할 수 없게 된 때에 비로소 직권면직 절차를 통하여 직을 박탈하도록 하고 있는 「국가공무원법」 규정을 적용하더라도 입법목적을 달성할 수 있고, 이러한 대안에 의할 경우 국가공무원이 피성년후견인이 되었다 하더라도 곧바로 당연퇴직되는 대신 휴직을 통한 회복의 기회를 부여받을 수 있다는 점, ⓑ 성년후견이 개시되지는 않았으나 동일한 정도의 정신적 장애가 발생한 국가공무원의 경우와 비교할 때 사익의 제한 정도가 과도하고, 성년후견이 개시되었어도 정신적 제약을 극복하여 후견이 종료될 수 있다는 점, ⓒ 국가공무원의 당연퇴직사유를 임용결격사유와 동일하게 규정하려면 국가공무원이 재직 중 쌓은 지위를 박탈할 정도의 충분한 공익이 인정되어야 하나, 이 조항이 달성하려는 공익은 이에 미치지 못한다는 점 등을 근거로 과잉금지원칙에 위반된다는 것이었다.

③ 지방자치단체의 장이 금고 이상의 형의 선고를 받은 경우 부단체장으로 하여금 권한을 대행하도록 한 규정에 대해서도 판례를 변경하여 헌법불합치 결정을 하였다.[38] 그 이유는 무죄추정의 원칙에 위배되고, 과잉금지원칙을 위배하여 공무담임권을 침해하기 때문으로 보았다.

Ⅳ. 제한과 위헌심사기준

공무담임권도 헌법 제37조 제2항에 따라 그 본질적 내용을 침해하지 않는 범위 내에서 법률로써 제한할 수 있다. 그런데 헌법 규정이 "법률이 정하는 바에 의하여" 공무담임권을 가진다고 규정하고 있다고 하여 공무담임권의 헌법적 내용이 모두 법률로 위

---

31) 헌재 2003.9.25. 2003헌마293등.
32) 헌재 2003.10.30. 2002헌마684등.
33) 헌재 2004.9.23. 2004헌가12.
34) 헌재 2005.12.22. 2004헌마947.
35) 헌재 2007.6.28. 2007헌가3.
36) 헌재 2018.1.25. 2017헌가26.
37) 헌재 2022.12.22. 2020헌가8, 국가공무원법 제69조 제1호 위헌제청(위헌) − 피성년후견인 국가공무원 당연퇴직 사건.
38) 헌재 2010.9.2. 2010헌마418, 지방자치법 제111조 제1항 제3호 위헌확인(헌법불합치). 종전의 합헌 결정으로는 헌재 2005.5.26. 2002헌마699등, 지방자치법 제101조의2 제1항 제3호 위헌확인(기각, 4인 재판관의 위헌의견 있음) 참조.

임되어 있다는 의미는 아니라는 점을 주의하여야 한다. 모두 법률로 위임되어 있다면 공무담임권의 본질적 내용에 대한 헌법적 보장이 무의미해져 버리게 될 것이다.

공무담임권을 제한하는 법률이 본질적 내용을 침해하지 않는 경우에도 공무담임권을 형성하는 입법재량에 일정한 한계가 있다. 여기에서 헌법재판소는 입법재량을 과잉 금지원칙으로 통제하고 있다.[39] 이로 볼 때 입법부가 광범위한 재량을 갖는 기본권 형성적 법률유보의 경우 모두 합리성 심사를 하는 것은 아니라는 점을 알 수 있다.

제4항 국민투표권

헌법에는 대통령이 필요하다고 인정하는 외교·국방·통일 기타 국가 안위에 관한 중요 정책과 헌법개정안에 대한 국민투표(제72조, 제130조)가 규정되어 있다. 이는 직접민주정치 실현 제도로서 간접민주정치를 보완하는 것이다. 그 외 국민발안, 국민소환 등 직접민주정치 실현 제도는 헌법이 채택하고 있지 않다.

국민투표의 의의에 대해서 헌법재판소는 다음과 같이 판시하고 있다. "국민투표권이란 국가의 특정 사안에 대해 국민투표라는 형식을 통해 국민이 직접 결정권을 행사하는 권리로서, 각종 선거에서의 선거권 및 피선거권과 더불어 국민의 참정권의 한 내용을 이루는 헌법상 기본권이다. 헌법은 외교·국방·통일 기타 국가 안위에 관한 중요 정책을 결정하는 경우(제72조)와 헌법개정안을 확정하는 경우(제130조 제2항)에 국민투표권을 인정하고 있다. 헌법 제72조에 의한 중요 정책에 관한 국민투표는 국가 안위에 관계되는 사항에 관하여 대통령이 제시한 구체적인 정책에 대한 주권자인 국민의 승인 절차라 할 수 있고, 헌법 제130조 제2항에 의한 헌법개정에 관한 국민투표는 대통령 또는 국회가 제안하고 국회의 의결을 거쳐 확정된 헌법개정안에 대하여 주권자인 국민이 최종적으로 그 승인 여부를 결정하는 절차이다."[40] 이 결정에 따르면 대한민국헌법상 국민투표는 최종적인 결정권으로서 **대통령을 포함한 모든 국가권력은 국민투표의 결과에**

39) 헌재 1996.6.26. 96헌마200, 공직선거및선거부정방지법 제16조 제3항 위헌확인(기각) 및 이하에서 인용하는 결정들 참조.
40) 헌재 2007.6.28. 2004헌마644등, 공직선거및선거부정방지법 제15조 제2항 등 위헌확인 등(헌법불합치).

따라야 하는 것으로 보인다.

그러나 대통령이 부의하는 정책이 국가의 중요하고도 돌이킬 수 없는 운명을 결정하는 것일수록 국민투표의 결과의 이행 문제는 여전히 논쟁이 될 수 있다. 우리의 역사적 경험에 비추어 볼 때 국민의 직접적 결정이 반드시 옳은 것이 아닐 수도 있음을 알고 있기 때문이다. 투표 전에 모든 정보가 올바르게 국민에게 전달되었는지, 또 국민은 그것을 충분히 숙고하였는지는 여전히 미지수일 뿐만 아니라, 정치적 목적을 위한 술수들이 난무하여 국민의 판단을 흐리게 할 우려도 있다. 2016년 6월 24일 영국의 유럽연합 탈퇴 여부를 묻는 국민투표의 결과가 나온 뒤에 브렉시트(Brexit)가 올바른 길인가에 대해 투표 전보다 오히려 진지한 논의들이 일어난 것으로 볼 때도[41] 국민투표에 의한 결정이 만능이라고는 할 수 없다.

다른 한편 오늘과 같이 미디어가 발전된 사회에서는 국민이 국가의 운명을 스스로 결정할 수 있도록 한다는 측면에서 일정수의 국민이 요구하는 경우에는 필요적으로 국민투표에 부의하도록 하는 제도의 도입도 생각해 볼 수 있다. 국민투표의 대상이 되는 정책이 국가의 기본적 방향과 관련되는 것일수록, 헌법이 지향하는 가치와 직접적으로 연계될수록 오히려, 그리고 일정 수 이상의 국민이 원하는 경우에는 국민 스스로 결정하게 하는 것이 헌법 제1조 제1항의 민주공화국의 이념과 부합할 수도 있다.

헌법재판소는 주민등록 여부만을 기준으로 하여 재외국민의 국민투표권을 전적으로 배제한 것은 헌법에 위반된다고 판시한 바 있다.[42] 왜냐하면 재외국민등록법상 재외국민은 국내거소신고만 가능할 뿐「주민등록법」상 주민등록을 할 수 없었기 때문이다. 이 결정으로 「국민투표법」은 투표일 공고일 현재 관할구역 안에 국내거소신고가 돼 있는 재외국민을 투표권자에 포함하는 것으로 개정되었다.[43] 그러나 이 조항에 대해서도 주민등록이나 국내거소신고가 돼 있지 않은 재외국민의 국민투표권 행사를 제

---

41) 중앙일보 2016.6.27.자 1-2면 참조.

42) 헌재 2007.6.28. 2004헌마644등, 공직선거및선거부정방지법 제15조 제2항 등 위헌확인 등(헌법불합치).

43) 국민투표법(2009.2.12. 법률 제9467호로 개정된 것) 제14조(투표인명부의 작성) ① 국민투표를 실시할 때에는 그때마다 구청장(자치구의 구청장을 포함하며, 도농복합형태의 시에 있어서는 동지역에 한한다)·시장(구가 설치되지 아니한 시의 시장을 말하며, 도농복합형태의 시에 있어서는 동지역에 한한다)·읍장·면장(이하 "구·시·읍·면의 장"이라 한다)은 국민투표일공고일 현재로 그 관할 구역 안에 주민등록이 되어 있는 투표권자 및 「재외동포의 출입국과 법적 지위에 관한 법률」 제2조에 따른 재외국민으로서 같은 법 제6조에 따른 국내거소신고가 되어 있는 투표권자를 투표구별로 조사하여 국민투표일공고일로부터 5일 이내에 투표인명부를 작성하여야 한다.

한하는 내용이라고 하여 재판관 6:3으로 헌법불합치결정을 내렸다.[44]

제5항 참정권과 밀접한 자유권

Ⅰ. 정당의 자유

헌법 제8조 제1항에서는 정당 설립의 자유를 보장하고 있다. 그러나 이 조항은 정당 설립 외에도 정당의 조직과 활동을 포괄하는 정당의 자유를 규정한 것이라고 보는 것이 헌법재판소 판례이다.[45]

1. 보장내용

가. 인적 보장내용

1) 기본권 주체

기본권으로서 정당의 자유의 주체는 국민이나 정당 또는 정당을 결성하려는 단체이다. 따라서 외국인은 정당의 자유의 주체가 될 수 없다.「정당법」에서는 정당의 발기인 및 당원의 자격을 가질 수 없는 자에 대하여 규정함으로써(정당법 제22조 제1항·제2항), 정당의 자유에 대하여 제한을 가하고 있다.

---

44) 헌재 2014.7.24. 2009헌마256등, 공직선거법 제218조의4 제1항 등 위헌확인(헌법불합치), 기각, 각하): "헌법 제72조의 중요정책 국민투표와 헌법 제130조의 헌법개정안 국민투표는 대의기관인 국회와 대통령의 의사결정에 대한 국민의 승인절차에 해당한다. 대의기관의 선출주체가 곧 대의기관의 의사결정에 대한 승인주체가 되는 것은 당연한 논리적 귀결이다. 재외선거인은 대의기관을 선출할 권리가 있는 국민으로서 대의기관의 의사결정에 대해 승인할 권리가 있으므로, 국민투표권자에는 재외선거인이 포함된다고 보아야 한다. 또한, 국민투표는 선거와 달리 국민이 직접 국가의 정치에 참여하는 절차이므로, 국민투표권은 대한민국 국민의 자격이 있는 사람에게 반드시 인정되어야 하는 권리이다. 이처럼 국민의 본질적 지위에서 도출되는 국민투표권을 추상적 위험 내지 선거기술상의 사유로 배제하는 것은 헌법이 부여한 참정권을 사실상 박탈한 것과 다름없다. 따라서 국민투표법조항은 재외선거인의 국민투표권을 침해한다." 이 결정은 재외선거인에게 국회의원 재·보궐 선거권을 인정하지 않거나 재외선거 투표시 반드시 공관을 방문하도록 한 선거법 조항 등에 대해서는 헌법에 위반되지 않는다고 결정하였다.
45) 헌재 2004.12.16. 2004헌마456, 정당법 제3조 등 위헌확인(기각) 등 참조.

2) 의무 주체

정당의 자유를 보장할 의무를 지는 주체는 국가, 지방자치단체 등 공권력이다. 사인은 정당의 자유의 보장의무가 없으므로 사적 행위는 정당의 자유를 침해할 수 없고 다만 민·형사상의 문제가 될 수 있을 뿐이다.

나. 물적 보장내용

정당의 자유는 정당 설립의 자유 외에도 정당 가입의 자유, 정당 활동의 자유를 포괄하는 개념이다.

1) 정당 설립의 자유

국민이면 누구나 정당을 설립할 수 있다(제8조 제1항). 이에 따라 「정당법」에서는 일정한 경우를 제외하고는 국회의원 선거권이 있는 자는 누구든지 정당의 발기인 및 당원이 될 수 있다고 규정하고 있다(정당법 제22조 제1항).

그러나 ① 「국가공무원법」 제2조 또는 「지방공무원법」 제2조에 규정된 공무원(다만, 대통령, 국무총리, 국무위원, 국회의원, 지방의회 의원, 선거에 의하여 취임하는 지방자치단체의 장, 국회의원의 보좌관·비서관·비서, 국회 교섭단체의 정책연구위원과 「고등교육법」 제14조(교직원의 구분)제1항·제2항의 규정에 의한 총장·학장·교수·부교수·조교수·전임강사인 교원은 제외)(제1호), ② 총장·학장·교수·부교수·조교수·전임강사를 제외한 사립학교의 교원(제2호), ③ 법령의 규정에 의하여 공무원의 신분을 가진 자(제3호)는 「정당법」에 따라 정당의 발기인이나 당원이 될 수 없다(정당법 제22조 제1항). 또한 대한민국 국민이 아닌 자는 당원이 될 수 없다(정당법 제22조 제2항).

정당 설립의 자유에는 **정당 가입의 자유도 포함**된다.[46] 정당의 가입이 자유인 관계로 **탈당도 자유**다. 이에 따라 「정당법」은 본인의 자유의사에 의하는 승낙 없이 정당 가입 또는 탈당을 강요당하지 아니한다고 규정하고 있다(정당법 제42조 제1항). 그러나 당원의 제명은 가능하고(정당법 제42조 제1항 단서), 누구든지 2 이상의 정당의 당원이 될 수 없도록 하고 있다(정당법 제42조 제2항).[47] 「국가공무원법」이 공무원인 초·중등교원

---

46) 헌재 2006.3.30. 2004헌마246, 정당법 제25조 등 위헌확인(기각).
47) 「정당법」 제42조 제2항에 대해서는 과잉금지원칙에 위배되어 정당의 당원인 청구인들의 정당 가입·활동의 자유를 침해한다고 할 수 없다는 결정이 있다(헌재 2022.3.31. 2020헌마1729, 정당법 제42조 제2항 등 위헌확인(기각, 각하) — 복수 당적 보유 금지 사건.

의 정당 외의 정치단체의 결성(법문언은 "그 밖의 정치단체의 결성")에 관여하거나 가입하는 것을 금지하는 것은 명확성원칙과 관련하여서는 위헌으로 선언되었으나, 정당 결성에 관여하거나 가입하는 것을 금지하는 것은 공무원이 국민 전체에 대한 봉사자로서 그 임무를 충실히 수행할 수 있도록 정치적 중립성을 보장하고, 초·중등학교 교원이 당파적 이해관계의 영향을 받지 않도록 교육의 중립성을 확보하기 위한 것으로서 과잉금지원칙에 위배되지 않을 뿐만 아니라, 대학의 교원에게는 정당가입을 허용하더라도 이는 기초적인 지식전달, 연구기능 등 양자 간의 직무의 본질과 내용, 근무 태양이 다른 점을 고려한 합리적인 차별로서 평등원칙에 위배되지 않는다고 판시하였다.[48]

2) 정당 활동의 자유

정당의 자유는 개인과 정당이 갖는 기본권이다.[49] 정당 활동의 자유는 정당의 자유의 당연한 보장내용에 속한다. 이에 따라 「정당법」에서도 "정당은 헌법과 법률에 의하여 활동의 자유를 가진다"라고 규정하고 있다(정당법 제37조 제1항).

「정당법」은 정당이 특정 정당이나 공직선거의 후보자나 후보자가 되고자 하는 자를 지지·추천하거나 반대함이 없이 **자당의 정책이나 정치적 현안에 대한 입장을 인쇄물·시설물·광고 등을 이용하여 홍보하는 행위와 호별방문을 제외한 당원을 모집하기 위한 활동**은 통상적인 정당 활동으로 보장하고 있다(정당법 제37조 제2항).

정당은 국회의원 지역구 및 자치구·시·군, 읍·면·동별로 당원협의회를 둘 수 있지만, 누구든지 시·도당 하부 조직의 운영을 위하여 당원협의회 등의 사무소를 둘 수는 없도록 하고 있다(정당법 제37조 제3항).

2. 제한

정당의 자유에 대해서는 특히 헌법이 직접 규정한 정당강제해산제도가 있다(제8조 제4항). 정당이 헌법재판소의 결정으로 해산된 때에는 해산된 정당의 강령(또는 기본 정책)과 동일하거나 유사한 정당(대체 정당)을 창당하지 못한다(법 제40조).

그 외 정당의 자유도 일반적 법률유보조항인 헌법 제37조 제2항에 의하여 제한이

---

48) 헌재 2020.4.23. 2018헌마551, 정당법 제22조 제1항 단서 제1호 등 위헌확인(위헌, 기각, 각하) — 교원의 정당 및 정치단체 결성·가입 사건(재판관 3인의 반대의견 있음). 이 결정은 헌재 2004.3. 25. 2001헌마710; 2014.3.27. 2011헌바42 결정의 내용을 그대로 유지하는 결정이다.

49) 헌재 2004.12.16. 2004헌마456, 정당법 제3조 등 위헌확인(기각).

가능하다. 따라서 국가안전보장, 질서유지 또는 공공복리를 위하여 필요한 경우에 한하여 법률로 제한할 수 있다. 특히 헌법에는 "정당은 그 목적·조직과 활동이 민주적이어야 하며, 국민의 정치적 의사형성에 참여하는데 필요한 조직을 가져야 한다"(제8조 제2항)라고 규정되어 있으므로 이와 관련하여 법률이나 재판에서 정당의 자유는 제한될 수 있다.

II. 공직선거 입후보 및 선거운동의 자유

1. 공직선거 입후보의 자유

대한민국 국민이라면 누구든지 공직선거에 입후보할 수 있지만 구체적으로 선거에 출마함에 있어서는 「공직선거법」상 일정한 제한이 있다. 대통령 선거는 선거일 현재 5년 이상 국내에 거주하고 있는 40세 이상의 국민(공직선거법 제16조 제1항),[50] 국회의원 선거는 25세 이상의 국민(공직선거법 제16조 제2항), 지방의회 의원 및 지방자치단체의 장의 선거에 있어서는 선거일 현재 계속하여 60일 이상[51] 해당 지방자치단체의 관할 구역에 주민등록이 되어 있는 주민으로서 25세 이상의 국민은 모두 피선거권이 있으므로 해당 공직선거에 입후보할 자유를 가진다.[52]

2. 선거운동의 자유

가. 선거운동의 개념

헌법재판소에 따르면 참정권 행사가 합헌적으로 이루어지려면 유권자인 국민이 자유로이 입후보자를 선택하고 입후보자의 자유로운 의사가 발표되고 홍보될 수 있는 선거운동이 민주적으로 균등하게 행하여지게 보장되어야 한다.[53]

---

50) 공무로 외국에 파견된 기간과 국내에 주소를 두고 일정기간 외국에 체류한 기간은 국내 거주기간으로 본다(공직선거법 제16조 제1항 제2문).
51) 공무로 외국에 파견되어 선거일전 60일후에 귀국한 자는 선거인명부작성기준일부터 계속하여 선거일까지를 말한다(공직선거법 제16조 제3항).
52) 이 경우 60일의 기간은 그 지방자치단체의 설치·폐지·분할·합병 또는 구역변경(공직선거법 제28조 각 호의 어느 하나에 따른 구역변경을 포함한다)에 의하여 중단되지 아니한다(공직선거법 제16조 제3항).
53) 헌재 1992.3.13. 92헌마37등, 국회의원선거법 제55조의3 등에 대한 헌법소원(한정위헌, 기각).

선거운동에 대해서는 「공직선거법」 제7장 이하에서 자세하게 규정하고 있다. 선거운동의 개념에 대해 공직선거법은 "당선되거나 되게 하거나 되지 못하게 하기 위한 행위"로 정의하고 있다(공직선거법 제58조 제1항).[54] 헌법재판소는 이를 "특정 후보자의 당선 내지 이를 위한 득표에 필요한 모든 행위 또는 특정 후보자의 낙선에 필요한 모든 행위 중 당선 또는 낙선을 위한 것이라는 목적 의사가 객관적으로 인정될 수 있는 능동적, 계획적 행위"라고 설명하고 있다.[55]

헌법재판소는 선거운동인지의 여부를 판단함에 있어서 중요한 기준은 행위의 '목적성'이라고 보며, 그 외의 '능동성'이나 '계획성' 등은 선거운동의 목적성을 객관적으로 확인하고 파악하는 데 기여하는 부차적인 요소에 불과하다고 한다. 그러나 행위자의 '목적 의지'는 매우 주관적인 요소로서 그 자체로서 확인되기 어렵기 때문에, 행위의 '능동성'이나 '계획성'의 요소라는 상대적으로 '객관화될 수 있는 주관적 요소'를 통하여 행위자의 의도를 어느 정도 객관적으로 파악할 수 있다고 한다.[56]

페이스북과 같은 개인 누리소통망 계정에 인터넷 기사나 타인의 게시물을 단순 공유한 경우, 그 행위가 선거운동에 해당하는지 여부와 관련하여 헌법재판소는 "특별한 사정이 없는 한 언론의 인터넷 기사나 타인의 게시글을 단순히 '공유하기'한 행위만으로는 특정 선거에서 특정 후보자의 당선 또는 낙선을 도모하려는 목적 의사가 명백히 드러났다고 단정할 수는 없다."는 대법원의 판결[57]과 같은 입장에서 "게시물의 내용뿐 아니라, 누리소통망에 게시한 전체 게시물의 비중, 이전에도 유사한 내용의 게시물을 게시한 사실이 있는지, 선거일에 임박하여 계정을 개설하고 친구를 과다하게 추가하면서 비슷한 내용의 게시물을 이례적으로 연달아 작성, 공유하였다는 등 특정 선거에서 특정 후보자의 당선 또는 낙선을 도모하려는 목적의사가 명백히 드러난 행위로 볼 수 있는 사정이 있는지 등을 종합적으로 살펴야 한다."는 것이 헌법재판소의 판단이

---

54) 이 정의조항에 대해서는 합헌결정이 있었다[헌재 2022.11.24. 2021헌바301, 선거에 영향을 미치게 하기 위한 광고물게시 등 금지 사건(헌법불합치, 합헌)]. 그러나 선거에 관한 단순한 의견개진 및 의사표시, 입후보와 선거운동을 위한 준비행위, 정당의 후보자 추천에 관한 단순 지지·반대의 의견개진 및 의사표시, 통상적인 정당 활동 등은 '선거운동으로 보지 않는다(정당법 제58조 제1항 단서).

55) 헌재 1994.7.29. 93헌가4등; 2001.8.30. 2000헌마121등; 2004.5.14. 2004헌나1, 대통령(노무현) 탄핵(기각).

56) 헌재 2004.5.14. 2004헌나1, 대통령(노무현) 탄핵(기각).

57) 대법원 2018.11.29. 2017도2972 판결; 2019.11.28. 2017도13629 판결 참조.

다.58)

헌법재판소는 무소속 후보자와 정당 추천 후보자를 선거운동에 있어서 지나치게 불평등하게 취급하거나 불합리하게 차별하는 법률 규정을 두는 것은 국가 존립의 기초가 되는 주권 행사인 참정권의 본질적 내용을 침해하는 것으로서 헌법 제37조 제2항 후단에 위반되고, 법률이 정하는 범위 안에서 선거운동의 균등한 기회가 보장되어야 한다는 헌법 제116조 제1항에도 위반되는 것으로 본다.59)

나. 선거운동의 자유의 제한

정치의 혼탁을 방지하기 위하여 일정한 경우 선거운동은 제한될 수 있다.60) 또한 선거일 전 6일부터 선거일의 투표 마감 시각까지 여론조사의 결과 공표도 금지된다(공직선거법 제108조 제1항).

1) 제한 정도의 판단기준

헌법재판소의 결정에 따르면 "선거는 오늘날 자유민주주의 국가에서 통치기관을 구성하고 이에 정당성을 부여하는 한편 국민 스스로 정치적 의사형성과정에 참여하여 국민주권과 대의민주주의를 실현하는 핵심적인 수단이고, 선거운동은 유권자가 경쟁하는 여러 정치세력 가운데 선택을 통해 선거권을 행사할 수 있도록 그 판단의 배경이 되는 정보를 제공하는 기능을 수행한다."61) 따라서 선거운동을 불가피하게 제한하는 경우라고 하더라도 "그 제한의 정도는 국가 전체의 정치·사회적 발전단계와 국민의식의 성숙도, 종래의 선거풍토나 그 밖의 경제적, 문화적 제반 여건을 종합하여 합리적으로 결정해야 한다."62)

---

58) 헌재 2020.2.27. 2016헌마1071, 기소유예처분취소[인용(취소)] – '페이스북'선거운동 사건. 이 사건의 청구인은 공립학교 교사였는데 공립학교 교사가 페이스북을 통해 자신의 정치적 견해나 신념을 외부에 표출하였고 그 내용이 선거와 관련성이 인정된다고 하더라도 그 이유만으로 섣불리 선거운동에 해당한다고 속단할 수 없다고 하였다. 이 사건에서 헌법재판소는 단순히 공유하기 한 행위만으로는 선거운동에 해당한다고 볼 수 없음에도 검사가 「공직선거법」 위반 피의사실을 인정한 후 기소유예처분을 한 것은 청구인의 평등권과 행복추구권을 침해한 것이라고 보았다. 이 결정 외에도 이날 헌법재판소는 같은 내용의 다수의 기소유예처분취소 결정을 하고 있다.
59) 헌재 1992.3.13. 92헌마37등, 국회의원선거법 제55조의3 등에 대한 헌법소원(한정위헌, 기각).
60) 헌재 1995.5.25. 95헌마105, 공직선거및선거부정방지법 제87조등 위헌확인(기각).
61) 헌재 2006.12.28. 2005헌바23; 헌재 2022.2.24. 2018헌바146, 공직선거법 제59조 본문 등 위헌소원(위헌).
62) 헌재 2006.12.28. 2005헌바23; 헌재 2022.2.24. 2018헌바146.

2) 선거운동기간의 제한

「공직선거법」제59조 각 호의 선거운동(허용되는 사전선거운동)에 해당하지 않는한, 선거운동은 선거기간개시일부터 선거일 전일까지에 한하여 할 수 있다. 이를 사전선거운동금지라고 한다. 이를 위반하면 처벌된다(공직선거법 제254조 제2항).[63] 그러나헌법재판소는 사전선거운동금지조항에도 불구하고 개별적으로 대면하여 말로 하는 선거운동까지 제한하는 것은 정치적 표현의 자유를 침해하여 헌법에 위반된다고 본다.[64]

사전선거운동이 허용되는 「공직선거법」제59조 각 호의 유형은 ① 예비후보자가선거운동을 하는 경우(제1호), ② 문자메시지 전송(제2호), ③ 인터넷 홈페이지 또는 그게시판·대화방 등에 글이나 동영상 등을 게시하거나 전자우편을 전송하는 경우(제3호), ④ 선거일이 아닌 때에 전화를 이용하거나 말(확성장치를 사용하거나 옥외집회에서 다중을 대상으로 하는 경우는 제외)로 선거운동을 하는 경우(제4호), ⑤ 후보자가 되려는 사람이 선거일 전 180일(대통령선거의 경우 선거일 전 240일)부터 해당 선거의 예비후보자등록신청 전까지 자신의 명함을 직접 주는 경우(제5호)가 있다.

2017년 「공직선거법」개정으로 선거일에도 투표마감시각전까지 「공직선거법」에규정된 방법에 따라 선거운동을 할 수 있다.

| NOTE | **투표일 선거운동의 허용** | |

구 「공직선거법」제254조 제1항에서는 선거일에 선거운동을 한 자를 처벌하고 있었다. 그러나 2017년, 투표일도 선거운동을 할 수 있도록 이 조항을 개정하였는데, 그 취지는 선거 당일 후보자 등이 발송하는 투표참여 독려 문자메시지와 선거운동행위 간 구별이 모호한 측면이 있어 선거일에도 문자나 인터넷·전자우편 등의 방법으로 선거운동을 할 수 있도록 하기 위한 것이라고 한다.[65] 「공직선거법」이 개정된 후인 2021년에 헌법재판소는구 「공직선거법」제254조 제1항에 대해서 합헌 결정을 내렸다.[66]

---

63) 처벌조항의 명확성원칙 위반여부에 대해서는 김대환, 헌법재판 및 위헌심사기준론, 박영사, 2023, 280쪽 이하 참조.

64) 사전선거운동금지를 규정한 공직선거법 제59조에 대해서는 종래 합헌결정이 유지되었으나(헌재 2016.6.30. 2014헌바253 등 참조), 2022년 판례를 변경하여 개별적으로 대면하여 말로 하는 선거운동까지 제한하는 것은 정치적 표현의 자유의 침해하여 헌법에 위반된다는 결정을 내렸다[헌재 2022.2.24. 2018헌바146, 공직선거법 제59조 본문 등 위헌소원(위헌) − 공직선거법상 선거운동기간 제한 및 처벌조항 사건].

65) 국가법령정보센터(law.go.kr)에 게시된 공직선거법(시행 2017.2.8., 법률 제14556호, 2017.2.8., 일부개정)의 개정이유 참조.

66) 헌재 2021.12.23. 2018헌바152, 공직선거법 제254조 제1항 등 위헌소원(합헌, 각하). 이 결정에는

NOTE	**대면하여 말로 하는 사전선거운동의 허용**	

2020.12.29. 「공직선거법」 개정으로 선거일이 아닌 때에도 전화를 이용하거나 말로 선거운동을 하는 것(확성장치나 옥외집회에서 다중을 대상으로 하는 경우는 제외)이 허용되었다(공직선거법 제59조 단서 제4호). 그런데 개별적으로 대면하여 말로 하는 사전선거운동을 허용하지 않았던 구 「공직선거법」 제59조에 대해서는 2016년(헌재 2016.6.30. 2014헌바253) 이래 합헌이라는 것이 종래 헌법재판소의 입장이었다. 비록 「공직선거법」이 개정된 이후이기는 하지만 2022년에 구 「공직선거법」 해당 조항 부분에 대해서 위헌결정이 내려졌다.[67] 위헌 선언된 부분은 종전 합헌결정의 다음 날인 2016.7.1.로 소급하여 효력을 상실하게 되었다(헌법재판소법 제47조 제3항 단서). 물론 이미 처벌 받은 사람은 재심을 청구할 수 있다(헌법재판소법 제47조 제5항).

3) 허용된 선거운동기구 외 유사 기관의 설치 금지

「공직선거법」에서는 선거사무소, 선거연락소, 선거대책기구 등 합법적으로 설치·이용할 수 있는 선거운동기구를 선거의 종류마다 개별적으로 규정하고 있다(공직선거법 제61조). 이외에는 명칭의 여하를 불문하고 원칙적으로 이와 유사한 기관·단체·조직 또는 시설을 새로이 설립 또는 설치하거나 기존의 기관·단체·조직 또는 시설을 이용할 수 없도록 하고 있다(공직선거법 제89조).

정당이나 후보자 등이 운영하는 기존의 기관 등도 「정치자금법」에 따른 후원금 모금 등의 고지·광고를 제외하고는 선거일 전 180일부터 선거일까지 당해 선거구민을 대상으로 선거에 영향을 미치는 행위를 하거나, 그 기관·단체 또는 시설의 설립이나 활동 내용을 선거구민에게 알리기 위하여 정당 또는 후보자의 명의나 그 명의를 유추할 수 있는 방법으로 벽보·현수막·방송·신문·통신·잡지 또는 인쇄물을 이용하거나 그 밖의 방법으로 선전할 수 없다(공직선거법 제89조).

그러나 기존에 설치하여 운영하던 기관 등의 통상적인 정치 활동은 여전히 허용된다고 보아야 한다. 다만, **통상적인 정치 활동과 선거운동의 구별**은 쉽지 않기 때문에 다툼이 생기기 쉽다. 이에 대하여는 적법한 절차에 따라 설립되고 관련 법령에 의해 관할 관청의 감독을 받으며 그 조직과 활동이 정치인으로서의 일반적인 인지도 내지 우호적

이 사건 처벌조항이 과잉금지원칙을 위반하여 선거운동 등 정치적 표현의 자유를 침해한다는 재판관 4인의 위헌의견이 있다.

67) 헌재 2022.2.24. 2018헌바146, 공직선거법 제59조 본문 등 위헌소원(위헌).

이미지 제고 이상의 목적을 가진 것으로 인정될 수 없는 단체는 「공직선거법」이 금지하는 유사 기관에 해당하지 않는다는 견해가 있는 반면에, 선거운동의 규모나 숫자를 제한하지 않는다면 경제력과 조직 동원력이 있는 후보자나 기존 정치인들만 각종 명칭의 선거운동기구를 설립해 선거운동을 하면서 통상의 사회단체로 가장한 불공정 선거운동을 하고 그러한 결과가 선거결과에 반영될 경우 정치인들은 경쟁적으로 사회단체를 가장한 유사기관의 설립에 치중하게 되고 그에 필요한 자금은 반대급부를 기대하는 후원자들의 불법 정치 자금으로 조달될 것이란 견해가 대립하고 있다.[68]

4) 후보자의 인터넷언론사 칼럼 등 게재 제한

"인터넷언론사는 선거일 전 90일부터 선거일까지 후보자 명의의 칼럼, 논평, 기고문, 저술 등을 게재하여서는 아니 된다."라고 규정함으로써 인터넷언론사에 대하여 선거일 전 90일부터 선거일까지 후보자 명의의 칼럼이나 저술을 게재하는 보도를 제한하고 있는 「인터넷선거보도 심의기준 등에 관한 규정」 제8조 제2항(시기제한조항)[69]에 대해서 헌법재판소는, 그러한 인터넷 선거보도가 불공정하다고 볼 수 있는지에 대해 구체적으로 판단하지 않고 이를 불공정한 선거보도로 간주하여 선거의 공정성을 해치지 않는 보도까지 광범위하게 제한하여 과잉금지원칙에 반하여 표현의 자유를 침해한다고 판시하였다.[70]

이 결정은 후보자의 인터넷언론사 칼럼 등 게재를 무제한으로 허용하여야 한다는 취지는 아니나, 「인터넷선거보도 심의기준 등에 관한 규정」 제8조 제2항(시기제한조항)이 위헌 무효가 됨에 따라 일정부분 칼럼 게재에 제한을 받지 않을 수 있게 되었다.

 다음 「공직선거법」 조항 중 "기타 이와 유사한 것" 부분의 헌법적 쟁점을 지적하고 위헌 여부를 검토하시오.

「공직선거법」(2005.8.4. 법률 제7681호로 개정된 것) 제93조(탈법 방법에 의한 문서·도화의 배부·게시 등 금지) ① 누구든지 선거일 전 180일(보궐선거 등에 있어서는 그 선거의 실시 사유가 확정된 때)부터 선거일까지 선거에 영향을 미치게 하기 위하여 이 법의 규정에 의하지 아니하고는 정당(창당준비위원회와 정당의 정강·정책을 포함한다. 이하 이 조에서 같다) 또는 후보자(후보자가 되고자 하는 자를 포함한다. 이하 이 조에서 같다)를 지지·추천하거나

---

68) 법률신문 2016.6.20.자 5면 기사 참조.
69) 구 규정이 심판의 대상이 되었으나 헌법재판소는 구 규정과 심판 당시 규정이 실제에 있어서 동일하다고 보아 심판의 대상으로 포함시킨 것이다.
70) 헌재 2019.11.28. 2016헌마90, 공직선거법 제8조의5 제6항 등 위헌확인(위헌, 각하).

반대하는 내용이 포함되어 있거나 정당의 명칭 또는 후보자의 성명을 나타내는 광고, 인사장, 벽보, 사진, 문서·도화 인쇄물이나 녹음·녹화 테이프 기타 이와 유사한 것을 배부·첩부·살포·상영 또는 게시할 수 없다. 다만, 선거운동 기간 중 후보자가 제60조의3(예비후보자 등의 선거운동) 제1항 제2호의 규정에 따른 명함을 직접 주거나 후보자가 그와 함께 다니는 자 중에서 지정한 1인과 후보자의 배우자(배우자 대신 후보자가 그의 직계존·비속 중에서 신고한 1인을 포함한다)가 그 명함을 직접 주는 경우에는 그러하지 아니하다.

이 「공직선거법」상의 표현과 관련하여서는 헌법재판소의 판례 변경이 있었다. 판례 변경 전인 2009년 결정에서는 합헌의견과 위헌의견이 4:5로 위헌의견이 우세하였지만 위헌선언 정족수에까지는 이르지 못하였다.[71] 여기서 쟁점이 된 것은 명확성의 원칙과 과잉금지원칙의 위반 여부였다.

그러나 2011년 결정에서는 판례를 변경하여 한정위헌으로 결정하였는데, 이 결정의 다수의견에서는 명확성원칙은 검토되지 않았고 과잉금지원칙 위배 여부만을 심사하여, '기타 이와 유사한 것'에, '정보통신망을 이용하여 인터넷 홈페이지 또는 그 게시판·대화방 등에 글이나 동영상 등 정보를 게시하거나 전자우편을 전송하는 방법'이 포함되는 것으로 해석하는 것은 정치적 표현 및 선거운동의 자유의 중요성, 인터넷의 매체적 특성, 입법 목적과의 관련성, 다른 「공직선거법」 법률 조항들과의 관계 등을 고려하여 볼 때, 과잉금지원칙에 위배하여 청구인들의 선거운동의 자유 내지 정치적 표현의 자유를 침해하는 것으로서 헌법에 위반된다는 한정위헌결정을 선고하였다. 이 결정은 6인의 재판관이 위헌의견에 가담하였고, 2인의 재판관이 기존의 의견을 고수한 합헌의견을 개진하였다.[72]

5) 후보자가 되고자 하는 자의 기부행위 금지 및 후보자의 허위사실공표 금지

공직선거의 '후보자가 되고자 하는 자'는 당해 선거구안에 있는 자나 기관·단체 등에 기부행위(결혼식에서의 주례행위 포함)를 할 수 없고 이를 위반하면 처벌된다(공직선거법 제118조 제1항). '후보자가 되고자 하는 자'는 죄형법정주의의 명확성원칙에 위배되지 않고, 과잉금지원칙을 위배하여 선거운동의 자유를 침해하는 것도 아니다.[73]

후보자가 당선될 목적으로 자신의 행위에 관하여 허위의 사실을 공표하면 처벌된다(공직선거법 제250조 제1항). 이 조항의 '당선될 목적으로 자신의 행위에 관하여 허위의 사실을 공표한 자'에 대해서도 죄형법정주의의 명확성원칙에 위배되지 않고, 과잉금지

---

71) 헌재 2009.5.28. 2007헌바24, 공직선거법 제93조 제1항 위헌소원(합헌, 5인의 위헌의견 있음). 합헌의견: 이강국, 이공현, 김희옥, 이동흡. 위헌의견: 김종대, 민형기, 목영준, 송두환, 조대현.
72) 헌재 2011.12.29. 2007헌마1001등, 공직선거법 제93조 제1항 등 위헌확인(한정위헌, 2인의 합헌의견).
73) 헌재 2021.2.25. 2018헌바223, 공직선거법 제113조 제1항 등 위헌소원(합헌) - 공직선거법상 기부행위금지 및 허위사실공표금지에 관한 사건.

원칙을 위배하여 선거운동의 자유 내지 정치적 표현의 자유를 침해하는 것은 아니라는 헌법재판소의 결정이 있다.[74]

---

74) 헌재 2021.2.25. 2018헌바223.

제6절

절차권

절차권은 그 물적 보장내용이 실체적 내용의 기본권을 보장하기 위한 수단으로서의 절차적 정당성을 보장하기 위한 기본권을 말한다. 정당한 절차적 권리가 보장되지 않는 곳에서는 실체적 내용의 기본권 보장도 요원하다는 점에서 중요한 의미를 가진다. 그럼에도 불구하고 절차권에 대해서는 입법자의 형성의 자유가 폭넓게 인정될 수밖에 없는데, 그것은 실체적 내용을 보장하는 방법은 다양할 수 있기 때문이다. 따라서 헌법재판소는 합리성 심사를 하거나 완화된 비례성 심사를 한다.

제1항 청원권

I. 개념

헌법 제26조 제1항에서는 "모든 국민은 법률이 정하는 바에 의하여 국가기관에 문서로 청원할 권리를 가진다."고 규정함으로써 청원권을 기본권으로 보장하고 있다. 헌법재판소는 이러한 청원권을 "공권력과의 관계에서 일어나는 여러 가지 이해관계, 의견, 희망 등에 관하여 적법한 청원을 한 모든 국민에게 국가기관이(그 주관관서가) 청원을 수리할 뿐만 아니라, 이를 심사하여 청원자에게 적어도 그 처리 결과를 통지할 것을 요구할 수 있는 권리"라고 개념 정의하고 있다.[1]

---

1) 헌재 1997.7.16. 93헌마239, 청원처리 위헌확인(각하).

청원과 관련하여 특히 중요한 것이 민원이다. 고충민원의 처리와 이에 관련된 불합리한 행정제도를 개선하고, 부패의 발생을 예방하며 부패행위를 효율적으로 규제하도록 하기 위하여 국무총리 소속으로 국민권익위원회를 두고 있다(부패방지 및 국민권익위원회의 설치와 운영에 관한 법률 제11조). 국민권익위원회는 고충민원의 조사와 처리 및 이와 관련된 시정 권고 또는 의견 표명, 고충민원을 유발하는 관련 행정제도 및 그 제도의 운영에 개선이 필요하다고 판단되는 경우 이에 대한 권고 또는 의견 표명, 국민권익위원회가 처리한 고충민원의 결과 및 행정제도의 개선에 관한 실태 조사와 평가 등의 업무를 수행한다(부패방지 및 국민권익위원회의 설치와 운영에 관한 법률 제12조 제2호, 제3호, 제4호). 또 각 지방자치단체에 시민고충처리위원회를 둘 수 있는데, 이는 지방자치단체 및 그 소속 기관에 관한 고충민원의 처리와 행정제도의 개선 등을 목적으로 하고 있다(부패방지 및 국민권익위원회의 설치와 운영에 관한 법률 제32조).

II. 법적 성격

국가에 청원을 할 수 있도록 한다는 것은 자연적인 이치라고 볼 수 있지만, 청원은 국가의 존재를 전제로 한다는 점에서 자연권이라고는 할 수 없다. 위에서 언급한 바와 같이 청원을 국가에 대해 적어도 그 처리 결과를 통지할 것을 요구할 수 있는 권리로 이해하는 한 청원권은 **급부청구권**으로서 성격을 갖게 된다. 그러나 청원권은 법률 규정이 없어도 헌법적 근거에 의해 직접 권리를 행사할 수 있다는 점에서 생존권과는 구별된다는 견해가 있다.[2]

III. 보장내용

1. 인적 보장내용

가. 기본권 주체

청원권은 우선 자연인인 국민이 그 주체가 된다. 자연인으로서 국민과 유사한 지위에 있는 외국인도 청원권의 주체가 된다고 보아야 한다. 합리적인 문화 국가라고 한

---

2) 김철수, 헌법학신론, 박영사, 2013, 1075쪽.

다면 외국인의 청원권을 막을 이유가 없기 때문이다. 법인의 경우에도 청원권의 주체성을 인정할 수 있다.

헌법재판소는 "국민은 여러 가지 이해관계 또는 국정에 관하여 자신의 의견이나 희망을 해당 기관에 직접 진술하는 외에 그 본인을 대리하거나 중개하는 제3자를 통해 진술하더라도 이는 청원권으로서 보호된다."고 본다.[3]

나. 의무 주체

무엇보다도 헌법 규정에 따르면 청원권은 국가기관에 대한 권리라고 명시되어 있으므로 의무 주체는 원칙적으로 국가이지만, 지방자치단체의 기관이나 공공단체의 기관까지 포함하는 것으로 보아야 한다. 따라서 청원권의 의무 주체는 기본권의 일반적인 의무 주체와 같다.

청원권은 개념 내재적으로 국가, 지방자치단체, 공법인에 대한 권리이므로 청원권에 관한 한 제3자적 효력이 인정될 여지는 없다. 제3자가 타인의 청원권 행사를 방해하는 경우에는 일정한 제한을 받게 될 것이지만, 이로써 제3자에게 청원권의 제3자적 효력이 미치는 것으로 볼 수는 없다. 타인의 권리를 부당하게 침해해서는 안 되는 것은 다른 기본권에서와 다를 바 없기 때문이다.

2. 물적 보장내용

청원권의 헌법적 내용은 국가가 청원을 수리[4]할 뿐만 아니라, 이를 심사하여 청원자에게 적어도 그 **처리 결과를 통지할 것을 요구**하는 것이다. 이에 따라 국가는 당연히 청원을 심사할 의무를 부담하게 된다(제26조 제2항).

국가의 의무는 심사 의무만이고, 청원 내용대로 처리할 의무를 말하는 것은 아니다. 「청원법」이 정한 절차에 따른 청원의 처리가 있으면 되고, 청원의 처리 내용이 청원인의 기대와 다르다고 하여 이것이 헌법소원의 대상이 되는 공권력의 불행사라고 볼 수 없다.[5]

---

3) 헌재 2005.11.24. 2003헌바108; 2012.4.24. 2011헌바40, 구 변호사법 제111조 위헌소원(합헌).
4) 수리(受理)란 행정청이 사인의 행위를 유효한 행위로 받아들이는 인식의 표시행위를 말한다(홍정선, 행정법특강, 2009, 246쪽).
5) 헌재 2004.5.27. 2003헌마851, 군인연금법 개정 청원에 대한 부작위 위헌확인(각하).

Ⅳ. 「청원법」의 내용

이와 같이 헌법적으로 보장되는 청원권의 행사 방법과 절차 등에 대해서는 「청원법」이 자세하게 규정하고 있다.

1. 국가의 의무

「청원법」 제9조에서는 "국가는 국민이 제출한 청원을 심사할 의무가 있고, 이를 처리하여 그 결과를 통지할 의무가 있다."라고 함으로써 헌법 규정의 심사의무를 다시 한 번 법률에서 구체화하고 있다. 청원을 수리한 기관은 성실하고 공정하게 심사하여야 한다(공정심사의무: 청원법 제9조 제1항).

2. 청원 사항

가. 예시 규정

「청원법」 제4조에서는 청원 사항에 대하여 규정하고 있다. 여기에서는 피해의 구제, 공무원의 위법 · 부당한 행위에 대한 시정이나 징계의 요구, 법률 · 명령 · 조례 · 규칙 등의 제정 · 개정 또는 폐지, 공공의 제도 또는 시설의 운영, 그 밖에 국가기관 등의 권한에 속하는 사항에 '한하여' 청원할 수 있다고 규정하고 있다. 물론 청원 사항에 대하여 한정하고 있다고 하더라도 「청원법」 제4조 제5호에서는 "그 밖에 국가기관 등의 권한에 속하는 사항"을 청원 사항으로 규정함으로써 청원 사항을 매우 폭넓게 인정하고 있다.

그런데 청원권을 규정한 헌법 제26조 제1항은 "법률이 정하는 바에 의하여" 국가기관에 문서로 청원할 권리를 가진다고 규정하고 있다. 청원사항을 「청원법」에 한정하여서만 인정할 것인가는 의문의 여지가 있다. 청원권을 "청원을 수리 · 심사하여 그 처리 결과를 통지할 것을 요구할 수 있는 권리"로 이해하면 법률의 정함이 없어도 청원권을 행사하는 데 문제가 없다. 따라서 청원 사항을 반드시 법률에 정한 범위에 한정할 필요는 없다고 본다.

나. 청원 금지 사항

청원과 관련하여 「청원법」에서는 청원 금지 사항을 정하고 있다. ① 다른 법령에 의한 조사·불복 또는 구제 절차가 진행 중이거나, ② 허위의 사실로 타인으로 하여금 형사처분 또는 징계처분을 받게 하거나 국가기관 등을 중상 모략하는 사항인 경우, ③ 사인 간의 권리관계 또는 개인의 사생활에 관한 사항인 경우 그리고 ④ 청원인의 성명·주소 등이 불분명하거나 청원 내용이 불명확한 때에는 청원을 수리하지 않고(청원법 제5조), 타인을 모해할 목적으로 허위의 사항을 적시하여 청원하는 경우에는 벌금이 부과된다(청원법 제11조, 제13조).

3. 심사 기간

청원을 관장하는 기관이 청원을 접수한 때에는 특별한 사유가 없는 한 90일 이내에 그 처리 결과를 청원인에게 통지하여야 한다(청원법 제9조 제3항). 그러나 부득이한 사유로 90일 이내에 처리하기 곤란한 경우에는 동 기관은 60일의 범위 내에서 1회에 한하여 그 처리 기간을 연장할 수 있다. 그러나 이 경우 그 사유와 처리 예정 기한을 지체 없이 청원인에게 통지하여야 한다(청원법 제9조 제4항).

4. 청원 대상에 따른 절차

가. 국회에 대한 청원

국회에 청원을 하려고 하는 자는 의원의 소개를 얻어 청원서를 제출하여야 한다(「국회법」 제123조 제1항). 재판에 간섭하거나 국가기관을 모독하는 내용의 청원은 이를 접수하지 아니한다(국회법 제123조 제3항). 국회의장은 청원을 접수한 때에는 청원요지서를 작성하여 각 의원에게 인쇄하거나 전산망에 입력하는 방법으로 배부하는 동시에 그 청원서를 소관위원회에 회부하여 심사를 하게 한다(국회법 제124조 제1항).

국회의 위원회에는 청원 심사를 위하여 청원심사소위원회를 두고, 위원장은 폐회 중이거나 기타 필요한 경우 청원을 바로 청원심사소위원회에 회부하여 심사 보고하게 할 수 있다. 청원을 소개한 의원은 소관위원회 또는 청원심사소위원회의 요구가 있을 때에는 청원의 취지를 설명하여야 하고, 위원회는 그 의결로 위원 또는 전문위원을 현장이나 관계 기관 등에 파견하여 필요한 사항을 파악하여 보고하게 할 수 있다(국회법

제125조 제4항). 위원회에서 본회의에 부의하기로 결정한 청원은 의견서를 첨부하여 의
장에게 보고한다. 위원회에서 본회의에 부의할 필요가 없다고 결정한 청원은 그 처리
결과를 의장에게 보고하고, 의장은 청원인에게 통지하여야 한다. 다만, 폐회 또는 휴회
기간을 제외한 7일 이내에 의원 30인 이상의 요구가 있을 때에는 이를 본회의에 부의
한다. 청원 심사에 관하여 기타 필요한 사항은 국회규칙으로 정한다(국회법 제125조). 국
회청원심사규칙이 제정되어 있다.

국회가 채택한 청원으로서 정부에서 처리함이 타당하다고 인정되는 청원은 의견서
를 첨부하여 정부에 이송하고, 정부는 동 청원을 처리하고 그 처리 결과를 지체 없이
국회에 보고하여야 한다(국회법 제126조).

나. 지방의회에 대한 청원

지방의회에 대한 청원의 수리와 처리는 **지방의회의 의결 사항**이다. 「지방자치법」 제
8절에서는 청원에 대해 규정하고 있다. 지방의회에 청원을 하려는 자는 지방의회 의원
의 소개를 받아 청원서를 제출하여야 한다(지방자치법 제73조). 재판에 간섭하거나 법령
에 위배되는 내용의 청원은 수리하지 아니한다(지방자치법 제74조). 지방의회의 의장은
청원서를 접수하면 소관 위원회나 본회의에 회부하여 심사를 하게 한다. 청원을 소개
한 의원은 소관 위원회나 본회의가 요구하면 청원의 취지를 설명하여야 한다. 위원회
가 청원을 심사하여 본회의에 부칠 필요가 없다고 결정하면 그 처리 결과를 의장에게
보고하고, 의장은 청원한 자에게 알려야 한다(이상 지방자치법 제75조). 지방의회가 채택
한 청원으로서 그 지방자치단체의 장이 처리하는 것이 타당하다고 인정되는 청원은 의
견서를 첨부하여 지방자치단체의 장에게 이송한다. 지방자치단체의 장은 동 청원을 처
리하고 그 처리 결과를 지체 없이 지방의회에 보고하여야 한다(지방자치법 제76조).

다. 수용자의 법무부장관 등에 대한 청원

수용자는 그 처우에 관하여 불복하는 경우 법무부장관·순회점검공무원 또는 관할
지방교정청장에게 청원할 수 있다. 청원하려는 수용자는 청원서를 작성하여 봉한 후
소장에게 제출하여야 한다. 다만, 순회점검공무원에 대한 청원은 말로도 할 수 있는데,
이 경우에는 해당 교정 시설의 교도관 등이 참여하여서는 아니 된다. 소장은 청원서를

개봉하여서는 아니 되며, 이를 지체 없이 법무부장관·순회점검공무원 또는 관할 지방
교정청장에게 보내거나 순회점검공무원에게 전달하여야 한다. 청원에 관한 결정은 문
서로써 하여야 하고, 소장은 청원에 관한 결정서를 접수하면 청원인에게 지체 없이 전
달하여야 한다(행형법 제117조).

수용자가 밖으로 내보내는 모든 서신을 봉함하지 않은 상태로 교정 시설에 제출하
도록 규정하고 있었던「형의 집행 및 수용자의 처우에 관한 법률 시행령」제65조 제1
항에 대해 위헌결정하면서 헌법재판소는 수용자는 청원권 행사를 위한 서신을 포함한
각종 서신의 발송을 주저하게 된다고 보면서 수용자의 통신비밀의 자유의 침해 여부만
을 검토하고 청원권의 침해 여부에 대해서는 검토하지 않았다.[6]

5. 불이익 금지

누구든지 청원을 하였다는 이유로 차별 대우를 받거나 불이익을 강요당하지 아니
한다(청원법 제12조).

V. 제한과 위헌심사기준

청원권도 법률로 제한이 가능하다. 헌법에는 법률이 정하는 바에 의하여 청원권을
가진다고 규정하고 있으나 청원권은 헌법상 보장되는 기본권이므로 전적으로 입법자의
형성의 자유에 속하는 것은 아니다. 물론 국회는 폭넓은 입법 형성권을 갖는다. 법률로
청원권을 제한하는 경우에도 헌법 제37조 제2항에 따라 일반적 법률유보의 원칙을 지
켜야 한다.

구「변호사법」제111조에서는 "공무원(법령에 의하여 공무원으로 보는 자를 포함한다)
이 취급하는 사건 또는 사무에 관하여 청탁 또는 알선을 한다는 명목으로 금품·향응
기타 이익을 받거나 받을 것을 약속한 자 또는 제3자에게 이를 공여하게 하거나 공여
하게 할 것을 약속한 자는 5년 이하의 징역 또는 1천만 원 이하의 벌금에 처하거나 이

---

6) 헌재 2012.2.23. 2009헌마333, 형의 집행 및 수용자의 처우에 관한 법률 제43조 제3항 등 위헌확
   인(위헌, 각하). 이 결정의 취지에 따라「형의 집행 및 수용자의 처우에 관한 법률 시행령」제65조
   제1항은 원칙적으로 봉함하여 제출하고, 다만 단서에서 각호의 사항에 해당하는 경우에는 봉함하
   지 않은 상태로 제출하게 할 수 있는 것으로 2013.2.5. 개정되었다.

를 병과할 수 있다."라고 규정하여, 공무원의 직무에 속하는 사항에 관하여 금품을 대가로 다른 사람을 중개하거나 대신하여 그 이해관계나 의견 또는 희망을 해당 기관에 진술할 수 없게 하여 일반적 행동자유권과 함께 청원권을 제한한 사건에서 헌법재판소는 합헌결정을 하면서 온전히 과잉금지심사를 하고 있다.[7]

또 유신헌법 하에서 대통령의 긴급조치 1 · 2 · 9호의 위헌을 선언한 결정[8]에서 헌법재판소는 긴급조치 제1호의 위헌성을 설시하는 이유 부분에서 "긴급조치 제1호는 '대한민국헌법을 부정 · 반대 · 왜곡 또는 비방하는 일체의 행위', '대한민국헌법의 개정 또는 폐지를 주장 · 발의 · 제안 또는 청원하는 일체의 행위' 등 유신헌법의 개정 논의 자체를 전면적으로 금지하였다."라고 하면서 긴급조치 제1호의 구체적 위헌 요소를 설명하면서 정치적 표현의 자유의 침해라는 표제하에 "긴급조치 제1호는 … 국민은 대한민국의 주권자이며 최고의 헌법제정권력이기 때문에 성문헌법의 제 · 개정에 참여한다. 즉, 헌법을 제 · 개정할 것인지 여부, 헌법을 개정한다면 어떠한 내용으로 할 것인지 여부의 제반 결정권은 제헌헌법 이래 현행헌법에 이르기까지 국민에게 있으며, 헌법을 개정하거나 폐지하고 다른 내용의 헌법을 모색하는 것은 주권자이자 헌법제 · 개정권력자인 국민이 보유하는 가장 기본적인 권리로서, 가장 강력하게 보호되어야 할 권리 중의 권리에 해당한다. 그러나 긴급조치 제1호는 민주주의의 본질적인 요소인 국민의 정치적 표현의 자유와 국민의 헌법개정 절차에서 가지는 참정권적 기본권인 국민투표권 등의 권리, 청원권 등을 지나치게 제한하는 것이다."라고 판단하고 있다. 결정의 이 부분과 관련한 소결에서는 "긴급조치 제1호, 제2호는 입법 목적의 정당성이나 방법의 적절성을 갖추지 못하였을 뿐 아니라 죄형법정주의에 위배되고, 헌법개정권력의 행사와 관련한 참정권, 표현의 자유, 영장주의 및 신체의 자유, 법관에 의한 재판을 받을 권리 등 국민의 기본권을 지나치게 제한하거나 침해하므로 헌법에 위반된다."라고 하여 청원권 열거를 누락하고 있지만, 그 앞에 설시한 이유 부분과 통합적으로 보면 긴급조치 1호가 청원권을 침해한 것으로 판단하였다고 할 수 있다.

이와 같은 헌법재판소의 결정으로 볼 때 청원권 침해 여부의 위헌심사기준은 과잉금지원칙과 본질적 내용 침해금지원칙이라고 할 수 있다.

---

7) 헌재 2012.4.24. 2011헌바40, 구 변호사법 제111조 위헌소원(합헌).
8) 헌재 2013.3.21. 2010헌바132등, 구 헌법 제53조 등 위헌소원(위헌).

제2항 재판청구권(재판을 받을 권리)

Ⅰ. 의의

1. 개념

실체적 기본권을 보장하기 위해서는 사법 절차에 있어서도 일정한 절차적, 형식적 권리가 보장되어야 한다. 이것이 재판청구권이다. 재판청구권이란 헌법 제27조에 따르면 헌법과 법률이 정한 법관에 의해 법률과 적법한 절차에 따라 공정한 재판을 받을 권리를 말한다. 여기서 재판이라 함은 구체적 사건에 관한 사실의 확정과 그에 대한 법률의 해석 적용을 그 본질적 내용으로 하는 일련의 과정이다.[9]

2. 법적 성격

재판을 받을 권리는 급부청구권의 성격을 갖는다. 공권이므로 민사소송에서나 행정소송에서나 헌법소송에서나 재판청구권 자체의 포기는 허용되지 않는다.[10] 그러나 부제소의 합의 내지 불항소의 합의는 허용된다.[11] 대법원의 판례에 따르면 "부제소 합의는 소송당사자에게 헌법상 보장된 재판청구권의 포기와 같은 중대한 소송법상의 효과를 발생시키는 것으로서 그 합의 시에 예상할 수 있는 상황에 관한 것이어야 유효하고, 그 효력의 유무나 범위를 둘러싸고 이견이 있을 수 있는 경우에는 당사자의 의사를 합리적으로 해석한 후 이를 판단하여야 한다."고 하고 있다.[12] 따라서 부제소의 합의나 불항소의 합의는 모두 법원의 직권조사사항이다.[13]

---

9) 헌재 2002.2.28. 2001헌가18, 변호사법 제100조 제4항 등 위헌제청(위헌).
10) "피고가 1995.11.15. 원고에 대하여 피고가 개설한 서울 동대문구 용두동 소재 농수산물도매시장의 도매시장법인으로 다시 지정함에 있어서 그 지정조건 제2호로 '지정기간 중이라도 개설자가 농수산물 유통정책의 방침에 따라 도매시장법인 이전 및 지정취소 또는 폐쇄 지시에도 일체 소송이나 손실보상을 청구할 수 없다.'라는 부관을 붙였으나, 그 중 부제소특약에 관한 부분은 당사자가 임의로 처분할 수 없는 공법상의 권리관계를 대상으로 하여 사인의 국가에 대한 공권인 소권을 당사자의 합의로 포기하는 것으로서 허용될 수 없다고 할 것이므로(대법원 1961.11.2. 4293행상60 판결 참조), 이러한 약정이 유효함을 전제로 한 논지는 이유 없다."(대법원 1998.8.21. 98두8919 판결).
11) 대법원 1970.11.30. 68다1955 판결.
12) 대법원 2013.11.28. 2011다80449 판결.
13) 대법원 2013.11.28. 2011다80449 판결; 1980.1.29. 79다2066 판결.

II. 보장내용

1. 인적 보장내용

가. 기본권 주체

재판청구권의 주체는 모든 국민이다. 외국인의 경우는 헌법 제6조 제2항에 따라 국제법과 조약이 정하는 바에 의하여 그 지위가 보장된다. 그런데 재판을 받을 권리는 법치국가원리에 그 근거를 두고 있는 권리로서 인간의 권리에 속하고 따라서 외국인도 주체가 된다고 보아야 할 것이다. 「시민적 및 정치적 권리에 관한 국제규약」(B규약) 제14조 제1항에서도 "모든 사람은 재판에 있어서 평등하다. 모든 사람은 그에 대한 형사상의 죄의 결정 또는 민사상의 권리 및 의무의 다툼에 관한 결정을 위하여 법률에 의하여 설치된 권한 있는 독립적이고 공평한 법원에 의한 공정한 공개 심리를 받을 권리를 가진다. …"라고 하여 외국인의 재판청구권을 보장하고 있다.

공법인과 사법인도 재판청구권의 주체가 된다. 공권력 행사의 주체인 국가는 원칙적으로 기본권의 주체가 될 수 없기 때문에 재판청구권의 주체가 될 수 없다. 물론 국가가 소송의 주체가 될 수 있도록 하는 것은 법률상 불가능한 것은 아니지만, 이는 기본권으로 누리는 것이라고는 할 수 없다.[14] 국가 외에 지방자치단체나 공법인은 재판청구권의 주체가 된다.

나. 의무 주체

재판을 받을 권리의 의무 주체는 국가다. 여기서 국가란 주로 집행권·사법권을 의미하게 될 텐데, 헌법재판을 재판을 받을 권리에 포함되는 것으로 보는 한 입법자도 여기의 의무 주체에 포함된다.[15] 사법권은 국가가 독점하므로 지방자치단체 등은 의무 주체가 되지 아니한다.

---

14) 반대 견해 한수웅, 헌법학, 법문사, 2011, 858쪽; 박종현, (사)한국헌법학회 편, 헌법주석[I], 박영사, 2013, 960쪽 참조.
15) 독일 연방헌법재판소는 입법자는 헌법재판의 소관이므로 재판을 받을 권리의 의무 주체가 아니라고 본다(BVerfGE 24, 33, 49 ff; 24, 267, 401).

2. 물적 보장내용

가. "헌법과 법률이 정한 법관"에 의한 재판을 받을 권리

헌법재판소의 판례에 따르면, "헌법과 법률이 정한 법관"에 의한 재판을 받을 권리란 모든 국민은 헌법과 법률이 정한 자격과 절차에 의하여 임명되고(제101조 제3항, 제104조, 법원조직법 제41조 내지 제43조), 물적 독립(제103조)과 인적 독립(제106조, 법원조직법 제46조)이 보장된 법관에 의하여 합헌적인 법률이 정한 내용과 절차에 따라 재판을 받을 권리를 보장하는 것을 말한다.[16] 여기서 재판이란 구체적 사건에 관하여 사실의 확정과 그에 대한 법률의 해석 적용을 보장한다는 의미다.[17] 결국 "헌법과 법률이 정한 법관"에 의한 재판을 받을 권리를 보장한다고 함은 "**법관이 사실을 확정하고 법률을 해석·적용하는 재판을 받을 권리**를 보장한다는 뜻이고, 만일 그러한 보장이 제대로 이루어지지 아니한다면, 헌법상 보장된 재판을 받을 권리의 본질적 내용을 침해하는 것으로서 우리 헌법상 허용되지 아니한다."는 것을 뜻한다.[18] 말하자면 이는 "절차법이 정한 절차에 따라 실체법이 정한 내용대로 재판을 받을 권리를 보장한다는 취지이고, 법관에 의한 **자의와 전단에 의한 재판을 배제**한다는 것"을 의미한다.[19]

이를 반대로 보면 헌법과 법률이 정한 법관에 의하지 않은 재판을 받지 않을 권리를 의미한다. **군사재판**은 헌법상 근거가 있는 유일한 예외법원이므로 헌법에 위반되지 않는다. **배심재판**은 배심원이 법관 자격이 없지만 법률 판단에는 관여하지 않기 때문에 합헌이다.[20] **통고처분**은 세무서장, 전매청장, 세관장 등의 벌금·과료·몰수 등의 통고처분과 경찰서장의 교통 범칙자에 대한 통고처분은 불응 시 정식 고발의 절차가 시작되기 때문에 합헌이다.[21] **약식절차**는 공판 전 약식명령으로서 벌금 또는 과료와 같은 재산형에 한하여 과할 수 있는 공판 전의 간이소송 절차인데, 약식명령의 경우 정식재판을 청구할 수 있기 때문에 재판청구권의 침해가 아니다. **즉결심판**은 「법원조직법」 제35조 및 「즉결심판에 관한 절차법」 제14조에 따라 불복 시 정식재판을 청구할 있으므

---

[16] 헌재 2009.11.26. 2008헌바12, 국민의 형사재판 참여에 관한 법률 제5조 제1항 등 위헌소원(합헌).

[17] 헌재 2009.11.26. 2008헌바12.

[18] 헌재 2002.2.28. 2001헌가18, 변호사법 제100조 제4항 등 위헌제청(위헌).

[19] 헌재 1993.11.25. 91헌바8, 민사소송법 제473조 제3항 등에 대한 헌법소원(합헌).

[20] 현행 법률에 따르면 배심원이 참여하는 형사재판을 국민참여재판이라고 한다. 국민참여재판에서 배심원의 평결과 의견은 법원을 기속하지 아니한다(국민의 형사재판 참여에 관한 법률 제2조 제2호 및 제46조 제5항).

[21] 헌재 1998.5.28. 96헌바4, 관세법 제38조 제3항 제2호 위헌소원(합헌).

로 재판청구권의 침해가 아니다. **행정심판**은 헌법 제107조 제3항에 근거를 두고 있을 뿐만 아니라, 법원에 제소하기 전에 행정심판을 청구할 것인가의 여부는 1998년 이후로는 원칙적으로 임의적인 것으로 되어 위헌성이 제거되었다.

나. "법률"에 의한 재판을 받을 권리

헌법재판소의 판례에 따르면 법률에 의한 재판이라 함은 **합헌적인 실체법과 절차법**에 따라 행하여지는 재판을 의미하므로 결국 형사재판에 있어서는 적어도 그 기본원리인 죄형법정주의와 … 적법절차주의에 위반되지 않는 실체법과 절차법에 따라 규율되는 재판이라야 법률에 의한 재판이라고 할 수 있다.[22)]

다. "재판"을 받을 권리

재판을 받을 권리는 적극적으로는 국가에 재판을 청구할 수 있는 권리를 말하고, 소극적으로는 헌법과 법률이 정한 재판 외에는 재판을 받지 아니할 권리를 말한다. 헌법재판소의 결정에 따르면 여기의 재판에는 민사재판, 형사재판, 행정재판, 특허재판, 항소심재판, 상고심재판 외에 헌법재판[23)]도 포함된다고 한다.

재판을 받을 권리는 "국민의 헌법상의 기본권과 법률상의 권리가 법원의 재판절차에서 관철되는 것을 요청하는 것이기 때문에, 헌법이 특별히 달리 규정하고 있지 아니하는 한 하나의 독립된 법원이 법적 분쟁을 사실관계와 법률관계에 관하여 적어도 한번 포괄적으로 심사하고 결정하도록 소송을 제기할 수 있는 권리를 보장하는 기본권이다. 따라서 **재판청구권은 사실관계와 법률관계에 관하여 최소한 한 번의 재판을 받을 기회가 제공될 것을 국가에게 요구할 수 있는 절차적 기본권을 뜻**"한다는 것이 헌법재판소의 판단이다.[24)]

---

22) 헌재 1993.7.29. 90헌바35, 반국가행위자의처벌에관한특별조치법 제5조 등 및 헌법재판소법 제41조 등에 대한 헌법소원(위헌, 각하).

23) 공정한 재판을 받을 권리는 헌법 제27조의 재판청구권에 의하여 함께 보장되고(헌재 2002.7.18. 2001헌바53 참조), 재판청구권에는 민사재판, 형사재판, 행정재판뿐만 아니라 헌법재판을 받을 권리도 포함되므로(헌재 2013.8.29. 2011헌마122 참조), 헌법상 보장되는 기본권인 '공정한 재판을 받을 권리'에는 '공정한 헌법재판을 받을 권리'도 포함된다[헌재 2014.4.24. 2012헌마2, 퇴임재판관 후임자선출 부작위 위헌확인(각하); 2013.8.29. 2011헌마122, 형의 집행 및 수용자의 처우에 관한 법률 제41조 등 위헌확인(헌법불합치, 각하)]. 반대 견해로는 한수웅, 헌법학, 법문사, 2017, 921쪽 참조.

24) 헌재 1997.12.24. 96헌마172등, 헌법재판소법 제68조 제1항 위헌확인 등[한정위헌, 인용(취소)].

1) 민·형사재판, 특허재판 등

여기의 재판에는 민사재판, 형사재판, 특허재판 등 모든 재판의 유형이 포함된다. 특히 **형사재판**과 관련하여서는 국민은 고소·고발만 가능하고 형사재판을 직접 청구할 수 있는 방법은 없다(검사의 기소독점). 자의적인 검사의 불기소처분은 재판절차진술권, 평등권 등을 침해하는 것으로 된다.

현재 **행정심판**과 **국가배상심판**은 임의적인 것으로 되었다. 이를 소송 전에 필요적으로 거치게 강제하는 것은 헌법 위반의 소지가 있다. 과거 **특허심판**에 대한 소송을 대법원에서만 하게 한 것은 위헌으로 결정된 바 있다.[25]

2) 항소심재판을 받을 권리의 포함 여부

앞에서 살펴본 바와 같이[26] 재판을 받을 권리는 적어도 한 번의 재판을 받을 권리, 적어도 하나의 심급을 요구할 수 있는 권리이기 때문에 반드시 **항소심의 재판을 받을 권리**를 가진다고 할 수 없다.

3) 대법원의 재판(상고심재판)을 받을 권리의 포함 여부

대법원의 재판을 받을 권리와 관련하여 헌법재판소에서는 이를 재판청구권의 보장내용에 속한다고 보지 않고 특단의 사정이 없는 한 입법 정책의 문제로 보고 있다. 나아가서 헌법재판소는 민사소송의 일반적인 **상고이유 제한·상고허가제도** 헌법에 위반되지 않는다고 하였다.[27] **상고심리불속행제도**는 1994년 대법원의 요청으로 「상고심절차에관한특례법」이 제정되어 도입된 제도다.[28] 헌법재판소는 이에 대하여 합헌 결정하였다.[29] 대법원의 재판을 받을 권리가 재판청구권의 보장내용에 속하지 않는다는 기본적

---

25) 헌재 1995.9.28. 92헌가11등, 특허법 제186조 제1항 등 위헌제청(헌법불합치).
26) 헌재 1997.12.24. 96헌마172등.
27) 헌재 1995.1.20. 90헌바1, 소송촉진등에관한특례법 제11조 및 제12조의 위헌 여부에 관한 헌법소원(합헌).
28) 「상고심절차에관한특례법」 제4조 제1항: 대법원은 상고이유에 관한 주장이 다음 각호의 1의 사유를 포함하지 아니한다고 인정되는 때에는 더 나아가 심리를 하지 아니하고 판결로 상고를 기각한다.
   1. 원심판결이 헌법에 위반하거나 헌법을 부당하게 해석한 때
   2. 원심판결이 명령·규칙 또는 처분의 법률위반 여부에 대하여 부당하게 판단한 때
   3. 원심판결이 법률·명령·규칙 또는 처분에 대하여 대법원판례와 상반되게 해석한 때
   4. 법률·명령·규칙 또는 처분에 대한 해석에 관하여 대법원판례가 없거나 대법원 판례를 변경할 필요가 있는 때
   5. 제1호 내지 제4호 외에 중대한 법령위반에 관한 사항이 있는 때
   6. 민사소송법 제394조 제1항 제1호 내지 제5호의 사유가 있는 때
29) 헌재 1997.10.30. 97헌바37등, 상고심절차에관한특례법 제4조 위헌소원 등(합헌).

인 입장이 그대로 유지되고 있는 것이다.

헌법에서 직접 상고를 제한하고 있는 경우로는 비상계엄하의 단심제(헌법 제110조 제4항)가 있고, 법률에서는 상고심 기각이 있다. 헌법재판소는 일정 기간 내 상고이유서를 제출하지 않으면 상고기각결정을 하는 「형사소송법」 제380조는 과잉금지원칙에 위배되지 아니하여 헌법에 위반되지 않는다고 결정하고 있다.30) 「소액사건심판법」 제3조도 상고 이유를 제한하고 있지만 헌법재판소는 합헌으로 선언하였다.31) 이러한 헌법재판소의 견해에 대해서는 반대 견해도 있다.32)

4) 헌법재판을 받을 권리의 포함 여부

앞에서 이미 살펴본 바와 같이 헌법재판소는 헌법재판을 받을 권리도 재판청구권의 보장내용에 포함되는 것으로 보고 있다.33) 물론 이에 대해서는 반대 견해도 있다. 이 견해에 따르면 헌법소원제도를 도입함으로써 헌법소원을 제기할 수 있는 주관적 권리가 존재하는 것은 자명하지만 이것이 곧 기본권을 의미하는 것은 아니라고 한다. 헌법재판이라는 국가기관의 권한규정으로부터 헌법소원심판청구권이라는 국민의 기본권이 나올 수 없다고 보는 것이다. 결국 이 견해는 헌법소원심판청구권은 헌법재판소법을 통하여 비로소 현실화되는 법률상의 주관적 권리라고 보는 것이 타당하다고 한다.34)

헌법 제27조 제1항의 규정형식과 헌법 제111조 제1항의 규정형식은 다르기 때문에 이 점에 착안하여 헌법재판을 받을 권리를 기본권이라고 할 수 없다는 견해는 일견 타당한 측면이 없지 않다. 그러나 법률이 헌법에 위반되는지 여부를 심사하는 원래적 의미의 헌법재판은 그것이 일반법원의 관할이든 헌법재판소의 관할이든 당연히 재판청구권에 포함되는 것이라고 하지 않을 수 없다. 그러한 의미에서 헌법재판은 당연히 재판청구권에 포함되는 것이라고 보아야 한다. 따라서 헌법 제111조 제1항이 헌법재판소

---

30) 헌재 2004.11.25. 2003헌마439, 형사소송법 제380조 등 위헌확인(기각=8인 재판관의 의견).
31) 헌재 1992.6.26. 90헌바25, 소액사건심판법 제3조에 대한 헌법소원(합헌); 1995.1.20. 90헌바1(합헌); 1997.10.30. 97헌바37등(기각, 합헌).
32) 재판청구권이 대법원의 재판을 받을 권리를 포함한다고 보는 견해로는 예컨대 양건, 헌법강의, 법문사, 2019, 950쪽 참조.
33) 앞의 "재판"을 받을 권리 부분의 각주에 기재된 헌법재판소 결정 참조. 학설로는 김철수, 헌법학신론, 2013, 1087쪽; 허영, 한국헌법론, 2013, 387쪽; 정재황, 헌법학, 2013, 1463쪽; 전광석, 한국헌법론, 2021, 526쪽.
34) 한수웅, 헌법학, 법문사, 2011, 864-865쪽.

의 관장사항으로 위헌법률심판과 법률이 정하는 헌법소원심판을 규정하고 있는 것은 이러한 헌법재판을 받을 권리를 구체화하고 있는 것이라고 볼 수 있다. 따라서 헌법 제111조가 이를 헌법재판소의 관장사항으로 규정하고 있다고 하여 이를 기본권으로서의 헌법재판권을 보장한 것이 아니라는 것은 지나치게 형식적인 견해다. 법률이 정하는 헌법소원에 관한 심판이라는 것은 헌법소원심판권의 구체적인 입법형성을 위임한 것으로 볼 수 있는데 그렇다고 하여 이를 기본권이라고 할 수 없다는 것도 타당하지 않다.

5) 재심

헌법재판소의 판례에 따르면 재심은 확정판결에 대한 특별한 불복방법이고, 확정판결에 대한 법적 안정성의 요청은 미확정판결에 대한 그것보다 훨씬 크다고 할 것이므로 재심을 청구할 권리가 헌법 제27조에서 규정한 재판을 받을 권리에 당연히 포함된다고 할 수 없고,[35] 어떤 사유를 재심사유로 정하여 재심이나 준재심을 허용할 것인가는 입법자가 확정된 판결이나 화해조서에 대한 법적 안정성, 재판의 신속·적정성, 법원의 업무부담 등을 고려하여 결정하여야 할 입법정책의 문제라고 한다.[36]

또 친생자관계 존부 확인 소송에서 재심기간을 제한하고 있는 구「민사소송법」에 대해서도 입법정책의 문제로 보고 헌법재판소가 개입하여야 할 정도로 현저히 불합리하게 또는 자의적으로 행사되었는지 여부를 기준으로 판단하고 있다.[37]

라. 군사법원의 재판을 받지 않을 권리

군사법원의 재판을 받지 않을 권리도 재판을 받을 권리에 포함된다.[38] 헌법에는 "군인 또는 군무원이 아닌 국민은 대한민국의 영역 안에서는 중대한 군사상 기밀·초병·초소·유독음식물공급·포로·군용물에 관한 죄중 법률이 정한 경우와 비상계엄이 선포된 경우를 제외하고는 군사법원의 재판을 받지 아니한다."라고 규정하고 있고(제27조 제2항), 이에 따라「군사법원법」제2조에서는 일반 국민에 대하여 중대한 군사 범죄로서

35) 헌재 1996.3.28. 93헌바27, 민사소송법 제431조 위헌소원(합헌); 2000.6.29. 99헌바66등, 헌법재판소법 제75조 제7항 위헌소원(합헌).
36) 헌재 1996.3.28. 93헌바27. 예컨대「헌법재판소법」은「헌법재판소법」제68조 제2항에 따른 헌법소원이 인용되면 재심을 청구할 수 있도록 하고 있다(헌법재판소법 제75조 제7항).
37) 헌재 2018.12.27. 2017헌바472, 구 민사소송법 제426조 위헌소원(합헌).
38) 이와 관련하여 평시에 군인·군무원에 대해 군사법원을 설치하여 재판하는 것에 대해서는 합헌으로 결정되었다(헌재 1996.10.31. 93헌바25; 2009.7.30. 2008헌바162).

군의 조직과 기능을 보존하는 데에 구체적인 위험을 야기하는 초병이나 군용물에 관한 죄 등 특정 군사 범죄에 한해 일반 국민에 대한 군사법원의 신분적 재판권을 규정하고 있다.

그런데 일반국민이 「군형법」상의 범죄를 범해 군사법원이 그 범죄에 대한 재판권을 가지게 되었다고 하더라도 「군형법」상의 범죄와 경합범으로 공소 제기된 다른 일반 범죄에 대해도 군사법원이 재판권을 가지는가가 문제된 사건에서 2016년 6월 16일 대법원은 기존의 판례를 변경하여 군사법원에서 재판할 수 없다고 판시하였다. 이전까지는 군사법원이 한꺼번에 재판할 수 있다는 입장을 취해 왔었다.[39]

그 외 헌법재판소는 군사 시설을 손괴한 일반 국민에 대해 군사법원의 재판을 받게 한 「군사법원법」은 제8차 개정헌법 제27조 제2항에서 규정한 '군사시설에 관한 죄'를 현행 헌법에서는 삭제한 취지에 비추어 헌법에 위반된다고 판시하고 있다.[40] 「계엄법」 제12조가 군사법원의 재판을 1월 연장할 수 있게 한 것에 대해 대법원은 합헌이라고 보고 있다.[41]

마. 신속한 공개재판을 받을 권리

신속한 공개재판을 받을 권리도 재판을 받을 권리의 보장내용에 속한다(제27조 제3항 제1문). 헌법 제27조 제3항은 "형사피고인은 상당한 이유가 없는 한 지체 없이 신속한 공개재판을 받을 권리를 가진다."라고 규정하고 있다. 여기서 "상당한 이유"란 신속한 재판과 관련되고 공개재판과 관련되는 것은 아니다. 재판이 지연될 수밖에 없는 합리

---

39) 대법원 2016.6.16. 2003도8253 판결. 이 판결에서는 그 외 2인의 별개의견으로서 특정 군사범죄의 재판권은 군사법원에 전속되나, 일반범죄는 군사법원 또는 일반 법원의 재판권이 인정될 수도 있으므로 대법원이 여러 사정을 검토하여 재정결정에 의해 일반 범죄의 재판권이 어느 법원에 있는지를 결정하여야 한다는 견해와 3인의 반대의견으로서 일반 범죄에 대한 군사법원의 재판권을 인정하지 않는 헌법정신을 고려할 때 특정 군사범죄와 일반 범죄가 경합범으로 기소돼 함께 재판을 해야 하는 경우에는 일반 법원이 공소사실 전체에 대한 재판권을 갖는다고 보는 견해, 그리고 1인의 반대의견으로서 사람에 대한 재판권은 사건별로 분리될 수 없고, 헌법과 군사법원법 등이 일반 법원의 재판권에 대한 특별규정으로서 군사법원의 재판을 받을 수 있는 신분적 재판권을 인정하고 있는 이상 일반 범죄에 대해서도 군사법원의 재판권이 인정된다는 견해가 개진되었다.

40) 헌재 2013.11.28. 2012헌가10, 군사법원법 제2조 제1항 제1호 등 위헌제청(위헌). 이 결정의 2인의 별개의견은 군용물에는 군사시설도 포함된다는 전제에서, 이 사건 법률조항은 군사적인 중요성과 관계없이 '전투용에 공하는 시설'을 평시에 손괴한 일반인을 모두 군사법원에서 재판하도록 하는 것이 과잉금지원칙을 위배하여 재판받을 권리를 침해하는 것이라고 보았다.

41) 대법원 1985.5.28. 81도1045 전원합의체 판결[다수의견 9명(보충의견 1명 포함), 반대의견 4명].

적인 근거가 있는 경우에는 "상당한 이유"가 있는 것으로 볼 수 있을 것이다. 헌법 제27조 제3항이 규정한 신속한 재판을 받을 권리에서 신속한 재판을 위한 어떤 직접적이고도 구체적인 청구권이 나오는 것은 아니라는 것이 헌법재판소의 판례다.[42] 그러나 재판이 지연됨으로 인하여 사실상 재판청구권이 침해되고 있는 현실을 감안할 때 신속한 재판을 위한 제도적 정비가 시급하다.[43]

　공개재판이란 재판의 공정을 보장하기 위하여 재판의 심리와 판결을 공개하는 것을 말한다. 그러나 심리는 공개하지 않을 수 있다(제109조). 이는 헌법이 직접 규정하고 있는 공개재판을 받을 권리에 대한 제한이다. 심리의 비공개는 국가의 안전보장 또는 안녕질서를 방해하거나 선량한 풍속을 해할 염려가 있다고 (심리)법원이 판단하는 경우에 결정으로써 한다. 법원이 결정으로써 기본권(공개재판을 받을 권리)을 제한할 수 있도록 하고 있으나, 이는 헌법이 직접 결단한 사항이므로 위헌이라고는 할 수 없다. 물론 헌법 제37조 제2항에 따라 법률로도 심리를 공개하지 않는 경우를 정할 수 있다. 다만, 법률로써 제한하는 경우에도 헌법 제109조가 법원에 부여한 권한을 제한할 수는 없다. 그러나 판결은 공개하여야 한다. 판결을 공개하지 않는 것은 헌법 제27조 제3항과 제109조에 반하는 것일 뿐만 아니라, 공개재판을 받을 권리의 본질적 내용을 침해하는 것이다.

　헌법 제27조 제3항이 공개재판을 받을 권리를 형사피고인의 권리로 선언하고 있지만, 재판의 심리와 판결을 공개하는 것을 원칙으로 하고 있는 헌법 규정의 취지로 볼 때, 공개재판을 받을 권리는 형사피고인에 한정하지 않고 일반인 모두에게 인정되는 기본권이라고 보아야 한다.[44] 방청객의 수를 제한하는 것은 공개재판 위반이 아니다.[45]

바. 공정한 재판을 받을 권리

　공정한 재판을 받을 권리에 대해서는 헌법에 아무런 규정이 없다. 그러나 재판청구권이 국민에게 효율적인 권리 보호를 제공하기 위해서는 법원에 의한 재판은 당연히 공정하여야하므로, '**공정한 재판을 받을 권리**'도 헌법 제27조의 재판청구권에 의하여 함께 보장된다고 보아야 한다. 헌법재판소도 같은 입장이다.[46]

---

42) 헌재 1999.9.16. 98헌마75, 재판지연 위헌확인(각하).
43) 법률신문 2022.7.25.자 2면 "신속한 재판은 적정한 재판과 함께 반드시 추구되어야 할 가치" 참조.
44) 박종현, 헌법주석[1], 박영사, 2013, 987쪽 및 같은 쪽 각주 217에 기재된 참고문헌 참조.
45) 대법원 1975.4.8. 74도3323 판결; 1990.6.8. 90도646 판결 참조.

헌법재판소의 판례에 따르면 검사가 보관하는 수사 기록에 대한 변호인의 열람·
등사는 실질적 당사자 대등을 확보하고, 신속·공정한 재판을 실현하기 위하여 필요불
가결한 것이므로 그에 대한 지나친 제한은 피고인의 신속·공정한 재판을 받을 권리를
침해하는 것이 된다.[47]

| NOTE | **위헌 결정 사례(공정한 재판을 받을 권리)** | |

구 「성폭력범죄의 처벌 등에 관한 특례법」 제30조 제1항과 제6항에 따르면 성폭력범죄의
피해자가 19세 미만이거나 신체적인 또는 정신적인 장애로 사물을 변별하거나 의사를 결
정할 능력이 미약한 경우에는 촬영한 영상물에 수록된 피해자의 진술은 공판준비기일 또는
공판기일에 피해자나 조사 과정에 동석하였던 신뢰관계에 있는 사람 또는 진술조력인의 진
술에 의하여 그 성립의 진정함이 인정된 경우에 증거로 할 수 있도록 하고 있는데, 이 중
19세 미만의 성폭력범죄 피해자 부분에 대해서 제기된 헌법소원사건에서 헌법재판소는, 미
성년 피해자의 2차 피해를 방지하는 것이 중요한 공익에 해당함에는 의문의 여지가 없지
만, 이로 인하여 피고인은 사건의 핵심 진술증거에 관하여 충분히 탄핵할 기회를 갖지 못
한 채 유죄 판결을 받을 수 있다는 점에서 과잉금지원칙을 위배하여 공정한 재판을 받을
권리를 침해한다고 판시하였다.[48]

| NOTE | **독일의 공정한 재판을 받을 권리** | |

기본법상 공정한 재판을 받을 권리(Recht des fairen Verfhrens)에 관한 일반 규정은 존
재하지 않는다. 기본법 제19조 제4항에서는 공권력에 의해 자신의 권리를 침해받은 경우
에는 소송을 제기할 수 있다는 취지를 규정하고 있고, 제101조에서는 예외법원을 금지하
고 있으며, 제103조 제1항은 재판절차진술권을 규정하고 있고, 제104조에서는 인신의 자
유를 제한할 경우의 법적 보장 등을 규정하고 있을 뿐이다. 연방헌법재판소는 1975년에
법치국가원리와 공조하여 기본법 제2조 제1항에서 공정한 재판청구권을 도출하였다. 이러
한 공정한 재판을 받을 권리는 다음해 판결에서는 기본권으로 불리게 된다.[49]

---

46) 헌재 2018.7.26. 2016헌바159, 민사소송법 제186조 제3항 위헌소원(합헌); 1996.12.26. 94헌바1, 형
    사소송법 제221조의2 위헌소원(위헌).
47) 헌재 1997.11.27. 94헌마60, 등사신청거부처분취소[인용-(위헌확인)].
48) 헌재 2021.12.23. 2018헌바524, 구 성폭력범죄의 처벌 및 피해자보호 등에 관한 법률 제21조의3
    제4항 등 위헌소원(위헌) - 영상물에 수록된 19세 미만 성폭력범죄 피해자 진술에 관한 증거능
    력 특례조항 사건.
49) BVerfGE 57, 250, 274.

사. 변호인의 조력을 받을 권리

앞의 신체의 자유 부분에서 이미 살펴보았듯이 헌법 제12조 제4항의 변호인의 조력을 받을 권리는 원칙적으로 형사사건에서의 변호인의 조력을 받을 권리를 의미하지만, 체포·구속과 관련되는 한 반드시 형사절차에 한정되지는 않고 행정절차에 의한 구속의 경우에도 적용된다.50) 그 외 **민사소송, 행정소송, 헌법소송 등에서의 일반적인 변호인의 조력을 받을 권리는** 헌법 제27조의 재판을 받을 권리로서 보장된다.51)

변호인의 조력을 받을 권리가 헌법상 기본권으로 보장된다고 하더라도 무자력 등으로 인하여 실제로는 변호인을 선임할 수 없는 경우가 있다. 이 경우 자칫 기본권으로서 재판청구권 자체가 형해화할 수 있기 때문에 법률구조의 필요성이 등장한다. 이로부터 법률구조청구권을 구체화하는 제도를 마련할 입법자의 헌법적 의무가 도출된다고 할 수 있다.52)

그런데 공무원의 징계절차에서는 변호인의 조력을 받을 권리가 인정될 것인가. 「공무원 징계령」에서는 "징계위원회는 징계등 혐의자에게 충분한 진술을 할 수 있는 기회를 주어야 하며, 징계등 혐의자는 서면으로 또는 구술로 자기에게 이익이 되는 사실을 진술하거나 증거를 제출할 수 있다."(제11조)고 규정하고 있을 뿐 변호인의 도움을 받을 권리를 규정하고 있지는 않다. 하급심 판결에서는 소방공무원징계령은 변호인의 조력을 받을 권리를 별도로 규정하고 있지 않다는 점에 비춰보면 소방공무원에 대한 **징계절차에서 변호인의 조력을 받을 권리가 인정된다고 보기 어렵다**는 판시를 한 바 있다.53) **대법원에서도 하급심판결과 같은 판단을 하고 있다.** 즉, 육군제3사관생도의 징계절차에서 생도대 훈육위원회 심의회에 징계 대상자의 변호사의 입장이 거부된 사건에서 1심과 2심은 "국방부 군인·군무원 징계 업무 처리 훈령은 징계심의 대상자가 변호사 등 대리인을 선임할 수 있도록 규정하고 있지만, 사관생도에게는 「육군3사관학교설치법」과 같은 법 시행령, 육군3사관학교 학칙, 사관생도 행정예규 등이 「군인사법」 및 군인징계령에 앞서 적용"되므로 "이 사건 처분은 「군인사법」 및 군인징계령에 의한 징계가 아니

---

50) 기존에는 형사절차에서의 피고인 또는 피의자의 방어권을 보호하기 위한 것이라는 측면에서 출입국관리법상 보호 또는 강제퇴거와 같은 행정절차에는 적용되지 않는다고 한 판례를 변경한 것이다{헌재 2018.5.31. 2014헌마346, 변호인접견불허처분 등 위헌확인[인용(위헌확인)]}.

51) 헌재 2004.12.16. 2002헌마478, 접견불허처분 등 위헌확인(위헌, 기각).

52) 김대환, 법률구조청구권의 헌법적 의의와 가치, 공법연구 46-2, 2017, 234쪽 이하 참조.

53) 대전고법 청주제1행정부(재판장 서기석 청주지법원장)의 2011.9.29. 판결 참조(http://www.yon-hapnews.co.kr/local/2011/09/28/0812000000AKR20110928197700064.HTML: 2018.4.3. 접근).

어서 국방부 군인·군무원 징계업무처리 훈령 제14조가 적용될 여지가 없다."고 판결하였는데, 대법원은 이 사건의 상고를 기각하여 판결이 확정되었다.[54] 그러나 **공무원의 징계절차에서도 변호인의 조력을 받을 권리를 보장하는 것이 타당할 것이다.** 왜냐하면 변호인의 조력을 받을 권리는 그것이 사법절차이기 때문에 보장되는 것만이 아니고 부당하게 기본권을 침해될 우려가 있기 때문에 보장되는 것이라고 보기 때문이다.

아. 국민참여재판을 받을 권리의 포함 여부

"헌법상 헌법과 법률이 정한 법관에 의한 재판을 받을 권리라 함은 직업 법관에 의한 재판을 주된 내용으로 하는 것이므로 '국민참여재판을 받을 권리'가 헌법 제27조 제1항에서 규정한 재판을 받을 권리의 보호범위에 속한다고 볼 수 없다."는 것이 헌법재판소의 판례다.[55]

III. 제한과 제한의 정당화

1. 헌법에 의한 제한

헌법 제64조 제4항에서는 국회의원의 자격 심사와 징계 및 제명의 처분은 법원에 제소할 수 없도록 하고 있다. 또 제27조 제2항에서 규정하고 있는 군인·군무원에 대한 군사법원의 재판도 재판청구권의 제한에 해당한다. 헌법 조항은 위헌심판의 대상이 되지 아니하므로 헌법에 의한 재판청구권의 제한은 정당화의 문제를 발생시키지 않는다.

2. 법률에 의한 제한과 그 한계

가. 제한

헌법재판에 있어서는 헌법소원의 변호사 대리 강제, 헌법소원의 제소기간, 법원의 재판에 대한 헌법소원의 제한 등이 있고, **행정재판상의 제한으로는** 행정심판전치주의, 제소기간의 제한[56]을 들 수 있다. 공무원의 범죄행위로 형벌을 선고받은 경우 당연퇴직하

---

54) 대법원 2018.3.13. 2016두33339 판결, 법률신문 2018.3.29.자 5면 참조.
55) 헌재 2009.11.26. 2008헌바12, 국민의 형사재판 참여에 관한 법률 제5조 제1항 등 위헌소원(합헌).
56) 「행정소송법」 제20조 제1항이 취소소송은 처분 등이 있음을 안 날부터 90일 이내에 제기하여야 한다고 규정하고 있는데, 이에 대해 "처분이 있은 날부터 90일이 경과한 후 비로소 처분 등의 위법성을 알게 되는 경우 이미 처분 등이 있은 날부터 90일이 경과하였다는 이유로 취소의 소를 제

도록 하는 것은 재판청구권의 침해가 아니다.[57] **형사재판상의 제한과 관련하여** 불출석재판에 대해서는 위헌결정을 하였고,[58] 공판정에서의 녹취에 대한 사전허가제도,[59] 변호인 있는 피고인의 공판조서열람청구권 부인에 대해서는 합헌 결정을 하였다.[60] **민사재판과 관련된 제한으로서는** 상고이유 제한과 상고심리불속행제도, 항고권의 제한, 간주 규정으로의 해석에 의한 재판청구권침해 등을 들 수 있다. 또 법률의 효력을 가지는 긴급명령을 발동함으로써 그리고 비상계엄 시에는 재판을 받을 권리를 제한할 수 있다.

소송 비용에 의한 제한과 관련하여서는 인지액 첨부와 법률구조공단 변호사의 변호사 비용 수수에 대해서는 합헌 결정하였고, 사회보호법상 **치료감호 종결 여부 결정**은 법관이 아닌 사회보호위원회가 하지만 행정소송으로 이를 다툴 수 있다는 것을 근거로 합헌으로 결정되었다.[61] 그러나 특허청의 심판절차에 의한 심결이나 보정각하결정은 **특허청의 행정 공무원**에 의한 것으로서 이를 헌법과 법률이 정한 법관에 의한 재판이라

기하지 못하도록 하는 것은 헌법 제27조 제1항 등에 위배된다."는 취지의 주장이 있었다. 이에 대해 헌법재판소는 ① 처분 등이 있은 날부터 90일이 지나서야 비로소 처분 등이 위법하게 되거나 위법성의 의심이 생기는 경우는 거의 없을 것으로 보이는 점, ② 취소소송에서 처분 등의 위법성을 확정적으로 소명 또는 입증함과 동시에 소를 제기할 것을 소송요건으로 하고 있지 않다는 점, ③ '처분 등의 위법성'을 알게 된 시점은 특정이 어려울 뿐만 아니라 이를 객관적으로 확인하기도 어려운바, '처분 등이 위법하다는 것을 알게 된 날'을 기산점으로 삼는 것은 오히려 법률관계를 명확하지 않게 하고, 제소기간을 둔 입법취지가 훼손될 위험이 있는 점 등을 근거로 합헌 결정하였다[헌재 2018.6.28. 2017헌바66, 행정소송법 제20조 제1항 등 위헌소원(합헌)].

57) 헌재 2001.9.27. 2000헌마342, 임용결격공무원등에대한퇴직보상금지급등에관한특례법 제6조 등 위헌확인(기각, 각하); 2004.4.29. 2003헌바64, 임용결격공무원등에대한퇴직보상금지급 등에관한특례법 제7조 제5항 위헌소원(합헌).

58) 헌재 1998.7.16. 97헌바22, 소송촉진등에관한특례법 제23조 위헌소원(위헌).

59) 헌재 2012.4.24. 2010헌바379, 형사소송법 제56조의2 제1항 등 위헌소원(합헌, 각하).

60) "공판조서는 공판절차의 증명과 피고인의 방어권 행사에 중요한 자료가 되므로 변호인이 없는 경우에는 적어도 피고인에게 직접 그 열람청구권을 부여하여야 하겠지만, 변호인이 있는 경우에는 변호인을 통하여 피고인이 공판조서의 내용을 알 수 있고 그 기재의 정확성도 보장할 수 있으며 만약 변호인이 피고인의 정당한 이익을 보호하지 아니하고 불성실한 변호를 할 때에는 피고인은 언제든지 자신의 의사에 반하는 변호인을 배제하고 위 규정에 의한 공판조서열람권을 행사할 수도 있게 되어 있으므로, 형사소송법 제55조 제1항이 변호인이 있는 피고인에게 변호인과는 별도로 공판조서열람권을 부여하지 않는다고 하여 피고인의 공정한 재판을 받을 권리가 침해된다고 할 수는 없다."[헌재 1994.12.29. 92헌바31, 6-2, 367, 형사소송법 제55조 제1항 등 위헌소원(합헌)]. 그러나 변호인의 고소장 및 피의자신문조서에 대한 열람·등사신청에 대한 정보비공개결정은 국가안전보장, 공공복리, 타인의 사생활 등에 위해를 가져올 만한 사정 내지는 공공기관의정보공개에관한법률 제7조 제1항 제4호에 해당할 만한 사정 등의 특별한 사정이 없는 이상, 변호인의 조력을 받을 권리 및 알 권리를 침해하는 것으로서 위헌이다{헌재 2003.3.27. 2000헌마474, 정보비공개결정 위헌확인[인용(위헌확인)]}.

61) 헌재 2005.2.3. 2003헌바1, 형사소송법 제221조의3 제1항 등 위헌소원(합헌, 각하).

고 볼 수 없으므로 특허법 제186조 제1항62)은 법관에 의한 사실 확정 및 법률 적용의 기회를 박탈한 것으로서 헌법상 국민에게 보장된 "법관에 의한" 재판을 받을 권리의 본질적 내용을 침해하는 위헌 규정이라고 판시하였다(고등법원에 의한 사실 확정 절차를 없앤 것이 헌법 위반이라는 의미다).63)

나. 제한의 한계와 위헌심사기준
1) 제한의 한계

헌법 제27조의 문언에 따를 때 "… 법률에 의한 재판을 받을 권리를 가진다."라고 하고 있으므로 재판청구권의 구체적 형성은 법률에 위임되어 있기 때문에 입법자는 광범위한 입법재량을 가진다. 헌법재판소도 "재판청구권은 실체적 권리의 구제를 위해 국가로부터 적극적인 행위, 즉 권리 구제 절차의 제공을 요구하는 청구권적 기본권으로서, 입법자에 의한 구체적인 제도 형성을 필요로 한다. 특히 재판을 청구할 수 있는 기간을 정하는 것은 원칙적으로 입법자가 그 입법재량에 기초한 정책적 판단에 따라 결정할 문제이므로 그 재량의 한계를 일탈하지 아니하는 한 위헌이라고 판단하기는 어렵다."고 판시하고 있다.64)

그러나 이러한 광범위한 입법재량이 허용되는 재판청구권도 일정한 한계가 있을 수밖에 없는데, 그것은 우선은 헌법 제37조 제2항에 따라 입법재량에는 내용적 한계와 방법적 한계가 있기 때문이다. 이와 관련하여 헌법재판소는 "재판청구권은 기본권이 침해당하거나 침해당할 위험에 처해 있을 때 그에 대한 구제 또는 예방을 요청할 수 있는 권리라는 점에서 다른 기본권의 보장을 위한 기본권이라는 성격을 가지고 있으므로, 재판청구권에 관한 입법재량에도 한계가 있을 수밖에 없다. 단지 법원에 제소할 수 있는 형식적인 권리나 이론적인 가능성만 제공할 뿐 권리 구제의 실효성이 보장되지 않는다면 이는 헌법상 재판청구권을 공허하게 만드는 것이므로 입법재량의 한계를 일탈한 것으로 보아야 한다."라고 판시하고 있다.65)

---

62) 특허법 제186조(상고대상 등) ① 항고심판의 심결을 받은 자 또는 제170조 제1항의 규정에 의하여 준용되는 제51조 제1항의 규정에 의한 각하결정을 받은 자가 불복이 있는 때에는 그 심결이나 결정이 법령에 위반된 것을 이유로 하는 경우에 한하여 심결 또는 결정등본을 송달받은 날부터 30일 이내에 대법원에 상고할 수 있다.
63) 헌재 1995.9.28. 92헌가11등, 특허법 제186조 제1항 위헌제청(헌법불합치).
64) 헌재 2011.6.30. 2009헌바430, 형사소송법 제420조 위헌소원 등(합헌, 각하); 2018.12.27. 2015헌바77등, 형사소송법 제405조 위헌소원 등(헌법불합치).
65) 헌재 2015.9.24. 2013헌가21, 인신보호법 제15조 위헌제청(위헌); 2018.12.27. 2015헌바77등.

2) 위헌심사기준

재판을 받을 권리의 침해 여부 판단의 심사기준과 관련하여 헌법재판소는 "재판청구권과 같은 절차적 기본권은 원칙적으로 제도적 보장의 성격이 강하기 때문에, 상대적으로 광범위한 입법 형성권이 인정되므로, 관련 법률에 대한 위헌심사기준은 **합리성원칙 내지 자의금지원칙**이 적용된다."고 설명한 바 있다.66) 그러나 다른 한편 헌법재판소는 "법률에 의한 재판청구권을 보장하기 위하여 입법자에 의한 재판청구권의 구체적 형성은 불가피하다. 그러한 입법을 함에 있어서도 입법자는 헌법 제37조 제2항의 비례의 원칙을 준수함으로써 당해 입법이 단지 법원에 제소할 수 있는 형식적인 권리나 이론적인 가능성만을 허용하는 것이어서는 안 되며 상당한 정도로 권리 구제의 실효성을 보장하는 것이 되도록 하여야 한다."67)라고 판시하여 **비례성 심사**를 위헌심사기준으로 제시하기도 한다. 또 2018년 결정에서 헌법재판소는 「디엔에이신원확인정보의 이용 및 보호에 관한 법률」 제8조에서는 디엔에이감식시료채취영장 발부 과정에서 채취 대상자에게 자신의 의견을 밝히거나 영장 발부 후 불복할 수 있는 절차 등에 관하여 규정하고 있지 않은 데 대해 과잉금지원칙을 위반하여 청구인들의 재판청구권을 침해하고 있다고 판단하였다.68) 과잉금지원칙이 적용된 이유는 설명하지 않고 다만 "한편 법률에 의한 재판청구권을 보장하기 위하여 입법자에 의한 재판청구권의 구체적 형성은 불가피하다. 그러나 그러한 입법을 함에 있어서도 입법자는 헌법 제37조 제2항의 비례의 원칙을 준수하여야 한다."고 하였다. 그런데 또 즉시항고 제기 기간을 3일로 제한하고 있는 형사소송법 제405조에 대해 같은 해 결정에서는 입법 형성권의 한계 일탈 여부를 위헌심사기준으로 하고 형사소송법 제405조에 대해 "즉시항고 제기 기간을 지나치게 짧게 정함으로써 실질적으로 즉시항고 제기를 어렵게 하고, 즉시항고 제도를 단지 형식적이고 이론적인 권리로서만 기능하게 함으로써 헌법상 재판청구권을 공허하게 하므

---

66) 헌법재판소 판례요지집 제27조 재판청구권 부분 #9-6 재판청구권 제한 입법의 위헌심사기준 참조(http://search.ccourt.go.kr/ths/pb/ths_pb0101_P2.do). 여기에서는 이러한 입장의 판례로는 다음을 제시하고 있다. 헌재 2005.5.26. 2003헌가7; 2009.7.30. 2008헌바162; 2012.5.31. 2010헌바403; 2014.2.27. 2013헌바178; 2014.2.27. 2014헌마7; 2015.2.26. 2014헌바181; 2015.3.26. 2013헌바186; 2015.7.30. 2014헌가7 등 참조.

67) 헌재 2018.7.26. 2016헌바159, 민사소송법 제186조 제3항 위헌소원(합헌); 2005.3.31. 2003헌바92, 민사집행법 제158조 등 위헌소원(합헌).

68) 헌재 2018.8.30. 2016헌마344등, 디엔에이감식시료채취 영장 발부 위헌확인 등(헌법불합치, 기각, 각하).

로 입법재량의 한계를 일탈하여 재판청구권을 침해하는 규정"이라고 선언하였다.[69]

학설에서는 재판청구권의 한계로는 입법 형성권의 일탈이 문제되는 것이므로 비례성 심사는 적합하지 않다는 견해도 있고 그 반대견해도 있다.[70]

기본권 형성적 법률유보의 경우 당해 기본권의 내용에 대한 헌법적 보장은 최소한의 보장(minimum guaranty)라는 의미에서 당해 개별 기본권의 본질적 내용의 보장에 그친다고 보는 것이 타당하다. 그 이상의 보장은 입법자의 형성의 자유에 속하고 헌법적 문제로 되는 것은 아니다. 이러한 점에서 볼 때 헌법재판소는 구「형사보상법」제19조 제1항이 법원의 형사보상결정에 대해서는 불복할 수 없도록 한 것에 대해서 본질적 내용 침해금지원칙을 규정한 헌법 제37조 제2항을 적용하여 (형사보상청구권 및) 재판청구권의 본질적 내용을 침해한 것으로서 헌법에 위반된다고 판단하였는데,[71] 이는 타당한 논증과 결론이라고 할 수 있다. 이 결정은 본질적 내용 침해금지원칙의 위배 여부 판단에 있어서 절차적 요소를 고려한 판결이다.[72]

이와 같이 재판청구권은 헌법 제27조에서 법률에 의한 재판을 받을 권리라고 하고 있으므로 입법자는 재판청구권과 관련하여서는 광범위한 입법 형성의 자유를 가지고 따라서 이렇게 하여 제정된 법률에 대한 위헌 심사는 최소보장을 기준으로 심사하는 것이 타당하다. 실제로 본질적 내용 침해금지원칙을 적용하여 위헌 판단한 결정과 과잉금지원칙을 심사기준으로 적용하여 합헌 판단한 결정의 세부 판시 내용을 보아도 특별히 다른 것으로 보이지도 않는다.

Ⅳ. 관련 기본권

1. 무죄추정권

가. 의의

헌법 제27조 제4항에서는 "형사 피고인은 유죄의 판결이 확정될 때까지는 무죄로 추정된다."고 규정하고 있다. 이를 **무죄추정권**이라고 한다. 국가 사법 행정의 관점에서

---

69) 헌재 2018.12.27. 2015헌바77등, 형사소송법 제405조 위헌소원 등(헌법불합치).
70) 정재황, 헌법학, 박영사, 2021, 1458쪽.
71) 헌재 2010.10.28. 2008헌마514등, 형사보상법 제19조 제1항 등 위헌확인 등(위헌, 기각).
72) 이에 대해서는 기본권의 본질적 내용 침해금지원칙에 관한 부분 설명 참조.

무죄추정의 원칙이라고도 한다.

나. 주체

헌법 규정에는 형사피고인으로만 되어 있으나 형사피고인이 무죄추정을 받으므로 당연히 형사피의자도 재판 확정 전에는 무죄로 추정된다.

다. 보장내용

무죄추정이란 유죄의 확정판결 전에 죄 있는 자에 준하여 취급하는 불이익을 금하는 것을 말한다.[73] 여기서 무죄추정의 원칙상 금지되는 **불이익이란 범죄사실의 인정 또는 유죄를 전제로 그에 대하여 법률적 · 사실적 측면에서 유형 · 무형의 차별취급을 가하는 유죄인정의 효과로서의 불이익**을 말한다. 따라서 과징금부과는 **국가형벌권 행사로서의 처벌**에 해당한다고 볼 수 없어 무죄추정원칙에 반하지 않는다고 한다.[74]

헌법재판소는 또 "형사재판에 있어서 유죄의 판결이 확정될 때까지 피의자나 피고인은 원칙적으로 죄가 없는 자로 다루어져야 하고, 그 불이익은 필요최소한에 그쳐야 한다는 것"으로 무죄추정원칙을 설명하기도 한다.[75] 헌법재판소는 불이익에는 형사절차상의 처분뿐만 아니라 그 밖의 기본권 제한과 같은 처분도 포함되는 것으로 본다.[76]

라. 제한과 그 한계

따라서 공소의 제기가 있는 피고인이라도 유죄의 확정판결이 있기까지는 원칙적으로 죄가 없는 자에 준하여 취급하여야 하고, 불이익을 입혀서는 안 되므로, 불이익을 입힌다 하여도 필요한 최소한도에 그치도록 비례의 원칙이 존중되어야 하는 것이 헌법 제27조 제4항의 무죄추정의 원칙이다.[77] 비례성원칙을 적용하고 있는 점을 주의하여야 한다.

헌법재판소에 따르면 무죄추정의 원칙은 증거법에 국한된 원칙이 아니라 수사절차

---

73) 헌재 2005.2.24. 2003헌마31등, 국민건강보험법 제49조 제4호 위헌확인(기각).
74) 헌재 2003.7.24. 2001헌가25(합헌). 이 결정에서 9인의 재판관 중 김영일 재판관이 헌법재판소의 결정에서 종래 불이익을 넓게 이해해온 점을 지적하고 무죄추정의 원칙 위배라는 결정을 피력하고 있다.
75) 헌재 2009.6.25. 2007헌바25(위헌, 합헌).
76) 헌재 1990.11.19. 90헌가48(위헌).
77) 헌재 1990.11.19. 90헌가48(위헌).

에서 공판절차에 이르기까지 형사절차의 전 과정을 지배하는 지도 원리로서 인신의 구속 자체를 제한하는 원리로 작용한다.[78] 또 유죄의 확정판결이 있을 때까지 국가의 수사권은 물론 공소권, 재판권, 행형권 등의 행사에 있어서 피의자 또는 피고인은 무죄로 추정되고 그 신체의 자유를 해하지 아니하여야 한다는 무죄추정의 원칙은, 인간의 존엄성을 기본권 질서의 중심으로 보장하고 있는 헌법 질서 내에서 **형벌 작용의 필연적인 기속 원리**가 될 수밖에 없고, 이러한 원칙이 제도적으로 표현된 것으로는, 공판절차의 입증 단계에서 거증책임(擧證責任)을 검사에게 부담시키는 제도, 보석 및 구속적부심 등 인신 구속의 제한을 위한 제도, 그리고 피의자 및 피고인에 대한 부당한 대우 금지 등이 있다고 한다.[79]

> **NOTE** **위헌 결정 사례(무죄추정권)**
>
> 관세법상 몰수할 것으로 인정되는 물품을 압수한 경우에 있어서 범인이 당해관서에 출두하지 아니하거나 또는 범인이 도주하여 그 물품을 압수한 날로부터 4월을 경과한 때에는 당해 물품은 별도의 재판이나 처분없이 국고에 귀속한다고 규정하고 있는 구 관세법 제215조는 재판이나 청문의 절차도 밟지 아니하고 압수한 물건에 대한 피의자의 재산권을 박탈하여 국고귀속시킴으로써 그 실질은 몰수형을 집행한 것과 같은 효과를 발생하게 하는 것이므로 헌법상의 적법절차의 원칙과 무죄추정의 원칙에 위배된다.[80]

2. 재판절차진술권

가. 의의

헌법 제27조 제5항에는 "형사피해자는 법률이 정하는 바에 의하여 당해 사건의 재판절차에서 진술할 수 있다."라고 규정함으로써 **형사피해자의 재판절차진술권**을 보장하고 있다. 헌법재판소는 이 형사피해자의 재판절차진술권을 '범죄로 인한 피해자가 당해 사건의 재판절차에 증인으로 출석하여 자신이 입은 피해의 내용과 사건에 관하여 의견을 진술할 수 있는 권리'라고 정의하고 있다.[81] 재판절차진술권을 침해하는 것은 공평한 재판에 대한 침해를 의미하므로 평등권의 침해로도 된다.[82]

---

78) 헌재 2003.11.27. 2002헌마193, 군사법원법 제242조 제1항 등 위헌확인(위헌).
79) 헌재 2009.6.25. 2007헌바25(위헌, 합헌); 2001.11.29. 2001헌바41.
80) 헌재 1997.5.29. 96헌가17.
81) 헌재 2011.10.25. 2010헌마243, 형사소송법 제262조 제4항 위헌확인 등(기각, 각하).
82) 헌재 1989.4.17. 88헌마3, 검사의 공소권행사에 대한 헌법소원(각하).

헌법재판소의 판례에 따르면 형사피해자에게 재판절차진술권을 인정하는 것은 피해자 등에 의한 사인소추를 전면 배제하고 형사소추권을 검사에게 독점시키고 있는 현행 기소독점주의의 형사소송 체계 아래에서 형사피해자로 하여금 당해 사건의 형사재판절차에 참여하여 증언하는 이외에 형사사건에 관한 의견진술을 할 수 있는 청문의 기회를 부여함으로써 형사사법의 절차적 적정성을 확보하기 위하여 이를 기본권으로 보장하는 것이라고 한다.83)

나. 주체

재판절차진술권의 주체가 되는 형사피해자의 개념(또는 범위)을 헌법재판소는 넓게 이해하고 있다. 즉, 반드시 형사실체법상의 보호법익을 기준으로 한 형사피해자 개념에 한정되지 아니하고, 비록 형사실체법상으로는 직접적인 보호법익의 주체가 아니라고 하더라도 **당해 범죄 때문에 법률상 불이익을 받게 되는 자라면 재판절차진술권의 형사피해자가 될 수 있다고 보고 있다.**84)

다. 보장내용

위에서 살펴본 바와 같이 형사피해자의 재판절차진술권은 증인신문절차에서만 피해 당사자로서 재판절차에서 의견을 진술할 수 있는 권리를 그 내용으로 한다. 그러나 반드시 이에 한정하는 것은 타당하지 않고, 피해 결과나 양형 등에 관한 의견 등을 진술할 수 있는 것도 포함하는 것이 타당하다.85)

라. 재판절차진술권 보장을 위한 입법

「범죄피해자 보호법」 제8조 제1항에서는 "국가는 범죄피해자가 해당 사건과 관련하여 수사 담당자와 상담하거나 재판절차에 참여하여 진술하는 등 형사절차상의 권리를 행사할 수 있도록 보장하여야 한다."라고 함으로써 재판절차진술권 보장을 위하여 국가에 의무를 부과하고 있다.

---

83) 헌재 2003.9.25. 2002헌마533, 형법 제9조 위헌확인 등(기각); 1989.4.17. 88헌마3, 검사의 공소권 행사에 대한 헌법소원(각하).
84) 헌재 1992.2.25. 90헌마91, 불기소처분에 대한 헌법소원(기각).
85) 2015년 대법원 사실심충실화 사법제도개선위원회에서는 이러한 제도의 도입을 검토하고 형사소송 규칙의 개정을 계획한 바 있다.

원래 「범죄피해자구조법」과 「범죄피해자 보호법」이 있었으나 범죄피해자를 보호·지원하는 제도와 범죄피해자를 구조하는 제도는 정책 방향이 같으므로 2010년 「범죄피해자구조법」을 폐지하여 「범죄피해자 보호법」으로 통합하고 보호 대상이 되는 범죄피해의 범위를 확대하였다.

이 「범죄피해자 보호법」 제2조는 "① 범죄피해자는 범죄 피해 상황에서 빨리 벗어나 인간의 존엄성을 보장받을 권리가 있다. ② 범죄피해자의 명예와 사생활의 평온은 보호되어야 한다. ③ 범죄피해자는 해당 사건과 관련하여 각종 법적 절차에 참여할 권리가 있다."라고 규정함으로써 형사피해자의 재판절차진술권을 보장하고 있다. 특히 이 법률에 따르면, 검사는 피의자와 범죄피해자 사이에 형사 분쟁을 공정하고 원만하게 해결하여 범죄피해자가 입은 피해를 실질적으로 회복하는 데 필요하다고 인정하면 당사자의 신청 또는 직권으로 수사 중인 형사사건을 형사조정에 회부할 수 있지만, 피의자가 도주하거나 증거를 인멸할 염려가 있는 경우나 공소시효의 완성이 임박한 경우, 또는 불기소처분의 사유에 해당함이 명백한 경우(다만, 기소유예처분의 사유에 해당하는 경우는 제외)에는 형사조정에 회부할 수 없도록 하고 있다(범죄피해자 보호법 제41조).

> | NOTE | **위헌 결정 사례(재판절차진술권)** | |
>
> 구 SK케미칼이 제조하고 애경산업이 판매하였던 가습기살균제 제품인 '홈클리닉 가습기메이트'의 표시·광고와 관련하여 공정거래위원회가 2016년에 행한 사건처리 중, 위 제품 관련 인터넷 신문기사 3건(인체에 안전하다는 내용 포함)을 심사대상에서 제외한 행위는 현저히 정의와 형평에 반하는 조사 또는 잘못된 법률의 적용 또는 증거판단에 따른 자의적인 것으로서, 그로 인하여 청구인의 평등권과 재판절차진술권을 침해한 것으로 위헌이다.[86]

제3항 형사보상청구권

I. 의의

형사피의자 또는 형사피고인으로서 구금되었던 자가 법률이 정하는 불기소처분을

---

86) 헌재 2022.9.29. 2016헌마773, 가습기살균제 제품의 표시·광고에 관한 공정거래위원회의 사건처리 위헌확인 사건[인용(위헌확인), 각하].

받거나 무죄판결을 받은 때에는 미결구금에 대해 법률이 정하는 바에 의하여 국가에 정당한 보상을 청구할 수 있는 권리가 형사보상청구권이다. 헌법 제28조에 규정되어 있다. 이를 위해 「형사보상 및 명예회복에 관한 법률」(이하 형사보상법)이 제정되어 있다.

형사보상청구권은 법률이 정하는 바에 의하여 행사할 수 있지만, 형사보상청구권은 헌법상의 권리이므로 해석을 통해서 일정한 헌법상 내용이 법률에 구체화되어야 할 것이라는 점을 주의할 필요가 있다. 예컨대 헌법이 명시하고 있는 내용으로는 형사보상은 정당한 보상이어야 한다는 것을 들 수 있다.

헌법재판소에 따르면 형사보상청구권을 둔 목적은 일반적인 재산권으로서의 보호 필요성뿐만 아니라, 국가의 형사 사법 작용 및 공권력 행사로 인하여 신체의 자유 등이 침해된 국민의 구제를 헌법상 권리로 인정함으로써 관련 기본권의 보호를 강화하는 데 있다.[87]

II. 보장내용

1. 기본권 주체

형사피의자 또는 형사피고인으로서 구금되었던 자가 법률이 정하는 불기소처분을 받거나 무죄판결을 받은 때 형사보상으로서 정당한 보상을 청구할 수 있는 권리가 형사보상청구권이므로, 형사보상청구권의 주체는 형사피의자 또는 형사피고인으로서 구금되었다가 법률이 정하는 불기소처분이나 무죄판결을 받은 자이다. 따라서 외국인도 형사보상청구권의 주체가 된다.

가. 형사피의자 또는 형사피고인으로 구금되었던 자

형사피의자란 범죄의 혐의가 있어 수사기관에 의하여 수사의 대상이 되어 있는 자로서 수사 개시 이후 공소 제기 이전의 개념이다.[88] 형사피의자가 죄를 범하였다고 의심할 만한 상당한 이유가 있고, 정당한 이유 없이 「형사소송법」 제200조에 의한 출석 요구에 응하지 아니하거나 응하지 아니할 우려가 있는 때에는 영장 체포가 가능하다 (형사소송법 제200조의2). 또 사형·무기 또는 장기 3년 이상의 징역이나 금고에 해당하

---

87) 헌재 2018.8.30. 2014헌바148등, 민법 제166조 제1항 등 위헌소원 등(위헌, 합헌).
88) 권영성, 헌법학원론, 2008, 434쪽.

는 죄를 범하였다고 의심할 만한 상당한 이유가 있고, 증거를 인멸할 염려가 있거나 도망하거나 도망할 우려가 있는 경우에 긴급을 요하여 체포영장을 받을 수 없는 때에는 그 사유를 알리고 영장 없이 피의자를 긴급체포할 수 있는 지위에 있다(형사소송법 제200조의3).

형사보상법상 형사보상 규정은 기본적으로 구금되었던 형사피고인에 대한 것으로 되어 있는데, 피의자보상에 대하여는 형사보상법상 형사보상 규정에 특별한 규정이 있는 경우를 제외하고는 그 성질에 반하지 아니하는 범위에서 무죄재판을 받아 확정된 사건의 피고인에 대한 보상에 관한 규정을 준용하도록 하고 있다(형사보상법 제29조 제1항).

형사피고인이란 검사에 의하여 공소 제기를 당한 자로서 공소 제기 이후 판결 확정 이전의 개념이다.[89] 피고인은 법원이 범죄의 중대성, 재범의 위험성, 피해자 및 중요 참고인 등에 대한 위해 우려 등을 고려하여 판단하기에 죄를 범하였다고 의심할 만한 상당한 이유가 있고, 일정한 주거가 없거나, 증거를 인멸할 염려가 있거나, 피고인이 도망하거나 도망할 염려가 있는 때에는 구속될 수 있는 지위에 있다(형사소송법 제70조).

나. 법률이 정하는 불기소처분을 받거나 무죄판결을 받은 때

이에 관해서 형사보상법 제2조는 「형사소송법」에 따른 일반 절차 또는 재심이나 비상상고 절차에서 무죄재판을 받아 확정된 사건의 피고인이 미결구금을 당하였을 때(제1항), 상소권회복에 의한 상소, 재심 또는 비상상고의 절차에서 무죄재판을 받아 확정된 사건의 피고인이 원 판결에 의하여 구금되거나 형 집행을 받았을 때(제2항) 보상을 청구할 수 있도록 규정하고 있다. 「형사소송법」 제470조 제3항에 따른 구치[90]와 같은 법 제473조부터 제475조까지의 규정에 따른 구속[91]은 제2항을 적용할 때에는 구금 또는 형의 집행으로 본다(제2조 제3항).

불기소처분이란 검사가 공소를 제기하지 않는 처분을 말하며, 불기소 처분의 종류에는 기소유예,[92] 혐의 없음,[93] 죄가 안 됨,[94] 공소권 없음,[95] 각하[96] 등이 있다(「검찰

---

89) 권영성, 헌법학원론, 2008, 434쪽.
90) 심신의 장애로 의사능력이 없는 상태여서 자유형집행을 정지한 경우에는 검사는 형의 선고를 받은 자를 병원 기타 적당한 장소에 수용하게 할 수 있고, 이 수용처분이 있을 때까지 교도소 또는 구치소에 구치하고 그 기간을 형기에 산입하게 되는데 이 경우의 구치를 말한다.
91) 검사가 형을 집행하기 위하여 소환 등을 하는 경우의 구속을 말한다.
92) 피의사실이 인정되나 「형법」 제51조 각호의 사항을 참작하여 소추를 필요로 하지 아니하는 경우.
93) 혐의없음에는 다음의 2가지가 있다. 1. 피의사실이 범죄를 구성하지 아니하거나 인정되지 아니하

사건사무규칙」 제69조). 피고사건이 범죄로 되지 아니하거나 범죄 사실의 증명이 없는 때에는 판결로써 무죄를 선고하게 된다(형사소송법 제325조).

형사보상법 제2조에 따라 보상을 청구할 수 있는 자가 그 청구를 하지 아니하고 사망하였을 때에는 그 상속인이 청구할 수 있고, 사망한 자에 대하여 재심 또는 비상상고의 절차에서 무죄재판이 있었을 때에는 보상의 청구에 관하여는 사망한 때에 무죄재판이 있었던 것으로 본다(형사보상법 제3조).

주위적 공소사실(예컨대 「특정범죄 가중처벌 등에 관한 법률」상 절도)은 무죄의 판결을 받았지만 예비적 공소사실(예컨대 「형법」상 점유이탈물 횡령)은 유죄의 판결을 받은 경우에도 헌법 제28조의 "무죄판결을 받은 때"에 해당한다.[97] 이는 예비적 공소사실에 의

<hr/>

는 경우의 혐의없음(범죄인정안됨)과 피의사실을 인정할 만한 충분한 증거가 없는 경우의 혐의없음(증거불충분).

94) 피의사실이 범죄구성요건에 해당하나 법률상 범죄의 성립을 조각하는 사유가 있어 범죄를 구성하지 아니하는 경우.

95) 확정판결이 있는 경우, 통고처분이 이행된 경우, 「소년법」, 「가정폭력범죄의 처벌 등에 관한 특례법」 또는 「성매매알선 등 행위의 처벌에 관한 법률」에 의한 보호처분이 확정된 경우(보호처분이 취소되어 검찰에 송치된 경우를 제외한다), 사면이 있는 경우, 공소의 시효가 완성된 경우, 범죄후 법령의 개폐로 형이 폐지된 경우, 법률의 규정에 의하여 형이 면제된 경우, 피의자에 관하여 재판권이 없는 경우, 동일사건에 관하여 이미 공소가 제기된 경우(공소를 취소한 경우를 포함한다. 다만, 다른 중요한 증거를 발견한 경우에는 그러하지 아니하다), 친고죄 및 공무원의 고발이 있어야 논하는 죄의 경우에 고소 또는 고발이 없거나 그 고소 또는 고발이 무효 또는 취소된 때, 반의사불벌죄의 경우 처벌을 희망하지 아니하는 의사표시가 있거나 처벌을 희망하는 의사표시가 철회된 경우, 피의자가 사망하거나 피의자인 법인이 존속하지 아니하게 된 경우.

96) 고소 또는 고발이 있는 사건에 관하여 고소인 또는 고발인의 진술이나 고소장 또는 고발장에 의하여 제2호부터 제4호까지의 사유에 해당함이 명백한 경우, 고소·고발이 「형사소송법」 제224조, 제232조제2항 또는 제235조에 위반한 경우, 동일사건에 관하여 검사의 불기소처분이 있는 경우(다만, 새로이 중요한 증거가 발견된 경우에 고소인 또는 고발인이 그 사유를 소명한 때에는 그러하지 아니하다), 「형사소송법」 제223조, 제225조부터 제228조까지의 규정에 따른 고소권자가 아닌 자가 고소한 경우, 고소·고발장 제출후 고소인 또는 고발인이 출석요구에 불응하거나 소재불명되어 고소·고발사실에 대한 진술을 청취할 수 없는 경우, 고소·고발 사건에 대하여 사안의 경중 및 경위, 고소·고발인과 피고소·피고발인의 관계 등에 비추어 피고소·피고발인의 책임이 경미하고 수사와 소추할 공공의 이익이 없거나 극히 적어 수사의 필요성이 인정되지 아니하는 경우 및 고발이 진위 여부가 불분명한 언론 보도나 인터넷 등 정보통신망의 게시물, 익명의 제보, 고발 내용과 직접적인 관련이 없는 제3자로부터의 전문(傳聞)이나 풍문 또는 고발인의 추측만을 근거로 한 경우 등으로서 수사를 개시할만한 구체적인 사유나 정황이 충분하지 아니한 경우.

97) 대법원 2016.3.11. 2014모2521 결정: 헌법 제28조는 "형사피의자 또는 형사피고인으로서 구금되었던 자가 법률이 정하는 불기소처분을 받거나 무죄판결을 받은 때에는 법률이 정하는 바에 의하여 국가에 정당한 보상을 청구할 수 있다."고 규정하고, 「형사보상 및 명예회복에 관한 법률」(이하 '형사보상법'이라 한다) 제2조 제1항은 "형사소송법에 따른 일반 절차 또는 재심이나 비상상고 절차에서 무죄재판을 받아 확정된 사건의 피고인이 미결구금을 당하였을 때에는 이 법에 따라 국가

해서 유죄의 판결을 받은 경우에도 주위적 공소사실에 대하여 무죄로 판단되었다면 그 무죄로 판단된 부분의 수사와 심리를 위하여 미결구금된 경우에는 그에 해당하는 만큼 의 형사보상을 할 수 있다는 취지이다.

2. 물적 보장내용

형사보상청구권이 보장하는 물적 내용은 형사보상청구권자가 받은 물질적·정신적 피해에 대한 정당한 보상이다.[98] 헌법재판소에 따르면 헌법 제28조의 형사보상청구권 의 내용을 법률에 의해 구체화하도록 규정하고 있으므로, 그 구체적인 내용은 입법자가 형성할 수 있다. 그러나 국가의 형사사법 절차 및 공권력 행사에 내재하는 불가피한 위 험에 의해 국민의 신체의 자유 등에 피해가 발생한 경우 국가가 이에 대하여 보상할 것 을 헌법에서 명문으로 선언하고 있으므로, 형사보상의 구체적 절차에 관한 입법은 단지 그 보상 및 배상을 청구할 수 있는 형식적인 권리나 이론적인 가능성만을 허용하는 것 이어서는 아니 되고, 권리구제의 실효성이 상당한 정도로 보장되도록 하여야 한다.[99]

그런데 헌법재판소는 형사보상은 국가의 경제적, 사회적, 정책적 사정들을 참작하 여 입법재량으로 결정할 수 있는 사항이라는 점에서 **헌법 제28조에서 규정하는 '정당한 보 상'은 헌법 제23조 제3항에서 재산권의 침해에 대하여 규정하는 '정당한 보상'과는 차이가 있는 것**으로 본다. 즉, "헌법 제23조 제3항에서 규정하는 '정당한 보상'이란 원칙적으로 피수 용 재산의 객관적 재산가치를 완전하게 보상하는 것이어야 하는바,[100] 토지 수용 등과 같은 재산권의 제한은 물질적 가치에 대한 제한이므로 제한되는 가치의 범위가 객관적 으로 산정될 수 있어 이에 대한 완전한 보상이 가능하다. 그런데 헌법 제28조에서 문제 되는 신체의 자유에 대한 제한인 구금으로 인하여 침해되는 가치는 객관적으로 산정할

에 대하여 그 구금에 대한 보상을 청구할 수 있다."고 규정하고 있다. 이와 같은 형사보상법 조항 은 그 입법취지와 목적 및 내용 등에 비추어 재판에 의하여 무죄의 판단을 받은 자가 그 재판에 이르기까지 억울하게 미결구금을 당한 경우 보상을 청구할 수 있도록 하기 위한 것이므로, 판결 주문에서 무죄가 선고된 경우뿐만 아니라 판결 이유에서 무죄로 판단된 경우에도 미결구금 가운데 무죄로 판단된 부분의 수사와 심리에 필요하였다고 인정된 부분에 관하여는 보상을 청구할 수 있고, 다 만 형사보상법 제4조 제3호를 유추적용하여 법원의 재량으로 보상청구의 전부 또는 일부를 기각 할 수 있을 뿐이다.

98) 헌재 2010.10.28. 2008헌마514등, 형사보상법 제19조 제1항 등 위헌확인 등(위헌, 기각).

99) 헌재 2018.8.30. 2014헌바148등, 민법 제166조 제1항 등 위헌소원 등(위헌, 합헌).

100) 헌재 1995.4.20. 93헌바20 참조.

수 없으므로, 일단 침해된 신체의 자유에 대하여 어느 정도의 보상을 하여야 완전한 보상을 하였다고 할 것인지 단언하기 어렵다. 헌법 제23조 제3항에 '보상을 하여야 한다.'라고 규정하는 반면, 헌법 제28조는 '법률이 정하는 바에 의하여 …… 보상을 청구할 수 있다.'라고 규정하고 있는 것은 이러한 점을 반영하는 것이라 할 수 있다. 또한, 보상의 상한을 높이고 보상의 기준을 구체화·개별화한다면 현행 규정에 의한 것보다 많은 보상금을 받을 수 있는 경우가 발생할 수 있으므로, 이 사건 보상금 조항 및 이 사건 보상금시행령조항에서 보상금의 상한을 설정한 외에 보상 금액의 구체화·개별화를 하지 않은 것이 부당하지 아니한지 검토할 필요가 있을 것이다. 그러나 보상 금액의 구체화·개별화를 추구할 경우에는 개별적인 보상 금액을 산정하는 데 상당한 기간의 소요 및 절차의 지연을 초래하여 형사보상제도의 취지에 반하는 결과가 될 위험이 크고, 나아가 그로 인하여 청구권자 간에 형사보상금의 액수에 지나친 차등이 발생하여 오히려 공평의 관념을 저해할 우려도 있다. 한편, 이 사건 보상금시행령조항에서 규정하고 있는 1일 일급최저임금액의 5배라는 금액이 지나치게 낮은 금액이라고 볼 사정도 없으며, 법원이 보상금을 산정할 때에는 위 상한 내에서 모든 사정을 고려하여 구체적 타당성을 갖는 보상금을 정하게 되므로(법 제4조 제2항), 이 사건 보상금조항 및 이 사건 보상금시행령조항에 따른 보상의 내용이 헌법 제28조의 '정당한 보상'이 아니라고 할 정도로 명백히 불합리하거나 공익과 사익 간에 균형을 잃은 것이라고 보기도 어렵다. 따라서 이 사건 보상금조항 및 이 사건 보상금시행령조항은 헌법 제28조 및 헌법 제37조 제2항에 위반된다고 볼 수 없다."라고 판시하였다.[101]

III. 제한과 그 한계

형사보상청구권은 법률이 정하는 바에 의하여 국가에 정당한 보상을 청구할 수 있는 권리이기 때문에 제28조는 기본적으로 기본권 형성적 법률유보에 해당한다. 그럼에도 불구하고 헌법재판소는 위헌심사기준으로 **과잉금지원칙**을 들고 있다. 예컨대 구「형사보상법」 제4조 제1항에서 1일 5천 원 이상 대통령령이 정하는 금액 이하의 비율(「형사보상법 시행령」에서는 5배. 현재도 같다)에 의한 보상금을 지급하도록 한 것이 위헌이라

---

101) 헌재 2010.10.28. 2008헌마514등, 형사보상법 제19조 제1항 등 위헌확인 등(위헌, 기각).

는 주장에 대하여 판단하면서 헌법재판소는, 형사보상 입법을 함에 있어서는 "비록 완화된 의미일지언정 헌법 제37조 제2항의 비례의 원칙이 준수되어야 한다. 형사보상청구권은 국가가 형사사법절차를 운영함에 있어 결과적으로 무고한 사람을 구금한 것으로 밝혀진 경우 구금당한 개인에게 인정되는 권리이고, 헌법 제28조는 이에 대하여 '정당한 보상'을 명문으로 보장하고 있으므로, 따라서 법률에 의하여 제한되는 경우에도 이러한 본질적인 내용은 침해되어서는 아니 되기 때문이다."102)라고 판시하고 있다.

그 내용을 법률로 정하도록 위임하고 있는 기본권 형성적 법률유보하에 있는 기본권은 당해 개별 기본권의 성격과 내용에 따라 달라질 수는 있으나, 내용 통제는 기본적으로는 헌법 제37조 제2항의 본질적 내용 침해금지원칙을 적용하는 것이 타당하다. 여기서의 본질적 내용이란 최소한의 보장(minimum guaranty)을 말한다. 헌법적 보장은 최소한에 그치고 그 이상 어느 정도로 보장할 것인가는 입법자의 재량에 속한다. 따라서 명백히 불합리 하지 않은 한 헌법에 위반된다고 볼 수 없다.

이 결정에서 형사보상 결정에 대해서는 불복할 수 없도록 한 형사보상법 제19조 제1항에 대해서는 형사보상청구권 및 재판청구권의 본질적 내용을 침해하는 것으로서 헌법에 위반된다고 결정하고 있다.103) 형사보상법 제19조 제1항은 형사보상청구권에 대한 법적 통제 가능성을 봉쇄한 것이기 때문에 재판청구권의 본질적 내용을 침해한 것이라는 판단은 타당한 것이라고 할 수 있다.

Ⅳ. 형사보상법의 내용

1. 보상의 종류

형사보상법은 형사보상과 명예회복에 관하여 규정하고 있다.

2. 형사보상의 내용

가. 보상금

보상금의 규모에 대해서는 형사보상법 제5조에서 규정하고 있다. 구금에 대한 보

---

102) 헌재 2010.10.28. 2008헌마514등, 형사보상법 제19조 제1항 등 위헌확인 등(위헌, 기각).
103) 헌재 2010.10.28. 2008헌마514등. 이에 대한 자세한 내용은 전술한 재판청구권 부분 참조.

상을 할 때에는 그 구금 일수에 따라 1일당 보상 청구의 원인이 발생한 연도의 「최저임금법」에 따른 일급(日給) 최저임금액 이상 대통령령으로 정하는 금액 이하의 비율에 의한 보상금을 지급한다(제1항). 법원은 보상 금액을 산정할 때 1. 구금의 종류 및 기간의 장단(長短), 2. 구금 기간 중에 입은 재산상의 손실과 얻을 수 있었던 이익의 상실 또는 정신적인 고통과 신체 손상, 3. 경찰·검찰·법원의 각 기관의 고의 또는 과실 유무, 4. 무죄재판의 실질적 이유가 된 사정, 5. 그 밖에 보상 금액 산정과 관련되는 모든 사정을 고려하여야 한다(제2항). 사형 집행에 대한 보상을 할 때에는 집행 전 구금에 대한 보상금 외에 3천만 원 이내에서 모든 사정을 고려하여 법원이 타당하다고 인정하는 금액을 더하여 보상한다. 이 경우 본인의 사망으로 인하여 발생한 재산상의 손실액이 증명되었을 때에는 그 손실액도 보상한다(제3항). 벌금 또는 과료 집행에 대한 보상을 할 때에는 이미 징수한 벌금 또는 과료의 금액에 징수일의 다음 날부터 보상 결정일까지의 일수에 대하여 「민법」 제379조의 법정 이율을 적용하여 계산한 금액을 더한 금액을 보상한다(제4항). 노역장유치의 집행을 한 경우 그에 대한 보상에 관하여는 제1항을 준용한다(제5항). ⑥ 몰수 집행에 대한 보상을 할 때에는 그 몰수물을 반환하고, 그것이 이미 처분되었을 때에는 보상 결정 시의 시가(時價)를 보상한다(제6항). 추징금에 대한 보상을 할 때에는 그 액수에 징수일의 다음 날부터 보상 결정일까지의 일수에 대하여 「민법」 제379조의 법정 이율을 적용하여 계산한 금액을 더한 금액을 보상한다(제7항).

나. 보상청구의 방법
보상청구는 무죄재판을 한 법원에 대하여 하여야 한다(형사보상법 제7조).

다. 보상청구의 기간
보상청구는 무죄재판이 확정된 사실을 안 날부터 3년, 무죄재판이 확정된 때부터 5년 이내에 하여야 한다(형사보상법 제8조).

라. 보상청구의 방식
보상청구를 할 때에는 보상청구서에 재판서의 등본과 그 재판의 확정증명서를 첨부하여 법원에 제출하여야 한다(형사보상법 제9조 제1항).

마. 보상 청구 절차

1) 보상청구에 대한 재판

보상청구는 법원 합의부에서 재판하고, 법원은 검사와 청구인의 의견을 들은 후, 6
개월 이내에 보상결정을 하여야 한다(형사보상법 제14조). 6개월 이내 보상결정에 관한
제14조 제3항은 형사보상결정이 과도하게 지연되는 것을 방지하여 국민의 억울한 옥살
이를 신속하게 구제하겠다는 취지로 지난 2018.3.20. 신설된 조항이다. 그러나 아직도
보상판결결정의 지연은 여전하다. 이에 대해서는 보상결정이 지연됨으로써 국가배상
문제까지 발생할 수 있다는 견해가 있는 반면에, 법원이 일반적인 판결 선고 기간도 훈
시규정으로 보고 있는 것을 고려하면 기한을 도과한 결정이 위법 무효라고 할 수 없고
따라서 국가배상도 청구할 수 없다고 보는 견해가 대립하고 있다.[104]

법원은 보상청구의 원인이 된 사실인 구금 일수 또는 형 집행의 내용에 관하여 직
권으로 조사를 하여야 한다(형사보상법 제15조). 보상청구가 이유 있을 때에는 보상결정
을 하여야 하고, 보상청구가 이유 없을 때에는 청구기각의 결정을 하여야 한다(형사보상
법 제17조). 보상결정에 대하여는 1주일 이내에 즉시항고 할 수 있다(형사보상법 제20조).

2) 보상금지급청구서 제출

보상금 지급을 청구하려는 자는 법원의 보상결정서를 첨부하여, 보상을 결정한 법
원에 대응하는 검찰청에 보상금 지급청구서를 제출하여야 한다(형사보상법 제21조 제1항
·제2항). 보상결정이 송달된 후 2년 이내에 보상금 지급청구를 하지 아니할 때에는 권
리를 상실한다(형사보상법 제21조 제3항). 보상금을 받을 수 있는 자가 여러 명인 경우에
는 그 중 1명이 한 보상금 지급청구는 보상결정을 받은 모두를 위하여 그 전부에 대하
여 보상금 지급청구를 한 것으로 본다(형사보상법 제21조 제4항). 보상금 지급청구서를
제출받은 검찰청은 3개월 이내에 보상금을 지급하여야 하고, 기한까지 보상금을 지급
하지 아니한 경우에는 그 다음 날부터 지급하는 날까지의 지연 일수에 대하여 「민법」
제379조의 법정이율에 따른 지연이자를 지급하여야 한다(2018.3.20. 신설된 형사보상법
제21조의2 제1항·제2항).

---

104) 이에 관한 자세한 설명은 법률신문 2019.5.2.자 1-2면 참조.

바. 손해배상과의 관계

형사보상법은 보상을 받을 자가 다른 법률에 따라 손해배상을 청구하는 것을 금지하지 아니한다(형사보상법 제6조 제1항). 형사보상을 받을 자가 같은 원인에 대하여 다른 법률에 따라 손해배상을 받은 경우에 그 손해배상의 액수가 이 법에 따라 받을 보상금의 액수와 같거나 그보다 많을 때에는 보상하지 아니하고, 그 손해배상의 액수가 이 법에 따라 받을 보상금의 액수보다 적을 때에는 그 손해배상 금액을 빼고 보상금의 액수를 정하여야 한다(형사보상법 제6조 제2항). 다른 법률에 따라 손해배상을 받을 자가 같은 원인에 대하여 이 법에 따른 보상을 받았을 때에는 그 보상금의 액수를 빼고 손해배상의 액수를 정하여야 한다(형사보상법 제6조 제3항).

3. 명예회복의 내용 - 무죄재판서 게재 청구

무죄재판을 받아 확정된 사건의 피고인은 무죄재판이 확정된 때부터 3년 이내에 확정된 무죄재판사건의 재판서를 법무부 인터넷 홈페이지에 게재하도록 해당 사건을 기소한 검사가 소속된 지방검찰청에 청구할 수 있다(형사보상법 제30조).

무죄재판서 게재 청구가 있을 때에는 그 청구를 받은 날부터 1개월 이내(무죄재판사건의 확정재판기록이 해당 지방검찰청에 송부되지 아니한 경우에는 무죄재판사건의 확정재판기록이 해당 지방검찰청에 송부된 날부터 1개월 이내)에 무죄재판서를 법무부 인터넷 홈페이지에 게재하여야 한다(형사보상법 제31조 제1항). 이때 청구인이 무죄재판서 중 일부 내용의 삭제를 원하는 의사를 명시적으로 밝힌 경우나, 무죄재판서의 공개로 인하여 사건 관계인의 명예나 사생활의 비밀 또는 생명·신체의 안전이나 생활의 평온을 현저히 해칠 우려가 있는 경우에는 무죄재판서의 일부를 삭제하여 게재할 수 있다(형사보상법 제31조 제2항). 무죄재판서의 게재 기간은 1년으로 한다(형사보상법 제31조 제4항). 무죄재판서를 법무부 인터넷 홈페이지에 게재한 경우에는 지체 없이 그 사실을 청구인에게 서면으로 통지하여야 한다(형사보상법 제33조 제1항).

4. 면소 등의 경우의 보상

형사보상과 관련하여 면소 등의 경우에도 국가에 대하여 구금에 대한 보상을 청구할 수 있다(형사보상법 제26조 제1항 본문). 즉, 「형사소송법」에 따라 면소 또는 공소기각의 재판을 받아 확정된 피고인이 면소 또는 공소기각의 재판을 할 만한 사유가 없었더라면 무죄재판을 받을 만한 현저한 사유가 있었을 경우(제1호),[105] 「치료감호법」 제7조에 따라 치료감호의 독립 청구를 받은 피치료감호 청구인의 치료감호 사건이 범죄로 되지 아니하거나 범죄사실의 증명이 없는 때에 해당되어 청구기각의 판결을 받아 확정된 경우(제2호)에도 구금에 대한 보상청구가 가능하다. 이 보상에 대하여는 무죄재판을 받아 확정된 사건의 피고인에 대한 보상에 관한 규정과 보상결정의 공시에 관한 규정을 준용한다(형사보상법 제26조 제2항). 이 형사보상법 제26조 제1항 제1호와 제2호의 취지에 대하여 헌법재판소는 "소송법상 이유 등으로 무죄재판을 받을 수는 없으나 그러한 사유가 없었더라면 무죄재판을 받을 만한 현저한 사유가 있는 경우 그 절차에서 구금되었던 개인 역시 형사사법절차에 내재하는 불가피한 위험으로 인하여 신체의 자유에 피해를 입은 것은 마찬가지이므로 국가가 이를 마땅히 책임져야 한다는 고려에서 마련된 규정"이라고 설명하고 있다.[106]

　　명예회복을 위한 재판서 게재청구와 관련하여서 면소 등의 경우에 있어서도 형사보상법 제26조 제1항 각 호의 경우에 해당하는 자는 확정된 사건의 재판서를 게재하도록 청구할 수 있다(형사보상법 제34조 제1항). 이 청구에 대하여는 무죄재판사건 피고인의 무죄재판서 게재 청구에 관한 규정을 준용한다(형사보상법 제34조 제2항).

 A는 「특정범죄 가중처벌 등에 관한 법률」상 상습절도 등 혐의로 징역 2년을 선고받고 복역을 마쳤다. 그런데 이후 「특정범죄 가중처벌 등에 관한 법률」의 해당 조항이 「형법」상 범죄와 똑 같은 구성요건을 규정하면서 법정형만 상향조정한 것이어서 어느 조항으로 기소하는지에 따라 선고형에 심각한 불균형을 초래하여 헌법에 위반된다는 취지의 위헌결정(헌재 2015.2.26. 2014헌가16 등)을 하였다. 이에 A는 재심을 청구했고, 검찰은 공소장을 「형법」상 상습절도 등 혐의로 변경(이를 공소장의 교환적 변경이라 한다. 이전의 소를 대신하여 새로운 소를 제기하는 것을 말한다)하여 1년 6개월의 형을 선고 받았다. 이에 A는 초과 구금된 6개월에 대해서 형사보상을 청구하였으나 1심에서 형사보상요건이 충족되지 않았음을 이유로 기각되었고 A는 항고하였다. 항고심 계속 중 법원은 직권으로 형사보상법 제26조 제1항에 대하여 위헌법률심판을 제청하였다. 형사보상법 제26조 제1항의 위헌여부에 대하여 판단하시오.

---

105) 면소판결을 받게 되면 재심청구가 불가능하므로 제1호에 따라 형사보상금의 청구가 가능하게 된다. 예컨대 긴급조치 제9호의 해제로 면소판결을 받은 사람의 경우가 그러하다(대법원 2013.4.18. 2011초기689 결정 참조).

106) 헌재 2022.2.24. 2018헌마998등, 입법부작위 위헌확인(2023.12.3.1까지 계속적용 헌법불합치) ― 초과 구금에 대한 형사보상을 규정하지 않은 형사보상법 사건.

A　헌법재판소는 재심절차에서 공소장의 교환적 변경이 없었더라면 무죄재판을 받을 만한 현저한 사유가 있었음에도 공소장의 교환적 변경을 통해 무죄재판을 받지는 못하고 원판결보다 가벼운 형을 선고받았으나, 재심절차에서 감형된 부분이 단순히 법관의 양형재량의 결과라고 단정할 수 없다면, 원판결의 형 중에서 재심판결의 선고형을 초과하는 부분의 전부 또는 일부에 대해서는 위헌인 법률의 적용과의 상관관계를 부인하기 어렵고, 그 상관관계가 인정될 경우 그 초과 부분은 무죄사유가 있던 부분에 대응하는 것으로 보아야 하므로 초과구금 부분을 형사보상 대상으로 규정하지 아니한 것은 불합리한 차별에 해당한다고 보았다.[107]

5. 군사법원의 재판에의 준용

형사보상법상 형사보상에 관한 규정은 군사법원에서 무죄재판을 받아 확정된 자와 군사법원에서 제26조 제1항 각 호의 면소 등에 해당하는 재판을 받은 자, 군검찰부 군검사로부터 공소를 제기하지 아니하는 처분을 받은 자에 대해 준용한다(형사보상법 제29조 제2항).

형사보상법상 명예회복에 관한 규정은 군사법원에서 무죄재판을 받아 확정된 자, 군사법원에서 제26조 제1항 각 호의 면소 등에 해당하는 재판을 받은 자에 대해서 준용한다(형사보상법 제35조).

---

107) 헌재 2022.2.24. 2018헌마998등, 입법부작위 위헌확인(계속적용 헌법불합치) - 초과 구금에 대한 형사보상을 규정하지 않은 형사보상법 사건. 이 결정에서는 다음과 같은 취지의 3인 재판관의 반대의견이 있다: 헌법재판소의 특가법 조항의 위헌결정에 따라 원심절차에서 적용이 배제된 일반 형법조항을 적용하도록 교환적으로 공소장을 변경하는 것은 국가형벌권의 적정한 행사를 위해 가능하고 필요하였으며, 헌법재판소의 결정 취지에도 부합한다고 보면서, 특가법 위반 사건에서 일반 형법조항에 위반한 범죄의 증명이 있어 판결로써 형이 선고되었고, 판결의 주문과 이유 어디에서도 무죄의 판단이 이루어지지 않았으며, 원심절차와 재심절차의 공소사실이 완전히 동일하고, 죄수(罪數) 역시 동일하다는 점에서 '결과적으로' '무고한 사람'을 구금한 경우에 해당한다고 볼 수 없고, 재심절차에서 공소장 변경을 통해 청구인들에게 적용된 법률조항에 정한 법정형의 상한이나 법관의 양형재량에 비추어 보면, 청구인들에 대한 감형이 가중처벌을 내용으로 하는 특별법 조항의 위헌성으로부터 비롯된 것이라고 단정하기도 어렵다는 점 등을 들어 심판대상조항인 「형사소송법」 제26조 제1항과는 본질적으로 다르므로 평등권이나 형사보상청구권에 위반된다고 할 수 없다.

제4항 국가배상청구권

Ⅰ. 서론

1. 개념

국가배상청구권이라 함은 공무원의 직무상 불법행위로 말미암아 재산 또는 재산 이외의 손해를 받은 국민이 국가 또는 공공단체에 대하여 그 손해를 배상하여 주도록 청구할 수 있는 권리를 말한다.[108] 이를 위하여「국가배상법」이 마련되어 있다.

헌법이 제21조 제1항에서 재산권보장을 규정하고 있음에도 별도로 국가배상청구 권을 규정한 것은, 공무원의 직무상 불법행위로 손해를 받은 경우 국민이 국가에 대해 재산적·정신적 손해에 대한 정당한 배상을 청구할 수 있는 권리를 특별히 보장하려는 것이고, 이러한 국가배상청구권은 일반적인 재산권으로서의 보호 필요성뿐만 아니라, 공무원의 직무상 불법행위로 인한 국민의 손해를 사후적으로 구제함으로써 관련 기본 권의 보호를 강화하는 데 그 목적이 있다.[109]

2. 법적 성격

국가배상청구권은 헌법상의 권리이므로 공권이고, 이를 구체화하고 있는「국가배 상법」은 공법이다. 따라서 국가배상청구소송은 행정소송(당사자소송)으로 다루는 것이 타당하나 실무상으로는 민사소송으로 다루고 있으므로, 국가배상청구권이 공권인지 사 권인지 내지「국가배상법」이 공법인지 사법인지가 논의된다. 국가배상청구소송이 실무 상 어떻게 다루어지는가가 권리의 성격을 변화시킬 수는 없으므로 국가배상청구권은 여전히 공권이라고 보는 것이 타당하다.[110]

헌법재판소는 국가배상청구의 요건에 해당하는 사유가 발생한 개별 국민에게는 국 가배상청구권은 금전청구권으로서의 재산권으로 보장된다고 본다.[111]

---

108) 헌재 1997.2.20. 96헌바24, 국가배상법 제8조 위헌소원(합헌).
109) 헌재 2021.5.27. 2019헌가17, 구 광주민주화운동관련자보상등에관한법률 제16조 제2항 위헌제청 (위헌).
110) 사권으로 보는 견해의 논거에 대해서는 김철수, 헌법학신론, 2013, 1145쪽 참조.
111) 헌재 1996.6.13. 94헌바20; 1997.2.20. 96헌바24, 국가배상법 제8조 위헌소원(합헌); 2015.4.30.

국가배상청구권이 「민법」상의 손해배상청구권과는 손해의 전보라는 점에서는 공통되지만, 공권이라는 점에서 구별되므로 다음과 같은 특징이 있다. ① 국가 또는 공공단체(지방자치단체)는 사인에 비하여 우월한 지위에 있다. 그러므로 행정기관의 주의의무를 강화할 필요가 있다. ② 경과실의 경우 공무원 개인의 배상책임이 면제된다.

또 학설과 판례는 취소소송과 손해배상은 그 제도적 취지가 다르기 때문에 그 행위의 취소를 구하지 않고도 손해배상을 청구할 수 있다고 본다.

3. 국가배상의 본질과 선택적 청구 가능 여부

국가배상책임의 본질 문제는 불법행위를 한 공무원 개인의 책임을 국가가 대위하여 지는 책임인지(대위책임설), 아니면 본래부터 국가의 자기책임인지(자기책임설)에 대한 것이다. 대법원 판례의 다수설은 절충설의 입장이다. 즉, 공무원의 불법행위로 인한 손해가 공무원의 경과실로 인한 경우에는 이는 통상 직무수행상 예기할 수 있는 흠에 불과하므로 이에 대해서는 국가가 전적으로 책임을 져서 공무원의 공무집행의 안전성을 확보하고, 공무원의 불법행위가 고의·중과실에 기한 경우에는 기관행위로서의 품격을 상실하여 국가 등에게 책임을 귀속시킬 수 없으므로 공무원개인에게 불법행위로 인한 손해배상을 부담시키되, 다만 행위의 외관이 공무원의 직무집행으로 보일 때에는 피해자인 국민을 두텁게 보호하기 위하여 국가 등이 공무원 개인과 중첩적으로 배상책임을 부담하고, 국가 등이 배상책임을 지는 경우에는 공무원 개인에게 구상할 수 있도록 함으로써 궁극적으로는 그 책임을 공무원 개인에게 귀속되도록 하려는 것이 「국가배상법」 제2조 제1항 본문 및 제2항의 입법취지라고 이해한다.[112]

그런데 헌법 제29조 제1항 단서에서는 "이 경우 공무원 자신의 책임은 면제되지 아니한다."라고 규정하고 있어서 피해자는 손해배상의 청구를 국가 등에 대해서만 청구할 수 있는지 아니면 불법행위를 한 공무원 개인에게도 함께 청구할 수 있는지가 문제된다. 위의 대법원 판결의 다수의견에 따르면 공무원 개인이 경과실인 경우에는 국가의 자기책임으로서 선택적 청구는 불가능하고, 고의 또는 중과실이거나 직무행위의 외관을 갖지 못한 경우에는 국가나 공무원 개인이 중첩적으로 책임을 부담하므로 선택적 청구가 가능하게 될 것이다.[113]

2013헌바395, 국가배상법 제2조 제1항 위헌소원(합헌).
112) 대법원 1996.2.15. 95다38677 판결(전원합의체)의 다수의견 참조.

4. 「국가배상법」 체계

가. 「국가배상법」의 적용 순서

국가배상에 관해서는 「국가배상법」에 규정된 사항 외에는 「민법」에 따르되, 「민법」 외의 법률에 다른 규정이 있을 때에는 그 규정을 따른다(국가배상법 제8조). 결국 「국가배상법」— 다른 개별 법률 —「민법」의 순으로 적용된다.

나. 배상청구의 행정절차

1) 배상심의회와 임의적 결정전치주의

국가배상을 위해 배상심의회를 두고 있다(국가배상법 제10조). 국가나 지방자치단체에 대한 배상신청 사건을 심의하기 위하여 법무부에 본부심의회를 두고, 군인이나 군무원이 타인에게 입힌 손해에 대한 배상신청 사건을 심의하기 위하여 국방부에 특별심의회를 둔다. 본부심의회와 특별심의회는 각 대통령령이 정하는 바에 따라 지구심의회를 둔다.

그러나 배상심의회의 결정은 임의적인 절차이다. 따라서 배상심의회를 거치지 아니하고 바로 국가배상소송을 제기할 수도 있다(국가배상법 제9조).

2) 배상심의회의 배상결정의 효력

구 「국가배상법」 제16조는 심의회의 배상결정에 신청인이 동의하거나 지방자치단체가 배상금을 지급한 때에는 민사소송법의 규정에 의한 재판상의 화해가 성립된 것으로 간주한다고 규정하였는데, 이에 대하여 헌법재판소는 재판상 화해는 재심의 소에 의하여 취소 또는 변경되지 않는 한 그 효력을 다툴 수 없다는 점으로 볼 때, ① 사법절차에 준한다고 볼 수 있는 각종 중재·조정절차와는 달리 배상결정절차에 있어서는 심의회의 제3자성·독립성이 희박한 점, ② 심의절차의 공정성·신중성도 결여되어 있는 점, ③ 심의회에서 결정되는 배상액이 법원의 그것보다 하회하는 점 및 ④ 부제소합의의 경우와는 달리 신청인의 배상결정에 대한 동의에 재판청구권을 포기할 의사까지 포함되는 것으로 볼 수도 없는 점 등을 고려하여 위헌결정을 하였다.[114] 따라서 현

---

113) 물론 이 경우에도 국가가 배상하게 되는 경우에는 구상권을 행사하게 되므로 결국 공무원 개인의 책임이라고 보면 선택적 청구가 불가능하게 된다. 이러한 견해로는 성낙인, 헌법학, 법문사, 2020, 1591−1592쪽 참조.

114) 헌재 1995.5.25. 91헌가7, 국가배상법 제16조에 관한 위헌심판(위헌).

재는 동의 혹은 배상금 수령 후에도 법원에 배상청구소송을 제기할 수 있다.

II. 보장내용

1. 인적 보장내용

가. 기본권 주체

국가배상청구권의 주체는 원칙적으로 공무원의 직무상 불법행위로 손해를 받은 국민이다. 여기의 국민은 위법한 행위를 한 자나 그 행위에 가담한 자를 제외한 모든 피해자를 말한다. 따라서 공무원도 피해자가 될 수 있다. 피해자가 군인·군무원 등인 경우에는 이중배상금지의 특례가 있다.

국가배상청구권의 본질 및 내용에 비추어 보면 국가배상청구권은 어디까지나 불법행위에 대한 배상이므로, 외국인의 경우에도 국가배상청구권이 인정되는 것으로 보는 것이 인권 사상에 합치한다. 다만, 현행 「국가배상법」은 외국인에 대하여 상호주의를 취하고 있다(국가배상법 제7조).

법인이나 단체도 재산권의 주체가 되므로 공무원의 불법행위에 의한 침해에 대하여는 배상청구권을 인정하는 것이 헌법의 정신에 합치한다.

나. 의무 주체

헌법 제29조에서는 국가배상청구권의 의무 주체인 배상 책임자를 국가 또는 공공단체로 하고 있다. 「국가배상법」은 이를 지방자치단체라고 명시하고 있으므로 **지방자치단체 이외의 공공단체**는 「민법」상의 불법행위책임으로 될 것이다. 지방자치단체의 개념은 「지방자치법」에 따른다(제117조 제2항, 지방자치법 제2조).

배상책임자에 대해서는 「국가배상법」 제6조에서 규정하고 있다. 이에 따르면 국가 또는 지방자치단체가 손해를 배상할 책임이 있는 경우에 공무원의 선임·감독 또는 영조물의 설치·관리를 맡은 자(사무주체 또는 관리주체)와 공무원의 봉급·급여 기타의 비용 또는 영조물의 설치·관리의 비용을 부담하는 자(비용부담자)가 동일하지 아니한 경우에는 그 비용을 부담하는 자도 배상책임이 있다. 예컨대 지방자치단체장이 설치하여 관할 지방경찰청장에게 관리 권한이 위임된 교통 신호기의 고장으로 교통사고가 발생했을 경우에는 경찰에 대한 봉급을 부담하는 국가도 배상책임을 부담하게 된다.[115]

물론 이 경우 배상을 하면 내부 관계에서 그 손해를 배상할 책임이 있는 자에게 구상할 수 있도록 하고 있다(국가배상법 제6조 제2항). 구상이 있게 되면 종국적 배상책임자가 발생하게 되는데 누가 종국적 배상책임자인가에 대해서는「국가배상법」은 명확한 판단을 내리고 있지 않다. 판례도 마찬가지다.[116] 학설에서는 관리주체설, 비용부담주체설, 기여도설 등이 주장되고 있다. 종국적 배상책임자와 관련하여서는 특히 자동차사고의 경우가 문제된다. 이때에는 중과실이나 고의 외에 공무원의 경과실의 경우에도 배상책임을 진다.[117] 경과실에 해당된다고 하여 공무원 개인의 배상책임이 없다고 한다면, 결국 보험회사도 책임을 면책하게 되어 국가의 부담 위에 보험회사만 뜻밖의 이익을 보게 하는 것이기 때문이다.

2. 물적 보장내용

국가배상청구권은 공무원의 직무상 불법행위로 손해를 받은 국민이 법률이 정하는 바에 의하여 국가 또는 공공단체에 정당한 배상을 청구할 수 있는 권리를 말한다. 이는 공무원의 불법행위로 인한 손해배상청구권이다.

그런데「국가배상법」제5조에서는 불법행위로 인한 손해배상청구 외에도 공공시설 등의 하자로 인한 손해배상청구권도 인정하고 있다. 따라서 영조물 등 공공시설의 설치나 관리상의 하자로 인한 손해도 국가배상청구권이 보장하는 내용인지가 문제된다. 학설에서는 영조물 등 공공시설의 설치나 관리상의 하자도 국가배상청구권의 보장내용에 포함하는 견해가 있고,[118] 구분하는 견해가 있다.[119] 공무원의 직무상 불법행위

---

115) 대법원 1999.6.25. 99다11120 판결.
116) "원래 광역시가 점유 관리하던 일반국도 중 일부 구간의 포장공사를 국가가 대행하여 광역시에 도로의 관리를 이관하기 전에 교통사고가 발생한 경우, 광역시는 그 도로의 점유자 및 관리자, 도로법 제56조, 제55조, 도로법시행령 제30조에 의한 도로관리비용 등의 부담자로서의 책임이 있고, 국가는 그 도로의 점유자 및 관리자, 관리사무귀속자, 포장공사비용 부담자로서의 책임이 있다고 할 것이며, 이와 같이 광역시와 국가 모두가 도로의 점유자 및 관리자, 비용부담자로서의 책임을 중첩적으로 지는 경우에는, 광역시와 국가 모두가 국가배상법 제6조 제2항 소정의 궁극적으로 손해를 배상할 책임이 있는 자라고 할 것이고, 결국 광역시와 국가의 내부적인 부담 부분은, 그 도로의 인계·인수 경위, 사고의 발생 경위, 광역시와 국가의 그 도로에 관한 분담비용 등 제반 사정을 종합하여 결정함이 상당하다."(대법원 1998.7.10. 96다42819 판결).
117) 대법원 1996.5.31. 94다15271 판결.
118) 김철수, 헌법학신론, 박영사, 2009, 1151쪽; 허영, 한국헌법론, 박영사, 2011, 604쪽; 정연주, 헌법주석1, 박영사, 2013, 1019쪽 참조.
119) 권영성, 헌법학원론, 법문사, 2009, 624쪽 참조.

로 인한 국가배상 책임과 도로·하천, 그 밖의 공공의 영조물의 설치나 관리에 하자가 있어서 타인에게 손해를 발생했을 때 국가나 지방자치단체가 배상하는 것은 엄연히 구분되는 것이므로 헌법 제29조의 국가배상청구권에는 「국가배상법」 제5조의 손해배상은 포함되지 않는 것으로 보는 것이 타당하다. 「국가배상법」 제5조의 손해배상은 「국가배상법」상의 국가배상청구권의 근거가 되는 것에 불과하다. 국가배상청구권의 성립 요건을 분설하면 다음과 같다.

가. 공무원

여기의 공무원에는 「국가공무원법」이나 「지방공무원법」상 공무원과 함께 공무를 위탁받은 사인도 포함된다(국가배상법 제2조 제1항). 기존에 학설상 널리 공무를 위탁받아 그에 종사하는 모든 자를 포함하는 것으로 보았던 것을 2009년 개정에서 수용한 것이다.

판례에서는 육군병기기계공작창 내규에 의해 군무 수행을 위하여 채용되어 소속 부대 차량의 운전 업무에 종사하였고 일정한 급료를 지급받은 자,[120] 국가나 지방자치단체에 근무하는 청원경찰,[121], 통장[122] 등은 공무원에 포함하고, 의용소방대원은 포함하지 않고 있다.[123]

나. 직무상 불법행위
1) 직무행위
가) 직무행위 판단 기준

「국가배상법」에서는 이를 '직무를 집행하면서'(국가배상법 제2조 제1항)라고 규정하고 있다. 통설과 판례[124]에 따르면 직무행위인지 여부는 **객관적으로 직무행위의 외형**을 갖추고 있는지 여부에 따라 판단한다(외형설).

---

120) 대법원 1970.11.24. 70다2253 판결.
121) 대법원 1993.7.13. 92다47564 판결.
122) 대법원 1991.7.9. 91다5570 판결.
123) "의용소방대는 국가기관이라고 할 수 없음은 물론이고 또 그것을 피고군에 예속된 기관이라고 할 수도 없으니 …"(대법원 1975.11.25. 73다1896 판결; 1966.6.28. 66다808 판결).
124) "행위의 외관을 객관적으로 관찰하여 공무원의 직무행위로 보여질 때에는 비록 그것이 실질적으로 직무 집행행위이거나 아니거나 또는 행위자의 주관적 의사에 관계없이 그 행위는 공무원의 직무 집행행위라고 볼 것이며, 이러한 행위가 실질적으로 공무집행행위가 아니라는 사정을 피해자가 알았다하더라도 이에 대한 국가의 배상책임은 부인할 수 없다."(대법원 1966.3.22. 66다117 판결).

나) 직무행위의 범위

직무행위에는 권력작용만 포함된다는 견해(협의설), 단순공행정작용(관리작용)도 포함한다는 설(광의설), 관리작용·사경제작용도 포함한다는 견해(최광의설)가 주장된다. 광의설이 다수설이다.[125]

판례[126]는 다수설과 같은 입장이다. 그런데 앞에서 언급한 바와 같이 판례는 「국가배상법」상의 책임을 사법상의 책임으로 보고 국가배상 사건을 민사 사건으로 처리하고 있기 때문에, 직무행위의 범위를 권력작용과 공행정작용만을 의미하는 것으로 보는 것과는 모순된다는 비판이 있다.

다) 문제가 되는 직무행위의 유형

직무행위 중 특히 문제가 되는 행위 유형으로는 다음을 들 수 있다.

(1) 부작위

부작위로도 「국가배상법」 제2조 제1항의 요건을 충족하면 국가배상책임이 인정된다. 부작위가 성립하려면 작위의무가 존재하여야 한다. 실정 법령에 근거가 없더라도 국가가 초법규적, 일차적으로 위험배제에 나서지 않으면 국민의 생명, 신체, 재산 등을 보호할 수 없는 경우에는 작위의무가 성립한다(국가의 기본권보장의무).[127] 이 경우 작위의무는 공무원의 부작위로 인하여 침해된 국민의 법익 또는 국민에게 발생한 손해가 어느 정도 심각하고 절박한지, 관련 공무원이 그와 같은 결과를 예견하여 그 결과를 회피하기 위한 조치를 취할 수 있는 가능성이 있는지 등을 종합적으로 고려하여 판단한다.[128] 헌법재판소는 과소보호 금지원칙'의 위반 여부를 기준으로 삼아, 국민의 생명·신체의 안전을 보호하기 위한 조치가 필요한 상황인데도 국가가 아무런 보호조치를 취하지 않았다든지 아니면 취한 조치가 법익을 보호하기에 전적으로 부적합하거나 매우 불충분한 것임이 명백한 경우에 한하여 국가의 보호의무의 위반을 인정할 수 있다고 본다.[129]

---

125) 김중권, 김중권의 행정법, 2013, 657쪽 참조.
126) 대법원 1999.6.22. 99다7008 판결 참조.
127) 헌재 2008.12.26. 2008헌마419등, 미국산 쇠고기 및 쇠고기 제품 수입위생조건 위헌확인(기각, 각하) 참조.
128) 대법원 1998.10.13. 98다18520 판결; 2001.4.24. 2000다57856 판결; 2008.10.9. 2007다40031 판결; 2010.4.22. 2008다38288 판결 등 참조.
129) 헌재 2008.12.26. 2008헌마419 등 참조.

문제가 되는 것 중의 하나가 조리에 의한 작위의무의 인정이 가능한가이다. 이에 대해서는 이에는 긍정설과 부정설 그리고 절충설130)이 대립한다. 판례는 긍정설에 가까운 입장이다.131)

(2) 징계 행위

징계가 징계 절차에 따라서 징계위원들이나 징계권자의 자율적 판단에 따라 행해진 것이고, 실제로 인정되는 징계 사유에 비추어 그 정도의 징계를 하는 것도 무리가 아니라고 인정되는 경우라면, 비록 그 징계양정이 결과적으로 재량권을 일탈한 것으로 인정된다고 하더라도 이는 특별한 사정이 없는 한 법률 전문가가 아닌 징계위원들이나 징계권자가 징계의 경중에 관한 법령의 해석을 잘못한 데 기인하는 것이라고 보아야 하므로, 이러한 경우에는 **징계의 양정을 잘못한 것을 이유로 불법행위책임을 물을 수 있는 과실이 있다고 할 수 없다**는 것이 대법원의 입장이다.132) 그러나 징계한 사유가 징계처분의 사유에 해당한다고 볼 수 없음이 객관적으로 명백하고 조금만 주의를 기울이면 이와 같은 사정을 쉽게 알아 볼 수 있는 데도 징계에 나아간 경우와 같이 **징계권의 행사가 건전한 사회통념이나 사회상규에 비추어 용인될 수 없음이 분명한 경우에 그 징계는 그 효력이 부정됨에 그치지 아니하고 위법하게 상대방에게 정신적 고통을 가하는 것이 되어 불법행위를 구성**하게 된다.133)

---

130) 작위의무는 실정법 전체의 구조로부터 도출되는 경우도 있으나 단순한 조리로부터는 불가능하고 각 행정분야에서의 객관적 법질서 및 인권존중의 원칙으로부터 도출될 수 있다는 입장이다(박균성, 행정법강의, 박영사, 2009, 528쪽).
131) ①. "국민의 생명, 신체 재산 등에 대하여 절박하고 중대한 위험상태가 발생하였거나 발생할 우려가 있어서 국민의 생명, 신체, 재산 등을 보호하는 것을 본래적 사명으로 하는 국가가 초법규적, 일차적으로 그 위험배제에 나서지 아니하면 국민의 생명, 신체, 재산 등을 보호할 수 없는 경우에는 형식적 의미의 법령에 근거가 없더라도 국가나 관련 공무원에 대하여 그러한 위험을 배제할 작위의무를 인정할 수 있다."(대법원 1998.10.13. 98다18520 판결) ② "경찰관직무 집행법 제5조는 경찰관은 인명 또는 신체에 위해를 미치거나 재산에 중대한 손해를 끼칠 우려가 있는 위험한 사태가 있을 때에는 그 각호의 조치를 취할 수 있다고 규정하여 형식상 경찰관에게 재량에 의한 직무수행권한을 부여한 것처럼 되어 있으나 경찰관에게 그러한 권한을 부여한 취지와 목적에 비추어 볼 때 구체적인 사정에 따라 경찰관이 그 권한을 행사하여 필요한 조치를 취하지 아니하는 것이 현저하게 불합리하다고 인정되는 경우에는 그러한 권한의 불행사는 직무상의 의무를 위반한 것이 되어 위법하게 된다."(대법원 1998.8.25. 98다16890 판결). ③ 피해자로부터 범죄신고와 함께 신변호보요청을 받은 경찰관의 보호의무 위반을 인정한 사례(대법원 1998.5.26. 98다11635 판결) 참조.
132) 대법원 1997.9.9. 97다20007 판결; 2010.4.22. 2008다38288 판결 등 참조.
133) 대법원 2004.9.24. 2004다37294 판결; 2010.4.22. 2008다38288 판결 등 참조.

(3) 입법 작용

위법한 법률에 근거한 처분의 경우 당해 처분은 법률상 근거 없는 처분이 된다. 합법적인 법률에 근거한 처분의 경우에는 처분을 중심으로 위법성을 판단하게 된다. 법률 직접적 침해(처분적 법률에 의한 침해)의 경우에는 위법성을 인정할 수 있다. 그러나 입법 과정에서의 고의나 과실을 입증하기란 쉽지 않다.

(4) 사법 작용

사법 작용 중 재판이 아닌 행위에 대한 불법행위의 성립은 문제가 없지만 재판의 경우는 다음과 같은 문제가 있다. 첫째, 재판에 대해 불법행위를 인정하면 기판력과 모순이 생길 수 있고,[134] 둘째, 재판에는 심급제도가 있으므로 국가배상을 인정하는 것은 타당하지 않으며, 셋째, 재판에 대해 국가배상을 인정하는 것은 법관의 독립 보장과 배치될 수 있다는 점 등이다.

그러나 재판이라고 하여 국가배상을 배제할 명시적인 근거는 없는 것으로 보인다. 재판에 의한 국가배상책임의 요건과 관련하여 대법원은 법관의 직무인 **사실 인정 및 법령 해석·적용상의 잘못은 위법성이 결여**된 것으로 본다.[135] 독일에서는 판사의 판단 행위는 고의 또는 중과실의 경우에 한하여 배상청구가 가능한 것으로 보고 있다.

2) 불법행위

국가배상청구권이 성립하기 위해서는 손해를 발생시킨 행위가 직무상 불법행위이어야 하는데, 「국가배상법」에서는 "고의 또는 과실로 법령을 위반하여"라고 구체화하고 있다.[136] 그런데 「국가배상법」상 위법성 개념과 항고소송에서의 위법성 개념의 구

---

134) 물론 이에 의하더라도 기판력이 없는 판결(예: 상고심에서 파기된 판결, 가집행선고 등 종국적이 아닌 결정 등)은 국가배상이 인정될 수 있다.

135) "법관에게 법령을 오해하거나 간과한 허물이 있었다 하더라도 법관의 직무인 사실인정 및 법령해석·적용상의 잘못은 당해 불복절차에 따라서 이를 시정할 수 있는 제도적 장치를 마련하고 있는 점에 비추어 보면 동 법관에게 당사자 어느 편을 유리 또는 불리하게 이끌어 가려는 고의가 있었다는 등 특단의 사정이 없는 한 이는 사회통념상 허용될 만한 상당성이 있는 것으로서 위법성이 결여된 것"이다(서울민사지법 1993.11.26. 93다27900 판결). 이 판결은 대법원에서 상고가 기각됨으로써 확정되었다(대법원 1994.4.12. 93다62591 판결).

136) 헌법재판소는 헌법 제29조 제1항에 따라 불법행위의 개념은 법률로 구체적으로 형성할 수 있도록 되어 있고 이를 국가배상법에서는 "고의 또는 과실로 법령을 위반하여"로 구체화하고 있는 것으로 본다[헌재 2020.3.26. 2016헌바55등, 국가배상법 제2조 제1항 위헌소원(합헌, 3인의 반대의견 있음); 2015.4.30. 2013헌바395 참조].

분이 문제된다. 학설에서는 다르다는 견해와 같다는 견해가 있다. 그러나 법질서의 통일성, 단일성, 법적 안정성의 측면에서 동일하다고 보는 것이 타당하다. 따라서 항고소송에서의 기판력은 국가배상책임에 영향을 미친다.

가) 불법행위의 의미

불법행위로서 행위가 위법하다는 것은 널리 그 행위가 **객관적인 정당성을 결여**하고 있음을 의미한다(광의설). 따라서 「국가배상법」 제2조 제1항이 규정한 바와 같은 엄격한 법령 위반뿐만 아니라 불문법원의 위반 즉, 인권 존중, 권력남용금지, 신의성실, 사회질서 등 원칙의 위반도 포함한다고 보아야 한다.

유죄의 확정판결이 수사 과정에서 국가기관의 위법행위로 수집한 증거에 따른 것이라는 이유로 무죄판결로 확정된 경우에는 유죄판결에 의한 복역 등으로 인한 손해에 대하여 국가의 손해배상 책임이 인정될 수 있고, 이때에는 국가기관이 수사 과정에서 한 위법행위와 유죄판결 사이에 인과관계가 있는지를 별도로 심리하여 그에 따라 유죄판결에 의한 복역 등에 대한 국가의 손해배상책임의 인정 여부를 정하게 된다.[137]

나) 고의 또는 과실의 요구 여부

헌법 제29조 제1항은 공무원의 직무상 불법행위라고만 규정되어 있을 뿐인데 이를 구체화하는 「국가배상법」 제2조 제1항에서는 "직무를 집행하면서 고의 또는 과실로 법령을 위반하여"라고 규정하고 있다. 고의는 일정한 결과가 발생하리라는 것을 알면서도 행위를 하는 것을 말한다. 과실은 주의의무를 위반한 경우에 성립한다. 그런데 공무원의 직무상 불법행위의 성립에 반드시 공무원 개인의 고의 또는 과실이 요구되는지 여부가 문제된다. 헌법재판소는 「국가배상법」 제2조 제1항에서 고의 또는 과실을 규정한 것은 헌법에 위반된다고 할 수 없다는 입장이다.[138] 헌법재판소는 이 결정에서 「국가배상법」상의 과실 관념의 객관화, 조직 과실의 인정, 과실 추정과 같은 논리를 통하

---

137) 대법원 2014.10.27. 2013다217962 판결. 이 판결은 후술하는 바와 같이 긴급조치 제9호가 위헌·무효임이 선언되지 아니하였던 이상, 공무원의 고의 또는 과실에 의한 불법행위에 해당한다고 보기 어렵다고 한 판결이지만, 「형사소송법」 제325조 후단(범죄사실의 증명이 없는 때)에 의한 무죄사유가 있었음에 관하여 고도의 개연성이 있는 증명이 이루어졌다고 볼 수 있어서 유죄판결에 의한 복역 등의 손해에 대하여 국가의 손해배상책임을 인정한 사례다.

138) 헌재 2015.4.30. 2013헌바395, 국가배상법 제2조 제1항 위헌소원(합헌); 2020.3.26. 2016헌바55등, 국가배상법 제2조 제1항 위헌소원(합헌, 3인의 반대의견 있음). 이에 대한 반대의견으로는 김중권, 김중권의 행정법, 법문사, 2013, 664-665쪽 참조.

여 되도록 피해자에 대한 구제의 폭을 넓히려는 추세에 있다는 점도 고려하고 있다.

오늘날은 과실이 객관화하는 경향이 있다. 즉, 객관화된 과실은 당해 가해 공무원의 주의능력을 기준으로 하여 판단하지 않고 당해 직무를 담당하는 **평균적 공무원의 주의능력을 기준으로 판단**하는 추상적 과실을 의미한다. 주의의무는 평균적 공무원이 당해 직무의 수행을 위하여 통상, 즉 사회통념상 갖추어야 할 주의의무이다. 이러한 객관화의 근거로는 ① 주관적 책임은 도의적 책임주의에 근거하는 것으로 자연인과 같은 인격을 가지고 있지 않은 국가에게 도의적 책임을 묻는다는 것은 곤란하며, ② 국가배상을 행정에 대한 하나의 통제제도로 이해하면 과실은 국가작용의 흠으로 이해될 수 있다는 점 등이 제시된다. 국가작용의 흠으로서 과실이 인정된 예로는 불발 최루탄을 수거할 주의의무 위반으로서의 경찰 측의 과실을 인정하고 있는 사례139)를 들 수 있다.

3) 구체적 검토

① 공무원의 손해방지의무 위반도 위법한 직무행위가 될 수 있다. 공무원은 법령준수의무뿐만 아니라 일반적으로 그의 권한 행사에 있어서 국민에 대하여 손해의 발생을 방지하거나 안전을 배려하여야 할 직무상 의무가 있다고 보아야 하고 이 직무상 의무위반이 또한 「국가배상법」상의 위법성을 구성한다고 보아야 한다. 따라서 경찰공무원은 국민의 생명·신체·재산의 안전을 보장할 일반적 의무를 지고, 국민의 생명·신체·재산의 안전에 구체적 위험이 초래된 경우에는 구체적인 손해방지의무를 지게 된다.

② 행정규칙 위반과 관련하여서는 행정규칙의 법규성을 인정하지 않더라도 행정규칙의 위반도 객관적 정당성을 결여하는 것으로 볼 수 있고 따라서 위법한 직무행위가 될 수 있을 것이다.

③ 부당한 재량처분도 위법한 직무행위가 될 수 있다. 다만, 재량처분의 부당성 여부는 그 판단이 어려우므로 예외적인 경우에만 허용될 것이다. 판례에 따르면 현저하게 합리성을 잃어 사회적 타당성이 없는 경우에 직무상 의무를 위반한 것으로 된다.140)

| NOTE | 긴급조치에 따른 공무원 행위의 불법행위 구성 여부 | |

대법원은 대통령 긴급조치 제9호가 위헌·무효임을 선언한 바 있으나(대법원 2013.4.18.

---

139) 서울고법 1986.12.16. 86나2786 판결.

140) 대법원 1998.5.8. 97다54482 판결; 2006.7.28. 2004다759 판결; 2008.4.10. 2005다48994 판결;
    2010.4.22. 2008다38288 판결 등 참조.

2011초기689 전원합의체 결정 - 긴급조치 형사보상청구 사건). 수사기관이나 법관을 포함한 공무원(대법원 2014.10.27. 2013다217962 판결)과 대통령(대법원 2015.3.26. 2012다48824 판결)의 불법행위의 성립은 부인하여 왔다.

그런데 최근 대법원은 판례변경을 통하여 유신헌법상 대통령 긴급조치 제9호에 따른 국가배상책임을 인정하기에 이르렀다(대법원 2022.8.30. 2018다212610 전원합의체 판결). 판결내용은 다음과 같다. "긴급조치 제9호는 위헌·무효임이 명백하고 긴급조치 제9호 발령으로 인한 국민의 기본권 침해는 그에 따른 강제수사와 공소제기, 유죄판결의 선고를 통하여 현실화되었다. 이러한 경우 긴급조치 제9호의 발령부터 적용·집행에 이르는 일련의 국가작용은, 전체적으로 보아 공무원이 직무를 집행하면서 객관적 주의의무를 소홀히 하여 그 직무행위가 객관적 정당성을 상실한 것으로서 위법하다고 평가되고, 긴급조치 제9호의 적용·집행으로 강제수사를 받거나 유죄판결을 선고받고 복역함으로써 개별 국민이 입은 손해에 대해서는 국가배상책임이 인정될 수 있다." 변경된 판결은 (구체적인 이유를 달리하는) 대법관 3인의 별개의견이 있는 외에 국가배상책임에 대해서는 전원일치로 다수의견을 형성하였으나, 다수의견에서는 불법행위의 성립여부에 대해서는 명시적으로 언급하고 있지 않다(이는 주심을 맡은 김재형 대법관의 별개의견에서도 확인되고 있다).

3. 타인의 손해의 발생

가해자인 공무원과 공동불법행위 책임을 지는 자가 아닌 다른 사람에게 손해가 발생해야 한다. 여기서 손해란 법익 침해로 나타난 불이익을 말한다. 따라서 단순한 반사적 불이익은 손해에 포함되지 않는다.

4. 인과관계

공무원의 직무상 불법행위로 손해를 받은 것이어야 한다. 이를 인과관계라고 하는데 판례에 따르면 공무원의 불법행위와 손해 사이에는 상당인과관계가 존재하여야 한다. 상당인과관계란 특유한 손해를 제외하고 일반적으로 생기리라고 인정되는 손해만 포함됨을 의미한다.[141]

---

141) 대법원 1974.12.10. 72다1774 판결: "공해로 인한 손해배상청구소송에 있어도 가해행위와 손해발생사이에 있어야 할 인과관계의 증명에 관하여도 이른바 개연성이론이 대두되어 대소간에 그 이론이 사실인정에 작용하고 있음을 부인할 수 없는 추세에 있다고 하겠다. 개연성이론 그 자체가 확고하게 정립되어 있다고는 할 수 없으나 결론적으로 말하면 공해로 인한 불법행위에 있어서의 인과관계에 관하여 당해 행위가 없었더라면 결과가 발생하지 아니 하였으리라는 정도의 개연성이 있으면 그로써 족하다는 다시 말하면 침해행위와 손해와의 사이에 인과관계가 존재하는 상당 정도의 가능성이 있다는 입증을 하므로써 족하고 …"

5. 민 · 형사책임과의 구별

국가배상과 불법행위에 따른 형사책임 및 민사책임은 구분되는 것이므로 별개의 관점에서 검토되어야 한다는 것이 판례의 입장이다.[142]

III. 국가의 공무원에 대한 구상권

1. 의의 및 근거

구상권은 국가나 공공단체가 손해배상을 한 후 불법행위자인 공무원이 책임이 있는 경우에 배상이 전부 또는 일부를 부담하게 하는 권리다. 이를 헌법 제29조 제1항 제2문에서는 "이 경우 공무원 자신의 책임은 면제되지 아니한다."라고 규정하고 있다.

공무원에 대한 국가의 구상권 행사가 많지 않기 때문에 이에 대한 판례도 많지 않다. 판례는 기본적으로 손해의 발생에 기여한 정도에 따라 국가와 공무원 사이에 손해의 공평한 분담이라는 관점에서 구상권을 인정하고 있지만, 부분적으로는 공무원에 대한 징계적 성격도 인정하고 있는 것으로 보인다.

일반국민이 국가에 대해 갖는 구상권은 헌법 제23조 제1항에 의하여 보장되는 재산권이기 때문에 구상권의 제한은 헌법 제37조 제2항에 의한 기본권 제한의 한계 내에서만 가능하다.[143] 그러나 국가가 불법행위자에 대해 갖는 구상권은 재산권이라고 할 수 없다.

2. 요건

구상권의 엄격한 집행은 공무원의 직무 의욕을 감퇴시킬 우려가 있으므로 불법행위로 인한 구상책임의 요건은 통상의 과실보다는 엄격히 해석할 필요가 있다. 따라서 공무원의 불법행위로 인한 손해배상청구에 있어서는 고의 또는 중과실이 있는 경우에 구상권이 행사될 수 있다.

영조물의 하자가 공무원의 고의 또는 과실에 의하여 발생하고 그가 「국가배상법」

---

142) 대법원 2008.2.1. 2006다6713 판결; 1971.11.15. 71다1985 판결; 1999.10.22. 99다35799 판결 등 참조.
143) 헌재 1994.12.29. 93헌바21, 국가배상법 제2조 제1항 단서 위헌소원(한정위헌).

제5조 제2항의 "손해의 원인에 대하여 책임을 질 자"에 해당하는 경우에 국가나 지방자치단체는 그 공무원에 대하여 구상할 수 있다. 영조물하자의 경우에도 공무원의 과실은 제2조와의 균형상 중과실의 경우에 한정된다.

구상권 행사를 위한 조치는 국가 또는 지방자치단체가 배상금을 지급한 때에 가능하다(국가배상법 시행령 제25조).

3. 구상권의 범위

판례에서는 국가와 공무원 사이의 책임의 분담과 관련하여서는 판례는 당해 공무원의 직무내용, 당해 불법행위의 상황, 손해 발생에 대한 당해 공무원의 기여 정도, 당해 공무원의 평소 근무태도, 불법행위의 예방이나 손실의 분산에 관한 국가 또는 지방자치단체의 배려의 정도 등 제반 사정을 참작하여 손해의 공평한 분담이라는 견지에서 신의칙상 상당하다고 인정되는 한도 내에서만 구상권을 행사할 수 있다고 하고 있다.[144]

대법원의 판례[145]에 따르면 공무원이 경과실인 경우에는 국가가 책임을 지고 선택청구는 불가능하다고 본 반면, 공무원의 고의 또는 중과실이 인정되는 경우에는 직무행위로 볼 수 있으면 국가와 공무원 모두 책임을 지고, 국가가 배상하면 공무원 개인에 대해 구상할 수 있다. 이때는 피해자는 배상청구의 상대방을 국가나 공무원 개인 중 선택적 청구가 가능하다. 그러나 직무행위로 볼 수 없으면 공무원 개인이 책임을 지게 되는데 이 경우에는 선택청구의 여지가 없게 된다. 이를 표로 나타내면 다음과 같다.

공무원 개인의 고의 또는 과실 정도		책임 주체	선택청구 가능 여부
경과실		국가가 책임	선택청구 불가
고의 또는 중과실	직무행위로 볼 수 있는 경우	국가와 공무원 모두 책임 국가가 배상하면 구상할 수 있음	선택청구 가능
	직무행위로 볼 수 없는 경우	공무원 개인의 책임	선택청구 여지없음

---

144) 대법원 1991.5.10. 91다6764 판결; 1987.9.8. 86다카1045 판결.
145) 대법원 1996.2.15. 95다38677 판결.

이 판결에서 중과실의 개념 해석과 관련하여 대법원은 ① 엄격하게 해석하여 공무 수행이 위축되지 않도록 하여야 하고, ② 공무원의 중과실과 다른 공무원의 경과실이 경합할 경우에는 중과실을 범하여 피해자에게 직접 배상한 공무원이 국가에 대하여 구상할 수 있는 권리를 인정하여야 한다고 하였다.

국가 등이 피해자에게 지급한 배상금과 법률에 의하여 정해지는 그 이자만이 구상권의 대상이 된다.146) 소송비용은 구상권의 대상이 되지 않는다.147)

공동불법행위자 사이의 연대책임 문제와 관련하여서는 ① 공동불법행위자가 모두 공무원인 경우, ② 공동불법행위자가 공무원과 공무원이 아닌 자인 경우에 있어서 배상한 국가가 구상권을 행사하는 경우, 혹은 제3자가 배상하고 구상하는 경우에 있어서 모두 책임 분담 비율(이는 「민법」상의 것과 동일하게 과실의 정도 혹은 손해 발생에 기여한 정도에 따라 판단한다148))에 따른 구상책임만을 진다.149)

Ⅳ. 국가배상청구권의 제한과 그 정당성 여부의 판단

국가배상청구권에 대한 제한은 헌법직접적 제한과 법률에 의한 제한이 있다. 헌법 제29조 제1항 단서에 의한 소위 이중배상금지원칙이 헌법직접적 제한이고, 헌법 제37조 제2항의 일반조항에 따른 제한이 법률에 의한 제한이다. 법률에 의한 제한의 경우에는 국가안전보장, 질서유지 또는 공공복리를 위하여 제한할 수 있고 제한하는 경우에도 국가배상청구권의 본질적 내용은 침해할 수 없고 과잉금지원칙에 위배되지 않도록 하여야 한다.

1. 이중배상의 금지

가. 의의 및 위헌성

헌법 제29조 제2항은 "군인·군무원·경찰공무원 기타 법률이 정하는 자가 전투·훈련 등 직무 집행과 관련하여 받은 손해에 대하여는 법률이 정하는 보상 외에 국가

---

146) 서울민사지법 1977.7.22. 77가합511 판결. 이 판결은 서울고법과 대법원 1978.4.11. 78다377 판결에 의해 인용되었다.
147) 박균성, 행정법강의, 박영사, 2009, 546쪽.
148) 대법원 1971.2.9. 70다2508 판결.
149) 서울민사지법 1977.7.22. 77가합511 판결; 대법원 1982.1.19. 80다3075 판결.

또는 공공단체에 공무원의 직무상 불법행위로 인한 배상은 청구할 수 없다."고 규정하고 있다. 이를 이중배상금지의 원칙이라고 한다. 그러나 보상과 배상은 원인 관계가 다르므로 이중배상이라는 말은 적절한 용어는 아니다.150)

이 헌법 규정은 1972년 제7차 개정헌법에서 처음 규정되었으나, 이미 1967.3.3. 기존 「국가배상법」을 폐지하고 새로이 제정한 「국가배상법」 제2조 제1항 단서에 들어가 있었다.151) 「국가배상법」의 이 조항은 1971년 대법원152)에 의해서 위헌판결을 받은 바 있으나 헌법재판소에서는 헌법 규정은 위헌심판의 대상이 되지 않는다고 하면서 헌법판단을 회피하였다.153) 대다수의 학설은 이 헌법 조항의 폐기를 주장하고 있다.

현행 「국가배상법」 제2조 제1항 단서에서는 헌법의 이중배상금지를 구체화하여 "군인·군무원·경찰공무원 또는 예비군대원이 전투·훈련 등 직무 집행과 관련하여 전사·순직하거나 공상을 입은 경우에 본인이나 그 유족이 다른 법령에 따라 재해보상금·유족연금·상이연금 등의 보상을 지급받을 수 있을 때에는 이 법 및 「민법」에 따른 손해배상을 청구할 수 없다."라고 규정하고 있다.

이중배상금지원칙은 다른 법령에 의한 보상제도가 규정되어 있으면 적용되는 것이고, 실제로 국가배상청구권자가 보상제도에 규정된 권리를 행사하고 있는지 여부는 관계가 없다. 따라서 다른 법령에 따른 권리가 시효로 소멸되었다고 하더라도 이중배상금지원칙은 적용된다.154)

나. 이중배상금지의 적용 요건
1) 피해자가 군인·군무원·경찰공무원 기타 법률이 정하는 자일 것

헌법이 규정한 군인·군무원·경찰공무원 이외 "기타 법률이 정하는 피해자"로서 「국가배상법」은 예비군대원을 규정하고 있다.

판례에 따르면 전투경찰 순경에 대해서는 이중배상금지원칙이 적용되고,155) 현역

---

150) 같은 의견으로는 양건, 헌법강의, 법문사, 2019, 989쪽 참조.
151) 이 단서조항은 월남파병에 따른 손해배상청구를 봉쇄하기 위한 목적으로 만들어 졌다. 우리나라의 월남 파병 시기는 비둘기부대의 파병이 있었던 1965년부터 각 사단 후발대가 있었던 1973년 초까지였다.
152) 대법원 1971.6.22. 70다1010 전원합의체 판결.
153) 헌재 1995.12.28. 95헌바3, 7-2, 841, 국가배상법 제2조 제1항 등 위헌소원(합헌, 각하).
154) 대법원 2002.5.10. 2000다39735 판결.
155) 헌재 1996.6.13. 94헌마118등, 헌법 제29조 제2항 등 위헌확인, 헌법 제29조 제2항 등 위헌소원

병으로 입대하였으나 교도소 경비교도로 된 자와156) 공익근무요원157)에는 적용되지 않는다.

2) 전투·훈련 등 직무 집행과 관련하여 받은 손해일 것

「국가배상법」제2조 제1항 단서에서는 "전투·훈련 등 직무 집행과 관련하여 전사·순직하거나 공상(公傷)을 입은 경우"라고 규정하고 있다. 여기서 순직 여부는 자기의 직무수행과 관련하여 피해를 입었는지 여부에 따라 판단한다.158) 예컨대 경찰서 숙직실에서의 순직에는 적용되지 않는다.159)

(기각, 각하): "전투경찰 순경은 경찰청 산하의 전투경찰대에 소속되어 대간첩작전의 수행 및 치안업무의 보조를 그 임무로 하고 있어서 그 직무수행상의 위험성이 다른 경찰공무원의 경우보다 낮다고 할 수 없을 뿐만 아니라, 전투경찰대설치법 제4조가 경찰공무원법의 다수 조항을 준용하고 있는 점 등에 비추어 보면, 국가배상법 제2조 제1항 단서 중의 '경찰공무원'은 '경찰공무원법상의 경찰공무원'만을 의미한다고 단정하기 어렵고, 널리 경찰업무에 내재된 고도의 위험성을 고려하여 '경찰조직의 구성원을 이루는 공무원'을 특별취급하려는 취지로 파악함이 상당하므로 전투경찰 순경은 헌법 제29조 제2항 및 국가배상법 제2조 제1항 단서 중의 '경찰공무원'에 해당한다고 보아야 할 것이다."

156) "현역병으로 입영하여 소정의 군사교육을 마치고 전임되어 법무부장관에 의하여 경비교도로 임용된 자는 군인으로서의 신분을 상실하고 새로이 경비교도로서의 신분을 취득하게 되었다 할 것이며, 경비교도가 전사상 급여금을 지급받는다든지 원호와 가료의 대상이 된다든지 만기전역이 되는 등 처우에 있어서군인에 준하는 취급을 받는다 하여 군인의 신분을 유지하는 것이라고는 할 수없으며, 경비교도로 근무중 공무수행과 관련하여 사망한 자에 대하여 국가유공자예우등에관한법률 제4조 제1항 제5호 소정의 순직군경에 해당한다 하여 국가유공자로 결정하고 사망급여금 등이 지급되었다 하더라도 그러한 사실 때문에 신분이 군인 또는 경찰공무원으로 되는 것은 아니다."(대법원 1993.4.9. 92다43395 판결).

157) "공익근무요원은 병역법 제2조 제1항 제9호, 제5조 제1항의 규정에 의하면 국가기관 또는 지방자치단체의 공익목적수행에 필요한 경비·감시·보호 또는 행정업무 등의 지원과 국제협력 또는 예술·체육의 육성을 위하여 소집되어 공익분야에 종사하는 사람으로서 보충역에 편입되어 있는 자이기 때문에, 소집되어 군에 복무하지 않는 한 군인이라고 말할 수 없으므로, 비록 병역법 제75조 제2항이 공익근무요원으로 복무 중 순직한 사람의 유족에 대하여 국가유공자등예우및지원에관한법률에 따른 보상을 하도록 규정하고 있다고 하여도, 공익근무요원이 국가배상법 제2조 제1항 단서의 규정에 의하여 국가배상법상 손해배상청구가 제한되는 군인·군무원·경찰공무원 또는 향토예비군대원에 해당한다고 할 수 없다."(대법원 1997.3.28. 97다4036 판결).

158) 대법원 1994.12.13. 93다29969 판결.

159) "경찰서지서의 숙직실은 국가배상법 제2조 제1항 단서에서 말하는 전투·훈련에 관련된 시설이라고 볼 수 없으므로 위 숙직실에서 순직한 경찰공무원의 유족들은 국가배상법 제2조 제1항 본문에 의하여 국가배상법 및 민법의 규정에 의한 손해배상을 청구할 권리가 있다."(대법원 1979.1.30. 77다2389 판결).

3) 법률상 보상이 가능할 것

「국가배상법」 제2조 제1항 단서에서는 이를 "본인이나 그 유족이 다른 법령에 따라 재해보상금·유족연금·상이연금 등의 보상을 지급받을 수 있을 때"라고 구체화하고 있다. 다른 법령에 의한 보상금은 손해배상에 준하는 것이어야 하며 당해 보상금이 손해배상과는 전혀 성질이 다른 것인 때에는 「국가배상법」 제2조 제1항 단서가 적용되지 않고 피해자는 국가배상을 청구할 수 있다고 보아야 한다.[160)]

다. 국가와 공동불법행위의 책임이 있는 자가 피해자인 군인 등에 대하여 손해를 배상한 경우 국가에 대하여 구상권을 행사할 수 있는지 여부

이에 대해서 헌법재판소와 대법원의 판례가 대립하고 있다. 대법원은 부인설의 입장이다.[161)] 즉, 공동불법행위자의 국가에 대한 구상권도 부정하여야 헌법 제29조 제2항 및 「국가배상법」 제2조 제1항 단서의 입법취지인 이중배상 방지를 관철할 수 있다고 본다. 그러나 헌법재판소는 긍정설의 입장이다.[162)] 헌법재판소는 일반국민이 직무 집행 중인 군인과의 공동불법행위로 직무 집행 중인 다른 군인에게 공상을 입혀 그 피해자에게 불법행위로 인한 손해를 배상한 다음 공동불법행위자인 군인의 부담 부분에 관하여 국가에 대하여 구상권을 행사하는 것을 허용하지 않는 것으로 해석하는 것은 ① 헌법 제29조가 구상권의 행사를 배제하지 아니하는 데도 이를 배제하는 것으로 해석하는 것으로서 합리적인 이유 없이 일반 국민을 국가에 대하여 지나치게 차별하는 것이고, ② 국가에 대한 구상권은 헌법 제23조 제1항에 의하여 보장되는 재산권인데 일반국민의 재산권을 과잉 제한하는 경우에 해당하기 때문에 헌법에 위반된다는 것이다.

긍정설이 타당한 것으로 보인다. 다만, 이 경우 몇 가지 문제가 발생할 수 있는데 예컨대 「군인연금법」에서는 명문으로 이를 해결하고 있다(국가배상법 제41조 참조). 즉, 다른 법령에 따라 국가나 지방자치단체의 부담으로 이 법에 따른 급여와 같은 종류의 급여(국가유공자 등 예우 및 지원에 관한 법률 또는 보훈보상대상자 지원에 관한 법률에 따른 보훈급여금은 제외한다)를 받은 사람에게는 그 급여금에 상당하는 금액에 대하여는 「군인연금법」에 따른 급여를 지급하지 않는다(제1항). 또 국방부장관은 제3자의 행위로 인

---

160) 박균성, 행정법강의, 박영사, 2009, 572쪽.
161) 대법원 1994.5.27. 94다6741 판결.
162) 헌재 1994.12.29. 93헌바21, 국가배상법 제2조 제1항 단서 위헌소원(한정위헌).

하여 급여의 사유가 발생하여 급여를 지급할 때에는 그 급여액 중 대통령령으로 정하는 금액의 범위에서 수급권자가 제3자에 대하여 가지는 손해배상청구권을 취득한다(다만, 제3자가 해당 군인 또는 군인이었던 사람의 배우자, 직계존비속 또는 공무수행 중의 군인인 경우에는 군인연금급여심의회의 심의를 거쳐 손해배상청구권의 전부 또는 일부를 행사하지 아니할 수 있다). 이때 수급권자가 제3자로부터 같은 사유로 이미 손해배상을 받았을 때에는 그 배상액의 범위에서 급여를 지급하지 않도록 하고 있다.

2. 법률에 의한 제한

국가배상청구권도 헌법 제37조 제2항의 법리에 따라 법률로써 제한이 가능하다. 국가배상청구권도 재산권의 일종이므로 위헌심사기준은 과잉금지원칙이다.

| NOTE | **위헌 결정 사례(국가배상청구권)** | |

① 구 「국가배상법」 제16조가 심의회의 배상결정에 신청인이 동의하거나 지방자치단체가 배상금을 지급한 때에는 「민사소송법」의 규정에 의한 재판상의 화해가 성립된 것으로 간주한 것에 대해서 위헌결정 한 바 있다.[163] 그런데 이는 「국가배상법」 조항을 위헌 선언한 결정이기는 하지만, 관련 기본권은 국가배상청구권이 아니라 재판청구권이었다. 결정의 주요 이유는 위원회의 제3자성, 독립성 등이 희박하다는 것을 주요 논거로 하였다. 이 결정에 따라 「국가배상법」 제16조는 1997년에 삭제되었다.

② 그런데 구 「민주화운동 관련자 명예회복 및 보상 등에 관한 법률」 제18조(다른 법률에 의한 보상 등과의 관계 등) 제2항에서도 "이 법에 의한 보상금 등의 지급결정은 신청인이 동의한 때에는 민주화운동과 관련하여 입은 피해에 대하여 「민사소송법」의 규정에 의한 재판상 화해가 성립된 것으로 본다."라고 하여 유사한 규정이 있었다. 이 조항은 현재에도 동법에 거의 유사하게 존속하고 있다. 이 규정이 국가배상청구권을 침해하는지 여부에 대해서 과잉금지심사를 하면서 목적의 정당성, 수단의 적합성은 긍정하고 있으나 피해의 최소성의 관점에서 위헌선언하고 있다. 헌법재판소는 피해의 최소성을 판단함에 있어서 적극적·소극적 손해와 정신적 손해를 구분하여 판단하였다. 적극적·소극적 손해와 관련하여서는 위원회가 지급결정한 보상금 등이 일응 해당 손해에 대한 적절한 배상에 해당된다고 판단하여 이에 동의하고 보상금 등을 수령한 경우, 보상금 등의 성격과 중첩되는 적극적·소극적 손해에 대한 국가배상청구권의 추가적 행사를 금지하는 것이 손해배상청구권에 대한 지나치게 과도한 제한으로서 침해의 최소성에 위반된다고 보기는 어렵다고 판단하였다. 그러나 민주화보상법 및 같은 법 시행령의 관련 조항을 살펴보더라도 정신적 손해배상에 상

---

163) 헌재 1995.5.25. 91헌가7, 국가배상법 제16조에 관한 위헌심판(위헌).

응하는 항목은 존재하지 아니하고, 위원회가 보상금·의료지원금·생활지원금 항목을 산정
함에 있어 정신적 손해를 고려할 수 있다는 내용도 발견되지 아니한다. 즉 보상금 등의 산
정에 있어 적극적·소극적 손해에 대한 배상은 고려되고 있음에 반하여 정신적 손해에 대
한 배상은 전혀 고려되고 있지 않고 있으므로, 그러한 내용의 보상금 등의 지급만으로 정
신적 손해에 대한 적절한 배상이 이루어졌다고 보기는 어려운 것으로 보고, 헌법상 기본권
보호의무를 지는 국가가 오히려 소속 공무원의 직무상 불법행위로 인하여 유죄판결을 받게
하거나 해직되게 하는 등으로 관련자에게 정신적 고통을 입혔음에도 그로 인한 정신적 손
해에 대한 국가배상청구권 행사를 금지하는 것은 헌법 제10조 제2문의 취지에도 반하는
것이므로 심판대상조항 중 보상금 등의 성격과 중첩되지 않는 정신적 손해에 대한 국가배
상청구권의 행사까지 금지하는 것은 국가배상청구권에 대한 지나치게 과도한 제한에 해당
하여 침해의 최소성에 위반된다고 판시하고 있다. 법익의 균형성과 관련하여서도 적극적·
소극적 손해에 관한 부분은 위반되지 않으나 정신적 손해에 관한 부분은 법익의 균형성에
위반된다고 판시하였다.164)

구 「광주민주화운동관련자보상등에관한법률」에 대해서도 유사한 결정이 내려졌다. 5·18
민주화운동과 관련하여 정신적 손해에 대해 적절한 배상이 이루어지지 않은 상태에서, 보
상금 지급 결정에 동의하면 '정신적 손해'에 관한 부분도 재판상 화해가 성립된 것으로 보
는 구 「광주민주화운동관련자보상등에관한법률」 규정은 목적의 정당성과 수단의 적합성은
인정되나 침해의 최소성과 법익의 균형성을 충족하지 못하여 관련자와 그 유족의 국가배상
청구권을 침해한다고 판시하였다.165)

그러나 특수임무수행자 등이 보상금 등의 지급결정에 동의한 때에는 특수임무수행 또는 이
와 관련한 교육훈련으로 입은 피해에 대하여 재판상 화해가 성립된 것으로 보는 「특수임무
수행자 보상에 관한 법률」 조항에 대한 위헌제청에서는 보상금등 지급 심의절차의 공정성
과 신중성이 갖추어져 있다는 점을 근거로 과잉금지원칙에 위반되지 않는다고 판시하였
다.166)

③ 「진실·화해를 위한 과거사정리 기본법」(과거사정리법)과 관련하여서도 위헌결정을 하
였다.167) 「민법」 제166조 제1항에서는 "소멸시효는 권리를 행사할 수 있는 때로부터 진행

---

164) 헌재 2018.8.30. 2014헌바180등, 민주화운동 관련자 명예회복 및 보상 등에 관한 법률 제18조 제
2항 위헌소원 등(위헌, 각하). 같은 규정이 재판청구권을 침해하지는 않는 것으로 판단하고 있다
("민주화보상법은 민주화운동관련자명예회복및보상심의위원회의 중립성·독립성을 보장하고 있
고, 심의절차에 전문성·공정성을 제고하고 있으며, 신청인에게 지급결정 동의의 법적효과를 안
내하면서 검토할 시간을 보장하여 이를 통해 그 동의 여부를 자유롭게 선택하도록 하고 있으므
로, 심판대상조항이 입법 형성권의 한계를 일탈하여 재판청구권을 침해한다고 볼 수도 없다.").
165) 헌재 2021.5.27. 2019헌가17, 구 광주민주화운동관련자보상등에관한법률 제16조 제2항 위헌제청
(위헌). 현행 「5·18민주화운동 관련자 보상 등에 관한 법률」 제16조 제3항도 동일한 내용이 규
정되어 있다.
166) 헌재 2021.9.30. 2019헌가28, 특수임무수행자 보상에 관한 법률 제17조의2 위헌제청(합헌).
167) 헌재 2018.8.30. 2014헌바148, 민법 제166조 제1항 등 위헌소원(과거사 국가배상청구 '소멸시효'
사건)(위헌, 합헌).

한다."라고 규정하고 있고, 같은 법 제766조 제1항에서는 불법행위로 인한 손해배상 청구권의 소멸시효를 피해자나 그 법정대리인이 그 손해 및 가해자를 안 날로부터 3년이라는 소멸시효를 정하고, 제2항에서는 "불법행위를 한 날로부터 10년을 경과한 때에도 전항과 같다."라고 규정하고 있다. 헌법재판소는 이「민법」제166조 제1항과 제766조 제2항을 「진실·화해를 위한 과거사정리 기본법」제2조 제1항 제3호 사건(1945년 8월 15일부터 한국전쟁 전후의 시기에 불법적으로 이루어진 민간인 집단 희생 사건)과 제4호 사건(1945년 8월 15일부터 권위주의 통치 시까지 헌정 질서 파괴행위 등 위법 또는 현저히 부당한 공권력의 행사로 인하여 발생한 사망·상해·실종사건, 그 밖에 중대한 인권 침해 사건과 조작 의혹 사건)에 대해 적용하는 것은, 소멸시효제도를 통한 법적 안정성과 가해자 보호만을 지나치게 중시한 나머지 합리적 이유 없이 국가배상청구권 보장 필요성을 외면한 것으로서 입법 형성의 한계를 일탈하여 청구인들의 국가배상청구권을 침해하는 것이라고 판시하였다. 결국 과거사정리법 제2조 제1항 제3호 및 제4호에 규정된 민간인 집단 희생 사건, 중대한 인권 침해 사건·조작 의혹 사건에 대해서는「민법」제166조 제1항, 제766조 제2항의 객관적 기산점의 적용이 배제되고, 이러한 객관적 기산점을 전제로 한「국가재정법」제96조 제2항[168](구 예산회계법 제96조 제2항)의 장기소멸시효기간의 적용도 당연히 배제된다. 따라서 과거사정리법이 정한 위 사건에 대해서는「민법」제766조 제1항이 정한 주관적 기산점 및 이를 기초로 한 단기소멸시효만 적용된다는 것이다.

헌법재판소의 결정에 따라, 과거사정리법 제2조 제1항 제3호의 '민간인 집단 희생 사건'의 경우에 위원회로부터 진실규명결정을 받은 피해자 등은 특별한 사정이 없는 한 그 진실규명결정이 있었던 때에 손해 및 가해자를 알았다고 볼 수 있을 것이므로, 피해자 등은 진실규명결정을 안 날로부터 3년 이내에 국가배상을 청구하여야「민법」제766조 제1항의 단기소멸시효 완성을 저지할 수 있다. 한편, 과거사정리법 제2조 제1항 제4호의 '중대한 인권 침해 사건과 조작 의혹 사건' 중 유죄확정판결을 받았던 사건의 경우에는 유죄확정판결의 존재라는 특별한 사정이 있어 재심으로 기존의 유죄확정판결이 취소된 이후에야 비로소 손해의 발생, 위법한 가해행위의 존재, 가해행위와 손해발생 사이의 상당인과관계 등 불법행위의 요건 사실에 대하여 현실적이고도 구체적으로 인식하였다고 봄이 상당하므로, 피해자 등은 재심판결 확정을 안 날로부터 3년 이내에 국가배상을 청구하여야「민법」제766조 제1항의 단기소멸시효 완성을 저지할 수 있다.[169]

---

168) 국가재정법 제96조(금전채권·채무의 소멸시효) ① 금전의 급부를 목적으로 하는 국가의 권리로서 시효에 관하여 다른 법률에 규정이 없는 것은 5년 동안 행사하지 아니하면 시효로 인하여 소멸한다. ② 국가에 대한 권리로서 금전의 급부를 목적으로 하는 것도 또한 제1항과 같다.

169) 위헌선언된 부분의 주문은 "민법(1958.2.22. 법률 제471호로 제정된 것) 제166조 제1항, 제766조 제2항 중 '진실·화해를 위한 과거사정리 기본법' 제2조 제1항 제3호, 제4호에 규정된 사건에 적용되는 부분은 헌법에 위반된다."는 것이다(헌재 2018.8.30. 2014헌바148, 민법 제166조 제1항 등 위헌소원(과거사 국가배상청구 '소멸시효' 사건)(위헌, 합헌). 이 위헌의견은 6인 재판관의 의견이고 이에는 3인 재판관의 부적법각하의 반대의견이 있었다.

NOTE   **합헌 결정 사례(국가배상청구권)**

헌법재판소는 「국가배상법」 제8조가 국가배상청구권에도 소멸시효제도를 적용하도록 한
것170)과 「국가배상법」의 결정전치주의171) 대해서는 합헌으로 결정하였다.

제5항   범죄피해자구조청구권

I. 의의와 근거

　타인의 범죄행위로 인하여 생명·신체에 대한 피해를 받은 국민은 법률이 정하는
바에 의하여 국가로부터 구조를 받을 수 있다(제30조). 그 구체적 내용은 「범죄피해자
보호법」이 규정하고 있다. 그러나 범죄피해자의 보호청구권은 어디까지나 헌법상의 권
리라는 점을 명확히 할 필요가 있다. 따라서 범죄피해자구조청구권의 본질적 내용의
보호에도 미치지 못하는 정도로 법률을 형성하면 이는 위헌이 된다. 이를 과소보호금
지원칙으로 이해하는 견해도 있다. 범죄피해자구조청구권의 구체적 형성은 법률에 위
임되어 있으므로 입법자는 광범위한 형성의 자유를 가지나 명백히 불합리하게 형성하
는 경우에는 위헌이 될 수 있다.

II. 법적 성격

　범죄피해자구조청구권은 타인의 범죄행위로 인하여 생명·신체에 피해를 받은 사
람을 구조함으로써 범죄피해자가 범죄피해로부터 신속하게 회복될 수 있게 하기 위한
배려에서 도입된 생존권적 성격의 기본권이다. 이러한 취지는 "① 범죄피해자는 범죄
피해 상황에서 빨리 벗어나 인간의 존엄성을 보장받을 권리가 있다(제1항), ② 범죄피
해자의 명예와 사생활의 평온은 보호되어야 한다(제2항), ③ 범죄피해자는 해당 사건과
관련하여 각종 법적 절차에 참여할 권리가 있다(제3항)"라고 선언하고 있는 「범죄피해
자 보호법」 제2조의 기본이념에 잘 나타나 있다. 범죄피해자구조청구권을 어떻게 형성

---

170) 헌재 1997.2.20. 96헌바24(합헌).
171) 헌재 2000.2.24. 99헌바17(합헌).

할 것인가는 국가에 광범위한 형성의 재량이 부여되어 있다.

Ⅲ. 인적 보장내용

1. 기본권 주체

범죄피해자구조청구권의 주체는 타인의 범죄행위로 인하여 생명·신체에 대한 피해를 받은 국민이다. 「범죄피해자 보호법」에서는 이를 "타인의 범죄행위로 피해를 당한 사람과 그 배우자(사실상의 혼인관계를 포함한다), 직계친족 및 형제자매"로 구체화하고 있다(범죄피해자 보호법 제3조 제1호).

2. 의무 주체

범죄피해자구조청구권의 의무 주체는 국가다. 범죄에 대한 기소권과 형벌권은 모두 국가가 독점하고 있기 때문에 범죄피해자구조청구권도 국가를 의무 주체로 한다고 보아야 한다. 이에 따라 「범죄피해자 보호법」은 범죄피해자의 보호·지원을 위한 국가의 책무를 규정하고 있다(범죄피해자 보호법 제4조).

Ⅳ. 「범죄피해자 보호법」의 내용

1. 국가·지방자치단체·국민의 책무

국가는 범죄피해자 보호·지원을 위하여 ① 범죄피해자 보호·지원 체제의 구축 및 운영, ② 범죄피해자 보호·지원을 위한 실태 조사, 연구, 교육, 홍보, ③ 범죄피해자 보호·지원을 위한 관계 법령의 정비 및 각종 정책의 수립·시행 등의 조치를 취하고 이에 필요한 재원을 조달할 책무를 진다(범죄피해자 보호법 제4조).

지방자치단체는 범죄피해자 보호·지원을 위하여 적극적으로 노력하고, 국가의 범죄피해자 보호·지원 시책이 원활하게 시행되도록 협력하여야 하고, 이에 따른 책무를 다하기 위하여 필요한 재원을 조달하여야 한다(범죄피해자 보호법 제5조).

국민은 범죄피해자의 명예와 사생활의 평온을 해치지 아니하도록 유의하여야 하고, 국가 및 지방자치단체가 실시하는 범죄피해자를 위한 정책의 수립과 추진에 최대한 협력하여야 한다(범죄피해자 보호법 제6조).

2. 범죄피해자 보호·지원의 기본 정책

범죄피해자의 보호·지원을 위한 기본 정책으로서 국가와 지방자치단체는 손실 복구 지원, 형사절차 참여 보장, 범죄피해자에 대한 정보 제공, 사생활의 평온과 신변의 보호, 범죄 수사에 종사하는 자 등에 대한 교육 훈련, 홍보 및 조사 연구 등의 의무를 부담한다(범죄피해자 보호법 제2장 참조).

3. 범죄피해자보호위원회

범죄피해자의 보호·지원에 관한 기본 계획 및 주요 사항 등을 심의하기 위하여 법무부장관 소속으로 범죄피해자보호위원회를 둔다(범죄피해자 보호 제15조).

4. 구조대상 범죄피해에 대한 구조

구조대상 범죄피해를 받은 사람이 ① 구조피해자가 피해의 전부 또는 일부를 배상받지 못하는 경우 또는 ② 자기 또는 타인의 형사사건의 수사 또는 재판에서 고소·고발 등 수사 단서를 제공하거나 진술, 증언 또는 자료 제출을 하다가 구조피해자가 된 경우에는 범죄피해 구조금을 지급한다(범죄피해자 보호법 제16조).

범죄행위 당시 구조피해자와 가해자 사이에 부부(사실상의 혼인관계를 포함한다), 직계혈족, 4촌 이내의 친족, 동거친족 등에 해당하는 친족관계가 있는 경우에는 구조금을 지급하지 아니하고 그 외의 친족관계인 경우에는 구조금의 일부를 지급하지 아니한다(범죄피해자 보호법 제19조).

외국인이 구조피해자이거나 유족인 경우에는 해당 국가의 상호 보증이 있는 경우에만 적용한다(범죄피해자 보호법 제23조).

구조금 지급에 관한 사항을 심의·결정하기 위하여 각 지방검찰청에 범죄피해구조심의회를 두고 법무부에 범죄피해구조본부심의회를 둔다(범죄피해자 보호법 제24조).

구조금을 받을 권리는 양도하거나 담보로 제공하거나 압류할 수 없다(범죄피해자 보호법 제32조).

5. 범죄피해자지원법인

범죄피해자 보호·지원을 주된 목적으로 설립된 비영리법인 "범죄피해자 지원법인"이 「범죄피해자 보호법」에 따른 지원을 받으려면 자산 및 인적 구성 등 대통령령으로 정하는 요건을 갖추고 대통령령으로 정하는 절차에 따라 법무부장관에게 등록하여야 한다(범죄피해자 보호법 제33조).

범죄피해자 지원법인의 장 또는 보호 시설의 장은 피해자나 피해자의 가족 구성원을 긴급히 구조할 필요가 있을 때에는 경찰관서(지구대·파출소 및 출장소를 포함한다)의 장에게 그 소속 직원의 동행을 요청할 수 있으며, 요청을 받은 경찰관서의 장은 특별한 사유가 없으면 이에 따라야 한다(범죄피해자 보호법 제46조의2).

6. 형사조정

검사는 피의자와 범죄피해자 사이에 형사 분쟁을 공정하고 원만하게 해결하여 범죄피해자가 입은 피해를 실질적으로 회복하는 데 필요하다고 인정하면 당사자의 신청 또는 직권으로 수사 중인 형사사건을 형사조정에 회부할 수 있다(범죄피해자 보호법 제41조 제1항). 형사조정에 회부할 수 있는 형사사건의 구체적인 범위는 대통령령으로 정하되, 피의자가 도주하거나 증거를 인멸할 염려가 있는 경우, 공소시효의 완성이 임박한 경우, 불기소처분의 사유에 해당함이 명백한 경우(다만, 기소유예처분의 사유에 해당하는 경우는 제외한다) 중 어느 하나에 해당하는 경우에는 형사조정에 회부하여서는 아니 된다(범죄피해자 보호법 제41조 제2항).

형사조정을 담당하기 위하여 각급 지방검찰청 및 지청에 형사조정위원회를 둔다(범죄피해자 보호법 제42조).

제7절

기본적 의무

제1항　납세의 의무

Ⅰ. 의의

　　헌법 제38조는 "모든 국민은 법률이 정하는 바에 의하여 납세의 의무를 진다."라고 규정하여 모든 국민에 대해 납세의 의무를 헌법상 의무로 부과하고 있다. 납세의 의무를 국민의 헌법상 의무로 규정한 것은 국가의 재정은 국민이 납부한 세금으로 이루어지기 때문이다. 국민이 납부하는 조세는 반대급부 없이 일방적으로 국가가 부과하는 과징금을 말한다.

Ⅱ. 주체

　　납세의 의무의 주체는 모든 국민이다. 국민으로 되어 있지만 외국인이나 법인·단체도 포함된다는 것이 일반적인 견해다.[1] 외국인의 경우도 납세의무를 부담한다. 그러나 외국인이 부담하는 납세의무는 헌법적 의무가 아니라 법률상 의무다. 따라서 외국인에 대해서는 상호주의원칙에 따라 납세의무가 면제될 수 있다.

---

1) 김철수, 헌법학신론, 2013, 1212쪽; 권영성, 헌법학원론, 2009, 712쪽; 허영, 한국헌법론, 2011, 621쪽.

III. 내용

납세의 의무의 부과에 있어서는 조세법률주의와 조세평등주의를 준수하여야 한다. 조세법률주의는 조세의 종목과 세율은 법률로 정하여야 한다는 원칙을 말한다(법 제59조).

조세법률주의의 핵심적인 내용은 과세요건 법정주의와 과세요건 명확주의다.[2] 과세요건 법정주의란 납세의무를 성립시키는 납세 의무자·과세물건·과세기간·세율 등의 과세요건과 조세의 부과·징수절차를 모두 국민의 대표기관인 국회가 제정한 법률로 규정하여야 한다는 것을 말한다.[3] 과세요건 명확주의란 과세요건을 법률로 정하였다고 하더라도 그 규정 내용이 지나치게 추상적이고 불명확하다면 과세관청의 자의적인 해석과 집행을 초래할 염려가 있으므로 그 규정 내용이 명확하고 일의적이어야 한다는 것을 말한다.[4]

조세평등주의란 과세는 개인의 담세 능력에 상응하여 공정하고 평등하게 이루어져야 하고, 합리적인 이유 없이 특정의 납세의무자를 불리하게 차별하거나 우대하는 것은 허용되지 않는다는 것을 말한다.[5]

납세의 의무의 부과는 개인의 재산권 등을 침해하게 되므로 납세의무를 부과하는 법률의 위헌성 심사는 엄격 심사를 하게 된다.

제2항 국방의 의무

I. 의의

헌법 제39조는 '모든 국민은 법률이 정하는 바에 의하여 국방의 의무를 진다.'라고 규정하여 국방의 의무를 헌법상 의무로 규정하고 있다. 납세의 의무가 반대급부 없이 일방적으로 부과되는 것과 마찬가지로 국방의 의무의 이행에 대한 반대급부도 존재하

---

2) 헌재 2006.6.29. 2004헌바8; 2008.7.31. 2006헌바95, 소득세법 제98조 등 위헌소원(합헌).
3) 헌재 2008.7.31. 2006헌바95, 소득세법 제98조 등 위헌소원(합헌).
4) 헌재 2008.7.31. 2006헌바95.
5) 헌재 2006.7.27. 2004헌바70, 국세기본법 제25조 제1항 위헌소원(합헌).

지 않는다. 따라서 국방의 의무를 이행하는 것을 조건으로 기본권 행사가 허용되는 것은 아니다.6)

II. 주체

국방의 의무의 주체는 모든 국민이다. 국민이 의무의 주체라고 규정하고 있으므로 외국인이나 법인은 포함되지 않는다. 헌법 제39조의 의무는 국방의 의무이지 병역의 의무가 아니다. 따라서 국방의 의무의 주체는 남성에 한하지 않고 모든 국민이 된다.

III. 내용

1. 의무의 내용

헌법이 규정하고 있는 국방의 의무란 「병역법」 등에 의하여 군복무에 임하는 등의 직접적인 병력 형성의무만을 가리키는 것은 아니고 「향토예비군설치법」, 「민방위기본법」, 「비상대비자원관리법」, 「병역법」 등에 의한 간접적인 병력형성의무 및 병력형성 이후 군작전명령에 복종하고 협력하여야 할 의무도 포함하는 넓은 의미로 이해하는 것이 판례의 입장이다.7)

국방의 의무를 법률로써 구체화함에 있어서는 입법자는 광범위한 형성의 자유를 가진다.8) 「국적법」은 복수국적자로서 「병역법」 제8조에 따라 병역준비역에 편입된 자는 편입된 때부터 3개월 이내에 하나의 국적을 선택하거나, ① 현역·상근예비역 또는 보충역으로 복무를 마치거나 마친 것으로 보게 되는 경우, ② 전시근로역에 편입된 경우, ③ 병역면제처분을 받은 경우에는 그에 해당하는 때부터 2년 이내에 하나의 국적을 선택하여야 한다(국적법 제12조 제3항 각호).

---

6) 헌재 2006.3.30. 2003헌마806, 입법부작위 등 위헌확인(기각).
7) 따라서 전투경찰 순경으로서 대간첩작전을 수행하는 것도 위와 같이 넓은 의미의 국방의 의무를 수행하는 것으로 볼 수 있다[헌재 1995.12.28. 91헌마80, 전투경찰대설치법등에 대한 헌법소원(기각, 각하)].
8) 헌재 2004.8.26. 2002헌가1, 병역법 제88조 제1항 제1호 위헌제청(합헌).

2. 병역의무의 이행으로 인한 불이익한 처우의 금지

헌법 제39조 제2항에는 '누구든지 병역의무의 이행으로 인하여 불이익한 처우를 받지 아니한다.'라고 규정하고 있다. 병역의무를 이행하는 기간 동안에 자신이 원하는 다른 일을 할 수 없게 된다는 점에서의 불이익을 제외하고, 병역의무를 이행하였기 때문에 다른 불이익이 주어져서는 안 된다는 의미다.

구 「변호사법」이 "판사·검사·군법무관 또는 변호사의 자격이 있는 경찰공무원으로서 판사·검사·군법무관 또는 경찰공무원의 재직 기간이 통산하여 15년에 달하지 아니한 자는 변호사의 개업신고 전 2년 이내의 근무지가 속하는 지방법원의 관할구역 안에서는 퇴직한 날로부터 3년간 개업할 수 없다. …"라고 하여 변호사의 개업지를 제한하는 규정에 대해 위헌선언을 하면서, 이 법률 조항이 사법연수원을 수료하고 즉시 개업하는 변호사의 경우 개업지를 선택함에 있어 아무런 제한을 받지 아니하나, 병역의무의 이행을 위하여 군법무관으로 복무한 자는 전역 후 변호사로 개업함에 있어 개업지의 제한을 받게 되므로 병역의무의 이행으로 말미암아 불이익한 처우를 받게 되는 것이어서 헌법 제39조 제2항에 위반된다는 결정을 한 바 있다.9) 현행 「변호사법」 제31조 제3항은 장기복무 군법무관을 수임제한 규정이 적용되는 '공직퇴임 변호사'에 포함시키고 있다.

제대군인 가산점제도는 병역의무의 이행으로 인한 불이익한 처우의 금지라는 헌법상 명령을 이행하기 위한 것이라기보다는 제대군인의 사회 복귀를 돕겠다는 취지의 입법정책적 판단에 불과한 것으로서 헌법에 위반된다는 결정이 있었다.10)

10년 미만의 법조경력을 가진 사람의 판사임용을 위한 최소 법조경력요건을 단계적으로 높이도록 하고 있는 「법원조직법」 부칙 제2조로 인하여 병역의무의 이행으로 사법연수원의 입소 및 수료가 늦어져 사법연수원 수료와 동시에 판사임용자격을 취득하지 못하였다고 하더라도, 「병역법」상 입영연기가 불가능한 시점에 사법시험에 합격하여 바로 사법연수원에 입소하지 못하고 현역병으로 입영할 수밖에 없었던 사정 등을 고려하면 이를 헌법 제39조 제2항에서 금지하는 병역의무의 이행을 이유로 불이익을 받은 것이라고 볼 수 없다.11)

---

9) 헌재 1989.11.20. 89헌가102, 변호사법 제10조 제2항에 관한 위헌심판(위헌).
10) 헌재 1999.12.23. 98헌마363, 제대군인지원에관한법률 제8조 제1항 등 위헌확인(위헌).
11) 헌재 2014.5.29. 2013헌마127등, 법원조직법 부칙 제1조 단서 등 위헌확인 등(기각).

제3항 교육의 의무

I. 의의

헌법 제31조 제2항에는 "모든 국민은 그 보호하는 자녀에게 적어도 초등교육과 법률이 정하는 교육을 받게 할 의무를 진다."라고 규정하여 교육의 의무를 규정하고 있다. 따라서 교육의 의무는 자녀가 교육을 받도록 할 부모의 의무를 말한다.

대한민국헌법이 지향하는 인간상은 자주적인 인간인데 자주적인 인간으로 성장하는 데 필요한 것이 바로 교육이다. 그런 의미에서 교육의 의무는 대한민국의 기초를 만드는 중요한 의미를 갖는다. 1919년 대한민국 임시헌장 제6조에서도 "대한민국의 인민은 교육 납세 급 병역의 의무가 유(有)함."이라고 하여 교육의 의무를 납세와 병역의 의무보다 먼저 규정한 것으로 볼 때 우리 민족의 교육에 대한 열망이 어떠한 것인지를 잘 알 수 있다.

II. 주체

교육의 의무의 주체는 보호하는 자녀를 둔 모든 국민이다. 이 보호자에는 친권자, 후견인 등이 있다. 「초·중등교육법」에서는 이를 구체화하여 자녀를 초등학교에 입학시켜야 하고 졸업할 때까지 다니게 하여야 하며, 초등학교를 졸업한 학년의 다음 학년 초에는 자녀를 중학교에 입학시켜야 하고 졸업할 때까지 다니게 하여야 한다고 규정하고 있다(초·중등교육법 제13조 제1항·제3항).

그런데 현대 사회에서 교육은 생활의 수단인 직업의 선택과 관련성이 매우 깊기 때문에 비록 의무교육이라고 하더라도 헌법 제31조 제1항에서 규정한 교육을 받을 권리의 보장내용에 속하는 교육이기 때문에 자녀의 입장에서는 의무교육을 받을 권리가 있고, 보호자의 입장에서는 자녀가 의무교육을 받을 수 있도록 할 권리가 있다는 의미이기도 하다. 이에 따라 「교육기본법」에서는 "모든 국민은 … 의무교육을 받을 권리를 가진다."라고 규정하고 있는 것이다(교육기본법 제8조 제2항).

또한 교육의 의무를 이행함에는 교육수혜자인 자녀와 의무자인 보호자 외에 국가의 측면이 중요하게 고려되어야 한다. 보호자가 교육의 의무를 이행할 수 있기 위해서는 먼저 교육제도가 마련되어 있어야 하기 때문이다. 따라서 「초·중등교육법」에서는 국가에 대해서는 의무교육의 실시의무와 관련 시설의 확보 등 필요한 조치를 강구할 의무를 부과하고 있고(초·중등교육법 제12조 제1항), 지방자치단체에 대해서는 관할 구역의 의무교육 대상자를 모두 취학시키는 데에 필요한 초등학교, 중학교 및 초등학교·중학교의 과정을 교육하는 특수학교를 설립·경영할 의무를 부과하고 있다(초·중등교육법 제12조 제2항). 또 의무교육 대상자의 친권자나 후견인이 경제적 사유로 의무교육 대상자를 취학시키기 곤란할 때에는 국가나 지방자치단체가 교육비를 보조할 수 있도록 하고 있다(초·중등교육법 제16조).

의무교육 대상자를 고용하는 자는 그 대상자가 의무교육을 받는 것을 방해해서는 안 되며(초·중등교육법 제15조), 위반할 경우에는 100만원 이하의 과태료가 부과된다(초·중등교육법 제60조).

Ⅲ. 내용

의무교육의 범위는 초등학교 교육과 법률이 정하는 교육이다. 「초·중등교육법」에서는 보호자가 자녀를 초등학교 중등학교에 다니게 할 의무가 있음을 규정하고 있지만, 초등교육을 넘어선 의무교육의 범위는 「교육기본법」에서 정하고 있다. 「교육기본법」은 의무교육은 6년의 초등교육과 3년의 중등교육으로 규정하고 있다(법 제8조 제1항).

의무교육은 무상으로 실시한다(제31조 제3항). 무상의 범위와 관련하여서는 논쟁이 있다.

그런데 2019.12.3. 「초·중등교육법」이 개정되어 2021학년도부터는 고등학교 전 학년이 무상교육으로 되었다. 무상의 범위로는 입학금, 수업료, 학교운영지원비, 교과용 도서 구입비다. 따라서 초등학교, 중학교에서도 입학금, 수업료, 학교운영지원비, 교과용 도서 구입비는 무상의 범위에 속하는 것으로 법정되었다. 그런데 보편적 복지의 차원에서 교육이 의무라면 교육에 필수적인 비용이라면 무상으로 제공되어야 할 것이다. 예컨대 급식이나 학용품 비용 등이 이에 속할 수 있다.

제4항 재산권 행사의 공공복리 적합의무

Ⅰ. 의의

　대한민국헌법은 국민의 재산권을 보장하면서도 "재산권의 행사는 공공복리에 적합하도록 하여야 한다."고 규정하고 있다(제23조 제2항). 이를 재산권 행사의 공공복리 적합의무라고 한다. 이 의무는 권리의 입장에서 보면 재산권에 대한 헌법적 한계를 의미하고 따라서 재산권의 사회구속성 또는 사회기속성[12]이라고 표현하기도 한다. 헌법재판소에서는 공공복리 적합의무라는 말 외에도 사회적 의무성이라는 용어를 사용하기도 한다.[13]

Ⅱ. 주체

　재산권을 행사를 할 수 있는 자가 지는 의무이므로 재산권의 주체가 이 의무의 주체가 된다. 따라서 국민뿐만 아니라 법인이나 단체도 의무 주체가 된다.

　재산권은 국민의 권리이므로 국가나 지방자치단체는 재산권의 주체가 되지 못하고, 보장할 의무 주체일 뿐이어서,[14] 재산권 행사의 공공복리 적합의무의 주체도 될 수 없다. 외국인의 경우에도 원칙적으로 재산권의 주체가 되지 못한다고 보는 입장에서는 마찬가지로 이 의무의 주체가 될 수 없다.

Ⅲ. 내용

　재산권 행사의 공공복리 적합의무는 1948년 제정헌법에서부터 현재와 같은 문언으로 규정되었다(1948년 헌법 제15조). 견해에 따르면 이 의무가 헌법에 규정된 것은 모든 국민의 생존 보장의 실효성을 확보하고, 공·사익을 조화시키고, 사회정의를 실현하는 기능을 하고,[15] 나아가서 헌법상의 각종 경제 관련 조항에 존재하는 재산권 제한의

---

12) 허영, 한국헌법론, 박영사, 2010, 500쪽 등 참조.
13) 헌재 1994.2.24. 92헌가15등, 공공용지의취득및손실보상에관한특례법 제9조 제1항 위헌제청(합헌).
14) 헌재 2006.2.23. 2004헌바50, 구 농촌근대화촉진법 제16조 위헌소원(합헌).
15) 허영, 한국헌법론, 박영사, 2010, 501쪽 참조.

특수한 형태를 정당화시켜주는 이념적 기초로서의 기능을 한다고 한다.[16] 재산권의 공공복리 적합의무는 재산권 형성에 관한 입법의 지침이 된다는 견해[17]도 같은 의미로 이해된다.

재산권 행사의 공공복리 적합의무를 이행하는 범위 내에서는 재산권자에게는 원칙적으로 그에 따른 보상이 주어지지 않는다. 이 점이 공공필요에 의하거나 국가안전보장 등에 의한 재산권의 제한의 경우와는 근본적으로 다르다. 헌법재판소가 공공복리 적합의무의 이행으로 본 경우는 장기 미집행 도시계획시설결정의 실효제도에 있어서 실효기간의 기산일에 관한 경과 규정(예컨대 2000년 7월 1일 이전에 결정·고시된 도시계획시설의 기산일은 2000년 7월 1일로 한다는 등과 같은 규정),[18] 전염병에 걸린 가축의 살처분명령[19]이나 가축 전염병 발생과 확산을 막기 위한 도축장 사용정지·제한명령[20]에 따른 재산권의 제약 등이 있다.

그런데 재산권의 공공복리 적합 의무의 이행으로 볼 수 있는 제약이라고 하더라도 다른 기본권 제한 입법과 마찬가지로 비례원칙을 준수하여야 하고 그 본질적 내용(사적 이용권과 원칙적인 처분권)을 부인할 수는 없다. 이를 토지 재산권을 예로 설명해 보면 "토지를 종래의 목적으로도 사용할 수 없거나 더 이상 법적으로 허용된 토지 이용 방법이 없어서 실질적으로 사용·수익을 할 수 없는 경우에 해당하지 않는 제약은 토지 소유자가 수인하여야 하는 사회적 제약의 범주 내에 있는 것이고, 그러하지 아니한 제약은 손실을 완화하는 보상적 조치가 있어야 비로소 허용되는 범주 내에 있다."는 것이다. 결국 헌법재판소가 스스로 말하고 있는 바와 같이 재산권에 대한 제약이 사회적 제약의 범위 내의 제약인지 여부는 비례원칙에 따라 판단하고 있다.[21]

재산권에 대한 사회적 제약성을 넘어서 정당화될 수 없는 가혹한 부담을 부과하게 되는 경우에는, 재산권의 내용과 한계를 정하는 규정에 의하여 발생하는 특별한 재산적 부담에 대하여 보상규정을 두거나 또는 보상에 갈음하거나 손실을 완화할 수 있는 제도를 보완하여야 비례성원칙에 위배되지 않게 되고 따라서 합헌이 될 수 있다.[22] 예

---

16) 허영, 한국헌법론, 박영사, 2010, 502쪽 참조.
17) 양건, 헌법강의, 법문사, 2020, 810쪽 참조.
18) 헌재 2005.9.29. 2002헌바84등, 도시계획법 부칙 제10조 제3항 위헌소원 등(합헌).
19) 헌재 2014.4.24. 2013헌바110, 구 가축전염병예방법 제48조 제1항 위헌소원(합헌).
20) 헌재 2015.10.21. 2012헌바367, 가축전염병예방법 부칙 제2조 제3항 위헌소원(합헌).
21) 헌재 2005.9.29. 2002헌바84등, 도시계획법 부칙 제10조 제3항 위헌소원 등(합헌).
22) 헌재 1998.12.24. 89헌마214등, 도시계획법 제21조의 위헌여부에 관한 헌법소원(헌법불합치);

컨대 전염 가축 살처분 명령에 따른 재산권의 제약이 사회적 기속의 범위 내에 속한다고 하더라도 재산권자에게 가혹한 부담이 되는 경우에는 보상을 하여야만 비례성원칙에 부합하게 된다.[23]

제5항 환경보전의 의무

I. 의의

헌법 제35조 제1항에는 " … 국가와 국민은 환경보전을 위하여 노력하여야 한다."라고 규정하고 있는데, 일반적인 견해는 이로부터 국민의 환경보전 의무를 도출해 내고 있다. 문제는 이 의무가 노력의무로 되어 있다는 데 있다. 그러나 노력의무라 하더라도 고의나 과실 등 귀책이 인정되는 경우에는 헌법상 노력의무를 위배한 것으로 볼수 있고 따라서 법적 책임을 물을 수 있다는 점에서 단순한 윤리나 도덕적 의무라고는 할 수 없다.

II. 주체

환경을 보전할 헌법적 의무의 주체는 국가와 모든 국민이다. 일반적 견해에 의하면 외국인·법인도 환경보전 의무 주체에 포함된다.[24] 그러나 법적 강제가 이루어지는 의무를 명시되지 않은 외국인이나 법인으로 확대하여 적용하는 것은 문제가 있다. 외국인이나 법인에게 부과되는 환경보전의무는 법률상 의무에 불과하다.

III. 내용

모든 국민은 환경보전의 의무를 부담하게 되므로 적어도 환경을 훼손하거나 침해

1999.4.29. 94헌바37등, 택지소유상한에관한법률 제2조 제1호 나목 등 위헌소원(위헌) 참조.
23) 헌재 2014.4.24. 2013헌바110, 구 가축전염병예방법 제48조 제1항 위헌소원(합헌).
24) 성낙인, 헌법학, 법문사, 2020, 1614쪽 등 참조.

해서는 안 된다. 이에 따라 「환경정책기본법」에서는 모든 국민은 일상생활에서 발생하는 환경오염과 환경 훼손을 줄이고 국토 및 자연환경의 보전을 위하여 노력하여야 하며, 국가 및 지방자치단체의 환경보전시책에 협력하여야 함을 규정하고 있다(환경정책기본법 제6조 제2항·제3항).

제6항 근로의 의무

Ⅰ. 의의

헌법 제32조 제2항은 "모든 국민은 근로의 위무를 진다. 국가는 근로의 의무의 내용과 조건을 민주주의원칙에 따라 법률로 정한다."라고 규정하여 모든 국민에 대해 근로의 의무를 부과하고 있다.

Ⅱ. 주체

근로의 의무의 주체는 자연인인 국민이다. 따라서 외국인과 법인·단체는 의무 주체가 아니다.

Ⅲ. 성격과 내용

근로의 의무는 성격상 강제할 수 없다. 근로를 강제하는 것은 인간의 존엄과 가치나 행복추구권 등 다른 기본권적 가치를 침해할 수 있기 때문이다. 근로의 의무는 윤리적 의무에 불과하다는 주장이 여기에 근거한다.

그러나 근로의 의무를 단순한 윤리적 의무로 보는 것은 타당하지 않다. 견해에 따라서는 근로의 의무가 부과되었음에도 이행하지 않는 경우에는 소극적 강제가 가능하다는 입장도 있다.[25]

---

25) 전광석, 한국헌법론, 집현재, 2021, 558쪽 참조. 정재황, 헌법학, 박영사, 2021, 1388쪽도 결과적으

근로의 의무의 법적 성격을 이해하기 위해서는 대한민국헌법이 지향하는 인간상의 관점에서 볼 필요가 있다. 대한민국헌법이 지향하는 인간상은 개인주의에 근간을 두면서도 공동체주의적(또는 공화주의적) 가치도 존중하는 자주적 인간이다. 자주적 인간이란 자유로운 개성에 따른 근로생활의 형성을 통하여 공동체 생활에 기여해 가는 인격이라고 할 수 있다. 즉, 근로의 의무란 근로를 통하여 공동체의 경제생활의 형성과 유지에 기여하게 되는데 따른 공동체 구성원으로서 개인이 부담하는 헌법적 의무다. 그러나 근로의 의무라고 하더라도 인간 공동체의 자주적 결정에 따라야 하므로 근로의 의무의 내용과 조건을 민주주의원칙에 따라 법률로 정하도록 하는 것이다(제32조 제2항 제2문). 따라서 근로를 법적으로 강제하는 것은 허용되지 않는다. 또한 근로를 법적으로 강제하는 것은 헌법 제12조가 규정하는 강제노역금지원칙에도 부합하지 않는다.

로 같은 입장이다.

사항색인

판례색인

저자 소개

김대환(金大煥, Kim Dai Whan)
서울시립대학교 법학전문대학원 교수
연세대학교 법과대학 법학과 졸업(법학사)
서울대학교 대학원 법학과 졸업(법학석사, 법학박사)
서울시립대학교 법학전문대학원장 역임
서울시립대학교 입학처장, 언론사주간 역임
경성대학교 법학과 교수 역임
탐라대학교 경찰행정학부 교수 역임
사단법인 한국공법학회 고문
사단법인 한국헌법학회 고문
사단법인 한국공법학회 회장 역임
사단법인 한국헌법학회 부회장 역임
사단법인 한국비교공법학회, 유럽헌법학회 부회장 역임
감사원 정책자문위원회 위원
국가인권위원회 정책자문위원회 위원
헌법재판연구원 헌법재판연구 편집위원회 위원 역임
중앙행정심판위원회 위원 역임
법제처 법령해석심의위원회 위원 역임
국회 헌법개정자문위원회 위원 역임
대법원 사실심 충실화 사법제도개선위원회 위원 역임
국가평생교육진흥원 독학사운영위원회 위원 역임
변호사시험 출제위원
입법고시 출제위원

기본권론

초판발행   2023년 8월 30일

지은이   김대환
펴낸이   안종만 · 안상준

편 집   장유나
기획/마케팅   손준호
표지디자인   이수빈
제 작   고철민 · 조영환

펴낸곳   (주) **박영사**
             서울특별시 금천구 가산디지털2로 53, 210호(가산동, 한라시그마밸리)
             등록 1959. 3. 11. 제300-1959-1호(倫)
전 화   02)733-6771
f a x   02)736-4818
e-mail   pys@pybook.co.kr
homepage   www.pybook.co.kr
ISBN   979-11-303-4515-4   93360

정 가   38,000원